INFO Verlag · Monika Pohl · Ludwig Marum

Monika Pohl

Ludwig Marum

Ein Sozialdemokrat jüdischer Herkunft
und sein Aufstieg in der badischen
Arbeiterbewegung
1882–1919

Info Verlag

Forschungen und Quellen zur Stadtgeschichte
Schriftenreihe des Stadtarchivs Karlsruhe
Band 8

Herausgegeben von
Ernst Otto Bräunche
Manfred Koch
Peter Pretsch

Redaktion
Manfred Koch

Titelbild
Ludwig Marum, um 1918

Verlag
INFO Verlagsgesellschaft
Käppelestraße 10 · D-76131 Karlsruhe
Telefon 0721/61 78 88 · Fax 0721/62 12 38
ISDN Leonardo 0721 / 931 68 50
www.infoverlag.de

Gestaltung und Layout
Thomas Lindemann

Satz
Constanze Jung
Diana Sayegh

Druck
Engelhardt & Bauer, Karlsruhe

Bibliografische Information Der Deutschen Bibliothek
Die Deutsche Bibliothek verzeichnet diese Publikation in der
Deutschen Nationalbiografie; detaillierte bibliografische Daten
sind im Internet über http://dnb.ddb.de abrufbar.

ISBN 3-88190-341-0

Inhalt

Chancen der Integration: Sprungbrett Arbeitersängerbewegung

Lösung von der jüdischen Religion und neue weltanschauliche Orientierung: Mitglied in der freireligiösen Gemeinde

Teil B: Der Aufstieg zum sozialdemokratischen Spitzenpolitiker

Sozialdemokratie und Klassenwahlrecht: Anfänge in der Karlsruher Kommunalpolitik

Burgfrieden und Kriegskredite: Landtagsabgeordneter in der Zeit des Ersten Weltkriegs

Revolution und staatliche Neuordnung: Minister in der Badischen Vorläufigen Volksregierung

Antisemitismus in der Novemberrevolution

Das Ich und die Zeitläufte müssen
aufeinander bezogen werden, in der Hoffnung,
daß beide dadurch Konturen gewinnen
und daß aus dem Einzelfall so etwas
wie eine Geschichtsschreibung von unten entsteht.
Dahinter steckt selbstverständlich die Absicht,
historische Erfahrungen weiterzugeben,
also der zuvor schon erwähnte, nie
verlorengegangene aufklärerische Zug.

Günter de Bruyn

Geleitwort

Der gewaltsame Tod Ludwig Marums im KZ Kislau im März 1934 machte diesen Sozialdemokraten schon kurz nach 1945 zu einem Symbol der Gegnerschaft zum Nationalsozialismus in Karlsruhe. Darüber drohte jedoch in Vergessenheit zu geraten, dass Marum eine weit über den lokalen und regionalen Bezugsrahmen hinaus bedeutende Persönlichkeit war. Er gehörte zu den herausragenden Politikern Badens vor 1933 und er zählte zugleich zu den namhaften deutschen Politikern jüdischer Herkunft, die für den Aufbau der Demokratie und rechtsstaatlicher Verhältnisse in Deutschland Wesentliches geleistet haben.

Über Ludwig Marums Leidenszeit in der Gefangenschaft im Karlsruher Gefängnis und im KZ Kislau sowie über das Schicksal seiner Familie im französischen Exil informieren die Editionen seiner Briefe aus der Haft und der Briefe seiner Familie im französischen Exil. Beide Publikationen sind dem Engagement seiner Tochter Elisabeth Marum-Lunau zu verdanken und erschienen mit Unterstützung der Stadt Karlsruhe. Über die hohen Verdienste Ludwig Marums für die demokratische Entwicklung Deutschlands aber auch über seine Herkunft und Entwicklung waren wir bislang dennoch nur in Umrissen informiert. Die jetzt in der Reihe Forschungen und Quellen zur Stadtgeschichte des Karlsruher Stadtarchivs vorgelegte Biographie Ludwig Marums schließt diese Lücke. Die umfangreiche Darstellung untersucht auf der Basis intensiven Quellenstudiums den Aufstieg des Sozialdemokraten jüdischer Herkunft in der badischen Arbeiterbewegung von 1882 bis 1919. Sie ist eingebettet in die Geschichte der politischen Entwicklung Badens am Ende des Kaiserreichs, des Antisemitismus der Zeit und in die Geschichte der Arbeiterbewegung.

Die Untersuchung vermittelt uns genaue Kenntnisse der familiären Herkunft Ludwig Marums und der assimilatorischen Traditionen seiner jüdischen Vorfahren. Deutlich werden seine frühen jüdischen Prägungen in Familie, Schule und Gemeinde, aber auch die antisemitische Erfahrungen vor allem während des Studiums in Heidelberg. Dies beeinflusste seine wesentlichen Lebensentscheidungen für den Anwaltsberuf, für die Ehe mit einer jüdischen Frau, den Wechsel aus der jüdischen Gemeinde zu den Freireligiösen und den Eintritt in die den Antisemitismus ablehnende SPD und damit für eine Politik der sozialen Gerechtigkeit und der demokratischen Teilhabe für alle Menschen. Die Autorin Monika Pohl sieht in Marums Lebensweg ein exemplarisches Beispiel für den Aufstieg vieler Juden nach der gewährten Emanzipation von 1871 in die bürgerliche Mittelschicht und ihr ständiges Bemühen um Integration. Das macht diese Darstellung über den Einzelfall hinaus für das Kapitel der deutsch-jüdischen Beziehungen und ihrer Geschichte von besonderem Interesse.

Die politische Karriere Marums begann 1911 als Karlsruher Stadtverordneter, führte ihn ab 1914 in das Amt eines badischen Landtagsabgeordneten und 1918/19 zum Mitglied der vorläufigen Volksregierung als Justizminister. In der hier nicht mehr untersuchten Zeit der Weimarer Republik nahm er in Baden eine führende Rolle als Landespolitiker ein und erhielt ab 1928 ein Reichstagsmandat. Die Darstellung des Engagements Marums in der Karlsruher SPD-Organisation wie in der Organisation des Arbeitergesangvereins „Lassallia" gibt zum einen ein Bild seiner persönlichen Integrationsbemühungen. Zum anderen wird aber mit der Beschreibung der Karlsruher Arbeiterbewegung ein wichtiges Stück bisher kaum rekonstruierter Karlsruher Lokalgeschichte vermittelt.

Auch Marum stand im Herbst 1918, als sich die deutsche Niederlage abzeichnete, vor der Frage, ob nach der revolutionären Ablösung des Kaiserreichs eine Räterepublik oder eine parlamentarisch-demokratische Republik etabliert werden sollte. Marum war im Ersten Weltkrieg jede Form des politischen Radikalismus fremd geblieben, und er verfocht die Burgfriedenspolitik, die den innergesellschaftlichen Konsens beschwor. Damit blieb er seinen Vorbildern Wilhelm Kolb und Ludwig Frank treu, die nach der Jahrhundertwende die SPD in Baden mit ihrer revisionistischen Politik aus der Isolierung führten und sie zu Partnern anderer Parteien machten. Dieser Politik blieb er auch nach dem Umsturz in Baden verpflichtet und erwarb sich in dieser schwierigen Zeit große Verdienste. Marum gilt, was bisher in der Forschung nicht ausreichend gewürdigt wurde, als der entscheidende Architekt einer Koalitionsregierung aus SPD, USPD, Zentrum und Linksliberalen. Sie nahm das Muster der späteren Weimarer Koalition auf Reichsebene vorweg und ermöglichte in Baden einen ruhigen Verlauf der Umbruchsphase sowie einen gewaltfreien Übergang zur Republik. Er war es auch, der durch seinen unermüdlichen Einsatz die rasche Annahme des Verfassungsentwurfs durch die badische Nationalversammlung erreichte. Ludwig Marum trug damit entscheidend zu dem Prozess der Ablösung des Obrigkeitsstaates und der Durchsetzung der parlamentarischen Demokratie in einer schwierigen Umbruchssituation bei, in der es trotz drohender gewaltsamer Auseinandersetzungen gelang, den gesamtgesellschaftlichen Konsens zu wahren.

Dieses Buch vermittelt ein sehr detailliertes Wissen über Ludwig Marum und seine politische Lebensleistung bis 1919. Ich bin sicher, dass es das in Karlsruhe seit langem in vielfacher Weise gepflegte Gedenken an seine außergewöhnliche Persönlichkeit zu vertiefen hilft. Zugleich kann es dazu beitragen, Ludwig Marum als eines der ersten prominenten Opfer nationalsozialistischer Gewaltherrschaft auch außerhalb unserer Region bekannter zu machen.

Heinz Fenrich
Oberbürgermeister

Vorwort

Die Erarbeitung einer Dissertation bereitet nicht nur die Freude der forschenden Entdeckung und der Erweiterung des Wissensstandes, sie fordert auch heraus, da es sich um ein langwieriges, oftmals kniffliges, unüberschaubares Projekt handelt. Die vielfachen Tücken und Schwierigkeiten, die ein solches Vorhaben in sich birgt, lassen seine Fertigstellung immer wieder in scheinbar unerreichbare Ferne rücken. Dabei ist man auf anteilnehmende Begleitung, kritisches Interesse, Ermutigung und Unterstützung angewiesen. Ich hatte das Glück, Menschen zu finden, die mein Vorhaben, die Biographie des Sozialdemokraten jüdischer Herkunft Ludwig Marum zu erforschen, förderten und unterstützten.

Besonders die Tochter Marums, Frau Elizabeth Marum-Lunau, gab durch ihre historischen Recherchen und die Erinnerungsarbeit an ihren Vater entscheidende Anstöße, das Dissertationsprojekt in Angriff zu nehmen. Leider erreicht mein Dank Frau Marum-Lunau nicht mehr, sie verstarb im hohen Alter von 88 Jahren 1998 in New York. Mein Dank an die Familie beschränkt sich nicht allein auf Elizabeth, er richtet sich auch an die übrigen Familienmitglieder in Simsbury (USA), Berlin und Jerusalem, die mich durch ihr großes Interesse und freundliche Anteilnahme ermutigten, in meinen Bemühungen nicht nachzulassen und das Bild Marums gemäß den historischen Quellen möglichst vollständig und genau zu rekonstruieren. Die Enkelin Marums, Frau Dominique Avery, seine Schwiegertochter; Frau Sophie Marum, und ihre Kinder Ludwig und Andrée sowie die Familie des Enkels Eli Barzilai seien hier dankbar genannt. Frau Andrée Fischer-Marum erstellte das Namens- und Ortsregister. Für diese Hilfe bin ich ihr sehr verbunden.

Herr Professor Dr. Hartmut Soell betreute meine Arbeit mit großem Engagement und gab in vielen Gesprächen entscheidende Anregungen und Hilfestellungen, dafür sei ihm herzlich gedankt. Die Diskussionen in seinem Colloquium bereicherten mich und vertieften den Einblick in wissenschaftliche Kontroversen und Fragestellungen. Herr Professor Dr. Michael Graetz von der Jüdischen Hochschule in Heidelberg übernahm das Zweitgutachten für meine Arbeit. Für seine Bereitschaft, den erheblichen Zeitaufwand der Korrektur und seine Würdigung des Projekts sei ihm ebenfalls herzlich gedankt. Die Arbeit wurde im Wintersemester 2000/2001 von der philosophisch-historischen Fakultät der Universität Heidelberg angenommen. Bei der vorliegenden Publikation handelt es sich um eine stark gekürzte Fassung des Textes. Die Ursprungsfassung ist als Mikrofiche-Edition in der Universitätsbibliothek Heidelberg und im Stadtarchiv Karlsruhe einsehbar.

Es steht sehr in Frage, ob ich meine Arbeit ohne die Unterstützung meines Kollegen am Ludwig-Marum-Gymnasium, Ulrich Wiedmann, hätte vollenden können. Er steuerte viele hilfreiche Anregungen bei, machte auf kritische Punkte aufmerksam und unterstützte mich entscheidend durch seinen Glauben an den Sinn und Erfolg meiner Arbeit. Darüber hinaus übertrug er den gesamten Text in den Computer. Dafür und für seinen enormen Zeit- und Kräfteeinsatz gebührt ihm ein ganz herzliches „Danke!". Seine Hilfe und sein unermüdliches Engagement bestärkten mich in der Überzeugung, dass gelebte Solidarität und das gemeinsame Interesse, die Erinnerung an die Opfer des Nationalsozialismus wach zu halten, für das Kollegium des Ludwig-Marum-Gymnasiums in Pfinztal wichtige Anliegen sind.

Hilfreiche Hinweise erhielt ich in vielen Gesprächen mit Zeitzeugen, historisch interessierten und historisch arbeitenden Menschen. Mein Dank richtet sich vor allem an Frau Hanne Landgraf, Herrn Hans Eberhard Berkemann und Herrn Gerhard Holler sowie an Herrn Dr. Eckhart Pilick von der Freireligiösen Landesgemeinde. In meinen Dank einschließen möchte ich auch die Mitarbeiter und Mitarbeiterinnen der Badischen Landesbibliothek, des Generallandesarchivs und des Stadtarchivs in Karlsruhe. Besonders zum Dank verpflichtet bin ich dem Stadthistoriker, Dr. Manfred Koch, der sich immer wieder Zeit zur Reflexion über den Stand meiner Forschungen nahm.

Zum Schluss möchte ich meiner Mutter, Frau Christine Pohl, danken, die es mir ermöglichte, trotz äußerst bescheidener finanzieller Verhältnisse, das Gymnasium zu besuchen und ein Studium zu absolvieren. Dafür, dass ich diesen Weg gehen konnte, sei ihr herzlich gedankt!

Karlsruhe, im September 2003   *Monika Pohl*

Einleitung

In seiner grundlegenden Arbeit über Juden in der deutschen Politik stellte Ernest Hamburger fest: „Die Zahl der Männer und Frauen jüdischer Herkunft, die im öffentlichen Dienst oder im Parlament wirkten, war nicht groß. Der Zeitraum, während dessen sich ihre Tätigkeit vollzog, war kurz. Die Zahl der auf diesen Gebieten tätigen Juden blieb weit hinter der Zahl derer zurück, die maßgebend in der deutschen Wirtschaft oder in freien Berufen gewirkt haben."[1] Die Schrift Hamburgers und die Arbeiten anderer Historiker[2] über den jüdischen Beitrag zur deutschen Politik waren vom Bemühen gekennzeichnet, einen Überblick über die Leistungen der deutschen Juden in der Politik zu geben, aber auch ihren Anteil an der Entwicklung demokratischer und rechtsstaatlicher Verhältnisse, dem Aufbau einer politischen Kultur herauszustellen. Ausgehend von der Feststellung Hamburgers, dass es sich bei der Zahl der jüdischen Politiker nur um einen sehr begrenzten Personenkreis handelte, ergibt sich das Desiderat, die kollektivbiographischen Darstellungen durch eine Fülle von einzelbiographischen Arbeiten zu ergänzen,[3] die eine möglichst vollständige und detaillierte Kenntnis der Lebenswege jüdischer Politiker vermitteln und damit das Gesamtbild des jüdischen Anteils an der Politik vertiefen und abrunden können.

Diese Arbeit hat sich die Aufgabe gestellt, die politische Biographie Marums für die Zeit seines politischen Aufstiegs zu rekonstruieren und damit auf einen Politiker jüdischer Herkunft hinzuweisen, der in der badischen Politik während des Ersten Weltkriegs und der Revolution eine zentrale Rolle spielte, in der Forschung aber weitgehend unbeachtet blieb bzw. zu Unrecht als Politiker der „zweiten Garnitur" eingestuft wurde.

Erste Orientierung bei der Erforschung der Biographie Marums bot eine Sammlung von Briefen, anrührende und zum Teil erschütternde Briefe, die er in seinem letzten Lebensjahr in der Haft geschrieben hatte.[4] Erweitert wurden diese ersten Kenntnisse durch eine lange Reihe von Gesprächen der Autorin mit der Tochter Marums, Frau Elizabeth Marum-Lunau (1910–1998), die – dem Lager Gurs entflohen – seit 1941 in New York lebte und ihrer Heimatstadt Karlsruhe seit Ende der 70er Jahre regelmäßige Besu-

---

[1]   Hamburger (1968), S. VI.
[2]   Die grundlegenden Arbeiten auf diesem Gebiet sind: Toury (1966); Zechlin, Egmont und Hans Joachim Bieber (Hrsg.): *Die deutsche Politik und die Juden im Ersten Weltkrieg*. Göttingen 1969; Mosse (1971); Pulzer, Peter: „Die jüdische Beteiligung an der Politik". In: Mosse (1971), S. 143–239.
[3]   Die Arbeiten Hamburgers und Tourys enthalten zwar auch knappe einzelbiographische Abrisse, sie werden hier jedoch zu den kollektivbiographischen Untersuchungen gezählt.
[4]   Marum-Lunau (1984).

che abstattete. Sie hatte ihren Lebensabend der Erinnerungsarbeit an ihren Vater gewidmet und vielfache Anstöße zu historischen Recherchen in der Lokalgeschichtsforschung gegeben. 1984 hatte sie in Zusammenarbeit mit den Stadtarchiven Mannheim und Karlsruhe die erwähnten Briefe ihres Vaters herausgegeben, nun stellte sie sich bei ihren alljährlichen Besuchen dem Ludwig-Marum-Gymnasium als Zeitzeugin zur Verfügung. Es ist vor allem dieser Arbeit von Elizabeth Marum-Lunau zu danken, dass in der Stadt und Region Karlsruhe die Erinnerung an Marum wachgehalten wurde. Dabei stand hauptsächlich sein tragisches Ende, seine Strangulierung durch die Nazi-Schergen im Brennpunkt der Aufmerksamkeit, die Lokalgeschichte verzeichnet ihn als eines der ersten und prominentesten Opfer des NS-Terrors. Seine politische Biographie als Jude und Sozialdemokrat, als Landes- und Reichspolitiker wurde zwar in kurzen Abrissen und Aufsätzen erstellt, sie erhielt jedoch keine Vertiefung durch intensivere historische Nachforschungen.[5]

Die Biographie des Sozialdemokraten Ludwig Marum, der entscheidend die Umbruchzeit der Revolutionsmonate mitgestaltete, ist in besonderer Weise geeignet, das öffentliche Bewusstsein vom überaus wichtigen Anteil jüdischer Politiker an der Ablösung des Obrigkeitsstaates, der Durchsetzung der parlamentarischen Demokratie und der Modernisierung des deutschen Staatswesens zu erweitern.

Die Aufgabe, die Verdienste jüdischer Politiker im kollektiven Gedächtnis zu bewahren, kann darüber hinaus als eine besondere moralische Verpflichtung gesehen werden gegenüber Menschen, die dem Nazi-Terror zum Opfer fielen und deren politische Leistungen vom Vergessenwerden bedroht sind.[6] Hier deutet sich eine mögliche Begründung für eine politische Biographie an, die auf den Bereich der Ethik und Moral zurückgreift und sich nicht nur auf die fachwissenschaftliche Biographie-Debatte als Legitimationszusammenhang bezieht. Eine solchen Motiven verpflichtete Biographie setzt sich jedoch großen Gefahren aus, folgt sie doch quasi dem Vorbild der Heiligenvita und steht im Verdacht, einer subjektiven Tendenz der Idealisierung nachzugeben. Damit nimmt sie das Risiko auf sich, „Bedeutung und Einfluss ihres Erkenntnis-Objekts falsch einzuschätzen."[7] Hinzu kommt, dass durch den bedenkenlosen Rückgriff auf die in Misskredit geratene Gattung der Biographie, die fachwissenschaftliche Debatte und die dort vorgetragenen kritischen Argumente keine ausreichende Berücksichtigung finden. Die von Hans-Ulrich Wehler in den 70er Jahren konstatierte „Krise der Biographie"[8] bezog sich auf das gewandelte Erkenntnisinteresse der deutschen Geschichtswissenschaft nach 1945,

---

[5] Zu den wichtigen biographischen Aufsätzen gehören: Storck, Joachim Wolfgang: „Ludwig Marum – der Mensch und der Politiker. Ein Lebensbild." In: Marum/Lunau (1984), S. 15–43; Storck (1996); Fischer (1990); Schumacher (1991); Pohl (1994). Darüber hinaus befinden sich kurze Artikel in Walk (1988) und Tetzlaff (1982).

[6] Dies gilt selbstverständlich und gerade für Politiker jüdischer Herkunft, die nur im lokalen und regionalen Raum tätig waren und deren Bekanntheitsgrad auf der nationalen Ebene gering war.

[7] Soell, Hartmut: „Zur Bedeutung der politischen Biographie für die zeitgeschichtliche Forschung". In: Soell (1976), Bd. 2, S. 1022.

[8] Wehler (1972a), S. 11.

die sich aus den tradierten Vorgaben der Persönlichkeits- und Ereignisgeschichte zu lösen versuchte und sich verstärkt der Sozial- und Wirtschaftsgeschichte zuwandte. In der nun favorisierten Strukturgeschichte schien kein Raum zu sein für biographische Darstellungen, die ein Geschichtsbild implizierten, das dem Individuum und seiner Gestaltungskraft unangemessene Bedeutung zuordnete. Gerade die Biographie eines Politikers jüdischer Herkunft, der zum Opfer des Nationalsozialismus wurde, läuft Gefahr, das individuelle Moment über Gebühr herauszuheben und dadurch strukturgeschichtliche und sozialgeschichtliche Aspekte zu vernachlässigen.

Diese Arbeit versucht, eine Synthese aus strukturgeschichtlichen und traditionell biographischen Ansätzen herzustellen und sich einen kritischen Blick auf ihren Gegenstand zu bewahren, einen Blick, der Schwächen und Fehleinschätzungen Marums nicht ausblendet. Die Diskussion der letzten Jahre über den Wert der Biographie hat das Verdikt der 70er Jahre abgemildert und einen weitgehenden Konsens darüber hergestellt, dass sich strukturgeschichtliche Deutungen mit der individualhistorischen Perspektive verbinden lassen.[9] Die Überbewertung des individuellen, persönlichen Faktors soll in dieser Darstellung dadurch vermieden werden, dass Marum in engem Zusammenhang mit seiner Partei, der badischen SPD, gesehen und damit ein Zusammenhang aufgegriffen wird, der „die politisch-soziale Bedingungsstruktur"[10] seines Denkens und Handelns sichtbar machen kann. Das fordert eine ausgewogene Darstellung zwischen den prägenden Strukturelementen und der persönlichen Gestaltungskraft des handelnden Subjekts. Deshalb werden große Teile der Biographie Marums der Beschreibung des sozialen, politischen und kulturellen Bezugsrahmens seines Handelns gewidmet sein.

In der vorliegenden Arbeit soll es jedoch nicht allein um eine politische Teilbiographie Marums bis zur Revolution 1918/19, nicht nur um die Zusammenstellung seiner politischen Verdienste und Leistungen gehen, sondern auch um Fragen, die sich aus seiner Sonderstellung als Akademiker und Jude in der Partei ergeben. Damit rückt ein Zusammenhang in das Zentrum der Arbeit, dessen Gegenstand die Beziehung zwischen jüdischen Intellektuellen und Arbeiterbewegung in der Zeit des wilhelminischen Kaiserreichs bildet. Dieser Thematik hat die Forschung breite Aufmerksamkeit gewidmet und die Motive, den Aufstieg und die Leistung jüdischer Akademiker in der Arbeiterbewegung ausreichend dargestellt.[11] Auch die Position der Sozialdemokratie zu Judentum und Antisemitismus ist vielfach behandelt worden.[12] Während die kollektivbiographischen Ergebnisse kaum einer Ergänzung bedürfen, so zeigen sich doch Lücken in der einzelbi-

---

[9]   Zur Debatte über den Stellenwert der Biographie vgl.: Engel-Janosi (1979), S. 208–241; Hamerow (1982), S. 30–44; Kocka (1977), S. 152–169; Geiss, Immanuel: „Die Rolle der Persönlichkeit in der Geschichte: Zwischen Überbewerten und Verdrängen". In: Biographie und Geschichtswissenschaft. Hrsg. v. G. Klingenstein. Wien 1979, S. 10–24.

[10]   Soell (1976), Bd. 2, S. 1003.

[11]   Besonders erwähnt seien die Arbeiten von: Grab (19769; Grab (1989), S. 357–376; Grab/Schoeps (1986); Grab (1991); Heid/Paucker (1992); Blasius/Diner (1991); Gay (1986); Hermand (1996); Knütter (1971); Mosse (1992).

[12]   Zum Beispiel von Silberner (1962) und Leuschen-Seppel (1978).

ographischen Erforschung der Lebenswege jüdischer Sozialdemokraten.[13] So fehlen bislang ausführliche wissenschaftliche Biographien über die Repräsentanten jüdischer Herkunft der badischen Arbeiterbewegung Ludwig Frank[14] und Ludwig Marum.

Für die Einzelbiographie eines Sozialdemokraten jüdischer Herkunft, der zudem nicht der Arbeiterklasse, sondern dem Bürgertum angehörte, ergeben sich besondere Fragestellungen wie die nach den Motiven für seine Mitarbeit in der Arbeiterbewegung, nach der möglichen Interessenidentität zwischen Judentum und Arbeiterbewegung, nach dem Verständnis seiner jüdischen Identität und nach Rückwirkungen, die das sozialdemokratische Engagement bei der Bestimmung seines jüdischen Selbstbildes auslöste. Dieser Fragenkreis wird von der Annahme bestimmt, dass Marums Weg in die Arbeiterbewegung nicht losgelöst von seiner jüdischen Herkunft verstanden werden kann. Auch seine Integrationsbemühungen erhalten eine besondere Bedeutung, sieht man sie vor dem Hintergrund des Außenseiterstatus der jüdischen Minderheit. Auf diesen Prozess der Verankerung in der Arbeiterschaft richtet diese Arbeit ihre besondere Aufmerksamkeit und will an Marums Beispiel zeigen, welche Organisationen und Zusammenschlüsse der sozialdemokratischen Subkultur ein jüdischer Politiker neben der eigentlichen Partei wählte, um seine Verankerung voranzutreiben und zu vertiefen. Die Biographie Marums kann somit Einblick geben in die spezifischen Anpassungsleistungen eines jüdischen Akademikers und anschaulich demonstrieren, auf welche Weise der Anpassungsprozess verlief. Deshalb werden die politischen, kulturellen, weltanschaulichen Gruppierungen, denen sich Marum anschloss, ausführlich dargestellt und der Frage nachgegangen, was diese Assimilationsschritte zu leisten vermochten in Bezug auf die Überwindung seiner Außenseiterposition als Akademiker und Jude. Marums Lebensgeschichte soll zugleich gelesen werden als der Versuch, in einem Teilbereich der deutschen Gesellschaft – der proletarischen Lebenswelt und der sozialdemokratischen Subkultur – eine neue Identität zu finden und sich eine angesehene Position in einer bedeutenden sozialen Bewegung aufzubauen.

Umgekehrt wird aber auch danach zu fragen sein, welche Aufnahme und Akzeptanz Marum in den Kreisen der Arbeiterbewegung fand, welche Vorbehalte seinen Integrationsbemühungen entgegenstanden. Die Darstellung des Engagements Marums in den verschiedenen Organisationen der badischen Arbeiterbewegung wird nicht nur ein Bild seiner persönlichen Integrationsbemühungen ergeben, sondern zugleich wird in dieser Darstellung mit der Beschreibung der Karlsruher Arbeiterbewegung ein Stück Lokalgeschichte aufgearbeitet, das bisher kaum rekonstruiert wurde und einen Einblick in die Lebenswelt sozialdemokratischer Arbeiter im letzten Vorkriegsjahrzehnt vermittelt.

Für die Darstellung der Biographie Marums ergibt sich aus diesen Überlegungen ein zweiteiliger Aufbau: Ein erster Teil wird die jüdischen Prägungen und die Wandlung seiner jüdischen Identität untersuchen sowie die Integrationsbemühungen Marums in den Blick nehmen, die politischen, kulturellen, weltanschaulichen Gruppierungen, de-

---

[13]   Vgl. Grebing (1997), S. 19–38, hier S. 21.
[14]   Über Ludwig Frank liegt folgende biographische Literatur vor: Watzinger (1995) und Grünebaum (1924). Außerdem: Wachenheim (1964).

nen er sich zuordnete und die seine Basis bildeten und seinen Aufstieg ermöglichten. Der zweite Teil zeichnet die Tätigkeit Marums als Abgeordneter in Kommunal- und Landesparlament und als Minister der badischen vorläufigen Volksregierung nach.

Die Breite des Themenspektrums und die Fülle der Fragestellungen lassen es nicht zu, die vollständige politische Biographie Marums zu erstellen. Das Epochenjahr 1918/19 erscheint als Abschluss der frühen Lebensgeschichte Marums nicht nur aus politischen Gründen sinnvoll, es markiert auch den Abschluss einer persönlichen Lebensphase. Es bildete eine erste wesentliche Zäsur in Marums Lebensweg, da seine politische Karriere mit der Übernahme des Amtes des Justizministers einen ersten Höhepunkt erreichte, womit seiner Anerkennung als sozialdemokratischer Spitzenpolitiker Ausdruck gegeben wurde und wesentliche Entwicklungsprozesse seiner persönlichen und politischen Identitätsfindung abgeschlossen waren.

Auch für die sozialdemokratische Parteigeschichte bedeuteten die Revolutionsmonate 1918/19 einen Wendepunkt. Die SPD konnte – in Baden wie im Reich – erstmals Regierungsverantwortung übernehmen und nun ihren bisher nur verbal bekundeten Willen zur Zusammenarbeit mit bürgerlichen Kräften und zur Reformarbeit unter Beweis stellen, womit die Phase ihrer Rolle als Oppositionspartei endgültig beendet war.

Für die deutsch-jüdische Geschichte schließlich bildete die Revolutionsjahr 1918/19 ebenfalls eine Zäsur, da es die verfassungsmäßig garantierte, vollkommene rechtliche Gleichstellung für die jüdische Minderheit brachte und die Reste der Diskriminierung, die das Kaiserreich aufrechterhalten hatte, beseitigte.

Während mit dem Datum 1919 der Endpunkt dieser Teilbiographie Marums angegeben ist, setzt diese weit vor seiner Geburt an und beginnt mit den assimilatorischen Traditionen seiner Vorfahren, unterstreicht die frühen jüdischen Prägungen in Familie, Schule und Gemeinde, die seine wesentlichen Lebensentscheidungen für Beruf, Ehe und Politik beeinflussten. Marum gehörte der ersten Generation nach der gewährten Emanzipation von 1871 an. An seinem Beispiel lässt sich der Aufstieg vieler Juden in die bürgerliche Mittelschicht verdeutlichen, ihr ständiges Bemühen um Akkulturation und Integration. Die zentrale Zäsur seines Lebens bildete die Entscheidung für die Arbeiterbewegung und die Politik. Marums vornehmliches Betätigungsfeld war die Arbeit in der Karlsruher SPD. Dieser Aufgabenkreis erweiterte sich jedoch durch sein Engagement in der badischen Arbeitersängerbewegung, der er von 1910 bis 1919 als Präsident vorstand. Marum bestimmte seine religiöse Identität neu, indem er 1910 aus der jüdischen Gemeinde austrat und sich wenige Jahre später den Freireligiösen anschloss.

Die Partei, die Arbeitersängerbewegung und die freireligiöse Gemeinde bildeten die Elemente eines Umfeldes, in dem der junge Mann sich bewegte. Ihre Geschichte, ihre Zielsetzung, ihre inneren Konflikte und führenden Persönlichkeiten steckten den Bereich ab, in dem er tätig wurde, und bieten Erklärungsansätze für die ideologischen Positionen, die er vertrat. Durch die Zeichnung dieses gesellschaftlichen Teilbereichs, dieser linken Subkultur, erhält die frühe Lebensgeschichte Marums ihren besonderen Reiz, da hier eine versunkene Lebenswelt lebendig wird, die in völligem Gegensatz zu der bürgerlichen Mittelstandskultur stand, in die sich die meisten Juden integrierten.

Der zweite Teil dieser Arbeit widmet sich dem politischen Engagement Marums als Kommunal- und Landespolitiker, untersucht sein politisches Handeln und den Einfluss, den er auf die badische Politik ausübte. Im Jahre 1911 trat Marum erstmals in ein politisches Repräsentationsorgan ein: die Karlsruher Stadtverordnetenversammlung. Seine politische Karriere setzte sich fort durch die Übernahme eines Landtagsmandats, das er von 1914 bis 1928 innehatte. Die letzte Phase seiner politischen Tätigkeit umfasste das Wirken als Reichstagsabgeordneter von 1928 bis 1933. Die politische Laufbahn Marums umspannte mehr als zwei Jahrzehnte und fiel in eine Umbruchzeit, in der sich tiefgreifende ökonomische, soziale, politische und kulturelle Wandlungsprozesse vollzogen. Die Endphase des wilhelminischen Kaiserreichs, die Zeit des Ersten Weltkriegs, die Novemberrevolution und die Weimarer Republik bildeten den Hintergrund seiner politischen Tätigkeit.

Marum spielte in der badischen Landespolitik in Weltkrieg und Revolution eine wichtige Rolle; er hatte sowohl Anteil an der von seiner Partei unterstützten Burgfriedenspolitik, die den innergesellschaftlichen Konsens beschwor, als auch an ihrer Revolutionspolitik, die den Umsturz in gemäßigte Bahnen zu lenken versuchte. In Baden nahm die Politik einen anderen Verlauf als im Reich; hier waren die sozialen und politischen Gegensätze nicht so ausgeprägt, der badische Konstitutionalismus blickte auf eine lang andauernde liberale Tradition zurück, die dem von Preußen dominierten Reich fehlte.

Diese besonderen badischen Bedingungen prägten auch die Entwicklung der badischen Sozialdemokratie. Angeregt durch die Revisionismusdebatte des Jahres 1903, vollzog sie einen Politikwechsel, indem sie die rigorose Oppositionsrolle aufgab und mit der Großblockpolitik, die ein Wahlbündnis, aber auch die parlamentarische Zusammenarbeit mit den bisher bekämpften liberalen Parteien beinhaltete, ein politisches Experiment startete, das einmalig in der Vorkriegsgeschichte der Sozialdemokratie war. Die badische SPD beschritt einen Weg der Integration, der die Wandlung der Partei in eine Reform- und Volkspartei anstrebte, deren letztes Ziel in der Übernahme von Regierungsverantwortung bestand.

Diese Neuorientierung war von heftigen Flügelkämpfen begleitet, die auch während des Krieges und der revolutionären Umbruchsphase nicht abrissen. Es wird zu klären sein, welche Position Marum im Richtungsstreit seiner Partei einnahm, in welcher Weise er den Wandlungsprozess der Partei beeinflusste. Neben der Parteigeschichte, die breiten Raum in dieser Arbeit einnehmen wird, tritt als beherrschendes Thema die badische Landegeschichte in Krieg und Revolution. Die Frage, welchen Einfluss in dieser Phase der Entwicklung die SPD und Marum nahmen, welche Zielsetzungen sie verfolgten, welche Taktiken und Strategien sie einschlugen, wird eine Antwort finden. Im Mittelpunkt wird die Untersuchung der Revolutionspolitik der badischen SPD und Marums stehen, der Politik in einer Zeit, in der erstmals Regierungsverantwortung getragen wurde.

Eine abschließende Beurteilung wird die Leistungen und Verdienste Marums und seiner Partei herauszuarbeiten haben, aber auch die Fehlleistungen und Versäumnisse nicht verschweigen, die sie zu verantworten hatten. Resultat und Abschluss des politischen Teils wird die Klarstellung der Startbedingungen sein, unter denen die Weimarer Republik antrat. Die Chancen und Belastungen, die ihren Weg begleiteten, werden ebenso deutlich werden wie die Verantwortung Marums und seiner Partei, die sie für die badische Entwicklung in schwerer Zeit trugen.

In beiden Teilen der vorliegenden Arbeit spielt das Judentum Marums eine zentrale Rolle. Die Fragen nach der Bestimmung seiner jüdischen Identität, nach der Bedeutung seines Judentums für das Engagement in der Arbeiterbewegung, nach der Rolle jüdischer Politiker in der badischen Geschichte umreißen wichtige Themenfelder. Um diesen Zusammenhängen nachzugehen, muss zunächst der Begriff des Juden präzisiert werden. Es stellt sich nämlich die Frage, ob es angeht, Marum wie selbstverständlich dem Judentum zuzuordnen, obwohl er schon 1910 aus der jüdischen Gemeinde austrat und damit einen wesentlichen Teil jüdischer Identität aufgab. Gerade in seinen letzten Lebensmonaten – angesichts der Bedrohung durch die radikalen NS-Antisemiten – reflektierte Marum oft seine jüdischen Wurzeln und unterstrich in seinen Briefen aus der Haft sein Selbstverständnis als Deutscher, seine antizionistische Haltung, die untergeordnete Bedeutung, die das Judentum für ihn hatte.[15]

Zu klären ist, ob man diese Selbstzuordnung akzeptieren soll und ob man sich, wenn man Marum unreflektiert der jüdischen Minderheit zuordnet, nicht dem Vorwurf aussetzt, ihn nachträglich mit den Augen der Nazis zu sehen und ihm den Stempel des Fremden, des Anderen aufzudrücken, obwohl er selbst dies kaum so empfunden hat. Allein die jüdische Herkunft scheint es zunächst zu rechtfertigen, ihn dem jüdischen Kollektiv zuzuordnen. Nach diesem Prinzip verfahren auch die meisten wissenschaftlichen Untersuchungen, die sich mit der jüdischen Minderheit beschäftigen.[16] In wissenschaftlichen Untersuchungen über jüdische Juristen,[17] Politiker,[18] Sozialdemokraten des Kaiserreichs und der Weimarer Republik[19] sowie in lokalgeschichtlichen Publikationen[20] wird Marum wie selbstverständlich aufgeführt. Als entscheidendes Kriterium wird hier seine Herkunft, nicht sein späteres Selbstbild angesehen. Obwohl es in diesen Fragen sicherlich keine Faustregel gibt,[21] zögern also wissenschaftliche Werke nicht, auch die in höchstem Maße assimilierten Menschen jüdischer Herkunft dem Judentum zuzurechnen. Es wird keine Trennung gemacht zwischen sich offen zum Judentum bekennenden Menschen und solchen, die sich von ihm abgewandt haben oder ihm gegenüber gleichgültig sind. Dem Judentum als zugehörig erkannt werden sowohl die Menschen, welche die jüdische Religion praktizierten, die familiäre jüdische Tradition und Identität wahrten, sich selbst als „jüdisch" verstanden, als auch diejenigen, die durch die jüdische Kultur geprägt und bestimmte worden waren, sich aber auf ihrem späteren Lebensweg nur bedingt zu ihrer jüdischen Identität bekannten.

---

[15] Vgl. Marum-Lunau/Schadt (1984), S. 88f. (Brief vom 29.7.1933) und S. 97 (Brief vom 26.9.1933).
[16] Vgl. Hamburger (1968); S. IX.
[17] Vgl. Heinrichs (1993).
[18] Vgl. Pulzer, Peter: „Die jüdische Beteiligung an der Politik". In: Mosse (1976) und Toury (1966), S. 351.
[19] Vgl. Hamburger (1968), S. 539 und Knütter (1971), S. 112.
[20] Vgl. Schmitt (1988), S. 145, 182, 426, 429–431, 435, 436.
[21] Vgl. Volkov (1994), S. 84ff.

Helga Grebing spricht in diesem Zusammenhang von „nicht-identischer Identität"[22] und versucht, mit diesem Begriff das Dilemma zu lösen und die Diskrepanz zwischen dem Bewusstsein assimilierter Juden, „normale" Mitglieder der Mehrheitsgesellschaft zu sein, und ihrer tatsächlichen Prägung durch die Minderheit, die sie sozialisierte, zu benennen. Marum rang in einem langen Prozess um die Bestimmung seiner jüdischen Identität. Dies wird in dieser Arbeit dargestellt werden. Zugleich soll immer wieder der Blick auf Weggefährten Marums in der Politik geworfen werden, die ebenfalls dem Judentum entstammten. Sowohl in der Karlsruher Kommunalpolitik als auch in der badischen Landespolitik – vornehmlich während der Revolutionszeit – arbeiteten andere jüdische Politiker mit. Die besondere Aufmerksamkeit gilt hier den Politikern jüdischer Herkunft, die sich wie Marum in der badischen Arbeiterpartei engagierten; es sollen aber auch die jüdischen Mitglieder bürgerlicher Parteien vorgestellt werden. Dies führt zu einer schärferen Erfassung der Persönlichkeit Marums und der Merkmale, die er mit anderen Politikern jüdischer Herkunft teilte.

Ergiebiger als dieser Vergleich mit jüdischen Politikern wird aber die Herausarbeitung von Gemeinsamkeiten zwischen der jüdischen Emanzipationsbewegung und der sozialen Protestbewegung der Arbeiterschaft sein. Für den behandelten Zeitraum soll der Stand der jüdischen Emanzipationsbewegung, ihre erreichten Erfolge, verglichen werden mit den Fortschritten, welche die Arbeiterbewegung zu verzeichnen hatte. In der vergleichenden Betrachtung gilt es, Diskrepanzen und Übereinstimmungen festzustellen, den jeweiligen Stand von Integration und Desintegration festzuhalten. Das bedeutet, dass neben der Entwicklung der badischen Arbeiterbewegung auch die des badischen Judentums zu verfolgen ist und das Ausmaß des Antisemitismus in Baden in den Blick genommen wird.

Obwohl vielfach die Jahre des wilhelminischen Kaiserreichs und der Weimarer Republik als eine Blütezeit für das deutsche Judentum bezeichnet werden, die Rede gar von einer deutsch-jüdischen Symbiose war,[23] soll am Beispiel der Biographie Marums diese These überprüft und nach frühen Spuren der Desintegration und antisemitischer Anfeindungen gesucht werden. Damit hat sich diese Arbeit ein sehr weites Themenfeld gesteckt, in dem sich die politische Biographie eines Einzelnen mit der Geschichte der Arbeiterbewegung, badischer Landesgeschichte und jüdischer Geschichte berührt. Es bleibt zu hoffen, dass ein Gesamtbild entsteht, das die Vielfalt der gesellschaftlichen Bezüge in einem Ganzen bewahrt.

---

[22] Grebing (1997), S. 19–38, hier S. 21.
[23] Vgl. Weltsch (1981). Der Autor stellt diese These in seinem Buch nachdrücklich in Frage.

Jüdische Prägungen und Integration in die Arbeiterbewegung

Bemühungen um Emanzipation und Akkulturation: Die jüdischen Vorfahren

Der schwierige Weg der Juden in die deutsche Gesellschaft

Die Lebensbeschreibung eines „Sozialdemokraten jüdischer Herkunft" hat ihre Aufmerksamkeit gleichermaßen der Geschichte der jüdischen Minderheit wie der Entwicklung der deutschen Arbeiterbewegung zu widmen, will sie ein angemessenes Bild der Einflüsse zeichnen, die sich in diesem Leben verbanden. In einer solchen Vita geht es nicht allein um eine politische Biographie, die die Leistungen und Verdienste eines Sozialdemokraten herausstellen will, sondern auch um die Fragen, die sich aus der jüdischen Herkunft des Porträtierten ergeben, und um Faktoren, die sein Leben in besondere Bahnen lenkten und es deutlich von dem eines nicht-jüdischen Politikers unterschieden.

Während das Engagement für die Sozialdemokratie Ausdruck der Freiheit und der Selbstbestimmung Ludwig Marums war, das seinen Lebensentwurf unter eine selbstgewählte Aufgabe stellte, bedeutete die jüdische Herkunft Determination, besondere Prägung, Bindung an das kollektive Schicksal der jüdischen Minderheit, das abhängig war von dem krisenhaften Verlauf der deutschen Geschichte.

Um die jüdische Problematik im persönlichen Leben und in der Politik schärfer erfassen zu können, wird die Familiengeschichte Marums in die Betrachtung einbezogen werden, so dass, über die Begrenzung der vorgegebenen Lebensdaten Marums hinaus, ein Kontinuum sichtbar wird, das die großen Linien der neueren deutsch-jüdischen Geschichte in den Vordergrund stellt. Auf diese Weise gewinnen die jüdischen Prägungen, die in der Biographie Marums eine Rolle spielten, deutlichere Umrisse. Die Kenntnis des Selbstverständnisses seiner jüdischen Vorfahren, ihrer Akkulturationsleistung, ihres erreichten Grades der Integration in die nicht-jüdische Gesellschaft schärft sowohl die Wahrnehmung der Prämissen, der Startbedingungen, die Marums Leben bestimmten, als auch den Blick für die Traditionen, die in der Familie gepflegt wurden.

Die Familiengeschichte lässt sich bis in das ausgehende 18. Jahrhundert zurückverfolgen und führt damit in die Zeit, als die Debatte um die Emanzipation mit ihren vielfältigen Implikationen anhob.[1] Die Anfänge dieser Familiengeschichte verweisen auf den südwestdeutschen Raum der Pfalz und des Großherzogtums Baden, auf eine Region, in

---

[1] Für die hier angeführten Zusammenhänge von Emanzipation, Assimilation und sozialer Integration kann nur ein einführender Überblick gegeben werden. Eine klare Übersicht über Literatur und Forschungsstand zu dieser Thematik findet sich bei: Maurer (1992); Volkov (1994). Weiterhin sei noch auf die folgenden grundlegenden Arbeiten verwiesen: Grass/Koselleck (1975), S. 153–197; Liebschütz (1977); Grab (1980); Schoeps (1992); Schoeps (1996); Grab (2000); Grab (1991); Jersch-Wenzel (1974).

der sich unterschiedliche Modelle der Judenemanzipation durchsetzten. Die ersten namentlich bekannten Vorfahren Marums lebten in einer Umbruchsphase, in der jüdisches Leben einem grundlegenden Wandel unterworfen war und sich für die Mehrheitsgesellschaft erstmals eine „jüdische Frage" stellte.[2] Dabei handelte es sich um das Bedürfnis nach einer Neubestimmung der Position der jüdischen Minderheit in der Gesellschaft. Dieses Problem wurde erst am Ende des 18. Jahrhunderts aufgeworfen, in der Phase bürgerlicher Revolutionen, die eine tiefe Zäsur bedeuteten und auch für die Juden den Beginn der Moderne einleiteten.[3]

Das bürgerliche Programm des Liberalismus führte dazu, dass die Frage nach der Stellung des Juden unter neuen Prämissen diskutiert wurde. Die bürgerlichen Ordnungsvorstellungen ließen es nicht zu, dass die bisherigen Existenzbedingungen der jüdischen Minderheit aufrechterhalten blieben.

Diese lebte abgesondert von der Mehrheit unter der Herrschaft eines Sonderrechts, wirtschaftlich eingeschränkt und in ihren persönlichen Rechten beschnitten. Die Verbindungen zu ihrer nicht-jüdischen Umwelt waren reduziert auf das notwendige Minimum, echte soziale Kontakte wurden ausschließlich im Kreis der jüdischen Gemeinschaft gepflegt. Die dort gewachsenen sozialen Bindungen, die engen verwandtschaftlichen Verhältnisse schmolzen die jüdische Minderheit zu einer fest gefügten sozialen Einheit zusammen, deren Alltag von der strengen Beachtung der Ritualgesetze bestimmt wurde, deren Lebensrhythmus durch den jüdischen Festkalender strukturiert wurde. Sie bildete eine eigenständige Kultur aus, die sich in ihren wesentlichen religiösen Bildungsinhalten, dem daraus abgeleiteten Werte- und Normensystem, einer eigenen Sprache, besonderen Gebräuchen und einer spezifischen Kunstproduktion zeigte.

Die jüdische Minderheit lebte also in deutlicher Absonderung von der christlichen Mehrheit. Dieser Status wurde von den Juden weitgehend akzeptiert, erst im Verlauf des 18. Jahrhunderts zeichnete sich hier eine Änderung ab, deren erster Ausdruck die Bewegung der jüdischen Aufklärung war. In der besonderen jüdischen Tradition und Lebensweise lag aber nur einer der Gründe für die Randexistenz der jüdischen Minderheit, ihre eigentliche Isolation wurde erst bewirkt durch die diskriminierenden Bestimmungen, welche die christliche Welt ihr seit dem Mittelalter auferlegte und die sich vor allem auf ihre Wirtschaftstätigkeit, räumliche Absonderung in den Städten und Dörfern und ihren Rechtsstatus bezog. Dieser war durch ein Sonderrecht geregelt, das wesentlich von den fiskalischen und ökonomischen Interessen des Souveräns bestimmt wurde.

Belastet wurde das Verhältnis zwischen Minderheit und Mehrheit durch die überwiegend negative Beurteilung der jüdischen Gemeinschaft: Antijudaistische Vorurteile gegenüber der Religion verbanden sich mit der Abwertung der moralischen Qualität und

---

[2] Vgl. Toury (1966), S. 85–106.
[3] Heinrich Graetz setzt den Beginn des modernen Judentums mit Moses Mendelssohn an; ihm folgen in dieser Einschätzung eine große Zahl der Historiker/innen, die sich mit deutsch-jüdischer Geschichte beschäftigen. Vgl.: Graetz (1873–1900), hier Bd. VI, S. 124. Zur Kontroverse um den Beginn der Moderne für das europäische Judentum vgl. Volkov (1994), S. 86–89; Meyer (1975), S. 329–338.

sittlichen Einstellung jüdischer Menschen und der Herabsetzung einer als fremd und minderwertig empfundenen jüdischen Kultur. Die Mehrheitsgesellschaft konstruierte ein Bild der Minderheit, in dem die Komponenten des ganz Anderen, Fremden, Minderwertigen dominierten.

All das sollte sich nach den Vorstellungen bürgerlicher Neuerer grundlegend ändern, das Verhältnis von Minderheit und Mehrheit sollte auf neue Grundlagen gestellt werden und die Beurteilung der Minderheit aus einer vorurteilsfreien Haltung heraus erfolgen. Die Widersprüche zwischen den Postulaten der bürgerlichen Aufklärung und den Existenzbedingungen der Juden sollten beseitigt werden, dies markierte einen Wendepunkt in der Beziehungsgeschichte zwischen Minderheit und Mehrheit.

Impulse zu einer Änderung erfolgten von beiden Seiten. Auch innerhalb der jüdischen Minderheit war in der zweiten Hälfte des 18. Jahrhunderts eine Öffnung gegenüber ihrer nicht-jüdischen Umwelt zu verzeichnen und ein zunehmendes Interesse an den Inhalten säkularer, humanistischer Bildung.[4] Diese Öffnung war allerdings auf das Judentum in den urbanen Zentren beschränkt und bezog sich nicht auf die Kreise des Landjudentums, dem die Familie Marum an der Wende des 18. zum 19. Jahrhundert angehörte.

Das bürgerliche Programm sah entscheidende Verbesserungen für die Situation der Juden vor. Die Begrenzung ihrer persönlichen Freiheit sollte ebenso aufgehoben werden wie ihre wirtschaftliche Diskriminierung, sie sollten nicht länger als „Fremde" angesehen werden, sondern als gleichberechtigte Mitglieder der Nation.[5] Das aufgeklärte Bürgertum respektierte das Heimatrecht der Juden, das ihnen durch ihr über Generationen währendes Leben auf dem Territorium des Landes zugesprochen werden musste. Nach Auffassung des Liberalismus stellte ihre andere Religion keine ausreichende Legitimation dar, sie aus dem Kollektiv der Nation auszuschließen. Entscheidend sei vielmehr ihr subjektiver Wille zur Integration, ihr Empfinden der Zugehörigkeit, ihre Akzeptanz der bürgerlichen Rechts- und Staatsordnung, die sie als Mitglieder der Nation auswies.[6] Intendiert war, ein neues gesellschaftliches Ganzes zu schaffen, in dem die bisherigen Grenzen zwischen Minderheit und Mehrheit aufgehoben sein würden.

Die jüdische Emanzipation stellte in dem tiefgreifenden Umwälzungsprozess von der ständisch-feudalen zur bürgerlich-kapitalistischen Gesellschaft nur ein Teilgeschehen dar,

---

[4] Die Kreise der jüdischen Aufklärung, der Haskala, um Moses Mendelssohn, geben dafür ein herausragendes Beispiel. Die Frage war jedoch, welches Gewicht diese innerjüdischen Aktivitäten für den Eintritt des Wandels hatten. Vielfach werden die äußeren Einflüsse, nämlich die Herausbildung und Durchsetzung der bürgerlichen Gesellschaft, als das entscheidende Movens für den Übergang des Judentums in die Moderne gesehen.
Vgl. Volkov (1994), S. 88. Zur Kontroverse um das Gewicht der äußeren Bedingungen für den Wandel vgl. auch: Stern, 1986.

[5] Hannah Arendt weist auf die besondere Rolle des Nationalstaats für die neue Position des Judentums in der bürgerlichen Gesellschaft hin.
Vgl. Arendt (1955).

[6] Das Verständnis der Deutschen von der Nation als „Kulturnation" warf dagegen Probleme für die Integration der Juden auf. Vgl. Kapitel: „Jüdisches Leben im Kaiserreich: Fortschreitende Akkulturation und erneute Ausgrenzung" dieser Arbeit.

das in direkter Abhängigkeit zu den Formen stand, die der bürgerliche Transformationsprozess annahm.[7] In den Ländern, in denen das Bürgertum im revolutionären Aufbegehren seine neuen Ordnungsvorstellungen durchsetzte, wie in den Niederlanden, Nordamerika und Frankreich, sollte sich das Modell der Judenemanzipation durchsetzen, das die sofortige rechtliche Gleichstellung vorsah. In den Ländern, wie Deutschland und Österreich, in denen das Bürgertum die politische Macht im 19. Jahrhundert nicht in einer Revolution erkämpfen konnte, gestaltete sich die Emanzipation als ein Prozess und zog sich über ein Jahrhundert hin. Sein Fortschreiten und sein Erfolg war gebunden an die Dynamik der bürgerlich-liberalen Bewegung. Diese erreichte in der Revolution von 1848/49 ihren Kulminationspunkt, das Scheitern der Erhebung führte in Deutschland zu einer obrigkeitsstaatlichen Lösung, die den Nationalstaat nur mit beschränkter Beteiligung der bürgerlich-liberalen Kräfte herstellte.

Die ersten Schritte auf dem Weg der Judenemanzipation in Deutschland wurden in der Zeit der Revolutionskriege und der napoleonischen Ära im Südwesten unternommen. Die Eroberung und Besetzung des linken Rheinufers durch die Franzosen ließ die Juden in der Pfalz, in der die väterlichen Vorfahren Marums lebten, in den Genuss der vollen, sofortigen Gleichstellung kommen.[8] Auch die mütterlichen Vorfahren Marums, die in Baden angesiedelt waren, sollten sehr früh die politische Umsetzung des Emanzipationsgedankens erfahren. In Rheinbundstaaten wie dem neu gebildeten Großherzogtum Baden wurden erste Emanzipationsedikte erlassen. Dem badischen Konstitutionsedikt von 1808[9] folgte in Preußen 1812 ein Gesetz zur „bürgerlichen Verbesserung der Juden", das Teil der Stein-Hardenbergschen Reformen war. Stein und Hardenberg hatten die Modernisierung der preußischen Gesellschaft als notwendige Antwort auf die vernichtende Niederlage gegen Napoleon erkannt. Alle diese frühen Emanzipationsedikte bewahrten entwürdigende Ausnahmebestimmungen und setzten lediglich erste Anfänge in dem Prozess der „bürgerlichen Verbesserung der Juden."[10]

Der Neuanfang in der deutschen Entwicklung, den der Wiener Kongress von 1815 und die Schaffung des Deutschen Bundes markierte, sollte für die deutschen Juden wenig Relevanz haben. Zwar enthielt die Bundesakte den programmatischen Artikel 16, der den Genuss der bürgerlichen Rechte in Aussicht stellte, er fand jedoch in der Zeit der Reaktion keine Beachtung,[11] so dass die Juden ebenso wie die liberale Bewegung insgesamt in ihrem Freiheitsbegehren von den deutschen Fürsten frustriert und enttäuscht wurden. Erst nach 1830, als die liberale Bewegung an Stärke gewann, wurde auch die Judenemanzipation erneut thematisiert. Der Wortführer des liberalen Judentums Gabriel Riesser

---

[7]   Vgl. Grab (1991); Katz (1986).
[8]   Im „décret infâme" von 1808 wurde auf Veranlassung Napoleons aber bereits Einschränkungen gemacht, judenfeindliches Denken fand hier schon wieder seinen Niederschlag. Vgl. Kapitel „Die väterliche Linie" dieser Arbeit.
[9]   Vgl. Rürup (1975), S. 37-73.
[10] Vgl. Volkov (1994), S. 20.
[11] Vgl. Kosseleck (1975), S. 183.

setzte sich vehement für die Gleichstellung der Juden in der Zeit des Vormärz ein. In dieser Phase des aufstrebenden, nach politischer Partizipation ringenden deutschen Bürgertums erhielt die „jüdische Frage" zentralen Stellenwert. Der von der Paulskirche deklarierte Grundrechtskatalog erklärte folgerichtig in Artikel 146 die Unabhängigkeit der staatsbürgerlichen Rechte vom Bekenntnis, womit die Gleichstellung der deutschen Juden vollzogen war.[12] Die Niederlage der Revolution machte diesen Schritt nicht nur rückgängig, sondern leitete ein Jahrzehnt der Repression aller freiheitlichen Bestrebungen ein, in dem auch die Bemühungen um die Judenemanzipation stagnierten. Erst in den 1860er Jahren zeichnete sich eine Wende ab, als die Industrialisierung sich auch in Deutschland mit Macht durchsetzte und der bürgerlich-liberalen Bewegung neue Durchschlagskraft verlieh, so dass die letzten Hindernisse für eine marktwirtschaftliche Ordnung weichen mussten und der Trend der Liberalisierung sich durchsetzen konnte. Damit war auch der Weg frei für die endgültige Verwirklichung der Judenemanzipation: Die Einzelstaaten schritten auf diesem Weg voran – Baden deklarierte die Gleichstellung bereits im Jahre 1862, der Norddeutsche Bund folgte im Jahre 1869, als er in seiner Verfassung festhielt, dass alle Rechtsbeschränkungen aufgehoben seien, die aus der Verschiedenheit der Bekenntnisse resultierten. Diese Regelung wurde zwei Jahre später in die Verfassung des Deutschen Reiches übernommen. Damit schien die „jüdische Frage" in der Gewährung der Rechtsgleichheit ihre Lösung und einen endgültigen Abschluss gefunden zu haben.

Eine genauere Beschäftigung mit der geschaffenen Rechtslage lässt jedoch Mängel hervortreten, die den positiven Eindruck zerstören. Ein wesentliches Defizit lag darin, dass es sich ausschließlich um eine Emanzipation von Individuen handelte, die zwar dem einzelnen jüdischen Bürger die Gleichheit vor dem Gesetz garantierte, aber nicht die Gleichstellung der religiösen Gemeinschaft mit den christlichen Konfessionen vorsah. In dieser verweigerten Gleichberechtigung der jüdischen Religionsgemeinschaft drückte sich die Fortdauer antijudaistischer Vorurteile aus, die dem Judentum nur den Rang einer geduldeten Religion zusprach.

Die unvollendete Emanzipation zeigte ihre Auswirkungen im staatlichen und gesellschaftlichen Leben. Der von den preußisch-konservativen Eliten unter zentraler Mitwirkung des Militärs geschaffene deutsche Nationalstaat hielt weiterhin am christlichen Staatsverständnis[13] fest und vermied die konsequente Trennung von Kirche und Staat. Das führte dazu, dass den Juden weiterhin die höhere staatlichen Laufbahnen in Bürokratie, Heer, Justiz, Hochschulwesen verschlossen blieben, dass ihnen die gleichen Aufstiegschancen bis in die Spitzenpositionen im öffentlichen Dienst verweigert wurden. Die Fortdauer der Diskriminierung von Juden wurde wesentlich vom Staat und den ihn beherrschenden politischen Kräften verursacht, eine Änderung konnte hier nur durch den

---

[12] Ebenda, S. 180.
[13] Friedrich Julius Stahl – ein konvertierter Jude – begründete die Doktrin vom christlichen Staat im frühen 19. Jahrhundert erneut und lieferte damit die Legitimationsbasis für das moderne, aufsteigende Preußen, das dennoch am traditionellen Staatsverständnis festhielt.

Wandel der politischen Verhältnisse, durch die Schaffung einer parlamentarischen Demokratie, die von einem laizistischen Staatsverständnis getragen wurde, herbeigeführt werden. Auch in diesem Punkt erwies sich erneut, dass die Durchsetzung der vollen Judenemanzipation und die Verwirklichung der liberalen Demokratie lediglich „zwei Seiten einer Medaille"[14] darstellten. Als Verfechter dieser Ziele traten im deutschen Kaiserreich das linksliberal eingestellte Bürgertum und die Arbeiterbewegung auf, die beide im obrigkeitsstaatlich bestimmten politischen Klima des Kaiserreichs zu den oppositionellen Kräften zählten und ihre Forderungen nicht durchsetzen konnten.

Der Behauptung des Obrigkeitsstaates im Deutschen Reich entsprach in der Gesellschaft die Dominanz einer autoritär geprägten politischen Kultur, die Ausprägung und Verfestigung der Untertanenmentalität und ein empfindlicher Mangel an kritischem Geist. Dies war der Ausdruck der Schwäche der demokratischen Kräfte, die die liberalen Leitbilder und demokratischen Bewusstseinsformen nicht hatten durchsetzen können. Was die Einstellung zur jüdische Minderheit betraf, so trat auch hier kein einschneidender Bewusstseinswandel ein, latente Vorurteile und Ressentiments blieben erhalten, zumal die Emanzipation nicht von breiten Volksschichten erkämpft, sondern als Dekret der alten Obrigkeiten verfügt worden war. Die Gleichstellung der Juden in Deutschland basierte daher nicht auf einem gesellschaftlichen Konsens, der den entschiedenen Willen zum Neuanfang und die vollkommene Bereitschaft zur Akzeptanz bisher diskriminierter Menschen zum Inhalt hatte. Die Emanzipation blieb eine „unvollendete".[15]

Die väterliche Linie

Ludwig Marum wurde am 5. November 1882 in Frankenthal, einem Städtchen in der Nähe von Worms, geboren und somit in einer Gegend, welche die ältesten jüdischen Siedlungen im deutschen Raum verzeichnet. Die Familie Marum trug einen für das deutsche Judentum bedeutungsvollen Namen, der sich auf eine der bekanntesten jüdischen Persönlichkeiten des Mittelalters bezog, den Rabbi Meir ben Baruch aus Rothenburg (ca. 1220–1293). Der Name Marum leitet sich ab aus dem hebräischen Abkürzungsnamen für Rabbi Meir, der MHRM (MaHaRaM) lautete und aus den Anfangsbuchstaben der hebräischen Worte „Morenu Haraw Rabbi Meir" gebildet war.[16] Dieser Name beinhaltete die respektvolle Bezeichnung: „der verehrte Lehrer Rabbi Meir". Der ursprünglich unter seinen Nachfahren als Vorname benützte Abkürzungsname hielt die Erinnerung wach an einen bedeutenden Gelehrten, Rechtslehrer und Rabbiner des Mittelalters, der in verschiedenen Städten wie Rothenburg, Augsburg, Nürnberg, Worms und Mainz wirkte. Rabbi Meir war Verfasser talmudischer Schriften, begehrt im In- und

---

[14] Vgl. Grab (2000).
[15] Ebenda, S. 236.
[16] Brilling (1970), S. 99–125, hier S. 100.

Ausland für seine Rechtsauslegungen, berühmt auch als Autor synagogaler Poesie.[17] Es ist nicht gewiss, ob Marum die Bedeutung seines Namens und die Person des Rabbi Meir kannte. Fast 600 Jahre trennten die beiden Persönlichkeiten, merkwürdigerweise ergaben sich jedoch einige Parallelen in ihren Lebenswegen, die sich nicht nur auf das öffentliche Wirken und die Rechtsgelehrsamkeit beziehen, sondern vor allem auf ihr Schicksal in den letzten Lebensjahren. Rabbi Meir– bedrückt von der wachsenden Judenfeindschaft – war bei dem Versuch der Auswanderung nach Palästina festgenommen und als Gefangener des Kaisers Rudolf von Habsburg im Turm von Ensisheim (Elsass) mehrere Jahre interniert worden. Das Angebot seiner Freunde, ihn freizukaufen, schlug er aus, im Wissen, damit einen Präzedenzfall zu schaffen, der zur Gefangennahme begüterter Juden aufforderte.[18] Auch Marum sollte sein letztes Lebensjahr in der Haft verbringen und – aus Verantwortungsbewusstsein für die Arbeiterschaft und seine Mithäftlinge – ein Fluchtangebot ausschlagen. Sowohl Rabbi Meir als auch Marum beendeten ihr Leben in Gefangenschaft, ausgesetzt einer aufgeheizten judenfeindlichen Stimmung.[19]

Im kollektiven Gedächtnis der Familie Marum bezog sich die Erinnerung jedoch nicht auf die aschkenasischen Wurzeln des Mittelalters; die Familie ordnete sich vielmehr in eine sephardische Tradition ein. Man glaubte von spanischen Juden abzustammen, die, 1492 aus Spanien vertrieben, ihren Weg über Holland nahmen und schließlich nach Deutschland gekommen waren. Diese Annahme lässt sich aus den Quellen aber nicht bestätigen. Vielmehr deutet die Verbreitung des Namens Marum im süddeutschen, schweizerischen und elsässischen Raum auf eine aschkenasische Herkunft hin.[20] Marum war sich darüber allerdings nicht im klaren. Aus der Haft schrieb er, sich bewusst mit dem Leidensweg der Juden identifizierend, an seine Frau: „Ich leide nicht mehr als meine Vorfahren. Diese traten vom Christentum in Spanien wie Tausende zum Judentum über, wurden im 13. Jahrhundert vertrieben, flüchteten nach den Niederlanden, mussten dort wieder ihres Glaubens wegen im 16. Jhdt. fliehen und fanden eine Heimat in Deutschland."[21] Schon die fehlerhafte Wortwahl, die Verwechslung der Termini „Juden" und „Christen", die falsche Zeitangabe deuten darauf hin, dass es sich um kein sicheres Wissen, sondern um mündliche Überlieferung in der Familie handelte, einer Familie, die allerdings als zentrale Erfahrung Verfolgung, Ausweisung und Wanderung im Gedächtnis bewahrte.

Die Genealogie der Familie Marum lässt sich bis in die Mitte des 18. Jahrhunderts zurückverfolgen und führt in den ländlichen Raum der Pfalz, in das Nahetal, wo die Marums in dem kleinen Ort Waldböckelheim – gelegen zwischen Sobernheim und Bad

---

[17] Vgl. Wininger (1979), S. 313–315.
[18] Ebenda, S. 314.
[19] Rabbi Meirs Leiche wurde einige Jahre nach seinem Tod nach Worms überführt, wo er seine endgültige Grabstätte fand. Auch Marums Asche sollte erst 50 Jahre nach seinem Tod in der Stadt seines politischen Wirkens ihre letzte Ruhe finden.
[20] Vgl. Brilling (1970), S. 99 ff.
[21] Marum-Lunau/Schadt (1984), S. 85 f. Brief vom 17.7.1933.

Kreuznach – nachweisbar sind.[22] Nach dem Dreißigjährigen Krieg und dem verheerenden Pfälzischen Erbfolgekrieg setzten verstärkt Wanderungsbewegungen in die entvölkerten Landstriche der Pfalz ein, zu denen auch der Zuzug jüdischer Familien zählte.[23] Im Zuge der Binnenmigration registrierte man in der Mitte des 18. Jahrhunderts auch die Familie Marum unter den Neuankömmlingen in der Pfalz.[24]

Die berufliche Tätigkeit der Juden war um die Mitte des 18. Jahrhunderts noch vielfachen Restriktionen unterworfen und ließ ihnen in den ländlichen Regionen fast nur die Möglichkeit des Handels offen. So handelten die Pfälzer Juden vornehmlich mit Textilien, Leder, Vieh und den landwirtschaftlichen Produkten der Pfalz wie Tabak, Wein und Getreide. Die Juden übernahmen die Vermittlung landwirtschaftlicher Produkte in die Stadt und richteten sich in einer Nische ein, die von den Christen noch nicht besetzt worden war.

Die Familie Marum aus Waldböckelheim betätigte sich als Weinhändler, Seifensieder, im Handel mit Ländereien und Immobilien.[25] Als Ahnherr der Familie gilt ein gewisser Marum Coppel, der als Fuhrmann in den frühen 90er Jahren des 18. Jahrhunderts bei einem Wagenunglück den Tod fand.[26]

Zu diesem Zeitpunkt änderten sich die politischen Verhältnisse in der Pfalz entscheidend. Nach dem Sieg Napoleons fielen die linksrheinischen Gebiete an Frankreich, was für die Pfälzer Juden die sofortige und vollkommene Einführung der rechtlichen Gleichstellung bedeutete. Dies trug zum Selbstbewusstsein der Juden, die sich nun auch auf wirtschaftlichem Gebiet frei entfalten konnten, erheblich bei. Die Familie Marum erwarb in diesen Jahren einen gewissen Wohlstand, der daraus ersichtlich wurde, dass sie Ländereien aus dem Besitz des Klosters Sponheim aufkaufte.[27] Nach der Niederlage Napoleons fiel die Rheinpfalz 1815 an Bayern, das die Gleichstellung der Juden nicht zurücknahm, sondern ihre Rechte bestätigte.[28] Die Juden der Rheinpfalz durften, anders als ihre Glaubensgenossen in den rechtsrheinischen Gebieten, das aktive und passive Wahlrecht wahrnehmen, auch wenn letzteres reduziert war auf die Kandidatur in den Kommunalparlamenten.[29]

---

[22] Vgl. Marum-Lunau/Schadt (1984), S. 18.

[23] Die Darstellung des Pfälzer Judentums stützt sich im wesentlichen auf die folgenden Veröffentlichungen und die darin enthaltenen Aufsätze: Kuby (1988). Darin: Kreutz, W: „Die Entwicklung der Berufs- und Sozialstrukturen der Pfälzer Juden (1818–1833)", S. 10ff.; ders.: Pfälzer *Judentum gestern und heute*. Beiträge zur Regionalgeschichte des 19. und 20. Jahrhunderts. Neustadt a.d.W. 1989; Hermann, Arnold: *Juden in der Pfalz*. Vom Leben pfälzischer Juden. Landau Pf. 1986.

[24] Vgl. Stammbaum der Familie Marum, Privatbesitz Berkemann, Sobernheim.

[25] Forschungen Berkemann, Sobernheim, mündliche Auskunft.

[26] Ebenso.

[27] Ebenso. Im Jahr 1815, nach Beendigung der Napoleonischen Kriege, erhob die christliche Kirchengemeinde eine Nachforderung an die Familie Marum, der auch Folge geleistet wurde.

[28] Vgl. Kreutz (1988), S. 15. Diese Rechte wurden in einem Zusatzartikel zur bayerischen Verfassung von 1818 festgehalten.

[29] Daneben hatten sie dieselben Pflichten wie ihre Mitbürger – vor allem die Wehrpflicht – zu erfüllen.

Dieser früh errungene Fortschritt in ihrer Emanzipation sollte sich jedoch für die Pfälzer Juden und die Marums nicht als dauernder Erfolg durchsetzen. Schon in der Zeit unter Napoleon war die Judenemanzipation in wesentlichen Teilen zurückgenommen worden, antijudaistischer Zeitgeist triumphierte über den aufklärerischen Gedanken der Emanzipation. Dies fand seinen Niederschlag in dem napoleonischen „Décret infâme" des Jahres 1808.[30] Dort war festgelegt, dass jüdische Händler, um ihren Beruf auszuüben, eines besonderen Moralitätspatentes, das jährlich zu erneuern war, bedurften. Alte Vorurteile, die den Juden betrügerische Praktiken unterstellten, fanden hier ihren Niederschlag und führten dazu, dass man die Gewerbefreiheit für jüdische Händler einschränkte und an einen „guten Leumund" knüpfte. Die Handelslizenz konnte den Juden, wenn das jährlich vorzulegende Moralitätspatent fehlte, entzogen werden.

Auch die Vorfahren Ludwig Marums mussten, um ihren Beruf ausüben zu können, den jährlichen Nachweis der „Rechtschaffenheit" erbringen, was eine offene Zurücksetzung und Diskriminierung gegenüber ihren christlichen Mitbürgern bedeutete. Weiterhin wurde die Ehe zwischen Juden und Christen verboten, auch dies ein Ausdruck der verbreiteten Vorurteile gegen Juden. Das „Décret infâme" war auch in der Zeit bayerischer Herrschaft gültig, seiner Aufhebung galten die Bemühungen jüdischer Demokraten in der ersten Hälfte des 19. Jahrhunderts.[31]

Der Forderung nach der Assimilation der jüdischen Bevölkerung in die christliche Gesellschaft kam das napoleonische Namensdekret vom 20. Juli 1808 nach.[32] Es schrieb die Annahme eines ordentlichen Vor- und Familiennamens fest. Die jüdischen Familien hatten den ihnen bisher oftmals fehlenden Familiennamen zu deklarieren. Der Sohn des verunglückten Fuhrmanns Marum Coppel aus Waldböckelheim, Herz, ließ im Jahr 1808 den Familiennamen Marum amtlich registrieren. Sein eigener Vorname und der seines Sohnes Koppel lauteten nun in der christlich assimilierten Form:[33] Heinrich und Jakob. Die Männer trugen nun Vornamen, die nicht nachdrücklich auf die jüdische Herkunft hinwiesen, während der Familienname ganz selbstverständlich die jüdische Identität bewahrte. Akkulturationswille wurde hier ebenso deutlich wie die Beharrung auf dem jüdischen Selbstbild.[34]

Einige der Nachkommen des Heinrich Marum verließen Waldböckelheim und suchten in größeren Orten der Pfalz ihr Auskommen. Der Sohn Amschel ließ sich im benachbarten Sobernheim nieder, wo seine Nachfahren schließlich in die wirtschaftlich führende

---

[30] Das Dekret wurde am 17.3.1808 erlassen. Vgl. Kreutz (1988), S. 14.

[31] Vgl. Karch, Helga: „Die politische Partizipation der Juden in der Pfalz". In: Kuby (1988). Das Dekret wurde in Bayern im Jahr 1851 hinfällig, als die völlige rechtliche Gleichstellung in einem Gesetz vom 29.6.1851 festgehalten wurde. Vgl. Arnold (1986), S. 71.

[32] Vgl. Arnold (1986), S. 72 und Kuby (1989), S. 85.

[33] Quellenmaterial Privatbesitz Berkemann, Sobernheim.

[34] Arnold (1986) weist darauf hin, dass nicht alle jüdischen Männer christlich klingende Vornamen annahmen. Vgl. S. 75.

Schicht des Ortes aufstiegen.[35] Sein Bruder Jakob siedelte in das weiter entfernt liegende Frankenthal über, wo er zum Ahnherrn eines neuen Zweigs der Familie Marum wurde.

Dieser Jakob, der Urgroßvater Ludwig Marums, kam im Jahr 1825 als junger Mann nach Frankenthal, um die aus einem vermögenden jüdischen Haus stammende Eva Heymann zu heiraten.[36] Auch Jakob wird über ein Startkapital, das er aus Waldböckelheim mitbrachte, verfügt haben, um als respektabler Schwiegersohn der Familie Heymann in Erscheinung treten zu können. Es fehlen Quellen darüber, welchem Beruf Jakob und sein Schwiegervater nachgingen, zu vermuten ist, dass auch sie in der Handelsbranche tätig waren. Für diesen Wirtschaftszweig bot die Stadt Frankenthal außerordentlich günstige Bedingungen durch ihre zentrale Lage zwischen Mannheim und Mainz und durch den Anschluss an einen Kanal, der die Stadt mit der internationalen Wasserstraße des Rheins verband.[37] Frankenthal zählte im Jahr 1802 3 262 Einwohner, damit erreichte es lediglich eine Größenordnung, die ihm nur den Rang einer kleinen Provinzstadt zubilligte.[38] Als Jakob Marum in die Stadt übersiedelte, gehörte sie seit über einem Jahrzehnt zur bayerischen Rheinpfalz, in der sie als Bezirksstadt einen Verwaltungsmittelpunkt bildete. Frankenthal blickte jedoch auf eine glanzvollere Geschichte unter kurpfälzischer Herrschaft zurück, als sie ihr in den Jahren des bayerischen Regiments beschieden war. 1577 als Exulantenstadt begründet, die vertriebenen holländischen Calvinisten Zuflucht bot,[39] wurde es 1600 zur Festung ausgebaut, was es allerdings vor einschneidenden Niederlagen während der Kriege des 17. Jahrhunderts nicht bewahren konnte. Während des 30-jährigen Krieges war die Stadt von Spanien besetzt. 1689, während des Pfälzischen Erbfolgekrieges, wurde sie völlig zerstört. Die eigentliche Blütezeit Frankenthals fiel ins 18. Jahrhundert, als es durch seine weithin bekannte Porzellanmanufaktur zur Musterstadt des kurpfälzischen Merkantilismus aufstieg. In dieser Zeit

---

[35] Dies gelang ihnen, als sie 1865 dort eine Strumpffabrik gründeten, die bis zu ihrer „Arisierung" 1939 der größte Arbeitgeber am Ort war und ca. 800 Leute beschäftigte. (Auskunft über die Strumpffabrik gibt eine erhalten gebliebene Broschüre.) Ihr letzter Besitzer, Alfred Marum, nahm im sozialen Leben der jüdischen Gemeinde und des Ortes Sobernheim eine bevorzugte Stellung ein. Er war Mitglied des Gemeinderates und Vorsteher der Jüdischen Gemeinde. Dieselben Ämter hatte schon sein Vater Moritz inne. Dies zeigt, dass es der Sobernheimer Linie der Familie Marum gelungen war, ohne Aufgabe ihrer jüdischen Identität eine geachtete Stellung im sozialen Gefüge des Ortes zu behaupten.

[36] Vgl. Marum-Lunau/Schadt (1984), S. 18.

[37] Zur Geschichte Frankenthals vgl. Maus (1969).

[38] Vgl. Maus (1969), S. 121.

[39] Hier sei kurz auf entscheidende Entwicklungen der 400-jährigen Stadtgeschichte verwiesen. (Nach Maus (1969), S. 33–71.) Das Stadtrecht hatte Frankenthal im Jahre 1577 erhalten, nachdem 1562 eine Gruppe holländischer Calvinisten unter Peter Dathenus vom Kurfürsten Friedrich III. von der Pfalz das Ansiedlungsrecht erhalten hatte. Bis zum Ausbruch des 30-jährigen Krieges entwickelte sich die Exilantengründung zu einer blühenden Kurpfälzischen Oberamtsstadt, die jedoch durch die kriegerischen Auseinandersetzungen des 17. Jahrhunderts schweren Schaden erlitt. Im 18. Jahrhundert unter Kurfürst Carl Theodor wurde die Stadt Frankenthal zu einem Zentrum merkantilistischer Wirtschaftspolitik. Hier befanden sich eine große Anzahl Manufakturen, unter denen die Porzellanmanufaktur die bekannteste war. Die Zeit der französischen Besetzung beendete die wirtschaftliche Blüte Frankenthals.

gehörte Frankenthal zu den wichtigsten Städten der Kurpfalz, deren Stadtbild im barocken Stil ausgebaut wurde. Während der französischen Herrschaft verlor die Stadt an wirtschaftlicher Bedeutung, die Bürger genossen allerdings die Errungenschaften der Revolution und die rechtlichen Zusicherungen des Code Napoléon. Zu Beginn des 19. Jahrhunderts wurde die soziale Struktur der Stadt wesentlich geprägt durch die in der Bezirksverwaltung tätige Beamtenschaft und durch die Kaufmannschaft, welche die verkehrsgünstige Lage der Stadt für den Ausbau des Handels nutzte. Erst am Ende des 18. Jahrhunderts war einigen jüdischen Familien das Niederlassungsrecht in der Stadt gewährt worden, 1771 gilt als das Gründungsjahr der jüdischen Gemeinde, die zu diesem Zeitpunkt nur wenige Familien umfasste.[40] Als Jakob Marum 1825 in die Stadt kam, belief sich die jüdische Minderheit, Schätzungen zufolge, auf circa 150 Personen, was einem Bevölkerungsanteil von 2% entsprach.[41] Zu Beginn des 19. Jahrhunderts schuf sich die Gemeinde eigene kultische Einrichtungen in Frankenthal. Im Jahre 1827 wurde eine Mikwe gebaut,[42] 1826 konnte die Gemeinde auf dem christlichen Friedhof ein eigenes Begräbnisareal erwerben.[43] Erst am Ende des Jahrhunderts verfügte die jüdische Gemeinde über genügende finanzielle Mittel und ausreichenden politischen Einfluss, um die Frankenthaler Synagoge zu errichten, die im Jahr 1885 fertiggestellt wurde.[44]

Die Familie Heymann, aus der die Ehefrau Jakob Marums stammte, gehörte zu den ältesten Frankenthaler jüdischen Familien. Sie erwarb einen gewissen Wohlstand und zeigte schon in der ersten Hälfte des 19. Jahrhunderts ausgeprägte Assimilationsbestrebungen. Dies wurde vor allem deutlich in dem bis heute erhalten gebliebenen Grabmal von Sara und Abraham Heymann, den Schwiegereltern Jakob Marums. Das beim Tod Abrahams 1850 errichtete Grabmal fällt durch seine Größe und prachtvolle Gestaltung auf. Ein unorthodoxer Grabstein im Stile des Biedermeier bildet einen Sockel, auf dem zwei Sandsteinpfeiler stehen, in deren Zwischenraum sich eine kunstvoll gestaltete, überdimensionale Urne befindet. In der für jüdische Traditionen unüblichen Gestaltung des Grabmals äußerte sich die Assimilationsbereitschaft der Familie Heymann, welche die bürgerlichen Kunstauffassung der nicht-jüdischen Gesellschaft angenommen hatte.[45]

Jakob Marum war in Frankenthal kein Glück beschert, er starb, nachdem er erst drei Jahre in der Stadt gelebt hatte, 1828, und hinterließ eine Frau und zwei Söhne, Markus und Heinrich. Die beiden Brüder wuchsen in der Familie Michael Thalmanns heran, mit dem die Mutter eine zweite Ehe eingegangen war.[46] Als junge Erwachsene erlebten sie den ökonomischen Aufstieg der Stadt im Zuge der einsetzenden Industrialisierung, die sie mit

---

40 Vgl. Lamann (1963).
41 Vgl. Arnold (1986); S. 22.
42 Vgl. Morlock (1981), Ausgabe vom 25.4.1981, S. 2.
43 Vgl. Lamann (1963), S. 5.
44 Vgl. ebenda.
45 Vgl. Lamann (1963), S. 5. Dort ist auch eine Photographie des Grabmals abgedruckt.
46 Vgl. Unterlagen von Elizabeth Marum-Lunau (fortan abgekürzt: EML). Jetzt im Leo-Baeck-Institut, New York.

Hilfe des ererbten Vermögens aus dem großväterlichen Erbteil zu einer eigenen Firmengründung nutzten.

Die Stadt Frankenthal verfügte über verkehrsgünstige Voraussetzungen, um an dem industriellen Aufschwung der zweiten Jahrhunderthälfte teilzuhaben. Im Jahre 1820 wurde der Rheinkanal wieder in Betrieb genommen, der den Anschluss an die zentrale Schifffahrtsstraße herstellte. 1853 erhielt Frankenthal – nach vielen Querelen – den Eisenbahnanschluss.[47] In Frankenthal siedelte sich die metallverarbeitende Industrie an und machte sie zu einem Zentrum des Maschinenbaus, in der Stadt befanden sich zwei Eisengießereien und mehrere metallverarbeitende Betriebe.[48] Der Aufstieg der Stadt spiegelte sich auch in ihren demographischen Daten wider. Während sich die Einwohnerzahl im Jahr 1850 noch auf 4 767 belief, erreichte sie 1875 die Zahl von 8 000. Das rasante Bevölkerungswachstum steigerte sich in den nächsten fünfundzwanzig Jahren noch: Im Jahr 1900 hatte sich mit 17 990 Bürgern die Einwohnerzahl im Vergleich zu 1875 mehr als verdoppelt. Am ökonomischen Aufschwung der Stadt hatte auch die kleine jüdische Gemeinde ihren Anteil, die im Jahr 1871 auf 246 Personen angewachsen war, womit sie 3,5% der städtischen Bevölkerung ausmachte. Die Frankenthaler Juden engagierten sich in der Phase der Industrialisierung nicht nur in ihrer traditionellen Branche des Handels, sondern gaben ihrer Akkulturationsbereitschaft auch durch Firmengründungen Ausdruck, die sich in das neue industrielle Gepräge der Stadt einpassten. Im Jahr 1861 betrug der jüdische Anteil an Industrie und Handwerk 16,5%, an Handel und Kreditwesen 78%. 1864 gehörten von 70 Frankenthaler Firmen 17 Juden.[49]

Die Brüder Marum zeigten wie ihre Verwandten im Nahetal wirtschaftliche Tatkraft, Innovationsbereitschaft und den ausgeprägten Willen, ihren Status als Angehörige der bürgerlichen Mittelschicht zu konsolidieren. Sie gründeten gemeinsam eine der ersten Eisenhandlungen der Stadt, in der außerdem die Fabrikation gusseiserner Öfen betrieben wurde.[50] Das Geschäft florierte, so dass der Bruder Marcus genügend Kapital ansammeln konnte, um ein eigenes Unternehmen in Mannheim aufzubauen, wohin er 1864 übersiedelte.[51] Damit ordnete sich Marcus in den Trend der Urbanisierungswelle ein, der auf die großen Handelsmetropolen wie Mannheim gerichtet war. Heinrich, der Großvater Ludwig Marums, blieb als einziges Mitglied der Familie Marum in Frankenthal und brachte es dort nach seiner Eheschließung mit Fanny Kahn[52] zu genügend Wohlstand,

---

[47] Vgl. Maus (1969), S. 118. In den Streitereien ging es um eine grenzüberschreitende Verbindung nach Worms, das zu Hessen gehörte.

[48] Zur Lage der Arbeiterschaft Frankenthals vgl.: *„Es gilt den Kampf"*. Dokumente zur Geschichte der Arbeiterbewegung in Frankenthal 1832–1849. Hrsg. v.d. Verwaltungsstelle Frankenthal der Industriegewerkschaft Metall.

[49] Vgl. Morlock (1981), Ausgabe vom 29.4.1981, S. 5.

[50] Vgl. Adress- und Geschäftsbuch der Königlich Bayerischen Stadt Frankenthal mit Umgebung 1898/99. Bearbeitet von Friedrich Joh. Hildenbrand und Wilhelm Knecht. (Werbeanzeige auf S. 61.)

[51] Unterlagen EML, Leo-Baeck-Institut, New York.

[52] Vgl. Marum-Lunau/Schadt (1984), S. 18.

um sich ein geräumiges Wohnhaus für seine sechsköpfige Familie in der Nähe des Frankenthaler Marktplatzes zu erbauen.[53] Dieses Haus sollte Marums Geburtshaus werden. Die erhalten gebliebenden Steuerlisten der jüdischen Gemeinde weisen Heinrich Marum als Vertreter des mittleren Bürgertums aus.[54]

Als junger Mann war Heinrich Marum zum Zeugen politischer Entwicklungen und Umbrüche geworden, die auch für die jüdische Minderheit von großer Bedeutung waren. Die Pfalz war ein Zentrum der vormärzlichen liberalen und demokratischen Bestrebungen, was seinen Ausdruck in der politischen Kundgebung des Hambacher Festes ebenso fand wie in einer wachsenden liberalen Agitation und in der zunehmenden Bedeutung der liberalen Presse. Auch Frankenthal entsandte eine Delegation zum Hambacher Fest. Der in ganz Deutschland bekannt gewordene Redner Philipp Jakob Siebenpfeiffer stand ebenfalls zu Frankenthal in Verbindung, dort war er mehrere Jahre als Kreisdirektionsassistent tätig gewesen. Sein Oppositionsblatt *Der Westbote* wurde in Frankenthal gedruckt.[55]

Die Pfälzer Juden verhielten sich gegenüber der erstarkenden politischen Bewegung des Liberalismus zunächst äußerst zurückhaltend, die Mehrheit von ihnen bekundete Loyalität mit dem bayerischen König,[56] in dem man den Garanten wirtschaftlicher und politischer Stabilität sah. Erst allmählich setzte unter den Juden eine politische Umorientierung ein, die zu Sympathien mit der bürgerlichen Emanzipationsbewegung führte.[57] Die Revolution von 1848/49 signalisierte auch für die Juden den Beginn einer neuen Ära: Die Forderung nach der Judenemanzipation war integraler Bestandteil der revolutionären Bewegung, erstmals erhielten Juden das aktive und passive Wahlrecht in den Wahlen zum Vorparlament und zur Frankfurter Nationalversammlung. Jüdische Parlamentarier betraten erstmals die politische Bühne. Ihre bekanntesten Vertreter wie Johann Jacoby und Gabriel Riesser waren Wortführer in der Frankfurter Paulskirche. Die Diskussion der Grundrechte hob auch die Judenemanzipation, die nun endlich Eingang in die Verfassung fand, ins allgemeine Bewusstsein.[58] Über die politische Einstellung und Beteiligung des Pfälzer Judentums fehlen bisher genaue Untersuchungen.[59] Man nimmt an, dass nur ein kleiner Teil politisch aktiv wurde und sich an den revolutionären Aktionen beteiligte.

---

[53] Die Adresse lautete (laut Adress- und Geschäftsbuch 1898/99): Färbergasse 5.
Heute bezeichnender Weise: Willy-Brandt-Anlage. Das Haus steht nicht mehr.

[54] Vgl. Stadtarchiv Frankenthal: Königliches Bezirksamt Frankenthal: Abschrift der Classifikationslisten der Israelitischen Kultusgemeinde Frankenthal im Jahr 1898/1902. FR Archiv Abt. VII, S. 9.

[55] Vgl. Maus (1969), S. 108.

[56] Vgl. Arnold (1986), S. 66. Während der Kämpfe 1848/49 betete man in einigen jüdischen Gemeinden für den bayerischen König.

[57] Vgl. Toury (1977).

[58] Vgl. Brenner (1996), S. 287–325.

[59] Vgl. Karch (1988), S. 48.

Jakob Toury sieht die Revolution als einen wichtigen Wendepunkt in der politischen Orientierung des Judentums, für das nun der Liberalismus zunehmend Attraktivität gewann, weil er die Vertretung jüdischer Interessen mit einschloss.[60] Der junge Heinrich Marum, der bei Ausbruch der Revolution 21 Jahre alt war, öffnete sich ebenfalls dem Liberalismus, der eine Beseitigung des Sonderstatus der Juden versprach. Wie sich die Frankenthaler Juden insgesamt verhielten, welches Wahlverhalten sie zeigten, ob sie sich in Bürgerwehren und Volksvereinen engagierten, darüber schweigen die Quellen. Die Frankenthaler Juden mussten allerdings nicht wie andernorts die Revolution als zwiespältiges Ereignis wahrnehmen. Im Elsaß und in Baden war es nämlich zu judenfeindlichen Ausschreitungen gekommen, die ihre Ursache in der sozialen Notlage der Bauern hatte. Von solchen Exzessen blieb die Pfalz weitgehend verschont.[61] Großen Teilen der jüdischen Bevölkerung lag daran, politisch indifferent zu bleiben, um nicht neue Aversionen auf sich zu ziehen. Besonders das jüdische Handelsbürgertum war an politischer Stabilität interessiert und stand den revolutionären Vorgängen abwartend gegenüber.[62]

Um so bemerkenswerter war die politische Option des jungen Heinrich Marum, der sich auf die Seite der Revolution stellte, was ihn während der Kämpfe um die Reichsverfassung in besondere Bedrängnis brachte. Während der Reichverfassungskampagne sagte sich die Rheinpfalz von Bayern los, in den anschließenden Kämpfen spielte Frankenthal eine nicht unbedeutende Rolle. Soldaten der Frankenthaler Volkswehr verteidigten die Mannheimer Brücke am 9. und 11. Mai 1949, wobei es ihnen gelang, einen Teil der gegnerischen bayerischen Soldaten zur Desertion und zum Wechsel auf die Seite der Revolution zu bewegen. Gegenüber der preußischen Übermacht, die einen Monat später die Pfalz überrollte, konnten die Verteidiger der Reichsverfassung allerdings nichts ausrichten. Die Preußen marschierten am 14. Juni durch Frankenthal, ohne dass man ihnen mit Waffengewalt entgegentreten konnte. Erst im nahen Ludwigshafen wurden sie zum Stehen gebracht.[63] Heinrich Marum berichtete seinem Enkel Ludwig über die Kämpfe des Jahres 1849. Dies beeindruckte den Enkel so, dass er sich in der Kislauer Haft noch an die Worte des Großvaters erinnerte und an seine Frau schrieb: „Mein Großvater von des Vaters Seite musste 1849 fliehen. Warum soll ich weniger stark sein als dieser?"[64]

---

[60] Vgl. Toury (1977). S. 72.

[61] Die Forschung ist sich nicht einige über die judenfeindlichen Ausschreitungen in der Pfalz. Nach Karch (1988) gab es keine judenfeindlichen Vorkommnisse, weder 1819 während der „Hep-Hep-Unruhen" noch 1848/49. Häussler sieht allerdings auch in der Pfalz antijüdische Vorurteile und latent judenfeindliche Stimmungslagen. Vgl: Häussler (1988), S. 299–312.

[62] Vgl. Brenner (1996), S. 295.

[63] Vgl. Maus (1969), S. 110f. Der in Frankenthal geborene Johann Philipp Becker übernahm in der Reichsverfassungskampagne die militärische Organisation und Leitung der Revolutionstruppen in Baden. Ein weiterer führender Revolutionär, Willich, der Anführer eines berühmten Freikorps, kam ebenfalls aus Frankenthal, wo sein Vater ein bekannter Anwalt war.

[64] Zitiert nach Marum-Lunau/Schadt (1984), S. 86.

Heinrich war im Mai 1849, als der Kampf um die Reichsverfassung in der Pfalz begann, 22 Jahre alt und ledig. Junge, unverheiratete Männer zwischen 18 und 30 Jahren wurden von der Pfälzer Revolutionsregierung eingezogen. Ob Heinrich zu diesen Revolutionstruppen gehörte, ob er sich freiwillig für den Verteidigungskampf meldete, ob er als Zivilist vor den durchmarschierenden Preußen floh, ist nicht mehr zu klären. Für die Familientradition wirkte dieses Ereignis jedoch identitätsstiftend. Der Enkel Ludwig sah zentrale Ereignisse seines Lebens in der Familiengeschichte vorgezeichnet: Verfolgung durch die Reaktion kennzeichnete – wie das Beispiel des Großvaters bewies – das politische Schicksal der Familienmitglieder. Den Kern ihrer Erfahrung bildete die erlittene Vertreibung als Juden und die politische Repression wegen des Einsatzes für die Demokratie und die Gleichstellung.[65] Davon war das Bewusstsein Marums entscheidend geprägt, wie seine Briefe aus der Haft beweisen.

Die Niederlage der Revolution bedeutete für Heinrich Marum, dass seine politischen Rechte weiterhin eingeschränkt blieben. In Bayern waren bis zur völligen politischen Gleichstellung im Jahr 1869 keine jüdischen Parlamentarier im Landtag vertreten.[66] Heinrich Marum hatte sich 1848 wegen seines jugendlichen Alters[67] noch nicht an den Wahlen für das gesamtdeutsche Parlament beteiligen können. Als er zum ersten Mal bei einer Wahl teilnehmen durfte, nach vollendeter Emanzipation im Reich im Jahre 1871, war er ein Mann von 44 Jahren und sah sich nun auch durch jüdische Abgeordnete vertreten. Als sein Enkel im etwa gleichen Alter war, sollte er schon als Abgeordneter in den deutschen Reichstag einziehen.[68]

Für den politischen Standpunkt des Enkels waren die Ereignisse der Revolution von 1848/49 von zentraler Bedeutung: Es war ja die Sozialdemokratie, welche die nicht eingelösten Forderungen der bürgerlichen Emanzipationsbewegung aufgriff und als zentrale Programmpunkte betrachtete. Die demokratischen Ziele hatten für den Sozialdemokraten Marum stets Vorrang vor dem Endziel des Sozialismus. Die Durchsetzung der demokratischen Staatsform und der pluralistischen Gesellschaftsstruktur war für ihn – wie wir noch sehen werden – eng verknüpft mit der endgültigen Beseitigung noch bestehender Diskriminierung der Juden, wobei das letztere dem umfassenderen politischen Ziel untergeordnet war. Dies hatte schon Gabriel Riesser so gesehen, als er, in deutlicher Anspielung an Lessing übrigens, bemerkte: „Bietet mir mit der einen Hand die Emancipation, auf die alle meine innigsten Wünsche gerichtet sind, mit der anderen die Verwirklichung des schönen Traumes von der politischen Einheit Deutschlands mit seiner politischen

---

[65] In der Anklageakte des Königlichen Appellationsgerichts mit weit über 300 Anklagen (Zweibrücken 1850) kommt Heinrich Marum allerdings nicht vor. (Auskunft des Erkenbert-Museums Frankenthal vom 25.4.1996)

[66] Das Gesetz wurde am 3. Juli 1869 verabschiedet. Vgl. Treml (1988). S. 247–265, hier S. 260.

[67] Das Wahlalter war auf 25 Jahre festgelegt worden.

[68] Ludwig Marum war 45 Jahre alt, als er im Jahr 1928 in den Reichstag gewählt wurde.

Freiheit verknüpft, ich würde ohne Bedenken die letztere wählen: denn ich habe die feste, tiefste Überzeugung, dass in ihr auch jene enthalten ist."[69]

Für den Parlamentarier Marum, der über zwanzig Jahre in deutschen Parlamenten mitwirkte, mussten die ersten jüdischen Abgeordneten, die im gesamtdeutschen Parlament und später in den Ländervertretungen mitarbeiteten, besondere Bedeutung als Vorbilder haben. Die fünf jüdischen Abgeordneten des Vorparlaments von 1848 und die neun der Paulskirche[70] gehörten zu den Vorkämpfern, die seinen Weg als jüdischer Politiker geebnet hatten. Für seinen Großvater Heinrich Marum blieben sie allerdings nur ein kurzes Intermezzo. Erst 20 Jahre später erlebte er die völlige politische Gleichberechtigung der Juden. In den letzten Jahrzehnten seines Lebens – er starb im Jahr 1902 – wurde er dann zum Zeugen fortschreitender Integration der Juden in seiner Heimatstadt Frankenthal, Zeuge einer scheinbar positiven Entwicklung, in der sich allerdings auch schon die Reflexe der antisemitischen Bewegung der 90er Jahre zeigten.

So erschien in der *Frankenthaler Zeitung* im Jahr 1896 eine kurze Notiz über die Wahlveranstaltung eines Antisemiten. Der Kommentar wies allerdings auch ausdrücklich darauf hin, dass bisher in Frankenthal keine judenfeindliche Stimmung registriert worden sei. In derselben Ausgabe war zu lesen, dass man aus Rücksicht auf das jüdische Neujahrsfest den Einberufungstermin für die Einjährigen verschoben habe.[71] Bei den Feierlichkeiten zur Einweihung der Synagoge 1885 wurde das gute Einvernehmen zwischen Juden und Christen betont und hervorgehoben. Angesehene jüdische Bürger wie der Bankier Jacob Mann[72] und der Weinhändler Emil Kaufmann kandidierten 1894 für den Stadtrat.[73] Gradmesser für die Akkulturation und Integration der jüdischen Bevölkerung war auch ihre Tätigkeit in den Vereinen der Stadt. Sowohl im Kaufmännischen Verein als auch im Verein für Fraueninteressen fanden sich namhafte jüdische Vertreter bzw. Vertreterinnen. Dennoch muss gesehen werden, dass die Integration noch in den Anfängen steckte und die Lebenswelten von Christen und Juden in vielen Bereichen getrennt blieben.

Nach dem Tode Heinrich Marums übernahm sein Schwiegersohn Philipp Adler das Eisenwarengeschäft.[74] Adler gehörte zu den Honoratioren der jüdischen Gemeinde, die er als einer der Synagogenräte führte.[75]

---

[69]   Zitiert nach Brenner (1996), S. 294.
[70]   Vgl. ebenda.
[71]   Vgl. Morlock (1981), Teil 3. Ausgabe vom 6.5.1981.
[72]   Hier handelte es sich um einen Verwandten der Familie Marum. Die Tochter Heinrich Marums, Clementine Marum, heiratete Ferdinand Mann. Vgl. Unterlagen EML, Leo-Baeck-Institut, New York.
[73]   Vgl. Morlock (1981), Teil 3, Ausgabe vom 6.5.1981.
[74]   Vgl. Brief der Tochter Philipp Adlers, Marta Adler-Wolff, vom 12.1.1982 aus Israel an EML. In: Unterlagen EML, Leo-Baeck-Institut, New York. Die Eisenhandlung Marum – im Besitz der Familie Adler – existierte in Frankenthal bis zum Jahr 1938, als sie „arisiert" wurde.
[75]   Vgl. Morlock (1981), Ausgabe vom 6. Mai 1981. Im Jahr 1930 war Philipp Adler Synagogenrat.

Die mütterliche Linie

Der Vater Ludwig Marums, Carl Marum, wählte als Ehefrau Helene Mayer, die in Mannheim bei ihrem Onkel, dem Tabakhändler Gottschalk Abenheimer, lebte und in dem nordbadischen Dorf Leutershausen aufgewachsen war.[76] Die Vorfahren Helenes entstammten dem badischen Landjudentum, dessen berufliche Strukturen, dessen soziale und rechtliche Stellungen im Verlauf des 19. Jahrhunderts einem grundlegenden Wandel unterworfen waren und das große Akkulturationsleistungen auf dem Weg in die bürgerliche, nicht-jüdische Gesellschaft erbrachte. Der Emanzipationsprozess in Baden setzte mit den Konstitutionsedikten zu Beginn des Jahrhunderts ein und endete mit der völligen staatsbürgerlichen und rechtlichen Gleichstellung im Jahr 1862,[77] womit die badischen Juden knapp 10 Jahre vor der Durchsetzung der Emanzipation im Reich ihr politisches Ziel erreicht hatten. Anders als in der Pfalz, wo man das französische Modell der sofortigen Gleichstellung der Juden praktiziert hatte, verfolgte man in Baden einen Weg, der einen stufenweisen Prozess der allmählichen Eingliederung in die bürgerliche Gesellschaft vorsah. Man stellte zwar der jüdischen Minderheit ihre volle Gleichstellung in Aussicht, versprach die Beseitigung noch bestehender Einschränkungen, verknüpfte diese Leistungen aber zugleich mit der Forderung nach umfassender Assimilation und „moralischer Verbesserung". Mit diesem Ansatz zeigte man sich beeinflusst von dem erzieherischen Impetus der Aufklärung und folgte der Argumentation der deutschen Emanzipationsdebatte, die von den Juden Gegenleistungen der sozialen und kulturellen Angleichung verlangte, ehe sie in den Genuss der völligen Gleichstellung kamen.

Das badische Konstitutionsedikt von 1809, das die Rechtslage der Juden neu regelte, zählte zu einem gesetzgeberischen Reformpaket, das die Verhältnisse im neu geschaffenen badischen Großherzogtum auf eine neue Grundlage stellen wollte. Durch die Schaffung des Großherzogtums 1806 hatte sich das badische Territorium um das fünffache vergrößert, die Zahl der Juden war von 2 265 im Jahr 1802 auf 14 200 im Jahr 1809 angewachsen, ihr prozentualer Anteil an der Bevölkerung steigerte sich von 1,17% auf 1,5%.[78] Da die Rechtsverhältnisse der Juden in den vormals nicht-badischen Landesteilen sehr weit auseinander gingen, bedurfte es einer Vereinheitlichung des rechtlichen Status, der in den Konstitutionsedikten von 1807–1809 festgelegt wurde. Der grundlegende Wille, den Juden die staatsbürgerliche Rechtsgleichheit zu gewähren, sie von allen wirtschaftlichen Einschränkungen zu befreien, entsprach den Modernisierungsprozessen, die der badische Staat – ganz in der Tradition eines aufgeklärten Absolutismus – in Gang setzte, um eine auf Rechtsgleichheit basierende moderne Gesellschaft zu schaffen, in der auch der bisherige abhängige Sonderstatus der Juden am Rande der Gesellschaft beseitigt wurde.

---

[76] Vgl. Unterlagen EML, Leo-Baeck-Institut, New York.
[77] Als grundlegende Arbeit für die Geschichte der Emanzipation der Juden in Baden gilt: Rürup (1975), S. 37–74.
[78] Vgl. Rürup (1975), S. 45.

In mehreren Edikten der Jahre 1807 bis 1809 war den Juden der Status als erbfreie Staatsbürger zuerkannt, das Judentum als „konstitutionsmäßige Religion" anerkannt und das Niederlassungsrecht am Geburtsort festgeschrieben worden. Das Konstitutionsedikt von 1809 stellte als Ausführungsgesetz den Erziehungsgedanken in den Mittelpunkt und knüpfte den Fortgang der Emanzipation an umfassende Assimilationsleistungen, die nicht nur die sozioökonomischen Strukturen des Judentums berührten, sondern auch dessen kulturelle Identität.[79] Das Gesetz sah die Angleichung der schulischen und beruflichen Ausbildung der Juden vor, verlangte die ordentliche Buchführung im Handel und die Aufgabe des sogenannten Not- und Schacherhandels, es verankerte ein Namensgesetz zur Annahme „ordentlicher" Familiennamen und sah die Neuorganisation der religiösen Verfassung der badischen Judenheit vor. Mit diesem Gesetz wurde der Assimilationsprozess der badischen Juden forciert, ein Prozess, der vor allem die berufliche Umstrukturierung der jüdischen Minderheit forderte und die neu geschaffene Landesorganisation des Oberrats der Israeliten Badens mit der Aufgabe betraute, den Wandlungsprozess in Gang zu setzen und zu überwachen. Die staatlichen Bemühungen stießen auf große Bereitschaft im badischen Judentum, das sich für die zuerkannten Rechte dankbar erweisen und sich in die formierende bürgerliche Gesellschaft integrieren wollte. Der Prozess der Emanzipation in Baden durchlief verschiedene Phasen, die sowohl von Fortschritten als auch von Niederlagen gekennzeichnet und eng geknüpft waren an den Fortgang der bürgerlich-liberalen Emanzipationsbewegung.

Es zeigten sich jedoch in Baden auch gegenläufige Tendenzen, getragen von Kräften, die den Prozess der Judenemanzipation unterliefen und den Status der Juden als abhängige Untertanen am Rande der christlichen Gesellschaft festschreiben wollten. Dies zeigte sich vor allem an der gemeinderechtlichen Diskriminierung der Juden. In den Gemeinden genossen die Juden nicht das volle Ortsbürgerrecht und die mit ihm verbundenen Vorteile, sie lebten vielmehr als „Schutzjuden", die vielfachen Beschränkungen unterworfen waren. So hatten sie als „Schutzjuden" kein Wahlrecht für den Gemeinderat und das Bürgermeisteramt und keinen Anteil am Allmendegenuss. Der Aufhebung dieser Regelung galten die besonderen Bemühungen des jüdischen Emanzipationskampfes im 19. Jahrhundert. Vorerst hatte nur der Großherzog das Recht, in Ausnahmefällen das Ortsbürgerrecht zu verleihen.

Die Familie Helene Mayers ist bis zu Beginn des 19. Jahrhunderts in Baden nachweisbar. Sie bietet ein Beispiel für den Akkulturarationsprozess des badischen Landjudentums, das sich im Verlauf des 19. Jahrhunderts in die bürgerlichen städtischen Mittelschichten integrierte. Die Eltern Helenes waren Nannette Abenheimer und Lazarus Mayer.[80] Sie entstammten Familien aus den nordbadischen Dörfern Feudenheim und Leutershausen, die in der Region Mannheim/Heidelberg liegen. Diese vormals kurpfälzischen Gebiete

---

[79] Vgl. auch: Paulus (1984), S. 19–56.
[80] Vgl. Familienunterlagen und Stammbäume mit amtlichen Urkunden (Kopien) aus dem Besitz von EML. Heute im Leo-Baeck-Institut, New York.

waren 1803 im Zuge der napoleonischen Neuregelungen an Baden gefallen. Wie die Familie Marum, so lebten auch die Mayers und Abenheimers zu Beginn des Jahrhunderts, als das großherzogliche Baden geschaffen wurde, auf dem Lande. Die in Leutershausen an der Bergstraße ansässige Familie Mayer kam ursprünglich aus Rohrbach bei Heidelberg.[81] Die Spuren der Familie Abenheimer sind erst seit dem frühen 19. Jahrhundert in Feudenheim nachweisbar. Zu den ersten siebzehn Juden, welche die jüdische Gemeinde 1774 begründeten, gehörten die Abenheimers nicht.[82]

Der Großvater Helenes väterlicherseits, Schmul Mayer, war bei Erlass der badischen Konstitutionsedikte schon ein junger Mann von 26 Jahren, an den man weder die Forderung des Schulbesuchs noch einer neuen beruflichen Ausbildung richten konnte. Schmul Mayer handelte mit Vieh, Woll- und Haut (=Leder)-Waren[83] und war schon in Leutershausen geboren worden, in dem ab dem 16. Jahrhundert eine jüdische Gemeinde angesiedelt war. Im Jahr 1825 war diese Gemeinde auf 103 Mitglieder angewachsen.[84] Der junge Mann nahm den christlich assimilierten Vornamen Samuel an.[85] Seine Handelsgeschäfte führte er ab jetzt nach den in „christlichen Kreisen" üblichen Geschäftsgebaren. Er brachte es zu Wohlstand und Ansehen in seiner Heimatgemeinde, die dem assimilationswilligen jüdischen Kaufmann das Ortsbürgerrecht nicht verweigerte, das er im Jahr 1827 – als er 46 Jahre alt war – gegen eine beträchtliche Geldsumme erwerben konnte.[86] Samuel Mayer gehörte damit zu der kleinen Oberschicht des Landjudentums, der es gelang, den Status des Schutzbürgers mit dem eines Vollbürgers zu tauschen. Nur 3% der Juden gehörte zu dieser Gruppe, der der Großherzog das volle Ortsbürgerrecht verlieh.[87] Rechtlich war somit Samuel Mayer seinen christlichen Mitbürgern gleichgestellt, dennoch blieben die Lebensbereiche noch weitgehend getrennt. Das Leben Mayers spielte sich im Kreis der jüdischen Gemeinde ab, die Namen seiner acht Söhne, die Samuel, Salomon, Moses, Loeb, Lazarus, Wolf und Hirsch hießen, zeugten von der selbstverständlichen jüdischen Identität.[88]

Ähnlich erfolgreich wie Samuel Mayer war der Großvater Helenes mütterlicherseits, Suessel Abenheimer. Er lebte – wie oben erwähnt – in Feudenheim (bei Mannheim), in dem sich erst im späten 18. Jahrhundert eine jüdische Gemeinde gebildet hatte. Im Jahre

---

[81] Vgl. Stude (1990). Vgl. Sterbeurkunde Samuel Mayer 1836: Dort wird angegeben: „Vater Loeb Mayer, Schutzjude und Handelsmann in Rohrbach."

[82] Vgl. Löhr, Günther: Die Geschichte der ehemaligen israelitischen Gemeinde in Feudenheim. Unveröffentlichtes Manuskript, aufbewahrt im Stadtarchiv Mannheim und Watzinger (1965), S. 14–17.

[83] GLA 236/970. Leutershausen Nr. 10.

[84] Vgl. Hundsnurscher/Taddey (1968) und Hahn (1988).

[85] Vgl. GLA 236/970: Verzeichnis der im Neckarkreis wohnenden Israeliten mit Beifügung ihrer neu angenommenen Familiennamen, Geburt und Gewerbe, Amt Ladenburg.

[86] Vgl. GLA 390/5947: Ständebücher Leutershausen.

[87] Vgl. Stude (1990); S. 78.

[88] Vgl. Familienunterlagen EML, Leo-Baeck-Institut, New York. Der Name des achten Sohnes fehlt. Vgl. auch GLA 390/5947: Ständebuch der Gemeinde Leutershausen von 1810–1869.

1803, als Suessel zwei Jahre alt war, lebten 58 Juden in Feudenheim.[89] Suessel war noch ein Kind, als die badischen Konstitutionsedikte erlassen wurden, und gehörte damit zur ersten Generation von Juden, die gemeinsam mit christlichen Kindern eine Volksschule besuchten. Suessel wurde unter dem Namen Suessel Moses geboren,[90] den Namen Abenheimer nahm er erst als Erwachsener an.[91] Die amtlichen Unterlagen weisen Suessel Abenheimer als Kaufmann aus, die Angabe seines Handelsgutes fehlt. Auch Suessel gab, wie Samuel Mayer, den Handel, die traditionelle Branche des Judentums, nicht auf, aber auch er bekundete Akkulturationsbereitschaft, indem er die Geschäfte „ordentlich" führte, so dass auch er 1835 das volle Ortsbürgerrecht erwerben konnte.[92]

Beiden Großväter Helenes war es also schon gelungen, innerhalb ihrer Dorfgemeinschaft als Juden zu Ansehen und Wohlstand zu kommen. Die nächste Generation, zu der die Eltern Helenes gehörten, lebte in einer Umbruchszeit, in der die Landflucht ein beträchtliches Ausmaß annahm und die Urbanisierungswelle auch das Judentum erfasste. Während Helenes Vater, Lazarus Mayer, noch sein ganzes Leben in Leutershausen als Kaufmann verbrachte, gaben die Brüder der Mutter ihren Wohnort Feudenheim auf und wechselten in die nahe gelegene Handelsmetropole Mannheim. Lazarus Mayer gehörte in Leutershausen zu den Honoratioren der jüdischen Gemeinde, die mit 165 Personen im Jahr 1864 ihren Hochstand erreichte und sich im Verlauf des 19. Jahrhunderts eigene Einrichtungen am Ort geschaffen hatte. 1858 wurde eine jüdische Schule eröffnet,[93] die Helene wenige Jahre später besuchte. 1867 wurde die neue Synagoge eingeweiht. Lazarus Mayer hatte zu der dreiköpfigen jüdischen Kommission gehört, die von der Gemeinde Leutershausen das Grundstück für das Gotteshaus erwarb.[94]

Auch die Mutter Marums stammte also wie sein Vater aus einer jüdischen Familie, die sich in ihrem Heimatort Achtung und Ansehen erworben hatte. Lebendiger als in der väterlichen Familie hatte sich unter den mütterlichen Vorfahren die religiöse Bindung an das Judentum erhalten, die sich allerdings auch bei ihnen mit großer Akkulturationsbereitschaft verband.

Als Lazarus Mayer 1873 im Alter von nur 53 Jahren starb,[95] bedeutete dies für seine Familie einen tiefen Einschnitt. Seine Witwe Nannette verließ mit ihren noch ledigen

---

89 Zur jüdischen Gemeinde Feudenheim vgl. auch Hundsnurscher/Taddey (1968), S. 196ff und Hahn (1988), S. 365f.

90 Vgl. GLA 390/2876/77: Ständebuch der Gemeinde Feudenheim.

91 In der Geburtsurkunde seiner ersten Tochter Fanni aus dem Jahre 1827 erscheint Suessel noch als Suessel Moses. Was ihn zum Namenswechsel bewogen hat, bleibt unklar. Belegbar ist nur, dass, als im Jahre 1834 die Tochter Fanni starb, sie und ihr Vater den Familiennamen Abenheimer trugen. Vgl. GLA 390/2876: Ständebücher: Geburtenliste und Totenbuch Feudenheim.

92 Bei der Geburt seines Sohnes Gottschalk 1835 ist er nicht mehr als Schutzbürger, sondern als Bürger angegeben. Vgl. GLA 390/2876/77: Ständebücher Feudenheim.

93 Vgl. Hahn (1988), S. 467.

94 Vgl. Fresin (o.J.), S. 47.

95 Vgl. Sterbeurkunde Lazarus Maier vom 12.12.1973, Standesamt Leutershausen Nr.41. Unterlagen EML, Leo-Baeck-Institut, New York.

Töchtern Pauline und Helene (der künftigen Mutter Marums) Leutershausen und sie-delte zu ihren Brüdern nach Mannheim über. Die Brüder Abenheimer gehörten in der zweiten Hälfte des 19. Jahrhunderts zu der Generation von Juden, welche die Chance des Industrialisierungsprozesses früh erkannten und sie zu neuen Unternehmungsgründun-gen nutzten. Alle drei Brüder Nanettes, Nathan, Lazarus und Gottschalk, betrieben ei-genständige Unternehmen im Tabakhandel, einer Branche, die im Aufschwung begrif-fen war und sich auf Mannheim konzentrierte.[96] Ganz ähnlich wie die Marums erwiesen sich die Abenheimers als eine wirtschaftstüchtige und leistungsfähige Familie, die dem neuen Trend der Industrialisierung und Urbanisierung folgte.

Nachdem seit dem 17. Jahrhundert der Tabakgenuss sich als feste Konsumgewohn-heit durchgesetzt hatte, wurde im süddeutschen Raum Tabak angebaut, da sich hier günstige klimatische Bedingungen und geeignete Bodenflächen boten. Besonders der Raum Schwetzingen-Mannheim, in dem die Abenheimers lebten, aber auch der Kraich-gau wurden zu Zentren des süddeutschen Tabakanbaus, der vornehmlich von Kleinbau-ern in Familienbetrieben geleistet wurde. Im Gegensatz zu der noch vorindustriell bestimmten Produktionsweise nahm der Tabakhandel im Zuge des Ausbaus der Ver-kehrswege und der internationalen Handelsbeziehungen sehr moderne Formen an, in-dem er sich in den großstädtischen Zentren als Großhandel organisierte.

In diesem Handelszweig nahmen die Juden eine Schlüsselstellung ein und nutzten die ihnen hier gebotene Chance, in das städtische Bürgertum aufzusteigen und ihre ländli-che Existenz aufzugeben. Die besonderen Strukturen der Produktion- und Vertriebsver-hältnisse in der Tabakbranche erlaubte es den Juden, die Kenntnisse, die sie sich in den Jahrzehnten zuvor im Handel im ländlichen Raum erworben hatten, nun für diesen flo-rierenden Handelszweig einzusetzen. Ihre Kenntnis der Region, aber auch der ansässigen Bauern, ließen sie zu Maklern der Tabakbranche werden, die auf dem Lande die Ware prüften und aufkauften, um sie anschließend an die Handelshäuser in den städtischen Zentren zu vermitteln. Die erfolgreiche Maklertätigkeit ließ es vielfach zu, eigene Han-delsfirmen in der Stadt zu gründen. Die Binnenmigration der in der Tabakbranche tä-tigen Juden war besonders stark, die Urbanisierungswelle konzentrierte sich auf Mann-heim, das zum internationalen Umschlagplatz für den Tabakhandel in der 2. Hälfte des 19. Jahrhunderts aufstieg. Die Wachstumsraten der Tabakbranche in Mannheim betru-gen seit dem Jahre 1845 mehr als 7% pro Jahr.[97] Diese dynamische Entwicklung hielt bis in das Jahr 1865 an und setzte sich – mit leicht verlangsamten Wachstumsraten – bis zur Jahrhundertwende fort.

Der erste der Brüder Abenheimer – Nathan – war 1859 nach Mannheim übergesie-delt[98] und hatte dort eine eigene Handelsfirma für Rohtabak gegründet. In den 60er Jahren, nach der endgültigen Gleichstellung der Juden in Baden, folgten ihm seine Brüder

---

[96] Zu der Stellung der Juden im Tabakhandel Badens: Swiaczny (1998), S. 239–247.
[97] Vgl. Swiaczny (1988), S. 245.
[98] Vgl. Adressbuch der Stadt Mannheim, 1860.

Lazarus und Gottschalk, die jeweils eigene Niederlassungen begründeten. Als ihre Schwester Nannette Mayer mit ihren Töchtern 1875 nach Mannheim kam, befand sich die jüdische Beteiligung am Tabakhandel der Stadt auf einem Höchststand: 62% des Handels lagen in jüdischer Hand.[99] Auch wenn es den Brüdern Abenheimer nicht gelang, in den Kreis der reichsten Tabakhändler der Stadt aufzusteigen, so konnte sie ihren Familien als Angehörige des mittleren Bürgertums doch ein gesichertes Auskommen bieten.[100]

In Mannheim hatte sich die größte jüdische Gemeinde Badens gebildet. Als die siebzehnjährige Helene Mayer im Jahre 1875 in die Stadt kam, lebten dort 3 853 Juden, die einen Anteil von 8,3% der städtischen Bevölkerung ausmachten,[101] womit der Höchststand in der Größe der jüdischen Gemeinde im 19. und auch im 20. Jahrhundert erreicht wurde.[102] Das liberale Reformjudentum hatte in der Stadt viele Anhänger. Im Jahr 1854 übernahm der Rabbiner Moses Präger, ein Anhänger der Reformbewegung, die Leitung der Gemeinde. Die Neuerungen, die er in den Gottesdienst einführte, provozierten die Abspaltung einer orthodoxen Gemeinde im Jahre 1859. Es ist anzunehmen, dass die Familie Abenheimer, deren Religiosität von den auf dem Lande herrschenden orthodoxen Riten geprägt war, nicht zum Reformjudentum übertrat, jedenfalls war Helene Mayer eine Anhängerin der orthodoxen Richtung, was ihre spätere Trauung in der orthodoxen Gemeinde bewies.[103] Wahrscheinlich aber besaß die Religion im städtischen Leben Mannheims für das junge Mädchen einen geringeren Stellenwert als im dörflichen Leutershausen, wo sie noch stärker die Lebenswelt prägte.

In der Stadt Mannheim herrschte ein tolerantes Klima zwischen der jüdischen Minderheit und der übrigen städtischen Bevölkerung. Dass die Integration Fortschritte machte, zeigte sich in den Wahlen jüdischer Kandidaten in den Bürgerausschuss und den Stadtrat.[104] Mannheim entsandte ab den 70er Jahren auch mehrere jüdische Abgeordnete in den badischen Landtag, zu ihnen gehörten 1871 Dr. Elias Eller, 1875 Ferdinand Schneider und in den 80er Jahren Carl Ladenburg.[105] Auch die Wahl des jüdischen Kaufmanns Moritz Lenel zum Präsidenten der Handelskammer wies in die gleiche positive Richtung.[106] Weitere Indikatoren des relativ entspannten Zusammenlebens waren die Mitgliedschaft vieler Juden in den Vereinen der Stadt und auch die großzügigen Stiftungen, die wohlhabende jüdische Bürger zur Hebung des sozialen und kulturellen Lebens der Stadt begründeten.[107] Die Familie Abenheimer genoss das tolerante Klima Mann-

---

[99] Vgl. Swiaczny (1988), S. 245.

[100] Die Brüder besaßen kein eigenes Grundstück oder Haus in Mannheim, sondern hatten ihre Wohn- und Geschäftsräume angemietet. Vgl. Adressbücher der Stadt Mannheim 1860–1875.

[101] Vgl. Swiaczny (1998), S. 241.

[102] Vgl. auch Watzinger (1984), S. 237.

[103] Vgl. Heiratsurkunde Helene Mayer-Marum vom 22.12.1881, Heiratsregister des Standesamtes Mannheim, Nr. 468. In: Familienunterlagen EML, Leo-Baeck-Institut, New York.

[104] Vgl. Watzinger (1984), S. 237.

[105] Vgl. Kaller (1984), S. 416–418.

[106] Vgl. Watzinger (1984), S. 237.

[107] Vgl. ebenda.

heims und wusste den Unterschied zu der Stimmung auf dem Lande zu schätzen. Gerade dem jüdischen Tabakhändler schlugen bei den Preisverhandlungen mit den Bauern, bei der Einstufung der Qualität der Ware oftmals unverhohlen geäußerte antisemitische Ressentiments entgegen.[108] Diese Erfahrung ordnete sich ein in die Kette judenfeindlicher Vorkommnisse auf dem Lande, die im Verlauf des 19. Jahrhunderts oft auch gewalttätige Züge angenommen hatte. Die Mutter der Brüder Abenheimer, Jeannette Abenheimer, war als Tochter eines Viehhändlers in Walldorf aufgewachsen, wo es im Jahr 1819 – als sie erst 16 Jahre alt war – anlässlich der Hep-Hep-Unruhen zu Übergriffen auf die Juden gekommen war. Hier entlud sich der Neid der notleidenden bäuerlichen Bevölkerung auf den sozialen Aufstieg jüdischer Familien. Ein Heidelberger Regierungskommissar notierte über die Unruhen: „Als Motiv der Judenmisshandlungen gibt man allgemein derselben schnelles Emporkommen in allen Bereichen, deren angebliche Begünstigung durch die Regierung, sodann den Handwerksneid an, weil einige(n) Juden verstattet wurde, mit Meubles zu handeln."[109]

Als im Vorfeld der Revolution von 1848/49 in der Zweiten Kammer des badischen Landtags ein Gesetz zur Gleichstellung der Juden diskutiert wurde, kam es zu Protesten der Landbevölkerung und zu gewalttätigen Übergriffen, weil man die Beteiligung der Juden am Gemeindenutzen fürchtete. Diese Ausschreitungen bewirkten, dass sich die Mehrheit des badischen Judentums während der Revolution passiv verhielt aus Furcht vor neuen Übergriffen.[110] Nach der Niederlage der Revolution erlitt auch die jüdische Emanzipationsbewegung einen Rückschlag. Die gemeinderechtliche Benachteiligung blieb bestehen und schloss die Juden weiterhin vom Gemeindenutzen aus.

Auch während der Diskussion des Gleichstellungsgesetzes von 1862 erhob sich auf dem Lande ein Sturm der Entrüstung. Dem Großherzog wurde von Gemeindevertretern aus dem Amtsbezirk Bretten eine Petition mit der Bitte um Zurückstellung des Gesetzes übergeben, die folgende Passage enthielt: „Dem christlichen Einwohner auf dem Lande, welchem von den Israeliten der letzte Bissen aus dem Munde gezogen wurde, die sein Mark und das seiner Familie, seiner Verwandten und seiner Mitbürger ausgesaugt haben, diese sollen auch noch den Schweiß seiner Voreltern, Waldungen und Bürgernutzungen mit ihnen teilen, sich also vollends ausziehen lassen. Schon längst seufzen die christlichen Einwohner auf dem Lande: wenn doch jemand käme, der uns von den Juden befreite und sie wieder über das Rote Meer zurücktriebe, wir würden ihn mit offenen Armen empfangen, in den Himmel heben und vergöttern."[111]

Die judenfeindlichen Kräfte konnten das Emanzipationsgesetz zwar nicht verhindern, dennoch zeigte sich in ihren Aktionen deutlich der Widerstand, der auf dem Lande der

---

[108] Vgl. Swiaczny (1988), S. 244.
[109] Zitiert nach Stude (1990); S. 79.
[110] Vgl. Stude (1990), S. 87.
[111] Zitiert nach Stude (1990), S. 89. Oder: GLA 231/1425.

Integration der Juden entgegenstand. Jeannette Abenheimer, die die Ausschreitungen der bäuerlichen Bevölkerung in ihrem Heimatort Walldorf erlebt hatte, stellte sich in den Jahren 1848/49 auf die Seite der Revolution, von der sie wusste, dass sie auch die Sache der Judenemanzipation verfocht. In dieser Zeit lebte Jeannette als verheiratete Frau in Feudenheim, das in den Kämpfen der Reichsverfassungskampagne eine herausgehobene strategische Bedeutung hatte, weil es an der umkämpften Neckarlinie auf dem Mannheim gegenüberliegenden Neckarufer lag.[112] Die Preußen marschierten mit einem Teil ihrer Truppen die Bergstraße entlang und passierten Feudenheim, ehe sie Mannheim einnahmen. [113] Die genauen Vorgänge nach der Einnahme des Dorfes sind nicht bekannt, Ludwig Marum wusste über seine Urgroßmutter Jeannette Abenheimer aber zu berichten: „Meine Urgroßmutter wurde 1849 von den Preußen in Mannheim in Schutzhaft genommen. Warum soll ich weniger stark sein als (...) diese?"[114]

Auch in ihrem Schicksal sah er also eine Parallele zu seiner eigenen Erfahrung von Verfolgung und Inhaftierung. Marum, der sich in den ersten Jahren seiner politischen Arbeit besonders für die Frauenemanzipation eingesetzt hatte, verwies mit besonderem Stolz auf eine weibliche Familienangehörige, die schon in der Mitte des 19. Jahrhunderts politisch Stellung bezogen hatte und deswegen staatlicher Repression ausgesetzt war. Auch wenn Marums Informationen über Art und Ausmaß des politischen Engagements seiner Vorfahren nur unzureichend waren, so zeigte sich doch deutlich, dass es für sein Selbstverständnis als verfolgter Demokrat von großer Bedeutung war.

Die Familiengeschichte der Vorfahren Marums zeigt, dass Emanzipation und Akkulturation ihre Entwicklung im 19. Jahrhundert beherrschten. Die Familien Marum, Mayer und Abenheimer lebten in Staaten, die sich gegenüber der Judenemanzipation aufgeschlossen zeigten: Sowohl in der Pfalz als auch in Baden praktizierte man Modelle der Emanzipation, die zu den aufgeschlossensten ihrer Zeit gehörten und den Juden vielfache Entwicklungschancen boten. Dennoch artikulierten sich sowohl in der pfälzischen als auch in der badischen Gesellschaft Kräfte, die anti-emanzipatorische Standpunkte vertraten und den staatlich geförderten Integrationsprozess behinderten. Die Vorfahren Marums jedoch versuchten, den Anpassungsforderungen der staatlichen Organe zu entsprechen. Obwohl sie in dem traditionell von Juden besetzten Wirtschaftssektor des Handels weiter tätig blieben, wählten sie Branchen, die im Zuge der Industrialisierung und der Ausweitung der Handelsbeziehungen im Aufschwung begriffen waren. Der Einstieg der Familie Marum in den Eisenhandel, der Abenheimers in die Tabakbranche

---

[112] Das Hauptquartier des Führers der Revolutionstruppen, des polnischen Generals Mieroslavski, befand sich in Heidelberg.

[113] Vgl. Oeser (o. J.), S. 592.

[114] Marum-Lunau/Schadt (1984), S. 86. Nicht geklärt werden konnte, warum sich Jeannette Abenheimer in „Schutzhaft" befand. Die Akten der preußischen Armee im Militärarchiv Freiburg sind erst ab dem Jahr 1867 vorhanden, die vorigen Akten des Geheimen Staatsarchivs Berlin wurden im 2. Weltkrieg ein Opfer der Flammen.

belegen diese Entwicklung. Ihre Aufgeschlossenheit gegenüber dem Modernisierungsprozess zeigte auch die Mobilität der Familien, eine Mobilität, die mit dem Wechsel Jakob Marums nach Frankenthal begann und von seinem Sohn Markus fortgesetzt wurde, der sich in Mannheim niederließ. Die badische Handelsmetropole zog auch die Familie Abenheimer an, die ebenfalls ihr ländliches Umfeld in Feudenheim verließ. Sowohl die väterlichen als auch die mütterlichen Vorfahren Marums schafften den Aufstieg in die bürgerlichen Mittelschichten.

Die christlich assimilierten Familiennamen verrieten dennoch die jüdische Herkunft. Auch die in den Familien in der ersten Jahrhunderthälfte gewählten Vornamen verwiesen auf das Bewusstsein jüdischer Identität,[115] erst in den folgenden Jahrzehnten erfolgte auch hier eine Angleichung an die „christliche" Namensgebung.[116] Die Vorfahren Marums waren noch fest in die jüdische Gemeinde integriert, wenn auch die religiösen Vorschriften nicht mehr streng befolgt wurden.

Sowohl Mitglieder der Familie Marum als auch der Familie Abenheimer unterstützten die bürgerlich-liberale Emanzipationsbewegung während der Revolution von 1848/49. Dieses Engagement bildete einen Fokus der Erinnerung und Identitätsbildung für die späteren Generationen. Zur Zeit der Reichsgründung, die das Ende der rechtlichen Sonderstellung der Juden gebracht hatte, lebte man sowohl in Frankenthal als auch in Mannheim in einer relativ toleranten Umgebung, die dem Integrationsprozess förderlich war. Die Familie hielt aber auch die Erinnerung an Anfeindungen und Übergriffe in den ländlichen Gebieten wach und das Bewusstsein von einem schwierigen Integrationsprozess.

---

[115] Die Vornamen der Söhne Samuel Mayers wurden schon genannt;
die vier Söhne Suessel Abenheimers heißen: Moyses, Nathan, Gottschalk und Lazarus.
[116] Die Söhne Heinrich Marums hießen Carl und Emil, Lazarus Mayer war Vater von fünf Töchtern,
die christlich assimilierte Namen trugen.

Prägungen und Prämissen nach 1871:
Marums Sozialisation und Suche
nach Identität und Bindung

Jüdisches Leben im Kaiserreich:
Fortschreitende Akkulturation und erneute Ausgrenzung

Zum Zeitpunkt von Marums Geburt war die formalrechtliche Gleichstellung der Juden seit über 10 Jahren durchgesetzt. Die postemanzipatorische Ära brachte den Juden ein größeres Maß an sozialen Chancen, Berufsmöglichkeiten – so auch in den unteren Rängen des Beamtentums – und neue politische Mitspracherechte, die dazu führten, dass eine wachsende Zahl Parlamentarier jüdischer Herkunft im Reichstag und in den Länderparlamenten vertreten waren. Die fortschreitende Akkulturation der Juden in vielen Bereichen des Alltagslebens, vor allem ihr Vordringen in das Bildungsbürgertum, schienen positive Voraussetzungen für einen gelingenden Integrationsprozess zu sein. Gerade die deutschen Juden hatten überaus große Bereitschaft zum „Eintritt" in die bürgerliche Gesellschaft bewiesen, sie leisteten entscheidende Mitarbeit an der wirtschaftlichen und sozialen Umgestaltung Deutschlands seit 1866, aber auch auf anderen Gebieten gesellschaftlichen Lebens erbrachten sie bedeutende Leistungen und stellten ihr Bemühen um eine Anpassung an die nicht-jüdischen Normen und Verhaltenscodes unter Beweis.[1] Mit der Zäsur der Reichsgründung und der formalrechtlichen Gleichstellung verbanden die Juden die Erwartung auf die Einlösung des Integrationsversprechens seitens der Mehrheitsgesellschaft und auf die gleichberechtigte Partizipation in allen Sektoren des öffentlichen Lebens.

Diese Erwartungen wurden nur teilweise erfüllt. Ludwig Marum sollte in einer Gesellschaft aufwachsen, deren Entwicklung hinsichtlich des deutsch-jüdischen Verhältnisses von Ambivalenzen gekennzeichnet war. Einerseits konnte man von einer gelungenen Emanzipationsgeschichte[2] sprechen: Gerade die deutschen Juden hatten einzigartige Bereitschaft zur kulturellen Assimilation unter Beweis gestellt[3] und Teile der Mehrheits-

---

[1] Über die positiven Folgen der Emanzipation und Zeichen gelingender Integration vgl.: Richarz (1982), Bd. 2. Selbstzeugnisse zur Sozialgeschichte im Kaiserreich, S. 23–35.

[2] Vgl. Volkov (1990), S. 10.

[3] Vgl. Benz, Wolfgang: „Die jüdische Erfahrung. Die Legende von der deutsch-jüdischen Symbiose vor 1933." In. Benz (2001), S. 44–56. In diesem Aufsatz verweist Benz auf Hannah Arendt, die bezüglich des deutschen Judentums von einem „einzigartigen Phänomen auch im Bereich der sonstigen Assimilationsgeschichte" gesprochen hat, vgl. ebenda S. 47.

gesellschaft zeigten ausgesprochene Akzeptanz und Offenheit hinsichtlich der Aufnahme der jüdischen Minderheit. Andererseits standen den positiven Entwicklungen fortschreitender Akkulturation und Integration unübersehbar gegenläufige Tendenzen gegenüber, die auf ein spannungsreiches Verhältnis von Mehrheit und Minderheit hinwiesen. Feine Trennlinien markierten weiterhin die bestehende Distanz zwischen Juden und ihrer nicht-jüdischen Umwelt. Der Prozess des Zusammenwachsens verlief nicht störungsfrei, es fehlte am dezidierten Willen in den konservativ eingestellten Kreisen, den Juden gleichberechtigte Zugangschancen zu gewähren. Die verkümmerten demokratischen Bewusstseinsformen, der immer noch vorurteilsbeladene Blick auf die Minderheit verhinderte eine wirkliche Öffnung der Mehrheitsgesellschaft und ließ das Ziel sozialer Integration, einer tatsächlichen Eingliederung und Einbindung der Minderheit verfehlen.

Die mangelnde soziale Integration[4] erhielt eine gewisse Separation der Minderheit aufrecht, die zu überwinden kaum möglich schien. Vor diesem Hintergrund verfehlte die rechtliche Gleichstellung ihr eigentliches Ziel, ihr folgte keine umfassende Umsetzung im gesellschaftlichen Leben. Der Versuch der Integration blieb ein „Torso",[5] die gefundene Realisierung der Gleichstellung musste mit all ihren Mängeln als eine „Flickwerklösung"[6] erscheinen, da ihr kein Prozess der vorbehaltlosen Öffnung der Gesellschaft korrespondierte. Gradmesser der verfehlten sozialen Integration im Kaiserreich waren die größeren Leistungsanforderungen in den beruflichen Karrieren, die Verweigerung einflussreicher sozialer Positionen, die latente, manchmal auch offene Diskriminierung in den sozialen Institutionen der Parteien, Interessenverbänden, des Vereinswesens und der Freizeitorganisationen, die mangelnde Repräsentanz im Bereich der Politik. All dies unterstrich die fortdauernde Ausgrenzung der Juden in relevanten gesellschaftlichen

---

[4] Der Begriff der sozialen Integration entstammt, wie schon die Termini des Assimilation, Akkulturation und kollektiven Identität, der Soziologie. All diesen Begrifflichkeiten ist gemeinsam, dass sie sich auf Interaktionsprozesse zwischen Mehrheitsgesellschaft und Minderheit in einer Transformationsphase beziehen. Die soziale Integration meint ein umfassendes Konzept der Wiederherstellung der Einheit in einem Sozialsystem, es beschreibt den Prozess des Zueinanders von unterschiedlichen Gruppen in der Gesellschaft mit dem Ziel der Überwindung der Randstellung der Minderheit und ihre Neupositionierung inmitten der Gesellschaft. Aus divergierenden Elementen soll sich ein neues Ganzes fügen. Die gelungene Integration findet neben der rechtlichen Gleichstellung ihren Ausdruck in der Überwindung von Vorurteilen und einer neuen Akzeptanz der Minderheit, in der Zuweisung von Positionen und Funktionen im sozialen System, in Gesten der Anerkennung wie Ehrungen und Auszeichnungen sowie in intensivierten Kontakten im privaten Bereich. Die Eingliederung seitens der Mehrheit fordert Bewusstsein, Willen, ein neues Zugehörigkeitsgefühl, das sich in der Gewährung von Zugangschancen zeigt, die Minderheit muss ihre Fähigkeit und Bereitschaft zum Eintritt zeigen und unter Beweis stellen. Durch den Prozess des Zusammenwachsens werden Spannungen abgebaut, soziale Konflikte gemindert und ein Zustand innergesellschaftlichen Friedens und des Ausgleichs hergestellt.
[5] Vgl. Grab (2000), S. 235.
[6] Es handelt sich um eine von Jakob Toury verwendete Metapher, zitiert nach Grab (2000), S. 233.
[7] Auf den Antisemitismus, der den Prozess sozialer Integration wesentlich behinderte und belastete, wird in diesem Kapitel noch eingegangen.

Bereichen.[7] Auch in den privaten Kreisen war die Pflege intensiver Kontakte keineswegs eine Selbstverständlichkeit. Freundschaften[8] und Eheschließungen zwischen Juden und Nicht-Juden gehörten trotz ihrer zunehmenden Verbreitung keinesfalls zur „Normalität" gelebter Nähe, die als Zeichen gelungener Integration hätte gelten können. Ein spannungsfreies, problemloses Zusammenleben konnte nicht verwirklicht werden, so dass die Beschreibung des Verhältnisses als „deutsch-jüdische Symbiose"[9] der historischen Überprüfung nicht standhalten kann. Deshalb muss die Sicht der jüdischen Minderheit als integraler Bestandteil der wilhelminischen Gesellschaft und Kultur als problematisch gelten.[10] Die Defizite der sozialen Integration und das Auftreten einer neuen Judenfeindschaft verhinderten einen echten deutsch-jüdischen Dialog.

Bereits das Geburtsjahr Marums 1882 fiel in einen Zeitabschnitt, in dem die jüdische Emanzipation von Teilen der deutschen Gesellschaft in Frage gestellt wurde. Eine neue Judenfeindschaft artikulierte sich in einer Phase der Modernisierung von Wirtschaft und Gesellschaft, die von heftigen Krisen erschüttert wurde. In diesen Jahren verlor die Modernisierung an Zustimmung, das Bürgertum geriet zunehmend in Bedrängnis. Die optimistische Einschätzung moderner Entwicklung machte einer skeptischen, wenn nicht ablehnenden Haltung Platz, die den Boden bereitete für die Ablehnung liberaler Anschauungen und die Akzeptanz neuer irrationaler Weltanschauungsangebote, die dem Bedürfnis nach einleuchtender, leicht fassbarer Erklärung der Krisenerscheinungen entgegenkam. Diese Haltung war besonders im Mittelstand verbreitet und schuf erste Ansatzpunkte für die Bildung einer rechten Opposition. In ihr machte sich seit der zweiten Hälfte der 1870er Jahre auch eine vehemente Judenfeindschaft bemerkbar, die mit neuen Vorwürfen auftrat. Bei dem modernen[11] Antisemitismus[12] handelte es sich um ein kom-

---

[8] Die persönliche Integration wurde zwar seit dem 18. Jahrhundert durch Freundschaften zwischen gebildeten deutschen Juden und gebildeten Nicht-Juden gefördert, außerhalb der Bildungseliten ergaben sich solche freundschaftlichen Beziehungen keineswegs selbstverständlich, sie wurden häufig von den Beteiligten als „Ausnahme von der Regel" betrachtet. Vgl. Mosse (1996), S. 168–180.

[9] Vgl. Benz (2001)

[10] Vgl. Volkov (1990), S. 131–145, hier: S. 133.

[11] Auch die Verwendung des Attributs „modern" entbehrt nicht einer gewissen Problematik, da es fast ausschließlich positive Konnotationen beinhaltet, die in diesem Kontext nicht angebracht sind. Vgl. Ströle-Bühler (1991), S. 12.

[12] Vgl. Rürup/Nipperdey (1975), S. 95–114. Die erstmalige Verwendung des Begriffs wird meist dem judenfeindlich eingestellten Publizisten Wilhelm Marr zugeordnet, der ihn im Jahr 1879 erstmals verwendet haben soll. (Zur Kontroverse um die Urheberschaft Marrs siehe a.a.O., S. 95). Als erwiesen kann jedoch die rasche Verbreitung als politisches Schlagwort in ganz Europa gelten, die durch den Widerstand der Juden gegen den Anspruch des Terminus auf wissenschaftliche Objektivität nicht aufgehalten werden konnte. (a.a.O., S. 102) Zum Begriff des „Semitismus", seiner Herkunft aus der Sprachwissenschaft und seinen negativen Konnotationen als politischer Begriff. Vgl. a.a.O., S. 96–101. Grundlegende Literatur zum „modernen Antisemitismus": Rürup (1975), S. 74–94; Berding (1988); Greive (1983); Erb (1989); Katz (1989); Poliakov (1977); Pulzer (1966); Massing (1959); Reichmann (1956); Arendt (1955).

plexes Phänomen, das auf mannigfaltige Ursachen zurückzuführen war, das aber nach übereinstimmenden Forschungsergebnissen[13] nicht aus einem wirklichen Konflikt mit der Minderheit entsprang, sich nur ansatzweise auf konkrete Verhaltensweisen, Einstellungen und Handlungsmuster der Juden bezog, seinen eigentlichen Grund vielmehr in der krisenhaften Entwicklung der Mehrheitsgesellschaft hatte. Der moderne Antisemitismus resultierte aus den Antagonismen der modernen Industriegesellschaft, war bedingt durch die Eigenart und besondere Geschichte des deutschen Nationalstaats und konnte auf tradierte Vorurteile gegenüber der jüdischen Minderheit zurückgreifen, die ihm zu großer Durchschlagskraft verhalfen. In einem gesamtgesellschaftlichen Klima, das geprägt war durch Pessimismus und Frustrationsgefühle, einem Defizit an Einsicht in die komplizierten Prozesse moderner Ökonomie und sozialer Entwicklungen, einer Krise liberaler, aufklärerischer Traditionen und einer tiefen Verunsicherung der eigenen nationalen Identität, erfüllte das Feindbild des Juden viele Funktionen. Deutlich kristallisierte sich die Mehrschichtigkeit des Antisemitismus heraus, die zur Unterscheidung eines wirtschaftlichen, sozialen, politischen, nationalen und kulturellen Antisemitismus führte, der sich oftmals mit rassistischen Antisemitismussträngen verband, jedoch auch ohne Rückgriff auf den Rassismus vorkam.[14]

Der Antisemitismus war ein deutliches Symptom für die Krise der bürgerlichen Gesellschaft, für die Ablehnung ihrer Postulate der Gleichheit und der Tolerierung von Minderheiten. Die bedeutende Rolle, die der Antisemitismus im deutschen Kaiserreich spielte, beschreibt Wolfgang Benz in folgender Weise: „Antisemitismus war als soziales Vorurteil, als öffentliche Chiffre der Selbstverständigung der Mehrheitsgesellschaft durch Ausgrenzung der jüdischen Minderheit, als Reflex auf die Emanzipation der Juden und

---

13 Vgl. Volkov (1994), S. 117. In dem hier gestellten Zusammenhang einer Biographie kann nur ein kurzer Überblick über Erscheinungsformen, Ursachen und Deutungsansätze des Antisemitismus geleistet werden. Die Antisemitismusforschung stellt eine umfangreiche Disziplin dar, deren Gegenstand der Zustand der Mehrheitsgesellschaft und die in ihr herrschende Vorurteilsstruktur ist. Konsens besteht in der Forschung, dass die Judenfeindschaft Indikator für die Verhältnisse in der Mehrheitsgesellschaft ist, dass es sich hierbei nicht um ein überzeitliches Phänomen, sondern um einen Reflex auf die jeweiligen historischen Ausprägungen der Gesellschaft handelt. Die funktionale Interpretation der Judenfeindschaft ist vorherrschend, der Vielfalt der Erscheinungsformen des Antisemitismus entspricht jedoch auch die Vielfalt der Erklärungsmodelle und Deutungsansätze. Übereinstimmung besteht in der Erklärung des modernen Antisemitismus als Reaktion auf die Modernisierungskrise europäischer Gesellschaften. Da es sich um sehr komplexe Problemzusammenhänge handelt, stellt sich die Antisemitismusforschung als interdisziplinäres Forschungsgebiet dar. Soziologie, Ökonomie, Psychologie, Literatur-, Kultur- und Religionswissenschaften – um nur die wichtigsten Wissenschaftszweige zu nennen – leisten wesentliche Beiträge zur Erhellung des Phänomens des Antisemitismus. Als besonders fruchtbar erweisen sich soziologische Konzepte, Begrifflichkeiten und Deutungsversuche, die wesentliche Einsichten beigesteuert haben. Aber auch psychologische Forschungen über die Charakterstrukturen der Täter kommen zu wichtigen Ergebnissen. Richtungsweisend war die aus dem Frankfurter Institut für Sozialforschung hervorgegangene Studie von Theodor W. Adorno Der autoritäre Charakter. Feindbilder vom Juden in all ihren Facetten werden in Literatur und Kulturwissenschaften untersucht, zur Erhellung religiöser Motive können die Religionswissenschaften Wesentliches beitragen. Zum Deutungsversuch marxistischer Theoretiker vgl. Kapitel „Sozialdemokratische Theorie und Praxis gegenüber der 'jüdischen Frage' dieser Arbeit.

14 Vgl. Rürup/Nipperdey (1975), S. 99.

als politisches Instrument zur Abwehr bedrohlicher Strömungen wie Sozialismus und Liberalismus im öffentlichen Leben alltäglich präsent."[15]

Die neue Judenfeindschaft verstand sich als Reaktion auf das Ergebnis der Emanzipation und richtete sich gegen eine Minderheit, die ihr Profil im Verlauf des Akkulturationsprozesses grundlegend geändert hatte. Es wurde nun nicht mehr – wie in langen Jahrhunderten zuvor – eine außerhalb der Gesellschaft stehende, rechtlich diskriminierte, religiöse Minderheit angefeindet, sondern der Hass richtete sich gegen eine im ökonomischen Modernisierungsprozess erfolgreiche Gruppe, die ihren sozialen Status hatte verbessern können, die aber auch einige Besonderheiten[16] bewahrt hatte wie eine berufliche Fixierung auf Handel und Gewerbe, eine überproportionale Vertretung in den freien Berufen, eine traditionskritische Position der jüdischen Intelligenz und eine unabgeschlossene soziokulturelle Assimilation. Dies nahmen die Antisemiten zum Anlass, die Juden erneut zum Objekt von Ausgrenzung und Hass zu machen und ihnen nun ihre Aufgeschlossenheit für die Moderne zur Last zu legen. Dabei schenkten sie der fortschreitenden Akkulturation der jüdischen Minderheit kaum noch Beachtung, sie konzentrierten sich auf die Konstruktion von Phantomen, griffen zu Verzerrungen und Übertreibungen der vermeintlich jüdischen Attribute. Dem Antisemitismus lag insgesamt ein verändertes Bild des Juden zugrunde[17], das sich deutlich von den tradierten jüdischen Klischees und Zuschreibungen unterschied. Als wesentliches Kriterium jüdischer Identität wurde nun nicht mehr die Religion gesehen, sondern die Wesensmerkmale des Jüdischen wurden aus der angeblich anderen „Rasse", „Nationalität", dem anderen „Geist" abgeleitet und ließen ein Bild des Juden entstehen, das das Fremde, Abweichende hervorhob und seine Minderwertigkeit betonte.[18]

---

[15] Benz (2001), S. 69.

[16] Vgl. Rürup/Nipperdey (1975), S. 100

[17] Vgl. Rürup/Nipperdey (1975), S. 97f. Bei der Herausbildung neuer gegen die Emanzipation gerichteter Argumentationsstrategien erfuhr der Begriff des Juden eine Veränderung und Erweiterung. Die Emanzipationsbefürworter verstanden das Judentum wesentlich als eine Religionsgemeinschaft, und sahen in der andersartigen kulturellen und sozialen Lebensweise lediglich die Folge ihrer Jahrhunderte währenden sozialen Diskriminierung. Sie forderten, dass die Juden im Prozess des Assimilation die ihnen eigentümlichen Charakteristika überwinden sollten und sie gingen davon aus, dass bei gelungener Integration lediglich die Konfession als Unterscheidungsmerkmal zurückbleiben würde. Die Modernisierer in der Mehrheitsgesellschaft mieden das Adjektiv „jüdisch" und setzten an seine Stelle die Bezeichnung „israelitisch", womit sie die Differenz zwischen Juden und Nicht-Juden als marginal, als bloßen Unterschied im Bekenntnis verstanden wissen wollten. Demgegenüber erhielt der von den Emanzipationsgegnern bevorzugt gebrauchte Begriff des „Juden" hauptsächlich negative Konnotationen, der Begriff wurde säkularisiert, seine Bedeutung verschob sich vom religiösen auf den ethnischen Bereich. Die Judenfeinde sprachen vom „jüdischen Volk", von der „Nation in der Nation" und schrieben damit das Wesen des Judentums als Abstammungsgemeinschaft fest. Der Minderheit wurde eine anthropologisch andere Wesensart zugeordnet, deren Ausdruck Charaktermerkmale seien, die von der Natur festgelegt und daher unveränderbar seien.

[18] Diese negativen Bedeutungsinhalte verbanden sich im Begriff des „Semiten" Vgl. Rürup/Nipperding (1975), S. 95.

Der Säkularisierung des Begriffs des Juden entsprach seine Aufladung mit angeblich naturgegebenen, unveränderlichen Wesensmerkmalen, die sich in vornehmlich negativen Attributen zeigten. Die modernen Antisemiten schufen neue judenfeindliche Bilder und Klischees. Sie betonten die angebliche Machtbesessenheit der Juden, die sie zur Herrschaft über die nicht-jüdische Gesellschaft motiviere. Die antisemitischen Kreise sprachen von einer „neuen Judenfrage", deren Inhalte nicht mehr wie vormals von den Fragen ihrer rechtlichen Gleichstellung bestimmt waren, sondern sich aus dem Problem ihrer vermeintlichen Machtstellung in Wirtschaft, Gesellschaft und Kultur ergaben und die nun nach antisemitischer Auffassung die nicht-jüdische Welt bedrohe, sie in ihrer Entfaltung und Identitätswahrung behindere. In diesem Denken erschien die Emanzipation als ein gefährlicher Weg, die Assimilation und Akkulturation als ein unmögliches Unterfangen, das zwangsläufig scheitern musste.

Diese Auffassung spielte in den Jahren um die Reichsgründung noch keine Rolle, in dieser Phase wurden die Emanzipationsgesetze unter allgemeinem gesellschaftlichen Konsens und ohne Widerstand in der Verfassung des Deutschen Reiches durchgesetzt. Jedoch währte die Periode einer toleranten, offenen Stimmung den Juden gegenüber nur wenige Jahre. Bereits ab Mitte der 70er Jahre setzte eine breite Kampagne judenfeindlicher Agitation und Propaganda ein, in deren Gefolge das politisch neue Phänomen des organisierten Antisemitismus auftrat[19]. Die Flut judenfeindlicher Schriften und Presseartikel, die Zunahme antisemitischer Agitation zielte darauf ab, den Antisemitismus in der Bevölkerung zu verankern, die Zahl der Judenfeinde zu vergrößern und damit ein Zusammenwachsen von Mehrheit und Minderheit wirksam zu verhindern. Anstatt die soziale Integration zu fördern, wollte man die Gräben zwischen den Juden und ihrer nicht-jüdischen Umwelt vertiefen. Der politisch organisierte Antisemitismus griff das Potential antisemitischer Stimmung auf, um eine politische Bewegung zu formen, die nicht nur judenfeindliche Ziele verfolgte, sondern die vor allem die antiliberalen und antisozialistischen Trends in der deutschen Politik verstärken wollte.

Ludwig Marum wurde in einer Phase gesellschaftlicher Entwicklung geboren, die ihm verstärkte Chancen des sozialen Aufstiegs, des Erwerbs von Bildung bot, die ihm zugleich aber eine umfassende soziale Integration verweigerte. Die prägende Zeit der Adoleszenz wurde überschattet von dem erstarkenden modernen Antisemitismus, der gerade einen jungen Menschen zu verstärkter Reflexion über das deutsch-jüdische Verhältnis anregte und zur Prüfung alternativer Lösungsmodelle für das Minderheitenproblem aufforderte. Zeichnete sich die Moderne schon generell durch die eine verschärfte Identitätsproblematik aus, so betraf dies die jüdische Minderheit in besonderer Weise: Das hatte zur Folge, dass junge jüdische Menschen verstärkt mit dem Problem der Identitätsfindung konfrontiert wurden und aufgefordert waren, sich mit jüdischer Eigenart und Besonderheit, aber auch ihrem Platz in der deutschen Gesellschaft intensiv auseinander zu setzen.

---

[19] Zur Geschichte des organisierten Antisemitismus vgl: Jochmann, Werner: „Struktur und Funktion des deutschen Antisemitismus". In: Juden im Wilhelminischen Deutschland 1890–1914. Tübingen 1976, S. 389–478.

Kindheit in Frankenthal und Bruchsal

Ludwig Marum wurde als erstes Kind der Eheleute Carl Marum und seiner Frau Helene am 5. November 1882 geboren. Seine Eltern hatten im Dezember 1881 die Ehe in Mannheim geschlossen, wo sie sich vermutlich, durch die Vermittlung ihrer Mannheimer Verwandten, auch zum ersten Mal begegnet waren. Der 31-jährige Carl Marum, Erbe der väterlichen Eisenhandlung in Frankenthal, unterhielt enge Geschäftskontakte zu der Firma seines Onkels Markus in Mannheim, den er des Öfteren aufsuchte. Helene lebte vor ihrer Eheschließung seit sechs Jahren zusammen mit ihrer Großmutter, mit Mutter und Schwester im Hause des Onkels Gottschalk Abenheimer.[20] Nach dem frühen Tod ihres Vaters wurde für Helene die Erfahrung weiblicher Abhängigkeit und Mittellosigkeit zentral. Abhängigkeit erlebte sie nicht nur am Beispiel ihrer verwitweten Großmutter und ihrer ebenfalls verwitweten Mutter, sondern auch an ihrem eigenen Schicksal als Halbwaise, die als Angehörige des weiblichen Geschlechts keinerlei Ausbildung erfuhr. Helene fehlte offensichtlich ein ausreichendes Maß an Lebensfreude, Temperament und Durchsetzungskraft, was sie schon sehr früh zu einem zurückhaltenden, ernsten jungen Mädchen machte.[21] Für sie bedeutete die geplante Eheschließung mit Carl Marum, der acht Jahre älter war als sie, den Eintritt in eine neue Lebensphase, die ihr Sicherheit bot, aber auch eine Herausforderung bedeutete, da sie die Trennung von der Mannheimer Familie mit sich brachte und sie in einen neuen Familienkreis einführte. Eine Herausforderung war wohl auch der Gesundheitszustand Carl Marums, der als junger Mann im Deutsch-Französischen Krieg gekämpft[22] und eine Verwundung davongetragen hatte, die ihn für die Dauer seines Lebens kränklich und anfällig sein ließ.

   Das junge Paar lebte im Haus Heinrich Marums, für den der älteste Sohn Carl der einzige männliche Erbe war, nachdem dessen Bruder Emil in die USA emigriert war. Von den vier Kindern Heinrichs lebte neben Carl noch die 15-jährige Tochter Bertha mit im Haus.[23] Als Ludwig Marum geboren wurde, war er der erste Enkel, auf ihn richtete sich die Aufmerksamkeit der Großfamilie, und er begann sein Leben mit der Aussicht, die Familientradition fortzusetzen und die Eisenhandlung als Erbe zu übernehmen. Im Jahre 1885 wurde seine Schwester Anna geboren. Die Kinder wuchsen in einer wohl situierten Familie heran, bis der frühe Tod des Vaters im Jahr 1889 ihrem Leben eine entscheidende Wende gab. Carl Marum starb im Alter von 39 Jahren[24] – wahrscheinlich an den Spät-

---

[20] Vgl. Familienunterlagen EML, Leo-Baeck-Institut, New York.
[21] Quelle: zahlreiche Gespräche der Verfasserin mit EML.
[22] Vgl. Erinnerungstafel an der Leichenhalle des Friedhofs Frankenthal.
[23] Vgl. Familienunterlagen EML, Leo-Baeck-Institut, New York.
[24] Der Grabstein Carl Marums ist – ganz im Stil der Zeit – sowohl mit hebräischen als auch mit deutschen Schriftzeichen versehen, wobei auf traditionelle jüdische Symbolik nicht verzichtet wurde. Auf dem Grab befindet sich das beliebte Symbol der Mohnpflanze, euphemistisches Zeichen des Todes als immerwährender Schlaf. Vgl auch: „Ein edler Stein sei sein Baldachin". Jüdische Friedhöfe in Rheinland-Pfalz. Hrsg. v. Landesamt für Denkmalpflege, Rheinland Pfalz. 1966.

folgen seiner Kriegsverwundung – und ließ seine kleine Familie zurück, die sich nach dem Entschluss seiner Witwe aus dem Kreise der Marums löste und Frankenthal ein Jahr nach seinem Tod verließ.

Während der siebenjährigen Dauer ihrer Ehe hatte sich Helene im Haus der Familie Marum nicht sehr wohl gefühlt, Spannungen kennzeichneten das Verhältnis zu den Angehörigen ihres Mannes. Der plötzliche Tod Carl Marums, dem wenige Wochen der Verlust der geliebten Mutter vorangegangen war, ließ in der jungen Frau den Wunsch entstehen, für sich und ihre Kinder ein neues Lebensumfeld zu schaffen, das sie im Kreis ihrer eigenen Familie suchte. Helene Marum entschied sich, zu ihrer Schwester Lina Katz nach Bruchsal zu ziehen, deren Mann Jonas bereit war, Unterhalt und Verantwortung für ihre Kinder zu übernehmen.[25] Jonas Katz gehörte zu den führenden Tabakhändlern Bruchsals. Er hatte 1881 die Firma J. K. Marx aufgekauft, die den zweithöchsten Umsatz der Bruchsaler Tabakfirmen erzielte.[26] Jonas Katz, der aus dem nahe gelegenen Dorf Untergrombach stammte, hatte hart arbeiten müssen, ehe er in das wohlhabende Bürgertum Bruchsals aufsteigen konnte. Seine um zehn Jahre jüngere Frau Lina hatte er 1876 geheiratet. Aus ihrer Ehe gingen fünf Kinder hervor, mit denen Ludwig Marum aufwachsen sollte. Für seine Söhne hatte Jonas die kaufmännische Laufbahn vorgesehen, für den Neffen Ludwig war er bereit, eine höhere Schulbildung zu finanzieren. Helene Marum zog also im Jahr 1890 nach Bruchsal, das ihren Kindern zur neuen Heimat werden sollte. Die Entscheidung der Mutter, zu ihren badischen Ursprüngen zurückzukehren, prägte auch das Leben des Sohnes, der zwar bis in das Erwachsenenalter bayerischer Staatsbürger blieb,[27] sich jedoch eigentlich als Bruchsaler und Badener fühlte.

Ab seinem 9. Lebensjahr lebte Ludwig Marum also im badischen Bruchsal, einer landschaftlich schön an den Ausläufern des Kraichgaus gelegenen Kreisstadt inmitten der oberrheinischen Tiefebene. Die Stadt hatte eine große Vergangenheit als Residenzstadt der Fürstbischöfe von Speyer hinter sich, wovon die barocke Schlossanlage trotz ihres fortschreitenden Zerfalls zeugte. Von Frankenthal unterschied sich Bruchsal mit seinem kleinstädtischen Charakter nicht wesentlich. Beide Landstädte hatten im ausgehenden 19. Jahrhundert einen raschen wirtschaftlichen Aufschwung erlebt. Bruchsal erreichte im Jahr 1900 die Zahl von 13 800 Einwohnern[28] und war damit nur geringfügig kleiner als Frankenthal, das im gleichen Jahr 14 700 Bewohner aufwies.

Bruchsal verdankte seinen wirtschaftlichen Aufschwung vor allem dem Handel mit landwirtschaftlichen Produkten, der durch den Eisenbahnanschluss 1843 und die Einführung der Gewerbefreiheit 1862 einen größeren Umfang annahm. Getreide, Hopfen, Tabak waren die Erzeugnisse der Region, die Bruchsaler Händlern zu neuem Reichtum

---

[25] Die Entscheidung bewies die Selbständigkeit der jungen Frau, denn es ist kaum vorstellbar, dass die Großeltern Marum mit diesem Schritt ohne weiteres einverstanden waren. Jedoch trugen sie, nachdem der Umzug durchgesetzt war, wohl auch zum Lebensunterhalt Helenes und ihrer Kinder bei.

[26] Im Jahr 1882 gab es in Bruchsal 8 Großhandelsfirmen für Rohtabak. Vgl. Riffel (1930), S. 91.

[27] Noch die Studienbücher Marums weisen ihn als bayerischen Staatsbürger aus.

[28] Vgl. Riffel (1930), S. 114.

verhalfen. Um die Jahrhundertwende nahm die Stadt hinter Mannheim und Karlsruhe den 3. Platz in der Rangliste der badischen Handelsstädte ein.[29]

Helene Marum und ihre Kinder integrierten sich nun in die jüdische Gemeinde Bruchsal, die zu den bedeutendsten Gemeinden Badens sowohl hinsichtlich ihrer Größe als auch ihrer Vorreiterrolle im Reformprozess des 19. Jahrhunderts gehörte. In Bruchsal hatte sich bereits in der zweiten Hälfte des 13. Jahrhunderts eine jüdische Gemeinde gebildet, die jedoch durch die auf die Pestwelle folgenden Pogrome der Jahre 1348/49 ausgelöscht wurde.[30] In den folgenden Jahrhunderten siedelten sich zwar Juden in Bruchsal an, sie waren jedoch vielfachen Restriktionen durch die Speyerer Bischöfe unterworfen, zu deren Herrschaftsbereich die Stadt Bruchsal seit dem Mittelalter gehörte. Einen, wenn auch zögernden Aufschwung nahm die jüdische Gemeinde erst im 18. Jahrhundert, als ihr der tatkräftige Hoffaktor Suessel Jakob 1702 bis 1750 vorstand.

Als die Speyerischen Gebiete 1803 an Baden fielen, verbesserte sich die Situation der Juden, die nun auch in den Genuss der liberalen badischen Gesetzgebung kamen. Im 19. Jahrhundert erlebte die Bruchsaler Gemeinde dann ihre eigentliche Blütezeit. Im Jahr 1895, Ludwig Marum hatte fünf Jahre in der Stadt gelebt, umfasste die jüdische Gemeinde 743 Mitglieder, was einem Anteil an der Bevölkerung von 5,9% entsprach.[31] Etwa zwei Drittel der Stadtbevölkerung waren katholisch, das restliche knappe Drittel stellten die Protestanten.[32] Zu Beginn des Jahrhunderts hatte der Prozentsatz der jüdischen Gemeinde aber nur 2,6% betragen, basierend auf einer Stärke von 178 Mitgliedern.[33] Das Anwachsen der Gemeinde stand in engem Zusammenhang mit dem oben erwähnten ökonomischen Aufschwung Bruchsals. Viele Juden der benachbarten Dörfer hatten ihre Heimatorte verlassen, um in Bruchsal als Unternehmer und Händler eine neue Existenz zu gründen. Zu dieser Gruppe gehörte auch der Onkel Marums, Jonas Katz. Die Juden beherrschten den Hopfen- und den Tabakhandel der Stadt, der ihnen zu beträchtlichem Wohlstand verhalf. Aber auch der Handel mit Leder, Schuhen, Textilien lag hauptsächlich in den Händen von Bruchsaler jüdischen Familien. Nicht nur in wirtschaftlicher Hinsicht gehörte Bruchsal zu den führenden jüdischen Gemeinden Badens, auch in religiöser Hinsicht nahm es als Sitz des 1827 begründeten Bezirksrabbinats einen besonderen Platz ein. Zu dem Bezirk gehörten neben der städtischen Gemeinde auch die ländlichen Gemeinden der Umgebung, die sich durch ihr Festhalten am orthodoxen Ritus

---

29 Vgl. Riffel (1930), S. 115. Zur Beschreibung der Stadt Bruchsal vgl. die Abschnitte „Referendariat und Eheschließung (1904–1910)" und „Passives Mitglied der sozialdemokratischen Partei in Bruchsal (1904–1908)" dieser Arbeit.

30 Zur Geschichte der Bruchsaler Gemeinde vgl. Stude (1990), S. 328ff. und unveröffentlichte Manuskripte des Stadtarchivs Bruchsal, erarbeitet vom Arbeitskreis Landeskunde – Landesgeschichte – Altertum. Kreis Bruchsal, bearbeitet von Valentin Gölz et. al., o.J. (hinfort: *Unveröffentlichte Manuskripte*).

31 Vgl. *Unveröffentlichte Manuskripte*.

32 Riffel (1930) gibt für den Zeitraum 1875–1900 die folgenden Zahlen an: Die Anzahl der Katholiken fiel von 1875 (73,3%) bis zum Jahr 1900 (66,9%), der der Protestanten stieg im gleichen Zeitraum von 21% auf 27,4%. Der israelitische Anteil lag 1875 bei 5,6%, 1900 bei 5,5%. Vgl. S. 115.

33 Vgl. *Unveröffentlichte Manuskripte*.

deutlich vom Reformgeist der Bruchsaler Gemeinde unterschieden. Um die Jahrhundertmitte waren in Bruchsal schon liberale Rabbiner wie Moses Präger und David Friedberg tätig gewesen, die bedeutende Neuerungen im Ritus, wie z.B. Gebete in deutscher Sprache, einführten.[34] In seinen späteren Mannheimer Jahren setzte Moses Präger seinen Reformkurs fort und wurde zum Schöpfer eines neuen Gebetbuches, das in ganz Baden in den liberalen Gemeinden Verbreitung fand.[35] Als in Bruchsal 1882 die neue Synagoge eingeweiht wurde, erhielt sie eine Orgel, aussagekräftiges Symbol des Assimilationsgeistes des Bruchsaler Judentums. Für den Bau der neuen Synagoge hatte die Gemeinde beträchtliche Gelder aufgebracht und eine architektonische Konzeption unterstützt, welche eine Synagoge im „neuromanischen" Stil entstehen ließ. „Ein halbrunder Vorbau auf sechs schlanken Säulen und darüber ein Tempelchen, horizontale Gliederung der Wand gaben dem Bau ein exotisches Aussehen."[36] Mit diesen Worten erinnert man sich heute an den eindrucksvollen Bau der Bruchsaler Synagoge. Im Alltagsleben der Gemeinde trat die Bedeutung der Religion im ausgehenden 19. Jahrhundert aber immer mehr zurück. Max Eschelbacher, der Sohn des Rabbiners Josef Eschelbacher, konstatierte dies mit Bedauern, als er in seinen Erinnerungen schrieb: „Die Gegenwart wirkte mächtig auf sie (die Gemeinde, m.A.) ein und schwächte die Macht der Überlieferung. Wenige Geschäfte waren am Schabbes geschlossen, wenige Haushaltungen waren koscher."[37]

Seit 1876 bekleidete Dr. Josef Eschelbacher[38] das Amt des Bruchsaler Bezirksrabbiners. Mit seiner Ernennung bekam die Bruchsaler Gemeinde einen konservativ eingestellten Rabbiner, der der Lockerung der religiösen Tradition ablehnend gegenüberstand. Eschelbacher, aus dem badischen Landjudentum stammend, war schon während seiner Karlsruher Schulzeit unter den Einfluss des gesetzestreuen Rabbiners Joseph Altmann gekommen.[39] Das 1854 begründete Jüdisch-Theologische Seminar in Breslau, das eine Mittelstellung zwischen Orthodoxie und Reformjudentum einnahm, wurde zur Ausbildungsstätte Eschelbachers,[40] der zudem noch an der Universität Philosophie und mehrere Fremdsprachen belegte und damit seinem Hang zu umfassenden wissenschaftlichen Studien Ausdruck gab. Als Eschelbacher die Leitung der jüdischen Gemeinde Bruchsal übernahm, folgte er nicht dem Reformkurs seiner Vorgänger Präger und Friedberg, wodurch sich manche Konflikte mit der Gemeinde ergaben. Der Sohn Max schrieb: „In

---

[34] Vgl. Stude (1990), S. 394.

[35] Vgl. Stude (1990), S. 92. Der Titel des Gebetbuches lautete: Gebetbuch für die israelitische Gemeinde Mannheim.

[36] *Unveröffentlichte Manuskripte*, S. 3.

[37] Memoirensammlung des Leo-Baeck-Archivs, New York. Bericht Dr. Max Eschelbacher, S. 12. (hinfort: Eschelbacher: Memoiren)

[38] Zu Josef Eschelbacher vgl. Stude (1990), S. 122ff.

[39] Vgl. Eschelbacher: Memoiren, S. 3.

[40] Zu den verehrten Lehrern Eschelbachers gehörten Zacharias Frankel, der Leiter des Breslauer Seminars, und Leopold Zunz, der Begründer der Wissenschaft des Judentums.

seiner religiösen Richtung und Haltung stand mein Vater im Gegensatz zu seiner Gemeinde. Das hat aber seinem Ansehen und seiner Autorität nicht geschadet."[41]

Vor allem in dem Punkte der fortschreitenden Assimilation und der Aufgabe jüdischer Tradition ergaben sich die Konfliktpunkte zwischen dem Rabbiner und seiner Gemeinde. Eschelbacher wollte, ungeachtet seiner Bereitschaft zu Reformen im Gottesdienst und zum jüdisch-christlichen Dialog, dennoch jüdische Eigenart, Kultur, Religion bewahren und stärken. Ein ehemaliger Bruchsaler Schüler Eschelbachers, Paul Schrag, später einer enger Freund von Elizabeth Lunau-Marum, schrieb über ihn: „Man nannte ihn einen ‚aufrechten Juden' – und meinte damit einen solchen, der seine Aufgabe darin sah, unermüdlich darzutun, dass die der jüdischen Religion innewohnende Ethik sich in keiner Partikel von der Ethik unterschied, die alle rechtgesinnten Menschen verband, und dass der Beitrag der deutschen Gemeinschaft und Kultur, in die sie zum Vorteil aller endlich als Gleichberechtigte aufgenommen waren, nur dann zur vollen Entfaltung gelangen könne, wenn die Juden ohne ihre bewusste Zugehörigkeit zum Judentum preiszugeben, durch Wort und Tat sich als Deutsche bekannten. Er war ein Gegner jener Assimilation, die sich vom Judentum loszulösen suchte und als letztes und bestes Ziel die Taufe oder, wenn möglich, die Mischehe anstrebte."[42]

Josef Eschelbacher trat außer durch die Wahrnehmung seines Rabbinats durch seine Arbeit in der jüdischen Wohlfahrtspflege hervor. Zusammen mit dem Bruchsaler jüdischen Stadtrat Louis Katz begründete er eine Initiative zur Betreuung jüdischer Waisenkinder durch Pflegefamilien. Aus diesem Gedanken ging 1888 der „Landesverein zur Erziehung israelitischer Waisen im Großherzogtum Baden" hervor.[43]

Ludwig Marum wuchs in der von Eschelbacher geleiteten jüdischen Gemeinde heran, die ihm sowohl starke Assimilationstendenzen – wie sie auch von Mutter und den Verwandten gelebt wurden – vermittelte, ihn aber auch mit der Gegenposition des Rabbiners bekannt machte. Für Ludwig spielte sich sein Leben in Bruchsal zunächst im Kreis der Familie, der Nachbarschaft und der jüdischen Gemeinde ab. Helene Marum hatte, wenige Schritte von dem Katzschen Besitz entfernt, eine Wohnung gemietet.[44] Das Haus

---

[41] Eschelbacher: Memoiren; S. 13.

[42] Zitiert nach Stude (1990), S. 122. Das Zitat stammt aus dem Roman Paul Schrags *Heimatkunde*, vgl. Schrag, (1952).

[43] Die Frau Eschelbachers, Ernestine, betätigte sich ebenfalls im sozialen Bereich als Sozialfürsorgerin. Sie war im Vorstand der Frauengruppe des „Centralvereins" und ab 1917 im Vorstand des Jüdischen Frauenverbandes, vgl. Dick, Jutta und Marina Sassenberg (Hrsg.): Jüdische Frauen im 19. und 20. Jahrhunderts. Lexikon zu Leben und Werk. Hamburg 1993, S. 110. Im Jahre 1900 wechselte Josef Eschelbacher an die konservative Berliner Gemeinde, sechs Jahre später sollte sein Sohn Max Rabbiner in Bruchsal werden. Josef Eschelbacher, der in Baden mit dem Zähringer Löwen-Orden ausgezeichnet worden war, widmete sich in Berlin auch wissenschaftlichen Studien, aus denen 1908 sein Werk *Das Judentum und das Wesen des Christentums* hervorging, womit er auf die zeitgenössischen Kontroversen um Harnacks Schrift *Wesen des Christentums* antwortete. Vgl. Stude (1990), S. 123.

[44] Die Adresse lautete: Kaiserstraße 29, die der Familie Katz: Kaiserstraße 19. Vgl. Adressbuch der Stadt Bruchsal 1891.

gehörte Emil Marx, der auf dem zugehörigen Anwesen eine Malzfabrik betrieb.[45] Von den beiden Söhnen des Hausbesitzers wurde der jüngere, Julius, zum Spielkameraden Ludwig Marums. Auch die Söhne von Jonas Katz – Louis und Robert – waren fast im gleichen Alter wie Ludwig, der sie fast als Brüder ansah. Die Schwester und die Cousinen erweiterten den Kreis der Kinderfreundschaften.[46] In diesen frühen Jahren bewegte sich Marum ausschließlich unter jüdischen Menschen, die Integration war noch nicht so weit fortgeschritten, dass Kontakte zwischen jüdischen und christlichen Kindern selbstverständlich gewesen wären.

Obwohl die jüdische Religion – abgesehen von gelegentlichen Synagogenbesuchen und der Beachtung der wichtigen jüdischen Festtage – kaum eine Rolle spielte, entwickelte sich in dem Kind dennoch ein Bewusstsein jüdischer Identität, das sich weniger auf die Religion als auf die sozialen Bezüge, die gelebten Kontakte mit jüdischen Menschen, gründete. Ludwig hatte schon als Kind traumatische Erfahrungen sammeln müssen, die ihn früh mit den Schattenseiten des Lebens bekannt machten. Der Tod des Vaters, die Trennung von der Familie Marum, das Einleben in ein neues soziales Umfeld forderten die Kräfte des Kindes. Die Lösung aus der Familie Marum hatte der Lebensperspektive Ludwigs neue Offenheit verliehen, die Übernahme der Eisenhandlung durch ihn wurde nun nicht mehr erwogen, sondern die Mutter wollte ihn aufs Gymnasium schicken und ihm damit den Aufstieg in das Bildungsbürgertum ermöglichen. Helene Marum widmete sich ganz der Erziehung ihrer Kinder und zog eine zweite Ehe nicht in Betracht. Hohe Leistungsanforderungen und die Anpassung an die Normen des neuen Lebensumfeldes stellte sie in den Mittelpunkt ihres Erziehungskonzepts, das sie mit Strenge durchzusetzen versuchte. Der Sohn bot alle Kräfte auf, um den in ihn gesetzten Erwartungen zu entsprechen. Leistungsbereitschaft, Aufstiegswillen, hohe Anpassungsbereitschaft sollten auch sein späteres Leben bestimmen. Ungehorsam und Trotz wagte Marum der Mutter gegenüber nicht zu zeigen. Erst in seiner Studentenzeit bekannte er offen, wie froh er war, der mütterlichen Aufsicht entronnen zu sein.[47] Als junger Mann suchte er sich vor allem aus den Fesseln engstirniger kleinbürgerlicher Normen zu lösen und seiner Lebensfreude in einem hedonistischen Überschwang Ausdruck zu geben. Ludwig Marum unterhielt Zeit seines Lebens ein kühles Verhältnis zu seiner Mutter, emotionale Wärme fand er in der Familie Katz, wo Jonas die Vaterstelle an ihm vertrat.[48]

Schon die Kindheit konfrontierte Ludwig Marum mit widersprüchlichen Erfahrungen, die seinen wachen Intellekt herausforderten. Zu diesen Antagonismen gehörten sowohl der Kontrast zwischen der mütterlichen Armut und Abhängigkeit und dem Wohlstand des Onkels als auch der Konflikt in der Gemeinde zwischen Konservativen

---

[45] Vgl. Adressbuch der Stadt Bruchsal 1891.
[46] Lina und Jonas Katz hatten fünf Kinder: drei Töchter und zwei Söhne.
       Vgl. Familienunterlagen EML, Leo-Baeck-Institut, New York.
[47] Mündliche Auskunft EML.
[48] Mündliche Auskunft EML.

und Reformern. Hinzu trat in den 90er Jahren die Erfahrung des Antisemitismus, welcher die Fortschritte der jüdischen Integration bedrohte. Marums späterer Einsatz für soziale Gerechtigkeit hatte seine ersten Wurzeln wohl in der Erfahrung der mütterlichen Armut. Aber auch der Einblick in die Lebens- und Arbeitsbedingungen der Bruchsaler Arbeiterschaft, die ihm die intime Kenntnis der Verhältnisse in der Malzfabrik des Nachbarn gewährten, schärfte sein Bewusstsein von den sozialen Antagonismen in seinem Umfeld. Mit der Feier seiner Bar-Mizwa war Marum zum Mitglied der jüdischen Gemeinde geworden und war nun aufgefordert, Stellung zu beziehen in den offenen Streitfragen um die Chancen und Gefahren der Assimilation.

Das Verhältnis zur nicht-jüdischen Bevölkerung werden wohl die meisten Bruchsaler Juden als positiv bewertet haben, als Beleg dienten die Integration in die Vereine der Stadt und die politische Vertretung von Juden in Bürgerausschuss und Stadtrat.[49] Max Eschelbacher beschrieb das optimistische Grundgefühl Bruchsaler Juden in dieser Zeit mit den Worten: „Die Assimilation war stark. Mit Lust und Freude trat diese Generation (von Juden, m. A.) in das deutsche öffentliche Leben ein, erfolgreiche Männer setzten ihre Ehre darein, Stadträte und Stadtverordnete zu werden, in der Handelskammer zu führen, in den Berufsorganisationen mitzuarbeiten und überall in Reih und Glied mit ihren nichtjüdischen Mitbürgern zu stehen. Sie lebten noch in dem beglückenden Glauben, nur das Bekenntnis scheide Juden und Nichtjuden, und in der Konfession hätten sie gerne ein Erbe der Vergangenheit, dem keine Zukunft mehr blühte, gesehen."[50]

Ein wesentlich weniger positives Bild ergab sich, betrachtete man die Erfolge der Antisemiten in den 80er und 90er Jahren in der Region Bruchsal. Bereits im Jahr 1877 war es zur Schändung des Bruchsaler Judenfriedhofs gekommen, im Jahr 1883 ereignete sich in der Stadt ein antisemitischer Zwischenfall, in dessen Verlauf Fensterscheiben jüdischer Häuser zu Bruch gingen. In derselben Zeit kam es in den umliegenden Badeorten wiederholt zu antisemitischen Beschimpfungen jüdischer Kurgäste.[51]

Deutlichen Ausdruck erlangte die antisemitische Einstellung von Teilen der Bevölkerung, als in den 90er Jahren die antisemitische Deutsche Reformpartei auch in Bruchsal Erfolge verzeichnen konnte. Bei den Reichstagswahlen 1893 erzielte diese Partei 6% der Stimmen in Bruchsal, während sie im benachbarten Bretten, das als Hochburg der Antisemiten galt, sogar 56% erreichte.[52] Während des Wahlkampfs 1892 war es in Bruchsal zu einem bezeichnenden Zwischenfall gekommen. Selbstbewusste Bruchsaler Juden hatten die antisemitischen Wahlplakate und Flugblätter, mit denen die Stadt überschwemmt worden war, entfernt, worauf der „Antisemitische Verein" Bruchsals Klage erhob. Das Gericht lehnte eine strafrechtliche Verfolgung der Juden mit der bemerkens-

---

[49] Der bekannteste jüdische Stadtrat Bruchsals war Louis Marx. Vgl. Stude (1990), S. 125.
[50] Eschelbacher: Memoirensammlung, S. 13.
[51] Vgl. Stude (1990), S. 131ff.
[52] Ebenda, S. 135.

werten Begründung ab: „Hinsichtlich der Angezeigten erscheint zwar durch Geständnis nachgewiesen, dass sie einige Tage vor der letzten Reichstagswahl antisemitische Flugblätter, welche in den Straßen der Stadt Bruchsal angeklebt waren, abgerissen haben. Doch liegt ein Anlass zum Einschreiten deshalb nicht vor, weil das Abreißen dieser Anschläge, die von Beleidigungen und Schmähungen der Israeliten strotzten und deren Inhalt auch bei den Angehörigen der christlichen Konfessionen Ärgernis zu erregen geeignet waren, in Ausübung berechtigter Notwehr also anzusehen ist. Den Angezeigten, welche Israeliten sind, konnte ebenso wenig wie den übrigen Israeliten hiesiger Stadt zugemutet werden, die ihre Religionsgenossen herabwürdigenden Schmähschriften der weiteren öffentlichen Verbreitung überantwortet zu sehen."[53]

Während die Justizbehörden sich schützend vor die Juden stellten, waren in der Bevölkerung nach wie vor antisemitische Ressentiments verbreitet. Bruchsaler Juden gründeten 1893 eine Ortsgruppe des „Centralvereins deutscher Staatsbürger jüdischen Glaubens", der sich dem Abwehrkampf gegen den Antisemitismus widmen wollte. Ludwig Marum war zu diesem Zeitpunkt 11 Jahre alt und zu jung, um den erstarkenden Antisemitismus bewusst wahrnehmen zu können. Die um nur zwei Jahre ältere Rahel Straus aus Karlsruhe berichtet über ihre Wahrnehmung der Situation: „Eine Bewegung, die uns ganz speziell betraf und uns tief innerlich bewegte, war das Anwachsen des Antisemitismus. Es war ja nur eine ganz kurze Zeit, in der es schien, als gebe es keinen Antisemitismus mehr, als müsse er mit Fortschritt und Aufklärung ganz verschwinden. Sicher war, dass in meiner frühen Jugend ein gebildeter Mensch sich genierte, einzugestehen, dass er Antisemit sei. Dass es Judenfeindschaft gab, das wussten wir Kinder früh genug. Denn immer wieder kam es vor, dass man uns auf der Straße ‚Jud' nachrief mit all den bekannten schönen Epitheta. Das traf uns zwar nicht tief, aber wir fühlten dadurch doch immer unsere Andersartigkeit. oder wir empfanden wenigstens, dass die Straßenjungen uns als fremd empfanden. Noch klein war ich, als der Name Ahlward an mein Ohr schlug. Gut, man nahm ihn in jüdischen Kreisen nicht ernst, man lachte über ihn. Aber als sich der Hofprediger Stöcker hinter ihn stellte, als Ahlward mit einer kleinen Partei in den Reichstag einzog, schien sein Wirken doch schon bedenklicher. (...) Rückschauend sehe ich, wie wir immer auf einem Vulkan gelebt haben, ohne es zu ahnen. Kleine Ausbrüche, dumpfes Grollen ließen uns für Augenblicke die Wahrheit ahnen. Wir verdrängten sie, bis der ungeheure Ausbruch kam, der uns unter seinen Lavamassen begrub."[54]

Rahel Straus schloss sich schon als Jugendliche dem Zionismus an, las die 1896 erschienene Schrift Herzls *Der Judenstaat* und verfolgte den 1. Zionistenkongress 1897 in Basel mit Begeisterung. Marum war 15 Jahre alt, als der Zionistenkongress tagte. Die nationaljüdische Bewegung hat ihn nie angesprochen, er betonte dagegen sein Deutschtum und strebte die Integration in die deutsche Gesellschaft an.

---

53 Zitiert nach Stude (1990), S. 134.
54 Straus (1962), S. 77f.

Besuch des Großherzoglich Badischen Gymnasiums in Bruchsal

Ludwig Marum besuchte von 1891 bis 1900 das traditionsreiche humanistische Gymnasium, das ursprünglich auf eine Stiftung des Speyrer Fürstbischofs im 18. Jahrhundert zurückging und sich nun das Großherzoglich Badische Gymnasium nannte.[55] Das Jahr 1753 betrachtet die Schule als ihr Gründungsdatum, als zunächst ein Schulfond eingerichtet wurde. Später wurden die Jesuiten mit der Führung der Schule betraute, einer Schule, der auch ein Priesterseminar angeschlossen war. Im Jahre 1793 wurde der Schulbetrieb aufgenommen.

Den katholischen Charakter der Schule bewahrten auch die badischen Großherzöge, nachdem der Speyerische Besitz 1803 an Baden übergegangen war. In der ersten Hälfte des 19. Jahrhunderts durften nur katholische Lehrkräfte am Bruchsaler Gymnasium unterrichten, während die Schülerschaft konfessionell ungebunden war. Dies änderte sich erst im Jahr 1870, als diese Bestimmung aufgehoben wurde und die konfessionelle Parität innerhalb des Lehrerkollegiums angeordnet wurde. Bis zum Jahr 1877 hatte die Anstalt den Status eines Progymnasiums, erst dann wurde sie in ein neunklassiges Vollgymnasium umgewandelt, an dem im Jahre 1880 erstmalig das Abitur abgenommen wurde.

Als Ludwig im Jahre 1891 in das Gymnasium eintrat, war es noch die einzige höhere Lehranstalt am Ort, dies änderte sich, als in den frühen 90er Jahren ein zweites Gymnasium – das heutige Justus-Knecht-Gymnasium – den Lehrbetrieb aufnahm. Diese höhere Schule war aus einer städtischen Oberrealschule hervorgegangen und legte den Schwerpunkt auf die Naturwissenschaften und moderne Sprachen. Diese schulische Konkurrenz führte zum Verlust vieler Schüler beim Großherzoglich Badischen Gymnasium. Es setzte eine Abwanderung ein, welche die Schülerschaft auf 200 Schüler im Jahr 1896 sinken ließ, während sie in den Jahren von 1877 bis 1891 noch über 300 betragen hatte.

Als Ludwig in die Sexta des Gymnasiums aufgenommen wurde, unterrichteten 13 Lehrkräfte an der Schule, die seit 16 Jahren von dem Altphilologen Jakob Ammann geleitet wurde. Strenge Sozialcodices herrschten in der kleinen Schulgemeinde, in der die Professoren mit ihren Familien auf dem Schulgelände lebten und in der jede abweichende Verhaltensweise von Schülern und Lehrern aufmerksam registriert wurde. Von den 13 Lehrkräften der Schule verfügten zehn über eine wissenschaftliche Ausbildung, vier waren promoviert, während drei lediglich als Volksschullehrer qualifiziert waren. Einige Lehrkräfte betrieben neben dem Unterricht noch wissenschaftliche Studien, jährlich erschienen die Ergebnisse als Beilage zu den veröffentlichten Schulberichten.[56] Die politische

---

[55] Literatur zur Geschichte des Großherzoglich Badischen Gymnasiums in Bruchsal: Weis (1955), S. 4–43; *Bruchsaler Bote:* Sonderausgabe zum Jubiläum des Gymnasiums Bruchsal vom 29.7.1930. Aufbewahrt im Stadtarchiv Bruchsal. (Hinfort: *Bruchsaler Bote.* Sonderausgabe)

[56] Manche bauten sogar außerhalb der Schule eine wissenschaftliche Karriere auf; so wechselte Karl Schumacher in das Museumsfach und wurde Leiter des Römisch-Germanischen Museums Mainz. Dr. Karl Prächter wurde Professor an der Universität Halle.

Gesinnung der Lehrer wurde geprägt von dem Gedankengut bürgerlicher Parteien, von denen das Zentrum und die Nationalliberale Partei in Bruchsal die meisten Anhänger fanden. Eine sozialdemokratische Gesinnung wurde im Schuldienst nicht geduldet, schon eine linksliberale Einstellung, wie sie der junge Lehrer Heimburger in den 80er Jahren bekundete, galt als äußerst bedenklich. Heimburger wurde vom Kultusministerium gemaßregelt und wechselte kurze Zeit später an ein Karlsruher Gymnasium.[57] Die pädagogische Auffassung der Lehrer orientierte sich an den Werten Autorität, Disziplin, Gehorsam, die sie ganz im Sinne des wilhelminischen Zeitgeistes an die Schüler weitergaben.

Nach dem Tode Ammanns 1895 übernahm Dr. Adolf Büchle (1895–1907) die Leitung des Gymnasiums, ein Mann, der als „Künstlernatur" und als „unkonventionell" galt und dessen literarische Interessen zu eigenen schriftstellerischen Arbeiten führten. Der Goethe-Verehrer war Ludwigs Deutschlehrer in der Oberprima, vielleicht ist auf ihn das ausgeprägte Interesse seines Schülers für Kunst und Literatur zurückzuführen.[58] Der Lehrplan des humanistischen Gymnasiums war an den traditionellen Humboldtschen Vorgaben orientiert und reagierte kaum auf die neuen Qualifikationserfordernisse des industriellen Zeitalters. Dem Leistungsanspruch der Schule – die das Schwergewicht auf die alten Sprachen legte – konnten viele Schüler nicht entsprechen; eine große Zahl musste die Schule verlassen oder eine Klasse wiederholen.[59]

Die Schule hatte sich eine strenge Schulordnung gegeben[60], welche die Schüler vielfachen Restriktionen unterwarf und ihr Leben innerhalb und außerhalb der Schule zu reglementieren suchte. Politische Betätigung, ein ausschweifender Lebensstil, auffälliges Benehmen wurde unter Strafe gestellt. Interessenvertretungen der Schüler waren ebenso verboten wie die Nachahmung studentischer Verbindungen. Die Schulordnung untersagte den Besuch von Wirtshäusern, Kaffeehäusern und die Belegung eines Fechtkurses. Die Teilnahme an politischen Veranstaltungen, der Eintritt in Parteien waren ebenfalls nicht gestattet. Die Schulordnung schrieb weiterhin vor, dass die Schüler bei Anbruch der Dunkelheit sich bei ihren Familien aufzuhalten hätten, dass im Sommer das Baden nur an eigens bestimmten Plätzen erlaubt, ein Theaterbesuch nur mit Genehmigung des Direktors möglich sei und dass Tanzvergnügungen ganz zu meiden seien. Selbstverständlich war, dass der Tabakkonsum den Schülern untersagt war. Über die Einhaltung dieser Bestimmungen hatte der Schuldiener Hornung zu wachen, der ein ausgedienter Soldat war. Er hatte häufig Gelegenheit, Verstöße der Schülerschaft gegen die Schulordnung, vor allem, was den Besuch von Wirtshäusern betraf, festzustellen.[61]

Als gravierender galt jedoch der Verstoß gegen die politischen Vorschriften der Schulordnung. Ein Nachbar Ludwig Marums, der allerdings einige Jahre jünger war, berich-

---

[57] Vgl. *Bruchsaler Bote*. Sonderausgabe.
[58] Vgl. Weis (1955), S. 34.
[59] Vgl. Klassenlisten des Großherzoglich Badischen Gymnasiums Bruchsal, Schularchiv des Schönborn-Gymnasiums.
[60] GLA 235/31897.
[61] Vgl. *Bruchsaler Bote*, Sonderausgabe.

tete, dass die Landtags- und Reichstagswahlkämpfe der Zeit durchaus die Schülerschaft interessierten, was einige Schüler veranlasste, politische Veranstaltungen zu besuchen und heimlich die Reichstagsreden August Bebels zu lesen.[62] Erst am Ende von Marums Gymnasialzeit gründete sich 1898 ein Ortsverein der sozialdemokratischen Partei in Bruchsal.

Die Schülergeneration Marums zeigte wahrscheinlich noch kein ausgeprägtes Interesse an der politischen Entwicklung und an der Kritik der Oppositionsparteien. Das politische Interesse galt – soweit es überhaupt vorhanden war – eher den bürgerlichen und konservativen Parteien, welche die Interessen der sozialen Schichten vertraten, denen die meisten Schüler entstammten. Die Schülerschaft des Großherzoglich Badischen Gymnasiums kam aus den führenden Familien der Stadt und des Landkreises. Die soziale Auslese regelte sich über die Erhebung des Schulgeldes, das im Jahr 1894, als Ludwig die Quarta besuchte, jährlich 75 R-Mark betrug, den sechsfachen Wochenlohn eines Arbeiters.[63]

Das Bildungsstreben des jüdischen Bürgertums zeigte sich in dem hohen Prozentsatz jüdischer Schüler am Großherzoglich Badischen Gymnasium. Im Jahr 1901 waren von 205 Schülern 35 Israeliten, was einem Prozentsatz von 17,5 % entspricht.[64] Der Anteil jüdischer Gymnasiasten lag damit dreimal so hoch wie der Bevölkerungsanteil der Juden in der Stadt. Die führenden jüdischen Familien Bruchsal schickten ihre Kinder auf das Gymnasium, so die Bankiersfamilie Bär, die Unternehmer Schrag, Katz, Löb, Wertheimer und viele andere.[65]

Ludwig trat mit knapp neun Jahren in das Gymnasium ein, nachdem er die Aufnahmeprüfung erfolgreich abgelegt hatte.[66] In seiner Klasse befanden sich insgesamt 28 Schüler, von denen drei Juden waren. Neben Marum waren es Karl Simon Bär, Sohn der oben erwähnten Bankiersfamilie und Ernst Schrag, Sohn des angesehenen Malzfabrikanten Schrag.[67]

Ludwig nahm als Sohn einer mittellosen Witwe eine soziale Ausnahmestellung in der Klasse ein, die er durch gute schulische Leistungen zu kompensieren suchte. Auch sein Judentum hob ihn aus der Gemeinschaft der Klasse heraus, deren heterogene Zusammensetzung von Katholiken und Protestanten allerdings auch für Spannungen sorgte.[68] Die Schulzeit stellte Ludwig unter einen enormen Druck, der aus vielfachen Erwartungen resultierte. Er musste gute Leistungen erbringen, nicht nur um dem Ehrgeiz und dem Aufstiegsstreben seiner Familie zu genügen, sondern auch, um seine Dankbarkeit für die

---

[62] Biedermann, Alfred: „Politisches Leben im alten Bruchsal". In: *BNN-Bruchsaler Rundschau* vom 14.8.1967. Aufbewahrt im Stadtarchiv Bruchsal.

[63] Vgl. *Bruchsaler Bote*. Sonderausgabe.

[64] Es waren 63 Protestanten und 107 Katholiken an der Schule, was 30,5 % bzw. 52 % ausmacht.

[65] Vgl. Klassenlisten des Großherzoglich Badischen Gymnasiums. Schularchiv Schönborn-Gymnasium Bruchsal.

[66] Vgl. Storck (1986).

[67] Vgl. Klassenliste 1891. Der Vater Bärs war Stadtrat. Ernst Schrag fiel während des Ersten Weltkriegs im Jahr 1917.

[68] Vgl. *Bruchsaler Bote*. Sonderausgabe.

finanzielle Unterstützung des Onkels zu erweisen.[69] Die strenge Haltung der Mutter erlaubte keine Regelverstöße gegen die Schulordnung, seine jüdische Herkunft ließ ihn höchstwahrscheinlich latente Vorbehalte von Seiten der Mitschüler spüren. Vor diesem Hintergrund entwickelte sich Marum zu einem leistungsstarken Schüler, dessen Verhalten keinerlei Anlass zur Klage bot.

Ludwig Marum legte im Jahr 1900 das Abitur ab, das er als jüngster der Klasse mit 17 Jahren erreichte. Zugleich erzielte er auch den besten Durchschnitt der Klasse; er verließ das Gymnasium mit der Durchschnittsnote 1,0.[70] Von den 27 Mitschülern, die mit ihm in die Sexta aufgenommen worden waren, erreichten nur 3 mit ihm das Abitur, alle anderen hatten eine Klasse wiederholen müssen oder die Schule verlassen. Auch die beiden jüdischen Mitschüler waren nicht unter den Abiturienten des Jahrgangs 1900. Mit Ludwig erreichten elf weitere Schüler das Abitur, sieben Katholiken und vier Protestanten, Ludwig war der einzige Jude. Mit ihm legte der Schüler Roman Heiligenthal das Abitur ab, der wie er aus bescheidenen Verhältnissen kam (sein Vater war Bierbrauer und Gastwirt) und der über Bruchsal hinaus bekannt werden sollte. Er wurde ein führender Architekt, der an der TH Karlsruhe lehrte und zu dessen bekanntesten Bauprojekten der Berliner Funkturm zählte. Die übrigen Abiturienten kamen aus dem Besitz- und Bildungsbürgertum der Stadt, unter ihnen befand sich auch der Sohn des verstorbenen Schuldirektors Ammann.

Auch wenn sich Ludwig Marum später seiner Schulzeit nur ungern erinnerte, so hatte sie ihm doch wichtige Erfahrungen vermittelt, die seine Persönlichkeit entscheidend prägten. Seine schulischen Erfolge legten den Grundstein eines Selbstbewusstseins, auf das er sich fortan stützen konnte, und ließen bereits den Ehrgeiz und den Aufstiegswillen erkennen, die sich dann in seiner politischen Karriere deutlich zeigen sollten. Marum hatte die Bildungsinhalte des humanistischen Gymnasiums begierig aufgenommen, Bildung blieb ihm ein Leben lang einer der höchsten Werte, sein Interesse an Literatur[71] und bildender Kunst war auf dem Gymnasium geweckt worden. In den 20er Jahren würde er sich einen Freundeskreis von Literaten und Künstlern schaffen, zu dem so bedeutende Männer und Frauen wie René Schickele und Annette Kolb gehörten. Das durch die Aufklärung geprägte Menschenbild der klassischen deutschen Literatur blieb für Marum zeitlebens richtungsweisend. Würde, Freiheit, Selbstbestimmung waren Werte, die auch seine Politik im Dienste der Arbeiterbewegung kennzeichneten. Der Geschichtsunterricht des Gymnasiums hatte ihm die Leistungen des badischen Konstitutionalismus nahege-

---

[69] Eventuell erhielt Marum auch Schulgeldbefreiung. In der entsprechenden Akte des GLA 235/13590 ist er allerdings nicht namentlich aufgeführt.

[70] Vgl. Kaller, Gerhard: „Jüdische Abgeordnete im badischen Landtag 1861–1933". In: Schmitt (1988), S. 429.

[71] Der Münchener Schriftsteller und Nachbar Marums, Alfred Biedermann, berichtet, dass Marum ein ausgeprägtes literarisches Interesse hatte und dass Heine und Dostojewski zu seinen Lieblingsautoren gehörten, vgl. Biedermann (o.J.).

bracht und in ihm eine positive Sichtweise liberaler staatlicher Traditionen entstehen lassen. Das Interesse für Fragen der sozialen Gerechtigkeit war in seiner Schulzeit wahrscheinlich noch nicht geweckt worden, dazu bedurfte es noch der intellektuellen Anstöße des Studiums, die ihm halfen, die sozialen Antagonismen genauer zu erfassen. Der erstarkende Antisemitismus der 90er Jahre hielt keinen spürbaren Einzug in das Gymnasium. Lediglich von dem Englischlehrer Marums, Friedmann, ist eine offen antisemitische Einstellung überliefert.[72] Insgesamt gesehen, hatte sich jedoch die Integration der jüdischen Schüler in Bruchsal als problemlos erwiesen.

Marum zog später eine negative Bilanz seiner Schulzeit, was die autoritäre Ordnung, den Drill und die Reglementierung der Freizeit durch die Schulordnung betraf.[73] Er wuchs in einer Zeit heran, in der die sich formierende Jugendbewegung Ablehnung und Protest gegenüber den Erziehungsmethoden und Bildungsinhalten von Elternhaus und Schule artikulierte. Allerdings entwickelte der Schüler Marum noch keine kritischen Standpunkte, dies ließen seine geistige Entwicklung und sein abhängiger Status noch nicht zu. Erst seine Studentenzeit sollte zu der Lebensphase werden, in der er eigenen Anschauungen Ausdruck gab und freiere Lebensformen praktizierte.

Als Ludwig Marum die Schule verließ, war er zu einem jungen Mann herangewachsen, der sich seiner jüdischen Identität durchaus bewusst war. Dazu trugen das primär jüdisch geprägte Umfeld, in dem er lebte, antisemitische Vorbehalte in der städtischen Gesellschaft, aber auch die Prägung durch Rabbiner Eschelbacher bei. Während seiner neunjährigen Gymnasialzeit erhielt Ludwig Religionsunterricht durch Eschelbacher, der dessen Leistungen stets mir der Note „gut" bewertete.[74] Der Sohn Eschelbachers, Max, schrieb über den Religionsunterricht seines Vaters: „Er suchte seinen Schülern und Schülerinnen Hebräisch beizubringen, übersetzte mit ihnen Chumosch, Propheten und Psalmen und lehrte sie eindrucksvoll jüdische Geschichte."[75]

Der Rabbiner bemühte sich, seine Schüler in jüdische Geschichte, Traditionen und Kultur einzuführen und ihnen Stolz auf ihre jüdische Identität zu vermitteln, indem er sie vor allem auf die ethischen Inhalte der Religion und die kulturellen Leistungen des Judentums hinwies. Als Gegner einer allzu weit gehenden Assimilation stellte Eschelbacher die Persönlichkeit als Vorbild dar, die Judentum und Deutschtum in enger Synthese in sich zu verbinden wusste. Trotz der andersartigen Einflüsse, denen Marum in seiner Familie ausgesetzt war und die auf völlige Assimilation hinauswollten,[76] fühlte sich der Abiturient von den Positionen Eschelbachers angesprochen. Dessen große Gelehrsam-

---

72 Auskunft EML, deren Englischlehrer Friedmann ebenfalls war.
73 Auskunft EML.
74 Vgl. GLA 235/13614.
75 Eschelbacher: Memoirensammlung, S. 12.
76 Bis heute verkündet das Grabmal der Eheleute Katz auf dem Bruchsaler Friedhof von der Assimilationsbereitschaft der Familie. Es gehört zu den wenigen Grabstätten der Zeit, die keinerlei hebräische Schriftzeichen und jüdische Symbole tragen, sondern nur in prachtvollen goldenen Lettern den Namen des Toten kundtun. Das Grab des Vaters von Ludwig dagegen trug noch hebräische Schriftzeichen und jüdische Symbole.

keit, sein wissenschaftlicher Impetus, mit dem er die jüdische Thematik behandelte, verfehlten ihre Wirkung nicht.[77]

Dass Marum sich als junger Mann durchaus das Bewusstsein seiner jüdischen Identität bewahrt hatte, bewies sein sofortiger Eintritt in die jüdische Verbindung Badenia, als er sein Studium in Heidelberg aufnahm. Deren Mitglieder bekannten sich selbstbewusst zum Judentum und sagten dem Antisemitismus den Kampf an. Als sehr junger Mann ordnete sich Marum noch wie selbstverständlich jüdischen Gruppierungen zu, während dies in späteren Lebensjahren nicht mehr der Fall sein sollte. Allerdings bewahrte sich Marum zeit seines Lebens den Stolz auf die jüdische Herkunft und ein Interesse an jüdischer Kultur. In einer Rede im Badischen Landtag sagte er noch im Jahr 1920: „Ich sage Ihnen offen, ich bin stolz darauf, jüdischer Abstammung zu sein (...)."[78] Über die Familie seiner Frau gelangte er in den Besitz einer wertvollen Vogelkopf-Haggada, die er als eine Kostbarkeit schätzte. Die mittelalterliche Rarität, die zu den schönsten Stücken des kulturellen Erbes gehörte, fand in Marum einen würdigen Besitzer, dem an jüdischer Kultur und Tradition gelegen war.[79]

Die Anregungen der Studienzeit 1900 bis 1904

Marum studierte in den Jahren 1900 bis 1904 Jura in Heidelberg und München. Der Besuch der Universität war dem mittellosen jungen Mann nur möglich, weil sein Onkel Jonas Katz die Finanzierung des Studiums übernahm.[80] Die vier Jahre seines Studiums prägten Marum wie keine andere Phase seines Lebens. Das liberale Klima an den süddeutschen Universitätsstädten Heidelberg und München, die Ausbildung durch die liberal eingestellten Juristen der Heidelberger Fakultät, die Begegnung mit dem Münchner „Kathedersozialisten" Lujo Brentano, tiefgreifende Erfahrungen mit dem zeitgenössischen Antisemitismus formten den jungen Studenten aus der Provinz.

Sowohl in Heidelberg als auch in München herrschte um die Jahrhundertwende ein liberales Klima, das in offenem Gegensatz zum konservativen, militaristischen Zeitgeist preußischer Provenienz stand.[81] In den bildungsbürgerlichen Kreisen der beiden Städte pflegte man die Geselligkeit, suchte das Gespräch über die neuen, modernen Tendenzen in Kunst, Literatur und Wissenschaft und öffnete sich auch den sozialen Fragen der Zeit.

Die nur 30 000 Einwohner zählende Stadt Heidelberg war wesentlich durch ihre Universität geprägt. Die traditionsreiche Ruperto-Carola, die im Jahr 1886 ihr 500-jähriges Bestehen gefeiert hatte, erlebte um die Jahrhundertwende eine ihrer Glanzzeiten und

---

[77] Das in den letzten beiden Abschnitten Dargestellte beruht auf ausführlichen Gesprächen mit EML.
[78] Verhandlungen des Badischen Landtags 1921, Sp. 2682.
[79] Auskunft EML und *The Bird's Haggada*, Jerusalem 1967, S. 10f. Diese Haggada wird heute im Bezalel-National-Museum in Jerusalem aufbewahrt, nachdem es gelang, sie vor den Zugriffen der Nazis zu retten.
[80] Auskunft EML.
[81] Zum akademischen Leben in Heidelberg und München vgl.: Tompert (1969); Huber (1973).

zog Studenten aus allen Teilen der Welt an.[82] Es gab eine starke amerikanische, eine russische und eine polnische Kolonie; unter deutschen Studenten war die mit romantischen Reminiszenzen verbundene Stadt besonders beliebt. Berühmte Gelehrte hatten in Heidelberg ein Ordinariat inne, zu den bekanntesten Namen zählten die von Max Weber, Gustav Radbruch, Georg Jellinek, Kuno Fischer, Wilhelm Windelband und Heinrich Rickert.

Um die Jahrhundertwende befand sich die Universität im Umbruch, sie war auf dem Weg zu einer Massenuniversität. Die Studentenzahlen schnellten in den Jahrzehnten zwischen der Reichsgründung und dem Beginn des 1. Weltkriegs in die Höhe. Zählte man im Jahr 1884 nur 850 Studenten, so betrug ihre Zahl im Jahr 1914 bereits 3 000. Im Jahre, als Marum sein Studium begann, studierten 1 250 Personen in Heidelberg, unter denen sich auch die ersten Frauen befanden.[83] Zu Beginn seines Studiums widmete sich Marum zunächst kaum den Lehrinhalten seines Faches, sondern kostete zunächst die neu gewonnene Freiheit und die Vorzüge des studentischen Lebens aus. Die Lösung aus der kleinstädtischen Enge, der strengen Aufsicht der Mutter ließ ihm die Studentenzeit als eine der schönsten Lebensphasen in Erinnerung bleiben.[84] Er genoss die Ungebundenheit, den intellektuellen Austausch, die Freizeitvergnügungen und ließ das erste Semester – wie es damals üblich war – „ungenutzt" verstreichen. Dass die Persönlichkeit des jungen Studenten zu Beginn seines Studiums noch ungefestigt war, zeigte sein Eintritt in eine schlagende Verbindung, in deren Kreisen er Kontakte und Freundschaften suchte. Er folgte damit einem sehr konventionellen Muster bildungsbürgerlichen Verhaltens, in dem sich elitärer Dünkel ebenso ausdrückte wie der Stolz auf die Inszenierung von Männlichkeit in Saufgelagen, Mensuren und markigem Auftreten.

Diese Phase hatte Marum überwunden, als er, nach Ereignissen, auf die noch eingegangen wird, 1902 den Studienort wechselte und an die Ludwig-Maximilians-Universität nach München ging,[85] welche die zweitgrößte Universität des Reiches war.[86] Die bayerische Metropole München, die „heimliche Hauptstadt" Deutschlands, bot, im Gegensatz zu Heidelberg, ein reiches Theaterleben und gut ausgestattete Museen. Durch die Entwicklung neuer progressiver Kunststile wie den Expressionismus und den Jugendstil wurde die herrschende Ästhetik in Frage gestellt. Münchener Theater zeigten die Stücke Ibsens und Strindbergs und die sozialkritischen Dramen Hauptmanns. Die soziale Frage geriet dadurch in den Blick eines breiten Publikums, der bürgerliche Kulturbetrieb beleuchtete die Brüchigkeit bürgerlicher Normen und die Not des Vierten Standes. Gustav Radbruch etwa schätzte die Wirkung des zeitgenössischen Theaters für die He-

[82] Zur Geschichte der Universität Heidelberg vgl. auch: Buselmeier (1985); Putlitz (1985); Universität Heidelberg (19869.

[83] Vgl. Tompert (1969), S. 31.

[84] Mündliche Auskunft ELM.

[85] In München lebte auch seine Kusine Jenny Katz, die Tochter des Bruchsaler Onkels, die am 22.8.1902 den Münchener Albert Adler heiratete. Vgl. Juden-Kartei des Stadtarchivs Bruchsal.

[86] Vgl. Tompert (1969), S. 93ff.

rausbildung seines politischen Bewusstseins sehr hoch ein. In seiner Autobiographie notierte er über diesen Einfluss: „Aber der entscheidende Anstoß zur sozialistischen Gesinnung kam nicht von der sozialistischen Wissenschaft her, sondern von der zeitgenössischen Dichtung. Gerhart Hauptmanns ‚Weber' griffen mit Macht in das soziale Gewissen der Zeit."[87] Sowohl die liberale politische Opposition, die sich gegen die autoritären Strukturen in Staat und Gesellschaft richtete, als auch die sozialdemokratische Arbeiterbewegung verfügten in München über eine breite Anhängerschaft. Eine Reihe von Zeitschriften (z.B. *Simplizissimus*) artikulierte die Zeitkritik an den politischen und sozialen Verhältnissen, aber auch an den bisher anerkannten ästhetischen Normen (*Die Jugend*).

Der Aufenthalt in München weckte bei Marum ein bleibendes Interesse für das Theater und die bildende Kunst. Der Student gehörte zu den eifrigen Besuchern Münchener Theater, Museen und Ausstellungen.[88] Marum lebte in Schwabing in der Nähe der Universität und genoss die Bohème, die in diesen Jahren der Jahrhundertwende ihre Glanzzeit erlebte. Aus dem braven, angepassten Studenten aus der Provinz wurde nun ein weltoffener, unkonventioneller junger Mann, der sich von dem bildungsbürgerlichen, elitären Standpunkt zu Beginn seines Studiums weit entfernt hatte.

Das Jurastudium Marums

Mit der Wahl der Jurisprudenz als Studienfach fällte Marum eine seiner grundlegenden Lebensentscheidungen, die einen Weg vorzeichnete, der wenige Jahre später durch die Entscheidung für die Arbeiterbewegung und für die Politik eine weitere inhaltliche Bestimmung erhielt. Für die Wahl des juristischen Faches waren sowohl intrinsische als auch extrinsische Motive ausschlaggebend. Schon früh hatte Marum ein Interesse an öffentlichen Angelegenheiten, an Gesellschaft und Politik entwickelt, ein Interesse, das ihm die Entscheidung für das Studium der Rechte nahe legte. Fragen der Gerechtigkeit und der Rechtsauslegung spielten in der jüdischen Religion und Tradition eine zentrale Rolle und waren Ludwig durch seinen Lehrer Eschelbacher vermittelt worden. Ludwigs rhetorische Begabung, seine Stärke in der Argumentation waren schon in seiner Schulzeit deutlich geworden und verwiesen auf ideale Voraussetzungen für die Ausübung des Anwaltsberufs. Die Entscheidung, Jurist zu werden, hat Marum nie bereut. Er übte sein Leben lang seinen Beruf mit Leidenschaft aus.[89]

---

[87] Radbruch (1951), S. 55.
[88] Noch in seinen späteren Jahren in Karlsruhe gehörte der Theaterbesuch zu einer seiner bevorzugten Freizeit-Aktivitäten. Als badischer Landespolitiker setzte er sich in den 20er Jahren für den Erwerb expressionistischer Kunstwerke für die Karlsruher Kunsthalle ein. Vgl. Rede vor dem Badischen Landtag vom 6.8.1924. (Verhandlungen des Badischen Landtags Sp. 2159ff.) und vom 24.6.1920. (Verhandlungen Sp. 2680ff.)
[89] Mündliche Auskunft EML.

Aber auch extrinsische Faktoren spielten bei der Entscheidung für das Rechtsstudium eine Rolle. Die antisemitischen Vorurteile, die immer noch die Einstellungspraxis des Staates bestimmten und Juden die höheren Laufbahnen in Justiz, Universität, Verwaltung, Armee versperrten, legten die Wahl eines freien Berufes für jüdische Akademiker nahe. Im Jahre 1907 waren 14% der deutschen Anwälte jüdischer Herkunft, bei den Ärzten betrug der Anteil der Juden 6%, während der Bevölkerungsanteil der jüdischen Minderheit knapp 1% betrug.[90] Das Medizin- bzw. das Jurastudium eröffnete nicht nur die Aussicht auf einen freien Beruf, es wurde von jüdischen Studenten auch deshalb bevorzugt, weil der Beruf des Arztes bzw. Rechtsanwalts eine sichere Existenzgrundlage und gute Verdienstmöglichkeiten bot.[91] Dieses Argument musste für die Familie Marums, besonders aber für den Onkel Jonas Katz, der ja das Studium des Neffen finanzierte, besonders schlagkräftig sein. Es bestand verständlicherweise kein Interesse daran, dass der erste Vertreter der Familie, der ein Studium absolvierte, eine „brotlose" Disziplin ohne berufliche Chancen wählte.

Marum studierte in Heidelberg und München an Universitäten, deren juristische Fakultäten einen guten Ruf genossen, der sich auf die Tätigkeit angesehener, in ganz Deutschland renommierter Rechtsprofessoren gründete. Als Marum sein Rechtsstudium aufnahm, befand sich das deutsche Recht in einem Umbruch, was sich auf der Ebene des Zivilrechts in der Ablösung des alten Pandektenrechts durch das BGB äußerte und im Strafrecht in dem Projekt einer Strafrechtsreform, die 1902 von der Reichsregierung in Angriff genommen wurde. Das im Jahr 1900 eingeführte BGB bedeutete zwar einen Fortschritt in der Übernahme moderner zivilrechtlicher Codices, es befand sich zum Zeitpunkt seiner Einführung jedoch schon wieder im Rückstand zu den modernen Entwicklungen in Wirtschaft und Gesellschaft.

Im Strafrecht wurde in den Jahren des Studiums von Ludwig Marum ein Schulenstreit ausgetragen, der um die Funktion von Strafe kreiste und der bereits in den letzten Jahrzehnten des 19. Jahrhunderts angefangen hatte. Der Berliner Rechtsprofessor Franz von Liszt[92] (1851–1919) trat der klassischen Schule – vertreten von Karl Binding[93] – entgegen, indem er die Vergeltung als wesentlichen Zweck der Strafe bestritt und an ihre Stelle die Spezialprävention setzte, welche die Besserung des Täters erreichen wollte.[94] Mit der Lisztschen Position war eine grundlegend andere rechtsphilosophische Position verknüpft, die das Verhältnis des Delinquenten zur Gesellschaft unter neuen Prämissen sah und den Begriff der Schuld und Eigenverantwortung relativierte.

---

[90] Vgl. Kampe (1988), S. 18.
[91] Allerdings sollte sich herausstellen, dass gerade der Anwaltsberuf in eine soziale Notlage geraten sollte, weil die staatliche Gebührenordnung oftmals sehr niedrige Sätze vorschrieb. Zu diesem Thema sprach Ludwig Marum mehrmals Ende der 20er Jahre im Reichstag.
[92] Zu Franz v. Liszt vgl. auch: *Neue Deutsche Biographie*, hrsg. von der historischen Kommission bei der bayerischen Akademie der Wissenschaft, Bd. 14. Berlin 1985.
[93] Zu Karl Binding vgl. ebenda, Bd. 2. Berlin 1955.
[94] Vgl. auch: Kaufmann (1987), S. 41.

Seine juristische Ausbildung im Strafrecht erhielt Marum von zwei akademischen Lehrern, die den einander opponierenden „Schulen" dieses berühmten Streits angehörten. Es handelte sich um den Heidelberger Professor Karl von Lilienthal (1853–1927) und den Münchener Ordinarius Karl von Birkmeyer (1847–1920).[95] Karl v. Lilienthal[96] vertrat in Heidelberg die moderne soziologische Richtung des Franz v. Liszt, wobei er es vermied, den Gegensatz der Schulen allzu sehr zu betonen. Er war ein vermittelnder Charakter, dem an Polemik wenig gelegen war. Lilienthal gehörte zu den führenden Strafrechtlern Deutschlands, er wurde 1902 vom Reichsjustizamt in das wissenschaftliche Komitee zur Vorbereitung der Strafrechtsreform berufen worden.[97] Als Marum im Jahr 1900 sein Studium in Heidelberg begann, gehörte Lilienthal zu den jüngsten Dozenten der Fakultät. Er war 1896 mit 43 Jahren als Professor für Strafrecht und Strafprozessrecht nach Heidelberg berufen worden. Auf dem Gebiet des Strafrechts vertrat er ausgesprochen liberale Positionen, die auf eine Stärkung der Rechte des Angeklagten und eine Schwächung gerichtlicher Vollmachten zielten. Lilienthal war dafür bekannt, dass er in seinen Vorlesungen und Übungen zu aktuellen politischen Fragen Stellung bezog und die Studenten Einblick in seine vielseitigen außerjuristischen Interessen nehmen ließ. Er hinterließ kein umfassendes theoretisches Werk, sondern befasste sich mehr mit praktischen, konkreten Fragen, zu deren Beantwortung er moderne kriminalsoziologische und psychologische Erkenntnisse heranzog. In einer Würdigung heißt es über ihn, er sei ein „vorurteilsfreier, der Zukunft zugewandter, verantwortungsbewusster Geist"[98] gewesen.

Marum belegte bei Lilienthal im Verlauf seines Heidelberger Studiums drei Veranstaltungen und absolvierte bei ihm das erste juristische Staatsexamen.[99] Im Jahr vor dem Examen hatte Marum bei Lilienthals Opponenten Karl v. Birkmeyer in München eine fünfstündige Vorlesung über Strafprozessrecht gehört. Als führender Vertreter der klassischen Schule gab Birkmeyer ab 1908 die *Kritischen Beiträge zur Strafrechtsreform* mit heraus, er gehörte wie Lilienthal dem vom Reichsjustizamt einberufenen wissenschaftlichen Beirat an.[100] Marums Wechsel mag auch auf den Wunsch zurückgegangen sein, sich ein eigenes Urteil über die Vertreter der sich bekämpfenden Schulen bilden zu können.

Als ausgebildeter Jurist zeigte sich Marum jedenfalls von dem modernen soziologischen Ansatz seines Lehrers Lilienthal beeinflusst. Darauf weisen unter anderem seine Plädoyers in Strafprozessen hin.[101] Die Kontroverse im Schulenstreit hatte den Studen-

---

[95] Vgl. Studienbücher Ludwig Marums, Familienunterlagen EML. Leo-Baeck-Institut, New York.

[96] Vgl. Küper (1985).

[97] Dieses Gremium erarbeitete das 1909 erschienene Sammelwerk *Vergleichende Darstellung des deutschen und ausländischen Strafrechts*. Im Jahr 1911 gab Lilienthal, zusammen mit Franz v. Liszt und W. Kall einen Gegenentwurf zum *Vorentwurf zu einem deutschen Strafgesetzbuch* (1909) heraus.

[98] Küper (1985), S. 395.

[99] Vgl. Studienbücher Ludwig Marums. Familienunterlagen EML, Leo-Baeck-Institut, New York.

[100] Er war auch Mitherausgeber der *Vergleichenden Darstellung* von 1909.

[101] Mündliche Auskunft EML, die selbst Jura studiert hatte.

ten Marum vertraut gemacht mit wissenschaftlichen Ansätzen, die der sozialen Determination des Menschen große Bedeutung zumaßen und die gesellschaftlichen Strukturen in die Betrachtung mit aufnahmen. Die gedanklichen Impulse des Schulenstreits im Strafrecht bereiteten den Wandel von Marums politischer Einstellung vor, indem sie ihm ein neues Menschen- und Gesellschaftsbild vermittelten. Als Marum später einer der bedeutendsten Rechtspolitiker der SPD wurde, bemerkte er, dass fast alle führenden Juristen der Partei wie Radbruch, Levi, Sinzheimer oder Kantorowisc ihre akademische Ausbildung ebenfalls durch Vertreter der Lisztschen Schule erhalten hatten.[102]

Marum zog sein Studium in kürzester Zeit durch; er legte die erste juristische Staatsprüfung nach dem 8. Semester ab.[103] Sein Ziel war es, möglichst bald seinen Beruf ausüben zu können und damit finanziell unabhängig zu sein. In diesem Bestreben wurde schon früh Marums Vorliebe für die Praxis deutlich, er verzichtete auf eine Promotion und zeigte an einer wissenschaftlichen Karriere kein Interesse.

Die juristische Ausbildung, der freie Beruf des Rechtsanwalts kamen Marum später in der Ausübung seiner politischen Tätigkeit sehr zugute. Auf die besondere Eignung des Advokaten für die Politik hat Max Weber in seinem berühmten Aufsatz „Politik als Beruf" hingewiesen. Weber nannte die ökonomische Unabhängigkeit, die freie Verfügung über die Zeit, die fachliche Qualifikation und die rhetorische Schulung als die entscheidenden Voraussetzungen, die einem Rechtsanwalt den Weg in die Politik erleichtern.[104] In seiner späteren politischen Arbeit sollte Marum den Schwerpunkt auf das Verfassungsrecht und das Strafrecht legen. „Justitia fundamentum regnorum" war ein gerne von ihm zitierter Ausspruch[105], der zugleich die Motivation verriet, die seinem politischen Engagement zugrunde lag.

---

[102] Vgl. Radbruch (1951), S. 45.

[103] Marum beantragte während des 7. Semesters im Februar 1904 die Exmatrikulation wegen der Anmeldung zur Staatsprüfung, die ihm ausnahmsweise vorzeitig gewährt wurde. Vgl. Studienbücher Ludwig Marum. Familienunterlagen EML, Leo-Baeck-Institut, New York.

[104] Vgl. Weber (1919).

[105] Unveröffentlichtes Skript von EML über ihren Vater. Familienunterlagen EML. Leo-Baeck-Institut, New York, S. 15. Und Verhandlungen des Badischen Landtags 1921, Sp. 1875, als Marum sagte: „Wir wollen dieses Fundament (der Gerechtigkeit, m.A.) in jedem, auch in unserem Staate haben."

Judentum und Antisemitismus in den Heidelberger Studienjahren 1900–1904

Integration und Antisemitismus

Die badischen Universitäten Heidelberg und Freiburg waren als Hochburgen des Liberalismus bei jüdischen Studenten besonders beliebt. Während in der Zeitspanne von 1870 bis 1933 der Anteil jüdischer Studenten im Reichsdurchschnitt 4% betrug, lag er an den badischen Universitäten zwischen 7% und 9%. Diese hohe prozentuale Vertretung erreichten die jüdischen Studenten sonst nur noch in Berlin und Frankfurt.[106]

Jeweils ein Drittel der jüdischen Studenten war in den Fächern Medizin und Jura immatrikuliert. Die freien Berufe des Arztes und des Rechtsanwaltes versprachen Unabhängigkeit von der staatlichen Einstellungs- und Beförderungspraxis, die jüdischen Menschen – trotz rechtlicher Gleichstellung – immer noch höhere Positionen in Verwaltung, Justiz, Universität und Heer verweigerte.[107]

Der Jurastudent Marum traf also sowohl an seiner Fakultät als auch an der Heidelberger Universität insgesamt auf eine beträchtliche Anzahl jüdischer Kommilitonen. Im Wintersemester 1901/1902 studierten etwa dreißig jüdische Studenten Jura, etwa 100 jüdische Studenten waren in Heidelberg immatrikuliert.[108] Somit schienen sich die positiven Erfahrungen seiner Bruchsaler Gymnasiastenzeit fortsetzen zu können, in der er sich auch schon in einer starken jüdischen Gruppe bewegt und ein relativ vorurteilsloses, liberales Klima kennen gelernt hatte.[109] Die antiliberalen Kräfte hatten jedoch um die Jahrhundertwende an Stärke gewonnen. Wirtschaftliche Krisen und Verunsicherung durch beschleunigte Modernisierungsprozesse führten zu einer erneuten Zunahme des Antisemitismus.[110] Für die Universitäten bedeutete das Aufkommen des organisierten politischen Antisemitismus der 90er Jahre eine Stärkung der judenfeindlich eingestellten akademischen Kreise. Zu ihnen gehörten sowohl Mitglieder des Lehrkörpers als auch Teile der Studentenschaft.

---

[106] Vgl. Giovannini, Norbert: „Jüdische Studentinnen und Studenten in Heidelberg". In: Giovannini (1992a), S. 201–221. Hier: S. 213. Aus der Verteidigungsschrift vom Oktober 1901 des Max Cramer, Vorsitzender der Ferien-Commission der Badenia in Universitätsarchiv Heidelberg (UAH), A 869 (VIII, 1, Nr. 208a): *Das Verhalten der Verbindung Badenia betreffend.* S. 93.

[107] Vgl. Giovannini (1992a), S. 213.

[108] Die genannten Zahlen ergeben sich aus der Umrechnung der prozentualen Angaben Giovanninis. Im Wintersemester 1901 war die Gesamtzahl der Studenten 1280, die der juristischen Fakultät 395. Im Jahr 1900 studierten auch einige wenige jüdische Frauen bereits in Heidelberg, unter denen sich Rahel Straus befand, vgl. Straus (1962).

[109] Wie bereits erwähnt, betrug der Anteil der jüdischen Gymnasiasten an der Bruchsaler Gesamtschülerschaft im Jahr 1901 17,5%.

[110] Dem Streben des deutschen Judentums nach Assimilation und Integration war bereits einige Jahre nach der Emanzipation von 1871 ein offener Antisemitismus entgegengetreten, der in der Agitation Stoeckers und Treitschkes Ende der 70er Jahre einen ersten Höhepunkt erlebte und der in den 90er Jahren erneute Erfolge feierte. Zum Antisemitismus im Kaiserreich vgl.: Mosse (1976); Weltsch (1981) und Reichmann (1956).

In der Studentenschaft wurden die in den frühen 80er Jahren gegründeten Vereine Deutscher Studentenschaften (VDST) und die Korporationen zur Speerspitze des Antisemitismus.[111] Wie alle Antisemiten akzeptierten die judenfeindlich eingestellten Studenten die Ergebnisse des Emanzipationsprozesses nicht. Das Verhalten der antisemitisch eingestellten Korporationen zielte darauf, jüdischen Studenten den Zugang in ihre Kreise zu verwehren, was sich in dem teils durch die Statuten festgelegten, teils faktisch ausgeübten Aufnahmeverbot für jüdische Studenten ausdrückte. Neben die passive Verweigerungshaltung, die sich hierin sowie in der Erklärung, Juden seien nicht satisfaktionsfähig, ausdrückte, trat die aktive Provokation und Diskriminierung jüdischer Menschen und Organisationen.

Gründe für die Resonanz, die der Antisemitismus in den studentischen Korporationen fand, lagen nicht nur in der zunehmenden Verbreitung und Akzeptanz, die die judenfeindliche Einstellung in führenden Organisationen der deutschen Gesellschaft gewann, sondern auch in ganz konkreten Konkurrenzängsten. Auf dem akademischen Arbeitsmarkt zeichnete sich bereits ein Überangebot von Juristen und Medizinern ab.[112] Genau bei den Studiengängen also, unter denen sich, wie bereits erwähnt, besonders viele Juden befanden, erhöhte sich der Leistungsdruck und begünstigte judenfeindliche Einstellungen.

Die Universität Heidelberg hatte sich Verdienste bezüglich der Integration jüdischer Menschen in das akademische Leben erworben. So waren im Jahr 1900 die Juden in der Professorenschaft überproportional repräsentiert: 8% des Lehrkörpers waren jüdischer Herkunft, bei 6% der Hochschullehrer handelte es sich um jüdische Konvertiten. Das liberale Klima Heidelbergs erlaubte den vorurteilsfreien Umgang und die Integration jüdischer Gelehrter in die angesehenen Zirkel der Stadt.[113] Dies wird besonders deutlich am Beispiel des jüdischen Juristen Georg Jellinek, der im Jahr 1907 sogar zum Rektor der Universität gewählt wurde und in den Kreis um Max Weber fest integriert war.

Es zeigten sich jedoch auch in dieser Hochburg des Liberalismus die Auswirkungen des veränderten gesellschaftlichen Klimas der 90er Jahre. Wie andernorts gewann der Antisemitismus in Heidelberg in den bildungsbürgerlichen Kreisen der Universität Anhänger, welche die jüdische Emanzipation und Integration ablehnten. Symptom hierfür war die Ablehnung der Berufung Georg Simmels an die Heidelberger Universität[114] und die offene Artikulation judenfeindlicher Einstellungen durch die Heidelberger studentischen Verbindungen. In den 90er Jahren kam es an der Ruperto-Carola zu einer Reihe gewalttätiger antisemitischer Zwischenfälle, provoziert von nationalistischen Verbindungsstudenten.[115] Als Marum im Jahr 1900 sein Studium aufnahm, hatten sich bereits

---

[111] Vgl. Tompert (1969), S. 52

[112] Vgl. Kampe (1988) und Richarz (1969).

[113] Vgl. Giovannini (1992), S. 155–195, hier S. 191.

[114] Giovannini (1985), S.168.

[115] Vgl. Universitätsarchiv Heidelberg (UAH) Akte A 869 („Das Verhalten der Verbindung Badenia betreffend") und Giovannini (1985), S.203.

deutliche Spannungen im Verhältnis zwischen Juden und ihrer nicht-jüdischen Umwelt bemerkbar gemacht, welche die Rede von der „deutsch-jüdischen Symbiose" als Euphemismus entlarvten.[116]

Reaktionen von jüdischer Seite

Die Antisemitismuswelle der neunziger Jahre wurde aus den Reihen des Judentums mit der Gründung eigener Abwehrorganisationen beantwortet. Im Jahre 1893 entstand der Centralverein deutscher Staatsbürger jüdischen Glaubens (CV) und bereits einige Jahre vorher eigene jüdische Verbindungen an den Universitäten, deren Mitglieder den Nachwuchs der Führungsgremien des CV stellten. Diese jüdischen Organisationen bekräftigten in ihren Statuten ihr Selbstverständnis als Deutsche, waren jedoch nicht bereit, den neuen, aggressiv auftretenden Antisemitismus passiv hinzunehmen. Der Kampf gegen den Antisemitismus war ihr vordringlichstes Ziel.[117]

In Breslau wurde mit der „Viadrina Breslau" 1886 eine erste jüdische Verbindung geschaffen. Dies war eine Reaktion auf die Weigerung der traditionellen Verbindungen, jüdische Studenten aufzunehmen. Die Viadrina Breslau wollte ihren Mitgliedern die Möglichkeit geben, die traditionellen Riten und Gebräuche studentischen Verbindungslebens kennen zu lernen, ihr Selbstbewusstsein und ihre Identität als Deutsche jüdischer Herkunft zu stärken und durch die getreue Nachahmung vorgelebter Verbindungstraditionen ihre Akkulturationsbereitschaft zu unterstreichen.

Die am 26. Oktober 1890 ins Leben gerufene Heidelberger Badenia war die – in enger Anlehnung an die Breslauer Gründung geschaffene – zweite jüdische Verbindung an deutschen Universitäten. Nur unter dem Druck der Breslauer Studenten rang sich die Badenia zu dem Prinzip der Exklusivität durch.[118] In den Statuten der Badenia wurde – wie schon bei der Viadrina – das Bekenntnis zum Deutschtum bekräftigt und dem Antisemitismus der Kampf angesagt.

Zu den bekanntesten Mitgliedern der Badenia zählten ihre Initiatoren Max Mainzer und der spätere DDP-Politiker und Reichstagsabgeordnete Ludwig Haas.[119] 1896 hatte die Badenia die Genehmigung erhalten, eigene Farben und Waffen zu tragen. Fortan trugen die Badenen eine orange Mütze und die Farben Blau-Weiß-Orange. Zum Zeichen der Freundschaft erschienen verschlungene Hände in ihrem Wappen. Trotz all dieser Bemühungen gelang es der Badenia aber nicht, die Akzeptanz der anderen Heidelberger Korporationen zu erringen. Dies drückte sich z.B. in der herablassenden Geste aus, der

---

[116] Zum Streit um die Existenz der deutsch-jüdischen Symbiose im Kaiserreich vgl. Weltsch (1981).
[117] Giovannini (1985), S. 132–141. Hier S. 134.
[118] Beyer (1986), S. 352.
[119] Ein ebenfalls bekannt gewordener Badene war Magnus Hirschfeld, der sich als Sexualforscher einen Namen machte. Vgl. auch Giovannini (1992), S. 204.

Badenia den letzten Platz in der Chargierordnung zuzuweisen und den jüdischen Verbindungsstudenten die Satisfaktionsfähigkeit zu verweigern.[120]

Im Jahre 1896 kam es zum Zusammenschluss des Kartell-Convents jüdischer Korporationen (K.C.), der auf nationaler Ebene die jüdischen Verbindungen repräsentierte. In seinen Statuten gab sich der Konvent die folgende Zielsetzung: „Die Verbindungen im K.C. stehen auf dem Boden deutschvaterländischer Gesinnung. Sie haben zum Zweck den Kampf gegen den Antisemitismus in der deutschen Studentenschaft und die Erziehung ihrer Mitglieder zu selbstbewussten Juden, die im Bewusstsein, dass die deutschen Juden einen durch Geschichte, Kultur und Rechtsgemeinschaft mit dem deutschen Vaterland unlöslich verbundenen Volksteil bilden, jederzeit bereit und imstande sind, für die politische und gesellschaftliche Gleichberechtigung der Juden einzutreten. Der K.C. lehnt die Bestrebungen zur Lösung der deutschen Judenfrage außerhalb Deutschlands ab. Zu politischen und religiösen Sonderbestrebungen innerhalb des Judentums nehmen die Verbindungen im K.C. keine Stellung, soweit das nicht durch Absatz 1 und 2 bedingt ist.“[121]

Der Kartell-Convent artikulierte entscheidende Punkte, die das Selbstverständnis und das Selbstbewusstsein des jüdischen Bildungsbürgertums umrissen: Dazu gehörte die entschiedene Ablehnung des Zionismus, die Betonung des Deutschtums und der Abwehrkampf gegen den Antisemitismus, der in einer pluralistischen Gesellschaft keinen Platz mehr haben sollte.

Der Wahlspruch, den sich der K.C. zur Maxime erhoben hatte, lautete: Nemo me impune lacessit. (Niemand reizt mich ungestraft.) Damit waren jüdische Studenten aufgefordert, aktiv antisemitischen Provokationen entgegenzutreten. Die Befolgung des Wahlspruchs führte dazu, dass auch von Tätlichkeiten nicht abgesehen wurde, häufig setzten sich jüdische Studenten mit Ohrfeigen und Prügeln gegenüber den Antisemiten zur Wehr.

Der „Badene" Ludwig Marum

Gleich zu Beginn seines Studiums trat Ludwig Marum in die „Freie Verbindung Badenia" ein, die zu diesem Zeitpunkt seit zehn Jahren bestand.[122] Mit seinem Eintritt in die jüdische Verbindung zeigte der junge Mann, dass er sich dem Judentum eng verbunden fühlte, vollzogen diesen Schritt doch nur wenige der jüdischen Studenten. Nach eigenen Angaben der Badenia umfasste der Kreis der Mitglieder im Jahr 1901 nicht mehr als 20 junge Leute, die Inaktiven und „Alten Herren" bereits mitgerechnet.[123] Marum trat also

---

[120] Giovannini (1992), S. 203.

[121] Beyer (1986), S. 353f. Vgl. auch Asch (1964).

[122] Wie es zu diesem Schritt kam, ob der knapp 18-jährige Marum dem Werben jüdischer Verbindungsstudenten nachgab oder ob es sich um einen eigenständigen Entschluss handelte, ist nicht mehr zu rekonstruieren.

[123] Vgl. UAH A 869 (VIII, 1, Nr.208 a): *Das Verhalten der Verbindung Badenia betreffend.* (Darin die Verteidigungsschrift Max Cramer – Vorsitzender der Feriencommission).

einer Gruppierung bei, in der sich zwischen zehn und fünfzehn junge Männer zusammengefunden hatten, die ihr Judentum öffentlich bekannten und dem Antisemitismus kämpferisch entgegentreten wollten.

Für den 18-jährigen Marum war seine deutsch-jüdische Identität der Anlass, eine erste Stellungnahme in den gesellschaftlichen Auseinandersetzungen seiner Zeit zu artikulieren. Mit seinem Eintritt in die Badenia dokumentierte er im Kampf gegen den Antisemitismus zum ersten Mal seine demokratische Grundhaltung. Seine Mitgliedschaft in der Badenia belegt jedoch auch einen konservativen, elitären Grundzug seines Charakters. Während im Jahr 1900 sich die Mehrheit der Heidelberger Studenten von den überlebten Traditionen des traditionellen Verbindungswesens längst abgewandt hatten – nur ein Viertel war in Korporationen organisiert[124] – hielt der junge Marum an den Formen fest, die den Stolz auf einen akademischen Status und bildungsbürgerliche Überheblichkeit dokumentierten. Er ordnete sich selbstverständlich den bürgerlichen Kreisen zu, in die er durch sein Studium aufzusteigen hoffte, und nahm noch keine kritische Position zum wilhelminischen Bürgertum ein.

Die ersten drei Semester bewegte sich Marum hauptsächlich in den Kreisen jüdischer Studenten, dies geht aus seiner Mitgliedschaft in der Badenia genauso hervor wie aus seinen Heidelberger Adressen. Diese befanden sich in Häusern in der Plöck, in denen bevorzugt jüdische Verbindungsstudenten lebten. Im Haus Plöck 87 befand sich eine Hochburg der Badenia. Hier wohnten im Wintersemester 1901/02 neben Marum die Verbindungsbrüder Max Cramer und der Vorsitzende der Badenia, Max Mayer.[125]

Auch unter seinen Kommilitonen in der juristischen Fakultät waren Mitglieder der Badenia besonders stark vertreten, so der Mannheimer Otto Simon, der Eichtersheimer Joseph Wertheimer, Ernst Joel aus Inowrazlaw/ Preußen und Arthur Strauss aus Nordstetten/Württemberg.[126]

Als Ludwig Marum im Jahre 1900 in die Badenia eintrat, hatten die Provokationen der judenfeindlichen Verbindungen einen Höhepunkt erreicht, und der latente Antisemitismus wurde auch im Verhalten der Heidelberger Bevölkerung manifest. Als Verbindungsmitglied war Ludwig Marum in eine Auseinandersetzung verwickelt, die zu den prägenden Erlebnissen seines Studiums zählte. Der antisemitische Zwischenfall trug ihm die Androhung des Ausschlusses aus der Universität und eine 14-tägige Karzerstrafe ein, das höchste zulässige Strafmaß.[127] Diese harte Maßnahme wirft, wie wir noch sehen

---

[124] Vgl. Giovannini (1992), S.214.

[125] Adressbuch der Ruprecht-Karl-Universität in Heidelberg, Winterhalbjahr 1901/02, Heidelberg 1901.

[126] Vgl. Verteidigungsschrift Max Cramer, a.a.O. und Adressbuch der Ruprecht-Karl-Universität in Heidelberg (Ausgaben 1900–1904).

[127] Bereits in den ersten Monaten seines Studiums hatte Marum mehrere Disziplinarstrafen erhalten, deren Anlass nicht mehr festzustellen ist. Es lässt sich jedoch vermuten, dass es sich auch hier um antisemitische Zwischenfälle handelte. Vgl. Studienbuch Marum, Besitz EML, mit Strafeinträgen vom 19.11.1900, vom 20.12. und 21.12 1900 zu Geldstrafen und Haft wegen Übertretung von § 360, 11 StGB (grober Unfug).

werden, auch ein Licht auf die reservierte Haltung des Akademischen Disziplinaramts den jüdischen Studenten gegenüber.

Anlass des harten Spruches war ein nächtlicher Zwischenfall am 14. Juli 1901 in der Hauptstraße, in den eine Gruppe von Badenen auf der einen und Heidelberger Bürgern auf der andern Seite verwickelt waren.[128] Alkohol spielte sowohl bei den Beleidigern als auch bei den jüdischen Studenten eine Rolle. Marum, der die Farben seiner Korporation trug, reagierte auf einen angetrunkenen Passanten, den Chemiker Karl Rudolph, der ihn fixierte und nicht aus den Augen ließ. Auf seine Frage, warum er so angestarrt werde, erhielt Marum die Antwort: „Einen Juden gucke ich überhaupt nicht an." Das folgende Verlangen Marums nach der Aushändigung der Karte wurde mit den Worten quittiert: „Einem Juden gebe ich keine Karte". Daraufhin befolgte der 18-jährige Marum den Wahlspruch seiner Verbindung und „bestrafte" den Beleidiger mit einer Ohrfeige. Diese Ohrfeige eskalierte den Konflikt, in den nun auch die umstehenden Passanten verwickelt wurden. Auch diese äußerten antisemitische Beleidigungen, worauf ein zweiter Badene – der Medizinstudent Walter Kantorowisc aus Posen – ebenfalls handgreiflich wurde. Es kam zu tätlichen Auseinandersetzungen zwischen Badenen und Heidelberger Bürgern. Der Vorfall wurde bei der Polizei angezeigt und dann an das Akademische Disziplinaramt weitergeleitet. Marum wurde am 27. Juli wegen Verstoßes gegen § 366,11 StGB (grober Unfug) und wegen tätlicher Beleidigung eines Kommilitonen[129] – wie vorher schon erwähnt – zur „Höchststrafe" verurteilt, ihm wurde außerdem der Ausschluss aus der Universität angedroht. Die harte Disziplinarstrafe wurde im Sittenzeugnis Marums vermerkt.

Marum verbüßte seine Karzerstrafe in den ersten Wochen des folgenden Semesters vom 21. Oktober bis zum 4. November 1901.[130] Eine Karzerstrafe wurde von den meisten Studenten mehr als fröhliche Unterbrechung des Studentenalltags denn als Disziplinierung verstanden. Der Zwischenfall, der Anlass zu Marums vierzehntägiger Haft gewesen war, hatte allerdings mit lustigem Studentenklamauk nichts zu tun. Marum hinterließ an einer Wand des Karzers das vieldeutige Dante-Zitat: „Lasciate ogni speranza – voi ch' entrate" (Die Ihr hier eintretet, lasst alle Hoffnung fahren), dem sowohl eine resignative als auch eine ironische Bedeutung unterlegt werden kann. Er unterzeichnete mit seinem Namen und dem Kürzel der Badenia und stellte somit einen Zusammenhang zwischen seiner Verbindung und ihrem scheinbar aussichtslosen Kampf gegen den

---

[128] UAH, A 869 (VIII, 1, Nr. 2139) Akademisches Disciplinaramt gegen 1) Ludwig Marum aus Bruchsal, 2) Walter Kantorowisc von Posen wegen thätlicher Beleidigung eines Commilitonen bzw. groben Unfugs. In dieser Akte ist der Zwischenfall mit zahlreichen Polizei- und Zeugenaussagen dokumentiert.

[129] Dass der Chemiker Karl Rudolph hier als Kommilitone bezeichnet wird, hängt damit zusammen, dass „Kommilitone" damals in der Bedeutung „ehemaliger Student" verwendet wurde.

[130] Siehe *Karzerbuch der Universität Heidelberg 1879–1914* (UAH). Die Seiten über den Oktober/November 1901 fehlen, aus den übrigen Eintragungen geht jedoch hervor, dass das Strafmaß der übrigen Studenten die Dauer von 2 Wochen nicht überstieg.

Antisemitismus her. Die Inschrift ist heute noch zu sehen. Der Zwischenfall, ausgelöst durch die beiden Badenen Kantorowisc und Marum, hatte noch ein folgenreiches Nachspiel. Die antisemitischen Heidelberger Verbindungen griffen den Vorfall auf und setzten zum Generalangriff auf die Badenia an.[131]

Verbot der Badenia

Im August 1901 reichten die Allemania, Frankonia, Ghibellinia, Zaringia, Rheno-Palatia und Karlsruhentia eine Kollektivbeschwerde beim Akademischen Disziplinaramt ein, die das Verbot der jüdischen Verbindung herbeiführen sollte.[132] Begründet wurde dieser Antrag mit dem unehrenhaften Benehmen der Badenen, das den akademischen Gepflogenheiten der Ruperto-Carola nicht angemessen sei. Die Schuld an den zahlreichen Zwischenfällen mit den jüdischen Verbindungsstudenten lasteten sie allein den Badenen und deren Hang zur Gewalttätigkeit an. Neben diesen Vorwürfen verwiesen sie auf die Fremdartigkeit der jüdischen Studenten. In der Schilderung der Badenen zeichneten sie das von rassistischer Ideologie durchsetzte Bild nicht assimilierter jüdischer Menschen, die angeblich erkennbar seien an einem „eigenen jüdischen Jargon" und einer typischen Gestik und Motorik. Offenbar gingen die klageführenden Verbindungen davon aus, dass ihre Darstellung der Ereignisse beim Akademischen Senat Zustimmung finden werde, insgeheim rechneten sie vielleicht auch mit antisemitischen Vorbehalten in der Professorenschaft.

Auf die liberalen Kräfte im Engeren Senat setzten dagegen die Studenten der Badenia. Ihre Verteidigungsschrift ist erhalten geblieben. Sie musste in aller Eile während der Semesterferien, in denen die meisten Badenen in ihren Heimatorten waren, zusammengestellt werden. Der stellvertretende Vorsitzende Cramer verfasste eine 20-seitige Rechtfertigungsschrift, welche die Unhaltbarkeit der Vorwürfe nachzuweisen suchte.

Nach Darstellung Cramers war es zu keinerlei Zwischenfällen mit der klagenden Zaringia, Rheno-Palatia und Karlsruhentia gekommen. Diese Korporationen hatten sich seiner Meinung nach lediglich wegen ihrer Ressentiments der Beschwerde angeschlossen. Cramer sah die Gründe des Verbotsantrags als gegenstandslos an, da die angeführten Zusammenstöße alle schon einer gerichtlichen Klärung zugeführt worden seien. Eine doppelte Bestrafung lehnte er nachdrücklich ab. Dennoch setzte er sich noch einmal mit jedem einzelnen Zwischenfall, der Gegenstand der Anklage war, auseinander und versuchte, die Hintergründe darzustellen.

---

[131] Obwohl das Akademische Disziplinaramt auf eine Anfrage des Badenen Otto Simon einen Zusammenhang zwischen dem Vorfall „Marum/Kantorowisz" und der Klage der Verbindung abstritt, muss dieser Zusammenhang vermutet werden, erfolgte doch unmittelbar nach diesem Ereignis der Verbotsantrag der Verbindungen. Die Anfrage Otto Simons datiert vom 21. 8. 1901. Siehe Anfrage Otto Simon in UAH A 869 (VIII, 1, Nr. 208 a), „Das Verhalten der Badenia betreffend".

[132] Die im folgenden geschilderten Vorgänge sind dokumentiert in der Akte UAH – A 869 (VIII,1,208a): „Das Verhalten der Verbindung Badenia betreffend" und „Störung der öffentlichen Sitte und Ordnung".

In den Mittelpunkt seiner Verteidigungsschrift stellte Cramer die antisemitischen Provokationen, denen die Badenen ausgesetzt waren. Er führte Beleidigungen, Gewaltanwendung gegen Wehrlose und Versuche, Lokalverbote für Juden zu erwirken, an. Das Verhalten der Badenen sei lediglich als Reaktion zu sehen, ihnen sei nichts an Streitereien gelegen gewesen. Als besonders gravierend stellte Cramer die ständigen Herabsetzungen, die jüdische Studenten erfuhren, heraus. Er betonte die Uneinsichtigkeit, Intoleranz und unversöhnliche Feindschaft der klageführenden Verbindungsstudenten. Offenbar hegte er keinerlei Hoffnung auf eine Überprüfung ihrer Vorurteile. Resigniert notierte er über seine Gegner die Sätze: „Sie (die Verbindungsstudenten m.A.), die sich als die berufenen Hüter des guten Tones und feinen Anstands aufspielen, finden nichts dabei, uns, und nicht bloß uns, sondern auch nicht-incorporierte jüdische Studenten, ohne jeglichen Anlass die kränkendsten und verbittertsten Beleidigungen ins Gesicht zu schleudern. Uns niederträchtige und gemeine Injurien wie „Judenblase", „Judenschule", „Affaire Konitz" etc, etc zuzurufen, das wagen die mutvollen Herren von der Franconia, Ghibellinia und Zaringia, aber in ehrlichem Streit mit studentischen Waffen die Verantwortung hierfür zu tragen, den Mut besitzen die Herren nicht.

Bei Herren, die so ängstlich über den Ruf der alten Ruperto-Carola wachen, kann kein Verständnis dafür erwartet werden, dass es für uns keine schmerzlichere Kränkung giebt, als Angriffe auf unseren jüdischen Glauben und unsere jüdische Abstammung. Wie sollte man bei Leuten, die es wagen, Ausdrücke wie „Judenblase" als nicht beleidigend zu erklären, auch nur das mindeste Verständnis für unser heiligstes Empfinden voraussetzen dürfen?"[133] Mit diesen Sätzen appellierte Cramer an das Rechtsempfinden der involvierten akademischen Behörden und fügte nachdrücklich hinzu: „Wir legen im Vertrauen auf das gute Recht unserer Sache das Urteil beruhigt in die Hände eines hohen Senats."[134]

Die Argumentation Cramers überzeugte den akademischen Oberamtmann Holderer beim Disziplinaramt jedoch nicht. In seinem Gutachten an den Engeren Senat der Universität wies er auf die „unpassend abgefasste" Rechtfertigungsschrift hin,[135] schlug vor, die Badenia für die Dauer eines Semesters zu suspendieren, weil sie seiner Meinung nach die Hauptschuld an den Streitigkeiten trage. Dr. Holderer erkannte zwar die bewussten Provokationen, die von Seiten der beschwerdeführenden Verbindungen ausgingen, und empfahl, auch ihnen strenge Bestrafung anzudrohen, vermochte aber nicht, die Handlungsweise der sich zur Wehr setzenden jüdischen Studenten moralisch zu rechtfertigen.

Der Engere Senat der Universität übernahm die Vorschläge des Dr. Holderer und sprach am 25. Oktober 1901 – während Ludwig Marum seine Karzerstrafe verbüßte – das zeitweilige Verbot der Badenia aus. Das dauernde Verbot wurde angedroht für den Fall, dass Badenen erneut in Tätlichkeiten und Streitereien verwickelt würden.

---

[133] Aus der Verteidigungsschrift vom Oktober 1901 des Max Cramer, Vorsitzender der Ferien-Commission der Badenia, in: UAH, A 869 (VIII, 1, Nr. 208a): *Das Verhalten der Verbindung Badenia betreffend*, S. 93.

[134] Ebenda.

[135] UAH, A 869 (VIII,1,Nr 208a): *Das Verhalten der Verbindung Badenia betreffend*. Gutachten Dr. Holderer.

Dies sah der Engere Senat im folgenden Sommersemester als gegeben an. Er berief sich auf zwei Vorkommnisse, die den Badenen Alfred Glücksmann und Siegfried Baum den Verweis von der Universität eingetragen hatten.[136] Am 23. August 1902 wurde der Senatsbeschluss veröffentlicht: die Badenia musste sich auflösen. Die offizielle Begründung lautete lakonisch, die Existenz einer jüdischen Verbindung gefährde den akademischen Frieden.[137] Die jüdischen Studenten resignierten jedoch nicht und gründeten bereits wenige Monate nach dem ersten Verbot der Badenia eine Nachfolgeorganisation, die Bavaria, die bis 1933 bestand.

Die Reaktion Ludwig Marums

Ludwig Marum schlug einen anderen Weg ein als seine Verbindungsbrüder. Er verließ Heidelberg nach Ablauf des Semesters, in dem er seine Strafe zu verbüßen hatte. In seinem neuen Studienort München vermied er es, Kontakt zu der dortigen jüdischen Verbindung Licaria aufzunehmen. Sein ganzes Leben lang schloss er sich nicht mehr einem jüdischen Verband an. Seiner Zeit in der Badenia kam insofern eine besondere Bedeutung zu, als sie die einzige Phase seines Lebens war, in der er Mitglied einer exklusiv jüdischen Organisation war. Nach seiner Rückkehr nach Heidelberg schloss er sein Studium in der kürzest möglichen Zeit ab und lebte bei seiner Mutter in Bruchsal.[138] Sofort nach Abschluss seines Studiums im Jahre 1904 trat er der SPD bei.[139]

Die Beschreibung der weiteren Entwicklung Marums zeigt deutlich, dass sich nach dem antisemitischen Zwischenfall und der für ihn harten – sicherlich als ungerecht empfundenen – Strafe ein Wandel seiner politischen Anschauungen und seines Selbstverständnisses als deutscher Jude vollzog. Er trat in kritische Distanz zum Bildungsbürgertum und schloss sich der Arbeiterbewegung an. An die Stelle seines elitären Bewusstseins als Verbindungsstudent war die Solidarität mit einer ebenfalls unterdrückten Gruppe – der Arbeiterklasse – getreten. Verschiedene Gründe mögen Marum bewogen haben, nach Abschluss seines Studiums in die SPD einzutreten. Wahrscheinlich hat das Münchner Studienjahr entscheidende Anstöße zu diesem Schritt gegeben, was noch zu zeigen sein wird.

Nicht auszuschließen ist jedoch, dass am Beginn dieses Bewusstseinswandels der Heidelberger Zusammenstoß mit den antisemitischen Verbindungen stand. Angesichts

---

[136] In der Akte Erregung öffentlichen Ärgernisses (UAH, A 869 (VIII,1, Nr. 208a)) hat das Akademische Disziplinaramt weitere Gründe für das dauernde Verbot der Badenia gesammelt. Dort finden sich Beschwerden Heidelberger Bürger – unter ihnen der als Antisemit bekannte Geschichtsprofessor Marcks – über das Verhalten einiger Badenen beim Frühschoppen auf der Neckarinsel. Die Bürger beanstandeten die Lautstärke des studentischen Vergnügens und empörten sich über die sittlich anstößige Badebekleidung der Badenen. Diese hatten „hemdsärmelig und nur mit einer Hose bekleidet" im Neckar gebadet.

[137] Vgl. Beyer (1986): S.353.

[138] Das *Adressbuch der Ruprecht-Karls-Universität in Heidelberg* verzeichnet für die Zeit vom Sommersemester 1903 bis zum Wintersemester 1904/05 als seine Adresse: Bruchsal, Kaiserstraße 29. Dies war der Wohnsitz seiner Mutter.

[139] Storck (1987), S. 198–202.

der Niederlage der Badenia und des Siegs der Antisemiten wandte sich Marum von den Integrationsbemühungen der bürgerlichen jüdischen Organisationen ab, die den *status quo* des wilhelminischen Obrigkeitsstaates nicht grundsätzlich in Frage stellten und die den Antisemitismus innerhalb des Systems zu überwinden hofften.[140] Dieses Konzept enttäuschte den jungen Marum offenbar, er entschied sich für radikalere Wege und suchte nach anderen Bündnispartnern, die die jüdischen Interessen unterstützen halfen. Die Arbeiterbewegung vertrat eine andere Sichtweise des jüdischen Problems und des Antisemitismus als die bürgerlich-jüdischen Organisationen. Gemeinsam war ihnen das unbedingte Eintreten für die vollkommene Gleichberechtigung der Juden in Staat und Gesellschaft, allerdings traten sie für verschiedene Lösungswege ein.

Während die jüdischen Verbände in der wilhelminischen Zeit Vertrauen in die herrschenden politischen Kräfte setzten und von ihnen Gerechtigkeit erwarteten, begriff die SPD die jüdische Emanzipation als Teil einer umfassenderen Emanzipationsbewegung, die auf die Befreiung der ganzen Gesellschaft zielte. Sozialismus und Demokratie waren die programmatischen Ziele der SPD, die eine systemimmanente Lösung der jüdischen Frage ausschlossen.

Die SPD nahm bereitwillig Juden in ihre Reihen auf und bot ihnen Aufstiegsmöglichkeiten innerhalb der Partei, womit sie einen konkreten Beitrag zur Integration jüdischer Menschen leistete.[141] Innerhalb dieser Partei sah Marum fortan seinen Platz; gemeinsam mit nicht-jüdischen Menschen wollte er den Kampf gegen den Obrigkeitsstaat, gegen Kapitalismus und Antisemitismus aufnehmen.

25 Jahre nach seinem Austritt aus der Badenia, als erfolgreicher SPD-Politiker in der Weimarer Zeit, warf Marum einen Blick zurück auf seine Studentenzeit. Er distanzierte sich von dem elitären Dünkel bildungsbürgerlicher studentischer Verbindungen und mokierte sich über deren Kampfes- und Männlichkeitsrituale. Gleichzeitig betonte er aber, dass er immer noch den kämpferischen Geist gegenüber dem Antisemitismus bewahre und seine Handlungsweise als Badene nicht bereue. Anlass für seine Ausführungen war die Debatte des Badischen Landtags vom 11. Februar 1926 über die Änderung der Strafbestimmungen hinsichtlich der waffentragenden Verbindungen und deren paramilitärischen Gepflogenheiten der Mensur und des Duells. Marum gab folgende Stellungnahme ab: „Sie werden es vielleicht eigentümlich finden, dass gerade ich zu dieser Sache spreche, der ich doch an sichtbaren Stellen des Körpers noch Narben aus der Studentenzeit her habe. Ich gebe zu, dass ich mich auch einmal dieser Zweikämpfe schuldig gemacht habe (...), wenn ich auch heute erkannt habe, dass es doch eigentlich ein fürchterlicher Blödsinn gewesen ist (Heiterkeit), den man auf der Universität getrieben hat, und wenn ich mich heute etwas über den Unsinn schäme, dessen ich mich schuldig gemacht habe.

---

[140] Vgl. Mosse (1976).
[141] Vgl. Pulzer (1992) und Pulzer (1996). Das Verhältnis der SPD zu Judentum und Antisemitismus in der Weimarer Zeit beschreibt ausführlich der amerikanische Historiker Niewyk, vgl. Niewyk (1984).

Ich bitte Sie, nicht etwa anzunehmen, dass ich noch aus einem anderen Grunde heute diese Stellung zu der uns vorliegenden Frage einnehme: nämlich aus dem Grunde, weil ich nach Auffassung all derjeniger, die Anhänger des Duells und Anhänger des Zweikampfs sind, als geborener Jude, heute nicht mehr „satisfaktionsfähig" bin – ein Vorwurf, den ich damals dann allerdings nicht mit der geschliffenen Waffe, sondern mit der geschliffenen Hand abgewiesen habe.

Ich sage also: Nicht etwa deswegen, weil nach heutiger Auffassung der Studentenschaft der Jude nicht mehr satisfaktionsfähig ist, auch nicht deswegen, weil ich früher gefochten habe – sondern aus inneren Gründen trete auch ich dem Antrag des Rechtspflegeausschusses (auf Verbot der Mensur m.A.) innerlich bei(...). Ich möchte aber fragen: Wer ist es denn, der heute noch Zweikämpfe, Duelle ausficht? Doch niemand anders als die Kreise, die glauben, für sich einen besonderen Ehrbegriff in Anspruch nehmen zu können; die Kreise der Studentenschaft, die in ihrer Lebensart und in ihrer Lebensauffassung noch den ganzen Kastengeist, den ganzen Reserveoffiziersgeist aus der Zeit vor 1914 haben (Lebhaftes: Sehr richtig! links), und die mit ihrer ganzen Lebensauffassung in die Lebensformen, denen jetzt das deutsche Volk zustrebt und zustreben muss, einfach nicht mehr hineinpassen. (Sehr richtig! Links)"[142]

Aus diesen Worten Marums wird einerseits die große Diskrepanz zwischen seinen politischen Anschauungen als junger Mensch und als erfahrener Politiker deutlich, andererseits liest man aus ihnen ein Kontinuum seines politischen Denkens: den Kampf gegen den Antisemitismus.

Referendariat und Eheschließung (1904–1910)

Als Marum nach seinem einjährigen Studienaufenthalt in München an die Universität Heidelberg zurückkam, um dort sein Studium abzuschließen, lebte er bei Mutter und Schwester in Bruchsal.[143] Diese Lebensphase währte bis zum Abschluss seiner Referendarszeit im Jahr 1908. In den wenigen Jahren seines Studiums hatte Marum eine Entwicklung durchlaufen, die ihn grundsätzlich verändert hatte. Das Leben in den liberalen Universitätsstädten, vor allem aber in München, das als „heimliche Hauptstadt Deutschlands" und als oppositionelles Zentrum gegen den Wilhelminismus galt, hatte in ihm ein politisches Interesse geweckt, das ihn für die Schwäche des Liberalismus, die soziale Frage und den Antisemitismus sensibilisierte. Nach Abschluss seines Studiums im Jahr 1904 trat der junge Marum in die SPD ein. Die vier folgenden Bruchsaler Jahre standen unter dem Zeichen der beruflichen Ausbildung und der Anbahnung der Bezie

---

[142] Vgl. Verhandlungen des Badischen Landtags, III. Landtagsperiode, 1. Sitzungsperiode (25. Okt. 1925 – 24. Okt. 1926), Protokollheft, Band I, Heft 545a, Karlsruhe 1926, S. 886f.

[143] Adressbuch der Stadt Bruchsal. Ausgearbeitet auf Grund amtlichen Materials des Bürgermeisteramts nach dem Stande vom 1.1.1907, Bruchsal 1907, S. 111.

hung zu seiner späteren Frau Johanna Benedick sowie der Festigung seines politischen Standpunkts vor dem Hintergrund der Richtungskämpfe in der badischen SPD.

Die Provinzstadt Bruchsal setzte den Interessen und Bestrebungen des jungen Marum sehr enge Grenzen. Er, der in München Theater und Kunst schätzen gelernt, in Schwabing den Lebensstil der Bohème kennen gelernt, den Geist des Liberalismus und der Opposition in sich aufgenommen hatte, war nun konfrontiert mit einem kleinstädtischen Leben, in dem Theater und Kunst fehlten, in dem strenge Normen des Lebensstils Beachtung verlangten und der angepasste Geist des wilhelminischen Bürgertums das Denken bestimmte. Politischer Katholizismus und Nationalliberalismus waren die beherrschenden Kräfte in einer Stadt, in der etwa zwei Drittel Katholiken waren und das Besitzbürgertum durch das Wachstum von Handel und Industrie zu Wohlstand gekommen war. Der Militarismus des wilhelminischen Kaiserreichs fand in Bruchsal seinen Ausdruck in der Beliebtheit des badischen Dragonerregiments Nr. 21, der sogenannten „Gelben Dragoner", die in der Stadt stationiert waren.[144] 1905 wurde in Bruchsal eine Militärreitanstalt eingerichtet,[145] seitdem absolvierten die Dragoner auf dem nahe dem Bahnhof gelegenen Turnierplatz unter dem Beifall der Bevölkerung ihre Reitübungen. Die bunt uniformierten Militärs wurden als Bereicherung des Straßenbildes empfunden; noch die Stadtgeschichte des Jahres 1955 vermerkt mit Bedauern das Verschwinden der farbfreudigen Uniformen bei Kriegsausbruch 1914, als diese dem Feldgrau der Kriegstruppe weichen mussten.[146] Das 50-jährige Jubiläum des Regiments am 18. Februar 1900 wurde festlich unter große Anteilnahme der Bevölkerung begangen.[147]

Der junge Sozialdemokrat Marum konnte sich in einer solchen Atmosphäre schwerlich wohlfühlen, hinzu kamen die Beschwernisse seiner privaten Existenz. Diese war geprägt von Abhängigkeit und Unfreiheit: Das Leben ohne eigenes Einkommen[148] in der mütterlichen Wohnung, die Ausbildung im staatlichen Dienst, der Normendruck der Kleinstadt verlangten Anpassung und Unterordnung. Diese brachte er nur mit Mühe auf, dies belegen die Zeugnisse der Behörden, bei denen er Dienst tat, und die Briefe an seine Braut, in denen er immer wieder kritische Bemerkungen über die Bruchsaler Bevölkerung einflocht. Als Sozialdemokrat und Jude fühlte er sich im staatlichen Justizapparat nicht sonderlich wohl. In diesem Apparat war auch in Baden, was die Chancen von jüdischen Beamten anbetraf, um die Jahrhundertwende die liberale Phase einer schärferen Gangart gewichen. Auch hier wurde kein jüdischer Bewerber mehr zum Staatsanwalt berufen, auch hier blieben die höheren Stellen im Justizdienst Juden verschlossen.[149] Eine sozialdemokratische Gesinnung war unter den badischen Justizbeamten wohl kaum anzutreffen.

---

[144] Herzer (1955), S. 127.
[145] *Volksfreund* vom 16. Mai 1905, S. 2.
[146] Herzer (1955), S. 127.
[147] Ebenda
[148] Vgl. Watzinger (1995), S. 13.
[149] Paulus (1984), S. 48.

Marum gab sich in den ersten Jahren seiner Ausbildung keine große Mühe, den Anforderungen zu genügen. Dies bestätigten die ihm ausgestellten Zeugnisse. Das Amtsgericht Bruchsal hielt am 1. Dezember 1905 über ihn fest: „Marum ist etwas fluechtig und oberflächlich und zeigt keinen rechten Eifer. An natürlicher Begabung fehlt es ihm nicht."[150] Ein Jahr später notierte das Bezirksamt Bruchsal: „Seine Befähigung ist zweifellos eine gute. Marum fasst leicht auf und laesst sich dadurch verleiten, weniger gründlich zu sein, als es notwendig waere." Und der Text fährt fort: „Marum beteiligt sich mit großem Interesse auf dem Gebiet der sozialen Gesetzgebung."[151] Hier war es dem jungen Rechtspraktikanten nicht gelungen, seine sozialdemokratische Überzeugung völlig zu verbergen.

Erst im letzten Ausbildungsabschnitt spannte Marum all seine Kräfte an, um mit einer passablen Note abzuschließen. Das letzte Dienstzeugnis des Oberlandesgerichts Karlsruhe vom 16. Januar 1908 bescheinigt ihm denn auch eine „sehr gute Befähigung für den öffentlichen Dienst."[152]

Wie froh Marum war, endlich seine Ausbildung im staatlichen Dienst beenden zu können, darüber gibt uns der folgende Briefauszug an seine Braut Aufschluss: „Bei mir auch ist der Alltag sehr grau, am kommenden Dienstag beginnt das Examen, das außer der geistigen eine ganz abnorme physische Anspannung der Kräfte erfordert. Mir wäre wohl, wenn diese Tierquälerei schon vorbei wäre. ‚Vor den Erfolg setzten die Götter den Schweiß' heißt es bei den alten Griechen. Nachher schaut man dann mit Befriedigung auf den überstiegenen Berg zurück. Und es winkt ja auch ein Siegespreis, der des Schweißes wert ist! Selbständigkeit und Freiheit von den lästigen Fesseln, die der Staat dem Ausdruck der Gesinnung schmiedete. Wer würde da sich nicht bis aufs Letzte anstrengen wollen."[153]

Die anschließende Niederlassung in Karlsruhe und der Einzug in eine eigene Wohnung steigerte das Lebensgefühl des jungen Mannes, zu dessen Glück nur noch die Legalisierung seiner Beziehung zu seiner Freundin Johanna Benedick fehlte. Er hatte das junge Mädchen im Jahr 1904 kennen gelernt. Es stammte aus dem pfälzischen Dorf Albersweiler in der Nähe von Anweiler. Johannas Familie war dort seit dem frühen 18. Jahrhundert ansässig. Die Benedicks gehörten zum begüterten jüdischen Bürgertum, sie betrieben in Albersweiler eine Zündholzfabrik.

Johanna erhielt eine gute Ausbildung; sie besuchte das Lyzeum in Landau, erwarb sich gründliche Kenntnisse in der Literatur, die sie ein Leben lang begeisterte.[154] Ludwig Marum musste um sie lange kämpfen, ehe sie in die Verbindung einwilligte. In seiner Bruchsaler Zeit beschränkte sich seine Beziehung zu ihr im Wesentlichen auf eine immer

---

[150] Dienstzeugnis Amtsgericht Bruchsal vom 1.12.1905. GLA 233/27960.
[151] Undatiert Bezirksamt Bruchsal 1906, GLA 233/27960.
[152] Oberlandesgericht Karlsruhe 16.1.1908, GLA 233/27960
[153] Brief vom 8. September 1908. Privatbesitz Elizabeth Marum-Lunau.
[154] Angaben zu Johanna Marum laut Auskunft von Elizabeth Lunau-Marum.

wieder unterbrochene Korrespondenz und gelegentliche Besuche in Albersweiler. Da die Briefe Marums an seine spätere Braut zu den wenigen erhalten gebliebenen persönlichen Zeugnissen gehören, sollen sie hier ausführlicher zitiert werden. Seiner Liebeserklärung an die junge Frau im Jahr 1905 war ein ablehnender Bescheid unter Hinweis auf einen anderen Mann gefolgt. Der Brief von Weihnachten 1905 enthält Marums erstes Liebeseingeständnis. Er lautet:

„Mein liebes Frl. Benedick!

Raten Sie mal, wie lange es her ist, dass ich schon an Sie schreiben wollte und auch schon die Hälfte eines Briefes geschrieben hatte? Seit den Tagen der Schillerfeier (Feierlichkeiten aus Anlass von Schillers Tod am 9. Mai, m. A.) bzw. seit ich Ihre wirklich sehr hübsche Anregung in den Spalten der Frankfurter Zeitung mit großer Freude und Genugtuung gelesen hatte, denn ich bemerkte daran, dass Sie sich, seitdem ich sie kennen gelernt hatte, nicht verändert hatte, sondern Sie selbst geblieben waren, und darüber habe ich mich aufrichtig gefreut.

Aber ich muss gestehen, ich war immer schreibfaul, teils hatte ich auch einen anderen Grund dafür, dass ich gar nichts von mir hören ließ. Und der ist folgender. Ich wüsste zwar stets genau, was ich mit Ihnen, wenn Sie vor mir gestanden hätte, plaudern und sprechen wollte, aber sowie ich meine Gedanken und Gefühle auf das leere, weiße Papier bannen wollte, da kamen sie mir derart ungelenk vor, dass ich immer befürchtete, Sie würden beim Lesen mich auslachen. Und das wollte ich verhüten, denn es hätte mich sehr betrübt. Ich dachte nun immer, vielleicht kommen Sie den Sommer über einmal hierher und wir können dann wieder einen Spaziergang wagen, über den die Bruchsaler Philister sich grün und blau ärgern. Ich habe vergebens gehofft. Das Jahr ist nahezu herum, ohne dass wir uns gesehen hätten, und so muss ich denn notgedrungen, das, was ich alles mündlich Ihnen erzählen wollte, versuchen, zu Papier zu bringen. Es wird mir sehr schwer fallen, und Sie werden mir schon im voraus Generalabsolution dafür erteilen, wenn es etwas holprig sich ausnehmen sollte. Wenn es aber, was die Götter verhüten mögen, Ihnen missfallen sollte, so tun Sie mir wohl den Gefallen und verbrennen den Brief sofort. – Mein liebes Frl. Johanna, ich habe Sie gern, und zwar nicht so obenhin für Tage, sondern ich fühle, dass es bei mir tiefer geht, sehr tief. Das habe ich an mir selbst, zu meinem großen Erstaunen, das ganze Jahr über mehr und mehr wahrgenommen.“[155]

Nach der Absage von Johanna Benedick schrieb er am 11. Mai 1906:

Mein lieber Kamerad!

Meinen Sie vielleicht, es würde mich hindern, Sie zu lieben, wenn ich weiß, dass Sie einen andern lieben oder zu lieben glauben? „Wenn ich Dich lieb', was geht's Dich an?“, so heißt es in „Carmen“. So fühle auch ich trotz allemdem. Nur ich habe stets die Hoffnung, dass es mir vielleicht doch noch gelingen werde, Sie für mich zu erkämpfen, ich

---

[155] Brief vom 25.12.1905 Privatbesitz Elizabeth Lunau-Marum.

kämpfe ja so gerne. – Erst um Sie und dann mit Ihnen gegen die Welt! – Haben sie, wenn ich fragen darf, den andern jetzt gesehen? Haben Ihre Gefühle standgehalten, oder sind sie, wie Sie einst vermuteten, in der Entfernung groß geworden und beim persönlichen Eindruck zerfallen?

Schreiben Sie bald, aber offen, wie einem Kameraden gegenüber es sich ziemt, ich kann alles ertragen (...) Es bereitet mir eine, wenn ich so sagen darf, gewisse Wollust, von Ihnen Schmerzen zu erdulden. Also lassen Sie sich nicht verdrießen, dass ich so lange nicht geschrieben habe, antworten Sie mir möglichst bald, ich werde dann versuchen, Ihnen in einem gutbürgerlich wohlanständigen Brief zu antworten.

In Liebe bin ich Ihr Ludwig Marum."[156]

Es sollte noch zwei Jahre dauern, ehe er die Geliebte endgültig für sich gewinnen konnte. Nach seiner Niederlassung in Karlsruhe schrieb er an sie:

Ma chère amie!
Ich schreibe in Meiner Wohnung. Du kannst Dir sicher vorstellen, welcherlei Gefühle mich dabei durchbrausen. Noch ist der Vorhang herab. Am Dienstag beginnt die Premiere. Ich will ja so gerne arbeiten, es drängt mich so nach Betätigung, dass ich mir nichts Besseres wünschen kann als möglichst viele Klienten. (...) Ich stehe jetzt ganz allein. Wie wohl würde es mir da tun, wenn Du Deine Absicht wahr machen und mich in meiner Klause tatsächlich einmal überfallen würdest. Das wäre ein schönes Fest der Einweihung. Also, werte Dame, Ihr seid ehrerbietigst zu einem Besuch geladen! So aber der Berg nicht zum Propheten kommt, muss Mohammed zum Berg wandeln, d.h. ich komm, wenn ich eingeladen werde, an einem Weihnachtstage nach A. (Albersweiler, m.A.). Ist's recht so?
Mit aufrichtigem Gruß Ludwig Marum"[157]

Nun also waren die Voraussetzungen für Verlobung und Ehe geschaffen: die abgeschlossene Berufsausbildung, die eigene Wohnung erlaubten dem 26-jährigen die offene Werbung um ein Mädchen aus bürgerlichem Elternhaus. Schließlich erreichte er das gewünschte Ziel: zwei Jahre später – im März 1910 – heiratete er Johanna Benedick.[158]

Die Ehe wurde in Albersweiler geschlossen, die Brautleute bekannten sich beide noch zur jüdischen Religion. Als Marum heiratete, war im gesellschaftlichen Leben die Integration keineswegs so weit fortgeschritten, dass Mischehen eine Selbstverständlichkeit gewesen wären. Die bewiesen die Zahlen für Karlsruhe und Baden. Im Jahr 1910 betrug der Prozentsatz jüdischer Mischehen in Karlsruhe 4,8% und in Baden 8,6%.[159]

---

[156] Brief vom 11.5.1906. Privatbesitz Elizabeth Lunau-Marum.
[157] Brief vom 13.12.1908. Privatbesitz Elizabeth Lunau-Marum.
[158] Marum-Lunau/Schadt (1984), S. 18.
[159] Vgl. Schmitt (1988), S. 608, Tab. 11. Von 1901 bis 1910 betrug die Zahl der Mischehen im Deutschen Reich 21,5%, berechnet auf 100 jüdische Ehen, vgl. ebenda, S. 612.

Ludwig und Johanna Marum führten eine glückliche Ehe, die fast 25 Jahre bis zum Tode Marums währte.[160] Johanna Marum war ihrem Gatten eine ebenbürtige Partnerin, die durch ihre ausgeprägten literarischen Kenntnisse die Beziehung bereicherte und die künstlerischen Interessen ihres Mannes unterstützte. Sie entsprach in vielen Punkten dem typischen Bild der jüdischen Ehefrau in einer bildungsbürgerlichen Familie, die über einen hohen Bildungsstand verfügte, sich später ganz der Familie widmete und keiner beruflichen Tätigkeit nachging.[161]

Im vorwiegend jüdischen Freundeskreis Marums befand sich der jüdische Maler Leo Kahn (1894–1983), der die Bruchsaler Synagoge ausmalte und den Marum während seiner Ausbildung finanziell unterstützte,[162] und der bekannte Grafiker Gustav Wolf, mit dem er sich gern jüdische Witze erzählte.[163]

Die Freizeitgestaltung der Marums orientierte sich an bildungsbürgerlichen Gepflogenheiten, zu denen die Pflege der Geselligkeit, häufiges Reisen, vor allem aber die Verfolgung künstlerischer Interessen gehörte. Museums- und Theaterbesuch gehörten zu den regelmäßigen Aktivitäten des Paares, der Lektüre wurde viel Zeit gewidmet, zu den Lieblingsautoren Marums zählten Heine und Dostojewski.[164]

Zusammenfassung:
Die Rolle des Judentums in Kindheit und Jugend Marums

Fragt man nach der Rolle des Judentums im frühen Lebensweg Marums, so ergibt sich ein vielschichtiges Bild. Wichtig für seine jüdische Prägung waren die jüdischen Menschen, die Einfluss auf seine Erziehung nahmen, ihre Vermittlung jüdischer Tradition und das Modell moderner jüdischer Identität, das ihrem Lebensentwurf zugrunde lag. Die Familie, die jüdische Gemeinde, der Rabbiner nahmen entscheidenden Einfluss auf

---

[160] In einem der letzten Briefe aus der Haft im Jahre 1934 unterstrich Marum den emotionalen Rückhalt und die tiefe Bindung, die ihn mit Frau und Kindern verband. Dies war ihm die entscheidende Kraftquelle, aus der er schöpfte, um den Anforderungen seiner anstrengenden politischen Arbeit genügen zu können.

[161] Johanna Marum war eine äußerst sensible Persönlichkeit, bei der sich mit zunehmendem Alter und mit der Erfahrung von Bedrohung und Emigration eine psychische Störung bemerkbar machte, die sie immer häufiger unter Depressionen und emotionalen Einbrüchen leiden ließ. Das Ehepaar Marum hatte drei Kinder, zwei Töchter und einen Sohn, die es sehr liberal erzog. Auch die Marums erstrebten – wie die meisten jüdischen Familien der bürgerlichen Mittelschicht – eine gründliche Bildung für ihre Kinder, selbstverständlich waren auch die Mädchen für eine höhere Schulbildung und das Universitätsstudium vorgesehen. Die erfolgreiche berufliche Tätigkeit Marums als Rechtsanwalt erlaubte der Familie, einen großzügigen Lebensstil zu pflegen. Als Marum seine Kanzlei vergrößerte und eine Gemeinschaftspraxis mit zwei jüdischen Kompagnons aufbaute, konnte er es sich leisten, eine große Wohnung im angesehnen Villenviertel im Westen Karlsruhes zu mieten. Dort führte man einen großbürgerlichen Haushalt, in dem fest angestelltes Personal die häuslichen Arbeiten übernahm. (Auskunft EML)

[162] Vgl. Schmitt (1988), 364F.

[163] Auskunft EML. Zu Gustav Wolf vgl.: Wolf (1982).

[164] Auskunft EML

Marums Entwicklung, sie führten ihn in eine eigene jüdische Welt ein, in der er umfangreiche Kenntnisse über die Eigenart, Geschichte und Religion der jüdischen Minderheit erwarb und sich an Vorbildern orientieren konnte, die noch in einer Zeit, die beherrscht war vom Ringen um die Emanzipation, ihr jüdisches Selbstbild geformt hatten.

In den ersten Lebensjahren war Marums Lebenskreis ausschließlich bestimmt von jüdischen Menschen in der Familie und deren Freundes- und Bekanntenkreis, in ihrer Obhut wuchs er heran. Die Schule war die erste Sozialisationsinstanz, die ihn in die nicht-jüdische Welt einführte. Hier ergab sich erstmalig die Trennung zwischen privatem jüdischen Kreis und öffentlicher Sphäre, in der die Mehrheitsgesellschaft die Verhältnisse bestimmte. Diese unterschiedlich geprägten Lebenswelten sollten nicht nur den Erfahrungshorizont des Kindes und des Jugendlichen bestimmen, sondern auch in seinem weiteren Lebensweg eine bedeutende Rolle spielen. Die Trennung der Lebenssphären hatte ihre Ursache in der unvollkommenen sozialen Integration, die in der Zeit seiner Kindheit und Jugend das deutsch-jüdische Verhältnis prägte.

Trotz der sichtbaren Fortschritte im Integrationsprozess, die sich vornehmlich im öffentlichen Leben zeigten, blieb die private Lebenswelt gekennzeichnet vom Fortbestand der Separation, in der es kaum zu freundschaftlichen und persönlichen Begegnungen mit der nicht-jüdischen Umwelt kam. Dies führte dazu, dass es ausschließlich jüdische Menschen waren, die Marum prägten und zu denen er ein engeres Verhältnis entwickelte.

In der Familie waren die wichtigsten Bezugspersonen der Großvater Heinrich Marum, die Mutter Helene Marum-Mayer und der Onkel Jonas Katz, die seine frühe Entwicklung beeinflussten. Im weiteren Umfeld begegnete er jüdischen Menschen in der Nachbarschaft, im Bekannten- und Freundeskreis sowie in der jüdischen Gemeinde. Auch die Kinder- und Jugendfreundschaften beschränkten sich auf den Kreis jüdischer Verwandter und Nachbarn.[165] Der Student Marum bewegte sich während seines Studiums hauptsächlich in jüdischen Zirkeln. Durch seinen Beitritt in die jüdische Verbindung Badenia pflegte er in Freizeit und Studium enge Kontakte mit gleichgesinnten Studienfreunden, die sich im Bewusstsein ihrer jüdischen Identität und Herkunft eng verbunden fühlten. Auch die Ehefrau Marums entstammte einer jüdischen Familie, zu der Marum in enge freundschaftliche Beziehung trat. Als er als Rechtsanwalt eine Gemeinschaftspraxis eröffnete, schloss er sich wie selbstverständlich mit jüdischen Kompagnons zusammen.[166]

So spielte sich das private Leben Marums ausschließlich in jüdischen Kreisen ab und förderte die Herausbildung eines engen Verbundenheitsgefühls zu jüdischen Menschen. Seine soziale Identität war eindeutig jüdisch bestimmt, dies prägte sein Selbstverständnis in Kindheit und Jugend. Seine Zugehörigkeit zur jüdischen Gemeinschaft stand außer Frage und auch in seinem späteren Lebensweg sollten es jüdische Menschen sein, die in seinem Privatleben die bedeutendste Rolle spielten. In den Jugendjahren orientierte er sich in seinem deutsch-jüdischen Selbstbild an den Vorgaben seiner Familie und des

---

[165] Auskunft EML
[166] Vgl. Schadt/Marum-Lunau (1984), S. 50.

unmittelbaren Umfelds. Die Erfahrung der Familie in voremanzipatorischer Zeit und ihre Position im Jahrhundert des Ringens um die Emanzipation hatten zu einer spezifischen Ausprägung deutsch-jüdischer Identität geführt.

Die frühe vollständige Emanzipation der Juden in der Pfalz, eine direkte Auswirkung der Französischen Revolution, sowie der Beginn des Gleichstellungsprozesses in Baden, der in die Reformära von 1806 des neugegründeten Großherzogtums fiel, ließ die Familien Marum und Mayer zu den ersten Nutznießern der verbesserten Rechtsstellung der Juden werden. Früher als bei den übrigen Juden in Deutschland konnte in ihnen ein starkes Selbstbewusstsein als gleichberechtigte Bürger wachsen, das Zugehörigkeitsgefühl zur deutschen Nation sich ausbilden und sich tief im Bewusstsein der Familie verankern. Die deutsche Identität verband sich seit den Anfängen des 19. Jahrhunderts in diesen Familien mit der jüdischen Eigenart. Als am Ende des Jahrhunderts die nationaljüdischen Bestrebungen des Zionismus neue Anhänger zu gewinnen suchten, stießen sie bei den Marums und Mayers auf vehemente Ablehnung.

Ludwig Marum übernahm das über Generationen empfundene „deutsche" Selbstverständnis, für ihn verstärkte sich diese Identifikation durch den frühen Tod des Vaters, der sein Leben im Kampf für die deutsche Nation eingesetzt hatte und an den Spätfolgen einer Verwundung im Deutsch-Französischen Krieg starb.

Ausdruck der Verbundenheit mit Deutschland war das politische Engagement der Familienmitglieder, die sich besonders im Revolutionsjahr 1848/49 für die demokratische Entwicklung ihres Heimatlandes einsetzten. Der Kampf für die Sache des Liberalismus wirkte identitätsstiftend innerhalb der Familie und bestimmte auch die frühe politische Orientierung Marums. Seine später oft bekundete Leidenschaft für die Politik verdankte ihre ersten Anstöße dieser familiären Tradition und bezog ihre inhaltliche Ausrichtung aus dem politischen Engagement der Vorfahren für Demokratie und Menschenrechte. Nicht nur in ihren politischen Aktivitäten fand diese Identifizierung mit der Mehrheitsgesellschaft ihren Ausdruck, sondern die Marums bekundeten vor allem in ihren umfassenden Anpassungsleistungen an die ökonomischen und sozialen Strukturen der Mehrheitsgesellschaft ihren Wunsch nach Eintritt in die deutsche Gesellschaft. Sehr früh schon hatten sich die Vorfahren Marums in das Bürgertum integriert und sich an dessen Verhaltensnormen und Handlungsmuster akkulturiert. Ludwig Marum wuchs in einem bürgerlichen, mittelständischen Milieu heran, in dem er sich das Aufstiegsstreben seiner Vorfahren zu eigen machte und für sich universitäre Bildung und einen akademischen Beruf zu erwerben suchte. Er setzte das Akkulturationsbestreben seiner Familie fort und unterstrich dies durch den ausgesprochen bildungsbürgerlichen Lebensstil, den er zusammen mit seiner Frau pflegte. Dies bewies, dass er in noch stärkerem Maße als die übrigen Familienmitglieder die bürgerlichen Leitbilder verinnerlicht hatte. Die Herkunft der Familie aus dem Landjudentum war schon längst nicht mehr spürbar, auch Marum bewies wie seine Väter Mobilitätsbereitschaft und folgte dem Urbanisierungstrend seiner Familie. Er war jedoch der erste, der sich in einer Großstadt niederließ.

Die Säkularisierungstendenzen der bürgerlichen Welt waren auch in die Familie Marum eingedrungen und bewirkten die Vernachlässigung der religiösen Pflichten und die zunehmende Distanz zu den Glaubensinhalten. Der oberflächliche Bezug zur Religion verhinderte in der religiösen Erziehung Marums das Entstehen einer tiefen Gläubigkeit und machte ihn zu einem „Drei-Tage-Juden", der die jüdische Religion nur noch an hohen Feiertagen praktizierte. Die Familie Marums entsprach also dem Bild weitgehend akkulturierter Juden, dennoch wäre es falsch, von einem Verlust jüdischer Identität bei dem Marums auszugehen. Ihrem Akkulturationswillen zogen sie selbst deutliche Grenzen. Dies zeigte sich nicht nur in ihren sozialen Kontakten, die auf jüdische Kreise beschränkt blieben, sondern auch – trotz aller Innovationsbereitschaft in ihrer wirtschaftlichen Tätigkeit – in der Bewahrung des traditionell jüdischen Handelsberufes. Auch wenn ihre religiöse Praxis in veräußerlichten Formen ausgeübt wurde, so blieben sie dennoch Mitglieder der jüdischen Gemeinde, in der sie sich zu der orthodoxen Richtung bekannten, die noch von ihrer Herkunft aus dem Landjudentum zeugte.[167]

Besonders stark ausgeprägt war das Bewusstsein der jüdischen Herkunft in der Familie Marum. Sie sah sich – wenn auch fälschlicherweise[168] – als Abkömmling sefardischer Juden und ordnete sich keineswegs – wie es der Familienname und die Verwurzelung in der Region der Zentren des frühen deutschen Judentums nahe legten – dem aschkenasischen Judentum zu. Rabbi Meir ben Baruch aus Rothenburg, die blühenden jüdischen Kulturen in den Städten Mainz, Worms und Speyer bildeten keinen Fokus der Erinnerung in der Familie. Das kollektive Gedächtnis betonte vielmehr die spanischen Wurzeln und die daraus erwachsenen leidvollen Erfahrungen. Der Zwang zum Glaubensübertritt, die Niederlassung im freiheitlichen Holland und die weitere Wanderschaft nach Deutschland verwiesen auf Heimatlosigkeit, Unterdrückung und Verfolgung. Diese konstruierte Familiengeschichte unterstrich das Bewusstsein, in Deutschland Zugewanderte zu sein, während ihr eigentliches Bezugsfeld im Judentum lag. Die jüdische Minderheit wurde in der Familie Marum vor allem als Schicksalsgemeinschaft gesehen, die sich inmitten einer feindlichen Umwelt zu behaupten hatte. Hier deutete sich ein säkulares Verständnis des Judentums an, dessen verbindendes Element weniger die Religion als die gemeinsame Geschichte und das geteilte Leid bildete.[169]

---

[167] Die Reformtendenzen in den städtischen Gemeinden waren auf dem Lande kaum verbreitet. Vgl. Lowenstein (1997), S. 219–230.

[168] Vgl. Kapitel „Die väterliche Linie" dieser Arbeit.

[169] Während die Erinnerung an die Repression der sefardischen Juden zu den überlieferten Inhalten der Familientradition gehörte, lässt sich nicht mehr klären, ob auch eine Identifikation mit dem hohen Kulturniveau und dem frühen Genuss freiheitlicher Rechte durch Sefarden in der Familie vorhanden war. Die spanischen Sefarden hatten einen bedeutenden wissenschaftlichen Beitrag zur Erforschung der hebräischen Sprache und der jüdischen Philosophie geleistet, in dem ihr früh ausgeprägter Rationalismus seinen Ausdruck fand. Sie gehörten zu den ersten europäischen Juden, die in Holland in den Genuss der Gleichberechtigung mit christlichen Bürgern kamen. Rationalismus, Interesse an Kultur und Wissenschaft, gleichberechtigte Stellung in der bürgerlichen Gesellschaft, dies alles repräsentierte das sefardische Judentum auch. Es bot für einen heranwachsenden jungen Mann genügend Orientierung, an der sich seine Entwicklung ausrichten konnte. Ob das sefardische Judentum tatsächlich zu den frühen Leitbildern Marums gehörte, lässt sich nicht mit Sicherheit nachweisen, ihre jahrhundertealte Erfahrung, was Freiheit und Gleichberechtigung im liberalen Holland anbetraf, konnte jedoch die politische Option für Demokratie und Rechtsstaat fördern.

Die vermeintlich sefardische Herkunft und das frühe aktive politische Engagement der Familie unterschieden sie von einem Großteil des deutschen Judentums, mit dem sie ansonsten in vielen Positionen und Verhaltensweisen übereinstimmten. Ihre hohe Akkulturationsbereitschaft, ihre Identifikation mit dem Deutschtum, ihr Votum für den Liberalismus sowie ihr Festhalten an der jüdischen Identität, die weniger religiös als säkular bestimmt war, all dies konnte als repräsentativ für das deutsche Judentum im 19. Jahrhundert angesehen werden. Ludwig Marum orientierte sich also in seiner Familie an einem repräsentativen Modell deutsch-jüdischer Identität, in dem jedoch die Akkulturation das Bewusstsein unterschiedlicher Traditionen und Zugehörigkeiten noch nicht aufgehoben hatte und das Selbstbild einer deutsch-jüdischen Doppelidentität aufrechterhielt.

Neben der Familie trug die jüdische Gemeinde Bruchsal viel zum jüdischen Selbstverständnis Marums bei. Dort erfuhr er seine religiöse Erziehung, vollzog die traditionellen Aufnahmeriten in die Gemeinde, die Beschneidung und Bar Mizwa, und nahm an den Feiern der hohen Festtage teil. Obwohl er den religiösen Lehren des Judentums aufgrund der familiären Prägung distanziert gegenüberstand, so blieb das Selbstverständnis und Verhalten der Gemeindemitglieder nicht ohne Wirkung auf den jungen Marum. Die Bruchsaler Gemeinde zählte zu den traditionsreichsten jüdischen Gemeinden Badens. Sie zeichnete sich durch ihre zahlenmäßige Stärke, Reichtum und ihre äußerst liberale religiöse Ausrichtung aus. Die jüdische Gemeinde Bruchsal trat mit großem Selbstbewusstsein auf, das sich auf ihren wirtschaftlichen Erfolg, ihre Reputation in der bürgerlichen Welt, aber auch auf ihre herausragende Stellung als Sitz des Bezirksrabbinats und auf ihre jahrhundertealte Tradition in der Stadt gründete. Einzelne Gemeindemitglieder hatten mutigen Widerstand gegen antisemitische Anfeindungen gezeigt. Trotz dieser Vorkommnisse war den Bruchsaler Juden der Glaube an die Chancen sozialer Integration gemeinsam. Sie teilten die optimistische Einschätzung, die beiden Pole Deutschtum und Judentum in harmonischer Weise verbinden zu können. Selbstbewusstsein sowie eine kämpferische Haltung dem Antisemitismus gegenüber lernte Ludwig Marum hier kennen. Der Kontakt in der Gemeinde musste ihn bestärken in dem von der Familie übernommenen jüdischen Selbstbewusstsein, das sich eng mit der nationalen Identität als Deutscher verband. Vertieft wurde seine jüdische Bildung durch den Religionsunterricht am Gymnasium, erteilt von einem der bedeutendsten Rabbiner Deutschlands, Dr. Joseph Eschelbacher.[170] Im Gegensatz zur vorherrschenden Einstellung in der Gemeinde stand Eschelbacher einer schrankenlosen Assimilation kritisch gegenüber, seine Schüler wies er auf die Bedeutung jüdischer Kultur und Geschichte hin, auf den zentralen Stellenwert der Ethik, den Wert sozialer Gerechtigkeit. Er unterwies sie im Hebräischen, um das Gefühl für die Eigenart des Judentums zu erhalten und zu fördern. Ludwig

---

[170] Eschelbacher beteiligte sich an der von Adolf Harnack ausgelösten Kontroverse über das „Wesen des Christentums" und versuchte, das dort dargestellte negative Bild des Judentums in einer Reihe von Aufsätzen zu korrigieren. Vgl. Wiese (2001), S. 147–171.

Marum lernte in Eschelbacher einen Verfechter einer mittleren Position zwischen Orthodoxie und Reformjudentum kennen, der ihm zur Bewahrung und zum offenen Bekenntnis seines Judentums anregte. Auch wenn anzunehmen ist, dass Marum dem religiösen Glauben distanziert gegenüberstand, so erhielt er durch Eschelbacher fast ein Jahrzehnt lang eine gründliche Bildung in jüdischer Geschichte und Kultur, von der wir allerdings nicht genau wissen, welchen Eindruck sie in ihm hinterließ. Als er in späteren Jahren zum Besitzer einer der kostbarsten mittelalterlichen Handschriften des Judentums, der Vogelkopf-Haggadah, wurde, zeigte sich, dass er den Wert der kulturellen jüdischen Tradition durchaus zu schätzen wusste.

Eschelbachers Unterweisung in jüdischer Ethik und Religion könnte auch das spätere politische Denken Marums beeinflusst haben. Auf die Parallelen zwischen Judentum und Marxismus ist vielfach hingewiesen worden. Die Werte der sozialen Gerechtigkeit und der Rechtsgleichheit, die das Judentum betonte, entsprachen den Postulaten des demokratischen Sozialismus. Auch der Messianismus, der verbunden war mit einem optimistischen Geschichtsverständnis und mit der Orientierung auf eine bessere Zukunft, fand seinen säkularisierten Ausdruck in der kommunistischen Utopie.[171] Die religiöse Bildung führte Marum in das soziale Denken ein und verwies ihn auf die Bedeutung gesellschaftlichen Engagements, das der Rabbiner Eschelbacher in seiner Unterstützung jüdischer Waisenkinder und die Gemeinde in ihrer Wohlfahrtstätigkeit vorbildhaft bewies.

Familie, Gemeinde und jüdischer Religionsunterricht vermittelten Marum sowohl jüdische Traditionen als auch den Willen zur Anpassung an die Mehrheitsgesellschaft. Trotz der weitgehenden Akkulturation seines jüdischen Umfeldes konnte sich in ihm das Bewusstsein der jüdischen Wurzeln und Eigenarten entwickeln. Die enge und ausschließliche Bindung an jüdische Menschen hatte ihn in eine „intime" jüdische Lebensform eingeführt, die ihre Auswirkungen auf die psychische Struktur, die Ausbildung bestimmter Werthaltungen, die eigene Wahrnehmungsweise der nicht-jüdischen Welt hatte. Die akkulturationswillige und aufstiegsorientierte jüdische Familie hatte ihm ausgeprägtes Leistungsstreben und Anpassungswille vermittelt und ihm das Bewusstsein einer deutsch-jüdischen Doppelidentität mitgegeben, sowie die optimistische Grundhaltung, dass diese relativ spannungsfrei gelebt werden könne. Die jüdische Religion vermittelte ihm Einstellungen und Werthaltungen, die in säkularisierter Form eine bedeutende Rolle in seinem Leben spielen sollten. Zu ihnen zählte seine große Bildungsbereitschaft,[172] der Einsatz für Gleichheit und soziale Gerechtigkeit sowie die Annahme eines optimistischen Geschichtsbildes und der Glaube an den humanen Fortschritt.

---

[171] Allerdings blieb Marum jedes utopische Denken, das sich von den faktischen Gegebenheiten löste und überhöhte idealistische Zielsetzungen verfolgte, stets fremd; seine spätere politische Arbeit zeichnete sich vielmehr durch betonten Realitätsbezug und pragmatisches Vorgehen aus.

[172] Tiefe Spuren hinterließ in Marum die positive Beurteilung des Lernens, das die jüdische Religion auszeichnete. Wie so viele seiner jüdischen Zeitgenossen übertrug er diese Haltung auf den Erwerb säkularer Bildung, die ihm nicht nur den sozialen Aufstieg ermöglichte, sondern auch die Chance zur Kompensation erlittener Ausgrenzung und Zurücksetzung bot. Schon als Schüler trat Marum durch herausragende Leistungen hervor.

Die jüdische Identität Marums wurde jedoch nicht nur von inneren Faktoren entwickelt und gestärkt, es waren vielmehr die äußeren Bedingungen, die zur Vertiefung seiner jüdischen Identität beitrugen. Das Wissen um die mangelnde soziale Integration und die Erfahrung antisemitischer Anfeindungen verwiesen ihn auf die besonders schwierigen Bedingungen seines künftigen Lebensweges. Andererseits bot die Mehrheitsgesellschaft nach der gewährten Emanzipation vermehrte Chancen der Integration. Dies unterschied sein Leben deutlich von dem seiner Vorfahren und zwang ihn, in eine Auseinandersetzung mit dem von Familie, Gemeinde und jüdischem Umfeld übernommenen Selbstbild und dem vorgelebten Handlungsmuster zu treten. Sein wacher Geist ließ ihn die Chancen, aber auch die Probleme seiner deutsch-jüdischen Existenz klar erkennen, er entwickelte überaus großen Eifer, die gebotenen Chancen zu ergreifen sowie die gegebenen Probleme zu bearbeiten und nach lebbaren Lösungen zu suchen.

Wie seine Vorfahren stellte er seinen ausgeprägten Willen zur Akkulturation unter Beweis; dies tat er vornehmlich durch die Adaption bildungsbürgerlicher Einstellungen und Verhaltensmuster. Sein Aufstieg und seine Integration in bildungsbürgerliche Kreise wurde möglich durch den Besuch von Gymnasium und Universität, wo er sich den Kanon humanistischer Bildung aneignete, deren Inhalte für sein Denken und Handeln lebenslang Orientierung bot. Besonders sein Verhalten als Verbindungsstudent zeigte, wie wichtig ihm traditionelle bildungsbürgerliche Lebensformen waren. Die Orientierung an den überlieferten Ritualen der studentischen Verbindungen war Ausdruck des Akkulturierungswillens der jüdischen Studenten. Auch der bildungsbürgerliche Lebensstil, den Marum zusammen mit seiner Frau pflegte, zeugte von seiner Anpassungsbereitschaft an die bürgerlichen Normen und Verhaltenscodices. Seine berufliche Tätigkeit als Rechtsanwalt integrierte ihn in die nicht-jüdische Gesellschaft und in die juristischen Kreise. Die Übernahme liberaler Positionen, die Wertschätzung von Recht und der in der Verfassung niedergelegten jüdischen Gleichstellung verbanden ihn mit den fortschrittlichen Kräften der deutschen Gesellschaft. Seine enge Beziehung zur deutschen Literatur und Kunst bezeugte seine Identifikation mit der deutschen Kulturtradition. Marums Weg als junger Erwachsener unterstrich seinen Willen, sich in die Mehrheitsgesellschaft zu integrieren, die ihrerseits ihre Bildungseinrichtungen, Ausbildungsgänge und den Arbeitsmarkt vollkommen für Juden geöffnet hatte. Der erfolgreiche Abschluss des Studiums, die anerkannte berufliche Praxis verhalfen Marum zu Akzeptanz und Wertschätzung in der bürgerlichen Welt und trugen zur Stärkung seines Selbstbewusstseins bei. Der von ihm beschrittene Weg entsprach den Bestrebungen großer Teile des jüdischen Bürgertums, da er dessen Bereitschaft zu Akkulturation, die Aufgeschlossenheit für die Moderne und die dort vorherrschende Liberalität übernahm. Mit seiner Wahl eines freien Berufes entsprach er dem Trend jüdischer Akademiker, sich die Existenzgrundlage außerhalb des Staatsdienstes zu schaffen, seine Entscheidung, in Karlsruhe zu leben, entsprach der ausgeprägten Vorliebe der Juden für die Großstadt. Die Wahl einer gebildeten Partnerin, der Aufbau eines Freundeskreises unter jüdischen Menschen band ihn deutlich an die vorherrschende Verhaltensweise des deutsch-jüdischen Bildungsbürgertums. Dennoch verkannte er nicht die zentralen Probleme, die sich für ihn als Bürger jüdischer Herkunft stellten. Zu ihnen zählten die Defizite der sozialen Integration, die fortwährende Diskriminierung von Juden im Staatsapparat und der stärker werdende Antisemitismus. Die Berücksichtigung dieser schwierigen Gegebenheiten flossen mit in zwei seiner zentralen Lebensentscheidungen ein, nämlich die der Partner- und der Berufswahl. Die Entscheidungen für eine jüdische Ehefrau und für den freien Beruf des Rechtsanwaltes waren nicht vollkommen frei getroffen, in ihnen zeigte sich auch Marums Reaktion auf die eingeschränkten Freiheiten der deutschen Juden im Kaiserreich und die mangelnde Bereitschaft des Bürgertums zur sozialen Integration. Die Bindung an die jüdische Partnerin und deren Familie vertiefte seine private Orientierung auf jüdische Kreise, die Option für einen freien Beruf schützte ihn vor der Erfahrung der beruflichen Diskriminierung.

Der Antisemitismus überschattete dennoch die Jahre seiner Jugend. In der Phase der Adoleszenz, in der Unsicherheit und Verletzbarkeit besonders stark ausgeprägt sind, musste Marum in den 90er Jahren des 19. Jahrhunderts als politisch wacher Schüler erleben, wie der Antisemitismus sensationelle Erfolge feierte. In seinem unmittelbaren Umfeld – in der Stadt Bruchsal und den naheliegenden Kur- und Badeorten – kam es zu antisemitischen Vorfällen, unter seinen Lehrern befand sich mindestens ein erklärter Antisemit.[173] Dies verwies ihn bereits in jungen Jahren von außen auf seine jüdische Identität, aber erst seine Erfahrung als Student an der Heidelberger Universität ließen ihn selbst zur Zielscheibe judenfeindlicher Angriffe werden und ihn unmittelbar spüren, was Ausgrenzung, Demütigung, Verweigerung der Integration bedeuteten. Die antisemitischen Vorfälle in Heidelberg sollten zum Schlüsselerlebnis für den jungen Marum werden, das weitreichende Auswirkungen auf die Formung seiner Persönlichkeit, sein jüdisches Selbstbild und seine politische Orientierung haben sollte. In Heidelberg erfuhr Marum, dass der liberale Geist Badens und seiner berühmtesten Universitätsstadt keineswegs das politische Klima bestimmte, sondern dass der Antisemitismus weite Teile des Bürgertums erfasst hatte. Dies betraf nicht nur die Studenten, sondern auch die Vertreter der Universitätsverwaltung und die Heidelberger Bürger. Besondere Enttäuschung bewirkte wahrscheinlich die Erkenntnis, dass gerade große Teile der Studentenschaft und damit des künftigen Bildungsbürgertums sich vom Liberalismus abgewandt und dem nationalkonservativen Lager zugeordnet hatten. Die Weigerung der Heidelberger Verbindungen, jüdische Studenten aufzunehmen, musste ihm als beredtes Zeugnis für die Spaltung des Bürgertums gelten, das die in der Verfassung festgehaltene Gleichstellung nicht mehr in seiner Gesamtheit unterstützte.

Der junge Marum verschloss vor den Gefahren des Antisemitismus nicht die Augen, verweigerte sich dem noch verbreiteten Hang zur Bagatellisierung judenfeindlicher Umtriebe, erkannte vielmehr die Notwendigkeit einer entschiedenen Gegenwehr. Er wollte sich dabei nicht länger auf Hilfe von außen, von Seite des liberalen, nicht-jüdischen Bürgertums verlassen, sondern er war entschlossen, zusammen mit anderen jüdischen

---

[173] Auskunft EML. Gemeint ist der Englischlehrer Friedmann.

Studenten, zur Selbsthilfe zu greifen. Sein Eintritt in die jüdische Verbindung Badenia belegte auch die Abkehr von der Haltung der älteren jüdischen Generation, welche die Artikulation jüdischer Sonderinteressen und die Bildung eigener jüdischer Organisationen ängstlich vermieden hatte. Mit der Gründung eigener jüdischer Verbindungen war das offene Eingeständnis des vorläufigen Scheiterns der sozialen Integration verbunden und die Erkenntnis, dem Antisemitismus aktiv begegnen zu müssen. Die Mitglieder der Badenia waren Pioniere im Abwehrkampf gegen den Antisemitismus. Die jüdischen Studenten hatten noch vor der Entstehung des Centralvereins deutscher Staatsbürger jüdischen Glaubens einen Weg beschritten, der das öffentliche Bekenntnis zum Judentum und die Verteidigung jüdischer Rechte beinhaltete. Im Pochen auf die verfassungsmäßig festgelegte Gleichstellung, in der Betonung ihrer Zugehörigkeit zur Nation verfolgten sie das Konzept der liberalen Kräfte, die im Rahmen des bestehenden politischen Systems die soziale Integration vorantreiben wollten. Ihr Selbstverständnis als jüdische Deutsche ließ sie sowohl den Zionismus wie den schrankenlosen Weg der Anpassung, dessen letzter Schritt die Konversion war, heftig ablehnen. Die Mitglieder der Badenia fühlten sich wesentlich verbunden durch den Kampf für ihre Rechte; ihre Verbundenheit gründete sich nicht auf eine gemeinsame Religion, sondern auf ein säkulares Verständnis des Judentums.

Mit seinem Eintritt bewies Marum nicht nur ein geschärftes Bewusstsein für die konfliktreiche Situation der Juden, sondern auch Mut und Selbstbewusstsein, sich öffentlich zu seinem Judentum zu bekennen. Diese Position, verbunden mit einer ausgesprochen kämpferischen Haltung sollte er ein Leben lang bewahren und damit die im Judentum vorherrschende Haltung der Passivität und Duldung aufgeben. Die antisemitische Erfahrung bewirkte bei dem Studenten Marum eine Stärkung seiner jüdischen Identität, die eine Reaktion auf die feindseligen Impulse der nicht-jüdischen akademischen Jugend war. Die harte Bestrafung, die Marum wegen seiner Unterstützung der Badenia durch die Universitätsbehörden erfuhr, löste in ihm einen tiefgreifenden Bewusstseinswandel aus. Ihm trat die Ohnmacht der jüdischen Verbindung vor Augen und zugleich die Verankerung des Antisemitismus in den staatlichen Behörden, was ihn zu einer zunehmend kritischen Haltung gegenüber dem autoritären Obrigkeitsstaat bewog. Die Heidelberger Erfahrung regte ihn an, nach anderen Lösungsmodellen, als sie die jüdischen Abwehrorganisationen für die Minderheitsprobleme vorschlugen, zu suchen und zu prüfen, ob nicht auf andere Art und Weise dem Antisemitismus wirksamer begegnet werden könne. Dies schloss zugleich eine intensivere Reflexion als bisher über die gesamtgesellschaftliche Ordnung ein, die den Juden hartnäckig die Integration verweigerte, und ließ ihn den Blick richten auf die Struktur und Befindlichkeit der nicht-jüdischen Mehrheitsgesellschaft.

Wende und Neuorientierung:
Mitglied in der Sozialdemokratie

Der Eintritt in die SPD – Das Verhältnis von Sozialdemokratie und Judentum

Im Jahre 1904 – als er 22 Jahre alt war und gerade sein Studium abgeschlossen hatte – trat Marum in die SPD ein.[1] Ganz offensichtlich war es die Universität und waren es die in den Studienjahren gewonnenen Erfahrungen, die ihm den Weg zum Sozialismus wiesen. Die intellektuellen Anstöße und spezifischen Erfahrungen dieser Jahre werden noch ausführlich dargestellt werden. Darüber hinaus deutet der frühe Zeitpunkt seines Parteieintrittes darauf hin, wie wichtig Marum die Integration in Gruppen – seien es soziale oder politische Zusammenschlüsse – zeitlebens gewesen ist. Nur eine kurze Zeitspanne seines Erwachsenenlebens war er unorganisiert, diese Lebensphase umspannte die Jahre 1902 bis 1904, die Endphase seines Studiums. Während er sich sofort zu Beginn seines Studiums der jüdischen Verbindung Badenia angeschlossen hatte, finden wir ihn unmittelbar nach Abschluss seines Studiums in den Reihen der badischen SPD.

Darin zeigt sich, dass Marum stets ein großes Bedürfnis nach Integration empfand, dass er bestrebt war, seine Tatkraft, seinen Veränderungswillen in den Dienst einer größeren Organisation zu stellen und dass er somit von Anfang an keine individualistischen Positionen vertrat, das Wesen eines Einzelkämpfers ihm völlig fremd war. Marum trat zu einem Zeitpunkt der SPD bei, als seine Referendarzeit im staatlichen Dienst noch vor ihm lag und seine Parteimitgliedschaft sicherlich eine Erschwernis für seine weitere Ausbildung bedeutete. Dies zeigt seinen Mut, für seine politische Überzeugung auch eventuelle Nachteile in Kauf zu nehmen. Knapp 30 Jahre später verwies sein ehemaliger Genosse und Berufskollege Eduard Dietz in einem Bittbrief um die Freilassung Marums aus der Haft – gerichtet an den Vorsitzenden des Deutschen Anwaltvereins, den Nazi Dr. Voss – nachdrücklich auf den frühen Parteieintritt Marums hin und deutete ihn als positives Faktum.[2]

Die kurzen Lebensbilder und biographischen Skizzen[3], die bisher über Marum erschienen sind, betonen die Außergewöhnlichkeit seiner politischen Wahl in einer Zeit, in der die Mehrheit seiner Altersgenossen, der jüdischen Minderheit, der Akademiker und der Juristen andere Optionen wahrnahmen. Es ist sicherlich nicht zu bestreiten, dass diese Gruppierungen in dem Jahrzehnt vor dem Ersten Weltkrieg sich mehrheitlich zu liberalen

---

[1] GLA 231/10957, 27f.
[2] Marum-Lunau/Schadt (1984), S. 131, zu Voß: S. 79, Anm. 93
[3] Vgl. vor allem: Storck in: Marum-Lunau/Schadt (1984), S. 17–19.

oder konservativen Politikkonzepten hingezogen fühlten, dennoch erscheint es falsch, Marums politische Entscheidung als einen singulären, äußerst individuellen Schritt darzustellen. Bei einem genaueren Blick in die Forschungsliteratur ergibt sich, dass sich ein beträchtlicher Teil der jüdischen Jugend für den Sozialismus entschied.[4] Auch die Auffassung, dass in den Kreisen der Akademiker[5] und speziell der Juristen[6] gesellschaftskritische Gedanken nicht aufgenommen wurden, lässt sich nicht halten. Führt man sich vor Augen, dass es eine bedeutende Anzahl jüdischer Juristen seiner Generation gab, die sich für den Sozialismus entschied und aus deren Mitte so bedeutende Vertreter wie Ludwig Frank, Paul Levi, Ernst Heilmann und Hugo Sinzheimer hervorgingen,[7] so erscheint Marum keineswegs als Einzelfall.

Darüber hinaus sollte man auch nicht vergessen, dass sich um die Jahrhundertwende ein kritischer Zeitgeist in vielen gesellschaftlichen Bereichen äußerte, der sich gegen den staatsbejahenden, nationalistischen Geist des Wilhelminismus wandte und der sowohl die Krise des Obrigkeitsstaates als auch des Liberalismus signalisierte. Dies zeigte sich auch in dem Erstarken der Emanzipationsbewegungen der Arbeiter und der Frauen, der provokanten neuen Stile und Themen in der modernen Kunst und Literatur, im Erscheinen neuer satirischer Journale wie dem Münchener *Simplicissimus* und in weltanschaulich so unterschiedlichen Protestbewegungen wie der Jugendbewegung, der Lebensreformbewegung und den pädagogischen Reformbestrebungen der Zeit.[8] In der großstädtischen Bohème, in experimentellen Lebenskreisen wie dem Friedrichshagener Kreis, aber auch in der von Teilen des Bürgertums, vor allem der Jugend, begeistert aufgenommenen Philosophie Nietzsches drückte sich das Unbehagen an überkommenen bürgerlichen Lebensstilen und Deutungsmustern aus.[9]

Wie bereits angedeutet, vermochte auch der philosophische Antipode Nietzsches – Karl Marx – Teile der akademischen Jugend zu begeistern, vor allem die Studentenschaft in den Großstädten. Gustav Radbruch, der nur vier Jahre älter als Marum war, erinnerte sich: „Aber schon deuteten sich Ansätze zu neuen Wertungen und Aufgaben an in der Zeitstimmung wie auch in unserem persönlichen Fühlen. Antwort heischend stand vor jedem die „soziale Frage", und die Antwort auf sie konnte nur der Sozialismus oder die

---

4 Grebing (1997), S. 28 und S. 19.
5 Hübinger, Gangolf: „Die Intellektuellen im wilhelminischen Deutschland".
In: Hübinger/Mommsen (1993), S. 203.
6 Walter (1990), Bd. 1, S. 90. Walter bezieht sich in diesem Kontext zwar auf die Weimarer Republik, es darf jedoch vermutet werden, dass die Verhältnisse vor dem Ersten Weltkrieg nicht wesentlich anders gestaltet waren.
7 Grebing, Helga: (1997), S. 24–28.
8 Hübinger, Gangolf: „Die Intellektuellen im wilhelminischen Deutschland".
In: Hübinger/Mommsen (1993), S. 202–208
9 Hübinger, Gangolf: „Die Intellektuellen im wilhelminischen Deutschland". In: Hübinger/Mommsen (1993), S. S.205 und Löwith (1995). Auch Ludwig Marum zitierte gern Nietzsche, seiner Frau z.B. schrieb er in ein Buch: „Alles Leid ist Einsamkeit, alles Glück Gemeinsamkeit." Marum-Lunau/ Schadt (1984), S. 89f.

Sozialpolitik sein (...). Wir Jungen waren in einer erwartungsvollen Vorabendstimmung, die große soziale Umwälzungen anzukündigen schien, die kommende soziale Revolution. So war uns soziale Frage und Sozialismus zugleich Poesie und Prosa, romantische Phantasie war uns deshalb auch die Großstadt und vor allem die Weltstadt Berlin."[10] In Bezug auf Ludwig Marum möchte man ergänzen: und vor allem die Weltstadt München.

Mit seiner Entscheidung für den Sozialismus folgte Marum also einem zeit- und generationsspezifischen Trend, der ihn keineswegs als Einzelkämpfer und Außenseiter erscheinen ließ. Die Tatsache, dass Marum seine Entscheidung lebenslang beibehalten hat, erlaubt es jedoch nicht, diese lediglich als modische Erscheinung – geprägt durch den Zeitgeist – zu deuten. Marums sozialistische Überzeugung gründete wahrscheinlich auf intellektuellen Anstößen, die er in seinen Münchener Studienjahren erhielt. Wie bereits angedeutet, war in verschiedenen wissenschaftlichen Disziplinen um die Jahrhundertwende ein Diskurs über Alternativen zum Wirtschaftsliberalismus und ungezügelten Kapitalismus begonnen worden, der sowohl die zeitgenössische Philosophie als auch die Sozialwissenschaft und die Nationalökonomie erfasste.[11] In der Philosophie und speziell der Ethik ging es um die Frage eines sozial gerechten Handelns und um die Frage, wie man einen gerechten Ausgleich zwischen den Klassen herbeiführen könnte. Um die Aktualisierung Kants unter sozialpolitischen Prämissen bemühte sich die Philosophie Hermann Cohens, der die Marburger Schule begründet hatte. Seine Kritik richtete sich gegen das Privateigentum an Produktionsmitteln, das als Quelle ungerechter Macht- und Herrschaftsstrukturen angesehen wurde.[12]

Kritische Hochschullehrer in Soziologie und Nationalökonomie setzten sich mit den Theorien von Marx und Engels auseinander und suchten, neue Antworten auf die brennenden Fragen der Sozialpolitik zu finden. Bekannt sind die kapitalismuskritischen Studien Max Webers und Werner Sombarts, weniger verbreitet sind Kenntnisse darüber, dass auch eine Reihe etablierter Ökonomen sich um die Jahrhundertwende – in der Phase eines von Marx prognostizierten hochentwickelten Industriekapitalismus – sich erneut mit den Schriften von Marx und Engels in ihren Vorlesungen und Seminaren, in ihrer Forschungsarbeit beschäftigten.[13]

Ludwig Marum gehörte in München zu den Hörern des berühmten Nationalökonomen und „Kathedersozialisten" Lujo Brentano,[14] dessen Vorlesung *Nationalökonomie als Wissenschaft* viele seiner Zuhörer in ihren Bann schlug. Über ihn heißt es in der Studie *Intellektuelle im Deutschen Kaiserreich*: „Brentano, ein außerordentlich temperamentvoller

---

[10] Radbruch (1951), S. 54f.
[11] Aldenhoff, Rita: Kapitalismusanalyse und Kulturkritik – Bürgerliche Nationalökonomen entdecken Karl Marx, in: Hübinger/Mommsen (1993), S. 78ff.
[12] Knütter (1971), S. 49.
[13] Aldenhoff, Rita: Kapitalismusanalyse und Kulturkritik – Bürgerliche Nationalökonomen entdecken Karl Marx, in: Hübinger/Mommsen (1993), S. 79ff.
[14] Studienbücher Marums, Kopien in meinem Besitz.

Lehrer, galt in München als wahrer „Pultstar", der nicht nur viele Studenten wissenschaftlich ausbildete, sondern auch für seine politischen Ideen begeisterte."[15]

Brentano,[16] ein Neffe von Clemens und Bettine Brentano, wurde entscheidend geprägt durch eine Reise in jungen Jahren nach England, die ihm zum unvergessenen Bildungserlebnis wurde. Dort hatte er Gelegenheit, die englische Gewerkschaftsbewegung zu studieren, die für ihn zeitlebens Vorbildcharakter behielt und in deren ungehinderter Ausübung ihres gewerkschaftlichen Kampfes – ermöglicht durch ein fortschrittliches Koalitions-, Vereins- und Streikrecht – er ein nachahmenswertes Modell für die deutsche Arbeiterbewegung sah. Brentano hatte sich im Jahr 1872 einer Gruppe von Nationalökonomen angeschlossen, die den „Verein für Sozialpolitik" ins Leben riefen und unter dem pejorativen Namen „Kathedersozialisten" bekannt wurden. Zusammen mit Gustav Schmoller und Adolf Wagner trat Brentano für die demokratische Entwicklung der deutschen Gesellschaft und für eine gerechtere Sozial- und Wirtschaftsordnung ein. Als Gegengewicht zu der Unternehmermacht im liberalen Staat forderten sie eine Wendung zu einem Sozialstaat, der den Arbeitern zu mehr Bildung und Wohlstand verhelfen und eine Gesetzgebung initiieren sollte, die der Arbeiterbewegung das uneingeschränkte Koalitions-, Versammlungs- und Streikrecht verschaffte.

Brentano gehörte zu den Hochschullehrern, die im Kaiserreich die Elite der intellektuellen Kritik an den bestehenden Verhältnissen bildeten. Wie andere auch, begnügte sich Brentano nicht damit, seinen Wirkungskreis auf die Hochschule zu beschränken. In seinen Münchener Jahren wirkte er an der Gründung eines Volkshochschulvereins 1896 und an sozialen Reformexperimenten der Stadt mit. Er begriff sein Leben als „Kampf um die soziale Entwicklung Deutschlands", wie er seine Autobiographie überschrieb.

Sein Ansinnen, dem Konzept einer demokratischeren und gerechteren Gesellschaftsordnung immer mehr Anhänger zuzuführen, ist ihm außerordentlich gut gelungen. Dafür lassen sich mannigfache Belege anführen. Die *Deutsche Biographie* vermerkt über ihn: „Unzählige Studenten wurden durch ihn zur sozialpolitischen Gesinnung erweckt."[17] Gustav Radbruch, der auch zu seinen Münchner Studenten zählte, erinnerte sich in seinem Lebensrückblick: „Der größte wissenschaftliche Eindruck dieses Semesters war Lujo Brentanos berühmte historisch-methodologische Vorlesung über 'Nationalökonomie als Wissenschaft'. In ihr lagen die ersten Wurzeln meiner späteren sozialistischen Überzeugung."[18] Im Jahr 1901 wurde der Jura-Student Hermann Kantorowicz, der später ein bekannter Rechtstheoretiker werden sollte, durch Brentano angeregt, sich mit den kri-

[15] Aldenhoff, Rita: Kapitalismusanalyse und Kulturkritik – Bürgerliche Nationalökonomen entdecken Karl Marx, in: Hübinger/Mommsen (1993), S. 80f.
[16] Zur Biographie Brentanos: Brentano (1931); Aldenhoff, Rita: Kapitalismusanalyse und Kulturkritik – Bürgerliche Nationalökonomen entdecken Karl Marx, in: Hübinger/Mommsen (1993), S. 81; Neue deutsche Bibliographie (1955), S. 596f.
[17] Neue Deutsche Bibliographie (1955), S. 596f.
[18] Radbruch (1951), S. 40.

tischen Lehren der sozialliberalen Reformdiskussion auseinander zu setzen, was dazu führte, dass er 1903 der SPD beitrat.[19]

Als Marum im Sommersemester 1902 nach München kam, hatte Brentano das Rektorat inne und befand sich auf dem Höhepunkt seiner akademischen Karriere. Die Studienbücher Marums belegen, dass er die bereits von Radbruch erwähnte Vorlesung „Nationalökonomie als Wissenschaft" hörte. Im folgenden Semester belegte Marum die fünfstündige Veranstaltung Brentanos über „Politische Ökonomie", was sein erwachtes Interesse an wirtschaftlichen Fragen belegt.[20] Die wissenschaftliche Analyse der sozialen Probleme des Industriezeitalters beeindruckte wahrscheinlich seinen wachen Intellekt und weckten möglicherweise das Bedürfnis, im Interesse der Arbeiterbewegung tätig zu werden. Meines Erachtens ist der intellektuelle Einfluss Brentanos eine wichtige Station auf Marums Weg zum Sozialismus. Dieser intellektuelle Anstoß wog wahrscheinlich mehr als Marums persönliche Erfahrungen mit sozialen Missständen. Dass Marum sich ein gutes Jahr später der reformistisch ausgerichteten badischen SPD anschloss, beweist zwar, dass er einen politisch radikaleren Weg als Brentano wählte, dennoch ist festzuhalten, dass die Übergänge zwischen den linksliberalen Reformkonzepten und den revisionistischen Positionen in der SPD fließend waren. Die Vorstellungen beider Seiten berührten sich in wesentlichen Punkten.[21]

Bestärkt wurde Marum in seinem Entschluss, sich der Arbeiterbewegung anzuschließen, möglicherweise auch durch seine persönlichen Erfahrungen der Armut und des Ausgegrenztseins in seiner Jugend. Das ärmliche Dasein, das der Witwenstatus seiner Mutter bewirkte, lebte in der Erinnerung des jungen Mannes fort, an seine Frau schrieb er später: „(...) aber vielleicht war unsere Ungebundenheit (in der Jugend m. A.) die Reaktion auf die Fesseln, die die Armut uns angelegt hatte."[22] Seine Tochter glaubt gar, in den ärmlichen Verhältnissen seiner Familie den Hauptgrund für sein sozialdemokratisches Engagement zu erkennen. Sie kommentierte im Jahr 1984 die zitierte Briefstelle so: „Die Ungebundenheit der Studentenjahre wie auch ohne Zweifel seine Wendung zur SPD sah er selbst als die Reaktion auf die Enge und Armut seiner Kindheit."[23]

Es müssen jedoch nicht nur eigene Erfahrungen seiner Kindheit und Jugend gewesen sein, die ihn für die soziale Misere der Arbeiterschaft empfänglich machten. Die Beobachtung der Lebensverhältnisse der Bruchsaler Arbeiterschaft war ihm von frühester Jugend an möglich. In dem Haus, in dem die mütterliche Wohnung lag, befand sich eine Malzfabrik. Dort konnte er Einblick in die Arbeitsbedingungen der Arbeiter neh-

---

[19] Frommel, Monika: Ein Rechtshistoriker zwischen allen Stühlen: Hermann Kantorowicz (1877–1940). In: Heinrichs/Franzki/Schmalz/Stolleis (1993), S. 637f. Allerdings trat er schon ein halbes Jahr später aus Enttäuschung über den Kurs der SPD wieder aus.

[20] Studienbücher LM

[21] Bauer/Piper (1993), S. 212. Die bayerische SPD unter Georg von Vollmar und Georg Birk verfolgte ebenfalls ein reformerisch-revisionistisches Konzept. Es muss offen bleiben, ob Marum diese Politikansätze der bayerischen Sozialdemokraten bewusst wahrgenommen und verarbeitet hat.

[22] Marum-Lunau/Schadt (1984), S. 73f.

[23] Ebenda, S. 74, Anmerkung 80.

men und im Kontakt mit dem Nachbar und Fabrikbesitzer Emil Marx die andersgearteten Interessen der Besitzenden wahrnehmen.[24]

Wesentliche Motive für den Schritt in die Arbeiterbewegung resultierten jedoch aus dem Judentum Marums. Von Bedeutung ist in diesem Zusammenhang die politische Tradition der Familie Marum, die religiöse Sozialisation Marums durch einen in ganz Deutschland bekannten Rabbiner und die antisemitischen Erfahrungen Marums in den Heidelberger Studienjahren. Diese Faktoren, nämlich die Unterstützung des Kampfes für die Liberalisierung Deutschlands durch seine Vorfahren, die jüdisch-religiöse Tradition der Demokratie und sozialen Gerechtigkeit und die antisemitische Diskriminierung verbunden mit der Erfahrung der Aussichtslosigkeit des liberalen Abwehrkampfes waren wichtige Stationen auf dem Weg zum Sozialismus.

Marum entstammte einer jüdischen Familie, in der politisches Engagement tradiert war. Sowohl sein Großvater väterlicherseits als auch seine Urgroßmutter mütterlicherseits waren in die Kämpfe der Reichsverfassungskampagne verwickelt. Mit Stolz wies Marum in seinen Briefen aus der Haft auf deren Engagement auf Seiten der Revolution hin und stellte eine Kontinuität zwischen der von ihnen erlittenen Repression und der eigenen her.

Die Familie Marums teilte also die Auffassung vieler deutscher Juden, die im Liberalismus eine Stütze und einen wichtigen Verbündeten im Kampf für Emanzipation sahen. Indem Marum in die badische SPD eintrat und für die Durchsetzung ihres politischen Programms kämpfte, setzte er sich für die gleichen Ziele wie seine Vorfahren ein. Die badische SPD fühlte sich der 48er Tradition in ganz besonderer Weise verpflichtet und strebte neben dem Sozialismus die liberale Demokratie an, in der Freiheitsrechte, Gleichheitsforderungen und eine nach liberalen Grundsätzen gestaltete Verfassung eine zentrale Rolle spielen sollten.[25] In der Zeit der Jahrhundertwende erwies sich, dass die Arbeiterbewegung die politische Kraft war, die diese Ziele am ehesten einer Realisierung nahe bringen konnte.

Marum erhielt – wie bereits dargelegt – auf dem Großherzoglich Badischen Gymnasium in Bruchsal Religionsunterricht durch den Rabbiner Dr. Josef Eschelbacher, der auf eine gründliche jüdische Bildung Wert legte. Man kann also davon ausgehen, dass Marum die jüdische Tradition gut kannte, und vermuten, dass er sich von den sozialen und demokratischen Zügen dieser Tradition angesprochen fühlte. Es ist nach Lage der Dinge nicht nachweisbar, ob die jüdische Religion ihm die ersten Anstöße für sein Interesse an den Fragen der Gerechtigkeit und des Ideals eines demokratischen Gesellschaftsentwurfs gab, wie es die Forschung allgemein für Juden annimmt. Ausgeschlossen werden kann es speziell für Marum nicht.

Wichtiger für seine Entscheidung für den Sozialismus scheinen jedoch die antisemitischen Erfahrungen gewesen zu sein, die Ausgrenzung und Diskriminierung durch die

---

[24] Adressbuch der Stadt Bruchsal, 1894 und 1897.
[25] Franzen, H.-Joachim: „Die SPD in Baden 1900–1914". In: Schadt/Schmierer (1979), S. 88–107, hier S. 94f.

Universitätsbehörden, die er als Student in Heidelberg machte. Bedenkt man, dass er sofort bei Beginn seines Studiums einer jüdischen Organisation, der Studentenverbindung Badenia, beitrat, die offensiv gegen den Antisemitismus vorzugehen bereit war, so wird klar, dass ihm die Überwindung der modernen Judenfeindschaft ein zentrales Anliegen war. Nach dem erfolglosen Engagement in der Badenia lag es nahe, nach anderen Konzepten Ausschau zu halten. Neben der Gründung militanter jüdischer Organisationen blieben nur der zionistische Weg oder der sozialistische für einen jungen Menschen jüdischer Herkunft, dem an der wirksamen Bekämpfung des Antisemitismus gelegen war. Marum hatte schon als Heidelberger Badene dem Zionismus eine Absage erteilt; zwei Jahre nach dem Verbot der Badenia wählte er die sozialistische Perspektive und schloss sich der SPD an. Auch für die These, dass Marum sich aus Enttäuschung über die Wirkungslosigkeit des liberalen Abwehrkampfes gegen den Antisemitismus dem Sozialismus zugewandt hat, fehlen die Belege. Dennoch erscheint mir diese These plausibel.

Am Schluss der Betrachtungen über die Motivation Marums, der SPD beizutreten, ist erkennbar, dass eine Reihe von Gründen zum Anschluss an die Emanzipationsbestrebungen der Arbeiterbewegung führte. Vor allem aber die antisemitischen Erfahrungen, die jüdische Menschen in der Zeit der Jahrhundertwende sammeln mussten, gaben oftmals den Ausschlag, sich der sozialdemokratischen Alternative zuzuwenden. Marum teilte diese Erfahrungen seiner jüdischen Mitbürger und zog Konsequenzen, die mit ihm ein beträchtlicher Teil der jüdischen intellektuellen Jugend vollzog.

Dieser Trend hatte seit der antisemitischen Welle der 90er Jahre eingesetzt und hatte zur Folge, dass viele Menschen jüdischer Herkunft unter dem Antisemitismus litten und nach wirksamen Rezepten zu seiner Bekämpfung suchten. Die Schwäche des Liberalismus insgesamt, seine zögerliche Haltung in der Aufstellung jüdischer Parlamentskandidaten, das Versagen seiner diskursiven, argumentierenden Abwehrstrategie führten dazu, dass das Vertrauen vieler Juden in den liberalen Weg zerstört wurde. Vor allem in der jüdischen Jugend zeigte sich nach der Aufhebung des Sozialistengesetzes eine verstärkte Neigung zum Sozialismus, während die ältere Generation des deutschen Judentums sich 1893 im „Centralverein deutscher Staatsbürger jüdischen Glaubens" organisierte, der nach wie vor den liberalen Parteien nahe stand.

Der Historiker Jacob Toury beobachtet das „Erstarken einer ganz bestimmten Gruppe, deren Engagement für die SPD tatsächlich immer deutlicher hervortrat. Es handelt sich dabei um die mittelständische jüdische Intelligenz, die zahlenmäßig immer mehr zunahm. Die gleichzeitige Erschwerung ihrer beruflichen Existenz infolge des Antisemitismus und ihr fast völliger Ausschluss von Regierungsämtern brachte sie den ‚Zurückgesetzten' nahe und machte sie zu Parteigängern des Sozialismus."[26] Dazu haben sie nicht nur die fortdauernde Ungleichbehandlung durch den Staat motiviert, sondern auch die unentschlossene Haltung der liberalen Parteien im Kampf gegen den Antisemitismus.

---

[26] Toury (1966), S. 216

Junge jüdische Intellektuelle verbanden sich mit der Arbeiterbewegung aus gemeinsamem Protest gegen ihre gesellschaftliche Ausgrenzung und Diskriminierung. „Obwohl in der Regel nicht von antisemitischen Verfolgern bedrückt, war der Wunsch nach völliger Gleichberechtigung doch so stark, dass ein neues antibürgerliches Lebensgefühl sie an die Seite der ebenfalls nach Emanzipation drängenden Arbeiterbewegung führte."[27]

Angesichts der Wirkungslosigkeit des Kampfes mit rationalen Mitteln und auf der argumentativen Ebene gegen die antisemitischen Vorurteile, machten sich junge Juden um die Jahrhundertwende auf die Suche nach neuen Konzepten zur Lösung der sogenannten „jüdischen Frage". Sie wandten sich ab von dem Versuch der älteren Generation, sich in die wilhelminische Gesellschaft zu integrieren und alle Kräfte im Kampf gegen den Antisemitismus in einer eigenen jüdischen Organisation – dem Centralverein deutscher Staatsbürger jüdischen Glaubens (CV) – zu bündeln und beschritten im wesentlichen einen von drei Wegen: den der Gründung neuer jüdischer Organisationen mit anderen Abwehrstrategien, den des Zionismus oder den des Sozialismus.[28] Der Sozialismus strahlte für junge Juden unter anderem gerade deswegen eine große Faszination aus, weil er versprach, die Ausgrenzung der Juden in einer neuen Gesellschaftsordnung endgültig zu überwinden. Die Jugend wurde angesprochen von einer Zukunftsvision, in der „der Kampf um die Existenz von Planung und gegenseitiger Hilfe abgelöst werden sollte, die Diskriminierung der wahren Brüderlichkeit und Gleichheit weichen sollte, so dass mit der Ausrottung aller Unterschiede von Religion, Stand und Geburt auch die Judenfrage endlich ihre Lösung erfahren würde."[29]

Der Eintritt in die SPD stellte den entscheidenden Wendepunkt in Marums Leben dar, der zugleich den Beginn einer politischen Karriere markierte, wie sie nur wenigen Bürgern jüdischer Herkunft gelang. Auch diese Lebensentscheidung – wie schon die der Partner- und der Berufswahl – erwies sich als stark beeinflusst von seinem Judentum. Mit diesem Schritt wandte sich Marum enttäuscht vom Bürgertum ab und trat in kritische Distanz zu der Klasse, der er angehörte. Das Verhalten der antisemitisch eingestellten Heidelberger Studentenschaft hatte ihm gezeigt, dass das deutsche Bürgertum zunehmend seine liberale Tradition einer national-konservativen Orientierung opferte und immer mehr eine aufgeklärte, tolerante Haltung vermissen ließ. Die Reaktion Marums auf den Rechtsruck im deutschen Bürgertum war die Hinwendung zur Arbeiterbewegung. Dort schien ihm sowohl das politische liberale Erbe aufgehoben als auch der Wille zur sozialen Integration der jüdischen Mitglieder noch deutlich vorhanden. In den Reihen der SPD glaubte er einen aussichtsreicheren Kampf für die Demokratisierung der Gesellschaft und die Vollendung der Emanzipation ausfechten zu können als in den bürgerlichen Parteien und Organisationen.

---

[27] Knütter (1971), S. 42
[28] Toury (1966), S. 219
[29] Toury (1966), S. 169

Mit dem Eintritt in die SPD nahm Marum ein aktives politisches Engagement auf, das in seiner Familie mit Reserve aufgenommen wurde. In seiner politischen Radikalisierung sah man weniger die Kontinuität des Kampfes um die liberalen Ziele als vielmehr einen grundlegenden Wandel seiner bisherigen Ansichten und Standpunkte. Dies sollte zwar in Bezug auf die liberalen Grundsätze keineswegs der Fall sein, dennoch vollzog der junge Marum mit seinem Parteieintritt eine entscheidende gedankliche Wende und eine politische Neuorientierung. Hatte er sich noch in der Badenia einer exklusiv jüdischen Organisation angeschlossen, die ihren Hauptzweck in der Verteidigung der Rechte der Juden und in der Erhaltung ihrer verfassungsmäßig garantierten Position gesehen hatte, so wählte er nun eine politische Organisation der Mehrheitsgesellschaft, die sich dem universellen Kampf für die Ansprüche aller Benachteiligten und Unterdrückten widmete und sich gegen den bestehenden Staat und seine Ordnung wandte.

War das jüdische Minderheitsproblem das Thema, das Marum in seiner Zeit als Verbindungsstudent aus eigener Betroffenheit am stärksten beschäftigte, so richtete er nun sein Interesse auf die zentrale Problematik der Mehrheitsgesellschaft, ihre Klassenstruktur und die „soziale Frage". Die Frage jüdischer Gleichberechtigung relativierte sich im Hinblick auf die gesamtgesellschaftliche Problemstellung, sie wurde für einen Sozialdemokraten zum untergeordneten Problem im Kampf um Demokratie und soziale Gerechtigkeit. Während die Badenia, aber auch der Centralverein keine ausgearbeitete Gesellschaftstheorie des Antisemitismus anbieten konnten, ihn lediglich aus der Existenz von Vorurteilen, Dummheit oder Bosheit erklärten und damit auf individuelles Versagen zurückführten, bot die SPD eine wissenschaftlich anmutende Theorie der modernen Judenfeindschaft an, die für einen intellektuellen Menschen Anziehungskraft ausübte. Die sozialdemokratische Antisemitismustheorie leitete die neue Judenfeindschaft aus der gesamtgesellschaftlichen Krise ab und stellte einen engen Zusammenhang zwischen der Lösung der allgemeinen Probleme und der Überwindung des Antisemitismus her. Sowohl die Mitarbeit in einer nicht-jüdischen Organisation als auch die Rezeption neuer Positionen zu Judentum und Antisemitismus mussten zu einer Veränderung des jüdischen Selbstbildes Marums führen und ihn zu einer Überprüfung der bisher eingenommenen Standpunkte veranlassen.

Um diesen Prozess nachvollziehen zu können, empfiehlt sich ein Blick auf die sozialdemokratische Haltung gegenüber der jüdischen Minderheit und auf das Integrationskonzept der Partei.

Der Emanzipationsprozess der deutschen Juden im 19. Jahrhundert, der breite Widerhall des Antisemitismus am Ende des Jahrhunderts und die Abspaltung einer zionistischen Minderheit von der sich vornehmlich als deutsch verstehenden Mehrheit forderten eine Stellungnahme der jungen Arbeiterpartei zu diesen Themenkreisen. Die Partei setzte sich sowohl auf der theoretischen Ebene mit diesen Fragen auseinander als auch in ihrer praktischen Politik und suchte gerade hier zu zeigen, dass sie liberale Traditionen lebendig zu halten vermochte und gegen Vorurteile und rassistische Ideologie ankämpfte. Allerdings kann man feststellen, dass zwischen der theoretischen Analyse und der praktischen Politik keine vollständige Übereinstimmung erzielt wurde.

In mehreren Schriften haben bedeutende Theoretiker der Partei zu zentralen Aspekten der „jüdischen Frage" Stellung genommen. Unter ihnen ragen die Arbeiten von Karl Marx *Zur Judenfrage* (1844),[30] Bebels Kölner Parteitagsrede von 1893, die 1906 als Broschüre mit dem Titel *Sozialdemokratie und Antisemitismus*[31] erschien, und Karl Kautskys *Rasse und Judentum*[32] von 1914 heraus. Die Autoren bemühten sich um eine Klärung der Frage, wie das Wesen des Judentums zu bestimmen sei, konzentrierten sich aber am Ende des Jahrhunderts vor allem auf eine Antisemitismus-Analyse und versuchten, Ursachen, Träger, Funktion der modernen Judenfeindschaft auszumachen. Ausgehend von diesen theoretischen Überlegungen, entwickelte die Sozialdemokratie ein Konzept zur Bekämpfung des Antisemitismus und Vorschläge zur Integration der Minderheit.

In der Zeit der politischen Anfänge Marums waren die Überlegungen von Bebel und Kautsky aktuell, die jedoch auf zentrale Aussagen von Marx zurückgriffen, des einzigen übrigens, der selbst jüdischer Herkunft war. Komprimiert zusammengefasst lassen sich die Standpunkte der Sozialdemokraten der Vorkriegszeit so wiedergeben: Das Wesen des Judentums lässt sich demnach weder auf seinen religiösen Kern reduzieren, noch kommt ihm ein nationaler Charakter zu, wie dies Herzl und die neue zionistische Bewegung der Jahrhundertwende glaubten. Die Sozialdemokraten lehnten den Anspruch der Zionisten, eine jüdische Nation zu bilden, ab und erklärten den Zionismus für eine rückständige Bewegung, die sich wesentlich auf die ungebildete Masse des Ostjudentums stütze, dessen soziale Notlage ausnütze, in Wahrheit aber im Interesse westlicher jüdischer Kapitalisten arbeite. Den Bestrebungen Herzls angesichts des neuen Antisemitismus in Europa – der seinen sinnfälligsten Ausdruck in der Dreyfus-Affäre fand – den Juden eine Heimstätte in Palästina zu verschaffen, brachte die deutsche Sozialdemokratie kein Verständnis entgegen. Sie lehnte diese Politik als gefährliches Abenteuer ab.[33]

Die Auseinandersetzung mit der Frage nach dem Wesen des Judentums wurde wesentlich bestimmt von der Marxschen Frühschrift *Zur Judenfrage*. Dort hatte Marx weder die Religion noch die reiche Kultur als eigentliches Merkmal des Judentums bestimmt, das tatsächliche Wesen des Judentums lag für Marx in seiner ökonomischen Tätigkeit des Handels und Schachers begründet. Er sah die jüdische Minderheit als relativ homogene Gruppe, die sich hauptsächlich durch ihre kapitalistische Gesinnung und ihren Reichtum auszeichnete. Marx übernahm hier gängige judenfeindliche Klischees[34] und übersah, dass sich auch die jüdische Minderheit sozial in verschiedene Klassen und Schichten aufsplitterte. Marx fand polemische Formulierungen, um den vermeintlich kapitalistischen Geist des Judentums zu beschreiben und seine Geringschätzung jüdischer Religion und des Kultus zum Ausdruck zu bringen. Dies wurde besonders deutlich in den

---

[30] Marx, Karl: *Zur Judenfrage*. In: MEW 1, Berlin 1957, S. 347–377.
[31] Bebel (1906).
[32] Kautsky (1914).
[33] Miller (1998), S. 331–336, hier S. 333
[34] Auch Lassalle und der ADAV wurden von einer antisemitischen Einstellung bestimmt, die Miller veranlasst, von einer antisemitischen Tradition in der SPD zu sprechen.

folgenden Sätzen: „Suchen wir das Geheimnis des Juden nicht in seiner Religion, sondern suchen wir das Geheimnis der Religion im wirklichen Juden. Welches ist der weltliche Grund des Judentums? Das praktische Bedürfnis, der Eigennutz: Welches ist der weltliche Kultus des Judentums? Der Schacher. Welches ist sein weltlicher Gott? Das Geld."[35] Marx setzte das Judentum hier mit dem kapitalistischen System gleich und vertrat deshalb die Forderung der „Aufhebung des Judentums". Erst in einer sozialistischen Gesellschaft könne von einer wirklichen Befreiung aller Menschen – die Juden eingeschlossen – ausgegangen werden. Dies setzte allerdings den Prozess der Entsubstantialisierung des Judentums voraus. Marx schrieb: „Sobald es der Gesellschaft gelingt, das empirische Wesen des Judenthums, den Schacher und seine Voraussetzungen aufzuheben, ist der Jude unmöglich geworden.[...]. Die gesellschaftliche Emancipation des Juden ist die Emancipation der Gesellschaft vom Judenthum."[36] Marx sah die bereits in seiner Zeit einsetzende innere Erosion des Judentums als positiv an, das Konzept der gleichzeitigen Überwindung von Judentum und Kapitalismus in einer befreiten Gesellschaft unterstrich sein negatives Bild vom Judentum.

In der Geschichtswissenschaft besteht kein Konsens darüber, wie nachhaltig die Marxsche Auffassung in der deutschen Sozialdemokratie wirkte.[37] Reste dieser ökonomischen Bestimmung des Judentums lassen sich in der Antisemitismustheorie finden.

Bereits in den 1870er Jahren, als der Hofprediger Stoecker seine antisemitische Agitation entfachte, begriff die Sozialdemokratie, dass sie es hier nicht mit den Vorurteilen Einzelner zu tun hatte, sondern dass es sich um eine reaktionäre Ideologie handelte, die im Interesse der herrschenden Eliten ausgenutzt wurde.[38] Als in den 90er Jahren der rassistisch motivierte Antisemitismus in Deutschland eine Blütezeit erlebte, nutzte Bebel die Parteitage in Berlin 1892 und Köln 1893, um eine Resolution gegen die neue Judenfeindschaft zu verabschieden.[39]

Da die Arbeiterbewegung unter ähnlichen Anfeindungen zu leiden hatte wie die jüdische Minderheit und auch ihr ein gleichberechtigter Status verweigert wurde, lag hier ein Schulterschluss und ein Solidarisierungsversuch nahe. In seiner Rede in Köln beabsichtigte Bebel, sich schützend vor die Juden zu stellen und die Partei geschlossen in den Kampf gegen den Antisemitismus zu führen. Er entwickelte eine Theorie des Antisemitismus, die vornehmlich auf ökonomischen Prämissen fußte und vom Einfluss des Marxschen Denkens zeugte. Bebel deutete den Antisemitismus als antikapitalistisches Ressentiment, das bei kleinbürgerlichen Schichten, die im ökonomischen Konkurrenzkampf nicht Schritt halten konnten und vom Abstieg bedroht waren, Anklang fand. Er ordne-

---

[35] Marx-Engels-Werke, Band 1, Berlin 1957. S. 372.
[36] Marx, Karl und Friedrich Engels: Gesamtausgabe. Band 2, 1982.
[37] Miller geht im Gegensatz zu anderen Autoren wie Silberner davon aus, dass die Marxsche Frühschrift für die Diskussion in der SPD zu keiner Zeit eine Rolle gespielt hat.
[38] Miller (1998), S. 332.
[39] Silberner (1962), S. 203 ff.

te den Antisemitismus als ein Phänomen des Klassenkampfes ein, das sich gegen den Kapitalismus und seine Auswüchse richtete. Den Anhängern des Antisemitismus fehle es am richtigen Verständnis der ökonomischen Prozesse, hier könne die Sozialdemokratie Erziehungs- und Bewusstseinsarbeit leisten und Aufklärung über die wahren Zusammenhänge geben.[40]

Dem Kampf gegen den Antisemitismus konnte jedoch nach Auffassung der Sozialdemokraten in der Klassengesellschaft kein endgültiger Erfolg beschieden sein; die wirkliche Lösung des „jüdischen Problems" könne erst im Sozialismus erfolgen, wenn die Klassenspaltung überwunden sei und die Juden nicht mehr als Sündenböcke für ökonomische und politische Konflikte herhalten müssten. Der judenfeindlichen Einstellung sei erst dann der Boden entzogen, zumal in einer sozialistischen Gesellschaft das Gleichheitspostulat im Bewusstsein der Menschen verankert sei und Fragen der Herkunft keine Rolle mehr spielen würden.[41]

Nach Auffassung der Sozialdemokratie war der Platz eines jeden fortschrittlichen Juden in den Reihen des Proletariats. Im gemeinsamen Kampf für den Sozialismus sah man den wirksamsten Beitrag gegen den Antisemitismus.[42]

Bebel vertrat in seine Kölner Parteitagsrede von 1893 nachdrücklich den ökonomischen Determinismus, was die Deutung des Antisemitismus anging. Eine entscheidende Passage seiner Kölner Resolution, die mehrheitlich angenommen wurde, lautete: „Die Sozialdemokratie bekämpft den Antisemitismus als eine gegen die natürliche Entwicklung der Gesellschaft gerichtete Bewegung, die jedoch trotz ihres reaktionären Charakters und wider ihren Willen schließlich revolutionär wirkt, weil die vom Antisemitismus gegen die jüdischen Kapitalisten aufgehetzten kleinbürgerlichen und kleinbäuerlichen Schichten zu der Erkenntnis kommen müssen, dass nicht bloß der jüdische Kapitalist, sondern die Kapitalistenklasse überhaupt ihr Feind ist und dass nur die Verwirklichung des Sozialismus sie aus ihrem Elend befreien kann."[43]

Dieser Redeauszug beweist, dass Bebel noch von der Hoffnung getragen wurde, dass sich die Antisemiten für den Sozialismus gewinnen ließen. Das fälschlicherweise ihm zugeordnete Wort ‚der Antisemitismus sei der Sozialismus des dummen Kerls', gibt diese Position in bündiger Form wieder.[44] Kautsky und weitere Theoretiker der Partei wie Bernstein konzedierten bereits wenige Jahre später auch andere, religiös bzw. psychologisch begründete Motivationen des Antisemitismus und nahmen Abstand von der sozioökonomischen Theorie Bebels.

---

[40] Silberner (1962), S. 206.
[41] Toury (1966), S. 169.
[42] Knütter, (1971) S. 152.
[43] Silberner (1962), S. 207
[44] Vgl. Silberner (1962), S. 206. Das Zitat stammt vermutlich von F. Kronawetter. Vgl. Rürup (1975), S.118. Bebel selbst vertrat die Gleichsetzung von Judentum und Kapitalismus nicht, er sammelte eine Reihe von statistischem und historischem Material, um das Klischee vom Juden als ausbeuterischen Unternehmer zu widerlegen.

Auch wenn Bebel die Basis des Antisemitismus in ökonomischen Konkurrenzängsten sah, verkannte er nicht, dass die konservativen Eliten des wilhelminischen Deutschland den Antisemitismus benutzten, um sich eine breitere Anhängerschaft zu sichern und ihren politischen Zielen zum Durchbruch zu verhelfen. Der politische Antisemitismus wurde als „Verschleierungsideologie" und „Ablenkungsmanöver"[45] entlarvt, als reaktionäres Kampfinstrument gegen Liberalismus und Sozialismus. Insgesamt sah man in der Sozialdemokratie den Antisemitismus wesentlich als Krisenideologie des Kapitalismus, die sich hauptsächlich in Verbalradikalismus äußere und kaum Chance habe, über das Klein- und Mittelbürgertum hinaus, Anhänger zu finden. Hier deutete sich schon eine Unterschätzung der antisemitischen Gefahr an, die in den Jahren der Weimarer Republik fatal werden sollte.

Der modernen Judenfeindschaft sagte Bebel den Kampf an und bezog sich auf die liberale Tradition der Partei, die stets für die Gleichstellung und völlige Emanzipation der jüdischen Minderheit eingetreten sei. Entgegen den Forderungen der Antisemiten nach Zurücknahme der Emanzipation und nach gesellschaftlicher Absonderung der Juden unterstrich er die sozialdemokratische Haltung, die in Übereinstimmung mit den Liberalen am Gleichheitspostulat festhielt und den Juden die Freiheitsrechte nicht verweigern wollte, die Toleranz im Umgang mit Minderheiten unter Beweis stellte. Bebel forderte die Partei auf, für die noch ausstehende volle Integration der Juden im staatlichen und gesellschaftlichen Bereich einzutreten und in den eigenen Reihen ein wirksames Beispiel zu geben. Die Bebelsche Rede leitete eine neue Phase judenfreundlicher Politik ein, die sich nicht nur in dem entschiedenen Auftreten gegen den politischen Antisemitismus äußerte, sondern auch in der Bereitwilligkeit, Menschen jüdischer Herkunft als Parteimitglieder aufzunehmen, ihnen ohne Vorurteile zu begegnen und ihnen die Chance einer politischen Karriere zu bieten.[46]

Die sozialdemokratische Aufklärungsarbeit versuchte, antisemitische Vorurteile zu widerlegen und die Leistungen der jüdischen Minderheit hervorzuheben. Bei ihrer Anhängerschaft suchte die Partei das stereotype Bild des Juden als eines Kapitalisten par excellence zu relativieren, indem sie historische Kenntnisse darüber vermittelte, wie die Juden in vielen Berufen ausgegrenzt und auf das Gebiet des Handels und Geldverleihs festgelegt wurden.[47] Sie hob die Verantwortung der europäischen christlichen Gesellschaften an der Ghettoisierung der Juden und ihrer Festlegung auf handelskapitalistische Tätigkeitsbereiche hervor.[48] Gerade durch die intensive Beschäftigung der sozialdemokratischen Presse mit der Lage des Ostjudentums wollte die Partei eine Differenzierung des Bildes vom Judentum als einer homogenen – durch Reichtum und negative soziale Merkmale gekennzeichneten – Gruppe erreichen.[49] Aktuelle Fälle der Diskriminierung

---

[45] Leuschen-Seppel (1978), S. 286
[46] Toury (1966), S. 224
[47] Leuschen-Seppel (1978), S. 238.
[48] Ebenda, S. 241.

der Juden im gesellschaftlichen und beruflichen Bereich veröffentlichte der *Vorwärts* regelmäßig, um seine Leser auf die fortwährende Diskriminierung der Juden aufmerksam zu machen.[50]

Diese offensive Aufklärungsarbeit der SPD wurde vor allem von den Parteikadern und Funktionären vor Ort getragen, die sich nicht mit der abwartenden Haltung, die die theoretischen Analysen postulierten, indem sie auf den Sozialismus verwiesen, begnügen wollten[51]. Nach eigenem Urteil der Partei und nach Einschätzung verschiedener Forschungsarbeiten[52] wurde in der Vorkriegszeit eine Immunisierung der Arbeiterschaft gegen die antisemitische Ideologie erreicht. Jüngere Forschungsarbeiten stützen das positive Urteil der zeitgenössischen Sozialdemokratie jedoch nicht völlig, sondern konstatieren auch Versäumnisse in der Bildungsarbeit gegen den Antisemitismus und die Verbreitung antisemitischer Klischees in der sozialdemokratischen Bildungsarbeit, in Karikaturen und Witzen, die auch in sozialdemokratischen Medien verbreitet wurden.[53]

Während die Partei dem Antisemitismus den entschiedenen Kampf ansagte, Toleranz und Akzeptanz gegenüber den assimilierten Juden zeigte, war sie nicht gleichermaßen offen, was die jüdische Religion und Gemeinde betraf. In seiner Schrift *Rasse und Judentum* fällte Kautsky ein vernichtendes Urteil über die jüdische Religion, deren orthodoxe Ausprägung er mit ausschließlich negativen Bewertungen versah.[54] Er bestimmte das Judentum als eine erstarrte Gesetzesreligion, die die Tendenz habe, ihre Mitglieder in die Isolation zu treiben und vom gesamtgesellschaftlichen Körper abzuschneiden. Einen Eigenwert der kulturellen und religiösen Traditionen des Judentums erkannte er nicht an. Er trat dagegen für die Auflösung der jüdischen Gemeinden ein. Hier übernahm er recht unkritisch das Konzept des Liberalismus, das seit dem Beginn des 19. Jahrhunderts die Emanzipation nur den Juden als Individuen – nicht als Gemeinschaft – gewähren wollte. Auch in der Frage, was die Juden selbst zu ihrer Integration beitragen könnten, hieß Kautsky die liberalen Forderungen nach vollkommener Assimilation gut. In der Aufgabe der jüdischen Religion als einer Form des falschen Bewusstseins, in der völligen Anpassung jüdischer Menschen, quasi der Selbstauflösung des Judentums, sah Kautsky die einfachste Lösung des jüdischen Problems. Leuschen-Seppel beschreibt diesen Standpunkt Kautskys und der Vorkriegssozialdemokratie zusammenfassend so: „Während der bürgerlichen Gesellschaft im Kaiserreich eine integrationsfeindliche, antisemitische „Lösung" vorschwebte, vertrat die SPD zwar die emanzipatorische Konzeption, die sie aus dem liberalen Gedankengut des Vormärz übernommen hatte, die aber antipluralistisch gefasst war, d.h. die völlige Assimilation der Juden als Voraussetzung ihrer konfliktfrei-

---

49 Ebenda, S. 241.
50 Ebenda, S. 281.
51 Ebenda, S. 281.
52 Vor allem Rürup (1975), S. 111.
53 Vgl. vor allem Leuschen-Seppel (1978)
54 Silberner (1962), S. 220 ff

en Integration implizierte und postulierte. Obgleich dieser Anspruch das Judentum als religiöse und ethnische Minderheit überforderte und sich ebensowenig in der Wirklichkeit durchführen ließ, stellte die SPD ihre Lösungsvorschläge nicht auf den Funktionswandel des Antisemitismus um, wie er sich nach der rechtlichen Emanzipation des Judentums abzuzeichnen begann, sondern beharrte inhaltlich auf den Implikationen der emanzipatorisch gestellten Judenfrage, wie sie die aufsteigende bürgerliche Gesellschaft festgelegt hatte."[55]

Allerdings orientierte sich die Partei auch an den Verpflichtungen, die das liberale Bürgertum in der ersten Hälfte des 19. Jahrhunderts festgelegt hatte. Die Öffnung der Partei für jüdische Mitglieder, der vorurteilsfreie Umgang mit ihnen und die Bereitschaft, ihnen innerhalb der Organisation Führungsaufgaben zu übertragen entsprach dem liberalen Ziel vollkommener sozialer Integration. Die Sozialdemokratie hielt anders als die liberalen Parteien konsequent an der Nominierung jüdischen Kandidaten in Wahlkämpfen fest und ermöglichte damit nicht nur ihren jüdischen Repräsentanten den Zugang zu den Parlamenten, sondern leistete auch einen entscheidenden Beitrag, die Integration der Juden in das herrschende politische System voranzutreiben. Auch der auf dem Kölner Parteitag 1893 beschlossene entschiedene Abwehrkampf gegen den Antisemitismus unterschied die Arbeiterpartei von der Linie der liberalen Parteien, die zögerten, judenfeindliche Ressentiments in der Wählerschaft offen zu bekämpfen. Die Sozialdemokratie zeichnete sich vor allen anderen Parteien als wahrhaft tolerante Organisation aus, die jüdischen Mitgliedern die größten Chancen bot.

Dennoch darf nicht übersehen werden, dass die Mitgliedschaft in der SPD ein nicht unerhebliches Dilemma für jüdische Genossen darstellen konnte, das ihnen die Bewahrung jüdischer Identität und die gleichzeitige Loyalität gegenüber der Parteilinie außerordentlich erschwerte. Teil ihrer modernen jüdischen Identität war die bürgerliche Herkunft, das hohe Bildungsniveau, der akademische Beruf, womit sie in der Arbeiterbewegung eine Außenseiterposition einnahmen. Der in der Partei verbreitete Anti-Intellektualismus nötigte ihnen auf, diese Persönlichkeitsanteile zu tabuisieren und keinerlei Stolz auf ihre intellektuellen Leistungen zu zeigen. Das Bildungsgefälle zwischen den einfachen Arbeitern und den jüdischen Akademikern bildete jedoch ein relativ geringes Problem im Vergleich zu den Positionen der Partei zu Assimilation und Antisemitismus, die zur Verunsicherung der jüdischen Genossen beitragen mussten. Die Assimilationsforderungen, die die SPD von den Liberalen übernommen hatte, gründeten auf der vermeintlichen Überlegenheit der Mehrheitskultur und der Abwertung jüdischen Religion und Tradition. Der gewachsene Zusammenhalt innerhalb der jüdischen Gemeinschaft wurde von den Parteitheoretikern überhaupt nicht respektiert, indem sie das liberale, antipluralistische Emanzipationskonzept übernahmen und die Auflösung des jüdischen Sozialverbandes und die Aufgabe des jüdischen Gemeindelebens forderten. Diese Postulate zu akzeptieren, konnte

---

[55] Leuschen-Seppel (1978), S. 279

den jüdischen Genossen nicht leicht fallen, besonders dann nicht, wenn ihre persönlichen Erfahrungen in eine andere Richtung wiesen.

Jüdische Religion und Tradition und die dort vermittelten Werte wurden oftmals auch von jüdischen Sozialdemokraten als wertvoll und positiv angesehen, die emotionale Verbundenheit gerade mit jüdischen Menschen, die erlebte Nähe in der jüdischen Gemeinde ließ sie die sozialdemokratischen Forderungen nach Auflösung der jüdischen Gemeinde, nach völliger Verschmelzung des Judentums mit der Mehrheitsgesellschaft mit Zurückhaltung aufnehmen.[56]

Die von der Partei vertretene Forderung nach weitgehender Assimilation kontrastierte mit der Entwicklung im deutschen Judentum, sich angesichts des erstarkenden Antisemitismus stärker auf die eigene jüdische Identität zu besinnen. Diese Tendenz fand keinerlei Berücksichtigung in der Arbeiterpartei. Den Sozialdemokraten jüdischer Herkunft war es weder gestattet, jüdische Sonderinteressen zu artikulieren noch ihre jüdische Identität zu betonen, vielmehr wurde es innerhalb der Arbeiterbewegung als ihre Pflicht angesehen, ihre Assimilation voranzutreiben und noch bestehende Abweichungen in Verhalten und Interessen aufzugeben.[57] Die in der Partei übliche Tabuisierung jüdischer Identität verlangte von den jüdischen Mitgliedern somit eine Verleugnung wesentlicher Anteile ihrer Person. Die Ignoranz gegenüber dem Jüdischen wurde mit der Auffassung begründet, dass Religion Privatsache sei, die im öffentlichen Bereich keine Rolle spielen dürfe.

Das Verständnis des Judentums als einer bloßen Religion prägte jedoch keineswegs die vorherrschenden theoretischen Anschauungen der Partei. Die Marxsche Position der Identifikation von Judentum und Kapitalismus musste den jüdischen Parteimitgliedern problematisch erscheinen: Die von Bebel entwickelte Antisemitismus-Theorie unterstellte den Judenfeinden eine systemkritische Haltung, die es nicht ausschloss, dass sie für den antikapitalistischen Kampf der Arbeiterbewegung noch gewonnen werden könnten.

Die jüdischen Parteimitglieder mussten durch diese Sichtweise in ein tiefes Dilemma geraten, das sie vor die Wahl stellte, entweder die jüdische Minderheit unter negativen Vorzeichen zu sehen und partielles Verständnis für die Antisemiten zu entwickeln oder Distanz gegenüber der Partei und ihren Positionen zu Judentum und Antisemitismus einzunehmen.

Schließlich verbot es das optimistische Geschichtsverständnis und das Fortschrittsdenken der Sozialdemokratie, den Antisemitismus grundsätzlich als eine ernsthafte Gefahr zu sehen, vielmehr ordnete man ihn nur als eine Verirrung im Kampf gegen den Kapitalismus ein. Die moderne Judenfeindschaft wurde als eine vorübergehende Erscheinung empfunden, die in der zukünftigen Entwicklung keine wesentliche Rolle spielen würde. Diese Verharmlosung der antisemitischen Gefahr entsprach oftmals nicht den

---

[56] Allerdings entschärfte sich die Situation dadurch, dass die Partei keinerlei Druck ausübte, die jüdische Gemeinde zu verlassen. Die Sozialdemokratie respektierte durchaus die Haltung eines „Trotzjuden", der aus Solidarität in der jüdischen Gemeinde verblieb. Vgl. Pulzer (1997) S. 276
[57] Knütter (1971) S. 152

Erfahrungen, die die jüdischen Sozialdemokraten mit der vehementen Judenfeindschaft der Zeit gemacht hatten und widersprach ihrer Neigung, den Kampf gegen den Antisemitismus als eine der vordringlichsten Aufgaben der oppositionellen Kräfte zu sehen.

Insgesamt bedeuteten die sozialdemokratischen Positionen eine Herausforderung für die jüdischen Mitglieder, da sie mit einer Verleugnung ihrer Wurzeln, des Eigenwerts jüdischer Kultur, Tradition und Geschichte verbunden waren und verlangten, den Antisemitismus nicht aus eigener Erfahrung, sondern aufgrund theoretischer Analysen zu beurteilen. Marum hatte durch seinen Eintritt in die SPD seine Außenseiterstellung in der bürgerlichen Gesellschaft verschärft, die ihn als Juden und Sozialdemokraten doppelt diskriminierte. Dies nahm er jedoch bewusst in Kauf und stand zu seiner Entscheidung, seine politische Arbeit in den Dienst der Arbeiterpartei zu stellen. Er übernahm die theoretischen Positionen der Partei zu Judentum und Antisemitismus, wobei er sich nachdrücklich auf Marx und Bebel bezog.[58] Dies sollte besonders deutlich werden in einer Rede, die er im Jahre 1920 vor dem Badischen Landtag hielt. Dort führte er aus: „Und nun gestatten Sie mir noch ganz kurz eine Bemerkung. Warum treten Sie denn so sehr gegen die Juden auf? Sie sind natürlich alle miteinander keine Antisemiten. Ich habe noch nie einen Antisemiten getroffen, der gesagt hat, er sei ein Antisemit. Aber ich habe noch immer, wenn ich einen Antisemiten getroffen habe, gefunden, dass jeder mir erzählt hat, er habe eine ganze Anzahl Bekannter unter den Juden, die durchaus ehrenwerte Leute seien, und nur die anderen seien die Schufte, gegen die man vorgehen müsse. Ich sage: Was ist nun der Grund, weshalb Sie so gegen die Juden vorgehen? Es ist nicht die jüdische Religion, sagen Sie, sondern der jüdische Geist, der Geist des Schachers und des Geldes, gegen den Sie vorgehen. Da möchte ich Ihnen nun eines sagen, einen Gedankengang, der nicht von mir stammt – ich schmücke mich nicht mit fremden Federn – sondern von Karl Marx aus seiner Schrift über die Judenfrage, die auch schon zitiert worden ist. Wenn Sie gegen den jüdischen Geist vorgehen wollen, dann müssen Sie gegen den Schachergeist vorgehen. Den Schachergeist bekämpfen und beseitigen Sie aber nicht dadurch, dass Sie das Judentum bekämpfen und beseitigen, sondern den bekämpfen Sie am besten, indem Sie dafür kämpfen, dass eine Weltordnung und Wirtschaftsordnung herbeigeführt wird, in der Schachergeist nicht notwendig ist und nicht durchgeführt werden kann. Der beste Kampf, den Sie führen können gegen den „jüdischen Geist", und der beste Kampf, den Sie führen können gegen die Schäden des Judentums, denen ich mich auch nicht verschließe, besteht darin, dass man für eine Wirtschaftsordnung sorgt, in der der Schachergeist, der angeblich jüdische Geist, nicht mehr notwendig ist. Deshalb, wenn Sie auch nicht mit mir einverstanden sind, rufe ich Sie und alle meine Freunde auf, dafür zu sorgen, dass wir eine Wirtschaftordnung bekommen, in der der Schacher- und Handelsgeist nicht mehr notwendig ist, dass wir die Wirtschaftsordnung des Sozi-

---

[58] Fraglich ist, ob Marum Kautskys Schrift „Rasse und Judentum" rezipierte.
    Eine Stellungnahme Marums zu Kautsky liegt nicht vor.

alismus bekommen.“[59] In diesen Worten erwies sich, wie eng sich Marum an die Autoritäten der Partei und an ihre Sichtweise des Minderheitenproblems anlehnte.

Wichtig für Marum waren die Chancen, die die SPD für jüdische Mitglieder bot. Er schätzte die Partei als einen Ort der vollkommenen Integration und der vorurteilslosen Begegnung, wo sein Traum von einer politischen Karriere Realität werden konnte und zugleich der entschiedene Kampf gegen den Antisemitismus- wenn auch mit anderen Mitteln als bisher – fortgeführt werden konnte.

Allerdings zeigte sich Marum nicht bereit, sich von der Partei in eine Haltung der Selbstverleugnung, was seine jüdischen Wurzeln anbetraf, drängen zu lassen. Die Stärkung seiner jüdischen Identität, die er in seiner Studentenzeit als Mitglied der Badenia erworben hatte, bildete sicher eines der Motive dafür, auch als Sozialdemokrat in der jüdischen Gemeinde zu verbleiben. Diesen Zustand hielt er über 6 Jahre aufrecht. Wahrscheinlich war es die Position eines „Trotzjuden“, der seine Solidarität mit der angefeindeten Minderheit bekunden wollte, die neben familiären Rücksichten ihn zu diesem Verhalten bewegte. Die von der Sozialdemokratie bekundete Geringschätzung jüdischer Kultur und Religion teilte er nicht, dies wurde deutlich in seinem privaten Sammlerinteresse, als er von seinen Schwiegereltern eine der schönsten und kostbarsten Handschriften des jüdischen Mittelalters, die Vogelkopf-Haggadah aus dem 13. Jahrhundert, erwarb, die sich ursprünglich im Besitz der Familie Benedick befand. Aus diesem Verhalten und vielen privaten Äußerungen seinen Kindern gegenüber[60] ging hervor, wie sehr Marum die reiche jüdische Kulturtradition schätzte.

Der in der Partei praktizierten Tabuisierung der jüdischen Herkunft setzte Marum in den ersten Jahren seiner Mitgliedschaft keinen Widerstand entgegen. Als sich allerdings in der Zeit des Ersten Weltkrieges und der Weimarer Republik die Zunahme des Antisemitismus abzeichnete, gab er diese Haltung auf und besann sich auf die Linie der studentischen Verbindung Badenia, die zum öffentlichen Bekenntnis des Judentums aufgerufen hatte. Hier erwies sich, wie prägend der Standpunkt der jüdischen Organisation für Marum war. Er hielt an ihm entgegen der sozialdemokratischen Position fest und gehörte auch noch in der Zeit der Weimarer Republik zu den wenigen sozialdemokratischen Abgeordneten jüdischer Herkunft, die sowohl im Reichstagshandbuch als auch in öffentlichen Reden[61] mit Stolz die jüdische Herkunft bekannten.

---

[59] Verhandlungen des Badischen Landtags, 1. Legislaturperiode, II. Sitzungsperiode, Protokollheft Bd. 2 1921, Sp. 2682.

[60] Auskunft EML

[61] Vgl. die Rede zur Ermordung Rathenaus, Verhandlungen des Badischen Landtages, II. Legislaturperiode (1921–25) 1. Sitzungsperiode, Protokollheft, Bd. 2., Sp. 3065ff.

Zur Programmatik der badischen SPD

Passives SPD-Mitglied in Bruchsal (1904–1908)

Nach Abschluss seines Studiums im Jahr 1904 trat der junge Marum in die SPD ein. Da er gleichzeitig sein Referendariat aufnahm, war seine Mitgliedschaft nur eine heimliche, passive; das Parteistatut erlaubte den eingeschriebenen Mitgliedern eine weitgehende Abstinenz von den öffentlichen Parteiaktivitäten.[62] Obwohl er also in diesen Jahren nach außen hin zur politischen Passivität verurteilt war, wird er die Bruchsaler Arbeiterbewegung aufmerksam beobachtet haben. Die politische Organisation befand sich noch in der ersten Aufbauphase, ihre Arbeit vollzog sich unter ungünstigen Bedingungen, zu denen die Konkurrenz christlicher Arbeitervereine und die heftige Ablehnung und Diskriminierung durch die einheimische Bevölkerung gehörten. Eine Industriearbeiterschaft hatte sich in Bruchsal erst im letzten Drittel des 19. Jahrhunderts herausgebildet. Wichtigste Branchen waren die metallverarbeitende Industrie und das Nahrungs- und Genussmittelgewerbe, in dem die Tabakbranche und die industrielle Malzfabrikation den bedeutendsten Platz einnahmen.[63] Unter den Industriebetrieben der Stadt ragte die „Maschinenfabrik Bruchsal" heraus, die auf die Herstellung von Eisenbahnzubehör spezialisiert und das einzige Werk dieser Art in Baden war. Im Jahr 1907 beschäftigte es 878 Arbeiter.[64] Die Unternehmen der tabak- und malzverarbeitenden Industrie bestanden aus kleinen und mittleren Betrieben. Im Jahr 1899 arbeiteten insgesamt 25 Industriebetriebe in Bruchsal mit 1 291 Beschäftigten. Hinzu kamen sechs Tabakunternehmen, in denen 183 Arbeiter Beschäftigung fanden.[65] Die Tabakunternehmen unterhielten oftmals Zweigbetriebe in den benachbarten Dörfern, wo vor allem Frauen in Heimarbeit tätig waren oder Männer in einer kleinen dörflichen Filiale die Verarbeitung des Tabaks betrieben.

Die Arbeiterschaft Bruchsals wuchs in der Zeit der Jahrhundertwende rasch an, ihr Anteil an den Erwerbstätigen der Stadt bewegte sich zwischen 35 und 40 %. Die Sektoren Handel und Dienstleistungen zogen in Bruchsal – das Amtstadt und bedeutender Handelsumschlagplatz für landwirtschaftliche Produkte war – ebenfalls viele Arbeitskräfte an. Die Belegschaft der größten Werke, der oben schon erwähnten „Maschinenfabrik Bruchsal", stellte im Jahr 1907 etwa ein Drittel der gesamten Bruchsaler Arbeiterschaft.[66] Wie im gesamten nordbadischen Raum so bestimmten auch in Bruchsal die Arbeiter-Bauern, die noch einen kleinen landwirtschaftlichen Betrieb führten, das Bild der Arbeiterschaft.

---

[62] Elsässer (1978), S. 12. Dort heißt es: „Eine Pflicht für die Mitglieder, sich in den Grundeinheiten zu organisieren, besteht nicht."

[63] Zur wirtschaftlichen Situation Bruchsals: Riffel (1930) und Beulich (1987), Band 1, 25. Jahrgang, 3, S. 2–4.

[64] Riffel (1930), S. 60.

[65] Beulich (1987), S. 3. In Bruchsal lebten im Jahr 1900 13 555 Menschen, vgl. Herzer (1955), S. 7.

[66] Zahlen errechnet nach Riffel (1930), S. 128.

Um die Jahrhundertwende erlebte Bruchsal seine ökonomische Blütezeit; die Pro-Kopf-Einkommen der Stadt lagen über dem Landesdurchschnitt.[67] Auch die Arbeiterschaft partizipierte in bescheidenem Umfang am bürgerlichen Wohlstand, in der „Maschinenfabrik" wurden gute Löhne bezahlt, die Arbeiterbauern fanden in ihrer Landwirtschaft immer noch einen materiellen Rückhalt. Dennoch wurden die sozialen Gegensätze von der einfachen Bevölkerung deutlich empfunden. Der Friedhofsdiener Sebastian Grundel erinnert sich an die Vorkriegszeit mit den Worten: „Es war eine goldene Zeit, aber auch eine arme Zeit. Der Unterschied zwischen arm und reich war viel krasser als heute."[68] Die Bewusstseinslage der Bruchsaler Arbeiterschaft war geprägt von der Bescheidung mit den sozialen Verhältnissen, vom christlichen Glauben und dem Vertrauen in die Unternehmer, mit denen die Arbeiter in Klein- und Mittelbetrieben noch persönlichen Kontakt pflegten. Deshalb organisierten sich viele Arbeiter auch nicht in den Freien Gewerkschaften oder in der SPD, sondern wählten die Mitgliedschaft in einem konfessionellen Arbeiterverein. In Bruchsal gab es sowohl einen katholischen als auch einen evangelischen Arbeiterverein.[69]

Der Bruchsaler Sozialdemokrat Girolla bemerkte zu der Aufbauarbeit der SPD in den ersten Jahren des Jahrhunderts: „Bruchsal war zu allen Zeiten ein schwieriges Feld für den Sozialismus, es wird auch noch weiter so bleiben. Aber die Überzeugung haben wir: Der Sozialismus wird auch hier vorwärts schreiten, trotz alledem."[70]

In den Jahren 1904 bis 1908 organisierte die Bruchsaler SPD eine kleine Gruppe von Genossen, deren Zahl sich zwischen 50 und 60 bewegte. Zu ihren aktivsten Genossen gehörten die Arbeiter Hettmannsperger, Girolla, Franck, Braun und Zimmermann.[71] Eine Angabe über die Zahl der Mitglieder des Bruchsaler Gewerkschaftskartells liegt nicht vor; weitere Organisationen der Arbeiterbewegung wie der Arbeitergesangsverein „Harmonie" (1914: 30 Sänger), die 1908 gegründete „Freie Turnerschaft" und der 1909 ins Leben gerufene Bruchsaler Konsumverein vereinten ebenfalls nur wenige Mitglieder.[72] Die Bruchsaler Partei war – nach ersten, erstaunlich frühen Anfängen im Jahr 1878 und völliger Passivität in der Zeit des Sozialistengesetzes – 1898 neu gegründet worden. In diesem Jahr hatten sich im Gasthof *Durlacher Hof* einige prominente badische Genossen versammelt, unter denen sich Adolf Geck und Wilhelm Kolb befanden, und zusammen mit einigen Bruchsaler Arbeitern den Grundstein für den Bruchsaler Wahlverein gelegt.[73] Die Aktivitäten der Bruchsaler Vereins zielten nicht nur auf die Mobilisierung und Agitation der einheimischen Arbeiterschaft, sondern gingen über die Ortsgrenzen hinaus und bestanden auch darin, in den benachbarten Industriedörfern wie Untergrombach und

---

[67] Beulich (1987), S. 4.
[68] StA Bruchsal – Tätigkeitsbericht des Bestattungsordners Sebastian Grundel.
[69] Adressbuch der Stadt Bruchsal 1907, S. 179.
[70] 1878–1978. 100 Jahre Sozialdemokratie in Bruchsal. Hrsg. Ortsverein der SPD Bruchsal, bearbeitet von Volker Ebendt u.a., Bruchsal 1978, S. 14.
[71] Ebenda, S. 22.
[72] Ebenda, S. 24.

Heidelsheim SPD-Ortsgruppen gründen zu helfen. Diese Bemühungen waren von Erfolg gekrönt, nahmen doch in den Jahren 1905 bzw. 1906 auch in Untergrombach und Heidelsheim SPD-Ortsgruppen ihre Tätigkeit auf.[74]

Die Bruchsaler SPD war vor dem Ersten Weltkrieg noch zu schwach, um sich in Wahlen durchzusetzen. Von 1905 bis 1925 vertrat der katholische Hauptlehrer und Zentrumsvertreter Anton Wiedemann den Wahlkreis Bruchsal im Landtag,[75] sein sozialdemokratischer Gegenkandidat Leopold Rückert, Gewerkschaftsvertreter aus Karlsruhe, hatte in Bruchsal keine Chance.[76] Ein Genosse der ersten Generation Bruchsaler Sozialdemokraten erinnert sich an die schwierigen Bedingungen für die Partei, unter denen sich die Kommunalwahlen vollzogen: „Die Bruchsaler SPD beteiligte sich seit ihrer Neugründung ab der Jahrhundertwende mit geringem Erfolg an den örtlichen Wahlen. Bei all diesen Wahlen war es in Bruchsal schwer, die Einheimischen für die SPD zu gewinnen."[77] Dennoch konnten zwei sozialdemokratische Stadtverordnete vor dem 1. Weltkrieg in den Bruchsaler Bürgerausschuss einziehen: Krischbach und Girolla.[78]

Die feindselige Atmosphäre, die den Genossen in Bruchsal entgegenschlug, äußerte sich vor allem anlässlich der Maifeiern von Partei und Gewerkschaft. Das Gründungsmitglied Girolla stellte fest: „Rote Fahnen wirkten in jener Zeit auf viele Spießer wie das rote Tuch auf einen Stier."[79]

An den Maiveranstaltungen der Ortsgruppe beteiligten sich im Jahr 1906 etwa 60 Personen, ein Personenkreis, der auch die Frauen und Kinder der Genossen umfasste, so dass sich für den Kern politisch aktiver Parteimitglieder eine Zahl von zwanzig bis dreißig Menschen ergab. Die Feier wurde meist auf das Wochenende verlegt und mit einem Ausflug in die nahe Umgebung, in die Dörfer des Kraichgaus, verbunden.[80] Bei der Maiveranstaltung des Jahres 1907 ereignete sich ein Zwischenfall, ein Zusammenstoß mit der ortsansässigen Bevölkerung, „der so recht bezeichnend ist für gewisse Leute, die vor Frömmigkeit und Sittlichkeit triefen."[81] Als die Sozialdemokraten sich nach der Festrede auf dem Weg in das benachbarte Dorf Forst befanden, begegnete den Feiernden eine Gruppe national eingestellter Schüler und Studenten, die bei ihrem Anblick sofort das Deutschlandlied anstimmten. Als sie ihr Ausflugslokal in Forst erreichten, das Gasthaus *Krone*, fühlten sich die Arbeiter durch zwei maskierte bürgerliche Kinder provoziert, die

---

[73] Ebenda, S. 18.
[74] Vgl. SPD-Heidelsheim 1902–1977. *Festschrift der SPD Heidelsheim*: 75 Jahre Sozialdemokratie in Heidelsheim. Heidelsheim, 1978 und *75 Jahre Sozialdemokraten in Untergrombach 1905–1980*. Festschrift der SPD-Untergrombach. Untergrombach, 1980.
[75] Rapp (1929), S. 45.
[76] 100 Jahre SPD Bruchsal, S. 21.
[77] Ebenda, S. 22.
[78] Ebenda
[79] Ebenda
[80] Vgl. *Volksfreund* vom 2.5.1905, S.3; vom 2.5.1906, S.3; vom 6.5.1907, S.2 und vom 2.5.1908, S.5.
[81] *Volksfreund* vom 6.5.1907, S.2

zur Störung der Arbeiter „2 Haufen Kot vor den Eingang zur Wirtschaft gepflanzt hatten."[82] Der *Volksfreund* empörte sich über den Vorfall und erklärte, bei der Bruchsaler Bevölkerung tue sozialdemokratische Agitation und Aufklärung um so dringender Not.

In den ersten Jahren der Parteimitgliedschaft Marums, die unter dem Eindruck der Bruchsaler Erfahrungen und der Schwierigkeiten der dortigen Arbeiterbewegung standen, wird sein einziger Bezug zu den theoretischen Debatten der Landespartei die Lektüre des *Volksfreund*, des Parteiorgans der badischen Sozialdemokratie, gewesen sein. Sowohl die konkreten Erfahrungen als auch die revisionistische Linie des *Volksfreund* formten seinen politischen Standpunkt innerhalb der SPD. Zu den wesentlichen Beobachtungen in seiner Bruchsaler Zeit gehörten die Ohnmacht der schwachen Arbeiterbewegung, ihr Desinteresse an spontanen Aktionen und Streiks und ihr Bedürfnis nach konkreten Verbesserungen ihrer wirtschaftlichen und sozialen Lage. Deshalb fanden die reformistischen Forderungen der Gewerkschaften bei ihnen große Zustimmung. Die Arbeit der Partei zielte wesentlich auf den Ausbau der Organisation, die Gewinnung neuer Genossen. Die Durchsetzung gewerkschaftlicher Forderungen und die Vergrößerung der Partei waren auch die politischen Ziele, die Marum sein Leben lang verfolgte. Diesen praktischen Erfordernissen der Tagespolitik gab er stets den Vorrang vor parteiinternen theoretischen Debatten. Diese wurden in seinen Anfangsjahren als Sozialdemokrat besonders heftig in der badischen Landespartei ausgetragen und zwangen ihn zu einer Stellungnahme. Schon während seiner Bruchsaler Zeit entschied sich Marum für die Unterstützung der Linie der badischen Parteiführer Kolb und Frank.

Theorie und Praxis der badischen SPD vor dem Ersten Weltkrieg

Die Bruchsaler Jahre bildeten den Auftakt zu Marums lebenslanger Parteimitgliedschaft, die dreißig Jahre währte und die ihn zum Zeugen des Aufstiegs und Untergangs der badischen SPD werden ließen. Sowohl der Anfang als auch das Ende dieses Abschnitts der badischen Parteigeschichte war von dramatischen Entwicklungen gekennzeichnet.

Die ersten Jahre der Parteimitgliedschaft Marums von 1904 bis 1908 waren zugleich die Phase, in der die badische SPD sich vom Zentralismus der Gesamtpartei zu lösen begann und einen eigenständigen Weg antrat, der sie in das Zentrum innerparteilicher Debatten stellte und der für das politische Kräftespiel der Parteien völlig neue Optionen eröffnete. Die Führung der badischen SPD entschied sich in diesen Jahren für eine dezidiert reformistische Politik, die das „weitestreichende Reformexperiment der SPD im wilhelminischen Deutschland"[83] darstellte. Diese Politik löste sowohl innerhalb der badischen als auch in der Gesamt-SPD heftige Diskussionen aus, die Fragen der marxisti-

---

[82] Ebenda.
[83] Franzen, Hans-Joachim: „Die SPD in Baden 1900–1914". In: Schadt/Schmierer (1979), S. 92.

schen Theorie, der aktuellen Gesellschaftsanalyse, der Einschätzung des politischen Gegners mit umschlossen und den Beginn harter Flügelkämpfe bedeuteten, die den Keim zu der Parteispaltung legten, die ein gutes Jahrzehnt später stattfinden sollte. In dem badischen Experiment wurde zum ersten Mal eine Politik sichtbar, die – obwohl in den ersten Jahren von der Parteiführung heftig bekämpft – letztlich den Weg der SPD als staatstragende Partei der Weimarer Republik vorzeichnete. Ludwig Marum trat von Anfang an als entschiedener Anhänger des neuen, reformistischen Kurses hervor, eines Kurses, der ein Leben lang sein politisches Denken und Handeln bestimmte.

Sein Aufstieg und seine Integration in die Partei werden nur vor dem Hintergrund seiner Zugehörigkeit zum rechten Flügel der badischen SPD verständlich. Marum gehörte zur zweiten Generation der reformistischen Führungsgruppe der badischen SPD; nach dem Tod Franks und Kolbs gestaltete er zusammen mit den Mannheimer Sozialdemokraten Geiß und Remmele die badische Politik der Weimarer Jahre entscheidend mit. Die Anfänge seines Weges als sozialdemokratischer Politiker markierten die Strategiedebatten der Jahrhundertwende und die aus diesen Debatten resultierende Kursänderung der badischen SPD, einer Kursänderung, die etwa um 1904 sichtbar wurde. Sie wurde nicht nur von theoretischen Überlegungen bewirkt, sondern erklärt sich wesentlich aus den spezifischen Bedingungen des badischen Landesverbands. Bei diesem handelte es sich zwar um eine im Verhältnis zum Gesamtverband kleine,[84] aber überaus aktive Landesorganisation, die nach dem Fall des Sozialistengesetzes ein stetiges Wachstum zu verzeichnen hatte. Im Jahre von Marums Beitritt waren 6 350 Mitglieder in der Partei organisiert, im Jahr 1909, als Marum seine aktive Parteiarbeit aufnahm, zählte man bereits 13 878 Parteigenossen und im Jahr des Kriegsausbruchs 1914 konnte man auf die stolze Zahl von 25 494 Mitglieder verweisen.[85] In den badischen Industriestädten Mannheim, Pforzheim und Karlsruhe entwickelten sich die größten Lokalorganisationen, während der Aufbau von Parteizellen in den ländlichen Regionen Badens nur schleppend voranging. Erst nach dem Fall des Sozialistengesetzes gelang es, in den Landstädten Parteiorganisationen aufzubauen. In den Dörfern organisierten sich SPD-Ortsvereine erst etwa zehn Jahre später, in den ersten Jahren des letzten Jahrhunderts. Dieser Prozess der allmählichen Verankerung der Arbeiterbewegung auf dem Land hatte Marum als Beobachter bereits in Bruchsal miterleben können, als mit Unterstützung der dortigen SPD in den benachbarten Industrie-Dörfern SPD-Wahlvereine ins Leben gerufen wurden.

Der Industrialisierungsprozess in Baden, dessen Schwerpunkt im nördlichen Landesteil die Tabakindustrie, die Metallverarbeitung und der Maschinenbau waren, brachte eine sehr heterogene Arbeiterschaft hervor. Gerade in den Randgebieten der Industriestädte entwickelte sich eine bedeutende Schicht von Arbeiterbauern, die zwischen ihrem

---

[84] Weißmann, Anton: *Die sozialdemokratische Gefahr in Baden.* Betrachtungen zur politischen Scharfmacherei des badischen Zentrumsführers Geistlichen Rats Theodor Wacker. Freiburg im Breisgau, 1912. Im Jahr 1912 waren nach Weißmann in der Gesamtpartei 900 000 Mitglieder organisiert, in Baden umfasste die Partei 20 262 Personen. Weißmann (1912), S. 92.

[85] Schadt/Schmierer (1979), S. 317.

städtischen Industriebetrieb und einer kleinen dörflichen Landwirtschaft pendelten und auf den Zuverdienst aus der Industrie für ihren Existenzerhalt angewiesen waren. Für die SPD stellten diese Arbeiterbauern ein mögliches Wählerreservoir dar, das aber nicht leicht zu gewinnen war. Die Partei musste eine Agitation entfalten, die auch landwirtschaftliche Fragen berücksichtigte und auf die Interessen des über Kleinbesitz verfügenden ländlichen Proletariats einging. Die Forderung nach Sozialisierung durfte hier nicht in den Mittelpunkt gestellt werden, während die gewerkschaftlichen Forderungen nach Verkürzung der Arbeitszeit, Lohnerhöhung und Arbeiterschutz durchaus im Interessenbereich der Arbeiterbauern lag. Das niedrige Bildungsniveau und das daraus resultierende geringe Interesse an theoretischen Erörterungen erschwerten die Vermittlung des sozialistischen Gedankenguts, die Verankerung der Arbeiterbauern in traditionellen dörflichen Lebens- und Verhaltensmuster erklärt ihre Ablehnung utopischer Entwürfe und radikaler Systemveränderung. Der SPD-Landtagsabgeordnete Emil Maier bemerkte auf dem Nürnberger Parteitag von 1908 mit Blick auf die ländliche Bevölkerung: „Wir haben in Baden das allgemeine, gleiche und direkte Wahlrecht, aber trotzdem ist unsere Fraktion noch klein, weil die große Masse der kleinbäuerlichen Bevölkerung uns noch fern steht. Diese Leute können wir nicht durch die Theorie von Kautsky gewinnen."[86] Maier betonte hier die Abhängigkeit der badischen Sozialdemokraten von einer potentiellen Wählerschaft, die nur für reformistische Konzepte zu gewinnen war.

Maier bezog sich mit seiner Äußerung nicht nur auf die Arbeiterbauern, sondern auch auf die Klein- und Mittelbauernschaft, die in den süddeutschen Ländern, neben der Industriearbeiterschaft, von dem reformistischen Teil der SPD als Wählerreservoir ins Auge gefasst wurde. Nachdem die Gesamt-SPD es auf dem Parteitag von Breslau 1895 aus Gründen der marxistischen Ideologie abgelehnt hatte, ein gesondertes Agrarprogramm zu verabschieden, das konkrete Bauernschutzbestimmungen enthielt, wurden die ersten tastenden Versuche einer sozialdemokratischen Bauernpolitik für beendet erklärt. Dies bedeutete besonders für die süddeutschen Länder, in denen die Kleinbauernschaft einen beträchtlichen Teil der erwerbstätigen Bevölkerung ausmachte, eine Einengung ihrer potentiellen Wählerschichten. Die badische SPD verzichtete deshalb auch nicht völlig auf die Landagitation, in der sie eine gemäßigte Bauernschutzpolitik propagierte. Auf dem badischen Parteitag 1911 in Offenburg wurde Unterstützung für die durch die Dürre des Jahres notleidende Landwirtschaft gefordert.[87] Diese vorsichtige Politik führte jedoch nicht zu wesentlichen Erfolgen bei der bäuerlichen Wählerschaft.[88] So stützte sich die badische SPD wesentlich auf die Industriearbeiterschaft in den nordbadischen Städten und auf die Arbeiterbauern in den ländlichen Regionen.

Eine weitere Schwierigkeit für die Agitation der SPD in den agrarisch geprägten Regionen Badens war die beherrschende Stellung des Katholizismus. Baden war seit sei-

---

[86] Braun (1997), S. 65.
[87] *Volksfreund* vom 29.8.1911, S. 3.
[88] Ritter (1959), S. 132–134.

nen napoleonischen Neuanfängen ein überwiegend katholisches Land, der Anteil der Katholiken an der Gesamtbevölkerung machte knapp zwei Drittel aus. Er betrug um die Jahrhundertwende 60,02 Prozent[89] und sank in den folgenden Jahren nur unwesentlich. Dies erklärt die starke Stellung des badischen Zentrums, dessen Wahlpropaganda sich gerade auf dem Lande auch um die Arbeiterbauern bemühte. Hier musste die sozialdemokratische Agitation ein besonders starkes Ausmaß annehmen. Diese Bemühungen wurden von Vorträgen, die meist von städtischen Vertretern der Partei gehalten wurden, von Versammlungen und vor allem durch die sozialdemokratische Presse unterstützt. Das Landesorgan der badischen SPD – der in Karlsruhe erscheinende *Volksfreund* – fand eine breite Leserschaft in ganz Mittelbaden. Im Jahr 1907 verfügte er über 16 000 Abonnenten, die in Mannheim erscheinende *Volksstimme* informierte die Arbeiterschaft in der nordbadischen Industriemetropole und die angrenzenden Regionen und in Freiburg erschien ab 1911 die *Volkswacht*, die Parteianhänger und Sympathisanten im süddeutschen Raum ansprechen wollte.[90]

Der politische Aufstieg der badischen Sozialdemokratie begann – nach zögernden Anfängen in den 90er Jahren – erst nach der Jahrhundertwende. Bis dahin dominierten in der politischen Landschaft Badens auf dem Lande die Zentrumspartei und in den Städten die Nationalliberalen. Die sich durchsetzende Industrialisierung änderte das Bild, die Sozialdemokratie gewann an Stärke und wurde zum ernsthaften Konkurrenten der Nationalliberalen. 1891 zogen die ersten beiden Sozialdemokraten in den Landtag ein, Ende der 90er Jahre erreichte die SPD den Fraktionsstatus im badischen Landtag.[91] Aber erst der Kampf um ein direktes Wahlrecht, den die SPD – zusammen mit dem Zentrum – gegen die Nationalliberalen führte, die um ihre Vorherrschaft in den Städten fürchteten, und dessen endliche Durchsetzung im Jahre 1904, ermöglichte es der SPD, die badische Politik entscheidend mitzubestimmen. In den Landtagswahlen von 1905 errang sie 17% der Stimmen und erhielt 12 Sitze; im Jahr 1909 feierte die Partei ihren glänzenden Erfolg mit 28,1% der Stimmen, mit denen sie 20 Sitze beanspruchen konnte.[92]

Diese neu errungene Machtposition und die damit verbundene Möglichkeit politischer Einflussnahme leiteten einen Reflexionsprozess über die einzuschlagende Strategie und Taktik in der badischen SPD ein. Bestärkt wurde sie in diesen Überlegungen durch den gerade abgeschlossenen Revisionismus-Streit in der Gesamtpartei und durch die politischen Rahmenbedingungen in Baden, die im Gegensatz zu den norddeutschen – besonders aber zu den preußischen – Verhältnissen durch größere Liberalität und Akzeptanz der Arbeiterbewegung geprägt waren.

Die badischen Parteiführer vermieden es, sich direkt auf die Theorie Bernsteins zu beziehen, nachdem dessen revisionistische Anschauungen auf dem Dresdner Parteitag

[89] Braun (1997), S. 41.
[90] Schadt/Schmierer (1979), S. 356f.
[91] Ebenda, S. 83.
[92] Franzen (1987), Bd. I, S. 58ff.

1903 niedergestimmt worden waren. Ihre praktische Politik war jedoch deutlich von dessen Vorschlägen für eine neue sozialdemokratische Strategie bestimmt. Der Streit um Bernsteins Thesen wurde in den Jahren 1898 bis 1903 in der Gesamtpartei ausgetragen und bezog sich auf die theoretischen Grundlagen sozialdemokratischer Politik. Das Erfurter Programm gab keine eindeutige politische Marschrichtung vor. Während sein erster Teil an der marxistischen Gesellschaftsanalyse festhielt und den zwingend notwendigen Zusammenbruch des Kapitalismus prognostizierte, sah es die eigentliche Aufgabe der Arbeiterbewegung erst nach der Revolution im Aufbau des Sozialismus gegeben. Der zweite Teil des Programms mit seinen konkreten Reformforderungen stand dazu im Widerspruch und verlangte eine Reformpolitik innerhalb der gegebenen Verhältnisse. Bernstein versuchte hier vermittelnd und korrigierend einzugreifen. Seine Kritik an den Marxschen Thesen des unmittelbar bevorstehenden Zusammenbruchs des kapitalistischen Wirtschaftssystems und der Verschärfung der sozialen Gegensätze durch die zunehmende Verelendung des Proletariats zielte darauf, eine veränderte politische Praxis der Sozialdemokratie einzuleiten, die von der Einsicht in die Langlebigkeit, Wandlungs- und Anpassungsfähigkeit des ökonomischen Systems und seines politischen und kulturellen Überbaus bestimmt war und von der Revolutionserwartung Abschied nahm. Bernstein ordnete der Arbeiterbewegung die Aufgabe zu, innerhalb des gegebenen Systems die Verbesserung ihrer sozialen Lage und die Demokratisierung der politischen Strukturen anzustreben. Das sozialistische Endziel hatte nach der Auffassung Bernsteins für die politische Praxis der Partei kaum Bedeutung. Diese habe sich vielmehr nicht an utopischen Zukunftsmodellen zu orientieren, sondern sie müsse sich auf die Herausforderungen der Gegenwart einlassen und auf die Gegebenheiten der aktuellen Tagespolitik reagieren. Dies schließe die Aufforderung zur aktiven Reformarbeit innerhalb des gegebenen Systems ein.

Bernsteins Revision der Marxschen Theorie und seine Forderung nach der Überwindung der Kluft zwischen revolutionärer Theorie und legalistischer Praxis mündeten in den Aufruf an die Partei, sich endlich zu dem zu bekennen, was sie in Wahrheit sei, nämlich eine „sozialistisch-demokratische Reformpartei". Dieses Anliegen Bernsteins stieß bei der Mehrheit der Gesamtpartei auf Ablehnung, sie hielt an dem marxistischen Konzept, wie es vor allem von Kautsky vermittelt wurde, fest. Für sie galt weiterhin die Zusammenbruchstheorie von Marx, die – ausgehend von den sich ständig zuspitzenden Widersprüchen innerhalb des kapitalistischen Systems – für die unmittelbare Zukunft den Kollaps der kapitalistischen Wirtschaft erwartete. Die Orientierung an der marxistischen Theorie, die Parteizentrum und Linke einte, bedeutete für die politische Praxis die Enthaltung von jeder Einflussnahme und Gestaltung der gegebenen Verhältnisse. Die Blickrichtung der Partei sollte weiterhin auf die Zukunft gerichtet sein, vor deren Horizont sich die gegenwärtigen Verhältnisse erklärten. Die evolutionär und deterministisch ausgerichtete Geschichtsauffassung Kautskys sah für die Arbeiterbewegung keine aktive, eingreifende Rolle vor, sondern verwies sie auf eine attentistische, passive Haltung. Die Fixierung auf die Revolutionserwartung war verbunden mit der absoluten Gegnerschaft gegenüber der bestehenden Ordnung. Diese prinzipielle Negation erstreckte sich nicht nur auf den Staat, seine Institutionen, die herrschenden konservativen Eliten, sondern schloss auch die Zusammenarbeit mit oppositionellen Kräften wie den bürgerlich-liberalen Parteien aus. Die Politik der SPD sollte sich auf eine reine Agitationspolitik beschränken, deren einziges Ziel es war, der Bewegung neue Anhänger zuzuführen.

Auf diese politische Aufgabe mochte sich die badische SPD nach den errungenen Landtagswahlerfolgen nicht beschränken, sie zeigte sich interessiert an einer Mitarbeit am Gesetzgebungswerk des Landtags, die konkrete Verbesserungen für die Arbeiterschaft und die Fortentwicklung demokratischer Strukturen initiieren sollte. Nachdem der Schriftsteller und Genosse Anton Fendrich die theoretischen Überlegungen Bernsteins in die Karlsruher Parteiorganisation getragen und damit eine kontrovers verlaufende Diskussion angestoßen hatte, bildete sich ein Triumvirat an der Spitze der badischen SPD, bestehend aus den Karlsruhern Wilhelm Kolb und Anton Fendrich und unterstützt von dem Mannheimer Parteiveteranen August Dreesbach. Dieses Triumvirat trat ausdrücklich für die Verfolgung eines revisionistisch-reformistischen Kurses der badischen SPD ein.

Vor allem mit dem Namen Kolb ist die Durchsetzung dieser Linie verbunden.[93] Kolb, der verantwortliche Redakteur des Karlsruher *Volksfreund*, war seit den frühen 1890er Jahren in der Karlsruher SPD tätig, deren Vorsitzender er im Jahr 1901 wurde. Im Jahr 1905 gelang ihm der Sprung in den Landtag, wo er das Amt des Fraktionsvorsitzenden übernahm und als der entschiedenste Verfechter des neuen Kurses auftrat. Er war auch der Politiker, der Ludwig Marums Anschauungen entscheidend beeinflusste und prägte, deshalb soll seinen Überlegungen hier breiterer Raum gewährt werden.

Kolb war keineswegs der Typ des theoriefernen, pragmatischen Politikers, dem ausschließlich an einer auf kurzfristige Erfolge ausgerichteter Reformpolitik gelegen war, sondern er war bemüht, sein strategisches Konzept der Mitarbeit im bestehenden Staat und in der bestehenden Gesellschaft auch theoretisch zu untermauern. Der Autodidakt Kolb – er war gelernter Maler und Bildhauer – veröffentlichte seine Überlegungen in den *Sozialistischen Monatsheften* und auch in eigenen Schriften, deren bekannteste die 1915 erschienene Publikation *Die Sozialdemokratie am Scheideweg* war. Er zeigte sich hier als entschiedener Opponent der auf einer orthodox-marxistischen Linie beharrenden Parteiführer Bebel und Kautsky und übernahm Elemente der Revisionismustheorie Bernsteins, die er jedoch mit eigenen Überlegungen verband und zu einer eigenständigen Gesellschaftsanalyse entwickelte. Kolb stimmte mit Bernstein in dessen Grundthese überein, dass der Zusammenbruch des Kapitalismus keinesfalls unmittelbar bevorstehe,

---

[93] Zu Kolb vgl. *Badische Biographien*, Bd. IV und Koch (2001), S. 47–54. Wichtige Artikel und Schriften Kolbs waren außerdem: „Blocktaktik und Sozialdemokratie". In: *Sozialistische Monatshefte* 1906, S. 374–378; „Das badische Blockexperiment und seine Lehren für die Sozialdemokratie". In: *Sozialistische Monatshefte* 1906, S. 1014–1020.; *Die Taktik der badischen Sozialdemokratie und ihre Kritik*. Karlsruhe 1910; *Sozialdemokratie am Scheidewege. Ein Beitrag zum Thema: Neuorientierung in der deutschen Politik.* Karlsruhe 1915; „Eine Probe auf den 4. August". In: *Sozialistische Monatshefte* 1916, S. 255–260; „Was nun?" In: *Sozialistische Monatshefte* 1916. S. 1025–1028; „Arbeiter- oder Volkspartei". In: *Die Glocke* 1917, S. 1001–1011.

sondern dass das ökonomische System durchaus wandlungs- und anpassungsfähig sei. Für die Partei gelte es, sich von der Erwartung des großen „Kladderadatschs" (Bebel) zu lösen und die sich aus der Zusammenbruch-These ergebende politische Haltung des Abwartens, der Passivität aufzugeben und an die Stelle der bloßen Negation der bestehenden Verhältnisse die aktive Mitarbeit in Staat und Gesellschaft zu setzen. Ziel dieser sozialdemokratischen „Gegenwartsarbeit" sollte es sein, die „gewaltig große geschichtliche Aufgabe der Sozialisierung der Gesellschaft"[94] schon jetzt in Angriff zu nehmen, die „Abkürzung der Geburtswehen der kommenden sozialistischen Gesellschaft"[95] zu bewirken und die „Leidensgeschichte des Proletariats"[96] zu mildern.

Im Unterschied zu Bernstein wollte Kolb jedoch nicht die Kapitalismus-Analyse von Marx in Frage stellen, sondern sah sich in seiner Erkenntnis des lang andauernden Transformationsprozesses der kapitalistischen Gesellschaft in eine sozialistische durchaus in Übereinstimmung mit dem Begründer des wissenschaftlichen Sozialismus. Kolb erinnerte daran, dass schon Marx diesen Prozess als einen langsamen und graduell sich vollziehenden gekennzeichnet hatte und für die Übergangsgesellschaft das Bild des Wachstums der neuen Gesellschaft im Schoße des alten überlebten Systems verwendet hatte.[97] Dies war die zentrale These Kolbs, der von einer allmählichen Entwicklung zum Sozialismus ausging und sie wegen der Komplexität der Strukturen einer modernen Industriegesellschaft als einen mehrere Generationen umfassenden Prozess ansah.

Die theoretischen Überlegungen Kolbs konzentrierten sich auf die Modalitäten, das Movens der Transformationsprozesse in der Übergangsgesellschaft und die Rolle, welche die Sozialdemokratie in diesem Prozess einnehmen könnte. Besonders dem letzten Punkt galt sein Interesse, es ging ihm wesentlich um die Entwicklung einer neuen Strategie und Taktik, nicht um die Revision der marxistischen Theorie oder um die Infragestellung des sozialistischen Endziels. Kolb wollte die politische Rolle der Sozialdemokratie neu bestimmen und der Partei neue Wege für ihr politisches Handeln weisen. Er kannte keine schlimmere Beleidigung als die, kein wahrer, überzeugter Sozialdemokrat zu sein, wie es ihm seine innerparteilichen Gegner gelegentlich vorwarfen.

Allerdings war Kolb keine empfindsame Natur, ihm ging das versöhnliche, vermittelnde Naturell Bernsteins völlig ab, er rüstete sich zu offensiven Auseinandersetzungen und scheute vor dem Mittel scharfer Polemik keinesfalls zurück. Auch nach der Niederlage Bernsteins widersetzte er sich den Dresdener Parteitagsbeschluss, vertrat weiterhin im *Volksfreund* revisionistische Anschauungen und fuhr fort, offene Angriffe gegen den dogmatisch erstarrten Marxismus Kautskys vorzutragen.[98] Dem Dogmatismus machte er den Vorwurf der Fehlinterpretation der tatsächlichen gesellschaftlichen Entwicklung.

---

[94] Kolb (1915), S. 18.
[95] Ebenda, S. 8.
[96] Franzen (1987), Bd. I, S. 95.
[97] Kolb (1915), S. 15.
[98] Elsässer (1978), S. 79.

Kolb schrieb: „Der Theoretiker Kautsky ist das Mensch gewordene Schema. Alle ökonomischen und politischen Kategorien haben sich in fossile, erstarrte Begriffe verwandelt. Die herrschende Klasse, die bürgerliche Gesellschaft, das Proletariat, die Staatsgewalt usw. sind aber lebendige Organismen, die im Laufe der geschichtlichen Entwicklung sich veränderten (...). Daraus muss die Sozialdemokratie die logischen Konsequenzen für ihre Politik wie für ihre Taktik ziehen."[99]

Eine eingreifende sozialdemokratische Politik musste sich nach Kolb ein Stück weit von einer zu eng verstandenen deterministischen Gesellschafts- und Geschichtsauffassung lösen und dem gestaltenden Handeln des Menschen auch in der Theorie breiteren Raum gewähren. Damit leugnete er keinesfalls die Grundlage der materialistischen Geschichtsauffassung, sah vielmehr das Wechselspiel von ökonomischen Determinanten und planendem, gestaltendem Handeln als ein dialektisches Verhältnis. Die Handlungsstrategien sozialdemokratischer Politik sollten sich nach Kolb vornehmlich auf die staatlichen Institutionen, als den entscheidenden Schalthebeln politischer Veränderung, richten. Er lehnte außerparlamentarische Aktionen zwar nicht völlig ab, wies ihnen jedoch nur einen begrenzten Wirkungsradius zu. Im Mittelpunkt seiner Überlegungen stand die parlamentarische Arbeit seiner Partei. Mit der Hochschätzung des Parlamentarismus war auch eine andere Bewertung des Staates verbunden, als sie von den führenden Theoretikern der Partei vorgenommen wurde. Kolb löste sich von der Fixierung des Staates auf ein Instrument in den Händen der herrschenden Klasse, sah vielmehr die staatlichen Institutionen wie das Parlament als wichtige Entscheidungsinstanzen für die zukünftige fortschrittliche Entwicklung der Gesellschaft.

Kolbs revisionistischer Mitstreiter Ludwig Frank formulierte: „Der Staat ist ein Instrument, das wohl als Instrument des Klassenkampfes gegen uns wirken kann, aber nicht wirken muss. Der Staat ist ein Instrument, an dessen Handhabung sich die Arbeiterschaft durch Ausübung ihrer politischen Rechte beteiligen kann. ... Der Staat kann umgeschaffen werden aus einem Instrument der Ausbeutung und Unterdrückung zu einem Instrument der Wohlfahrt, der Gesittung und Kultur."[100] Die Bedingungen für eine solche neue politische Strategie der Sozialdemokratie sah Kolb in Baden als äußerst günstige an. Er verwies auf das im Unterschied zum preußischen Dreiklassenwahlrecht durchgesetzte demokratische Landtagswahlrecht in Baden und die seit der 48er Revolution und der Reichsverfassungskampagne lebendigen demokratischen Traditionslinien. In seiner positiven Sicht der badischen Verhältnisse bestärkte ihn auch die liberale Ausprägung der zeitgenössischen politischen Kultur Badens.

Der Umgang der politischen Gegner in Baden war nicht wie in Preußen von unversöhnlichen Gegensätzen bestimmt. Die badischen Großherzöge Friedrich I. und Friedrich II. waren für ihre Liberalität bekannt. Vertreter ihrer Regierung standen zwar auch

---

[99] Kolb (1915), S. 15.
[100] Zitiert nach: Blickle (1982), S. 179.

in harter Auseinandersetzung mit der Sozialdemokratie, sahen sie jedoch nicht ausschließlich als Partei des „Umsturzes", sondern fanden auch anerkennende Worte für deren Arbeit. Im Jahre 1904 äußerte sich der Minister Schenkel vor dem badischen Landtag in folgender Weise: „Die Sozialdemokratie ist zu einem großen Teil eine berechtigte, aus gesunden Motiven hervorgegangene Bewegung; ich möchte daher ihre Vertreter hier im Hause nicht missen. Die Bewegung will eine Vertretung schaffen für die unteren Schichten unseres Volkes, für diejenigen, die von der Hand in den Mund leben und nicht viel Kapital besitzen. Dies ist aber keineswegs eine ungegliederte und gleichartige Masse von Armen oder gar etwa ausschließlich von Fabrikarbeitern, sondern eine ungemein verschiedenartig zusammengesetzte breite Schicht unserer Bevölkerung. Für Sozialdemokraten, namentlich eine Anzahl hervorragender Führer, Leute, die aus unserer Schicht, aus der Schicht der höheren Gebildeten und der Kapitalisten hervorgegangen sind, haben die sozialen Bedürfnisse dieser großen, vielgegliederten Schicht ergründet, sie haben verstanden, zum großen Teil die Angehörigen derselben um sich zu scharen, und sie haben daraus eine bei den Wahlen in Deutschland große Erfolge erzielende Partei geschaffen. Diese Partei hat an sich eine durchaus richtige und erstrebenswerte Aufgabe, nämlich die, die unteren Schichten unseres Volkes nicht bloß wirtschaftlich, sondern auch in ihrer Kultur weiter emporzuheben, eine Aufgabe, die naturgemäß nur langsam zum Erfolge führen kann."[101]

Bekannter wurde die Bemerkung des Innenministers Freiherrn v. Bodman, der sich am 13. Juli 1910 schützend vor die Sozialdemokratie stellte, um die Angriffe des Zentrums zurückzuweisen. Die Worte seiner Stellungnahme wurden in der Arbeiterklasse zum geflügelten Wort. Sie lauteten: „Sie (die Sozialdemokratie m.A.) ist aber außerdem eine großartige Arbeiterbewegung des vierten Standes, zur Emporhebung der großen Massen der Arbeiter, die mitarbeiten wollen im Staatsleben, die sich betätigen wollen, und in dieser Beziehung muss man ihnen entgegenkommen."[102]

Nicht nur die konservativ-politischen Eliten Badens entwickelten Ansätze einer toleranten Haltung gegenüber den sozialdemokratischen Bestrebungen, auch die ökonomischen und politischen Interessen des Bürgertums wurden nicht in kompromissloser Härte wie in Preußen vertreten. Die liberalen Parteien Badens beharrten nicht auf der Ausgrenzung und Diffamierung der Arbeiterpartei. Nach der Wahlrechtsreform von 1904 hatte ein Umdenken in der nationalliberalen Partei Badens eingesetzt, das angesichts der Stärke des badischen Zentrums – das, geführt von Theodor Wacker, stärkste Partei des Landtags wurde – ein Zusammengehen mit den Sozialdemokraten ins politische Kalkül mit einbezog. Unter dem Parteivorsitzenden Edmund Rebmann ließen sich die Nationalliberalen – trotz heftiger Kritik, die sie damit in der Gesamtpartei erregten – auf eine Annäherung an die Arbeiterpartei ein.[103]

---

[101] Zitiert nach Weißmann (1912), S. 60.
[102] Ebenda, S. 62.
[103] Braun (1997), S. 67f.

Dies passte in das Konzept Kolbs, der die gegebenen Kräfte der Sozialdemokratie als zu schwach einschätzte, um deren Ziele allein durchzusetzen. Deswegen plante er parlamentarische Koalitionen mit den liberalen Parteien ein, wodurch einerseits die politische Isolation der Sozialdemokratie überwunden werden könne und andererseits den Reformprojekten zur Durchsetzung verholfen werde. In Kolbs Konzept erschienen die bürgerlichen Parteien nicht allein durch ihre ökonomischen Interessen bestimmt, die sie auf der Seite des Klassenfeindes stehen ließen, sondern er ordnete ihren politischen Idealen eines demokratisch verfassten Rechtsstaates und der Hebung des Bildungsniveaus hohe Relevanz zu. Er wollte den „Liberalismus in die Pflicht nehmen" und ihn an seine Aufgabe der Realisierung dieser Reformpolitik erinnern. Ohne den initiatorischen Impuls der Sozialdemokratie war nach Kolb der Liberalismus nicht in der Lage, sich für die Durchsetzung seiner traditionellen Forderungen einzusetzen.

Von den Erfolgen einer gemeinsam mit den Liberalen durchgesetzten Reformpolitik versprach sich Kolb die Verbreiterung der Wählerbasis der sozialdemokratischen Partei. Er, der von der Prämisse ausging, dass der Sozialismus nur von der Mehrheit der Gesellschaft herbeigeführt werden könne, stellte schon erste Überlegungen an, wie die SPD sich von einer reinen Arbeiterpartei zu einer Volkspartei wandeln könne, die auch breitere Schichten der Bevölkerung ansprechen würde. Zu diesem Punkt schrieb Kolb: „Die SPD muss über den Rahmen der bloßen Arbeiterpartei hinauswachsen, um Volkspartei im besten Sinne des Wortes zu werden."[104]

Der Großblock

Der konkrete Anlass zu einem Bündnis der Sozialdemokratie mit den liberalen Parteien war im Jahr 1905 gekommen, als sich nach dem 1. Wahlgang bei der Landtagswahl eine Mehrheit des Zentrums abzeichnete. Damit wurde auch für die Liberalen das Schreckbild der politischen Dominanz vorindustrieller Eliten und kirchlicher Bevormundung vor allem im Schul- und Kulturbereich lebendig. Um diese konservativ-klerikal geprägte Politik in Baden zu verhindern, näherten sich die bisherigen Kontrahenten, vor allem die Nationalliberalen und die Sozialdemokraten, einander an. Sie trafen Vereinbarungen über die kommende Stichwahl, um die unerwünschte Zentrumsmehrheit zu vereiteln. Man einigte sich in Absprachen über die aufzustellenden Kandidaten, die man gemeinsam unterstützte. Vor allem die Sozialdemokraten zogen zugunsten der Nationalliberalen ihre Bewerber zurück, um die Chancen der bürgerlichen Kandidaten zu erhöhen. Diese Strategie gelang, das Zentrum blieb in der Minderheit, während die Sozialdemokraten 12, die Deutsche Volkspartei 6, die Nationalliberalen 23 von 73 Sitzen errangen. Das Zentrum musste sich mit 28 Sitzen zufrieden geben, die Konservativen erreichten 4 Sitze.[105]

---

[104] Kolb (1915), S. 24.
[105] Blickle (1982) S. 177.

Dieses Vorgehen wiederholte sich im Jahr 1909, allerdings verschoben sich die Gewichte entscheidend zugunsten der Sozialdemokraten, die nun 20 Sitze erhielten, während die Nationalliberalen nur 17, die Demokraten 6 und die Freisinnigen gar nur einen Sitz errangen. Das Zentrum verfehlte mit 26 Sitzen – die Unterstützung seiner Politik durch zwei Konservative und einen Vertreter des Bundes der Landwirte war unerheblich – weit die absolute Mehrheit.[106]

Die anlässlich der Wahlen begonnene Zusammenarbeit zwischen der Sozialdemokratie und dem liberalen Block weitete sich aus zu der in der parlamentarischen Arbeit fortgesetzten Kooperation des sogenannten Großblocks. Vor allem auf dem Feld der Schul- und Kulturpolitik bot sich eine Zusammenarbeit an, die sich ausweitete auf das Gebiet des Kommunalwahlrechts und der Steuerreform. Diese Koalition wurde von den badischen Parteiführern – vor allem von Kolb – als Pilotprojekt begriffen. Kolb schrieb: „In Baden wird die Probe aufs Exempel zu machen sein (...), ob in Deutschland überhaupt die Möglichkeit eines zeitweiligen erfolgversprechenden Zusammenarbeitens zwischen dem bürgerlichen Block und der Sozialdemokratie für bestimmte Zeiten, zu bestimmten Zwecken gegeben ist."[107]

Mittlerweile hatte die Politik Kolbs einen entschiedenen Anhänger in dem Mannheimer Rechtsanwalt Dr. Ludwig Frank gefunden,[108] der 1905 ebenfalls in den badischen Landtag einzog und zusammen mit Kolb der entschiedenste Verfechter des Großblock-Experiments war. Auch die Parteibasis verweigerte dem neuen Kurs die Gefolgschaft nicht, die Mehrheit in den Lokalorganisationen stand hinter der von Kolb und Frank repräsentierten neuen Politik. Überall in der Mitgliedschaft verbreitete sich die Überzeugung, dass die Mitarbeit im Parlament zur Durchsetzung von Reformen die bisherige Negation ablösen sollte.[109] Nach anfänglichem Zögern zeichnete sich ab 1908 auch im Mannheimer Landesvorstand eine Mehrheit für den revisionistisch-reformistischen Kurs ab.[110]

Die parlamentarische Zusammenarbeit des Großblocks erstreckte sich vornehmlich auf die Durchsetzung einer liberalen Kulturpolitik und eines demokratisch verfassten Rechtsstaats. In diesem Bereich lag die größte Interessenidentität zwischen der sozialdemokratischen und den liberalen Parteien vor, während in der Wirtschafts- und Sozialpolitik unüberbrückbare Gegensätze fortbestanden. Die Erfolge des Großblocks nach mehrjähriger Parlamentsarbeit bestanden in dem durchgesetzten Koalitionsrecht auch für Arbeiter des öffentlichen Dienstes, wichtigen Meilensteinen in der Schulpolitik wie der Einführung des 8. Schuljahres für Mädchen, den Anhebungen der Lehrergehälter und der Einführung regelmäßiger medizinischer Betreuung in der Volksschule durch Schul-

[106] Braun (1997), S. 70.
[107] Ebenda, S. 72.
[108] Franzen (1987), S. 99ff.
[109] Ebenda, S. 67 und S. 273.
[110] Elsässer (1978), S. 79. Anmerkung 6 verweist darauf, dass im Mannheimer Parteivorstand Geiß, Hahn, Linz, Pfeiffle, Strobel, später Frank und Therese Blase zum revisionistischen Flügel zählten.

ärzte. Auch die Modifizierung des kommunalen Dreiklassenwahlrechts galt als Verdienst dieser Politik.[111] Die Großblockparteien verständigten sich auch über die personelle Besetzung des führenden Gremiums der Zweiten Kammer, des Landtagspräsidiums. In der ersten Legislaturperiode von 1906 bis 1909 war Adolf Geck Vizepräsident des Landtags. Mit ihm wurde zum ersten Male in der Geschichte der deutschen Landtage ein Sozialdemokrat in das Präsidium eines Parlaments gewählt. Ab 1909 nahm diese Position Anton Geiß ein.[112]

Während im Reichstag ein ähnliches Vorgehen für die Sozialdemokratie undenkbar war, besetzten badische Sozialdemokraten recht selbstverständlich hohe staatliche Funktionen. Die badische SPD war immer bemüht, Zeichen ihrer Kooperationswilligkeit mit den liberalen Parteien zu setzen und den Repräsentanten der konstitutionellen Monarchie Respekt zu zollen. Dies erwies sich zum ersten Male beim Tod des Großherzogs Friedrich I. im Jahr 1907, als Kolb und Frank als Vertreter der sozialdemokratischen Landtagsfraktion am Begräbnis teilnahmen, während der SPD-Linke und Landtagsvizepräsident Adolf Geck sich geweigert hatte, auch nur eine Kondolenzadresse zu unterzeichnen.[113] Die „Hofgängerei" Kolbs und Franks trug ihnen noch heftige Kritik aus den Reihen der Partei ein, die Grenze zum Opportunismus schien den Zeitgenossen überschritten, man sprach spöttisch von der „großherzoglich-badischen Sozialdemokratie".[114] Als die Landtagsfraktion 1908 dem Budget zustimmte, war dies für die badischen Sozialdemokraten nur eine taktische Frage, während der Vorstand der Gesamtpartei dies als einen symbolischen Akt begriff, mit dem die Sozialdemokratie ihre grundsätzliche Oppositionshaltung gegenüber dem bestehenden System aufgab. Schon auf dem Lübecker Parteitag von 1901 hatte ein Beschluss die Budgetbewilligung in den Landtagen grundsätzlich untersagt. Innerhalb des badischen Landtags hatte sich zwar eine Mehrheit zu dem offenen Bruch des Parteitagsbeschlusses bereit gefunden, jedoch waren die Mehrheitsverhältnisse knapp. Von zwölf SPD-Genossen stimmten sieben für das Budget, eine beträchtliche Minderheit von fünf Genossen war dagegen.[115] Deshalb sorgten Kolb und der revisionistische Flügel dafür, dass bei den folgenden Wahlen 1909 wesentlich mehr zuverlässige Anhänger ihrer Linie kandidierten, die bereit waren, einer erneuten Budgetbewilligung zuzustimmen.[116] Im Jahr 1910 stimmte die Fraktion erneut dem Budget zu, diesmal in einem Zahlenverhältnis von siebzehn zu drei![117]

Mit der Zustimmung zum Budget signalisierte die badische SPD ihre grundsätzliche Bereitschaft zur Mitarbeit in Staat und Parlament. Dabei war sie auch bereit, wesentli-

---

[111] Franzen (1979) in: Schadt/Schmierer (1979), S. 97.
[112] Elsässer (1978), S. 82.
[113] Ebenda, S. 82.
[114] Ebenda
[115] Braun (1997), S. 65.
[116] Franzen (1987), Bd. I, S. 136f.
[117] *Volksfreund* vom 23.8.1910, Titelseite.

che Kompromisse einzugehen und Abstriche an ihren programmatischen Zielvorstellungen hinzunehmen. Diese gingen teilweise recht weit und trugen ihr vor allem Kritik aus der Gesamtpartei ein. Die Modifizierung des Kommunalwahlrechts, dem die SPD trotz Beibehaltung des Klassenwahlrechts zugestimmt hatte, war ein solcher Fall genauso wie ihre Zustimmung zur Beibehaltung des obligatorischen Religionsunterrichts, die gegen ihre Leitvorstellung von der Trennung von Kirche und Staat verstieß.[118] Ungeachtet der ersten, bescheidenen Erfolge der Großblockpolitik sahen ihre Initiatoren Frank und Kolb ihre eigentliche Bedeutung in der Signalwirkung, die sie für die zukünftige Politik der SPD auch außerhalb Badens haben könnte.[119] Sie schlossen nicht aus, dass auch noch so bescheidene Erfolge zu einem Umdenken in der Gesamtpartei und zu einer Kursänderung der politischen Taktik führen könnten. Kolb äußerte die Hoffnung: „Die badische Taktik, auf das Reich übertragen, bedeutet die absolute Ausschaltung des Zentrums."[120] Frank erklärte: „Der Großblock im Reich muss kommen, wie er in Baden gekommen ist. Wenn den Nationalliberalen auch einmal im Reich das Wasser am Halse stehen wird, werden sie die Wendung der Dinge schon noch begreifen lernen. In Baden haben sie es ja auch begriffen – notdürftig wenigstens."[121]

Kritik der Parteilinken am Kurs der badischen SPD

Ein Konsens über den badischen Kurs in der Gesamtpartei war zu diesem Zeitpunkt nicht zu erreichen. Die Politik der badischen SPD führte im Gegenteil zu einer der erbittertsten Debatten der Partei in der Vorkriegszeit, einer Debatte, deren Bedeutung an die des Revisionismusstreits und der Massenstreikdebatte heranreichte. Diese Auseinandersetzung führte an den Rand der Parteispaltung, fast unüberbrückbare Meinungsverschiedenheiten zwischen rechtem und linkem Flügel rissen auf, persönliche Feindschaft und Polemik bestimmten den Ton der Debatte. Den badischen Revisionisten stellten sich nicht nur das Parteizentrum und die Linke der Gesamtpartei entgegen, auch in den eigenen Reihen des Landesverbands formierte sich eine beachtliche Opposition, deren Stärke und Aktivität in der Forschung oftmals unterschätzt wird. Für Marum bedeutete dies, dass er seit Beginn seiner politischen Aktivität mitten in innerparteiliche Auseinandersetzungen gestellt war, die ihn zur Stellungnahme aufforderten und vor Anfeindungen nicht bewahrten. Diese Konfrontation begleitete ihn auf seinem politischen Weg ein Leben lang: Vor der Parteispaltung des Jahres 1917 sah er sich den Angriffen des linken Flügels ausgesetzt, später waren es die Anfeindungen der USPD und vor allem der badischen Kommunisten.

---

[118] Braun (1997), S. 74.
[119] Elsässer (1978), S. 83.
[120] *Volksfreund* vom 28.7.1910, S. 5.
[121] *Volksfreund* vom 26.7.1911.

Als die badische SPD das Großblockexperiment im Jahr 1905 begann, regte sich sofort die Kritik in der Gesamtpartei. Führende Vertreter des Parteizentrums wie Bebel und Kautsky und die Linke um Rosa Luxemburg lehnten diesen Weg entschieden ab. Sie bedienten sich zur Austragung des Streits der Parteipresse und ihrer linken Blätter wie der *Leipziger Volkszeitung* und der *Neuen Zeit*, aber auch der gemäßigtere *Vorwärts* stimmte in die Kritik ein. Grundtenor dieser Ablehnung war die Verwerfung der revisionistischen Grundüberlegungen, die in der Gesamtpartei seit dem Dresdner Parteitag als überwunden galten, und die Nicht-Anerkennung besonderer badischer Verhältnisse, die ein solches Vorgehen hätten rechtfertigen können. Im Gegenteil, die Linken warfen den badischen Genossen vor, sie ließen sich durch einige „schöne Worte" der badischen Minister korrumpieren und zu weitgehenden Kompromissen verleiten.[122]

Neben der grundsätzlichen Verwerfung der theoretischen Rechtfertigung der badischen Politik zielte die Kritik auch auf das praktische Vorgehen im Einzelnen, wie den Stichwahlabkommen mit den Liberalen, der parlamentarischen Zusammenarbeit und vor allem der Budgetbewilligung. Den Überlegungen Kolbs und Franks hielt man entgegen, dass in den liberalen Parteien wesentlich die Unternehmerinteressen vertreten würden, sie also Organisationen des Klassenfeindes und als politische Bündnispartner der Sozialdemokraten nicht diskutabel seien. Die Durchsetzung von Reformen konnte man nur als „systemstabilisierende Reparaturen"[123] begreifen, der Hochschätzung des Parlamentarismus hielt man die Sichtweise des Parlaments als Instrument des bürgerlichen Klassenstaates entgegen. Die Bewilligung des Budgets galt den orthodoxen Marxisten als Verstoß gegen den Parteitagsbeschluss von Lübeck, als Disziplinlosigkeit und Verrat an sozialdemokratischen Prinzipien.

Die Auseinandersetzungen zogen sich über mehrere Jahre hin und wurden von beiden Seiten mit Nachdruck und Kompromisslosigkeit geführt. Höhepunkte der Kontroverse bildeten zweifellos die Parteitage von Nürnberg und Magdeburg in den Jahren 1908 und 1910, als die Budgetbewilligung der badischen Landtagsfraktion zur Debatte stand. In Nürnberg setzte der Parteivorstand eine Resolution durch, welche die Etatbewilligung der Badener verurteilte und im Wiederholungsfalle den Parteiausschluss androhte. Die Badener Delegierten ließen sich aber keinesfalls einschüchtern. Besonders Ludwig Frank parierte den Angriff mit glänzenden Verteidigungsreden und gab zusammen mit 65 weiteren süddeutschen Delegierten aus Bayern, Württemberg, Baden und Hessen eine Erklärung ab, die dem Parteitag das Recht bestritt, in Landesangelegenheiten bestimmend einzugreifen und die diese Kompetenz den Landesparteivorständen vorbehalten wollte.

Der Wortlaut der süddeutschen Erklärung lautete: „Wir erkennen dem deutschen Parteitag als der legitimen Vertretung der Gesamtpartei die oberste Entscheidung zu in allen prinzipiellen und den taktischen Angelegenheiten, die das ganze Reich berühren.

---

[122] *Volksfreund* vom 28.7.1910, S. 5.
[123] Franzen (1979). In: Schadt/Schmierer (1979), S. 89.

Wir sind aber auch der Ansicht, dass in allen speziellen Angelegenheiten der Landespolitik die Landesorganisation die geeignete und zuständige Instanz ist, die auf dem Boden des gemeinsamen Programms den Gang der Landespolitik nach den besonderen Verhältnissen selbständig zu bestimmen hat, und dass die jeweilige Entscheidung über die Budgetabstimmung dem pflichtgemäßen Ermessen der ihrer Landesorganisation verantwortlichen Landtagsfraktion vorbehalten bleiben muss."[124]

Damit hielten sich die süddeutschen Parlamentarier die Möglichkeit einer erneuten Budgetbewilligung offen, die dann auch 1910 in Baden mit dem Argument, man könne dem eigenen Gesetzeswerk die nötigen Gelder nicht verweigern, auch vollzogen wurde. Mit diesem Verhalten leitete die badische SPD die Abkoppelung vom Dirigismus und Zentralismus der Gesamtpartei ein und verlangte eine Duldung des eigenständigen Weges der Landesverbände. Dies bedeutete die äußerste Zuspitzung des Konflikts. Von beiden Seiten bereitete man sich gründlich auf die zu erwartenden Auseinandersetzungen auf dem Magdeburger Parteitag im September 1910 vor. Die badische Landtagsfraktion suchte und fand die Unterstützung des badischen Parteitags für ihre politische Linie, die örtlichen Wahlvereine verabschiedeten Resolutionen, in denen sie sich ebenfalls hinter die Politik der Fraktion stellten und die Aufhebung des Nürnberger Parteitagsbeschlusses forderten.[125]

Rosa Luxemburg begann während des badischen Parteitags eine Agitationsreise durch Baden, auf der sie – ohne Unterstützung der badischen Partei – Volksversammlungen abhielt und die Revisionisten und deren Strategie scharf angriff.[126] Sie sprach den badischen Parteiführern die subjektive Aufrichtigkeit ab und warf ihnen Opportunismus vor[127], sie bezeichnete die reformistische Praxis als eine „Schatzsuche nach Regenwürmern"[128] und sie griff die badischen Genossen als „von ihren Führern korrumpierte verwilderte Proletarier Badens, die den Mutterboden der marxistischen Klassenpolitik verlassen haben"[129] an. Der *Volksfreund* seinerseits konterte mit harten Angriffen gegen die Führerin der Linken[130] und warf ihr ob ihrer in eigener Regie einberufenen Volksversammlungen parteischädigendes Verhalten vor. Als es im Jahr 1911 zu einer Meinungsverschiedenheit zwischen Kautsky und Luxemburg kam, schrieb der *Volksfreund*: „Vielleicht gibt das endlich Anlass, sich mit Rosa Luxemburg einmal gründlich auseinander zu setzen. Die deutsche Partei hat sich von ihr schon zu viel bieten lassen!"[131]

[124] Zitiert nach Watzinger (1995), S. 34.
[125] Über die Mannheimer SPD-Versammlung vgl. *Volksfreund* vom 29.7.1910, S. 3 und *Volksfreund* vom 18.10.1910, S. 3; über den Beschluss der Wahlkreiskonferenz KA-Bruchsal *Volksfreund* vom 24.8.1910, S. 3; über die Karlsruher Versammlung *Volksfreund* vom 26.8.1910.
[126] Franzen (1979), Bd. I, S. 174.
[127] Ebenda, S. 273.
[128] Franzen (1979) in Schadt/Schmierer, S. 180.
[129] *Volksfreund* oder GLA
[130] *Volksfreund* vom 13.8.1910.
[131] *Volksfreund* vom 31.8.1911, S. 3.

Karl Kautsky veröffentlichte in der *Neuen Zeit* einen Artikel mit der Überschrift „Der Aufstand in Baden", in dem er die badischen Parteiführer des Disziplinbruchs und des Parteiverrats bezichtigte.[132] Die Revisionisten waren bemüht, die Diskussion auf eine sachliche Ebene zu heben und rechtfertigten die Budgetbewilligung mit sehr unterschiedlichen Argumentationsstrategien. Man ordnete die Zustimmung zum Etat nicht als prinzipielles, sondern als taktisches Vorgehen ein, man verwies auf die Pflicht, Parlamentsarbeit im Interesse der großen Masse des Volkes zu leisten und griff auch auf moralische Argumentationsmuster zurück, wenn zum Beispiel Frank das Gewissen des Abgeordneten höher stellte als eine Parteitagsresolution.[133] Schließlich fehlte auch das ganz pragmatische Argument nicht, das von Kolb vorgetragen wurde: „Erfolge sind das Lebenselement einer Partei (...), gerade die sozialdemokratische Partei braucht Erfolge mehr wie jede andere Partei."[134]

So gerüstet ging man auf den Magdeburger Parteitag, der den Höhepunkt und den Abschluss der Auseinandersetzung bildete. Vom Parteivorstand lag eine Resolution vor, die bei erneuter Budgetbewilligung den sofortigen Parteiausschluss androhte. Nur der vermittelnden Rede Bebels verdankten es die badischen Delegierten, dass diese Resolution zurückgezogen wurde und die Mehrheit des Parteitags lediglich ihre Missbilligung des badischen Vorgehens zum Ausdruck brachte.[135] Der Parteitag bedeutete allerdings eine Niederlage für die badischen Revisionisten, die jedoch nicht aufgaben und ihre Hoffnung auf eine zukünftige Entwicklung zu ihren Gunsten setzten. In den Jahren 1912 und 1914 lehnte die badische Landtagsfraktion aus sachlichen Gründen das Budget ab, so dass dieser Konflikt keine Fortsetzung fand.

Die Forschung zur badischen SPD-Politik vor dem Ersten Weltkrieg konzentrierte sich auf den Konflikt mit der Gesamtpartei und vernachlässigte darüber die Darstellung der innerbadischen Opposition,[136] die zwar zahlenmäßig den Revisionisten unterlegen war, aber über bedeutende Persönlichkeiten und genügend Anhänger in den Ortsvereinen und Gewerkschaften verfügte, um auf die Entwicklung in ihrem Sinne einwirken zu können. So hatte sich in Baden der Widerstand gegen das reformistische Konzept schon sehr früh entwickelt.[137]

Schätzungen gehen davon aus, dass auf dem Höhepunkt der Flügelkämpfe 1910 die badische Opposition gegen die Reformstrategie Kolbs und Franks etwa ein Fünftel bis ein Viertel der Delegierten des badischen Parteitags umfasste.[138] Entschiedenster Expo-

---

[132] Watzinger (1995), S. 36.

[133] *Volksfreund* vom 28.7.1910, S. 5.

[134] *Volksfreund* vom 24.8.1910, Titel.

[135] Vgl. Watzinger (1995), S. 35ff.

[136] Eine Ausnahme bildet hier die Arbeit Franzens von 1987.

[137] Elsässer (1979)

[138] Elsässer (1979) S. 123 spricht etwa von einem Viertel bis zu einem Fünftel der Delegierten des Offenburger Parteitags von 1910, ob in der Mitgliedschaft eine entsprechende Stärke vorlag, ist nicht gewiss.

nent der badischen Linken war Adolf Geck[139], der – 1854 geboren – zu der ältesten Generation badischer Sozialdemokraten gehörte. Geck entstammte einer Offenburger Familie, die sich aktiv an der Revolution von 1848 beteiligt hatte. Nach dem frühen Tod seines Vaters übernahm Amand Goegg – der Organisator der badischen Volksvereine und führende Revolutionär während der Reichsverfassungskampagne – die Vormundschaft für Geck. Geck trat als junger Mann zunächst der Deutschen Volkspartei bei und wechselte Anfang der 80er Jahre zur Sozialdemokratie, die er beim Vertrieb ihrer Exilliteratur in der *Roten Feldpost* und einem eigenen Blatt, dem *Volksfreund*, unterstützte. Als Druckereibesitzer und Eigentümer des *Volksfreund* bis 1899 verfügte Geck über entscheidenden Einfluss in der badischen SPD, der sich auch darin äußerte, dass er nach dem Fall des Sozialistengesetzes entscheidend zum Aufbau der Landesorganisation und einzelner Lokalorganisationen beitrug. Adolf Geck war Landesvorsitzender der SPD von 1890 bis 1893, Mitglied des Badischen Landtags mit kurzen Unterbrechungen von 1897 bis 1918 und Mitglied des Reichstages von 1898 bis 1912. Innerhalb der Gesamtpartei stand er August Bebel nahe und betätigte sich in dem wichtigen Gremium der Kontrollkommission. Nachdem Kolb dafür gesorgt hatte, dass der *Volksfreund* 1899 nach Karlsruhe verlegt wurde und in Parteieigentum überging, standen sich Geck und Kolb in unversöhnlicher Feindschaft gegenüber. Geck übernahm die Führung der Opposition gegen den Reformkurs Kolbs in den Jahren nach 1905, er weigerte sich 1907 als Landtagsvizepräsident am Begräbnis des Großherzogs teilzunehmen, er stimmte 1908 mit vier Anhängern gegen das Budget;[140] ebenso verhielt er sich im Jahr 1910. Geck war der Verbindungsmann zwischen der badischen Linken und dem Kreis um Luxemburg, er übernahm es, wichtige Informationen und innerparteiliche Details aus Baden an die linke Presse in Norddeutschland weiter zu geben und so für die Unterstützung der badischen Opposition zu sorgen.[141]

Ein weiterer wichtiger Vertreter der badischen Linken, der ebenfalls über Einfluss und Mandate im Landtag und Reichstag verfügte, war Emil Eichhorn,[142] Redakteur der Mannheimer Volksstimme, erster badischer Parteisekretär beim Landesvorstand von 1905 und 1907, Mitglied des badischen Landtags 1901 bis 1908 und des Reichstags von 1903 bis 1912. Durch den Wechsel Eichhorns im Jahr 1908 nach Berlin verlor die badische Linke einen ihrer profiliertesten Vertreter. In der bedeutendsten Industriestadt Badens, in Mannheim, arbeiteten ebenfalls entschiedene Anhänger der Linken, deren bekannteste die Parteiaktiven Hermann Merkel[143] und Hermann Remmele[144] waren. Obwohl sie über kein Mandat verfügten, war ihr Einfluss in der Mannheimer Organisation beträchtlich. Merkel betätigte sich im Parteivorstand und war Vorsitzender des Gewerkschaftskartells.

---

[139] Franzen (1987), Bd. II, S. 696 und *Badische Biographien*, Neue Folge, Bd. IV, S. 84f.
[140] Elsässer (1978), S. 119.
[141] *Volksfreund* vom 24.8. 1910.
[142] Franzen (1987), Bd. II, S. 691f und Elsässer (1979), S. 128ff.
[143] Franzen (1987), Bd. II, S. 700.
[144] ebenda, S. 703.

Remmele bestimmte die Diskussion des Mannheimer Vereins entscheidend mit und wurde von diesem als Delegierter des Landesparteitags bestimmt.

Die badische Opposition teilte die Kritikpunkte der Linken in der Gesamtpartei. Dazu gehörte zentral die Budgetfrage und später in den Jahren 1913 und 1914 die Kritik an der Linie der Reichstagsfraktion. Auf dem Höhepunkt des Streits um die badische Budgetbewilligung im Jahr 1910 fühlte die badische Linke sich stark genug, um auf dem Parteitag in Offenburg, dem einige Wochen später der Gesamtparteitag in Magdeburg folgen sollte, die folgende Resolution von Merkel einzubringen: „Der Parteitag erklärt, dass die Einheit der Partei in allen prinzipiellen und taktischen Fragen gewahrt werden muss. Die politischen und gesellschaftlichen Beziehungen der Klassen in Baden untereinander sind manchmal derart, dass der Kampf in der äußeren Form milder erscheinen lassen kann, als in Preußen und Sachsen. Das darf jedoch kein Grund sein, sich in Gegensatz mit der Gesamtpartei zu setzen und damit die Stoßkraft der Partei zu schwächen. Der Parteitag erklärt, dass die Budgetzustimmung unserer Fraktion durch die Verhältnisse in Baden nicht genügend gerechtfertigt erscheint und gegen den Beschluss der Gesamtpartei verstößt. Der Parteitag bedauert die Abstimmung und verlangt, dass die Einheit der Aktion unter allen Umständen gewahrt bleibt. Der Parteitag hält die Hofgängerei einzelner Genossen für unvereinbar mit den Grundsätzen der Partei und erwartet, dass solche Entgleisungen in Zukunft vermieden werden."[145] Diese Resolution wurde zwar mit 133 zu 45 Stimmen abgelehnt,[146] belegte aber, dass die Linke etwa über ein Drittel der Delegierten verfügte.

Als ihre besondere Aufgabe sah es die badische Linke an, die Arbeit des Großblocks kritisch zu kommentieren, wobei sie besonders das Verhalten der bürgerlichen Parteien, in denen sie vornehmlich die Organisation des Klassenfeinds sah, unter die Lupe nahm und heftige Kritik am Gesetz zur Reform des Gemeindewahlrechts übte, das – aus ihrer Sicht – der Sozialdemokratie zu weitgehende Kompromisse abverlangt hatte. Einen weiteren zentralen Angriffspunkt bot ihr der *Volksfreund* und seine offen revisionistische Linie, auf ihn konzentrierte sich die Abwehrstrategie der badischen Linken. In den Mittelpunkt ihrer Analyse der Stärke des Reformismus in Baden stellte sie die mangelnde Schulung und die geringe Kenntnis des historischen Materialismus, deshalb richtete sie ihre Anstrengungen darauf, diesem vermeintlichen Mangel Abhilfe zu schaffen. Dazu diente ihr ein eigenes Presseorgan, das *Offenburger Volksblatt*, das von 1906 bis 1909 erschien,[147] und eine eigene Bildungseinrichtung, die Karl-Marx-Clubs, die von Adolf Geck angeregt worden waren. Der Versuch Gecks, der linken Position im *Offenburger Volksblatt* ein Forum zu schaffen, scheiterte, als im Jahr 1909 sowohl der badische Parteivorstand als auch der Gesamtvorstand weitere Gelder zur Unterstützung des Blattes verweigerten.[148]

---

[145] *Volksfreund* vom 24.8.1910, Titel.
[146] Ebenda.
[147] Elsässer (1979), S. 85f.
[148] Ebenda.

Auch den Karl-Marx-Clubs war kein langes Dasein beschieden. Nach dem Magdeburger Parteitag waren sie 1910 ins Leben gerufen worden. Sie formierten sich in den badischen Industriestädten und verfolgten das Ziel, parteipolitischen Einfluss in personalpolitischen Fragen und in den Parteigremien zu gewinnen und eine Bildungsarbeit orientiert an den Klassikern des Marxismus zu betreiben. Die Arbeit der Karl-Marx-Clubs schwankte zwischen einer nichtöffentlichen, konspirativen Organisationsform und einer auf die Gewinnung neuer Anhänger zielenden Öffentlichkeitsarbeit. Ihre Mitglieder verfochten ihre Positionen in den Debatten sowohl der lokalen Parteiversammlungen als auch der badischen Parteitage und in der mündlichen Agitation, die Clubs gaben jedoch keinen Einblick in ihre innere Organisation und in ihren Mitgliederbestand. Die Lebensdauer der Clubs war nur eine sehr kurze. Entstanden 1910, erlebten sie ihr Ende schon auf dem badischen Parteitag von 1911 in Offenburg, wo die Revisionisten sich mit einer Resolution – eingebracht von dem Freiburger Parteisekretär Engler – durchsetzten, welche die Bildung von Clubs und Sonderorganisationen von der Zustimmung der örtlichen Parteileitung abhängig machte und Vereinigungen zu Bildungszwecken ebenfalls nur unter der Aufsicht der Parteileitung arbeiten lassen wollte. Das bedeutete das Aus für die Karl-Marx-Clubs, die von der Partei als parteischädigende Abspaltungsorgane nicht geduldet wurden. Der Antrag Englers fand große Zustimmung und signalisierte erneut die Unterlegenheit der Linken in Baden. Die Auflösung der Karl-Marx-Clubs bedeutete aber keineswegs die endgültige Niederlage der Linken, sie versuchte vielmehr ihren Einfluss über die Besetzung wichtiger Posten in der Parteileitung geltend zu machen. In diesem Bestreben konnte sie Erfolge verzeichnen, ihre Präsenz in vielen örtlichen Parteivorständen belegt die Kraft und die Durchsetzungsfähigkeit der badischen Linken.

Im Jahr 1912 unternahm die Linke einen Vorstoß, Einfluss auf die redaktionelle Arbeit des *Volksfreund* zu bekommen. Sie wollte die Kompetenz der Karlsruher Pressekommission, in der sich auch Vertreter der Linken befanden, erweitern und so dem revisionistischen Kurs in der Pressearbeit Kolbs gegensteuern[149] und konnten auch gewisse Erfolge verbuchen. Auftrieb erhielten die Linken auch, als in der Reichstagswahl 1912 das Karlsruher und das Pforzheimer Mandat für die SPD verloren ging und als in der Landtagswahl von 1913 der Stimmenanteil der Partei von 28,1% auf 22,3% sank. Diese Niederlagen waren nach Ansicht der Linken der Großblockpolitik anzulasten und bewiesen zudem die mangelnde Verlässlichkeit der Liberalen, war doch der fortschrittliche Reichstagskandidat Ludwig Haas mit Unterstützung des Zentrums gewählt worden und zeigten sich 1913 bereits deutliche Distanzierungsversuche der Nationalliberalen von den Sozialdemokraten. Die Linken nutzten diese Niederlage der Revisionisten, um in den parteiinternen Versammlungen und Diskussionen die – ihrer Meinung nach – verfehlte Politik anzuprangern. Ihre Argumente fanden in vielen Ortsvereinen Gehör und ver-

---

[149] Franzen (1987), S. 246ff.

stärkten in diesen Jahren die ablehnende Haltung in der Parteibasis gegenüber der nur noch schleppend vorangehenden Großblockpolitik.[150]

In den letzten zwei Jahren vor Ausbruch des Ersten Weltkriegs änderte sich das Kräfteverhältnis zwischen rechtem und linkem Flügel in der Partei entscheidend. Es fand ein „renversement des alliances"[151] statt, das auf Reichsebene eine Stärkung des reformistischen Flügels bewirkte, während in Baden dessen Schwächung zu beobachten war. Die Entwicklung im Reich und in Baden verlief in entgegengesetzter Richtung. Ab 1911 zeigten sich in der Reichstagsfraktion erste Anzeichen eines revisionistischen Kurses, der seinen Niederschlag in der Zustimmung zur elsaß-lothringischen Verfassung von 1911, den Stichwahlabkommen in der Reichstagswahl von 1912, der Zustimmung zu der Wehrvorlage 1913 fand. Ganz offenkundig wurde diese Wende in der Zustimmung zu den Kriegskrediten am 4. August 1914. Bereits 1911, als die Reichstagsfraktion der elsaß-lothringischen Verfassung trotz der dort vorgesehenen Stärkung kaiserlicher Macht und der Einrichtung einer rückständigen ersten Kammer allein wegen der Gewährung des allgemeinen Wahlrechts zustimmte, frohlockte Wilhelm Kolb, der damit seine reformistische Politik bestätigt sah. Im *Volksfreund* nutzte er die Gelegenheit, um sein politisches Credo noch einmal darzulegen. Er schrieb am 3. Juni 1911: „In der Politik gibt es eben kein Niemals. (...) Eine Partei, deren Anhänger nach Millionen zählen und von deren Politik die nächste Zukunft einer großen Nation abhängt, kann sich nicht auf die Dauer mit der blosen (sic) Organisation und Agitation begnügen, zumal wenn die wirtschaftliche Entwicklung die Herrschaft der Reaktion unerträglich gemacht hat. (...) Ihre Prinzipien muss eine Partei wie die sozialdemokratische jederzeit vertreten; aber es ist unpolitisch, sich damit zu begnügen, sie immer nur „hochzuhalten" und zuzuwarten, bis sie „voll und ganz" verwirklicht werden können. So macht man eben keine Politik, sondern treibt fruchtlose Prinzipienreiterei. (...) Die Taktik des unversöhnlichen Radikalismus führt zur politischen Sektiererei und in letzter Linie zum Antiparlamentarismus. (...) Unser Machtzuwachs hängt davon ab, inwieweit wir die bestehenden Machtverhältnisse zu beeinflussen vermögen. Politischen Einfluss aber übt man nicht aus, wenn man den Feinden des Volkes allein das Feld überlässt. Die Politik erfordert, wenn man die Machtverhältnisse verschieben will, Opfer. Wer dazu nicht bereit ist, kann keine Politik betreiben, sondern muss sich mit Organisation und Agitation begnügen."[152]

Die auch außerhalb Badens bei der Reichstagswahl 1912 abgeschlossenen Stichwahlabkommen und vor allem die Zustimmung der Reichstagsfraktion zur Wehrvorlage im Jahr 1913, die selbst Bebel unterstützt hatte, interpretierte Kolb als deutliche Anzeichen der Übernahme des reformistischen Kurses auf Reichsebene. Zur gleichen Zeit musste er allerdings in Baden entscheidende Niederlagen hinnehmen, die sich in den Wahlschlap-

---

[150] Über das Scheitern des Großblocks und die folgenden Auseinandersetzungen in der Partei vgl. Franzen (1987), S. 246ff.

[151] Franzen (1987), Bd II, S. 275.

[152] *Volksfreund* vom 3.6.1911. Titel: „Politische Pfingstgedanken."

pen der Partei 1912 und 1913 äußerten und die Stagnation in der badischen Parteibasis anzeigten. Hier hatte sich offensichtlich die Verdrossenheit und Enttäuschung über die ausbleibenden Erfolge der Großblockpolitik ab 1911/12 niedergeschlagen. Trotz der immer geringer werdenden Übereinstimmung zwischen den Parteien des Großblocks führten die Revisionisten den Landtagswahlkampf 1913 unter der Devise der Fortsetzung der Großblockpolitik. Selbst das enttäuschende Wahlergebnis – die SPD verbuchte einen Stimmenverlust von etwa 6% – hielt sie nicht davon ab, das Bündnis zu erneuern. Dieses währte dann auch nur noch ein halbes Jahr. Der rechte Flügel der nationalliberalen Partei hatte durch den Wahlausgang eine Stärkung erfahren, die Regierungskreise schlugen erneut einen Konfrontationskurs gegenüber der Sozialdemokratie ein, so dass der Spielraum für eine Reformpolitik immer enger wurde. Zum offenen Bruch zwischen der nationalliberalen Partei und der Sozialdemokratie kam es, als sich die Rechtsliberalen der Fortsetzung einer liberalen Kulturpolitik, des einzigen noch bestehenden gemeinsamen Nenners, verweigerten. Dies kündigte sich in der ablehnenden Haltung der nationalliberalen Fraktion gegenüber den schulpolitischen Vorschlägen der fortschrittlichen Volkspartei an, welche die Abschaffung des Schulgeldes, die Befreiung der Lehrer vom Religionsunterricht und die Übernahme der Lehrergehälter durch den Staat als Reformprojekte vorgeschlagen hatte.[153] Als dann der nationalliberale Abgeordnete Neck im Landtag den obligatorischen Religionsunterricht für die Fortbildungsschule forderte, um dem „Materialismus und Radikalismus entgegenzutreten",[154] wurde die Aufgabe liberaler Prinzipien in der Kulturpolitik und der Schulterschluss mit dem Zentrum offenkundig. Das bedeutete, dass die Fortsetzung einer liberalen Kultur- und Schulpolitik, welche die Schule aus der Umklammerung der Kirche lösen wollte, nicht mehr vom Konsens der Großblockparteien getragen wurde. Kolb kündigte im Frühsommer 1914 das Großblockabkommen und musste damit eingestehen, dass seine optimistische Einschätzung der liberalen Parteien und deren Interesse an einer fortschrittlichen Kulturpolitik sich nicht eingelöst hatte.

Das Scheitern des Großblocks rief an der Parteibasis Reaktionen der Erleichterung ob der Lösung eines zunehmend als Belastung empfundenen Bündnisses hervor. Kolbs entschiedene Worte der Ablehnung der nationalliberalen Politik im Landtag trafen auf Zustimmung und Unterstützung in der Mitgliedschaft. Kolb sah wegen des Rechtsrucks der Nationalliberalen seine grundsätzlichen Überlegungen zur Strategie der Partei keineswegs als widerlegt an, er blieb weiterhin von der Richtigkeit seines Weges überzeugt.[155] Er war nicht in der Lage, eine Fehleinschätzung der gegebenen politischen Verhältnisse zuzugeben. Er hatte sowohl die Flexibilität des konstitutionellen Herrschaftssystems als auch die Interessenidentität zwischen Liberalen und Sozialdemokraten

---

[153] Elsässer (1978), S. 86.
[154] Ebenda.
[155] Franzen (1987), Bd I, S. 259.

überschätzt. Seine Prognose der Reformierbarkeit des konstitutionellen politischen Systems, der Milderung der Klassengegensätze durch sozialpolitische Maßnahmen fand in der Realität keine Entsprechung. Das Scheitern Kolbs und der Großblockpolitik stärkte die Position der badischen Linken. Im Frühsommer 1914 war in Baden ein Patt zwischen den Parteiflügeln eingetreten, das auf dem badischen Parteitag in Freiburg für heftige Debatten sorgte.[156] Während die Linke eine Verstärkung der von sozialistischen Inhalten bestimmten Bildungspolitik forderte sowie eine Rückwendung zur Agitationspolitik und zu demonstrativen Gesten der Ablehnung des bestehenden Systems, wie sie die Reichstagsfraktion in der Verweigerung des Kaiserhochs gezeigt hatte, blieb diese Strategie für die Rechte nach wie vor unbefriedigend. Eine Entscheidung über den nun einzuschlagenden Weg wurde jedenfalls in Freiburg nicht getroffen. Erst die sich verschärfende Kriegsgefahr und schließlich der Ausbruch des Krieges brachen die Lähmung in der badischen SPD auf. Auch in Baden – wie überall im Reich – wurde zu Antikriegsdemonstrationen aufgerufen, die Parteibasis aktiviert. Die Zustimmung der Reichstagsfraktion zu den Kriegskrediten und die Ausrufung des Burgfriedens durch Wilhelm II. änderten die politische Situation allerdings nochmals vollständig. Die Flügelkämpfe in der SPD kamen zunächst zum Stillstand, der Verlauf des Krieges ließ sie jedoch nach kurzer Zeit wieder aufbrechen und führte schließlich in die Parteispaltung, die sich in den Auseinandersetzungen der Vorkriegsjahre – gerade in Baden – schon deutlich abgezeichnet hatte.

Vor dem Krieg hatte die Spaltung nur deshalb verhindert werden können, weil die Einheit der Arbeiterbewegung in der Partei noch als hoher Wert gegolten hatte,[157] den zu gefährden man nicht riskieren wollte. Dies traf sowohl auf die Gesamtpartei als auch auf die badische Landesorganisation zu.[158] Nur von hier aus wird verständlich, warum auf dem Magdeburger Parteitag ein schärferes Vorgehen gegenüber den badischen Revisionisten unterblieb. Der Blick auf die Reichstagswahl 1912, in der sich die Partei geschlossen präsentieren wollte, hatte eine Verschärfung des Konflikts verhindert. Auch in Baden bemühte man sich – trotz aller bestehenden innerparteilichen Differenzen –, nach außen ein Bild der Geschlossenheit zu bieten und die Gegensätze nicht eskalieren zu lassen. Der *Volksfreund* forderte – trotz der zu erwartenden heftigen Kritik am reformistischen Kurs der Landtagsfraktion – die Mitgliedschaft zum Besuch einer Veranstaltung von Liebknecht und Luxemburg in Karlsruhe auf, und auf dem badischen Parteitag 1911, als über die Karl-Marx-Clubs verhandelt wurde, bemühte man sich um eine sachliche Auseinandersetzung.[159] Anlässlich der Reichstagswahl 1912 unterstützte der revisionistisch beherrschte Wahlkreis Karlsruhe-Bruchsal geschlossen die Kandidatur des Linken Adolf Geck, erreichte allerdings nicht das gewünschte Ziel, als Geck dem fortschrittlichen Kandidaten Ludwig Haas unterlag.

---

[156] Elsässer (1978), S. 86.
[157] Ebenda, S. 261.
[158] *Volksfreund* vom 16.8.1910, S. 2.
[159] *Volksfreund* vom 31.8.1911.

Vor dem Kriege herrschte noch das Bewusstsein vor, dass eine Parteispaltung unermesslichen Schaden anrichten und eine Schwächung der politischen Einflussmöglichkeiten bewirken würde. Ludwig Frank schrieb 1908 in einem Brief: „Ich hoffe, dass eine Spaltung sich vermeiden lässt. Die Umformung der Partei wird sich in den nächsten Jahren schnell und sicher vollziehen."[160] Damit hatte er nur für die Jahre vor dem Kriege Recht, während des Kriegs ließ sich die Einheit der Partei nicht länger wahren.

Marum – ein Anhänger der Linie Franks und Kolbs

Ludwig Marum vertrat seit Beginn seiner politischen Aktivität eine dezidiert reformistische Linie, die sein politisches Denken und Handeln ein Leben lang bestimmte. Geformt hatte sich dieser gemäßigte sozialdemokratische Standpunkt unter dem Einfluss seines akademischen Lehrers Brentano in den Münchner Jahren, bekräftigt wurde er durch die Beobachtung der Bruchsaler Arbeiterschaft und deren Absage an radikale Politikkonzepte, intellektuelle Anregungen gab ihm die Strategiedebatte der badischen SPD in den ersten Jahren seiner Mitgliedschaft, die ihn zum überzeugten Anhänger der Position Kolbs und Franks werden ließen.

Als Marum in die Partei eintrat, hatte er Gelegenheit, die Auseinandersetzungen zwischen den Flügeln um den reformistischen Kurs von Anfang an zu verfolgen. Als passives Mitglied wurde er Zeuge des Wahlsiegs der badischen Partei von 1905, des ersten Großblockabkommens in der Legislaturperiode von 1905 bis 1909, der Budgetbewilligung von 1908 und der Kontroversen des Nürnberger Parteitags. Ab 1909, nach seiner Niederlassung als Rechtsanwalt in Karlsruhe, nahm er seine aktive Parteiarbeit auf, die schnell sichtbar werden ließ, dass er sich als entschiedener Reformist bekannte. Der junge Marum unterstützte, wo er nur konnte, die Linie Franks und Kolbs und deren reformistische Strategie.

Zu beiden Führern des badischen Revisionismus entwickelte Marum eine intensive persönliche Beziehung: mit Kolb verband ihn die Parteiarbeit im Karlsruher Verein, mit Frank verfocht er auf dem badischen Parteitag von 1910 die reformistische Linie, mit ihm gemeinsam bestritt er den Karlsruher Landtagswahlkampf von 1913. Marum leistete beiden SPD-Führern angesichts der Angriffe, denen sie sich in den Vorkriegsjahren ausgesetzt sahen, stets Schützenhilfe. Frank war es, der auf den Gesamtparteitagen die süddeutsche reformistische Politik repräsentierte, wo er nicht nur den politischen Angriffen der Parteitagsmehrheit entgegenzutreten, sondern auch persönliche Missbilligung und Enttäuschung auszuhalten hatte. Bebel z.B. sagte auf dem Magdeburger Parteitag von 1910 in Hinblick auf Frank: „Ich habe auf den Genossen Frank einstmals große Hoffnungen gesetzt. Er war eine Zeit lang sogar mein Liebling, mein Benjamin. Aber ich habe mich getäuscht, er hat meine Hoffnungen betrogen."[161]

---

[160] Zitiert nach Watzinger (1995), S. 34.
[161] Watzinger (1995), S. 36.

Um die reformistische Position vertreten und Franks Argumentation vor dem Forum der Gesamtpartei unterstützen zu können, hatte Marum als badischer Delegierter am Magdeburger Parteitag teilnehmen wollen.[162] Seine Kandidatur war jedoch nicht erfolgreich, er gehörte nicht zu den zwei aus Karlsruhe zu entsendenden Vertretern. Dafür vertrat er in den heimischen Parteiversammlungen gegenüber den Angriffen der Linken die Position Franks und Kolbs; sowohl inhaltlich als auch sprachlich übernahm er deren Argumentation. Das zentrale Rechtfertigungsargument der Parteiführer – der Hinweis auf die besonders günstigen Bedingungen Badens – wurde von Marum ebenfalls aufgegriffen. Franks Verteidigung der „Hofgängerei" und dessen Hinweis, hier handle es sich um eine nebensächliche politische Frage, wurde von Marum auf der Parteiversammlung vom 28. Juli 1910 fast wörtlich wiederholt.[163] Während Frank auf dem Gesamtparteitag das Angriffsziel der orthodox marxistischen Gegner bildete, war Kolb die Gallionsfigur der Rechten in Baden selbst, auf die sich die Kritik konzentrierte. Sein Blatt, der *Volksfreund*, erregte immer wieder den Ärger der innerparteilichen politischen Gegner. Marum war es, der in den parteiinternen Debatten stets die „Arbeit des *Volksfreundes*" verteidigte und guthieß. Als die Linke versuchte, Einfluss in der Pressekommission des *Volksfreund* zu gewinnen, ließ sich Marum als Kandidat der Rechten in dieses Gremium wählen.[164] Er wuchs geradezu in die Rolle des „Benjamins" der badischen Revisionisten hinein und gab dieser Position durch vielfältige Aktivitäten Ausdruck. In der Abwehr der Kritik aus der Gesamtpartei stützte er in den Debatten die revisionistische Linie und versuchte vor allem die Angriffe aus der norddeutschen Parteipresse zu entkräften. Auch hier bediente er sich eines Frankschen Arguments, indem er auf die Gewissenspflicht des Abgeordneten hinwies, der Allgemeinheit zu dienen und nicht nur Vollstrecker von Parteitagsbeschlüssen zu sein.[165] Auch persönlich scheute er sich nicht, den Führern der Linken entgegenzutreten. Dies hatte sich bereits bei seiner Kandidatur zum Magdeburger Parteitag gezeigt, hier war er – wahrscheinlich wegen seiner Jugend und der noch kurzen parteipolitischen Aktivität – den erfahreneren und bekannteren Mitbewerbern Kolb und Willi unterlegen. Das Wahlergebnis zeigte die folgenden Kräfteverhältnisse: Kolb erhielt von 468 abgegebenen Stimmen 433, der Arbeitersekretär Willi 288 und Marum 197.[166]

Als Rosa Luxemburg im Jahr 1910 ihre Agitationstour gegen die badische Politik unternahm und dabei auch eine Veranstaltung in Durlach abhielt, trat ihr ihr heftigster Kontrahent Kolb persönlich entgegen.[167] Zwei Karlsruher Genossen begleiteten ihn, die ihm in seiner Auseinandersetzung mit der prominenten Vertreterin der Linken Schützenhilfe leisteten: Es waren Leopold Rückert und Ludwig Marum. Im *Volksfreund* erschien

---

162 *Volksfreund* vom 28.7.1910, S. 5.
163 Ebenda.
164 *Volksfreund* vom 29.8.1911.
165 *Volksfreund* vom 28.7.1910.
166 *Volksfreund* vom 16.8. 1910, S. 3.
167 Kolb tat dies, obwohl der badische Parteitag den Boykott der Veranstaltungen Luxemburgs empfohlen hatte. Vgl. Franzen (1987), S. 259f.

zu der Luxemburgschen Veranstaltung folgende Notiz: „Die gestern, Dienstag Abend, einberufene Volksversammlung war von etwa 800 Personen, größtenteils Parteigenossen von Durlach, Karlsruhe usw. besucht. Das Bürgertum war verhältnismäßig schwach vertreten. Genossin Dr. Luxemburg sprach 2¼ Stunden, ließ alles, was gegen die Haltung der badischen Landtagsfraktion ins Feld geführt werden konnte, Revue passieren, zum Teil in der ihr eigenen scharf pointierten Weise. Ihr traten nacheinander die Genossen Kolb, Flohr, Marum und Rückert entgegen, namentlich Gen. Kolb, der eindrucksvoll die schillernde Scheinlogik und die Widersprüche der Referentin aufdeckte. Erst gegen 1 Uhr fand die imposante Versammlung ihren Abschluss."[168]

Auch die badische Linke machte den Revisionisten erheblich zu schaffen, sie artikulierte sich auf den badischen Parteitagen, den Karl-Marx-Clubs und in den lokalen innerparteilichen Debatten. Auf allen drei Ebenen trat ihr Marum entgegen. Er gehörte zu den Karlsruher Delegierten des badischen Parteitags 1910 in Offenburg,[169] auf dessen Programm die Budgetbewilligung durch die Landtagsfraktion stand. Wie bereits erwähnt, lag ein Antrag der Linken vor, dieses Vorgehen zu missbilligen. Die Revisionisten mussten also all ihre Kräfte aufbieten, eine Bestätigung ihrer Politik zu erhalten. Marum sorgte mit seiner Stimme für die Niederlage der Linken und für das Vertrauensvotum, das der Landtagsfraktion ausgesprochen wurde. In der anschließenden Parteiversammlung in Karlsruhe stellte sich Marum als Berichterstatter des Parteitags hinter das Mehrheitsvotum.[170]

Auf dem folgenden Parteitag des Jahres 1911, auf dem die Aussprache über die Karl-Marx-Clubs anstand, war Marum zwar nicht als Delegierter vertreten, er übernahm aber dessen Resolution zur Auflösung der Karl-Marx-Clubs und verteidigte diesen Beschluss in der Mitgliederversammlung des Karlsruher Vereins: Im *Volksfreund* heißt es: „Marum ist mit der Resolution gegen den Karl-Marx-Club einverstanden und verteidigt die gegenwärtig vom ,Volksfreund' vertretene politische Taktik."[171]

Marum begnügte sich aber nicht damit, in den Flügelkämpfen entschieden Stellung gegen die linke Position zu beziehen, er trachtete danach, selbst aktiv die Großblockpolitik als Parlamentarier mitzutragen. Bereits im Jahr 1913 kandidierte Marum für ein Mandat im badischen Landtag, die Landespolitik war seit seinen politischen Anfängen Zielpunkt seiner Bestrebungen gewesen. Das Parlament war der Ort, wo er sich später völlig entfalten sollte und wo er in seiner langjährigen Tätigkeit als Fraktionsvorsitzender in den 1920er Jahren wertvolle Arbeit leisten sollte. Die Hochschätzung des Parlamentarismus teilte er mit Kolb ebenso wie die Skepsis gegenüber außerparlamentarischen Aktionen.

Marum kandidierte in einem der vier Karlsruher Landtagswahlkreise. Neben ihm bewarben sich noch die Revisionisten Kolb, Frank und Eugen Geck.[172] Während Kolb

---

168 *Volksfreund* vom 24.8.1910, S. 3.
169 *Volksfreund* vom 28.7.1910, S. 5.
170 *Volksfreund* vom 28.8.1910.
171 *Volksfreund* vom 31.8.1911, S. 4.
172 *Karlsruher Chronik* 1913, S. 86.

und Frank die sicheren Wahlkreise Karlsruhe-Ost und Karlsruhe-West erhielten und Geck im aussichtslosen Bezirk Karlsruhe-Mitte kandidierte, stand Marum im Wahlkreis Karlsruhe-Süd zur Wahl, einem Wahlkreis, dem durch eine Neueinteilung die bürgerlichen Viertel Rüppurr und Beiertheim zugeschlagen worden waren. Der so veränderte Wahlkreis konnte für die Sozialdemokraten keineswegs als sicher gelten. Die Aufstellung Marums als Kandidat belegt zum einen, dass er den Revisionisten als zuverlässiger Reformist galt – achteten diese doch auf die Durchsetzung von Kandidaten aus ihrem Lager,[173] um die Geschlossenheit der Landtagsfraktion nicht zu gefährden – zum andern das Vertrauen der Partei in sein politisches Talent und seine Kampf- und Durchsetzungsfähigkeit. Im ersten Wahlgang konnte Marum die erforderliche absolute Mehrheit nicht erringen, in den nun folgenden Stichwahlabkommen mit den liberalen Parteien wurde er als Kandidat zurückgezogen und musste dem fortschrittlichen Bewerber Richard Gönner das Feld überlassen.[174]

Marums entschiedene Unterstützung der Großblockpolitik zeigte sich nicht nur im Wahlkampf, sondern gerade auch nach seinem persönlichen Scheitern und der landesweiten Niederlage der Partei. Als in der Analyse der Wahlniederlage die Linke ihre Kritik am Großblock und am *Volksfreund* intensivierten, beharrte Marum auf dem eingeschlagenen Weg und verteidigte ihn – trotz der überdeutlich krisenhaft gewordenen Situation – als einer seiner letzten Verfechter.[175] Dies dankte ihm die Parteiführung um Wilhelm Kolb mit seiner erneuten Aufstellung als Landtagskandidat nach dem Tode Ludwig Franks, der – erst vierzigjährig – am 3. September 1914 bei Lunéville gefallen war. Im örtlichen Wahlausschuss saßen Wilhelm Kolb und Leopold Rückert, die Marum für die Kandidatur vorschlugen.[176] Marums beharrliche Vertretung des reformistischen Kurses ließ sie hoffen, dass er ein angemessener Nachfolger Franks sein und dessen politischen Kurs fortsetzen würde.

Marum selbst hat Frank stets als ein politisches Vorbild bezeichnet und war gewillt, dessen politisches Erbe zu übernehmen. Mit Frank verbanden ihn deutliche Parallelen im Lebensweg. Er teilte mit ihm außer der jüdischen Herkunft die akademische Ausbildung, den Beruf und einen ausgeglichenen, ruhigen Charakter. Marum lernte Frank wahrscheinlich in Karlsruhe kennen, dort kandidierte Frank im Wahlkreis Karlsruhe-Ost für den Landtag und nahm auch an Parteiversammlungen der Karlsruher SPD teil. Frank war im Jahre 1905 nicht in Mannheim, sondern in Karlsruhe als Landtagskandidat angetreten.[177] Dies hielt er auch so bei den Landtagswahlen von 1909 und 1913. Bei der letzten Wahl vor dem Kriege bewarben sich sowohl Marum als auch Frank um ein Karlsruher Mandat. Während des Wahlkampfs bestritten sie eine gemeinsame Veranstaltung. Ob die beiden Männer neben der Übereinstimmung in der politischen Richtung die Her-

---

[173] Franzen (1987), Bd I, S. 137
[174] *Volksfreund* vom 27.10.1913, Titel.
[175] *Volksfreund* vom 6.11.1913, S. 5.
[176] *Volksfreund* vom 3.10.1914, S. 7.
[177] Nachruf Oskar Geck, in: Watzinger (1995), S. 179.

kunft aus dem Judentum als verbindendes Element zwischen sich empfunden haben, ist nicht gewiss. Frank,[178] der dem badischen Landjudentum entstammte und die Religion seiner Vorfahren ein Leben lang ausübte, war um die Jahrhundertwende in die SPD eingetreten, in der er einen raschen Aufstieg machte. Bereits 1903 war er Parteitagsdelegierter in Dresden, ein Jahr später vertrat er die Partei auf dem Internationalen Sozialistenkongress in Amsterdam. 1905 wurde er zum badischen Landtagsabgeordneten gewählt, 1907 zum Reichstagsabgeordneten. Frank, der auf dem Dresdener Parteitag zunächst noch den parteioffiziellen marxistischen Standpunkt vertreten hatte, näherte sich allmählich der Position Kolbs an und wurde zu dessen engstem Verbündeten ab etwa 1907. In der Debatte um die badische Budgetbewilligung auf den Parteitagen von Nürnberg und Magdeburg war er der glänzende Verfechter der revisionistischen Position. Die Kernpunkte von Franks revisionistischem Kurs: die parlamentarische Arbeit, das Bündnis mit bürgerlichen Parteien, die Beteiligung auch an bescheidenen Reformgesetzen, Kompromissbereitschaft und positives Staatsverständnis bestimmten Marums Politkonzept sein Leben lang. Frank gab Marum neben den inhaltlichen Positionen aber auch die Zielpunkte seiner Karriere vor: Landtagssitz, Fraktionsvorsitz, Reichstagsmandat. Er lieferte ihm das Beispiel eines durchsetzungsfähigen, erfolgreichen Politikers jüdischer Herkunft.

Die engere persönliche Beziehung entwickelte Marum allerdings zu Wilhelm Kolb, mit dem er im Karlsruher Verein viele Jahre zusammenarbeitete. Diese Beziehung ging über die Grenzen einer Parteifreundschaft hinaus und wurde für beide zu einer engen persönlichen Bindung. Kolb war zwölf Jahre älter als Marum, seine politischen Erfahrungen reichten noch in die Zeit des Sozialistengesetzes und in die ersten Jahre des Neubeginns der Partei in den 1890er Jahren zurück. Als Marum 1909 nach Karlsruhe kam, stand Kolb auf dem Höhepunkt seiner Karriere, er war der anerkannte Führer der badischen Partei, hatte die Durchsetzung der Großblockpolitik erwirkt und sich einen Namen als Theoretiker des neuen Kurses in Baden gemacht. Seine dominierende Stellung wurde bewundernd als die eines „Bebels von Karlsruhe"[179], ein Zentrumsblatt titulierte ihn ironisch als „Zeus",[180] die Karlsruher Genossen nannten ihn kurzweg „Wilhelm".[181]

Der 39-jährige Kolb, der aus dem katholischen Handwerkermilieu Karlsruhes stammte, und der 26-jährige Marum, dessen Familie dem mittleren Bürgertum angehörte, teilten die Erfahrung des sozialen Aufstiegs und die Leidenschaft für die Politik. Beide hatten ihr Herkunftsmilieu verlassen und einen über Bildung vermittelten Aufstieg durchlaufen. Aus dem Maler Kolb war der leitende Redakteur des *Volksfreund*, Karlsruher Stadtrat und badischer Landtagsabgeordneter geworden, der Jurist Marum stand im Jahr 1909 noch am Beginn seiner politischen Karriere, zu der ihm Kolb entscheidende Hilfestellung zu leisten bereit war. Marum geriet in die Rolle des Kolbschen Kronprin-

---

178 Zur Biographie Franks vgl. *Badische Biographien II*, S. 89; Hamburger (1968), S. 444ff. und Watzinger (1995).
179 Franzen (1987), Bd. 1, Anm. 288.
180 *Volksfreund* vom 14.8.1903.
181 *Volksfreund*, Jubiläumsbeilage vom 3./4. September 1927, Bericht Weißmann.

zen, später sollte er dieselben Ämter wie Kolb übernehmen – das Stadtverordnetenmandat, den Landtagssitz, den Fraktionsvorsitz – und dessen politische Linie nach dem frühen Tod seines Mentors (April 1918) in der entscheidenden Phase der Novemberrevolution fortsetzen. Die Übereinstimmung der beiden Männer in ihren politischen Überzeugungen ließ sie in vielen Mitgliederversammlungen und öffentlichen Veranstaltungen als ein Gespann auftreten, das sich inhaltlich ergänzte und in dem der mäßigende, vermittelnde Charakter Marums oftmals die aufbrausende, polemische Natur Kolbs ausgleichen konnte. Marum verdankte Kolb die entschiedene Förderung seiner Karriere. Kolb unterstützte Marum in seinem Landtagswahlkampf 1913,[182] schlug ihn – wie bereits erwähnt – als Nachfolger Franks vor und hob Marums Arbeit als Parteiaktiver und Sängerpräsident im *Volksfreund* hervor.

Die Freundschaft zwischen Kolb und Marum muss schon sehr früh begonnen haben, liegt doch bereits aus dem Jahr 1910 eine Photographie vor,[183] welche die enge Verbundenheit der beiden Männer dokumentiert. Das Bild wurde auf einem Karlsruher Ball aufgenommen und zeigt beide in festlicher Kleidung. Das stilisierte bürgerliche Ambiente des Hintergrunds, die beiden Männer im Frack, deren Körperhaltung eng aufeinander bezogen ist – Kolb posiert gelassen auf einem Stuhl, während Marum an einen Tisch gelehnt sich zu ihm hinneigt und ihn mit einem Arm umfängt – das alles vermittelt nicht den Eindruck zweier kämpferischer Sozialdemokraten, sondern weckt eher Assoziationen an das Auftreten bürgerlicher Honoratioren. Es wird ein Meister-Schüler Verhältnis dargestellt, das von Freundschaft und Zuneigung geprägt ist. Offensichtlich war es beiden Männern wichtig, ihre enge persönliche Beziehung im Bild erscheinen zu lassen. Zu welchem Zweck – ob eher zur privaten Nutzung oder zur parteipolitischen Verwendung – sie die Photographie machen ließen, entzieht sich der historischen Nachforschung. Jedenfalls erhält man den Eindruck, dass der Ältere hier als wohlwollender Förderer des Jüngeren gezeigt wird, während der Jüngere mit Ernst und Sammlung dem in ihn gesetzten Vertrauen zu entsprechen versucht.

Acht Jahre später – anlässlich des frühen Krebstodes von Kolb – kündigte der *Volksfreund* an: „Die Gedächtnisrede hält ein Freund des Verstorbenen."[184] Es handelte sich um Ludwig Marum, den Kolb zum alleinigen Redner an seinem Grab bestimmt hatte. Die Worte, die Marum in seiner Trauerfeier fand, charakterisieren nicht nur den Toten, sondern auch die gemeinsamen politischen Überzeugungen des Freundespaares. Marum sagte vor einer großen Trauergemeinde aus Vertretern der Partei, des Landtags und der badischen Regierung: „Er war ein Mensch, der nicht nur aus Liebe zur Partei, der Schablone wegen arbeitete und tätig war, er hatte immer das Gefühl, dass er zu arbeiten hatte für das Wohl des Ganzen, für das gesamte Vaterland. Er war ein Vaterlands-

---

182 Am 17.9, 22.9. und 24.9. trat Kolb gemeinsam mit Marum in Karlsruher Wahlveranstaltungen auf. Vgl. *Volksfreund* vom 20.9., 23.9., 25.9. 1913.
183 Privatbesitz EML, siehe auch Marum-Lunau/Schadt (1984), S. 22.
184 *Volksfreund* vom 20.4.1918, S. 4.

freund im besten Sinne des Wortes; er war das, was man einen Freund des Volkes nannte. Seine Arbeit ging aus von dem einzigen Wunsche, immer nur das Beste des Volkes zu wollen. Er hat die Parteizugehörigkeit nicht als Lippenbekenntnis aufgefasst, als etwas Äußerliches, für ihn war seine Weltanschauung ein inneres Bekenntnis. Keinen schlimmeren Vorwurf konnte es für ihn geben als den, dass man sagte, er wäre kein Sozialist, kein Sozialdemokrat. Er war ein Sozialdemokrat von bestem Schrot und Korn. Aber er hielt nicht fest am starren Dogma, er bildete vielmehr die Ideen, von denen er erfüllt war, weiter; er war erfüllt von einem ungeheuren Tätigkeitsdrange, und wenn wir einen Wahlspruch, nach dem er handelte, für ihn finden wollen, so hieß dieser: Ich will! Er hat angefangen und durchgeführt und zu einem guten Ende gebracht, was er wollte; dabei aber immer die Grenzen des Möglichen erkennend und innehaltend."[185]

Während Marum hier die politischen Linien unterstrich, die ihn mit Kolb verbanden, müssen jedoch auch gravierende Unterschiede zwischen den beiden Politikern benannt werden. Kolb gehörte zu der Generation von Sozialdemokraten, die durch die „Kampfzeit des Sozialistengesetzes" und die verstärkt marxistische Ausrichtung der Partei in den 1890er Jahren geprägt waren. Das bedeutete für Kolb, dass die ideologische Grundlage des Marxismus ihm sehr vertraut und wichtig war, auch, wenn er sich später den Revisionisten anschließen sollte. Kolb war es ein Anliegen, nachzuweisen, dass seine Theorien im Einklang mit den Schriften von Marx standen, die materialistische Geschichtsauffassung bildete die selbstverständliche Grundlage seiner Überlegungen.

Wesentlich anders war das Denken Marums geprägt. Der Marxismus spielte wahrscheinlich für ihn nie eine entscheidende Rolle. Als Sozialdemokrat bekannte er sich zwar zum Sozialismus als dem angestrebten Gesellschaftsideal, in seiner politischen Praxis war er jedoch entschieden von den sozialliberalen Reformideen beeinflusst, die seine Arbeit bestimmten. Für Marum war nicht die materialistische Geschichtsauffassung der Anstoß, sich der Sozialdemokratie anzuschließen, sondern es waren ethische und humanitäre Motive, die ihre Wurzeln im Judentum, in der klassischen Bildung und in einer kritischen Wissenschaft hatten. Idealismus, Veränderungswille, das Streben nach Freiheit und Gerechtigkeit führten Marum in die Reihen der Arbeiterpartei. Er gehörte nicht der philosophischen Schule des Materialismus an, dies zeigte ganz deutlich sein Beitritt zur freireligiösen Gemeinde und die Übernahme freireligiösen idealistischen Denkens.[186] Seine idealistische Einstellung demonstrierte er auch in einem Ausspruch, den er in den ersten Tagen der Novemberrevolution seiner Zuhörerschaft zurief: „Der Sozialismus ist eine Frage der sittlichen Weltanschauung. Wir Sozialdemokraten sind keine Materialisten, sondern Idealisten, Menschen, die einem Ideal nachjagen: Freiheit, Gerechtigkeit und Brot sind unsere Ziele."[187] Der Schüler und Nachfolger Kolbs hatte sich also weit von dessen ideologischen Grundlagen entfernt. Während Kolb sich gerne als „Revisionist"

---

[185] *Volksfreund* vom 22.4.1918, S. 2.
[186] Vgl. das Kapitel „Freireligiöse" dieser Arbeit.
[187] *Volksfreund* vom 25.11.1918.

bezeichnete,[188] also in dieser Selbstbeschreibung noch Bezug auf die marxistische Grundlage nahm, war dies bei Marum nicht der Fall. Es ist deswegen treffender, ihn als Reformisten zu bezeichnen, dessen wesentliches Betätigungsfeld in der politischen Praxis lag und der sich von theoretischen Überlegungen weitgehend freigemacht hatte.[189]

Marum als Aktiver in der Karlsruher SPD (1909–1914)

Wirtschaft und Arbeiterschaft im Karlsruhe der Jahrhundertwende

Unmittelbar nach Beendigung seiner Referendarzeit verlegte Marum seinen Wohnsitz von Bruchsal nach Karlsruhe[190] und löste sich endgültig aus dem familiären Umfeld seiner kleinstädtischen Heimatstadt. Er eröffnete eine eigene Kanzlei in der Kaiserstraße 114[191] und engagierte sich sofort in die Parteiarbeit und den beginnenden Landtagswahlkampf des Jahres 1909. Seine Wahlheimat Karlsruhe gehörte zu den Städten, die durch Industrialisierung entscheidend ihr Wesen geändert hatten. In der ersten Hälfte des 19. Jahrhunderts war Karlsruhe noch wesentlich geprägt durch seinen Status als politisches Zentrum des Großherzogtums Baden, in dem das Zusammenwirken von Monarch, badischer Regierung und der 2. Kammer des Landtags im Brennpunkt öffentlicher Aufmerksamkeit stand. Räumlich eng beieinander lagen das großherzogliche Schloss, das Markgräfliche Palais des Regierungssitzes und das Ständehaus. Die städtische Bevölkerung bestand zu großen Teilen aus Beamten und Militärs, den Stützen der großherzoglichen Macht. Dies änderte sich wesentlich durch die Modernisierungsprozesse der Wirtschaft, die auch Karlsruhe um die Mitte des 19. Jahrhunderts erfassten. Die beginnende Industrialisierung veränderte das Gepräge der Stadt. Die Eröffnung der Eisenbahnlinie Karlsruhe-Heidelberg 1843 leitete die Umstrukturierung ein,[192] die in den 60er Jahren zu einer beträchtlichen Zahl von Industriebetrieben führte, welche Karlsruhe zu ihrem Standort gewählt hatten. Neue Impulse erhielt der Prozess der Industrialisierung in den Prosperitätsphasen der Gründerzeit nach dem deutsch-französischen Krieg und ab der Mitte der 90er Jahre, die einen nochmaligen Aufschwung der Industrieproduktion mit sich brachten.[193] In Karlsruhe dominierten unter den Industriezweigen die Metallverarbeitung und der Maschinenbau, die im Jahre 1907 insgesamt 11 360 Menschen beschäftigten, fast ein

---

[188] Elsässer (1977), S. 59f. und Anm. 48.
[189] Die Diskussion über die inhaltliche Füllung der Begriffe „Revisionist" und „Reformist" soll hier nicht geführt werden. Verwiesen sei auf Elsässer (1977) S. 59f. und die dortige Anmerkung 48. Der Einfachheit halber – auch wenn der Begriff etwas unscharf ist und das Phänomen nicht ganz trifft – soll fortan von badischen Reformisten die Rede sein.
[190] *Adressbuch der Haupt- und Residenzstadt Karlsruhe*, 37. Jahrgang 1910, Karlsruhe, S. III, 186
[191] Ebenda.
[192] Glaeser (1991), S. 28.
[193] Bräunche 1987), S. 12–22, hier S. 17.

Viertel aller Beschäftigten der Stadt.[194] Zu deren bekanntesten Betrieben gehörten die „Deutsche Waffen- und Munitionsfabrik" (später umbenannt in IWKA) sowie die auf den Bau von Lokomotiven spezialisierte „Maschinenbaugesellschaft Karlsruhe" und die Nähmaschinenproduzenten „Junker und Ruh" und „Haid und Neu".[195] Das Nahrungs- und Genussmittelgewerbe folgte an zweiter Stelle in der Rangfolge der Karlsruher Industriebetriebe. Karlsruhe war mit 22 Brauereibetrieben eines der bedeutendsten Brauzentren in Deutschland.[196] Mehrere Brennereien und Betriebe des Presshefegewerbes erhöhten die Bedeutung des Nahrungs- und Genussmittelgewerbes in Karlsruhe. Außerdem entwickelten sich rasch die chemische Industrie,[197] die Möbelindustrie, das Baugewerbe und das Bauhandwerk.[198] Die Chronik der Stadt Karlsruhe beschreibt den großen Aufschwung von Industrie und Gewerbe in der Zeit der Jahrhundertwende mit folgenden Worten: „Die Bemühungen der Stadt förderte die Entwicklung der Industrie, zwischen 1875 und 1907 wuchs die Zahl industrieller und gewerblicher Betriebe von 2914 auf 7120, die Zahl der dort Beschäftigten von 11 488 auf 43 785."[199]

Während Karlsruhe im 19. Jahrhundert angesichts der bedeutenden Handelsstädte, die ihm vorgelagert waren – man denke nur an Mannheim, Frankfurt, Basel, Straßburg oder Stuttgart – für Handel und Verkehr nur eine geringe Bedeutung hatte, änderte sich dies durch den Ausbau der Verkehrsnetze.[200] Im Jahre 1913 wurde der neue Bahnhof vor den Toren der Stadt eröffnet, im Jahre 1901 schon hatte der neu angelegte Rheinhafen mit drei Hafenbecken seinen Betrieb aufgenommen. Der Hafen erwies sich bald als zu klein, ein viertes Becken musste gebaut werden.[201] Karlsruhe wurde dadurch zu einem bedeutenden Güterumschlagplatz im Großhandelsgeschäft, das sich auf Braugerste, Getreide sowie landwirtschaftliche Produkte wie Wein, Tabak und Zigarren konzentrierte.[202] Dass der Rheinhafen zudem die Ansiedlung mehrerer Industriebetriebe in seiner Nähe bewirkte, wurde von der Stadtverwaltung begrüßt.[203]

Seit dem Jahr 1901 zählte Karlsruhe zu den 34 deutschen Großstädten, unter denen es allerdings das Schlusslicht war. Im Jahr 1910 betrug die Einwohnerzahl 134 302, nun rangierte Karlsruhe an 38. Stelle unter 47 deutschen Großstädten.[204] Die Fluktuation in der Karlsruher Bevölkerung war sehr stark, die Stadt hatte große Zuwanderungsströme zu verkraften. Allerdings zeigt die Statistik auch, dass eine beträchtliche Anzahl von

---

[194] Bräunche, (1987), S. 19.
[195] In Durlach befand sich das bekannte Nähmaschinenwerk „Gritzner".
[196] *Karlsruhe 1911. Festschrift.* Der 83. Versammlung Deutscher Naturforscher und Ärzte gewidmet von dem Stadtrat der Haupt- und Residenzstadt Karlsruhe, Karlsruhe 1911, S. 90.
[197] Bräunche, (1987), S. 18.
[198] *Karlsruhe 1911*, S. 97
[199] Koch (1992), S. 138.
[200] *Karlsruhe 1911*, S. 100.
[201] Ebenda, S. 103.
[202] Ebenda, S. 102.
[203] Bräunche (1987), S. 17.
[204] *Karlsruhe* 1911, S. 51.

Menschen die Stadt wieder verließ. In den Jahren 1906 bis 1910 verzeichnete man im Bereich der Binnenwanderung 133 300 Zuwanderer, denen 131 900 Menschen gegenüberstanden, welche wieder abwanderten.[205]

Als Marum Ende 1908 nach Karlsruhe zog, lebte er also nicht mehr in der ruhigen Provinzstadt des 19. Jahrhunderts, sondern er war Bürger einer im Aufschwung begriffenen Industrie- und Handelsstadt, die zwar nicht an den Status der internationalen Großhandelsstadt Mannheim und der Industriestadt Pforzheim heranreichte, aber dennoch den dritten Platz in der Liste badischer Industrie- und Handelsstädte einnahm.[206] Die Handelskammer Karlsruhe stellte im Jahr 1911 mit Befriedigung fest: „Dank der zielbewussten Strebsamkeit und Arbeit hervorragender Bürger und Unternehmer, dank der Fürsorge der Staatsregierung und der Kommunalverwaltung hat sich Karlsruhe aus einer mittleren Provinzial- und vorwiegenden Beamtenstadt zu einem Gemeinwesen entwickelt, in dem Industrie, Gewerbe und Handel einen immer breiteren Platz eingenommen und die frühere Einseitigkeit zugunsten eines mehr harmonischen Verhältnisses und Ausgleichs aller Berufsstände und Volksklassen aufgehoben haben."[207] Hier zeichnete die Handelskammer wohl ein angemessenes Bild des industriellen Aufschwungs der Stadt, vernachlässigte aber die durchaus „unharmonische" und „unausgeglichene" Lage des vierten Standes, der Arbeiterschaft.

Die Arbeiterschaft in Karlsruhe war um die Jahrhundertwende keine in sich geschlossene Gruppe, sie hatte kein einheitliches Gesicht.[208] Die noch junge Arbeiterklasse zerfiel in verschiedene Gruppierungen wie zum Beispiel in die ortsansässigen Arbeiter und die Pendler, in Gelernte und Ungelernte, in Männer und eine wachsende Anzahl von arbeitenden Frauen. Im Jahre 1907 zählte man in Karlsruhe 26 944 Angehörige der Arbeiterklasse, das sind immerhin etwa 55% der Erwerbstätigen der Stadt.[209] Ein Großteil der in Karlsruher Industriebetrieben beschäftigten Arbeiter lebte auf dem Land und betrieb nach wie vor eine kleine Landwirtschaft. Eine Statistik für das Jahr 1902 nennt folgende Zahlen: Von den 13 275 Arbeitern aus 282 Betrieben mit mehr als 20 Beschäftigten kamen 5 939 aus den umliegenden Dörfern.[210] Die fortschreitende Industrialisierung und Mechanisierung führte dazu, dass eine steigende Zahl von ungelernten Kräften, unter denen sich vor allem Frauen befanden, in den Fabriken Anstellung fand.

Die Fürsorge der Staatsregierung und der Kommunalverwaltung richtete sich nicht auf die Verbesserung der Lebens- und Arbeitsverhältnisse der Arbeiter, denen in dieser

---

[205] Koch (1992), S. 130.
[206] *Karlsruhe 1911*, S. 102
[207] Ebenda, S. 88.
[208] Glaeser (1991), S. 53.
[209] Koch (1992), S. 315.
[210] Nach Glaeser (1990), S. 183. 1895 waren von den 7 083 in der Metallbearbeitung und dem Maschinenbau in Karlsruhe Beschäftigten nur 3 440, also nicht einmal die Hälfte, in der Stadt wohnhaft. Eine Untersuchung aus dem Jahr 1904 ergab, dass sich von den 609 Industriearbeitern aus den Landgemeinden um Karlsruhe 71% landwirtschaftlich betätigten, vgl. Glaeser (1991), S. 53.

Zeit die alleinige Verantwortung für ihre soziale Situation aufgebürdet war. In Karlsruhe allerdings hielten sich Wohnungsnot und Elend in Grenzen, was vor allem daran lag, dass, wie gezeigt, nicht einmal die Hälfte der Arbeiterschaft in der Stadt sesshaft war.[211] Deshalb stand in der Stadt ausreichend Wohnraum zur Verfügung, wenn sich auch die einzelnen Wohnungen als sehr klein und beengt erwiesen.

Das älteste Arbeiterwohnviertel Karlsruhes war das sogenannte „Dörfle", das sich durch seine unregelmäßige Bebauung vom sonstigen – architektonisch durchgeplanten – Stadtbild unterschied. Zum Dörfle kam in der Mitte des 19. Jahrhunderts die neu angelegte Südstadt und in den 90er Jahren die Oststadt als Arbeiterwohnbezirk und als Viertel für weitere Industrieansiedlungen.[212]

Das Lohnniveau bewegte sich auch in Karlsruhe auf einem niedrigen Level, das im Wesentlichen die materiellen Bedürfnisse abdeckte, aber für weitergehende Ansprüche wie die auf Bildung oder Gesundheit nicht ausreichte. Die besten Löhne wurden in Karlsruhe in der Metallindustrie und im Brauereigewerbe bezahlt.[213] Um ihren Lebensunterhalt zu bestreiten, mussten die Karlsruher Arbeiter fast die Hälfte ihres Lohnes für Nahrungsmittel verwenden (45,1%). 16,5% entfielen auf Mietkosten, 10,5% wurden für Kleidung ausgegeben und 27,9% blieben für sonstige Zwecke übrig.[214] Das bedeutete, dass in Karlsruhe die Armutsgrenze nur in existentiellen Notfällen, bei Krankheit, Alter, Unfall unterschritten wurde. Allerdings wurden den Arbeitern beträchtliche Arbeitszeiten abverlangt, damit sie ihre Existenz sichern konnten. 1889 lag die Arbeitszeit in Karlsruhe noch über 12 Stunden täglich, das lag über dem Reichsdurchschnitt.[215] Die Verhältnisse besserten sich in den folgenden Jahren, die Arbeitszeit pendelte sich zwischen 1900 und 1910 auf etwa 10 Stunden täglich ein.

Die schlechten Arbeitsbedingungen, die mangelnden Mitbestimmungsrechte, die nicht vorhandene Verteilungsgerechtigkeit zwischen den sozialen Klassen wurde am Ende des 19. Jahrhunderts von großen Teilen der Karlsruher Arbeiterschaft noch hingenommen und führte nicht zum Anschluss an die organisierte Arbeiterbewegung. Die Arbeiterbauern vom Lande schenkten der Forderung nach Verbesserungen der Arbeitsbedingungen kaum Aufmerksamkeit und gaben sich mit den niedrigsten Löhnen zufrieden.[216] Einen Eintritt in die Gewerkschaft oder in die SPD zogen die meisten von ihnen nicht in Betracht. 1899 waren nicht einmal 10% der Arbeiterschaft Karlsruhes gewerkschaftlich organisiert, nur 3% der Metallarbeiter waren Mitglied im Deutschen Metallarbeiterverband (DMV).[217]

---

[211] Ebenda, S. 182.
[212] Ebenda, S. 182.
[213] Ebenda, S. 189.
[214] Glaeser (1991), S. 55.
[215] Glaeser (1990), S. 52.
[216] Glaeser (1991), S. 52.
[217] Glaeser (1991), S. 52.

Die Situation änderte sich in den folgenden Jahren. Im Jahr 1911 war ein Drittel der Arbeiterschaft in der Stadt gewerkschaftlich organisiert. Dieses Drittel verteilte sich zum größten Teil auf die Freien Gewerkschaften, ein geringerer Teil war aber auch den Hirsch-Dunckerschen oder den christlichen Gewerkschaften beigetreten.[218] Das wenig gespannte Klima zwischen Arbeitgebern und Gewerkschaften in Baden ließ es vor dem Ersten Weltkrieg nur selten zu Streiks oder offensiven Auseinandersetzungen kommen. Man bevorzugte den Verhandlungsweg, um erste bescheidene Erfolge betreffs Arbeitszeit und ersten Urlaubsregelungen in den Großbetrieben zu erreichen.[219] Insgesamt hatte man es in Karlsruhe mit einer wenig kampfbereiten Arbeiterschaft zu tun, die dazu neigte, sich mit ihrer bescheidenen sozialen Lage abzufinden.

Die Karlsruher SPD

Marum begann seine Arbeit als Aktiver der Karlsruher SPD im Jahr 1909, unmittelbar nachdem er sich in Karlsruhe als Rechtsanwalt niedergelassen hatte. Zu diesem Zeitpunkt war er 26 Jahre alt und noch ledig. Ein Jahr später schloss er die Ehe mit Johanna Benedick.[220] Seine beiden Kinder Elisabeth und Hans, geboren 1910 und 1913, vergrößerten bald seine Familie, für die Marum, trotz hoher Beanspruchung durch Beruf und Politik, viel Zeit aufbrachte.

Marums Entschluss, sich in der Haupt- und Residenzstadt Karlsruhe als Rechtsanwalt niederzulassen, kann keineswegs nur aus privaten Erwägungen heraus – etwa der räumlichen Nähe zu seiner Heimatstadt Bruchsal – erklärt werden, sondern verdankt sich wahrscheinlich der bewussten Absicht, im politischen Zentrum Badens, das ja auch Sitz der 2. Kammer des badischen Landtags war, seine berufliche und politische Tätigkeit aufzunehmen. Er verblieb also im selben (dem zehnten) Reichstagswahlkreis Karlsruhe-Bruchsal, dessen ländliche Verhältnisse ihm bereits vertraut waren und dessen Mittelpunkt Karlsruhe er bereits aus seiner Referendarzeit kannte. Der Wahlkreis Karlsruhe-Bruchsal hatte die drittgrößte badische Parteiorganisation – im Jahr 1909/10 waren hier 1720 Menschen in der SPD organisiert[221] –, einen höheren Organisationsgrad wiesen nur Mannheim und Pforzheim auf, wo 5 941 bzw. 3 218 Genossinnen und Genossen gezählt wurden.[222] Die Mitglieder in den drei größten Wahlkreisen Badens machten gut die Hälfte der gesamten badischen Landespartei aus[223] und gaben deren städtischen Parteiorganisationen und ihrer Arbeit einiges Gewicht. Der Karlsruher Verein war zwar, wie

---

[218] *Karlsruhe 1911*, S. 111

[219] Glaeser (1991), S. 66

[220] Storck, (1984), S. 17.

[221] Vgl. *Volksfreund* vom 17.8.1911, S. 3. (Geschäftsbericht der SPD-Landesorganisation. Die Zahl setzt sich aus 1614 Männern und 106 Frauen zusammen.)

[222] Ebenda.

[223] Die Gesamtzahl betrug in Baden 1909/10 18 681.

erwähnt, der kleinste der drei nordbadischen Industriestädte, es handelte sich jedoch um eine überaus aktive, allerdings auch sehr polarisierte Organisation.

Die Anfänge der Karlsruher SPD lassen sich bis in die 60er Jahre des vergangenen Jahrhunderts zurückverfolgen. Am 8. Februar 1869 bildete sich in Karlsruhe eine Sektion des Allgemeinen deutschen Arbeitervereins (ADAV).[224] Unterstützung erhielt diese frühe Arbeiterorganisation durch die Agitationsreisen des Schreinermeisters August Dreesbach, der auch in Karlsruhe auftrat und nach dem Vereinigungsparteitag von 1875 die Ortsgruppe der Sozialistischen Arbeiterpartei aufbauen half.[225] Im Jahr 1876 findet sich ein erstmaliger Hinweis auf diese Parteiorganisation im *Badischen Landboten*.[226] Nach dem Verbot dieser Organisation durch das Sozialistengesetz boten die Karlsruher Pfeifenclubs „Platane", „Eichenlaub" und „Vulkan" die Gelegenheit zu politischer Diskussion und heimlicher Parteiarbeit.[227] Karlsruhe war ein wichtiger Umschlagplatz für die Verbreitung der im Schweizer Exil herausgegebenen Zeitung *Der Sozialdemokrat*; viele Karlsruher Genossen beteiligten sich – unter Gefährdung ihrer beruflichen Existenz – an der Weiterleitung dieses Blattes an andere Regionen Deutschlands.[228] Als markanten Punkt in der Karlsruher Parteigeschichte wurde der Schritt von etwa 100 Karlsruher Sozialdemokraten empfunden, noch während der Geltung der Sozialistengesetze im November 1887 die Tarnorganisation „Verein zur Erzielung volkstümlicher Wahlen" ins Leben zu rufen. Diese Organisation betrachteten die Karlsruher Sozialdemokraten als die Keimzelle ihres Ortsvereins,[229] der nach dem Fall des Sozialistengesetzes seine eigentlichen Aufschwung und seine Blütezeit erlebte.

Während der Zeit des Sozialistengesetzes waren die Parteianhänger vielfachen Repressionen ausgesetzt gewesen: Ausweisung aus dem Gebiet des Großherzogtums, Verlust des Arbeitsplatzes und Gefängnisstrafen waren an der Tagesordnung gewesen.[230] In der Erinnerung verklärte sich diese Phase im Gedächtnis der Genossen als „Kampfzeit" und „Heroenzeit".[231] Der Fall des Sozialistengesetzes wurde in Karlsruhe denn auch entsprechend gefeiert. Am 1. Oktober 1890 fand im „Ritter" in Anwesenheit des führenden badischen Genossen, Adolf Geck, eine Festversammlung statt, in der die Genossen erstmals offen

---

[224] *100 Jahre SPD Karlsruhe*, Karlsruhe 1976, S. 8.

[225] Ebenda, S. 9.

[226] Ebenda, S. 9. Dieses Datum war wahrscheinlich die Grundlage für die 100-Jahr-Feier 1977.

[227] Eisele (1959), S. 8.

[228] Ebenda, S. 9.

[229] Unklarheit herrscht über die Anfänge der Karlsruher SPD. Während der Ortsverein 1977 sein hundertjähriges Jubiläum feierte, also vom Gründungsdatum 1877 ausging *(vgl. 100 Jahre SPD Karlsruhe von 1977)*, galt lange Zeit unter den Karlsruher Genossen erst 1887 als Jahr der lokalen Parteigründung. Im Vorfeld der Reichstagswahlen hatte sich ein „Verein für volkstümliche Wahlen" gebildet, hinter dem sich in Wahrheit ein Lokalverein der verbotenen SPD verbarg, vgl. Eisele (1959). So feierte die Karlsruher SPD also ihr 40jähriges Bestehen im Jahr 1927. Aus diesem Anlass sprach als Festredner der Parteivorsitzende Otto Wels in Karlsruhe. Der Festgemeinde war wahrscheinlich nicht mehr erinnerlich, dass sich bereits in den 60er Jahren des vergangenen Jahrhunderts erste Parteiansätze gezeigt hatten.

[230] Glaeser (1990), S. 191.

[231] Eisele (1959), S. 11f.

ihre Parteizugehörigkeit bekennen konnten.[232] Die anschließende Aufbauphase umfasste etwa 15 Jahre, in denen der zahlenmäßige Ausbau der Partei betrieben wurde, das Presseorgan der mittelbadischen SPD, der *Volksfreund*, sich eine festen Platz in der Presselandschaft eroberte und eine Reihe von der SPD nahestehenden Freizeitvereinen ihre Tätigkeit aufnahmen. In dem Jahrfünft vor dem Ausbruch des Ersten Weltkriegs stagnierte die Partei aber wieder, im *Volksfreund* waren Klagen über die geringe Mitgliederzahl zu lesen.

Die Gründe für den mangelnden Zuwachs der Partei in Karlsruhe lagen in der Gebundenheit vieler Arbeiterbauern an vorindustrielle Denkweisen und Bewusstseinsformen. Das Wort des religiösen Sozialisten Heinrich Dietrich war sicher zutreffend: „Der badische Industriearbeiter ist der Fortsetzer jener Kleinbauernschicht, die zur Industrie übergeht, weil die Kinder des Kleinbauern sich auf dem väterlichen Boden nicht ernähren können. Sie behalten aber noch ihren Acker, wohl auch ihr Häuschen und nehmen mit diesem Kleinbesitz auch die kirchliche Tradition mit hinüber."[233] Diese Einstellung musste der sozialdemokratischen Agitation größte Schwierigkeiten bereiten.

In den Krisenjahren 1891 bis 1895 fiel es noch nicht leicht, die Parteiorganisation aufzubauen,[234] ab 1895 konnte die Partei aber stetig neue Mitglieder gewinnen. Daneben differenzierten sich die innerparteilichen Strukturen; es wurden Parteiorganisationen geschaffen, die auch in Karlsruhe ihre Tätigkeit aufnahmen. Es entstanden neue Parteigremien wie die Frauensektion 1907,[235] der Jugendverband „Freie Jugend" 1910,[236] ein Bildungsausschuss 1907[237] und ein Parteisekretariat 1908 unter der Führung des Genossen Oskar Trinks.[238]

Auch der SPD nahestehende Arbeitervereine bildeten sich in diesen Jahren. Es existierten vor dem Ersten Weltkrieg acht Arbeitergesangsvereine (später zusammengeschlossen zum Sängerkartell Karlsruhe) in der badischen Residenz, ferner mehrere Arbeitersportvereine, zwei Arbeiterradfahrvereine, der Arbeiterstenographenbund, der Arbeiterabstinentenbund und die Naturfreunde.[239]

Der Karlsruher Wahlverein umfasste im Jahr 1909 947 Mitglieder, 1910 betrug die Zahl 1 343, 1911 1 356 Mitglieder.[240] Geht man davon aus, dass die Karlsruher Industriearbeiterschaft immerhin eine Stärke von knapp 27 000 Menschen besaß und allein der Deutsche Metallarbeiterverband (DMV) 4 100 Arbeiter organisierte,[241] so muss die Zahl

---

[232] Ebenda, S. 12. Der ehemalige Metallarbeiter Andreas Kalnbach, der seinen Arbeitsplatz während der Geltungszeit des Sozialistengesetzes verloren hatte, wurde Wirt des „Ritter", eines beliebten Versammlungslokals der Karlsruher Sozialdemokraten in der Kronenstraße. Vgl. Glaeser (1990), S. 193.

[233] Zitiert nach *100 Jahre SPD Karlsruhe*, S. 3

[234] Glaeser (1990), S. 195.

[235] Eisele (1959), S. 26.

[236] Ebenda, S. 29.

[237] Ebenda, S. 27.

[238] Ebenda, S. 25.

[239] Glaeser (1990), S. 194.

[240] *Karlsruher Chronik* 1909, S. 79. *Volksfreund* vom 22.6.1909, S. 7. *Karlsruher Chronik* 1911, S. 84. *Karlsruher Chronik* 1912, S. 101.

[241] *Volksfreund* vom 28.1.1911 und *Karlsruher Chronik* 1911, S. 84. Glaeser (1991), S. 79.

politisch organisierter Arbeiter und Arbeiterinnen klein erscheinen. Auch der jährliche Zuwachs an neuen Mitgliedern, die der Verein in den Vorkriegsjahren erzielen konnte, genügte den Erwartungen des Vorstands nicht. Wiederholt wurde der geringe Zuwachs beklagt und mit dem lapidaren Hinweis, Karlsruhe sei keine Industriestadt, erklärt.[242] Diese Beurteilung erwuchs wahrscheinlich aus dem Vergleich mit dem stärker durch die Industrie geprägten Mannheim, wo ein viel größerer Anteil der Arbeiter politisch organisiert war.

Rekrutierungsfeld für die Werbung neuer Genossen waren hauptsächlich die Gewerkschaften. Stärkste Karlsruher Organisation war hier der schon oben erwähnte DMV. Seine bekanntesten Vertreter Leopold Rückert und Heinrich Sauer gehörten auch zur Führung der Partei.[243] Eine weitere in Karlsruhe wichtige Gewerkschaft war der Holzarbeiterverband, dessen Geschäftsführer Friedrich Siegmund SPD-Ortsvorsitzender in den Jahren 1911 bis 1914 war.[244] In Karlsruhe waren weiterhin der Buch- und Steindruckerverband und der Bauarbeiterverband von Bedeutung. Dennoch gelang der Partei der Einbruch in die gewerkschaftlich organisierte Arbeiterschaft nur schwer. Im Jahr 1909 klagte der Parteivorsitzende Eugen Geck: „Groß ist der Wiederzuwachs an Genossen nicht, es kann sich eben ein großer Teil der gewerkschaftlich organisierten Arbeiter noch nicht dazu verstehen, sich der politischen Organisation anzuschließen."[245]

Die Aktivisten der Karlsruher SPD kamen hauptsächlich aus der Facharbeiter- und der Handwerkerschaft; es gab jedoch um 1910 auch einige Akademiker, die sich in der Partei engagierten. Marum war als Akademiker keinesfalls eine Ausnahmeerscheinung in der Karlsruher SPD, mit ihm arbeiteten zwei weitere Juristen, Dr. Eduard Dietz[246] und Dr. Leo Kullmann,[247] aktiv in der Organisation mit. Seit dem Fall des Sozialistengesetzes standen Akademiker an der Spitze des Karlsruher Vereins,[248] so der Rechtsanwalt Ludwig Guttenstein,[249] der 1890 auf dem Parteitag in Halle Karlsruher Delegierter war, und der Schriftsteller Anton Fendrich, der die Theorie Bernsteins den Karlsruher Genossen vermittelte und der Redakteur des *Volksfreund* war.[250] Die führenden Positionen, die diese Akademiker besetzten, und die wichtige inhaltliche Arbeit, die sie für die Partei leisteten, entkräfteten manches anti-akademische Ressentiment. Dennoch ist aus der Mannheimer Organisation bekannt, dass es dort zu Spannungen zwischen Akademikern und Arbeitern kam.[251]

---

[242] *Volksfreund* vom 28.1.1901, S. 7 und vom 1.8.1912, S. 4.

[243] Vgl. zu Rückert: Glaeser (1991), S. 59 und Koch (2001), S. 55–62. Zu Sauer vgl. *Volksfreund* vom 7.5.1914.

[244] Vgl. *Volksfreund* vom 1.8. 1912, S. 4 und vom 6.5.1914.

[245] *Volksfreund* vom 28.1.1909, S. 4.

[246] Gehrig, Oskar/Rößler, Karl Josef: *Die verfassunggebende badische Nationalversammlung 1919*. Karlsruhe 1919. S. 112f.

[247] Kahler, Gerhard: „Jüdische Abgeordnete im badischen Landtag 1861–1933". In: *Juden in Karlsruhe* (1988), S. 433, vgl. auch Koch (2001), S. 68–74.

[248] Franzen nennt Marum einen der ersten Akademiker in der Karlsruher SPD. Hier irrt er.

[249] Franzen (1987) Bd. II, S. 694.

[250] *Badische Biographien*, Bd. III, S. 83.

[251] Watzinger (1995), S. 180f. und S. 196.

Besonders Eduard Dietz und sein Einsatz für die Arbeiterbewegung verdient hervorgehoben zu werden. Als Jurist war er zunächst im Staatsdienst als Richter in Offenburg tätig, wo er entgegen den Gepflogenheiten der Klassenjustiz milde Urteile über Sozialdemokraten verhängte.[252] Im Jahr 1900 wechselte er als Rechtsanwalt nach Karlsruhe. Dort trat er der SPD bei und engagierte sich besonders in der Bildungsarbeit, in der er seine fundierte historische und literarische Bildung in vielen Vorträgen der Karlsruher Arbeiterschaft vermittelte.

Die SPD wiederum war einerseits daran interessiert, auch Akademiker für sich zu gewinnen – so sprach zum Beispiel Eduard Bernstein kurz vor der anstehenden Reichstagswahl im Dezember 1911 in Karlsruhe zum Thema „Akademiker und Sozialismus"[253] und warb für deren Stimmen – andererseits begegnete die Partei den Akademikern mit Misstrauen und Vorsicht. Man erwartete von den Akademikern, dass sie sich aus Einsicht in den gesetzmäßigen Lauf der Geschichte für den Sozialismus entschieden, ihre eigene Klasse verließen und den Standpunkt des Proletariats einnahmen. Und dennoch gab es häufig ein Misstrauen gegen ihre idealistische Motivation. Berühmt wurde der Ausspruch Bebels auf dem Parteitag 1903 in Dresden: „Seht Euch jeden Parteigenossen an, aber wenn es ein Akademiker ist oder ein Intellektueller, dann seht ihn Euch doppelt und dreifach an."[254]

Seitens der Partei befürchtete man elitäres Gebaren und Hochmut der Intellektuellen und den ihnen unterstellten Anspruch auf Führungsämter in Partei und Politik. Bernstein führte in seinem Karlsruher Vortrag aus, „dass die Arbeiter misstrauisch werden gegen die Akademiker, ist zu verstehen. Es kommen zu viele, die ein Amt haben wollen. Die Arbeiter wollen aber erst sehen, was sie leisten. Es wird keinem die Stelle versagt, die ihm zukommt, wenn er sich bewährt hat."[255] Auch der Genosse Kolb teilte diesen Vorbehalt und beschied den Akademikern „in Konflikt käme jeder, der glaube, gleich eine führende Stellung einnehmen zu können." Abschwächend fügte er allerdings hinzu: „Wer mitarbeiten will, der ist willkommen"[256]

Die deutsche Sozialdemokratie hatte – anders als ihre österreichische und englische Schwesterpartei[257] – ein gebrochenes Verhältnis zu ihren akademisch ausgebildeten Mitgliedern und war kaum in der Lage, die Vorteile zu erkennen, die ihr das akademische Fachwissen als Beratungskompetenz und die akademisch ausgebildeten Mitglieder als Personalresource bieten konnten. Die Haltung der Gewerkschaften gegenüber den „Studierten" war noch in der Weimarer Republik besonders zurückhaltend. „Der Intellektuelle, so lautete der Grundtenor dieser Argumentation, hatte, wenn er denn schon unbedingt in der Arbeiterbewegung mitmachen wollte, zu dienen, er war gleichsam die Magd

---

[252] Eisele (1959), S. 40.
[253] *Volksfreund* 13, Dez. 1911, S. 7.
[254] Walter (1990), S. 31, Anm. 15.
[255] *Volksfreund* vom 15. 12. 1911, S. 6.
[256] *Volksfreund* vom 15. 12. 1911, S. 5.
[257] Walter (1990), S. 127.

der Arbeiterklasse und sollte dafür noch dankbar sein und sich möglichst unauffällig benehmen."[258] Diese Einschätzung traf umso mehr auf die Vorkriegsverhältnisse zu, als die Akademiker zahlenmäßig noch weniger stark in der Partei vertreten waren.

Die Aufgaben der Intellektuellen in der Partei sah Kautsky 1901 weniger in der Besetzung von Führungsämtern in Partei und Politik als vielmehr in der Vermittlung historischer und gesellschaftswissenschaftlicher Einsichten. „Es ist also vor allem die Aufgabe der wissenschaftlich gebildeten bürgerlichen Elemente, der Intellektuellen oder der „Akademiker" in unserer Partei, die Einsicht in die großen gesellschaftlichen Zusammenhänge, eine weitschauende, über das Augenblicksinteresse sich erhebende sozialistische Erkenntnis, das heißt, den revolutionären Geist im besten Sinne des Wortes zu entwickeln und zu verbreiten."[259] Auch Bernstein glaubte, dass die Aufgabe fortschrittlicher Akademiker darin bestehe, „organisch zum Sozialismus überzuleiten." Er forderte sie auf, „das zu erkennen, was in der modernen Gesellschaft sich vollzieht, das Notwendige sich zu Bewusstsein zu bringen, das zu wollen, was notwendig ist."[260] Die sozialdemokratischen Akademiker ihrerseits bemühten sich, den Erwartungen der Partei gerecht zu werden, als Einzelne in der Arbeiterbewegung aufzugehen und ihren Sonderstatus und den höheren Bildungsgrad den Arbeitern gegenüber nicht auszuspielen.

Die Zusammenkünfte des Ortsvereins Karlsruhe fanden in Kneipen der Arbeiterbezirke in der Süd- und Oststadt statt. Der „Auerhahn" war ein beliebtes Versammlungslokal, ebenso der „Kasper" in der Schützenstraße und das oben schon erwähnte Wirtshaus „Kalnbach" in der Kronenstraße.[261] Häufig genutzt für politische Versammlungen wurden auch die „Wacht am Rhein" in der Gartenstraße und die „Gambrinushalle" in der Erbprinzenstraße.[262] SPD-Großveranstaltungen fanden oftmals im „Kolosseum", einem bekannten Vergnügungslokal, statt.

Diese Lokale wurden nicht nur für politische Versammlungen genutzt, sondern auch für die Durchführung sozialdemokratischer Festlichkeiten und Feiern. Unter ihnen hatten die jahreszeitlich bestimmten Feste wie die Fastnachtsveranstaltungen, die Frühjahrs- und Sommerfeste und die Weihnachtsfeier für die Karlsruher Arbeiter einen beträchtlichen Stellenwert, da sie den einförmigen Arbeitsalltag durchbrachen und Gelegenheit zu Geselligkeit und Kommunikation gaben. Aber auch die politisch motivierten Gedenkfeiern wie der 18. März, die Lassalle- und Schiller-Feiern hatten große Bedeutung, die allerdings nicht an die des 1. Mai heranreichte, der seit dem Beschluss des internationalen Sozialistenkongresses von 1889 auch von den Karlsruher Arbeitern begangen wurde.[263] Nach einer schwierigen Anlaufphase, die durch polizeiliche Repressionen und die

---

[258] Walter (1990), S. 120.
[259] Hübinger, (1993), S. 201.
[260] Volksfreund vom 15. 12. 1911, S. 6.
[261] Eisele (1959), S. 36.
[262] Glaeser (1990) und *Volksfreund* vom 11.9.1913, S. 6.
[263] Der badische Sozialdemokrat Adolf Geck war Delegierter beim Sozialistenkongress.
    Vgl. Glaeser (1990), S. 194f.

Fesselung der Arbeiter an ihren Arbeitsplatz gekennzeichnet war, entwickelte sich der 1. Mai, dessen Hauptveranstaltung meist am Vorabend lag, in Karlsruhe zu einem Höhepunkt des sozialdemokratischen Festkalenders.

Die Organisation lag in den Händen von Gewerkschaften und Partei gemeinsam,[264] die für namhafte Redner sorgten und ein buntes Unterhaltungsprogramm mit Darbietungen der Arbeitersänger und Turner anboten. Ab dem Jahr 1910 durften die Veranstaltungen in Karlsruhe auch im Freien stattfinden. Man zählte im Jahr 1911 etwa 1 000 Demonstranten. In den folgenden Vorkriegsjahren steigerte sich die Zahl auf zwei- bis viertausend Menschen.[265]

Marums politische Tätigkeit in der Partei vor Ausbruch des Ersten Weltkriegs umfasste fünfeinhalb Jahre. Am Anfang dieses Zeitraums befand sich die junge Karlsruher Partei in einer vielversprechenden Phase. Die Aufbauarbeit war abgeschlossen, die Partei verfügte durch die Schaffung von Frauen- und Jugendsektionen über ein differenziertes Organisationsgefüge. Die Mitgliederbewegung zeigte einen Aufwärtstrend, der reformistische Kurs der SPD-Landespolitik erfuhr eine glänzende Betätigung in der Landtagswahl von 1909 und günstige politische Rahmenbedingungen, wie die Wahlrechtsreform von 1904 oder die Modifizierung des Kommunalwahlrechts von 1910, erhöhten die Chancen der Partei. Marum nahm also zu einem Zeitpunkt seine politische Tätigkeit auf, zu dem der badische Reformismus seine ersten Erfolge verbuchen konnte und dadurch seine Karrierewünsche als durchaus aussichtsreich erscheinen ließ. Auch der Karlsruher Wahlverein befand sich in einer für Marum günstigen Situation. Die Linie Kolbs konnte sich angesichts der Erringung dreier Karlsruher Mandate 1909 noch erfolgreich durchsetzen, die Mitgliederzahl überstieg gerade die Marke von 1 000 eingeschriebenen Genossinnen und Genossen.

Marum nahm mit großem Elan unmittelbar nach seinem Zuzug nach Karlsruhe seine politische Tätigkeit auf. Er nahm wenige Wochen nach seiner Niederlassung an der Auftaktveranstaltung des kommenden Wahlkampfes von 1909 teil – bereits im Januar 1909 finden wir eine Notiz im *Volksfreund*, dass er „den Genossen Kolb auf einer Wahlveranstaltung unterstützt hatte".[266] Kurze Zeit später, im Februar 1909, sprach er in seiner Heimatstadt Bruchsal[267] und nach halbjähriger Tätigkeit in der Partei hielt er das Hauptreferat auf der Generalversammlung vom 21. Juni 1909, wo er zu dem zentralen Thema „Die Reichsfinanzreform und ihre schädlichen Wirkungen" sprach.[268]

Unmittelbar nach seinem Umzug nach Karlsruhe trat er außerdem dem dortigen Arbeitergesangverein „Lassallia" bei und wurde im Jahr 1910 zum Präsidenten des Badischen Arbeitersängerbundes gewählt. Marums gesellige Natur erleichterte ihm den Kontakt zu den Arbeitern auf Parteiversammlungen und bei festlichen Anlässen. Ab dem

---

[264] Eisele (1959), S. 45.

[265] *Karlsruher Chronik* 1911, S. 53.

[266] *Volksfreund* vom 15.1.1909, S. 6. Marum war erst im Dezember nach Karlsruhe gezogen.

[267] *Volksfreund* vom 8.2.1909.

[268] *Karlsruher Chronik 1909*, S. 79.

Jahr 1910 trat Marum als Festredner des 1. Mai auf, zunächst in den Vororten Grötzingen und Beiertheim,[269] dann als Hauptredner in Karlsruhe im Jahre 1912.[270]

Die günstigen Startbedingungen des Jahres 1909 setzen sich allerdings in den folgenden Jahren nicht fort. Für Marum war das Jahrfünft vor dem Ersten Weltkrieg eine sehr bewegte Phase, in der er Erfolge, aber auch Niederlagen erlebte. Die Partei und ihr reformistischer Flügel konnten ihren Aufwärtstrend nicht ungebrochen fortführen, die Mitgliederzahlen und die Parteiarbeit stagnierten, die Reformisten waren in den Flügelkämpfen heftigen Attacken ausgesetzt. Marum verbuchte Erfolge in seiner innerparteilichen Karriere, den oben erwähnten Aufstieg im Badischen Arbeitersängerbund und in seiner Wahl zum Stadtverordneten. Dem stand seine empfindliche Niederlage in der Landtagswahl von 1913 gegenüber, wie noch zu zeigen sein wird.

Flügelkämpfe

Die Flügelkämpfe der Vorkriegs-SPD, wie sie auf Reichsebene und Landesebene ausgetragen wurden, beherrschten auch den Karlsruher Wahlverein, in dem sich eine starke Gruppe von Reformern und eine Minderheit von allerdings sehr aktiven Linken gegenüberstanden.[271] Zwischen ihnen wurde eine heftige Kontroverse ausgetragen, gerade in dem Karlsruher Verein polarisierten sich die politischen Gegensätze in sehr scharfer Weise.[272] Im Rückblick auf diese Zeit heißt es in der 40-Jahr-Feier der Karlsruher SPD: „Da war Feuer unterm Dach, und so gibt es noch viele Parteigenossen, (...) die sich als erbitterte Gegner in heißen Debatten gegenüberstanden.“[273]

Die ersten Ansätze zu dieser Polarisierung wurden sichtbar, als die Landtagsfraktion damit begann, den neuen revisionistischen Kurs in die Praxis umzusetzen. Bereits im Jahr 1904 formierte sich im Karlsruher Verein eine linke Opposition,[274] die durch weltpolitische Ereignisse wie die russische Revolution von 1905 und durch Vorstöße der Linken in der Gesamtpartei (wie zum Beispiel der Massenstreikdebatte) Auftrieb erhielt.[275] Unterstützt wurden die Karlsruher Linken von den prominenten badischen Oppositionellen aus Mannheim, Offenburg und Pforzheim.

Die Basis der Karlsruher Parteiopposition bildeten im DMV organisierte Metallarbeiter des Stadtteils Mühlburg,[276] wo sich bedeutende Industrieansiedlungen im Bereich des Rheinhafens befanden. Als Sprecher dieser Gruppe traten Jakob Trabinger und Bernhard

---

269 *Volksfreund* vom 30.4.1910 und vom 3.5.1911.
270 *Volksfreund* vom 2.5.1912.
271 Auf den badischen Landesparteitagen betrug die Stärke der Linken etwa 20–25 % der Delegierten. Nach: Elsässer (1978), S. 123 und S. 133.
272 Franzen (1987), Bd. I (Polarisierung), S. 98 und S. 242.
273 *Volksfreund* vom 3./4.9.1927, Sonderbeilage, Bericht Roßbach.
274 Elsässer (1979), S. 80.
275 Ebenda S. 80.
276 *Volksfreund* vom 3./4. 9.1927, Sonderbeilage, Bericht Weißmann.

Kruse hervor.[277] Aber auch in anderen Gewerkschaften regte sich Widerstand gegen die Großblockpolitik, welche die Arbeiter deshalb ablehnten, weil die „Nationalliberalen in wirtschaftlicher Beziehung die stärksten Reaktionäre"[278] seien. Der Schriftsetzer Georg Dietrich[279] und der Maurer Richard Horter,[280] der 1912 von Mannheim nach Karlsruhe gewechselte Gauleiter des Bauarbeiterverbands, galten ebenfalls als dezidierte Vertreter der Karlsruher Opposition. Dass auch an der Parteibasis ein beträchtlicher Teil der Karlsruher Arbeiterschaft Sympathien mit den Linken hegte, zeigten die gut besuchten Veranstaltungen Liebknechts[281] und Luxemburgs.[282] Deren Veranstaltungen in Karlsruhe 1911 bzw. in Durlach 1914 zogen jeweils mehrere tausend Besucher an.

In der Führungsgruppe der Karlsruher SPD galt der Parteisekretär Oskar Trinks, der die Berliner Parteischule besucht hatte, als Verfechter orthodox marxistischer Auffassungen.[283] Die Aktivitäten der Karlsruher Opposition erstreckten sich nicht nur auf eine unermüdliche Agitation in den Betrieben und Parteiversammlungen, sondern schlossen auch den Versuch der Schaffung einer eigenen Organisation, eines Karlsruher Karl-Marx-Clubs, und die Erringung von Vorstandsämtern mit ein. Über den von 1910 bis 1911 bestehenden Karlsruher Karl-Marx-Club ist wenig bekannt, dennoch kam ihm einige Bedeutung zu, weil sein Karlsruher Sprecher Bernhard Kruse die gesamte badische Linke auf dem Parteitag 1911 in Offenburg vertrat.[284] Nach der Auflösung der Karl-Marx-Clubs gelang es den Karlsruher Mitgliedern, wichtige Positionen in der Partei zu besetzen. Sie waren in den letzten drei Vorkriegsjahren im Parteivorstand, in der Pressekommission und als Delegierte zu den badischen Parteitagen vertreten.[285] Als weiteren Erfolg konnten sie

---

[277] Franzen (1987), Bd. II, S. 705 und S. 698.

[278] *Volksfreund* vom 3./4. 9. 1927, Sonderbeilage, Bericht Weißmann.

[279] Franzen (1987), BD. II, S. 690.

[280] Ebenda S. 696 und Elsässer (1978), S. 142. Horter war Absolvent der Parteischule Berlin, vgl. Koch (2001), S. 84–88.

[281] Karlsruher Chronik 1911, S. 97. Die Veranstaltung Liebknechts fand am 29.7.1911 statt.

[282] Glaeser (1991), S. 334. Die Veranstaltung mit Rosa Luxemburg am 9. März 1914 in der Durlacher Festhalle zählte 3 500 bis 4 000 Besucher. Nach dem Auftritt Luxemburgs in Durlach verzeichnete der *Volksfreund* eine große Anzahl von Aufnahmen in die Partei und neue Abonnenten für den *Volksfreund*. Das Festhalten der Parteilinken an der marxistischen Analyse der gesellschaftlichen Verhältnisse, ihre Orientierung am Konzept des Klassenkampfes, das die Arbeiterschaft als die entscheidende Kraft sah, die den Sozialismus herbeiführen würde, war für die Identität und das Selbstbewusstsein der Arbeiterschaft im wilhelminischen Kaiserreich, das ihr wesentlich nur die Erfahrung der Abwertung und Ausgrenzung bereitete, von entscheidender Bedeutung, vgl. Elsässer (1978), S. 142. Das linke Konzept setzte die Arbeiterschaft in der unbedingten Verfolgung ihrer Interessen ins Recht und verlangte ihr keine Kompromisse ab. Deswegen wohl fühlten sich auch viele Karlsruher Arbeiter von der Rhetorik der prominenten Linken angesprochen.

[283] Elsässer (1978), S. 142. Vgl. auch koch (2001), S. 112–119.

[284] Franzen (1987), Bd. I, S. 133.

[285] Franzen (1987), Bd. II, S. 690f, 698 und 704. Kruse und Dietrich waren auch nach 1911 Mitglieder des Karlsruher Parteivorstands; in der Pressekommission des *Volksfreund* 1914 waren Horter und Dietrich vertreten. Als Delegierte auf Kreisversammlungen und Landesparteitagen traten Trabinger, Sauer, Kruse, Dietrich in Erscheinung. Vertreter der Linken wie der Parteisekretär Trinks und Sauer waren in der Vorkriegszeit Karlsruher Stadtverordnete.

verbuchen, dass die Vertreter der Linken A. Geck, Horter, Zetkin und der gelegentlich mit ihnen sympathisierende Kullmann als Hauptredner des Karlsruher 1. Mai auftraten.[286]

Die kontroversen Diskussionen im Karlsruher Verein konzentrierten sich in erster Linie auf landespolitische Fragen und die Strategiedebatte, die jedoch nicht den einzigen Gegenstand der Auseinandersetzung bildeten. Sie erstreckten sich vielmehr auch auf Themen der Reichspolitik und die Gestaltung der Bildungsarbeit vor Ort. Anton Weißmann schrieb über die Situation der Karlsruher Vorkriegs-SPD: „Kampf und Klärung der Parteiansichten war die Losung des Vereins."[287]

Die Ablehnung der Budgetbewilligung und des Großblocks hatte für die Linke, was die städtische Politik betrifft, zur Konsequenz, dass man auch hier die Zusammenarbeit mit bürgerlichen Organisationen strikt verweigerte. Diese Haltung erhielt besondere Brisanz in der Gegnerschaft zum Karlsruher Arbeiterdiskussionsclub und den Organisationen der bürgerlichen Frauenbewegung. Die Kontroverse zwischen den beiden Parteiflügeln durchlief verschiedene Etappen, die sich durch unterschiedliche Schärfe und Heftigkeit voneinander unterschieden. Weißmann bemerkte in seinen Erinnerungen über den Ton der Auseinandersetzungen, dass dieser „nicht immer von der Sprache der Höheren Töchter"[288] geprägt gewesen sei. Höhepunkte des Konflikts waren die Monate vor und nach dem Magdeburger Parteitag, die Debatten um die Wahlniederlagen von 1912 und 1913 und die Diskussion um die Zustimmung der Reichstagsfraktion zur Wehrvorlage 1913.

Diese Jahre in der Karlsruher Parteigeschichte machten wohl die lebendigste Phase der Bewegung aus, die beteiligten Genossen bewerteten die Auseinandersetzung in recht unterschiedlicher Weise. Während der Parteifunktionär Weißmann notierte: „Es war damals Leben und Bewegung in der Karlsruher Partei. Wir Älteren trauern dieser oft erregten, aber im allgemeinen fruchtbaren Zeit etwas wehmütig nach"[289], gab der Genosse Schwerdt seiner Bedrückung angesichts der nicht abreißenden Konflikte Ausdruck. Er schrieb: „Auch von schweren inneren Kämpfen über Ziel und Taktik blieb unsere junge Karlsruher Parteiorganisation nicht verschont. Es war für mich und viele andere junge Parteigenossen manchmal ein betrübendes Kapitel, über das hier nicht berichtet werden kann. Wir zogen uns einige Jahre zurück, ohne uns jedoch vor der äußerst schwierigen Kleinarbeit zu drücken, die insbesondere durch die Verteilung von Flugblättern auf dem flachen Lande von der größten Wichtigkeit war."[290]

Sehr deutlich gesehen werden muss in diesem Zusammenhang, dass die Kontrahenten von unterschiedlicher Stärke waren. Die rechte reformistische Gruppe hatte die Mehrheit in den Gewerkschaften und in der Partei für sich gewinnen können. Dies erklärt sich daraus, dass die Gewerkschaft sich in ihrer großen Mehrheit auch an einer reformistischen Linie orientierte, was das Karlsruher Mitglied Höhn in die Worte fass-

---

[286] Vgl. Karlsruher Chronik 1909–1914.
[287] *Volksfreund* 3./4.9.1927, Sonderbeilage, Bericht Weißmann.
[288] Ebenda.
[289] Ebenda
[290] Ebenda, Bericht Schwerdt.

te: „Gewerkschaftsarbeit besteht auch darin, sich auf gegebene Verhältnisse einzulassen und mit dem Bürgertum zu verhandeln."[291] Ein Großteil der Parteimitglieder versprach sich in dieser Zeit nichts mehr von einer passiven Haltung in der Politik und war daran interessiert, sozialpolitische Erfolge durchzusetzen.[292]

Wichtigstes Machtinstrument in den Händen der revisionistischen Gruppe war der *Volksfreund*, der ihr die Verbreitung ihrer Anschauungen im ganzen mittelbadischen Raum erlaubte. Die Verlegung des *Volksfreund* von Offenburg nach Karlsruhe 1899 bedeutete einen wichtigen Sieg der Anhänger Kolbs. Dieser hatte sich in Karlsruhe eine beträchtliche Hausmacht geschaffen; unterstützt wurde er von den *Volksfreund*-Redakteuren Weißmann[293] und dem *Volksfreund*-Geschäftsleiter Eugen Geck.[294] Der Arbeitersekretär und zeitweilige Redakteur Willi[295] stand ebenfalls auf Kolbs Seite. Hinzu kam, dass Kolb die Mehrheit des Mannheimer Landesvorstands hinter sich wusste[296] und ab 1907 die Unterstützung Ludwig Franks im Landtag und auf den Gesamtparteitagen genoss.[297]

Die Karlsruher Parteileitung lag allerdings nur zeitweise in den Händen der Rechten. Im Jahr 1901 war Kolb Karlsruher Parteivorsitzender,[298] in den Jahren 1909 bis 1912 hatte Eugen Geck dieses Amt inne.[299] Im jährlichen Wechsel mit den Vertretern der Linken (Geck, Zetkin und Kullmann) übernahmen die Rechten die Festreden zum 1. Mai. Es sprachen Frank, Kolb und Marum.[300] Ob es sich hier um Zufall oder Absprache handelte, muss offen bleiben.

Trotz seiner starken Position konnte der rechte Parteiflügel seine Machtstellung nicht gleichmäßig, stetig behaupten. Unerschüttert war diese Stellung noch nach den Landtagswahlen von 1909, als die Partei einen großen Stimmenzuwachs errungen hatte. In den folgenden Jahren, als die Linke zu vermehrten Angriffen ansetzte, blieb die Position der Reformisten nicht unbeschadet, sie geriet in die Defensive und erreichte ihren schwächsten Punkt nach der Kündigung des Großblockabkommens im Frühsommer 1914.

An dieser Stelle seien zwei Beispiele für das offensive Vorgehen der Karlsruher Parteiopposition genannt. Am 8. August 1910, unmittelbar nach der erneuten Budgetbewilligung durch die Landtagsfraktion, veröffentlichte Jakob Trabinger einen Brief an Kolb

---

[291] Franzen (1987), Bd. II, Anm. 1011.

[292] Franzen (1987), Bd. I, S. 68.

[293] Nach der Darstellung Eiseles war Weißmann ursprünglich vom *Volksblatt* in Halle in den Karlsruher *Volksfreund* gesandt worden, um der revisionistischen Linie Kolbs entgegenzutreten. Eisele schreibt: „Aber dieser entdeckte bald, dass der politische Wind in Mitteldeutschland ein schärferer war, als derjenige in Baden und sich deshalb auch unsere politische Kampfesweise sich danach einrichten müsse. Aus dem Saulus Weißmann wurde ein Paulus Weißmann, und Kolb konnte triumphieren." (Eisele (1959), S. 39.)

[294] Elsässer (1978), S. 139.

[295] Franzen (1987), Bd. II. S. 706.

[296] Elsässer (1978), S. 79.

[297] Franzen (1987), Bd. I. S. 86.

[298] Franzen (1987), S. 60f.

[299] Adressbuch der Haupt- und Residenzstadt Karlsruhe 1909–1911.

[300] Vgl. Karlsruher Chronik 1909–1914.

im *Volksfreund*, in dem er diesen scharf angriff. Der Brief begann mit den Worten: „Der Genosse W.K. macht es sich sehr leicht, seine Widersacher im „Volksfreund" abzutun." In Trabingers Text heißt es weiter, dass er die feste Überzeugung habe, „dass in Baden zu wenig über Sozialismus, Klassenkampf und Klassenpolitik geschrieben und gesprochen wurde.(...) besonders der „Volksfreund" hat in den letzten Jahren anstatt die Bedeutung der Worte Klassenkampf usw. zu erläutern, die Begriffe verwirrt, indem er in einem Leitartikel sogar diese Bezeichnungen als „Schlagworte" der Radikalen brandmarkte."[301] Der Autor des so gerügten Leitartikels war kein Geringerer als Kolb selbst.

Einen weiteren Einblick in die Karlsruher Flügelkämpfe gibt uns die Debatte des Ortsvereins um die Bewilligung der Wehrvorlage durch die Reichstagsfraktion 1913. An deren Zustimmung wurde der Kurswechsel der Fraktion bezüglich der Übernahme reformistischer Positionen überdeutlich. Sie gab die antimilitaristische Grundrichtung auf und missachtete das Prinzip „diesem System keinen Mann und keinen Groschen",[302] indem sie einer Erhöhung des Wehretats zum Zwecke des Ausbaus der Armee und der Vergrößerung des stehenden Heeres zustimmte. Dass diese Erhöhung der Wehrausgaben durch direkte Steuern finanziert werden sollte, war ein Entgegenkommen der Reichsregierung gegenüber dem Verlangen der SPD, die Arbeiterschaft durch erneute Verbrauchssteuern nicht weiter zu belasten. Die Partei stand nicht geschlossen hinter dieser vom Parteivorstand und der Fraktion vertretenen politischen Linie.[303] Die Linke widersetzte sich diesem Kurs und initiierte heftige innerparteiliche Debatten, die auch in Karlsruhe ausgetragen wurden. Im *Auerhahn* wurde am 24. Juli 1913 eine Parteiversammlung abgehalten.[304] Auf der Seite von Parteivorstand und Fraktion stand natürlich Kolb. Er sah in deren Verhalten eine Bestätigung seiner seit Jahren eingeschlagenen reformistischen Politik. Als seine heftigsten Kontrahenten traten öffentlich der Metallarbeiter Kruse und der Rechtsanwalt Kullmann auf. Kolb verwies darauf, dass der Parteivorstand sein „Menschenmögliches" getan habe, um im Vorfeld der Parlamentsdebatte eine antimilitaristi-

---

[301] *Volksfreund* vom 8.10.1910, S. 3.

[302] Die SPD, die seit der antimilitaristischen Resolution des Internationalen Sozialistenkongresses von 1907 in Stuttgart besonders nachdrücklich den Kampf gegen den drohenden Weltkrieg betrieb und antimilitaristische Massendemonstrationen und Kundgebungen veranstaltete, orientierte sich an dem Grundsatz: „Diesem System keinen Mann und keinen Groschen." Aus ihrer antimilitaristischen Position heraus erklärte sich die Ablehnung des Heeresetats und der Wehrvorlagen bis zum Jahr 1913. Die Politik der konsequenten Opposition hielt die SPD-Führung in den letzten beiden Vorkriegsjahren allerdings nicht durch. Die Reichstagsfraktion stimmte 1913 in 3. Lesung der Wehrvorlage der Regierung zu. Diese Wehrvorlage basierte auf den Vorschlägen des Generalstabs, der von Reichskanzler Bethmann-Hollweg unterstützt wurde und beinhaltete den Ausbau der Armee und die Vergrößerung des stehenden Heeres, die der Generalstab angesichts seiner Kriegsvorbereitungen und militärischen Planungen für notwendig hielt. Bebel, Ledebour und Frank nahmen an einer geheimen Haushaltsausschusssitzung teil, in der ihnen die Überlegungen des Militärs erklärt wurden. Mit ausdrücklicher Billigung Bebels stimmte die Reichstagsfraktion schließlich der Wehrvorlage zu.

[303] Deist, Wilhelm: Die Armee in Staat und Gesellschaft. 1890–1914. In: Stürmer (1977), S. 333ff. und Scharrer, (1976), S. 105.

[304] *Volksfreund* vom 25.7.1913, S. 4f. und *Volksfreund* vom 26. 7.1919, S.4.

sche Massenbewegung zu entfachen, was aber nicht gelungen sei. Er führte aus: „Unsere Partei muss bei ihrer ungeheuerlichen Macht versuchen, Einfluss zu gewinnen. Das kann sie aber nicht, wenn sie sagt, innerhalb der heutigen Gesellschaft kann es keine Konzessionen, sondern nur Kampf geben (...). Die Entwicklung zeigt, dass die reformistische Haltung recht behalten wird."[305] Seine Opponenten hielten an der Kritik an Vorstand und Fraktion fest, denen sie eine zu laue Bekämpfung der Wehrvorlage vorwarfen und das Versäumnis, eine zündende Agitation entfaltet zu haben. Kernsätze aus der Rede Kullmanns lauteten: „Man kann nicht sagen, wir wollen das System nicht, bewilligen keinen Mann, aber wir bewilligen die Mittel zu seiner Erhaltung (...). Die Partei hätte energischer gegen die Vorlage opponieren müssen, der Parteivorstand war nicht auf der Höhe. Noch nie ist eine Vorlage fadenscheiniger begründet worden wie diese (...). Sie hat doch den Fehler, dass die Besitzsteuer dem Volk ein ungeheures Vermögen entzieht, das in Kulturaufgaben angelegt werden könnte (...). Hier hätte die Fraktion ein stärkeres Rückgrat haben müssen."[306] Kolb ärgerte sich offenbar über diese Äußerungen so sehr, dass er im Volksfreund ausführliche Zitate der Rede Kullmanns abdrucken ließ, um sie dann nachdrücklich zu korrigieren. Die *Volksfreund*-Leser konnten am 26. Juli 1913 Kolbs Position nachlesen. Es hieß dort: „Kolb widmete sich speziell den Äußerungen des Genossen Kullmann: Der Kardinalfehler vieler Genossen sei, dass sie den entscheidenden Fragen aus dem Wege gehen. Man kann aber die Taktik der Fraktion nicht als Frage für sich behandeln. Mit der Negation allein kommen wir nicht vorwärts (...). Heute besteht aber die Möglichkeit überall, dass die Masse Einfluss bekommt, sie darf nur von der ihr zur Verfügung stehenden Macht Gebrauch machen."[307]

Obwohl sich in diesen Jahren die zukünftige Spaltung der Partei sehr deutlich ankündigte, stand im Bewusstsein der Agierenden die Erhaltung der Einheit der Arbeiterbewegung in sehr hohem Kurs. Dies bestätigte Weißmann, als er in seinem Rückblick auf die Parteigeschichte schrieb: „An eine Absplitterung in der Partei, wie sie während und nach dem Kriege durch die U.SP und die Kommunisten vollzogen wurde, dachte damals kein Parteigenosse; um so nachdrücklicher setzten sich deshalb in den Versammlungen Reformisten und Radikale auseinander."[308] Einen sehr eindringlichen Beleg für die Hoffnung, die Gegensätze zwischen den Flügeln überbrücken zu können, lieferte Heinrich Sauer, der sich, wie schon erwähnt, von einem Gegner zu einem Anhänger Kolbs entwickelt hatte, in seinem Bericht über sein Zusammentreffen mit Karl Liebknecht im Sommer 1911. Liebknecht hatte in seiner Karlsruher Veranstaltung vor mehreren tausend Zuhörern die Politik der Budgetbewilligung und des Großblocks scharf angegriffen. Im privaten Zusammensein in den anschließenden Nachtstunden versuchte Sauer, ihm die besonderen badischen Verhältnisse darzustellen und Verständnis für die badische Land-

---

[305] *Volksfreund* vom 25.7.1913, S. 5.
[306] Volksfreund vom 26.7.1913, S. 4. Kullmann bezog sich hier auf den Umstand, dass die Wehrvorlage durch die Vermögensteuer finanziert werden sollte.
[307] Ebenda.
[308] *Volksfreund* 3./4. 9. 1927, Sachbeilage. Bericht Weißmann.

tagspolitik zu wecken. Sauer sah seine Bemühungen als erfolgreich an und war umso
enttäuschter, als er in der Folgezeit feststellen musste, dass Liebknecht seine radikale
Position keineswegs aufgegeben hatte.[309]

Zwischen dem rechten und dem linken Flügel gab es eine kleine Gruppe, die versuchte, sich aus der Auseinandersetzung herauszuhalten. Zu diesem Mittelfeld gehörte als
bekanntester Vertreter der Vorsitzende des Karlsruher Vereins Friedrich Sigmund, der
dieses Amt seit 1912 innehatte.

Allen Karlsruher Sozialdemokraten, welche die Jahre vor dem Ersten Weltkrieg mitgestalteten, war gemeinsam, dass sie sich von einem starken Idealismus getragen fühlten,
der bei Rechten und Linken sich aus der gemeinsamen Begeisterung für das große Ziel
ableitete. Kolb sprach davon, dass die deutsche Arbeiterschaft Karl Marx ihren Idealismus verdanke. „Die englische liberale Arbeiterbewegung, die den Idealismus entbehrt,
(ist) zur Pfennigfuchserei herabgesunken."[310] Der zur älteren Karlsruher Generation
gehörende Genosse Brandel mahnte die jungen Sozialdemokraten des Jahres 1927 im
Rückblick auf die Vorkriegszeit: „Mögen die Jungen den Idealismus der Alten stets zum
Vorbild nehmen."[311]

Die innerparteiliche politische Erfahrung Marums war also von Anfang an von einer
starken Polarisierung der Partei geprägt, die sich in Karlsruhe, wie gezeigt, auf die Person und die politische Position Kolbs sowie die revisionistische Linie des *Volksfreund*
konzentrierte. Marum stand von Anfang an klar auf der Seite Kolbs und verteidigte die
Arbeit der *Volksfreund*-Redaktion. Er war auf allen wichtigen Karlsruher Parteiversammlungen präsent und beteiligte sich aktiv an den Diskussionen, wobei besonders Fragen
der Strategie und Taktik der Landespartei seine Stellungnahmen provozierten. Hier handelte es sich um ein politisches Grundsatzproblem, das seine politische Überzeugung am
tiefsten tangierte. Auch in der *Volksfreund*-Frage schaltete er sich aktiv ein, während er bei
der Analyse der Wahlniederlage von 1913 die Verschärfung der Flügelkämpfe zu vermeiden suchte und sich an der Debatte um die Wehrvorlage überhaupt nicht beteiligte. Hier
wird offensichtlich Marums Bestreben deutlich, die Konflikte nicht allzu sehr eskalieren
zu lassen und die Integrationskraft der Partei nicht zu gefährden.

Nach der erzwungenen Auflösung der Karl-Marx-Clubs kam dem *Volksfreund* erneut
eine Schlüsselstellung zu. Deshalb versuchte die Karlsruher Linke nach 1911 Einfluss auf
die inhaltliche Gestaltung des Blattes zu gewinnen. Als Hebel dazu diente ihr die Pressekommission, die sich als entscheidendes Kontrollorgan ansah. 1912 unternahm der
Parteilinke Horter den Versuch, die Kompetenz der Pressekommission auszuweiten. In
der Parteiversammlung vom 28. August 1912 hieß es dazu: „Die Preßkommission ist der
Meinung, dass sie in allen Fragen, die den „Volksfreund" betreffen, sowohl das Geschäft,
wie auch die Redaktion, mitzubestimmen habe. Gen. Horter reichte hierzu einen Antrag

---

[309] Ebenda, Bericht Sauer.
[310] *Volksfreund* vom 11.12.1909. Vgl. auch *Volksfreund* vom 17.10.1913: „Der Idealismus des Proletariats".
[311] *Volksfreund* 3./4. 9. 1927. Sonderbeilage, Bericht Brandel.

ein, in dem verlangt wurde, dass die Preßkommission in allen die taktische und prinzipielle Haltung des „Volksfreund" betreffenden Fragen, sowie über die Anstellung und über die Entlassung der Angestellten mitzubestimmen habe. Über diesen Antrag entspann sich eine längere Geschäftsordnungsdebatte. (...) Über den Antrag konnte somit nicht abgestimmt werden. Dagegen wurde mit großer Mehrheit eine Resolution angenommen, in der ausgesprochen wird, dass die Preßkommission in Verbindung mit dem Landesvorstand alle die Redaktion und das Geschäft betreffende Angelegenheiten zu überwachen und zu regeln hat."[312]

Das bedeutete einen partiellen Sieg der Linken, die regelmäßig ihre Vertreter in die Pressekommission entsandte. Um hier also ein Gegengewicht zu schaffen, brauchten die Reformisten kompetente Vertreter, die ihre Linie in der Pressekommission stützten. Diese Arbeit übernahm Marum, der von 1911 bis 1914 in der Kommission vertreten war. Als die Karlsruher Linke im Juni 1914 den Versuch unternahm, Kolb als leitenden Redakteur des *Volksfreund* abzusetzen, erwies sich die Mitgliedschaft Marums als umso wichtiger, da er nun von vier Karlsruher Mitgliedern der einzige war, der die Linie Kolbs vertrat.[313]

In der Debatte um die Wahlniederlage von 1913 wiederholten die Karlsruher Linken ihre bekannten Vorwürfe und ordneten dem revisionistischen Flügel die Schuld für das schlechte Abschneiden der Partei zu. In der Versammlung vom 6. November 1913 stellte sich der gescheiterte Kandidat Marum diesen Anschuldigungen entgegen und „hob die Diskussion innerorganisatorischer Schwachstellen von der Sündenbocksuche auf die Ebene differenzierter Betrachtungen struktureller Probleme."[314] Zu diesen gehörte das Scheitern der Partei in ihrem Bemühen um neue Wählerschichten. So sei es nicht gelungen, die Eisenbahnarbeiter und die kleinen Beamten – trotz der ihnen zugute kommenden Reformgesetze des Großblocks – zu gewinnen. Marum verwies weiterhin auf die unbeabsichtigte Stärkung der liberalen Parteien, welche die Großblockpolitik bewirkt habe. Er zeigte also auf externe Faktoren der Niederlage und schloss sich der Suche nach internen Ursachen, wie sie die Linken betrieben, nicht an. Über Marums Haltung in dieser Debatte schreibt der Historiker Hans-Joachim Franzen: „Auch die Überlegungen, die Marum zur Analyse des Auswirkungen der Großblockpolitik anstellte, waren alles andere als eindimensional."[315]

Hier wies Franzen auf Eigenschaften Marums hin, die ihn in den Flügelkämpfen auszeichnete: seine Fähigkeit zu differenzierter Betrachtung der politischen Entwicklung und sein Verzicht auf Polemik und persönliche Anfeindungen. Anstatt die Gräben zwischen den Flügeln zu vertiefen, war Marum daran gelegen, die gemeinsame politische Arbeit effektiv fortzusetzen. Seine Schlussworte vor der Versammlung zeugten von ausgesprochenem Harmoniebedürfnis und der Tendenz zur Nivellierung der Gegensätze, sie

---

[312] *Volksfreund* vom 29.8.1912, S. 5.
[313] Franzen (1987), Bd. I, S. 256.
[314] Ebenda S. 246.
[315] Ebenda, S. 240.

lauteten: „Wenn die Niederlage den Erfolg hat, dass die Lässigen aufgerüttelt werden, dass alle sich wieder auf ihre Pflicht besinnen, dann wird sie auch ihr Gutes haben."[316]

Die Einheit der Partei konnte in der Folgezeit nicht gewahrt werden, die Auseinandersetzung mit weiter links stehenden Sozialisten sollten Marum ein Leben lang begleiten. Seine dezidierte Position auf dem rechten Parteiflügel lud zu Angriffen ein, denen er allerdings mit Gelassenheit begegnete.

Wahlkämpfe

Nach dem Fall des Sozialistengesetzes, als die Partei wieder legal tätig sein konnte, konzentrierte sie all ihre Kräfte auf den Ausbau der Organisation und die Stärkung der Position der Partei in den Parlamenten. Dazu nutzte sie das wichtigste Recht, das ihr im wilhelminischen Kaiserreich gegeben war, das allgemeine Wahlrecht. Während bis Mitte der neunziger Jahre die Partei noch von der Naherwartung der Revolution getragen wurde, die als ein naturgesetzlicher, evolutionär sich vollziehender Prozess des Niedergangs des kapitalistischen Systems und des Zusammenbruchs des bürgerlichen Staates verstanden wurde, trat diese Erwartung ab Mitte der neunziger Jahre zurück. Die Partei rechnete nun mit größeren Zeiträumen und entwickelte für die Übergangszeit ein Konzept, das die allmähliche Eroberung der politischen Macht in den Mittelpunkt stellte. Die Gewinnung von neuen Anhängern und Wählerstimmen galt als das oberste Ziel der politischen Tätigkeit der SPD. Besonders die Wahlen rückten in den Mittelpunkt der Bemühungen. Dies führte zum Phänomen des Elektionismus, dem ein gutes Wahlergebnis als politischer Erfolg genügte, ohne die Frage zu stellen, wie die gewonnene politische Macht zu nutzen sei.[317]

Während zwischen den Flügeln Konsens über die Konzentration auf die Wahlkämpfe und die Erringung einer möglichst hohen Stimmenzahl herrschte,[318] unterschieden sich die Reformisten von der Parteilinken und dem Zentrum dadurch, dass sie die gewonnene Macht innerhalb des bestehenden Staates zu Reformen nutzen wollten und dass sie die „Aktualisierung der politische Potenz"[319] forderten. Der Elektionismus führte auch in Baden dazu, dass man besonders den Reichstagswahlen und den Landtagswahlen hohe Bedeutung zuordnete und sie oft schon Jahre vorher vorbereitete. Bei diesen überregionalen Wahlen trat die SPD mit großen Hoffnungen an, während auf kommunaler Ebene das hier bestehende Dreiklassenwahlrecht eine erhebliche Barriere bedeutete, in der städtischen Politik Fuß zu fassen. Ein Ziel der Großblockpolitik bestand deshalb auch darin, zur Demokratisierung des Gemeindewahlrechts beizutragen.

---

[316] *Volksfreund* vom 6.11.1913, S. 5.
[317] Groh (1973), S. 74.
[318] Vgl. Steinberg (1979), S. 35ff.
[319] Groh (1973), S. 75.

Seit dem Eintritt Marums in die Partei standen in Karlsruhe fast jährlich Wahlen an: Im Jahr 1909 handelte es sich um die Landtagswahl, 1911 folgte die Wahl des Karlsruher Stadtparlaments, 1912 fand die Reichstagswahl statt, 1913 erneut eine Landtagswahl und 1914 mussten wiederum die Karlsruher Stadtverordneten bestimmt werden. Die jeweiligen Wahlkämpfe betrieb die Karlsruher SPD mit großer Energie und Tatkraft. Sie spannte alle ihre Kräfte an, um Wahlkampfveranstaltungen in großer Zahl durchzuführen, im *Volksfreund* eine breite Kampagne zu entfalten und über Flugblätter und mündliche Agitation die Stimmen der Arbeiter für ihre Partei zu gewinnen. Der *Volksfreund*-Redakteur Josef Eisele berichtete in einem verklärenden Rückblick über den Idealismus und den hohen Kräfteeinsatz der Karlsruher Genossen in den Wahlkämpfen: „Unter völlig anders gelagerten Verhältnissen wie heute mussten die Wahlen ausgefochten werden. Bei jeder Wahl fand seitens der Partei in der Regel eine zweimalige Flugblattverteilung statt. Bei der zweiten Verbreitung lag der Stimmzettel bei, der auf Partei-Kosten hergestellt werden musste. Dieser Verteilung voraus war jedoch ein gewaltiges Stück Vorarbeit zu leisten. Es mussten die Briefumschläge mit dem Namen des Wählers versehen, die Flugblätter gefalzt, die Stimmzettel in letztere eingelegt und beide zusammen in den Briefumschlag getan werden. Diese Vorarbeit erledigten freiwillige Helfer aus der Partei, worunter sich auch die höchsten Parteifunktionäre befanden. Solche Abende, an denen sich auch Frauen von Mitgliedern beteiligten, hatten einen partei-familiären Charakter und dienten der Pflege der Verbundenheit. Diese Mitarbeit entsprang einem beispiellosen Idealismus, um den uns die Gegner beneideten. Vor den Wahllokalen galt es wiederum Flugblätter und Stimmzettel an den Mann zu bringen und im Wahllokal selbst musste eine eigene Wählerliste geführt werden, um säumige Wähler herauszufinden, die dann gegen Schluss des Wahlaktes herangeholt wurden, um sie zum Wählen zu bewegen. In einem Falle in Daxlanden nahm sogar einer unserer Wahlhelfer einen säumigen Wähler auf den Rücken und brachte ihn auf diese Art in das Wahllokal."[320] An den verschiedenen Wahlen nahm die SPD Karlsruhe mit wechselndem Erfolg teil. Hauptgegner in der Stadt war, wie oben schon erwähnt, zunächst die nationalliberale Partei.

Bei der Reichstagswahl bildete die Stadt Karlsruhe keinen eigenständigen Wahlkreis, sondern sie war mit der ländlichen Region und der Stadt Bruchsal zum 10. Reichstagswahlkreis zusammengeschlossen.[321] Während bis zur Reichstagswahl 1898 die Nationalliberalen den 10. Wahlkreis behaupten konnten,[322] veränderte die sich durchsetzende Industrialisierung das Bild. Bereits 1890 – nach dem Fall des Sozialistengesetzes – siegte in der Stadt Karlsruhe bereits die SPD, wenn die Nationalliberalen auch im gesamten

---

[320] Eisele (1959), S. 13.
[321] Schadt/Schmierer (1979), S. 320. Nach dem Fall des Sozialistengesetzes schnellte die Anzahl der Wählerstimmen für die badische SPD bei den Reichstagswahlen in die Höhe, bei jeder Wahl legte die Arbeiterpartei stetig zu. 1898 betrug ihr Ergebnis 19%, 1903 21,3%, 1907 23,9% und 1912 28,3%.
[322] Goldschmit (1915), S. 147.

Wahlbezirk das Mandat noch für sich behaupten konnten.[323] Einen großen Triumph feierte die SPD dann bei der Reichstagswahl von 1898, als sie in der Stichwahl ihren Kandidaten Adolf Geck knapp vor dem nationalliberalen Bewerber durchsetzen konnte. Geck verteidigte sein Mandat dann in den Reichstagswahlen von 1903 und 1907. Im Jahre 1912 wendete sich das Blatt allerdings wieder zuungunsten der SPD. In Karlsruhe bewarben sich in diesem Jahr drei Kandidaten für das Mandat: Neben Adolf Geck waren es Ludwig Haas für die vereinigten liberalen Parteien und Freiherr von Gemmingen für die Konservativen.[324] In der Hauptwahl am 12. Januar 1912 erreichte keiner der Kandidaten die erforderliche Mehrheit, in der Stichwahl wenige Tage später (18. Januar 1912) unterlag Geck knapp dem liberalen Bewerber Haas, zu dessen Wahl das Zentrum noch in letzter Minute aufgerufen hatte.[325]

Mit dieser Taktik verfolgte das Zentrum die Absicht, die Parteien des badischen Großblocks auseinander zu bringen, was – da erfolgreich – eine schwere Krise für die badischen Reformisten bedeutete, die in ihrer Großblockpolitik das Bündnis mit den liberalen Parteien befürworteten und sich im Wahlkampf entschiedener Angriffe auf die Liberalen enthalten hatten. Deren Unterstützung durch das Zentrum und der Verlust des Karlsruher Mandats für die Sozialdemokraten löste im Karlsruher Verein eine weitreichende Debatte aus, in der die Vertreter der Opposition in ihrer Kritik an der Großblockpolitik Anhänger gewannen und die Basis Kolbs und seines Kreises schmaler wurde. Hier bereits deutete sich die Krise der Großblockpolitik an; selbst Kolb und der gesamte rechte Flügel neigten zu einer Überbewertung der Karlsruher Niederlage und würdigten die Gesamterfolge der Partei in Baden und vor allem die glänzenden Erfolge auf Reichsebene nicht in angemessener Weise. Dies erklärt sich aus ihrem Reformkonzept, in dem parlamentarische Erfolge einen zentralen Stellenwert einnahmen und Misserfolge das gesamte Konzept ins Wanken bringen konnten.[326]

Die Karlsruher SPD hatte sich während des Wahlkampfs alle Mühe gegeben, ein Bild der Geschlossenheit in der Öffentlichkeit abzugeben, obwohl innerparteilich grundlegende Differenzen zwischen dem linken Kandidaten Geck und der starken revisionistischen Gruppe bestanden. Auch Ludwig Marum, den persönlich nichts mit Adolf Geck verband, hatte den Wahlkampf mitgetragen. Er kannte Geck von einem gemeinsamen Auftritt während des Landtagswahlkampfs von 1909,[327] nun hielt er in der Karlsruhe benachbarten Gemeinde Blankenloch am 17. Dezember 1911 eine Wahlveranstaltung ab, von der es im *Volksfreund* hieß, sie habe Begeisterung hervorgerufen und bestärke die Hoffnung auf einen Wahlsieg.[328] Dass dieser nicht eintrat und stattdessen das Reichstagsmandat an Ludwig Haas fiel, bedeutete für Marum die erstmalige Erfahrung einer politischen Nie-

---

[323] Ebenda, S. 147.
[324] Ebenda S. 148.
[325] *Karlsruher Chronik 1912*, S. 68. Auch der Pforzheimer Wahlkreis ging der SPD 1912 verloren.
[326] Franzen (1987), Bd. I, S. 201ff. In Baden hatte die SPD 24 000 Stimmen hinzugewinnen können.
[327] *Volksfreund* vom 27.10.1909
[328] *Volksfreund* vom 20. 12.1911, S. 5.

derlage. Mit Haas allerdings, der von allen liberalen Gruppierungen unterstützt worden war und der für die Fortschrittliche Volkspartei in den Reichstag zog, verbanden Marum auffallende Parallelen im Lebensweg. Beide waren jüdischer Herkunft, beide hatten das Bruchsaler Großherzoglich Badische Gymnasium besucht, Jura studiert, waren Mitglieder in der jüdischen Verbindung Badenia gewesen und nun stiegen beide zu bedeutenden Positionen in der badischen Politik auf. In der Provisorischen Regierung Badens 1918/ 19 sollten beide ein Ministeramt bekleiden.[329]

Während in den Landtagswahlkämpfen im Großherzogtum Baden die Zentrumspartei der Hauptgegner für die Sozialdemokratie war, hatte in der Hauptstadt Karlsruhe der politische Katholizismus keine Chance, einen Landtagssitz zu erringen; er stellte dort nicht einmal eigene Kandidaten auf. In Karlsruhe waren vielmehr die liberalen Parteien die wichtigsten Konkurrenten im Kampf um ein Landtagsmandat. In diesem Ringen erhöhten sich die Chancen der Sozialdemokraten seit der Wahlrechtsreform von 1904, die das direkte Landtagswahlrecht einführte. Dies hatte zur Folge, dass 1905 in der Stadt Karlsruhe die SPD-Kandidaten zwei von vier städtischen Wahlkreisen erobern konnten.[330] Vor der Wahlrechtsreform war es nur einmal – im Jahr 1897 – einem Sozialdemokraten (Schaier) gelungen, in die nationalliberale Hochburg Karlsruhe einzudringen und in den Landtag einzuziehen. Die beiden anderen Karlsruher Wahlkreise blieben 1905 noch in nationalliberaler Hand. Ihren glänzendsten Erfolg errangen die Sozialdemokraten in der Stadt im Jahr 1909, als ihnen drei Mandate zufielen. Im Gegensatz zur Reichstagswahl, als der Vertreter des linken Parteiflügels Adolf Geck in Karlsruhe kandidierte, traten in der Landtagswahl 1909 nur Vertreter des rechten Flügels an: Kolb, Frank, E. Geck und Willi. Mit Ausnahme von Geck, der in der bürgerlich geprägten Mittelstadt antrat, waren alle drei Spitzenpolitiker erfolgreich. Die Oststadt fiel Frank zu, Kolb siegte in der Südstadt und der Arbeitersekretär Willi gewann die Weststadt.

Ein ähnlicher Erfolg sollte sich im Jahr 1913 nicht wiederholen. Diesen Landtagswahlkampf, in dem Marum erstmalig als Kandidat antrat und der sein einziger in der Zeit des Kaiserreichs bleiben sollte, bestritt die SPD unter sehr ungünstigen Vorzeichen. Zu diesen gehörten die geringen Erfolge der Großblockpolitik, Frustration und Enttäuschung in der Anhängerschaft über den Verlust des Karlsruher Reichstagsmandats und das Fehlen eines so zugkräftigen Themas wie das der Reichsfinanzreform im Jahr 1909. Zu der Lähmung in den eigenen Reihen trat die offensive Linie des Zentrums und der bürgerlichen Parteien, die darauf ausgerichtet war, die Arbeiterpartei als systemgefährdend, religionsfeindlich und als außerhalb der nationalen Solidargemeinschaft stehend zu stigmatisieren. Das badische Zentrum unter seinem Führer Theodor Wacker baute seine Wahlkampfstrategie auf der Zeichnung eines absoluten Feindbildes der Sozialdemokratie auf. Dem Bürgertum und den herrschenden Eliten kam zu Hilfe, dass wenige Tage vor

---

[329] Kaller (1988), S. 432ff.
[330] Goldschmit (1915), S. 148. Die Wahlrechtsreform erhöhte die Zahl der städtischen Landtagswahlkreise von drei auf vier.

der Landtagswahl die Hundertjahrfeier der Völkerschlacht von Leipzig begangen wurde, die Anlass gab, die Sozialdemokratie als Gegnerin der Monarchie, als staatsfeindliche und antinationale Partei zu kennzeichnen, die weder Patriotismus noch Stolz auf militärische Leistung mit dem übrigen Volk teilte.

Der Wahlkampf der Karlsruher SPD wurde völlig von den Reformisten beherrscht, was sich nicht nur in der Kandidatenaufstellung, sondern auch in der inhaltlichen Ausrichtung des Wahlkampfs zeigte. In Karlsruhe kandidierten 1913 für die SPD Kolb, Frank, Marum und Eugen Geck,[331] wie 1909 ausschließlich Kandidaten der Rechten. Die Verhinderung einer Zentrumsmehrheit, die Fortsetzung der Großblockpolitik wurden als Ziele in den Vordergrund gestellt, der revisionistische Flügel war außerordentlich bemüht, dem Negativ-Image der Partei in der Öffentlichkeit eine Selbstdarstellung gegenüberzustellen, in der die Akzeptanz des bestehenden Systems und seiner Spielregeln betont wurden.

Die eigentliche Rechtfertigung für die Fortsetzung der Großblockpolitik war die Verhinderung einer Zentrumsdominanz im Parlament und deren mögliche Folge für die Kulturpolitik und die liberalen Elemente des politischen Systems. Die Sozialdemokratie sah sich als Garantin der badischen liberalen Tradition und als entschiedene Gegnerin der politischen Reaktion und des Machtanspruchs der katholischen Kirche.

Eine Woche vor der Wahl am 21. Oktober 1913 erschien eine Serie von großformatigen Wahlaufrufen auf der Titelseite des *Volksfreund*, in denen die Reformisten ihre gemäßigte Linie explizit darstellten, um der Negativzeichnung ihrer Organisation als Partei des Umsturzes, die sich gegen Monarchie, Religion und Nation stellte, entgegenzutreten. Zu der Ablehnung gewaltsamer Aktionen und dem Bekenntnis zur Reformpolitik fanden sich folgende Passagen: „Es gibt keine Forderung im Programm der Sozialdemokratie, die nicht auf gesetzlichem Wege ihre Verwirklichung finden könnte. (...) Wir kämpfen für eine völlige grundlegende Umgestaltung der kapitalistischen in eine sozialistische Gesellschaftsordnung. Dieses an sich revolutionäre Ziel versuchen wir aber nicht auf dem Wege des gewaltsamen Umsturzes, sondern auf dem der durchgreifenden Reformen auf allen Gebieten des sozialen und politischen Lebens zu verwirklichen. Dabei sind wir uns durchaus bewusst, dass man nicht willkürlich sozialistische Experimente durchführen kann. Die sozialistische Gesellschaftsordnung kann nicht auf dem Wege der Gewalt etabliert werden, sie kann nur das schließliche Resultat einer großen Reihe durchgreifender sozialer und politischer Reformen sein."[332]

Zu dem Thema Monarchie äußerte man sich in folgender Weise: „An sich hat die Frage Republik oder Monarchie überhaupt keine aktuelle politische Bedeutung. Das wissen unsere Gegner so gut wie wir es wissen. Selbst wenn die Sozialdemokratie heute oder morgen in Baden oder im Reiche die parlamentarische Mehrheit erringen würde, hätte sie ganz andere Sorgen und Aufgaben, als die Frage der Staatsform aufzurollen und sie im Sinne ihrer republikanischen Prinzipien zu lösen.

---

[331] *Karlsruher Chronik 1913*, S. 86.
[332] *Volksfreund* vom 13.10.1913.

Aktuelle Bedeutung haben in dieser Frage nur die Vorrechte, welche die Monarchien in Preußen-Deutschland gegenüber anderen Monarchien noch genießen. Man kann aber ein ebenso überzeugter Monarchist wie Republikaner sein, um diese Vorrechte als im Widerspruch zu den Volksinteressen stehend zu betrachten und deshalb deren Beseitigung fordern. (...) Das deutsche Volk hat mindestens denselben Anspruch darauf, in der Frage der Zusammensetzung der Regierung und der Ausübung der Regierungsgewalt die Rechte zu genießen, die alle anderen Kulturvölker schon lange haben."[333]

In diesen Passagen bekannte sich die badische Sozialdemokratie also zur Staatsform der parlamentarischen Monarchie und verschob die Forderung nach der Republik in eine ferne Zukunft. Mit den Vorwürfen, sie habe eine antinationale Einstellung, setzte sie sich in der folgenden Weise auseinander: „Das Schlagwort von der „antimonarchistischen" Sozialdemokratie ist also weiter nichts, als eine dummdreiste Spekulation auf die politische Stupidität. Derselbe (sic) trifft aber auch auf den der Sozialdemokratie gemachten Vorwurf der „antinationalen" Gesinnung zu. Was heißt es denn, eine nationale Gesinnung zu betätigen. Doch nichts anderes, als seine besten Kräfte für die Interessen des Volksganzen einzusetzen. Nun gehen die Auffassungen darüber, wie man am besten für die Volksinteressen kämpft, sehr weit auseinander. Der Konservative geht dabei von ganz andern politischen Auffassungen aus, wie der Liberale und der Sozialdemokrat; aber niemand hat das Recht, deßhalb dem Gegner seiner politischen Grundsätze die nationale Gesinnung abzusprechen. Das ist nicht nur ein grober Unfug, sondern zugleich auch eine Verleumdung."[334]

Mit der Selbstdarstellung als respektable, auf dem Boden der gegebenen Ordnung stehende Partei war die Schonung der bürgerlichen Parteien verbunden, die man nicht als Interessenvertreter von Besitz und Bildung angriff, sondern lediglich als inkonsequente Verfechter traditioneller liberaler Forderungen. In den Wahlaufrufen machten die badischen Sozialdemokraten dazu folgende Aussagen: „Wir kämpfen nicht nur gegen die Reaktion, sondern auch gegen den Liberalismus in allen seinen Schattierungen, dessen politischer Schwäche, Programmlosigkeit und Unzuverlässigkeit wir die politisch rückständigen Verhältnisse in Preußen-Deutschland zu verdanken haben. Wir kämpfen für das Selbstbestimmungsrecht des Volkes, für eine höhere soziale und politische Kultur."[335]

Als Marum 1913 versuchte, sein politische Ziel – einen Landtagssitz – zu erreichen, war er mit sehr schwierigen Bedingungen konfrontiert. Dies betraf nicht nur die allgemeinen Schwierigkeiten seiner Partei zu diesem Zeitpunkt, sondern auch die Herausforderungen, die sich ihm in seinem Karlsruher Wahlkreis, der Südweststadt, stellten. Einerseits war die Neueinteilung des Wahlkreises für ihn ungünstig, andererseits die Qualität eines seiner Mitbewerber. Neben ihm kandidierte nämlich sein Kollege, der angesehene Karlsruher Rechtsanwalt Dr. Richard Gönner, Karlsruher Vorsitzender und

---

[333] *Volksfreund* vom 14.10.1913.
[334] *Volksfreund* vom 14.10.1913.
[335] *Volksfreund* vom 13.10.1913.

stellvertretender Landesvorsitzender der Fortschrittlichen Volkspartei.[336] Das Zentrum stellte, wie oben erwähnt, keinen Kandidaten in diesem Wahlkreis auf, sondern unterstützte den konservativen Gerichtsrat Ludwig Mainhard. Während Mainhard kaum Chancen hatte, sprach vieles für einen Sieg von Gönner, der nicht nur auf die bürgerlichen Stimmen hoffen konnte, sondern auch – durch sein offenes Bekenntnis, Katholik zu sein – auf Zentrumsstimmen spekulierte. Marum, der als Experte seiner Partei in Verfassungsfragen galt, hatte es umso schwerer, sich auf diesem Gebiet einem Linksliberalen gegenüber zu profilieren, als der ihm kaum die Möglichkeit zur Kontrastierung bot. Um diesen Schwierigkeiten Herr zu werden, erhielt Marum vielfältige Hilfe aus seiner Partei. Seine Wahlveranstaltungen bestritt er stets gemeinsam mit einem einflussreichen und prominenten Genossen, so mit Kolb,[337] Frank,[338] Kullmann[339] und Weißmann.[340] Es war hauptsächlich Kolb, der seinen Parteifreund, den Aufsteiger Marum, trotz der Beanspruchung im eigenen Wahlkreis in mehreren Wahlveranstaltungen unterstützte. Marum orientierte seinen Wahlkampf sehr eng an der revisionistischen Linie seiner Förderer in der Partei, teilte die massiven Angriffe gegen das Zentrum, musste aber im Gegensatz zu der offiziellen Linie – die da lautete: Schonung liberaler Parteien – seinen Konkurrenten Gönner scharf angreifen und die Differenzen zwischen einem Sozialdemokraten und einem Liberalen betonen.

Unter den reformistischen Forderungen des Erfurter Programms konzentrierte sich Marum auf die Wahlrechts- und Verfassungsfrage. In der Wahlveranstaltung vom 20. September führte er dazu das Folgende aus: „Als wichtigste Frage dürfte die Einführung des Proporzes für die Landtagswahlen den nächsten Landtag beschäftigen. Dieses Wahlrecht kann nur eingeführt werden, wenn die Reaktion aufs Haupt geschlagen wird, dass sie nicht mehr in der Lage ist, Opposition zu machen. Neben dem Proporz haben wir aber auch noch weitergehende Forderungen in Bezug auf die Staatsverfassung. Wir verlangen eine Reformierung der ersten Kammer, dahingehend, dass sie ganz beseitigt wird. Wir brauchen keinen geborenen und aus indirekten Wahlen hervorgegangenen Gesetzgeber neben den aus direkten Wahlen hervorgegangenen Abgeordneten. Auch das Dreiklassenwahlsystem in den Gemeinden muss beseitigt werden. Auch wollen wir eine demokratische Regierung. In der heutigen Verwaltung und Regierung ist nichts von einem liberalen Geist zu spüren.“[341]

Marum bekämpfte – wie die übrigen Reformisten – das antinationale und kirchenfeindliche Image seiner Partei. Der *Volksfreund* schreibt: „In längeren Ausführungen

[336] Ebenda.
[337] *Volksfreund* vom 20.9.1913; 22.9.1913; 25.9.1913.
[338] *Volksfreund* vom 11.10.1913.
[339] *Volksfreund* vom 6.10.1913.
[340] *Volksfreund* vom 13.10.1913.
[341] *Volksfreund* vom 20.9.1913. Sechs Jahre später – im Herbst 1918 – als das konstitutionelle großherzogliche System in die Phase der Agonie eingetreten war, sollten Marum und seine Partei diese Forderungen vehement wiederholen.

widerlegte Redner (gemeint ist Marum, m.A.) sodann die Phrase vom Antinationalismus und Internationalismus der Sozialdemokratie. Auch die Fortschrittler und das Zentrum hätten jahrzehntelang als Reichsfeinde gegolten. Uns international zu organisieren sei unser gutes Recht, denn der Kapitalismus kennt auch keine schwarz-weiß-roten Grenzpfähle, sondern es ist ihm egal, wo er die Arbeiter ausbeutet; auch die Herren Monarchen sind durchaus international veranlagt. Wenn man uns als Religionsfeinde hinstellt, so muss gesagt werden, dass die Rechte der Kirche bei der Sozialdemokratie mindestens so gut gewahrt sind wie bei den liberalen Parteien. Ja, die Sozialdemokratie darf für sich in Anspruch nehmen, mehr noch als diese Parteien die Rechte der Kirche gewahrt zu haben, denn nicht diese, sondern die Sozialdemokratie hat geschlossen für die Aufhebung des Jesuitengesetzes im Reichstag gestimmt."[342]

Marum bestritt diese Wahlkampfveranstaltung gemeinsam mit dem Genossen Kullmann, der, wie Marum selbst, Jurist war. In seinen Ausführungen zum Zustand der deutschen Justiz bezog sich Marum auf eine Reihe von Fällen, „in denen klar zu erkennen war, dass auch bei uns in Baden die Klassenjustiz in schönster Blüte steht. Wenn wir Gerechtigkeit wollen, so schloss Gen. Marum, dann dürfen wir keinen pflaumenweichen Fortschrittler wählen, sondern die Interessen des gesamten arbeitenden Volkes werden nur voll und ganz gewahrt von der Sozialdemokratie."[343]

Am 13. Oktober trat Marum bei einer Wahlveranstaltung zusammen mit Weißmann auf. Weißmann hatte ein Jahr zuvor eine gegen das Zentrum gerichtete Schrift (*Die sozialdemokratische Gefahr in Baden*) veröffentlicht. Marum nun stimmte Weißmanns Angriffen auf das Zentrum, was dessen Haltung in der Dotations- und der Schulfrage und in der Frage der Einkommensteuerregelung betraf, zu.

Um sich gegen den Linksliberalen Gönner abzugrenzen, genügten jedoch die allgemeinen Angriffe seiner Partei gegen den Liberalismus und seine Inkonsequenz nicht. Obwohl die Partei auch hier schon einen scharfen Ton angeschlagen hatte – so hieß es zum Beispiel in einem *Volksfreund*-Artikel: „Es gibt in der ganzen Welt keinen Liberalismus, der sich politisch so jämmerlich benommen hat, wie der deutsche in den letzten 50 Jahren und das nur aus Angst vor der Sozialdemokratie. Es kommt doch nicht von ungefähr, dass das liberale Bürgertum in fast allen anderen Kulturstaaten der Welt die politische Herrschaft an sich gerissen hat, während es in Deutschland heute noch politisch ohnmächtig ist."[344] – bot Gönner noch besondere Angriffsflächen. Er unterstützte in der Hoffnung auf Zentrumsstimmen die Forderung seiner Partei nach Aufgabe der Dotation nicht, was Marum Gelegenheit gab, sich als prinzipientreuer Vertreter seiner Partei darzustellen, der gemäß dem Erfurter Programm auf der konsequenten Trennung von Kirche und Staat bestand. Marum profilierte sich Gönner gegenüber als Sozialdemokrat, der neben Verfassungsfragen besonders die Interessen der Arbeiterschaft im Auge hatte. Auf einer sei-

---

[342] *Volksfreund* vom 6.10.1913.
[343] *Volksfreund* vom 6.10.1913.
[344] *Volksfreund* vom 27.9.1913.

ner Wahlveranstaltungen wurde auf Max Weber und dessen Diktum hingewiesen, „die Sozialpolitik des Kaiserreichs sei einzig Verdienst der Sozialdemokratie gewesen."[345] Marum betonte hinsichtlich der Liberalen: „Was unsere Stellung zu den bürgerlichen Parteien betrifft, so besteht trotz des Abkommens zwischen uns und den Liberalen eine große Kluft, die nicht zu überbrücken ist. Jene sind nicht die Vertreter der Arbeiter, sondern des Unternehmertums."[346]

Am Schluss seiner Wahlveranstaltungen rief Ludwig Marum gerne die zuhörenden Arbeiter dazu auf, „nicht nur Wähler, sondern auch Wühler zu sein, d.h. aufzuklären, zu agitieren, zu kämpfen."[347] Diese Formulierung, die in der Wortwahl an die Revolution von 1848 anknüpfte, stammte allerdings nicht von ihm selbst, sondern war anderen sozialdemokratischen Wahlveranstaltungen entlehnt. Insgesamt zeigte sich Marum in seinem ersten Wahlkampf noch als ein wenig origineller und wenig eigenständiger Streiter seiner Partei, er erwies sich vielmehr als in vollkommener Übereinstimmung mit der allgemeinen revisionistischen Ausrichtung des Landtagswahlkampfes. So teilte er auch die Wahlniederlage des reformistischen Flügels. Seine Partei konnte im 1. Wahlgang nur neun Mandate erringen und scheiterte in drei Wahlkreisen, die 1909 noch der Partei zugefallen waren. Zu diesen gehörte auch Marums Wahlkreis Karlsruhe-Süd. Marum konnte sich in seinem Wahlkreis nicht durchsetzen, obwohl er auf eine beachtliche Stimmenzahl verweisen konnte. Gönner hatte 2 200 Stimmen erhalten, Marum 1 671, Mainhard 1 100.[348] Im zweiten Wahlgang schloss die SPD Wahlbündnisse mit den Liberalen Parteien, um der drohenden Zentrumsdominanz entgegenzutreten. Im Wahlkreis Karlsruhe-Süd wurde der Kandidat Marum zurückgezogen, das Mandat fiel schließlich dem Fortschrittler Gönner zu.[349] Das Endergebnis sicherte zwar die Mehrheit des Großblocks, brachte aber der SPD auf Landesebene einen Stimmenverlust von 6% und den Verlust von 7 Mandaten.

Bei Kommunalwahlen erschwerte das geltende Dreiklassenwahlrecht einen Durchbruch der SPD. In den 70er und 80er Jahren waren die Stadtverordneten und Stadträte ausnahmslos nationalliberal.[350] Eigentliche Wahlkämpfe mit entsprechender Agitation wurden erst in den 90er Jahren geführt.[351] In der Wahl von 1899 gelang der SPD der Einbruch in die 3. Wählerklasse; sie konnte sie ganz für sich gewinnen.[352] Über die Karlsruher Kommunalwahlen in den Jahren nach der Jahrhundertwende schrieb Eisele: „Auch bei den folgenden Wahlen war es möglich, die 3. Wählerklasse mit wenigen Ausnahmen zu halten. Besonders die Wahl im Jahr 1905 brachte ein gutes Ergebnis."[353] Da es auf-

---

[345] *Volksfreund* vom 13.10.1913.
[346] *Volksfreund* vom 20.9.1913.
[347] *Volksfreund* vom 16.10.1913.
[348] *Volksfreund* vom 22.10.1913, S. 2.
[349] *Karlsruher Chronik 1913*, S. 87.
[350] Goldschmit (1915), S. 185.
[351] Ebenda.
[352] Eisele (1959), S. 19.
[353] Ebenda, S. 19f.

grund des Wahlmodus der SPD nicht möglich war, ihre Kandidaten als Stadträte durchzusetzen, musste sie sich damit begnügen, dass die Nationalliberalen im Jahr 1908 zwei Sozialdemokraten, nämlich Wilhelm Kolb und Eugen Geck, auf ihre Liste setzten und ihnen damit zu einem Stadtratsmandat verhalfen.[354]

Die Modifizierung des Gemeindewahlrechts von 1910, durch die das Verhältniswahlrecht trotz Beibehaltung der Klassen eingeführt wurde und die als großer Erfolg der Großblockpolitik galt, führte zu einer stärkeren Vertretung der SPD im Karlsruher Bürgerausschuss. Bei der Wahl von 1911 gelangen der Arbeiterpartei auch Einbrüche in die 2. Wählerklasse.[355] Jetzt zog die SPD mit den Nationalliberalen gleich, beide Parteien gewannen jeweils 30 von insgesamt 96 Sitzen. Die Zahl der SPD-Stadträte erhöhte sich von zwei auf sechs.[356] Bei den Kommunalwahlen von 1914 erlitt die SPD allerdings wieder leichte Verluste, sie verlor sowohl einen Stadtverordnetensitz als auch ein Stadtratsmandat.[357]

Es ist also festzustellen, dass in den zwei Jahren vor dem Ersten Weltkrieg die Karlsruher SPD ihre Erfolge auf allen Wahlebenen nicht fortsetzen konnte und Verluste hinnehmen musste. Marum allerdings profitierte von dem modifizierten Wahlrecht des Jahres 1910. Er kandidierte 1911 auf Platz eins für die 2. Wählerklasse und konnte in den Bürgerausschuss einziehen. Dies gelang ihm ebenfalls im Jahr 1914, allerdings nahm er nun in der Kandidatenliste nur Platz zwei ein, den ersten Platz hatte er dem Fraktionsvorsitzenden Heinrich Sauer freigemacht.

Die Karlsruher Führungsgruppe der SPD

Ein Großteil der damaligen Parteimitglieder können nur als passive Mitglieder bezeichnet werden; die Gruppe der aktiven Genossen und Genossinnen, die zumindest die Jahresgeneralversammlung besuchten, umfasste etwa 150 bis 200 Menschen. Die Agitationstätigkeit, die umfangreiche Vorbereitung der Wahlkämpfe, die Flugblattverteilung wurde von einer Gruppe von Arbeitern getragen, die auch für Führungsaufgaben innerhalb der Partei zur Verfügung standen. Diese Aktiven setzten sich überwiegend aus Handwerkern und Facharbeitern zusammen. Sie besetzten auch die Vorstandsposten, übernahmen Delegiertenämter für die Kreisversammlung oder den Landesparteitag. Aus diesem – hauptsächlich im Innern der Partei wirkenden – Kreis hinaus trat eine Gruppe von lokalen Parteiführern, welche über besondere intellektuelle Fähigkeiten verfügten, ins Licht der Karlsruher Öffentlichkeit. Sie bestritten die Vortragsarbeit der Partei, hielten die Festreden bei herausgehobenen Anlässen und strebten Mandate in Kommunal- und Landes-

---

[354] Ebenda, S. 20.
[355] Ebenda.
[356] Goldschmit (1915), S. 186.
[357] Eisele (1959), S. 20 und Goldschmit (1915), S. 186.

parlamenten an. Wie schwierig es war, geeignete Kräfte für die Vortragstätigkeit der Partei heranzuziehen, liest sich zwischen den Zeilen einer Bemerkung des Parteisekretärs Trinks aus dem Jahre 1910. Sie lautet: „Mit dem Bestreben durch Heranziehung redefähiger Genossen zu Referaten, verzeichnet das Sekretariat gute Erfolge."[358] Hier wird nur mühsam verhehlt, dass der Kreis der kompetenten Genossen nur sehr klein war.

Von den Aktiven des Ortsvereins wurden im wesentlichen Arbeitseinsatz, organisatorisches Talent und Verankerung in der Basis verlangt, dagegen waren die in der städtischen Öffentlichkeit und in den Parlamenten wirkenden Genossen mit höheren Anforderungen konfrontiert: Sie mussten über ausgezeichnete rhetorische Fähigkeiten verfügen, um in öffentlichen Vorträgen und Wahlkämpfen ein großes Publikum überzeugen zu können, sie mussten Führungsqualitäten in größeren Organisationen als es der Ortsverband war unter Beweis stellen und über Durchsetzungskraft, aber auch Kompromissfähigkeit in ihrer parlamentarischen Arbeit verfügen. Darüber hinaus sollten sie mit intellektuellen Fähigkeiten ausgestattet sein, die es ihnen erlaubte, Theorie und Praxis der Parteiarbeit zu überdenken, Korrekturen anzubringen und eventuell neue Wege einzuschlagen.

Die Karlsruher SPD verfügte in der Vorkriegszeit über eine überaus starke Prominentengruppe, in der Persönlichkeiten wirkten, die innovative Impulse einbrachten und große Erfolge bei der Erringung von Mandaten erzielten. Aber auch die sich vornehmlich aus der Handwerkerschaft rekrutierende Ortsleitung der Partei setzte sich aus tüchtigen Kräften zusammen, deren bekannteste Vertreter die Metallarbeiter Kruse, Trabinger und Sauer, die Schreiner Schwall und Sigmund, die Maurer Philipp und Horter, die Glaser Schwerdt und H. Eichhorn waren. Erweitert wurde dieser Kreis durch den Buchdrucker Abele und den Schriftsetzer Dietrich. Als Marum 1909 nach Karlsruhe kam, hatte der *Volksfreund*-Geschäftsführer Eugen Geck das Amt des Parteivorsitzenden inne; er wurde im Jahr 1912 abgelöst durch Friedrich Siegmund, den Vorsitzenden des Holzarbeiterverbandes.

Die Spitzenkräfte der Karlsruher Vorkriegs-SPD umfassten einen Kreis von sieben Männern. Erst nach der Novemberrevolution sollte auch den Frauen der Aufstieg in Führungspositionen gelingen; in der Vorkriegszeit fehlte es ihnen noch an politischer Erfahrung und an einer breiten Basis politisch organisierter Frauen.

In der Gruppe der sieben führenden SPD-Persönlichkeiten befanden sich drei *Volksfreund*-Redakteure, zwei promovierte Juristen und jeweils ein hauptamtlicher Gewerkschafts- und Parteisekretär. Zu der Gruppe aus dem *Volksfreund*-Verlag bzw. aus der Redaktion des *Volksfreund* zählten Eugen Geck (1869–1931),[359] Wilhelm Kolb (1870–1918)[360] und Anton Weißmann (1871–1945).[361] Die beiden Rechtsanwälte waren Dr.

[358] *Volksfreund* vom 20.8.1910.
[359] Eugen Geck war ein Neffe des bekannten SPD-Politikers Adolf Geck (vgl. Eisele (1959), S. 36). Nach der Novemberrevolution machte sich Geck einen Namen als Experte auf dem Gebiet des Kommunalwahlrechts, vgl. GLA 231/10956 fol. 165, Schadt (1979), S. 330 und Koch (2001), S.63–67.
[360] Vgl. *Badische Biographien*, Neue Folge, Band IV. Im Auftrag der Kommission für geschichtliche Landeskunde in Baden-Württemberg hrsg. von Bernd Ottnad, Stuttgart 1996, S. 168f. und Koch (2001), S. 47–54.
[361] Vgl. Schadt (1979), S. 356 und 330, Glaeser (1991), S. 45 und Gehrig/Rößler, (1919), S. 114.

Leo Kullmann (1877–1941)[362] und Dr. Eduard Dietz (1866–1940),[363] die Führungs-gruppe wurde ergänzt durch den Arbeitersekretär Albert Willi (1865–?)[364] und den Par-teisekretär Oskar Trinks (1873–1973).[365] Außer den beiden Juristen kamen alle andern aus dem Handwerk. In dem Jahrzehnt vor dem Ersten Weltkrieg verfügten die Arbeiter, geschweige denn die angelernten Kräfte, noch nicht über genügend Respektabilität, um in der Arbeiterbewegung eine Karriere durchlaufen zu können.[366] So erstaunt es nicht, festzustellen, dass Kolb ehemals gelernter Maler,[367] Weißmann Schriftsetzer,[368] Willi Buchdrucker[369] waren. Trinks hatte den Schreinerberuf ausgeübt.[370] Eugen Geck mach-te eine Ausnahme, er hatte nach dem Abitur eine kaufmännische Lehre absolviert.[371]

Alle fünf genannten Funktionäre hatten sich aus ihren ursprünglichen Berufsfeldern gelöst und sich ganz der Arbeiterbewegung verschrieben, in deren Dienst sie in Presse, Gewerkschaft und Partei hauptberuflich tätig waren. Die Unabhängigkeit von einem privaten Arbeitgeber verlieh ihrem politischen Engagement als aktive Sozialdemokraten die nötige Sicherheit in einer Zeit, in der Sozialdemokraten noch vielfachen Repressio-nen ausgesetzt waren. Über diese Unabhängigkeit verfügten auch die beiden Rechtsan-wälte durch die Ausübung eines freien Berufs. Die sieben führenden Karlsruher Sozial-demokraten waren zum Zeitpunkt des Umzugs Marums nach Karlsruhe, also im Jahr 1909, um die 40 Jahre alt; sie waren in den 60er und 70er Jahren geboren und noch religiös sozialisiert worden. Fünf von ihnen hatten ihre Religionszugehörigkeit aufgege-ben und bezeichneten sich als konfessionslos.[372] Nur zwei von ihnen waren gebürtige Karlsruher, die fünf andern Zugezogene. Für einige waren es politische Gründe gewesen – ein Parteiamt,[373] ein Posten beim *Volksfreund*,[374] eine Gewerkschaftsfunktion[375] – die sie nach Karlsruhe geführt hatten.

---

[362] GLA 231/10956 f. und Koch (2001), S. 68–74.

[363] Schadt (1979), S. 330; Gehrig/Rößler (1919), S. 112; GLA 231/10956ff80. Dietz – gebürtiger Karlsruher – hatte einen ungewöhnlichen beruflichen und politischen Werdegang. Nach seiner Promotion 1889 in Heidelberg wurde er 1894 Amtsrichter in Offenburg, wo er den Volksfreundverleger Adolf Geck in einem Beleidigungsprozess freisprach, vgl. Eisele(1959), S. 40. Ab 1897 arbeitete er als Richter in Karlsruhe, ab 1900 übte er den Beruf eines Rechtsanwalts aus. Dietz trat später aus der SPD aus und wechselte zu den religiösen Sozialisten.

[364] Das Todesdatum Willis ist im Personalbogen des GLA nicht angegeben, auch bei sonstigen biogra-phischen Angaben in der einschlägigen Literatur fehlt es. Schadt (1979), S. 330, GLA231/10957ff.

[365] Schadt (1979), S. 330 und *100 Jahre SPD* (1977), S. 63 und Koch (2001) S. 112–119.

[366] Tenfelde (1993), S. 10.

[367] *Badische Biographien* (1996), S. 168f.

[368] Gehrig/Rößler (1919), S. 82.

[369] GLA 231/10957ff

[370] Schadt (1979), S. 330.

[371] Gehrig/Rößler (1919), S. 114.

[372] Vgl. *100 Jahre Karlsruher SPD* (1977), S. 61–63 und Schadt (1979), S. 330f.

[373] Oskar Trinks zog nach Karlsruhe wegen des Postens des Parteisekretärs.

[374] Anton Weißmann kam von Halle nach Karlsruhe, um beim *Volksfreund* mitzuarbeiten.

[375] Albert Willi kam wegen seiner Anstellung als Arbeitersekretär.

Die sieben Führungsmitglieder der Karlsruher SPD können als politische Intellektuelle bezeichnet werden.[376] Dietz und Kullmann waren es durch ihre akademische Ausbildung, die Autodidakten Geck, Kolb und Weißmann durch ihre journalistische Tätigkeit in der Parteipresse. Kolb und Weißmann veröffentlichten verschiedene Schriften zur Lage der Sozialdemokratie in Baden.[377]

Auch die beiden Sekretäre der Gewerkschaft und der Partei, Willi und Trinks, können als Intellektuelle gelten. Willi war vor seiner Tätigkeit als Arbeitersekretär von 1902 bis 1904 in der Redaktion des *Volksfreund* tätig.[378] Seine Arbeit als Arbeitersekretär verlangte fundierte juristische Kenntnisse in der Beratung von hilfesuchenden Arbeitern auf den Gebieten der Gewerbeordnung und des Sozialversicherungswesens.[379] In den oftmals anhängigen Prozessen musste er Gewandtheit in Rede und Schrift zeigen, um die Interessen der Arbeiter wirksam vertreten zu können.[380] Ähnliche intellektuelle und organisatorische Fähigkeiten hatten auch die Parteisekretäre unter Beweis zu stellen.

Innerhalb der Führungsgruppe behauptete die Hausmacht Kolbs die Vorherrschaft, ihr gehörten Geck, Weißmann und Willi an. Dietz und Kullmann bewahrten eine unabhängige, mittlere Position, während Trinks der Linken zuzurechnen war. Von der Karlsruher Führungsgruppe der Vorkriegszeit gingen viele innovative Impulse aus, die auf Energie und Tatkraft ihrer Mitglieder hinwiesen. Kolb leitete – gegen heftigen Widerstand in der Gesamtpartei – zusammen mit Frank den revisionistischen Kurs der badischen SPD ein. Weißmann wurde von Karlsruhe nach Freiburg geschickt und baute in den Jahren zwischen 1911 und 1919 die Freiburger *Volkswacht* auf,[381] das dritte der bedeutenden SPD-Blätter in Baden nach der Mannheimer *Volksstimme* und dem Karlsruher *Volksfreund*. Dieser wurde seit 1898 von Eugen Geck geleitet, unter dessen Führung das Blatt eine der bedeutendsten sozialdemokratischen Zeitungen wurde.[382] Auch Willi und Trinks – als erste Arbeiter- bzw. Parteisekretäre – leisteten Ungewöhnliches. Die beiden Juristen Dietz und Kullmann widmeten sich besonders der Bildungsarbeit.[383] Es handelte sich in Karlsruhe um eine Führungsgruppe, die mit ungewöhnlicher Tatkraft zum Ausbau der Organisation, zur Einführung eines neuen politischen Kurses und zur

---

[376] Ich lege folgende Definition von Helga Grebing zugrunde: „Selbstverständlich kann man die Kennzeichnung „Intellektueller" nicht blind benutzen, ohne lange definitorische Darlegung sei darunter verstanden: Menschen (Frauen und Männer), die ihr Positionen schreibend und redend reflektieren oder kommunikatorisch dazu beitragen, dass dies geschehen kann. – Sie können, müssen aber nicht, akademisch gebildet sein.", vgl. Grebing, 1997, S. 23.

[377] Die bekanntesten Publikationen Kolbs waren neben der Veröffentlichung der Tätigkeitsberichte der sozialdemokratischen Landtagsfraktion eine Schrift mit dem Titel *Sozialdemokratie am Scheideweg*, vgl. Badische Biographien (1996), S. 169. Weißmann schrieb über *Die badische SPD und ihre Gegner* (1913) und die *Sozialdemokratische Gefahr in Baden*. Vgl. GLA 231 /10957ff und Schadt (1979), S. 306.

[378] Schadt (1979), S. 356.

[379] Tenfelde (1994), S. 40.

[380] Ebenda.

[381] Schadt (1979), S. 356f.

[382] Eisele (1959), S. 36.

[383] Eisele (1959), S. 27.

Hebung des Bildungsniveaus ihrer Anhänger beitrug. In ihrem Streben nach der Erringung politischer Mandate waren diese Sozialdemokraten außerordentlich erfolgreich. Dies zeigt sich sowohl auf der kommunalen Ebene, als auch auf der Landes- und Reichsebene. Der erste SPD-Stadtverordnete war im Jahr 1899 Wilhelm Kolb, der zusammen mit Eugen Geck 1908 zum Stadtrat gewählt wurde.[384] Auch die anderen prominenten Sozialdemokraten errangen in der Vorkriegszeit ein Mandat im Bürgerausschuss der Stadt Karlsruhe.

Aus dem Karlsruher SPD-Wahlverein gelang es bei der Landtagswahl von 1905 nur Wilhelm Kolb, in den Landtag einzuziehen. Im Jahr 1909 kam ein zweiter Karlsruher Vertreter hinzu, der Arbeitersekretär Willi.[385] Der Status Karlsruhes als Landeshauptstadt, wo sich ja auch der Sitz des Landtags befand, verstärkte den Ehrgeiz der Karlsruher Genossen, auch in der Landespolitik mitzuwirken. Den weiteren Mitgliedern des Führungskreises sollte es erst in der Weimarer Republik gelingen, auf Landes- und Reichsebene eine bedeutende Rolle zu spielen: der Jurist Eduard Dietz gehörte 1918/19 zur Vierer-Verfassungskommission. Er konnte sich mit seinem Entwurf durchsetzen und gilt als „Vater" der badischen Verfassung von 1919.[386] Geck, Weißmann, Kullmann und Trinks waren Mitglieder des Badischen Landtags in den 1920er Jahren.[387] Trinks gehörte dem Reichstag von 1919/20 an.[388]

Aus dem Karlsruher SPD-Ortsverein kamen also wichtige Impulse nicht nur für die städtische Politik, sondern auch für die Landes- und Reichspolitik. Karlsruher Sozialdemokraten bestimmten den Kurs ihrer Partei wesentlich mit und leisteten durch ihre konkrete politische Arbeit vor Ort einen wesentlichen Beitrag, das Klischee von den „vaterlandslosen Gesellen", den „radikalen Systemgegnern" zu durchbrechen.

Marum gelang es innerhalb kürzester Zeit, in diesen Führungskreis aufzusteigen. Zeichen dieser Blitzkarriere waren Festreden zum 1. Mai, seine Kandidatur zum Bürgerausschuss 1911 und 1914 – hier führte er die Liste für die 2. Wählerklasse auf Platz 1 an – und seine Landtagskandidatur im Jahr 1913. Das Jahr 1913 bedeutete den Gipfelpunkt seiner Vorkriegskarriere: An Pfingsten des Jahres richtete er als Präsident des Badischen Arbeitersängerbundes das Sängerfest mit 7 000 Teilnehmern in Karlsruhe aus, im August hielt er anlässlich des Todes von August Bebel die Gedenkrede bei der Karlsruher Trauerfeier[389] und im Herbst bewarb er sich als jüngster Kandidat seiner Partei um einen Landtagssitz.

Günstige Bedingungen erleichterten Marum die Integration in den Kreis führender Genossen. Dazu gehörten auch die Qualifikation, die er als Nachwuchspolitiker mitbrachte, und die Übereinstimmung im biographischen Hintergrund und in der politischen Richtung und seine Einsatzbereitschaft für Partei und Politik.

---

[384] 100 Jahre SPD Karlsruhe (1977), S. 61 und GLA 231/10956ff.
[385] GLA 231/10957ff.
[386] Gehrig/Rößler (1919), S. 112f; Schadt (1979), S. 330.
[387] GLA 231/10956ff und GLA 231/10957ff.
[388] Schadt (1979); *100 Jahre SPD Karlsruhe* (1977), S. 63.
[389] *Volksfreund* vom 25.8.1913.

Neben seinen rhetorischen Fähigkeiten und juristischen Fachkenntnissen prädestinierten ihn vor allem die berufliche Unabhängigkeit als Rechtsanwalt für die Übernahme parteiinterner Aufgaben und politischer Mandate in einer Zeit, in der die politisch wirkenden Arbeiter noch vielfach Repressionen ausgesetzt waren. Erleichternd für seine Integration wirkte sich die Heterogenität des Karlsruher Führungskreises aus, in dem Arbeiter und Akademiker, Karlsruher und „Zugezogene", Kirchenmitglieder und Dissidenten,[390] Juden und Nicht-Juden zusammenarbeiteten. Marum musste sich in diesem Kreis keineswegs als Außenseiter empfinden. Weder als Akademiker[391] und Intellektueller, noch als Ortsfremder[392] und Jude[393] bildete er eine Ausnahmeerscheinung in der Karlsruher Führungsgruppe. Die Stärke der Reformisten in diesem Kreis wirkte sich für Marums Integration außerordentlich günstig aus.

Ähnlich wie bei Marum, der – nach seiner eigenen Aussage – von einer „Leidenschaft für die Politik" beseelt war, handelte es sich bei einem großen Teil der Karlsruher SPD-Spitzenpolitiker um Menschen, die ihr ganzes Leben der Sache der Arbeiterbewegung verschrieben hatten. Fünf von ihnen waren hauptberuflich für die Partei, die Gewerkschaft oder den *Volksfreund* tätig, so dass Marum sich hier einer Gruppe von Gleichgesinnten anschloss, die mit der gleichen Energie und Willenskraft die sozialdemokratischen Zielsetzungen verfolgten. Wenige Jahre später sollte die Novemberrevolution dem Karlsruher Führungskreis die Chance bieten, diese Politik umzusetzen und führende Ämter der Republik einzunehmen. Marum als der Jüngste aus diesem Kreis – die meisten waren um etwa zehn Jahre älter – übernahm die Führung in den Tagen der Revolution.

Aus der Tätigkeit des sozialdemokratischen Vereins in der Vorkriegszeit

Während die Strategiedebatte innerparteiliche Fragen über den einzuschlagenden politischen Kurs berührte, die Wahlkämpfe auf die Ausweitung der sozialdemokratischen Anhängerschaft in der Gesellschaft gerichtet waren, lag die eigentliche Aufgabe des Ortsvereins darin, „die gegenseitige Belehrung seiner Mitglieder durch Vorträge und Besprechungen über politische, wirtschaftliche und kommunale Tagesfragen zur Befestigung und Ausbreitung der sozialdemokratischen Prinzipien"[394] voranzutreiben. Damit be-

---

[390] Fast alle führenden Parteigenossen hatten sich aus den Religionsgemeinschaften, welche sie sozialisiert hatten, gelöst, sie bezeichneten sich als konfessionslos, obwohl einige sich der freireligiösen Gemeinde, die im Jahre 1913 in Karlsruhe entstanden war, angeschlossen hatten. Diesen Weg beschritt auch Marum, womit er einen weiteren Schritt der Integration in die Arbeiterbewegung vollzog.

[391] Ungewöhnlich günstig war für Marum die Tatsache, dass neben ihm zwei promovierte Juristen – Dietz und Kullmann – in der Karlsruher SPD arbeiteten. Er musste sich also keineswegs in einer Außenseiterposition fühlen.

[392] Auch dass Marum kein gebürtiger Karlsruher, sondern ein „Zugezogener" war, unterschied ihn nicht von den führenden Genossen. Alle, außer Kolb und Dietz, waren aus anderen Regionen Deutschlands gekommen.

[393] Auch die jüdische Herkunft teilte er mit einem der führenden Genossen, mit Dr. Leo Kullmann, der zwar eher dem linken Flügel der Partei zuneigte, mit dem ihn dennoch freundschaftliche Kontakte verbanden.

[394] Zitiert nach Elsässer (1978), S. 19.

stimmte sich der Lokalverein als „das politische Diskussions- und Schulungszentrum für die Mitgliedschaft",[395] der politische Bildung und Agitation als vorrangige Ziele der Parteiarbeit verfolgte.

Der Bildungsarbeit kam ein besonderer Stellenwert zu, da die Arbeiter geprägt waren vom nationalen Pathos und vom obrigkeitsstaatlichen Erziehungsstil des wilhelminischen Schulwesens. Anregungen zu kritischem Denken, ökonomische, politische, kulturelle Grundkenntnisse waren die Voraussetzung dafür, ein politisches Interesse zu entwickeln und die sozialistische Weltanschauung intellektuell aufnehmen zu können. In der Vorkriegssozialdemokratie, die vom Kautskyanismus und dessen Rekurs auf einen orthodoxen Marxismus geprägt war, bestand ein großer Bedarf an Schulungen und Vorträgen zu ökonomischen, philosophischen und historischen Themenkreisen. Angeleitet von dem Bestreben, die Organisation auszubauen, nahmen die Agitationsaufgaben der Partei in dem Jahrzehnt vor dem Ersten Weltkrieg ein größeres Ausmaß an.[396]

Intensiviert wurde die Agitationstätigkeit durch Sonderkampagnen, die von der regionalen oder nationalen Parteileitung initiiert wurden: so startete im Jahr 1911 eine Vortragstour mit prominenten Sozialdemokratinnen wie Luise Zietz oder Therese Blase,[397] die auch in Karlsruhe auftraten. 1914 wurde die rote Woche vom 8. bis 15. März angesagt, eine besondere Agitationsphase, die Rosa Luxemburg in der Karlsruher Festhalle eröffnete.[398] In den Phasen der Wahlkämpfe wurde die Agitationstätigkeit nochmals verstärkt. In Karlsruhe fanden zahlreiche öffentliche Veranstaltungen mit Unterstützung prominenter Genossen und Genossinnen aus der Landes- und Reichspolitik statt.

Neben dem Ausbau der Organisation und der Vermittlung von politischer Bildung ging es dem Ortsverein in seiner regen politischen Arbeit auch darum, eine kritische Öffentlichkeit herzustellen. Damit war sein Aufgabenfeld sehr weit gesteckt und nicht nur an die Interessen der Partei gebunden; seine Tätigkeit orientierte sich auch an gesamtgesellschaftlichen Bedürfnissen, wie die Erfüllung von Bildungsaufgaben und der Aufbau einer Diskussions- und Streitkultur zeigen. Dies sollte der bürgerlichen Welt zeigen, dass ein gegenläufiger Diskurs geführt wurde, der die Grundlagen der gegenwärtigen Gesellschafts- und Herrschaftsordnung in Frage stellte. Ebenso wollte man die intellektuelle Kompetenz der Arbeiterbewegung unter Beweis stellen und den Nachweis der geistigen Gleichwertigkeit führen.

Um ihr Ziel zu erreichen, entwickelte die Partei ein breit gespanntes Netz von Aktivitäten. Zur Erfüllung ihres Bildungsauftrags führte sie Schulungen durch, in denen das sozialistische Gedankengut vermittelt wurde, bot Informationsabende zur aktuellen Reichs- und Landespolitik an, in denen die sozialdemokratischen Zielvorstellungen und Forderungen erläutert wurden. In der Agitation bediente man sich sowohl mündlicher

---

[395] Ebenda.
[396] Ebenda, S. 161.
[397] Ebenda.
[398] *Karlsruher Chronik 1914*, S. 89.

als auch schriftlicher Formen: Vorträge, Festansprachen, Broschüren, umfangreiche Publikationen und vor allem die Parteipresse waren ihre bevorzugten Mittel. In Karlsruhe waren beide Zweige der Agitation stark ausgeprägt; Karlsruhe war der Erscheinungsort des *Volksfreund*, die Partei verfügte in der Stadt sogar über eine parteieigene Buchhandlung.[399] Im Jahr 1907 hatte der *Volksfreund* in Mittelbaden 16 000 Abonnenten, zwei Jahre später waren es bereits 17 000. Gelang es, ein Abonnement des *Volksfreund* zu vermitteln, so galt der Bezieher auch als für die Partei gewonnen.[400]

Die sozialdemokratische Partei lag (zusammen mit der Fortschrittlichen Volkspartei) vor allen andern Parteien des Karlsruher Spektrums, was die Anzahl der Vorträge anbelangt. In den ersten Jahren, als Marum in Karlsruhe politisch tätig war, hielt die SPD um die 20 öffentliche Vorträge im Jahr, was bedeutet, dass etwa alle drei Wochen ein Vortragsabend stattfand.[401]

Die Gruppe der Redner setzte sich aus den bekanntesten Karlsruher Genossen zusammen und wurde ergänzt von namhaften auswärtigen SPD- Politikern und Politikerinnen wie Bernstein,[402] Liebknecht,[403] Luxemburg,[404] Eisner,[405] Noske,[406] Scheidemann,[407] die vor allem zu Themen der Reichspolitik sprachen und eine gewaltige Publikumsmenge anzogen. Der bekannteste badische Genosse und einer der „Gründerväter" der badischen SPD – Adolf Geck aus Offenburg – kam sehr oft nach Karlsruhe und unterstützte die Arbeit des Ortsvereins mit Vorträgen zu Themen der badischen Geschichte und Politik.[408] Ebenso hielt es der Mannheimer Reichstagsabgeordnete und Vertreter des revisionistischen Kurses der badischen SPD, Ludwig Frank.[409]

Der Adressatenkreis umfasste neben der eigenen Mitgliedschaft die Gewerkschaften, die Freizeitorganisationen der Arbeiterbewegung und vereinzelt auch die nicht-sozialistischen Arbeitervereine. SPD-Vertreter sprachen jedoch auch vor bürgerlichen Vereinen, wie dem Kaufmannsverein oder dem Monistenbund.[410] Wie bereits erwähnt, war das

---

[399] Eisele (1959), S. 25. Die Buchhandlung befand sich im *Volksfreund*-Gebäude in der Luisenstraße. Einige Jahre später befand sich die Buchhandlung in der Markgrafenstraße. Vgl. *Volksfreund* vom 28.9.1909, S. 5.

[400] Eisele (1959), S. 25.

[401] Im Jahr 1913 hielt die Fortschrittliche Volkspartei 24 Versammlungen ab, die SPD 18 (*Karlsruher Chronik 1913*, S. 80). 1914 hielt die SPD 21 Vorträge (*Karlsruher Chronik 1914*, S. 89), die Fortschrittliche Volkspartei 13 Versammlungen (*Karlsruher Chronik 1914,* S. 84.)

[402] Bernstein: 13. 12.1911 über „Die Akademiker und der Sozialismus". Vgl. *Karlsruher Chronik 1911*, S. 293.

[403] Liebknecht: 29. 7.1911 über: „Welche Kräfte hindern in Deutschland sozialen und politischen Fortschritt". Vgl. *Karlsruher Chronik 1911*, S. 97.

[404] Luxemburg am 8. März 1914 in der Durlacher Festhalle. Vgl. *Karlsruher Chronik 1914*, S. 89.

[405] Eisner: „Die Religion des Sozialismus". Vgl. *Karlsruher Chronik 1909*, S. 201.

[406] Noske am 17.11.1912: „Deutschlands innere und äußere Politik". *Karlsruher Chronik 1914*, S. 90.

[407] Scheidemann am 2.7.1914: „Über die politische Lage". *Karlsruher Chronik 1914*, S. 90.

[408] Adolf Geck am 14.3. 1912: „Die Entstehung der badischen Verfassung" und am 17.3.1912: Der badische Aufstand". Vgl. *Karlsruher Chronik 1912*, S. 225f.

[409] Ludwig Frank am 1.2.1909 und am 22.4.1909: „Über die politische Lage" Vgl. *Karlsruher Chronik 1909*, S. 75 bzw. *Karlsruher Chronik 1911*, S. 90.

[410] Marum sprach am 6.10. 1910 vor dem Kaufmännischen Verein zu dem Thema: „Die Ursache des Verbrechens." Vgl. *Volksfreund* vom 12.9.1910, S. 5.

Themenspektrum sehr weit gefächert, es schloss die Bereiche Wirtschaft, Soziales, Politik ebenso mit ein wie Fragen der Geschichte, Kunst und Religion.

Die Agitations- und Bildungsarbeit war mit vielfältigen Schwierigkeiten konfrontiert, zu denen interne und externe Faktoren beitrugen. Zu den internen Faktoren zählten die Uneinigkeit zwischen den Flügeln über Inhalt, Umfang, Form und Adressatenkreis dieser Arbeit. Die externen Faktoren bestimmten sich wesentlich von der Feindseligkeit, die Staat und Gesellschaft der Parteiarbeit entgegenbrachten. Die Aktivitäten der Partei wurden nämlich von den staatlichen Behörden und den städtischen Institutionen argwöhnisch beobachtet; man befand sich in einer Zeit, in der noch offensiv – wenn auch in Baden in abgeschwächter Form und nur phasenweise – der „Klassenkampf von oben" geführt wurde. Das bedeutete, dass man in Karlsruhe den großen Arbeiterfesten wie dem 1. Mai oder dem badischen Arbeitersängerfest, das 1913 in der badischen Residenz stattfand, jegliche Unterstützung seitens der Stadt verweigerte. Viele Parteiveranstaltungen wie zum Beispiel die Gedenkfeier für den 60. Jahrestag der 1848er Revolution mussten unter Polizeiaufsicht stattfinden,[411] und unsinnige Verbote, wie das Auftrittsverbot für Arbeiterchöre in den Zeiten des sonntäglichen Gottesdienstes, wurden ausgesprochen.[412] Der Tätigkeit der Partei wurde die gesellschaftliche Anerkennung weitgehend versagt; die herrschenden Kreise entwickelten nur sehr bedingt einen Sensus dafür, dass hier wertvolle Arbeit für die Angehörigen des 4. Standes geleistet wurde, die letztlich auf den Weg der Integration in die bestehende Gesellschaft führte.

Marum setzte sich über die Vorurteile seiner Klasse hinweg, indem er aktive Parteiarbeit leistete. Die Partei war auf Menschen wie ihn, die über intellektuelle und rhetorische Fähigkeiten verfügten und als Referenten eingesetzt werden konnten, angewiesen. Marums Schwerpunkt lag neben der Bestreitung von Wahlkämpfen in der mündlichen Agitations- und Bildungsarbeit.[413] Dagegen beteiligte er sich nicht aktiv an der Pressearbeit des *Volksfreund* und publizierte auch nicht in anderen sozialdemokratischen Blättern. Angesichts seiner akademischen Ausbildung verwundert dieser Verzicht auf journalistische Arbeit, zumal sehr viele Akademiker über diesen Weg ihren Aufstieg in der Partei machten. Marum sprach hauptsächlich zu Themen der politischen Bildung und hatte sich von Beginn an auf Verfassungs- und Wahlrechtsfragen spezialisiert. Auch als Festredner war er gefragt, offenbar verfügte er über besonderes Geschick, die Partei repräsentativ nach außen zu vertreten und die Inszenierung von Parteifestlichkeiten wirksam zu gestalten. Dies gelang ihm nicht nur als Hauptredner des 1. Mai 1912 und als Präsident des Arbeitersängerbundes, dessen Sängerfest 1913 in Karlsruhe von Marum geleitet wurde, sondern auch bei traurigen Anlässen, wie der Trauerfeier für Bebel in Karlsruhe

---

[411] *Volksfreund* vom 23.3.1908, S. 5.

[412] Ebenda. Die wenigen Karlsruher Arbeiter, die sich an der großen Friedensdemonstration in Basel 1912 beteiligten, konnten hier beobachten, wie ganz anders sich die Schweizer Behörden und Kirchenvertreter gegenüber der Arbeiterbewegung verhielten. Vgl. Braunthal (1961), S. 351.

[413] Vgl. zum Beispiel *Volksfreund* vom 30.7.1912: „Neue Menschen".

1913 und der Beerdigung Kolbs im Jahr 1918. In der parteiinternen Bildungsarbeit sprach er auf Parteiversammlungen, Veranstaltungen der Frauensektion und öfter auch in den ländlichen SPD-Wahlvereinen, die auf Unterstützung aus der Stadt angewiesen waren. Marum lernte die ablehnende Reaktion der städtischen und staatlichen Behörden besonders anlässlich des Sängerfestes 1913 kennen, als man die Arbeitersängerbewegung durch einschränkende Verbote zu schikanieren versuchte.

Das Bild des Politikers Marum wäre unvollständig, wollte man nicht seine aktive Parteiarbeit nachzeichnen. Obwohl er seinen Wirkungskreis später hauptsächlich in den Parlamenten sah, blieb ihm die Partei immer politische Heimat. Er stellte seine Kräfte gerade in den ersten Jahren völlig in ihren Dienst und wurde seinerseits nicht nur im Denken und Handeln, sondern auch in seinem Empfinden, seiner Terminologie und seiner Sprache von den Vorgaben der Partei geprägt. Das kann man zeigen bis hin zu Einzelheiten seiner Wortwahl. So verwendete beispielsweise bei einer Frauenveranstaltung am 8. Dezember 1909 in Anwesenheit Marums Frau Duncker aus Stuttgart in ihrer Rede, die – wie schon erwähnt auf den Sprachgebrauch der Revolution von 1848[414] zurückgehenden – Worte, die Arbeiter sollten „nicht nur Wähler, sondern auch Wühler" sein. Vier Jahre später benützte Marum diese Formulierung wörtlich in seinem Landtagswahlkampf.[415]

Conrad Ferdinand Meyer lässt Ulrich Hutten in seiner Dichtung *Huttens letzte Tage* folgende Verse sagen:

Mich reut mein allzuspät erkanntes Amt!
Mich reut, dass mir zu schwach das Herz geflammt!
Mich reut die Stunde, die ich nicht Harnisch trug!
Mich reut der Tag, der keine Wunden schlug!

Diese Verse scheinen in der Partei sehr populär gewesen zu sein. Jedenfalls benützt sie Anton Weißmann in seinem Rückblick auf die Anfänge der Karlsruher SPD. Und auch Marum zitierte sie sehr häufig, selbst noch in der Haft in Kislau, wo er sie seinen Mitgefangenen vortrug.[416]

Eine beliebte Metapher Marums war die des „sozialdemokratischen Kämpfers". Diese Terminologie entlehnte er der Sprache des *Volksfreund*, in dem dieses Bild des Kämpfers für die gemeinsame Sache häufig und nachdrücklich benutzt wurde.[417] Marums Ethos basierte auf den Anstand- und Moralbegriffen der Partei, die in scharfer Abgrenzung gegenüber dem Bürgertum sein Selbstbewusstsein und sein Ehrgefühl konstituierten.[418] Seine Persönlichkeit erhielt erst vor dem Hintergrund der Partei ihre eigentliche Ausprägung. Die Wechselbeziehungen zwischen ihm und der Karlsruher Organisation gestalteten sich außerordentlich fruchtbar, die Parteiarbeit zeichnete seinen Weg in die Kommunal- und Landespolitik vor.

---

[414] Vgl. Wiedmann/Zekorn (1998), S. 40.
[415] Vgl. *Volksfreund* vom 9.12.1909 und vom 16.10.1913.
[416] Vgl. *Volksfreund* vom 3./4.9.1927, Sonderbeilage und Marum-Lunau/Schadt (1984), S. 53, Anm: 28.
[417] Vgl. zum Beispiel *Volksfreund* vom 30.7.1912, „Neue Menschen".
[418] Vgl. auch Ritter (1959), S. 221 zu Ehr- und Anstandsbegriffen der Sozialdemokratie.

Die Karlsruher Juden standen mehrheitlich der Arbeiterbewegung und ihrer politischen Organisation mit Distanz gegenüber und entsprachen damit dem typischen Bild.[419] Die meisten dieser Karlsruher Juden gehörten den Mittelschichten an, das ließ sie eher mit den liberalen Parteien sympathisieren als mit der SPD. Der prozentuale Anteil der jüdischen Minderheit an der städtischen Bevölkerung lag in Karlsruhe über dem Reichsdurchschnitt und bewegte sich um die 2,5%. Am Ende des Jahrhunderts war, wie in allen badischen Großstädten, auch in Karlsruhe ein Anstieg der jüdischen Bevölkerung zu beobachten, der mit der Landflucht und den abnehmenden ökonomischen Chancen in der Provinz zusammenhing.[420] In Karlsruhe lebten 1875 1 488 Juden, die 2,8% der städtischen Bevölkerung ausmachten, im Jahr 1900 waren es schon 2 577 (2,4%) und 1910 belief sich ihre Zahl auf 3 058 Menschen (2,28%).[421] Die Mehrzahl von ihnen gehörte dem mittleren und gehobenen Bürgertum an. Wie andernorts in Deutschland auch hatten sie einen starken Anteil an der Industrialisierung der Stadt, an Handel und am Bankenwesen.[422] Ihre Vertretung in den freien Berufen war besonders hoch: im Jahr 1928 waren 26% der Karlsruher Ärzte und 40% der Rechtsanwälte jüdischer Herkunft.[423] Die jüdische Mittel- und Oberschicht mit einem relativ großen Vermögen war in Karlsruhe besonders stark vertreten, das zeigt ihr überproportional hoher Beitrag zum Steueraufkommen der Stadt[424] und der hohe Anteil (15%) innerhalb der jüdischen Minderheit.[425] Am anderen Ende der sozialen Skala standen dem jüdische Trödler, Hauspersonal, Gehilfen und zunehmend wohl auch Fabrikarbeiter gegenüber.

Das bevorzugte Wohngebiet des jüdischen Bürgertums war die unmittelbare Innenstadt und die Weststadt.[426] Entsprechend ihren mittelständischen Interessen votierten die meisten für die liberalen Parteien, deren politische Repräsentanten oft selbst jüdischer Herkunft waren. Zu den bekanntesten gehörten Ludwig Haas, Mitglied der Fortschrittlichen Volkspartei und seit 1912 erster jüdischer Reichstagsabgeordneter des Wahlkreises Karlsruhe-Bruchsal sowie Friedrich Weill,[427] ebenfalls Mitglied der linksliberalen Fortschrittlichen Volkspartei. Die religiöse Organisation der badischen Juden, der Oberrat der Israeliten Badens, tendierte mehr zum konservativen Lager. Dem großherzog-

---

[419] Schmitt (1988); Hundsnurscher/Taddey (1968), S. 143ff.(für Karlsruhe); Paulus (1984).

[420] Paulus (1984), S. 227–235. Hier S. 231.

[421] Bernhard Schmitt: *Im Spannungsfeld von Assimilation, Antisemitismus und Zionismus* 1890–1914. In Schmitt (1988), S. 121–155. Hier S. 126.

[422] Ebenda, S. 126ff.

[423] Paulus (1984), S. 231. Diese Tendenz zur Wahl freier Berufe war in Karlsruhe seit den letzten Jahrzehnten des 19. Jahrhunderts überaus deutlich. Vgl. Koch, Manfred: Die Epoche der Reichsgründung: Bürgerliche Gleichstellung und Emanzipation. In: Schmitt (1988), S. 106.

[424] Pulzer, a.a.O., S. 189. Die Karlsruher jüdische Bevölkerung (1,9%) brachte 11,7% des Steueraufkommens auf.

[425] Koch, in: Schmitt (1988), S. 106.

[426] Schmitt, in: Schmitt (1988), S. 126.

[427] Ebenda, S. 136.

lichen Haus drückte er offen seine Ergebenheit und Verbundenheit aus. Dies zeigte sich besonders im Jahr 1909, als die badischen Juden das hundertjährige Bestehen des Konstitutionsedikts von 1809 feierten und dem Großherzog Friedrich II. (neben einer beträchtlichen Spende für das Friedrich-Luisen-Hospiz, einer Erholungsstätte für jüdische Kinder in Dürrheim) eine Ergebenheitsadresse darbrachten. Mit Stolz vermerkte Adolf Lewin, der als Jubiläumsgabe *Die Geschichte der badischen Juden*[428] schrieb, dass der Oberrat in seinen Lebensäußerungen „niemals mit den staatlichen Interessen in Widerstreit geraten"[429] sei.

Der Spaltungsprozess der jüdischen Gemeinden vollzog sich auch in Karlsruhe; es gab dort zwei Gemeinden. Im Jahre 1869 hatte sich von der liberalen Gemeindemehrheit eine orthodoxe Minderheit abgespalten, die sich fortan Israelitische Religionsgemeinschaft nannte.[430] Der Leiter der liberalen Gemeinde war Dr. Appel, der orthodoxen Gemeinde stand der Rabbiner Dr. Schiffer vor.[431] Sehr schwer ist das Ausmaß der gesellschaftlichen Integration der Karlsruher Juden zu rekonstruieren. Man geht von einer toleranten Atmosphäre in der Stadt aus, die vor allem auch von der philosemitischen Haltung des Großherzogs Friedrich I. und seines Sohnes Friedrich II. gefördert wurde[432] und die sich etwa in dem entschiedenen Kampf staatlicher Institutionen gegen den Antisemitismus zeigte und in der bereitwilligen Aufnahme von Juden in den Vereinen der Stadt.[433] Symptome für das aufgeschlossene Klima Karlsruhes waren auch der Sieg des jüdischen Kandidaten Haas bei den Reichstagswahlen von 1912 und die dreimalige Wahl Franks zum Landtagsabgeordneten.

Das Bild der Vorkriegszeit sollte jedoch nicht allzu harmonisch und hell gezeichnet werden. Es sind auch Linien erkennbar, die dem positiven Eindruck entgegenstehen. So beschränkte sich die Akzeptanz der jüdischen Bevölkerung auf ihre wohlhabenden, angesehenen Vertreter. Kontakte ergaben sich in der Vorkriegszeit zwischen den Oberschichten und den führenden Mittelschichten im jüdischen und nicht-jüdischen Bevölkerungsteil, die Unterschichten waren weitgehend davon ausgenommen. Die Integration steckte gesamtgesellschaftlich gesehen noch in den Anfängen.[434] Die weitgehende Isolation der jüdischen Minderheit drückte sich unter anderem auch in der niedrigen Zahl von Mischehen in Karlsruhe aus.[435] Über offene antisemitische Vorfälle liegen jedoch aus der Zeit vor dem Ersten Weltkrieg kaum Beispiele vor, sieht man von der Existenz der antisemitisch eingestellten Deutsch-Sozialen Partei ab, die in Karlsruhe nur wenige Jahre lang existierte.[436]

---

[428] Lewin (1909).

[429] Ebenda, S. 505.

[430] Hundsnurscher/Taddey (1968), S. 145.

[431] Ebenda, S. 145 und Paulus, in Schmitt (1988). S. 233.

[432] Schmitt, in: Schmitt (1988), S. 139.

[433] Hundsnurscher/Taddey (1968), S. 145. und Stude (1990), S. 129.

[434] Schmitt, in: Schmitt (1988), S. 129.

[435] Schmitt (1988), S. 608.

[436] Schmitt, in: Schmitt (1988), S. 140. Die Ortsgruppe der Partei existierte von 1891-1898. (Antisemitische Vorfälle traten dann in der Weimarer Republik gehäuft auf, vgl. Koch, in: Schmitt (1988), S. 157–163.

Obwohl Marum sich als SPD-Mitglied deutlich von der Mehrheit des Karlsruher Judentums unterschied, verbanden ihn die große Akkulturationsbereitschaft, die soziale und berufliche Zugehörigkeit zum bürgerlichen Mittelfeld, die Wahl eines Wohnsitzes in der Innenstadt und die Partnerschaft mit einer jüdischen Ehefrau mit den jüdischen Menschen seiner Stadt. Hinsichtlich seiner politischen Ambitionen vertraute er auf das tolerante Klima der Stadt und sah in seiner jüdischen Herkunft kein Hindernis für seine Akzeptanz in der Karlsruher Bevölkerung.

Für ein aktives Engagement in der SPD entschieden sich vor allem jüdische Akademiker, Angehörige des jüdischen Bildungsbürgertums. Diese Entscheidung für die Arbeiterpartei war ab 1890 im deutschen Judentum – wie bereits gezeigt wurde – keine Einzelerscheinung. Um das Jahr 1910 finden wir zwei jüdische Akademiker, die sich aktiv in der Karlsruher SPD betätigen, die Juristen Kullmann und Marum.[437] Beide gehörten der ersten Generation nach der gewährten Emanzipation an und zählten zu den Akademikern jüdischer Herkunft, die sich nicht den liberalen Parteien, sondern der SPD zuwandten. Kullmann war 1877 in den USA geboren, hatte in Frankfurt am Main das Gymnasium besucht und unterhielt seit 1903 als promovierter Jurist eine Kanzlei in Karlsruhe.[438] Ein Vergleich der beiden jüdischen Sozialdemokraten ergibt zunächst eine Fülle von Übereinstimmungen und biographischer Parallelen. Beide hatten sich bereits in jungen Jahren zum Beitritt in die SPD entschlossen und gehörten – abweichend vom hohen Durchschnittsalter der sozialdemokratischen Führungskreise[439] – bereits als junge Männer von dreißig Jahren der Gruppe der leitenden Genossen im Ortsverein an. Dies hob sie neben ihrer jüdischen Herkunft, ihrer akademischen Ausbildung und ihrem juristischen Beruf von der Mehrheit der führenden Genossen deutlich ab. Auch Kullmann war nicht in Karlsruhe aufgewachsen und ließ sich – ähnlich wie Marum – erst nach Abschluss seiner Referendarzeit in der badischen Residenz nieder. Kullmann gehörte dort nicht der jüdischen Gemeinde an, er trat vielmehr als militanter Konfessionsloser auf, dem vor allem an der konsequenten Trennung von Staat und Kirche – wie sie das Erfurter Programm forderte – gelegen war.

Weitere Parallelen ergeben sich, vergleicht man ihre aktive Parteiarbeit. Beide zeichneten sich durch großes Engagement in der Bildungsarbeit der Partei aus, beide waren Delegierte der badischen Parteitage[440] und Festredner des Karlsruher 1. Mais.[441] Gemeinsam war ihnen weiterhin ihr Streben nach Mandaten in der Kommunal- und Landespolitik.

Während beide zum gleichen Zeitpunkt – im Jahr 1911 – in den Karlsruher Bürgerausschuss als Stadtverordnete einzogen, war Marum erfolgreicher in seinem Bemühen um ein Landtagsmandat. Er wurde schon 1913 als Kandidat aufgestellt und zog dann 1914 in den Landtag ein, während Kullmann dies erst in der Weimarer Republik gelingen

---

[437] Kaller, in: Schmitt (1988), S. 413–439, hier S. 433f und Seite 429.
[438] Zur Biographie Kullmanns vgl. Kaller ebenda, S. 433f.
[439] Schadt (1977), S. 29. Schadt gibt als Durchschnittsalter der Mitglieder des Landesvorstands 39 Jahre an.
[440] Marum vertrat den Karlsruher Verein im Jahr 1910, Kullmann 1911.
[441] Marum sprach 1912 als Hauptredner, Kullmann 1914.

sollte. Dieser Unterschied im Verlauf der politischen Karriere erklärt sich aus der Zugehörigkeit zu verschiedenen Flügeln der Partei. Marums reformistische Position förderte seine Karriere entscheidend, während Kullmann sich eine kritische, unabhängige Position zwischen den Flügeln bewahrte, die seinem Aufstieg in der Zeit des Großblocks und der Dominanz der Reformisten allerdings nicht diente. Diese unabhängige Stellung Kullmanns wurde erstmals im Jahr 1911 sichtbar, als er als Karlsruher Delegierter des Parteitags an der Debatte über die Karl-Marx-Clubs teilnahm. In seiner Berichterstattung im heimischen Ortsverein stellte er zwar nicht die Großblockpolitik in Frage, hielt aber den Umgang mit der linken Opposition für nicht angemessen. Er äußerte am Vorgehen der Gruppe um Engler und Kolb deutliche Kritik.[442] Er gehörte ebenfalls zu den Kritikern der Reformisten in der Wehrdebatte des Jahres 1913.[443] Ein Jahr später wurden in Karlsruhe zwei Maiveranstaltungen gehalten, die von Kolb und Kullmann bestritten wurden. Während Kolb in seinem Wahlbezirk – der Weststadt – im „Kühlen Krug" sprach, hatte Kullmann seinen Auftritt vor den Arbeitern und Arbeiterinnen der traditionellen Arbeiterbezirke der Süd- und Oststadt im Apollotheater. Offensichtlich hatten die beiden Redner vorher vereinbart, dass sie zu den gleichen Themen sprechen würden, nämlich zur Lage des allgemeinen Völkerfriedens, zur Forderung nach Verkürzung der Arbeitszeit und zum 25. Jubiläum des 1.-Mai-Feiertags. Der kritische Geist Kullmanns, der wesentlich differenzierter die politische Lage analysierte als das die Reformisten taten, ergibt sich aus dem Vergleich der beiden Reden.

Während Kullmann klar die Nutznießer eines künftigen Krieges benannte und die Arbeiterschaft zur Gegenwehr aufrief, begnügte sich Kolb mit dem gängigen pazifistischen Argument, indem er auf die verheerenden Folgen eines modernen Krieges hinwies. Die zentralen Passagen der Rede Kullmanns lauteten: „Alle Kriege dienen nur einer kleinen Schicht Kapitalisten. Wir wissen, dass bei diesen fortgesetzten Rüstungen ein allgemeiner Weltbrand unvermeidlich ist. Wir müssen gegen den Militarismus Front machen als einer barbarischen Einrichtung. In diesem Kampfe darf auch die Jugend und die Frau nicht fehlen."[444] Kolb fand die folgenden Worte: „Er (der Krieg m.A.) hätte für Sieger wie für Besiegte die unabsehbarsten Folgen schlimmster Art."[445]

Zur Forderung nach Verkürzung der Arbeitszeit führte Kullmann verschiedene Begründungen an; neben dem gesundheitlichen Argument war es ihm besonders wichtig, dass die Arbeiter durch die Arbeitszeitverkürzung am „kulturellen Aufstieg teilnehmen können."[446] Kolb konstatierte lediglich, dass weder der neunstündige noch der zehnstündige Arbeitstag durchgeführt sei. Der Rückblick auf die 25-jährige Geschichte des 1. Mai veranlasste Kullmann zu heftigen Attacken gegen die Herrschenden. Neben der Ablehnung der politischen Kontrolle der Gewerkschaften durch das Vereinsgesetz, hieß es in

---

[442] *Volksfreund* vom 31.8.1911, S. 4.
[443] *Volksfreund* vom 26.7.1913, S. 6.
[444] *Volksfreund* vom 2.5.1914.
[445] Ebenda.
[446] Ebenda.

seiner Rede: „Überall gehen die Herrschenden in rücksichtsloser brutaler Weise gegen die Arbeiter vor. (...) Die Klassenjustiz des Vormärz ist ein Kinderspiel gegen die Klassenjustiz der heutigen Tage."[447] Kolb konzentrierte sich dagegen auf die künftigen Aufgaben der Arbeiterbewegung und erinnerte die Arbeiter an das Folgende: „Unsere Aufgabe ist es, unserer Sache immer mehr Leute zuzuführen."[448]

Berücksichtigt man Marums Nähe zu den Positionen Kolbs, seine betont loyale Haltung, so ist als entscheidender Unterschied zwischen den beiden jüdischen Sozialdemokraten festzuhalten, dass sich der ältere Kullmann eine unabhängige, kritische Position bewahrte, während Marum Distanz, kritische Überprüfung der reformistischen Linie vermissen ließ und ein übergroßes Bemühen um Anpassung und Akzeptanz seine Persönlichkeit kennzeichnete. Auf der Ebene der Bildungsarbeit drückte sich die unterschiedliche politische Orientierung darin aus, dass Marum sich auf den Sektor der politischen Information und Aufklärung konzentrierte – die Reformforderung des Erfurter Programms erläuterte –, während Kullmanns Schwerpunkt in der Kulturarbeit lag. Kullmann war Vorsitzender des Bildungsausschusses seiner Partei und hielt eine Fülle von Vorträgen zu historischen und weltanschaulichen Fragen.[449]

Trotz der angesprochenen Differenzen bestanden zwischen Marum und Kullmann neben den politischen auch berufliche Kontakte. Als Marum 1915 zum Heeresdienst eingezogen wurde, übernahm Kullmann seine Vertretung in der Kanzlei.[450] In der Zeit der Weimarer Republik erreichten dann beide Politiker den Gipfelpunkt ihrer Karrieren. Kullmann war Karlsruher Stadtrat ab 1919, badischer Landtagsabgeordneter von 1921 bis 1925;[451] Marum war lange Jahre Fraktionsvorsitzender und badischer Staatsrat.

Innerhalb des reformistischen Flügels der Karlsruher SPD gab es keine antisemitischen Anfeindungen. Pulzer stellt fest, dass seitens der Partei den jüdischen Revisionisten ihre jüdische Herkunft in keiner Weise angelastet wurde, während bei den radikalen Linken dies der Fall war und ihnen ihre jüdische Herkunft negativ ausgelegt wurde.[452] Von diesen Ressentiments war auch Wilhelm Kolb nicht frei. Wenn auch in verschlüsselter Form spielte er in seiner Polemik gegen die Linke auf ihre jüdische Herkunft an. In seiner Schrift *Sozialdemokratie am Scheideweg* ist zu lesen: „Die berechtigte Klage, dass die sozialdemokratische Bewegung zwar mächtig in die Breite, nicht aber entfernt entsprechend

---

[447] Ebenda.
[448] Ebenda.
[449] Z.B.: „Die Petition an den Reichstag und Bundesrat über die Zulassung einer weltlichen Eidesformel" (Vgl. *Karlsruher Chronik 1909*, S. 77); „Kulturkampf und Kulturkampfgesetze" (Vgl. *Karlsruher Chronik 1913*, S. 276); „Entstehung des Christentums"; „Die Kultur am Ausgang des Mittelalters" (Vgl. *Karlsruher Chronik 1912*, S. 234); „Die französische Revolution" (Vgl. ebenda).
[450] Vgl. Kaller, in: Schmitt (1988), S. 413–439, hier S. 433.
[451] In den 20er Jahren wechselte Kullmann in den Staatsdienst, er wurde Landgerichtsrat und später Oberlandesgerichtsrat: Mit diesem Schritt war sein Rückzug aus der Politik verbunden. Beide Sozialdemokraten fanden ein gewaltsames Ende unter den Nationalsozialisten. Leo Kullmann starb – sieben Jahre nach der Ermordung Marums – 1941 im südfranzösischen Internierungslager Gurs.
[452] Pulzer (1999), S. 209.

in die Tiefe gewachsen sei, ist im wesentlichen darauf zurückzuführen, dass die Katastro-phentheoretiker und ihr literarisches Gefolge – zumeist wurzellose akademische Existen-zen aus Polen, Russland und Galizien – den lebendigen Geist, der uns aus dem wissen-schaftlichen Sozialismus entgegenweht, ertötet und in wesenlose Schemen verwandelt haben, in welche man die Politik der Sozialdemokratie immer wieder hineinzupressen versuchte."[453]

Integration und Aufstieg Marums in der Karlsruher SPD

Obwohl Marum als Akademiker und Jude doppelter Außenseiter in der Karlsruher SPD war, gelang es ihm, sich in die Arbeiterbewegung fest zu integrieren. Mit seinem Eintritt in die SPD verstand sich Marum fortan als Mitglied der Arbeiterbewegung, dessen aka-demische Bildung angesichts der sozialistischen Gesinnung, die alle Parteigenossen ver-band, sekundär war. Nicht das Trennende eines höheren Bildungsgrades suchte er zu betonen, sondern das Gemeinsame der politischen Überzeugung und des politischen Kampfes für eine gerechtere Gesellschaftsordnung. Die mit diesem Schritt verbundene Distanzierung vom Bürgertum, das ihm wegen seines Hochschulabschlusses und wegen seiner beruflichen Tätigkeit als Jurist Anerkennung und Reputation in Aussicht stellte, wurde aufgewogen durch die Vorteile, die ihm das Engagement in der Arbeiterbewegung versprachen.

Marum befand sich als Akademiker keineswegs in einer isolierten Position. In der Vorkriegszeit waren die beiden promovierten Juristen Dietz und Kullmann aktiv im Karlsruher Ortsverein tätig,[454] in den 20er Jahren erweiterte sich der Kreis von sozial-demokratischen Karlsruher Akademikern um die Genossen Haebler, der der Arbeitsgemein-schaft sozialdemokratischer Lehrer in Baden vorstand, um den Arzt Dr. E. Kahn und um den Jugendpfarrer Heinz Kappes.[455]

Werfen wir nun einen genaueren Blick darauf, wie Marum mit den Erwartungen und Ängsten der Partei bezüglich der Akademiker umging. Dass er die Angst vor intellek-tuellem Hochmut und Dünkel verstehen konnte, bewies er in einer Landtagsrede am 22. März 1926, in der es um das badische Lehrerbildungsgesetz ging. Der SPD gelang es nicht, gegenüber dem Zentrum ihre Forderung nach Abitur und Hochschulbildung für Volksschullehrer durchzusetzen. Marum nahm dies zu folgenden Ausführungen zum Anlass: „Ich habe selbst akademische Bildung genossen und ich freue mich darüber, aber ich möchte dringend warnen vor einer Überschätzung der akademischen Bildung. Man kann auch ein sehr tüchtiger und sehr gebildeter Mensch sein, auch wenn man nicht durch die Hochschule gegangen ist (Allgemeines: Sehr richtig!) und ich glaube, es liegt

[453] Kolb (1915), S. 59.
[454] Vgl. Kapitel „Die Karlsruher Führungsgruppe der SPD"
[455] Eisele (1959), S. 28.

eine Überschätzung der formalen Bildung darin, wenn man glaubt, nur durch die staatliche Abstempelung und nur dadurch, dass man die Staatsexamina gemacht hat, beweise man seine Tüchtigkeit. Vor einer solchen Überschätzung der formalen Seite des Abituriums und der Hochschulbildung möchte ich warnen. Es sind insbesondere gerade aus den Kreisen der Arbeiterschaft außerordentlich gebildete Männer emporgestiegen im deutschen Reich, die nicht abgestempelt waren mit dem Abiturium und mit der Hochschule und von denen niemand behaupten wird (...), dass sie etwa nicht gebildet gewesen seien (...). Ich sage also, man muss sich davor hüten, dass man einer solchen Überschätzung der akademischen Bildung sich schuldig macht und ich bedaure es in diesem Zusammenhang insbesondere, dass es gerade ein Teil der Lehrer ist, der eine hochmütige, möchte ich wohl sagen, Einschätzung der Nichtabiturienten und der Kreise des Volkes, die von unten her in den Lehrerberuf kommen, gezeigt hat, eine hochmütige Beurteilung, die durchaus abträglich, bedauerlich und beklagenswert ist."[456] Marum relativierte hier die Bedeutung einer bloß formalen akademischen Bildung und betonte seine Wertschätzung der Arbeiterschaft, die sich autodidaktisch ihre Bildung angeeignet hatte.

An einer anderen Stelle dieser Rede bemerkte er – gewandt an seinen Vorredner Glockner: „Da will ich dem Herrn Glockner eines gleich sagen: dass es überflüssig ist, dass er meinetwegen große Bücher wälzt und im Landtag Vorlesungen hält. Meine Eigenschaft ist es nicht, Bücher zu wälzen. Wer mich kennt, weiß, dass ich einen Horror vor Bücherlesen habe."[457] Hier unterstrich er die anti-intellektuelle Linie seiner Partei, seine eigene Abneigung gegen theoretische Erörterungen und setzte sein privates Interesse an der Literatur hintan. Das mutet um so eigenartiger an, wenn man sich vor Augen führt, dass er über eine umfangreiche Bibliothek verfügte und ein passionierter Bücherleser war, zu dessen Lieblingsautoren Heine und Dostojewski zählten.[458] Ob Marums Bemühungen erfolgreich waren, seine Intellektualität herunterzuspielen, muss offen bleiben. Zu vermuten ist, dass nicht alle antiakademischen Ressentiments in der Arbeiterschaft ausgeräumt werden konnten.[459]

Marums Außenseiterstatus als Jude wurde von der Partei tabuisiert und alle religiösen Belange – entsprechend ihrem Parteiprogramm – in den Privatbereich verwiesen. Im Widerspruch dazu standen die Erwartung der völligen Assimilation und das Idealbild der Aufgabe des Judentums und der Lösung aus dem kulturellen jüdischen Umfeld. Diese Grundlinien des Parteiprogramms bestimmten auch das Verhalten der Karlsruher SPD, auch hier galt das unausgesprochene Postulat der Assimilation und grenzenlosen Anpassung.

---

[456] Verhandlungen des Badischen Landtags. III. Landtagsperiode, 1. Sitzungsperiode, Protokollheft, Bd. 1, enthaltend die amtliche Niederschriften, Karlsruhe 1926, S. 1423.

[457] Verhandlungen etc. (1926), S. 1427.

[458] Biedermann Alfred: *Politisches Leben im alten Bruchsal.* „Worte der Erinnerung an den in Kislau umgekommenen Dr. Ludwig Marum". Stadtarchiv Bruchsal, Auszug aus BNN-Bruchsaler Rundschau. Datum unbekannt.

[459] Sein erstes Kind, die Tochter Elisabeth, benannte er nach der englischen Schriftstellerin Elizabeth Barret-Browning . Auskunft EML.

Obwohl die Karlsruher jüdische Gemeinde zu den größten des Großherzogtums gehörte und obwohl der Antisemitismus im Kaiserreich in viele gesellschaftlichen Organisationen eindrang, berücksichtigte die Karlsruher SPD in ihrer weitgefächerten Aufklärungsarbeit die jüdische Frage in keiner Weise. Das jüdische Leben in Deutschland, antisemitisch motivierte Diskriminierung, die osteuropäischen Pogrome fanden weder im *Volksfreund* noch in der Kultur- und Bildungsarbeit der Partei gebührende Berücksichtigung. Während der „Verein für jüdische Geschichte und Literatur" am 18. Januar 1909 mit dem Vortrag „Die modernen Rassetheorien und ihre Beziehung zum Judentum"[460] das Problem des modernen Antisemitismus aufgriff und auch der Arbeiterdiskussionsklub viele Themen zur jüdischen Geschichte, Kultur und Emanzipation anbot, hielt sich die Arbeiterpartei hier völlig zurück und sah offensichtlich keinen Handlungs- und Diskussionsbedarf. Auch wichtige Vorkommnisse für das badische Judentum – wie die Hundertjahrfeier des Konstitutionsedikts von 1809 – fanden im *Volksfreund* keinerlei Erwähnung.[461] Offenbar bestand zu dem bürgerlich dominierten Karlsruher Judentum eine deutliche Distanz, an deren Aufhebung beide Seiten kein Interesse zeigten, so dass keinerlei Kontakte zwischen der SPD und den jüdischen Organisationen wie den beiden Karlsruher jüdischen Gemeinden, dem Oberrat der Israeliten Badens, dem Verein für jüdische Geschichte und Literatur oder dem Karlsruher Landesverband des Centralvereins bestanden.[462]

Während die Partei dem pluralistischen Konzept der Integration eine Absage erteilte, Würdigung und Wertschätzung jüdischer Kultur und Eigenart vermissen ließ, zeigte sie in den eigenen Reihen große Bereitschaft zur Integration und Gleichstellung jüdischer Genossen. Der Karlsruher Ortsverein zögerte nicht, den parteiinternen Aufstieg jüdischer Mitglieder zu ermöglichen und deren Kandidatur keinen Widerstand entgegenzusetzen. Dies bewies die Karlsruher SPD mit den parteiinternen Aufgaben, mit denen sie Marum und Kullmann betraute und mit deren Aufstellung für den Bürgerausschuss und den Landtag. Auch die Kandidatur Franks in einem Karlsruher Wahlkreis belegte die tolerante und vorurteilsfreie Atmosphäre in der Karlsruher SPD.

Marum hatte nach zwei Jahren politischer Aktivität in der Karlsruher SPD einen entscheidenden Schritt in der Lösung jüdischer Bindungen unternommen, indem er Ende des Jahres 1910 aus der orthodoxen israelitischen Religionsgemeinschaft austrat.[463] Damit gab er seine religiöse Identität als Jude endgültig auf. Zu diesem Schritt bewegten ihn wahrscheinlich mehrere Gründe. Schon lange fühlte er sich den religiösen Inhalten des Judentums entfremdet, so dass es nur konsequent erschien, die Mitgliedschaft in einer Gemeinschaft aufzugeben, deren Überzeugung er nicht mehr teilte. Auf die fami-

---

[460] *Karlsruher Chronik 1909*, S. 194.
[461] Am 13.1.1909 wurde das Jubiläum gefeiert, die Ausgaben des *Volksfreund* zwischen dem 10. und 20.1. erwähnen das Ereignis nicht.
[462] Schmitt, in: Schmitt (1988), S. 141.
[463] Ebenda, S. 137.

liäre Tradition des Landjudentums ging die Zugehörigkeit zur orthodoxen Gemeinde zurück, diese Bindung verlor für den weitgehend akkulturierten Marum jegliche Bedeutung. Entscheidendes Motiv für den Austritt bildete wahrscheinlich jedoch die Einsicht, dass der Verbleib in der Gemeinde aus Solidarität kaum noch nötig war in einer Phase, in der der politische Antisemitismus in Karlsruhe keine Bedeutung mehr hatte, die Wahlerfolge der Antisemiten aus den 90er Jahren sich nicht wiederholten und das gesellschaftliche Klima weitgehend von Toleranz und Akzeptanz geprägt war.[464]

Deshalb löste er sich von der Haltung eines „Trotzjuden" und arbeitete nun als „Religionsloser" in der Partei mit. Die Aufgabe der jüdischen Religion kann auch als Anpassungsleistung an die Partei verstanden werden, mit der er seine Außenseiterposition als Jude überwinden und erneut seinen Akkulturationswillen bekunden wollte. Dennoch zog Marum seiner Anpassungsbereitschaft Grenzen, er unterstützte nicht die in seiner Partei übliche Tabuisierung der jüdischen Herkunft, sondern bekannte sich zu ihr in mehreren politischen Reden. Er blieb sich selbst treu, indem er seine deutsch-jüdische Doppelidentität nicht verheimlichte, sie vielmehr als ein Stück Normalität in einer toleranten, offenen Gesellschaft ansah.

In der Karlsruher SPD-Ortsgruppe begegnete man Marum vorurteilslos. Im Unterschied zu der antisemitischen Ausgrenzung an der Universität, erfuhr er hier Akzeptanz und Bestätigung. Susanne Miller führt zum Thema der Integration der Juden in der Partei das Folgende aus: „Im Hinblick auf das Verhältnis zwischen Juden und Nicht-Juden in Deutschland nimmt die Sozialdemokratie eine besondere Position ein. Denn wie in keiner anderen deutschen Massenorganisation waren dort (...) die Zusammenarbeit und persönlichen Freundschaften zwischen Juden und Nicht-Juden alltäglich und selbstverständlich und wahrscheinlich gerade darum hielten die deutschen Sozialdemokraten die deutschen Juden für vollständig integriert in die deutsche Gesellschaft."[465]

Die Beobachtung, dass sowohl in der Karlsruher SPD als auch im badischen Landesverband Politiker jüdischer Herkunft wichtige Positionen besetzten, konnte Marum in der Ansicht bestärken, dass der Prozess der Integration einen positiven Verlauf nehme. Über antisemitische Anschuldigungen gegen den Politiker Marum aus der Vorkriegszeit ist nichts bekannt. Durch die erfahrene Akzeptanz in den Reihen der Sozialdemokraten konnte der Zwiespalt zwischen Judentum und Deutschtum für ihn an Brisanz verlieren. Die Genossen behandelten ihn als einen der ihren, für ihn selbst und seine politischen Mitstreiter bestand kein „jüdisches Problem". Marum bewegte sich in Kreisen, welche die Integration problemlos vollzogen, während das gesamtgesellschaftliche Klima nach wie vor nicht frei von antisemitischen Strömungen war.

---

[464] Der Zeitpunkt des Austritts Marums lässt auf weitere persönliche Motive schließen. Ein halbes Jahr nach seiner Eheschließung fielen für ihn jegliche Rücksichtnahme auf religiöse Gefühle der eigenen Familie und der Schwiegereltern weg. Marum erklärte auch für seine drei Monate alte Tochter Elisabeth, sein erstes Kind, die Lösung von der jüdischen Gemeinschaft. Damit entschied er sich gegen eine jüdische religiöse Erziehung und beendete in seiner Familie die Weitergabe jüdischer religiöser Traditionen. Offensichtlich wünschte er eine weltliche, aufgeklärte Erziehung für seine Kinder.

[465] Miller, (1998), S. 333.

Da die Abwehrstellung gegen den Antisemitismus seit früher Jugend für Marum ein wichtiges Anliegen war, musste ihn die Absage der Partei, die sie auf dem Kölner Parteitag der modernen Judenfeindschaft erteilte, sehr gelegen sein und ihn darin bestätigen, die richtige Partei, d.h., diejenige, die dem Antisemitismus am klarsten entgegentrat, gewählt zu haben. Insgesamt vermittelte die Partei ihm eine Fülle von positiven Erfahrungen, was sein Judentum betraf, allerdings trug sie auch zu nicht unerheblichen Schwierigkeiten bei.

Zu der Leitvorstellung der Partei gehörte die mehrfache Verankerung eines aktiven Sozialdemokraten in Organisationen und Vereine der Arbeiterbewegung. Auch diesem Bild suchte Marum zu entsprechen. Auffällig an seinem Verhalten sind die übergroßen Bemühungen, die Marum unternahm, um jede Assoziation an einen Außenseiterstatus zu tilgen und eine unverbrüchliche Bindung an die Arbeiterbewegung herzustellen. Dazu gehörte seine Mitgliedschaft in den der Partei nahestehenden Kultur- und Freizeitorganisationen und in weltanschaulichen Gruppierungen ebenso wie der Versuch, die politische Überzeugung in die Familie hineinzutragen und auch seine Ehefrau für die Parteiarbeit zu gewinnen. Der entscheidende Beitrag lag aber in seiner rastlosen Aktivität, in seinem völligen Aufgehen in der Parteiarbeit, die schließlich zu einer umfassenden Identifikation mit der Partei, ihren historischen Traditionen, ihrem Menschenbild und ihrem Tugendkanon führte. Die Internalisierung sozialdemokratischer Verhaltenskodizes bedeutete eine zweite Sozialisierung, Marums Selbstbild und seine Zuordnung zur Mehrheitsgesellschaft bestimmten sich wesentlich aus seiner Verbundenheit mit der sozialdemokratischen Partei.

Zu den sozialdemokratischen Tugenden gehörten für ihn die unbedingte Loyalität gegenüber der Parteiführung und die Prinzipientreue hinsichtlich der reformistischen Strategie. Dies stellte er in seinem Verhältnis zu Kolb und in der konsequenten Unterstützung reformistischer Positionen unter Beweis. Marum erlaubte sich keine abweichenden Positionen, die feste Verankerung im reformistischen Lager wollte er in keiner Weise gefährden. Die Akzeptanz, auf die er im rechten Flügel seiner Partei stieß, resultierte sicherlich auch aus dessen angeschlagener Position in den Jahren nach 1910. In den ersten Jahren von Marums politischer Aktivität sah sich der reformistische Flügel schärfster Kritik ausgesetzt, die in den Auseinandersetzungen um die zweite Budgetbewilligung 1910 kulminierten. Deshalb mussten die Reformisten jede personelle Verstärkung und tatkräftige Unterstützung ihrer Argumente – wie Marum sie anbot – begrüßen.

Die gelungene Integration Marums in die Karlsruher Parteiorganisation – zumindest in ihren rechten Flügel – muss als notwendige Vorbedingung seines raschen Aufstiegs gesehen werden. Dieser vollzog sich in wenigen Jahren und führte vom Status des einfachen Parteimitglieds im Jahre 1909 zu einer Position 1914, die das Amt des Stadtverordneten, Landtagsabgeordneten, des Mitglieds der Pressekommission und des Präsidenten des badischen Sängerbundes umschloss. Symptome dieser Blitzkarriere innerhalb der Partei waren die Entsendung als Delegierter zum badischen Parteitag, die Auftritte als Festredner am 1. Mai und bei der Trauerfeier für Bebel, die Nominierung als 1. Kandidat der Stadtverordnetenliste und als Landtagskandidat. Dies alles ließ bereits erkennen, dass hier ein Anwärter für die zukünftige Führerschaft in der badischen SPD sich präsentierte. Diese Karriere verdankte sich sowohl den eingebrachten Fähigkeiten Marums als auch der bewussten Förderung Marums durch die reformistisch denkenden Parteiführer und der Parteimehrheit. Aus der Sicht der Partei brachte Marum ideale Voraussetzungen mit, die ihn für die Übernahme von Parteiaufgaben und politischer Mandate prädestinierten: rhetorische Fähigkeiten, repräsentatives Auftreten, Verhandlungsgeschick und juristische Fachkenntnisse.

Dies allein genügte jedoch nicht, um einen Aufstieg in der Partei zu garantieren. Vielmehr ist die rasche Karriere, die Marum in Karlsruhe durchlief, ohne die Unterstützung und Förderung der Genossen an der Basis undenkbar. Die wesentliche Keimzelle seines Aufstiegs war die Karlsruher Arbeiterschaft und die Parteiorganisation, ihnen hatte er Anerkennung und Förderung zu verdanken. Im Falle Marums können wir davon ausgehen, dass die reformistische Gruppe innerhalb der Partei seinen Aufstieg bewusst förderte, der entscheidende Motor wird wohl Wilhelm Kolb gewesen sein, der bereitwillig diesen jungen Nachwuchspolitiker unterstützte.[466] Die Basis der Karlsruher Arbeiterschaft setzte dem keinen Widerstand entgegen und stimmte der Nominierung Marums für Spitzenämter zu. So wurde die Liste der Stadtverordnetenkandidaten, die Marum in der zweiten Wählerklasse anführte, vom Ortsverein einstimmig angenommen,[467] seine Nominierung zum Landtagskandidaten wurde von Führung und Basis gleichermaßen unterstützt. Dass die Partei in Marum einen Kandidaten gefunden hatte, der auch unorganisierte Arbeiter und andere soziale Schichten anzusprechen vermochte, belegen seine Erfolge bei der Wahl zum Sängerpräsidenten und der Ausgang der Stadtverordnetenwahlen.

Die Karlsruher Partei baute mit Marum einen zugkräftigen, erfolgversprechenden Politiker auf, der ihre Wahlchancen erhöhte und dessen überzeugt reformistische Position eine willkommene Verstärkung des rechten Flügels bedeutete. Dem gegenüber erschien seine jüdische Herkunft als marginal. Dies muss auch Marum so empfunden haben, die Chancengleichheit für die jüdischen Genossen im parteiinternen Aufstieg bestätigten ihn in dieser Ansicht. Nicht auszuschließen ist jedoch, dass dieses Bild bereits in der Vorkriegszeit eine Trübung erfuhr. Die dezidierte Position auf dem rechten Parteiflügel konnte Animositäten auf der Linken wachrufen, die ihren Ausdruck möglicherweise nicht nur in der politischen Gegnerschaft und antiakademischen Einstellung, sondern auch in antisemitischen Ressentiments fanden.[468]

Die starke Konkurrenz, die in der Karlsruher Führungsgruppe um Mandate und parteipolitische Führungsämter ausgetragen wurde und in der sich Marum erfolgreich

---

[466] Der Name Marums wurde z.B. im *Volksfreund* ab 1909 oft erwähnt; auch hierin kann eine bewusste Förderung Marums durch Kolb gesehen werden.

[467] *Volksfreund* vom 1.6.1911, S. 5.

[468] Marum, der sich von Anfang an in die Spitzengruppe der Parteipolitiker einordnete, konnte wahrscheinlich eine gewisse Distanz und Fremdheit gegenüber der Arbeiterschaft nicht völlig überwinden. Politisch bedeutete das, dass er als Funktionär abgehoben von der Basis handelte und ihrem Willen nicht immer entsprach. In den zwanziger Jahren wurde das offenbar, als er im Landtag trotz Protest der Mannheimer Parteibasis das Lehrerbildungsgesetz durchsetzte. Vgl. Stehling-Höfling: Die badische SPD im Ersten Weltkrieg und in der Weimarer Republik (1914–1933). In: Schadt (1975), S. 153 sowie *Volksfreund* vom 22.3.1926.

behauptete, konnte einen ähnlichen Effekt bewirken. Selbst sein engster Parteifreund Kolb war, wie wir gesehen haben, nicht gänzlich frei von antisemitischen Vorurteilen, die er zwar nur auf die Parteilinke projizierte, die aber ein bedenkliches Symptom bedeuteten in einer Partei, die der Tradition der Aufklärung und der Menschenrechte verpflichtet war.

Dennoch kann man von einer im Großen und Ganzen gelungenen Integration Marums in die Partei sprechen, es ist allerdings sehr zweifelhaft, ob Marum die deutschjüdische Gemeinschaft als Symbiose erfuhr. Dagegen sprachen der latente Antisemitismus, von dem auch die Partei nicht frei war, und die in der Gesellschaft virulente Judenfeindschaft. Die Integration steckte in den Vorkriegsjahren noch in den Anfängen. Dies war auch in der Karlsruher SPD so. Erst in den Jahren um 1910 rückten Juden zum ersten Mal in den Kreis führender Genossen auf und mit Marum und Kullmann repräsentierten erstmalig jüdische Sozialdemokraten die Partei im Bürgerausschuss und im Landtag. Normalität und Unverkrampftheit bestimmten das Verhältnis zwischen Juden und den übrigen Genossen nicht. Tabuisierung und eine Verkennung der realen Ausmaße der antisemitischen Gefahr verhinderten die offene Auseinandersetzung mit den Problemen der Minderheit. Ludwig Marum pflegte zeit seines Lebens Kontakte zu Menschen jüdischer Herkunft, nicht nur im privaten Lebensbereich, sondern auch in der Politik, im Kreise der Partei unterhielt er freundschaftliche Beziehungen zu Genossen jüdischer Herkunft. Dies hatte sich schon in seiner Freundschaft mit Philipp Meerapfel, dem sozialdemokratischen Genossen und Untergrombacher Unternehmer, den er noch aus der Schulzeit kannte, gezeigt. Später wurden für ihn Ludwig Frank und Sally Grünebaum wichtig.

Chancen der Integration:
Sprungbrett Arbeitersängerbewegung

Gründe für Marums Engagement

Ein weiteres Betätigungsfeld – neben der politischen Arbeit in der Partei – baute sich Marum in einer der SPD nahe stehenden Kulturorganisation auf: er engagierte sich in der Arbeitersängerbewegung. Er trat dem traditionsreichen Karlsruher Arbeitergesangsverein „Lassallia"[1] bei und ließ sich bereits im Sommer 1910 – nach erst eineinhalbjähriger politischer Aktivität in Karlsruhe – zum Präsidenten des Badischen Arbeitersängerbundes (BASB) wählen.[2]

Dieses Engagement war sicher nicht der Freude am Gesang geschuldet – nach eigenem Bekunden konnte Marum gar nicht singen und verfügte über keine musikalische Begabung[3] – sondern speiste sich aus anderen Motiven. Zu diesen hat sich Marum nicht explizit geäußert, deshalb seien hier nun kurz die auf der Hand liegenden Faktoren zusammengetragen.

Erkennbar sind die Vorteile, die der hohe Funktionärsposten im Badischen Arbeitersängerbund für Marums politische Karriere brachte; daneben drückte er mit seiner Mitgliedschaft in einem Arbeitergesangsverein seine Integrationswilligkeit in die sozialdemokratische Subkultur aus und entschied sich gleichzeitig für den künstlerischen Bereich und die Unterstützung des von den Musikvereinen wahrgenommenen Bildungsauftrags.

Werfen wir zunächst einen Blick auf die politischen Vorteile, die Marum aufgrund seiner Arbeit als Präsident des BASB zuteil wurden. Im BASB waren im Jahr 1910 9456 Mitglieder organisiert, die sich etwa zur Hälfte in aktive und passive Mitglieder aufgliederten.[4] Bei den Sängerfesten 1910 in Heidelberg und 1913 in Karlsruhe zählte man mehrere Tausend Teilnehmer und Teilnehmerinnen.[5] Diese Größenordnung bedeutete für den 28-jährigen Nachwuchspolitiker Marum, dem gerade die Sängerfeste ein in der Öffentlichkeit weithin beachtetes Auftreten verschafften, einen hohen Bekanntheitsgrad in der Arbeiterschaft, der ihm durch seine Parteiarbeit allein kaum möglich gewesen wäre.

---

[1] *Chronik und Festprogramm zur 90-Jahrfeier des Mg Gesangsvereins Lassallia Karlsruhe 1895–1985*, S. 5. Privatbesitz Ulrike Koch, Karlsruhe (Fotokopie in meinem Besitz.

[2] Personalbogen Ludwig Marum, GLA 231/19957, 27–28 fol.

[3] Storck (1984), S. 21.

[4] Noack (1911), S. 85. Weiteres Zahlenmaterial findet sich bei: Lammel (1984), S. 74. Weiterhin findet sich statistisches Material im Protokollbuch des Bad. Arbeitersängerbundes StadtA KA 8 StS 20, 73.

[5] Vgl. *Volksfreund* vom 14.5.1910, S. 4 – in Heidelberg kamen an die 5 000 Sänger zusammen, 3 Jahre später in Karlsruhe waren es bereits 10 000 laut *Volksfreund* vom 23.4.1914.

Der junge Marum, der von Anfang an ein Landtagsmandat anstrebte,[6] konnte davon ausgehen, dass seine Mitarbeit im Karlsruher sozialdemokratischen Verein wohl kaum über die Grenzen Karlsruhes hinaus wahrgenommen wurde. Außerdem standen hier die bekannteren Genossen wie Kolb, Trinks, Weißmann im Mittelpunkt der öffentlichen Aufmerksamkeit. Dagegen bot ihm das Amt des Präsidenten des BASB die Möglichkeit, sich in ganz Baden einen Namen zu verschaffen, seinen Bekanntheitsgrad an der Basis zu erhöhen und dadurch seine Chancen bei Kommunal- und Landtagswahlen deutlich zu verbessern. Auch die kontinuierliche Nennung seines Namens in der sozialdemokratischen Presse, die ihm sein neues Amt eintrug, konnte ihm nur gelegen sein.

Nicht nur im Hinblick auf seine politische Karriere engagierte sich Marum im ASB, er folgte vielmehr mit seinem Eintritt in einen Arbeitergesangsverein den zeitgenössischen Gepflogenheiten in der Arbeiterbewegung. Man ging davon aus, dass ein guter Sozialdemokrat nicht nur Mitglied der Partei, sondern auch der Gewerkschaft und mindestens dreier Vereine war.[7] Dies betraf sowohl einfache Arbeiter als auch führende Funktionäre. Selbst von August Bebel wissen wir, dass er im Leipziger Arbeitergesangsverein mitsang und sich gerne über sein oftmaliges falsches Singen und sein auffälliges Sich-Vergreifen im Ton mokierte.[8]

Marum, der nur als passives Mitglied der „Lassallia" angehörte, wird dagegen den Kontakt zur Basis, der ihm als Akademiker fehlte, geschätzt haben und die Vereinsfeste, Wanderungen und Ausflüge im Kreise der Arbeiterfamilien genutzt haben, um sich in der Karlsruher Arbeiterschaft zu verankern.

Als aufstiegswilliger junger Politiker passte sich Marum den in der Sozialdemokratie üblichen Verhaltensweisen völlig an, damit drückte er seine Integrationsbereitschaft, seine Assimilationswilligkeit aus, die ihm als Akademiker und als Bürger jüdischer Herkunft besonders wichtig sein mussten. Nicht auszuschließen ist aber auch, dass sein Entschluss, in der Arbeitersängerbewegung mitzuarbeiten, nicht ganz dem eigenen Willen entsprang. Vielleicht folgte er auch einem Wink der Parteileitung oder einem Auftrag seines Förderers Kolb, der dem Neuling Marum eine Chance bieten wollte, seine politischen Fähigkeiten unter Beweis zu stellen. Außerdem ergab sich durch diese Besetzung der Vorteil, die Beziehung zwischen Partei und Kulturorganisation zu festigen.

Neben das politische Motiv, seinem Bemühen um Integration, trat Marums ausgeprägtes Interesse für den Bereich von Bildung und Kultur. Die Arbeitermusikbewegung war ein Bestandteil der Bildungsbemühungen der Arbeiterschaft, die sich nicht nur auf die Aneignung gesellschaftswissenschaftlicher und historischer Kenntnisse beschränkten, sondern auch um eine eigene Rezeption der Künste bemüht waren. Im Leben Marums spielten Bildung, Kunst und Kultur eine entscheidende Rolle. Bildung war für ihn der

---

[6] Auskunft EML: Marum hatte als junger Mann, der am Anfang seiner politischen Laufbahn stand, seiner Mutter bekannt, sein Ziel sei, ein Landtagsmandat zu erringen.
[7] Glaeser (1991), S. 195.
[8] Lammel (1980), S. 41.

Motor des sozialen Aufstiegs gewesen, er betrachtete sie zeitlebens als ein kostbares Gut, das allen Menschen zugänglich sein sollte. Seine besonders intensive Bindung an die Künste – von Jugend an hatte er eine enge Beziehung zu Literatur und Theater gepflegt, ein ausgeprägtes Interesse an der bildenden Kunst entwickelt – verdankte sich seiner Prägung durch das humanistische Gymnasium in Bruchsal und seinem Aufenthalt als Student in der Kunstmetropole München.

Nicht nur als Privatmann, auch als Politiker war ihm die Beschäftigung mit den Künsten und deren Förderung ein wichtiges Anliegen. Dies sollte sich vor allem in seiner Zeit als führender Parlamentarier der 20er Jahre erweisen, als er sich für die Anschaffung moderner Werke für die Karlsruher Kunsthalle einsetzte.[9] Mit seinem Eintritt in die Arbeiterbewegung war ihm offenbar auch an einer Öffnung des Rezipientenkreises gelegen; er verstand Bildung und Kunstrezeption nicht als Privileg der bürgerlichen Klasse, sondern wollte sie auch den Arbeitern zugänglich machen. Mit der Heranführung der Arbeiterklasse an die Künste eröffnete sich ihr die Möglichkeit der Erweiterung und Vertiefung ihrer Bildung. In Marums privatem Leben hatte Bildung jedenfalls zu Anerkennung und innerer Bereicherung beigetragen. Dieser persönliche Hintergrund Marums, sein Aufstieg in das Bildungsbürgertum, mag vielleicht erklären, warum er sich in der Arbeitermusikbewegung engagierte und nicht in einer der übrigen sozialdemokratischen Freizeitvereine. Es existierten im Vorkriegs-Karlsruhe zum Beispiel mehrere Arbeitersportvereine, zwei Arbeiterradfahrervereine, der Arbeiterstenographenbund, der Arbeiterabstinentenbund und die Naturfreunde.[10]

Einschränkend muss jedoch erwähnt werden, dass in seinem Privatleben die Musik diejenige der Künste war, die ihm am fernsten stand – weder pflegte er die in bürgerlichen Kreisen traditionelle Hausmusik noch war er ein eifriger Konzertbesucher.[11] Die Förderung der Musik durch seine politische Arbeit entsprang wohl der Einsicht, dass die Arbeitermusikbewegung weitaus mehr Mitglieder erfasste als die proletarischen Lesezirkel oder die Arbeitertheater. Weiterhin sprach für die Musik, dass sie geringe Vorkenntnisse verlangte, um ihre Wirksamkeit zu entfalten, ist sie doch die „demokratischste" der Künste und schafft ein Gefühl der Zusammengehörigkeit und Verbrüderung im Publikum, da sie ein „Esperanto der Empfindungen" auszudrücken vermag.[12] Da das politische Lied Gemüt und Verstand gleichermaßen anzusprechen verstand, war es für die politische Agitation in besonderer Weise geeignet. Die Entscheidung für die Musik entsprang also nicht einer persönlichen Neigung, sondern kühlem Kalkül, bot sie doch die aussichtsreichste Chance, eine massenwirksame Bildungsarbeit zu leisten.

---

[9] Vgl. Storck (1984), S. 27.
[10] Glaeser (1991), S. 195.
[11] Auskunft EML
[12] Zitate nach Will/Burns (1982), S. 104.

Mitglied in dem Arbeitergesangverein „Lassallia"

Marum trat dem ASB in einer Zeit bei, in der der Bund im Aufschwung begriffen war und bereits auf eine lange Tradition zurückblickte, in der sich seine Aufgaben und Schwierigkeiten deutlich herauskristallisiert hatten. Der Einsatz der Musik, des revolutionären Liedes zur Unterstützung der politischen Emanzipationsbewegung ging aber bis in die Zeit der Befreiungskriege zurück, als schon die bürgerliche Nationalbewegung auf die Waffe des politischen Liedes zurückgegriffen hatte.[13] Sowohl in den Kämpfen gegen Napoleon als auch in der Zeit des Vormärz spielte die anfeuernde Kraft von Liedern und Märschen für die Politisierung breiter Volksmassen eine große Rolle. Der Sangesgenosse Scherr aus Stuttgart verwies in einer Rede auf dem Sängerfest von 1913 in Karlsruhe die Arbeitersänger auf diese historische Wurzel, als er sagte: „Von jeher stand der Gesang im Dienste der großen Volksbewegungen, ob es nun bei den Revolutionen war oder im Jahre 1813."[14]

In der Revolution von 1848/49 stritten und sangen Bürger und Arbeiter noch gemeinsam für die Befreiung vom reaktionären Metternichschen System; wenig später trennten sich ihre Wege, sowohl politisch als auch musikalisch lösten sich die Arbeitervereine aus dem Patronat liberaler Gruppierungen und schlugen einen eigenständigen Weg ein. Ab den 1860er Jahren kennen wir eine eigenständige Arbeitermusikbewegung.[15] Diese pflegte in besonderer Weise den Männerchorgesang, viele der bekanntesten Arbeiterlieder waren ursprünglich im vierstimmigen Chorsatz gesetzt, so das berühmte „Bundeslied" nach dem Text von Georg Herwegh, die „Internationale", das „1. Mai Lied" und „Brüder, zur Sonne, zur Freiheit".[16] Neben dem Chorgesang entwickelte sich ein reicher Schatz an Streikliedern, Wahlkampfliedern und anderen politischen Liedern, die in Arbeiterliederheften zusammen gefasst waren und den Massengesang fördern sollten. Es existierten eigene Lieder für verschiedene Organisationen, so war das weithin bekannte Lied „Dem Morgenrot entgegen" das Kampflied der Arbeiterjugend.[17] Im Folgenden soll allerdings nur vom Chorgesang die Rede sein, von den Arbeiterchören, die sich in Vereinen organisierten, die der SPD nahe standen.

Ferdinand Lassalle gehörte zu den ersten Initiatoren eines selbstständigen Arbeitergesangvereins in Frankfurt am Main.[18] Dieses Beispiel machte Schule und führte zu einem ausgedehnten Netz von Arbeitergesangvereinen in den 1870er Jahren. Bekanntlich kam den Arbeitergesangsgruppen besondere Bedeutung während der Zeit der Sozialistengesetze zu, als die politische Agitation unterbunden wurde und die Sozialdemokratie nur

---

[13] Wunderer (1980), S. 42.
[14] *Volksfreund* vom 18. Mai 1913, S. 4.
[15] Lammel (1984), S. 47.
[16] Lammel (1980), S. 44.
[17] Lammel (1984), S. 58.
[18] Wunderer (1980), S. 42.

unter dem Deckmantel des geselligen Vereins ihre Arbeit fortsetzen konnte. Nach Aufhebung des Sozialistengesetzes im Jahre 1890 begann die eigentliche Blütezeit der Arbeitergesangsvereine. In dieser Zeit nahm auch die „Lassallia", der Karlsruher Verein Marums, ihre Tätigkeit auf.[19] In den 90er Jahren strebten die lokalen Vereine nach regionalem und nationalem Zusammenschluss. In Baden und der Pfalz bildete sich im Jahr 1891 der „Badisch-Pfälzische-Arbeitersängerbund", ein Jahr später (1892) kam es zum nationalen Bunde der „Liedergemeinschaft der Arbeiter-Sänger-Vereinigung Deutschlands". Diese Organisation formierte sich im Jahr 1908 zum „Deutschen Arbeiter-Sängerbund" DASB, der sich in 27 Gaue gliederte, die ihrerseits wiederum aus mehreren Bezirken bestanden. Der DASB unterhielt eine eigene Zeitung, die *Deutsche Arbeitersängerzeitung,* die den Fortgang der Bewegung begleitete und dokumentierte.[20] Im Jahre 1910 – als Marum zum Präsidenten des Gaus 26 Baden gewählt wurde – waren hunderttausend Sänger im nationalen Sängerbund zusammengeschlossen, im Gau Baden waren es um die 10 000.[21] Neben ihrem politischen Selbstverständnis als Teil der Arbeiterbewegung, deren Förderung ihr ein besonderes Anliegen war, sah die Dachorganisation es als ihre zentrale praktische Aufgabe an, Bildung und Kultur in der Arbeiterschaft zu fördern. In den Statuten des DASB hieß es: „Der Bund stellt sich in den Dienst der Arbeiterbestrebungen; er will vor allem dem deutschen Arbeitergesangverein die Mittel und Wege weisen, die geeignet sind, die Arbeitergesangvereine zu befähigen, mitzuwirken bei den Bestrebungen, künstlerische Kultur in der Arbeiterschaft zu wecken und zu verbreiten."[22] Praktisch hieß das, dass der Bund für geeignete Chorliteratur zu sorgen hatte. Er regte neue Kompositionen an und sichtete die vorhandene Überlieferung nach brauchbaren Stücken. Er empfahl Stücke von Mendelssohn, Schubert, Silcher und Volkslieder.[23] Höhepunkte für jeden Arbeitersänger waren die meist an Pfingsten stattfindenden mehrtägigen Sängerfeste, die zugleich eine machtvolle Demonstration der Arbeiterbewegung der Vorkriegszeit darstellten. Das 5. Badische Sängerfest fand 1907 in Freiburg statt, ihm folgte das 6. Sängerfest in Heidelberg an Pfingsten 1910. Für den Bundespräsidenten Marum war das 7. Gausängerfest 1913 in Karlsruhe Höhepunkt seiner Funktionärstätigkeit im ASB.[24]

Das Spektrum der Aufgaben, die sich die Arbeitersängerbewegung vorgenommen hatte, war breit gefächert und vielfältig, unter ihnen ragten die politische und die kulturelle Zielsetzung heraus, Ziele, die sich jedoch nicht widerspruchsfrei verbinden ließen. Der DASB setzte sich als vornehmliches Ziel, die politische und gewerkschaftliche Bewegung zu unterstützen. Dieses Anliegen fasste der Sängerfunktionär Victor Noack in die Worte: „Die Arbeitersänger bilden nur eine Waffengattung der großen kämpferischen

[19] Chronik und Festprogramm, S. 1.
[20] Lammel (1984), S.47, S. 64; Lammel (1980), S. 42; Wunderer (1980), S. 43.
[21] Noack (1911), S. 85.
[22] Lammel (1984), S. 65.
[23] Lammel (1984), S.77; Wunderer(1980), S. 45.
[24] *Volksfreund* vom 14.5.1910, S. 4; *Volksfreund* vom 18.5.1913.

Arbeiterpartei.“[25] Das Lied, besonders der Chorgesang, wurde als politische Waffe gesehen, die zur Stärkung des Kampfeswillens und zur Verbreitung sozialistischer Ideologie diente und auf emotionaler Ebene die Zuhörerschaft ansprechen sollte in der Absicht, „zu begeistern und zu erheben für das große Ziel, das sich die Arbeiterschaft gesteckt hat.“[26] Damit war die ideologische Funktion des Gesanges umschrieben und hingewiesen auf den agitatorischen Nutzen der Musik, die sowohl zur Festigung der sozialistischen Gesinnung der Genossen, zur Stärkung ihrer emotionalen Verbundenheit als auch zur Ansprache und Gewinnung noch nicht organisierter Arbeiter dienen sollte. Die ideologische Festigung der Genossen und Genossinnen gewann besondere Bedeutung vor dem Hintergrund der Vereinnahmungsversuche seitens bürgerlicher Ideologien. Die Arbeiterkampflieder sollten zur Immunisierung der Arbeiter gegenüber Nationalismus und Militarismus beitragen.

Der *Volksfreund* wies in einem Artikel anlässlich des Sängerfestes in Heidelberg auf den unterschiedlichen ideologischen Bezugsrahmen der bürgerlichen Gesangsvereine und der Arbeitergesangsvereine hin. Wir lesen in seiner Ausgabe vom 12. Mai 1910: „Wenn die Nichtsozialdemokraten bis zur Bewusstlosigkeit singen: „Heil dir im Siegerkranz“ oder „Deutschland, Deutschland über alles“, dann bedeutet ein solcher Gesang das offene Bekenntnis zum echt deutschen Patriotismus, zur unverfälschten Königstreue und wie die schönen Floskeln des Byzantinismus und Hurra-Patriotismus alle heißen. Wenn aber die organisierte Arbeiterschaft daran keinen Anteil nimmt und nehmen kann, weil sie vom Monarchismus und militarisierten und bürokratisierten Deutschland nichts wissen will, wenn sie ihre eigenen Empfindungen, ihr Sehnen und Trachten nach Freiheit, nach wirtschaftlicher und politischer Gleichberechtigung in ihren Liedern zum Ausdruck bringen, dann ist dieser Gesang auf einmal zum Hetzmittel geworden.“[27]

Die politische Funktion des Arbeitergesangs erschöpfte sich jedoch nicht allein in seinem agitatorischen Wert, seiner Abwehrstellung gegenüber der bürgerlichen Ideologie, er diente auch zur festlichen Ausgestaltung der von der Arbeiterbewegung begangenen Feierlichkeiten und Rituale. Der Stellenwert der musikalischen Umrahmung eines Festbeitrags wurde als ebenso bedeutsam für die Förderung des Klassenbewusstseins eingeschätzt wie die Rede eines bekannten Genossen. Einige psychologisch fundierte Köpfe gingen sogar davon aus, dass die Wirkung der Musik, des Liedes höher zu veranschlagen sei als die treffendsten Worte und Ausführungen.

Hier wollte die Arbeitermusik eine alternative Kultur sichtbar machen, die Musik diente zur festlichen Untermalung und zur pathetischen Erhöhung. Zu diesen herausgehobenen Anlässen sollten die Arbeiter bereits ein Stück gelebten Sozialismus erfahren, in dem die Künste einen selbstverständlichen Platz innehatten und den Menschen Genuss,

---

[25] Noack (1911), S. 4.
[26] *Volksfreund* vom 13.5.1913, S. 3.
[27] *Volksfreund* vom 12.5.1910, S. 4.

Freude und gehobene Stimmung vermitteln wollten. Die Arbeiterchöre bildeten somit einen unverzichtbaren Bestandteil einer eigenen sozialdemokratischen Festkultur.

Innerhalb des Festjahres ragten der 1. Mai, die Märzfeiern und die Schillerfeiern heraus, aber auch andere Anlässe wie das Stiftungsfest des Vereins, die Beerdigung eines einfachen Arbeiters oder eines Partei- oder Gewerkschaftsfunktionärs führten zu Auftritten der Arbeiterchöre.[28]

Als ebenso wichtig wie ihre politische Aufgabe begriff die Arbeitermusikbewegung ihre Bildungsarbeit, die Heranführung der Arbeiter an die Kunst, die Förderung ihrer aktiven musikalischen Praxis, die sich von einer bloß rezeptiven Haltung losgesagt hatte. Die Arbeiterkulturbewegung hatte die humanistische Bildungsauffassung übernommen, der zufolge erst eine umfassende Bildung zum vollen Menschsein verhelfe und zur Bereicherung des Lebens führe. Dazu stand die Lebensführung eines Arbeiters in scharfem Kontrast, dessen Dasein von ökonomischen Zwängen und den Aufgaben der bloßen Reproduktion wesentlich bestimmt war. Kunstgenuss, Wissen, umfassende Bildung sollten nicht nur als Privileg der herrschenden Klasse zugestanden sein, auch dem Proletariat sollten Wege eröffnet werden, die ihm bereits in der Klassengesellschaft ein reicheres, erfüllteres Leben ermöglichten.[29]

Durch seinen Beitritt zum Karlsruher Männergesangverein „Lassallia"[30] begann Marum sein Engagement in der Arbeitermusikbewegung. Er trat einem der ältesten Karlsruher Arbeitergesangvereine bei,[31] dessen Wurzeln bis in die Zeit des Sozialistengesetzes zurückgingen. In Karlsruhe hatten sich während der Verbotszeit sozialdemokratische Tarnorganisationen gebildet, deren Zusammenkünfte sich als „Pfeifenclubs" ausgaben und aus denen nach dem Fall des Sozialistengesetzes die ersten Karlsruher Arbeitergesangvereine hervorgingen.[32] Aus dem Pfeifenclub „Platane" rekrutierten sich 1895 Gründungsmitglieder der „Lassallia",[33] während schon 1890 ein erster Arbeitergesangverein „Vorwärts" ins Leben gerufen worden war, der auf den Pfeifenclub „Eichenlaub" zurückging.[34] Von Anfang an bestanden Spannungen zwischen den verschiedenen Arbeitergesangvereinen, die eine Fusionierung verhinderten, deren Wesen sich jedoch nicht mehr klar rekonstruieren lässt, da sich die später erschienenen Festschriften und Jubiläumsausgaben über diese Thematik nur in Andeutungen ergehen und die wahren Konflikte schamhaft verschweigen.[35] Vor diesem Hintergrund muss es als Erfolg erscheinen, wenn sich im Jahre 1896 dennoch ein Karlsruher Arbeitersängerkartell bildete, dem die Vereine „Vorwärts", „Lassallia" und „Eichenlaub" angehörten.[36] Das Karlsruher Arbei-

---

28 Lammel (1984), S. 73.
29 Will (1982), S. 28.
30 Chronik und Festprogramm etc. S. 5 und Storck (1984), S. 21.
31 Festschrift Sängerbund Vorwärts Karlsruhe. *75 Jahre 1890–1965*, S. 23.
32 *100 Jahre SPD Karlsruhe*, hrsg. vom SPD-Kreisverband Karlsruhe, 1977, S. 11.
33 *Festprogramm Lassallia*, S. 1.
34 100 Jahre SPD Karlsruhe (1977), S. 11.
35 *Festprogramm Lassallia,* S. 1, Festschrift Sängerbund Vorwärts, S. 23.
36 *Festschrift Sängerbund Vorwärts*, S. 23.

tersängerkartell stand in Konkurrenz zu den bürgerlichen Gesangsvereinen, deren bekanntester die „Karlsruher Liederhalle" war, die unter der Protektion des Großherzogs stand und die sich der Pflege des nationalen Liedguts widmete.[37] Bei den bürgerlichen Vereinen galt es als höchste Auszeichnung, einen vom Fürsten gestifteten Preis zu erringen, bei den Arbeitervereinen war das Preissingen verpönt, galt es doch als Ausdruck bürgerlichen Konkurrierens und gerieten hier Kunst und Gesang in die Rolle des bloßen Mittels, um die Aufmerksamkeit des Fürsten zu erringen. Marum sprach in diesem Zusammenhang einmal von der „Preisjägerei" der bürgerlichen Vereine.[38]

Die Karlsruher „Lassallia" begriff sich von Anfang an als ein elitärer, mit strengen Statuten ausgestatteter Arbeitergesangsverein, in dem sich vornehmlich die Arbeiteraristokratie der Buchdrucker eine Organisation geschaffen hatte, die streng auf die Einhaltung der damals herrschenden Moralcodices achtete, wie zum Beispiel die Fernhaltung – nur die Töchter und Ehefrauen der Mitglieder machten eine Ausnahme – von Frauen bei den Bällen und Festen des Vereins.[39] Die strenge Moral des Chors drückte sich auch in seinem Motto „Wahr sei das Wort, recht sei die Tat, frei sei das Lied – zu jeder Zeit"[40] aus, das eher Assoziationen an eine pastorale Ermahnung denn an eine sozialistische Kampfparole weckte. Lediglich der Hinweis auf die „Freiheit des Liedes – zu jeder Zeit" konnte als Anspielung auf die politische Repression während des Sozialistengesetzes verstanden werden. Obwohl den Vereinsmitgliedern durch die Statuten des Badischen Arbeitersängerbundes eine Doppelmitgliedschaft in einem bürgerlichen Gesangsverein untersagt war, kämpfte die „Lassallia" – die an begabten Sängern interessiert war – um eine Ausnahmeregelung, die ihr gestattete auch „bürgerliche" Sänger auftreten zu lassen. Dieses Ansinnen wurde ihr schließlich in einem „Kautschuk"-Paragraphen gewährt.[41]

Die „Lassallia" strebte danach, einen großen Chor aufzubauen, tüchtige Dirigenten für sich zu verpflichten und ihr Repertoire nicht nur auf Arbeiterlieder zu beschränken, sondern sowohl Volkslieder als auch Chöre aus dem Werk namhafter bürgerlicher Komponisten zum Vortrag zu bringen. Während der Verein im Jahre 1895 mit 50 Sängern begonnen hatte, so umfasste der Chor im Jahre 1904 bereits 100 Mitglieder, im Jahre 1910 zählte man 110 aktive Sänger, wodurch die „Lassallia" zu den größten Männerchören des Arbeitersängerbundes zählte.[42] Langjähriger und erfolgreicher Dirigent der „Lassallia" war von 1900 bis 1920 Arthur Herbold, der den Chor zu einem der erfolgreichsten der Region machte.[43] An ihrem 20-jährigen Stiftungsfest im Jahre 1914 bot die „Lassallia" anspruchsvolle Werke der Musikliteratur dar, die vom *Volksfreund* so kommentiert wurden: „Die Leistungen des festgebenden Arbeitergesangsvereins, sei es im Volkston

---

[37] GLA 233/4878
[38] *Volksfreund* vom 13.5.1913, S. 6.
[39] Auskunft Frau Hanne Landgraf (1. Juli 1997).
[40] Festprogramm Lassallia, Titelseite.
[41] Festprogramm Lassallia, S. 3.
[42] Lammel (1984), S. 74.
[43] Festprogramm Lassallia, S. 6.

oder im erschwerten Kunstchor, sind ja längst schon rühmlichst bekannt und dürfen sich zuversichtlich neben so manchen Bürgergesangverein stellen."[44] Im Jahre der Umsiedlung Marums nach Karlsruhe 1908 hatte der Chor eine rege Tourneetätigkeit entfaltet; er trat in verschiedenen badischen Städten wie Pforzheim, Freiburg oder Lahr auf, gastierte aber auch im „Ausland", in der württembergischen Hauptstadt Stuttgart, in Zürich und im Reichsland Elsaß-Lothringen, in Straßburg.[45]

Eine Fotographie mit einer Gruppe dunkel gekleideter Arbeitersänger aus der „Lassallia", in deren Mitte Marum in einem weißen Anzug prangt, blieb erhalten und offenbart sinnfällig die Sonderstellung, die Marum als Akademiker und hoher Funktionär unter den einfachen Arbeitern genoss. Marum war der bekannteste Genosse in den Reihen der „Lassallianer", und seine Mitgliedschaft trug sicherlich zu deren Stolz und Selbstbewusstsein bei. Marum, der dem Verein nur als Passiver angehörte[46] und – entgegen seinem sonstigen Streben – keine Aufgaben in der Leitung des „Lassallia" übernahm,[47] benutzte den Verein nur als Sprungbrett für seine Tätigkeit in der Dachorganisation des Badischen Arbeitersängerbundes. Seit dem Jahre 1910 war Karlsruhe „Vorort" des BASB, was den acht Karlsruher Arbeitergesangvereinen das Recht gab, den Vorstand und den Präsidenten zu wählen.[48] Da die „Lassallia" zu den größten und angesehensten Karlsruher Arbeitervereinen zählte, entschied sich Marum für sie, um seine Wahl sicherzustellen. Inwieweit sich Marum am Vereinsleben aktiv beteiligte, wissen wir nicht, anzunehmen ist jedoch, dass er an den Vereinsfeiern teilnahm und für die Sorgen und Nöte der „Lassallia" ein offenes Ohr hatte. Diese Sorgen und Nöte hatten den Verein seit seiner Gründungszeit begleitet und äußerten sich in unterschiedlicher Weise. An die Schikanen seitens des Staates erinnerte das Gründungsmitglied Schwall, über dessen Festrede der *Volksfreund* schrieb: „In interessanter Weise wusste er zu erzählen von den Kämpfen und Nöten der ersten Zeit des Bestehens des Vereins, wie ihn damals schon die Polizei schikanierte und ihm das Lebenslicht auszublasen versuchte, wie die „Lassallia" aber immer stärker und tüchtiger geworden sei."[49]

Bei der Anschaffung der Vereinsfahne wurden die typischen finanziellen Probleme eines Arbeitergesangvereins deutlich. Nur unter großen Mühen gelang es, das Geld für die Fahne zusammenzubekommen, entsprechend feierlich wurde dann der Festakt zur „Fahnenweihe" gestaltet, wobei am 7. November 1903 die Festrede der führende badische SPD-Politiker Adolf Geck hielt.[50] Dies zeigt, welche Bedeutung auch die Partei den Erfolgen und dem Vorwärtskommen eines Arbeitergesangvereins beimaß. Etwas leichter – was die finanzielle Seite betraf – gestaltete sich die Ausrichtung des 20-jährigen Stif-

---

[44] *Volksfreund* vom 4.6.1914, S. 3.
[45] Festprogramm Lassallia, S. 6.
[46] Marum-Lunau/Schadt (1984), S. 24.
[47] Festprogramm Lassallia, S. 5.
[48] Protokollbuch BASB STA KA 8/ STS 20/103
[49] *Volksfreund* vom 2.6.1914, S. 4f.
[50] Festprogramm Lassallia, S. 3f.

tungsfestes an Pfingsten 1914. Hier reichten die finanziellen Mittel zum Engagement des Hofopernsängers Hans Baling und des Violinvirtuosen Michel Jetteur. Die „Lassallia" war besonders stolz, dass sie diese auch am Hof renommierten Künstler zu einem Auftritt bei ihrem Fest gewinnen konnte. Die Zwiespältigkeit der Arbeiterkulturbewegung zeigt sich hier besonders deutlich, glaubte sie doch, nur durch das Verpflichten von bei Hof und im Bürgertum anerkannten Künstlern ihren Festen besonderen Glanz verleihen zu können. Die „Lassallia" feierte drei Tage lang, wobei sie ein eigenes Festkonzert gab und ihre Karlsruher Brudervereine zu Darbietungen einlud. Außerdem bot sie auf dem Karlsruher Messplatz ein „Volksfest mit Belustigungen und Unterhaltungen aller Art" an. Bei dem Fest waren die typischen Schwierigkeiten mit den Behörden nicht zu vermeiden. Das großherzogliche Ministerium des Innern verweigerte den Lassallianern die Erlaubnis, ihr Festkonzert am Pfingstsonntagmorgen abzuhalten, es musste auf den Nachmittag verschoben werden.[51]

Insgesamt zeigt sich uns die „Lassallia" als ein Verein, dem bürgerliche Moralvorstellungen und ein bürgerlicher Kunstbegriff sehr wichtig waren und dem es nicht so sehr um die Abgrenzung von der bürgerlichen Welt als vielmehr um deren Wertschätzung ging. Ein starres Klassenkampfdenken lag dieser Orientierung nicht zugrunde, sondern ein eher revisionistisches Gesellschaftskonzept.

Obwohl Marums wichtigstes Motiv, der „Lassallia" beizutreten, wohl in der Überlegung lag, dass seine Wahl zum Präsidenten am ehesten von einem der größten und namhaftesten Karlsruher Vereine gewährleistet werde, so drückten sich in seiner Entscheidung auch Einstellungen und politische Überzeugungen aus, die für ihn typisch waren. Mit der „Lassallia" wählte er einen der traditionsreichsten, renommiertesten und erfolgreichsten Karlsruher Vereine, der großen Wert auf Ehrbarkeit und Moral legte. Damit suchte der Karlsruher Neubürger Marum Anerkennung in einem Kreis der Arbeiteraristokratie zu finden, von deren biederer Reputation er zu profitieren hoffte. Moral, Anstand und Ehre spielten eine große Rolle in Marums Leben,[52] auch in seinen Reden waren diese Begriffe konstitutiv und dienten sicherlich als Kompensation für erlittene Zurücksetzung und Diskriminierung. In der „Lassallia" bewegte er sich in einem Kreis von Arbeitern, die von den gleichen hohen Moralvorstellungen geleitet wurden und die streng auf die Einhaltung bürgerlicher Normen achteten. Auch was die politische Ausrichtung betraf, wählte Marum einen Verein, der seinen Anschauungen entsprach. Der überzeugte Anhänger der revisionistischen Linie Kolbs und Franks trat einem Verein bei, der ebenfalls keine Berührungsscheu mit bürgerlichen Organisationen kannte, was an der erlaubten Doppelmitgliedschaft auch bei einem bürgerlichen Gesangsverein sichtbar wurde. Auch die Orientierung am großherzoglichen Hof verwies auf die Integrationsbemühungen der

---

[51] *Volksfreund* vom 2.6.1914, S. 4f. H. Bahling, Mannheim, trug den Bajazzo-Prolog vor und Lieder von Hildach, Maase, Lange und Levi. M. Jetteur spielte das A-Dur Konzert von Sinding.

[52] Wunderer verweist darauf, dass die „von Arbeitern und Funktionären in Arbeiterorganisationen übernommenen Aufgaben und Pflichten mit einem für die gesamte Arbeiterbewegung kennzeichnenden Gefühl der persönlichen Ehrenhaftigkeit verwaltet wurden." Wunderer (1980), S. 31.

„Lassallia", ein Streben, das auch dem Politiker Marum nicht fremd war. Die „Lassallia" tat sich offensichtlich nicht schwer im Umgang mit dem bürgerlichen Kulturerbe und der Aufnahme vieler traditioneller Chorsätze in ihr Repertoire. Auch Ludwig Marum war ein Kunstfreund, der die Tradition schätzte und dem eine ablehnende Haltung gegenüber der etablierten Kunst und Kultur sicher nicht nachgesagt werden kann. Sowohl der „Lassallia" als auch ihrem Mitglied Marum waren Überlegungen zur Schaffung einer neuen, proletarischen Kunst sehr fremd, sie lebten in einer Zeit und in einem Milieu, das nicht innovativ und revolutionär ausgerichtet war. Marum suchte den Kontakt zur Basis in einem Verein, der seine Überzeugungen teilte und in dem es ihm leicht gelang, Anerkennung zu finden. Seine gesellige Natur und konziliante Art taten sicherlich das ihrige dazu, dass Marum – obwohl Akademiker – von den Arbeitern akzeptiert wurde. Für Marum wiederum ergab sich im geselligen Beisammensein mit den Arbeitersängern die Möglichkeit, Einblick in deren Lebenswelt zu erhalten und ihre materiellen Nöte kennen zu lernen. Diese Not abzubauen und zu überwinden war das politische Ziel seiner Partei.[53]

Präsident des Badischen Arbeitersängerbundes

Im Juli 1910 trat Marum an die Spitze des Badischen Arbeitersängerbundes.[54] Die ihn wählenden Karlsruher Bundesvereine entschieden sich für einen jungen Mann von 27 Jahren, dessen politische Ambitionen und akademische Bildung wahrscheinlich ausschlaggebend für ihre Entscheidung waren. Nicht-Arbeiter fanden sich zwar häufig unter den führenden Repräsentanten der Arbeitersängerbewegung, meistens handelte es sich aber um Volksschullehrer.[55]

Marum führte nun eine Bewegung, die in deutlichem Aufwärtstrend begriffen war und eine steigende Zahl von Mitgliedern und angeschlossenen Vereinen verzeichnen konnte. Der Badische Arbeitersängerbund bestand als selbständige Organisation seit dem Jahre 1904, als der „Arbeitersängerbund für Baden und die Pfalz" sich aufgelöst hatte, und die beiden Regionen getrennte Wege gingen.[56] Der Badische Arbeitersängerbund startete 1904 mit 3 850 Mitgliedern, zum Zeitpunkt des Amtsantritts Marums erfasste er bereits knapp 10 000 Mitglieder, die genaue Zahl betrug 9 920. Marum sollte es in seiner Amtszeit gelingen, die Mitgliederzahl weiter zu steigern; im Jahre 1914 zog der BASB die stolze Bilanz von 13 500 Mitgliedern und 116 Vereinen.[57]

Nicht nur was die Mitgliederzahlen betraf, konnte Marum Erfolge verbuchen, auch seine sonstige Tätigkeit als Sängerpräsident stieß auf Zustimmung, was sich in seiner

---

[53] Marum blieb – auch nach seinem Rücktritt vom Amt des Präsidenten des BASB – Mitglied der „Lassallia". Vgl. Festschrift Lassallia, S. 5.

[54] Protokollbuch des BASB – STA KA 8 STS/20/103, Eintrag vom 3.7.1910.

[55] Wunderer (1980), S. 33.

[56] Noack (1911), S. 85.

[57] *Volksfreund* vom 19.5.1911, S. 4 und *Volksfreund* vom 23.4.1914.

jährlichen Wiederwahl bis zum Jahre 1919 zeigte, als er freiwillig das Amt niederlegte, weil andere politische Aufgaben seinen Einsatz forderten.[58]

Im September 1908 war der BASB dem in Köln gegründeten Deutschen Arbeitersängerbund (DASB) beigetreten, dessen Statuten fortan für ihn galten. Er nannte sich nun „Gau Baden im Deutschen Arbeitersängerbund". Der Verband schrieb eine demokratische Organisationsform vor, wichtigstes beschlussfassendes Gremium war die alljährlich im Frühjahr stattfindende Gaugeneralversammlung.[59] Der fünfköpfige Vorstand der Landesorganisation wurde von den Bundesvereinen des Vorortes gewählt. Bis zum Jahre 1910 war dies Freiburg, das auch die Präsidenten Schenk und Gespandl stellte, ab 1910 Karlsruhe, das sich für den Präsidenten Marum entschied.[60]

Der Gau Baden teilte sich in vier Bezirke auf, von denen Mannheim der mitgliederstärkste, Freiburg der mitgliederschwächste war. Die beiden mittleren Bezirke Karlsruhe und Pforzheim vollzogen in den Jahren der Präsidentschaft Marums eine stetige Aufwärtsentwicklung.[61] Auch was den politischen und gewerkschaftlichen Organisationsgrad anbetraf, gab es deutliche Unterschiede zwischen den einzelnen Bezirken. Hier lag wiederum die Industriestadt Mannheim mit 46,1% politisch organisierter Sänger an der Spitze, während in den ländlichen Regionen des Schwarzwalds und des Kraichgaus nur eine Minderheit in der Arbeiterbewegung engagiert und organisiert war.[62] Es gehörte zu den ausdrücklichen Zielen des DASB, den Organisationsgrad zu heben. Seine Landesverbände betrieben deswegen eine umfangreiche Agitation, die sich sowohl in der Abfassung von Broschüren und Flugblättern, als auch in der Abhaltung von Versammlungen und in Ansprachen äußerte. Der Vorstand des Gaus Baden bedauerte im Jahr 1910 den geringen Organisationsgrad der badischen Arbeitersänger: nur 49,8 % von ihnen waren politisch organisiert, 65,75% gehörten einer Gewerkschaft an.[63]

Weitere Zielsetzungen des Sängerbundes bestanden in dem quantitativen und qualitativen Ausbau der Bewegung. In Baden wurde größter Wert auf die jährlich erscheinende Statistik gelegt, die sowohl den Zuwachs an Mitgliedern als auch an Vereinen verzeichnete. Gerade auch in den ländlichen Regionen wollte man die Arbeiter für Partei, Gewerkschaft und Gesangsverein gewinnen. Erschwert wurde diese Arbeit durch die Wirtschaftskrisen der Jahre 1908 und 1913, als die Arbeitslosigkeit Rekordzahlen erreichte und der materielle Existenzkampf die Ausübung musischer Interessen weitgehend verhinderte. Um die musikalische Qualität der Arbeiterchöre zu gewährleisten und sie gegenüber den bürgerlichen Gesangsvereinen in ihren Leistungen konkurrenzfähig zu halten, legte der Arbeitersängerbund größten Wert darauf, eine Zersplitterung der Bewe-

---

[58] Protokollbuch BASB 30.5.1919 (Rücktritt) – jährliche Wiederwahl im Frühjahr.

[59] Noack (1911), S. 85.

[60] Protokollbuch des Arbeitersängerbundes für Baden und die Pfalz (1901–1907). STA KA/8 STS 20/73 und Protokollbuch des BASB a.a.O.

[61] Noack (1911), S. 85 sowie *Volksfreund* vom 12.5.1911, S. 4; 4.5.1912; Titelseite; 19.4.1913 und 27.4.1914.

[62] *Volksfreund* vom 23.4.1914.

[63] Protokollbuch BASB, a.a.O., 11.12.1910.

gung zu verhindern, Fusionierungen zu fördern und deswegen nur einen Arbeitergesangsverein an einem Ort zuzulassen. Diese sollten zentral vom Landesvorstand mit entsprechender Chorliteratur versorgt werden, der die angeforderten Noten an die örtlichen Vereine versandte.[64]

Dem Landesvorstand oblag es, die Leitlinien des Bundes und die Beschlüsse der Gaugeneralversammlung umzusetzen. Der badische Landesvorstand bestand aus fünf Personen, die über ständige Arbeitsüberlastung klagten und die Erweiterung des Gremiums um zwei weitere Personen forderten. Die Protokolle der Vorstandssitzungen verweisen neben den bereits genannten Aufgaben der Agitation, der Förderung von Fusionierungen, der Bereitstellung von Chorliteratur auch auf die Verwaltung der Finanzen, die Schlichtung von Streitigkeiten sowie die Entscheidung über Neuaufnahmen und Ausschlussverfahren. Darüber hinaus hatte der Vorstand die Vorbereitung der Gaugeneralversammlung und der Sängerfeste zu übernehmen, nach außen fielen Verhandlungen und Gespräche mit städtischen Behörden und den großherzoglichen Ministerien an.[65]

Während der Amtszeit Marums bestand ein erheblicher Teil der Vorstandsarbeit in der Bewältigung und Beilegung von Konflikten sowohl innerhalb der Bewegung als auch mit bürgerlichen Parallelorganisationen, mit Stadtverwaltungen und Landesbehörden. Zu den Problemen innerhalb der Sängerbewegung gehörte die Anfälligkeit mancher Arbeiter gegenüber den Gepflogenheiten bürgerlicher Gesangsvereine. Immer wieder kam es vor, dass ein Arbeiterverein an einem „bürgerlichen" Preissingen oder einem musikalischen Geburtstagsständchen an Kaisers Geburtstag teilnahm, was die Ahndung und Bestrafung seitens des Bundes nach sich zog. In schlichtender Absicht hatte der Landesverband mehrfach einzuschreiten, wenn Spannungen zwischen benachbarten Vereinen einen Zusammenschluss verhinderten oder wenn wegen Streitereien eine Abspaltung von einem bereits bestehenden Verein drohte. Die Protokolle des BASB verzeichnen in Fragen des Anschlusses von Vereinen oftmals eine versöhnliche, einlenkende Haltung Marums, hier zeigte sich bereits sein Mittlertalent, das ihm später als anerkanntem Politiker von allen Seiten attestiert wurde.[66]

Wesentlich anspruchsvoller als die Beilegung interner Konflikte war die Auseinandersetzung mit den herrschenden politischen Eliten in den Stadtverwaltungen und in den Landesbehörden. Wie bereits erwähnt, waren anlässlich des Gausängerfestes die Konflikte mit den Stadtverwaltungen der betroffenen Städte vorprogrammiert, hier ging es zum Beispiel bei den Sängerfesten in Heidelberg und Karlsruhe um finanzielle Fragen der anfallenden Saalmiete und städtischer Zuschüsse, um Genehmigung für Auftrittsdauer und Auftrittsorte und nicht zuletzt um die anerkennende oder missachtende Haltung der Stadtverwaltung gegenüber der Arbeiterbewegung, was sich in deren Bereitschaft zu einer

---

[64] Vgl. die Geschäftsberichte des badischen Landesvorstandes, veröffentlicht in *Volksfreund* vom 19.5.1911; 4.5.1912; 19.4.1914; 23.4.1914. Klagen über Arbeitslosigkeit vermerkte das Protokollbuch des BASB, z.B. am 1.11.1908.

[65] Vgl. ebenda.

[66] Protokollbuch BASB, 8.8.1910.

offizellen Begrüßung und Ausschmückung der Stadt ausdrückte. Seitens der badischen Kultusbehörde, die in den Vorkriegsjahren von Kultusminister Böhm geführt wurde, fühlte sich die Arbeitersängerbewegung durch einen Erlass behindert, der Lehrern verbot, eine Dirigentenstelle bei einem Arbeitergesangsverein zu übernehmen. In dieser Angelegenheit wurde der Vorstand beauftragt, tätig zu werden, um eine Abänderung dieser Vorschrift zu erreichen.[67]

Insgesamt fühlte sich die Arbeitersängerbewegung vom Bürgertum und von den politischen Eliten offenkundig missachtet und diskriminiert, was zu erhöhten Anstrengungen ihrer Funktionäre führte, die Bedeutung und das Können der Arbeitersänger zu betonen und herauszuheben. Diese Tendenz befolgte auch der badische Sängerpräsident Marum. Auf entsprechende Reden und Vorträge wird noch einzugehen sein.

Glanzvoller Höhepunkt der Präsidentschaft Marums war das 7. Gausängerfest an Pfingsten 1913 in Karlsruhe. Es war mit 131 vertretenen Vereinen und 10 000 Teilnehmern „die größte Veranstaltung, die der Gau Baden bisher gehabt."[68] Marum hatte sehr frühzeitig entschieden, dass eine „gründliche Vorbereitung des Festes notwendig" sei und ließ die Vorbereitungen bereits im Januar 1912 anlaufen.[69] Ein Festausschuss wurde ins Leben gerufen, dem neben den Vorstandsmitgliedern je ein Vertreter der Partei und der Gewerkschaften und Delegierte der Karlsruher Bundesvereine sowie die vier Bezirksleiter angehörten. Die Festkommission kümmerte sich um die Öffentlichkeitsarbeit, indem sie Plakate, Festbroschüren, Entwürfe von Titelblättern in Auftrag gab, um die Unterbringung der teilnehmenden Arbeitersänger und um die Bestellung namhafter Kritiker. Für Karlsruhe wurde der bekannte Komponist Uthmann aus Barmen und der Chorleiter Kammerer aus Heilbronn mit der Begutachtung der Gesangsdarbietungen beauftragt.[70] Der Präsident Marum übernahm die Verhandlungen mit der Stadt wegen der Anmietung der Festhalle. Als sich hierbei Schwierigkeiten ergaben, wurde er beim badischen Innenminister vorstellig.[71] Der Festausschuss hatte für das dreitägige Sängerfest einen abwechslungsreichen Verlauf geplant: die Eröffnung war für Samstagabend terminiert, der Sonntag sollte den künstlerischen Darbietungen der einzelnen Vereine und der Begutachtung ihrer Leistung durch die Kritiker vorbehalten sein, während am Pfingstmontag die Karlsruher Vereine zum Abschluss ein Festkonzert unter der Leitung des anerkannten „Lassallia"-Dirigenten Herbold geben sollten. Zur Auflockerung und Unterhaltung war ein abendliches Stadtgartenfest, Darbietungen der Turner und eine in Zusammenarbeit mit den Naturfreunden durchgeführte Schwarzwaldwanderung vorgesehen.[72]

Abgesehen von kleineren Unstimmigkeiten wie der Tatsache, dass die ungünstige Witterung an Pfingsten Veranstaltungen im Freien unmöglich machte, und dem Verbot

[67] *Volksfreund* vom 23.4.1914.
[68] *Volksfreund* vom 23.4.1914.
[69] Protokollbuch BASB, a.a.O., 29.1.1912.
[70] Protokollbuch BASB, a.a.O., 3.11.1912.
[71] Protokollbuch BASB, a.a.O., 24.4.1913.
[72] *Volksfreund* vom 13.5.1913, S. 4–6.

der Polizei, schon am Vormittag in den Wirtschaften zu singen, verlief das Fest in der geplanten Weise. Hauptfesttag war der Sonntag, als die angereisten Vereine vor einem großen Publikum und den begutachtenden Musikkritikern Proben ihres Könnens lieferten. Der *Volksfreund* berichtete detailliert über die Darbietungen der Vereine und gibt uns damit Einblick in das Repertoire der badischen Arbeiterchöre. Im Vordergrund standen unpolitische, der Naturlyrik verhaftete Titel, dies zeigt ein Auszug aus dem Programm, dessen Haupttendenz aus Chören im Volkston bestand. Im Bericht des *Volksfreund* ist zu lesen: Der „Bruderbund Karlsruhe" brachte mit genialem Schwung Thiedes „Schneesturm" zum Vortrag. Eine weitere schöne Überraschung bot „Freiheit Schwenningen" mit „Der junge Rhein", hell und klar kamen die hohen Tenöre zu Wort bei gleichzeitiger angenehmer Ausgeglichenheit in den übrigen Stimmen."[73] Für das abschließende Festkonzert wurden als Solisten, anerkannte Konzertsänger engagiert; unter ihnen befand sich auch der Hofopernsänger Schwerdt. Diese brachten klassische und moderne Stücke zum Vortrag, so Arien aus der Oper „Undine" von Lortzing und Lieder von Hugo Wolf.[74] Auch hier zeigte sich die Orientierung der Arbeitermusikbewegung an bürgerlicher Kunst und Kultur. Insgesamt konstatierte der *Volksfreund* mit Stolz eine hohe Qualität der musikalischen Leistungen und billigte den beiden angestellten Kritikern zu, dass sie „zwar streng, aber objektiv" geurteilt hätten.

Während des Festes trat sein musikalischer Charakter so sehr in den Vordergrund, dass der ASB nicht zögerte, gegenüber den städtischen Behörden, seinen politischen Charakter zu verleugnen. Die Einschätzung der Karlsruher Stadtverwaltung, beim Sängerfest handle es sich um ein politisches Parteifest, wies der Vorstand entschieden zurück, er argumentierte in folgender Weise: „Es gehört schon die Kühnheit der Karlsruher Stadtverwaltung dazu, einem Feste einer Vereinigung gegenüber, bei dem weit über die Hälfte der Mitglieder keiner politischen Partei angehören, zu behaupten, das Fest sei ein politisches Parteifest. Man soll doch einmal die verschiedenen „Liedertafeln" und „Liederkränze" im Lande Baden auf die Zugehörigkeit der Mitglieder zu einer Partei untersuchen, z.B. den Liederkranz Karlsruhe, dessen Vorsitzender Herr Geh. Hofrat Rebmann ist, was da für Zahlen herauskommen, oder die vielen katholischen Gesangvereine. Durch das Resultat der Erhebung des Gauvorstandes erfährt das Verhalten des Karlsruher Stadtrats eine neue treffliche Beleuchtung, es wird bestätigt, dass seine vorgebrachten Gründe leere Ausreden sind, dass der wahre Grund eben die Arbeiterfeindlichkeit und der Servilismus, die Liebedienerei nach oben war."[75]

Für die badische Arbeitersängerbewegung bedeutete der Sängertag in Karlsruhe einen großen Erfolg in seiner Vorkriegsgeschichte; der *Volksfreund* verabschiedete die teilnehmenden Sänger mit der Mahnung, ihrer Aufgaben und Pflichten in der Arbeiterbewegung stets eingedenk zu sein. Der Festbericht schließt mit den Worten: „Damit hatte der

---

[73] *Volksfreund* vom 13.5.1913.
[74] *Volksfreund* vom 13.5.1913.
[75] *Volksfreund* vom 23.4.1914.

Gausängertag einen Abschluss gefunden, wie man ihn glänzender und eindrucksvoller sich nicht denken kann. Mit Stolz und Freude können die Karlsruher Arbeitersänger und mit ihnen die gesamte Arbeitersängerbewegung auf diese Tagung zurückblicken. Sie sind eine Macht geworden, die dem Gegner Achtung und auch Furcht, wie das Verhalten der Behörden zeigte, abgenötigt hat. Und doch heißt es auch für die Arbeitersängerschaft fernerhin, ebenso wie für die gesamte Arbeiterbewegung: Nicht rasten, keinen Stillstand. Neue Kämpfe, neue Opfer werden bestanden und gebracht werden müssen. Das Fest war ein Ruhepunkt, eine kurze Rast zum Zurückschauen auf den gemachten Wegen. Nun heißt es wieder: An die Arbeit! Glück auf zu neuen Kämpfen und neuen Siegen!"[76]

Nach diesem Blick auf die Aktivitäten des BASB in den Vorkriegsjahren richten wir nun die Aufmerksamkeit auf die Eigenarten seines Präsidenten Marum und gehen der Frage nach, welche ideologischen Schwerpunkte er setzte, welchen Tätigkeiten er besonderen Wert beimaß und worin das ihn Kennzeichnende seiner Funktionärstätigkeit lag.

Aufschluss über sein Denken erhalten wir durch den jährlichen Geschäftsbericht, den er als Präsident abgab. Im ersten Geschäftsbericht auf der Gauversammlung in Durlach 1911 hielt Marum ein Referat über das Thema „Arbeitersänger und Arbeiterbewegung", in dem er sich eng an die Thesen aus Noacks gerade neu veröffentlichter Schrift und an die Statuten des DASB hielt. Auch Marum ging es darum, die Bedeutung der Arbeitersängerbewegung zu unterstreichen und für ihre adäquate Wahrnehmung in der Partei zu kämpfen. Marum eröffnete sein Referat mit den Worten: „Lassen wir an einem unserer Partei- oder Gewerkschaftsfeste den Massengesang eines Arbeiterlieds auf uns wirken, dann denken wir wohl selten daran, dass dieses Lied wie die ganze Gesangsbewegung ihre eigene Geschichte haben und gewissermaßen ein Akkumulativ des Gefühls- und Gemütslebens der organisierten Arbeiterschaft in sich schließen. In den deutschen Arbeitersängern sammeln sich von der politischen Leidenschaft durchglühte Kräfte, die von hieraus durch das Lied in künstlerischer Form in Tausende und Hunderttausende Herzen dringen, so durch die deutschen Lande geleitet werden und ihr gut Teil dazu beitragen, den Boden vorzubereiten, in den die Samenkörner für die politische und gewerkschaftliche Bewegung fallen. Leider finden unsere Arbeitersänger, die sich oft unter großen persönlichen Opfern in den Dienst der Sache stellen, nicht immer die Beachtung und Anerkennung, die sie verdienen. Um das Verhältnis zwischen der Arbeiterbewegung und den Arbeitersängern inniger zu gestalten, hat vor kurzem den deutschen Arbeitersängerbund zur Herausgabe einer Schrift (gemeint ist die Schrift Noacks: „Der deutsche Arbeitersängerbund", m.A.) veranlasst, die wohl geeignet ist, andere Auffassungen zu erwecken."[77]

Es fällt auf, dass Marum den politischen Auftrag der Arbeitersänger in den Vordergrund rückte und nachdrücklich auf die Schrift Noacks verwies. Im weiteren Verlauf seines Referates zitierte Marum hauptsächlich diese Arbeit Noacks und machte damit

---

[76] *Volksfreund* vom 13.5.1913.
[77] *Volksfreund* vom 2.6.1911. Der Volksfreund druckte hier das Referat ab, ohne ausdrücklich Marum als Verfasser zu nennen. Einige Tage vorher – in der Veröffentlichung des Geschäftsberichts – hatte er Marum als den Referenten dieses Vortrags genannt. (27.5.1911)

deutlich, dass er keine eigenen ideologischen Positionen vertrat, sondern sich vollkommen an den führenden Funktionären im DASB orientierte. Dem entsprach auch seine Praxis, als Präsident immer wieder auf die ihn bindenden Beschlüsse der Generalversammlungen hinzuweisen und damit keine eigene Richtlinienkompetenz als ausführendes Organ zu beanspruchen.[78]

Schärfer wird das Bild Marums als Sängerfunktionär, analysiert man die Reden, die er Pfingsten 1913 auf dem Sängertag in Karlsruhe hielt. Wiederum betonte er die politische, klassenkämpferisch eingestellte Ausrichtung des Arbeitergesangs. Führt man sich vor Augen, dass hier ein junger SPD-Politiker sprach, der ein halbes Jahr später erstmals für den Badischen Landtag kandidieren wird, so verwundert der scharfe Ton gegenüber Stadtverwaltung und die Betonung des politischen Auftrags nicht. Lassen wir Marum selbst zu Wort kommen! Mit Blick auf die ablehnende Haltung der Stadt Karlsruhe sagte er: „Trotz aller Schwierigkeiten und Schikanen, die von Seiten des Bezirksamts und der Stadt Karlsruhe der Abhaltung des Festes in den Weg gelegt wurden, kann es nun doch abgehalten werden. Wir können sagen, dass auch hier wieder der alte Satz sich bewährte, dass die Stadt Karlsruhe und ihr Oberbürgermeister sich erwiesen als ein Teil von jener Kraft, die das Böse will und stets das Gute schafft. Wenn auch vorher schon die Freude groß und herzlich war, so wird sie nun noch gesteigert durch das Zusammengehörigkeitsgefühl, das solche Schikanen in uns auslöst. Wenn der Oberbürgermeister meinte, er könne uns schaden, so hat er sich getäuscht. Die letzten Tage haben uns gezeigt, wem zu Ehren man Fahnen aufstellte und wem zu Ehren nicht. Da hat man für den Besuch eines Fürsten, obgleich niemand daran ein Interesse hatte, Fahnen aufgestellt, die Straßen ausgeschmückt mit dem Gelde, das aus unseren Taschen, aus unseren Geldbeuteln geholt wird. Wenn es aber gilt, 10 000 Männer zu begrüßen, die von allen Bevölkerungsschichten begrüßt werden, da hat man nichts als Hohn und Spott. Wir verlangten keine Vergünstigung, kein Entgegenkommen. Wir verlangten nur die Erfüllung einer Anstandspflicht. Aber zu Anstand und Höflichkeit kann man eben niemand zwingen. ... Wir aber sagen mit Herwegh. „Ihr hemmt uns, aber ihr zwingt uns nicht!"[79]

Er schloss dieses Thema mit den Worten ab. „Der heutige Tag muss Zeugnis ablegen davon, dass wir einig sind in dem Streben nach dem Ziele der modernen Arbeiterbewegung. Der heutige Tag muss ein Tag der Demonstration sein. Der Tag ist ein Kampffesttag um unsere Freiheit und um unsere Ehre. Man hat uns in unserem Recht und in unserer Ehre gekränkt, indem man uns als Bürger zweiter Klasse behandelt. Wir wollten keine Unterstützung, für so vernünftig halten wir die Stadtverwaltung gar nicht. Nur Anstand und Gastfreundschaft verlangten wir."[80]

Auffällig an seinen Äußerungen ist, dass er eine kampfbereite, in Gegnerschaft zur bürgerlichen Gesellschaft stehende Sängerschaft darstellte. Zu künstlerischen Fragen und

---

[78] Vgl. Protokollbuch des BASB, a.a.O. und Geschäftsberichte a.a.O.
[79] *Volksfreund* vom 13.5.1913. S. 4.
[80] *Volksfreund* vom 13.5.1913. S. 4.

dem offenkundig unpolitischen Programm des Festes nahm er keine Stellung, offenbar maß er dem keine besondere Bedeutung bei und erkannte an dem traditionellen Repertoire der Arbeitersänger keinen Widerspruch zu dem von ihm postulierten klassenkämpferischen Bewusstsein. Wir erkennen, dass Marum als Funktionär der Arbeitersängerbewegung kaum eigene Akzente setzte, er sah sie vornehmlich in ihrer politischen Funktion und damit als Instrument der Politisierung breiter Volksmassen.

Offenkundig war ihm weniger an einer Reflexion der künstlerischen Arbeit gelegen, zu diesem Themenkomplex finden sich von seiner Seite keine Stellungnahmen. Er erkannte wohl keine Notwendigkeit, zur Förderung einer proletarischen Gegenkultur mit neuen Inhalten und einem progressiven Kunststil beizutragen. Dadurch erwies er sich als typischer Parteipolitiker, der die Arbeitermusikbewegung instrumentalisierte – was übrigens auch an dem frühen Zeitpunkt seines Rücktritts sichtbar wird.[81] Er trat sofort vom Amt des Sängerpräsidenten zurück, als er den Gipfelpunkt seiner Karriere erreicht zu haben glaubte. Marum drückte der ASB keinen eigenen Stempel auf, er war ein anerkannter und erfolgreich agierender Parteifunktionär, dem nicht daran gelegen war, von der offiziellen Linie abzuweichen. Hier schon wurde eine Eigenart Marums deutlich, die auch seine spätere politische Arbeit kennzeichnete, nämlich seine Anpassungsbereitschaft, die uns auf sein großes Bedürfnis nach Integration verweist.

Nach dem Blick auf seine ideologischen Positionen wollen wir nun seine Aktivitäten als Sängerpräsident betrachten. In seiner konkreten Arbeit als Präsident stand das Bemühen um zahlenmäßigen Ausbau und die innere Integration der Sängerbewegung im Vordergrund. [82] Wir haben bereits darauf hingewiesen, dass unter seiner Präsidentschaft die Mitgliederzahlen in die Höhe schnellten und dass das von ihm organisierte Sängerfest das größte in der Geschichte des Gaus war. An diesem Punkt und an seinen Anstrengungen, die Agitation zu stärken und Fusionierungen herbeizuführen, lässt sich sein besonderes Interesse ablesen, der Arbeiterbewegung neue Kräfte zuzuführen und für ihre stärkere innere Verbundenheit zu sorgen. Das deutete darauf hin, dass er alles tat, um die Schlagkraft der Bewegung zu erhöhen. Marum war also ein Politiker, dessen Einsatz sich auf den Ausbau der Organisation konzentrierte. Damit wurde ein typischer Zug Marums sichtbar. Obwohl Marum akademisch ausgebildet war, nehmen wir bei ihm eine deutlich erkennbare Abneigung gegenüber ideologischen Auseinandersetzungen und theoretischen Erörterungen wahr. Er war kein Bewohner des Elfenbeinturms, sondern sah seinen Ort vornehmlich in der Praxis. Marum gehörte nie zu den Theoretikern der Partei – wir kennen weder theoretische Schriften noch entscheidende Redebeiträge zu programmatischen Debatten von ihm –, sondern er war Pragmatiker, dem wesentlich am Ausbau der Partei gelegen war. Sein Bestreben zielte darauf, durch seine Arbeit zur Stärkung der Arbeiterbewegung beizutragen und durch die effektive Gestaltung von Arbeiterfesten und

---

[81] Protokollbuch BASB, a.a.O. 30.5.1919.
[82] *Volksfreund* vom 7.4.1913., S. 4.

Versammlungen den Kampfeswillen und die Einsatzbereitschaft der Genossen und Genossinnen zu erhöhen. Beiden Zielen diente die Arbeit in der Sängerbewegung in effektvoller Weise.

Wenden wir uns der Frage zu, durch welche Eigenarten Marums frühe Tätigkeit in der Kulturbewegung gekennzeichnet war, so erkennen wir, dass schon in dieser Phase typische Charaktermerkmale deutlich hervortraten und er Erfahrungen sammelte, die sich in seiner späteren Laufbahn wiederholen sollten. Von Anfang an zeichnete sich Marum durch Klugheit und durch ein gutes Gespür dafür aus, was seinem Fortkommen dienlich sein könnte. In der Wahl der Arbeitermusikbewegung als Sprungbrett für seine politische Laufbahn hatte er seinen politischen Instinkt bewiesen, war doch diese Bewegung im Aufschwung begriffen und konnte er sich mit ihrer Hilfe einen anerkannten Platz in der badischen Arbeiterschaft erobern. Dies gelang ihm denn auch in seiner vierjährigen Vorkriegstätigkeit und er erntete zum ersten Male die Anerkennung und den Erfolg, die seine spätere politische Karriere stetig begleiten sollten.

Das Präsidentenamt bot ihm zudem die Möglichkeit, sich in die politischen Aufgaben des Führens, Repräsentierens, Verhandelns, Vermittelns und Entscheidens einzuüben. Dadurch bewies er einer breiten sozialdemokratischen Öffentlichkeit seine politische Begabung, die durch sein Talent, rhetorisch wirkungsvolle Reden zu verfassen, ergänzt wurde. Wie wir gesehen haben, fand er in seinen Reden kraftvolle Worte, um die Interessen der Arbeiterschaft zu vertreten. Er nutzte zu diesem Zweck auch gerne seine literarische Bildung, die einen reichen Zitatenschatz umfasste, um seinen Ansprachen Bilderreichtum und Würze zu verleihen. In seinen späteren Ämtern des Vorsitzenden der sozialdemokratischen Landtagsfraktion und des Haushaltausschusses im badischen Landtag bestätigte er sein Interesse an Leitungs- und Führungsaufgaben. Hier wurde ein nicht unbeträchtlicher Ehrgeiz sichtbar, der erstmals in der Arbeitersängerbewegung mit dem Amt des Präsidenten Befriedigung fand.

Marum verfolgte jedoch nicht nur persönliche Interessen, wichtig war ihm auch der Einsatz für die benachteiligte, wenig anerkannte proletarische Musikbewegung. Die selbstbewusste Forderung nach Respektierung der Arbeiterschaft und der Arbeitersänger fiel dem eloquenten Präsidenten jüdischer Herkunft leicht, unermüdlich wies er auf die Ebenbürtigkeit der Arbeitergesangsvereine mit den bürgerlichen Parallelorganisationen hin. In seiner Festansprache von 1913 bemerkte er: „Die Arbeiterschaft kann zufrieden sein nach jeder Seite hin. Stolz können wir sein auf die Leistungen der größten und kleinsten Vereine. Wir können uns jedem bürgerlichen Vereine an die Seite stellen. Am besten zeigt sich das Wachstum der Arbeitersangesbewegung, wenn man unser Fest vergleicht mit dem am selben Tage in Mannheim stattfindenden Feste des badischen Sängerbundes. Hier sind 131 Vereine erschienen, dort 31. Dieser Erfolg ist auch wohl mit darauf zurückzuführen, weil wir die Preisjägerei abgeschafft haben (...)." [83]

---

[83] *Volksfreund* vom 13.5.1913, S. 5f.

An diesen Worten erkennen wir sein auffälliges Interesse an der Aufwertung des Arbeitergesangs gegenüber der bürgerlichen Konkurrenz, der man sich ebenbürtig fühlte. Obgleich dieser Topos zu den gängigen Formeln sozialdemokratischer Funktionäre gehörte, mögen hier Marums eigene negative Erfahrungen mit der bürgerlichen Welt eine Rolle gespielt haben. Für Marum, der als Bürger jüdischer Herkunft genügend Erfahrung mit dem elitären Bewusstsein des deutschen Bildungsbürgertums gesammelt hatte und der dessen Tendenzen zur Ausgrenzung und Diskriminierung ausreichend kennen gelernt hatte, ist es vorstellbar, dass er freudig am Aufbau einer Gegenkultur mitwirkte, die mit dem Anspruch auf Ebenbürtigkeit auftrat und der bürgerlichen Dominanz im Kulturbereich entgegentrat. Hier konnten sich die Interessen des jüdischen Bürgers und des Arbeiterfunktionärs problemlos verbinden. Über ihre intellektuellen und künstlerischen Leistungen versuchten sowohl die jüdische Minderheit als auch die Arbeiterkulturbewegung den Nachweis ihrer Gleichwertigkeit zu erbringen.

Die musikalischen Leistungen, die die Arbeitersänger auf Arbeiterfesten und eigenen Tourneen darboten, waren geeignet, die bürgerlichen Vorbehalte gegenüber den kulturellen Bemühungen der Arbeiter zu widerlegen. Die Arbeitersänger und ihr Präsident Marum nahmen gerne die Konkurrenz zu den bürgerlichen Gesangvereinen und Liedertafeln auf und waren stolz auf ihre künstlerischen Leistungen.

Der Politiker Marum, der sich von Anfang an auf die reformistische Linie Kolbs und Franks festgelegt hatte, unterstützte in der Arbeitersängerbewegung eine Organisation, die ebenfalls zu gemäßigten Positionen neigte. Die Zwiespältigkeit der reformistischen SPD-Politik vor dem Ersten Weltkrieg, die durch die Kluft zwischen klassenkämpferischer Rhetorik und systemimmanenter, versöhnlicher Tagespolitik gekennzeichnet war, wird auch in den Reden und in dem Verhalten des Sängerpräsidenten Marum deutlich. Während er auf der einen Seite Behörden und Bürgertum angriff und den Kampf der Arbeitersänger für den Sozialismus betonte, scheute er sich auf der anderen Seite nicht, die politische Ausrichtung des Arbeitergesangs gegenüber der Stadtverwaltung zu leugnen, ihn in eine Linie mit katholischen oder bürgerlichen Gesangvereinen zu stellen, renommierte Hofsänger auf Arbeiterfesten auftreten zu lassen und milde Strafen für Arbeiter, die in bürgerlichen Vereinen auftraten, auszusprechen. So bewies er auch in seiner Kulturarbeit eine politische Linie, die auf dem Verzicht auf einen revolutionären Bruch und auf einer Zusammenarbeit mit den traditionellen Kräften beruhte.

In der neunjährigen Amtszeit Marums als Sängerpräsident spielten die vier Vorkriegsjahre die wichtigste Rolle. Während des Krieges stagnierte die Bewegung[84] und in der Anfangsphase der Weimarer Republik, als Marum zu einem führenden Politiker wurde, legte er sein Amt nieder. Das Protokoll des Vorstandes verzeichnete am 30. Mai 1919 anlässlich seines Rücktritts die folgenden Sätze: „Am Schluss der Sitzung teilt der Vorsitzende Marum mit, dass er leider gezwungen sei, von seiner Wiederwahl Abstand neh-

---

[84] Das Protokollbuch des DASB verzeichnet während des Krieges nur einige wenige Sitzungen.

men zu müssen, da seine jetzige Tätigkeit kaum eine Möglichkeit lasse, den Posten des Vorsitzenden des Gaus noch weiter auszuführen. Von den Anwesenden wurde dies sehr bedauert und der Wunsch ausgesprochen, wenn die Zeiten sich wieder geändert hätten und der Ruf wieder an Marum ergehe, dass er demselben wieder folgen möge, was Marum herzlich zusagte."[85]

Marums Abschied von der Vorstandstätigkeit sollte allerdings ein endgültiger sein. Seine innere Verbundenheit mit der Arbeitersängerbewegung hielt er jedoch aufrecht, was sich auch darin zeigte, dass er an der von der Gauversammlung 1927 in Heidelberg durchgeführten Gedenkveranstaltung am Grabe Friedrich Eberts teilnahm, wo sein Verein „Lassallia" den musikalischen Teil gestaltete, während der Ex-Präsident und nunmehrige SPD-Fraktionsvorsitzende und badische Staatsrat Marum „die tief empfundene"[86] Gedenkrede hielt.

[85] Protokollbuch BASB, a.a.O. 30.5.1919.
[86] *Volksfreund* vom 20.5.1927.

Lösung von der jüdischen Religion und neue weltanschauliche Orientierung: Mitglied in der freireligiösen Gemeinde

Die Entscheidung Marums für die Freireligiösen

Einen letzten wesentlichen Schritt auf dem Weg seiner Identitätsbildung vollzog Marum im weltanschaulichen Bereich: Er entschloss sich, der freireligiösen Gemeinde Karlsruhe beizutreten. Mit dieser Entscheidung führte er eine nochmalige Auseinandersetzung mit dem Thema Religion, nachdem er sich bereits gegen das Judentum und gegen die Mitgliedschaft in der jüdischen Gemeinde entschieden hatte. Nach der Abkehr vom Judentum, der ältesten monotheistischen Religion, wandte er sich nun der Religionsgemeinschaft zu, die sich – nach ihrem Selbstverständnis – als die fortschrittlichste und aufgeschlossenste ihrer Zeit definierte.

Offenbar empfand Marum ein tiefes Bedürfnis nach Religion, das in der atheistischen und materialistischen Philosophie des Marxismus keine Befriedigung fand. Mit seiner für einen Akademiker ungewöhnlichen politischen Entscheidung für die SPD hatte er bereits seinen Nonkonformismus bewiesen, nun zeigte er in seiner religiösen Wahl den gleichen Mut zu einer Außenseiterposition. Als Bürger jüdischer Herkunft konvertierte er nicht zu einer der großen christlichen Kirchen, sondern schloss sich einer Dissidentengruppe an. Der Beitritt zu den Freireligiösen machte ihn wiederum zum Mitglied einer religiösen Minderheit, die von vielen Seiten mit Misstrauen und Argwohn betrachtet wurde.

Über die Hintergründe dieses Entschlusses kann sehr wenig Sicheres gesagt werden, da Marums Nachlass zu diesem Thema keinen Aufschluss gibt. Wichtigstes Zeugnis ist sein eigener Verweis auf das freireligiöse Bekenntnis im Reichstagshandbuch von 1928, dem Jahre, in dem er zum ersten Male zum Reichstagsabgeordneten gewählt wurde. Dort finden wir den Eintrag: „Marum, Ludwig, Dr. h.c., geboren am 5. November 1882 in Frankenthal, freireligiös (jüdischer Abstammung) (...)."[1] Ihm war es offenbar wichtig, dass die deutsche Öffentlichkeit von seiner religiösen Orientierung erfuhr. Merkwürdigerweise hatte er diese Offenheit als badischer Politiker nicht gezeigt. So finden wir in den Publikationen über die Badische Provisorische Regierung bei den persönlichen Daten des Justizministers Marum die Angabe „konfessionslos", dasselbe vermerkt der Personalbogen des badischen Landtagsabgeordneten von 1919 bis 1928.[2]

---

[1] Vgl. *Reichstagshandbuch 1928*, IV. Wahlperiode, hrsg. vom Büro des Reichstags, Berlin 1928, S. 389.
[2] GLA 231/10957/folge 27–28 (Personalblätter der Ständemitglieder) und: *Die badischen Landtags-Abgeordneten 1905/1920*. Mit Bibliographie und Statistiken zur Geschichte des badischen Landtags bearbeitet von Alfred Rapp, hrsg. vom badischen Landtag, Karlsruhe 1929, S. 28. Sowie Rößler (1949), S. 119.

Diese Angaben müssen meines Erachtens bezweifelt werden, entwerfen doch die Berichte seiner Tochter ein ganz anderes Bild. Elizabeth Marum-Lunau, die 1910 geboren wurde, weiß aus ihrer Kindheit und Jugend von häufigen Besuchen der Familie in der freireligiösen Gemeinde Karlsruhe zu berichten. Sie selbst erhielt dort im Jahre 1923 die Jugendweihe.[3] In der Zeitschrift der Freireligiösen Landesgemeinde Baden *Lichtstrahlen* ist unter der Rubrik „Aus dem Gemeindeleben" am 11. Oktober 1924 ein Gesangsauftritt von Elisabeth Marum vermerkt.[4]

Dies alles deutet darauf hin, dass Marum lange vor dem Jahr 1928 Mitglied der Freireligiösen Gemeinde war. Trotz intensiver historischer Recherche ist es allerdings nicht gelungen, das genaue Datum seines Beitritts zu ermitteln. Bedenkt man, dass er bereits 1910 aus der jüdischen Gemeinde ausgetreten ist und seine religiöse Identität sicher nicht für viele Jahre unbestimmt ließ, so dürfen wir annehmen, dass er wenige Jahre nach seinem Austritt aus der jüdischen Gemeinde 1910 zu den ersten Mitgliedern der Karlsruher Freireligiösen Gemeinde zählte. Diese Gemeinde hatte sich erst im Jahre 1912 konstituiert.[5] Aus den Berichten seiner Tochter geht hervor, dass sein Engagement bei den Freireligiösen in den 20er Jahren zu seiner Wahl in den Karlsruher Gemeindevorstand führte. Auch im Gedächtnis älterer freireligiöser Gemeindmitglieder ist die Erinnerung an den Glaubensgenossen Marum erhalten geblieben. So erinnert sich die langjährige Karlsruher Stadträtin und baden-württembergische Landtagsabgeordnete Hanne Landgraf, die aus einer Karlsruher Arbeiterfamilie stammt und deren Mutter Mitglied der Freireligiösen war, an die Mitgliedschaft Marums und an die Anwesenheit des prominenten Sozialdemokraten bei den Gemeindeveranstaltungen der 20er Jahre.[6] Der jetzige freireligiöse Landesprediger Badens, Eckhart Pilick, erwähnt Marum in seiner Mannheimer Ausstellung anlässlich des 150-jährigen Bestehens freireligiöser Gemeinden im Jahre 1995, weil viele ältere Gemeindmitglieder ihn über die Mitgliedschaft des prominenten Politikers unterrichtet hatten.[7]

In seiner Familie beging Marum offenbar die wichtigsten freireligiösen Jahresfeste. In enger Anlehnung an das christliche Weihnachtsfest feierten auch die Freireligiösen ein Wintersonnwendfest, an dem sie Geschenke austauschten. Frau Sophie Marum, die spätere Schwiegertochter Marums, die aus einem orthodoxen Rabbinerhaus stammte, erinnert sich an ihr ausgesprochenes Befremden, als ihr damaliger Verlobter Hans Ma-

---

[3] Auskunft Elizabeth Marum-Lunau.
[4] Vgl.: *Lichtstrahlen der Freien Religion*. Monatsschrift für Gemütsbildung und Geistesfreiheit, hrsg. von Dr. Karl Weiß, Amtliches Mitteilungsblatt der Freireligiösen Landesgemeinde Baden, Dezember-Heft 1924, Mannheim 1924, S. 79, hinfort *Lichtstrahlen*.
[5] Weiß (1970), S. 101.
[6] Hanne Landgraf im Gespräch mit der Verfasserin am 14. Januar 1997.
[7] Eckhard Pilick im Gespräch mit der Verfasserin am 9. Dezember 1996. Pilick nennt die verstorbenen freireligiösen Sozialdemokraten Friedrich Hetzel und Schwab, den Revisor der Gemeinde, die sich persönlich an Marum erinnerten.

rum, der Sohn Ludwig Marums, nach den Weihnachtsferien mit Geschenken von der Familie an den Studienort Frankfurt zurückkehrte.[8]

Auch wenn sich keine schriftlichen Zeugnisse über die Gründe Marums, der freireligiösen Gemeinde beizutreten, erhalten haben, sollen an dieser Stelle erste vorläufige Überlegungen angestellt werden, welche die Hintergründe dieses Schrittes beleuchten sollen. Motive für seinen Beitritt zu den Freireligiösen können sowohl im persönlichen Bereich als auch im politischen Bereich gesucht werden. Nicht auszuschließen ist auch, dass seine Herkunft und seine Prägung durch das Judentum ihn zu diesem Schritt führten.

Die einfachste Erklärung für die Übernahme des freireligiösen Bekenntnisses liegt darin, dass Marum von den freireligiösen Glaubensinhalten angesprochen und überzeugt war. Ausgehend von dieser Annahme, lässt sich auch leicht das Engagement Marums als freireligiöser Gemeindevorstand erklären. Mit seiner Mitgliedschaft hätte er dann einer religiösen Grundeinstellung Ausdruck gegeben. Sein Interesse an einer religiösen Erziehung seiner drei Kinder, die in dem Jahrzehnt zwischen 1910 und 1920 geboren wurden, geht aus der Jugendweihe seiner Tochter und der Anwesenheit seiner Kinder bei den freireligiösen Festlichkeiten hervor. Dieser Wunsch kann jedoch auch aus nicht religiös bestimmten Motivationen heraus entstanden sein. Durch die religiöse Sozialisation nämlich, die sie in der freireligiösen Gemeinde erfuhren, konnten Marums Kinder ein Gemeinschafts- und Zugehörigkeitsgefühl entwickeln, das ihnen Integration und Anerkennung versprach. Im Rückblick ist nicht mehr zu unterscheiden, ob die religiöse Überzeugung oder die Sorge um seine Kinder, denen er das Schicksal konfessionsloser Außenseiter in einer christlich geprägten Gesellschaft ersparen wollte, für Marum an erster Stelle stand.

Die Tochter Elizabeth glaubt, dass der wesentliche Beweggrund Marums, sich den Freireligiösen anzuschließen, von der Verantwortung für seine Kinder bestimmt war und somit im ganz persönlichen Bereich lag.[9] Während die Tochter Marums nur das Motiv väterlicher Sorge sieht, schweift der Blick der Biographin auch in den politischen Bereich. Das Mitteilungsblatt der Freireligiösen Landesgemeinde zitiert in seinem Juni-Heft 1925 eine Passage aus dem *Volksfreund*, dem Blatt der mittelbadischen Sozialdemokratie. Dort heißt es: „Freireligiöse Ideen breiten sich in Arbeiterkreisen – trotz mancher noch herrschenden Vorurteile gegen kirchliche und religiöse Zeremonien – aus. Die Großzahl der Freireligiösen gehört der Arbeiterbewegung an."[10] Angesichts der engen Verflechtung von SPD-Parteibasis und Freireligiösen Gemeinden konnten wohl bei führenden sozialdemokratischen Politikern Erwägungen angestellt werden, dass es taktisch klug sei, die Arbeiter nicht nur politisch anzusprechen, sondern auch ihre weltanschaulichen Überzeugungen zu berücksichtigen. Viele SPD-Spitzenpolitiker traten selbst den freireligiösen Gemeinden bei, so dass sich für sie die Möglichkeit ergab, im zwanglosen Verkehr der freireligi-

---

8   Auskunft von Frau Sophie Marum vom 2. Januar 1997.
9   Auskunft EML vom 8. November 1996.
10   zitiert nach *Lichtstrahlen* Heft Mai–Juni 1925, S. 47.

ösen Erbauungsstunden, Sonntagsfeiern und großen Feste sich ihren Wählern zu präsentieren und bekannt zu machen. Die Tatsache, dass eine große Zahl badischer SPD-Politiker das freireligiöse Bekenntnis angenommen hat, wird an anderer Stelle noch erläutert werden. Ob ihr Schritt auf Überzeugung oder auf politisches Kalkül zurückzuführen ist, muss offen bleiben. Für Marums freireligiöses Engagement sind also auch politische Gründe denkbar, wobei sie sicher nicht die Hauptrolle spielten, da kühle Berechnung unter Hintansetzung von Moral und Wahrhaftigkeit seinem Charakter nicht entsprachen. Festzuhalten ist, dass Marum nicht zu den Atheisten innerhalb der SPD gehörte, sondern – aus welchen Gründen auch immer – sich für die Religion entschied, ihr also eine relevante und notwendige Funktion für sein Leben und Denken zuordnete. Die Wahl der freien Religion spiegelt eine ganz bestimmte ideologische Position Marums wider, die sich auch auf andere Lebensbereiche – die der Familie, des Berufs, der politischen Tätigkeit – auswirkte. Um die Relevanz des freireligiösen Bekenntnisses für das Denken und Handeln Marums zeigen zu können und in eine tiefere Betrachtung seiner Motivation vorstoßen zu können, ist es notwendig, einen Blick auf die Genese und die weltanschaulichen Inhalte der freireligiösen Bewegung zu werfen.

Freireligiöse Glaubensinhalte

Die Glaubensinhalte, die den Kern freireligiöser Überzeugung bildeten, waren im Zuge der historischen Entwicklung einer starken Wandlung unterworfen. Ausgangspunkt war Mitte des 19. Jahrhunderts ein von Irrationalismen befreites Christentum gewesen. Endpunkt war der Anschluss eines Großteils der Bewegung an den atheistischen Freidenkerbund in den frühen 20er Jahren. Die freie Religion trat mit dem Anspruch an, eine neue Religion aufgeklärter, am wissenschaftlichen Denken orientierter Menschen zu stiften. Dabei sah sie sich als Überwinderin der historisch gewachsenen Religionen, deren humanistisches Erbe sie zwar übernehmen wollte, deren überlebten Formen des Dogmatismus und Irrationalismus sie jedoch ablehnte.

Dieses Anliegen entfernte sie zunehmend von ihren christlichen Wurzeln. Die Distanzierung von christlichen Auffassungen zeigte sich in der Revision des Gottesbildes, in der Ablehnung der Offenbarung und in der Neubestimmung des Welt- und Menschenbildes. Der Kern religiösen Denkens bildete für sie nicht der Glaube an einen persönlichen Gott, sondern die Überzeugung und das Vertrauen in ein harmonisch geordnetes Weltganzes. In ihrem Glaubensbekenntnis von 1847 heißt es: „Wir verstehen unter Religion nicht irgendeine Beziehung zu außermenschlichen, übernatürlichen Wesen, sondern das ewig menschliche Streben nach einem harmonischen Verhältnis zu der uns umgebenden Welt."[11] Etwa 100 Jahre später, im Jahr 1957, formulieren die Freireligiösen den Grundsatz: „Einen persönlichen Gott lehnen wir ab. Jedoch halten wir es für

---

[11] Heyer (1977), S. 60.

angängig, erhabene menschliche Ideen sowie die schöpferische Kraft der Natur als göttlich zu bezeichnen."[12] In dieser Formulierung zeigt sich deutlich die Abwendung vom christlichen Theismus und die Übernahme pantheistischer Vorstellungen, die Gott in der Immanenz suchen und ihn nicht in eine außerweltliche Transzendenz verbannen.

Die Erkenntnis des Göttlichen bedarf denn auch keiner besonderen Offenbarung mehr, sondern ist der Vernunft unmittelbar zugänglich. Kennzeichnend für das freireligiöse Denken ist die Aufhebung der Trennung zwischen Gott und seiner Schöpfung, zwischen Natur und Geist, zwischen Immanenz und Transzendenz; es geht aus von der Identität des göttlichen Wesens mit seinen Erscheinungsformen in der Welt. Das von den Freireligiösen entwickelte Menschenbild unterscheidet sich sowohl von dem anthropozentrischen aufgeklärter Philosophien des 18. und 19. Jahrhunderts als auch von dem traditionellen, christlichen der Kirchen. Gegenüber dem Menschenbild der Aufklärung und des Marxismus bestreiten die Freireligiösen die zentrale Stellung des Menschen in der Welt, sie sehen den Menschen vielmehr nur als Teil im Ganzen der Schöpfung, die zu achten und zu erhalten ist. Das bedeutet den Verzicht auf umfassende Eingriffe in die Natur und eine Respektierung aller Formen des Lebens. Gegenüber dem christlichen Menschenbild setzen die Freireligiösen stärker auf die natürliche Güte des Menschen und vertreten eine Auffassung, die die Vorstellung der Erbsünde und der Bereitschaft zum Bösen ablehnt. Sie ordnen dem Menschen größere positive Fähigkeiten zu und sehen seinen Auftrag darin, seine gestaltenden Kräfte zur Vollendung der Schöpfung einzusetzen. Sie fordern das soziale Engagement des Menschen, was in den folgenden Sätzen eines Freireligiösen komprimiert wiedergegeben wird: „Da gilt es zu bestehen, und bestanden wird da, wo die Frage nach dem, was ein Mensch für die menschliche Gemeinschaft zu tun vermochte, positiv beantwortet wird."[13] Ihr Politikverständnis ist getragen von der Idee des Fortschritts – angestrebt auf dem Weg der Reformen – der auf soziale Gerechtigkeit und Frieden zielte. In den zuletzt genannten Punkten wird die Übernahme eines aufklärerischen, optimistisch bestimmten Fortschrittsdenkens besonders deutlich.

Das Menschenbild der Freireligiösen bestimmt sich zentral von den Kantschen Kategorien der Freiheit, der Autonomie, des Gewissens. Jeglichem doktrinären Anspruch einer kirchlichen Organisation auf Dogmatik, Gefolgschaft und verbindliche Normsetzungen wird eine entschiedene Absage erteilt. Der prominente freireligiöse Philosoph Arthur Drews notierte in seinem Glaubensbekenntnis von 1917: „Der Freireligiöse ist der Mensch, der in religiöser Hinsicht rückhaltlos seinem freien Gewissen folgt."[14]

Dieser richtet sein Leben nach dem Geist christlicher Ideale aus, ohne allzu viel Wert auf Riten und kirchliche Zeremonien zu legen. Während der Gläubige in seinen religiösen Überzeugungen große Freiheit genießt, werden an ihn hohe ethische Anforderungen gerichtet. Ethik und Sittlichkeit werden dabei nicht als ein bloßes Lippenbekennt-

---

[12] Ebenda, S. 73.
[13] Ebenda, S. 87.
[14] Ebenda, S. 91.

nis verstanden, Maßstab freireligiöser Moral ist vielmehr das Handeln, das sowohl im privaten Lebensbereich als auch im öffentlichen der Politik zur Besserung der Lebensbedingungen beitragen soll. Die Begriffe der „Aufgabe", des „Kampfes", der „Pflicht" sind Leitmotive freireligiöser Ethik. In den Bereichen der Familie, der Erziehung, der Rechtspflege, des Umgangs mit Schwachen und Außenseitern der Gesellschaft findet die freireligiöse Ethik Betätigungsfelder, in denen sie sich vornehmlich bewähren soll.[15] Zusammenfassend ergibt sich aus den von den Freireligiösen vertretenen Auffassungen die starke Betonung der Rechte des Individuums, die in seinem Anspruch auf Glaubensfreiheit und der selbständigen Gewissensentscheidung gipfeln. Philosophiegeschichtlich gesehen, greifen sie auf die Tradition der Aufklärung zurück und beziehen sich besonders auf Kant und dessen gesinnungsethische Position, deren zentrale Begriffe der „gute Wille" und die „Würde" des Menschen sind.

Diese idealistischen Traditionslinien scheinen auch das Denken Marums bestimmt zu haben. Dies wird besonders deutlich in seinen Briefen aus dem Konzentrationslager Kislau, die die nationalsozialistische Zensur passieren mussten und deswegen frei von jeder politischen Stellungnahme und von sozialdemokratischen Positionen waren. In seinen Aufzeichnungen spielen die Begriffe des „Gewissens", des „reinen Willens", der „Würde" des Individuums eine zentrale Rolle und belegen sein idealistisches Menschenbild.

Die Freireligiösen und die Juden

Die religiöse Reformbewegung, die aus der Kritik an der christlichen Religion und Kirche entstanden war, entwickelte den Anspruch, eine neue Religion zu begründen, die den Gipfelpunkt aller religiösen Entwicklung darstellen sollte. Die großen monotheistischen Religionen betrachtete man als den Ausdruck eines noch von vielen irrationalen und abergläubischen Elementen behafteten überkommenen religiösen Bewusstseins. Die neue Religion der Freireligiösen trachtete danach, Glaube und Wissenschaft miteinander zu versöhnen und für Anhänger aller Religionen offen zu sein, so zum Beispiel auch für die Juden. In der freireligiösen Bewegung sollten die alten Konfessions- und Religions-Schranken überwunden werden und eine „neue, überkonfessionelle Geistesgemeinschaft"[16] begründet werden.

Einzelne Autoren, so der badische Landesprediger Eckhart Pilick, sprechen sogar von „jüdischen Wurzeln"[17] der Freireligiösen, und der Mannheimer Prediger Carl Scholl betont die Übereinstimmung der Freireligiösen mit der jüdischen Heilserwartung einer besseren, humaneren Zukunft, wie sie im „Reich Gottes" ersehnt wurde. Scholl wandte sich in einer seiner Publikationen aus dem Jahre 1877 an seine Leser mit den Worten: „Sie wissen Alle, es geht vom ersten Anfang unserer Geschichte ein gemeinsames Sehnen

---

[15] Nanko (1933), S. 37.
[16] Nigg (1937), S. 192.
[17] Pilick (1996), S. 134.

durch die Menschheit, die Hoffnung auf eine kommende, glückliche Zeit, der Glaube an die Zukunft. Dieses Hoffen und Sehnen hat seien beredtesten und geschichtlich denkwürdigsten Ausdruck im jüdischen Volk gefunden. (...). Diese Hoffnung aber, dieser jahrtausende alte und doch ewig junge Glaube an die Zukunft, an eine bessere Zukunft, diese Grundüberzeugung von der Menschheit als einer großen Familie von Brüdern, die, ob hoch oder niedrig, reich oder arm, alle von derselben Kraft, demselben Geist durchdrungen, von derselben Würde und Hoheit erfüllt, zur nämlichen sittlichen Aufgabe und zum gleichen Lebensglück bestimmt sind, diese Grundüberzeugung und Grundvoraussetzung ist es, von welcher auch die freien Gemeinden...ausgehen, sie ist es, in welcher beide vollständig übereinstimmen."[18]

In ihren Anfängen vertraten die Freireligiösen als eine der ersten die Forderung nach der völligen rechtlichen Gleichstellung der Juden. Dies geschah bereits in den Jahren vor der 48er Revolution. Ihre philosemitische Haltung bekundeten sie auch in ihren persönlichen Beziehungen, so heiratete Carl Scholl die Jüdin Regine Eller, Tochter des Rabbiners Moritz Maier Eller.[19] Auch der Initiator der deutschkatholischen Bewegung, Johannes Ronge, war seit 1851 in erster Ehe mit der Jüdin Bertha Meyer (1819–1863) verbunden.[20]

Seitens der Juden wurde die philosemitische Haltung der Freireligiösen mit freundlichem Interesse, gelegentlichen Übertritten und großzügigen Spenden einiger Sponsoren, wie dem Mannheimer jüdischen Bürger Jacobsohn, für ein deutsch-katholisches Gotteshaus beantwortet.[21]

Bemerkenswert ist die frühe gemeinsame Initiative eines Freireligiösen und eines Juden, nämlich Carl Scholls und des jüdischen Frankfurter Intellektuellen Raphael Löwenthal, zur Gründung einer Zeitschrift, die gegen antisemitische Vorurteile kämpfen und für den Geist der Toleranz und der Überwindung der Konfessions-Schranken eintreten wollte.[22] Dieser Plan aus dem Jahr 1847 scheiterte über dem Ausbruch und dem Misserfolg der Revolution von 1848/49.

Über die Beziehungen zwischen Freireligiösen und Juden liegen bislang keine wissenschaftlichen Untersuchungen vor. Deshalb können an dieser Stelle keine Zahlen über die Übertritte von Juden zu den Freireligiösen angeführt werden. Anzunehmen ist jedoch, dass es nur eine geringe Zahl von jüdischen Konvertiten gegeben hat. Dies basiert auf der Überlegung, dass dem Assimilationsbestreben der meisten deutschen Juden der Wechsel zu einer anderen – von vielen angefeindeten – Minderheit widersprach und dass die kleinbürgerlich-proletarische Basis der Freireligiösen für viele bürgerlich geprägte Juden erneut das Gefühl der Fremdheit evozieren musste.

---

[18] Scholl (1877), S. 7f.
[19] Pilick (1996), S. 135.
[20] Auskunft Eckhart Pilick, der ein biographisches Lexikon über freireligiöse Persönlichkeiten herausgegeben hat. Die Schwester Bertha Meyers war die Ehefrau des Revolutionärs Carl Schurz. Pilick (1997).
[21] Pilick (1996), S. 135.
[22] Ebenda S. 140.

Die wenigen Menschen jüdischer Herkunft, die, wie Marum, zu den Freireligiösen übertraten, konnten jedoch in der freireligiösen Weltanschauung eine Reihe von Elementen entdecken, die ihnen aus ihrer jüdischen Religion und Geschichte vertraut waren. Dazu gehörte die hohe Bewertung ethischer Anforderungen, die positive Sicht eingreifenden, weltverändernden Handelns und die Orientierung auf eine humanere Zukunft. Freireligiöse und liberale Juden teilten die Wertschätzung von Bildung und Wissenschaft und trafen sich in der Befürwortung aufgeklärter und liberaler Positionen.

Der Übertritt vom liberalen Judentum zu den Freireligiösen bedeutete also nicht einen absoluten Bruch in der persönlichen Biographie, weil er keine Übernahme grundsätzlich neuer weltanschaulicher Positionen erforderte, sondern dem Konvertiten erlaubte, sich als einen modernen Menschen zu sehen, der nur die überkommene Religion der Vorfahren gegen eine zeitgemäßere austauschte. Diesem Schritt haftete außerdem nicht, wie dem Wechsel zu einer der großen christlichen Kirchen, der Geruch des Opportunismus an, entschied man sich ja erneut für eine Minderheit, die von großen Teilen der Gesellschaft nicht akzeptiert wurde.

Den Übertritt von Juden zum christlichen Glauben allein aus taktischen Erwägungen und überstarken Assimilationswünschen verurteilte Marum; er lehnte es ab, wenn Juden auch noch im 20. Jahrhundert, wie ehemals Heinrich Heine, glaubten, das „Entreebillett zur europäischen Kultur" durch die Taufe erwerben zu müssen. In seiner Landtagsrede vom 24. Juni 1920, in der er zum Antisemitismus Stellung nahm, sagte Marum: „Ich sage Ihnen offen, ich bin stolz darauf, jüdischer Abstammung zu sein, und ich schäme mich dessen gar nicht. Es hat sich kein Jude seiner Abstammung zu schämen, und ich habe vor den Juden, die etwa aus öffentlichen Rücksichten den Glauben wechseln, keinen Respekt."[23]

Marum setzte mit seinem Beitritt zu den Freireligiösen einen Schlusspunkt unter seine persönliche Auseinandersetzung mit seiner religiösen Identität und vollendete mit diesem Schritt seine Persönlichkeitsfindung. Nachdem er sich vom Liberalismus abgewandt und sich politisch der Sozialdemokratie zugeordnet hatte, ging er auch daran, seine weltanschaulich religiöse Haltung zu überprüfen und zu verändern. Dieser Prozess verlief in mehreren Etappen. Den ersten Schritt bildete der Austritt aus der jüdischen Gemeinde, danach blieb er einige Jahre religionslos, um sich dann den Freireligiösen zuzuwenden. Damit hatte er für sich eine Lösung gefunden, in der er nie mehr schwankend werden sollte: Er verband fortan die politische Identität als Sozialdemokrat mit einem säkularen Verständnis seines Judentums und der weltanschaulichen Bestimmung als Freireligiöser. Es wird deutlich, dass Marum ernsthaft um sein Selbstverständnis und seine politische Position in der Gesellschaft gerungen hat. Sein Wandlungsprozess konzentrierte sich auf die politische und religiöse Identitätsfindung, in der er eine Lösung fand, die seinen nun gewonnenen Überzeugungen entsprach, ohne seine jüdischen Prägungen zu verleugnen.[24]

---

[23] Zitiert nach: Koch (1994), S. 44.
[24] Im Reichstag, der 1928 gewählt worden war, waren 17 Mitglieder jüdischer Herkunft (11%), nur drei von den siebzehn zeigten im Reichstagshandbuch dieses Faktum an: Hugo Heimann, Ludwig Marum und Julius Moses. Niewyk (1977), S. 17, Anmerkung 34.

Der Wechsel vom Judentum zur freien Religion erlaubte eine ganz besondere Deutung des Assimilationsprozesses. Dieser rief keine negativen Assoziationen des „Verrats", des „Überlaufens", der „erzwungenen Anpassung" hervor, sondern war eher in Begriffen wie denen der „Verschmelzung", der „Vereinigung", der „Überzeugung von einer modernen Weltanschauung" zu fassen. Die Juden, die zur freien Religion übertraten, verbanden sich mit ehemaligen Christen, die ebenfalls die Verbindung zu ihrer angestammten Religion zerschnitten und sich einer zeitgemäßeren Form von Religion zugewandt hatten.

Ganz ähnlich wie das politische Konzept der SPD das Problem der jüdischen Bürger sah und lösen wollte, gingen auch die Freireligiösen an die jüdische Frage heran. Beide Gruppierungen nahmen bereitwillig Juden in ihre Reihen auf, da sie das Gleichheitspostulat ernst nahmen und die jüdische Herkunft als belanglos ansahen, wenn die neuen Mitglieder nur bereit waren, die gemeinsame Sache entschieden zu vertreten.

Beide begriffen sich als universelle Sammlungsbewegungen, in denen die alten Konfessions- und Standeszugehörigkeiten aufgehoben und eingeebnet werden sollten. Entscheidend sollten nicht die Herkunft und die Prägung der Menschen sein, sondern ihre Gesinnung und die Bereitschaft zum Kampf für eine bessere Zukunft.

Marum entschied sich also sowohl auf politischem wie auch auf religiösem Gebiet für den Anschluss an Organisationen, in denen Juden ein gleichberechtigter Platz eingeräumt wurde und in denen sie auf der Basis von Humanismus und Liberalismus Anerkennung und Achtung fanden. Er entschied sich für Gruppierungen, die – gemessen am Zeitgeist – ein fortschrittliches Bewusstsein vertraten und eine Art „melting-pot" für Bürger verschiedener Provenienz bildeten.

In diesen Organisationen schien die Assimilation leicht zu gelingen, der Antisemitismus war in ihren Kreisen unbekannt. Das spannungsfreie Zusammenleben von Juden und Nichtjuden war Teil gelebter Wirklichkeit. Sozialdemokraten und Freireligiöse teilten die Hoffnung, dass es gelingen werde, eine Gesellschaft ohne Klassenschranken, ohne religiöse Vorurteile und antisemitische Ressentiments aufzubauen.

Die Freireligiösen und die Arbeiterbewegung

Während Marum mit dem Übertritt zu den Freireligiösen die Neubestimmung seiner religiösen Identität vollzogen hatte, bewirkte er zugleich eine Festigung seiner sozialdemokratischen Position und seine weitere Integration in die Arbeiterbewegung. Die Arbeiterbewegung hatte neben den politischen Parteien und den gewerkschaftlichen Interessenverbänden eine Kulturbewegung hervorgebracht, die den Arbeiter in seiner ganzen Person ansprechen wollte. Daraus ergab sich, dass sie ein Bildungsangebot für die geistigen Bedürfnisse bereitstellte, sportliche Aktivitäten im Freizeitbereich organisierte, musische Interessen durch Sängervereine und Lesezirkel förderte und die sozialistische Weltanschauung in Volksbühnen und Arbeitertheatern verbreitete. In diesem Bemühen, den Arbeiter umfassend anzusprechen, seine Person ganzheitlich zu erfassen, fehlte ein explizit weltanschaulich-religiöses Angebot. Dies erklärt sich einerseits aus den marxistischen Wurzeln der Sozialdemokratie, die auf eine atheistische Position zurückgingen, andererseits aus dem Grundsatz des Erfurter Programms, Religion sei Privatsache und deshalb nicht gemeinsames Band einer sozialen Bewegung.[25]

Während die Partei die Arbeiterschaft in diesem Punkt sich selbst überließ, entwickelten viele Genossen ein spezielles Interesse an weltanschaulich-religiösen Fragen. Dies bestätigt der Karlsruher Arzt Alfons Fischer, der im Jahre 1906 einen Arbeiterdiskussionsclub gründete, „wo kaum ein anderer Stoff so gern und so eifrig von den Arbeitern besprochen wurde, wie Fragen der Weltanschauung und Religion."[26] Dies führte bei einem Teil der Arbeiterschaft zu einer Rückwendung zu den christlichen Kirchen; andere wiederum setzten sich kritisch mit dem offiziösen Christentum auseinander, wobei sie Unterstützung von der ab 1906 sich bildenden Kirchenaustrittsbewegung erhielten, die 1912 bis 1914 einen vorläufigen Höhepunkt erreichte.[27] Der Austritt aus der Kirche bedeutete für viele Arbeiter aber nicht die Beendigung der Auseinandersetzung mit religiösen Fragen. Vielmehr stieß der religiöse Liberalismus bei ihnen auf Interesse und wurde wohlwollend rezipiert.

Die freireligiösen Gemeinden hatten ihrerseits eine positive Einstellung zu SPD und Arbeiterbewegung entwickelt. Schon in ihrer Gründungsphase in den 1840er Jahren hatten sich mannigfache Berührungspunkte zu den entstehenden Arbeitervereinen ergeben. Oftmals waren es die religiösen Reformer, die zu den ersten Initiatoren der Arbeiterbildungsvereinen zählten, so etwa Nees von Esenbeck, der den Breslauer Arbeiterverein gründete und der als Verfasser eines Manifests der Arbeitervereine – gerichtet an die Frankfurter Nationalversammlung – bekannt wurde.[28]

Die Mitglieder der ersten deutschen Arbeitervereine waren oft gleichzeitig den deutsch-katholischen oder freien Gemeinden zugehörig, deren egalitäres Programm ihnen Mitspracherechte in der Gemeinde zusicherte und deren Bildungsprogramm zur Entstehung einer Arbeiterkulturbewegung beitrug.

In der zweiten Hälfte des 19. Jahrhunderts veränderte sich die soziale Basis der freireligiösen Gemeinden. War sie in den ersten Jahrzehnten mehrheitlich von einer kleinbürgerlichen Klientel bestimmt gewesen, so gewann nun der Arbeiteranteil zunehmend an Bedeutung.[29] Dazu trug auf der ideologischen Ebene eine Schrift aus dem Jahr 1877 des schon erwähnten Predigers Karl Scholl (1820–1904) entscheidend bei.[30] Der Karlsruher Scholl – ursprünglich evangelischer Theologe – wurde 1846 erster Prediger der deutsch-katholischen Gemeinde Mannheim. Dort pflegte er Kontakt zu den Demokraten um Gustav

---

[25] In der volkskundlichen Dissertation von Bahn (1991), findet sich ein Kapitel „Freireligiöse und Arbeiterbewegung", S. 75–79. Dieses Kapitel ist Grundlage der folgenden Ausführungen. Über das Erfurter Programm vgl. S. 77.

[26] Fischer (1908), S. 16.

[27] Vgl.: *Arbeiterbewegung, Freidenkertum und organisierte Religionskritik.* Hrsg. von der Arbeitsgruppe „Ausstellungsprojekt" in DFV, Berlin 1983.

[28] Bahn (1991), S. 75.

[29] Ebenda, S. 76.

Struve und Friedrich Hecker.[31] In seiner, im Jahre der Verhängung des Sozialistengesetzes verfassten Schrift „Die freien religiösen Gemeinden und die Social-Demokratie" untersuchte er in einer für die Zeit erstaunlich vorurteilsfreien Weise das Programm der SPD auf seine humanitären Gehalte und empfahl schließlich deren Unterstützung. Dies tat er, obwohl er gravierende Unterschiede zwischen den beiden Reformbewegungen nicht verschwieg. In diesem Zusammenhang verwies er auf die unterschiedliche Einschätzung der Rolle der Gewalt, die im Konzept des Klassenkampfs als eine positive gesehen wurde, während die Freireligiösen für die friedliche Versöhnung der Klassengegensätze eintraten.[32]

Scholl betonte immer wieder die Gemeinsamkeiten, die in der Übernahme des Erbes der Aufklärung und des Liberalismus begründet lagen: die hohe Wertschätzung von Vernunft und Wissenschaft, den Fortschrittsglauben, die Forderung nach Gleichheit und sozialer Gerechtigkeit und die gemeinsame Ablehnung des status quo, der durch die Dominanz von Kirche und politischer Reaktion gekennzeichnet war. Im Jahre 1891, als die SPD das Erfurter Programm verabschiedete, war das Verhältnis zur „Social-Demokratie" Gegenstand der 14. Bundesversammlung der Freireligiösen in Berlin. Es kam zu hitzigen Debatten, ein einheitlicher Standpunkt konnte nicht erarbeitet werden, so dass sich regional ein sehr unterschiedliches Bild ergab.[33]

In Baden konnte man in den ersten Jahrzehnten dieses Jahrhunderts eine enge Durchdringung von politischer und religiöser Reformbewegung feststellen. Dies äußerte sich in häufigen Doppelmitgliedschaften von Arbeitern in der SPD und in den freireligiösen Gemeinden, der Unterstützung der SPD-Forderungen durch freireligiöse Prediger und Gemeindevorstände sowie dem Bekenntnis führender SPD-Politiker in Staats- und Parteiämtern zu den Freireligiösen.[34] Die christlichen Kirchen beobachteten diesen Prozess mit Misstrauen. So konstatierte etwa die katholische Kirche Badens in einer Denkschrift aus dem Jahr 1914: „(...) es besteht ein Zusammenhang zwischen der freireligiösen Bewegung und der Sozialdemokratie, der namentlich in der Austrittsbewegung aus den Kirchen ganz offen zutage tritt (...)."[35]

Die hohe Präsenz von SPD-Genossen in den Reihen der Freireligiösen zeigt, dass das Verdikt von Marx und Engels, Religion sei das „Opium für das Volk", und ihre materialistische Lehre, die von atheistischen Positionen bestimmt war, von den Massen der süddeutschen Arbeiter nicht angenommen wurde. Sie zogen der philosophischen und schwer zu verstehenden Marxschen Religionskritik eine religiöse Weltsicht vor, deren Wesen in einer vereinfachten Deutung komplizierter Zusammenhänge, das heißt, in einer „Reduktion von Komplexität" besteht.

---

[30] Vgl. Scholl (1877)

[31] Vgl. Pilick (1996), S. 139.

[32] Scholl (1877), S. 6.

[33] Bronder (1959) S. 77, Bahn (1991) S. 79.

[34] Bahn (1991), S. 78.

[35] *Die rechtliche Stellung der Freireligiösen im Großherzogtum Baden*. Eine Denkschrift hrsg. vom Erzbischöflichen Ordinariat Freiburg i. Br. 1914, S. 27.

Ein beträchtlicher Teil der badischen Arbeiterschaft teilte die idealistische und pantheistische Weltsicht der Freireligiösen, sie stimmte einer Auffassung von Religion zu, die ein führender Vertreter der Freireligiösen, Dr. Georg Pick, einmal so formulierte: „Religion haben heißt, dass vergängliche Leben mit seinem ganzen Wertgehalt verankern in einem Unvergänglichen, das als höchster umfassender Sinn alles Daseins uns umfängt. Wir fordern den neuen Menschen, der in lebendiger Gemeinschaft mit Gleichgesinnten durch Wahrhaftigkeit, Selbstverantwortung, Weltbejahung und soziale Tat den Weg zum Ewigen findet.“[36] Die freireligiösen Arbeiter konnten in der Parteiarbeit ein Betätigungsfeld erblicken, auf dem sie zur Herausbildung des „neuen Menschen“ beitragen konnten.

Mit ihrem Beitritt zu den Freireligiösen bekundeten die SPD-Genossen auch ihr Bedürfnis nach religiöser Daseinsgestaltung, das die freireligiösen Sonntagsfeiern, die jahreszeitlichen Feste wie das Fest der Wintersonnenwende und des Frühlings, der Lebensabschnittsfeier wie der Jugendweihe und der zeremoniellen Eheschließung befriedigen konnten. In den Feierstunden der freireligiösen Gemeinden wurde dem Bedürfnis nach Besinnung und Erbauung Raum gegeben, sinnstiftende Deutung von Existenz und Kontingenz vermittelt und so immer wieder Kraftquellen für den alltäglichen Kampf in Betrieb und Politik erschlossen. Als Gegenpol zu den hierarchisch geführten Kirchen entwickelte sich in den freireligiösen Gemeinden eine demokratisch legitimierte, religiös ausgerichtete Arbeiterkultur, deren Ziel die Errichtung einer neuen, breit verankerten modernen Volkskirche war.

Die Tatsache, dass Marum die Nähe einer solchen Bewegung suchte, lässt sich auch aus seinem Bedürfnis nach Integration, nach Verankerung in einer Gemeinschaft erklären. Dieser Wunsch wurde seinerseits bestimmt von den Erfahrungen einer jüdischen Existenz in einer noch von Vorurteilen und Vorbehalten bestimmten, undemokratischen Gesellschaft wie der wilhelminischen zur Zeit der Jahrhundertwende. Marum hatte als Student antisemitische Erfahrungen sammeln müssen und die Stärke der antisemitischen Bewegung erlebt. Dies verstärkte vielleicht sein Bemühen, sich in eine Bewegung zu integrieren, die keine Ausgrenzung jüdischer Bürger praktizierte. Es genügte ihm offenbar nicht, nur Mitglied der Partei zu sein, er schloss sich ebenfalls deren kulturellen Suborganisationen an und der mit ihr sympathisierenden freireligiösen Bewegung. Der Anschluss an die Freireligiösen, die Mitgliedschaft in der SPD, der Vorsitz im Arbeitersängerbund verankerten ihn fest in der Arbeiterbewegung und entsprachen – wie wir hier zeigen wollen – dem Bedürfnis nach Kompensation vorausgegangener negativer, traumatischer Erfahrungen. Der Beitritt zu den Freireligiösen brachte ihm also – psychologisch gesehen – auch einen großen persönlichen Gewinn.[37]

---

[36] *Freie Religion*. Für Befreiung und Vertiefung religiöser Kultur, Nr. 8, August 1926, 5. Jahrgang (Titelblatt innen), StadtA MA, Ronge-Archiv.

[37] Über psychologische Hintergründe des Identitätsproblems bei Mitgliedern von Minderheiten und ihren ausgeprägten Wunsch nach Akzeptanz und Anerkennung durch die Mehrheit arbeitete der Psychoanalytiker Paul Parin. Vgl. auch Erikson (1981).

Zusammenfassung

Zurückkehrend zu unseren anfangs angestellten Überlegungen über die Motivation Marums, den Freireligiösen beizutreten, ergibt sich nun ein wesentlich detaillierteres Bild. Wir erkennen nun deutlicher den Gewinn, den dieser Schritt in verschiedenen Bereichen für ihn brachte. In der Auseinandersetzung mit der jüdischen Religion bedeutete der Übertritt zu den Freireligiösen eine ideale Lösung, aber auch im politischen Bereich zeugte diese Entscheidung von Klugheit und Anpassungsbereitschaft.

Marum vollzog seine Lösung vom Judentum in einer Art und Weise, die ihn von den Vorwürfen des Opportunismus und der Leugnung seiner jüdischen Wurzeln bewahrte, und schloss sich einer religiösen Gruppe an, in deren Reihen der Antisemitismus nicht nur keinen Nährboden fand, sondern wo auch die soziale Integration geleistet wurde. Marum verband sich auf einer weiteren Ebene als jener der Partei und des Arbeitergesangsvereins mit der sozialen Massenbewegung der Arbeiterschaft und konnte sich so fester in ihr verankert fühlen. Dort sammelte er positive Erfahrungen, da sowohl in der sozialdemokratischen Partei, deren Subkultur, aber auch in der freireligiösen Gemeinde keine Ressentiments gegen Juden gehegt wurden, so dass Marum einen großen psychologischen Gewinn – nämlich das Gefühl der Akzeptanz und des Aufgenommenwerdens in einen Kreis vorurteilsfreier Menschen – davontrug.

Für die politische Arbeit des Sozialdemokraten Marum bedeutete die Zugehörigkeit zu den Freireligiösen keine Erschwernis, im Gegenteil, er kam nun noch öfter mit einfachen Arbeitern in Kontakt und in den politischen Gremien des Parlaments und der Regierung traf er auf eine beträchtliche Zahl freireligiöser Genossen in der badischen Politik. Deren kompromissbereite Reformpolitik in der Weimarer Koalition wurde von den Freireligiösen gutgeheißen. Der politische Gewinn seiner neuen Religionszugehörigkeit lag also für Marum in einer vertieften Übereinstimmung mit führenden Sozialdemokraten und ihrer reformistischen Politik.

Nicht nur die Erleichterung, welche die neue Religion für Marum brachte, ist für uns von Relevanz, seine Entscheidung für die Freireligiösen eröffnet uns auch einen wesentlichen Zugang zu seinem Denken und Handeln. In der Wahl der freien Religion bekundete er erneut seinen Liberalismus, der zu den Grundpfeilern seiner Überzeugung zählte, und bekannte sich gleichzeitig zu einer Weltanschauung, die den Atheismus ablehnte, ein idealistisches Menschenbild vertrat und gleiche Rechte für Minderheiten einforderte. Diese ideologischen Grundlagen erklären, warum er im politischen Spektrum seiner Partei dem rechten, gemäßigten Flügel zuzurechnen war.

Bestimmend für seine Persönlichkeit, seine Selbsteinschätzung war die große Rolle der Moral, die Bedeutung von persönlichen Gewissensentscheidungen. Dies wird in seinem Denken und Handeln in allen Lebensbereichen deutlich. Besonders in seinem letzten Lebensjahr in der Haft, in dem er viele Demütigungen ertragen musste, erwiesen sich seine idealistischen Überzeugungen als große Kraftquelle.

Am Ende dieses Kapitels erweist sich nun, dass Marums Freireligiosität für das Verständnis seiner Person sehr aussagekräftig ist. Daneben sollte mit diesen Ausführungen aber auch an eine religiöse Gruppe erinnert werden, die innerhalb der Arbeiterbewegung große Bedeutung hatte, von der Geschichtswissenschaft bisher aber kaum beachtet wurde. Dies mag auch an der spärlichen Quellenlage und an der überwiegend tendenziösen Literatur liegen, die eine Aufarbeitung erschweren.[38]

---

[38] Als Beispiel sei hier nur der Band *Wesen und Auftrag* (1959) genannt, der ausschließlich aus freireligiöser Sicht geschrieben ist.

Der Aufstieg
zum sozialdemokratischen
Spitzenpolitiker

Sozialdemokratie und Klassenwahlrecht: Anfänge in der Karlsruher Kommunalpolitik

Sozialdemokratische Kommunalpolitik in Baden und Karlsruhe

Als Marum seine kommunalpolitische Tätigkeit aufnahm, hatte sich die Wandlung Karlsruhes zu einer modernen Industriestadt endgültig durchgesetzt und die Gemeinde mit neuen Aufgabenfeldern konfrontiert. Die Stadt Karlsruhe zählte seit 1901 zu den 34 deutschen Großstädten, die Einwohnerzahl betrug 127 661 im Jahr 1909,[1] das Areal der Stadt hatte sich im Zuge der Eingemeindungen der Vororte beträchtlich vergrößert.[2] Die Stadt war einerseits nach wie vor durch ihren Status als Residenz und Verwaltungsmittelpunkt geprägt, andererseits trat jedoch immer schärfer ihr Charakter als zentraler Standort der Maschinenbauindustrie hervor. Damit verknüpfte sich für die Gemeinde ein Zuwachs an sozialen Aufgaben, welche die rasch anwachsende Arbeiterschaft verursachte. Außerdem war die Gemeinde gefordert in der Schaffung der nötigen Rahmenbedingungen für das weitere Wachstum der Industrie. Allerdings zeigten sich in Karlsruhe die typischen großstädtischen Probleme nicht in voller Schärfe, sie wurden vielmehr abgemildert durch die spezifischen Bedingungen der Karlsruher Arbeiterschaft, die zu einem Teil aus Pendlern bestand, die in der ländlichen Umgebung der Stadt beheimatet waren. Dennoch wuchs die absolute Zahl der Arbeiter, es gab immer neue Zuzugswellen, so dass für die Stadtpolitik die Schaffung von Wohnraum eine der zentralen Aufgaben in dieser Zeit blieb.

Bis zum Jahr 1911, als das neue Wahlgesetz erste Auswirkungen zeigte, war Karlsruhe fest in der Hand der Nationalliberalen. Das von ihnen 1874 in der badischen Städteordnung durchgesetzte Dreiklassenwahlrecht für die Kommune hatte ihnen eine Dominanz in den großen Städten des Landes gesichert.[3] Im Jahr 1906 übernahm der Nationalliberale Karl Siegrist das Oberbürgermeisteramt und hatte es über ein Jahrzehnt inne.[4] Die Schwerpunkte der bürgerlichen Kommunalpolitik lagen in den Bereichen Wirtschaft, Verkehr und Kultur.[5] Die Stadt stellte städtisches Territorium im Osten und Westen für neue Industrieansiedlungen zur Verfügung, die Verkehrswege wurden ausge-

---

[1] Karlsruher Chronik 1909, S. 21.
[2] Die Vororte Mühlburg, Rüppurr, Beiertheim und Rintheim wurden im ersten Jahrzehnt des neuen Jahrhunderts eingemeindet. Vgl. Asche, Susanne: „Residenzstadt – Bürgerstadt – Großstadt. Auf dem Weg von der Residenz zum Industrie- und Verwaltungszentrum 1806–1914." In: Bräunche (1998), S. 65–355. Hier: S. 311.
[3] Vgl. Schadt/Weber (1978), S. 27.
[4] Siegrist bekleidete das Amt von 1906–1919. Vgl. Koch (1992), S. 294.
[5] Die Darstellung der Stadtgeschichte Karlsruhes in diesem Zeitabschnitt folgt weitgehend Asche, in: Bräunche (1998).

baut und die Infrastruktur der Stadt verbessert. Wichtige Daten der Stadtentwicklung stellten in diesem Zusammenhang die Eröffnung des Rheinhafens 1901 und eines erweiterten Personenbahnhofs im Jahr 1913 dar. Neue Stadtviertel wurden angelegt, so das Arbeiterviertel der Südstadt und bürgerliche Villengebiete im Westen der Stadt.[6] Im Kultur- und Bildungsbereich sorgte die bürgerliche Stadtverwaltung für den Bau neuer Schulen, die durch die anschwellende Einwohnerzahl notwendig geworden waren. Die Stadt bot vor allem dem bürgerlichen Publikum eine Reihe von Freizeit- und Erholungsmöglichkeiten, zu denen ein neues städtisches Hallenbad, das Vierordtbad, die Anlage des Stadtgartens und die Eröffnung einer neuen städtischen Festhalle gehörten.[7] Das Sensorium für die sozialen Fragen fehlte der bürgerlichen Stadtverwaltung hingegen völlig, in diesem Bereich blieben Initiativen weitgehend aus.

Bis zum Jahre 1911 war die Sozialdemokratie zu schwach, um hier wesentliche Abhilfe zu schaffen. Ihre Agitation richtete sich deswegen auch in erster Linie auf die Forderung nach Demokratisierung des Wahlrechts. Davon abgesehen, unterstützte die sozialdemokratische Bürgerausschussfraktion weitgehend die wirtschaftlichen und verkehrspolitischen Projekte der bürgerlichen Stadtverwaltung. Auch ihr war an der zunehmenden Attraktivität des Industriestandortes Karlsruhe gelegen, die zugleich die Ausweitung des Arbeitsmarkts mit sich brachte. Vor allem die Inbetriebnahme und die spätere Erweiterung des Rheinhafens wurde von der Sozialdemokratie gefördert, die Ansiedlung weiterer Industrien im Hafengebiet begrüßt. Die SPD stieß trotz der Unterstützung dieser grundlegenden Projekte auf ausgeprägte Vorbehalte und feindselige Zurückhaltung seitens der bürgerlichen Parteien, die das Rathaus fest in ihrer Hand behalten wollten und sich durch die Partizipationsansprüche der Arbeiterpartei bedroht sahen. Dies führte dazu, dass in den Sitzungen des Bürgerausschusses die Beiträge von Sozialdemokraten kaum erörtert wurden, der Oberbürgermeister Siegrist strenge Zurückhaltung gegenüber den Vertretern der SPD übte.[8] Vor diesem Hintergrund bedeutete die Änderung des Wahlgesetzes von 1910 einen wesentlichen Fortschritt, der die Erweiterung des sozialdemokratischen Einflusses auch in der Residenz in Aussicht stellte. Während bis zum Jahre 1911 die SPD nur zwei Mitglieder des 22-köpfigen Stadtrats stellte[9] – die liberalen Parteien hatten 17 Sitze[10] – erhoffte man sich von der Wahl im Jahr 1911 eine grundlegende Änderung der politischen Kräfteverhältnisse in der Stadt. In diesem Jahr trat Marum erstmals als Kandidat für das Amt eines Stadtverordneten an, sein politischer Start fiel also zusammen mit einer Zäsur in der Karlsruher Stadtpolitik, die seinem zukünfti-

---

6   Ein neues Krankenhaus wurde gebaut, ein zentraler Schlachthof eingerichtet.
7   Vgl. Asche, in: Bräunche (1998), S. 309.
8   Vgl. *Volksfreund* vom 8.2.1911.
9   Es handelte sich um Wilhelm Kolb und Eugen Geck, die nur über die Aufstellung auf einer bürgerlichen Liste zu diesem Amt gelangt waren. Vgl. Eisele (1959), S. 20.
10   Im Karlsruher Stadtrat von 1908 befanden sich außer den beiden Sozialdemokraten 12 nationalliberale, ein jungliberaler, 3 freisinnige, ein konservativer, ein demokratischer Vertreter sowie zwei Abgeordnete des Zentrums.

gen Wirken günstige Rahmenbedingungen schuf. Auch Marums spätere Debüts als Landtagsabgeordneter im Jahr 1914 und als Minister 1918 sollten an entscheidenden Wendepunkten badischer Geschichte stattfinden.

Die Gründe für Marums Kandidatur lagen einerseits in seinem Wunsch nach einer politischen Karriere, für die die kommunale Tätigkeit den Weg ebnen konnte, und außerdem im allgemeinen Personalmangel seiner Partei, der freiberufliche Bewerber im Allgemeinen und Juristen im Besonderen höchst willkommen waren. Für die Sozialdemokratie konnte es sich nur günstig auswirken, wenn sie eine Fraktion aufbot, in der akademisch gebildete, qualifizierte Kräfte mitarbeiteten. Für Marum bot sein erstes öffentliches Amt die Möglichkeit zur praktischen Betätigung, in der er seine politischen Fähigkeiten und seine reformistische Gesinnung unter Beweis stellen konnte. Er teilte die Einschätzung der führenden badischen Sozialdemokraten, die der kommunalpolitischen Arbeit hohe Bedeutung zumaßen und in ihr die neue reformistische Linie deutlich machen wollten. Seine Arbeit als Stadtverordneter war zudem geeignet, ihn enger mit seiner Wahlheimat Karlsruhe zu verbinden und seine Integration in die Karlsruher Partei zu intensivieren. Marums Kandidatur zur Stadtverordnetenversammlung erfolgte zu einem Zeitpunkt, als er gerade die notwendigen Voraussetzungen erfüllen konnte. Er lebte im Juni 1911 seit zweieinhalb Jahren in Karlsruhe; erst nach zwei Jahren durfte sich ein Bürger um ein städtisches Amt bewerben.[11] Marum war ein junger Mann von 28 Jahren, als er seine politische Laufbahn begann. Hier bewies er, wie schon in seiner Ausbildung, seinem frühen Parteiengagement und seiner Übernahme der Präsidentschaft des BASB seinen entschiedenen Aufstiegswillen.

Der Wahlkampf 1911 wurde sehr erbittert geführt. Die SPD bot mehrere Großveranstaltungen an, in denen sie unter ausführlicher Darlegung ihres Programms um Wählerstimmen kämpfte. Der führende sozialdemokratische Kommunalpolitiker Albert Willi verkündete: „Es hängt viel davon ab, ob in der Gemeindeverwaltung ein sozialer Geist weht oder der Kastengeist vorherrschend ist."[12] Die SPD wollte sich jedoch nicht ausschließlich als eine Partei präsentieren, die nur auf die Vertretung von Arbeiterinteressen fixiert war, sie kämpfte auch um die Gewinnung kleinbürgerlicher und bürgerlicher Wählerstimmen. Wilhelm Kolb unterstrich dies mit den Worten: „Unsere Partei muss eine grundsätzliche Politik betreiben und darf sich niemals zum Werkzeug einzelner Interessengruppen hergeben."[13] Damit knüpfte Kolb an die Worte Franks an, der ebenfalls das „unparteiische" Regiment seiner Partei auf dem Rathaus betont hatte. In den Sätzen der führenden SPD-Politiker deutete sich ein Widerspruch an, der zwischen ihrem klassenkämpferisch geführten Wahlkampf und der Behauptung einer unparteiischen Machtausübung in der Gemeinde bestand.

---

[11] Vgl. Asche, in: Bräunche (1998), S. 322.
[12] *Volksfreund* vom 24.2.1911.
[13] *Volksfreund* vom 1.7.1911.

Die Partei konzentrierte ihre Bemühungen im Wahlkampf auf die 2. und 3. Klasse, während sie sich in der 1. Klasse der Höchstbesteuerten keinerlei Chancen ausrechnete. Marum kandidierte über die 2. Klasse, die untere und mittlere Beamte, Kaufleute und Techniker umfasste, und führte auf Platz eins die Liste an.[14] Diese Position verriet den raschen Aufstieg, den Marum innerhalb von zwei Jahren in der Karlsruher SPD durchlaufen hatte. Er gehörte bereits zur Führungsgruppe um Wilhelm Kolb und Eugen Geck, welche die bekanntesten sozialdemokratischen Kommunalpolitiker waren. Ludwig Marum hielt sich in seinem Wahlkampf streng an die Leitlinien seines Parteiprogramms, er vertrat die zentralen Forderungen nach einem allgemeinen Wahlrecht, sozialem Wohnungsbau, einer städtischen Verkehrspolitik und nach bildungspolitischen Neuerungen wie der Abschaffung der Armenschulen und des Schulgelds und der Einführung der Lehrmittelfreiheit. Er hoffte, mit diesen Forderungen auch die Bürger der 2. Klasse ansprechen zu können, denen er sich indirekt durch seine bürgerliche Reputation als Rechtsanwalt empfahl.

Für Marum und die SPD wurden diese Kommunalwahlen, die erstmals nach dem neuen Wahlgesetz vom 26. Oktober 1910 abliefen, zu einem vollen Erfolg. Die SPD hatte die Distanz zu den Nationalliberalen überwunden, ihre Fraktion im Bürgerausschuss erreichte die gleiche Stärke wie die der ehemals führenden Nationalliberalen. Beide Parteien konnten für sich 30 Sitze beanspruchen, während 18 Sitze den Fortschrittlichen zufielen, 16 den Zentrumsvertretern und zwei den Konservativen.[15] Dennoch verhinderte die Klassenwahl, dass die SPD entsprechend ihrem tatsächlichen Stimmenanteil im Bürgerausschuss repräsentiert war. Auf dieses Missverhältnis richtete sich die Kritik der Partei, der *Volksfreund* schrieb: „Wenn man die Stimmenzahl mit der Zahl der Mandate vergleicht, dann sieht man, wie auch das jetzige Wahlrecht die Besitzenden noch bevorzugt. Immerhin ist der Gegensatz nicht mehr so schreiend groß wie früher."[16]

Im Stadtrat übernahm die SPD nun sechs von 22 Sitzen, die sie mit führenden Parteiaktiven besetzte. Es handelte sich um Kolb, Eugen Geck, Dietz, Philipp, Bonning, Mayer.[17] Die Partei achtete darauf, dass ihre Stadträte beruflich unabhängig waren und nicht unter den Druck eines Arbeitgebers geraten konnten. Unter den sechs SPD-Stadträten befanden sich drei hauptamtlich bei Partei oder Gewerkschaft Tätige,[18] zwei Freiberufliche[19] und nur ein Arbeiter.[20] Vorsitzender der sozialdemokratischen Bürgerausschussfraktion war ab 1911 der DMV-Geschäftsführer Heinrich Sauer, auch hier in der

---

[14] Vgl. *Volksfreund* vom 27. 6.1911 und vom 9.6.1911.
[15] Vgl. Koch (1992), S. 137.
[16] *Volksfreund* vom 1.7.1911.
[17] Vgl. Karlsruher Chronik 1911, S. 36.
[18] Es waren der *Volksfreund*-Redakteur Wilhelm Kolb, der Geschäftsführer des *Volksfreund* Eugen Geck und der Gewerkschaftsberater August Philipp. Vgl. Karlsruher Chronik 1911, S. 30.
[19] Der Rechtsanwalt Eduard Dietz und der Buchdruckereibesitzer Karl Bonning. Vgl. Karlsruher Chronik 1911, S. 30.
[20] Florian Mayer, ein Maschinist. Vgl. Karlsruher Chronik 1911, S. 30.

Bürgerausschussfraktion waren nur wenige ungelernte Arbeiter vertreten, die Mehrzahl entstammte der Handwerkerschaft oder der Fabrikarbeiterschaft.[21]

Die SPD feierte den Ausgang der Kommunalwahlen als großen Erfolg, unverkennbar war der Machtgewinn im Vergleich zu dem vorangegangenen Urnengang im Jahre 1908 nach dem alten Wahlgesetz. Dennoch erreichte die Partei nicht die notwendige Stärke im Bürgerausschuss und im Stadtrat, die ihr erlaubt hätte, dort initiativ zu werden. Im Bürgerausschuss benötigte man 33 Stimmen, um einen Antrag einzubringen; der Stadtrat entschied nach Mehrheitsvotum. Der Karlsruher Sozialdemokratie war es also nicht möglich, ihre Gestaltungskräfte innovativ wirkend in die Kommunalpolitik einzubringen. Trotz ihrer politischen Unterlegenheit nützte sie dennoch ihre Gemeindearbeit agitatorisch, um die Schwerpunkte ihrer Politik der städtischen Öffentlichkeit deutlich zu machen. In den Bereichen der Sozialpolitik, der Bildung, des Wohnungsbaus und der Gesundheit sah die Partei ihre klassischen Aufgabenfelder. Durch die soziale Umstrukturierung der Stadt und die Zuweisung der Armenpflege vom Reich an die Kommunen[22] war der Stadt Karlsruhe ein neuer Aufgabenbereich erwachsen, der zugleich mit enormen Kosten verbunden war. Auf diesem Politikfeld engagierte sich die SPD in besonderer Weise und betonte den Interessengegensatz zu der bürgerlich dominierten Stadtverwaltung. Die SPD prangerte immer wieder Mängel bei den städtischen Fürsorgeleistungen an und sprach den bürgerlichen Parteien das Verständnis für die Not der sozial Schwachen ab. Als Kaiser Wilhelm II. im Mai 1911 die badische Residenz besuchte und die Stadt für den festlichen Empfang beträchtliche Gelder zur Verfügung stellte, veranlasste dies Kolb zu der Bemerkung, man solle doch lieber das Geld für das Armenwesen verwenden als für Fürstenempfänge.[23] Im Bereich der Armenpflege und der Gesundheitsvorsorge wurden auch die ersten Genossinnen tätig, denen das Wahlgesetz von 1910 diese Möglichkeit kommunaler Arbeit eröffnet hatte. In Karlsruhe betätigten sich hier die Genossinnen Trinks, Dietz und Fischer.[24]

Im Bildungsbereich unterstützten die sozialdemokratischen Kommunalpolitiker den Bau neuer Schulen, sie traten für eine ausreichende Lehrerversorgung ein und sprachen sich für die Anhebung der Lehrergehälter aus.[25] Vor allem ging es der Sozialdemokratie aber darum, bestehende bürgerliche Privilegien im Bildungssektor abzubauen und die Öffnung der Bildungseinrichtungen auch für Arbeiterkinder zu erreichen. Auch im Bereich der Wohnungspolitik versuchte die Partei, ihre Vorstellungen deutlich zu machen. Der Fraktionsvorsitzende Sauer forderte von der Stadt die Unterstützung gemein-

---

[21] Vgl. *Volksfreund* vom 9.6.1911. In der städtischen Kommission arbeiteten die Genossen Fischer, Dietz und Trinks mit.

[22] Vgl. Asche (1998), S. 321.

[23] Vgl. *Volksfreund* vom 20.6.1911.

[24] Vgl. Volksfreund vom 29.8.1911. Verschwiegen werden darf aber in diesem Zusammenhang nicht, dass sich der Badische Frauenverein in der Fürsorgearbeit besondere Verdienste erwarb. Viele Frauen aus bürgerlichen Kreisen arbeiteten ehrenamtlich als Armenpflegerinnen und in der Betreuung von Kranken, vgl. Asche, in: Bräunche (1998), S. 318.

[25] Für die Besoldung der Lehrer waren zu dieser Zeit die Kommunen zuständig.

nütziger Baugesellschaften, des Mieter- und Bauvereins und vor allem der Gartenstadt-genossenschaft.[26] In Karlsruhe hatte man 1911 im Stadtteil Rüppurr mit den Bauarbei-ten für eine Gartenstadt begonnen,[27] die nach Meinung der Sozialdemokraten tatkräf-tiger und schneller von der Stadt hätte unterstützt werden können, was die Versorgung mit Gas, Strom, Wasser und die Anbindung an die Kanalisation betraf. Die SPD-Stadt-verordneten Kolb und Weißmann bekundeten auf der Bürgerausschusssitzung vom 30. Mai 1911 ihre Enttäuschung über das mangelnde Entgegenkommen der Stadt, „denn diese Genossenschaften tun das, was eigentlich die Aufgabe der Städte selbst sei.“[28] Auf dem Sektor des Wohnungswesens traten die Sozialdemokraten gegen die Bodenspeku-lationen, den Mietwucher und für die Einführung gesundheitlicher Mindeststandards in den Mietwohnungen der Stadt ein.

In ihrer dreijährigen Tätigkeit von 1911 bis 1914 gelang es der Karlsruher SPD den sozialen Geist, den sie auf das Rathaus tragen wollte, spürbar zu machen und einige wenige politische Erfolge zu erringen. Die Partei trug dazu bei, dass die Gehälter der städtischen Arbeiter, Angestellten und Beamten angehoben wurden. Im städtischen Submissionswesen vertrat sie den Gedanken, Aufträge bevorzugt an solche Unternehmer zu vergeben, die ihrer Belegschaft ein gutes Lohnniveau und passable Arbeitsbedingun-gen boten.[29] Die SPD bemühte sich, die Freizeit- und Erholungsmöglichkeiten der Stadt auch der Arbeiterschaft zugänglich zu machen; so setzte sie verbilligte Eintrittspreise für den Stadtgarten an Feiertagen durch und erreichte einen besonderen Frauenbadetag im städtischen Vierordtbad. Besonders stolz war die Partei auf zwei Erfolge in der Karlsru-her Stadtpolitik, um die jahrelang gestritten worden war. Dabei handelte es sich um die Frage der Privatisierung der städtischen Straßenbahn und die Durchsetzung der vollkom-menen Sonntagsruhe.

Im Jahre 1903 hatte die Stadt Karlsruhe die Straßenbahn gekauft, und mit der Erwei-terung des Streckennetzes begonnen. Wegen der unterschiedlichen Besitzverhältnisse der städtischen Straßenbahn und der privaten Lokal- und Albtalbahn entwickelte die Stadt Pläne die Bahnen in ein gemischt-wirtschaftliches Unternehmen zu überführen und die städtische Verkehrsgesellschaft zu reprivatisieren.[30] Dagegen stemmte sich die SPD getreu ihrem Programm, das eine Kommunalisierung von Verkehrsbetrieben forderte. Die SPD-Fraktion rechnete es sich als Erfolg an, dass die Pläne der Stadt vereitelt wurden und die Privatisierung 1913 im Bürgerausschuss abgelehnt wurde.[31]

Da die Festlegung der Sonntagsruhe nicht durch Reichsgesetz geregelt war, blieb diese Entscheidung den Gemeinden überlassen. Das Thema der Einführung der vollständigen

---

[26] Vgl. *Volksfreund* vom 8.5.1914.
[27] Vgl. *Volksfreund* vom 19.7.1911.
[28] *Volksfreund* vom 30.5.1911.
[29] Außerdem hielt sich die SPD zugute, dass sie einheimischen Karlsruher Firmen vor „auswärtiger" Konkurrenz den Vorzug gab.
[30] Vgl. Koch (2000), S. 17ff.
[31] Eisele, S. 22f.

Sonntagsruhe beschäftigte die Karlsruher Öffentlichkeit mehrere Jahre.[32] Die SPD vertrat dabei die Interessen der Büroangestellten, die zugleich vom Zentralverband der Angestellten artikuliert wurden, und die der Handlungsgehilfen, die bisher im Handelsgewerbe auch sonntags ihrer Arbeit nachzugehen hatten. Damit entsprach die Partei ihrem Anspruch, die Gesamtheit der erwerbstätigen, abhängig arbeitenden Bevölkerung zu vertreten und nicht nur die Interessen der Arbeiterschaft. Die bürgerlichen Parteien dagegen verfochten die Interessen der Kaufleute, die auch sonntags ihre Läden geöffnet halten wollten. Bereits im Jahre 1911 lag dem Bürgerausschuss ein Antrag des Stadtrats vor, der dem Ortsstatut über die Gewerbe- und Kaufmanngerichte einen Zusatz beifügen wollte, der das Beschäftigungsverbot für Gehilfen, Lehrlinge und Arbeiter an den Sonn- und Feiertagen zwischen Mai und September vorsah. Der Stadtrat zog kurz darauf diesen Antrag zurück und entzündete dadurch eine jahrelange Auseinandersetzung. Es bildete sich eine „Vereinigung zur Herbeiführung vollständiger Sonntagsruhe", die eine heftige Agitation entfaltete, Großveranstaltungen durchführte und zum Boykott der Geschäfte von Besitzern, die sich gegen die Sonntagsruhe aussprachen, aufrief. Bürgerausschuss und Stadtrat zögerten die Entscheidung heraus und sorgten damit für Empörung unter den Anhängern des Vereins. Auch die SPD führte Veranstaltungen zu diesem Problem durch, Arbeitersekretär Willi sprach zum Thema: „Die Sonntagsruhe – eine christliche Forderung und deren Behandlung im Stadtparlament", in der die folgende Resolution einstimmig angenommen wurde: „Die Versammlung spricht ihre schärfste Missbilligung darüber aus, dass der Stadtrat in der Frage der Sonntagsruhe wieder umgefallen ist. Die Versammlung ist überzeugt, dass sich die Sonntagsruhe in Karlsruhe ebenso wie in den vielen anderen vorangegangenen Städten ohne Schädigung der gesamten Handelsbetriebe durchführen lässt."[33]

An der Großveranstaltung mit über 3 000 Menschen der „Vereinigung zur Herbeiführung vollständiger Sonntagsruhe" nahmen auch Vertreter der SPD teil.[34] Als es zu Ausfällen des Publikums gegen den referierenden Stadtrat Kölsch und Oberbürgermeister Siegrist kam, stellte sich Wilhelm Kolb schützend vor seinen Stadtratskollegen und bewies damit seine Bereitschaft, auch bürgerliche Politiker zu verteidigen. Kolb – obwohl auf Seiten der Gegner des Stadtrats – sprach vom „kläglichen, erbärmlichen Niveau"[35] der Debatte. Am 29. April fiel endlich die Entscheidung für die völlige Sonntagsruhe, zu der die SPD mit ihrem Einsatz entscheidend beigetragen hatte.[36]

---

[32] Ebenda, S. 22.
[33] Ebenda.
[34] Vgl. ebenda.
[35] Ebenda, S. 93.
[36] Vgl. Eisele (1959), S. 22.

Der Karlsruher Stadtverordnete Marum

Das Amt des Stadtverordneten bot Marum, wie gesagt, die Möglichkeit, erste Erfahrungen als Politiker zu sammeln. Er ging diese Aufgabe mit Elan an und profilierte sich in den folgenden drei Jahren als tüchtiger Kommunalpolitiker der reformistischen Linie. Sich in seiner Stadtpolitik eng an den Vorgaben seiner Partei orientierend, erläuterte er in rhetorisch geschickter Weise ihre Forderungen in Bürgerausschusssitzungen und städtischen Kommissionen. Marum verstand sich als Beauftragter der Partei, der vollkommen darauf verzichtete, eigene Akzente und Schwerpunkte zu setzen. Hier wurde erstmals ein Wesenszug sichtbar, der auch seine spätere Arbeit als Landes- und Reichspolitiker kennzeichnen sollte: Auch dort war er linientreuer Parteianhänger, der die vorherrschende Parteimeinung vertrat und darüber hinaus kein theoretisches Interesse an den Grundlagen des Programms hatte. So spielte der Munizipalsozialismus und das utopische Bild, das dieser vom Gemeindeleben entwarf, für den Realpolitiker Marum kaum eine Rolle. Für ihn stand die Tagespolitik in den städtischen Kommissionen und im Plenum des Bürgerausschusses im Vordergrund. Hier brachte er seine juristischen Fachkenntnisse und seine rhetorischen Fähigkeiten ein, um die Position der Sozialdemokratie zu verbessern. Vor allem in den städtischen Kommissionen erhielt Marum die Gelegenheit zur Zusammenarbeit mit den bürgerlichen Vertretern und Honoratioren der Stadt. Hier verstand er es, sich Ansehen und Akzeptanz zu erwerben und den Willen der Sozialdemokratie zur klassenübergreifenden Zusammenarbeit effektiv zu demonstrieren.

Marum wählte zwei Schwerpunkte in seiner kommunalpolitischen Tätigkeit: Er arbeitete in der Rheinhafen- und in der Schulkommission der Stadt mit.[37] Damit hatte er sich für zentrale Aufgabenfelder entschieden, die im Mittelpunkt der Kommunalpolitik standen. Wirtschafts- und verkehrspolitische Fragen sollten die sozialdemokratische Gemeindepolitik beherrschen, dies hatte schon Wilhelm Kolb mit dem Satz unterstrichen: „Wirtschaftliche und soziale Fragen sind uns in der Kommunalpolitik am wichtigsten."[38]

Die Bildungspolitik war eines der zentralen Themen der Partei, das sie nicht nur auf der kommunalen Ebene verfolgte, sondern ebenfalls als wichtiges Gebiet der Landes- und Reichspolitik betrachtete. Marum engagierte sich also in Politikbereichen, in denen grundlegende Rahmenbedingungen für eine zukünftige fortschrittliche Entwicklung des Gemeinwesens gelegt wurden. Er beschäftigte sich dagegen weniger mit unmittelbar sozialen Fragen, auch den Themen der Wohnungs- und Gesundheitspolitik widmete er nur geringe Aufmerksamkeit. Seine Tätigkeit in der Schulkommission der Stadt führte ihn in ein Gebiet ein, auf dem er später auch in der Landespolitik der 20er Jahre tätig werden sollte. Marum erwarb also in der Kommunalpolitik ein Grundlagenwissen, von dem er später profitieren sollte. Vor diesem Hintergrund verschmerzte er die geringen Durchsetzungschancen, die mit seiner Arbeit verbunden waren. Die machtpolitische

---

[37] Vgl. *Adressbuch der Stadt Karlsruhe 1912*, Bd. II, S. 18.
[38] *Volksfreund* vom 20.6.1911.

Überlegenheit bürgerlicher Parteivertreter in den Kommissionen hinderte Marum nicht, in selbstbewusster Weise das Programm der Sozialdemokratie darzulegen und die Sitzungen gleichzeitig auch dafür zu nutzen, die Kooperationswilligkeit der Sozialdemokratie zu unterstreichen.

Die Rheinhafenkommission bot zur konfliktfreien Zusammenarbeit mit den bürgerlichen Kräften die beste Gelegenheit. Die Karlsruher SPD hatte, wie oben erwähnt, in den Jahren der Jahrhundertwende den Bau des Rheinhafens unterstützt, weil sie zum wirtschaftlichen Aufschwung der Stadt, ihrem Ausbau als Industriestandort beitragen wollte. So konnte die SPD in diesem städtischen Projekt schon sehr früh ihre Bereitschaft zu konstruktiver Mitarbeit zeigen und sich vom Bild der Oppositionspartei, die sich jeglicher Aufbauarbeit verweigerte, lösen. Diese Chance ergriffen die Karlsruher Kommunalpolitiker unter der Führung Kolbs gerne auf, gerade in der Rheinhafenkommission ließ sich der neue reformistische Kurs gut demonstrieren. Der *Volksfreund*-Redakteur Eisele schrieb rückblickend: „Allgemein auch seitens der gegnerischen Parteien fand die Mitarbeit der Sozialdemokratie Anerkennung. Ihre Kommunalpolitik beschränkte sich nämlich nicht nur auf die Kritik, sondern konstruktive Vorschläge bereicherten ihre positive Mitarbeit. (...) Da ist zunächst das energische Eintreten der Sozialdemokratie für den Bau des Rheinhafens."[39]

Auch nach der Fertigstellung des Hafens arbeitete die SPD in der Rheinhafenkommission mit und berichtete in ihrer Presse mit Stolz über den modernen Betrieb, den florierenden Handel und die prosperierende Industrie. Die Partei betrachtete es als ein wesentliches Verdienst ihrer Stadtpolitik, mit der Unterstützung des Hafenprojekts zum Ausbau der Produktivkräfte beigetragen zu haben, worin sie ein Kernstück sozialistischer Wirtschaftspolitik sah. In seiner Ausgabe vom 31. Juli 1914 berichtete der *Volksfreund* über den Hafen und forderte seine Leser auf, eine Hafenrundfahrt zu unternehmen, um sich von der Modernität und Betriebsamkeit der Anlage zu überzeugen und in ihr ein Musterbeispiel fortschrittlicher Wirtschaftsentwicklung zu erkennen. Im Volksfreund hieß es: „Einer der wichtigsten Faktoren für die wirtschaftliche Entwicklung Karlsruhes ist sein Rheinhafen, der das Industriegelände der Stadt mit einem schleusenlosen Kanal an die internationale Wasserstraße des Rheins anschließt. Der im Jahre 1901 dem Betrieb übergebene Hafen, der jetzt vier große Becken umfasst – ein fünftes befindet sich in Vorbereitung – rückte Karlsruhe in die Reihe der rheinischen Hafenstädte, welche ihr rasches Aufblühen, insbesondere die Entwicklung ihrer Industrie, den Vorteilen ihrer Lage am Rhein verdanken. (...)

Es lohnt sich wahrlich an einem Wochentage dem Hafen einen Besuch abzustatten, um an dieser Stätte der Arbeit und menschlichen Schaffenskraft Einblick in den Hochbetrieb der modernen Großindustrie zu gewinnen. Menschliche Kraft wird hier nach Möglichkeit durch Maschinen ersetzt und nur dadurch ist es möglich, dass so viel Arbeit bewältigt werden kann. Was nicht im Umschlagsverkehr verfrachtet wird, bleibt in gewal-

---

[39] Eisele (1959), S. 22. Vgl. auch: Bräunche (2001), S. 77ff.

tigen Lagerhäusern auf Stapel. Die modernsten Einrichtungen zum Verladen sorgen für raschestе Verkehrsabwicklung. (...) Unser Rheinhafen berechtigt in seiner gegenwärtigen Entwicklung zu den besten Hoffnungen für die Zukunft unserer Stadt und unserer Industrie. Jeder, der einen Tag anregend verbringen will, möge sich davon überzeugen. Eine junge, kräftige Industrie, reger Verkehr, rastlose Arbeit, gegenseitige Ergänzung von menschlicher Arbeitskraft und Maschine, geben dem Hafengebiet ein besonderes Gepräge, dessen Eindruck sich kein Beschauer entziehen kann. Nach Besichtigung des Hafens empfiehlt es sich eine Wanderung in die angrenzenden Gebiete des Altrheins, dessen träumerischen Wasserläufen und urwaldähnlichen Waldbeständen zu unternehmen."[40]

Die städtische Rheinhafenkommission, der die Aufsicht über den Hafenbetrieb oblag, bestand aus 14 Mitgliedern. Neben den Stadtverordneten und dem Bürgermeister arbeiteten hier Sachverständige des Hafenamts, dessen Direktor Sebold und der Inspektor Kölsch. In den ersten drei Jahren der Mitarbeit Marums in der Kommission erlebte der Hafen einen ungewöhnlichen Aufschwung: Die Umschlagmenge war in den elf Jahren von 1903 bis 1914 um 172% gewachsen,[41] der Karlsruher Hafen rangierte an 10. Stelle unter den 14 größten Rheinhäfen und trug der Stadt 2,13% ihrer Einnahmen ein.[42] Diese positive Bilanz sah man vor allem als Verdienst des Hafendirektors Sebold, über dessen Einsatz auch die SPD mit Lob nicht sparte.[43] Der Partei war es aber auch ein besonderes Anliegen, die Interessen der 91 städtischen Arbeiter des Rheinhafens zu vertreten, für die Verbesserung ihrer Löhne und ihrer Arbeitsbedingungen einzutreten.[44]

Die Arbeit in der Rheinhafenkommission bildete ein ideales Betätigungsfeld für einen reformistisch eingestellten Sozialdemokraten wie Marum. In dieser Kommission traten kaum Konflikte auf, die Arbeit erstreckte sich auf die Lösung von Sachproblemen, für die der Jurist Marum die nötigen Fachkenntnisse einbringen konnte. Neben der Verpachtung von Grundstücken war die Stadt dazu übergegangen, städtisches Territorium im Rheinhafengebiet auch an Privatfirmen zu veräußern. Für beide geschäftliche Transaktionen wurde es notwendig, juristisch korrekte Verträge auszuhandeln, bei deren Abschluss Marum seine Sachkompetenz einbringen konnte.

Im Gegensatz zur Rheinhafenkommission berührte die Schulkommission eine nicht ausschließlich lokale Thematik, sondern widmete sich einem Politikbereich, der die Partei auch auf der Ebene der Reichs- und Landespolitik beschäftigte. Seit den Anfängen der Arbeiterbewegung in der Mitte des 19. Jahrhunderts hatten die Bildungsforderungen im Zentrum ihrer Bemühungen gestanden. Bildung galt als die zentrale Voraussetzung zur beruflichen Qualifikation, zu politischer und kultureller Teilhabe sowie zur individuel-

---

[40] *Volksfreund* vom 31.7.1914.
[41] *Volksfreund* vom 6.6.1914.
[42] Vgl. Karlsruher Chronik 1912, S. 27f.
[43] Vgl. *Volksfreund* vom 6.6.1914.
[44] Bei den Firmen, die sich im Gebiet des Rheinhafens angesiedelt hatten, kam es in den Jahren 1913 und 1914 zu Streiks, in denen der Sozialdemokrat Flößer, der dem linken Flügel angehörte, eine führende Rolle spielte.

len Entfaltung der Persönlichkeit der Arbeiter. Um diese Ziele durchzusetzen, richtete sich der Kampf der Sozialdemokraten auf den Abbau der Bildungsprivilegien der bürgerlichen Klasse und auf die Öffnung der Bildungseinrichtungen für die Kinder der Arbeiterschaft. Dabei stand die Schule, besonders aber die Volksschule im Mittelpunkt sozialdemokratischer Bildungspolitik. Bereits das Erfurter Programm hatte die Grundsätze der Weltlichkeit, Unentgeltlichkeit und Einheitlichkeit für die sozialdemokratische Schulpolitik festgelegt, der Mannheimer Parteitag von 1906 präzisierte diese Vorstellungen und widmete sich vornehmlich bildungs- und schulpolitischen Fragen. Die SPD arbeitete schon in den Vorkriegsjahren für die Verabschiedung eines Reichsschulgesetzes, das die schulischen Verhältnisse im ganzen Reich einheitlich regeln sollte. Dieses Bemühen war jedoch nicht erfolgreich, so dass die Schulpolitik weiterhin im Zuständigkeitsbereich des einzelnen Bundesstaates und der Kommunen verblieb. Innerhalb des badischen Reformismus gewann das Thema besondere Bedeutung, als sich im Zuge der Großblockpolitik erwies, dass die Kultur- und Bildungspolitik Bereiche waren, in denen eine gemeinsame Reformpolitik von Liberalen und Sozialdemokraten, gegen die Dominanzansprüche des Zentrums gerichtet, durchsetzbar war.[45] Der badische Großblock verabschiedete 1910 ein Reformgesetz, das die Einführung des 8. Schuljahrs für Mädchen vorsah, die Institution des Schularztes obligatorisch machte und sich für die Anhebung der Lehrergehälter aussprach.[46] Mit dieser Bildungspolitik, die ihre besondere Aufmerksamkeit den Frauen und Mädchen widmete und auch die Lehrerschaft als wichtigen Bündnispartner einer modernen Bildungspolitik berücksichtigte, erhoffte sich die SPD auch über die Arbeiterschaft hinaus, weitere soziale Schichten mit ihrer Politik ansprechen zu können. Dies erwies sich jedoch gerade in Bezug auf die Lehrerschaft als außerordentlich schwieriges Unterfangen. Während diese oftmals religiös geprägt war und damit der Zentrumspartei nahe stand oder aber aus Stolz auf ihren erreichten sozialen Status eher für bürgerliche Parteien votierte, brachte sie für die sozialdemokratischen Bildungsideen kaum das nötige Verständnis auf. Dennoch setzte sich die SPD für die materielle Verbesserung des Lehrerstandes und seine soziale Absicherung ein: Die Partei verlangte die Anhebung der Lehrergehälter und die Übernahme der Lehrer als Staatsbeamte. Die Gewinnung der Lehrerschaft betrachtete die Partei als zentrale Voraussetzung des Emanzipationsprozesses der Arbeiterschaft, musste doch die Vermittlung demokratischen Ideenguts und solidarischer Verhaltensweisen nach ihrer Auffassung zentral von den Lehrern geleistet werden.

Was die Forderung nach Weltlichkeit der Schule anbetraf, so glaubte die badische SPD, dass durch die Einführung der Simultanschule 1874 in Baden und durch die dadurch erreichte Überwindung der konfessionellen Schranken der wesentliche Prozess der Eindämmung kirchlicher Einflüsse eingeleitet und damit der Parteiforderung nach Säkularisierung schon Genüge getan sei.[47] Man setzte sich zwar im Großblock noch

---

[45] Vgl. Franzen (1979), S. 93.
[46] Ebenda, S. 98.
[47] Vgl. Elsässer (1978), S. 202.

gemeinsam mit den liberalen Parteien dafür ein, dass Kinder von Dissidenten vom Religionsunterricht befreit wurden,[48] verzichtete ansonsten aber auf weitere Vorstöße gegen die dominante Stellung der Kirche im Bildungsbereich.

Die Karlsruher Schulpolitik der Partei konzentrierte sich darauf, die Rahmenbedingungen des schulischen Betriebs zu verbessern, indem sie den Bau neuer Schulen unterstützte und für die Anhebung der Lehrergehälter durch die Stadt Karlsruhe eintrat. Darüber hinaus war es ihr ein besonderes Anliegen, Fortschritte zu erzielen, was die Forderung nach Unentgeltlichkeit der Bildung betraf. Gerade in diesem Bereich stieß die SPD auf den Widerstand bürgerlicher Parteien, die hier dem Ausgabenvolumen der Gemeinde enge Grenzen setzen wollten. Ebenfalls nicht in Übereinstimmung mit den bürgerlichen Gruppierungen erstrebte die SPD eine Vereinheitlichung der Bildungseinrichtungen, indem sie zum Beispiel die Abschaffung der Bürgerschule – einer Art privilegierter Volksschule – verlangte. So gestaltete sich die Arbeit in der Schulkommission wesentlich konfliktreicher als in der Rheinhafenkommission, sie bot allerdings auch in größerem Maß die Möglichkeit, sozialdemokratische Politikinhalte deutlich zu machen. Der Fraktionsvorsitzende der Bürgerausschuss-Fraktion Heinrich Sauer formulierte den Vorrang der Bildungspolitik in folgender Weise: „Die Schule liegt der Sozialdemokratie besonders am Herzen."[49]

Im Rechenschaftsbericht des Fraktionsvorsitzenden erschien die Schulpolitik an erster Stelle; mit Stolz verwies der Bericht darauf, dass in den Jahren 1911 bis 1914 die Karlsruher SPD den Schulneubauten in Rintheim, Daxlanden, Rüppurr und der städtischen Tullaschule zugestimmt und die notwendigen Gelder bewilligt hatte.[50] Auch für die Anhebung der Karlsruher Lehrergehälter war die Partei, wie oben erwähnt, eingetreten, obwohl ihr Verhältnis zur Lehrerschaft zwiespältig war. Hier machte sich Enttäuschung unter den Genossen breit ob der politischen Haltung der Lehrer und ihrer oben beschriebenen Unzugänglichkeit für sozialdemokratisches Denken. Am 9. Mai schrieb der *Volksfreund*: „Die Lehrer sollten endlich einmal auch wieder für etwas anderes Interesse zeigen als bloß für ihre Gehaltsfrage."[51]

Hinsichtlich ihrer Forderung nach Unentgeltlichkeit des Unterrichts erzielte die Karlsruher SPD nur Teilerfolge und musste einige Niederlagen hinnehmen. Zwar war in Karlsruhe 1906 das Schulgeld abgeschafft worden,[52] doch blieben die Forderungen nach Unentgeltlichkeit der Lernmittel und der Verpflegung noch offen. Diese konnte die Karlsruher SPD in der Vorkriegszeit nicht durchsetzen, obwohl ihr vor allem die Einführung des Schulfrühstücks im Interesse der Arbeiterkinder besonders am Herzen lag. Gegen diese Forderungen trat vor allem das Zentrum vehement auf, das diese umfassende Versorgung der Schulkinder in den Bereich der Utopie verwies.

---

[48] Vgl. ebenda, S. 265.
[49] *Volksfreund* vom 7.5.1914.
[50] Ebenda.
[51] *Volksfreund* vom 9.5.1914.
[52] Vgl. Elsässer (1978), S. 215.

Weitere schulpolitische Themen, welche die Karlsruher SPD beschäftigten, waren die hohen Klassenfrequenzen, die Verbreiterung des Lernangebots, die Differenzierung in Lerngruppen mit unterschiedlichem Niveau. Wilhelm Kolb trat für die Senkung des Klassenteilers auf 30 bis 35 Schüler ein (heute, im Jahr 2003, 33 Schüler!).[53] Das Lernangebot sollte um den fremdsprachlichen Unterricht auch in Volksschulen erweitert werden. Unschlüssigkeit bestand lediglich in der Wahl der in Frage kommenden Sprache. Im Grenzland Baden schwankte man zwischen dem Französischen als Sprache des Nachbarn und der Weltsprache Englisch. Es wurden Überlegungen angestellt, dass den Kindern von Dissidenten ein freireligiöser Unterricht angeboten werden sollte, durchsetzbar war diese Forderung allerdings kaum. Die Frage der Differenzierung von Lerngruppen nach Intelligenz und Begabung wurde insoweit positiv beantwortet, als sich die Partei für die Einrichtung von Förderklassen aussprach. Dafür setzte sich besonders Kolb ein und begründete dies mit dem Hinweis, dass sonst ein „Kulturdefizit"[54] in der Arbeiterschaft eintrete.

Für Marums Engagement in der Schulkommission sprachen biographische und politische Gründe, aber auch sein ausgesprochenes Interesse an Bildung und Kultur. Er, dem der soziale Aufstieg wesentlich über seinen Bildungsgang an Gymnasium und Universität gelungen war, trat in der Bildungspolitik besonders für Chancengleichheit ein, die breiten Volksschichten den Zugang zur Bildung ermöglichen sollte. Als Anhänger der Großblockpolitik der Landespartei teilte er deren Auffassung von der besonderen Bedeutung der Kultur- und Schulpolitik. Auch sein Engagement in der Arbeitersängerbewegung hatte gezeigt, dass die Vermittlung von Kultur und Bildung ihm ein besonderes Anliegen war, auch um die individuellen Entfaltungsmöglichkeiten der Arbeiter zu fördern.

Marum arbeitete zusammen mit drei weiteren Sozialdemokraten – Eduard Dietz, Gottlob Schwerdt und Hermann Eichhorn – in der 23köpfigen Schulkommission mit.[55] Die geringe zahlenmäßige Stärke der SPD-Mannschaft zeigte schon deren Einflusslosigkeit an. Dietz war durch seinen Stadtratsposten in Anspruch genommen, Schwerdt und Eichhorn waren Handwerker, die Marum gerne das Amt des Sprechers in der Bildungspolitik überließen, wodurch Marum als junger Stadtverordneter schon im Bürgerausschuss hervortreten konnte. In der Schulkommission waren auch der Oberbürgermeister und sein Stellvertreter, die Repräsentanten der Kirche und der Lehrerschaft sowie Stadtverordnete aus verschiedenen Parteien vertreten.[56] In seiner Funktion als SPD-Sprecher in der Bildungspolitik trat Marum zum ersten Mal am 28. März 1912 hervor, als er öffentlich das Schulprogramm seiner Partei darlegte. Er begann mit dem Hinweis, die „Sozialdemokratie bringe der Volksschule das allergrößte Interesse entgegen, für sie ist das Beste gerade genug und keine Forderung zu weitgehend." Dann behandelte er die Frage der Lehrerbesoldung und der Klassenfrequenzen. Er führte aus: „Die Schülerzahl der

---

[53] Die Klassenstärke bewegte sich in der Regel auf einem Stand von 40 Schülern.
      Zu den Forderungen der badischen SPD vgl. Elsässer (1978), S. 257.
[54] Elsässer (1978), S. 222.
[55] Vgl. *Adressbuch für die Haupt- und Residenzstadt Karlsruhe 1912*. Karlsruhe 1912, Bd. II, S. 18.
[56] Vgl. ebenda.

einzelnen Klassen sei durchweg eine zu hohe, sodass der Lehrer unmöglich den Ansprüchen eines guten Unterrichts entsprechen könne. Diesen Zustand müsse man mit aller Energie zu bessern suchen. Was bei den Mittelschulen, welche pro Kopf der Schüler einen viel größeren Aufwand erfordern, wie der Volksschüler, durchführbar sei, müsse auch für die Volksschule erreichbar sein. Wenn neben Verbesserungen der Klassenverhältnisse die notwendige Fühlung zwischen Lehrer und Eltern herbeigeführt wird, so müsse dieses ohne Zweifel zum Vorteile der Kinder gereichen; in diesem Sinne begrüße die Sozialdemokratie die Veranstaltungen sog. Elternabende, die das wirksamste Mittel zur Bekämpfung von Schundliteratur und Ähnlichem darstelle durch die dadurch herbeigeführte gegenseitige Belehrung und Aufklärung."[57]

Die Karlsruher SPD hatte in dieser Sitzung die völlige Lernmittelfreiheit beantragt, ging aber davon aus, dass dies nicht durchsetzbar sei und höchstens dem Antrag der liberalen Parteien nach Einführung von Lernmittelfreiheit in den letzten beiden Klassen stattgegeben werde. In der Sitzung wurde jedoch keine Entscheidung getroffen wegen vorliegender Formfehler in der Beschlussfassung. Im Schuljahr 1913 wurde die Lernmittelfreiheit nicht durchgesetzt. Marum sagte zu diesem Thema: „Für die Volksschule bestehe Schulzwang und dieser Schulzwang verpflichte logischerweise die Behörden, auch für die durch denselben geschaffenen Bedürfnisse aufzukommen, deshalb verlange seine Partei immer wieder Lernmittelfreiheit." Und zur Vereinheitlichung des Schulwesens erklärte er: „Die Forderung auf Abschaffung der Vorschule, die ein Privileg der Besitzenden darstelle, sei vollkommen berechtigt; ganz unbegreiflich sei, dass diese ‚besseren' Leute noch um Schulgeldbefreiung beim Stadtrat einkommen und diese auch erhalten."[58]

Bei diesem öffentlichen Auftritt im Karlsruher Bürgerausschuss bewies Marum auch seine Fähigkeit, im politischen Kampf mit Härte aufzutreten. Er wandte sich gegen den Zentrumsvertreter Strobel, der das sozialdemokratische Programm als illusorisch und zu weitgehend angegriffen hatte. Im *Volksfreund* hieß es über Marums Entgegnung: „Genosse Marum ging noch kurz auf die Ausführungen des Stadtv. Strobel ein und betonte, dass die Schulprogrammforderungen der Sozialdemokratie durchaus ideale seien; freilich hoffe niemand darauf, dass dieses Programm vielleicht mit Hilfe des Zentrums verwirklicht werde. Es ist aber realisierbar und wenn wir verlangen, dass die Schule für alle Bedürfnisse bis zum abgeschlossenen Bildungsgang aufkommen solle, so mit Recht. Wer dies lächerlich finde, der könne eben nicht über die Gegenwart hinwegblicken und sich keine ideale Zukunft denken."[59]

Die Arbeit in der Schulkommission ließ Marum die Gegnerschaft zum Zentrum und zu den liberalen Parteien deutlicher spüren als die in der Rheinhafenkommission. Hier bestanden tiefgreifendere ideologische Differenzen, die dem Reformisten Marum kaum Gelegenheit gaben, versöhnliche Töne anzuschlagen.

---

[57] *Volksfreund* vom 29.3.1912.
[58] Ebenda.
[59] Ebenda.

Juden in der Karlsruher Kommunalpolitik

Das Karlsruher Judentum zeigte sich an der Teilnahme an kommunalen Entscheidungsprozessen sehr interessiert; sowohl im Bürgerausschuss als auch im Stadtrat waren jüdische Mitglieder stark vertreten, die damit einem Trend folgten, der sich im gesamten deutschen Reich zeigte. Im kommunalen Politikbereich brachten sich jüdische Bürger überall stärker ein als in der Landes- und Reichspolitik.[60] Im Karlsruher Bürgerausschuss bewegte sich der Anteil jüdischer Stadtverordneter seit der Jahrhundertwende zwischen 3,4 und 5,9%.[61] In dem 96köpfigen Gremium waren ab 1890 stets mindestens fünf Mitglieder jüdischer Herkunft vertreten.[62] Nach den beiden letzten Vorkriegswahlen 1911 und 1914 zogen jeweils sieben Abgeordnete jüdischer Herkunft in den Bürgerausschuss ein.[63] Während der Bevölkerungsanteil der Karlsruher Juden 2,3% betrug, war ihre Vertretung im Bürgerausschuss deutlich höher. Im 22köpfigen Karlsruher Stadtrat waren von 1909 bis 1919 konstant drei jüdische Stadträte vertreten.[64] Die Gründe für dieses große Engagement lagen zum einen in der erlittenen Zurücksetzung, die Juden immer noch in den staatlichen Laufbahnen in Armee, Verwaltung, Justiz und Universität erfuhren, und in der Suche nach einem Ausgleich für die verweigerten Aufstiegsmöglichkeiten, zum andern drückte sich in dem starken kommunalpolitischen Engagement auch eine weitgehende Identifizierung mit dem deutschen Staatswesen und seiner kleinsten Einheit, der Kommune, aus. In der kommunalpolitischen Tätigkeit wurde der Wille deutlich, sich in das Gemeinwesen zu integrieren und dessen Entwicklung aktiv mitzugestalten. In diesem Punkt zeigte sich eine Gemeinsamkeit zwischen der jüdischen Minderheit und der Arbeiterbewegung: Beide Gruppierungen bemühten sich, ihren Außenseiterstatus zu überwinden und über die politische Teilhabe im kommunalen Bereich ihren Integrationsprozess voranzutreiben. Die Karlsruher Bürger jüdischer Herkunft favorisierten wie im gesamten Reich die liberalen Parteien, wobei sie sich stärker in der Fortschrittlichen Volkspartei, die entschieden für den Demokratisierungsprozess eintrat, engagierten als in der Nationalliberalen Partei. In Karlsruhe waren die Führer der Fortschrittlichen Volkspartei Juden. Es handelte sich um die Rechtsanwälte Friedrich Weill und Ludwig Haas.[65] Auch in den Reihen der Nationalliberalen Partei befanden sich

---

[60] Während im gesamten deutschen Reich in der Ära des Wilhelminismus in den Jahren 1903 bis 1914 400 Politiker jüdischer Herkunft gezählt wurden, welche sich auf der Ebene der Reichspolitik betätigten, übertraf die Zahl jüdischer Kommunalpolitiker diese Marke um mehr als das Dreifache, 1 400 Aktive in diesem Bereich waren zu verzeichnen, die entweder das Amt eines Stadtverordneten oder eines Stadtrats innehatten. Preußen, vor allem die Städte Berlin und Breslau, lagen an der Spitze des kommunalpolitischen Engagements Menschen jüdischer Herkunft, von den übrigen Ländern rangierte Baden an zweiter Stelle hinter Bayern. Vgl. Toury (1966), S. 242 und S. 324.

[61] Vgl. Schmitt, in: Schmitt (1988), S. 137.

[62] Eine Ausnahme bildete das Jahr 1894, als nur vier jüdische Stadtverordnete gewählt wurden. Vgl. Schmitt, in: Schmitt (1988), S. 131.

[63] Vgl. ebenda.

[64] Vgl. ebenda, S. 136.

[65] Vgl. ebenda, S. 137.

herausragende jüdische Persönlichkeiten: die Karlsruher Rechtsanwälte Dr. Max Homburger und Dr. Fritz Strauß[66]sowie der Chefredakteur der *Karlsruher Zeitung* Julius Katz gehörten zu ihren namhaftesten Vertretern.

Erstmals stellte die SPD nach den Bürgerausschusswahlen des Jahres 1911 zwei Mitglieder jüdischer Herkunft (Marum und Kullmann) und erweiterte damit im Stadtparlament die Gruppe aufgeschlossener Parteien, die den Juden Aufstiegsmöglichkeiten boten.[67] Von den übrigen fünf jüdischen Stadtverordneten gehörten vier der Fortschrittlichen Volkspartei an[68] und einer der Nationalliberalen Partei.[69] Im neuen Stadtrat von 1911 befanden sich drei Vertreter jüdischer Herkunft: Friedrich Weill, Ludwig Haas und Fritz Homburger,[70] der die meisten Stimmen auf sich vereinigen konnte. Die jüdischen Kommunalpolitiker entstammten der Führungsschicht des Karlsruher Judentums: Das waren wohlhabende Unternehmer, Bankiers und bekannte Rechtsanwälte. Einige von ihnen bekleideten führende Ämter in der jüdischen Gemeinde, so zum Beispiel der Stadtrat Fritz Homburger und der Stadtverordnete Leopold Ettlinger.[71] Auch innerhalb ihrer Partei gehörten sie zu den Spitzenkräften und dokumentierten mit ihrer Ämtervielfalt ihren Aufstiegs- und Partizipationswillen.

Aus dem Gesagten ergibt sich, dass Ludwig Marum für diese Gruppe Karlsruher Kommunalpolitiker jüdischer Herkunft nur bedingt repräsentativ war. Zwar entstammte er wie alle anderen auch dem Bürgertum und übte den vielfach vertretenen freien Beruf des Rechtsanwalts aus, deutliches Unterscheidungsmerkmal bildete jedoch seine sozialdemokratische Gesinnung und der damit verbundene Austritt aus der jüdischen Gemeinde. Während die liberalen Juden die Interessen ihrer sozialen Schicht vertraten, hatte Marum die Fronten gewechselt und setzte sich für die Interessen einer sozialen Klasse ein, der er selbst nicht angehörte. Die alten Spannungen zwischen den bürgerlichen Parteien und der Arbeiterbewegung waren in der Kommunalpolitik noch stärker ausgeprägt als in der Landespolitik, wo man bereits im Großblock zusammenarbeitete, und unterstrichen Marums Außenseiterposition. Diese Stellung wurde noch durch die vorher erwähnten Wahlergebnisse verschärft: Die neu gewählten SPD-Vertreter Kullmann und Marum wurden von den übrigen Kommunalpolitiker jüdischer Herkunft anfänglich mit Distanz betrachtet.

Marum kam im Plenum des Bürgerausschusses und in der Kommissionsarbeit mit den anderen jüdischen Kommunalpolitikern zusammen. In der Rheinhafenkommission arbeitete der renommierte Stadtrat und Bankier Fritz Homburger und aus dem Kreis der

---

[66] Vgl. ebenda, S. 145.

[67] Vgl. ebenda, S. 137.

[68] Fritz Homburger, Friedrich Weill, Ludwig Haas und Leopold Ettlinger.

[69] Sein Name konnte nicht ermittelt werden.

[70] Vgl. Schmitt, in: Schmitt (1988), S. 136.

[71] Homburger war Vorsitzender des Synagogenrats und Mitglied des Oberrats der Badischen Israeliten (vgl. Schmitt (1988), S. 136). Ettlinger ebenfalls Mitglied im Synagogenrat Karlsruhe und Abgeordneter in der Landessynode und gleichzeitig Mitglied des Oberrats, vgl. ebenda, S. 138.

Stadtverordneten der Kaufmann Leopold Ettlinger mit,[72] in der Schulkommission war über sein Amt der liberale Karlsruher Stadtrabbiner Meier Appel vertreten.[73] Bezeichnend ist, dass in der Rheinhafenkommission, in der es um die wirtschaftlichen Interessen der Stadt ging, zwei jüdische Politiker außer Marum vertreten waren, während in der Schulkommission Marum der einzige jüdische Parteipolitiker war. Da für das jüdische Bürgertum die Bildungsgleichheit und soziale Aufstiegschancen schon errungen waren, während auf diesem Gebiet für die Arbeiterbewegung noch viel zu leisten war, bestand in jüdischen Kreisen kein dezidiertes Interesse an Bildungspolitik, während die Arbeiterbewegung hier zentrale Forderungen aufstellte. Dennoch darf nicht angenommen werden, dass die Kommunalpolitiker jüdischer Herkunft spezifisch jüdische Interessen vertraten, sie artikulierten vielmehr die Standpunkte und Positionen ihrer Parteien und brachten jüdische Sonderinteressen kaum zur Sprache. Ihr Selbstverständnis als assimilierte Bürger jüdischer Herkunft ließ sie die Bereiche von Politik und Religion deutlich trennen, in der Sphäre der städtischen Öffentlichkeit traten sie als Vertreter der ganzen Bürgerschaft bzw. der von ihnen repräsentierten Wählerklasse hervor,[74] nicht als Angehörige einer religiösen Minderheit.

Als es im Verlauf der Auseinandersetzungen um die vollständige Sonntagsruhe in Karlsruhe zu einer Eingabe jüdischer Kaufleute kam, die für sich wegen des Arbeitsverbots am Sabbat um eine Sonderregelung baten,[75] wurde ihnen diese von der Stadt verweigert. Dies ist eines der wenigen Beispiele in der Kommunalpolitik, wo jüdische Sonderinteressen artikuliert wurden.

Für Marum bildete das kommunalpolitische Engagement hauptsächlich das Sprungbrett einer Karriere, deren Zielpunkte die Landes- und Reichspolitik waren. Ein Teil der Karlsruher Stadtpolitiker jüdischer Herkunft entstammte alteingesessenen Karlsruher Familien[76] und war fixiert auf die Gestaltung der Politik ihrer Heimatstadt. Wie Marum, der erst wenige Jahre in Karlsruhe lebte, verfolgte auch Haas, der sich hier 1901 niedergelassen hatte,[77] höhere politische Ambitionen, die weit über die Kommunalpolitik hinauswiesen. Offenbar galt die Kommunalpolitik für die zugezogenen jüdischen Parteipolitiker nur als ein notwendiges Durchgangsstadium, während es für die alt angestammten jüdischen Bürger das einzige Feld politischer Betätigung blieb.

---

[72] Vgl. *Adressbuch der Haupt- und Residenzstadt Karlsruhe 1912*, Bd. II, S. 18.

[73] Vgl. ebenda.

[74] Die jüdischen Politiker vertraten hauptsächlich die erste und zweite Wählerklasse.

[75] Vgl. Karlsruher Chronik 1911, S. 91. Im Stadtrat wurde ein Antrag eingebracht, die israelitischen Wünsche zu berücksichtigen.

[76] Zu ihnen zählten die Familien Homburger, Ettlinger und Strauß. Vgl. Schmitt (1988), Teil 3: Beiträge zur Geschichte der Juden in Karlsruhe. Karlsruhe 1988, S. 413–509.

[77] Vgl. Kaller (1988), S. 432.

Burgfrieden und Kriegskredite: Landtagsabgeordneter in der Zeit des Ersten Weltkriegs

Badische SPD und Kriegsausbruch

Marum trat zu einem Zeitpunkt in die badische Landespolitik ein, als diese unter dem völligen Primat der Außenpolitik stand. Der politischen Handlungsfähigkeit des badischen Parlaments waren sehr enge Grenzen gezogen durch die Einhaltung des Burgfriedens und den deklarierten Belagerungszustand, der die Vorherrschaft des Militärs auch in vielen zivilen Bereichen sicherte. Gleichzeitig bewirkte, wie oben schon angedeutet, der durch den Kriegsausbruch ausgelöste Politikwechsel der Gesamtpartei, dessen sinnfälligster Ausdruck die Bewilligung der Kriegskredite am 4. August 1914 war, eine Stärkung des reformistischen Flügels und bedeutete die Bestätigung der Politik der badischen SPD. Marum, der überzeugte Reformist, begann sein politisches Wirken zu einem Zeitpunkt, als diese Politik ohne Alternative dastand und sich nicht nur auf einen – wenn auch nur kurze Zeit währenden – innerparteilichen Konsens berufen konnte, sondern sich auch in Übereinstimmung mit den politischen Eliten und der öffentlichen Meinung wusste.

Mit der unter dem Zeichen des Burgfriedens begonnenen Politik der Integration in das bestehende System bereitete auch die badische SPD den Weg, der schließlich zur Übernahme von Regierungsverantwortung führen sollte. Marum nahm also zu einem Zeitpunkt seine parlamentarische Tätigkeit auf, als diese sich nur in einem sehr engen Rahmen entfalten konnte und kurzfristig kaum Wirkungen zeitigte, eine Tätigkeit, die, langfristig gesehen, seiner Partei aber einen enormen Zuwachs an politischem Einfluss und Gestaltungsmöglichkeiten brachte.

Der Kriegsausbruch hatte auch in der badischen SPD einen Meinungsumschwung bewirkt und die ursprüngliche Gegnerschaft gegenüber Krieg und Militär ersetzt durch die Bejahung des Verteidigungskrieges und seiner militärischen Vorbereitung. Die badische SPD hatte ebenso wie die Gesamtpartei bis zum Kriegsausbruch für die Erhaltung des Friedens gearbeitet. In der letzten Juliwoche 1914 wurde eine Friedensinitiative durch den Aufruf des Parteivorstands eingeleitet, den auch der *Volksfreund* abdruckte.[1] Der Text rief zu Friedenskundgebungen auf und zur Wahrung des Prinzips der internationalen Solidarität der Arbeiterklasse. Für den 31. August war in Karlsruhe eine Friedenskundgebung geplant. In den vorausgehenden Tagen erschienen Leitartikel im *Volksfreund*, in denen politische, kulturelle und ethische Argumente zur Aufrechterhaltung des Friedens angeführt und das Desinteresse der Arbeiterklasse an jeder kriegerischen Auseinandersetzung unter-

---

[1]   *Volksfreund* vom 27.7.1914.

strichen wurde. Wilhelm Kolb verstand in diesen Tagen unter patriotischer Pflicht noch, „alles aufzubieten, um der Stimme der Vernunft und Menschlichkeit in dieser äußerst kritischen Situation Gehör zu verschaffen."[2] Vor der Entfesselung der Gewalt in einem kommenden Weltkrieg warnte er mit den Worten: „Die europäischen Großstaaten sind militärisch bis aufs äußerste gerüstet, ganz Europa starrt in Waffen und doch, oder gerade deshalb graut allen Menschen, die ihren gesunden Verstand noch nicht eingebüßt haben, vor dem Augenblick, wo diese Riesenarmeen mobilisiert und zum Marsch kommandiert werden."[3] Auch der erfolgreiche Ausgang eines Krieges gegen Russland schien ihm zu diesem Zeitpunkt noch ungewiss. In seinem Artikel „Sozialdemokratie und Kriegshetze" hieß es: „So sehr wir eine Bändigung des barbarischen russischen Zarismus wünschen, ob sie auf dem Wege des Krieges möglich ist, erscheint uns mehr als zweifelhaft."[4] Als Ursache des Krieges benannte der *Volksfreund* die imperialistischen Bestrebungen der europäischen Staaten,[5] aber auch das unnachgiebige Vorgehen Österreich-Ungarns gegen Serbien.[6] Am Tag des Kriegsbeginns, am 31. Juli, brachte der *Volksfreund* unter der Überschrift „Wider den Krieg" eine Zusammenstellung pazifistischer Aphorismen aus der Bibel, den philosophischen Arbeiten von Pascal und Kant und den Werken Goethes.[7]

Diese Anknüpfung an humanistische und aufklärerische Traditionen in der Ablehnung von Krieg und Gewalt fand ihr jähes Ende durch die Konfrontation mit Russland. Nach der russischen Mobilmachung schätzte auch die Sozialdemokratie die bevorstehende militärische Auseinandersetzung gegen das reaktionäre Russland als einen unvermeidbaren Verteidigungskrieg ein, den sie zu unterstützen bereit war. Um diesen plötzlichen Meinungsumschwung ideologisch zu legitimieren, griff die SPD auf die Theorie des gerechten Krieges und Verlautbarungen marxistischer Theoretiker zu dieser Frage zurück. Schon im Erfurter Programm war das Prinzip der Landesverteidigung verankert und von Bebel und Liebknecht wurden im *Volksfreund* Äußerungen angeführt, die gerade den Krieg gegen Russland als unvermeidbar darstellten.[8] Damit griff man auf die schon von Marx vertretene – in der Sozialdemokratie weit verbreitete – Russophobie zurück, die sich aus vielschichtigen Ängsten ableitete: Man befürchtete die Zerschlagung des im Vergleich zu Russland noch als fortschrittlich empfundenen deutschen politischen Systems – wobei man vor allem an die Ausschaltung der Organisationen der Arbeiterbewegung dachte –, man empfand eine Überlegenheit der deutschen Kultur und Zivilisation, die durch die „russische Barbarei" bedroht sei und malte ein Schreckensbild der Grausamkeit und Brutalität russischer Kosaken, die sich gegen deutsche Frauen und Kinder richten würde.[9]

---

[2] *Volksfreund* vom 30.7.1914.
[3] Ebenda.
[4] Ebenda.
[5] *Volksfreund* vom 31.7.1914.
[6] *Volksfreund* vom 30.7.1914.
[7] *Volksfreund* vom 31.7.1914.
[8] Vgl. *Volksfreund* vom 7.8.1914.
[9] Vgl. Miller (1977), S. 55. Miller zitiert aus dem Tagebuch Molkenbuhrs, in dem sich die Notiz findet. „deutsche Frauen und Kinder seien vor russischen Bestialitäten zu bewahren."

In der Zeichnung des russischen Gegners schlug der *Volksfreund* besonders schrille Töne an, am 4. August 1914 hieß es: „Dieser schauerliche Krieg, dessen Folgen kein Mensch zu übersehen vermag, ist das teuflische Werk jener russischen Spitzbubenbande, die noch nie vor einem Verbrechen zurückgeschreckt ist, die immer mit Verschwörungen und Mord Politik machte. (...) Wenn es sich nur um einen Kampf gegen das russische Barbarentum handelte, so wäre der Krieg nicht das Schlimmste, denn die Überwindung dieses Horts der Reaktion und der Barbarei ist eine Kulturaufgabe.“[10] Im Vergleich zu Russland schonte man Frankreich vor allzu harten Angriffen, man brachte dem „Kulturstaat“ Frankreich Unverständnis ob seines Bündnisses mit Russland entgegen. Der *Volksfreund* schrieb: „Es ist und bleibt eine Kulturschande, dass die moskowitischen Barbaren im Kampf um die politische Vorherrschaft in Europa die Unterstützung einer westeuropäischen Nation finden, die um die Kultur sich schon große Verdienste erworben hat. Unser sehnlichster Wunsch ist, dass es gelingen möge, das russische Tartarentum niederzuringen, denn das ist die Voraussetzung für die Verständigung unter den westeuropäischen Kulturvölkern.“[11] Und wenige Tage später hieß es über die Feinde Deutschlands: „Nun ist das Volk selbst bedroht von den Horden des Blutzaren, denen sich das irregeführte Frankreich, das kapitalistische England zugesellt.“[12]

Die regierungsoffizielle Beteuerungen des deutschen Friedenswillens fanden bei der Sozialdemokratie Glauben, der *Volksfreund* wurde nicht müde, die deutschen Friedensbemühungen zu betonen: „Die deutsche Regierung hat alles versucht und ist auch jetzt in letzter Stunde noch bereit, den Frieden zu erhalten“ hieß es am 1. August und wenige Tage später: „Deutschland hat diesen Krieg nicht gewollt, er ist ihm aufgezwungen worden.“[13] An der Sichtweise des Kriegs als eines Verteidigungskriegs sollte die badische SPD bis ans Kriegsende festhalten, während in der Gesamtpartei sehr bald kritische Stimmen von einem „Eroberungskrieg“ sprachen.[14]

Obwohl zwischen der Haltung der Gesamtpartei und der badischen SPD keine Differenzen bestanden bezüglich der Furcht vor einer russischen Invasion und der Überzeugung, die deutsche Verteidigung stützen zu müssen, überwog in der Reichstagsfraktion zunächst eine zögerliche Haltung in der Frage der Kriegskredite.[15] Obwohl sich eine reformistische Linie der Gesamtpartei in den letzten Vorkriegsjahren bereits abgezeichnet hatte, war die Entscheidung der Fraktion vom 3. August keinesfalls vorprogrammiert. Die Fraktion war vielmehr, wie die interne Abstimmung am 3. August zeigte, gespalten. Gerade die Linke um Haase und Liebknecht zögerte vor der Aufgabe des Prinzips der internationalen Solidarität.[16] Die einen Tag später von Haase im Reichstag verlesene

---

[10] *Volksfreund* vom 4.8.1914.
[11] Ebenda.
[12] *Volksfreund* vom 8.8.1914.
[13] Vgl. *Volksfreund* vom 1.8. bzw. 4.8.1914.
[14] Miller (1977), S. 187.
[15] Vgl. Miller (1977), S. 54.
[16] Vgl. Miller (1977), S. 57.

Erklärung spiegelte deutlich das Bewusstsein des Widerspruchs zwischen den bisher verfolgten Prinzipien der internationalen Solidarität, der grundsätzlichen Opposition gegenüber Staat und bürgerlicher Gesellschaft, des Klassenkampfes und der nun erklärten Unterstützung des Krieges, die gleichzeitig die Identifikation mit der Nation, die Bejahung des Staates und die Zusammenarbeit mit bürgerlichen Parteien bedeutete.[17]

Den badischen Sozialdemokraten allerdings war das Bekenntnis zur Nation selbstverständlich, ihnen fiel die Aufgabe des Internationalismus leicht. Schon ab dem 29. Juli fügte der *Volksfreund* seinen Friedensartikeln stets das Bekenntnis zur Nation und zur Landesverteidigung bei, so schrieb er am 29. Juli: „Die Sozialdemokratie hat (...) niemals einen Zweifel darüber aufkommen lassen und die Aussprüche maßgebender Parteiführer beweisen dies, dass sie Mann für Mann hinter dem Vaterlande steht, wenn dieses in seiner Existenz bedroht ist und im Falle, dass das Vaterland in wirklicher Gefahr ist, sich durch niemand an Opfermut übertreffen ließe (...). Die Erfüllung der vaterländischen Pflichten, im Falle es zum äußersten kommen sollte, ist aber (...) für die deutsche Sozialdemokratie selbstverständlich."[18] Und einen Tag später war zu lesen: „Die deutschen Sozialdemokraten sind bis zum letzten Mann bereit, einen Angriff auf ihr Vaterland abzuwehren und dieses zu schützen. (...) In einer solchen Situation (gemeint ist ein Angriff Russlands m.A.) der deutschen Sozialdemokratie zuzutrauen, dass sie sich ihrer politischen, kulturellen und vaterländischen Pflicht nicht bewusst wäre, ist geradezu widersinnig."[19] Am 1. August schloss der *Volksfreund* seinen Bericht über den Kriegszustand mit den Worten: „Wir fühlen uns in dieser furchtbar ernsten Stunde einig mit dem ganzen deutschen Volke ohne Unterschied der politischen und religiösen Überzeugung, den uns von der russischen Barbarei aufgezwungenen Kampf aufzunehmen und mit dem letzten Blutstropfen für Deutschlands nationale Unabhängigkeit, Ruhm und Größe einzutreten."[20]

Der badische Reichstagsabgeordnete Ludwig Frank war es, der schon sehr früh und äußerst aktiv für die Bewilligung der Kriegskredite eintrat.[21] Bei einer Veranstaltung in Mannheim sagte er am 2. August: „Die Pflichten des Parteigenossen fallen jetzt voll zusammen mit den Pflichten des Bürgers. Alle anderen Rücksichten treten zurück hinter der Pflicht, das bedrohte Vaterland zu schützen. In dieser schweren Zeit sind wir ein einig Volk von Brüdern – draußen auf dem Schlachtfeld wie daheim im Spital bei der Sorge für die Kranken und Verwundeten. Ich reise nun für einige Tage nach Berlin – der Reichstag ist auf Dienstag, 4. August einberufen. Ich werde selbstverständlich meine Stimme für die Bewilligung der Kriegskredite abgeben und ich zweifle nicht, dass meine Fraktion das Gleiche tun wird. Ich weiß, dass meine Parteigenossen im Kreis meine Haltung billigen."[22]

---

[17] Vgl. Miller (1977). Laut Miller war in der Gesamtpartei bis zum 31.7.1914 die Entscheidung über die Zustimmung zu den Kriegskrediten offen.

[18] *Volksfreund* vom 29.7.1914.

[19] *Volksfreund* vom 30.7.1914.

[20] *Volksfreund* vom 1.8.1914.

[21] Vgl. Miller (1977), S. 54.

[22] *Volksfreund* vom 4.8.1914.

Frank startete vor dem Zusammentritt der Reichstagsfraktion eine Aktion, in der er die Abgeordneten im Vorfeld der Abstimmung schriftlich verpflichten wollte, den Krediten zuzustimmen. Im Falle einer ablehnenden Haltung der Fraktion waren Frank und einige führende Reformisten zum Bruch der Fraktionsdisziplin entschlossen.[23] Frank versprach sich von der Unterstützung des Krieges vor allem Gegenleistungen des halbabsolutistischen Regimes. Diese Vorstellungen griff auch der *Volksfreund* auf. Dort hieß es am 7. August: „Ob die Einsicht, dass auch die Sozialdemokraten Kinder des deutschen Vaterlandes, dass sie Brüder sind, welche dieselben Pflichten gegenüber dem Vaterland haben, wie die anderen und sie auch ebenso willig auf sich nehmen, anhält und nach dem Krieg sich auch hinsichtlich der Verteilung der politischen Rechte zeigen wird? Wir wollen hoffen und wenn's nicht anders geht, dafür sorgen. So wie jetzt hinsichtlich der Pflichttreue gegenüber dem Volksganzen keinerlei Unterschiede bestehen, so muss es nach dem Kriege hinsichtlich der Rechte aller Volksteile sein. Den Kriegspflichten, die das Proletariat ohne Besinnen auf sich genommen hat, müssen die Friedenspflichten der herrschenden Klasse folgen. Ungeheure Opfer an Gut und Blut werden jetzt vom deutschen Volke gefordert und willig gebracht. Das Volk verlangt dafür keinerlei Dank, denn es tut nur seine Pflicht. Aber diese Erfüllung einer heiligen Pflicht darf nicht wie vor hundert Jahren mit Undank gelohnt werden."[24]

Mit dem außenpolitischen Argument der Bedrohung durch die russische Invasion und der innenpolitischen Hoffnung auf Durchsetzung politischer Reformen sind zwei wichtige Motive genannt, die in dem vielschichtigen Ursachenkomplex für die Wende der Parteipolitik eine Rolle spielten und die auch für die badische SPD wichtige Erklärungsmuster zur Legitimation ihrer Kriegspolitik darstellten. Hinzu trat das Bestreben, durch die Bewilligung der Kredite die Chance auf Integration und Gleichberechtigung als politische Kraft wahrzunehmen. Besonders für die badische Sozialdemokratie spielte die Aussicht auf eine feste Verankerung der Partei im politischen System eine bedeutende Rolle. Mit der proklamierten Burgfriedenspolitik hatten Monarch und Regierung für sie endlich auch auf Reichsebene ihre Bereitschaft signalisiert, die bisher verfemte Arbeiterpartei als gleichberechtigten politischen Faktor zu akzeptieren und ihr neue politische Handlungsspielräume zu eröffnen. Dies begriffen die badischen SPD-Führer Kolb und Frank als die lang ersehnte Chance, Gleichberechtigung und Integration der SPD im parlamentarischen System umzusetzen, sie als Ausgangsbasis einer künftigen Reformpolitik im Reich und den Bundesstaaten durchzusetzen.

Was die Reichstagsfraktion betraf, so waren ihre Motive nicht so eindeutig auf ein reformistisches Politikkonzept zurückzuführen. Bei ihr überwogen die außenpolitischen Überlegungen und Befürchtungen. Welche Rolle weitere innenpolitische Gründe für ihre Entscheidung spielte, ist nicht eindeutig aufklärbar. Hingewiesen wurde auf die eventuelle Berücksichtigung der nationalen Hochstimmung und Kriegsbegeisterung der Bevölke-

---

[23] Vgl. Miller (1977), S. 47f.
[24] *Volksfreund* vom 7. August 1914.

rung und auf die Aktivitäten reformistischer Fraktionsmitglieder wie Frank, David, Südekum, denen die relative Passivität der linken Bewilligungsgegner wie Haase und Liebknecht gegenüberstand.[25] Es muss jedoch in Zweifel gezogen werden, ob es sich hierbei um ausschlaggebende Faktoren handelte, restlos klären lässt sich der Politik- und Meinungswechsel vom 4. August nicht. Seine Folgen indessen waren weit reichend: Er bedeutete nicht nur die Unterstützung des Verteidigungskrieges, sondern barg auch innenpolitische Implikationen.

In diesem „aufgezwungenen" Krieg empfand sich die Sozialdemokratie als Teil der Nation, nicht als Glied der internationalen Arbeiterbewegung. Nach dem Willen des Kaisers sollte die deutsche Nation ein Bild der Einheit abgeben, um die Kampfkraft des Heeres an der Front zu stärken und dem feindlichen Ausland Geschlossenheit zu demonstrieren. Der proklamierte Burgfriede verlangte die Beilegung aller innergesellschaftlichen Konflikte zwischen den Interessenverbänden und Parteien, in der Presse und in den Parlamenten. Die Hauptaufgabe der Parlamente reduzierte sich auf die Bewilligung von Kriegskrediten und Regierungsvorlagen. In der Zustimmung der SPD zu den innenpolitischen Implikationen des Krieges, der Aufgabe aller politischen Auseinandersetzungen in der Wahrung des Burgfriedens vollzog sie eine innenpolitische Kehrtwende, in der sie sich von einer entschiedenen Oppositionspartei, die Staat und bürgerliche Parteien ablehnte, zu einer kooperationswilligen, System bejahenden politischen Kraft wandelte. Symbolischer Ausdruck dieser neuen Haltung war die erstmalige Einstimmung der Fraktion in das Kaiserhoch in der Sitzung vom 4. August.[26] Die Aufgabe des Prinzips des Klassenkampfs und der Opposition bedeutete einen tief greifenden Politikwechsel der Gesamtpartei, die Abkehr von den programmatischen Vorgaben des Erfurter Programms und die Übernahme des reformistischen Konzepts. Für die badische SPD war ein solch dramatischer Politikwechsel nicht gegeben. Im Gegenteil, durch den Kurswechsel der Reichstagsfraktion erfuhr die badische, reformistische Linie eine unerwartete Bestätigung. Seit dem 4. August stand die badische SPD nicht mehr im Gegensatz zur Gesamtpartei, sie löste sich aus der Rolle der Rechtsabweichlerin und konnte nun ihre Politik im Einklang mit den Beschlüssen der Gesamtpartei verfolgen. Damit war der langjährig schwelende Konflikt zwischen Gesamtpartei und badischer SPD beigelegt, das Verhalten der Reichstagsfraktion fand seine Entsprechung in der Linie der badischen Landtagsfraktion, für die die Bewilligung der Kriegskredite und die Einhaltung des Burgfriedens selbstverständliche Prämissen ihrer Politik waren.

Entsprechend breit publizierte der *Volksfreund* Pressestimmen aus dem bürgerlichen und dem sozialdemokratischen Lager ab,[27] die – wie die Wiener Arbeiterzeitung – der Reichstagsfraktion euphorisches Lob spendeten: „Mann für Mann haben die deutschen

---

[25] Miller (1977), S. 56f.
[26] Ebenda, S. 58.
[27] Vgl. *Volksfreund* vom 7.8.1914 und vom 10.8.1914.

Sozialdemokraten für die Anleihe gestimmt. Wie die gesamte internationale Sozialdemokratie ist auch unsere reichsdeutsche Partei, dieses Juwel der Organisation des klassenbewussten Proletariats, die heftigste Gegnerin der Kriege, die leidenschaftlichste Anhängerin der Eintracht und Solidarität der Völker. Und sie hat auch nichts unversucht gelassen, was diesen Weltkrieg, der nun vor allem der Krieg gegen deutsches Wesen ist, hätte abwenden können, was der Menschheit diese furchtbare Erschütterung des gesamten Erdenbaues erspart hätte. Ihre Schuld ist es wahrlich nicht, wenn das Deutsche Reich und mit ihm die ganze europäische Welt die Kriegsgeißel verspürt. Aber da das deutsche Vaterland in Gefahr, da die nationale Unabhängigkeit des Volkes bedroht (sic), tritt die Sozialdemokratie schützend vor die Heimat hin, und die 'vaterlandslosen Gesellen', die 'rote Rotte' weiht dem Staate Gut und Blut der arbeitenden Massen. Die Arbeiter denken nicht an die schnöde Behandlung, die ihnen der preußische Junkerstaat zufügt, nicht des tausendjährigen Unrechts, des Hohnes, der Verfolgungen, die ihnen Tag um Tag werden; sie denken nur an das geliebte deutsche Volk, das in Not ist und das die Kraft der Arbeiter braucht; und furchtlos und mutig stellen sie sich an seine Seite. Sie mäkeln nicht und feilschen nicht; nie hat eine Partei größer und erhebender gehandelt als diese deutsche Sozialdemokratie, die sich des überernsten Augenblicks wert und würdig gezeigt hat."[28]

Die Existenz oppositioneller Stimmen in der Reichstags-Fraktion wurde in der reformistischen Presse heruntergespielt. Man versuchte vielmehr, ein Bild der Geschlossenheit der Fraktion zu zeichnen und ihre im Reichstag von Haase verlesene Erklärung, die durchaus relativierende Passagen enthielt, auf die Kernaussage der Zustimmung zu den Krediten zu reduzieren. Symptomatisch hierfür war die im *Volksfreund* abgedruckte Schilderung des dem rechten Flügel zugehörigen Reichstagsabgeordneten Dr. Quarek, der die Ereignisse in folgender Weise darstellt: „Und nun die Stellung der deutschen Sozialdemokratie zu der großen Entscheidung selbst, zur Bewilligung der Kriegskredite. Da gab es in der Fraktion fast kein Schwanken. Natürlich erforderte die Auseinandersetzung mit unseren grundsätzlichen Anschauungen und mit dem gewaltigen Druck der schicksalsschweren Zeit ausgiebige Debatten. Aber niemand von uns ist erst durch diese Diskussion zu einer Stellungnahme gekommen. Sie stand für jeden Einzelnen wohl schon fest, als er das Reichstagsgebäude betrat. Und wenn der politische Akt der Erklärung, die wir geben mussten, bei der Fassung der Sätze Arbeit und Zeit beanspruchte, so war auch für sie der Hauptinhalt von vornherein gegeben. Er steckt in dem Satz: Wir lassen unser Land nicht im Stich. Alles Übrige ist nur Erläuterung und Ausführung."[29]

In den lokalen Parteiversammlungen der badischen SPD nach dem August 1914, in der Landeskonferenz von 1915 wurde allerorts die Entscheidung der Fraktion begrüßt und gleichlautende Resolutionen verabschiedet.[30]

[28] Zitiert nach *Volksfreund* vom 10.8.1914.
[29] *Volksfreund* vom 8.8.1914.
[30] Vgl. *Volksfreund* vom 15.12.1914, vom 12.12.1914 und vom 18.1.1915.

Kolb und die Politik der Landtagsfraktion

Besonders Wilhelm Kolb sah in der Kehrtwende der „Politik des 4. August" die Bestätigung seines bisherigen reformistischen Kurses, wollte sich allerdings mit der Genugtuung über diese Entwicklung nicht zufrieden geben, sondern die Situation nutzen, um den Reformismus als Programm der Gesamtpartei für die Zukunft festzuschreiben. Er begriff den Krieg als Lehrmeister der Sozialdemokratie, der ihre Entwicklung von der revolutionären Klassenpartei zur reformistischen Volkspartei beschleunigte und zur endgültigen Klärung der seit der Revisionismusdebatte schwelenden Fragen und Probleme beitragen konnte.[31] Kolb setzte sich in den Kriegsjahren dafür ein, dass die Transformation der SPD in eine von der Regierung und den bürgerlichen Parteien akzeptierte Organisation voranschritt und dass in ihrer Politik endlich „die Bahn freigegeben werde für die konsequente Fortsetzung der Politik des 4. August."[32] Zu diesem Zweck steigerte Kolb seine publizistische Tätigkeit; im Volksfreund erschienen reihenweise Artikel zu dieser Frage, die vor Polemik nicht zurückschreckten und heftige Angriffe gegen die Linke richteten. Der Titel eines der wichtigsten dieser Artikel „Von der Sekte zur Partei" offenbarte deutlich diese Tendenz.[33] Eine Zusammenfassung seiner Gedanken bot Kolbs Schrift *Sozialdemokratie am Scheideweg* von 1915, die für heftige parteiinterne Kontroversen sorgte.[34] In diesen Publikationen wiederholte Kolb seine Grundgedanken, die er seit Jahren propagiert hatte und nun als Grundlage der Politik der Gesamtpartei verwirklicht sehen wollte.

Ausgangspunkt dieser neuen Politik sollte die grundsätzliche Bejahung des Staates und der gegebenen Herrschaftsverhältnisse als Rahmenbedingungen jeder Politik sein. Für eine Veränderung der gegebenen Machtverhältnisse könne nur eine Sammlungspolitik von bürgerlichen und sozialdemokratischen Kräften erfolgreich wirken. Kolb gab die Großblockidee nicht auf, sondern ging weiterhin von der Interessenkongruenz der Arbeiterbewegung und des Bürgertums hinsichtlich der demokratischen Umgestaltung des Staates aus, vernachlässigte aber nicht die Antagonismen, die sich zwischen den beiden Parteien im wirtschaftlichen Bereich auftaten und die auch während des Krieges keine Milderung erfuhren. Kolb wollte auf der politischen Ebene weitgehende Kompromissbereitschaft signalisieren, um die Partei als respektable Partnerin für Regierung und bürgerliche Parteien präsentieren zu können. Kolbs Zukunftsvision beruhte auf der Vorstellung von der Regierungsbildung durch die bürgerlich-sozialdemokratische Koalition. Die marxistische Auffassung von der Diktatur des Proletariats war ihm zuwider, sie stand seinen Blockideen und seinem Demokratieverständnis entgegen. „Ich mache gar keinen Hehl daraus, dass ich an die ‚Diktatur des Proletariats' nicht glaube und dass ich sie auch gar nicht wünsche. (...) Mir ist (...) jede Diktatur zuwider – auch die des Proletariats."[35]

---

[31] Vgl. *Volksfreund* vom 11.6.1915.
[32] *Volksfreund* vom 13.4.1916.
[33] Vgl. *Volksfreund* vom 28.6.1914.
[34] Vgl. Kolb (1915).
[35] Kolb (1915), S. 26.

Den Übergang zum Sozialismus wollte er auf evolutionärem Wege erreichen; er rechnete dabei auf die „eherne Macht der Entwicklung",[36] die in Verbindung mit den unablässigen Reformbestrebungen der Sozialdemokratie zum gewünschten Ziel führen werde. Kolb sah die Arbeit der Partei auf dem politischen Feld vor ähnlichen Aufgaben gestellt wie auf ökonomischen Gebiet die Gewerkschaften, die hier auch nicht die grundlegenden Gegebenheiten in Frage stellten, sondern sich um die kontinuierliche Verbesserung der Bedingungen für die Arbeiterschaft einsetzten. Als in naher Zukunft erreichbares politisches Ziel erschien Kolb die Umwandlung des Obrigkeitsstaates in einen demokratischen Volksstaat. Dazu brauche es keine Revolution, dies könne auf legalem, parlamentarischem Weg erreicht werden. „Fazit: Die künftige Politik der Sozialdemokratie muss auf die Evolutionstheorie eingestellt werden, d.h. sie muss konsequent reformistisch sein."[37] Dieser Politik schien Kolb der Erfolg sicher, deshalb plädierte er für einen optimistischen Blick in die Zukunft und die Abwendung von jeglichen pessimistischen Prognosen und Katastrophenszenarios.

Diese Grundeinstellung Kolbs hatte Folgen sowohl für die Behandlung der innerparteilichen Opposition als auch für die badische Landespolitik. Die im Krieg gestärkte Position Kolbs und des reformistischen Flügels führte dazu, dass vor allem Kolb eine unnachsichtige Haltung gegenüber der Parteilinken einnahm und bereits seit dem Jahr 1915 offen für eine Spaltung eintrat. „Das Vertuschen der Gegensätze, die sich nicht mehr überbrücken lassen, hat keinen Zweck mehr (...). Je früher sich die Sozialdemokratie entschließt, mit diesen Elementen tabula rasa zu machen, umso besser für sie und für das deutsche Volk. Noch ist es Zeit, die für die Sozialdemokratie günstige Situation zu retten."[38]

Kolb konnte als Fraktionsführer wesentlich die badische Landespolitik bestimmen. Diese wurde seit Kriegsausbruch konsequent reformistisch gestaltet, was die Bejahung des Burgfriedens und die konstruktive Mitarbeit im Parlament mit einschloss. Davon geben die vier Kriegslandtage ein beredtes Zeugnis. Kolbs Kriegspolitik trug Marum als Landtagsabgeordneter wesentlich mit. Als Kolb im April 1918 starb, war es Marum, der dessen Linie konsequent fortsetzte und auch die badische Revolutionspolitik im Geiste Kolbs gestaltete.

Marum begann seine Laufbahn als Landtagsabgeordneter im Oktober 1914, als er für den gefallenen Ludwig Frank in den badischen Landtag einzog. Er stelle sich einer Nachwahl, die am 10. Oktober in Karlsruhe stattfand, und die Marum mit einem Rückhalt von nur wenigen hundert Wählerstimmen zum Landtagsabgeordneten machte. Wie bereits mehrfach erwähnt, kandidierte Marum für die Nachfolge Franks im Karlsruher Wahlkreis 41 (Oststadt). Kolb hatte sich für ihn mit dem Argument eingesetzt, die Fraktion brauche einen Juristen, der auch von den bürgerlichen Parteien akzeptiert werde.[39]

---

[36] Kolb (1915). Zitiert nach Müller (1988).
[37] Kolb (1915), S. 33.
[38] *Volksfreund* vom 18.6.1915.
[39] Müller (1988), S. 147.

Insgeheim förderte Kolb Marum auch deswegen, weil er in ihm einen zuverlässigen Anhänger seines reformistischen Kurses schätzte. Die Nachwahl am 10. Oktober 1914 verlief unter den Bedingungen des Burgfriedens, die übrigen Parteien stellten keinen Gegenkandidaten auf, die Sozialdemokraten entfalteten keine Agitation und die SPD-Mitglieder wurden zu Marums Wahl aufgerufen mit dem Hinweis, es handle sich um eine „Ehrenpflicht der Partei und dem gefallenen Abgeordneten gegenüber"[40] Das Wahlergebnis, nach dem 628 von 636 abgegebenen Stimmen für Marum votierten,[41] stellte die Partei zufrieden, obwohl die Stimmenzahl angesichts der 7 309 Wahlberechtigten doch sehr bescheiden ausfiel.[42] Der Volksfreund erklärte dies mit der großen Zahl von eingezogenen Mitgliedern und der fehlenden Agitation, er nannte die 628 „rein sozialistische Stimmen" ein „erfreuliches und zufrieden stellendes Ergebnis"[43] Es bleibt aber festzuhalten, dass Marum auf der Grundlage einer außerordentlich schwachen Wählerbasis in den badischen Landtag einzog.

Nicht nur seine Wahl war durch die Kriegsbedingungen geprägt, auch die Arbeit, die ihn im Landtag erwartete, stand unter dem Zeichen des Krieges. Er sollte zunächst nicht die kontroversen Debatten zwischen den Parlamentsfraktionen erleben, sondern die Ausnahmesituation der Einmütigkeit zwischen den Parteien, die der Burgfrieden ihnen abverlangte. Hinzu kam der beschränkte Aufgabenkreis, den der Landtag während des Krieges zu bearbeiten hatte. So teilte der Neuling Marum mit allen langjährigen Parlamentariern die Erfahrung von völlig ungewöhnlich verlaufenden Kriegssitzungen des Parlaments. Marum nahm seine parlamentarische Tätigkeit zu einem Zeitpunkt auf, als der Landtag an einem Wendepunkt seiner Geschichte stand und eine völlig neue Phase eingeleitet wurde.

Der Badische Landtag im Krieg: Die erste Kriegssitzung

Die Landesparlamente erlitten während des Krieges einen Funktionsverlust sowohl gegenüber dem Reichstag als auch gegenüber den Kommunen. Dem Reichstag oblag die im Krieg wichtige Gesetzgebung auf wirtschaftlichem und sozialpolitischem Gebiet, die Kommunen leisteten einen wichtigen Beitrag in ihrer Fürsorgetätigkeit und in der Versorgung der Bevölkerung.[44] Der Aufgabenbereich des badischen Landtags war während des Krieges reduziert auf die Bewilligung von Kriegskrediten und die Zustimmung zu den durch die Kriegslage bedingten gesetzgeberischen Initiativen der Regierung. In Baden verzichtete man darauf, vom Notverordnungsrecht Gebrauch zu machen,[45] so dass der

---

[40] *Volksfreund* vom 10.10.1914.
[41] Vgl. *Volksfreund* vom 12.10. 1914.
[42] Vgl. *Volksfreund* vom 19.10.1914.
[43] *Volksfreund* vom 12. 10. 1914.
[44] Fenske (1981), S. 189.
[45] Ebenda.

Landtag in unregelmäßigen Abständen zusammengerufen wurde. Während des Krieges kam es in Baden zu vier Sitzungsperioden des Landtags.[46] Diese standen unter dem Zeichen des – bis zum Jahr 1917 eingehaltenen – Burgfriedens, so dass es gerade in den ersten beiden Kriegsjahren keine politischen Debatten gab und den Parteien jede Profilierungsmöglichkeit fehlte. Bis zur ersten Krise der badischen Kriegsgesellschaft im Frühjahr 1917 gelang es, in den beiden ersten Landtagsperioden die äußerste Geschlossenheit der „Heimatfront" im Landtag zu demonstrieren. Eindrucksvollster Beweis der Beachtung des Burgfriedens war die außerordentliche Landtagssitzung vom 4. Februar 1915. Die ordentliche Sitzungsperiode von 1915/16 orientierte sich zwar auch noch an den Direktiven der Einheit und Geschlossenheit, jedoch waren während des zweiten Kriegswinters schon erste Risse in der Allparteienkoalition sichtbar.[47] Für den 4. Februar 1915 hatte die badische Regierung einen außerordentlichen Landtag einberufen, dessen Zweck in der Genehmigung eines Kredits von 35 Millionen Reichsmark und in der Zustimmung zu einer Denkschrift der Regierung über ihre bereits ergriffenen Maßnahmen auf wirtschaftlichem und sozialpolitischem Feld lag.[48] Bei den Krediten handelte es sich nicht um Kriegskredite im eigentlichen Sinne, da die Gelder ausschließlich für die durch den Krieg verursachten neuen Sozialleistungen benötigt wurden.

Die Erwartung der badischen Regierung war darauf gerichtet, diese außerordentliche eintägige Landtagssitzung zu einer Demonstration der Geschlossenheit des badischen Parlaments zu nutzen. Zu diesem Zweck suchte sie im Vorfeld den Kontakt zu den Führern der Fraktionen, die dieses Ansinnen teilten und bemüht waren, ihren Patriotismus unter Zurückstellung aller spezifischen Parteiinteressen unter Beweis zu stellen. Dies war keineswegs eine Selbstverständlichkeit, hatte doch die Einhaltung des Burgfriedens in den ersten Kriegswochen einige Schwierigkeiten bereitet. Bei den Nachwahlen in Donaueschingen hatte das Zentrum auf der Aufstellung eines eigenen Kandidaten beharrt und so zur Neubelebung des Parteienstreits beigetragen.[49] Diese Schwierigkeiten wurden beigelegt, als die badischen Parteien – als einzige in Deutschland – am 10. Februar 1915 ein Wahlabkommen schlossen, das die Wahrung der alten Mandatsbesitzverhältnisse vorsah.[50] Für den Landtag stand ein Bruch des Burgfriedens nicht zu befürchten, im Gegenteil, alle politischen Kräfte waren sich, wie gesagt, in dem Bestreben einig, ein Vorbild an Geschlossenheit und Einigkeit zu liefern.

Diese Auffassung teilte auch die SPD-Fraktion, der es allerdings um mehr als die bloße Zustimmung zur Burgfriedenspolitik ging. Ihr kam es darauf an, angesichts der Vorkriegsvorwürfe des mangelnden Patriotismus ihre nationale Haltung umso nachdrücklicher zu unterstreichen und ihre neu bekräftigte reformistische Politik in ihrer Bereitschaft zur

---

[46] Es handelte sich um den außerordentlichen Landtag vom 4.2.1915, die ordentliche Sitzungsperiode 1915/16, den außerordentlichen Landtag vom Frühjahr 1917 und die ordentliche Sitzungsperiode 1917/18.
[47] Müller (1988), S. 82.
[48] Vgl. Müller (1988), S. 30ff.
[49] Ebenda, S. 18ff.
[50] Ebenda, S. 26f.

Mitarbeit und Bewilligung der Regierungsvorlagen beredten Ausdruck zu verleihen. Zur Vorbereitung dieser außerordentlichen Landtagssitzung fand am 17. Januar in Karlsruhe eine Landeskonferenz der badischen SPD statt.[51] Dort versammelten sich nicht, wie es bisher auf den Parteitagen üblich war, die Delegierten der Wahlkreise, sondern ausschließlich Funktionsträger der Partei, zu denen der Reichstagsabgeordnete Oskar Geck, die Landtagsabgeordneten , die Vertreter der Wahlkreisvorstände und des Landesvorstandes sowie leitende Redakteure der Parteipresse gehörten. Als neu gewählter Landtagsabgeordneter befand sich auch Marum unter den Delegierten. Die Konferenz beschäftigte sich mit zwei Tagesordnungspunkten: dem bevorstehenden außerordentlichen Landtag und der wirtschaftlichen Notlage und Fürsorgetätigkeit während des Krieges. Hinsichtlich des Landtags war man sich über die einzuschlagende Linie einig. Analog dem Verhalten der Reichstagsfraktion – deren Entscheidung vom 4. August die Konferenz nachdrücklich begrüßte – wollte man auch in Baden die Kredite bewilligen und im Sinne der Burgfriedenspolitik auf jede politische Auseinandersetzung verzichten. Dies sollte auch auf sozialpolitischem Feld – dem ureigenen Politikbereich der Partei – der Fall sein, die Regierungsdenkschrift sollte die Billigung der Partei erhalten. Lediglich im Hinblick auf die eigenen Mitglieder und eine interessierte Öffentlichkeit verabschiedete die Konferenz Leitlinien der Sozial- und Wirtschaftspolitik im Krieg, die der Regierung übergeben werden sollten. Diese Landeskonferenz bekundete die Entschlossenheit der Partei, die „lang ersehnte Gelegenheit reformistischer Integration in den konstitutionellen Staat"[52] anlässlich der außerordentlichen Landtagssitzung zu nutzen und damit ein Signal ihrer neuen Politik zu setzen.

Die Landtagssitzung vom 4. Februar erfüllte alle Erwartungen der Regierung, ihr Ablauf bewies nicht nur die patriotische Haltung der SPD und der übrigen Parteien, sondern auch den innenpolitischen Konsens zwischen Regierung und Parlament, der sich in der einstimmigen Verabschiedung aller Regierungsvorlagen ausdrückte. Die SPD-Fraktion nahm auch am Empfang des Großherzogs zur Eröffnung des Landtags im Schloss teil, daneben erhielt sie auf diesem Landtag eine besondere Profilierungsmöglichkeit durch die Abwesenheit des nationalliberalen Kammerpräsidenten Rohrhurst, so dass die Leitung der Sitzung dem sozialdemokratischen Vizepräsidenten Geiß zufiel. Dieser gestaltete die Sitzung ganz im Geiste patriotischer Siegeszuversicht und interfraktioneller Versöhnung. So erlebte Marum seine erste Landtagssitzung, die zugleich die erste Kriegstagung des badischen Parlaments war, als wirksame Inszenierung des reformistischen Politikkonzepts. Auf Vorschlag des Zentrums, das im Gegenzug zu seinem Fauxpas von Donaueschingen seine Zurückstellung parteiegoistischer Interessen vor der Geltung des Burgfriedens unter Beweis stellen wollte, wurde das Großblockpräsidium – das sich aus dem Nationalliberalen Rohrhurst, dem Sozialdemokraten Geiß und dem Fortschrittler Venedey zusammensetzte – bestätigt, so dass Geiß die Eröffnungsworte sprechen konnte. Er begann mit

---

[51] Vgl. Müller (1988), S. 27ff.
[52] Ebenda, S. 17.

den Worten: „Als wir vor sieben Monaten in diesem Hohen Hause bei Schluss der letz-ten Tagung voneinander Abschied nahmen, dachte wohl keiner von uns daran, welch ein furchtbarer Krieg so bald über uns, über Deutschland hereinbrechen würde, ein Krieg, wie ihn die Weltgeschichte nicht kennt. Stark und gewaltig sind unsere Feinde ringsum. Aber so gewaltig auch die feindlichen Massen sein mögen, umso stärker, umso einmü-tiger steht das deutsche Volk, einig wie ein Mann, zusammen, um das Vaterland gegen die Angriffe der vereinigten Hasser und Neider zu schützen."[53]

Im Anschluss daran widmete er sich zunächst dem Gedenken der bereits gefallenen Landtagsmitglieder Frank und Wagner, deren Sitze mit schwarzem Tuch verhüllt und mit Lorbeer bekränzt waren, um dann fortzufahren: „Um die nötigen Mittel zu bewilligen, sind wir hier hergekommen. Möge unsere Betätigung dazu beitragen, unserem engeren Vaterlande die schweren Opfer, die es zu bringen hat, leichter und erträglicher zu gestal-ten."[54] Dieser Aufgabe entledigte sich der Landtag in ungewohnt rascher Weise, man ver-zichtete auf jegliche Diskussion, bewilligte die Kredite einstimmig und setzte auch den in der Denkschrift dargelegten Maßnahmen der Regierung keinerlei Widerstand entgegen.[55] Die Schritte der Regierung auf sozialpolitischem Feld fanden die ausdrückliche Billigung der SPD, der spätere Staatspräsident Remmele schrieb im Rückblick auf die Kriegsjahre: „Manches, das Baden – speziell auf dem Gebiet der Kriegsfürsorge – geleistet hat, ist außerhalb des Landes als mustergültig betrachtet worden. Der damalige Minister des Innern, Freiherr von Bodman, hat sich persönlich hierbei große Verdienste erworben."[56]

Vizepräsident Geiß schloss die Sitzung mit patriotisch gehaltenen Worten und dem Ausruf des Hochs auf den Großherzog. Die Schlusssätze von Geiß lauteten: „Mit Ein-stimmigkeit haben wir die Vorlagen der Großh. Regierung verabschiedet. Einmütig waren wir in dem Bestreben zu helfen, soweit es in unseren Kräften steht. Diese Einmütigkeit beweist, dass wir uns voll bewusst sind, um was es sich in diesem Krieg handelt: Um der Fortbestand des deutschen Reichs, um Hab und Gut, um Haus und Hof, um Sein oder Nichtsein der deutschen Nation."[57]

Der von Geiß ausgedrückten Befriedigung über die gelungene Demonstration innerer Einheit schlossen sich die Regierung und die bürgerlichen Parteien sowie die sozialdemo-kratische Presse an. Die Regierungspresse sprach von „geschichtlich unvergesslichen Stun-den"[58] und erblickte in der einstimmigen Gewährung der Kredite einen willkommenen

---

[53] Verhandlungen der Zweiten Kammer der Stände-Versammlung des Großherzogtums Baden vom 1. außerordentlichen Landtag (1915). Protokolle und Beilagen nebst Personalien, Inhaltsübersicht und Sachregister, Heft 511, S. 6.

[54] Ebenda.

[55] Die 120 Seiten umfassende Denkschrift über die wirtschaftlichen Maßnahmen der großherzoglichen Regierung während des Krieges nannte die Schritte der „wirtschaftlichen Mobilmachung", deren Zweck die Umstrukturierung zur Kriegswirtschaft im Allgemeinen und die Stabilisierung der sozialen Lage durch Sicherstellung der Volksernährung im Besonderen war.

[56] Remmele (1925), S. 1.

[57] Verhandlungen etc.,1915, S. 6.

[58] Zitiert nach Müller (1988); S. 33.

Vertrauensbeweis in die Amtsführung der Regierung, die liberalen Blätter scheuten sich nicht, die Präsidialführung von Geiß lobend hervorzuheben[59] und die SPD-Fraktion selbst war stolz auf die von ihr gezeigte Geschlossenheit und Bereitschaft zur Mitwirkung und Eingliederung in die durch den Verteidigungskampf geeinte Nation. Im *Volksfreund* hieß es: „Es war ein denkwürdiger Augenblick, als er (Geiß m.A.) das Haus aufforderte, in ein Hoch auf den Großherzog und unser Vaterland einzustimmen."[60]

Kritische Stimmen von der Basis blieben zu diesem Zeitpunkt noch aus, die partei-interne Opposition begann sich in Baden erst kurze Zeit später zu formieren. Selbst Adolf Geck hatte im Landtag den Krediten zugestimmt und die dezidiert reformistische Haltung der Fraktion mitgetragen. Sechs Wochen nach Beendigung des Landtags zeigten sich allerdings im Karlsruher Verein schon die ersten Anzeichen einer Parteiopposition. Die aus der Vorkriegszeit bekannten Linken Trabinger, Kruse und Dietrich richteten ihre Kritik auf die reformistische Linie des *Volksfreund*, auf seine Durchhalteparolen, den Verzicht auf Friedenspropaganda und seine Unterstützung der Burgfriedenspolitik.[61] Die Wirkungslosigkeit ihrer Kritik führte schließlich dazu, dass sie sich aus der Pressekom-mission des *Volksfreund* zurückzogen, ihre Ämter im Vorstand niederlegten und zu einer Kampagne aufriefen, das *Volksfreund*-Abonnement zu kündigen.[62] Damit äußerte sich zum ersten Mal deutlich innerparteiliche Kritik an der Linie Kolbs und der Landtagsfrak-tion. Diese Angriffe richteten sich explizit auch gegen Marum und seine Position der Unterstützung der Politik des „4. August".[63] Die Gegnerschaft gegenüber der Politik Kolbs war besonders in der Mannheimer Parteiorganisation ausgeprägt und zeigte sich schon in der Zeit vor der Eröffnung des Landtags. Im Wissen um deren reservierte Hal-tung wagte es Kolb nicht, für das Mannheimer Reichstagsmandat Franks zu kandidieren und überließ den Reichstagssitz Oskar Geck. Auch bei der Nachwahl für das Landtags-mandat Albert Süßkinds im Februar 1915 zeigte sich die Bedeutung der linken Oppo-sition, die sich stark genug fühlte, als Gegenkandidat zu dem Reformisten Strobel einen eigenen Vertreter – Lehmann – aufzustellen.[64] Allerdings unterlag dieser bei der Wahl, was für die Linken eine empfindliche Niederlage bedeutete.

---

[59] Vgl. Müller (1988), S. 34.
[60] *Volksfreund* vom 5.2.1915.
[61] Müller (1988), S. 39.
[62] Ebenda, S. 40.
[63] Ebenda, S. 40 und *Volksfreund* vom 10.6.1915.
[64] Ebenda, S. 38.

Der Badische Landtag im Krieg: Der ordentliche Landtag 1915/16

Der erste ordentliche Kriegslandtag wurde Ende November 1915 einberufen[65] und war – wie die außerordentliche Sitzung im Februar 1915 – von der Erwartung eines nahen Friedensschlusses geprägt. Während die eintägige Sondersitzung im Februar im wesentlichen der Bewilligung des einmaligen Kriegskredits und der Demonstration des gelungenen Burgfriedens, des Schulterschlusses zwischen Regierung und Parteien gedient hatte, handelte es sich nun um eine mehrmonatige Arbeitssitzung, in deren Mittelpunkt Steuer- und Finanzfragen und die Verabschiedung des Haushaltes standen. Die Eröffnungsansprache des Staatsministers von Dusch und des Kammerpräsidenten Rohrhurst beschworen wiederum die patriotische Pflichterfüllung im Krieg, denen alle weiteren politischen Erwägungen unterzuordnen seien, und betonten die Selbstverpflichtung des Parlaments zur Einhaltung des Burgfriedens. Obwohl die Parteien diesem Ansinnen zustimmten, gelang die Befriedungsstrategie nur noch mit Mühe angesichts eines zweiten bevorstehenden Kriegswinters und der weiteren Verschärfung der Versorgungslage.[66] Der Kammerpräsident Rohrhurst ließ in seiner Eröffnungsansprache die sich verschärfenden sozialen Gegensätze anklingen, als er sagte: „Ohne Überhebung bei allen Erfolgen, die wir auf den Kampfplätzen und im wirtschaftlichen Leben errungen haben, sind wir entschlossen zu jeder Arbeit, die diese Tage heute und morgen noch von uns verlangen. Zu allen, auch den schwersten Opfern sind wir entschlossen und wir sind auch entschlossen zum rücksichtslosesten Kampf gegen den inneren Feind, der unsere Kräfte lähmt und der unbekümmert um die Not und Sorgen von Tausenden sich jetzt machtlos und maßlos Reichtümer schafft."[67]

Das badische Parlament legte sich angesichts der geforderten Geschlossenheit neue Verfahrensweisen zu, die jeglichen Anschein einer kontroversen Debatte vermeiden wollten. Rohrhurst forderte die Abgeordneten auf: „In diesem Sinne wollen wir an unsere Arbeit herantreten, die wir heute beginnen. Alle Gegensätze, die einst gegen einander geprallt sind, wollen wir zurückstellen und uns einigen in dem, was unserm Volk frommt, was unserer Heimat Wohlfahrt ist."[68] Die Beratung des Haushalts wurde einem erweiterten Haushaltsausschuss übertragen,[69] der hinter geschlossenen Türen tagte und der dem Plenum über einen Berichterstatter Empfehlungen aussprach. Erwartet wurde, dass die Vollversammlung auf jegliche Debatte verzichtete und die Vorschläge der Kommission einstimmig annahm. Wenn Redebeiträge einzelner Parlamentarier nicht zu vermeiden waren, so verpflichtete man sich zur Kürze und zur gebotenen Sachlichkeit. Kammerpräsident Rohrhurst begründete diese Arbeitsweise des Parlaments mit den Worten: „Unsere Zeit, die der Tat gehörte, erfordert, dass das Wort zurücktrete und dass lange

---

[65] Der Landtag wurde am 24.11.1915 eröffnet, vgl. *Volksfreund* vom 25.11.1915.
[66] Müller (1988), S. 82ff.
[67] *Volksfreund* vom 25.11.1915.
[68] Ebenda.
[69] Seine Mitgliederzahl wurde von 17 auf 26 Abgeordnete erhöht.

Erörterungen gespart werden. Ist der Friede da, so wird ein außerordentlicher Landtag einberufen werden, der dann alle diejenigen Fragen beraten kann, die uns schon jetzt bewegen, die aber wegen der Zeitlage noch zurückgestellt werden müssen."[70]

Damit verzichtete der Kriegslandtag darauf, ein öffentliches Diskussionsforum zu sein, er übte seine Funktion als Redeparlament nicht aus und beschränkte sich auf den Vollzug seiner legislativen Aufgaben und auf die Budgetbewilligung. Nachdem in der Eröffnungssitzung Finanzminister Dr. Rheinboldt in einer zweistündigen Rede in den Staatsvorschlag eingeführt hatte, vertagte sich das Plenum für mehrere Wochen, in denen der Haushaltsausschuss die Etatberatungen übernahm. Am Ende der Beratungen folgten Haushaltsausschuss und Plenum weitgehend den Vorschlägen des badischen Finanzministers, der zur Deckung des durch den Krieg eingetretenen Defizits einen weiteren Kredit – diesmal in Höhe von 50 Millionen Reichsmark – forderte, Einsparungen vor allem bei der Beamtenbesoldung vorsah und eine 20%ige Erhöhung der Einkommensteuer vorschlug.[71] Die durch die Kriegssituation bedingten rückläufigen Einnahmen des Staates und die größere Beanspruchung seiner finanziellen Ressourcen durch die Sozialleistungen für die Kriegerfamilien und die Not leidende Bevölkerung gaben nachvollziehbare Gründe ab für das entstandene Defizit von 17 Millionen Mark.

Neben den Haushaltsfragen beschäftigten den Landtag eine weitere Denkschrift über den Maßnahmenkatalog der Regierung zur Behebung der wirtschaftlichen Schwierigkeiten und die Linderung der sozialen Not sowie einige kleinere provisorische Gesetze, die verabschiedet werden sollten.

Die SPD-Fraktion verfolgte auch in diesem Landtag die Linie der Kooperation und des Verzichts auf kontroverse Auseinandersetzungen.[72] Den Primat der Außenpolitik erkannte sie bedingungslos an und war bereit, alle Regierungsmaßnahmen, die auf den erfolgreichen Ausgang des Kriegs gerichtet waren, zu unterstützen. Ein eigenes Profil suchte sich die Partei nur auf sozialpolitischem Feld zu schaffen, wo die Fraktion eine Reihe von Anträgen vorlegte, die den Interessen der von ihr vertretenen Bevölkerungsschichten entsprachen. Diese betrafen die Lebensmittelversorgung, die Unterstützung der Familien der Kriegsteilnehmer, Teuerungszulagen, Vorsorge gegen die Arbeitslosigkeit nach dem Krieg, die Unterstützung arbeitsloser Textilarbeiter, Unterstützung des Handwerks und der Gewerbetreibenden, steuerliche Forderungen und die Wohnungsfürsorge.[73] Während dieser Sitzungsperiode des Landtags verzichtete die SPD noch weitgehend darauf, politische Reformen einzuklagen oder Gegenleistungen für ihr Entgegenkommen zu verlangen. Lediglich in einem Punkte forderte man eine Änderung der politischen Rahmenbedingungen: Die SPD wünschte die Aufhebung des Belagerungszustandes.

---

[70] Präsident Rohrhurst in der vorbereitenden Sitzung der Zweiten Kammer am 22.11.1915. (Laut *Volksfreund* vom 23.11.1915.)

[71] Vgl. Müller (1988), S. 87ff.

[72] Das spiegelte sich auch in der Berichterstattung des *Volksfreund* über die Parlamentssitzungen wider. Er nannte keine Namen und Parteizugehörigkeit, sondern sprach nur von „Berichterstattern" und „Rednern".

[73] *Volksfreund* vom 24.11.1915.

Angesichts der Selbstverpflichtung des Burgfriedens, der von allen gesellschaftlichen Gruppierungen akzeptiert und befolgt wurde, empfand man die Beschneidung demokratischer Grundrechte wie Presse- und Versammlungsfreiheit als zu weitgehend und als eine unnötige Erweiterung der Kompetenz des Militärs.[74] Dies war der einzige Fall, in dem die SPD von dem vorgezeichneten Weg des Konsenses mit der Regierung abwich. Der neuen Arbeitsweise des Parlaments stimmte sie zu und akzeptierte auch die steuer- und finanzpolitischen Ausführungen des Ministers. Die Fraktion setzte also der Selbstbeschränkung des badischen Parlaments auf die nicht-öffentliche Kommissionsarbeit keinen Widerstand entgegen. Von den 26 Mitgliedern der Haushaltskommission gehörten fünf, darunter Ludwig Marum, der SPD-Fraktion an, welche die Arbeit des Ausschusses aktiv mittrugen.[75] Die Ausführungen des Finanzministers Rheinboldt beurteilte der *Volksfreund* positiv und kommentierte sie mit den Sätzen: „Es war ein Lichtblick in dem teils recht düsteren Bilde, dass der Finanzminister mit einem gesunden Optimismus der Zukunft entgegenblickt. Wohl haben unsere Staatsfinanzen infolge des Krieges eine starke Erschütterung erfahren. Die Reserven sind aufgebraucht und wir haben bereits eine für die Verhältnisse eines so kleinen Landes beträchtliche Staatsschuld, die aber wenigstens zu einem erheblichen Teil durch die vom Reich später zu zahlenden Rückerstattungen getilgt werden kann."[76]

Dem Regierungsvorschlag nach Verschlankung des Beamtenapparates stimmte die SPD lebhaft zu, wobei sie mit diesem populistischen Argument ihrer Wählerschaft entgegenzukommen dachte. Der Volksfreund schrieb: „Sehr bemerkenswert war die Äußerung des Finanzministers, dass zu prüfen sei, ob nach dem Krieg die Geschäfte des Staates nicht mit weniger Beamten als bisher erledigt werden können. Diese Ausführungen fanden in der Kammer ein einstimmiges lebhaftes Echo. Es kann nicht nur, es muss hier und zwar ganz bedeutend gespart werden. Wenn beim Staat so gearbeitet würde, wie im sonstigen Leben, könnte man mit einer erheblich geringeren Zahl von Beamten auskommen. Darüber wird gelegentlich ein offenes Wort zu sprechen sein."[77] Dem Kreditverlangen der Regierung setzte die SPD keine Bedenken entgegen. Schwierig mit ihrem Programm in Einklang zu bringen war jedoch der Vorschlag der Erhöhung der Einkommensteuer unter Verzicht auf die Erhöhung der Vermögenssteuer. Die Zustimmung zu dieser Forderung verlangte einen Verstoß gegen das Parteiprogramm, das die steuerliche Entlastung der abhängig Arbeitenden und die Erhöhung der Vermögenssteuer vorsah. Dennoch stimmte die SPD-Fraktion zu und bewies damit erneut ihre Kompromissbereitschaft, wobei sie das Regierungsargument der in den letzten Jahren bereits mehrfach erfolgten Erhöhung der Vermögenssteuer akzeptierte und erreichte, dass die Einkommen unter 1 600 Reichsmark von der neuen Besteuerung ausgenommen wurden.[78]

---

[74] Hier folgte man der Linie der Gesamtpartei, die diese Forderung aufgestellt hatte.
[75] *Verhandlungen* etc .Heft 512, 1916, S. III. Es handelte sich um Böttger, Geiß, Kolb, Marum und Strobel.
[76] *Volksfreund* vom 25.1.1915.
[77] *Volksfreund* vom 25.11.1915.
[78] Dieser letzte Punkt entsprach den Forderungen des Parteiprogramms.

Einen ersten deutlichen Erfolg verzeichnete die reformistische Politik der Fraktion, als in der Regierungserklärung vom 18. Dezember 1915 Staatsminister von Dusch ausdrücklich die Gleichberechtigung der sozialdemokratischen Partei anerkannte. Die Erklärung, die er im Haushaltsausschuss abgab, beinhaltete, dass „gegenüber der Sozialdemokratie der Grundsatz zu gelten habe, dass wegen der Zugehörigkeit zu ihr eine Ausnahmebehandlung in staatsbürgerlicher Beziehung nicht stattfinden solle. Eine antimonarchische Gesinnung dürfe allerdings ein Beamter, weil mit dem geleisteten Treueid unvereinbar, nicht bekunden. Eine Untersuchung der politischen Gesinnung der Beamten werde nicht erfolgen."[79]

Damit war das Ziel erreicht, das die Reformisten seit langen Jahren angestrebt hatten: Sie waren vom Negativ-Image einer außerhalb des Systems stehenden Oppositionspartei befreit und waren von den herrschenden Eliten als akzeptable Partner im politischen Prozess anerkannt worden. Damit löste sich ein Politikziel ein, das vor allem auf die Akzeptanz durch die bürgerlichen Parteien und durch die Regierung gerichtet war. Die Erklärung des Staatsministers wurde als Erfolg einer Politik empfunden, für die die Integration der Arbeiterschaft ein wichtiges Etappenziel war. Wilhelm Kolb nahm von der Erklärung mit Genugtuung Kenntnis und kommentierte den erzielten Erfolg seiner Politik mit den herablassenden Worten, bei der Gleichstellung der Sozialdemokratie als gesellschaftliche und politische Kraft handle es sich um eine Selbstverständlichkeit, außerdem liege keine Wandlung der Partei im Kriege vor, bereits in der Vorkriegszeit habe sich ihre Bereitschaft zur Mitarbeit gezeigt.[80]

Die Bilanz des zweiten Kriegslandtages fiel bei Regierung, bürgerlichen Parteien und der reformistischen Mehrheit der badischen SPD wiederum positiv aus. Allerdings wurde dieses Urteil von einer wachsenden innerparteilichen Minderheit nicht geteilt. Diese Opposition artikulierte sich vornehmlich in den Industriestädten des Landes, Mannheim und Karlsruhe. Die Mannheimer *Volksstimme* richtete ihre Kritik auf die konkrete Arbeit der Landtagsfraktion, deren Zustimmung zu der Verlagerung der Haushaltsberatungen in die nicht-öffentlich tagende Budgetkommission als undemokratische und volksfeindliche Verfahrensweise abgelehnt wurde. Auch die Einwilligung der Fraktion in die Erhöhung der Einkommenssteuer stieß auf die Ablehnung der Mannheimer Genossen.[81]

In Karlsruhe hatte sich ein tiefer Bruch zwischen Minderheit und Mehrheit anlässlich des so genannten Karlsruher Flugblattprozesses ergeben, der die persönliche Feindschaft zwischen Kolb und Geck intensiviert und zu deutlichen Spannungen in der Landtagsfraktion geführt hatte. Auch im Karlsruher Verein wurden durch diese Affäre unüberwindbare Gräben zwischen Opposition und Reformisten geschaffen.

Anlass zu dem Prozess, der auch die gesamtdeutsche Öffentlichkeit beschäftigte, war durch ein Flugblatt gegeben, das die Karlsruher Linken Trabinger, Kruse und Dietrich

---

[79] Remmele (1925), S. 2.
[80] Müller (1988), S. 92.
[81] Müller (1988), S. 88.

im Juni 1915 verteilt hatten.[82] Bei dem verbreiteten Text handelte es sich um einen Nachdruck des Aufrufs der Berner internationalen Frauenkonferenz,[83] der unbeanstandet auch in der in Deutschland zugelassenen *Berner Tagwacht* abgedruckt war. Der Aufruf wandte sich gegen die Unterstützung des Krieges und des Burgfriedens, benannte als den eigentlichen Feind den „ausbeuterischen Kapitalismus", dem durch die Wiederaufnahme des Klassenkampfes hart entgegenzutreten sei. Das Flugblatt endete mit den Worten: „Nieder mit dem Krieg! Durch zum Sozialismus!"[84]

Die Karlsruher Behörden reagierten auf das Flugblatt in unerwartet scharfer Weise: Seine Verteiler wurden verhaftet, monatelang in Untersuchungshaft gehalten, beim Reichsgericht wegen versuchten Landesverrats angeklagt. Die Anklageschrift deutete die Aktion als eine vom feindlichen Ausland unterstützte Bewegung, die zur Schwächung des Kampfeswillens von Armee und „Heimatfront" beitragen wollte und zur Aufreizung des Klassenhasses und militärischen Ungehorsams sowie zur Störung der öffentlichen Ordnung anstifte. Mit diesem überzogenen Vorgehen befanden sich die badischen Justiz- und Verwaltungsbehörden in scharfem Gegensatz zu der von der Regierung signalisierten Gleichbehandlung der Sozialdemokratie. Deswegen regte sich sowohl in der gesamten Partei als auch in Teilen einer liberalen kritischen Öffentlichkeit Protest gegen das staatliche Vorgehen. Vor allem aber innerhalb der badischen Partei und speziell dem Karlsruher Verein kam es zu unverhohlen ausgetragenen Feindseligkeiten.

Adolf Geck, in dessen Betrieb das Flugblatt gedruckt worden war, stand hinter den Karlsruher Verhafteten, zu denen mittlerweile auch Clara Zetkin zählte. Die Offenburger Parteiorganisation regte eine Spendensammlung zur Unterstützung der Familien der Verhafteten an, während die Karlsruher Organisation und der Landesvorstand den Familien zunächst keinerlei Unterstützung zukommen ließ. Es hielt sich hartnäckig das Gerücht, dass Kolb für die Denunziation der Genossen verantwortlich sei.[85] Ob Kolb in seiner Verachtung des linken Flügels sich zu solch fragwürdigen Verhaltensweisen hat hinreißen lassen, muss offen bleiben. Jedenfalls veranlasste er, dass ein vertraulich an ihn gerichtetes Schreiben des psychisch labilen und geistig verwirrten Trabinger mit der Bitte um ein Gnadengesuch an den Großherzog veröffentlicht wurde, um zu zeigen, „wie die Radikalinskis umfallen, wenn sie für ihre Überzeugung dulden sollen."[86]

Als Kolb der Ehefrau Trabingers eine Unterstützung von 20 Mark zukommen ließ, wies diese das Geld mit Empörung zurück, woraufhin wiederum der Landesvorstand sich mokierte, sie scheine eine Unterstützung nicht zu brauchen. Emma Trabinger sprach in einem Schreiben vom 25. Oktober 1915 an den Parteivorstand in Berlin von „Verrohung und Entehrung in der Partei."[87]

---

[82] Zur Flugblattaffäre vgl. Müller (1988), S. 47ff.

[83] Diese Konferenz tagte vom 26.-28. März 1915 in Bern. Vgl. Müller (1988), S. 46.

[84] Müller (1988), S. 48.

[85] Müller (1988), S. 49.

[86] GLA N Geck 120.

[87] Ebenda.

Mit dieser Karlsruher Affäre begann ein tief greifender Entfremdungsprozess zwischen den Flügeln der Partei, der zwei Jahre später in die Parteispaltung münden sollte.

Kolbs aggressives Vorgehen gegen die Linke wurde von den Juristen in der Karlsruher Partei nicht geteilt. Dietz, Kullmann und Marum erklärten sich zur Verteidigung der Angeklagten bereit.[88] Dietz übernahm die Verteidigung Trabingers, Kullmann die von Dietrich, während Marum schließlich doch nicht in den Fall involviert war. Das Verfahren beim Reichsgericht endete mit einem Freispruch.

Marums erste Zeit als Landtagsabgeordneter

Mit seinem Eintritt in den badischen Landtag hatte der 32-jährige Marum seine persönliche Karrierewünsche verwirklichen können, den Landtagssitz hatte er seit Beginn seiner politischen Aktivität als Zielpunkt seiner Laufbahn angegeben. In den folgenden zwanzig Jahren sollte er sich einen Namen als einer der verdienstvollsten und erfahrensten badischen Parlamentarier machen. Marum trat mit dem dezidierten Anspruch an, der reformistischen Politik zum Durchbruch zu verhelfen, ungeachtet aller parteiinternen Widerstände. Die Landtagsfraktion unter ihrem Vorsitzenden Kolb bot ihm Unterstützung und Stärkung, das Parlament war – trotz seines durch den Krieg bedingten Funktionsverlustes – für Marum das Zentrum politischer Entscheidungen, der Motor sozialen und politischen Fortschritts. Marum teilte Kolbs Hochschätzung des Parlamentarismus. In einer Parteiversammlung während des Krieges hatte Kolb die Bedeutung der Volksvertretung für das politische Handeln der Sozialdemokratie noch einmal unterstrichen. „Das Parlament ist aber ein Mittel, um im Sinne der Demokratie und des Sozialismus die gesellschaftliche und politische Entwicklung zu beeinflussen. Dieses Werkzeug der Umbildung in immer höherem Grade in die Hand zu bekommen, ist die nächste und wichtigste historische und politische Aufgabe der Sozialdemokratie."[89] Marum trug seit Beginn seiner parlamentarischen Tätigkeit durch seine Kommissionsarbeit, in der er vor allem Sachkenntnis in finanz- und haushaltspolitischen Fragen bewies, und seine Mitwirkung in der Fraktionsführung zum Ansehen der sozialdemokratischen Fraktion bei.

Mit Marum hatte die 13-köpfige Fraktion ein Mitglied gewonnen, das inhaltlich die „Politik des 4. August" voll zu unterstützen bereit war.[90] Nachdem er im Jahr 1912 an der großen Friedensdemonstration in Basel teilgenommen und die Friedensagitation in der letzten Juliwoche 1914 unterstützt hatte, änderte Marum also seine Beurteilung des Krieges, teilte dessen Einschätzung als Verteidigungskrieg und trat fortan als Landtagsabgeordneter für die Fortführung des Krieges bis zu einem für Deutschland günstigen

---

[88] Ebenda.
[89] *Volksfreund* vom 13.4.1916.
[90] Müller (1988), S. 40. Auf einer Parteiveranstaltung vom 10.6.1915 in Karlsruhe stellte sich Marum hinter die Politik des 4. August.

Frieden ein. Die Kredite, welche die Landesregierung forderte, war er bereit zu gewähren, um die inneren Folgen des Krieges zu mildern und die Staatstreue der SPD zu dokumentieren.

Gleichzeitig mit Marum zog der Mannheimer Parteisekretär Strobel als Nachfolger des verstorbenen jüdischen Abgeordneten Albert Süßkind in das Parlament ein. Die beiden neuen Abgeordneten galten als überzeugte Reformisten und sollten bald zu den angesehensten Sprechern der Fraktion neben Kolb und Geiß aufsteigen, obwohl sie die beiden jüngsten Abgeordneten waren.[91] Strobel war wie Marum freireligiös, allerdings nicht wie sein Vorgänger Süßkind jüdischer Herkunft. Nun befanden sich in der 13-köpfigen Landtagsfraktion nur noch zwei jüdische Abgeordnete, Kahn und Marum, drei nannten sich konfessionslos,[92] vier Freireligiöse befanden sich in der Fraktion[93] sowie jeweils drei Katholiken[94] und drei Protestanten.[95] Die Mehrzahl der 13 Abgeordneten war unabhängig von einem privaten Arbeitgeber, vier Parlamentarier arbeiteten hauptberuflich für Partei oder Gewerkschaft.[96] Fünf Abgeordnete übten einen unabhängigen Beruf aus,[97] die restlichen vier arbeiteten in abhängiger Stellung.[98] Marum war der einzige Akademiker unter ihnen. Die Vertreter aus den nordbadischen Industriestädten Mannheim, Karlsruhe und Pforzheim dominierten in der Fraktion. Fast die Hälfte, sechs Abgeordnete, kamen aus der Region Mannheim-Schwetzingen,[99] vier stammten aus dem Bereich Karlsruhe-Durlach,[100] je einer aus Pforzheim und den südbadischen Städten Lörrach und Offenburg.[101] Für Marum machte es die Homogenität der Fraktion hinsichtlich ihrer reformistischen Ausrichtung leicht, sich zu integrieren, zumal er seinem Förderer Kolb sehr nahe stand. Hinzu kam, dass er mit vier Genossen die Zugehörigkeit zur freireligiösen Gemeinde teilte und zu der starken Gruppe gehörte, die aus dem nordbadischen Raum kam. Als Akademiker jüdischer Herkunft nahm er innerhalb der Fraktion jedoch eine unübersehbare Sonderposition ein.

Die erste Kriegssitzung des badischen Landtags, in der Marum als Abgeordneter vereidigt wurde, war ein denkwürdiger Tag in der Parlamentsgeschichte. Unter der Ausnah-

---

[91] Die meisten Mitglieder der Fraktion waren beträchtlich älter, die jüngsten waren Kahn, Stockinger, Marum und Strobel.

[92] Marum, Kolb und Geck. Vgl. Rapp (1929), S. 28, 25, 15.

[93] Strobel, Stockinger, Kahn, Kramer. Vgl. Rapp (1929), S. 42, 41, 23.

[94] Geiß, Weber, Bechtold. Vgl. Rapp (1929), S. 16,44,7.

[95] Roesch, Kurz, Boettger. Vgl. Rapp (1929), S. 35, 27, 9.

[96] Das betrifft Kolb (Redakteur), Kahn (Expedient), Boettger (Arbeitersekretär) und Strobel (Parteisekretär). Vgl. Rapp (1929), S. 25, 23, 9, 42.

[97] Kurz und Bechtold waren Landwirte, Marum Rechtsanwalt, Geiß Wirt und Geck Druckereibesitzer. Vgl. Rapp (1929), S. 27,7,78, 16,15.

[98] Roesch war Schriftsetzer, Stockinger Kassenberater, Kramer Geschäftsführer des Medizinalvereins und Weber Metallarbeiter und Kaufmann. Vgl. Rapp (1929), S. 35,41,26,44.

[99] Es handelte sich um Strobel, Geiß, Kahn, Kramer, Boettger, Bechtold. Vgl.: *Verhandlungen* etc. Heft 511, Verzeichnis der Abgeordneten.

[100] Nämlich Marum, Kolb, Weber, Kurz. Vgl. ebenda.

[101] Stockinger aus Pforzheim, Roesch aus Lörrach und A. Geck aus Offenburg. Vgl. ebenda.

mesituation des Krieges wurde die dualistische Struktur des Konstitutionalismus, die auf der Machtteilung zwischen Parlament und Regierung beruhte, aufgehoben, das Parlament unterwarf sich einer Beschneidung seiner Aufgaben und stimmte aus freiem Willen der Dominanz der Exekutive zu.[102] Marums politische Tätigkeit begann also zu einem Zeitpunkt ausgesprochener Schwäche der Volksvertretung.[103] Dennoch musste ihn diese Sitzung mit Befriedigung erfüllen, lieferte sie doch – seiner Ansicht nach – den Beweis für die Richtigkeit der neuen politischen Linie der Sozialdemokratie, die sich als patriotische und staatsbejahende Partei in die geschlossene Front der Parlamentsparteien einreihte. Symbolischer Ausdruck dieser Politik, an der nun auch Marum aktiven Anteil hatte, war die Teilnahme der Partei am Empfang des Großherzogs und die Einstimmung in das auf den Fürsten ausgebrachte Hoch.

Bei der Kommissionsbildung im ordentlichen Landtag 1915/16 rückte Marum in zwei der wichtigsten Ausschüsse der Zweiten Kammer ein. Er wurde in den erweiterten Haushaltsausschuss gewählt, dem im Wesentlichen die Etatberatung oblag. Und er wurde zum Vorsitzenden der Kommission für Justiz und Verwaltung bestimmt, womit er wiederum die Nachfolge Franks antrat.[104] Mit der Übernahme dieses Amtes, das er im Wesentlichen der Förderung Kolbs verdankte, war ein Konflikt mit Adolf Geck verbunden. Geck, der in der vorhergehenden Landtagsperiode in dieser wichtigen Kommission mitgearbeitet hatte, war von Kolb nicht mehr berücksichtigt worden[105] und nun nur noch auf die Arbeit in der politisch bedeutungslosen Kommission für Geschäftsführung und Archivariat verwiesen.[106] Dieses Vorgehen der Fraktionsführung erbitterte Geck so sehr, dass er sich mit einer Beschwerde an die Parteiorganisation seines Wahlkreises Pforzheim wendete und, als diese erfolglos blieb, wohl den Entschluss fasste, die „Flucht aus der Kolbschen Zarenherrschaft"[107] anzutreten und seinen Austritt aus der Fraktion zu verkünden. Geck stellte die Vorgänge um seinen Ausschluss aus der Kommissionsarbeit in folgender Weise dar: Ohne sein Wissen und Wollen sei von der Fraktionsleitung eine andere Persönlichkeit (gemeint ist Marum) für die Kommission vorgeschlagen worden, seine Beschwerde bei der Fraktion sei erfolglos geblieben. Geck fühlte sich zu politischer Untätigkeit verurteilt und in der Öffentlichkeit diskreditiert durch unbegründete Verdächtigungen seitens der Fraktionsleitung wegen der Vernachlässigung der Pflichten eines Abgeordneten.[108]

Inwieweit Marum aktiv an der Intrige gegen Geck beteiligt war, lässt sich nicht rekonstruieren. Seine politische und persönliche Nähe zu Kolb, seine Mitarbeit in der Frakti-

---

[102] Vgl. auch: Exner-Seemann (1996).
[103] Seine politische Tätigkeit endete in einer ähnlichen Situation 1933, kurz bevor sich der Reichstag im Ermächtigungsgesetz der Exekutive unterwarf und seine Funktion selbst beschnitt.
[104] Verhandlungen etc., Heft 512, 1916, S. III.
[105] Geck hatte Kolb wegen der Flugblattaffäre angegriffen und gefordert, dass er vom Fraktionsvorsitz zurücktreten solle. Vgl. Müller (1988), S. 146.
[106] Verhandlungen etc., Heft 512, 1916, S. III.
[107] GLA KA, N Geck 1217.
[108] Ebenda.

onsleitung lässt jedoch vermuten, dass er in die Vorgänge eingeweiht war. Deutlich war auf jeden Fall, dass Marum von dem Vorgehen gegen Geck profitierte und als Vertreter des reformistischen Flügels mit seiner Kandidatur keinen Widerspruch provozierte.

Das Politikfeld der Verfassungsreform, auf dem Marum als Experte galt, wurde in den ersten beiden Landtagen kaum berührt, die Partei verzichtete vor dem Hintergrund des Burgfriedens auf jede offensive verfassungspolitische Forderung. Marums Tätigkeit während des Landtags 1915/16 hatte ihren Schwerpunkt im Haushaltsausschuss, als dessen Sprecher er während dieser Sitzungsperiode schon einmal vor das Plenum trat. Außerdem fungierte er als Sprecher der Kommission für Justiz und Verwaltung und war Mitunterzeichner eines Antrags, der im Zusammenhang mit den Etatberatungen gestellt wurde.[109] Es handelte sich hier um kriegsbedingte Einsparungen; als Sprecher der Haushaltskommission behandelte Marum die badische Regelung für im Kriegseinsatz befindliche Gymnasiasten zur Erreichung ihres Abiturs. Im Auftrag der Kommission für Justiz und Verwaltung sprach er zum Thema der Beschlagnahmung von Grundstücken zum Zweck der Bebauung und damit zur Sicherstellung der Ernährung der Bevölkerung. Die parlamentarische Arbeit unter dem Zeichen des Burgfriedens bedeutete für Marum, dass er kaum spezifisch sozialdemokratische Politik zu vertreten hatte, sondern dass er sein Einverständnis gab zu Regierungsvorlagen und in der Kommissionsarbeit die Verständigung mit den übrigen Parteien suchte.

Dieser Aufgabe entledigte er sich mit großem Erfolg, er fand die Anerkennung auch der bürgerlichen Kommissionsmitglieder, was sich in seiner Bestellung zum Sprecher ausdrückte. Der erste Auftritt Marums im Parlament fand am 21. Dezember 1915 statt,[110] als er einen gemeinsamen Antrag der SPD mit der FVP und der Rechtsstehenden Vereinigung begründete. Es handelte sich um einen Posten des außerordentlichen Etats für 1916/17, der nur eine einmalige Bezuschussung verlangte, also nicht zum Grundbestand des Haushalts gehörte. Der Posten betraf die Finanzierung des Großherzoglichen Hoftheaters Karlsruhe, die zwar eigentlich der großherzoglichen Zivilliste oblag, die sich aber wegen der kriegsbedingten Erhöhung ihrer Leistungen für außerstande erklärte, weitere Zuzahlungen zu leisten. Die Regierung erbat einen einmaligen Zuschuss von 200 000 Reichsmark vom Land. Diese Thematik löste sowohl im Haushaltsausschuss als auch in der Kammer eine beträchtliche Diskussion aus, in der es um Fragen der Zuständigkeit, der Notwendigkeit von Kultur in Kriegszeiten und der zumutbaren Belastbarkeit der Zivilliste ging. Die Budgetkommission legte einen Kompromissvorschlag vor, nach dem sich das Land und die Stadt Karlsruhe den geforderten Zuschuss teilen sollten.[111] Die Nationalliberalen machten sich für die Bewilligung des reduzierten Zuschusses von 100 000 Reichsmark stark, ihr Berichterstatter Dr. Blum verwies auf die seiner Meinung nach wichtige Funktion des Theaters selbst in Kriegszei-

---

[109] Exner-Seemann (1998), S. 195–218. Hier: S. 201f.

[110] Ebenda.

[111] Bericht der Karlsruher Zeitung über die Verhandlungen der Ersten und Zweiten Kammer des Badischen Landtags 1915/16. Karlsruhe 1916, Sp. 121.

ten. Er beschloss seinen Bericht mit den Worten: „Zum Schlusse noch ein kurzes Wort! Der Voranschlag des Ministeriums des Kultus und des Unterrichts, wie er uns heute zur Beschlussfassung vorgelegt wird, macht durchaus den Eindruck eines Friedenshaushalts – der beste Beweis dafür, dass wir in dem gewaltigsten Kriege, den die Weltgeschichte gesehen hat, auch die Werke des Friedens nicht vernachlässigen, dass wir uns bemühen, auch im Kriege in stiller Arbeit die Aufgaben des Kulturstaates nach jeder Richtung zu erfüllen, dass wir bestrebt sind, die alten Tugenden des deutschen Volkes in die Herzen der heranwachsenden Jugend nach wie vor zu pflanzen: Gottesfurcht und Vaterlandsliebe."[112]

Gegen den Kompromissvorschlag der Budgetkommission brachte Marum zusammen mit den Vertretern der Fortschrittlichen Volkspartei Muser und der Rechtsstehenden Vereinigung Fischer den weitergehenden Antrag ein, wonach dieser Posten völlig aus dem außerordentlichen Haushalt gestrichen werden sollte. Marum trat in seiner Begründung dafür ein, dass die Zivilliste – trotz hoher Belastung – ihren Verpflichtungen nachzukommen habe und dass die Steuerzahler nicht weiter belastet werden dürften. Mit dieser Argumentation orientierte er sich an einer an Recht und Verfassung ausgerichteten Position, während der Vertreter der Rechtsstehenden Vereinigung sich durchaus mit der Entlastung der Zivilliste einverstanden erklärte, aber den Theaterbesucher zur Kasse bitten wollte. „Wer ein Theater braucht, der soll es auch bezahlen", so lautete die Quintessenz dieser konservativen Auffassung. Marums kurze Begründung dagegen hatte folgenden Wortlaut: „Ich kann mich in der Begründung des Antrags ganz kurz fassen, denn der Herr Berichterstatter hat in seinem mündlichen Bericht schon auf die Verhandlungen der Kommission hingewiesen. Ich bin der Meinung, dass nach §2 des Zivillistengesetzes die Zivilliste verpflichtet ist, das Hoftheater zu unterhalten. Es ist zwar bedauerlich und anzuerkennen, dass sie infolge des Krieges in schwierige Verhältnisse gekommen ist; dieses Schicksal teilt sie aber nur mit sehr vielen Schichten der Bevölkerung, und das kann sie nicht von der gesetzlichen Verpflichtung entlasten, den Betrieb des Hoftheaters zu unterhalten. Ich bin der Meinung, dass gerade in der gegenwärtigen Zeit, wo alle so schwere Opfer bringen, und wo jeder gezwungen ist, sich in seinen Finanzen aufs äußerste zusammen zu reißen, um durchzuhalten, keine Veranlassung besteht, dem Lande größere Opfer zuzumuten, als sie nach dem Gesetz und nach de Verfassung vorgeschrieben sind, und dass deshalb für das Land, auch wenn die Stadt Karlsruhe ohne Verpflichtung hierzu einen Zuschuss von 100 000 M. zugesagt hat, keine Veranlassung besteht, der Zivilliste die Last abzunehmen, zumal ihr im Lauf der letzten Jahrzehnte schon erhebliche Lasten abgenommen worden sind, die sie an und für sich zu tragen gehabt hätte. Ich bin deshalb der Auffassung, dass diese Position zu streichen ist."[113] Der Gruppenantrag, den Marum hier vertreten hatte, unterlag mit 21 gegen 37 Stimmen.[114]

Symptomatisch für Marums ersten parlamentarischen Auftritt war, dass er hier als Sprecher eines Gemeinschaftsantrags in Erscheinung trat, der von bürgerlichen und

---

[112] Ebenda.
[113] Ebenda, S. 121f.
[114] Exner-Seemann (1998), S. 202.

konservativen Kräften unterstützt wurde, er sich also von Anfang an als Politiker präsentierte, der keine Berührungsscheu mit Vertretern ganz anderer Interessen zeigte.

Ein zweites Mal trat er am 15. Februar 1916 als Berichterstatter der Kommission für Verwaltung und Justiz ans Rednerpult und befürwortete im Namen der Kommission ein provisorisches Gesetz der Regierung vom 1. März 1915, um dessen nachträgliche Bewilligung durch die Kammer nachgesucht wurde.[115] Es handelte sich um das Gesetz über die Entziehung der Nutzung von Grundstücken zur Anpflanzung von Nahrungs- und Futtermitteln. Marum und die Kommission unterstützten das Gesetz, das eine Entziehung des Nutzungsrechts ohne Entschädigung vorsah. In der anschließenden Debatte plädierte das Zentrum für Entschädigung, worauf Marum antwortete: „Wenn man allgemein eine Entschädigungspflicht einführen würde für diejenigen Grundeigentümer oder Berechtigten, denen ein Grundstück deswegen entzogen werden muss, weil sie nicht in der Lage waren, es zu bebauen, ich glaube, dann würden sehr viele kommen und würden sagen: Das Grundstück rentiert nicht beim Bebauen, ich bin nicht in der Lage, es zu bebauen; bitte, Gemeinde oder Staat, bebaue du es und zahle mir den Überschuss des Ertrages heraus."[116] Die Gesetzesvorlage in der von Marum empfohlenen Fassung wurde einstimmig angenommen[117] und so die Anstrengung des Staates unterstützt, den Engpass in der Versorgungslage zu überwinden.

Der letzte Auftritt Marums in dieser Sitzungsperiode fand am 18. Dezember 1916 als Sprecher der Budgetkommission statt.[118] An diesem Tag behandelte er eine Anfrage der nationalliberalen Partei hinsichtlich der Fürsorgepflicht der Regierung für die ins Heer eingetretenen Schüler der höheren Lehranstalten. Die Nationalliberalen erbaten von der Regierung eine Regelung, die diese Schüler besonders schnell zum Abitur führte. Marum legte den Inhalt der Anfrage dar und behandelte die Antwort der Regierung, die allerdings unter der Einschränkung stand, dass die von ihr anvisierte Lösung noch der Zustimmung der deutschen Bundesstaaten bedurften, die im Jahr 1909 eine Vereinbarung über die gegenseitige Anerkennung des Abiturs getroffen hatten. Die Budgetkommission empfand die Antwort der Regierung als zufrieden stellend und empfahl der Kammer, diesen Punkt als erledigt zu erklären.[119]

Die Tätigkeit Marums im ersten ordentlichen Kriegslandtag zeigt den Blitzstart eines jungen Politikers, dem es gelang, aus dem Stand heraus in der Fraktionsführung mitzuwirken,[120] den Vorsitz einer wichtigen Kommission zu übernehmen und in dem zentralen Ausschuss des Parlaments, dem Haushaltsausschuss, mitzuwirken. Dass er schon in

---

[115] Ebenda.

[116] Ebenda, S. 204

[117] Verhandlungen etc., Sp. 227.

[118] Exner-Seemann (1998), S. 102.

[119] Es handelte sich um Oberprimaner, die wegen des Heeresdienstes kein Abitur machen konnten, um Schüler, die nach ihrem Kriegsdienst wieder aufs Gymnasium zurückkehren und um die Schüler, die nach Beendigung des Kriegs zurückkommen würden. Für alle Gruppen wurde versucht, ihnen den Weg zum Abitur zu erleichtern. Vgl. Exner-Seemann (1998), S. 202.

[120] Marum wird als 3. Fraktionsvorsitzender bezeichnet. Vgl. Rapp (1929), S. 99.

der ersten ordentlichen Sitzungsperiode zweimal als Kommissionsberichterstatter vor das Plenum trat und Mitunterzeichner eines Drei-Parteien-Antrags war, musste auffallen. Wie ungewöhnlich diese Karriere für einen Parlamentsneuling war, darüber gibt uns eine Bemerkung des Zentrumsabgeordneten Köhler Aufschluss, der ebenfalls erst 1913 in die Zweite Kammer eingezogen war. Köhler schreibt in seinen Lebenserinnerungen: „Im Landtag, den ich im Oktober 1913 bezog, mussten die ‚Benjamine' selbstverständlich zugunsten der älteren Mitglieder der Fraktion zurücktreten, so dass ich dort kaum einmal zu einer größeren Rede kam."[121]

Dass es Marum gelang, als einer der „Benjamine" seiner Fraktion (und des ganzen Parlaments), sofort eine wichtige Rolle zu übernehmen, mag an seiner juristischen Fachkompetenz, seinem unermüdlichen Arbeitseinsatz und der günstigen Vorbedingung für den reformistischen Kurs seiner Partei gelegen haben. Hinzu kam noch, dass Marum das Amt eines Parlamentariers als seine eigentliche Berufung ansah und er in diesem Politikfeld des Verhandelns, Vermittelns, Ausarbeitens und des Verbesserns von Gesetzesvorschlägen große Fähigkeiten entwickelte. Wobei er in dieser Phase des Landtags noch keine Gelegenheit erhielt, die programmatischen Ziele seiner Partei in rhetorisch gekonnter Weise dem Plenum vor Augen zu führen. Dazu sollte er erst ab dem Jahre 1917 Gelegenheit erhalten.

In diesen frühen Jahren erlebte Marum die Akzeptanz seiner Fraktion und der parlamentarischen Kommissionen, in denen er Führungspositionen besetzen konnte. Seine Mitwirkung in der Fraktionsleitung war nicht nur auf die Förderung Kolbs zurückzuführen, sondern beruhte auch auf dem Vertrauen der übrigen Fraktionsmitglieder. Und auch die bürgerlichen Parteien akzeptierten ihn als einen Vertreter der dezidiert reformistischen SPD, deren Mitarbeit und Wandlung zu einer Volkspartei sie ausdrücklich begrüßten. Der Erfahrung der Akzeptanz als Parlamentarier stand die der Anfeindung innerhalb der Partei gegenüber. Der in diesen Jahren sich vollziehende Spaltungsprozess verschärfte die Auseinandersetzungen zwischen Reformisten und dem linken Flügel. Wenn dieser Kampf in Baden auch schwächere Formen als auf Reichsebene annahm, so wurde er dennoch ausgetragen und trug zur Verschlechterung des Klimas in der Partei bei.

„Neuorientierung" und badische SPD

In den beiden letzten Kriegslandtagen trat die badische SPD in eine neue Phase ihrer Politik. Neben der bedingungslosen Anerkennung des Primats der Außenpolitik, der Ausrichtung aller Bestrebungen auf den Sieg Deutschlands, verfolgte sie nun auch das Ziel der Durchsetzung innenpolitischer Reformen, die sich vor allem auf den verfassungspolitischen Bereich, die Fortentwicklung des badischen Konstitutionalismus konzentrierten. Der Anstoß zu dieser Erweiterung ihrer politischen Zielsetzung resultierte aus Entwicklungen, die sich außerhalb Badens vollzogen: weltpolitische Ereignisse wie die

---

[121] Köhler (1964), S. 74.

russische Revolution bestätigten die linken Politikkonzepte und ließen eine reformistische Stillhaltepolitik nicht weiter opportun erscheinen. Zur gleichen Einsicht führte die Konkurrenzsituation mit der USPD im Reich, welche die Partei in ihrem Mitgliederbestand und ihrer Wählerbasis bedrohte.

Der Kriegseintritt der Vereinigten Staaten, der fehlende militärische Durchbruch und der Misserfolg des uneingeschränkten U-Boot-Kriegs minderte die Durchhaltebereitschaft der Bevölkerung, die ohnehin durch die fortschreitende Teuerung, Engpässe in der Versorgung, Beschränkung der Brotrationen von Kriegsmüdigkeit erfasst war und sich den Friedensforderungen der USPD immer zugänglicher zeigte. Die Politik der Mehrheitssozialdemokraten geriet unter Druck und das führte zu einer vorsichtigen Reformpolitik, die begünstigt schien durch Entwicklungen in der Reichspolitik und die zunehmende Konzessionsbereitschaft von Kanzler und Kaiser. Die badische SPD orientierte sich also in ihrem neuen politischen Vorstoß an Entwicklungen der Reichspolitik. Im Reichstag hatte es Bethmann-Hollweg für opportun gehalten, angesichts der angespannten außenpolitischen Lage der Politik der „Neuorientierung" neue Impulse zu geben: Die Änderung des preußischen Wahlrechts wurde in Aussicht gestellt, Korrekturen an der Reichsverfassung sollten im Verfassungsausschuss vorbereitet werden. Die Osterbotschaft Wilhelm II. aus dem Jahre 1917 deutete eine „Umbildung des Preußischen Landtags" an. Er sprach davon, dass „Raum geschaffen werden soll für freie und freudige Mitarbeit aller Glieder des Volkes".[122] Die damit angedeutete Reform des Herrenhauses und die Abschaffung des Dreiklassenwahlrechts bestätigte die SPD in ihrer Hoffnung auf eine Verfassungsreform, die sie nicht auf Preußen beschränkt, sondern auch auf die Reichsverfassung angewandt wissen wollte. Ihre alte Forderung nach einer Neueinteilung der Reichstagswahlkreise und nach dem Ausbau der Rechte des Reichstags wurden erneut erhoben, begleitet von den bekannten Forderungen nach einer Reform des Heereswesens, der Steuer- und der Zoll- und Handelspolitik.[123]

Die badische SPD sah sich durch das Entgegenkommen der Reichsregierung und die tolerante Haltung der badischen Regierung ermutigt, nun in eine Phase konkreter Reformpolitik zu treten und den Beweis dafür zu liefern, dass ihre Politik der Mitarbeit und der Kompromisse nun durch Gegenleistungen und Zugeständnisse honoriert werde, Gegenleistungen und Zugeständnisse, die sie – wie die Reichs-SPD auch – vor allem auf den Gebieten der Verfassungsreform und der Demokratisierung erwartete.

Kolb schrieb am 21. April 1917 im Volksfreund: „Wir stehen vor einem der wichtigsten bedeutungsvollsten Abschnitte in der innenpolitischen Entwicklung des Reiches und der Bundesstaaten. Mehr wie auf jede andere Partei sind die Blicke und die Hoffnungen des deutschen Volkes auf die Sozialdemokratie gerichtet. Von ihrer politischen Haltung wird in erster Linie Maß und Umfang der politischen Neuorientierung abhängen."[124] Die

---

[122] Zitiert nach einer Rede Marums in der 2. Kammer vom 11.6.1917. Amtliche Berichte der Zweiten Kammer, Jahrgang 1917, Sp. 710.
[123] Vgl. Müller (1988), S. 162.
[124] *Volksfreund* vom 21.4.1917.

badische SPD war gewillt, ihrer Landtagsarbeit neue Impulse zu geben. Dieser Neuansatz in der Politik der Landtagsfraktion wurde seitens der badischen SPD außerordentlich sorgfältig vorbereitet. Vor Beginn des außerordentlichen Landtags im Frühjahr 1917 fand in Offenburg eine Landeskonferenz statt, auf der die Inhalte der neuen Politik mit der Basis abgestimmt wurden. Kolb hatte ein Aktionsprogramm entwickelt, das sich als „badische Initiative" verstand und Grundlage für die Politik der Landtagsfraktion sein sollte. Kolb versuchte hier den Grundsatz der „unbedingten Anerkennung des bestehenden Systems" mit einem vorsichtigen Vorstoß zur Weiterentwicklung der badischen Verfassungsstrukturen zu verbinden. Diese neue Taktik wollte er nicht als Oppositionspolitik verstanden wissen, sondern als eine Politik des Einvernehmens mit Regierung und bürgerlichen Parteien. Zu dieser Annahme glaubte er sich berechtigt, angesichts der badischen Regierungserklärung vom Dezember 1915, die er nun als ein Versprechen politischer Reformen deutete. Im gleichen Sinne interpretierte er die Erklärung des Reichskanzlers und des Kaisers. Kolb schrieb im *Volksfreund* vom 21. April: „Dieses Bekenntnis der Regierung war eine Selbstverständlichkeit. Jetzt gilt es die Konsequenzen aus dem politischen Bekenntnis des deutschen Kaisers und des deutschen Reichskanzlers auch für Baden zu ziehen."[125]

Sein Aktionsprogramm war als ein Minimalprogramm gedacht, das die Konstituierung einer parlamentarischen Reformmehrheit ermöglichen sollte und das Großblockbündnis mit den liberalen Parteien erneuern wollte. Auf der Landeskonferenz unterstrich Kolb, dass „die SPD ihre Forderungen so zu stellen habe, dass wir auch die bürgerlichen Parteien dafür gewinnen können".[126] Kolb knüpfte also an seine bekannten politischen Leitlinien an, er entwickelte keine absolut neue Taktik und empfahl der Partei die äußerste Kompromissbereitschaft. So schlug er zum Beispiel im Aktionsprogramm den Verzicht auf das Frauenwahlrecht vor, nur um den Hauptforderungen zum Durchbruch zu verhelfen.

Die Landeskonferenz trat am 22. April 1917 in Offenburg zusammen und setzte sich dieses Mal aus gewählten Delegierten der Reichstagswahlkreise sowie den badischen Mandatsträgern in Land- und Reichstag zusammen. Wahrscheinlich war auch Marum zugegen. Zwei Landtagsabgeordnete, die nicht namentlich benannt wurden, fehlten laut Bericht des *Volksfreund.* in der Konferenz. Da Marum seinen Heeresdienst ableistete, ist nicht sicher, ob er für die Landeskonferenz freigestellt wurde.[127] Im Zentrum der Tagesordnung standen zwei Punkte: die Resolution des Landesvorstands angesichts der Spaltung der Partei und das von Kolb vorgelegte Aktionsprogramm. Daneben rückten die Entschließung zur Kriegspolitik der Partei und der russischen Revolution in den Hintergrund. Hinsichtlich der Kriegspolitik bekräftigte die Konferenz noch einmal, dass sie hinter der Mehrheit der Reichstagsfraktion stehe und die „Politik des 4. August" weiterhin

---

[125] Ebenda.
[126] Zitiert nach Müller (1988), S. 166.
[127] Vgl. *Volksfreund* vom 24.4.1917.

unterstütze. Die badische SPD begrüßte die Revolution des russischen Proletariats, das „sich vom Joch des Zarismus"[128] befreit habe, befasste sich aber nicht ausführlicher mit diesem Thema.

Die Diskussion und Beschlussfassung zu den zwei Hauptpunkten – der endgültigen Trennung von der linken Partei-Opposition und der Verabschiedung des Aktionsprogramms – machte diese Konferenz zu einer der „bedeutendsten Tagungen der Parteigeschichte",[129] die nun endgültig die Mehrheitssozialdemokraten auf den Boden einer systemtreuen Reformpolitik stellte. Obwohl die seit wenigen Tagen bestehende USPD in Baden fast keinen Widerhall fand,[130] entschloss sich die Landeskonferenz zu einem harten Vorgehen. Der Landesvorstand legte eine Resolution vor, welche die Unvereinbarkeit der Zugehörigkeit zu beiden sozialdemokratischen Organisationen feststellte und für diesen Fall den Parteiausschluss androhte. Diese Resolution wurde vor allem von Kolb unterstützt, der die klare Trennung von den Linken forcieren wollte. Der Gegenantrag des linken Arbeitersekretärs Martzloff aus Freiburg hatte auf der Landeskonferenz keine Chance. Martzloff wollte „eine Zerfleischung der Partei im Bruderkampf"[131] vermeiden und schlug – entsprechend dem Vorgehen der bayerischen Landesorganisation – eine bloße Verurteilung von Sonderorganisationen vor. Kolb lehnte ein solch vermittelndes Vorgehen ab und betonte noch einmal, dass es in dem Parteistreit nicht allein um unterschiedliche Auffassungen über den Charakter des Krieges gehe, sondern wesentlich um Fragen der Taktik und der Prinzipien. Kolb führte aus: „Es handelt sich nicht nur um die „Politik des 4. August", sondern um die Stellung zu grundlegenden Fragen der Partei. Die Partei muss die Konsequenz aus der Entwicklungslehre ziehen. Wer Erfolg will, muss bei uns bleiben."[132]

Vor allem das von Martzloff angemahnte Prinzip der Opposition und des Klassenkampfs sei endgültig aufzugeben. Der Delegierte Weißmann definierte den Begriff des Klassenkampfes neu im Sinne der Reformisten um Kolb, als er bemerkte: „Klassenkampf treiben wir am erfolgreichsten, wenn wir uns überall Einfluss verschaffen."[133] Das Thema Parteispaltung wurde mit einer Resolution abgeschlossen, die sich gleichzeitig gegen linke und rechte Abweichung verwahrte und damit die zukünftige Politik der Partei auf

---

[128] *Volksfreund* vom 24.4.1917.

[129] *Volksfreund* vom 26.4.1917.

[130] Der *Volksfreund* konstatierte ganz richtig: „Innerhalb der badischen Sozialdemokratie sind bis heute keinerlei Anzeichen dafür hervorgetreten, dass diese Sonderorganisation in Baden festen Fuß fassen wird. (...) Irgendwelche ins Gewicht fallende Bedeutung werden aber diese oppositionellen Absplitterungen in Baden nicht gewinnen." (*Volksfreund* vom 21.4.1917).

[131] *Volksfreund* vom 24.4.1917.

[132] Ebenda.

[133] Ebenda. Neben der Besiegelung der Parteispaltung grenzte sich die Landeskonferenz von dem prominentesten badischen Linken, von Adolf Geck, ab, indem sie ihm das Mitberatungsrecht verweigerte. Geck hatte zu Beginn der Konferenz ohne Angabe von Gründen seinen Austritt aus der Landtagsfraktion bekannt gegeben. Zu diesem Zeitpunkt war er wahrscheinlich noch nicht Mitglied der USPD; erst am 15.5.1917 teilte er in einem *Volksfreund*-Artikel seinen Übertritt mit. (*Volksfreund* vom 15.5.1917.

die Mitte festlegte. Das bedeutete für die Reformisten einerseits die Korrektur ihrer extremen Rechtsabweichung und andererseits die verstärkte Konzentration auf ihre parlamentarische Mitarbeit, über die sie entscheidende Reformen durchzusetzen hoffte.

Diesem Kurs fühlte sich das von Kolb vorgetragene Aktionsprogramm verpflichtet, das als realpolitisches Konzept von sehr gering bemessenen Erwartungen ausging und nur das vermeintlich Durchsetzbare in den Blick nahm. „Was wir fordern, müssen wir sehen, auch durchsetzen zu können", schrieb Kolb im *Volksfreund*.[134] Er trug der Landeskonferenz ein Minimalprogramm vor, von dem er glaubte, dass es die Zustimmung der liberalen Parteien finden könnte. Es umfasste den folgenden Forderungskatalog: Beseitigung aller Privilegien der Geburt und des Besitzes, Einführung des Proporzes bei den Landtagswahlen, Neufassung der Kreisverfassung und der badischen Gemeinde- und Städteordnung, Ausbau des Schulwesens, Vereinfachung und Verbilligung der Staatsverwaltung. Mit diesem Programm wollte sich die badische SPD an die Spitze der Reformbewegung in Deutschland setzen, sie wollte die Vorreiterrolle Badens im demokratischen Prozess neu beleben. Im Volksfreund hieß es dazu: „Baden war einer der ersten deutschen Staaten, der eine Verfassung eingeführt hat. Wohlan! Möge auch jetzt wieder Baden den andern deutschen Bundesstaaten und dem Reiche in der Erkenntnis vorangehen, dass der demokratische Ausbau unseres Verfassungslebens die sicherste Gewähr für eine glückliche Lösung der uns bevorstehenden großen, gewaltigen Aufgaben ist und dass er zugleich dazu beiträgt, das Deutsche Reich nach außen stark und mächtig zu machen. Baden in Deutschland voran!"[135]

Zu einem Vorgehen im Landtag, das die eng gesteckten Grenzen des Burgfriedens durchbrechen sollte, glaubte sich Kolb wegen der zugespitzten politischen Lage berechtigt, die immer dringender nach Demokratisierung verlange: Durch den patriotischen Einsatz der Bürger im Heer und an der „Heimatfront" hätten diese sich ein Recht auf demokratische Gegenleistungen des Systems erstritten. „Das Volk hat nach diesem Kriege und seiner Leistungen während desselben ein verbrieftes Recht darauf, dass diese Bremsklötze (gemeint ist z.B. die 1. Kammer und ihre Zusammensetzung, m.A.) für eine gesunde freiheitliche Entwicklung unseres politischen Lebens endlich beseitigt werden.[136]

In der sich anschließenden Diskussion rief das Programm fast einhellige Zustimmung hervor, lediglich Martzloff äußerte Bedenken hinsichtlich der Großblockpolitik und des allzu verbindlichen Forderungskatalogs.[137] Trotz dieser Einwände nahm die Konferenz das Aktionsprogramm einstimmig an. Damit legte sich die badische SPD auf politische Zielpunkte fest, die über die konsequente Demokratisierung und damit die Fortentwicklung des Konstitutionalismus nicht hinausgingen.[138] Sie verlangte keineswegs dessen Aufhebung oder die Einführung eines rein parlamentarischen Systems. Sogar den Parlamenta-

---

[134] *Volksfreund* vom 25.4.1917.
[135] *Volksfreund* vom 21.4.1917.
[136] *Volksfreund* vom 24.4.1917.
[137] Vgl. *Volksfreund* vom 25.4.1917.
[138] Vgl. auch Grosser (1970).

rismus nach englischem Muster lehnte die badische SPD als zu weitgehende politische Forderung ab; sie akzeptierte die Fortexistenz des Dualismus von Exekutive und Legislative, wie ihn der deutsche Konstitutionalismus vorsah, und verlangte lediglich eine eigene „Fühlung" zwischen Parlament und Regierung. Die folgende Äußerung im *Volksfreund* unterstrich diese Haltung: „Es kommt bei der Parlamentarisierung wirklich nicht darauf an, dass einige Wortführer der großen Parteien in die Regierung berufen werden, sondern das Entscheidende ist, dass keine wichtigen Entschlüsse von der Regierung getroffen werden können, ohne dass dazu die Volksvertretung ihre Zustimmung gegeben hat."[139]

Der Badische Landtag im Krieg: Der außerordentliche Landtag 1917

Der außerordentliche Landtag, dessen Anlass erneut die Bewilligung von Krediten war, wurde am 24. April 1917 eröffnet. Im Vorfeld hatten Regierung und Fraktionsvorsitzende vereinbart, dass auch dieser Landtag einen ruhigen Verlauf nehmen sollte. Ihre ursprüngliche Zustimmung zu diesem Abkommen nahm die SPD nun zurück angesichts der veränderten innen- und außenpolitischen Lage. Sie erklärte, man dürfe die „Grenzen des Burgfriedens nicht zu eng ziehen"[140] und vor einer politischen Debatte nicht zurückschrecken. Diese werde vom Volk gewünscht und könne neue Impulse für die Regierungspolitik geben. Der Volksfreund schrieb am Tag der Eröffnung des Landtags, das Volk fordere „vom Parlament eine offene, klare, politische Willensäußerung", die geeignet sei, der „Regierung den Weg zu zeigen",[141] da sonst zu fürchten sei, dass sie in einem Zustand der Stagnation verharre. Über die parlamentarische Debatte ihres Aktionsprogramms hinaus strebte die SPD keine weiteren Initiativen im Landtag an. Sie verzichtete sowohl auf Anträge als auch auf Interpellationen. Kolb erklärte, es gelte lediglich die „Situation zu sondieren".[142]

Nach einer Vorbesprechung im Haushaltsausschuss war das SPD-Aktionsprogramm Gegenstand einer viertägigen Aussprache im Plenum während der Haushaltsberatung im Juni 1917. Kolb eröffnete am 6. Juni die Diskussion mit der Vorstellung des Programms und ordnete es in einer breiten Darstellung in den ideologischen Hintergrund seiner Partei ein. Es folgte die Stellungnahme von Regierung und Parteien, am 11. Juni schloss Marum mit einer großen Erwiderungsrede die Debatte ab. Kolb betonte in seinem Beitrag als Zeichen des Entgegenkommens, dass seine Partei mit der Monarchie einen modus vivendi suche und auf jegliche republikanische Agitation verzichten wolle. Er unterstrich besonders die Forderung nach Abschaffung der Ersten Kammer: „Vor allem gilt es, mit den 'historischen' Privilegien der Geburt und des Besitzes restlos aufzuräumen. Dafür ist in Deutschland kein Raum mehr. Das Volk hat nach diesem Kriege ein verbrieftes Recht

---

[139] Vgl. *Volksfreund* vom 23.7.1917.
[140] Müller (1988), S. 221.
[141] *Volksfreund* vom 24.4.1917.
[142] *Volksfreund* vom 13.6.1917.

darauf, dass diese Bremsklötze für eine gesunde freiheitliche Entwicklung unseres politischen Lebens endlich beseitigt werden. Es wäre ein absolut unerträglicher Gedanke, dem hohen und niederen Adel die in der jetzigen Verfassung garantierten politischen und sonstigen Privilegien zu erhalten. Dafür besteht auch nicht der Schatten einer historischen Berechtigung mehr. Wir stehen am Beginn einer neuen Geschichtsepoche, da gilt es neue Grundlagen für das Staatsleben zu schaffen."[143]

Für die Ebene des Bezirks und der Gemeinde fügte er den bereits genannten Forderungen die nach der Wahl der Bezirksräte und der Direktwahl des Oberbürgermeisters hinzu. Während Kolb einerseits die große Konzessionsbereitschaft seiner Partei in ihren verfassungspolitischen Forderungen unterstrich, ließ er andererseits im außenpolitischen Teil seiner Rede seinem Ärger über die schlechte Aufnahme des Programms im Haushaltsausschuss freien Lauf und schlug ungewohnt scharfe Töne in der Geißelung des Krieges an. Er sprach von „Größenwahn" und „imperialistischem Machtstreben als Ursache des Krieges."[144] Die Reaktion auf das SPD-Aktionsprogramm fiel vollkommen anders aus als die Partei sie sich erhofft hatte. Bereits in der Aussprache im Haushaltsausschuss hatte sich eine überwiegend ablehnende Haltung abgezeichnet, die in der Plenumsdebatte vollends offenbar wurde. Diese Debatte war gekennzeichnet durch offene Ablehnung seitens der Regierung und des Zentrums. Eine durchgängig reservierte Haltung der Nationalliberalen, die eine politische Reform erst in Friedenszeiten auf die Tagesordnung setzen wollten, kennzeichnete deren Redebeiträge. Einzig die Fortschrittliche Volkspartei unterstützte das Programm der SPD.[145]

Die Ablehnung der Regierung war bereits in der Eröffnungsrede des badischen Staatsministers von Dusch deutlich geworden, als er mit keinem Wort das Aktionsprogramm erwähnte. In den Beratungen des Haushaltsausschusses lehnte er das Programm definitiv ab und wiederholte seine Argumente in den Plenumssitzungen des Landtags. Von Dusch erkannte keinerlei Notwendigkeit für eine politische Reform. Die 1904 erfolgte Wahlrechtsreform habe Baden eine richtungweisende Demokratisierung des Landtagswahlrechts gebracht, die von der SPD eingeforderten Punkte müssten vor der Dringlichkeit wirtschaftlicher und sozialer Sofortmaßnahmen zurückstehen. In einem liberalen Musterland wie Baden bestehe kein Bedarf an weiteren verfassungspolitischen Korrekturen, der badische Konstitutionalismus genüge vollkommen den Anforderungen eines modernen Staatswesens. Damit waren die Grundlinien der Haltung einer Regierung abgesteckt, die keinerlei Bereitschaft entwickelte, dem Reformverlangen der SPD großzügig entgegenzukommen.

Der Regierungsposition schloss sich das Zentrum an, dessen Interesse nicht auf die Verfassungsreform, wohl aber auf die Rücknahme der Kulturkampfgesetzgebung gerichtet war. Zur Durchsetzung dieses kirchenpolitischen Ziels aktivierte es all seine Kräfte,

---

[143] *Volksfreund* vom 24.4.1917.
[144] Zitiert nach Müller (1988), S. 175.
[145] Vgl. Müller (1988), S. 176.

wobei es sowohl Unterstützung seitens der Regierung als auch von der Seite der Landtagsparteien fand.[146] Die größte Enttäuschung bereitete die Nationalliberale Partei der SPD, als sie durch ihre Ablehnung des Programms alle Hoffnungen auf eine parlamentarische Reformmehrheit zunichte machte. Sie stellte sich rigoros gegen die Abschaffung der Ersten Kammer und gegen die Beseitigung des kommunalen Drei-Klassen-Wahlrechts, einzig der Forderung nach der Einführung des Proporzes zeigte sie sich zugänglich.

Die Aussprache erwies überdeutlich, dass im Frühsommer 1917 im badischen Parlament die Mehrheit keine Notwendigkeit für eine grundlegende politische Reform sah, dass diese Mehrheit vielmehr den status quo erhalten sehen wollte. SPD und FVP standen mit ihren Reformvorstellungen allein da, einzig in der Frage der Überarbeitung der Kreisverfassung wurde Einigkeit erzielt. Die starre Haltung der Regierung fand eine Stütze in der Linie der beiden stärksten Parteien des Landtags: dem Zentrum und den Nationalliberalen, die zu diesem Zeitpunkt noch kein Interesse an einer Veränderung der politischen Grundordnung zeigten.

Nachdem die Positionen von Regierung und bürgerlichen Parteien dargelegt waren, trat als letzter Redner am 11. Juni 1917 Marum vor das Plenum. Seine Aufgabe bestand darin, die vorgebrachten Einwände zu entkräften und die Plausibilität des Programms noch einmal herauszustellen.

Es handelte sich bei dieser mehrstündigen Rede[147] um Marums politische Jungfernrede, die er nach zweijähriger Parlamentsarbeit in der ersten politischen Debatte während des Krieges hielt. Mit ihr eröffnete er seine Laufbahn als einer der glänzendsten Redner des badischen Landtags. Im Juni 1917 war Marum schon an die Fraktionsspitze aufgerückt,[148] neben Kolb genoss der 34-Jährige auch bei den andern Fraktionen durch seine Sachkenntnis und seine Mitarbeit in den Ausschüssen das größte Ansehen. Mit der abschließenden Gegenrede in der politischen Debatte hatte die Partei den einzigen Akademiker mit einer Aufgabe betraut, die rhetorische Fähigkeiten, aber auch dialektisches Denken und argumentative Schärfe verlangte. Diese Aufgabe erfüllte Marum mit Geschick unter Vermeidung allzu aggressiver Töne. Er nutzte diesen ersten politischen Auftritt vor dem Plenum auch dazu, sich selbst und seinen politischen Standpunkt dem Haus vorzustellen. Er leitete seine erste Rede mit der Erinnerung an seinen Vorgänger Frank und der Kritik am einzigen USPD-Abgeordneten des Landtags, Adolf Geck, ein. Damit ordnete er sich selbst in die Traditionslinie des badischen Reformismus ein, den er fortan als Spitzenpolitiker der badischen MSPD vor dem Landtag vertreten wollte. Marum behandelte in seiner Rede sowohl die generelle Abwehr des Aktionsprogramms als eine unnötige und – angesichts des Krieges – unzeitgemäße politische Initiative als auch die einzelnen Forderungen des Programms. Die Notwendigkeit einer politischen

---

[146] Vgl. Stadelhofer (1968) und die Rede Marums vom 9. April 1918 zum Kirchengesetz. Amtliche Berichte der Zweiten Kammer, Jahrgang 1917/18, S. 1484.
[147] Vgl. Amtliche Berichte über die Verhandlungen der Badischen Ständeversammlung. Jahrgang 1917/18, Sp. 708–724.
[148] Vgl. Rapp (1929), S. 99.

Reform begründete er mit dem Hinweis auf die Erwartungen der Frontsoldaten, die sich für ihren Kriegseinsatz verfassungspolitische Zugeständnisse verdient hätten.[149] Die entsprechende Passage der Rede Marums lautete: „Es ist jetzt nach dem großen Kriege, den wir durchleben, keine Zeit mehr für Vorrechte für bestimmte Klassen in dem Staate, sondern jetzt ist die Zeit gekommen, dass alle, die vor dem Tod gleich gewesen sind, auch im Leben Gleichheit genießen. (...) Wenn wir eine Neuordnung verlangen, so geschieht das nicht nur aus Rücksicht auf dieses Prinzip der Gleichheit und Gerechtigkeit, sondern bestimmend ist auch die Rücksicht auf unsere Krieger. Verschiedentlich ist schon darauf hingewiesen worden, dass es durchaus nicht angängig ist, diejenigen, die ihr Leben, ihr alles für das Vaterland gegeben haben, dann wieder, wenn sie in die Heimat zurückkehren, zu degradieren und als solche zu betrachten, die in Bezug auf politische Rechte zurückstehen müssen hinter denjenigen, die etwa zu Hause geblieben sind und sich Vermögen erworben haben und die deshalb nach der Meinung der Großh. Regierung zu den Leistungsfähigeren gehören und höhere politische Rechte haben sollen. (...) Diejenigen, die für den Bestand des Reichs ihr Leben draußen eingesetzt haben, werden sich nicht mehr, wie es vor 100 Jahren nach den Freiheitskriegen geschehen ist, mit leeren Worten abspeisen lassen. Sie werden Taten verlangen, sie werden verlangen, dass der Reichsbau, an dem der verstorbene Abg. Frank mitarbeiten wollte, dass der Innenbau des Reichs wohnlich eingerichtet werde."[150]

Der Sorge der badischen Regierung, innenpolitische Auseinandersetzungen könnten dem Ansehen Deutschlands im Ausland schaden, begegnete Marum mit dem Argument, es gelte gerade, dieses Ansehen dadurch zu heben, dass das politische System den verfassungsmäßigen Standards der westlichen Demokratien angeglichen werde. Anders als Kolb schlug Marum in der Frage der Staatsform einen scharfen Ton an. Die Monarchie könne sich nur dadurch eine Existenzberechtigung erhalten, indem sie demokratische Zugeständnisse mache, andernfalls müsse das Thema der Republik wieder auf die Tagesordnung gesetzt werden. Diese Äußerungen riefen den Unwillen der badischen Regierung hervor, welche die folgenden Sätze als einen harten Verstoß gegen den Burgfrieden empfand: „Der Herr Abg. Kolb hat durchaus richtig ausgeführt, dass wir einen modus vivendi mit der Monarchie finden wollen. Er hat aber weiter dazu gesagt, dass dazu nicht nur gehöre, dass wir einseitig die Gebenden sind, sondern dass die Regierung und die Krone ebenfalls in gleicher Weise Gebende sein müssten. Nur in dieser Weise kann von einem wirklich erträglichen Zustande, von einem wirklichen modus vivendi gesprochen werden. Nun hat der Herr Minister des Innern gemeint, wenn wir einen Erträglichkeitszustand mit der Monarchie fänden, so täten wir eigentlich nur etwas, wozu wir kraft der Verfassung verpflichtet sind, wir unterwerfen uns dabei nur der Verfassung. Es ist richtig, wir unterwerfen uns der Verfassung, und wir haben uns bisher noch immer der Ver-

---

[149] Damit griff er auf den Gedanken Franks zurück, der ebenfalls die Demokratisierung der inneren Verhältnisse als Ergebnis des Krieges erwartet hatte.
[150] Amtliche Berichte (1917), Spalte 711–724.

fassung gefügt. Sowohl der Herr Minister des Innern wie der Herr Staatsminister werden nicht nachweisen können, dass wir etwa auf nicht gesetzmäßigem Wege gegen die Verfassung gearbeitet oder gegen die Verfassung verstoßen haben. Es ist aber keine Pflicht des Staatsbürgers, sich bedenkenlos und ohne jede Äußerung stumm der Verfassung zu unterwerfen, sondern es ist das Recht jedes Staatsbürgers, auf gesetzmäßigem Wege Änderungen der Verfassung herbeizuführen zu suchen und dafür zu agitieren, und das, was der Herr Abg. Kolb sagte, klang doch dahin und war dahin auszulegen, dass wir zurzeit eine republikanische Aktion, eine republikanische Propaganda nicht wollen, und zwar deswegen, weil wir in dem gegenwärtigen Augenblick Wichtigeres zu tun haben. Es ist aber lediglich Sache der Monarchie, ob in dieser Beziehung in den Auffassungen des Volkes draußen eine Änderung herbeigeführt wird oder nicht. Die Monarchie selbst hat es in der Hand, dadurch Vertrauen im Volke zu gewinnen, dass sie mit dem Volk einig geht, dass sie den Wünschen des Volkes entgegenkommt und dass sie Verständnis hat für alle die Strömungen, die im Volke vorhanden sind. Es wird also Sache der Monarchie sein, zu erreichen, dass eine derartige Agitation in der nächsten Zukunft nicht einsetzt."[151]

Abgesehen von dieser Drohung mit der Wiederaufnahme der republikanischen Agitation beschränkte sich Marum aber ebenfalls auf moderate Töne. Er betonte den ausgesprochen gemäßigten Charakter des Aktionsprogramms: „Es hat ein Redner schon darauf hingewiesen, dass eigentlich das Aktionsprogramm sehr bescheiden sei. Wir haben uns Mäßigung auferlegt und haben nur solche Dinge in das Programm hineingenommen, von denen wir der Überzeugung sein konnten, dass es auch anderen Parteien möglich ist, sich für diese Forderungen einzusetzen."[152]

In der folgenden Verteidigung des Aktionsprogramms brachte Marum zwar bereits bekannte Argumente vor, doch tat er dies in geistreicher, mitunter auch ironischer Weise unter Verwendung einer metaphernreichen Sprache, in die er lateinische Zitate einflocht und mit der er dem bildungsbürgerlich geprägten Sprachduktus im badischen Parlament entsprach. Mit Ironie sparte Marum gerade nicht bei der Beschreibung der adligen Mitglieder der Ersten Kammer. Abgesehen von diesen polemisch gehaltenen Seitenhieben auf die führenden Vertreter der alten Ordnung, bediente sich Marum eines sachlichen Tones und konzentrierte sich auf die drei Hauptforderungen seiner Partei: Abschaffung bzw. veränderte Zusammensetzung der Ersten Kammer, Einführung des Verhältniswahlrechts, Beseitigung des kommunalen Drei-Klassen-Wahlrechts. Zur Forderung seiner Partei nach Abschaffung der Ersten Kammer hielt er dem Innenminister v. Bodman die folgende Sichtweise entgegen: „Der Herr Minister hat gemeint, die Erste Kammer sei gewissermaßen eine Bremse, wie sie an jedem Wagen notwendig sei und notwendig werde, wenn es bergab gehe. Nun, ich glaube, die Bedenken der Herrn Ministers des Innern sind unbegründet. Wir beabsichtigen nicht, den Staatswagen an einen Abgrund oder auch nur bergab zu führen, sondern wir wollen bergauf fahren, einer bes-

---

[151] Ebenda, Sp. 712.
[152] Ebenda, Sp. 724.

seren Zukunft entgegen, und wir empfinden es dabei als außerordentlich lästig, wenn auch bei dieser Bergauffahrt die Bremse von der Ersten Kammer gehandhabt wird. Wir meinen, dass die Erste Kammer nicht so sehr eine Bremse als gewissermaßen eher, um auch ein Bild zu wählen, eine Vormundschaftsbehörde ist, die man der Zweiten Kammer, der Volksvertretung setzt.[153]

Bei der Betrachtung des Proporzes stellte er fest, dass die Mehrheit des Hauses sich zwar für dieses Wahlrecht ausgesprochen habe, allerdings die Zentrumsstimmen für die nötige Zweidrittelmehrheit fehlten. Dem Zentrum, welches das Verhältniswahlrecht lediglich in den großen Städten eingeführt wissen wollte, weil es um seine Dominanz auf dem Lande fürchtete, warf er partei-egoistisches Verhalten vor. Mit der zentralen und schon seit langen Jahren vertretenen Forderung der SPD nach Abschaffung des kommunalen Dreiklassenwahlrechts beschäftigte er sich sehr ausführlich. Als Kommunalpolitiker lag ihm eine Änderung in diesem Bereich besonders am Herzen.

Die Kompromissbereitschaft seiner Partei zu betonen, wurde Marum nicht müde. Dies zeigte sich in verschiedenen Signalen. Zu ihnen gehörte der Einstieg in die von den bürgerlichen Parteien initiierte Debatte über eine veränderte Zusammensetzung der Ersten Kammer. Obwohl ihre eigentliche Forderung die völlige Abschaffung der Ersten Kammer verlangte, ließ sich die SPD auf diese Diskussion ein. Der Verzicht auf die Forderung nach Einführung des Frauenwahlrechts wurde ebenfalls als ein Entgegenkommen gegenüber der bürgerlichen Mehrheit des Landtags gesehen. Marum unterstrich, dass zu den Kompromissen auch die moderaten Parlamentarisierungskonzeptionen seiner Partei gehörten. Aber er benannte auch sehr nachdrücklich die Grenzen dieser Kooperationsbereitschaft: „Wir sind bereit, an den Fragen mitzuarbeiten. Wir wollen mitarbeiten, aber nicht um der Mitarbeit allein willen. Wir wollen nicht mitarbeiten, um dabei zu sein, sondern um etwas zu erreichen, und Sie dürfen überzeugt sein: Wenn wir lediglich die Gebenden sein sollten, wenn wir lediglich nichts empfangen sollten, dann hätten wir gar kein großes Interesse an der Mitarbeit. Wir wollen nicht Opposition um der Opposition willen treiben, aber dann würden Sie uns unter Umständen dazu zwingen, in die Opposition zu gehen, solange bis wir die Mehrheit später für unsere Ideen gewinnen."[154]

Zu den geforderten Gegenleistungen seitens der Regierung gehörte für Marum und seine Partei die unbedingte Anerkennung der Sozialdemokratie als gleichberechtigte politische Kraft. Deshalb verurteilte er sehr scharf jeglichen Anschein der Zurücksetzung der Sozialdemokraten, wie sie ihm zum Beispiel bei der Erörterung des gleichen kommunalen Wahlrechts gegeben zu sein schien. Hier wurde deutlich, welch wichtigen Stellenwert das Ziel der Integration der Arbeiterschaft in das bestehende System in dem politischen Konzept der SPD einnahm. Für die Partei war die vollzogene Integration und Akzeptanz die ausdrückliche Prämisse, auf die sich die Bereitschaft zur Mitarbeit gründete.

---

[153] Ebenda, Sp. 712.
[154] Amtliche Berichte über die Verhandlungen der Badischen Ständeversammlung, Jahrgang 1917 (Berichte der Karlsruher Zeitung über die Verhandlungen der Ersten und Zeiten Kammer) Karlsruhe 1917. Sp. 724.

Die Ergebnisse der Debatte, die für die SPD eher enttäuschend waren, bewertete Marum in folgender Weise: „Wenn ich nun das Resultat der Debatte betrachte, und einen Schluss ziehe, wie es vorhin der Herr Minister des Innern getan hat, so möchte ich dabei zweierlei sagen. Es ist ja richtig: Materiell hat die Debatte ein Ergebnis nicht gebracht, sie konnte es auch nicht bringen, weil Anträge nicht vorhanden waren. (...) Auf jeden Fall hat die Debatte (aber) das eine Ersprießliche gehabt, dass wir die Stellungnahme der Großh. Regierung und die Stellungnahme der Parteien kennen gelernt haben. Aber damit ist es uns nicht getan, und ich kann Ihnen sagen, dass wir dabei nicht ruhen werden. Es ist nicht genug damit für uns, dass wir eine Debatte herbeigeführt haben, sondern wir dürfen überzeugt sein, dass wir auf dem kommenden Landtag und auf jedem kommenden Landtag bohren und arbeiten werden, so lange, bis wir die Forderungen, die wir gestellt haben, durchgesetzt haben."[155]

Diese Rede Marums war zweifellos die wichtigste, die er während des Krieges hielt. Der *Volksfreund* lobte den ersten politischen Auftritt Marums nachdrücklich und bescheinigte ihm, dass es gelungen sei, „die angeführten Scheingründe, die gegen die politischen Forderungen erhoben wurden, zu widerlegen" und in scharfen Formulierungen „dagegen angegangen zu sein."[156]

Die übrigen Redebeiträge Marums während des außerordentlichen Landtags beschränkten sich auf die Berichterstattung der Ausschussarbeit und die Zustimmung seiner Partei zu einzelnen Gesetzesvorhaben, die der kriegsbedingten Situation geschuldet waren. Im Mai 1917 lagen Gesetzentwürfe vor, welche die Engpässe in der Versorgungslage mildern wollten. Dazu gehörte das Gesetz zur Abänderung der forstpolitischen Bestimmungen über das Sammeln von Beeren in den Wäldern,[157] das Gesetz, den Verkehr mit landwirtschaftlichen Grundstücken in der Kriegs- und Übergangszeit betreffend[158] und eine Ergänzung des Bürgerrechts, die Rechte des gefallenen Gatten seiner Ehefrau übertragen wollte.[159] Die beiden ersten Gesetze sahen Einschnitte in das Eigentums- und Verfügungsrecht von Wald- und Grundstücksbesitzern vor zugunsten der Ansprüche der Bevölkerung, die zum Beispiel durch das Sammeln von Beeren ihre Versorgung sichern wollte. Marum räumte zwar „dem Waldeigentümer das unbeschränkte Recht über sein Eigentum ein, wenn eben dieses Gesetz nicht wäre; aber dieses unbeschränkte Recht des Waldeigentümers widerspricht einmal sozialen Erfordernissen und es widerspricht auch einem Jahrhunderte alten Gefühl des Volkes."[160]

Dem Verkauf land- und forstwirtschaftlicher Grundstücke aus dem Bestand eines großen Landgutes wurde in Baden zur Verhinderung von „Auswüchsen im Güterhandel" von Preistreiberei und Bodenspekulation Einhalt geboten, indem der Verkauf solcher

---

[155] Ebenda, Sp. 723.
[156] *Volksfreund* vom 12.6.1917, S. 3.
[157] Plenumsdebatte am 14.5.1917. Vgl. Exner-Seemann (1998), S. 214.
[158] Plenumsdebatte am 22.5.1917. Vgl. Exner-Seemann (1998), S. 204.
[159] Debatte vom 14.5.1917. Vgl. Exner-Seemann (1998), S. 204–206.
[160] Zitiert nach Exner-Seemann (1998), S. 204.

Grundstücke während der Kriegszeit und für einige Zeit danach untersagt wurde.[161] Diese beiden Gesetze, zu denen Marum als Vertreter seiner Partei sprach, wurden unter Zustimmung aller Parteien angenommen;[162] ebenso die Änderung des Bürgerrechts, das auch den hinterbliebenen Ehefrauen das Nutzungsrecht an der Allmende – das eigentlich nur männlichen Bürgern zustand – übertrug. Diese Änderung war in der Kommission für Justiz und Verwaltung ausgearbeitet worden, als deren Sprecher Marum im Landtag am 14. Mai 1917 auftrat.[163]

Nach Beendigung des Landtags, über dessen Verlauf die Regierung und die beiden großen bürgerlichen Parteien zufrieden sein konnten, zog auch Kolb noch einmal in einer fünfteiligen Artikelserie im *Volksfreund* Bilanz.[164] Er musste die politische Niederlage der SPD eingestehen und konstatieren, dass vom „derzeitigen Landtag keine durchgreifenden Reformen zu erwarten seien."[165]

Kolb machte dafür vor allem die Haltung des Staatsministers von Dusch und die nationalliberale Partei verantwortlich. Noch einmal setzte er sich mit deren Einwänden auseinander, wie es schon Marum in seiner Parlamentsrede getan hatte, und bekräftigte jede einzelne Forderung des Aktionsprogramms. Von Dusch warf er die „restlose Erfüllung von Zentrumswünschen vor, während der Linken auch nicht die kleinsten Konzessionen gemacht wurden."[166] Gegenüber diesem Staatsminister bekundete er absolutes Misstrauen und sprach die Hoffnung aus, dass er im nächsten Landtag abgelöst werde.[167] In seiner Kritik an den Nationalliberalen stellte er fest, dass der Liberalismus vor der Frage stehe, entweder den großkapitalistischen Interessen nachzugeben oder aber den liberalen Traditionen zu folgen und im Bündnis mit der Sozialdemokratie eine fortschrittliche Politik aufzunehmen. Kolb prangerte den fehlenden Willen der Liberalen zur Macht, ihre Passivität und Bewegungslosigkeit an[168] und lastete ihrer Initiativlosigkeit die fehlenden Fortschritte bezüglich der Entwicklung des deutschen Parlamentarismus an. „Die Geschichte des deutschen Liberalismus und des deutschen Parlamentarismus ist die Geschichte des deutschen politischen Elends, eine Geschichte unausgesetzten politischen Niedergangs und politischer Ohnmacht der Parlamente."[169] Diese Bestandsaufnahme des Liberalismus beendete Kolb mit erneuten Angriffen auf die Regierung, die er mit der Forderung nach politischen Schritten in Richtung Parlamentarisierung konfrontierte. Er

---

[161] Exner-Seemann (1998), S.205: „Von einem Verkauf sollten ausgenommen werden, Grundstücke des Großherzoglichen Hauses, des Staates, der Gemeinden, der Körperschaften und Stiftungen. Die Dauer des Gesetzes wurde noch etwas verlängert, denn es sollte noch bis zum Ende des zweiten Jahres nach Kriegsende gelten. Dieses Gesetz in der Fassung der Ersten Kammer wurde bei einer Enthaltung angenommen."

[162] Ebenda

[163] ebenda, S. 204.

[164] Die Artikelserie erschien im *Volksfreund* vom 13.6.–18.6.1917.

[165] *Volksfreund* vom 13.6.1917.

[166] *Volksfreund* vom 14.6.1917.

[167] Vgl. ebenda.

[168] Vgl. *Volksfreund* vom 18.6.1917.

[169] *Volksfreund* vom 15.6.1917.

ging keineswegs so weit, die Bildung der Regierung ausschließlich aus Parlamentsmitgliedern zu fordern, sondern verwies lediglich auf die Kompetenz von Politikern bürgerlicher Herkunft, denen man nicht länger Regierungsämter verweigern dürfe. Das Prinzip der Zusammensetzung der Regierung aus adeligen Ministern sei zu durchbrechen und mit der Berufung von bürgerlichen Ministern endlich nach dem Motto zu verfahren: „Allen Tüchtigen freie Bahn!"[170]

Aus dem Scheitern seines Aktionsprogramms zog Kolb keineswegs die Konsequenz, dass seine politische Taktik verfehlt sei, weil sie die Reformbereitschaft von Nationalliberalismus und Regierung falsch eingeschätzt hatte. Vielmehr hielt er unerschütterlich an seinem Konzept der vorsichtigen Reform fest und tröstete sich und seine Leser mit dem Hinweis auf den „Geist der neuen Zeit".[171] Er fuhr fort: „Die Demokratie marschiert und keine Macht der Welt wird imstande sein, ihren Siegeslauf nochmals zu unterbinden, das deutsche Reich wird sich das politische Selbstbestimmungsrecht erobern."[172] Die Durchsetzung der neuen demokratischen Verhältnisse erhoffte er sich von Neuwahlen nach dem Krieg, welche die politische Mehrheit in den Parlamenten zugunsten der Reformparteien verschieben würde.

Auch Marum hatte in seiner großen Parlamentsrede vom 11. Juni Optimismus bekundet: „Nun, uns ist es nicht Angst vor der Zukunft, und wir haben die Überzeugung, dass die politische Entwicklung mit uns sein wird. Wir haben die Überzeugung, dass, wenn auch die Parteien und die Großh. Regierung sich gegen die Vorschläge stemmen, die wir gemacht haben, doch die Wahlen und das Volk dafür sorgen werden, dass es vorwärts geht und dass die Ziele erreicht werden, die wir uns gesteckt haben."[173] Marum war wie Kolb – trotz des offensichtlichen Scheiterns der Reformidee – auch weiterhin auf das Bündnis mit bürgerlichen Kräften, die Großblockidee, fixiert. Dies beweisen auch die abschließenden Worte seiner Rede: „Aber es ist notwendig, dass die andern Parteien mitarbeiten; es ist notwendig, dass auch die Großh. Regierung ihre Zustimmung gibt. Dann, wenn alle mitarbeiten, habe ich die Überzeugung, wird ein Resultat herauskommen, das nicht nur den Interessen aller Beteiligten, sondern den Interessen des ganzen Volkes gerecht wird und das dazu führen wird, dass wir einer besseren, schöneren Zukunft entgegengehen."[174] Das Protokoll vermerkt lebhaften „Beifall bei den Sozialdemokraten."[175]

Dieser von den Reformisten zur Schau getragenen Zuversicht, dass ihre politische Linie zum Erfolg führen werde, begegnete man auf dem linken Flügel der Partei mit Skepsis. Nach dem Scheitern des Aktionsprogramms im Landtag regte sich Kritik, die sich vor allem auf den Fraktionsvorsitzenden Kolb konzentrierte. Man hegte Zweifel, ob seine eingeschlagene Taktik die angemessene sei. Ein offensiveres Vorgehen der Landtags-

---

[170] Ebenda.
[171] *Volksfreund* vom 25.6.1917.
[172] *Volksfreund* vom 13.6.1917.
[173] Amtlicher Bericht etc. Jg. 1917, Sp. 724.
[174] Ebenda.
[175] Ebenda.

fraktion wurde in Betracht gezogen. Die kritischen Stimmen wurden sowohl in der Fraktion selbst laut als auch an der Parteibasis. Im Mannheimer Verein forderte man ein schärferes Vorgehen. Die Mannheimer *Volksstimme* aber auch die Freiburger *Volkswacht* bildeten das Forum dieser Kritik. Die erste Welle der Kritik hatte schon in den ersten Maitagen eingesetzt, als das Ergebnis der Haushaltsberatungen bekannt wurde. Die dortige Ablehnung des Aktionsprogramms machte es für die Kritiker umso unverständlicher, dass Kolb in seiner Plenumsrede einen Monat später ein ausdrückliches Bekenntnis zur Monarchie abgab. Diese Äußerungen Kolbs wurden als eigenmächtiges Vorgehen empfunden, das nicht mit der Basis abgestimmt war. Auch das Festhalten Kolbs am Großblock nach dem offensichtlichen Scheitern seiner Taktik führte zu innerparteilichen Zwisten, die ein ganz ähnliches Gepräge hatten wie die in den letzten zwei Vorkriegsjahren. Damit ergaben sich wenige Wochen nach der Landeskonferenz, welche die SPD neu formiert hatte, bereits wieder innerparteiliche Flügelkämpfe, die das Bild einer konsolidierten Partei erschütterten. Aber nicht nur Inhalt und Taktik der Politik der Landtagsfraktion erfuhren Kritik, auch ihr Verzicht auf parlamentarische Anträge und Interpellationen rief Enttäuschung an der Parteibasis hervor. Adam Remmele schrieb in der Mannheimer *Volksstimme*, es „dürfe nicht beim Mundspitzen bleiben, sondern es müsse gepfiffen werden."[176]

Kolb, der angesichts der wachsenden Kritik[177] seine gewohnte Sturheit bewahrte und an der Richtigkeit von Aktionsprogramm und Großblock festhielt, entgegnete dem Einwand Remmeles, dass der jetzige außerordentliche Landtag nur Gelegenheit zu einer politischen Generaldebatte geboten habe. Erst auf dem kommenden ordentlichen Landtag sei der richtige Zeitpunkt zur Stellung von Anträgen.[178] Kolb hoffte darauf, dass die Zukunft seiner Politik Erfolg bringen werde. Diesen brauchte er umso mehr, als er auch seine eigene Position in Gefahr sah. Er verglich die Politik mit der Kunst, die auch auf das Gelingen angelegt sei, „sonst wird man als Verräter oder Idiot behandelt."[179]

So hatte der Landtag zwar seinen von der Regierung angestrebten Zweck erfüllt – wieder waren die Kriegskredite einstimmig bewilligt worden – die politische Reform jedoch konnte nicht vorwärts getrieben werden. SPD und FVP mussten eine Niederlage hinnehmen, die badische Regierung sah sich durch das Verhalten der bürgerlichen Parteien bestätigt in ihrer Auffassung, in Baden könne man auf eine Reform verzichten. Die SPD-Landtagsfraktion sah sich im Sommer 1917 einem doppelten Dilemma ausgesetzt: einerseits stand sie einer ablehnenden Landtagsmehrheit gegenüber, andererseits wuchs die innerparteiliche Kritik, die eine schärfere Gangart und einen inhaltlich umfassenderen Forderungskatalog verlangte.

---

[176] Vgl. Müller (1988), S. 174ff.
[177] Die *Volkswacht* veröffentlichte am 15.6.1917 einen kritischen Artikel mit dem Titel „Wohin steuert Kolb?". Vgl. Müller (1988), S. 180.
[178] Vgl. Müller (1988), S. 178.
[179] *Volksfreund* vom 7.5.1917.

Der Badische Landtag im Krieg: Der ordentliche Landtag 1917/18

Als im November 1917 der badische Landtag zu seiner ordentlichen Sitzung zusammentrat, begann die längste und arbeitsreichste Kriegssitzung, die sich über mehrere Monate erstreckte und ein enormes Aufgabenfeld zu bewältigen hatte. Dazu gehörte wie in den vergangenen Landtagen die Beratung des Doppelhaushaltes 1917/18, die Kreditgewährung, die Verabschiedung kriegsbedingter Gesetze, aber auch die Fortführung der Verfassungsdiskussion. Hinzu kam die Wiederaufnahme politischer Debatten, die auf die gesamtgesellschaftliche Polarisierung, auf die Veränderungen in der Reichspolitik und auf die außenpolitische Lage reagierten. Vor allem die Verfassungsdebatte signalisierte das Ende des Burgfriedens, die Aufkündigung des bisher mühsam gewahrten politischen Konsenses. Aber auch die außerparlamentarischen Ereignisse – wie die Friedensverhandlungen von Brest-Litowsk, der Streik der Mannheimer Arbeiter, die Agitation der Vaterlandspartei – waren Gegenstand parlamentarischer Debatten und führten zur Verschärfung der politischen Gegensätze. Diese nahmen zwar in der Landtagsdebatte nicht so ausgeprägte Formen an wie in den gesellschaftlichen Auseinandersetzungen, da die Vertreter der äußersten Rechten und Linken – Vaterlandspartei und USPD – nicht im Parlament vertreten waren und die Abgeordneten sich trotz aller politischen Differenzen an die Regeln des parlamentarischen Diskurses hielten und auf Polemik und unnötige Konfrontation verzichteten. Dennoch bestimmte ein schärferer Ton als in den vorausgegangenen Sitzungen den politischen Streit. Daneben war dieser Landtag außerordentlich gefordert durch ein enormes Arbeitspensum, mit dem er konfrontiert war: 24 Gesetzesentwürfe, 2 Denkschriften, 102 Anträge, 24 Interpellationen lagen dem Parlament zur Bearbeitung vor.[180]

Die Politik der SPD-Fraktion geriet in diesem Landtag zunehmend in Bedrängnis. Sie schwankte zwischen der Fortführung ihrer reformistischen Politik und der Änderung ihres bisherigen gemäßigten Kurses. Dieser schien allerdings kaum fortsetzbar angesichts der halsstarrigen Haltung von Regierung und Parlamentsmehrheit in der Verfassungsfrage. Hinzu kam der Druck der Basis und die Forderung nach einem offensiven Vorgehen. Diese Faktoren sprachen für die Wiederaufnahme der Oppositionspolitik. Dem stand der Wille der führenden Funktionäre entgegen, die sehr an der Kontinuität ihrer bisherigen Politik interessiert waren, da sie ihre anerkannte parlamentarische Stellung nicht gefährden wollten und nach wie vor die Notwendigkeit der Unterstützung der bisherigen Kriegspolitik betonten. Dieses Politikkonzept wurde noch bestätigt durch den Würzburger Parteitag von 1917, wo sich der reformistische Kurs auch in der Gesamtpartei durchsetzte.

Dennoch war die bruchlose Fortsetzung der bisherigen Parlaments- und Parteiarbeit nicht möglich. Das Scheitern des Aktionsprogramms im außerordentlichen Landtag zwang die Partei in eine – wenn auch maßvoll betriebene – Oppositionsrolle. Diese schien

---

[180] Vgl. *Volksfreund* vom 4.7.1918.

auch angezeigt vor der zunehmenden Kriegsmüdigkeit der Bevölkerung, die unter der sich ständig verschärfenden Versorgungslage litt, und der Radikalisierung der Arbeiterschaft in den Industriezentren, wo die USPD beträchtliche Erfolge verzeichnen konnte. Eine weitere Verunsicherung der badischen SPD bedeutete die neue Parteienkonstellation, wie sie sich in der Friedensresolution des Reichstags zusammengefunden hatte. Dies erforderte ein Umdenken in Bezug auf den bisher erbittert bekämpften Gegner – das Zentrum.[181] Die Friedensresolution forderte die badischen Reformisten auch auf der innenpolitischen Ebene: Sie verlangte eine Distanzierung von der bisher vertretenen Position in der Kriegszielfrage.

Die badische SPD war also mit einer Situation konfrontiert, die ihr den politischen Spagat zwischen konstruktiver Mitarbeit, Staatsbejahung und Unterstützung der Kriegspolitik einerseits und vorsichtiger Opposition, Verfassungsreform und Rückgriff auf pazifistische Argumentation und Verständigungsfriede andererseits abverlangte. Zudem ergaben sich im Verlauf der Sitzungsperiode für die Fraktion einschneidende Veränderungen: Der Tod Kolbs im April 1918 riss eine Lücke und warf die Frage auf, ob die von ihm verfolgte politische Taktik auch weiterhin beibehalten werden sollte. Der Streik der Mannheimer Arbeiter im Januar und Februar 1918 konfrontierte die Fraktion mit der Formierung einer sozialen Bewegung, mit deren Triebkräften und Zielen sie sich auseinanderzusetzen hatte.

Beide Ereignisse vermochten es jedoch nicht, eine wesentlich andere Politik anzustoßen. Es zeigte sich, dass die badische SPD zwar die notwendigen innerparteilichen Kurskorrekturen vollzog und auf eine außenpolitische Position der Mitte zurückkehrte, in ihrer Parlamentsarbeit aber kaum neue Impulse aufnahm und nach wie vor die für sie notwendigen Erfolge von der Kooperations- und Konzessionsbereitschaft der Regierung und der bürgerlichen Parteien erwartete. Die Landtagsfraktion konzentrierte sich auf die verfassungspolitische Reform und entfernte sich damit zunehmend von den für die Bevölkerung im Vordergrund stehenden Interessen an der Besserung der Versorgungslage und der raschen Beendigung des Krieges.

Die Übernahme der Formel des Reichstages vom Verständigungsfrieden ohne Kontributionen und Annexionen war der badischen SPD ohnehin schwer genug gefallen; sie hatte beträchtliche Schwierigkeiten, sich der Friedensresolution der Gesamtpartei vom 19. Juli 1917 anzunähern.[182] Noch im Mai 1917 bekräftigte die Karlsruher SPD ihr Befremden angesichts eines Verständigungsfriedens. Im *Volksfreund* hieß es über eine Parteiversammlung: „Die in letzter Zeit vorgeschobene Forderung eines Friedens ohne

---

[181] Allerdings muss hier gesehen werden, dass die Einbeziehung des Zentrum in Baden so leicht keine Nachahmung finden konnte, da das badische Zentrum sowohl in der Frage der Annexionen als auch in der politischen Neuorientierung nicht die gleiche Wandlung wie auf Reichsebene vollzog. Vor allem auf dem Gebiet der verfassungspolitischen Reform erwies es sich bis Kriegsende als Verfechter der bisherigen konstitutionellen Ordnung. Dennoch bemühte sich die badische SPD in der neuen Landtagsperiode um eine Annäherung an das Zentrum.

[182] Die Erwägung der Reichstagsfraktion gegebenenfalls die Kredite zu verweigern, war der badischen SPD völlig unverständlich.

Annexionen und ohne Kriegsentschädigung wurde übereinstimmend als verfehlt bezeichnet, man befürchtete, dass eine solche Deklaration als Zeichen der Schwäche interpretiert werde angesichts einer Situation, in der sich die ganze Welt auf die Vernichtung Deutschlands verschworen habe."[183] Der Artikel schloss mit den Worten: „Ein Friede, der die Unversehrtheit des Reichs auch nur um einen Quadratmeter in Frage stellt, ist für uns indiskutabel."[184]

Nach der Deklaration der Friedensresolution des Reichstages schwenkte aber auch die badische SPD auf die Linie des Verständigungsfriedens ein, und auch ihr Fraktionsführer Kolb, der Mitglied der „Vereinigung für vaterländische Ziele" gewesen war[185] und im *Volksfreund* jahrelang eine pro-annexionistische Linie vertreten hatte, wurde zu einem Meinungswandel gezwungen angesichts einer immer aussichtsloser werdenden militärischen Lage und des Abrückens von Teilen des Bürgertums von annexionistischen Forderungen. Nach dem 19. Juli 1917 war der Text der Friedensresolution auch die Grundlage für die außenpolitische Position der badischen SPD.

Damit waren die Gedankenspiele um Annexionen und die Erweiterung des Kolonialgebiets beendet. Die badische SPD kehrte zurück zu dem Konzept eines Verständigungsfriedens. Sie nahm wieder pazifistische Argumentationen auf, hielt aber an der Version des Verteidigungskrieges fest und beschwor bis zum Kriegsende den Durchhaltewillen der Bevölkerung. Ihre Agitation verwies gleichermaßen auf die Notwendigkeit der Fortführung des Krieges, um das nationale Recht auf „Leben und Entwicklung"[186] durchzusetzen, als auch auf die schrecklichen Folgen des Kriegsgeschehens. Im *Volksfreund* war kurz nach der Proklamation der Friedensresolution am 21. Juli 1917 zu lesen: „Wir wünschen den Frieden, nicht weil wir uns schwach fühlen, sondern weil die Fortsetzung der entsetzlichen Menschenschlächterei und kulturellen Verwüstung nicht zu verantworten ist, angesichts der Tatsache, dass keine der beiden Mächtegruppen die andere militärisch so niederzwingen kann, um ihr einen Frieden zu diktieren, wie ihn die Kriegshetzer hüben und drüben fordern."[187] Damit vertrat die badische SPD eine Position, die ihr erlaubte, im Landtag weiterhin für die Kriegskredite zu stimmen und sich gegenüber der Bevölkerung als eine Gegnerin des Siegfriedens und Verfechterin pazifistischer Überzeugungen darzustellen.

Widersprüche, Risse und Brüche kennzeichneten also die Politik der Partei in der letzten Landtagsperiode des Krieges: Sowohl auf innen- wie auch auf außenpolitischem Feld zeigte sie keine klare Linie, sondern versuchte, einen Mittelweg zwischen Opposition und Affirmation zu gehen. Dies war in der Praxis kaum zu bewerkstelligen und zeigte

---

[183] *Volksfreund* vom 3.5.1917.
[184] Ebenda.
[185] Vgl. Müller (1988), S. 137.
[186] Zitiert nach Koch (1984), S. 317.
[187] *Volksfreund* vom 21.7.1917. Am Tag zuvor hatte es geheißen: „Der Volksfreund darf für sich in Anspruch nehmen, dass er im Einklang mit den Grundsätzen der sozialdemokratischen Partei seine Kraft in den Dienst des Friedensgedankens gestellt hat."

die festgefahrene politische Situation an. Mit zwiespältigen Gefühlen nahm denn auch die Partei ihre Landtagsarbeit auf: Innerparteilich fühlte sie sich gestärkt durch die Entscheidung des Würzburger Parteitags, dagegen stand die Erfahrung des Misserfolgs ihres Aktionsprogramms im badischen Landtag. Der Parteitag hatte die endgültige Trennung der Arbeiterparteien besiegelt und die Mehrheitssozialdemokratie auf die Fortführung des reformistischen Kurses festgelegt. Kolb, der als Karlsruher Delegierter teilgenommen hatte, frohlockte[188] und schrieb im *Volksfreund*: „Überall wird der Parteitag gefeiert als Symbol der Abkehr von der Politik der unfruchtbaren Negation und des Beginnens der neuen Aera positiven Schaffens zur Verwirklichung des Sozialismus und der Demokratie."[189] In einer Karlsruher Parteiversammlung berichtete er: „Es hat sich gezeigt, dass die Spaltung der Partei eine Naturnotwendigkeit war, für die nicht nur aus persönlichen Gründen, sondern auch aus sachlichen Gegensätzen der Grund schon lange gegeben war. Es ist notwendig, dass die sozialdemokratische Partei den neuen Weg weitergeht. (...) Wir müssen in der Partei einem offenen bejahenden Verhältnis zum Staat das Wort reden. Wir werden in Zukunft nur solche Forderungen stellen, die auf realem Boden stehen. Der Sozialismus ist kein bloßes Ideal mehr, sondern lebendige Praxis geworden. Die große Masse empfindet es als Erlösung, dass wir aus dem alten Zwang herausgekommen sind. (...) Wir müssen endlich aus dem begrenzten Rahmen der Arbeiterpartei herauskommen zu einer Partei, die die Interessen des gesamten werktätigen Volkes umfasst."[190]

Die Fraktion[191] bekräftigte auch im letzten Kriegslandtag ihre Bereitschaft zur positiven Mitarbeit und zur Unterstützung aller Anstrengungen, die auf die Landesverteidigung, den Durchhaltewillen der Bevölkerung und die Verbesserung der sozialen Lage gerichtet waren. Neben diesen Zielen, in denen sie mit der Landesregierung übereinstimmte, verfolgte sie weiterhin die Politik der „Neuorientierung" und der Verfassungsreform. Zur Eröffnung des Landtags schrieb der *Volksfreund*: „Die Haltung der Sozialdemokratie ist durch das von ihr auf dem letzten Landtag präsentierte Aktionsprogramm bestimmt. Die sozialdemokratische Fraktion ist – wie sie oft genug betont hat – zur positiven Mitarbeit beim Ausbau unseres Staatswesens bereit."[192] Dass die von der Partei angebotene Mitarbeit sich nicht reibungslos gestalten konnte, darüber war sich die SPD vollkommen im Klaren. Die Erfahrungen des letzten Landtags hatte sie darüber belehrt, dass ihr Aktionsprogramm kaum Chancen auf Realisation besaß. Es tat sich ein scharfer Widerspruch auf zwischen der Anpassungs- und Kompromissbereitschaft der SPD und der Weigerung von Regierung und bürgerlichen Parteien, den Reformwün-

---

[188] Der Parteitag bedeutete für Kolb persönlich allerdings auch eine Niederlage. Er wurde nicht in die Kontrollkommission gewählt, weil sich der Parteitag nicht politisch mit ihm identifizieren wollte. Er galt in der Gesamtpartei immer noch als Rechtsabweichler. Vgl. Müller (1988), S. 198.

[189] *Volksfreund* vom 26.10.1917.

[190] *Volksfreund* vom 25.10.1917.

[191] Sie hatte mit dem Übertritt Gecks zur USPD ein Mitglied verloren. Geck und Kolb standen sich weiterhin in unversöhnlicher Feindschaft gegenüber. Von der Beleidigungsklage Gecks gegen Kolb, der von Marum verteidigt wurde, war schon die Rede, vgl. Müller (1988), S. 148.

[192] *Volksfreund* vom 27.11.1917.

schen der Arbeiterpartei entgegenzukommen. Im Rückblick auf diese Situation notierte Adam Remmele: „Die Tatsache, dass die regierenden Gewalten damals die Notwendigkeit einer großzügigen Lösung verkannten, hat neben anderen Dingen die Revolution verursacht."[193]

Auch die Fraktion machte sich keinerlei Illusionen über die Erfolgsaussichten ihrer Politik. Der *Volksfreund* urteilte zu Beginn des Landtags: „Wie sich die politische Situation auf dem bevorstehenden Landtag gestalten wird, lässt sich nicht sagen. (...) Wir möchten wünschen und hoffen, dass dieser Landtag nicht so ergebnislos zu Ende geht wie sein Vorgänger. Geschieht es trotzdem, je nun, dann hat das badische Volk das Wort. Uns bangt vor seinem Urteil nicht, wir sehen dem nächsten Volksgericht mit Ruhe und Zuversicht entgegen."[194]

Ludwig Marum erreichte in dieser letzten Legislaturperiode während des Krieges den Höhepunkt seiner Karriere als Parlamentarier der Zweiten Kammer. Neben seinem Vorsitz in der Kommission für Justiz und Verwaltung übernahm er nach dem Tode Kolbs neue Aufgaben. Er rückte zum stellvertretenden Fraktionsvorsitzenden auf[195] und führte Kolbs Arbeit im Vertrauensmännerausschuss und in der Kommission für Geschäftsordnung, Archivariat und Bibliothek fort.[196] Damit war Marum Mitglied dreier Kommissionen und für die politische Linie der Fraktion mitverantwortlich. Die erreichte Position Marums drückte sich auch in seinen zahlreichen Redebeiträgen aus; er gehörte mittlerweile neben Strobel, Stockinger, Geiß und Kramer zu den bekanntesten Rednern seiner Fraktion.[197] Er vertrat die Stellungnahme seiner Partei in den politischen Debatten über die Verfassungsreform und den Mannheimer Streik und äußerte sich als Haushaltsexperte mehrfach in den Budgetberatungen. In der Debatte über die eingebrachten verfassungspolitischen Anträge fungierte Marum als derjenige, der einerseits die Zustimmung zu weitgehenden Kompromissen artikulierte, der aber auch die Rolle eines Kritikers und vorsichtigen Opponenten in verfassungspolitischen Fragen übernahm. Damit trat er als entschiedener Verfechter sozialdemokratischer Politik in das Blickfeld des Parlaments und schuf so die Grundlage für seinen weiteren Aufstieg in der badischen Politik.

Der Landtag begann mit einigen Änderungen in der politischen Kräftekonstellation, von denen sich erst noch erweisen musste, ob sie Bewegung in die festgefahrene badische Innenpolitik bringen würden. Es handelte sich um die Aufkündigung des Großblocks und den Wechsel im Staatsministerium von v. Dusch zu v. Bodman.

Die Brüchigkeit des Großblockbündnisses hatte sich bereits seit langen erwiesen, im Jahre 1914 hatte Kolb bereits das Ende der Zusammenarbeit auf dem Felde einer liberalen Kulturpolitik verkündet. Während des Krieges war zwar das Großblock-Präsidi-

---

[193] Remmele (1925), S. 1.
[194] *Volksfreund* vom 27.11.1917.
[195] Geiß hatte für Kolb den Fraktionsvorsitz übernommen.
[196] Verhandlungen etc., Protokollheft Nr. 518, S. III.
[197] Verhandlungen etc., Sprechregister S. 132, S. 123, S. 110.

um des Landtags – bestehend aus Rohrhurst (NVP), Geiß (SPD) und Venedey (FVP) – im Amt geblieben, dies war jedoch mehr der Burgfriedenspolitik und dem Vorschlag des Zentrum, das Präsidium per Akklamation zu bestätigen, zu verdanken als einem ausdrücklichen Zusammengehen der Großblockparteien.

Die ablehnende Haltung der Nationalliberalen gegenüber dem sozialdemokratischen Aktionsprogramm, ihre Tendenz nach rechts, die sich im partiellen Zusammengehen mit der Vaterlandspartei äußerte,[198] und die veränderte Parteienkonstellation im Reichstag führten dazu, dass auch die badischen Sozialdemokraten vom Bündnis mit dem Nationalliberalismus Abstand nahm. Kolb entschloss sich zur Kündigung des Großblocks[199] und musste damit eine entschiedene Niederlage eingestehen. Sein Konzept einer Koalition zwischen Sozialdemokraten und Nationalliberalismus beruhte auf der Annahme einer Interessenidentität, die sich in der Realität nicht einlöste. Die Nationalliberalen zeigten nur ein sehr bedingtes Interesse an einer Verfassungsreform; in der Friedensfrage bezogen Nationalliberale und Sozialdemokraten im Jahre 1917 weit voneinander entfernte Positionen. Kolb griff seine frühere Analyse vom Versagen des Liberalismus und von dessen Ignoranz den eigenen Prinzipien und den eigenen Programmpunkten gegenüber wieder auf, als er mit Blick auf die Reformunwilligkeit im Volksfreund schrieb: „(...) noch nicht einmal für die Beseitigung der Klassenwahl bei den Gemeinden sind sie zu gewinnen."[200]

Mit der Auflösung des Großblocks waren zunächst alle Optionen offen, eine Nachbildung der Reichstagsmehrheit war jedoch in Baden nicht so leicht zu vollziehen; sowohl in der SPD als auch im Zentrum standen dem erhebliche Widerstände entgegen. Das badische Zentrum beharrte auf seiner bisher verfolgten konservativen Politik, lediglich der linke Flügel um Wirth öffnete sich dem Gedanken an neue Parteikonstellationen.[201] Die SPD hatte jahrelang das Zentrum als ihren entschiedensten Gegner bekämpft, nun setzte ein Umdenken ein, das den politischen Katholizismus als Bündnispartner in Betracht zog, allerdings nur unter der Voraussetzung, dass er sich dem Reformgedanken öffnete. Die SPD artikulierte diese Hoffnung offen. „Auch das Zentrum wird sich der Entwicklung, die der Krieg geschaffen hat, nicht widersetzen können",[202] schrieb der *Volksfreund*. Die Fraktion konnte sich nun vorstellen, „auch mit dem Zentrum für politischen Fortschritt zusammenarbeiten zu wollen."[203] In der Realität tat sich das badische Zentrum jedoch recht schwer, auf die Ebene des neuen Kurses in der Reichspolitik

---

[198] Ernst Frey, Vorsitzender der Jungliberalen in Karlsruhe war zugleich stellvertretender Vorsitzender der Vaterlandspartei. Er äußerte sich antisemitisch: „(...) die Partei müsse gegen die ‚Judokratie' einschreiten (...)." Vgl. Schmitt, Bernhard: Im Spannungsfeld von Assimilation, Antisemitismus und Zionismus 1890–1918. Schmitt, in: Schmitt (1988), S. 121–155. Hier S. 144f.

[199] Die Kündigung des Großblocks erfuhr in der Partei ein unterschiedliches Echo. Die Mannheimer *Volksstimme* billigte diesen Schritt, während die Freiburger *Volkswacht* bemängelte, dass auf der Landeskonferenz kein entsprechender Beschluss für eine solche Politik gefasst worden sei. (3.2.1917)

[200] *Volksfreund* vom 30.11.1917.

[201] Vgl. Müller (1988), S. 233 und S. 207.

[202] *Volksfreund* vom 1.12.1917.

[203] *Volksfreund* vom 30.11.1917.

einzuschwenken. Im Landtag billigte die SPD das Verlangen des Zentrum nach dem Präsidiumsvorsitz, so dass im neu eröffneten Landtag der Zentrumsabgeordnete Zehnter fortan den Sitzungen vorsaß.[204]

Ende Dezember 1917 trat von Dusch von seinem Amt als Staatsminister aus gesundheitlichen Gründen zurück, der vormalige Innenminister übernahm, wie oben schon gesagt, den Posten des badischen Ministerpräsidenten. Seit v. Duschs harscher Ablehnung des Aktionsprogramms auf dem außerordentlichen Landtag im Frühjahr konzentrierte sich die Kritik der SPD auf ihn, sie erklärte zur Eröffnung des neuen Landtags ihr Misstrauen gegenüber v. Dusch: „Bleibt Herr von Dusch Ministerpräsident, so kann es für die Sozialdemokratie nur eine Parole geben: entschiedenste und schärfste Opposition."[205]

Mit dem Wechsel zu Bodman erhoffte sich die SPD eine reformfreudigere Haltung der Regierung, obwohl Bodman bei seinem Amtsantritt unmissverständlich klar gemacht hatte, dass „mit dem Personalwechsel kein Wechsel des Systems verbunden sei."[206] Hinsichtlich der Verfassungsreform war er nur zu geringfügigen Zugeständnissen bereit, zu denen eine veränderte Zusammensetzung der Ersten Kammer, die Erweiterung der Diskussionsbefugnisse des landständischen Ausschusses und die Einführung des Proporzes in den großen Städten, wie es das Zentrum vorgeschlagen hatte, gehörten. In den ersten beiden Punkten sahen die Reformparteien SPD und FVP eher einen Rückschritt als einen Fortschritt, schufen sie doch gegenüber den Kompetenzen der Zweiten Kammer ein unerwünschtes Gegengewicht.

So begann der Landtag seine Arbeit unter veränderten Vorzeichen, die personelle Umbesetzung im Amte des Staatsministers und des sozialdemokratischen Fraktionsführers, brachten zwei versöhnliche und auf Vermittlung eingestellte Persönlichkeiten – von Bodman und Geiß – an die Spitze, welche die politische Gegensätze zu mildern wussten.

Anlässlich des Regierungsantritts v. Bodmans und der Friedensverhandlungen in Brest-Litowsk kam es im Badischen Landtag zu einer Aussprache über die Fragen der großen Politik und das zentrale Thema der Gestaltung des künftigen Friedens. Die SPD und ihr Sprecher Kolb wandte sich entschieden gegen die Annexionsforderungen der Vaterlandspartei, argumentierte auf der Grundlage der Friedensresolution und betonte die Geltung völkerrechtlicher Normen, forderte aber auch die Erhaltung der territorialen Integrität Deutschlands und seiner wirtschaftlichen Entfaltungsmöglichkeiten. Im selben Sinn hatte bereits Marum im letzten Landtag argumentiert, als er am 11. Juni 1917 vor dem Plenum erklärte: „Dieser Friede darf selbstverständlich an dem Bestande des Deutschen Reiches nicht rütteln, und ich will erklären, dass wir für Bestrebungen, wie sie jetzt wieder von Frankreich ausgehen, Elsaß Lothringen zum Kriegsziel zu erklären, durchaus kein Verständnis aufbringe. Wir sind vielmehr der Meinung, dass Elsaß-Lothringen ein deutsches Land ist und deutsch bleiben muss. Genau so wenig, wie wir den

---

[204] Verhandlungen etc,. Protokollheft Nr. 518, S. III. Ab dem 5.2.1918 trat Kopf an die Stelle Zehnters.
[205] *Volksfreund* vom 27.11.1917.
[206] Zitiert nach Müller (1988), S. 229.

Franzosen etwas abnehmen wollen, genau so wenig wünschen wir, dass dem Deutschen Reiche Gebiete, die ureigentlich zu ihm gehören, wie Elsaß-Lothringen, abgenommen werden. Ebenso sind wir natürlich der Meinung, dass unter dem Grundsatz: Keine Annexionen! auch zu verstehen ist, dass alles das, was dem Deutschen Reich abgenommen worden ist, wie beispielsweise die Kolonien, dem Deutschen Reiche im vollen Umfang wieder zurückgegeben werden muss."[207]

Mit dieser Position stand die SPD nicht in grundsätzlicher Opposition zur Meinung der badischen Regierung. Auch hinsichtlich der Friedensverhandlungen von Brest-Litowsk ließen sich nur graduelle Unterschiede feststellen. SPD und badische Regierung teilten die Auffassung, dass Deutschland einen machtpolitischen Standpunkt in den Verhandlungen vertreten müsse, uneinig war man sich lediglich über das Ausmaß der russischen Gebietsabtretungen. Die Distanz zwischen Regierungshaltung und SPD in der Friedensfrage war verschwindend gering angesichts der Kluft, die sich zwischen den Positionen von Vaterlandspartei und USPD auftat. Im Landtag herrschte Einigkeit über den defensiven Charakter des Krieges, die Friedensliebe Deutschlands und die Beschwörung eines gemeinsamen Feindbildes der Entente. Die Ausführungen v. Bodmans bezüglich dieser Punkte fand auch den Beifall von links. Der amtliche Bericht liest sich so: „Ich meine aber, wir dürfen doch auch nicht vergessen, welch ruchloser Frevel dieser Krieg ist an unserm deutschen Volke, ruchlos besonders deshalb, weil er eben aus der Wurzel der Eigensucht, des Neides und der Eroberungssucht unserer Feinde hervorgegangen ist, weil wir ein fleißiges, und weil wir deshalb ein wohlhabendes Volk und ein die andern Feinde in ihrem Erwerbe draußen beengendes Volk geworden sind; deshalb sollten wir vernichtet werden. Das ist der englische Standpunkt (...). Und die Franzosen wollten uns Elsaß-Lothringen entreißen, die Russen wollten Österreich zertrümmern und wollten Konstantinopel erobern. Das sind die Gründe dieses Krieges, das sind die Gründe, aus denen wir, ein friedliches Volk, mit einem Kaiser, der durch seine ganze Regierung hindurch ein Friedenskaiser sein wollte und gewesen ist, in diesen furchtbaren Krieg gezwungen worden sind. Und da dürfen wir denn doch und müssen wir auch bei den Friedensverhandlungen Machtstandpunkt und den deutschen Standpunkt betonen (Sehr richtig! links) und müssen dafür sorgen, dass unsere Grenzen entsprechend gesichert werden."[208]

Der von der badischen SPD empfundene Patriotismus äußerte sich über die vermerkten Beifallskundgebungen hinaus in Bemerkungen Kolbs, die von Nationalismus und Militarismus zeugten. Diese Bemerkungen waren allerdings eingebettet in eine pazifistische Argumentation für den Verständigungsfrieden und die Entwicklung des Europagedankens für eine künftige Friedensordnung. Kolb sagte: Wir sind wahrhaftig ein herrliches Volk, das haben wir in diesem Krieg gezeigt."[209] Den militärischen Führern Hindenburg und Ludendorff wurde – bei allen politischen Vorbehalten – Respekt gezollt: „Das deut-

[207] Amtliche Berichte etc., 1917 Sp. 723.
[208] Amtliche Berichte etc., 1917, Sp. 287.
[209] Ebenda, Sp. 244.

sche Volk ist sich bis zum letzten Mann einig in der Verehrung dieser beiden Männer für das, was sie auf ihrem Gebiete, auf dem strategischen Gebiete geleistet haben."[210]

Vor dem Hintergrund dieses gefundenen Konsenses mit den bürgerlichen Parteien und der Regierung erlaubte sich Kolb heftige Kritik an der Vaterlandspartei, deren innen- und außenpolitische Zielsetzungen er als Ausdruck der äußersten politischen Reaktion wertete. Eine zentrale Passage von Kolbs Rede lautete: „Wer sind die Vaterlandsparteiler? Die schlimmsten Reaktionäre, die wir in Deutschland haben, und es sind zumeist Leute, die nicht etwa aus den Motiven heraus, wie sie gestern der Herr Abg. Rebmann uns entwickelt hat, einen Gewaltfrieden wollen, sondern die aus egoistischen, materiellen Gründen diesen Gewaltfrieden herbeiführen wollen. Es sind Leute, die nichts wissen wollen von der politischen Umgestaltung unseres Vaterlandes. Es sind die Leute, die nach dem Kriege nicht das zahlen wollen, wozu sie verpflichtet sind. (Sehr richtig! bei den Sozialdemokraten). Das wollen sie verhindern, das ist der letzte Grund ihrer ganzen Agitation gegen den Reichstag und gegen die Reichstagsmehrheit."[211]

Anlass zu dieser heftigen Kritik bot Kolb der nach dem Sturz Bethmann-Hollwegs vollzogene Rechtsruck in der Politik des Reiches, der die Militärdiktatur der 3. OHL unter Hindenburg und Ludendorff kaum noch verhüllte. Die Vaterlandspartei konnte ungehindert von den Eingriffen der Militärbehörden ihre Propaganda entfalten, die Forderung nach einem Siegfrieden und nach einem weit gespannten Annexionsprogramm in einer chauvinistisch aufgeheizten Versammlungs-Atmosphäre verbreiten und ihre Gedankenspiele um einen Staatsstreich und die Beschneidung der Verfassung um ihre demokratischen Elemente öffentlich kundtun. Auch in Baden entfaltete die Vaterlandspartei ihre Agitation, wobei sie hier auf eine geringere Resonanz als im übrigen Deutschland stieß; sie konnte allerdings gerade in den Universitätsstädten Heidelberg und Freiburg auf eine ansehnliche Anhängerschaft verweisen.[212]

Dieser Sammlungsbewegung der Rechten und ihrem offensiven Auftreten setzte die Arbeiterschaft Widerstand entgegen. Zermürbt von der schlechten Versorgungslage, enttäuscht von dem schleppenden Fortgang der politischen Reform, angetrieben von dem Wunsch nach einem raschen Frieden war sie zu Beginn des Jahres 1918 nicht mehr zu einer Stillhaltepolitik, der Einhaltung des Burgfriedens um jeden Preis und den Verzicht auf politische Kampfmittel bereit. Vor dem Hintergrund der sich hinzögernden Friedensverhandlungen von Brest-Litowsk, in denen die Deutschen dem bolschewistischen Russland harte Friedensbedingungen aufzuzwingen versuchten, kam es zu Streiks in den großen deutschen Städten. Auch in Mannheim wurde für einige Tage die Arbeit niedergelegt und die Forderung nach einem Verständigungsfrieden erhoben.

---

[210] Ebenda. Bei den leitenden militärischen Stellen erfreute sich Kolb großer Wertschätzung; anlässlich seines Todes hieß es in den Stimmungsberichten des Stellvertretenden Generalkommandos: „Auf dem Gebiet der Parteipolitik ist zu erwähnen das Ableben des sozialdemokratischen Abgeordneten Kolb, in dem die badische Sozialdemokratie einen begabten, auf nationalem Boden stehenden Führer verliert." (GLA 456/F8/346, Mai 1918).

[211] Amtliche Berichte etc., 1917, Sp. 243.

[212] Vgl. Müller (1988), S. 200.

Vorausgegangen war in Mannheim eine eskalierende Auseinandersetzung zwischen der Vaterlandspartei und der sozialdemokratischen Arbeiterschaft. Am 31. Januar war eine Veranstaltung der Vaterlandspartei in Mannheim von Arbeitern gesprengt worden. Daraufhin erließ das Stellvertretende Generalkommando ein generelles Versammlungsverbot für die Region Mannheim. Dies war das Vorspiel zum Anschluss an den Berliner Streik etwa zwei Wochen später. Am 31. Januar begann auch in Mannheim der Ausstand.[213] Ihm schlossen sich hauptsächlich die Arbeiter der Metallindustrie an; Schätzungen gehen von an die 20 000 Streikteilnehmern aus,[214] die etwa ein Drittel bis die Hälfte der Mannheimer Industriearbeiter ausmachten.[215] Der politische Charakter des Streiks äußerte sich in dem Forderungskatalog, der im Innern auf die Herstellung eines sozialen, demokratischen Staatswesens zielte und in der Außenpolitik den Abschluss eines raschen Friedens auf der Grundlage der Friedensresolution des Reichstags verlangte. Die Forderungen richteten sich im einzelnen auf die Wiedereinführung des Arbeitsschutzes und des Rechts auf gewerkschaftliche Betätigung, bessere Versorgung und Hebung der Volksernährung, Aufhebung des Belagerungszustandes und Demokratisierung der gesamten Staatseinrichtungen sowie auf Freilassung der politischen Gefangenen und die Hinzuziehung von Arbeitervertretern zu den Verhandlungen von Brest-Litowsk. Die Mannheimer Arbeiter ergänzten diesen Katalog um spezifisch badische Forderungen wie die nach der Abschaffung der Ersten Kammer und des Klassenwahlrechts in den Gemeinden und nach der Einführung des Frauenwahlrechts.[216] Der gemäßigte Charakter der badischen Arbeiterbewegung zeigte sich in der Nicht-Übernahme der Berliner Forderung nach der Verhandlungsbasis, welche die Bolschewiki unter Führung Trotzkis aufgestellt hatten.[217] Die Mannheimer Arbeiter betonten in ihrer Resolution, dass sie lediglich gegen die Annexionisten in Aktion treten wollten und deren überzogenes Drängen nach einem Diktatfrieden.

Der Streik war ohne Zutun der SPD zustande gekommen. Die Partei wurde nicht nur überrascht, sondern die Aktionen passten auch nicht in ihr gerade neu bekräftigtes Konzept einer vorsichtigen Reformpolitik, deren Hauptort das Parlament sein sollte. Spontane Massenaktionen wie der politische Streik hatten in diesem Politikkonzept keinen Platz. Die USPD dagegen trat als treibende Kraft des Streiks in Erscheinung, während die SPD die Gefährdung des Burgfriedens, des sozialen Friedens, die Rückkehr zu den alten Prinzipien der Opposition und Negation und die Verlagerung der politischen Initiative auf die Basis befürchtete. Hinzu trat ihre Angst vor Chaos und Anarchie. Die Konkurrenz, in der die Partei mit ihrer linken Schwesterpartei, der USPD, stand, gebot jedoch, diese Gegensätze nicht allzu deutlich werden zu lassen.

---

[213] Vgl. Müller (1988), S. 471.
[214] Ebenda.
[215] Brandt/Rürup (1991), S. 66.
[216] Ebenda, S. 67.
[217] Vgl. Müller (1988), S. 471.

USPD und SPD traten in Mannheim gemeinsam in die Streikleitung ein und waren bestrebt, die Bewegung in ruhige, geordnete Bahnen zu lenken und für ein baldiges Ende des Ausstandes zu sorgen. Der Mannheimer Reichstagsabgeordnete Oskar Geck[218] unterstützte diese Bemühungen in besonderer Weise; es gelang ihm schließlich zu erreichen, dass der Streik nach dreitägiger Dauer am 4. Februar abgebrochen wurde.

Vor der Öffentlichkeit war die SPD bestrebt, die Bedeutung des Streiks herunterzuspielen, den Eindruck einer grundsätzlichen Opposition gegen Kriegsführung, Burgfrieden und das herrschende System zu zerstreuen sowie die Existenz der über die Parteipolitik hinausgehenden Ziele zu leugnen. In der Debatte des Landtags – die etwa einen Monat nach den Ereignissen am 28. Februar 1918 stattfand – übernahmen die Abgeordneten Strobel und Marum diese Aufgabe. In dieser Debatte verurteilten der Staatsminister von Bodman und die Nationalliberalen den Streik scharf als eine „Versündigung am Vaterland" und als „ein schwarzes Blatt unserer Geschichte."[219] Die SPD-Fraktion teilte zwar die Verurteilung des Streiks als ungeeignetes Mittel in der gegenwärtigen Kriegssituation, konnte dies jedoch nicht offen aussprechen, um sich in den Augen ihrer Mitglieder nicht gründlich zu desavouieren. Sie betonte deshalb die Mitschuld der Vaterlandspartei,[220] aber auch der Militärbehörden, denen sie ein allzu restriktives Vorgehen anlastete, am Ausbruch des Streiks und machte dessen demonstrativen Charakter, der eine ernstliche Störung der Kriegsproduktion nicht beabsichtigt habe, deutlich.

In seiner politischen Rede zum Streik unterstrich Marum zunächst die staatsbejahende Haltung seiner Partei und ihre Unterstützung der Landesverteidigung. Sein Anliegen war es offensichtlich, alle Befürchtungen, es könne ein Zusammenhang der deutschen Januarstreiks mit der russischen Revolution bestehen, zu zerstreuen und klarzustellen, dass der Streik weder revolutionäre Ziele angestrebt noch die Identifikation mit der deutschen Nation in Frage gestellt habe. Nachdrücklich hob er hervor, dass sowohl die Arbeiterklasse als auch die Partei das deutsche politische System nicht grundsätzlich in Frage stelle und das Prinzip der Landesverteidigung und der Wahrung deutscher Interessen verfolge. Hinsichtlich der Landtagsfraktion unterstrich Marum: „Wir stehen, wie mein Genosse Strobel es ausgedrückt hat, durchaus auf dem Boden der Landesverteidigung, und wir haben keine Veranlassung, etwa durch einen Streik Vaterlandsverrat zu begehen, wie es zwar nicht hier im Hause ausgedrückt worden ist, wie man es aber in der Presse lesen kann. (...) Ich bin also der Auffassung: weder ist es Absicht gewesen, Landesverrat zu üben, noch ist es objektiv festgestellt, ein Landesverrat und eine landesverräterische Handlung gewesen, dass die Arbeiter diese drei Tage gestreikt haben."[221] Zusätzlich hob er einen Satz aus der Mannheimer Resolution hervor, der lautete: „Nach wie vor aner-

---

[218] Von der Mannheimer USPD stand der spätere Minister der vorläufigen Volksregierung Johann Brümmer an der Spitze der Streikleitung. Vgl. Brandt/Rürup (1991), S. 67.

[219] Zitiert nach Müller (1988), S. 473.

[220] Vgl. *Volksfreund* vom 31.1.1918.

[221] Amtliche Berichte 1917/18, Sp. 1181.

kennen wir die Pflicht, Deutschlands Unversehrtheit, politische Selbständigkeit und wirtschaftliche Entwicklung zu sichern."[222]

Revolutionäre Bestrebungen nach bolschewistischem Muster schloss Marum für die deutsche Arbeiterschaft aus und versicherte den badischen Abgeordneten: Ich kann „sagen, dass die übergroße Mehrheit, 99% der deutschen Arbeiterschaft, es ablehnt, für Deutschland bolschewistische Methoden einzuführen, und ich kann behaupten, dass auch dieser Streik durchaus nichts zu tun hat mit bolschewistischen Ideen. (...) Das ist keineswegs der Zweck der deutschen Arbeiter gewesen, und die deutsche Arbeiterschaft bedankt sich dafür, bolschewistische Methoden in Deutschland einzuführen. Wir sind überzeugt davon, dass der Weg, welchen zur Zeit die Bolschewiki in Russland gehen, nicht dazu führt, das Glück den Völkern zu bringen, sondern dass er zur Desorganisation, zur Anarchie führt und dass er lediglich dazu führen muss, die Reaktion wieder in den Sattel zu heben."[223] Nachdem Marum dem Streik jeglichen systemgefährdenden Charakter abgesprochen hatte, wandte er sich in seiner Ursachenanalyse den deutschen inneren Verhältnissen zu und übte Kritik an Regierung und Militärbehörden. Durch die mangelnde Reformbereitschaft der Regierung und durch die gewährende Haltung der Militärs gegenüber der Agitation der Vaterlandspartei seien in der Arbeiterschaft Zweifel entstanden, ob die politischen Ziele der Reichstagsmehrheit Unterstützung seitens der Regierung finde. Der Streik sei lediglich als Ausdruck von Zweifel, Misstrauen, Unsicherheit in der Arbeiterschaft über den zukünftigen Weg deutscher Politik zu verstehen. Als verstärkendes Moment für den Ausbruch des Streiks nannte Marum die Zurücksetzung der Arbeiterschaft durch Zensur und Versammlungsverbote, wie sie auch im Raum Mannheim kollektiv nach Sprengung einer einzigen Veranstaltung der Vaterlandspartei ausgesprochen worden seien. Damit sah er im Wesentlichen in der Ungleichbehandlung von Arbeiterschaft und rechten Kreisen, die selbst offen Staatsstreichpläne artikulieren durften, die Ursachen des Streiks. Marum betonte, dass auch die Sozialdemokratie den politischen Streik in Kriegszeiten ablehne. Er sagte: „Wir sind auch der Meinung, dass es durchaus richtig ist, dass das Vaterland nicht gefährdet werden soll während des Krieges, auch nicht durch Streiks. Aber ein anderes ist dabei zu bedenken: Wenn man schon von der Arbeiterschaft verlangt, dass sie in Bezug auf Streik und auch in Bezug auf Lohnbewegungen sich zurückhält und keine Streiks führt, dann muss man auch auf der anderen Seite verlangen, dass die Arbeiterschaft so behandelt wird, dass sie keinen Grund hat zu politischen Demonstrationen. Der Grund, dass die Arbeiterschaft nicht streiken soll während des Krieges, gibt der anderen Partei und der Regierung keinen Freibrief, ihrerseits alles zu tun, und zu denken: Wir können uns alles leisten, die Arbeiterschaft wird mit Rücksicht auf den Krieg doch nicht streiken! sondern im Gegenteil, er müsste ihnen doppelte Zurückhaltung auferlegen mit Rücksicht auf die Wehrlosigkeit der Arbeiterschaft."

---

[222] Zitiert nach ebenda, Sp. 1185.
[223] Ebenda, Sp. 1181.

Den Abgeordneten forderte Marum dennoch Verständnis für die Aktionen der Arbeiter ab, die lediglich eine Reaktion auf die Begünstigung der Vaterlandspartei und der eigenen Zurücksetzung gewesen sei. „Wie man vorgeht, wie man von Seiten der Reichsregierung, will ich einmal sagen, die eine Seite begünstigt und die andere Seite im Schatten fechten lässt, wie man vonseiten der Reichsregierung bisher wenigstens die Vaterlandspartei und die Alldeutschen verhätschelt hat und bis zu welchen Verstiegenheiten, Schamlosigkeiten möchte ich sagen, Anhänger der Vaterlandspartei sich aufgeschwungen haben, das haben Sie ja gesehen aus den Versammlungen, die in den letzten Tagen in Berlin anlässlich des Jubiläums des Bundes der Landwirte stattgefunden haben."[224]

Die Lehren, die aus dem Streik zu ziehen seien, bestanden denn auch für die Sozialdemokratie und für Marum selbst darin, dass die Regierung einen Zustand des Gleichgewichts in der Behandlung der verschiedenen politischen Parteien herstelle und jegliches Misstrauen gegenüber den politischen Zielen der Arbeiterschaft aufgebe: „Es geht nicht an, dass die Minister die Arbeiterschaft loben, und es als etwas rühmenswertes (sic) darstellen, wie die Arbeiterschaft durchhält und mithilft, den Krieg zu gewinnen, mithilft, das Vaterland zu verteidigen, und dass man auf der andern Seite alle Versammlungen dieser Arbeiterschaft misstrauisch überwacht und auch noch durch Spitzel überwachen lässt, wie einige dieser Erlasse es anregen. Das geht nicht an, das ist ein innerer Widerspruch, der beseitigt werde muss. Die Militärbehörde kann nicht verlangen, dass ihr die Arbeiterschaft mit Vertrauen entgegenkommt, wenn sie selbst gegenüber der Arbeiterschaft kein Vertrauen hegt. Dieser Streik war eine Explosion dieses Misstrauens, es war gewissermaßen eine Warnung, die die Bevölkerung gegeben hat, nicht eine Drohung."[225]

Ebenso wiederholte er die Forderung seiner Partei nach Aufhebung des Belagerungszustands, der Pressezensur und der Versammlungsverbote. Marum schloss seine Rede mit dem Appell, die Integration der Arbeiterschaft voranzutreiben, sie als gleichberechtigtes Mitglied in Gesellschaft und Politik zu behandeln und damit ein weniger konfliktträchtiges, ein harmonischeres soziales Klima herzustellen: „Ich meine, das Misstrauen, das man der Arbeiterschaft entgegenbringt, muss verschwinden, und ich bin mit dem Herrn Staatsminister in seinen letzten Worten ganz einverstanden, wenn er zur Einigkeit auffordert und ausgesprochen hat, dass jetzt dringend notwendig ist eine Zusammenfassung aller Kräfte. Ganz Ihrer Meinung, Herr Staatsminister! Aber dazu ist notwendig, nicht nur, dass die Arbeiterschaft mithilft, sondern dass auch von oben mitgeholfen wird, dass Reichs- und Staatsbehörden, dass Militär- und Zivilgewalt der Arbeiterschaft und der Bevölkerung Vertrauen entgegenbringt. (sic) Nur wenn gegenseitig miteinander, nicht gegeneinander gearbeitet wird, kann etwas Erspießliches geleistet werden. Deshalb Misstrauen gegen Misstrauen, und Vertrauen gegen Vertrauen!"[226]

Mit diesen Worten beschloss Marum eine seiner bedeutendsten, aber auch schwierigsten politischen Reden während der Kriegszeit, in der er die Grundelemente reformisti-

---

[224] Ebenda, Sp. 1183.
[225] Ebenda, Sp. 1184f.
[226] Ebenda, Sp. 1185.

scher Politik noch einmal bekräftigte. Zu ihnen gehörte die Bejahung des bestehenden Staatswesens, die Unterstützung des Verteidigungskriegs, die Ablehnung der bolschewistischen Revolution in Russland und die Beschränkung auf den Weg der Reformen. Der Reformprozess sollte ausschließlich von den führenden Parteifunktionären und Parlamentariern in Gang gesetzt und vorangetrieben werden; auch Marum vertrat ein Bild der Basis, das diese als rational handelndes, politisches Subjekt ausschloss. Bezeichnend waren Marums Worte über die Mannheimer Arbeiter: „Da möchte ich sagen: nach meiner Auffassung ist der Streik nur aus dem Gefühlsleben des Arbeiters heraus zu erklären. Dieser Streik ist nicht etwa eine bewusste Handlung in der Weise gewesen, dass der Arbeiter positiv wie bei den Lohnkämpfen etwa ein politisches Ziel erreichen wollte und dass er, um die Erreichung dieses Zieles zu erzwingen, nun gestreikt hat; sondern es ist mehr ein explosiver Ausbruch des Gefühls gewesen."[227]

Mit dieser Einschätzung sprach Marum der Arbeiterschaft politische Reife und Rationalität ab, sah ihre Emanzipation nicht als ihr eigenes Werk, sondern das ihrer Repräsentanten an. Marum unterstrich noch einmal, dass die Ziele reformistischer Politik weder in grundlegender Veränderung politischer Herrschaftsstrukturen noch in der Neustellung der Verteilungsfragen bestanden, sondern dass ein Gesellschaftsmodell liberalen Musters angestrebt wurde, in dem die Freiheitsrechte garantiert, Anerkennung pluralistischer Strukturen gegeben und die Gleichbehandlung der verschiedenen sozialen Schichten garantiert sei.

Die beiden politischen Debatten des Landtags hatten sehr deutlich gezeigt, dass die SPD einen expliziten Standpunkt der Mitte verfocht, der das bestehende politische System nicht grundsätzlich in Frage stellte und dessen Kriegspolitik ausdrücklich guthieß. Die SPD widersetzte sich einer grundsätzlichen Erschütterung des Systems, lehnte spontane Basisaktionen ab und sah die Wahrung von Ruhe und Ordnung als Konstituanten ihrer Politik an. Diese Leitlinien sollten auch ihre spätere Politik in der Novemberrevolution umreißen.

Die Identifikation mit der Nation, die Betonung eines wirtschaftlich starken, politisch mächtigen, territorial unangetasteten Deutschlands erhöhten die Akzeptanz der SPD seitens der bürgerlichen Parteien und der Regierung. Ihr mäßigender Einfluss, den sie auf die Arbeiterbewegung ausübte, – die rasche Beendigung des Mannheimer Streiks hatte diesen Einfluss mehr als deutlich gemacht – trug ihr zusätzliche Anerkennung seitens der herrschenden Kreise ein.

Ihr eigentliches Politikfeld sah die SPD in der Vorantreibung der politischen Reformdebatte des Landtags. Angestoßen durch die Zugeständnisse v. Bodmans lag dem Landtag eine Flut von Anträgen vor, die – von allen Parteien eingebracht – zu verschiedenen, wenn auch oft sehr minimalen Korrekturen von Verfassung und Verwaltung ansetzten.[228] Der

---

[227] Ebenda, Sp. 1181.
[228] Es ging um die Reorganisation der Justizverwaltung, der Grundbuchverfassung und die Geschäftsgebühren der Gemeindebeamten. In all diesen Fragen trat Marum als Sprecher auf. (Vgl. Exner-Seemann (1998), S. 208–210) Dort sind auch kleinere Redebeiträge Marums zu verschiedenen Themen, z.B. zu der nicht stattgefundenen Landesgewerbeausstellung in Karlsruhe 1915 und den finanziellen Folgewirkungen vermerkt.

Volksfreund zeigte sich erfreut über die große Zahl von Anträgen, die dem neu eröffneten Landtag vorlagen und die deutlich das Ende des Burgfriedens signalisierten. In der Ausgabe vom 1. Dezember 1917 war zu lesen: „Als am Donnerstag der Präsident der 2. Kammer die Sturzflut von Anträgen verlas, hatte man das Gefühl, als ob – nach langen Jahren zum erstenmale wieder – politische Frühlingsluft im Rondell des Landtagsgebäudes wehte."[229] Die Änderungsvorschläge bezogen sich auf die Landesverfassung, die Kreisverfassung und die Gemeinde- und Städteordnung. Sowohl die minimalen Zugeständnisse v. Bodmans, der einschneidende Reformen eigentlich erst in der zukünftigen Friedenszeit durchführen wollte und für jetzt lediglich eine Neustrukturierung der Ersten Kammer sowie die Erweiterung der Kompetenzen des landständischen Ausschusses vorschlug, als auch die Anträge der bürgerlichen Parteien griffen nach Auffassung der SPD viel zu kurz und waren in ihren Augen nicht geeignet, eine grundlegende Demokratisierung des politischen Systems herbeizuführen. Dennoch ließ sich die SPD auf die Diskussion ein und signalisierte große Kompromissbereitschaft in der Behandlung der Anträge bürgerlicher Parteien. Ihre weitergehenden Auffassungen verfocht die SPD nicht offensiv, sondern sie setzte ihre Hoffnung auf zukünftige Entwicklungen, die nach ihrer Beurteilung den Trend zur Demokratisierung fortführen würden. Ihre Enttäuschung über die kleinschrittigen Reformvorschläge fand ihren Ausdruck lediglich in ironischen Kommentaren und moderaten Angriffen auf die konservativen Kräfte. Viele der Anträge scheiterten bereits in den Kommissionen und wurden nicht im Plenum behandelt.

In den wichtigen Fragen zur Verfassungs- und Verwaltungsreform trat Marum als Sprecher der Fraktion auf, da er sich hier als Mitglied des Verfassungsausschusses und als Vorsitzender der Kommission für Justiz und Verwaltung Kompetenzen erworben hatte.[230] Marum vertrat vor dem Plenum sowohl die noch offenen Forderungen des Aktionsprogramms als auch die Zustimmung seiner Partei zu weitgehenden Kompromissen. Unter seinen Stellungnahmen zur Reform der Kreisverfassung, der Landesverfassung und der Städte- und Gemeindeordnung ragte die Rede vom 6. Juni 1918 heraus, in der er sich mit drei Verfassungsanträgen beschäftigte. Es handelte sich um die Einführung des Frauenwahlrechts, des Proporzes und den Antrag zur veränderten Zusammensetzung der Ersten Kammer.[231] Die ersten beiden Forderungen hatten keine Chance, die notwendige Zweidrittelmehrheit zu erreichen; die Regierungsvorlage zur veränderten Zusammensetzung der 1. Kammer konnte mit Zustimmung der SPD verabschiedet werden.

Marum führte in gewohnt brillanter Weise in seiner Rede die Gründe für die anvisierte Verfassungsänderung an. Im Mittelpunkt standen die Demokratisierungsforderun-

---

[229] *Volksfreund* vom 1.12.1917.

[230] Marum gehörte neben Kolb und Kramer als Vertreter des SPD der im Dezember neu gebildeten Verfassungskommission an. (Vgl. *Volksfreund* vom 14.12.1917.)

[231] Bereits am 26. 4. lagen dem Landtag die Anträge zur Reform der Kreisverfassung vor. Die SPD, die eigentlich die direkte Wahl der Kreisräte forderte, erklärte sich hier mit dem Kompromissvorschlag einverstanden, knüpfte ihre Zustimmung allerdings an die Beseitigung des kommunalen Dreiklassenwahlrechts. Sprecher der Fraktion in dieser Frage war Marum. (Vgl. Amtliche Berichte 1917/18, Sp. 1610f. und Exner-Seemann (1998), S. 212.)

gen. Während seine Partei seit Jahren schon das Frauenwahlrecht gefordert hatte, lag dem Landtag nun ein entsprechender Antrag der FVP vor. Marum unterstützte im Namen seiner Partei diesen Antrag und wies auf sein schon mehrfach vorgebrachtes Argument hin, dass die Frauen auch im Erwerbsleben zunehmend integriert seien und ihnen das Recht auf politische Partizipation nicht länger verweigert werden könne. Im einzelnen führte er aus: „Eines der übelsten Argumente ist das, dass man sagt: die Frau wird dem Hause entzogen und wird durch die Gewährung des Wahlrechts in das politische Getriebe hineingestürzt. Durch die Gewährung des Wahlrechts wird die Frau dem Hause nicht entzogen (...), sondern sie ist durch den wirtschaftlichen Kampf, durch die Entwicklung der wirtschaftlichen Verhältnisse längst dem Hause entzogen worden. (...) Ich möchte einmal fragen: Welche Frau ist denn heute nur noch Hausfrau? Doch nur diejenige, deren Mann so viel verdient, dass sie einen geruhigen, bequemen Haushalt führen kann. Im Allgemeinen, bei der Mehrzahl der Bevölkerung, insbesondere bei der arbeitenden Bevölkerung, ist die Frau hineingeworfen in das wirtschaftliche Leben, in den Strudel des Arbeitskampfes und gezwungen, teilzunehmen an dem wirtschaftlichen Leben. Gezwungen, nicht freiwillig hat sie es getan, und nicht wir sind es, die die Frau dem Haushalt entzogen haben, sondern die Entwicklung der kapitalistischen Verhältnisse ist es, die die Frau gezwungen hat, in die Fabriken zu gehen, und heute sind es insbesondere die Kriegsverhältnisse, die die Frau in das wirtschaftliche Leben hineingeschleudert haben. Nachdem aber so von Jahrzehnt zu Jahrzehnt die Teilnahme der Frau am Erwerbsleben gestiegen ist, nachdem ganz zweifellos vorauszusehen ist, dass auch nach dem Kriege fortgesetzt die Teilnahme der Frau am Erwerbsleben mindestens gleich bleiben wird, ist es nach meiner Auffassung Unrecht, die Frau anders zu behandeln als den Mann. Und dann noch eines zu diesem Argument. Man sagt: durch die Gewährung des Wahlrechts wird die Frau dem Hause entzogen. Ich kann nicht einsehen, dass die Frau, die noch Hausfrau ist, dadurch ihren Pflichten entzogen wird. Dieses Argument steht auf derselben Höhe, wie wenn man sagen wollte: der Mann wird seinem Beruf dadurch entzogen, dass ihm das politische Wahlrecht gewährt wird. Das wäre ungefähr das gleiche Argument, und ebenso wenig, wie jenes, ist auch dieses richtig."[232]

Das Verhältniswahlrecht gehörte ebenfalls zu den langjährigen SPD-Forderungen. Marum stellte es als das gerechtere Wahlrecht dar, das zudem geeignet sei, den Wahlkampf zu versachlichen und die Vorherrschaft des Zentrums zu brechen.[233] Das Zentrum selbst wollte das Verhältniswahlrecht nur in den großen Städten; der Proporz in den ländlichen Gebieten hätte seine politische Dominanz gefährdet.

Ausführlicher als dem Frauenwahlrecht und dem Verhältniswahlrecht widmete sich Marum den Anträgen zur veränderten Zusammensetzung der Ersten Kammer, die vom Zentrum und der nationalliberalen Partei gestellt worden waren. Marum bekräftigte zunächst die SPD-Forderung nach grundsätzlicher Beseitigung der Ersten Kammer, die

---

[232] Ebenda, Sp. 2093.
[233] Vgl. Exner-Seemann (1998), S. 212.

er als eine „alte gutbürgerliche Forderung – nichts Revolutionäres"[234] bezeichnete. Die Erste Kammer habe sich bisher nur als Hemmnis für den politischen Fortschritt erwiesen, neben der Volksvertretung sei eine weitere ständische Vertretung überflüssig.[235] Die SPD verzichtete jedoch auf einen Antrag zur Abschaffung der Ersten Kammer, weil dieser keine Aussicht auf Durchsetzung habe, und ließ sich auf die Diskussion zur veränderten Zusammensetzung ein. Marum gab sich zuversichtlich: „Ich glaube aber, auch hier wird die Zeit mit uns marschieren."[236]

Ging es schon um eine veränderte Zusammensetzung, so forderte die SPD und Marum die Beseitigung des Adels und seines überragenden Einflusses in der Ersten Kammer. In seiner Kritik sprach Marum dem Adel das Recht zu überragendem politischen Einfluss ab: „Aber ich möchte mich dagegen verwahren, wenn man sagt, dass der Adel ein historisches Recht auf Vertretung in der Ersten Kammer habe. Es gibt keine historischen Rechte, es gibt keine politischen Rechte, die ewig und unabänderlich bleiben müssen, sondern alle Rechte richten sich nach der Zeit und richten sich nach den Verhältnissen und wenn diese Verhältnisse, wenn die wirtschaftlichen Verhältnisse, wenn der Untergrund und die Grundlage dieser Rechte sich ändert, dann müssen eben auch die Rechte fallen. Im Jahre 1818 mag die Bedeutung des Adels eine ganz andere gewesen sein, als sie heute im Jahre 1918 ist. Ich denke dabei an die wirtschaftliche und politische Bedeutung des Adels. Gewiss verkenne ich dabei nicht, dass der Einfluss des Adels bei uns in Baden und insbesondere in Deutschland auch heute noch groß und viel zu groß ist, aber er entspricht nicht der wirtschaftlichen und politischen Bedeutung des Adels. Seiner wirtschaftlichen, politischen und sozialen Bedeutung entspricht es nicht, heute noch 7 geborene und 8 gewählte Vertreter in der Ersten Kammer zu haben. Wenn man darnach die Zahl der Arbeitervertreter bemessen wollte, müssten Sie (sic) Legion (...), dann müssten es mehr sein als die ganze Erste Kammer an Abgeordneten enthält."[237]

Dem Antrag, zwei Arbeiter in die Erste Kammer zu entsenden, stimmte Marum im Namen seiner Partei zu, machte sich jedoch keinerlei Illusionen. Solcherart Zugeständnisse erschienen selbst den Reformisten bedeutungslos, was die folgenden Ausführungen Marums beweisen: „Einzig zugestimmt haben wir dem Antrag auf Entsendung von Vertretern der Arbeiter in die Erste Kammer. Ich habe mich auch schon in der Kommission über diese Frage nüchtern ausgesprochen, ich betrachte diese Frage auch sehr nüchtern; denn ich habe die Überzeugung: Es ist zwar gut, wenn zwei Arbeiter in die Erste Kammer hineinkommen, es wird damit lediglich etwas erfüllt, was schon bei der Verfassungsänderung im Jahre 1904 vorgesehen war; aber ich habe weiter auch die Überzeugung, dass diese zwei Arbeiter in der Ersten Kammer keine Bäume ausreißen werden. Der

---

[234] Amtliche Berichte etc., Sp. 2097.
[235] Aus demselben Grund lehnte die SPD auch die politische Aufwertung des landständischen Ausschusses, dessen Mitglieder sowohl aus der 1. wie der 2. Kammer entsandt wurden, ab.
[236] Ebenda, Sp. 2098.
[237] Ebenda, Sp. 2100.

Einfluss, welcher der Arbeiterschaft gebührt, wird ihr in gar keiner Weise dadurch gebracht werden, dass man nun in den Karpfenteich der Ersten Kammer diese zwei Hechte setzt. Aus den dargelegten Erwägungen werden wir für diesen Antrag sein, versprechen uns aber nicht allzu viel davon, dass diese zwei Arbeiter in die Erste Kammer hineinkommen."[238]

Dem Wunsch des Zentrums, dem Erzbischof und dem evangelischen Prälaten das Vertretungsrecht in der Ersten Kammer zu gewähren, setzte die SPD keine Bedenken entgegen. Diesen Änderungen stimmten alle Parteien zu, nur Adolf Geck lehnte den „Neuaufputz"[239] der Ersten Kammer grundsätzlich ab. Der Schlussabschnitt der Rede Marums bekräftigte die Hoffnung auf Demokratisierung in naher Zukunft. Angesichts der schwachen Position der Partei im Landtag, die momentan noch keinen durchschlagenden Erfolg erringen konnte, setzte er auf die Zeit und die positiven Entwicklungen, die sie bringen würde: „Wir werden den Anträgen zustimmen, soweit nicht das Frauenwahlrecht in Betracht kommt. Sie bringen etwas – es geht ihnen wie anderen Kommissions- und Kompromissanträgen. Es ist auf sie das Bild angewendet worden von dem Geleitzug, dessen Tempo sich nach dem langsamsten Schiff richten muss, dass sich die Beschlüsse richten müssen nach den Wünschen derjenigen Partei, die am wenigsten haben wollte, wenn man wenigstens etwas zustande bringen wollte. Wir werden den Anträgen zustimmen, aber durch unsere Zustimmung geben wir unsere weitergehenden Wünsche nicht auf, sondern wir werden sie hochhalten und bei geeigneter Gelegenheit wieder vorbringen. Wir werden das Frauenstimmrecht wieder verlangen, wir werden die Abschaffung der Ersten Kammer wieder verlangen, und bezüglich der Zweiten Kammer nicht nur eine Ausdehnung des Wahlrechts für die Frauen, sondern auch für männliche Wähler. Dazu möchte ich auch noch ein Wort sagen. Man hat vor dem Kriege gelacht, als wir verlangt haben, dass das Wahlrecht ausgedehnt werde auf alle Männer und Frauen, soweit sie das 20. Lebensjahr erreicht haben. Man hat gelacht, dass wir gewissermaßen das Säuglingswahlrecht einführen wollten. Und heute: Das ruhige bedachtsame England hat für alle Soldaten, die am Kriege teilgenommen haben, sobald sie volljährig geworden sind, das Wahlrecht zum Parlament eingeführt und mit Recht; wenn man verlangt, dass der mündige Staatsbürger sein Höchstes, sein Leben dem Staat opfert, muss man ihn auch politisch für mündig erklären und ihm das Recht geben, mitzuraten und mitzutaten an den Geschicken des Staates. Ich habe die Überzeugung, ebenso wenig wie das englische Reich oder Italien, wo man ebenfalls den Soldaten von 20 Jahren an das Wahlrecht gegeben hat, ebenso wenig wird Baden untergehen, wenn man dieses weitergehende Wahlrecht einführt. Ich kann nur sagen, alle diese Wünsche, die wir haben, scheinen vielleicht im Augenblick umstürzend, aber die Zeit fördert sie, und ich habe die Überzeugung, alle diese Wünsche werden durchgeführt werden, und ihre Durchführung wird nicht einen Vorteil für unsere Partei, sondern für unser badisches Volk und den badischen Staat bringen."[240] Das Protokoll vermerkte lebhaften Beifall bei den Sozialdemokraten.

---

[238] Ebenda.
[239] Vgl. Müller (1998), S. 235.
[240] Amtliche Berichte etc., Sp. 2102.

Als in den letzten Sitzungen des Landtags die Reform der badischen Gemeinde- und Städteordnung anstand,[241] signalisierte die SPD auch hier große Kompromissbereitschaft; sie billigte den nationalliberalen Antrag auf Einführung des Frauenwahlrechts nur in den großen Städten und stellte damit ihre Forderung nach dem allgemeinen Frauenwahlrecht auf allen Ebenen der Politik zurück. Auch dem gefundenen Kompromissvorschlag vermochte sich das Zentrum nicht anzuschließen, es beharrte auf seiner Argumentation, die Frauen selbst wünschten das Wahlrecht nicht. Während der Ausführungen Marums kam es zu Zwischenrufen des Zentrumsabgeordneten Dr. Schofer und dem Einwurf einer Frau, die auf der Zuschauertribüne die Debatte verfolgte. Das Protokoll vermerkte: „Marum: 'Da möchte ich den Herrn Dr. Schofer doch fragen, ob es staatsklug ist, in einer Frage, von der man weiß, dass die Zukunft gegen einen ist, in einer Frage, von der man weiß, dass man nicht auf alle Zukunft wird verhindern können, dass die Frage zur Lösung gelangt – ob es da staatsklug ist, sich dem Strom der Zeit entgegenzustemmen und Dinge, die kommen müssen, zu hindern? Ich glaube, die Einführung des Frauenwahlrechts wird mit viel geringeren Erschütterungen für das Staatsleben vor sich gehen, wenn man sie rechtzeitig vornimmt, die Kämpfe werden viel leidenschaftsloser sein, wenn man rechtzeitig als wenn man gezwungen nachgibt. Einmal werden Sie doch nachgeben müssen! (Widerspruch beim Zentrum). Denn die Frauen und die Männer wollen das Frauenwahlrecht, auch die Frauen! (Lachen rechts). Lachen Sie nicht; nehmen Sie einmal eine Abstimmung unter den Frauen vor: Ich glaube, Sie werden Ihr blaues Wunder erleben. (Abg. Dr. Schofer: **Sie** werden das blaue Wunder erleben! – Weibliche Stimme aus dem Zuhörerraum: Das glaube ich nicht! – Heiterkeit; Zuruf rechts: Es ist schon da, das blaue Wunder! – Große Heiterkeit. – Der Präsident bittet, den Redner nicht zu unterbrechen.) Ich glaube, wir behandeln diese Frage heute noch zu heiter. Es handelt sich um eine außerordentlich ernste Frage, um eine Frage, die die Zukunft für sich hat und die zweifellos in einem Sinne gelöst werden wird, der in der Richtung der Bestrebungen der Frauen gelegen ist. Soviel zu diesem Punkte.'"[242]

Zur Begründung des eigenen SPD-Antrags nach Aufhebung des Klassenwahlrechts griff Marum auf bekannte Argumente zurück, als er sagte: „Es ist der Gedanke, dass man den Leuten, die ihr Leben und ihr Blut für den Bestand des Vaterlandes hergeben, unmöglich zumuten kann, in ihren politischen Rechten zurückzubleiben hinter denjenigen, die zu Hause geblieben sind. Ich meine, das ist ein Gedanke, der jedem anständigen Menschen zeigen muss, dass es nicht angängig ist, dem Klassenwahlrecht weiterhin anzuhängen. Wenn man sich vorstellt, dass jetzt noch bei den nächsten Bürgerausschuss- und Gemeinderatswahlen bei uns in Baden der Kriegswucherer in der ersten und der Kriegsteilnehmer in der dritten Klasse wählt, dann sagt man: das ist so ungeheuerlich, dass alle Parteien sich zusammentun müssen, um einen derartigen Zustand zu beseitigen."[243]

---

[241] In der 65. Sitzung vom 26. Juni. Vgl. Amtliche Berichte etc. 1917/18 Sp. 2532ff.
[242] Ebenda, Sp. 2553.
[243] Ebenda, Sp. 2554.

Was die Gemeinde betraf, so gehörte nicht nur die Demokratisierung des Wahlrechts zu den Reformforderungen, diese betrafen auch die Änderung der Gemeindeverfassung, die Forderung nach Stärkung des Bürgerausschusses und nach fest besoldeten Stadträten, die ein Gegengewicht zum Bürgermeister und zur Verwaltung bilden konnten.[244] Die Ausführungen Marums gipfelten in den folgenden Sätzen: „Deshalb ist es allerdings notwendig, dass man den Bürgerausschuss stärkt. Denn heute, das ist richtig, ist der Bürgerausschuss in der Gemeindeverfassung eigentlich etwas zum Stiefkind geworden. Er ist zwar das eigentliche Parlament; denn nach unserer bestehenden Gemeindeverfassung ist der Zustand doch der, dass die Regierung der Gemeinde durch den Bürgermeister zusammen mit den Stadträten, durch den Stadtrat, gebildet wird und dass dieser Regierung – dieser parlamentarischen Regierung möchte ich sagen – der Bürgerausschuss als Parlament gegenübersteht. In Wirklichkeit ist aber im Laufe der Jahre die Sache so geworden, dass der Stadtrat von seiner Stellung als Regierung herab geglitten und zum Parlament geworden ist, während der Bürgerausschuss mehr Verzierung oder Dekoration geworden ist und die eigentliche Regierung der Bürgermeister darstellt. Ich meine dieser alte Zustand muss wieder hergestellt werden und es muss der Stadtrat dann zusammen mit dem Bürgermeister die Regierung bilden. Der Bürgerausschuss muss den nötigen Einfluss als Parlament bekommen."[245]

Die politische Debatte um die Verfassungsreform auf allen Ebenen der Politik am Ende der Legislaturperiode – im Juni 1918 – brachte kaum neue Ergebnisse. Die Regierung beharrte auf dem Standpunkt der Ablehnung sämtlicher tiefer greifender Reformen und zeigte sich nicht in der Lage, die zunehmende Dichotomisierung der Gesellschaft und die aufbrechenden politischen Antagonismen zu erkennen. Die bürgerlichen Parteien mit Ausnahme der FVP verweigerten sich ebenfalls einer grundlegenden Reform.

Es erwies sich überdeutlich, dass die Parlamentsmehrheit keine wesentlichen Veränderungen herbeiführen wollte, ein Konsens über die demokratische Fortentwicklung des Konstitutionalismus war offensichtlich nicht herstellbar. Die von der Regierung zugestandene Ausweitung der Diskussionsbefugnisse des landständischen Ausschusses verstanden SPD und auch FVP, wie schon erwähnt, als Einschränkung des Einflusses der Zweiten Kammer und lehnten sie deswegen ab.[246]

Am Ende der Landtagsperiode hatten sich keine wesentlichen Änderungen ergeben, eine Reform schien ausgeschlossen und nicht durchsetzbar. Die Politik von SPD und FVP beschränkte sich darauf, Reformen anzumahnen, ohne einen konkreten Weg ihrer Durchsetzung beschreiten zu können. Der *Volksfreund* schrieb am 28. Juni 1918, der „Landtag verharre auf der reaktionären Linie, auf der er sich von Anfang an bewegt habe"[247] Die retardierende Haltung des Landtags bestärkte die Regierung in ihrer Auffassung, dass eine grundlegende Reform nicht erwünscht sei, dazu schien das allseits beklagte Desinteres-

[244] Vgl. ebenda, Sp. 2250.
[245] Ebenda, Sp. 2550f.
[246] Vgl. Müller (1998), S. 232.
[247] *Volksfreund* vom 28.6.1918.

se der Bevölkerung an der Landespolitik zu passen.[248] Dies führte zu der Fehleinschätzung der Situation durch die Regierung, welche die Krise des konstitutionellen Systems ebenso wenig erkannte wie seinen stetigen Legitimitätsverlust.

Dass Marum im letzten Kriegslandtag einer der wichtigsten Redner seiner Partei war, bewiesen nicht nur seine Auftritte in der Verfassungsdebatte, hinzu kamen vielmehr seine Redebeiträge während der Haushaltsberatungen. Der von der Regierung vorgelegte Staatsvoranschlag wurde auch von der SPD-Fraktion einstimmig gebilligt, in der Generaldebatte über die einzelnen Posten galt Marum als Experte, da er als Mitglied der Haushaltskommission mit der Materie bereits vertraut war. Er fungierte als Sprecher der SPD bei den Verhandlungen des Etats für das Ministerium für Kultus und Unterricht, des Inneren,[249] des Äußeren[250] und für Justiz.[251]

Die Beratung der einzelnen Budgetposten wurden oftmals dafür genutzt, programmatische Vorstellungen der Partei darzulegen. Dies tat Marum bei den Themen Bildung und Justiz. Am 23. Januar 1918 legte Marum anlässlich der Haushaltsberatungen Teile der bildungspolitischen Position seiner Partei dar. In seinen Ausführungen war kaum noch etwas enthalten von den bildungspolitischen Grundsätzen des Mannheimer Parteitags, die badische SPD näherte sich zunehmend auch im Bildungsbereich an die liberale Bildungskonzeption an, die individuelle Förderung von Begabung in den Mittelpunkt stellte und sie unter die Losung „Freie Bahn dem Tüchtigen" stellte. Die Forderung der SPD nach Einheitlichkeit des Bildungssystems wich der Anerkennung des dreigliedrigen Schulsystems, das man zwar für verbesserungswürdig hielt, jedoch grundsätzlich nicht mehr in Frage stellte. Marum bescheinigte den einzelnen Schultypen durchaus Vorzüge, indem er die praktische Ausrichtung der Mittelschulen gegenüber dem Gymnasium mit den Worten kommentierte: „Ich selbst habe humanistische Bildung genossen, ich kenne ihre Schwächen und weiß die Vorteile realer Bildung zu schätzen. Auf der anderen Seite möchte ich nicht missen, was mir die humanistische Bildung gegeben hat. Es haben beide Systeme ihren Vorteil und es wird heute eine endgültige Entscheidung nicht getroffen werden können."[252]

Die zunehmende Orientierung an einem Bildungskonzept individueller Förderung und die Zurückstellung von Bildungsauffassungen, welche die bildungsmäßige Emanzipation der Arbeiterklasse als Ganzes im Auge hatte, wurden auch deutlich in der Forderung der badischen Landtagsfraktion nach erhöhten Stipendien und ausreichenden Studienplätzen, wie sie Marum in seiner Rede darlegte.

In völligem Konsens mit den übrigen Parteien des Hauses standen die grundsätzlichen Überlegungen zum Auftrag der Volksschule, die neben der Vermittlung von Sachkennt-

---

[248] Vgl. Müller (1998), S. 241.

[249] 35. Sitzung am 6.3.1918, vgl. amtliche Berichte etc., 1917/18 Sp. 1215.

[250] Vgl. Exner-Seemann (1998), S. 208.

[251] 19. Sitzung am 1.2.1918, vgl. Exner-Seemann (1998), S. 208.

[252] Amtliche Berichte etc., Sp. 494f.

nissen auch die sittliche und staatsbürgerliche Erziehung der Schüler übernehmen sollte. Aus aktuellem Anlass – dem Versuch der Vaterlandspartei, auch in die Schule hineinzuwirken – verwahrte sich Marum gegen die Politisierung der Schule und befand sich auch in diesem Punkt in Übereinstimmung mit seiner Zuhörerschaft im Plenum. Gemeinsam trat man für die Einführung des Faches Staatsbürgerkunde in den oberen Klassen ein.[253]

Die Unterstützung der SPD für den Abbau der Kulturkampfgesetze, wie er vom Zentrum gewünscht und vorangetrieben wurde, und die Aufgabe wesentlicher Vorstellungen einer sozialistischen Bildungskonzeption ebnete den Weg einer Annäherung zwischen SPD und Zentrum. Am 9. April 1918 gab die SPD ihre Zustimmung zu einem der letzten Gesetze, welches die Kirche von den Fesseln des Staates befreite, dem so genannten Kirchengesetz, das das Aufsichtsrecht des Staates gegenüber der Kirche einschränkte.[254]

In einer Rede wenige Tage nach den Etatberatungen des Ministeriums für Kultus und Unterricht profilierte sich Marum als Rechtspolitiker und vorsichtiger Kritiker bestehender Rechtsnormen.[255] Das Recht galt Marum als zentraler Ordnungsfaktor des gesellschaftlichen Zusammenlebens, und er trat deswegen für dessen unbedingte Beachtung seitens der Bürger ein. Nach Marums Auffassung gab das Recht Handlungsorientierungen vor, stellte Sicherheit her, jede Gesetzesübertretung dagegen müsste die Ordnung und Stabilität des Zusammenlebens gefährden und galt ihm als Ausdruck moralischer Verwilderung. Der Krieg, der eine Fülle neuer Kriegsgesetze gebracht hatte, die nicht immer Beachtung fanden, führte zu einer zunehmenden Rechtsunsicherheit. Diesen Zustand beklagte Marum in seiner Rede und erkannte ihn als Symptom einer Entwicklung, in der das Rechtsbewusstsein der Bevölkerung ausgehöhlt werde, die Orientierung an geltenden Rechtsnormen verloren gehe. Mit Besorgnis schilderte Marum die Entwicklung: „Die Zahl derer, die sich gegen die Verordnung hinsichtlich der Volksernährung vergangen haben, ist außerordentlich hoch, wir haben gehört, dass sie bis Ende des Jahres rund 29 000 beträgt. Aber es lässt sich selbstverständlich nicht behaupten, dass das alles Schwerverbrecher sind, sondern der größte Teil dieser Vergehen ist aus Unwissenheit erfolgt. Aber das lässt sich nicht bestreiten, dass die Achtung vor dem Gesetz während des Krieges nicht höher, sondern geringer geworden ist, und, ich möchte sagen: ich halte das mit für den schwersten innerpolitischen Schaden, den der Weltkrieg angerichtet hat, dass er eine moralische Verwilderung in der Auffassung der Bevölkerung in Bezug auf Gesetz und Recht gebracht hat. Derjenige, der sich auf dem Gebiete der Strafrechtspflege bewegt, der weiß, dass ich nicht übertreibe, wenn ich sage, dass der Sinn für Gesetz und Recht bei sehr vielen Leuten geschwunden ist, die vor dem Kriege, solche Achtung vor dem Gesetz gehabt hatten. Und es sind nicht nur, wie der Abg. Dr. Blum meint, heute die gewerbsmäßigen Verbrecher, die die Gerichte in großer Zahl beschäftigen, sondern im Gegenteil Menschen, denen niemand vor dem Krieg zugetraut hätte, dass sie sich in strafrecht-

---

[253] Vgl. Exner-Seemann (1998), S. 206f.
[254] Vgl. Exner-Seemann (1998), S. 206.
[255] Marum hielt die Rede am 29.1.1918. Vgl. Amtliche Berichte 1917/18.

licher Weise vergehen könnten. Frauen und Jugendliche insbesondere sind es, Diebstähle und Hehlereien insbesondere sind es, die heute zur Aburteilung kommen, und es darf vielleicht gesagt werden: Es fängt an mit einer geringen Übertretung eines Kriegsgesetzes, dadurch wird allmählich das Gewissen erlahmen, und es hört vielleicht auf mit einem schweren Diebstahl oder Hehlerei. In manchen Fällen wird es so gehen. Aber es kann nicht bezweifelt werden, dass gegenwärtig die Achtung vor den Gesetzen geringer geworden ist und dass die Zahl der Straffälle außerordentlich zugenommen hat."[256]

Gegenstand seiner Kritik war aber nicht nur das schwindende Rechtsempfinden der Bevölkerung, er setzte auch zu einer vorsichtigen Kritik des positiven Rechts und seiner strafrechtlichen Bestimmungen an. Erster Ansatzpunkt war für Marum hier die Einschränkung der Grundrechte, wie sie sich im geltenden Koalitionsrecht offenbarten. Er forderte die vollständige Gewährung des Koalitionsrechts und die Einführung des unbedingten Streikrechts, das frei von jeglichen strafrechtlichen Folgen sein sollte. Die Gewährung dieser Rechte verstand er als Voraussetzung eines gleichberechtigten Zusammenwirkens der sozialen Klassen, die den sozialen Frieden und die Integration beförderte. Seine Worte lauteten: „Man spricht allgemein davon, dass man gegenseitiges Vertrauen haben wolle; man spricht allgemein davon, dass die Schranken fallen müssen, die zwischen den einzelnen Bevölkerungsschichten errichtet sind und verhindert haben, dass man sich kennen gelernt hat. Wenn die Neuordnung kommen soll, ist es besonders wichtig, dass man auf diesem Gebiet der Arbeiterschaft entgegenkommt, und es ist nötig, dass möglichst bald eine Änderung des § 253 eingeführt wird."[257]

Im Zentrum seiner Kritik am Strafrecht stand die harte Ahndung von Eigentumsdelikten, dergegenüber die Bestimmungen zum Schutz der Person zu kurz gefasst seien. Marum plädierte für eine andere Gewichtung im Strafrecht und führte dazu aus: „Ich halte bei Eigentumsvergehen die strafgesetzlichen Minima, die wir haben, so schon für außerordentlich hoch, und ich möchte dabei auf etwas zu sprechen kommen, was nach meiner Auffassung ein Krebsschaden unserer heutigen Strafgesetzgebung ist und was in Zukunft zweifellos geändert werden muss. Wir können finden, dass heute in unserem Strafrecht das Eigentum viel mehr geschützt ist als die Person, die Persönlichkeit und die Unversehrtheit des Menschen. Das ist ein Zustand, der zu erklären ist aus der Zeit heraus, aus der das heutige Strafgesetzbuch entstanden ist; das ist aber ein Zustand, der mit der heutigen sozialen Auffassung der Zeit, der mit der Wertung der Person und des Eigentums in ihrem Verhältnis zueinander zweifellos nicht mehr im Einklang steht und der beseitigt werden muss. Wir wollen kein Strafgesetzbuch, das den Mammon schützt, wir wollen keine Strafrechtsbestimmungen, die auf dem Mammonismus aufgebaut sind, sondern wir wollen in erster Linie strafrechtliche Bestimmungen, die die Unversehrtheit der Person mehr schützen als diejenige des Eigentums. Von diesem sozialen Geiste soll

---

[256] Amtliche Berichte etc., Sp. 594.
[257] Ebenda, Sp. 593. Der § 253 betraf das Streikrecht.

nach meiner Auffassung in Zukunft unser ganzes Rechtsleben erfüllt sein, nicht nur auf dem Gebiete der Strafrechtspflege, sondern auch auf dem Gebiete des Zivilrechts."[258]

Den sozialen Geist vermisste Marum nicht nur in den strafrechtlichen Bestimmungen, sondern auch in der Urteilsfindung deutscher Richter. Ihnen empfahl er eine weniger formale Auslegung der Gesetze und die stärkere Beachtung ihres materialen Gehaltes, der oftmals eine Berücksichtigung sozialer Gesichtspunkte ermöglichte.

Mit seinen Ausführungen auf dem Gebiet der Rechtspflege gab sich Marum als ein fortschrittlicher Jurist zu erkennen, geprägt von der Rechtsauffassung seiner liberalen Hochschullehrer und führender sozialdemokratischer Juristen. In seiner Rede vom 19. Januar 1918 machte Marum zum ersten Mal auf die Lage seiner Berufskollegen, der Rechtsanwälte, aufmerksam, für die eine Neuregelung der Gebührenordnung und des Armenrechts dringende Notwendigkeit war. Dieses Thema griff er in den folgenden Jahren immer wieder auf, die wirtschaftliche Absicherung des Rechtsanwaltstandes gehörte für ihn zu den Voraussetzungen einer gut funktionierenden Rechtspflege.

Neben den kontrovers diskutierten großen politischen Themen behandelte der Landtag von 1917/18 auch Gesetze, Anträge, Interpellationen, die allein der Kriegssituation geschuldet waren und deswegen in der Tradition des Burgfriedens einstimmig gebilligt wurden. Hierzu gehörte eine Änderung des Berggesetzes hinsichtlich der Förderung des kriegswichtigen Rohstoffs Bitumen[259] und ein Antrag der SPD-Fraktion auf Beschränkung der Fliegerangriffe auf die militärisch relevanten Operationsgebiete. Was das erste Gesetz betraf, so sollte der badische Staat nach Änderung des Berggesetzes nun das alleinige Recht zur Förderung des erdölhaltigen Rohstoffes Bitumen erhalten. Marum stimmte im Namen seiner Fraktion dem Eingriff in das Eigentumsrecht des Grundbesitzers zu, ebenso verhielten sich alle anderen Fraktionen des badischen Landtags.

Auch die Initiative der SPD-Fraktion gegen den Schrecken der Luftangriffe etwas zu unternehmen, traf auf die Zustimmung der übrigen Landtagsfraktionen. Die badischen Industriestädte Mannheim und Karlsruhe waren wegen ihrer Rüstungsbetriebe bevorzugtes Ziel der Fliegerangriffe der Westmächte. Karlsruhe war im Ersten Weltkrieg zehn Luftangriffen ausgesetzt. Der erste Luftangriff fand sinnfälliger Weise einen Tag vor dem zweihundertjährigen Stadtjubiläum am 16. Juni 1915 statt und forderte 29 Todesopfer. Der schlimmste Angriff etwa ein Jahr später am 22. Juli 1916 kostete 120 Menschen das Leben, darunter zahlreichen Kindern, die sich auf dem Karlsruher Festplatz bei einer Aufführung des Zirkus Hagenbeck befanden.[260] Gegen Ende des Krieges weiteten sich die Luftangriffe auch auf die südlichen Gebiete aus und konzentrierten sich nicht nur auf ökonomisch und strategisch wichtige Zielpunkte in den Städten. Die Entente beabsichtigte neben der Zerstörung von Rüstungsanlagen auch die Ängstigung und Demoralisierung der Zivilbevölkerung, indem sie ländliche Gebiete außerhalb der Operationsgebiete

[258] Ebenda, Sp. 95.
[259] Vgl. Exner-Seemann (1998), S. 210.
[260] Vgl. Bräunche (1998), S. 373f und Cordes (1978), S. 20.

angriff. Diesen Zustand zu ändern, setzte sich der SPD-Antrag in badischen Landtag zum Ziel. Der Antrag ersuchte die badische Regierung, „im Bundesrat und bei den Reichsbehörden dahin zu wirken, dass diese sich für den Abschluss allgemeiner Vereinbarungen zwischen den Kriegführenden einsetze, durch welche sofort die gegenseitigen Fliegerangriffe auf Ortschaften außerhalb des Operationsgebietes beseitigt werden."[261]

Mit diesem Antrag suchte die SPD auf die Einhaltung des Kriegs- und Völkerrechts einzuwirken, wohl wissend, dass weder der Einfluss der Partei noch der badischen Landesregierung ausreichte, einen solchen Beschluss durchzusetzen. Marum schlug deshalb vor, eventuell auch die Hilfe der Kurie in Rom zwecks eines internationalen kriegsrechtlichen Abkommens zu beanspruchen. Während dieser Antrag die Unterstützung aller Parlamentsparteien fand, regte die Interpellation des Zentrums, welche die während des Krieges auf badischem Staatsgebiet unbeleuchtet fahrenden Züge betraf, eine kontroverse Diskussion an. Diese Maßnahmen der badischen Regierung zum Schutz vor Fliegerangriffen hatten keine Entsprechung in den anderen Bundesstaaten, die eine solche Vorsichtsmaßregel als unnötig empfanden. Dieser Auffassung schloss sich auch die SPD-Fraktion an; ihre Kritik richtete sich aber nicht nur gegen die Anordnung der Regierung, sondern auch gegen die Interpellation des Zentrums, das – besorgt ob der sittlichen Gefährdung der Bevölkerung bei Fahrten in den verdunkelten Zügen – um staatliche Regelung gebeten hatte. Die Antwort der Regierung, in den Arbeiterzügen nach Geschlechtern getrennte Abteile vorzusehen, traf die Empfindlichkeit der SPD, die darin eine Diskriminierung der Arbeiterschaft sah.

Während sich also die SPD generell um eine Annäherung an das Zentrum bemühte, prallten auf diesem Nebengleis der Sexualmoral die unterschiedlichen Standpunkte hart aufeinander. Hier ging es der SPD darum, das Image einer modernen, toleranten Partei gegenüber dem konservativen Zentrum zu bewahren.

Die Lage am Ende des Krieges

Die Bilanz des letzten Kriegslandtags ergab, dass trotz der kontrovers geführten politischen Debatten kaum Ergebnisse erzielt worden waren, die eine Veränderung der politischen Kräfteverhältnisse bewirken konnten. Stillstand, Lähmung, Perspektivlosigkeit kennzeichneten die Situation im Sommer 1918. Dass trotz dieser Lage die politischen Gegensätze nicht unvermittelt aufeinander prallten, lag zum einen an den versöhnlich gestimmten, auf Vermittlung eingestellten Charakteren der Antipoden im politischen Kräftefeld: des Staatsministers v. Bodman und des SPD-Vorsitzenden Geiß – zum andern an dem nach wie vor bestehenden Konsens zwischen allen Parteien in der Kriegspolitik. Der badische Landtag – einschließlich der SPD-Fraktion – hielt bis Kriegsende an der Version des Verteidigungskrieges fest, dessen siegreicher Ausgang oberstes Ziel aller po-

---

[261] Zitiert nach Exner-Seemann (1998), S. 211.

litischen Bemühungen blieb. Die nationale Haltung quer durch alle Parteien, der Glaube an die militärische Leistungsfähigkeit der deutschen Heere einten die Parteien untereinander und schlugen die Brücke zur Regierungsposition. Vor diesem Hintergrund milderte sich für die „Oppositionsparteien" SPD und FVP – welche die politische Reform vorantreiben wollten – der Konflikt mit Regierung und Parlamentsmehrheit. Man glaubte immer noch an ein Einlenken in zukünftigen Landtagssitzungen, an ein Abrücken des konservativ-nationalliberalen Lagers von seiner unversöhnlichen Haltung. Es fehlte die klare Einsicht, dass Baden dem Bild des „liberalen Musterlandes" längst nicht mehr entsprach, dass im Gegenteil die konservativen Kräfte in Baden die Zeichen der Zeit bis in den November hinein verkannten und damit zum Schlusslicht im politischen Reformprozess werden sollten. Dass Baden im Liberalisierungsprozess zurückblieb, zeigte auch die Parteienkonstellation im badischen Landtag. Hier gelang es nicht wie im Reichstag mit der Deklaration der Friedensresolution und mit der Zusammenarbeit im interfraktionellen Ausschuss, die Kluft zum Zentrum zu überwinden und es in den Reformprozess mit einzubeziehen. Die spätere „Weimarer Koalition" deutete sich während des Krieges in Baden in keiner Weise an. Zwar kam es zur Kündigung des Großblocks und zur Distanzierung von der nationalliberalen Partei, die sowohl in der Friedensfrage als auch in der Verfassungsreform konservative Positionen vertrat, der Schulterschluss mit dem Zentrum gelang jedoch nicht. Das lag an dem konservativen Charakter des badischen Zentrums, das am Feindbild der Sozialdemokratie festhielt und sich einer Verfassungsreform entschieden entgegenstellte. Das Zentrum machte keinerlei Zugeständnisse, obwohl man ihm in seinem Bemühen um den Abbau der Kulturkampfgesetzgebung von allen Seiten entgegengekommen war und es hier einen eindeutigen Erfolg verzeichnen konnte. So fand im badischen Landtag – anders als im Reichstag – eigentlich keine grundlegende Änderung im Verhältnis der Parteien zueinander statt; den führenden bürgerlichen Parteien fehlte es ebenso wie der Regierung an Einsicht in die veränderte politische Lage und an der entsprechenden Innovationsbereitschaft.

Beurteilt man die generelle Entwicklung des badischen Landtags während des Krieges, so ziehen sich als Konstanten das Festhalten an der Kriegspolitik und das Einverständnis mit dem badischen Konstitutionalismus, den selbst die SPD nicht grundsätzlich in Frage stellte, durch alle Sitzungen. Die Parlamentsmitglieder aller Parteien einte die nationale und monarchische Einstellung, Differenzen ergaben sich lediglich in der Frage der Notwendigkeit einer weiteren Demokratisierung.

Die fundamentale Übereinstimmung in den zentralen Fragen ermöglichte es auch, dass die badischen Landstände am 22. August 1918 die Jahrhundertfeier der Verfassung begingen und noch einmal ein Bild der Geschlossenheit und Akzeptanz des konstitutionellen Systems abgaben. Hier schloss sich der Kreis zur ersten Kriegssitzung des badischen Landtags, der ebenfalls eine Demonstration der Systemtreue gewesen war. Der Präsident der 1. Kammer – Prinz Max von Baden – hielt in der gemeinsamen Sitzung der beiden Kammern eine Lobrede auf die Nebenius-Verfassung, zu deren grundlegender Reform er keinen Anlass sah. Prinz Max feierte die in Baden gelungene Übereinstimmung von Volk, Staat und Monarchen. Seine Rede war von der Überzeugung bestimmt, dass

Baden nach wie vor richtungweisend in seinem Verfassungsleben sei; dieser Konservatismus war begleitet von völliger Ignoranz gegenüber den Reformbestrebungen in Richtung auf Parlamentarisierung und Demokratisierung. Eine zentrale Passage der Rede des Prinzen lautete: „Die gute Verfassung, die 1818 gegeben worden ist, ist es nicht allein, die es uns heute ermöglicht, dieser stolzen Überzeugung (von der Unvereinbarkeit von Staatsautorität und persönlicher Freiheit, m.A.) Ausdruck zu geben. Mit Recht weist Kant darauf hin, dass wichtiger noch als die Staatsform ihre Handhabung ist, und die glückliche Handhabung unserer Verfassung verdanken wir in erster Linie dem Charakter von Baden: Fürsten und Volk. Durch unsere ganze Geschichte geht ein Strom der Freiwilligkeit. Unser Verfassungsleben ist bald nach seinen Anfängen für Nachbarn und Freunde vorbildlich geworden. Es hat die Augen von ganz Deutschland, ja, die der ganzen politisch interessierten Welt auf sich gezogen, und die Bedeutung der badischen Landstände weit über das ihnen nach der Größe unseres Landes zukommende Maß hinausgehoben. Der Geist des Vertrauens, aus dem die Verfassung gegeben wurde, ist lebendig geblieben in den hundert Jahren, in denen sie erprobt wurde."[262]

Prinz Max ließ sich auch noch im August 1918 von Siegeszuversicht leiten und betonte das Treueverhältnis von Bevölkerung und Parteien zum badischen Monarchen. An den anwesenden badischen Großherzog Friedrich gewandt, sagte er: „Der Sturm, der unser nationales Leben bedroht, ist schwer und dauert lange. Wer zweifelt daran, dass wir ihn siegreich bestehen? Die Badische Erste Kammer dankt Eurer Königlichen Hoheit dafür, dass sie hier Zeugnis ablegen durfte für den Gedanken deutscher Freiheit, wie er in unserer Geschichte lebendig ist. Sie wiederholt bewegten Herzens heute das Gelöbnis unwandelbarer Treue zu ihrem Landesherrn."[263]

Die Zweite Kammer und ihr Präsident Kopf setzten dieser Sichtweise keinen Widerstand entgegen. Der Zentrumspolitiker Kopf hielt seine Rede ebenfalls im nationalen Tonfall und im Lobpreis des Konstitutionalismus. Die abschließende Passage der Rede Kopfs hatte den folgenden Wortlaut: „So können wir denn heute mit dem Gefühl hoher Befriedigung auf das erste Jahrhundert badischen Verfassungslebens zurückschauen. Wenn die einst so verschiedenartigen Volksteile, aus denen das badische Land zusammengefügt wurde, sich schon lange als ein zusammengehöriges Ganzes fühlen und unbeschadet ihrer Anhänglichkeit an das Reich auch in Zukunft ihre badische Eigenart und die einzelstaatliche Selbständigkeit Badens ungeschmälert erhalten wissen wollen, so ist dies nicht in letzter Linie die Frucht einer hundertjährigen Zusammenarbeit der landständischen Vertretung des Volkes mit der Großherzoglichen Regierung."[264]

Diese badische Verfassungsfeier – zweieinhalb Monate vor der Novemberrevolution – beleuchtet noch einmal und in makabrer Weise, die völlige Verkennung der politischen Entwicklung durch alle Parteien und durch die zentralen Institutionen des Staates. Auch

---

[262] Amtliche Berichte über die Verhandlungen der Badischen Ständeversammlung 1917/18, Sp. 2864f.
[263] Ebenda, Sp. 2866.
[264] Ebenda, Sp. 2868.

die SPD hatte an dieser Verkennung Anteil. Während der Kriegsjahre entfremdete sie sich zunehmend von der Interessenlage weiter Bevölkerungskreise. Die Konzentration ihrer Politik auf die Verfassungsreform rief kaum Interesse hervor. Auf dem Gebiet der Sozialpolitik unternahm die Partei zwar einige Vorstöße, sie konnte jedoch kaum Erfolge verzeichnen.[265] Dies lag daran, dass das Feld der Wirtschafts- und Sozialpolitik während des Kriegs im Kompetenzbereich der Exekutive lag und dem Parlament und den Parteien wenig Gestaltungsmöglichkeiten blieben. Der Burgfrieden verbot der SPD die offensive Interessenvertretung der von ihr repräsentierten Bevölkerungsschichten. Im Bereich der Produktion schlossen sich auch die Gewerkschaften dem Friedensgebot an und vermieden die Zuspitzung von Konflikten mit den Unternehmern. Die Tätigkeit der SPD-Landtagsfraktion beschränkte sich während des Kriegs auf Anträge und Eingaben zu sozialpolitischen Fragen. Dazu gehörten Vorschläge zur Verbesserung der Versorgungslage, Beiträge zur Wohnungsfrage und der Sozialfürsorge für die Soldatenfamilien, Kriegshinterbliebenen und Kriegsbeschädigten. In diesen Bereichen artikulierte auch die badische SPD sehr deutlich ihre Forderungen. Die Landtagsfraktion konnte jedoch in der Praxis recht wenig mitgestalten, da die Wirtschafts- und Sozialpolitik in die Kompetenz der Reichs- und Landesregierung fiel, und auch die Kommunen hier weitgehende Aufgaben übernahmen. Während die Arbeit der badischen Landesregierung breite Zustimmung fand, richtete sich die Kritik vornehmlich auf den Bundesrat, die Kriegsgesellschaften und Reichsämter, die für die Preisgestaltung und Rationierung zuständig waren.[266] Allerdings wurde die Kritik in Baden nicht in so scharfer Form vorgetragen, da die Versorgung in dem überwiegend agrarisch geprägten Bundesstaat sich selbst im katastrophalen „Steckrübenwinter" immer noch in akzeptablen Grenzen bewegte.

In den Kriegslandtagen des badischen Parlaments fanden mehrere Ernährungsdebatten statt, die der in sozialen Fragen sehr engagierte Haushaltsausschuss vorbereitet hatte.[267] Hinzu kam im Frühsommer 1918 eine Aussprache über die bedrängte Lage auf dem Wohnungsmarkt.[268] Die Debatten fanden in einer sehr ruhigen, ausgeglichenen Atmosphäre statt, da sich das Parlament in weitgehender Übereinstimmung mit den Maßnahmen der badischen Regierung befand. Die SPD vertrat am entschiedensten die Interessen der Verbraucher und richtete scharfe Attacken gegen Wucher, Schleichhandel und Preistreiberei. Sie verlangte schärfere Maßnahmen der Regierung zur Preisüberwachung, strikteres Eingreifen bei Verstößen gegen die Reichsgesetze und eine strengere Rationierung von Lebensmitteln sowie die konsequentere Festsetzung von Höchstpreisen. Auf dem Feld der Wohnungspolitik forderte die SPD staatliche Darlehen für den gemeinnützigen Wohnungsbau, einen Zwangswohnungsnachweis, den Ausbau der Enteignungsgesetze und die Änderung des Entschädigungsverfahrens. Seit Kriegsbeginn trat die Partei

---

[265] Vgl. auch Kocka (1978) und Schäfer (1983).
[266] Müller (1988), S. 420.
[267] Ebenda, S. 417ff.
[268] *Volksfreund* vom 11.6. und 12.6. 1918.

für die Erhöhung der Unterstützungssätze für die durch den Krieg geschädigten Individuen und Familien ein.[269] Auch wenn es nicht allein in der Macht der Partei lag, ihre sozialpolitischen Forderungen durchzusetzen, so erhoffte sie sich doch durch die Verbreitung ihres Maßnahmenkatalogs Zustimmung in der Bevölkerung und die Profilierung als sozial engagierte politische Kraft. Abgesehen von der Sozialpolitik und der Verfassungsreform ergriff die Partei während des Krieges kaum Initiativen auf anderen Politikfeldern, im Gegenteil, im Bereich der Kulturpolitik ließ sie das Zentrum in seinem Vorstoß zum Abbau der Kulturkampfgesetze gewähren und stellte ihm keine eigenen kulturpolitischen Vorstellungen entgegen.

Diese Abstinenz auf entscheidenden Politikfeldern erklärt sich aus der nach wie vor eingehaltenen Orientierung am Burgfrieden, womit die Partei sich bemühte, die Integration der Arbeiterbewegung in die Nation glaubhaft zu machen und für sich die Akzeptanz der Regierung und der bürgerlichen Parteien zu erreichen. Darin lag das Hauptziel der badischen SPD in den Kriegsjahren. Vor diesem Hintergrund bedeutete die Parteispaltung für die badische SPD eine Erleichterung, da sie das Hemmnis der innerparteilichen Kritik und Opposition beseitigte. Betrachtet man nur diese Seite der Kriegspolitik der badischen SPD, so kann man sie als erfolgreich bezeichnen. Es gelang der Partei, sich als gleichberechtigte politische Kraft durchzusetzen und ihren Außenseiterstatus endgültig zu überwinden.

Versucht man jedoch, die konkreten, messbaren Ergebnisse der reformistischen Kriegspolitik aufzulisten, so muss von einer eindeutigen Niederlage gesprochen werden. Der Partei gelang es nicht, wesentliche Verfassungsreformen durchzusetzen, da sie die Reformbereitschaft der gegnerischen Kräfte überschätzt und die Festigkeit und Resistenz des bestehenden Konstitutionalismus unterschätzt hatte. Durch ihre Konzentration auf die Verfassungsfrage hatte sich die Partei zunehmend von ihrer Basis entfernt, die angesichts der sich verschärfenden sozialen Lage diesem Politikfeld kaum Aufmerksamkeit schenkte. Die Agitation der USPD setzte an der Kriegsmüdigkeit und sozialen Notlage der Bevölkerung an, während ihre reformistische Schwesterpartei weiterhin Durchhalteparolen verbreitete und damit die Kluft zur Basis noch vertiefte.

Diese Problematik und die Ambivalenzen ihres Politikkonzepts gestanden sich die badischen Reformisten nicht ein. Dies zeigte sich deutlich auf dem Kriegsparteitag der badischen SPD in Offenburg am 21. und 22. August 1918. Dort zogen die Reformisten eine positive Bilanz ihrer Politik auf Reichs- und Landesebene. Der Reichstagsabgeordnete Oskar Geck verwies in seinem Rechenschaftsbericht auf die Notwendigkeit der Fortsetzung der Kriegspolitik, zu der es keine Alternative gebe, wenn nicht „Land und Volk dem Schrecken feindlicher Invasion, die Kultur und Unabhängigkeit nicht der Vernichtung preisgegeben"[270] werden sollten. Der Verständigungsfriede war für Geck verbunden mit

---

269 Ebenda.
270 *Volksfreund* vom 23.8.1918.

der Vorstellung, die territoriale Unversehrtheit Deutschlands zu erhalten, die „unsere Lebensnotwendigkeit sichert, aber auch keines anderen Volkes nationale Ehre antastet."[271]

Die Zustimmung der Reichstagsfraktion zum Frieden von Brest-Litowsk bewertete Geck nur mit Einschränkungen als positiv. Dagegen zeigte er sich sehr befriedigt über die innenpolitischen Entwicklung und den reformistischen Kurs der Reichstagsfraktion, der sich auch einem möglichen Regierungseintritt nicht verschließen werde. Er bekräftigte den Glauben an Fortschritte in der Verfassungsreform und warnte vor den politischen Konzepten der USPD. Er warnte vor der Alternative „entweder sind wir Demokraten oder aber Anarchisten, die lediglich auf das Chaos spekulieren."[272] Oskar Geck fand mit seiner Darstellung der Reichspolitik der Partei den Beifall des badischen Parteitages, ebenso der Mannheimer Landtagsabgeordnete Strobel, der als Referent der Landtagsfraktion sprach. Trotz der Schwierigkeiten, die Verfassungsreform voranzutreiben, stellte dieser die Fraktionsarbeit als erfolgreich dar. Schlagendes Argument Strobels war, „die Regierung (habe) die Arbeiterbewegung doch wesentlich anders beurteilt als früher."[273] Auch Marum wird an die erreichte Akzeptanz seitens der herrschenden Kreise gedacht haben, als er die Ergebnisse der Landtagsarbeit „zufrieden stellend"[274] nannte. Er verwies jedenfalls darauf, die „Fraktion habe versucht, das beste zu erreichen."[275] Wenn die Arbeit nicht immer den Beifall des Basis gefunden habe, so lag das seiner Meinung nach an der mangelnden und schlechten Berichterstattung der Presse.[276]

Obwohl die Freiburger Parteigenossen Martzloff und Weißmann ihre Unzufriedenheit mit den minimalen Ergebnissen der Landtagsarbeit bekundeten, wurde der Fraktion dennoch von der Mehrheit das Vertrauen ausgesprochen. Weiterhin beschäftigten den Parteitag die neu aufgeflammten Flügelkämpfe, die auch nach der Parteispaltung nicht wirklich beigelegt waren. Im Freiburger Verein hatten sich Auseinandersetzungen um den Genossen Martzloff ergeben, der zwar in der Partei verblieben war, aber auf Parteiversammlungen offen mit der USPD sympathisierte. Der Landesvorstand zeigte – anders als auf der Landeskonferenz in Karlsruhe vom April 1917[277] – in dieser Frage eine unentschlossene Haltung, wollte keine Sanktionen verhängen und erklärte den Konflikt zum lokalen Streitfall, der vor Ort zu regeln sei. Marum sprach sich dagegen für ein hartes Vorgehen, für den Parteiausschluss der Oppositionellen um Martzloff aus, und verfolgte hier den von Kolb eingeschlagenen Weg strikter Trennung der Parteiflügel. Marum betonte: „Da, wo die Trennung stattfand, war es nicht zum Schaden unserer Partei. Man hätte in Freiburg den Genossen von links entschiedener entgegentreten sollen. Es geht

---

[271] Ebenda. In seiner Rede war allerdings immer noch die Rede von „Faustpfändern", die nun nicht mehr in Belgien, aber in Nordfrankreich zu erwerben seien. Geck konkretisierte diese Aussage nicht, wandte sich aber gegen die Annexionisten der Vaterlandspartei und der bürgerlichen Kreise.

[272] *Volksfreund* vom 23.8.1918.

[273] *Volksfreund* vom 24.7.1918.

[274] Ebenda.

[275] Ebenda.

[276] Vgl. ebenda.

[277] Zu diesem Zeitpunkt lebte Kolb noch. Er hatte sich für ein hartes Vorgehen stark gemacht.

nicht, dass Genossen Versammlungen abhalten, in denen sie die andere Seite unterstützen. Hier gibt es nur ein Entweder-Oder."[278] Er setzte sich jedoch nicht durch und Martzloff verblieb in der Partei.

Einen Monat nach dem Parteitag beteiligte sich die SPD mit parteiinternen Veranstaltungen auch an der Jahrhundertfeier der Verfassung. Bei den offiziellen Staatsfeierlichkeiten waren zwei Sozialdemokraten – Geiß und Stockinger – mit einem Orden ausgezeichnet worden. Dies galt der badischen SPD als besonderes Zeichen der Anerkennung, das sie mit Stolz erfüllte.[279] In Karlsruhe richtete die SPD eine eigene Verfassungsfeier aus, in der der Festredner Weißmann die Partei als „Kind der Verfassung von 1818"[280] bezeichnete. Damit umschrieb er das Selbstverständnis der badischen SPD, die sich weniger als soziale Bewegung, sondern vorrangig als politische Partei begriff, deren wichtigstes Ziel eben in der Verfassungsreform lag. Weißmann verwies darauf, dass die SPD „ihre ganze politische Tätigkeit darauf gerichtet (habe), immer mehr die Verfassung auszubauen und dem Volke mehr Rechte zu verschaffen."[281] Im Hinblick auf die unmittelbare Zukunft fügte er hinzu: „Unsere Aufgabe ist es, dafür zu sorgen, dass im Parlament die Rechte des Volkes immer mehr ausgebildet werden. Die Konstitution muss auch auf die Fabrik ausgedehnt werden, Belagerungszustand und Zensur müssen aufgehoben werden."[282] Damit waren auch die Forderungen umrissen, welche die Mehrheitssozialdemokraten wenige Wochen später in der Novemberrevolution verfechten sollten.

In den beiden letzten Kriegslandtagen schärfte sich noch einmal das Profil des Politikers Marum. Während er in den beiden ersten Sitzungsperioden wesentlich seine Fachkenntnisse eingebracht hatte und sich als tüchtiges Kommissionsmitglied erwiesen hatte, trat er nun als Redner und geschickter Rhetoriker seiner Partei hervor, der die Positionen des Aktionsprogramms von Regierung und Parlament wirkungsvoll darzulegen vermochte. Marum wandte sich als Repräsentant der badischen Sozialdemokratie in seinen großen politischen Reden in den Jahren 1917 und 1918 direkt an die badische Regierung und ihren Staatsminister, der seinerseits in seiner Erwiderungsrede Marum persönlich ansprach. Dieses Rededuell unterstrich die hervorgehobene Position, die Marum sich in den vier Kriegsjahren erarbeitet hatte. Er wurde dem Landtag bekannt als Experte in Verfassungs- und Haushaltsfragen. Das letzte Gebiet hatte er sich in seiner Zeit als Parlamentarier erarbeitet,[283] während das Verfassungsrecht seit seinen Anfängen als

---

[278] *Volksfreund* vom 22.8.1918. Marum unterstützte auch den von Mannheim eingebrachten Antrag, die Bewerber um ein Landtagsmandat zukünftig nicht allein von den Bezirken bestimmen zu lassen, sondern auch dem Landesvorstand ein Mitspracherecht zu geben. Der Antragsteller versprach sich davon eine einheitlichere politische Ausrichtung der Fraktion. Dieser Antrag wurde aus Furcht vor einer Beschneidung der Bezirkskompetenzen abgelehnt.

[279] Die Stimmungsberichte des Stellvertretenden Generalkommandos vermerken dieses Faktum mit Verwunderung. (Vgl. GLA 456/F8/346 September 1918).

[280] *Volksfreund* vom 24.8.1918.

[281] Ebenda.

[282] Ebenda.

[283] Er gehörte allerdings 1915/16 dem erweiterten Haushaltsausschuss an; in den späteren Sitzungsperioden war dies nicht der Fall.

Parteipolitiker zu seinen bevorzugten Politikfeldern gehörte. Das besonders im Krieg wichtige Feld der Sozialpolitik überließ er den Fraktionskollegen, die in größerer Nähe zur Arbeiterschaft standen.[284] Marum war es gelungen, in den vier Kriegslandtagen in den Kreis führender Parlamentarier aufzusteigen. Dies bedeutete einen großen Erfolg für einen jungen Politiker, der zu Kriegsbeginn als Neuling seine Arbeit aufgenommen hatte und sich nun innerhalb von vier Jahren eine geachtete Position in Fraktion, Kommissionen und Plenum errungen hatte, die ihn zu einem der bekanntesten badischen Sozialdemokraten machte. Während die Integration in die Fraktion wegen ihrer ausgesprochen reformistischen Ausrichtung für Marum leichtes Spiel bedeutete,[285] verlangte seine Arbeit in den Kommissionen und seine Auftritte vor dem Plenum einen größeren Einsatz. Sein Vorsitz in der Kommission für Justiz und Verwaltung, in der er mit den angesehensten Juristen der anderen Fraktionen zusammenarbeitete,[286] belegte seine Führungsqualifikation und seine Durchsetzungsfähigkeit, aber auch sein vermittelndes Naturell und seine Kompromissbereitschaft. Diese Fähigkeiten, gepaart mit seinem Rednertalent und seinem repräsentativen Auftreten, wiesen Marum als einen der befähigsten Parlamentarier aus.

Versucht man, die wesentlichen politischen Ziele, für die Marum sich während der Kriegszeit einsetzte, anzugeben, so kristallisieren sich zwei heraus. Zu ihnen gehörte die Integration der Arbeiterschaft in die Nation und ihre damit verbundene Anerkennung als gleichberechtigte politische Kraft und die Demokratisierung der gegebenen Verfassungsstrukturen. In den beiden ersten Sitzungen waren Marums politische Bemühungen vor allem darauf gerichtet waren, vor allem die Kriegspolitik zu unterstützen und damit den Platz der Arbeiterschaft an der Seite der Nation deutlich zu machen. Vorrangiges Ziel seiner Arbeit im Kreis der badischen Reformisten war, die Staatstreue der Partei unter Beweis zu stellen und als politischen Preis die Gleichberechtigung zu erlangen. Für Marum ging es wesentlich darum, die Arbeiterschaft aus ihrer isolierten Position am Rande der Gesellschaft zu befreien und ihre Stigmatisierung als „vaterlandslose Gesellen" durch die Unterstützung der Burgfriedenspolitik zu widerlegen. Mit dieser Politik leistete Marum und die badischen Sozialdemokraten einen Beitrag zur Konstruktion eines neuen Bildes der deutschen Nation. Diese Nation sollte nicht nur wie bisher ausschließlich ihre Stützen

---

[284] Der Mannheimer Arbeitersekretär Strobel ergriff zu diesem Themenfeld des Öfteren das Wort vor dem Plenum. In der ernährungspolitischen Debatte galt der Pforzheimer Abgeordnete Stockinger als bevorzugter Sprecher der SPD. (Vgl. Müller (1988), S. 417.) Marum engagierte sich als Karlsruher Stadtverordneter in Ernährungsfragen und forderte eine umfassende Rationierung von Lebensmitteln. (Vgl. *Volksfreund* vom 21.12.1917).

[285] Selbst Geck, der als Parteilinker dem Favoriten seines Rivalen Kolb Vorbehalte hätte entgegenbringen können, tat dies nicht. Dies beweist sein Brief an die *Straßburger Post*, in dem es heißt, er habe sich mit allen Mitgliedern der Fraktion – mit nur einer Ausnahme (gemeint ist hier ganz offensichtlich der Intimfeind Kolb) – gut verstanden. Vgl. GLA Karlsruhe, N Geck, 1217.

[286] So zum Beispiel mit dem Oberamtsrichter Dr. Koch von den Nationalliberalen, mit dem Rechtsanwalt Dr. Gönner vom Fortschritt, mit dem Landgerichtspräsidenten Dr. Zehnter, dem Oberlandesgerichtsrat Dr. Bernauer und dem Landgerichtsrat Wittemann vom Zentrum. Alle Genannten waren wesentlich älter als Marum. Vgl. Rapp (1979).

in den staatstragenden Schichten des Adels, des Bürgertums und der christlichen Kirchen finden, sondern ihr Fundament sollte erweitert werden um die Arbeiterschaft.

Dieses neue Bild der Nation gründete ausdrücklich auf pluralistischen Strukturen und erwies sich einer fortschrittlichen Auffassung der Nation verpflichtet. Während sich dieses Verständnis von Nation von der Vorstellung des „inneren Feindes" befreite, rekurrierte es während des Krieges umso stärker auf die Belebung des äußeren Feindbildes. Die nationalistischen Strömungen in der badischen SPD, denen Marum nahe stand, arbeiteten an der Verbreitung eines russischen und englischen Feindbildes mit und pflegten ein deutsches Nationalbewusstsein, zu dessen Attributen Stärke, Abgrenzung und Überhebung über andere Nationen gehörten.[287] In Marums Auffassung von der deutschen Nation verbanden sich also vorwärts weisende und traditionelle Elemente. Er wollte das Kollektiv der Nation erweitert wissen um bisher ausgegrenzte Gruppen, war aber während des Krieges nicht in der Lage, auf die negative Abgrenzung gegenüber anderen Nationen zu verzichten.

Das in den beiden ersten Kriegsjahren verfolgte Ziel der Integration in die Nation wurde in den beiden letzten Kriegssitzungen ergänzt durch den Kampf um eine demokratische Verfassungsreform, den Marum an entscheidender Stelle mit trug. Ausgehend von der grundsätzlichen Anerkennung des bestehenden Staates ging es hier um die Einlösung der Gleichheitsforderung, die auch den bisher Unterprivilegierten Stimme und Einfluss in den staatlichen Institutionen verschaffen wollte. Nicht um den Sturz des bestehenden Konstitutionalismus war es Marum und seiner Partei zu tun, sondern um die Einlösung der Volkssouveränität, der ein erweiterter Volksbegriff zugrunde lag. Durchsetzung eines pluralistischen Gesellschaftskonzepts, Neukonstruktion der Nation, Demokratisierung der verfassungsrechtlichen Strukturen waren also die Ziele, die Marum und seine Partei in ihrer politischen Arbeit während des Krieges anstrebten.

Die Mittel, Methoden, Taktiken, deren sie sich dabei bedienten, blieben strikt auf dem Boden des Parlamentarismus und waren auf langfristige Entwicklungen ausgerichtet, in denen Reformen schrittweisen Fortschritt bedeuteten. Zur Durchsetzung dieser Reformen waren die badischen Sozialdemokraten und Marum zum Bündnis mit bürgerlichen Kräften bereit, sie nahmen endgültig Abschied von dem Konzept des Klassenkampfes und vom Bild der Klassenpartei. Marum leistete während der Kriegsjahre einen entscheidenden Beitrag zur Durchsetzung dieses reformistischen Konzepts und zwar sowohl auf der parlamentarischen Bühne als auch in der innerparteilichen Agitation. Am Ende des Krieges hatte der badische Reformismus sein Profil geschärft, der Preis dafür wurde mit der Parteispaltung bezahlt. Kolb und Marum waren als Verfechter dieses Weges hervorgetreten, damit hatten sie die Partei endgültig im Spektrum der systemtreuen politischen Kräfte verortet, sich jedoch auch mit der USPD einen Gegner am linken Rand geschaffen, der durch seine Herausstellung der sozialistischen Zielvorgaben und durch den Rückgriff auf außerparlamentarische Politikformen die Mehrheitssozialdemokratie bedrohte und ihren Platz in der politischen Mitte hinterfragte.

---

287 Vgl. auch: Alter (1999).

Die uneingeschränkte Orientierung Marums am reformistischen Politikkonzept ließ eigene Ideen, Akzente oder Initiativen völlig vermissen. Dies war vielleicht der Grund dafür, dass Marum als „ewiger Zweiter" in den Führungsgremien von Partei und Politik erschien,[288] zur Erreichung der absoluten Spitzenposition fehlte es ihm an Originalität und Innovationskraft. Dies lag möglicherweise an seinem übergroßen Bemühen um Integration, das aus seiner jüdischen Herkunft resultierte und ihn ängstlich jede Abweichung vom vorgezeichneten Weg der Mehrheit vermeiden ließ. Marum selbst war dieser Charakterzug wohl kaum bewusst, er zeigte sich mit seiner Blitzkarriere im Parlament zufrieden, einer Karriere, die auch sein keineswegs schwach ausgeprägtes Selbstbewusstsein bestätigte. Eine kritisch distanzierte Betrachtung der geringen Erfolge, die die Landtagsfraktion in ihrer Arbeit erzielt hatte, fehlte bei Marum ebenso wie bei dem Berichterstatter Strobel auf dem Offenburger Parteitag. Für beide Parlamentarier lag der eigentliche Erfolg in der anerkannten Stellung, welche die Partei sich in Staat und Gesellschaft errungen hatte. Die Wandlung der Partei zur demokratischen Reformpartei war am Ende des Krieges durchgesetzt, die persönliche Karriere wies eine aufwärts strebende Linie auf, dies war für Marum Grund genug, mit dem Erreichten zufrieden zu sein.

Am Ende des Krieges und am Abschluss seiner parlamentarischen Tätigkeit im konstitutionellen System präsentierte sich Marum als einer der führenden Repräsentanten der Karlsruher und der badischen SPD, der – durchdrungen vom Reformismus – bereit war, den evolutionären Weg weiterzugehen und allen radikalsozialistischen Politikkonzepten eine Absage zu erteilen. Auch wenn seine bisherigen politischen Erfahrungen ihm die Einsicht in die Schwierigkeiten des Reformprozesses vermittelt hatten, so fehlte es ihm für seine zukünftige politische Arbeit nicht an Optimismus, der allerdings hinsichtlich seiner Erfahrungen als jüdischer Bürger kaum berechtigt war.

Judentum und Antisemitismus während des Krieges

Der Ausbruch des Krieges bedeutete einen tiefen Einschnitt in das deutsch-jüdische Verhältnis, der ein neues, besseres Kapitel dieser Beziehung einzuleiten schien. Das Kaiserwort vom 1. August 1914: „Ich kenne keine Parteien und auch keine Konfessionen mehr, wir sind heute alle deutsche Brüder und nur noch deutsche Brüder"[289] schloss auch die Juden mit ein und enthielt auch für sie das Angebot einer „neuen Epoche nationaler Solidarität",[290] in der alle vergangenen Spannungen, Differenzen, Animositäten aufgehoben sein sollten. Der neue Geist von 1914 wollte endlich die lang vermisste Geschlossenheit und Einheit der Nation herstellen, in ihr sollte es keine heterogenen Gruppen mehr geben, sondern nur die geschlossene Front verteidigungsbereiter Deut-

---

[288] So war er nur stellvertretender Fraktionsvorsitzender, stellvertretender Parteivorsitzender der Karlsruher SPD, Zweiter auf der Wahlliste zu den Kommunalwahlen von 1914.
[289] Zitiert nach: Cartorius (1982), S. 15.
[290] Zitiert nach: Jochmann (1971), S. 409–510. Hier: S. 409.

scher. Der innergesellschaftliche Konsens sollte die Kampfbereitschaft der Armee und die Siegesaussichten Deutschlands erhöhen. Den gleichen Zwecken diente auch die verstärkte Integration der Juden. Dies betraf in besonderer Weise die erste Phase des Krieges.

Die politische Führung war vor allem aus außenpolitischen Rücksichten daran interessiert, ein gutes Verhältnis zur jüdischen Minderheit zu demonstrieren. Diese hatte im Hinblick auf die polnisch-jüdische Bevölkerung in den besetzten Gebieten Russlands Bedeutung. Diesem Teil der Bevölkerung wollte sie als philosemitische Befreiungsmacht entgegentreten; sie wollte aber auch die Sympathien der amerikanisch-jüdischen Öffentlichkeit gewinnen. So wurde jegliche antisemitische Propaganda rechter Gruppierungen rigoros untersagt, die Benachteiligung jüdischer Soldaten in der Beförderungspraxis des Militärs zunächst korrigiert und gute Kontakte zu den Vertretern jüdischer Organisationen gepflegt.[291]

Die jüdische Integration machte vor allem an der Front Fortschritte, wo die trennenden Merkmale vor der gemeinsamen Erfahrung des Lebens im Schützengraben zurücktraten, was zu gegenseitigem Kennenlernen, zu Hilfe und Unterstützung führte. Für die bisher ausgegrenzten Minderheiten und oppositionellen Bewegungen enthielt das Versprechen, endlich Akzeptanz und Integration zu erfahren, eine ungeheure Anziehungskraft. Dies betraf Juden und Sozialdemokraten gleichermaßen, die ganz ähnliche Reaktionen auf die in Aussicht genommene Gleichstellung und das vermeintliche Ende ihrer Paria-Stellung zeigten.[292] Sie antworteten mit Enthusiasmus und der Bereitschaft zu großen Opfern. Sozialdemokratie und jüdische Minderheit entschieden sich für die Unterstützung der deutschen Nation im Kampf gegen die feindlichen Mächte und stimmten der Vereinbarung des Burgfriedens, der Aufgabe ihrer spezifischen Interessenvertretung und der Beschwörung der inneren Einheit zu.

Die Identifikation mit der Nation erfasste die überwiegende Mehrheit des deutschen Judentums und betraf die verschiedenen sozialen Schichten ebenso wie die unterschiedlichen politischen Lager und die wichtigsten Gruppierungen innerhalb des Judentums. Selbst die Zionisten waren zu Beginn des Krieges zur Verteidigung Deutschlands bereit. Diese Option für Krieg und Militär fiel den Juden nicht leicht, verlangte sie doch eine Abkehr von bisher vertretenen Prinzipien wie dem Pazifismus und einer antimilitaristischen Haltung. Die Unterstützung des Krieges machte eine ideologische Kehrtwende notwendig. Hierin lag eine Gemeinsamkeit mit den Anforderungen, denen sich die Sozialdemokraten bei Kriegsausbruch ausgesetzt sahen. Jacob Toury schreibt: „In gewissem Sinne machte Sozialdemokratie und Juden Deutschlands bei Kriegsausbruch den gleichen Umstellungsprozess durch: Pflicht erhielt Vorrang vor Ideologie, die Empfindungen wurden den ‚vollendete Tatsachen' angepasst."[293] Die Gründe, welche die deutschen Juden zu diesem Verhalten veranlassten, entsprangen ähnlichen Quellen wie bei den Sozialdemokraten. Zu ihnen zählte das schon lange gehegte Verbundenheitsgefühl mit der

---

[291] Vgl. Pulzer (1997, 1). S. 356–381. Hier: S. 363.
[292] Vgl. Toury (1966), S. 314ff.

deutschen Nation, die Aussicht auf weitere Integration, das Ende der noch bestehenden Ausgrenzung und Diskriminierung und schließlich das gemeinsame Feindbild Russland, das bei den Juden allerdings auf anderen Motiven beruhte als bei der Sozialdemokratie. Die Sozialdemokratie sah den Zarismus als Verkörperung der politischen Reaktion an, während für die Juden der russische Antisemitismus, die ständig wiederkehrenden Pogrome Gründe für ihre Ablehnung Russlands waren. Die Reaktionen im deutschen Judentum auf den Kriegsausbruch waren bestimmt von betonter Loyalität, Ergebenheit und nachdrücklichem Patriotismus, die wiederum ihren Niederschlag in vielfachen Anstrengungen zur Unterstützung der deutschen Kriegsführung und der deutschen Politik fanden. Dazu gehörte nicht nur die große Zahl jüdischer Freiwilliger, die vielfache Zeichnung von Kriegskrediten durch das jüdische Bürgertum,[294] nicht nur das wirtschaftliche Engagement,[295] sondern auch die politische Unterstützung des Burgfriedens sowie die vielen Ergebenheitsadressen aller großen jüdischen Organisationen, die dazu aufriefen, „über das Maß der Pflicht hinaus die Kräfte dem Vaterland zu widmen".[296] Extremer Ausdruck des jüdischen Beitrags zum deutschen Nationalismus war Ernst Lissauers *Hassgesang auf England*, der zur ideologischen Stärkung des Feindbildes England beitrug.[297]

Die jüdische Minderheit beteiligte sich in gleicher Weise wie die Gesamtbevölkerung an der Entsendung ihrer Söhne in den Heeresdienst. Für Baden zogen 4 758 jüdische Bürger in den Krieg, was einem Anteil von 18,37% der jüdischen Bevölkerung ausmachte, in der Gesamtbevölkerung belief sich die entsprechende Zahl auf 19%. Unter den jüdischen Soldaten Badens befanden sich 488 Freiwillige (10,2%), 589 fielen oder waren als vermisst gemeldet. 1960 der jüdischen Soldaten erhielten Kriegsauszeichnungen.[298]

Betrachtet man Marums Unterstützung der Kriegspolitik unter dem Aspekt seiner jüdischen Herkunft, so drängt sich der Gedanke auf, dass neben seiner reformistischen Überzeugungen Motive eine Rolle gespielt haben könnten, die aus seinem Judentum resultierten. Es ging ihm vielleicht auch darum, als jüdischer Bürger seine Loyalität, sein Nationalbewusstsein unter Beweis zu stellen. Jedenfalls befand er sich mit seinem Votum für Kriegskredite und Burgfrieden in Übereinstimmung mit den Anschauungen des deutschen Judentums. Dass für ihn die weitere Integration der Juden in die deutsche Gesellschaft ein wichtiges Thema war, hatte er mit seinem Engagement in der Badenia bewiesen, die dieses Ziel nachdrücklich verfolgte. Der Krieg schien nun die Vollendung der Emanzipation und die endgültige Gleichstellung der Juden zu bringen, was für den Politiker Marum nur von Vorteil sein konnte und seiner Karriere neue Perspektiven er-

---

[293] Ebenda, S. 315.
[294] Den Aufruf zur Zeichnung der 7. Kriegsanleihe unterzeichneten beispielsweise in Karlsruhe ebenso die führenden jüdischen Persönlichkeiten – der Rabbiner Dr. Appel und der Politiker Friedrich Weill – wie der sozialdemokratische Führer Wilhelm Kolb. Vgl. *Volksfreund* vom 13.10.1917.
[295] Die bekanntesten waren Rathenau und Ballin, die in den Kriegsgesellschaften leitende Positionen innehatten.
[296] Pulzer (1992), S. 358f.
[297] Vgl. Toury (1966), S. 314.
[298] Vgl. Rosenthal (1927), S.421.

öffnete. Künftig würden auch Juden in Regierungsämtern vorstellbar sein. Bisher hatte es in Baden nur den jüdischen Finanzminister Moritz Ellstätter gegeben, der sein Amt als erster Minister jüdischer Herkunft im Jahre 1868 angetreten hatte.[299]

Marums Unterstützung des Krieges erschöpfte sich nicht nur in seinem politischen Beitrag, sondern erstreckte sich auch auf die Ableistung seiner militärischen Dienstpflicht. Marum, der keine militärische Ausbildung absolviert hatte, folgte im Jahr 1915 dem Aufruf zur Einziehung des Landsturms.[300] Fortan bis zum Kriegsende erfüllte er bei der Ersatzabteilung des Trainbataillons 14 in Durlach seine militärische Pflicht und wurde im Jahr 1917 mit dem Kriegsverdienstkreuz ausgezeichnet.[301]

Als Sozialdemokrat des rechten Flügels und jüdischer Herkunft erschien ihm die Übernahme nationaler Positionen und die Unterstützung des Krieges selbstverständlich. Diese Auffassung teilte er mit den prominenten jüdischen Sozialdemokraten Badens. Diese gehörten ausnahmslos zur Parteirechten und unterstützten die Bewilligung der Kriegskredite und die Einhaltung des Burgfriedens. Eine besondere Rolle hatte hier Ludwig Frank gespielt, der schon in den letzten Julitagen 1914 vehement für die Bewilligung der Kriegskredite eingetreten war. Während in den großen deutschen Städten noch Antikriegsdemonstrationen abgehalten wurden, unterstrich Frank bereits am 28. Juli 1914 in Mannheim, „dass wir, wenn auch Stiefkinder, so doch Kinder Deutschlands sind und dass wir unser Vaterland gegen die Reaktion erkämpfen müssen."[302] Dieses Diktum war zwar auf die Sozialdemokraten gemünzt, hätte aber ebenso gut für die Juden gelten können.

Einige Tage bevor die Reichstagsfraktion am 3. August über die Kriegskredite abstimmte, startete – wie bereits erwähnt – Ludwig Frank eine Initiative, in der er die Abgeordneten schriftlich verpflichten wollte, den Krediten zuzustimmen. Mit diesem übergroßen Einsatz, die Sozialdemokratie an die Seite der Nation zu führen, ihre patriotische Einstellung zu demonstrieren, stand Frank einzig da. Es fragt sich, ob dieser Einsatz alleine seinem reformistischen Politikkonzept geschuldet war, oder ob auch hier die jüdische Herkunft eine Rolle gespielt hat. Frank meldete sich freiwillig zum Kriegsdienst, auch hier könnte der Wunsch, den Status als doppelter Außenseiter – Jude und Sozialdemokrat – zu überwinden, von Bedeutung gewesen sein. Die These sei gewagt, dass Frank sein Leben für die Erreichung dieser Ziele bewusst geopfert hat.

Auch Leo Kullmann, der aktive Karlsruher Sozialdemokrat, der vor dem Kriege mit linken Positionen sympathisiert hatte, wurde in Kriegszeiten zu einem vehementen Verfechter nationaler Interessen, der für ein deutsches Kolonialreich eintrat und scharfe antibritische Attacken vorbrachte. Die beiden Landtagsabgeordneten jüdischer Herkunft, Kahn und Marum, hießen die Politik der nationalen Integration ebenfalls ausdrücklich

---

[299] Vgl. Doerry, Martin: *Moritz Ellstätter.* In: Schmitt (1988), S.493–500, hier S. 493
[300] Kaiserliche Verordnung betreffend den Aufruf des Landsturms vom 28.5.1915.
    Laut *Volksfreund* vom 1.6.1915.
[301] Storck (1996), S. 200.
[302] Miller (1977), S. 234 und Watzinger (1995), S. 72.

gut. Hier zeigte sich ihr Interesse, ihre Außenseiterposition zu überwinden und zum akzeptierten Teil einer pluralistischen Gesellschaft zu werden. Der Krieg bot – sowohl den integrationswilligen Juden als auch den Sozialdemokraten – zunächst die Möglichkeit, ihre Loyalität und Opferwilligkeit unter Beweis zu stellen, um endlich Akzeptanz und Toleranz in der ihnen bisher reserviert gegenüberstehenden Mehrheit zu erreichen.

Betrachtet man das Verhalten der jüdischen Reichstagsabgeordneten, so ergibt sich kein so geschlossenes Bild wie in Baden. Die jüdischen Sozialdemokraten, die zu Beginn des Krieges geschlossen für die Kriegskredite eingetreten waren, bildeten keine einheitliche Gruppe und zerfielen sehr schnell in Anhänger und Gegner von Kriegskrediten und Burgfrieden. Der Differenzierungsprozess erfasste sie im gleichen Maße wie die übrigen Parteigenossen.[303] Die jüdischen Herkunft und Prägung führte hier nicht zu einem einheitlichen Votum gegenüber Krieg und der Politik der nationalen Integration.

Auf Reichsebene zeichnete sich die Parteispaltung früher ab als in Baden. Der Aufruf „Das Gebot der Stunde", den die Kreditgegner im Sommer 1915 verbreiteten, führte bei vielen namhaften Sozialdemokraten jüdischer Herkunft zu einem Meinungsumschwung. Die beiden Mitunterzeichner des Artikels Bernstein und Haase entstammten dem Judentum. In den folgenden anderthalb Jahren bis zur endgültigen Parteispaltung wechselten sechs der elf sozialdemokratischen Abgeordneten jüdischer Herkunft zur USPD.[304] Es handelte sich um Bernstein, Haase, Herzfeld, Stadthagen, Wurm und Oskar Cohn.[305]

Mit diesem Anteil von über 50% der jüdischen Gruppe, die sich zur Linken bekannte, schien sich ein Klischee zu bestätigen, das den Juden eine besondere Vorliebe für radikalsozialistische Konzepte unterstellte. Doch auch hier muss differenziert werden. Innerhalb der von sehr heterogenen Gruppen getragenen USPD gehörten die jüdischen Mitglieder vornehmlich dem gemäßigten Flügel an.[306] Unter den bei der Mehrheitspartei verbleibenden fünf jüdischen Mitgliedern waren die prominentesten Landsberg und Gradnauer, die als ausgesprochene Reformisten galten.[307]

---

[303] Vgl. Hamburger (1968), S. 519.

[304] Im Jahre 1912 befanden sich 13 Juden in der 111 Mitglieder starken Fraktion. (Vgl. Miller (1977a), S. 230. Im Jahr 1915 waren es nur noch elf. Frank war bereits 1914 gefallen, der aus Metz stammende Georg Weill war auf die Seite Frankreichs übergetreten. Gegen Weill und seine diplomatischen Aktivitäten mit den Bolschewiki im Jahr 1917 richteten sich die heftigen Angriffe der SPD. Vgl. *Volksfreund* vom 13.11.1917.

[305] Vgl. Hamburger (1968), S. 521.

[306] Vgl. Miller (1977), S. 229–243. Zu den Mitgliedern der extremen Linken, die jüdischer Herkunft waren, zählte eigentlich nur Rosa Luxemburg, die ihre Antikriegshaltung in der Junius-Broschüre dargelegt hatte, und Julian Borchardt, bekannt über sein Presseorgan *Lichtstrahlen*. Vgl. Miller (1998), S. 234 und S. 230.

[307] Die drei weiteren waren Hoch, der innerhalb der alten Partei zur Linken gehörte, Cohen-Reuß und Davidsohn. (Vgl. Hamburger (1968), S. 521.) Bekannte Reformisten jüdischer Herkunft waren außerdem: der Herausgeber der *Glocke*, Alexander Helphand-(Parvus), der Herausgeber der *Sozialistischen Monatshefte*, Josef Bloch, der *Vorwärts*-Redakteur Friedrich Stampfer, und der Leiter der Gewerkschaftszeitung *Internationale Korrespondenz*, Ernst Heilmann. (Vgl. Miller (1998), S. 238.)

Während die nationale Identifikation dieser Gruppe jüdischer Reformisten dazu führte, ausschließlich die deutschen Interessen zu unterstützen, sah Eduard Bernstein in seiner Schrift *Die Aufgaben der Juden im Weltkrieg* [308] für die Juden West- und Mitteleuropas eine andere Mission vor. Bernstein glaubte, dass den Juden weniger die Aufgabe der Unterstützung der eigenen Nation zufalle, sondern dass ihnen vielmehr eine besondere Mittlerrolle zwischen den Nationen aufgegeben sei, die zu Völkerverständigung und Frieden beitragen solle. Mit dieser Position, die sich auf die ideologischen Grundlagen der jüdisch religiösen Tradition, des Humanismus und der deutschen Philosophie stützte, bezog Bernstein einen sehr isolierten Standpunkt, für den er kaum Verständnis fand. [309]

Bernsteins Broschüre erschien im Jahr 1917, als die anfängliche philosemitische Stimmung und nationale Verbrüderung längst verflogen war und ein „immer virulenter werdender Antisemitismus" [310] sich bemerkbar machte. Dieser trat ab dem Jahre 1915, als die ersten militärischen Erfolge keine Fortsetzung mehr fanden und die Versorgungsengpässe die soziale Notlage der Bevölkerung weiter verschärften, immer offener zutage. Geschürt wurde er vom ultrarechten Lager der völkischen Antisemiten, die im Verlauf des Krieges sich mit den Konservativen zur „nationalen Opposition" zusammenschlossen. Die Krisensituation der letzten Kriegsjahre schuf einen günstigen Nährboden für ihre Agitation, die den Antisemitismus bedeutend anschwellen ließ, selbst in staatlichen Institutionen fand er Resonanz. Seit dem Ersten Weltkrieg gehörte der Antisemitismus zum Instrumentarium einer offensiv auftretenden Rechten, die den Judenhass schürte, um ihre weitergehenden politischen und sozialen Zielsetzungen durchzusetzen. [311] Spätestens seit der veränderten außen- und innenpolitischen Situation des Jahres 1917 – ausgelöst durch die russische Revolution, den amerikanischen Kriegseintritt und den Sturz der Regierung Bethmann-Hollweg – wurde die Verschärfung des innenpolitischen Klimas offenbar, die zur Polarisierung und zum endgültigen Ende des Burgfriedens führte. Resultat war die Spaltung der deutschen Gesellschaft in zwei große Lager, in denen sich die Reformkräfte der Mehrheitsparteien und die an Obrigkeitsstaat und Siegfrieden festhaltenden konservativen Kräfte gegenüberstanden.

Die Dichotomisierung der deutschen Gesellschaft lud den Antisemitismus mit Zielsetzungen auf, die in keinem ausschließlichen Zusammenhang mit der „jüdischen Frage" standen. Der Antisemitismus wollte nicht nur das „jüdische Problem" im rückwärtsgewandten Sinne lösen, sondern er trat zugleich als eine antiliberale und antidemokratische Bewegung auf, die die Ablösung des Obrigkeitsstaates durch einen demokratischen Verfassungsstaat verhindern wollte und ein sehr eng gefasstes, vom Element des „Fremden" befreites Bild der Nation vertrat. Die Ideen des Liberalismus wurden als „jüdisches

---

[308] Vgl. Miller (1977), S. 242.
[309] Ebenda.
[310] Zitiert nach Kocka (1978), S. 103.
[311] Die folgenden Ausführungen orientieren sich an Jochmann (1971), S. 409–510.

Gift"[312] verunglimpft, die Auffassung der deutschen Nation leitete sich aus der Vorstellung eines homogenen Volkskörpers ab, in dem für Juden kein Platz war. Hier trennte sich der radikale deutsche Nationalismus, der auf dem Bild eines inneren Feindes, eben dem „Gegen"-Bild des Juden, beruhte, von dem gemäßigten liberalen Nationalismus, dem ein pluralistisches Gesellschaftskonzept zugrunde lag.[313] Der radikale Nationalismus der Rechten brauchte den inneren Feind als Projektionsfläche für Ängste und Frustrationen und zur Verhinderung einer rationalen Auseinandersetzung mit den Krisensymptomen der Gesellschaft.

Während sich in der Anfangsphase des Krieges die Bedingungen für die antisemitische Agitation ungünstig gestalteten, fiel die antisemitische Propaganda in den letzten Kriegsjahren auf fruchtbaren Boden. Diesen Erfolg erzielten die Antisemiten durch die Erhebung massiver Vorwürfe gegen die Juden, die sie als Sündenböcke für die durch den Krieg auftretenden Fehlentwicklungen abstempelten, die sie als Initiatoren der demokratischen Bestrebungen darstellten und deren „Fremdartigkeit" und „charakterliche Deformation" sie hervorhoben. Diese drei Elemente bildeten die Basis antisemitischer Propaganda, von denen der Versuch, alle mit dem Krieg in Zusammenhang stehenden Frustrationen und Leiden den Juden anzulasten, das Kernstück darstellte.

In diesem Zusammenhang belebten die Antisemiten das Klischee vom gewinnsüchtigen, sich bereichernden Juden, der durch Wucher und ungeheure Kriegsgewinne verantwortlich sei für die materielle Notlage des deutschen Volkes. Besonders kränkend für die jüdische Bevölkerung war die These von der „Drückebergerei" der jüdischen Wehrpflichtigen vor dem Kriegsdienst an der Front. Verstärkt wurde diese Propaganda der mangelnden Kriegsunterstützung durch den Hinweis auf angeblich bestehende Kontakte der deutschen Juden zum Ausland, fehlendes Mitleid und fehlende Identifikation mit den deutschen Interessen. Pseudotheorien, welche die Juden als Verursacher des Krieges darstellten, wurden ebenso in Umlauf gebracht wie die Darstellung der Juden als alleinige Nutznießer des Krieges. Als sich die Niederlage im Krieg abzeichnete, empfahl der Vorsitzende des Alldeutschen Verbandes, Claas, den „rücksichtslosen Kampf gegen das Judentum, auf das all der nur zu sehr berechtigte Unwillen unseres guten und irregeleiteten Volkes abgelenkt werden muss."[314]

Der politisch motivierte Antisemitismus gewann in diesen Kriegsjahren zentrale Bedeutung. Der Hinweis auf die große Zahl von Politikern in den Reihen des Fortschritts und der Sozialdemokratie sowie Publizisten in der liberalen Presse, die dem Judentum entstammten, diente dazu, Verfassungsreform und Verständigungsfrieden als „jüdische Bestrebungen" zu denunzieren. In dieser politischen Auseinandersetzung instrumentalisierte die extreme Rechte oft bewusst den Antisemitismus, um ihre konservativen Ziele und ihre auf Macht- und Privilegienerhalt gerichteten Interessen durchzusetzen.

---

[312] Kocka (1978), S. 104.
[313] Vgl. Rürup (1975), S. 107f.
[314] Zitiert nach Wehler (1973), S. 216.

Der während des Krieges einsetzende Zustrom ostjüdischer Einwanderer nach Deutschland bildete für die Antisemiten ein willkommenes Ereignis, um xenophobische Gefühle zu schüren und das Schreckgespenst einer jüdischen „Überfremdung" auszumalen. Das Merkmal des Fremden wurde konnotiert mit moralischer Minderwertigkeit und Charakterschwäche. Die unermüdliche Aktivität der antisemitischen Organisationen und ihre Presse führte zu ungeahnten Erfolgen. Dabei konnten sie nicht nur ihre traditionelle Klientel der kleinbürgerlichen und bäuerlichen Schichten ansprechen. Der Antisemitismus drang auch in bürgerliche Parteien und Kreise ein und errang Einfluss in staatlichen Stellen. Die Verbreitung antisemitischer Einstellungen drückte sich in mannigfaltigen Symptomen aus.

Der Zentrumspolitiker Erzberger regte im Hauptausschuss des Reichstags eine Judenzählung in den Kriegsgesellschaften an,[315] im letzten Kriegsjahr machten sich antisemitische Vorbehalte in der nationalliberalen Partei bemerkbar, selbst die Sozialdemokratie, die sich den Abwehrkampf gegen den Antisemitismus auf ihre Fahne geschrieben hatte, konnte sich nicht völlig freihalten von antisemitischen Ressentiments, die sie den jüdischen Vertretern der extremen Linken, aber auch der USPD entgegenbrachte.[316]

Deutlichstes Zeichen des Erfolgs der Antisemiten war jedoch die vom preußischen Kriegsministerium angeordnete Judenzählung, die in der Armee eine Aufstellung der an der Front und in der Etappe tätigen jüdischen Soldaten verlangte.[317] Die antisemitische Stoßrichtung dieses Erlasses wurde notdürftig mit dem Argument verbrämt, man wolle falschen Vorstellungen in der Bevölkerung entgegentreten. Der preußische Kriegsminister Wild von Hohenborn leitete seine Anordnung mit den Worten ein: „Fortgesetzt laufen beim Kriegsministerium aus der Bevölkerung Klagen darüber ein, dass eine unverhältnismäßig große Anzahl wehrpflichtiger Angehöriger des israelitischen Glaubens vom Heeresdienst befreit sei oder sich von diesem unter allen möglichen Vorwänden drücke. Auch soll es nach diesen Mitteilungen eine große Zahl im Heeresdienst stehender Juden verstanden haben, eine Verwendung außerhalb der vordersten Front, also in dem Etappen- und Heimatgebiet und in Beamten- und Schreiberstellen zu finden."[318] Der Minister gab damit den antisemitischen Vorwürfen nach und leitete die diskriminierende Judenzählung ein. Die Ergebnisse dieser Zählung wurden niemals veröffentlicht, ihre bloße Durchführung diente jedoch der Desavouierung jüdischer Offiziere vor ihren Untergebenen und der Herabsetzung des Beitrags, den die jüdische Bevölkerung zur Kriegsführung leistete.

Die Folgen dieses Siegeszugs des Antisemitismus waren immens. Sie betrafen nicht nur die Verunsicherung und Desillusionierung der jüdischen Minderheit, sie schwächten auch die liberalen Kräfte der deutschen Gesellschaft und verschafften dem organisierten Antisemitismus Respektabilität und Normalität in einer Gesellschaft, die sich zunehmend

---

[315] Vgl. Jochmann (1971), S. 424.
[316] Vgl. Miller (1998), S. 333.
[317] Der Erlass datiert vom 11.10. 1916.
[318] GLA 233/13 848.

einer rationalen Auseinandersetzung mit ihren Problemen entzog und sich dagegen irrationalen Deutungsmustern zugänglich zeigte, die auf Schuldzuweisungen, Projektionen und Feindbildern basierten.

Diese Tendenz war in Baden allerdings nur in abgeschwächter Form erkennbar. Hier zeitigte die antisemitische Agitation zwar auch Erfolge, die sich jedoch in sehr bescheidenen Grenzen bewegten. Dies war zurückzuführen auf die traditionelle Schwäche der extremen Rechten in Baden – Alldeutsche und Vaterlandspartei verzeichneten hier nur eine zahlenmäßig kleine Anhängerschaft – und den gemäßigten Charakter des badischen Konservatismus. Dessen wichtigster Ideologe Adam Roeder verwahrte sich in seiner Schrift *Reaktion und Antisemitismus* gegen die Ausuferungen des rassistischen Radau-Antisemitismus.[319] Er wandte sich besonders an die akademische Jugend, der er die Unvereinbarkeit von konservativ-christlicher Weltanschauung und Rassen-Antisemitismus vor Augen führte. Allerdings konzedierte er einen „idealen Antisemitismus", dem viele Konservative erlägen und den auch er eine Zeitlang vertreten habe. Dieser basiere auf der Befürchtung, dass es einen „spezifisch jüdischen Einfluss gibt, der die christliche deutsche Volksseele verdirbt."[320] In diesem Zusammenhang schrieb Roeder: „Der Antisemitismus ist ein süßes Gift. Das habe ich an mir selbst erfahren. Obwohl ich seit drei Jahrzehnten scharf und nachdrücklich gegen den Rassen-Antisemitismus aufgetreten bin und die jüdischen Mitbürger als vollwertige Menschenbrüder reklamierte (...), so habe ich doch jenem Antisemitismus gehuldigt, der vom jüdischen Geist eine Beeinträchtigung deutschen Wesens befürchtet."[321]

Damit belegte Roeder einen latenten Antisemitismus in den Reihen badischer Konservativer. In seiner Schrift ging es ihm jedoch darum, nachzuweisen, dass die Vorwürfe gegen die Juden einer rationalen Prüfung nicht standhalten. Der antisemitischen Anhängerschaft attestierte er: „Es ist eben so leicht, so bequem, Antisemit zu sein. Mit einer einzigen Geste schiebt man alle Verantwortlichkeit von sich und reicht den Prügeljungen von Hand zu Hand."[322] Sein besonderes Anliegen war es, den akademischen Nachwuchs der konservativen Parteien gegen die antisemitische Propaganda zu immunisieren. Der Schlussabsatz seines Essays gegen den Antisemitismus lautete: „(...) Wer den sengenden Atem moderner Entwicklung auch nur wie einen Hauch an sich verspürt hat, weiß es, dass es wahrhaftig andere ‚Elemente der Dekomposition' sind, als die Juden, die der wirtschaftlichen und politischen Welt von heute ihre Signatur aufdrücken. Nur kleinliche Herzen, enge Stirnen und weite Gewissen vermögen die Juden für die Erscheinungen der Gegenwart verantwortlich zu machen. Und darum nehme ich besonders und immer wieder Stellung gegen den Antisemitismus, weil er die Herzen verwirrt, das gesunde Gefühl erstickt und das Verständnis für die wirklichen Zusammenhänge trübt.

---

[319] Vgl. Roeder (1921).
[320] Ebenda, S. 23.
[321] Ebenda, S. 23f.
[322] Ebenda, S. 41.

Unser Volk wird von dem wirklichen Reformweg, der zu beschreiten ist, abgedrängt, es sieht Fehler, wo sie nicht sind, und liefert die Feinfühligkeit der Herzen den groben Anwürfen agitatorischen Bedürfnisses aus. Der akademische Bürger aber halte sein Herz rein, und wenn neue Ideen in der Seele des Volkes eine Heimstätte suchen, dann trete er an ihre Prüfung heran mit dem Enthusiasmus, den ihn der deutsche Idealismus seiner Vorfahren auf deutschen Hochschulen gelehrt hat."[323]

Roeders Engagement gegen den Antisemitismus blieb in konservativen Kreisen nicht wirkungslos. Die philosemitische Tradition, welche die Großherzöge und die badische Regierung gepflegt hatten und deren bedeutsames Zeichen die Berufung Ellstätters zum Finanzminister war, trug ebenfalls zum schwächeren Ausmaß des Antisemitismus in Baden bei. Die badische Gesellschaft erwies sich jedoch keineswegs als völlig immun gegenüber dem antisemitischen Bazillus. Der Chronist des badischen Judentums, Berthold Rosenthal, schrieb über die Kriegsjahre: „Hatte es in den ersten Kriegsmonaten, als noch heller Siegesjubel herrschte, den Anschein, als ob das deutsche Volk allen Hader, alle Klassen- und Rassengegensätze vergessen hätte, so machten sich bald, nachdem der Vormarsch zum Stehen gekommen war, Anzeichen geltend, die bekundeten, dass die alten Vorurteile nur leicht geschlummert hatten."[324]

Vor allem die Denunziation der Juden als Drückeberger, die Mär von ihrer Bevorzugung bei der Freistellung vom Heeresdienst fiel bei der einfachen Bevölkerung auf fruchtbaren Boden. Besonders auf dem Lande machte sich eine judenfeindliche Stimmung bemerkbar, die sich in antisemitischen Vorurteilen äußerte. Dort wurden zum Beispiel Beobachtungen verbreitet über „Juden, die, trotz wehrfähigen Alters, auffallend gesunden Aussehens sich dauernd in Zivil herumdrücken."[325] Die jüdischen Zivilisten arbeiteten nach Auffassung der badischen Bauern besonders in den Kriegsgesellschaften, deren Kommissare ihnen angeblich mit unerbittlichen Abgabeforderungen gegenübertraten und welche die Bauern mit Hass verfolgten. Doch auch in der Industriearbeiterschaft Mannheims zeigten sich Vorbehalte gegen Juden. Der linke Sozialdemokrat Wilhelm Burger sah seinen wehrpflichtigen Sohn, der zur Infanterie einrücken musste, als benachteiligt an gegenüber Juden, die in der Etappe ihren Dienst leisteten. „Für letzteres Amt hat man ja hier eine Masse Juden, die in Bettfedern und ähnlichem Zeug machen",[326] notierte er in einem Brief an Adolf Geck.

Während in der Bevölkerung die Vorwürfe der „Drückebergerei" griffen, erstarkte in den bürgerlichen Parteien ein politischer Antisemitismus, der den Juden einen unangemessen großen politischen Einfluss unterstellte. Davon zeugten die Worte des Karlsruher Vorsitzenden der Jungliberalen, Frey, der auf einer Parteiveranstaltung von der „Judokra-

---

[323] Ebenda, S. 48f.
[324] Rosenthal (1927), S. 423.
[325] GLA 456 F8 346 (Stimmungsberichte des Stellvertretenden Generalkommandos vom August 1918).
[326] GLA N Geck 1209.

tie"[327] sprach und zugleich dem Judentum die Verantwortung für die wirtschaftlichen Schwierigkeiten zuschob. Als die beiden angesehenen jüdischen Rechtsanwälte Fritz Strauss und Max Homburger daraufhin den Karlsruher Vorsitzenden der Nationalliberalen, Rebmann, um eine Klärung baten, distanzierte sich dieser zwar von der antisemitischen Einstellung Freys und befriedigte damit die Erwartungen der jüdischen Mitglieder, die Partei unternahm jedoch nichts zur öffentlichen Klärung ihrer Position in dieser Frage und zur Distanzierung von Frey.[328] Während auch in den beiden christlichen Kirchen und den ihnen nahe stehenden Parteien latente antisemitische Strömungen vermutet werden dürfen,[329] stellte sich die badische Regierung auf einen betont philosemitischen Standpunkt. Dies wurde deutlich anlässlich der Judenzählung von 1916, als der Staatsminister von Dusch die Beschwerde des Oberrats der Israeliten an den Reichskanzler Bethmann-Hollweg weiterleitete. In seinem Begleitschreiben findet sich der folgende Kommentar: „Die Maßregel (gemeint ist die Judenzählung, m.A.) ist unseres Dafürhaltens eine befremdliche und mit den Erfordernissen der Zeitlage nicht vereinbar."[330]

Auch die badischen Landstände entwickelten eine offene, tolerante Haltung gegenüber Juden. In der Ersten Kammer war ein jüdisches Mitglied vertreten, der Mannheimer Victor Lenel (1838–1917). Als Präsident der Mannheimer Handelskammer war er im Jahr 1905 in die Erste Kammer eingezogen.[331]

Die Zweite Kammer zählte seit Jahrzehnten jüdische Abgeordnete zu ihren Mitgliedern. Seit dem letzten Drittel des 19. Jahrhunderts entsandten vor allem die Städte Mannheim und Karlsruhe liberale Abgeordnete jüdischer Herkunft. Seit dem Jahr 1903 waren mit Albert Süßkind auch jüdische Sozialdemokraten vertreten. Sowohl die liberalen als auch die sozialdemokratischen Politiker jüdischer Herkunft entstammten meist den freien Berufen, es handelte sich ausnahmslos um Kaufleute oder angesehene Juristen.[332] Während des Ersten Weltkrieges hatte sich die Zahl jüdischer Abgeordneter allerdings auf zwei reduziert – neben Marum hatte noch Jakob Kahn, ein Schwetzinger Sozialdemokrat, ein Mandat inne.

Als Marum seine Tätigkeit als Landespolitiker aufnahm, wurde er also erneut mit dem Problem des Antisemitismus konfrontiert, mit dem er sich bereits während seiner Studentenzeit auseinandergesetzt hatte. Im badischen Landtag wurde das Thema der Judenzählung und des Antisemitismus nicht Gegenstand einer allgemeinen Debatte, so dass Marum zu dieser Frage keine öffentliche Stellung bezog. In der Zweiten Kammer musste

---

[327] Vgl. Schmitt, in: Schmitt (1988), S. 145.

[328] GLA 69, Nationalliberale Partei, No. 187.

[329] Vgl. zum Beispiel: Rückleben, Hermann: Evangelische Judenchristen in Karlsruhe 1715–1945. Die badische Landeskirche vor der Judenfrage, in: Schmitt (1988), S. 373–404, und Hundsnurscher, Franz: Juden und katholische Kirche, ebenda, S. 405–410.

[330] GLA 233/13848

[331] Vgl. Kaller (1988), S. 428f.

[332] Ebenda, S. 429–438.

Marum auch kaum mit Angriffen wegen seiner jüdischen Herkunft rechnen. Sowohl der Burgfrieden als auch der parlamentarische Ehrenkodex trugen dazu bei, dass selbst latent vorhandene antisemitische Einstellungen in den Landtagsdebatten keinen Niederschlag fanden. So bewegte sich Marum als badischer Parlamentarier in einem Schonraum, der ihn in den Kriegsjahren noch vor antisemitischen Angriffen bewahrte. Andererseits konnte er angesichts der Agitation der Antisemiten außerhalb des Landtags nicht die Augen davor verschließen, dass er eine ideale Zielscheibe für ihre Angriffe bildete. Als bekanntester jüdischer Politiker auf dem Forum des Landtags, als Demokrat, der mit am entschiedensten die Verfassungsreform vorantrieb, als Sozialdemokrat, der für die Gleichberechtigung der Arbeiterschaft kämpfte, als Verfechter des Verständigungsfriedens trat er für eine politische Neuordnung ein, gegen die die antisemitische Opposition entschieden ankämpfte.

Bei einer weiteren Zuspitzung der gesellschaftlichen Krise musste Marum damit rechnen, dass sich offen antisemitische Anwürfe gegen ihn richten würden. Damit wuchs ihm eine Sonderstellung zu, die ihn aus dem Kreis der Genossen hinaushob und ihn in eine Außenseiterposition verwies. Seine Akkulturationsbemühungen wurden gefährdet durch die Herausstellung seiner jüdischen Herkunft durch die Antisemiten. Für die politische Reaktion entsprach er als Sozialdemokraten jüdischer Herkunft ihrem propagierten Feindbild in besonderer Weise.[333]

Die letzten Jahre des Ersten Weltkriegs signalisierten für Marum eine Gefährdung, die erst in der Novemberrevolution und den ihr folgenden Monaten manifest werden sollte. In der Zeit der Weimarer Republik würde die Kette antisemitischer Anfeindungen für Marum nicht abbrechen.[334] Der seit den letzten Jahren des Ersten Weltkriegs offensiv auftretende Antisemitismus verwies Marum immer wieder auf seine jüdische Herkunft. In den Jahren der Weimarer Republik würde er im badischen Landtag vielfach Stellung zum Problem des Antisemitismus nehmen müssen.[335]

---

[333] Völlig auszuschließen war auch nicht, dass ihm nach der Parteispaltung seitens der USPD antisemitische Vorbehalte entgegengebracht wurden. Dass es auch in der linkssozialistischen Arbeiterschaft Mannheims judenfeindliche Einstellungen gab, darauf wurde bereits hingewiesen; unerforscht blieb bisher deren Ausmaß und politische Stoßrichtung.

[334] Der bekannteste Zwischenfall war die so genannte „Batschari-Reemtsma Affäre" von 1929, die sogar den Reichstag beschäftigte. Vgl. Marum-Lunau/Schadt (1984), S. 108ff. und Reichstagsberichte, 3. Band 426 121. Sitzung vom 20. Dezember 1929, S. 3761ff.

[335] Vgl. Pohl (1994), S. 44ff.

Revolution und staatliche Neuordnung:
Minister in der Badischen Vorläufigen Volksregierung

Die Neugestaltung der politischen Verhältnisse

Der Neubeginn des Oktober 1918 und die Vorantreibung der politischen Reform

Der Oktober 1918 brachte die entscheidende Wende in der deutschen Politik: Mit dem Eingeständnis der militärischen Niederlage durch die OHL und den Waffenstillstandsverhandlungen ging der Krieg zu Ende. Mit der Regierungsneubildung in Berlin unter Prinz Max von Baden vollzog sich der Machtwechsel von den bisherigen konservativen Eliten zu den Parteien der Friedensresolution. Die Regierungsbeteiligung von SPD, Zentrum und Fortschritt signalisierte die entscheidende Änderung der innenpolitischen Verhältnisse, die ergänzt wurde durch die Parlamentarisierung, welche die Bismarcksche Verfassung beseitigte. Damit hatte die fast fünfzigjährige Phase des halb-absolutistischen deutschen Kaiserreichs ihren Abschluss gefunden, der Krieg war verloren, Deutschland war nun eine parlamentarische Monarchie und der Versuch der Errichtung einer deutschen Vormachtstellung in Europa gescheitert und damit auch Deutschlands Aufstieg zur Weltmacht. Der Fortgang der deutschen Politik war nun in die Verantwortung der Reichstagsmehrheit übergegangen, welche sich mit der doppelten Aufgabe konfrontiert sah, die Unruhe im Innern zu beschwichtigen und durch die Milderung der Waffenstillstandsbedingungen ein völliges außenpolitisches Fiasko zu verhindern.

Der Stimmungszusammenbruch in der Bevölkerung nach dem Offenbarwerden der militärischen Niederlage führte zu Erbitterung und Hass gegenüber der alten politischen und militärischen Führung, deren Nachgeben durch Parlamentarisierung, Beseitigung des preußischen Dreiklassenwahlrechts und die Regierungsneubildung unter Prinz Max von Baden kaum registriert wurde. Der Wunsch nach sofortiger Beendigung des Krieges und nach Milderung der Versorgungslage überlagerte die Freude über die endlich erfolgte Demokratisierung.

In dieser Krisensituation fiel der SPD eine Schlüsselstellung zu: Mit ihrer Regierungsbeteiligung war der Versuch der Einbindung der Arbeiterschaft verbunden, deren Radikalisierung es zu verhindern galt. Als Regierungspartei stellte die SPD die nationalen Belange über die Verfolgung einer reinen Interessenpolitik, auch für sie stand nun der Abschluss günstiger Waffenstillstandsbedingungen und die Konsolidierung der innenpolitischen Verhältnisse im Vordergrund.

Die Vorgänge in der Reichspolitik lösten auch in der badischen SPD eine Neubestimmung ihrer Politik aus. Neben der Verarbeitung der militärischen Niederlage ging es darum, den verfassungspolitischen Vorsprung des Reichs aufzuholen und auch in Baden die Verfassungsreform und die Bildung einer Volksregierung durchzusetzen. Dies verlangte Aktivitäten auf zwei verschiedenen Ebenen: Zum einen musste die Parteiarbeit intensiviert werden, um der Mitgliedschaft eine plausible Erklärung für die militärische Niederlage und das Scheitern der eigenen Kriegspolitik zu geben, zum andern musste der Druck auf die badische Regierung erhöht werden, um die Demokratisierung und Parlamentarisierung auch in Baden zu erreichen. Da der Landtag als Forum der Politik ausschied, musste die politische Kontaktaufnahme mit Vertretern der bürgerlichen Parteien und der Regierung auf informeller Ebene vorangetrieben werden. Ab Mitte Oktober nahm die badische SPD diese Arbeit auf,[1] wobei ihr zugute kam, dass sie es mit einer zwar frustrierten, aber weitgehend ruhigen Bevölkerung zu tun hatte und mit politischen Partnern in den bürgerlichen Parteien, die sich dem Gedanken der Verfassungsreform allmählich öffneten. Spätestens in dieser Phase badischer Politik wurde Marum der Öffentlichkeit als einer der wichtigsten SPD-Politiker bekannt.

Deutlich muss gesehen werden, dass die Impulse der Belebung der badischen Politik im Oktober von außen kamen: Die sich überstürzenden Ereignisse der Reichspolitik verlangten ein schnelles Umdenken und die flexible Reaktion auf die neue Situation. Dies fiel der badischen SPD nicht leicht, besonders die Erkenntnis der Niederlage und das damit verbundene Eingeständnis des Scheiterns ihrer eigenen Kriegspolitik bereiteten ihr nicht unerhebliche Schwierigkeiten.

Das Drängen der OHL auf einen sofortigen Waffenstillstand löste auch in der badischen SPD einen Schock aus, sah sie sich doch mit einer völlig unerwarteten Situation konfrontiert. Die Durchhalteparolen, die Überzeugung von der Leistungsfähigkeit und Überlegenheit der deutschen Armee, welche die Partei bisher vertreten hatte, hatten ihre Grundlage verloren. Das politische Ziel eines Friedens, der zwar den Ausgleich mit den feindlichen Mächten suchte, aber von dem Leitbild eines territorial unangetasteten und wirtschaftlich potenten Deutschlands ausging, geriet angesichts der Friedensnoten Wilsons ins Wanken. Sich dieser Tatsachen bewusst zu werden, war für die badische SPD nur in einem allmählichen Prozess möglich.

Vor allem in den Kreisen der Rechten wurde in den Oktobertagen die Alternative des Weiterkämpfens angesichts der harten amerikanischen Friedensnoten diskutiert, kurze Zeit liebäugelte auch die badische SPD mit diesem Gedanken.[2] Eine politische Alternative stellte dieser Weg weder von den militärischen Gegebenheiten dar noch angesichts der Friedenssehnsucht der Massen.

Dennoch rang sich die badische SPD erst Ende Oktober zur Erkenntnis der unabwendbaren militärischen Niederlage durch. Während in den vorhergehenden Wochen der *Vorwärts* nüchterne Analysen über die aussichtslose Lage veröffentlichte,[3] verkannte die badische SPD den Ernst der Lage völlig. Sie hielt an den Durchhalteparolen fest und

---

[1] Müller (1988), S. 253.
[2] Ebenda.
[3] Vgl. Rosenberg (1977), S. 213.

forderte weiterhin zur Zeichnung von Kriegsanleihen auf. Angesichts des Zusammenbruchs der Stimmung in der Bevölkerung schrieb der *Volksfreund* noch Anfang Oktober über „Miesmacher und Schwarzseher, Flaumacher und Angstmeier, die am Werke sind, eine dem deutschen Volk unwürdige Stimmung zu schaffen."[4] Auf der Sitzung des Werbeausschusses für die 9. Kriegsanleihe in Karlsruhe wurde nach Meinung des *Volksfreund* mit Recht darauf hingewiesen, „dass unsere militärische Lage nicht so ist, dass die trübe Stimmung berechtigt wäre."[5]

Oskar Geck gab auf einer Veranstaltung am 4. Oktober in Mannheim dem Glauben Ausdruck, dass die Demokratisierung in Preußen und die Parlamentarisierung der Reichsverfassung den Durchhaltewillen und die Kampfeskraft des deutschen Volkes stärken werde. Er schloss seine Rede mit den Worten: „Nur ein freies Volk kann opferbereit und tapfer sein. Wohlan also: man gebe ihm die Freiheit und es wird sein also wohnlich eingerichtetes Haus gegen den äußeren Feind, und sei er noch so zahlreich, glänzend zu verteidigen wissen (Begeisterter Beifall).[6]

Bis in die ersten Novembertage hinein forderte der *Volksfreund* zur Zeichnung von Kriegsanleihen auf, wobei er die Zweifel zu zerstreuen suchte, indem er argumentierte: „Hat es denn noch Zweck, besteht denn heute noch eine Notwendigkeit, Kriegsanleihen zu zeichnen? Darauf gibt es nur eine Antwort: Wer will, dass es zum Frieden kommt, der zeichne nach seinem besten Vermögen. Und wer will, dass der Friede möglichst gut wird, der zeichne erst recht Kriegsanleihen."[7] Zur Verwendung der Kriegsanleihen führte das Blatt aus, dass sie „dem Reich die Mittel zur Fortführung des Kampfes, falls es notwendig werden sollte, gewähren, und für den Fall, dass es zum Frieden kommt, die Überführung unserer wirtschaftlichen Verhältnisse auf den Friedensfuß erleichtern."[8]

Während die Reichsregierung unter Prinz Max von Baden sich für eine rasche Beendigung des Krieges und die Annahme auch sehr harter Waffenstillstandsbedingungen entschloss, waren in Karlsruhe Ende Oktober noch andere Töne zu vernehmen. Der Karlsruher Abgeordnete Haas führte auf einer Veranstaltung der Mehrheitsparteien des Reichstags aus: „Es steht fest, dass wir mit der Türkei und mit Österreich-Ungarn militärisch nicht mehr rechnen können. Aber trotzdem ist unsere militärische Lage heute erfreulicherweise nicht so ungünstig anzusehen, wie vor einiger Zeit. Wir sind nicht so geschlagen, dass wir uns einen Frieden um jeden Preis vorschreiben lassen müssen. Die Front steht fest, der Feind kommt nicht ins Land. Auch die Franzosen und Engländer werden sich überlegen, ob sie die verbrecherische Politik ihrer Regierungen weiter unterstützen wollen. Wir werden so lange durchhalten können, bis der Übermut der Feinde gebrochen ist. Wir führen den reinen Verteidigungskrieg und lehnen jede Gemeinschaft

---

[4] *Volksfreund* vom 7.10.1918.
[5] Ebenda.
[6] *Volksfreund* vom 4.10.1918.
[7] *Volksfreund* vom 28.10.1918. Die Anzeige erschien in großformatiger Aufmachung und nahm ein Viertel der Zeitungsseite ein.
[8] Ebenda.

mit dem chauvinistischen Maulheldentum ab. Es kann gewiss notwendig werden, dass zur letzten nationalen Verteidigung aufgerufen wird. (...) Wir dürfen Vertrauen zu unserer Armee haben, die gewillt ist, den Feind nicht ins Land zu lassen."[9]

Zwei Tage später war es schließlich Ludwig Marum, der als erster Karlsruher Politiker das Eingeständnis der vollkommenen Niederlage machte. Auf einer Parteiveranstaltung am 30. Oktober 1918 bekannte er lapidar: „Wir haben den Krieg verloren. Da nützen alle schönen Reden und Zeitungsartikel nichts, dass wir noch im Feindesland stehen, dass die Front ungebrochen ist."[10] Nun übernahm die sozialdemokratische Presse die Suche nach den Schuldigen. Im *Volksfreund* erschien am 8. November ein Artikel mit der Überschrift „Wer ist schuld?", der die folgenden Ausführungen enthielt: „Wir, die wir von jeher den Krieg, den Militarismus und die Rüstungspolitik bekämpften, könnten sagen: Man hätte ihn nicht anfangen sollen, dann hätte man ihn nicht verlieren können. Das ist natürlich keine Antwort auf die obige Frage. Die Frage ‚warum' dürfte mit dem Sprichwort ‚Viele Hunde sind des Hasen Tod' zu beantworten sein und die Tatsache, dass Deutschland eine geraume Zeit der ungeheuren Übermacht gegenüber Stand gehalten hat, ist vom militärischen Standpunkt aus gewiss eine Ruhmestat, die einzig in der Geschichte dastehen dürfte. Deutschland bzw. die Zentralmächte hätten vielleicht noch länger ‚durchgehalten', wenn nicht nach und nach die Stimmung vollständig zusammengebrochen wäre und das hat der Wucher besorgt, im besonderen der Wucher mit den Lebensmitteln. Es ist daher begreiflich und naheliegend, dass zurzeit bei der Diskussion der Schuldfrage unseres Zusammenbruchs die Bauern nicht gut wegkommen. Zu ihrer Entschuldigung kann nur gesagt werden, dass es Handel und Industrie ebenso getrieben haben. Jeder der Geschäfte gemacht hat, hat sich die Kriegsnot zunutze gemacht."[11] Auffällig an dieser Darstellung ist das vollkommene Fehlen von Selbstkritik, das Verschweigen der Erfolglosigkeit der sozialdemokratischen Kriegspolitik, die Leugnung der militärischen Niederlage und die Schuldzuweisung an die innere Heimatfront.

Die Karlsruher SPD, die sich auf eine weitgehend ruhige Arbeiterschaft stützte, unternahm keine Angriffe auf die militärische und politische Führung des Reiches. Anders sah die Situation in Mannheim aus, wo sich die Erbitterung der Arbeiterschaft gegen die führenden Eliten richtete. Hier griff der sozialdemokratische Reichstagsabgeordnete Oskar Geck die Stimmung auf, indem er scharfe Angriffe auf Militär, Kaiser und preußische Junker richtete. Ihrer Unfähigkeit und ihrer Fixierung auf den Siegfrieden wurde die Schuld an der Niederlage zugeschrieben.[12]

Der Sieg der bürgerlichen Demokratie auf Reichsebene wurde von der badischen SPD euphorisch gefeiert, ohne auf die Tatsache einzugehen, dass die Reichstagsmehrheit ohne eigenes Zutun, ohne eigentlichen Kampf in den Besitz der Macht gekommen war. Die

---

[9] Ebenda.
[10] *Volksfreund* vom 31.10.1918.
[11] *Volksfreund* vom 8.11.1918.
[12] Vgl. *Volksfreund* vom 4.10.1918.

Partei stellte die Ereignisse als einen Erfolg reformistischer Politik dar, nicht als Resultat der letzten „Revolution von oben", die Ludendorff angestoßen hatte angesichts der hoffnungslosen militärischen Lage nach dem Ausscheiden Bulgariens und der Türkei und angesichts des Wissens, dass die USA ein autokratisch regiertes Deutschland als Verhandlungspartner nicht akzeptieren würden. Deshalb kam es Anfang Oktober zur Neubildung der Reichsregierung, die von den Parteien der Reichstagsmehrheit getragen und am Ende des Monats zur Verfassungsreform führte, die das deutsche Staatswesen in eine parlamentarische Monarchie umwandelte und die Macht des Militarismus brach. Hinzu trat der Fall des preußischen Dreiklassenwahlrechts, womit sich die Demokratisierung auch in der Hochburg des aristokratischen Junkertums durchgesetzt hatte.

Damit waren die Forderungen des sozialdemokratischen Reformismus auf Reichsebene erfüllt, der Prozess der Demokratisierung und Parlamentarisierung schien abgeschlossen, die Partei war als gleichberechtigte politische Kraft an der Regierung beteiligt und nicht länger von der Machtausübung ausgeschlossen. Diesen Sieg galt es nun der Bevölkerung zu vermitteln, deren Aufmerksamkeit aus naheliegenden Gründen kaum auf die Regierungsumbildung und auf die verfassungspolitischen Neuerungen gerichtet war.

Die badische SPD feierte die Parlamentarisierung Deutschlands als „welthistorisches Ereignis"[13] und rechtfertigte den Regierungseintritt der SPD in eine Koalition mit bürgerlichen Parteien und unter der Führung eines Prinzen. Für die badische SPD stellte diese Konstellation keine Schwierigkeit dar, war die Partei doch seit über zehn Jahren mit der Idee des Großblocks vertraut und hatten ihre Führer seit dem Revisionismusstreit für ein Zusammengehen mit bürgerlichen Kräften plädiert. Auch die Person des Prinzen Max stellte in Baden natürlich keine unbekannte Größe dar wie im übrigen Deutschland, allerdings wusste man in Baden auch, dass seiner Liberalität enge Grenzen gezogen waren, was seine Einstellung zur badischen Verfassungsreform bewies.

In Aufrufen des SPD-Parteivorstands, in Parteiveranstaltungen und Presseartikeln wurde die neue Entwicklung auf Reichsebene als ungeheurer Fortschritt gefeiert, als die Erreichung der jahrelang angestrebten Ziele. Die Partei schreckte dabei nicht vor Übertreibungen zurück, sie verglich die Reichsreform mit den Ereignissen der Französischen Revolution; im *Volksfreund* war zu lesen: „Ein jeder hatte so etwas von dem feierlichen Gefühl, dem Goethe am Abende der Schlacht von Valmy Ausdruck gab, als die französischen Revolutionsheere die zu ihrer Niederwerfung entsandten preußischen Armeen besiegt hatten. Von heute ab bricht eine neue Zeit an. Glücklich mag sich schätzen, wer sagen kann, dass er dabei gewesen."[14]

Anton Weißmann unterstrich in einer Karlsruher Veranstaltung den Fortschritt, den die Partei innerhalb von zehn Jahren durchlaufen habe. Der *Volksfreund* referierte seine Erinnerung an ein „Erlebnis, das vor 10 Jahren stattgefunden hat. Damals waren Sozialdemokraten erstmalig in Karlsruhe Stadträte geworden und Weißmann habe ihnen die

---

[13] Aufruf des badischen Landesvorstands der SPD im *Volksfreund* vom 12.10.1918.
[14] *Volksfreund* vom 9.10.1918.

Gratulation mit der halb scherzhaften Äußerung überbracht: ‚Ich hoffe es noch zu erleben, dass Sozialdemokraten auf der Ministerbank sitzen werden.' Diese ungeglaubte Zeit ist angebrochen.“ [15]

Während Weißmann den Regierungsantritt der Sozialdemokratie euphorisch feierte, hatte sich in den Augen der einfachen Bevölkerung kaum etwas geändert; auch das neue Kabinett wurde von einem Vertreter des Adels geführt, die Mehrheit der Regierungsmitglieder entstammte dem Bürgertum. Die badische SPD nahm hieran keinen Anstoß, Weißmann argumentierte in folgender Weise: „Wir haben sozialistische Abgeordnete in ein Kabinett entsandt, an dessen Spitze Prinz Max von Baden getreten ist. Sollen wir uns durch die Tatsache vor den Kopf stoßen lassen, dass es ein Prinz ist, dem die Arbeit der Aufrichtung eines neuen freiheitlichen Deutschlands überantwortet ist?“ [16]

Vor der politisch bewussten Arbeiterschaft Mannheims konnte man nicht, wie in Karlsruhe, vollkommen über die Tatsache hinweggehen, dass die neue Regierung ihr Amt allein der militärischen Niederlage verdankte, deren Lasten sie zu tragen haben würde. In einer Veranstaltung am 3. Oktober in Mannheim sprach Oskar Geck den Versuch der Instrumentalisierung der Mehrheitsparteien seitens der bisher herrschenden Eliten offen an, in dem er erklärte: „Jetzt, wo im Reiche alles in Trümmer zu gehen droht, erinnert man sich der im Volke, auch in der Arbeiterklasse, wohnenden Kräfte, jetzt ist das Volk, das bisher nur bluten, hungern und zahlen durfte, plötzlich auch fähig, an der Regierung teilzunehmen. Der Parlamentarismus, von uns längst vergeblich angestrebt, hat ganz plötzlich einen weiten Schritt nach vorne gemacht; der Kanzler ist, einem Winke der Parlamentsmehrheit folgend, gegangen, der Kaiser, der einst sein eigener Kanzler sein wollte, wünscht plötzlich eine ‚wirksame Mitarbeit des Volkes an der Bestimmung der Geschicke des Vaterlandes' und will, dass Männer des Volksvertrauens ‚in weitem Umfang teilnehmen an den Rechten und Pflichten der Regierung'.“ [17]

Dass dennoch die Notwendigkeit zum Regierungseintritt für die SPD bestehe, begründete er mit der Verpflichtung der Partei, das nationale Interesse an günstigen Friedensbedingungen gegenüber den Siegermächten zu vertreten und darüber die Partikularinteressen der Arbeiterpartei zurückzustellen. Der *Volksfreund* zitiert Geck wie folgt: „Für uns ist immer und immer wieder entscheidend die Frage: Wie nützen wir unserem Volk am meisten, insbesondere: wie führen wir es am raschesten und unter möglichster Schonung von Gut und Blut zu einem ehrenvollen und seine Zuflucht (sic) sichernden Frieden?

Diese Gesichtspunkte allein, nicht etwa parteipolitische Sonderinteressen, müssen auch heute, wie die ganzen langen vier Kriegsjahre, für unsere Haltung maßgebend sein. (Zustimmung) Bequemer und gefahrloser wäre für uns gewiss das Wegbleiben von der Suppe, die andere dem Volke eingebrockt haben; aber es geht nicht bloß um Wohl und Wehe der ‚Andern', jetzt handelt es sich um des ganzen Volkes, insbesondere auch der

---

[15] Ebenda.
[16] *Volksfreund* vom 9.10.1918.
[17] *Volksfreund* vom 4.10. 1918.

Arbeiterklasse Zukunft. Damit aber sind uns unsere Pflichten genau vorgezeichnet: Wir sind bereit, an verantwortlicher Regierungsstelle an der Rettung des Vaterlandes mitzuarbeiten; selbstverständliche Voraussetzung dafür sind aber bestimmte Garantien dafür, dass diese Arbeit so geartet ist, dass wir sie mit unseren Grundsätzen, unseren innen- und außenpolitischen Zielen, insbesondere mit unserer Kriegspolitik, vereinbaren könnten."[18]

In der Fülle der Veranstaltungen, welche die badische SPD seit Mitte Oktober ausrichtete, war sie bemüht, die Entwicklung zur parlamentarischen Monarchie als Erfolg sozialdemokratischer Politik darzustellen und die Partei als entscheidende Kraft zur Herbeiführung eines gerechten Friedens zu präsentieren. Vor diesem Hintergrund gelte es, die Parteiorganisation auszubauen und wieder auf den Vorkriegsstand zu bringen. Ein Aufruf des badischen Landesvorstands enthielt die Aufforderung: „Wohlan denn! Zeigen wir uns der Zeit würdig! Die vielen Tausende von Männern und Frauen in Baden, die innerlich mit der Sozialdemokratie fühlen und denken, aber aus irgendeinem Grunde noch zurückhielten, der Partei beizutragen, müssen gewonnen werden. Darum helfe jeder mit, eine mächtige politische Parteiorganisation zu schaffen, die allen Anstürmen standhalten kann. Deshalb sei all denen, die sich in ihren Gedanken eins fühlen mit der Sozialdemokratie, zugerufen: Tretet ein in die Sozialdemokratische Partei! Werdet Leser unserer Presse!"[19]

Eine der wichtigsten Parteiveranstaltungen dieser Wochen war die Karlsruher Versammlung am 30. Oktober 1918, auf der Ludwig Marum die politische Lage erläuterte. Seine Ausführungen orientierten sich sehr eng an der vorgegebenen Parteilinie. Er sprach wenige Tage, nachdem die Verfassungsreform im Reich Gültigkeit gewonnen, Ludendorff seinen Abschied genommen hatte und die Friedensnoten Wilsons sehr harte Waffenstillstandsbedingungen für Deutschland erkennen ließen. Marum konstatierte nüchtern die militärische Niederlage, vermied die Benennung von Schuldigen und umriss in klaren Überlegungen die Erwartungen, die man an den amerikanischen Präsidenten Wilson stellen könne. Als Realpolitiker äußerte er Zweifel an dem Konzept eines gerechten Friedens, orientiert an den Normen des Völkerrechts, wie sie in den 14 Punkten Wilson festgehalten waren, sondern erwartete vielmehr einen Diktatfrieden, geleitet von den imperialen Interessen der Weltmacht. Die Überlegungen Marums lauteten: „Nach dem Abfall von Bulgarien, der Türkei und Österreich-Ungarns handelt es sich für uns jetzt lediglich um die Frage: Ist Wilson der Mann, als den er sich auf Grund seiner philanthropischen Anschauungen ausgibt, oder wird er sich als das Werkzeug des amerikanischen Dollar-Imperialismus entpuppen? Die nächsten Tage werden uns darüber die Gewissheit bringen. Trifft letzteres zu, dann wehe uns! Bleibt aber Wilson beim gegebenen Wort, so haben wir günstigstenfalls einen Gerechtigkeitsfrieden zu erhoffen, der auch noch schwer genug für uns werden wird. Und diesen Frieden werden wir nur erhalten durch die bisherigen Erfolge der unblutigen deutschen Revolution, in der wir uns heute befinden."[20]

---

[18] Ebenda.
[19] *Volksfreund* vom 12.10.1918.
[20] *Volksfreund* vom 31.10.1918.

In Übereinstimmung mit dem Reichstagsabgeordneten Oskar Geck knüpfte auch Marum an die neue Regierung mit SPD-Beteiligung die Hoffnung, einen günstigeren Frieden erreichen zu können. Den rechts stehenden Politikern schob er die Verantwortung zu, die Chance eines Verständigungsfriedens nicht genutzt zu haben und damit wesentlich zu der momentanen verhärteten Situation beigetragen zu haben.

In seinem Kommentar zur innenpolitischen Situation ließ Marum sehr gemäßigte Positionen erkennen, die an einem rationalen, evolutionären Politikkonzept orientiert waren, das sich gegen jegliche Einflussnahme radikaler, emotional aufgeheizter Volksstimmung verwahrte. Zu diesen emotionalen Reaktionen zählte Marum den Ruf nach Abdankung des Kaisers und des Kronprinzen, wie er – ausgelöst durch die Friedensnoten Wilsons – von Teilen der Bevölkerung erhoben wurde. Auch den Hass gegen die Oberste Heeresleitung vermochte Marum nicht nachzuvollziehen. Schützend stellte er sich vor Ludendorff, als er erklärte: „Nachdem ersterer (Ludendorff, m.A.) bereits abgedankt hat, wäre es undankbar, wenn man nicht anerkennen wollte, was er für uns geleistet hat. Er ist wohl über die Politik zu Fall gekommen, aber sonst war er ein ganzer Mann. Es wäre zu wünschen, wir besäßen recht viele solcher Männer."[21]

Zur Frage der Monarchie wiederholte er die Vorkriegsposition der Partei, welche die Frage der Staatsform als eine untergeordnete betrachtete: „Gewiss, wir Sozialdemokraten sind Republikaner und haben als solche keine Veranlassung, uns als Schutzwall vor die Hohenzollern zu stellen, aber darüber dürfen wir uns keiner Täuschung hingeben, die Mehrheit des deutschen Volkes ist heute noch monarchisch gesinnt, auch wenn man heute vielfach unbedachte Äußerungen über den Kaiser zu hören bekommt, von Leuten, die vordem gewaltige Patrioten waren und von denen man solches zuletzt erwartet hätte. Es handelt sich hier lediglich um Gefühlsäußerungen rabiat gewordener Spießbürger, die verärgert sind, weil ihnen der Krieg so viel Unbequemlichkeit verursachte. Hintennach schreien sie doch nach jeder Hofkutsche wieder ‚Hurra!'. Für uns als Sozialdemokraten handelt es sich darum, dass wir einen Rechtsstaat bekommen, die Frage mit oder ohne Monarchie ist von untergeordneter Bedeutung. Wir können aber richtige Politik in einem Rechtsstaate nur mit der Mehrheit und nicht gegen die Mehrheit des Volkes machen, wenn wir nicht russische Zustände bekommen wollen. Verlangen müssen wir nur, dass die Monarchen nicht mehr die autokratische Rolle spielen wie bisher."[22]

Hier formulierte Marum noch einmal die reformistischen Ziele des Parlamentarismus und des Rechtsstaats, die zwar auf Reichsebene durchgesetzt, aber noch nicht fest verankert seien. Er warnte vor der Reaktion, die „jederzeit ihr Haupt erheben kann, wenn es uns nicht gelingt, die neue Verfassung des Deutschen Reiches in das Bewusstsein jedes Staatsbürgers hineinzuhämmern. Die Demokratie muss bis in die letzten Glieder der ausführenden Gewalten durchgeführt werden."[23]

---

[21] Ebenda.
[22] Ebenda
[23] Ebenda.

Marum schloss seinen Vortrag mit den Forderungen nach Demokratisierung und Parlamentarisierung auch in Baden und nach dem verstärkten Ausbau der Parteiorganisation.

Der zweite bedeutende Karlsruher Sozialdemokrat, Eduard Dietz, argumentierte auf dieser Veranstaltung in dieselbe Richtung: Er dankte Marum für die taktvolle Behandlung der Hohenzollernfrage und stellte die Verdienste des Kaisers heraus, in seiner Kriegspolitik und der Deklaration des Burgfriedens wesentlich zur Integration der Arbeiterbewegung und zu ihrer Gleichstellung als politische Kraft beigetragen zu haben.[24] Dies war eines der wichtigsten Politikziele der badischen SPD, für dessen Einlösung sie sich dem Monarchen dankbar erwies. Wenige Tage also vor der Ausrufung der Republik in Baden und im Reich, erklärten Marum und Dietz die Zeit nicht für reif zur Abschaffung der Monarchie und plädierten für ein Arrangement mit den alten Gewalten.

Diese Veranstaltungen bildeten den Abschluss der Bemühungen der Partei, die neue politische Lage der Mitgliedschaft zu erläutern. Als Fazit ergibt sich, dass die Partei die Aufarbeitung der Kriegsschuldfrage vermied und somit auch kaum Aufklärungsarbeit über das Versagen von Militärs und führenden Politikern leistete. Ebenso verzichtete die Partei auf die kritische Betrachtung der eigenen Kriegspolitik, indem sie sich auf die Vorkriegsposition des Antimilitarismus und Antiimperialismus zurückzog. Die Verfassungsänderung der Oktoberreform betrachtete sie als „Revolution", die den Reformismus an das gewünschte Ziel der parlamentarischen Demokratie geführt hatte. Die schwere Aufgabe der Waffenstillstandsverhandlungen und des Abschlusses eines Friedensvertrags wurde als nationale Pflicht der Partei gesehen, womit sie ihre reformistische Politik der nationalen Integration fortzusetzen wünschte. Ende Oktober galt es für die badische SPD lediglich noch, die Verfassungsreform auch in Baden durchzusetzen und auch hier in eine Volksregierung einzutreten.

Auf dieses Ziel waren vielfältige Aktivitäten der Partei gerichtet. Zu einem solchen Vorgehen fühlte sich die badische SPD auch deswegen berechtigt, weil der Reichskanzler Prinz Max von Baden in seiner Antrittsrede auch die Demokratisierung in den Bundesstaaten gefordert hatte. Der betreffende Satz lautete: „Die demokratische Idee hat nunmehr ihren siegreichen Einzug in Deutschland gehalten, um hier bodenständig zu werden und sowohl im Reich, als auch in den Bundesstaaten für alle Zeiten zu herrschen."[25] Nachdem die Kriegspolitik der badischen SPD gescheitert war, war es umso wichtiger, dass die reformistische Politik wenigstens auf dem verfassungspolitischen Gebiet ein Ergebnis vorweisen konnte. Die badische SPD forcierte seit Mitte Oktober auch deswegen die Verfassungsfrage, weil die Stimmungslage der Bevölkerung sich zu-

---

[24] Vgl. ebenda.
[25] Zitiert nach Oeftering (1920), S. 47. Einschränkend gesehen werden muss allerdings, dass Prinz Max von Baden wenige Tage später, auf die Frage des badischen Justizministers, ob seine Programmrede auch auf Baden anzuwenden sei, antwortete, Baden sei mit seinen parlamentarischen Bräuchen das am weitesten fortgeschrittene Land, das Verlangen nach Abschaffung der 1. Kammer sowie nach einer parlamentarischen Regierung sei Unsinn. Vgl. Remmele (1925), S. 8.

nehmend radikalisierte und die Agitation der USPD vor allem in Mannheim Erfolge verzeichnen konnte. Die Politik der Partei geriet zunehmend unter Handlungsdruck, sie konzentrierte sich allerdings auf das verfassungspolitische Gebiet und vergrößerte damit die Distanz zu großen Teilen der Bevölkerung, für die die rasche Beendigung des Krieges und die Verbesserung der Versorgungslage die vordringlicheren Forderungen waren.

Die badische SPD glaubte mit der Durchsetzung der Verfassungsreform die sich abzeichnende revolutionäre Stimmung abmildern und das Gesetz des Handelns weiterhin durch die Partei und ihre führenden Politiker bestimmen zu können. In ihrem politischen Vorgehen war die Partei auf die informelle Ebene der Politik verwiesen, da das Forum des Landtags nicht zur Verfügung stand und die badische Regierung keinerlei Anstalten zu seiner Berufung machte. In diesen Oktoberwochen gestalteten die gesellschaftlichen Kräfte, organisiert in den Parteien, und nicht die staatlichen Institutionen die Politik.

In dieser Phase, die bis zum 9. November dauerte, spielte Marum eine herausragende Rolle. Zu dieser Führungsposition prädestinierten ihn mehrere Faktoren. Dazu gehörten seine Präsenz am Regierungssitz, sein Bekanntheitsgrad, den er sich bei den Führern der übrigen Parteien durch seine Landtagsarbeit erworben hatte, seine Spitzenposition in der badischen und der Karlsruher SPD und sein rasches Urteilsvermögen, das die Gunst der Stunde ausnützen wollte. Inhaltlich blieb er den Zielsetzungen reformistischer Politik vollkommen verpflichtet und suchte sie konsequent durchzusetzen, ohne ihr wesentlich neue Elemente hinzuzufügen.

Die SPD-Landtagsfraktion hatte auf einer Sitzung Mitte Oktober einen Forderungskatalog aufgestellt, der in Absprache mit den bürgerlichen Parteien der Regierung zugestellt werden sollte. Dieses, am 22. Oktober veröffentlichte Dokument enthielt die bekannten Punkte des Aktionsprogramms, erweitert um die aktuellen Forderungen nach der sofortigen Einberufung des Landtags, der Regierungsneubildung und der Parlamentarisierung, womit die Aufhebung des Artikels 40a der Landesverfassung verbunden war, der die Gleichzeitigkeit von Parlamentsmandat und Regierungsamt untersagte.[26] Damit konzentrierte sich die Partei auf das politische Ziel der Umformung des Obrigkeitsstaates in den demokratischen Volksstaat und suchte den Anschluss an die Reichsentwicklung zu gewinnen. Trotz der deprimierenden Erfahrungen des letzten Landtags glaubte die Partei an die Reformbereitschaft von Regierung und bürgerlichen Parteien, obwohl – mit Ausnahme der Nationalliberalen – diese kaum entsprechende Signale aussandten. Am 19. Oktober hatte von Bodman eine Besprechung mit den Parteiführern und Bezirkspräsidenten abgehalten, die ergebnislos abgelaufen war. Auch das Zentrum zögerte in der zweiten Oktoberhälfte noch deutlich, in eine Allparteienkoalition – gerichtet gegen die großherzogliche Regierung – einzutreten.

Die SPD hatte von Anfang an ihren Verfassungsvorstoß mit der Idee einer Koalition mit bürgerlichen Parteien verbunden; hier orientierte sie sich sowohl an der badischen

---

[26] Die folgende Darstellung der Ereignisse orientiert sich an Müller (1988), S. 253. Eine weitere Forderung des Programms war die Wahl des Bundesratsbevollmächtigten durch das Parlament. Vgl. Müller (1988), S. 254.

Tradition des Großblocks als auch an dem neuen Regierungsbündnis auf Reichsebene. Das Bündnis zwischen Arbeiterschaft und Bürgertum galt für sie von Anfang an als Basis der neuen Volksregierung, eine Übernahme der Macht allein durch die Arbeiterparteien war für sie aufgrund der Mehrheitsverhältnisse ausgeschlossen. Die badische Regierung empfand dagegen keinen Handlungsdruck in der Durchführung weiterer verfassungspolitischer Reformen. Man sah sich weiterhin in der Tradition eines „demokratischen Musterlandes", das nun den anderen Bundesstaaten den Vortritt in der Angleichung an die Reichsverhältnisse lassen könne. Zu dieser Haltung glaubte man sich berechtigt angesichts des positiven Verlaufs der Verfassungsfeier im August, aufgrund der überwiegend ruhigen Lage in der Bevölkerung und im Wissen um den hohen Beliebtheitsgrad, den die Zähringer Dynastie in Baden genoss. Dem Forderungskatalog der SPD begegnete man deswegen seitens der Regierung mit Gelassenheit, man war weder bereit, ihm in seinem vollen Umfang zuzustimmen, noch ihn besonders eilig zu behandeln.

So entstand die paradoxe Situation, dass Baden der letzte Bundesstaat war, der sich zu politische Reformen entschloss und somit seinem Image als Wegbereiter der Demokratie krass widersprach. Erst am 2. November verkündete die badische Regierung ihren Entschluss, Reformgesetze hinsichtlich der Einführung der Verhältniswahl, der Erweiterung der Kompetenzen des landständischen Ausschusses, der Abschaffung des kommunalen Dreiklassenwahlrechts, der Streichung des § 40 a (Erlöschen des Mandats bei Übernahme eines Regierungsamts) ausarbeiten zu lassen. Ein außerordentlicher Landtag sollte nach Fertigstellung der Reformvorlagen im Januar 1919 zusammentreten. Die SPD zeigte sich enttäuscht ob dieses langsamen Tempos und des Verzichts auf ein Entgegenkommen in der Frage der Ersten Kammer. Sie verwies nachdrücklich auf ihre unerfüllten Forderungen nach Schaffung einer dem Parlament verantwortlichen Volksregierung und nach Demokratisierung der Reichsverfassung. Im *Volksfreund* war am 4. November 1918 zu lesen: „Es hat lange gedauert, bis sich die Staatsregierung zur Vornahme dieser Reformen entschloss und es ist wirklich wenig von dem Liberalismus, dessen sich die Regierung schon öfters gerühmt hat, zu bemerken, wenn nun glücklich das ‚liberale Musterländle' als letztes mit einer Neuordnung seiner Verfassung auf dem Plane erscheint, und dass man sich gar nun noch zwei Monate Zeit lassen will, bis man den Landtag zusammentreten lassen möchte, zeigt wohl am besten, mit welcher Freude und welchem Eifer man in der Regierung dem Volke diese Reformen darbietet. Dieses langsame Tempo lässt deutlich das Unbehagen erkennen, mit dem man an diese Neuerungen herangeht. Wir meinen, die Parteien, vor allem die sozialdemokratische, hätten allen Anlass, der Regierung klar zu machen, dass es nun aus zu sein hat mit dem alten Trott und dem Krähwinkler Landsturmtempo." [27]

Als die Nachricht von der raschen Ausbreitung der Rätebewegung Baden erreichte, erhöhte dies den Druck, der auf der SPD-Politik lastete, und die führenden Politiker verdoppelten ihre Anstrengungen, die Verfassungsreform sofort durchzusetzen und eine

---

[27] *Volksfreund* vom 4.11.1918.

Neubildung der Regierung aus Vertretern des Parlaments zu erreichen. Mit einem solchen Vorgehen glaubten sie, die Revolution in Baden verhindern zu können und die Kontinuität der politischen Entwicklung zu wahren.[28]

Marum übernahm in diesem Bemühen einen aktiven Part. Er gehörte der vom Landesvorstand beauftragten Verhandlungskommission mit den bürgerlichen Parteien an[29] und versuchte, die Verfassungsreform mit einem besonders scharfen Artikel, der gleichzeitig im Karlsruher *Volksfreund* und in der Mannheimer *Volksstimme* erschien, voranzutreiben. Mit diesem Artikel griff Marum erstmals zur Feder, um der Regierung Druck zu machen. Bisher hatte er geglaubt, dass der „Umschwung" vermieden werden könne, dadurch „dass die herrschenden Gewalten freiwillig nachgeben."[30]

Nun warf er der Regierung die völlige Verkennung der Situation vor, einer Situation, die sich durch den Erfolg der Kieler Matrosenerhebung noch einmal verschärft hatte. Er schrieb: „Die Herren mögen sich nicht täuschen! Heute geht's ums Ganze! Auch in Baden wie im Reich handelt es sich heute um die Einrichtung des demokratischen Volksstaates. Und zwar ohne Einschränkung."[31] Marum forderte die Demokratisierung und Parlamentarisierung auch für Baden sowie die sofortige Einberufung des Landtags und die Neubildung einer Volksregierung. Er beschwor den Großherzog, auf seine angestammten Rechte zu verzichten und damit den Übergang zu einer parlamentarischen Monarchie zu ebnen. „Es liegt im ureigensten Interesse der Krone, dies zu erkennen, und sich auf das Altenteil ihrer monarchischen Ehrenrechte freiwillig zu beschränken. Sonst wird die Frage der Staatsform, die schon im Volke vom Arbeiter, Bürger und Bauer besprochen wird, brennend werden."[32]

Dieser Warnung folgten Angriffe auf die Regierungsmitglieder und ihre konservative Gesinnung. Die von ihnen vorgeschlagenen Reformen geißelte Marum als ungenügend, vor allem die vorgesehene Erweiterung der Kompetenzen des landständischen Ausschusses griff er scharf an: „Man bleibe uns mit dem Brimborium vom landständischen Ausschuss vom Leibe! Das wäre noch schöner, wenn auch die durchlauchtigsten Herren der Ersten Kammer in die Volksregierung kommen! Nicht darum handelt es sich, dass Vertreter der beiden Kammern mit der Regierung, das heißt mit den Vertrauensleuten der Krone zusammenarbeiten, sondern darum, dass die Regierung von den Vertrauensmännern des Volkes gebildet wird, dass die Staatsgewalt in die Hände des Volkes übergeleitet wird. Reichstag und Bundesrat haben gezeigt, dass die hierfür notwendigen Verfassungsänderungen in zwei Tagen gemacht werden können."[33]

---

[28] Darauf waren auch die Bemühungen der städtischen Organe gerichtet. Der Karlsruher Oberbürgermeister Siegrist regte eine Allparteienregierung an, die, unter Ausschluss der Konservativen, am 10.November ein Bekenntnis zur Reichseinheit und gegen separatistische Tendenzen ablegen wollte. In der Karlsruher SPD gab es Streit über die Teilnahme an einer solchen Allparteienveranstaltung.

[29] Weitere Mitglieder der 3-köpfigen Delegation waren Strobel und Weißmann. Vgl. Müller (1988), S. 255.

[30] GLA 233/27960

[31] Zitiert nach Oeftering (1920), S. 46f.

[32] Ebenda, S. 47.

[33] Ebenda, S. 49.

Marum verwies auch auf die Entwicklung in anderen Bundesstaaten, in denen bereits der Landtag einberufen und neue Regierungen gebildet waren. Sein Artikel endete mit den Sätzen: „Die bisherigen Gewalten in Baden mögen über diese offene Fragen nachdenken und sich und dem Volke eine ebenso offene Antwort geben. Aber recht bald! Die Zeit drängt. Sie durcheilt heute in Tagen die Entwicklung von Jahrzehnten. Was heute noch nützlich und möglich erscheint, wird morgen vielleicht zu spät und ohne Nutzen geschehen. Aber es muss jetzt gehandelt werden. Das Mundspitzen hilft nicht mehr. Es muss jetzt gepfiffen werden."[34]

Nach der Veröffentlichung des Artikels, der wegen seines scharfen Tones ziemliches Aufsehen erregte, war man sich im bürgerlichen Lager uneins, ob es sich hier lediglich um eine Warnung an die Adresse der Regierung oder um eine offensive Drohung mit der Einführung der Republik handle. Die erste Variante muss wohl als die historisch richtige gelten. Marum und seiner Partei war nichts daran gelegen, die Monarchie völlig zu beseitigen, es ging im Gegenteil um ihren Erhalt in der Staatsform einer parlamentarischen Monarchie. In seinem späteren Bericht über die revolutionären Ereignisse notierte Marum: „Ich habe nicht gedacht, dass es zur Republik kommen werde."[35]

Eine Reaktion der Regierung auf Marums Artikel blieb zunächst aus. Die beiden folgenden Tage – der 8. und der 9. November – veränderten die Situation allerdings auch in Baden grundlegend. Die Ausrufung der Republik in München wurde bekannt, am 8. November bildete sich die ersten badischen Soldatenräte in den Garnisonen Lahr und Offenburg,[36] am Abend des gleichen Tages verlieh die Mannheimer Arbeiterschaft in einer SPD-Vertrauensleute-Versammlung den Forderungen ihrer Partei Nachdruck, indem sie mit dem Generalstreik drohte.

Diese Vorgänge bewirkten eine verstärkte Aktivität der Karlsruher Parteiführer. Während die Arbeiterschaft der Residenz im Gegensatz zu der Mannheims ruhig blieb, übernahmen die Karlsruher Parteipolitiker eine Vorreiterrolle für das ganze Land, indem sie vorbereitende Gespräche über die Ministerliste einer künftigen Volksregierung führten und den Druck auf die Regierung verstärkten, um deren Rücktritt zu erreichen.

Neben der SPD war es die nationalliberale Partei unter ihrem Führer Rebmann, der die Brisanz der Lage klar vor Augen trat. Beide Parteien drängten deswegen auf ein verstärktes Tempo in der Lösung der badischen Regierungskrise, um die Revolution in Baden im letzten Augenblick noch zu verhindern und einen geordneten Übergang in den neuen Volksstaat zu ermöglichen. Auch die beiden anderen Parteien, die Fortschrittliche Volkspartei und das Zentrum, waren gewillt, sich der Rätebewegung entgegenzustellen und an gemeinsamen Aktionen teilzunehmen. Ihre Vertreter waren jedoch zunächst nicht in die Verhandlungen einbezogen, die Marum und Rebmann am 7. November aufnahmen. Marum führte im Auftrag des Landesvorstandes die Gespräche, deren Gegenstand die bevorstehende Regierungsumbildung war.

---

[34] Ebenda, S. 50.
[35] GLA 233/27960
[36] Vgl. Oeftering (1920), S. 78f.

Geklärt werden musste die personelle Frage, die Notwendigkeit der Entlassung sämtlicher Minister, die Zahl der neu zu schaffenden Ministerien, der Kreis der beteiligten Parteien, die in die neue Regierung eintreten sollten. In allen Punkten vertrat Marum sehr moderate Positionen; er konnte sich die Übernahme einzelner Minister der alten Regierung vorstellen, trat für die Schaffung von mindestens zwei neuen Ministerien ein – des Ressorts für soziale Fürsorge und eines Verkehrsministeriums – und konnte sich mit dem Gedanken sowohl an eine Allparteienregierung – allerdings unter Ausschluss der Konservativen – als auch an eine Koalition nach dem Muster der Reichsregierung anfreunden. Nach Abschluss der Gespräche mit Rebmann setzte sich Marum für die Hinzuziehung der beiden anderen bürgerlichen Parteien – Zentrum und FVP – ein, womit er schon im Vorfeld des revolutionären Prozesses zu erkennen gab, dass die Neuordnung des Staates von einem breiten Parteienbündnis getragen werden sollte.[37]

Als es um die Entsendung einer Delegation zu v. Bodman mit der Forderung des Rücktritts der Regierung ging, zögerten sowohl die SPD als auch die übrigen Parteien. Rebmann hatte diesen Schritt angeregt und zunächst vorgeschlagen, eine Arbeiterdelegation unter Führung des Sozialdemokraten Sauer in das Staatsministerium zu schicken. Sauer und Marum lehnten dieses Vorgehen ab unter Hinweis auf die mangelnde Legitimation einer einfachen Arbeiterdelegation zu einem solch bedeutenden staatspolitischen Schritt. Hier zeigte sich das strikt legalistische Denken der badischen SPD, die auch in der zugespitzten Situation des November 1918 keine direkte Basisaktion wünschte. Marum schlug dagegen eine Allparteien-Delegation vor, die v. Bodman unter Druck setzen sollte.[38] Einen Alleingang der SPD lehnte er ab. Offenbar wollte er vermeiden, die SPD in die herausgehobene Rolle der Umstürzlerin zu bringen; er favorisierte schon im Vorfeld der Revolution ein Zusammengehen mit den bürgerlichen Parteien. Marum konnte sich mit seinem Vorschlag durchsetzen, es kam zur Bildung einer achtköpfigen Delegation, bestehend aus Vertretern der vier bedeutendsten Landtagsparteien: Zentrum, Nationalliberale, SPD und Fortschritt,[39] die den Gang zu v. Bodman am Nachmittag des 9. November antrat. Angeführt wurde die Kommission von Geiß, der im Auftrag der Mannheimer Arbeiterschaft die Rücktrittsforderung unterbreitete.

Motiviert wurden die Parteipolitiker zu ihrem Handeln hauptsächlich durch die Furcht vor der kommenden Revolution, der sie die Spitze nehmen wollten. Hinzu kam ihr Interesse am Machterhalt der Parteien und an der Beruhigung der angespannten Lage. Ihnen ging es darum, durch den Eintritt in eine Volksregierung die Lenkung der Ereignisse in die Hand zu bekommen, um so die Grundfesten der alten Ordnung retten zu können. Sie strebten keine grundsätzliche Revision des badischen Staatswesens an, sondern nur seine partielle Veränderung, seine Fortentwicklung in einen demokratischen Volksstaat.

---

[37] Vgl. Brandt/Rürup (1980); S. 72.
[38] Oeftering (1920), S. 52.
[39] Die Mitglieder der Delegation waren: Rebmann und Neck von den Nationalliberalen, Odenwald und Weill vom Fortschritt, Köhler und Bernauer vom Zentrum und Geiß und Marum von der SPD. Vgl. Köhler (1964), S. 78.

Die gemeinsame Parteiaktion lief allerdings ins Leere, als die Parteiführer von v. Bodman erfahren mussten, dass die Regierung bereits am Vortag ihr Rücktrittsgesuch eingereicht hatte. Der Forderung der SPD war die Regierung insoweit entgegen gekommen, als sie nun den Landtag für den 15. November einberufen wollte und eine Gesprächsrunde mit den Parteiführern bereits für den 13. November festgesetzt hatte. Dieses endlich erfolgte Entgegenkommen der Regierung kam jedoch zu spät, noch während der Unterredung im Staatsministerium wurde die Bildung eines Mannheimer Arbeiter- und Soldatenrates bekannt, in Karlsruhe erwartete man noch am selben Abend die Konstituierung eines Soldatenrates. Damit drohte die politische Initiative den Parteiführern und den herrschenden Gewalten zu entgleiten, die Welle der revolutionären Ereignisse bestimmte von nun an den politischen Prozess. Abzuwarten war, welche politischen Einfluss- und Gestaltungsmöglichkeiten den Parteien in den nächsten Tagen bleiben würden.

Bezeichnend für die Politik der SPD in diesen Tagen war, dass sie zwar unter dem Druck der unruhigen Arbeiterschaft und der Ausbreitung der Rätebewegung die Ablösung der Regierung betrieb, allerdings immer noch auf die Erwartung fixiert war, dass durch ein Entgegenkommen der alten Gewalten eine Lösung der Krise möglich sei. Dies belegte auch Marums Verhalten: Sein Artikel legte Zeugnis ab von der schärferen Gangart sozialdemokratischer Politik, dem stand aber sein Zögern gegenüber, offen und im Alleingang gegen die Großherzogliche Regierung vorzugehen. Hier offenbarte sich zum wiederholten Male seine Prägung durch das reformistische Politikkonzept, das jede offene Opposition vermied und politische Vorstöße auf die Grundlage eines breiten Parteienbündnisses zu stellen versuchte.

Durch seine Verhandlungstätigkeit und seine Pressearbeit war Marum schon in diesen vorrevolutionären Tagen einer breiten Öffentlichkeit endgültig als Führer der badischen SPD bekannt geworden, sein Name war ab nun eng mit der badischen SPD verbunden. Er galt als Repräsentant der gemäßigten Sozialdemokratie, der von Anfang an entschieden für ein Zusammengehen mit den bürgerlichen Parteien eintrat und damit die kommende Volksregierung auf breiter Koalitionsbasis vorbereitete.

Die Revolution in Baden, Regierungsbildung, Schaffung von Räteorganisationen[40]

Auch in Baden war die Novemberrevolution eine importierte Bewegung, deren Anstoß nicht von der badischen Bevölkerung, sondern von der Matrosenerhebung des Nordens erfolgte. Badische Soldatenräte bildeten sich am 8. November zuerst in den Garnisonen Lahr und Offenburg, in Mannheim wurde am frühen Nachmittag des 9. November der erste Arbeiter- und Soldatenrat ausgerufen, mit leichter zeitlicher Verzögerung kam es am Abend des 9. November auch in der badischen Residenz zur Bildung eines Soldatenrats. Zu diesem Zeitpunkt war in Berlin bereits die Republik ausgerufen, Ebert zum Reichs-

---

[40] Die Darstellung der revolutionären Ereignisse in Karlsruhe orientiert sich an: Oeftering (1920).

kanzler ernannt. In Karlsruhe wurde die Revolution allein von den Soldaten durchgeführt, die Arbeiterschaft der Stadt hatte keinen Anteil an den revolutionären Ereignissen; sie blieb ruhig und abwartend. Dies hatte sich bereits zwei Tage vorher gezeigt, als am 7. November eine große Vollversammlung der Belegschaft des größten Karlsruher Betriebes, der Deutschen Waffen- und Munitionsfabrik, stattfand, in der im Wesentlichen Lohnforderungen erhoben wurden. Die Veranstaltung verlief in völlig ruhiger und disziplinierter Weise, es wurden keinerlei politische Forderungen erhoben und nichts deutete auf den kommenden Umsturz hin.

Die Initiative hierzu lag allein bei den Soldaten der Garnison, die den Sturz des alten Herrschaftssystems herbeiführten und nach politischer Macht griffen. Ihre Aktivitäten nahmen ihren Anfang in einer abendlichen Veranstaltung auf dem Karlsruher Bahnhofsvorplatz. Unklar blieb, wer diese Zusammenkunft initiiert hatte. In Frage kamen nur die aus Norddeutschland angereisten Matrosen Klumpp und Schehr, die in Karlsruhe stationierten Garnisonssoldaten und die Vertreter der lokalen USPD. Unter den Soldaten der Garnison befanden sich die – schon im Januarstreik aktiv hervorgetretenen – unabhängigen Mannheimer Sozialdemokraten Brümner und Böpple,[41] die in der Karlsruher Soldatenbewegung eine führende Rolle spielen sollten. Bei der Karlsruher Versammlung handelte es sich wahrscheinlich um eine spontane, von parteipolitisch nicht festgelegten Soldaten angestoßene Aktion. Erst nachträglich versuchten wohl die unabhängigen Sozialdemokraten, Einfluss auf die Bewegung zu gewinnen, als sie deren Brisanz erkannt hatten. Die Berliner USPD-Zentrale hatte erst den 11. November zum Tag des Losschlagens bestimmt, auch die unabhängigen Sozialdemokraten wurden also von den Massenaktionen überrascht.

Die spontane Soldatenversammlung auf dem Bahnhofsvorplatz zeigte sich zunächst führerlos, ohne eine klare Artikulation ihrer Ziele. Wenige Stunden zuvor, als die Ankündigung der Soldatenversammlung bekannt wurde, hatte sich auf Anregung des Oberbürgermeisters Siegrist eine neues städtisches Gremium, der Wohlfahrtsausschuss, gebildet, bestehend aus Vertretern aller Parteien (mit Ausnahme der konservativen Partei) und städtischen Mandatsträgern.[42] Der Wohlfahrtsausschuss verstand sich als Abwehrorganisation gegen die Revolution, der die Macht in den Händen behalten und Unruhe und Aufruhr in der Bevölkerung vermeiden wollte. In dem über 30-köpfigen Gremium fanden sich zwar Vertreter aller Parteien zusammen, es war jedoch ein deutliches Übergewicht der SPD zu verzeichnen, die über ein Drittel der Mitglieder stellte. An die Spitze des Karlsruher Wohlfahrtsausschusses trat ein Vertreter der SPD, Heinrich Sauer, der sich in Karlsruhe einen Namen als Geschäftsführer des DMV und als Vorsitzender der SPD-Stadtverordnetenfraktion gemacht hatte. Auch Marum war Mitglied des Wohlfahrtsausschusses, weitere einflussreiche Karlsruher Sozialdemokraten wie E. Geck, Kullmann, Abele und Schwall arbeiteten ebenfalls mit.[43] Die bekanntesten Persönlichkeiten der im

---

[41] Sie waren nach Karlsruhe strafversetzt worden wegen ihrer Beteiligung am Januarstreik.
  Vgl. auch den Revolutionsbericht Marums, GLA 233/27960.
[42] Vgl. Oeftering (1920), S. 124, der die Mitglieder namentlich aufführt.
[43] Vgl. ebenda

Wohlfahrtsausschuss vertretenen bürgerlichen Parteien waren der Nationalliberale Rebmann, die Fortschrittler Haas und Weill, die Zentrumsanhänger Köhler und Trunk.[44]

Die Karlsruher SPD fand also ihren Platz am 9. November zunächst in einem gegenrevolutionären Gremium und im Schulterschluss mit den bürgerlichen Kräften. Dies war ihre unmittelbare politische Reaktion auf das Herannahen der Rätebewegung, der sie zunächst konzeptionslos gegenüberstand. Die Mitarbeit im Wohlfahrtsausschuss war getragen von ihrem alten Misstrauen gegen Basisbewegungen, ihrer Angst vor dem Einfluss der Radikalen und vor dem russischen Beispiel.

Die ersten politischen Schritte, die der Wohlfahrtsausschuss unternahm, richteten sich auf die Einflussnahme auf die Soldatenversammlung. Dorthin entsandte man eine vierköpfige Delegation, bestehend aus drei SPD-Vertretern unter der Führung Sauers,[45] denen sich der Reichstagsabgeordnete Haas zugesellte. Trotz einiger Beschimpfungen, welche die SPD-Vertreter und der bürgerliche Politiker erdulden mussten, gelang es ihnen, einen geordneten Demonstrationszug vom Bahnhof zum Rathaus zu führen und aus der Mitte der Soldatenversammlung eine 50-köpfige Delegation zu gemeinsamen Beratungen mit dem im Rathaus tagenden Wohlfahrtsausschuss zu bewegen. Diese Delegation bildete künftig den Karlsruher Soldatenrat, an dessen Spitze die USPD-Vertreter Brümmer, Weber und Berkenkopf traten. Der Soldatenrat nahm seine Arbeit im Karlsruher Rathaus auf, wo er sich als oberstes revolutionäres Organ der wartenden Volksmenge in einer ersten Kundgebung präsentierte. Es sprachen Böpple und Schehr, welche die Republik forderten und die Besetzung aller Kasernen innerhalb der nächsten Stunden ankündigten. Dem Mitglied des Wohlfahrtsausschusses Ludwig Marum erschien die Szene eher lächerlich. Er berichtete: „Unterdessen zogen schon die Soldaten vors Rathaus, und es wurden die Reden vom Balkon herunter gehalten. Ein Matrose Schehr hat Reden gehalten. Die Reden waren übrigens nicht von großer politischer Bedeutung. Er hat auch die Leute aufgefordert, Ruhe zu halten, und ich muss offen gestehen, dass mir die ganze Sache etwas komisch vorgekommen ist, insbesondere komisch die letzte Rede von dem Matrosen, wie er wieder herausging auf den Balkon – ich bin mit heraus – und zu der kolossalen Menge, die unten gestanden war, gesagt hat: ‚Jetzt wollen wir eine Aktion inszenieren. In einer Stunde werden wir vor die Kasernen ziehen und die Kaserne besetzen!' Das kam mir lächerlich vor, dass der Mann, der einen solchen Putsch machen will, das eine Stunde vorher feierlich vom Rathaus verkündete. Jedenfalls zeigte sich, wie harmlos die Leute die Sache machten. Einer hatte eine rote Schärpe an, die andern beiden hatten gelbe Schärpen umgebunden."[46] Es entbehrte tatsächlich nicht einer gewissen Komik, dass die Revolutionäre sich nicht mit revolutionärem Rot schmückten, sondern mit dem traditionellen Gelb-Rot des badischen Großherzogtums.

Die latente Spannung zwischen den beiden Gremien äußerte sich sowohl in den verbalen Attacken gegen die „Arbeiterverräter" Marum und Sauer als auch in der Weigerung

[44] Vgl. ebenda
[45] Die beiden anderen Sozialdemokraten waren Abele und Philipp. Vgl. Oeftering (1920), S. 99.
[46] Zitiert nach: Kaller (1966), S. 301–350. Hier: S. 327.

des Soldatenrats, an einer gemeinsamen Tagung mit dem Wohlfahrtsausschuss teilzunehmen. Der Wohlfahrtsausschuss verfolgte das Konzept, Soldatenräte in seine Reihen aufzunehmen, den dominierenden Einfluss der Parteivertreter jedoch zu wahren. Diese Strategie durchschauten die Soldatenräte und lehnten den Eintritt in den Wohlfahrtsausschuss ab. Damit standen sich die konkurrierenden Machtansprüche des Wohlfahrtsausschusses und des Soldatenrats gegenüber. Es war jedoch allen bewusst, dass beide Gremien ohne politische Legitimation waren, weder der Soldatenrat noch der Wohlfahrtsausschuss waren aus einer Wahl hervorgegangen.

Für wenige Stunden blieb die Machtverteilung unklar, sehr bald erwies es sich jedoch – nachdem in der Nacht vom 9. auf den 10. November der Soldatenrat zentrale Gebäude der Stadt besetzt, den sehr gemäßigten Aufruf des Wohlfahrtsausschusses konfisziert und vernichtet hatte[47] und sich das Stellvertretende Generalkommando seiner Gewalt unterstellt hatte[48] – dass auch in der badischen Residenz der Soldatenrat die Macht in Händen hielt. Als die Parteienvertreter des Wohlfahrtsausschusses dieser Situation gewahr wurden, suchten sie, die Situation zu ihren Gunsten zu nutzen. Ludwig Marum, der als einer der ersten am Morgen des 10. November im Rathaus anwesend war, notierte in seinen Erinnerungen: „Was mir, nachdem ich die Situation überblicken konnte und hörte, dass die Soldaten die tatsächliche Macht in Händen hatten, notwendig schien, war jetzt die politische Ausnutzung dieser Gewalterlangung durch die Soldaten. Ich habe mir gesagt, den Soldaten, die nach meinem Eindruck lediglich gefühlsmäßig eine Revolte gemacht hatten, konnte man politische Dinge nicht zutrauen und nicht anvertrauen. Nachdem die Sache einmal so weit gediehen war, dass die tatsächliche Macht aus den Händen der bisherigen Machthaber in die Hände der Soldaten übergegangen war, war mein Gedanke, nun muss man dafür sorgen, dass die Parteien, welche an die Macht wollen, auch tatsächlich an die Macht kommen, insbesondere die Parteien, welche den Umsturz der Machtverhältnisse auf gesetzmäßigem Wege wollten, mussten diesen Aufstand in politische Münze umschlagen, sonst verlief das ganze im Wasser, und ich hatte den Eindruck, die Soldaten hatten keine politischen Ziele."[49]

Neben Marum war es der Karlsruher fortschrittliche Reichstagsabgeordnete Haas, der auf schnelle Regierungsbildung drängte. Beiden Politikern war das bestehende Machtvakuum bewusst, das nach dem Rücktritt der großherzoglichen Regierung und den revolutionären Ereignissen des Vortages bestand. Um die revolutionäre Bewegung zu kana-

---

[47] Am Abend des 9. November hatte der Wohlfahrtsausschuss einen Aufruf an die Bevölkerung verfasst, der zur Ruhe und Ordnung aufrief und sich selbst der Bürgerschaft als bestimmende politische Instanz vor- stellte. Damit missbrauchte er die vom Balkon des Rathauses verlesene Deklaration des Soldatenrats. Der Soldatenrat verhinderte die Veröffentlichung dieses Aufrufs, da er die Machtbefugnisse, die sich der Wohl- fahrtsausschuss hier anmaßte, für illegal hielt und er ihm auch kein Kontrollrecht bei den am folgenden Tag stattfindenden Wahlen der Soldatenräte in den Kasernen zubilligen wollte.

[48] In der Nacht vom 9. auf 10.11. kam es zu einer Vereinbarung zwischen Soldatenrat und Stellvertretendem Generalkommando, nachdem im Wesentlichen die militärischen Forderungen der Soldaten erfüllt wurden. Vgl. Oeftering (1920), S. 118f.

[49] Zitiert nach Kaller (1966), S. 327.

lisieren, ergriffen sie die Initiative. Sowohl Marum als auch Haas hatten bereits Vorüberlegungen über die künftige Regierungsbildung angestellt, in Berlin hatte Haas wenige Tage zuvor mit seinem Reichstagskollegen Wirth zusammengesessen und die badische Lage beraten, Marum hatte bereits im Rahmen der badischen Regierungskrise in Zusammenarbeit mit Rebmann eine Ministerliste zusammengestellt. Nun lag allerdings insofern eine geänderte Situation vor, als nun auch die radikalen Kräfte, die Soldatenräte und die Vertreter der USPD in das Kalkül mit aufgenommen werden mussten. Marum drückte das unverblümt so aus: „Nun galt es also, politisches Kapital aus der Bewegung der Soldaten zu schlagen und zwar in Einvernehmen mit den Soldaten. Ich war mir klar darüber, dass man das nur machen könne unter Zuzug der Soldaten und Politikern, die schon mit den Soldaten kamen. Mit den Soldaten waren nämlich schon Vertreter der unabhängigen sozialistischen Partei gekommen. Die waren am Samstagabend schon dabei im Rathaussaal, einer namens Trabinger von hier, ein Schlosser, der die Soldaten aber gewarnt hat vor Sauer, insbesondere auch vor mir, und der den Soldaten und den Mannheimer Unabhängigen gesagt hat: der Sauer und der Marum sind keine Volksvertreter, das sind Volksverräter. Von den Unabhängigen aus Mannheim waren dabei Brümmer und einer namens Böpple."[50]

In den Morgenstunden des 10. November versuchten die Karlsruher Parteipolitiker in Zusammenarbeit mit dem Karlsruher Soldatenrat die Aufgabe der Bildung einer badischen vorläufigen Volksregierung zu übernehmen. Damit beanspruchte die Residenzstadt Karlsruhe und ihre prominenten Politiker eine Führungsfunktion für das ganze Land, wozu ihnen sowohl die Legitimation durch die badische Bevölkerung als auch der Karlsruher Bürgerschaft fehlte. Über diese Bedenken setzte man sich jedoch hinweg, ging es doch darum, durch rasches Handeln die Kontinuität badischer Politik und die Sicherung von Ruhe und Ordnung zu gewährleisten.

Nachdem am 10. November die Bildung des Rats der Volksbeauftragten bekannt geworden war, bildete dies einen weiteren Anstoß, auch in Baden eine vorläufige Volksregierung auszurufen. Hierbei arbeiteten der Wohlfahrtsausschuss und der Karlsruher Soldatenrat zusammen. Innerhalb des Soldatenrats hatte sich trotz politischer Differenzen mit dem Wohlfahrtsausschuss die Überzeugung durchgesetzt, dass man auf die erfahrenen Parteipolitiker nicht verzichten könne. Die zwischen Soldatenrat und Wohlfahrtsausschuss bestehenden Spannungen erleichterten es nicht, eine Kommission zusammenzustellen, welche die Ministerliste aufstellen sollte. Schließlich setzten sich die Vertreter des Karlsruher Soldatenrats und Mitglieder der Unabhängigen Partei Brümmer, Böpple und Berkenkopf mit einer Abordnung des Wohlfahrtsausschusses, bestehend aus den Vertretern der Mehrheitsparteien Marum, Sauer, Haas, Trunk und Köhler zusammen, um im Rathauszimmer Marums über die konkrete Gestalt der neuen Volksregierung zu beraten.[51]

---

50 Ebenda, S. 327f.
51 Über die Zusammensetzung der Kommission liegen in der Sekundärliteratur unterschiedliche Informationen vor. Oeftering nennt neben den Vertretern des Soldatenrats Haas, Köhler, Marum und Trunk. (S. 35) Brandt/Rürup (1991) nennen noch Sauer. Köhler (1964) behauptet, dass ohne Vertreter des Soldatenrats die Ministerliste zusammengestellt wurde, vgl. S. 81

Völlig unstrittig war in Baden, dass man eine Koalitionsregierung aus den Arbeiterparteien und den bürgerlichen Parteien bilden würde. So stellte die badische SPD von Anfang an – anders als im Reich und den norddeutschen Bundesstaaten – die Weichen für ein Bündnis mit bürgerlichen Kräften. Es gab jedoch noch eine Fülle strittiger Fragen zu klären, zu denen die Machtverteilung zwischen den Parteien, die Schaffung neuer Ressorts und die personelle Besetzung gehörten. In der Diskussion dieser Probleme übernahm Marum eine führende Rolle und gestaltete eine der entscheidendsten Situationen badischer Politik aktiv mit. Obwohl klar war, dass der Vertretung der Arbeiterschaft eine führende Rolle in der neuen Regierung zufallen würde, zeigte sich Marum sowohl gegenüber den bürgerlichen Parteien als auch gegenüber der USPD sehr konzessionsbereit. Die Bildung einer Koalition mit bürgerlichen Parteien gehörte zu den Kernelementen des Reformismus, die Breite der Koalition bestimmte man nach der Oktoberregierung des Prinzen Max von Baden; für die Nationalliberalen war zunächst kein Platz in der Regierung vorgesehen.

Dem Bündnis mit den bürgerlichen Kräften und den bisher bekämpften „Regierungssozialisten" setzte allerdings die USPD erheblichen Widerstand entgegen. Dieser war bedingt durch ideologische Vorbehalte und durch die neue Machtposition, die sie in den Soldatenräten errungen hatte. Die schwache Verankerung der badischen USPD in der Bevölkerung, die mangelnde parlamentarische Erfahrung sowie die geringe fachliche Qualifikation ihrer führenden Vertreter ließ sie jedoch auf den Kompromiss einer breiten Koalitionsbasis eingehen. Während die Fortschrittliche Volkspartei und ihr Vertreter Haas dem Bündnis mit der Sozialdemokratie keine Bedenken entgegensetzten, sah dies beim Zentrum anders aus. Diese Partei, die sich wenige Wochen zuvor noch vehement gegen eine Verfassungsreform in Baden gestemmt hatte, war nun aufgefordert, an der demokratischen Neuordnung der Verhältnisse mitzuarbeiten. Dies verlangte ihr eine politische Kehrtwendung ab, zu der sie sich nur schwer entschließen konnte. Allein taktische Gründe und das Interesse an der Machtbeteiligung bestimmte das Zentrum zum Eintritt in die Regierungskoalition. Dies drückte der Zentrumspolitiker Köhler unverhohlen in seinen Lebenserinnerungen aus, als er schrieb: „Gab es überhaupt noch eine Möglichkeit, den Bürgerkrieg zu vermeiden? Wenn überhaupt, dann nur, wenn wir uns entschlossen, die Sozialdemokratie von einem Bündnis mit dem Linksliberalismus in letzter Stunde abzuhalten, andernfalls würde diese radikale Gruppe die Führung des Landes allein in die Hand nehmen. Ich weiß noch genau, wie ich bei dem ersten Gedanken an eine Zusammenarbeit mit den Sozialdemokraten zusammenzuckte. Seit Beginn meiner politischen Arbeit hatte ich in Reden und in der Presse den Kampf gegen die Sozialdemokratie aufs schärfste geführt. Und jetzt trat vor mich der Gedanke, ohne Zusammengehen mit der Sozialdemokratie ist die Rettungsaktion überhaupt nicht durchzuführen! Doch wie anders zum Ziele kommen? Neue Überlegungen. Mit den Rechtsgruppen? Wo standen sie in den letzten Tagen? Ich sah sie nirgends. Dagegen übersah ich nicht, dass der nationalliberale Führer Rebmann in den letzten Tagen bereits mit den Sozialdemokraten, nicht aber mit uns verhandelt hatte! Sollten wir auch von der kommenden gemeinsamen Arbeit ausgeschlossen und mit als der zu bekämpfende Feind betrachtet werden? Sollten wir uns jetzt vielleicht selbst ausschließen? Nein und abermals nein! Also zufassen! Wie sagte der große Zentrumsführer Ludwig Windthorst auf einem Katholikentag? Wenn ich eine Lokomotive daherbrausen sehe und sehe, dass sie auf dem Wege ist, in einen dastehenden Zug hineinzufahren, dann genügt es zur Verhütung des Unglücks nicht, wenn ich mich auf die Schienen stelle und der Maschine ein Halt zuschreie, dann muss ich sehen, mich auf die Maschine hinaufzuschwingen und den rettenden Halt-Hebel in die Hand zu bekommen.'"[52]

Erleichtert wurde dem Fortschritt und dem Zentrum das Bündnis mit den Sozialdemokraten durch die gemäßigte Richtung der badischen Arbeiterpartei und durch deren im Krieg bewiesene Anpassungsbereitschaft und ihren Nationalismus. Was die Machtverteilung zwischen den Parteien betraf, so war unumstritten, dass den Arbeiterparteien die zentrale Stellung zufallen musste. Marum setzte sich sehr dafür ein, dass die USPD mit einem entsprechenden Gewicht ausgestattet werde, damit vor allem die linke Arbeiterschaft Mannheims integriert werden könne. Die gemäßigte Richtung der badischen USPD, der Willen zur Überwindung der Spaltung der Arbeiterschaft waren weitere Motive für die Einbeziehung der USPD. Sie erhielt schließlich zwei Ministerposten, während die MSPD fünf Positionen in der Volksregierung besetzte.

Die badische SPD war bereit, den Klassenkompromiss zwischen Arbeiterschaft und Bürgertum dahingehend zu gestalten, dass sie den bürgerlichen Parteien einen beträchtlichen Einfluss einräumte. Dies sollte weniger in der Zahl der Ministerien – die Bürgerlichen erhielten vier Ministerposten – als in der Zuordnung wichtiger Ressorts deutlich werden. Die klassischen Ministerien der Innen-, Finanz-, und Außenpolitik war man bereit, der Führung bürgerlicher Minister zu übertragen, zusätzlich sollten sie das Ernährungsministerium erhalten. Selbst in der Frage der Besetzung der Spitzenposition des Ministerpräsidenten schien zunächst die Wahl eines bürgerlichen Politikers nicht völlig ausgeschlossen. Angesichts der Unruhe im Heer und in der Arbeiterschaft hielt man es jedoch für geboten, an die Spitze der neuen Regierung einen Vertreter der Arbeiterparteien zu setzen. Ludwig Marum warnte: „Wir können die Revolution nicht in rein bürgerliches Fahrwasser nehmen."[53]

Im Gespräch waren Adolf Geck, Eduard Dietz und Anton Geiß, auf den schließlich die Entscheidung fiel. Für ihn sprach, dass er als Landesvorsitzender der führende Repräsentant der badischen SPD war, aus der Arbeiterhochburg Mannheim kam, in der er allerdings die radikalen Kräfte gegen sich hatte.[54] Die ausgehandelte Ministerliste erfuhr mehrfache Veränderungen, was die Zahl der vertretenen Minister, aber auch die personelle Besetzung der Ressorts betraf. Der Beratungskreis um Marum hatte sich anfänglich auf eine Kabinettsstärke von sieben Ministern geeinigt, diese Zahl wurde jedoch erhöht, als das Gremium in das Plenum des Wohlfahrtsausschusses zurückkehrte und hier vor allem der Karlsruher Gewerkschaftsvertreter und Geschäftsführer des DMV, Leopold Rückert, und der Zentrumspolitiker Köhler Einfluss auf die Ministerliste nahmen.

---

[52] Köhler (1964), S. 92.

[53] Köhler (1964), S. 83.

[54] Oeftering berichtet über Einwände der USPD-Vertreter gegen Geiß. Vgl. Oeftering (1920), S. 137.

Bezeichnend für den Vorgang der Regierungsbildung in Baden war nicht nur, dass der gegenrevolutionäre Wohlfahrtsausschuss und der Soldatenrat gemeinsam über die neue Ministerliste entschieden, sondern auch, dass die Parteivertreter spontan, ohne Rückkopplung mit ihren jeweiligen Parteileitungen, entschieden. Hinzu kam, dass einzelne Politiker – wie Rückert und Köhler – Vorschläge einbrachten, ohne hierzu durch den Wohlfahrtsausschuss legitimiert zu sein. Auch der Vorsitzende der Nationalliberalen Partei Rebmann suchte seinen Einfluss geltend zu machen. Bei den Vorverhandlungen waren Vertreter seiner Partei nicht in das Personalkarussell mit einbezogen worden, obwohl Rebmann sich in den vorangegangenen Tagen dem politischen Reformprozess gegenüber geöffnet hatte. Man wollte den als Vertreter des linken Flügels bekannten Konstanzer Oberbürgermeister und Landtagsabgeordneten Dietrich als Außenminister berufen, wofür sich Haas bereit erklärte, seinen Parteifreund Venedey, der für dieses Amt vorgesehen war, zurückzuziehen. Marum zeigte sich reserviert ob der Einbeziehung der Nationalliberalen, ließ aber die übrigen Parteien gewähren, als selbst die USPD keine Bedenken äußerte. In der Niederschrift Marums über die Revolutionsereignisse findet sich dagegen die Überlegung, dass eigentlich nur die „Vertrauensleute des Volkes"[55] in die Regierung eintreten sollten. Maßgeblich war für Marum hier die politische Linie der Nationalliberalen in der letzten Sitzungsperiode des badischen Landtags, als sie sich jeder Reform verweigert hatten.[56] Seine ablehnende Haltung stand im Widerspruch zu seinen Aktivitäten vor der Revolution, als er die Nationalliberalen durchaus in eine Regierungskoalition mit einbezogen hatte. So war zwar Marum der führende Politiker der SPD, der für eine entsprechende Führungsrolle seiner Partei in der Regierung sorgte, er konnte jedoch keineswegs deren Zusammensetzung diktieren und musste auch bürgerliche Politiker akzeptieren, die er zunächst nicht berücksichtigen wollte.

Nach der Aufnahme eines nationalliberalen Vertreters sah das endgültige Ergebnis eine elfköpfige Regierungsmannschaft unter der Leitung des Ministerpräsidenten Geiß vor. Fünf Ressorts waren neu gebildet worden, dazu gehörten die Ministerien für soziale Fürsorge und für militärische Angelegenheiten, die von Vertretern der USPD, den Mannheimern Adolf Schwarz und Johann Brümmer, geleitet wurden und die Aufgabenbereiche Übergangswirtschaft und Wohnungswesen sowie Ernährung, geleitet von einem SPD-Vertreter, dem Freiburger Arbeitersekretär Philipp Martzloff, und einem Zentrumspolitiker, dem Karlsruher Stadtrat Gustav Trunk, auf dessen gute Verbindung zur Bauernschaft man setzte. Das Verkehrsministerium gehörte ebenfalls zu den neu gebildeten Behörden. An seiner Spitze stand der Karlsruher Sozialdemokrat Rückert. Die klassischen Ressorts der Innen-, Außen-, Finanz-, Justiz- und Kultuspolitik führten drei bürgerliche Minister, Haas, Dietrich, Wirth, und zwei Sozialdemokraten: Marum und Stockinger.[57] Als besonderer Erfolg für die Sozialdemokraten konnte die Übertragung des Ministeri-

---

[55] GLA 233/27960

[56] Vielleicht spielte für Marum auch die monarchische Haltung der Gesamtpartei der Nationalliberalen eine Rolle, welche die SPD wegen ihres Rücktrittsultimatums gegenüber dem Kaiser scharf angegriffen hatte.

[57] Zur Regierungsmannschaft vgl. Brandt/Rürup (1991), S. 83 und Oeftering (1920).

ums für Kultus und Unterricht gelten, das die Zentrumspartei als ihr bevorzugtes Ressort betrachtete und für dessen Leitung ursprünglich Wirth als Minister vorgesehen war. Bei der personellen Besetzung waren neben dem Parteienproporz verschiedene Gesichtspunkte zu berücksichtigen, wie die fachliche Qualifikation, die politische Erfahrung, Bekanntheitsgrad und regionale Ausgewogenheit. Dies gelang bei der Zusammensetzung der badischen vorläufigen Volksregierung, deren Vertreter aus allen Landesteilen kamen und von denen die meisten sich ein politisches Renommee verschafft hatten.

In der elfköpfigen Regierungsmannschaft arbeiteten fünf Akademiker,[58] unter denen sich vier Juristen befanden,[59] zwei ehemalige Reichstagsabgeordnete,[60] vier ehemalige Landtagsabgeordnete[61] und erfahrene Kommunalpolitiker.[62] Damit war die erste Volksregierung Badens geschaffen, die aus Vertretern der Parteien und nicht mehr des großherzoglichen Beamtentums gebildet war. Alle Minister waren Neulinge in ihrem Amt und sahen sich zudem mit einer Situation konfrontiert, die äußerstes politisches Geschick verlangte. Kriegsende, Waffenstillstand, Demobilisierung, revolutionäre Unruhe und Versorgungsnotlage waren die Herausforderungen, denen es zu begegnen galt. Die Unerfahrenheit in der Führung der Regierungsgeschäfte versuchte man aufzuwiegen durch die Zusammenstellung einer Regierungsmannschaft, die über Kompetenz, fachliche Qualifikation und politische Erfahrung verfügte. Dieser Versuch gelang; es hatte sich eine kompetente Führungsgruppe zusammengefunden, für die die Regierungsarbeit zwar einen neuen Aufgabenbereich darstellte, die aber über ausreichend politische Erfahrung verfügte und somit die Kontinuität im politischen Tagesgeschäft wahren konnte.

Die SPD war die bedeutendste politische Kraft innerhalb der Regierung, dies dokumentierte sowohl die Zahl ihrer Minister als auch die Besetzung des Staatspräsidiums. Zum ersten Mal war es der Partei gelungen, in eine Regierung einzutreten, womit ein wesentliches Ziel des Reformismus erreicht war. Die Partei erklärte sich trotz der krisenhaften Gesamtsituation bereit, politische Verantwortung zu übernehmen und gab damit ihrem Selbstverständnis als einer Arbeiterpartei, die als integrierter Teil der Nation zu gelten hatte, Ausdruck. Die vier Ministerien, die sie besetzte, betrafen die Ressorts „Übergangswirtschaft und Wohnungswesen", „Verkehr", „Kultus und Unterricht" und „Justiz". Vor der Krisensituation der Niederlage und der Rückführung des Heeres kam den beiden erstgenannten besondere politische Bedeutung zu. Für die Neuordnung der politischen Verhältnisse war der Stellenwert des Ministeriums für Kultus und Unterricht zentral. Auch dem Justizministerium fielen wichtige Aufgaben in der verfassungslosen Interimszeit zu.

Die Partei hatte anerkannte Funktionäre aufgeboten, um die Ministerposten mit Männern mit politischer Erfahrung zu besetzen. Drei der fünf SPD-Minister waren bereits in der Kriegs- und Nachkriegszeit als Landtagsabgeordnete tätig gewesen, Geiß,

---

[58] Es handelte sich um Haas, Wirth, Trunk, Dietrich und Marum.
[59] Alle Akademiker außer dem Gymnasiallehrer Wirth
[60] Haas und Wirth
[61] Geiß, Stockinger, Marum, Dietrich
[62] Dietrich, Trunk, Rückert

Stockinger und Marum bildeten den Fraktionsvorstand im Badischen Landtag. Die übrigen beiden Sozialdemokraten waren langjährige Aktive in ihren Ortsvereinen und Vertreter der Gewerkschaften. Die fünf Minister repräsentierten die städtischen industriellen Zentren Badens, Mannheim, Karlsruhe, Pforzheim und Freiburg,[63] wobei Karlsruhe mit zwei Ministern die stärkste Position innehatte. Einigkeit war in der SPD-Ministerriege relativ leicht zu erreichen, da es sich mit Ausnahme Martzloffs um überzeugte Reformisten handelte.[64] Schwieriger sah es im Bereich ihrer Fachkompetenz aus. Hier war es eigentlich nur Marum, der für sein neues Amt die entsprechende Qualifikation und Ausbildung mitbrachte. Vor allem Stockinger, dem man das Ministerium für Kultus und Unterricht übertragen hatte, musste sich von Seiten des Zentrums den Vorwurf mangelnder Qualifikation gefallen lassen. Der Kopf der Regierung, Geiß, war insofern eine gute Wahl, als seine vermittelnde und versöhnliche Art ihm vor allem Anerkennung bei den bürgerlichen Regierungsmitgliedern einbrachte und er große Teile der Bevölkerung anzusprechen und zu integrieren vermochte. Im Unterschied zu dem Durchschnittsalter der Regierung, das sich auf der Marke um 40 bewegte, war Geiß im Jahre 1918 bereits sechzig Jahre alt, dieses Alter prädestinierte ihn neben seinem Charakter und seinem Amt als SPD-Landesvorsitzender für die Übernahme der Rolle des Landesvaters, in der er den Großherzog ablösen sollte.

Der Kompromissbereitschaft der badischen SPD hatten die bürgerlichen Parteien ihre Regierungsbeteiligung vor allem zu verdanken. Außer in Baden bildeten sich auch in Hessen und in Württemberg solch breite Koalitionen,[65] in denen die Arbeiterparteien auf ihre Alleinherrschaft verzichteten und damit bereits das spätere Bündnis der „Weimarer Koalition" vorwegnahmen.

Die vier bürgerlichen Minister machten etwa ein Drittel der Regierungsmannschaft aus, ihr tatsächlicher Einfluss ließ sich jedoch nicht an ihrer quantitativen Stärke allein messen. Wie bereits erwähnt, waren ihnen politisch wichtige Ressorts übertragen worden. Die bürgerlichen Parteien hatten ihre kompetentesten Politiker entsandt, die selbstverständlich über akademische Bildung und langjährige politische Erfahrung verfügten. So verwundert es denn nicht, wenn der Vertreter der Fortschrittlichen Volkspartei – Haas – in weiten Volkskreisen als eigentlicher Kopf der Regierung galt.[66] Auch der national-liberale Minister Dietrich hatte sich bereits kommunalpolitische Meriten erworben, ebenso waren die beiden Zentrumsminister Wirth und Trunk anerkannte Politiker. Die Bedeutung dieser bürgerlichen Minister lässt sich auch an ihrer späteren Karriere ablesen, alle verblieben in bedeutenden Regierungsämtern der Weimarer Republik,[67] Wirth wurde

---

[63] Geiß kam aus Mannheim, Marum und Rückert aus Karlsruhe, Stockinger aus Pforzheim und Martzloff aus Freiburg.

[64] Auf dem letzten badischen Parteitag im Juli 1818 hatte es heftige Kontroversen um Martzloff gegeben.

[65] Vgl. Brandt/Rürup (1991)

[66] Vgl. ebenda

[67] Trunk folgte Marum als langjähriger badischer Justizminister, Dietrich wurde Reichsminister für Ernährung. Haas übernahm wieder ein Reichstagsmandat. Vgl. Kaller (1988), S. 432.

sogar Reichskanzler im Jahre 1920. Die USPD bildete das schwächste Glied in der badischen vorläufigen Volksregierung. Obwohl der Minister für militärische Angelegenheiten, Brümmer, der Kopf der Karlsruher Soldatenbewegung war und somit einen bedeutenden Platz in der Revolutionsregierung beanspruchen konnte, fehlten ihm und seinem Parteikollegen Schwarz sowohl fachliche Qualifikation wie politische Erfahrung in staatlichen Institutionen und langjährige Kontakte zu den übrigen Regierungsmitgliedern. Dies schwächte ihre Position erheblich. So kam den eigentlichen Vertretern der revolutionären Bewegung in der Badischen Vorläufigen Volksregierung nur geringes Gewicht zu, beherrscht wurde sie von Parteipolitikern des alten Systems, welche die Kontinuität in der politischen Entwicklung zu wahren bemüht waren.

Zu diesen Politikern gehörte auch Ludwig Marum, der seinen Einfluss im Wohlfahrtsausschuss genutzt hatte und der zu den vier Mitgliedern der Auswahlkommission gehörte, die sich selbst ein Amt übertrugen.[68] Zu diesem Aufstieg in ein Ministeramt berechtigte ihn die Position, die er sich in der Karlsruher SPD, in der Landtagsfraktion und als konsequenter Verfechter des Reformismus erarbeitet hatte, aber auch seine akademische Ausbildung und seine guten Kontakte zu bürgerlichen Politikern. Dass es Marum nicht wesentlich um die Aufwertung seiner eigenen Person ging, beweist die Tatsache, dass er das zunächst für ihn vorgesehene Finanzressort bereitwillig an den Zentrumsvertreter Wirth abgab und sich mit dem Justizministerium begnügte.[69] Innerhalb der SPD-Ministerriege gehörte er als Mitglied des ehemaligen Fraktionsvorstandes trotzdem neben Geiß und Stockinger zu den einflussreichsten Genossen, die mit großer Wahrscheinlichkeit auch die Richtlinien der Regierungspolitik bestimmten. Es liegen keine Quellen über die Zusammenkünfte der SPD-Minister und ihre Absprachen vor, so dass hier nur Vermutungen angestellt werden können. Seine beruflichen Qualifikationen prädestinierten Marum dazu, innerhalb der Regierung die Verbindung zu der bürgerlichen Fraktion herzustellen, die wegen ihres hohen Bildungsgrades dazu neigte, die Arbeitervertreter von oben herab zu behandeln. Wie wichtig in dieser Zeit die akademische Ausbildung für die Reputation eines Ministers war, belegte Köhler, der selbst kein Akademiker war, in seinen Lebenserinnerungen durch die Bemerkung: „Ich hatte vor allem einen einzigen, aber großen Mangel: Ich war kein Akademiker, sondern nur ein mittlerer Beamter! Und das war schlimm im Lande Baden, sowohl vor wie nach der Staatsumwälzung. Dass die Sozialdemokratie ihre Ministerposten mit Nichtakademikern besetzte – na, dafür war sie auch die Partei der Proleten. Aber die bürgerliche Partei des Zentrums, die so viele Akademiker unter ihren Anhängern zählte und deren noch mehr seit 1918, durfte sich eine solche Brüskierung ihrer ‚gebildeten' Schichten wohl kaum erlauben."[70]

Obwohl die Bildung der badischen vorläufigen Volksregierung auf dem Konsens von Wohlfahrtsausschuss und Soldatenrat beruhte, war man sich doch der Tatsache bewusst,

---

[68] Es handelte sich um Brümmer, Haas, Trunk und Marum.
[69] Vgl. Köhler (1964), S. 81.
[70] Ebenda, S. 96f.

dass es sich hier um Karlsruher städtische Gremien handelte. Man musste also sowohl mit dem Protest Mannheims als auch dem der anderen Landesteile rechnen. In Frage stand außerdem die Anerkennung durch die Arbeiter- und Soldatenräte des Landes und deren Bereitschaft, die alten Parteipolitiker in führenden Regierungsämtern zu akzeptieren. Während der Protest einer Mannheimer Arbeiterdelegation gegen die Regierungsbildung in Karlsruhe am Abend des 10. November politisch bedeutungslos blieb,[71] löste die Frage, wie sich die neue Regierung gegenüber dem alten Machthaber, dem Großherzog, verhalten sollte, einen ersten Regierungsstreit aus. Mit diesem Konflikt war nämlich die Einschätzung der gegebenen verfassungsrechtlichen Situation verbunden. Die bürgerlichen Minister taten sich schwer, den revolutionären Bruch der politischen Verhältnisse zu realisieren, sie bewegten sich weiter in den Bahnen eines Kontinuitätsdenkens, streng orientiert an legalistischen Vorgaben. Deshalb vertraten sie die Auffassung von der Gültigkeit der alten Verfassung und dem Recht des Großherzogs, die neue Volksregierung zumindest zu bestätigen.[72] Dagegen war dieser Weg für die sozialdemokratischen Minister ungangbar. Für sie hatte mit der Umwälzung und der Bildung der vorläufigen Volksregierung ein revolutionärer Akt stattgefunden, der der Bestätigung durch den Großherzog nicht bedurfte. Man einigte sich schließlich darauf, v. Bodman von der Regierungsbildung zu verständigen. Eine Kommission, bestehend aus Brümmer, Haas, Trunk und Marum, übernahm diese Aufgabe.[73] V. Bodman vertrat in völliger Verkennung der gegebenen Situation den Standpunkt der konstitutionellen Ordnung, in der er auf den Verstoß gegen die alte Verfassung hinwies. Sein Vorschlag, die neuen Minister vom Großherzog ernennen zu lassen, stieß auf die empörte Ablehnung Brümmers und Marums. Haas nahm eine vermittelnde Haltung ein und erbat eine Proklamation des Großherzogs, in der er die neue Regierung anerkannte und somit die Weiterarbeit der Beamten auch unter der neuen Regierung garantierte. Man einigte sich darauf, diese Erklärung des Großherzogs abzuwarten, bevor man an die Öffentlichkeit trat. Vor dem Hintergrund der Abdankung des Kaisers und der Proklamation der Republik im Reich rang sich der Großherzog zu einer Erklärung durch, in der er die Bildung der neuen Regierung lediglich zur Kenntnis nahm und die Entlassung der alten Minister förmlich bestätigte.[74] Nachdem dieses Arrangement mit den alten Gewalten getroffen war, verfasste der Soldatenrat und der Wohlfahrtsausschuss gemeinsam eine erste Proklamation an die Öffentlichkeit. Schon in den Verhandlungen bezüglich der Regierungsliste war nur kurz über das Programm der neuen Regierung gesprochen worden. Marum stellte in wenigen Sätzen eine programmatische Grundlage her, die in den Text der Proklamation einfloss. Der Vorsitzende des Wohlfahrtsausschusses, Sauer, gab vom Balkon des Karlsruher Rathauses

---

71 Vgl. Oeftering (1920), S. 159.
72 Ebenda, S. 146.
73 Vgl. Oeftering (1920), S. 146.
74 Der Großherzog wies auf die mangelnde Legitimation der Volksregierung mit dem Argument hin, Karlsruher städtische Gremien wie der Wohlfahrtsausschuss und der Soldatenrat hätten kein Recht, eine Landesregierung zu bilden.

die neue Ministerliste bekannt und verlas den Text des Regierungsaufrufes, der das allgemeine Wahlrecht zu einer Verfassunggebenden Versammlung, die über die künftige Staatsform entscheiden sollte, in Aussicht stellte, die Verbundenheit mit dem Reich betonte und die Bevölkerung zur Wahrung von Ruhe und Ordnung und die Beamtenschaft zur Weiterarbeit aufforderte.[75] Damit deklarierte sich die vorläufige Volksregierung als eine Interimsregierung vor dem Hintergrund der noch bestehenden monarchischen Staatsform.

Mit der Regierungsbildung war die Machtfrage nicht eindeutig geklärt, da die Revolution weitere neue Institutionen geschaffen hatte. Während die badische vorläufige Volksregierung ihr Mandat zwar der Revolution verdankte, setzte sie sich dennoch nicht aus den revolutionären Akteuren zusammen, sondern war mit Parteivertretern besetzt, die der Revolution reserviert gegenüberstanden. Die eigentlichen Träger und Organe der Revolution präsentierten sich in den Räten, den Inhabern der bewaffneten Macht und neuen Repräsentanten der Volkssouveränität, die ebenfalls Anspruch auf die politische Macht erhoben. Wie allerorten in Deutschland, so bildeten sich auch in Baden Soldatenräte als Vertreter der antimilitaristischen Bewegung und Arbeiterräte, die aus den Gewerkschaften und Arbeiterparteien hervorgingen. Die Rätebewegung erfasste in Baden auch die bäuerlichen und bürgerlichen Schichten der Bevölkerung, deren Politisierung sich in der Bildung von Bauern-, Beamten- und Volksräten ausdrückte.

Während die Soldatenräte die Revolution in Baden durchgeführt hatten, kam es zur Bildung von Arbeiter-, Bauern- und Volksräten erst nach der Revolution vom 9. November. Die Konstituierung der Räte erfolgte zunächst auf lokaler Ebene, ehe landesweite Vertretungen geschaffen wurden. In fast allen Städten Badens, vor allem in den Industriezentren und Bezirksmittelpunkten, bildeten sich Räteorganisationen.[76] In den einzelnen Amtsbezirken wie Karlsruhe, Durlach, Eberbach war in fast jedem Ort ein Arbeiterrat entstanden, während in den ländlichen Gebieten Badens die Dichte der neuen Organisationen nicht so stark ausgeprägt war. Die Konstituierung des Arbeiterrats erfolgte in verschiedenen Orten auf sehr unterschiedliche Weise. Gemeinsam war den Vorgängen jedoch zumeist, dass die Initiative von den lokalen Gewerkschafts- und SPD-Vereinen ausging, womit sich die traditionellen Arbeiterorganisationen Einfluss und Macht in den Räteorganisationen zu verschaffen suchten. Die Arbeiterräte Badens gingen nicht wie in den großen Industriezentren des Reichs aus Wahlen in den Betrieben hervor, sondern konstituierten sich aus den schon bestehenden Gewerkschafts- und Parteiformationen. Eine Wahl erfolgte meist nicht, sondern nur eine Bestätigung per Akklamation durch die Anwesenden bei einer Versammlung oder Kundgebung. Als Beispiel sei hier die Bildung des Arbeiterrates in Karlsruhe angeführt. Dort bildete sich erst am 11. November, am Tag nach der Regierungsbildung also, ein Arbeiterrat. Er ging hervor aus einer Versammlung des Gewerkschaftskartells.[77] Der neue Arbeiterrat suchte zunächst Kontakt

---

[75] Vgl. Oeftering (1920), S. 154.
[76] Die folgende Darstellung der Rätebewegung in Baden orientiert sich an: Brandt/Rürup (1991), S. 91ff.
[77] Eine Arbeitervertretung aus einer Karlsruher Waffenfabrik, die am Tag zuvor bereits mit dem Soldatenrat verhandelt hatte, konnte sich nicht durchsetzen. Vgl. Oeftering (1920), S. 125.

zum Wohlfahrtsausschuss, um sich eventuell mit ihm zu verschmelzen. Die allgemeine politische Entwicklung, die Ausbreitung der Rätebewegung in ganz Deutschland, verhinderte jedoch eine Sonderentwicklung in der badischen Residenz. Der Wohlfahrtsausschuss löste sich schließlich auf, nachdem er allerdings schon entscheidenden Einfluss auf die Regierungsbildung genommen hatte.

An der Spitze des Karlsruher Arbeiterrates stand der langjährige Gewerkschafter und als SPD-Linker bekannte Richard Horter.[78] Durch die Deklaration der Gewerkschaftsvertreter zum Arbeiterrat war eine Wahl in den Betrieben vermieden worden. Wenige Tage später wurden auch Vertreter der christlichen und der Hirsch-Dunckerschen Gewerkschaften in den Karlsruher Arbeiterrat mit einbezogen, den stellvertretenden Vorsitz übernahm der Vertreter der christlichen Gewerkschaften Ersing. So war der Karlsruher Arbeiterrat von Anfang an durch eine breite Palette politischer Meinungen gekennzeichnet, wenn auch die SPD hier über den größte Einfluss verfügte.[79] Damit vertrat der Karlsruher Arbeiterrat eine andere politische Richtung als der örtliche Soldatenrat, an dessen Spitze mit Weser und Berkenkopf führende Vertreter der USPD standen.

Auch die parteipolitische Zusammensetzung der Arbeiterräte differierte von Ort zu Ort. Dennoch kann von einem Übergewicht des Einflusses der SPD gesprochen werden. Die Schwäche der badischen USPD bedingte es, dass nur im Mannheimer Arbeiterrat die Leitung paritätisch aus SPD- und USPD-Vertretern besetzt war, in allen anderen Arbeiterräten waren nur wenige Anhänger der USPD vertreten. Wie wir am Karlsruher Beispiel gesehen haben, waren auch die Anhänger bürgerlicher Gruppierungen in den badischen Arbeiterräten vertreten.

Ein Spezifikum in Baden war, dass die Soldaten- und Arbeiterräte in getrennten Landesorganisationen arbeiteten, wenn sie auch in wichtigen Angelegenheiten kooperierten und politische Absprachen trafen. Am 11. November erfolgte die Bildung des Landesausschusses der Soldatenräte Badens, nachdem zuvor auf lokaler Ebene Wahlen in den Kasernen stattgefunden hatten.[80] Erst am 21./22. November konstituierten sich der badische Arbeiterrat, der sich schon bei seiner Gründung erweiterte zum Arbeiter-, Bauern- und Volksrat Badens und der mit seinem Titel seine breite soziale Zusammensetzung aus allen Schichten des Volkes andeutete.[81] Dieser Fusion war die Organisation eines Landesbauernrats am 14. November in Karlsruhe vorausgegangen sowie der Zusammenschluss demokratischer Beamter in einem vorläufigen Beamtenrat und die Zusammenfassung bürgerlicher Interessen im Volksrat.[82] Zunächst hatten diese Organisationen nur Vertreter in den Arbeiterrat entsandt, ehe es zur Bildung der landesweiten Dachorganisation der Arbeiter-, Bauern- und Volksräte in Mannheim kam.[83]

---

[78] Vgl. Kaller (1966), S. 304.
[79] Vgl. Brandt/Rürup (1991), S. 81.
[80] Vgl. Kaller (1966), S. 305.
[81] Ebenda, S. 91.
[82] In Karlsruhe hatte sich auch ein „Kunst- und Kulturrat" gebildet und ein Zusammenschluss geistiger Berufsverbände. Vgl. Oeftering (1920), S. 277.
[83] Vgl. Brandt/Rürup (1991), S. 97ff.

Gründe für die bereitwillige Hinzuziehung bäuerlicher und bürgerlicher Schichten für die Gestaltung der neuen Ordnung durch den Arbeiter- und Soldatenrat sind in dessen demokratischer Überzeugung zu suchen und in dem Willen, breite Teile der Bevölkerung an die neue Ordnung zu binden und ihr in den Revolutionstagen erwachtes politisches Interesse zu nutzen. Für den Fortgang der politischen Entwicklung Badens war bedeutsam, wie sich das Verhältnis zwischen Regierung und den Rätevertretungen entwickeln würde. Zwar sagten sowohl die lokalen als auch die landesweiten Rätevertretungen der Regierung ihre Unterstützung zu, dennoch blieb die Kompetenzabgrenzung, die Machtbefugnisse der beiden Körperschaften zunächst ungeklärt. Der Arbeiter-, Bauern- und Volksrat sowie der Landesausschuss der Soldatenräte verstanden sich als oberster Souverän und beanspruchten gegenüber der Regierung Mitbestimmungs- und Kontrollrecht. Damit waren Spannungen und Konflikte vorprogrammiert, die einer einvernehmlichen Regelung bedurften.

Die SPD in der Vorläufigen Volksregierung

Am 10. November 1918 erfüllte sich für die badische SPD ein lang angestrebtes Politikziel: Sie trat in die Regierung ein und übernahm die Rolle als bestimmende Kraft im Regierungsbündnis. Während wenige Wochen zuvor die Entsendung von Parteivertretern in die Reichsregierung noch euphorisch gefeiert worden war, überschattete nun die verschärfte Krisensituation die Freude an Machtgewinn und gegebenen Gestaltungsmöglichkeiten. Die außen- und innenpolitische Zuspitzung der Lage, die militärische Niederlage und die harten Waffenstillstandsbedingungen, die Revolution und der von ihr ausgelöste Machtkampf, der die Bedrohung von links verschärfte, schufen eine Ausnahmesituation, in der jede Regierungsarbeit außerordentlich schwierig sein würde.

In der Terminologie und Metaphorik, welche die Partei zur Kennzeichnung des Regierungseintritts verwendete, überwogen die Bilder der „Aufopferung" und „Rettung", die Begrifflichkeit von „Verantwortung" und „Last". Damit umschrieb die Partei ihr Selbstverständnis als Regierungspartei in einer revolutionären Umbruchszeit vor dem Hintergrund der militärischen Niederlage. Dieses Selbstverständnis gründete sich offensichtlich auf die Vorstellung vom Dienst an der Nation, der Hilfe in bedrängter Zeit. In der vorläufigen Volksregierung sollte es nicht wesentlich um die Durchsetzung von Parteipolitik gehen, sondern um eine Krisenreaktionspolitik, deren Notwendigkeiten sich allein aus den Gegebenheiten der innen- und außenpolitischen Lage bestimmten. Die Partei stellte ihre Regierungsarbeit als eine nationale Pflicht dar, an deren Lasten sie schwer zu tragen hatte, deren Erfolg ungewiss war. Im *Volksfreund* hieß es am 11. November 1918 über die Regierung: „Die Männer, die in jetziger schwerer Zeit die Last der Verantwortung auf sich genommen haben, werden schwer genug zu tragen haben."[84] Ludwig Marum sprach davon, dass es nun gelte „zu retten, was gerettet werden kann."[85]

---

[84] *Volksfreund* vom 11.11.1918.
[85] *Volksfreund* vom 25.11.1918.

Nicht nur die Aufgabe, vor die die neue Regierung gestellt war, musste als außerordentlich schwierig erscheinen, verschärfend kam hinzu, dass sich die Partei auf ein breites Koalitionsbündnis eingelassen hatte, das ihre Handlungsfreiheit entscheidend einengte. Die badische Regierungskoalition war nicht wie die Reichsregierung oder wie die preußische Regierung nur aus Vertretern sozialistischer Parteien besetzt, sondern hatte im Vorgriff auf die Weimarer Koalition ein Bündnis zwischen Arbeiterschaft und Bürgertum zur Grundlage, ein Bündnis, das zu vielfachen Kompromissen zwang,[86] wollte man die Koalition nicht gefährden. Das breite politische Bündnis sollte helfen, den Rückhalt der neuen Regierung in der Bevölkerung zu sichern, deshalb mied die Partei jede Gefährdung der Koalition.

Innerhalb dieser Koalition, die von der USPD bis zum Zentrum reichte, nahm die SPD eine Position der Mitte ein, in der sie zwischen den vorwärts drängenden politischen Kräften und den beharrenden zu vermitteln hatte. Während die USPD die Forderungen der Rätebewegung nach Beteiligung an der politischen Macht unterstützte, sträubten sich die bürgerlichen Parteien gegen jegliche Veränderungen des am 10. November erreichten Status quo. Die Anerkennung der Ergebnisse der Revolution bedeutete für die noch vor wenigen Wochen sich jeglicher Reform verweigernden Parteien wie den Nationalliberalen oder dem Zentrum einen gewaltigen politischen Schritt. Sie bejahten nun die demokratische Neuordnung, vollzogen aber keine Abkehr von dem alten politischen System und stellten vielmehr die Kontinuität der politischen Entwicklung in Baden heraus. Damit schmälerten sie die Leistung der Arbeiter- und Soldatenräte und sprachen deren Aktionen jede Bedeutung für den politischen Fortschritt ab. In einem Interview, das die *Karlsruher Zeitung*, das offizielle Regierungsorgan, mit dem Finanzminister Wirth vom Zentrum führte, hieß es: „Auf die Frage, ob er die neue Regierung demnach als rein demokratisch betrachte, erwiderte Dr. Wirth: ‚Zweifellos. Der Sieg der Demokratie ist ein vollständiger in Deutschland. Der demokratische Staat ist nicht aus den Wolken gefallen. Seine Bildung erfolgt im allgemeinen und muss erfolgen in der geraden Fortsetzung längst vorhandener und vertretener Ideen.'"[87] Der nationalliberale Außenminister Dietrich stellte sich ebenfalls schützend vor den alten Staat. In einer Wahlveranstaltung führte er aus, „es sei gelungen, die Staatsmaschine in Gang zu halten, ein Zeichen dafür, dass um den vergangenen Staat doch nicht alles gar so schlecht war, wie es heute mancher ansehe."[88]

Beide bürgerlichen Minister betonten, dass sie unfreiwillig in die Regierung eingetreten seien; damit wiesen sie auf ihre Skrupel hin, in einer Revolutionsregierung mitzuarbeiten, die mit der alten konstitutionellen Ordnung gebrochen hatte. Die Vorbehalte von bürgerlicher Seite äußerten sich besonders stark, was eine Machtbeteiligung der Räte anging. Hier teilten auch die Linksliberalen, die zwar die neue Zeit und demokratische Reformen begrüßten, die Ablehnung jeglicher staatsrechtlicher Neuerung, die über den

---

[86] Auch in Württemberg war eine Koalition mit bürgerlichen Parteien gebildet worden. Vgl. Cordes (1978), S. 88.
[87] *Karlsruher Zeitung* vom 14.11.1918. Zitiert nach GLA 234/10155.
[88] *Karlsruher Zeitung* vom 22.11.1918. Zitiert nach GLA 234/10155.

Parlamentarismus hinausging und den Räten staatliche Funktionen übertragen wollte. Die bürgerlichen Parteien verbreiteten in der Öffentlichkeit ein negatives Bild der Räte, in der Regierung waren es die bürgerlichen Minister Haas und Wirth, die immer wieder Stellung gegen die Räte bezogen.[89] Die zurückhaltende Bejahung der Revolution, die offene Opposition gegen die Räte, die Verunglimpfung ihres Bildes in der Öffentlichkeit bereiteten der SPD nicht unerhebliche Schwierigkeiten, weil sie sich gegenüber ihrer Anhängerschaft als Revolutionspartei und als diejenige Kraft darzustellen bemüht war, welche die Leistung der Räte anerkannte. Ihr wuchs die Aufgabe zu, innerhalb der Regierung eine vermittelnde Tätigkeit aufzunehmen und eine Linie durchzusetzen, die auf Kooperation mit den Räten angelegt war. Für die Regierung war es von entscheidender Bedeutung, das Vertrauen und die Anerkennung der Räte zu gewinnen, sie brauchte deren Bestätigung, um sich als Revolutionsregierung legitimieren zu können. In den ersten Tagen nach ihrem Amtsantritt bestand für die Regierung noch die Unsicherheit, ob ihre breite politische Plattform die Anerkennung der lokalen und regionalen Räteorganisationen finden würde. Trotz der sozialdemokratischen Mehrheit in den Räten war sich die SPD über das Ausmaß der parteiinternen Opposition und der kritischen Haltung in der USPD-Basis nicht gewiss. Das eigenmächtige Vorgehen der führenden Politiker bei der Regierungsbildung, das ohne Absprache mit den führenden Parteigremien stattgefunden hatte, bedurfte nun der Bestätigung durch die eigene Basis und die antimilitaristischen Bewegung der Soldaten. Der von den bürgerlichen Ministern formulierte Wunsch, die Bestätigung der Regierung durch den Großherzog einzuholen, musste auf den entschiedenen Widerstand der sozialdemokratischen Minister stoßen, die sich dadurch in den Augen der Öffentlichkeit als Demokraten und Republikaner nur desavouieren konnten.

Weitere Schwierigkeiten lagen in der Herausforderung der tagespolitischen Lage, deren Bewältigung Aufgabe der Regierung war. Ein großer Unsicherheitsfaktor bildete die Zurückführung und Demobilisierung des Heeres, wobei völlige Unklarheit über die politische Einstellung der Feldtruppen herrschte. Die Regierung fürchtete eine Destabilisierung der politischen Lage und die Gefährdung der Sicherheit, deshalb stellte sie verstärkte Bemühungen an, einen geordneten Durchzug der Westtruppen durch Baden zu gewährleisten. Die wirtschaftliche und soziale Krisensituation zu mildern, war eines der wichtigen Ziele. Die Erfolgsaussichten waren jedoch gering. Die Entspannung auf dem Ernährungssektor war bei fortbestehender Blockade, dem Einbruch des Winters, gering entwickelten Handelsbeziehungen mit dem Ausland kaum zu erreichen, auch ein kurzfristiges Greifen politischer Maßnahmen in der Wohnungspolitik und in der Übergangswirtschaft war nicht zu erwarten, so dass die Regierung ihre nachweisbaren Erfolge hauptsächlich im innenpolitischen Bereich, in der Durchsetzung von Ruhe und Ordnung suchen musste.

Die außerordentliche Machtfülle, über welche die provisorische Regierung verfügte, hätte ein Vorgehen ermöglicht, das diktatorische Maßnahmen umfasste. Doch hinderte die

---

[89] Vgl. GLA 233/24312, Protokolle über Sitzungen des Gesamtministeriums vom 21. November 1918–31. März 1919.

demokratische Grundüberzeugung der führenden Kraft, der SPD, die ablehnende Haltung der bürgerlichen Parteien, die Rücksicht auf Bauernschaft und Bürgertum in Baden eine solche Entwicklung. Fast erschrocken äußerte sich Ludwig Marum über die Machtfülle der Revolutionsregierung: „Aber wir sind uns klar darüber, dass wir immerhin Diktatoren sind. Die Machtfülle, die in den Händen der Volksregierung vereinigt ist, ist ungeheuer: wir haben die Rechte, die bisher der Großherzog, die Minister und die Erste und Zweite Kammer hatten.“[90] Aber er ergänzte: „Wir können die Diktatur auf Dauer nicht behalten, deshalb war es eine der ersten Handlungen der 11 Männer, den Wahltag für die Nationalversammlung zu bestimmen. Darum nennen wir uns auch nur die Vorläufige Volksregierung und ergreifen nur Maßnahmen, die nicht aufgeschoben werden können.“[91]

Mit dieser Selbstbeschränkung im Umgang mit der Macht erleichterte sich die SPD ihre Regierungspraxis nicht; sie unterstrich mit dieser Haltung ihr Selbstverständnis als Platzhalterin einer demokratisch legitimierten Regierung, als Übergangsregime, dem wesentliche politische Entscheidungen nicht zustanden.

Angesichts der Fülle von Schwierigkeiten schlug für die SPD positiv zu Buche, dass in Baden die Gefahr einer Gegenrevolution kaum gegeben war. Die traditionelle Schwäche der konservativen Kräfte, das seit dem frühen 19. Jahrhundert fortschreitende demokratische Bewusstsein in Baden ließen eine gegenrevolutionäre Aktion nicht befürchten. Marum vermerkte im November kurz und bündig: „Baden hat wenig mit konservativen Elementen zu tun.“[92]

Für den Start der Regierungsarbeit war die Herstellung eines Grundkonsenses notwendige Voraussetzung. Dies gelang der badischen Regierung wesentlich durch das kompromissbereite, kooperationswillige Verhalten der SPD. Die politischen Ziele, die sie verfolgte, fanden durch ihren gemäßigten Charakter leicht die Zustimmung der bürgerlichen Parteien. Verbindend war weiterhin das Interesse aller Parteien an der Durchsetzung von Ruhe und Ordnung und an der Bewältigung der aktuellen Krisensituation. Dies prägte vor allem das Selbstverständnis der Regierungsparteien, die unter dem Motto „Es handelt sich jetzt um die Rettung des Vaterlandes“ zusammengefunden hatten. Dieses Selbstbild verbreitete die badische Regierung über ihre Presse, indem sie die außergewöhnlichen Zeitumstände unterstrich und auf die Schwere der vor ihr liegenden Aufgaben hinwies. Ein typisches Beispiel hierfür ist ein Artikel in der *Karlsruher Zeitung* vom 13. November 1918: „Die neue Reichsregierung und die neuen Regierungen in den einzelnen Bundesstaaten haben eine Verantwortung übernommen, wie sie lastender und schwerer kaum je bestand. Wir dürfen von all den Männern (...) voraussehen, dass sie mit Konsequenz und festem Willen entschlossen sind, ihrer gewaltigen Aufgabe gerecht zu werden.“[93]

Zudem einte die Frontstellung gegen die äußerste Linke die Regierungsparteien, deren Grundlage die Ablehnung sozialistischer Experimente, der Diktatur des Proletariats, des

---

[90] *Volksfreund* vom 25.11.1918.
[91] Ebenda.
[92] Ebenda.
[93] *Karlsruher Zeitung* vom 13.11.1918. Zitiert nach GLA 234/10155.

Eingreifens der Räte in den Staatsapparat war. Der Geist des Wohlfahrtsausschusses, der als Abwehrorganisation gegen die Räte angetreten war, bestimmte weiterhin das Denken führender badischer Regierungsmitglieder, gleichgültig, ob es bürgerliche oder sozialistische Minister waren.[94] In diesen Punkten hatte sich die badische SPD der bürgerlichen Sichtweise angenähert und zeigte eine erbitterte Gegnerschaft gegen ihre ehemaligen Genossen auf der Linken.

Das Neuordnungskonzept, das die SPD durchzusetzen bemüht war und dessen wesentliche Punkte die Anberaumung von Wahlen für die Nationalversammlung zu einem möglichst frühen Wahltermin sowie den Aufbau eines demokratischen Volksstaats betrafen, lag durchaus im Sinne der bürgerlichen Parteien.[95] Die staatsbürgerliche Gleichberechtigung, die Einführung des Parlamentarismus waren Zentralpunkte des liberalen Programms, auf das sich auch die Nationalliberalen wieder besannen, lediglich das Zentrum musste eine Umorientierung vollziehen, die einen Bruch mit seiner bisherigen Grundposition verlangte. Seine Beteiligung an der Regierung, der Verzicht der SPD auf die Verfolgung radikaler Ziele erleichterten ihm jedoch, sich auf den Boden der neuen Zeit zu stellen. Unproblematisches politisches Ziel für alle Parteien war das Bekenntnis zur Reichseinheit, das sie gleich in ihrer ersten Proklamation ablegten und damit allen separatistischen Tendenzen entgegentraten. Einigkeit bestand auch darüber, die Differenzen mit dem Rat der Volksbeauftragten, den sie als „bolschewistisch" geführte Regierung empfanden, zurückzustellen.[96]

Nach dem Zusammenbruch des alten Systems einte alle Parteien das gemeinsame Interesse, das vorhandene Machtvakuum zu füllen, für das Weiterfunktionieren des Staatsapparates, der Staatsspitze zu sorgen und Unruhe und Ausschreitungen in der Bevölkerung zu verhindern. So schrieb etwa die Karlsruher Zeitung am 13. November 1918: „Jetzt gilt es in erster Linie, die Anarchie und das Chaos zu vermeiden und die Ordnung, so gut es geht, aufrecht zu erhalten."[97] Der Innenminister Haas umschrieb dieses Selbstverständnis der vorläufigen Volksregierung mit den Worten: „Wir sind eine Regierung der Ordnung."[98] In all ihren Proklamationen forderte die Regierung die Einhaltung von Ruhe und Ordnung ein, besonders nachdrückliche Formulierungen finden sich in dem Aufruf, den sie am 14. November gemeinsam mit dem Soldatenrat erließ. Dort hieß es: „Vor Gewalttaten und Zuchtlosigkeiten wird nochmals aufs schärfste gewarnt. Ruhe und Ordnung, Sicherheit von Leben und Eigentum sind allein unsere Rettung. Badische Soldaten! Unser freies, schönes Land wird zerstört, wenn Unordnung und Zuchtlosigkeit einreißt. – Macht Front gegen gefährliche Experimente."[99]

---

[94] Von den Regierungsmitgliedern waren im Karlsruher Wohlfahrtsausschuss: Haas, Trunk, Marum und Rückert.

[95] Der Widerspruch der USPD gegen die Anberaumung eines frühen Wahltermins wird an späterer Stelle behandelt werden.

[96] Vgl. Oeftering (1920), S. 154.

[97] Zitiert nach GLA 234/10155.

[98] Vgl. GLA 233/24312.

[99] Zitiert nach Brandt/Rürup (1980), S. 425.

Ausgehend von dem erreichten Basiskonsens war die badische SPD bereit, Kompromisse einzugehen und Abstriche zu machen, was besonders in der Frage der Staatsform zum Tragen kommen sollte. Die bürgerlichen Parteien ihrerseits erkannten zunächst die politische Vormachtstellung der SPD an. Dies gebot ihnen die politische Klugheit angesichts der gegebenen Umbruchssituation. Erleichtert wurde ihnen diese Unterordnung durch die Persönlichkeiten der sozialdemokratischen Führer, die Versöhnlichkeit und Nachgiebigkeit zeigten. Die Haltung des sozialdemokratischen Ministerpräsidenten Geiß, der sich als Vizepräsident der Zweiten Kammer bereits Achtung und Autorität auch in bürgerlichen Kreisen erworben hatte, weckte den Respekt seines Pressereferenten Köhler, eines überzeugten Zentrumspolitikers. In seinen Lebenserinnerungen schrieb Köhler über Geiß: „Eine in jeder Richtung ansprechende Natur war der Ministerpräsident Anton Geiß. Wenn ich ihn charakterisieren will, muss ich – auch nach der späteren engen Zusammenarbeit mit ihm als sein Kabinettschef – sagen: ein braver, gediegener Mann mit gesundem Menschenverstand. Das hervorstechendste Merkmal seine Charakters war eine absolute Versöhnlichkeit; er machte sich zum Beispiel gar nichts daraus, beim Verfassungsjubiläum im August 1918 vom Großherzog den Zähringer Löwenorden 1. Klasse anzunehmen und die monarchistische Auszeichnung auch zu tragen. (...) Ohne sich in seiner Stellung als erster Repräsentant der sozialdemokratischen Partei Badens irgendetwas zu vergeben, schaute er mit größter Hochachtung auf den Führer der Zentrumspartei Dr. Schofer. Ich selbst verstand mich mit ihm ganz ausgezeichnet. (...) Wenn die Entwicklung in Baden in den schweren Jahren 1919 und 1920 ruhig verlief, so hat Anton Geiß, der von allen Parteien – mit Ausnahme natürlich der Kommunisten – geachtet war, ein außerordentlich großes Verdienst daran."[100]

Die anfängliche Zurückhaltung der bürgerlichen Regierungsmitglieder wich jedoch mit der Zeit einem selbstbewussteren dominanten Auftreten, das sich sowohl aus ihrer Fachkompetenz als auch aus ihrem Machtinteresse herleitete. Ihnen ging es vor allen Dingen darum, bremsend auf Entwicklungen einzuwirken, die nicht in ihrem Sinne waren. Bezeichnend für diese Dominanz bürgerlicher Parteien war das verbreitete Bild in der badischen Bevölkerung, wonach der Fortschrittler Haas als Kopf der Regierung gesehen wurde.

Das Bild der badischen USPD in der Regierung nahm keine scharfen Konturen an. Sie verwaltete ihre Fachministerien und versuchte zur Aufrechterhaltung des Basiskonsenses in der Regierung beizutragen. Ihre gemäßigte Richtung bedingte ebenfalls eine Distanzierung von spartakistischen Politikkonzepten und ließ sie in diesem Punkt nicht in Widerspruch zu den übrigen Regierungsparteien treten.

In seinem offiziellen Erinnerungsbericht an die Revolution schrieb Marum über seine Aufnahme in die Regierung: „Als ich Minister geworden war hatte ich den Eindruck, dass meine Ministerherrlichkeit nicht länger als 24 Stunden dauere. Ich habe das Gefühl

---

[100] Köhler (1964), S. 86f.

gehabt, dass wir auf außerordentlich sch(w)ankendem Boden uns bewegten. Es wurden am Sonntagnachmittag die Waffenstillstandsbedingungen bekannt. Die haben uns alle miteinander außerordentlich deprimiert. Auf der anderen Seite haben sie auch den Ansporn gegeben, sofort eine Regierung zu bilden und ja zu verhindern, dass Unordnung im Lande geschehe."[101]

Marums Befürchtungen hinsichtlich einer nur kurzen Amtszeit traten nicht ein, er blieb fast fünf Monate Mitglied der Vorläufigen Volksregierung, ehe sie im April 1919 durch die erste demokratisch gewählte Regierung der Republik ersetzt wurde. In diesen fünf Monaten gehörte Marum nicht nur der einflussreichsten Regierungsfraktion an, er bildete auch zusammen mit Geiß und Stockinger die Fraktionsspitze, welche die Richtlinien der Politik bestimmte. Die bedeutende Stellung Marums in der Vorläufigen Volksregierung war auch daran zu erkennen, dass er bei Abwesenheit von Geiß die Leitung der Kabinettssitzungen übernahm[102] und in politisch relevanten Fragen die Stellungnahme der Sozialdemokratie abgab, wie zum Beispiel anlässlich des Rücktritts des Großherzogs.[103]

Die drei führenden Sozialdemokraten in der Regierung setzten die Kernpunkte des reformistischen Programms auch für Baden durch: den frühen Wahltermin zur Wahl einer verfassunggebenden badischen Nationalversammlung, die Einsetzung einer Verfassungskommission und die Fernhaltung der Räte aus dem Staatsapparat. Dieser konsequente Reformismus bildete die Leitlinie ihres Denkens und Handelns, eine Abweichung von diesen Vorgaben, eine flexible Reaktion auf die veränderten Ausgangsbedingungen ihres Handelns zogen sie nicht in Betracht. Sie setzten diese Politik durch, ohne in Rücksprache mit den führenden Parteigremien und mit der Parteibasis zu treten.[104] Obwohl durchdrungen von der demokratischen Idee, ließen sie es an innerparteilicher Demokratie fehlen und glaubten, als die anerkannten Führer im Sinne der Parteimehrheit zu handeln.

Marum, der als Architekt der Regierung und des Koalitionsbündnisses angesehen werden kann, akzeptierte bereitwillig die Schwierigkeiten, die mit einer (Fast-) Allparteienregierung verbunden waren. Geprägt von der Idee des Großblocks aus der Vorkriegszeit, hatte er als getreuer Schüler Kolbs bereits in den vorrevolutionären Novembertagen ein breites Parteienbündnis anzubahnen versucht. Als es am 10. November zustande kam, übernahm er die Rolle des Mittlers. Wie bereits erwähnt, tat er dies in doppelter Funktion: er versuchte sowohl die Bürgerlichen als auch die USPD und die von ihnen repräsentierten Machtansprüche der Räte in die Regierungsarbeit einzubinden. Seine reformistische Überzeugung von dem Vorrang der demokratischen Reform und seine Gegnerschaft gegenüber der Linken verbanden ihn mit der bürgerlichen Regierungsfraktion. Marum unterstrich immer wieder seine Ablehnung des Bolschewismus, der für ihn bereits mit der Berliner Regierungslinie begann und von der Spartakus-Gruppe auf die Spitze getrieben

---

[101] GLA 233/27960, S. 18.
[102] Vgl. GLA 233/24312.
[103] Ebenda.
[104] Der erste Landesparteitag bzw. die erste Landeskonferenz nach der Revolution fand statt am 6.9.1919 (Vgl. *Volksfreund* vom 8.9.1919) und am 28.4.1919, vgl. *Volksfreund* vom 29.4.1919.

wurde. In einer Wahlveranstaltung am 23. November 1918 in Karlsruhe sagte Marum: „Meine Sorge ist, dass die Zustände im Reich und in Berlin es überhaupt nicht möglich machen, zu einem Verhandlungsfrieden zu kommen. Und da sage ich mit aller Deutlichkeit: Wir unterstellen uns nicht dem Berliner Straßenterror."[105] Er betonte für die badische Sozialdemokratie: „Den Bolschewismus lehnen wir ab, denn er ist keine Demokratie."[106]

Gegenüber den Räten und der USPD rechtfertigte Marum die reformistische Linie unter Hinweis auf die vielfachen Zwänge, denen die momentane Politik ausgesetzt sei. Hier gab er Einblick in den engen Spielraum, der, seiner Meinung nach, dem sozialdemokratischen Vorgehen gesteckt war.[107] Obwohl kompromissbereit und konziliant, verfügte er aber über genügend politische Klugheit, die Grenzen des Entgegenkommens gegenüber den bürgerlichen Wünschen zu erkennen. Dies war der Fall in der Frage der Ernennung der neuen Regierung durch den Großherzog. Als v. Bodman am 10. November diesen Vorschlag machte, kommentierte Marum dies in seinem Erinnerungsbericht in folgender Weise: Aber schon da stellte er (v. Bodman, m.A.) sich auf den Standpunkt, dass man das Ministerium vom Großherzog ernennen lassen möge. Ich hatte den Eindruck, als ob der Großherzog bereit gewesen wäre, die elf Männer zu badischen Staatsminister(n) zu ernennen. Ein Teil der Minister wäre auch bereit gewesen, sich vom Großherzog ernennen zu lassen, insbesondere die Bürgerlichen; aber ich sowohl, wie die Unabhängigen, haben sich auf den Standpunkt gestellt, dass das die Regierung von vornherein in Misskredit bringen würde und es besser sei, wenn die Regierung kraft des Volksrechts als Volksregierung gebildet und nicht vom Großherzog ernannt werde."[108] Auch in diesen Worten wird erkennbar, dass Marum nur aus Rücksicht auf die politische Situation und die revolutionäre Unruhe eine Ernennung durch den Großherzog für unklug hielt. Unter anderen Umständen hätte er wohl nichts dagegen gehabt, in eine großherzogliche Regierung einzutreten.

Die Entscheidung über die Staatsform

Die Revolution hatte in München und Berlin die Staatsform sofort geändert, dort kam es zur Ausrufung der Republik durch sozialdemokratische Spitzenpolitiker beider Parteien. Anders gestaltete sich die Situation in Baden, hier blieb die Frage der Staatsform zunächst ausgeklammert. Kein Sozialdemokrat ergriff die Initiative zur Proklamation der Republik. Die endgültige Entscheidung über die Staatsform sollte nach dem Willen der Regierung von der Nationalversammlung getroffen werden.[109] Die Gründe für diese

---

[105] *Volksfreund* vom 25.11.1918.
[106] Ebenda.
[107] Vgl. 1. Landesversammlung der badischen Arbeiter-, Bauern- und Volksräte. Brandt/Rürup (1980), S. 8ff.
[108] GLA 233/27960, S. 16.
[109] Diese Entscheidung enthielt bereits die 1. Regierungsproklamation vom 10. November 1918, vgl. Oeftering (1920), S. 154.

zögernde Haltung lagen in der Beliebtheit der Zähringer Dynastie in Baden, der monarchischen Einstellung der bürgerlichen Parteien und dem Arrangement, das die badische SPD seit langem mit der Monarchie getroffen hatte.

Die Annahme der reformistischen Strategie in dem Jahrzehnt vor dem Ersten Weltkrieg hatte in der badischen SPD nicht nur zur Anerkennung des bestehenden Staates, sondern auch seiner monarchischen Form geführt. Sinnfälligster Ausdruck dieser Akzeptanz war die Teilnahme der sozialdemokratischen Politiker Kolb und Frank am Begräbnis der Großherzogs Friedrich I. im Jahr 1907. Dieses Verhalten konnte zu diesem Zeitpunkt noch Empörung und Ablehnung in der Parteilinken hervorrufen, wenige Jahre später hatte sich diese jedoch auch mit der Monarchie als Faktum der Politik abgefunden.[110] Während des Krieges bewirkte die Burgfriedenspolitik eine weitere Annäherung der SPD an die bestehende monarchische Staatsform. Während schon im letzten Vorkriegswahlkampf die badische SPD bei den Landtagswahlen von 1913 nachdrücklich erklärte, das die Frage der Staatsform für sie keine aktuelle Bedeutung habe, setzte sich diese Linie während des Krieges verstärkt fort. In diesen Jahren wurde nicht nur auf jede republikanische Agitation verzichtet, sondern darüber hinaus – vom sozialdemokratischen Vizepräsidenten Geiß bei der ersten Kriegssitzung des Landtags -das Hoch auf den Großherzog ausgebracht, vom Fraktionsvorsitzenden Kolb noch im Jahre 1917 ein „modus vivendi" mit der Monarchie verkündet.

Am Ende des Krieges, in der Phase der Waffenstillstandsverhandlungen, als der amerikanische Präsident Wilson die Kaiserfrage ins Spiel brachte, richtete sich die badische SPD nach der Empfehlung des Parteivorstandes, die „Kaiserfrage taktvoll zu behandeln",[111] und verzichtete auf jegliche Angriffe auf die Person Wilhelm II. und die Forderung nach seinem Rücktritt.

Was den badischen Großherzog betraf, so hatte auch die badische Sozialdemokratie bei der Verfassungsfeier im August 1918 den Konstitutionalismus und die Zähringer Dynastie gefeiert. Die sozialdemokratischen Mitglieder des Landtags-Präsidiums Stockinger und Geiß ließen sich wie ihre bürgerlichen Kollegen durch den Großherzog auszeichnen, indem sie aus seiner Hand den Zähringer Löwenorden annahmen.[112]

Ludwig Marum teilte die Auffassung seiner Partei zur Staatsformfrage; in seinem ersten Landtagswahlkampf 1913 spielte dieses Thema für ihn keine Rolle. Während des Krieges hatte der Landtagsabgeordnete Marum jedoch schärfere Kritik am Monarchen vorgetragen als sein Parteifreund Kolb. In seiner politischen Jungfernrede am 11. Juni 1917 hatte Marum offensiv Gegenleistungen von der Monarchie in Form von demokratischen Reformen gefordert. Auch in der zugespitzten Lage kurz vor der Revolution hatte Marum in seinem Artikel „Die badische Frage" die Monarchie scharf angegriffen.

---

[110] Vgl. Miller (1978), S. 60. Vgl. auch Domann (1974), S. 229.

[111] Vgl. Miller (1978), S. 58.

[112] Stockinger erhielt den Orden nach einer Beschwerde nachträglich. Bei der eigentlichen Ordensverleihung war er nicht anwesend. Er hatte sein Fehlen aber nicht als politische Demonstration verstanden, sondern war anderweitig verpflichtet. Er musste sich allerdings mit dem Zähringer Löwenorden 2. Klasse begnügen.

Allerdings beabsichtigte Marum damit keineswegs einen Wechsel der Staatsform in Baden, sondern nur deren Wandlung in eine parlamentarische Monarchie. Im Rückblick kommentierte Marum seinen Artikel vom 7. November wie folgt: „Bezüglich des Großherzogs habe ich dort den Standpunkt vertreten, dass es im ureigensten Interesse der Krone liege, zu erkennen, dass das Volk sich selbst regieren will. Die Krone sollte sich auf das Altenteil ihrer monarchischen Ehrenrechte freiwillig beschränken, sonst werde die Frage der Staatsform brennend werden. Das war damals meine Auffassung, ich habe nicht gedacht, dass es zur Republik kommen werde."[113] Als es wenige Tage später zur Bildung der Volksregierung kam, war die Frage der Republik bei den Vorverhandlungen wieder aktuell. Marum schrieb: „Brümmer hat dann die Frage gestellt, er wollte zuerst wissen, wie wir uns zur Frage der Republik stellten. Ich habe für meine Person erklärt, dass ich Republikaner sei. Die bürgerlichen Mitglieder Haas und Trunk haben erklärt, dass sie im Augenblick wenigstens eine Republik noch nicht wollten. Brümmer hat aber dann sich alsbald damit einverstanden erklärt, dass man die Entscheidung dieser Frage einer Nationalversammlung überlassen könnte."[114]

In diesen Sätzen wird offenbar, dass es trotz der grundsätzlichen Bejahung der Republik für den rechten Sozialdemokraten selbstverständlich war, diese Frage nicht selbst zu entscheiden, sondern dieses Votum der Konstituante zu überlassen. Hier schloss sich die badische SPD der Linie Eberts an, der allerdings im Reich die Ausrufung der Republik nicht hatte verhindern können. Dies strebte allerdings die badische SPD an, die sich für die Interimszeit durchaus ein Nebeneinander von deutscher Republik und badischer Monarchie vorstellen konnte. Mit dieser Position kam sie wiederum den bürgerlichen Parteien entgegen, die ihrerseits ebenfalls die Republik noch ablehnten. Die badische vorläufige Volksregierung wollte ihre Macht vor dem Hintergrund einer noch existierenden Monarchie ausüben, deren Weiterbestehen sie zunächst für durchaus möglich hielt.

Die Zurückhaltung, welche die vorläufige Regierung sich in der Frage der Staatsform auferlegt hatte, war allerdings angesichts der politischen Entwicklung nicht durchzuhalten. Die Art und Weise, wie diese Frage in Baden gelöst wurde, warf ein bezeichnendes Licht auf die politischen Kräfteverhältnisse und die ideologischen Einstellungen der beteiligten Akteure. Schon am 10. November hatte der Mannheimer Arbeiter- und Soldatenrat die Ausrufung der sozialistischen Republik verlangt, dieser Forderung schloss sich der Karlsruher Soldaten- und Arbeiterrat an[115] und trug dies der Regierung in ihrer Sitzung vom 12. November vor.[116] Diese öffnete sich – wenn auch widerstrebend – diesem Verlangen und rang sich zu politischen Schritten durch angesichts einer Situation, die drohte, bei zu versöhnlicher Regierungslinie den radikalen Kräften Auftrieb zu geben. Man befürchtete die eigenmächtige Ausrufung der Republik durch die Räte, die Gefähr-

---

[113] GLA 233/27960
[114] Ebenda.
[115] Vgl. Oeftering (1926), S. 204.
[116] Ebenda, S. 205.

dung der eigenen Position und eine politisch nicht berechenbare Entwicklung, zu deren gefürchtetsten Ereignissen der Generalstreik und die Verweigerung der Mitarbeit durch die Beamtenschaft gehörte. Allerdings fiel eine eigenmächtige Ausrufung der Republik ohne Konsultation mit dem Großherzog für die meisten Regierungsmitglieder als politischer Weg aus. Der Großherzog selbst und die konservativen Kreise des Landes erkannten die Zeichen der Zeit nicht und wiegten sich in dem Glauben, dass die Monarchie in Baden zu retten sei und sie das positive Votum der Nationalversammlung erhalten würden.

Die badische Dynastie rechnete mit dem hohen Beliebtheitsgrad, den Friedrich I. in der Bevölkerung genossen hatte und der – wenn auch in geringerem Maße – auf seinen Sohn übergegangen war. Weiterhin bezog man sich auf die lange Verfassungstradition Badens, welche die Großherzöge als Reformer ausgezeichnet hatte, und die Zugeständnisse, welche die Monarchie in Form des Landtagswahlrechts von 1904 und der Modifizierung des Kommunalwahlrechts von 1910 gemacht hatte. Die Flucht des Großherzogs aus Karlsruhe am 11. November 1918 beruhte letztlich auf einem Missverständnis, er interpretierte die Aktion des Matrosen Klumpp, die sich später als isoliertes, ungeplantes Vorgehen erwies, als weiteren Schritt des Umsturzes, der sich gegen seine Familie und gegen die Monarchie richtete. In Wirklichkeit stand die Vorläufige Volksregierung – vor allem die bürgerlichen Minister unter der Führung von Haas – hinter dem Monarchen, zu dessen „Rettung" sie sich persönlich am Abend des „Klumpp-Putsches" in das großherzogliche Schloss begeben hatten.[117] Der Großherzog hoffte bis zu seiner endgültigen Abdankung darauf, dass sich die politischen Verhältnisse beruhigen und die Fortsetzung der Zähringer-Herrschaft – wenn auch in modifizierter Form – erlauben würden.

Diese Hoffnung löste sich nicht ein. Der Druck, den die Arbeiter- und Soldatenräte in dieser Frage ausübten, sollte zum Erfolg führen und damit eines der wenigen Beispiele liefern, in denen sich in Baden die Räte gegenüber der Regierung durchsetzten. Der neuen Regierung war allerdings daran gelegen, in dieser Frage im Einvernehmen mit dem Großherzog zu handeln, eine „würdige und anständige" Form zu finden, in der diese „delikate und peinliche"[118] Frage geregelt werden könne. Nach einigem Zögern schickte sie den Ministerpräsidenten Geiß zusammen mit seinem Vorgänger v. Bodman, der als Vermittler dienen sollte, nach Schloss Zwingenberg, um den Großherzog um den Rücktritt zu bitten. Geiß und die SPD wurden hier in eine Rolle gezwungen, die sie nur widerstrebend ausfüllten. Als Geiß in dem Zufluchtsort des Großherzogs, Zwingenberg, eintraf, trat er nicht als selbstbewusstes Haupt der neuen Volksregierung auf, sondern als Untertan, dem die Anrede des Fürsten als „Königliche Hoheit" selbstverständlich war. Geiß war von tiefem Mitleid erfüllt ob des Schmerzes, den der Großherzog anlässlich des Rücktrittsersuchens durchleiden musste. Die Abschiedsszene, nach der Geiß mit der Verzichtserklärung das Schloss verließ, schilderte er selbst so: „Der Großherzog sagte: ‚Also adieu, Herr Geiß, ich wünsche Ihnen zu Ihrem Unternehmen und Ihrem neuen

---

117 Vgl. Oeftering (1920), S. 187ff.
118 Vgl. GLA 233/24312. Es handelt sich hier um eine Formulierung v. Bodmans.

Amt recht viel Glück im Interesse unseres schönen Badener Landes'. Er hat sich umge-
wendet und ging. Dann kam die Großherzogin Hilda auf mich zu, reichte mir die Hand
und sprach mir gleichfalls ihre Glückwünsche aus, dass es gelingen möge, unsere Verhandlungen zum Ziele zu führen. Die Frau hat jämmerlich geweint. Sie war ganz aufgelöst. Sie hat vorher kein Wort gesprochen, stand nur daneben mit Tränen in den Augen.
Sonst war niemand da als Exzellenz Bodmann, der ebenfalls tief ergriffen war. Auch mich
hat es erfasst. Ich habe den Eindruck gehabt, wie wenn plötzlich ein großes Unglück in
die Familie eintritt, ohne jede Vorbereitung, ein Todesfall oder dergleichen. Ich ging fort.
Im Hof musste ich warten bis Exzellenz Bodman kam. Nach 15 bis 20 Minuten fuhren
wir weg. Als wir beieinander im Wagen saßen, sagte ich zu Exzellenz: ‚Das sind schwere
Stunden, nicht wahr?' Darauf sagte er: ‚Herr Geiß, das war eine dreistündige Hinrichtung,
anders kann ich es nicht nennen. Es war etwas Furchtbares, was ich ausgestanden habe,
bis ich den Großherzog zu dem gebracht habe, was ich schriftlich in der Tasche habe.'"[119]

Die Gemütsbewegung der beteiligten Personen ließ ihnen kaum deutlich werden, dass
der Großherzog sich nur zu einem halbherzigen Schritt entschlossen hatte; er verzichtete nur vorläufig auf die Regierungsgewalt bis zur endgültigen Klärung der Frage durch
die Nationalversammlung. Die Beamten entband er von dem ihm geleisteten Treueid und
leistete damit der vorläufigen Volksregierung einen wertvollen Dienst.

Die Regierung verband die Bekanntmachung des Verzichts des Großherzogs auf die
Ausübung der Regierungsgewalt mit der Ausrufung der freien Volksrepublik Baden,[120]
den Wünschen – gerade des Mannheimer Arbeiter- und Soldatenrats – nach Ausrufung
einer sozialistischen Republik kam sie damit nicht entgegen.[121]

Auch die SPD verweigerte die Ausrufung der sozialistischen Republik, weil sie damit
nur den Wünschen einer Minderheit zu entsprechen glaubte. Marum spielte die Ausrufung der freien Republik herunter, indem er anführte: „Bei vielen Arbeitern hat es
vielleicht Aufsehen erregt, dass wir in Baden die ,freie Volksrepublik' und nicht die sozialistische Republik erklärt haben. Mancher hat sich vielleicht den Übergang so vorgestellt, dass die Staatsgewalt allein in die Hand der Sozialdemokraten kommen werde. Es
ist ein Spiel mit Worten; wenn wir die sozialistische Republik erklärt hätten, wären wir
keinen Schritt weitergekommen. Nicht auf das Wort kommt es an, sondern auf den Geist,
in dem die Regierung geführt wird. Der Geist, in dem die Geschicke Badens geführt werden, ist sozial im besten Sinne, auch wenn Bürgerliche in der Regierung sind."[122]

---

[119] GLA 233/27960
[120] Vgl. Oeftering (1920), S. 221. Die endgültige Entscheidung über die Staatsform sollte die
Nationalversammlung treffen.
[121] Hinter die Regierung stellte sich allerdings der Freiburger Arbeiter- und Soldatenrat, der – angeregt
durch den Freiburger Zentrumspolitiker und badischen Finanzminister Wirth – die Position der
Regierung stützte, nach der die Ausrufung einer sozialistischen Republik ein undemokratisches
Verhalten bedeutete. Auch die sozialdemokratischen Vertreter in der Freiburger Versammlung,
Engler und Weißmann, bekräftigten diese Sichtweise und stellten die Verkündung der freien
Volksrepublik als richtigen politischen Schritt dar.
[122] *Volksfreund* vom 25.11.1918.

Die Regierung hatte auf eine Kundgebung, in der sie die Republik in einer Rede vor der Öffentlichkeit proklamierte, verzichtet und damit jeglichen Eindruck einer endgültigen Entscheidung vermeiden wollen. Es blieb ihr jedoch nicht erspart, die Frage der Staatsform zum Abschluss zu bringen. Angesichts des beginnenden Wahlkampfs, den selbst das Zentrum nicht unter der Parole „Monarchie oder Republik" führen wollte, womit es sich auch in Opposition zu den politischen Verhältnissen des Reiches befunden hätte, entschied man sich, die endgültige Abdankung des Großherzogs herbeizuführen.

Erneut wurde v. Bodman zum Großherzog gesandt, der inzwischen seinen Aufenthaltsort von Zwingenberg in das in politisch ruhigen Regionen gelegene Schloss Langenstein im Hegau verlegt hatte.[123] Auch v. Bodmans zweiter Besuch war erfolgreich, am 22. November dankte der letzte badische Großherzog Friedrich II. – wenn auch mit Widerstreben – endgültig ab. Bezeichnend für die Haltung der vorläufigen Volksregierung ist die Reaktion, welche das Kabinett angesichts der großherzoglichen Entscheidung zeigte. Der Historiograph der Badischen Novemberrevolution Oeftering berichtete von tiefem Schweigen, das dem Bericht v. Bodmans in der Kabinettssitzung folgte. Der fortschrittliche Minister Haas sprach als erster den Dank seiner Partei gegenüber dem Großherzog aus, ihm folgte die sozialdemokratische Fraktion, für die Marum das Wort ergriff. Er sagte: „Und ich darf bei dieser Gelegenheit auch wiederholen, dass uns nicht etwa ein Hass gegen die Person des Großherzogs bei der ganzen Angelegenheit geleitet hat. Wir erkennen vielmehr an, dass der Großherzog Großes geleistet hat und dass er insbesondere von dem besten Willen beseelt gewesen ist, das Glück der badischen Heimat und des badischen Volkes zu fördern und dass es nicht seine persönlichen Eigenschaften gewesen sind, die zu diesem Ausgang geführt haben."[124]

V. Bodman dankte den Parteien für die „würdige Weise", in der diese „delikate und peinliche" Sache abgeschlossen wurde.[125] Auch die am selben Tag veröffentlichte Regierungsproklamation sprach von Dank an den Großherzog und wies nachdrücklich darauf hin, dass nicht ihr politischer Wille, sondern die weltpolitischen Umstände und die gesamtdeutsche Situation zum Sturz der badischen Monarchie geführt hätten. Die entsprechenden Passagen des Textes lauteten: „Die Änderungen der Staatsform in Baden ist die Folge der weltpolitischen und gesamtdeutschen Entwicklung. Der Großherzog hat im Interesse des badischen Volkes die Folgerungen aus der von ihm persönlich nicht verschuldeten Lage gezogen. Das badische Volk anerkennt die Liebe zur badischen Heimat, die der Großherzog auch wieder in den Entschlüssen der letzten Tage betätigt (sic) hat. Es gedenkt der Werke edler Menschlichkeit der Großherzogin-Mutter und der Verdienste

---

[123] Vgl. Oeftering (1920), S. 235. Seinen Umzug führte der Großherzog in der Nacht vom 17. auf den 18. November durch. In einem Sonderzug, den die Regierung bereitgestellt hatte, wurde die fürstliche Familie von Regierungsmitgliedern begleitet, unter denen sich auch der sozialdemokratische Minister Rückert befand. Auch die Sozialdemokratie empfand es als ihre Aufgabe, den Schutz der Herrscherfamilie zu gewährleisten und ihr die Ehre der Begleitung durch staatliche Hoheitsträger zu bereiten.
[124] GLA 233/24312.
[125] Ebenda.

des Prinzen Max um die Demokratisierung Deutschlands und um die Gedanken der Völkerverständigung."[126] Ihre Dankbarkeit drückten die Regierungsmitglieder auch dadurch aus, dass sie alle vermögensrechtlichen Fragen, die sich aus der Abdankung des Großherzogs ergaben, großzügig zu regeln versprachen. Die Minister Haas und Trunk verfassten eine Erklärung, in welcher der Schutz der Republik für das Eigentum des Großherzogs ausgesprochen wurde. V. Bodman zeigte sich befriedigt über den „Geist der Versöhnung und des Gemeinsinns",[127] der die Regierung auszeichnete und unterstrich mit diesen Worten ungewollt die Distanz, welche die gesamte Regierung, einschließlich der sozialdemokratischen Minister, gegenüber den revolutionären Vorgängen empfand. Selbst der USPD-Vertreter Schwarz hatte sich dem Dank an den Großherzog angeschlossen.

In diesem Verhalten zeigte sich die Traditionsverbundenheit besonders der bürgerlichen Regierungsfraktion, die sich nur ungern von der Monarchie lossagte und mit ihr gern ein Element der politischen Kontinuität erhalten hätte. Soweit ging die SPD nicht; sie begrüßte die Republik als die zeitgemäßere Staatsform und stellte deren Durchsetzung als Erfolg der Partei dar. Marum führte in einer Wahlveranstaltung aus: „Wir haben die politische Staatsform des Landes geändert. Es wäre etwas Unmögliches gewesen, dass Baden allein eine Monarchie im Strudel der deutschen Republiken gewesen wäre. In dem Moment, wo wir die Republik durchsetzen konnten, haben wir es getan. Ich bin stolz auf die würdige Art und Weise, in der es uns gelungen ist, uns mit der Monarchie und dem Monarchen auseinander zu setzen. In Baden konnten wir um so eher ohne Bitternis von der Monarchie Abschied nehmen, als wir die Empfindung hatten, dass der Monarch in Baden nicht persönlich am Gang der Dinge schuld ist. Wir hatten umso mehr Grund für eine ruhige Beseitigung der Monarchie, als der Thronfolger sich um die Demokratisierung Deutschlands große Verdienste erworben hat. Jetzt haben wir den Volksstaat, die Republik, und dabei soll es bleiben."[128]

Die Mannheimer *Volksstimme* veröffentlichte dagegen einen schärferen Kommentar über den Niedergang der Monarchie. Dort hieß es über den Großherzog: „Er tat nichts, was ihn hätte verhasst machen können; wo das politische Leben strömte, da strömte es an ihm vorbei; er war nie Mittelpunkt, nie auch war er der Träger der Geschichte; nicht im Bösen – das fällt zu seinen Gunsten; nicht im Guten – das fällt zu Lasten der Institution... Und darum fällt mit dem Monarchen kein Amt, sondern eine Würde; keine Leistung, sondern bloß eine Repräsentation; kein befruchtendes Leben, sondern nur ein Schatten, der hereinragte aus den Zeiten ältester Vergangenheit; ein Fremdes in unsern Tagen, ein kaum mehr Verstehbares."[129]

---

[126] Zitiert nach Oeftering (1920), S. 241.
[127] Oeftering (1920), S. 242.
[128] *Volksfreund* vom 25.11.1918.
[129] *Volksstimme* vom 15.11.1918, zitiert nach Müller, Leonhard: „Vor 80 Jahren – November 1918. Zur Abdankung des letzten Badischen Großherzogs". In: *Blick in die Geschichte*, Karlsruher stadthistorische Beiträge, Nr. 41 vom 18.12.1998.

Mit der Republik begann ganz offenkundig ein neuer Abschnitt in der Geschichte Badens, der durch die Revolution eingeleitet worden war. Diese Phase war gekennzeichnet durch eine ungeklärte Machtsituation. Während die Revolutionsregierung zwar zunächst die Spitze des Staates bildete und über eine ungeheure Machtfülle verfügte, musste sie dennoch anerkennen, dass sie diese Position allein der Revolution und ihren Trägern, den Soldaten- und Arbeiterräten, verdankte. Folgerichtig beschrieb auch die *Karlsruher Zeitung* das Verhältnis zwischen den Räten und der Regierung mit den Worten: „Die Träger der politischen Macht sind die Arbeiter- und Soldatenräte, und die betreffenden Regierungen sind ihre Beauftragten. Das gilt natürlich auch für uns in Baden."[130]

Das Verhältnis zwischen provisorischer Regierung und Räteorganisationen entbehrte zunächst einer klaren Definition und verfassungsrechtlicher Bestimmungen. Dies führte zu Konflikten und unterschiedlichen Interpretationsweisen des gegebenen staatsrechtlichen Rahmens. Die Regierung beanspruchte nach ihrer Amtsübernahme die alleinige Verfügung über den Staatsapparat und die ungeteilte Ausübung ihres Weisungsrechts. Nach ihrer Auffassung gebührten nach dem Umsturz und der erfolgten Regierungsneubildung den Räten keine weiteren Eingriffe in den Ablauf der Staatsmaschinerie. Ausdruck dieses Rechtsverständnisses war der Erlass des Innenministers Haas vom 18. November 1918, gerichtet an die Bezirksämter, der das alleinige Weisungsrecht der vorläufigen Volksregierung unterstrich und den Räten jegliche Eingriffe und Anordnungsbefugnisse in der Verwaltung untersagte.[131]

Dieser von der Regierung erhobene Dominanzanspruch konnte jedoch nicht von Anfang an offensiv durchgesetzt werden, zunächst musste es um ein Arrangement mit der Rätebewegung gehen, deren Zuspruch und Anerkennung man unbedingt als Legitimationsbasis brauchte. In den ersten Tagen und Wochen nach dem 10. November bildete die eindeutige Klärung der Machtverhältnisse das wichtigste politische Thema. In dieser Konfliktlage standen sich sehr unterschiedliche Kontrahenten gegenüber: während sich in der Regierung der Machtanspruch der Parteien repräsentierte, begegnete ihr in den Räten eine Volksbewegung, die, politisiert durch die Entbehrungen der Kriegszeit und verbittert über die Herrschaftspraktiken des alten Regimes, einen grundlegenden Strukturwandel von Wirtschaft, Gesellschaft und Staat forderte.

Im Mittelpunkt des Konflikts stand die staatsrechtliche Beurteilung der durch die Revolution geschaffenen Lage: Handelte es sich um den legitimen Ausgangspunkt eines neuen Rechtszustandes oder galt die Kontinuität alter Rechtsverhältnisse? Besonders hart prallten die Gegensätze in der Machtfrage aufeinander: Wem stand die Ausübung staatlicher Macht zu und wie sollten die legislativen und exekutiven Kompetenzen zwischen Regierung und Rätebewegung verteilt werden? Schließlich stellte sich die Frage, wer in

---

[130] *Karlsruher Zeitung* No 265 vom 13.11.1918; zitiert nach GLA 234/10155.
[131] Vgl. GLA 234/10155.

der Interimszeit bis zur Wahl der Nationalversammlung die Volkssouveränität repräsentierte. Auf diese Frage fanden Regierung und Rätebewegung unterschiedliche Antworten, die zu Konflikten und Spannungen führten. Der Einfachheit halber wird in der Darstellung der beiden Positionen zunächst von der Heterogenität der Standpunkte innerhalb des Regierungslagers und der Rätebewegung abgesehen, die Differenzierung der Parteipositionen wird an späterer Stelle nachgeholt werden.

Der Regierungsstandpunkt ergab sich aus dem streng legalistischen Denken, das an die alten Rechtsinstitutionen anknüpfen und den Staatsapparat möglichst unversehrt bewahren wollte. Den Anspruch auf die alleinige Ausübung der vollen legislativen und exekutiven Kompetenzen verfocht die Regierung vehement und verweigerte zunächst den Räten jegliche Ausübung staatlicher Hoheitsaufgaben. Entscheidend war jedoch das Selbstverständnis der Regierung, das höchste Staatsorgan zu bilden und aus diesem Status ein Recht auf alleinige Weisungsbefugnis in der Exekutive und volle legislative Kompetenzen abzuleiten.

Für die Regierung war mit ihrer Machtübernahme und den grundlegenden Reformen im Reich das Ende der Revolution gekommen. Die *Karlsruher Zeitung* schrieb bereits am 13. November: „Inzwischen ist die Revolution im Reiche wie im badischen Lande zu einem gewissen Abschluss gelangt."[132] Mit der Auswechslung der Staatsspitze war nach Auffassung der Regierung dem revolutionären Neuerungsbedürfnis Genüge getan. Nun ging es nur noch darum, das Errungene zu sichern. Die jahrelange Arbeit der Parteipolitiker in den parlamentarischen Institutionen des alten Staates hatten zu einer Hochschätzung des Parlamentarismus geführt, die verbunden war mit der Ablehnung neuer repräsentativer Organe, wie sie sich in den Räten gebildet hatten.

Diese Auffassung provozierte naturgemäß den Widerspruch zumindest von den Teilen der Rätebewegung, die links von den Sozialdemokraten standen.[133] Sie interpretierten den staatsrechtlichen Hintergrund der Revolutionszeit unter völlig anderen Prämissen. Für sie hatte die Revolution eine verfassungsrechtlich neue Situation geschaffen, in der den Räten Rechte zustanden, die im alten System unbekannt waren und die sie ermächtigten, die Revolution konsequent fortzuführen. Nach ihrer Auffassung musste es um die Aufteilung der Staatsmacht zwischen der provisorischen Regierung und den Landesvertretungen der Räte gehen unter der Vorgabe einer möglichst ausgeglichenen Kompetenzverteilung. Völlig klar erschien den Räten, dass ihre zentralen Organe die obersten Repräsentanten der neuen Republik waren. Die Regierung handelte nur in ihrem Auftrag und musste deshalb unter ihre Kontrolle gestellt werden. Die Revolution hatte nach der Auffassung der Räte noch keineswegs ihren Abschluss gefunden; revolutionsfeindliche und konservative Kräfte in Militärapparat und Verwaltung forderten zur personellen Umbesetzung auf. Ihre Posten mussten nach Auffassung der Räte unbedingt mit demokratischen Parteigängern besetzt werden, noch existierende Klassenprivilegien in der

---

[132] *Karlsruher Zeitung* vom 13.11.1918.
[133] Vgl. Flemming (1971), S. 69–140.

Gesellschaft waren nach ihrer Auffassung sofort zu beseitigen und ein Stück sozialer Gerechtigkeit unmittelbar zu verwirklichen. Dies führte zu Eingriffen der Räte in die Verwaltung, eigenmächtigen Absetzungen von Bürgermeistern und hohen Beamten, Beschlagnahmungen und Umverteilungsaktionen, die den Ärger und den Widerstand der Regierung hervorriefen.[134] Der Wille der nicht von der SPD dominierten Rätebewegung war darauf gerichtet, dauerhafte Strukturen der Demokratisierung in Armee und Verwaltung zu schaffen und den Räten ein Mitbestimmungsrecht zu sichern. Damit artikulierte die Rätebewegung einen Machtanspruch, der mit der bisherigen Organisation staatlichen Lebens nicht im Einklang stand und eine grundsätzliche Neuorganisation bisheriger Herrschaftsstrukturen verlangte.

Dieser Konflikt zwischen Regierung und Rätebewegung brachte die SPD in besondere Bedrängnis. Ihr Selbstverständnis als diejenige Partei, die den revolutionären Umsturz guthieß, legte ihr ein positives Verhältnis zu den Trägern der Revolution nahe. Andererseits waren die politischen Differenzen zu den Ansprüchen der Rätebewegung erheblich. Die Führer der badischen SPD standen der Rätebewegung letztlich distanziert gegenüber; sie waren vielmehr bestrebt, Politik in Zusammenarbeit mit den bürgerlichen Parteien zu gestalten, die den Räten absolut ablehnend gegenüberstanden. Außerdem teilten die Sozialdemokraten das Neuordnungskonzept der Räte nicht. Ihr Misstrauen gegenüber den Strukturen und Personen des alten Staatsapparats war kaum ausgeprägt. Sie setzten auf eine allmähliche Demokratisierung in den wesentlichen staatlichen und gesellschaftlichen Bereichen und lehnten eine sofortige Strukturreform ab.

Vor allem aber teilte die SPD den Standpunkt der bürgerlichen Parteien, dass die Räte keinerlei staatliche Machtbefugnisse und kein Recht zu Eingriffen in Armee und Verwaltung erhalten sollten. Den Ausweg aus ihrem Dilemma suchte die Partei in einer Strategie, die den Räten Zugeständnisse machte, ohne ihnen wesentlichen Einfluss zuzugestehen. Erste Schritte der Konfliktregelung lagen für die Partei darin, die Organisation der Rätebewegung in leitende Gremien und Ausschüsse zu fordern, um in ihnen einen Ansprechpartner zu finden, mit dem sich Kompromisse aushandeln ließen. Weiterhin war die Partei bestrebt, schriftlich fixierte Abmachungen zu treffen, in denen die Zuständigkeit der Räte genauesten geregelt wurden. Mit diesen juristischen Konstruktionen versuchte die Partei, den neuen Rechtszustand zu fixieren und den Räten ein streng legales Vorgehen vorzuschreiben. Darin – nämlich in der Anerkennung gewisser Rechtsansprüche der Räte – sah die Partei bereits ein erstes Zugeständnis, das sie zu erweitern bereit war in der formalen Bestätigung der Räte als Träger der Revolution und als obersten Souverän. In der Frage der Machtausübung allerdings unterstützte die SPD den alleinigen Machtanspruch der Regierung, kam den Räten aber insoweit entgegen, ihnen Mitwirkungsrechte auf allen Ebenen der Verwaltung zuzugestehen und ihnen ein Kontrollrecht gegenüber der Regierung einzuräumen. Mit diesen Zugeständnissen hoffte sie, die

---

[134] Stiefel (1977), Band 1, S. 321.

Machtansprüche der Rätebewegung zu befriedigen und sie von weitergehenden Forderungen abbringen zu können. Innerhalb der Regierung setzte sie sich für den Weg des Entgegenkommens und des Arrangements mit der Rätebewegung ein.

Bei der Betrachtung der badischen Entwicklung muss klar unterschieden werden zwischen der Bewegung der Soldatenräte und der der Arbeiterräte, die sich sowohl unterschiedliche Institutionen schufen, getrennte Vereinbarungen mit der Regierung trafen als auch ihren Wirkungskreis – den militärischen und zivilen Bereich – voneinander getrennt hielten.[135] Auch in ihrer parteipolitischen Ausrichtung waren Unterschiede auffällig. Während die Soldatenräte auf sozialer und politischer Ebene sehr heterogen zusammengesetzt waren,[136] so überwogen in ihrer Leitung, zumindest in den Großstädten, die Vertreter der USPD. Es wurde bereits darauf hingewiesen, dass sowohl der Karlsruher als auch der Mannheimer Soldatenrat von unabhängigen Sozialdemokraten geführt wurde.[137] Auch die Leitung des badischen Landesausschusses der Soldatenräte befand sich in den Händen der Linkssozialisten.[138] Anders sah es bei den badischen Arbeiterräten aus, die mehrheitlich der SPD anhingen.

Antagonistische Spannungen zwischen den Soldatenräten und der vorläufigen Volksregierung prägten deren Verhältnis stärker als die Beziehung zwischen Arbeiterräten und Regierung. Dies lag an dem ausgeprägteren Selbstbewusstsein der Soldaten, welche die Revolution angestoßen und erfolgreich durchgeführt hatten. Aus diesem Verdienst leiteten sie ihren Anspruch ab, an der staatlichen Macht teilzunehmen und die weitere politische Entwicklung mitzubestimmen.

Die Soldatenräte requirierten eigenmächtig Lebensmittel, Brennstoffe und Heeresgut, welches sie nach eigenem Ermessen verteilten. Dieses Vorgehen provozierte den Widerspruch der Regierung. Der Sozialdemokrat Remmele bemerkte zu diesen Vorgängen: „Ohne Rücksicht auf die Eigentumsverhältnisse wurden solche (Warenbestände m E.) requiriert und verteilt. Ging es so weiter, dann drohte der völlige Untergang aller staatlichen und wirtschaftlichen Ordnung. In den Gewerkschaften und innerhalb der Vorläufigen Volksregierung erkannte man bald die Gefahr, die dem neuen Staatswesen von diesen Zuständen drohte."[139]

Nicht nur der Anspruch auf Eingriffe in die bestehende Ordnung schufen Konflikte zwischen Soldaten und Regierung, auch unterschiedliche politische Vorstellungen bestimmten die Auseinandersetzung. Die gemäßigte Zielsetzung, welche die Badische Provisorische Regierung sich gesetzt hatte, rief die Kritik der unabhängigen Soldatenräte, die in Opposition zu dem reformistischen Weg und der Koalition mit bürgerlichen Parteien standen, hervor. Schon erste Aktionen, wie die Vernichtung des Aufrufs des Wohlfahrtsausschusses und die Weigerung, sich in diesen zu integrieren, hatten die politische

---

[135] Vgl. Brandt/Rürup (1991), S. 93.
[136] Vgl. Brandt/Rürup (1991), S. 97.
[137] Vgl. Oeftering (1920), S. 107.
[138] Vgl. Brandt/Rürup (1991), S. 89.
[139] Zitiert nach Brandt/Rürup (1991), S. 89.

Differenz signalisiert. Die Soldatenräte blieben eigenständig, der Wohlfahrtsausschuss musste sich auflösen, dies war zunächst ein eindeutiger Erfolg für die Soldaten.

Der Konflikt wurde nicht völlig offen ausgetragen. Die Regierung trug zunächst ihrer Abhängigkeit von der bewaffneten Macht der Räte Rechnung, indem sie ihnen Zugeständnisse machte, deren wichtigstes die Herbeiführung der Republik war. Die Soldatenräte ihrerseits sprachen in einer ersten Vereinbarung am 11. November 1918 der neuen Regierung das Vertrauen aus.[140] Damit war die zentrale Machtfrage aber noch nicht entschieden. Der Versuch der Regierung, das alleinige Weisungsrecht über die Soldatenräte auszuüben, stieß auf den erbitterten Widerstand der Soldaten, die weder das Ministerium für militärische Angelegenheiten noch das stellvertretende Generalkommando als weisungsbefugte Instanzen akzeptieren wollten. Es entspann sich eine längere Auseinandersetzung, die nur etappenweise zu einem einvernehmlichen Abschluss gebracht werden konnte. Die badischen Soldatenräte waren von Misstrauen gegenüber ihren vorgesetzten Behörden erfüllt und drängten darauf, ihren eigenen Vertretungen Macht und Einfluss zu erhalten. Dabei spielte das Faktum, dass sich das stellvertretende Generalkommando dem Ministerium für militärische Angelegenheiten unterstellt hatte, keine Rolle. Auch die Leitung des Ministeriums durch den USPD-Politiker und ehemaligen Vorsitzenden des Karlsruher Soldatenrats Brümmer vermochte ihr Misstrauen gegenüber der Regierung nicht zu verringern.

Der Konflikt konnte schließlich durch insgesamt drei Vereinbarungen, die von beiden Seiten am 11., 14. und 16. November ausgehandelt wurden, beigelegt werden.[141] Es wurden Regelungen für das dienstliche und außerdienstliche Verhalten der Soldatenräte getroffen und gemeinsame Richtlinien erarbeitet.[142] Eine zentrale Landesvertretung der badischen Soldatenräte – ein zweiköpfiger Landesausschuss – wurde dem Ministerium für militärische Angelegenheiten beigeordnet. Der Landesausschuss verfügte über das Weisungsrecht gegenüber allen badischen Soldatenräten,[143] was einen enormen Erfolg für die Rätebewegung bedeutete. Den Kommunalvertretungen und Bezirksbehörden wurden vom Innenministerium[144] Soldatenvertreter zugeordnet, ohne deren Zustimmung keine Anweisung der unteren Verwaltungsbehörden erfolgen durfte.[145]

Will man das erreichte Kräfteverhältnis zwischen Regierung und Soldatenräten kennzeichnen, so muss man allerdings feststellen, dass sich trotz mancher Zugeständnisse die Regierung durchsetzen konnte. Sie verhinderte jegliches Kontrollrecht der Soldaten über die Regierung und das Ministerium für militärische Angelegenheiten, sie setzte ihr alleiniges Weisungsrecht über die Exekutive durch und sicherte die Weiterarbeit der alten

---

[140] Vgl. Kaller (1966), S. 305.

[141] Vgl. Oeftering (1920), S. 250ff.

[142] Vgl. Brandt/Rürup (1991), S. 96. In diesen Richtlinien wurde z.B. das Delikt der Plünderung unter Todesstrafe gestellt.

[143] Vgl. Brandt/Rürup (1991), S. 90.

[144] Es handelt sich um den Erlass vom 18.11.1918, GLA 234/10155.

[145] Vgl. Brandt/Rürup (1991), S. 90.

militärischen Dienststellen. Es gelang ihr durch die Vereinbarung mit dem Landesausschuss, Eingriffe und eigenmächtiges Vorgehen der Soldaten letztlich zu unterbinden. Die Soldatenräte hatten sich allerdings ein Mitentscheidungsrecht auf allen staatlichen Ebenen, denen des Ministeriums, der Bezirke und der Gemeinden sichern können, ein eigenes Weisungsrecht des Landesausschusses behalten und eine Bezahlung ihrer Tätigkeit durchsetzen können.[146] Dies waren nicht unerhebliche Zugeständnisse, von denen das selbständige Weisungsrecht des Landesausschusses das politisch relevanteste war. Diese errungene Position konnte aber den ständig vor sich gehenden Machtverlust der Soldatenräte nicht aufhalten. Dieser war begründet in der fortschreitenden Demobilisierung und der Errichtung der neutralen Zone im Grenzgebiet Badens, wonach der Landesausschuss zusammen mit den militärischen Behörden Karlsruhe verlassen musste und seinen Sitz im Dezember 1918 nach Durlach verlegte.[147] Welch wichtiges Anliegen es für die badischen Soldatenräte war, die weitere politische Entwicklung mitzugestalten, belegte ihr Verfassungsentwurf, den sie von einer Kommission ausarbeiten ließen und der für Baden eine Rätedemokratie vorsah.[148]

Bedeutsamer als der Landesausschuss der Soldatenräte war für die Regierung das politische Gewicht der Arbeiterräte. Hier fehlte zunächst eine landesweite Vertretung, sie wurde schließlich angeregt vom Mannheimer Vollzugsausschuss der Arbeiter- und Soldatenräte, welcher der Regierung sehr kritisch gegenüberstand und der den Machtanspruch der Räte offensiv vertreten wollte. Am 21. und 22. November tagte in Mannheim die erste Landesversammlung der Arbeiterräte,[149] zu der sich etwa einhundert Delegierte aus siebzig badischen Arbeiter- und Soldatenräten zusammenfanden.[150] Was deren politische Ausrichtung betraf, so gehörte die überwiegende Mehrheit der Delegierten der SPD an.[151] Der einladende und politisch bedeutsame Mannheimer Vollzugsausschuss war paritätisch aus den Vertretern beider Arbeiterparteien gebildet. Die USPD-Räte unter ihrem Führer Hermann Remmele stellten auf dem badischen Kongress zwar eine Minderheit dar, sie versuchten jedoch – rhetorisch geschickt und politisch geschult – Einfluss auf den Kongress zu gewinnen. Dass diese Gruppe der Regierung distanziert gegenüberstand, wurde auch daran deutlich, dass der Mannheimer Vollzugsrat ihr keine Einladung zum Kongress zukommen ließ und diese erst in letzter Minute ihren Vertreter, nämlich Ludwig Marum, nach Mannheim schickte, nachdem sie von der Tagung erfahren hatte.[152] Für die Regierung ging es in der Zusammenarbeit mit dem Rätekongress um zentrale

---

[146] Vgl. Oeftering (1920), S. 253.

[147] Obwohl der Landesausschuss nun einen Vertreter in die Landeszentrale der Arbeiter-, Bauern- und Volksräte entsandte, konnte er durch die räumliche Entfernung und durch seine geringer werdende Bedeutung nach dem Eintritt des Waffenstillstandes nicht den gleichen Einfluss behaupten wie vordem.

[148] Vgl. Brandt/Rürup (1991), S. 127ff.

[149] Erst Ende November nahm die Landesversammlung den Titel Landesversammlung der Arbeiter-, Bauern- und Volksräte an.

[150] Vgl. Brandt/Rürup (1980), S. 5.

[151] Vgl. Brandt/Rürup (1991), S. 106.

[152] Vgl. Brandt/Rürup (1980), S. 6.

politische Fragen: Es handelte sich darum zu verhindern, dass der Kongress unter den Einfluss der Linken geriet. Vielmehr musste das Vertrauen der Landesversammlung gewonnen und ihre Unterstützung der Regierungsarbeit. Gleichzeitig sollte jedoch die Machtfrage zugunsten der Regierung entschieden, ihr Dominanzanspruch gesichert und die Räte in die Regierungsarbeit eingebunden werden. Zur Erreichung dieses Ziels war die Regierung zu Zugeständnissen bereit, indem sie die Räte als obersten Souverän anerkannte, ihnen Mitwirkungsrechte und das Kontrollrecht über die Regierung anbot. Ihre eigene – sehr gemäßigte – Revolutionspolitik rechtfertigte sie als bedingt durch innen- und außenpolitische Zwänge, zu der sich keine Alternative bot. Dass den Räten keinerlei staatliche Entscheidungsbefugnisse, kein Weisungsrecht gegenüber Behörden, keine Eingriffe in die Eigentumsordnungen und Verwaltungsvorgänge zugestanden werden sollte, war für die Regierung klar. Dies einem landesweiten Rätekongress zu vermitteln und dessen Zustimmung zu erwirken, musste sich als schwierige Aufgabe darstellen. Für diese Aufgabe wurde als Beauftragter der Regierung Marum auserkoren, der ideale Voraussetzungen mitbrachte, um diesen Auftrag durchzuführen. Als Sozialdemokrat, der sich durch langjährige Parteiarbeit, durch seine Tätigkeit als Landtagsabgeordneter und durch seine Einflussnahme in der Revolution Ansehen und Vertrauen in Parteikreisen erworben hatte, der in langjährigen Auseinandersetzungen im Umgang mit der Linken vertraut war und ihre Angriffe geschickt zu parieren wusste, der rhetorisches Geschick mit kompromissbereitem Verhalten zu verbinden gelernt hatte, war er der ideale Regierungsvertreter auf dem mehrheitlich sozialdemokratisch ausgerichteten Rätekongress. Als überzeugter Reformist, der den bürgerlichen Parteien vielfach entgegengekommen war und der alle Macht der Regierung und den Parteien sichern wollte, genoss er andererseits auch das Vertrauen seiner bürgerlichen Karlsruher Kollegen.

Die Landesversammlung wurde eröffnet durch Referate von zwei Mitgliedern des Mannheimer Vollzugsausschusses, nämlich dem führenden Sozialdemokraten Oskar Geck und dem Vertreter der Unabhängigen Dr. Pfeiffenberger.[153] Während Geck vollkommen die Regierung unterstützte, forderte Pfeiffenberger auch deren wirksame Kontrolle und die Konstituierung der Landesversammlung als Vorparlament, das als Träger der Volkssouveränität den Vorrang vor der Regierung beanspruchen sollte. Außerdem trat er für eine wirksame Kontrolle der Verwaltung durch die Räte ein.[154] Er forderte vor allem deren Mitarbeit auch auf den unteren Verwaltungsebenen: „Es muss ihnen (den Arbeiter- und Soldatenräten, m.A.) die Möglichkeit zur Mitarbeit an der Landesverwaltung gegeben werden. Wir haben nicht die Garantie, dass die unteren Verwaltungsämter, die Bezirksämter restlos im Sinne der neuen Ideen arbeiten. Es muss bestimmt werden, dass die untere Verwaltung, soweit Fragen grundsätzlicher Bedeutung in Betracht kommen, gemeinsam mit den A.- und S.-Räten zusammenarbeitet."[155]

---

[153] Nur aus seinen Äußerungen ist die Zugehörigkeit zur USPD erkennbar, in den biographischen Hinweisen bei Brandt/Rürup (1980 und 1991) findet sich keine Erwähnung seiner Parteizugehörigkeit.

[154] Brandt/Rürup (1991), S. 7f.

[155] Ebenda.

Marum ergriff sofort nach den einleitenden Referaten das Wort und bediente sich verschiedener Techniken, um das Vertrauen der Versammlung zu gewinnen. Dazu gehörte die politische Anerkennung und Aufwertung der Rätebewegung, die Zubilligung der Kontrollrechte, die Rechtfertigung der Revolutionspolitik der SPD, die Darstellung des Regierungsprogramms als eines wesentlich sozialdemokratisch geprägten Konzepts.[156] In seinen Ausführungen gestattete sich Marum viele Ungenauigkeiten, die den tatsächlichen Vorgängen nicht völlig entsprachen, aber seinem Ziel dienten, die positive Zeichnung der Regierung zu erreichen.

Marum begann mit der Anerkennung der Rolle der Räte in der Revolution. Er stellte sie als Träger der politischen Macht dar, womit er sich im Gegensatz zur Regierungserklärung vom 14. November befand, in der die Räte keine Erwähnung fanden und in der es hieß: „Alle Staatsgewalt ist in den Händen der Badischen Vorläufigen Volksregierung.“[157] Die Bildung der Vorläufigen Volksregierung geschah nach den Worten Marums unter alleiniger Regie der Soldatenräte. Seine Worte lauteten: „Es bildete sich aus dem Karlsruher Arbeiter- und Soldatenrat die jetzige Vorläufige Regierung.“[158] In dieser Passage verschwieg er bewusst den entscheidenden Einfluss des Wohlfahrtsausschusses bei der Regierungsbildung. Den Wunsch der Regierung nach Zusammenarbeit mit den Räten formulierte er in folgender Weise: „Die Regierung legt den größten Wert darauf, mit den A.- und S.-Räten zusammenzuarbeiten; wir sind gegenseitig aufeinander angewiesen. Wir empfinden, dass die A.- und S.- Räte die Träger der revolutionären Gewalt und im Besitz der politischen Macht des Landes sind. Die badische Regierung kann ihre Tätigkeit nur so lange ausüben, als sie getragen ist von dem Vertrauen der A.-und S.- Räte.“[159]

Diesen Äußerungen schloss er seine Vorschläge zur Bildung von Gremien an, deren Sitz er in Karlsruhe wünschte: „Aber die Verbindung zwischen ihnen (den Räten, m.A.) und der Regierung muss organisiert werden, und ich würde es begrüßen, wenn Sie zur Wahl eines Landesausschusses der A.- und S.-Soldatenräte schreiten würden. Es geht natürlich nicht an, dass jeder lokale A.- und S.-Rat glaubt, der Regierung befehlen zu können. Jeder Demokrat ist gegen die Diktatur, und die Regierung würde sich gegen die Diktatur jeder einzelnen Stadt wenden. Jeder A.- und S.-Rat hat innerhalb seines Ortes die notwendigen Funktionen zu verrichten, für das Land kommt eine Landesinstanz in Frage.“[160]

Politisch relevant waren die Vorstellungen, die Marum über das Kontrollrecht der Räte entwickelte. Dies sollte sich seiner Meinung nach auf ein Informations- und Beratungsrecht beschränken, die Regierung dachte weder an ein Mitunterzeichnungsrecht noch an

---

[156] Ein eigenes Aktionsprogramm der Regierung lag zu diesem Zeitpunkt nicht vor. Marum sagte: Es (das Programm) enthält ähnliches wie in den Richtlinien der USPD. Vgl. Brandt/Rürup (1980), S. 11f.
[157] Oeftering (1920), S. 221.
[158] Brandt/Rürup (19180), S. 9.
[159] Zitiert nach Brandt/Rürup (1980), S. 10.
[160] Ebenda, S. 10f. Ob hier Marum offiziell im Namen der Regierung sprach, ist nicht sicher. Eine entsprechende Kabinettsitzung ist nicht belegbar.

ein Vetorecht, das die Kontrolle mit wirksamen politischen Mitteln ausgestattet hätte. Ein Abberufungsrecht einzelner Minister – wie es auf Reichsebene dem späteren Zentralrat zugebilligt wurde – galt in Baden als viel zu weitgehend und wurde nicht mit in die Diskussion aufgenommen. Marums Ausführungen über das Kontrollrecht hatten den folgenden Wortlaut: „Das Kontrollrecht der A.- und S.-Räte soll sich aber darauf beschränken, dass die großen Linien der Politik der Regierung übereinstimmen mit dem Willen der A.- und S.-Räte. Vertrauen gegen Vertrauen, das ist gegenwärtig besonders notwendig. Ich würde vorschlagen, dass der Landesausschuss aus zwei oder vier oder auch mehr Leuten besteht. Dieselben würden von allen wichtigen Fragen seitens der Regierung in Kenntnis gesetzt und zur Beratung zugezogen, so denke ich mir die Kontrolle. Ich würde davon abraten, den Ausschuss nach Mannheim zu setzen. Ich weiß wohl, dass Mannheim nicht nur geographisch am Kopfe Badens steht. Aber der Ausschuss muss dort geschaffen werden, wo er ständig mit der Regierung in Verbindung treten kann. Ich schlage deshalb vor, dass der Landesausschuss der A.- und S.-Räte am Sitze der Regierung zusammentritt."[161]

Die praktischen Gründe, die gegen Mannheim sprachen, waren wohl nicht der einzige Anlass für die Regierung, sich gegen den Vorort Mannheim auszusprechen. Politische Bedenken angesichts des großen Einflusses der radikalen Arbeiterschaft der nordbadischen Industriemetropole werden hier wohl den Ausschlag gegeben haben.

Was den Punkt der Auswechslung führender Beamter betraf, so kam Marum den Räten insoweit entgegen, als er ihnen die Notwendigkeit der Demokratisierung der Verwaltung zugestand. Allerdings hielt er aus fachlichen Gründen eine Auswechslung des Beamtenapparats zum gegenwärtigen Zeitpunkt für unmöglich. Die Regierung und Marum zeigten sich jedoch bereit, auf allen Ebenen der Verwaltung den Räten ein Vertretungsrecht zuzubilligen.[162] Als Marum zur Rechtfertigung der Revolutionspolitik seiner Partei kam, bediente sich auch hier einiger Ungenauigkeiten, um das Bild im Sinne der Räte zu schönen. Die Koalition mit bürgerlichen Parteien rechtfertigte Marum mit dem Hinweis auf ähnliche Verhältnisse in Württemberg und Bayern. Er übersah hier wohl bewusst, dass in Bayern eine rein sozialistische Regierung an der Macht war.[163] Er begründete das Bündnis mit bürgerlichen Parteien mit Zwängen der angespannten politischen und wirtschaftlichen Situation. Er sagte: „Die Diktatur, die wir uns damit angemaßt haben, wollen wir aber nicht behalten. Wir haben darum auch die Regierung nicht lediglich aus Mitgliedern der Sozialdemokratischen und der Unabhängigen Sozialdemokratischen Partei gebildet, sondern wie dies in Bayern und auch in Württemberg – mit einem Tag Unterbrechung – gemacht wurde, Anhänger bürgerlicher Parteien der Linken mit hereingenommen. Es geschah nicht, weil uns das Programm dieser bürgerlichen Parteien als

---

[161] Ebenda, S. 10f.
[162] Am 18.11. waren zwei Notgesetze vom Innenminister erlassen worden, die den Betriebsräten und Stadträten Soldatenräte zuordneten. Vgl. Stiefel (1977), Band I, S. 320.
[163] Vgl. Brandt/Rürup (1980), S. 9.

annehmbar erschien, sondern weil die Mitarbeit dieser Parteien nicht entbehrt werden kann. Die neue Regierung besteht aus 7 Sozialisten und 2 Zentrumsleuten, 1 Fortschrittlichen und 1 Jungliberalen. Wir mussten mit dem Gegebenen rechnen. Wir haben heute noch nicht die Sicherheit, dass wir die Zuführung der Lebensmittel an die Städte sichern können, aber wir dürfen die Hoffnung haben, das Problem zu lösen. Vor allem brauchen wir einen Ernährungsminister, zu dem auch die Bauern Vertrauen haben, und den haben wir (gemeint ist der Zentrumspolitiker Gustav Trunk, m.A.). Ferner musste die ganze bisherige staatliche Maschinerie, die Beamtenschaft, weiterfunktionieren. Ein Generalstreik der Arbeiter würde alle Räder stillstehen lassen, bei einem Generalstreik der Bureaukratie kämen auch das Volk und die Arbeiterschaft unter die Räder. Wir brauchen die Beamtenschaft, und deshalb mussten wir auch ihre Vertreter in die Regierung nehmen."[164]

Auch die Proklamation der freien Volksrepublik und die Festsetzung des frühen Wahltermins fanden die Rechtfertigung Marums, der seine Rechtfertigung der Regierungspolitik mit dem Hinweis auf die politische Ausnahmesituation schloss, einer Situation, die keine Alternative zu einer pragmatischen Realpolitik zulasse: „Wir sind für möglichst baldiges Zusammentreten der badischen und deutschen Konstituante. Das deutsche Volk will keine Diktatur, sie darf nicht Selbstzweck, sondern nur Mittel für die Übergangszeit zur Demokratie sein. Man muss sich gegenwärtig sagen, welche Last der Verantwortung auf der vorläufigen Regierung ruht, und klar und nüchtern erwägen: Was ist möglich?"[165]

In der sich anschließenden Debatte trat die Opposition gegen die Provisorische Regierung und die sozialdemokratische Mehrheit des Kongresses hervor. Es handelte sich um die in Baden prominenten Unabhängigen Sozialdemokraten Adolf Geck und Hermann Remmele, die unterstützt wurden von den andern Parteigängern ihrer Linie. Sie verfolgten das Politikkonzept einer Minderheit der badischen Arbeiterbewegung, einer Minderheit, die bemüht war, wirksame Opposition zu betreiben und Mannheim zur Bastion der Opposition zu machen, von der aus eine starke, der USPD anhängende Arbeiterschaft den reformistischen Kurs der Regierung korrigieren konnte. Die Erfolgsaussichten dieser Minderheit waren naturgemäß gering, dennoch waren ihre Argumente gefürchtet und riefen heftige Auseinandersetzungen hervor. Ihre Kritik richtete sich auf die Koalition mit bürgerlichen Parteien, den frühen Wahltermin, die Domestizierungsversuche der Rätebewegung und die fehlende Vertretung der Arbeiterschaft in der Verfassungskommission, die ausschließlich aus akademisch ausgebildeten Juristen bestand. Um der Regierung ein Gegengewicht zu schaffen, sah die Linke eine Aufwertung der Rätebewegung vor. Sie strebte an, die Landesversammlung als Vorparlament zu deklarieren und damit eine staatsrechtliche Institution zu schaffen, welche die Regierung einer wirksamen Kontrolle unterstellte. Die badische USPD und ihre Rätevertreter gingen nicht so weit, eine Beteiligung an den legislativen und exekutiven Regierungskompeten-

---

[164] Ebenda, S. 9f.
[165] Ebenda, S. 13.

zen zu fordern. Der Vorschlag Marums, das Kontrollrecht einem kleinen Ausschuss – bestehend aus nur wenigen Personen – zu übertragen, erregte ihr Misstrauen, weil sie fürchteten, dass bei entsprechender Zusammensetzung des Gremiums die Regierungslinie unterstützt und nicht einer kritischen Beobachtung unterzogen würde. Dr. Pfeiffenberger schlug – entgegen den Plänen Marums – vor, dass die Landesversammlung in ihrer Gesamtheit ein Recht auf Rechenschaft und Kontrolle gegenüber der Regierung behalten solle. Regelmäßige Tagungen in kurzen Abständen sollten diese Funktionen gegenüber der Regierung ausüben, nur in den Latenzzeiten sollten die gewählten Ausschüsse die Kontrolle der Regierung übernehmen.[166] Der Sitz der zentralen Rätegremien sollte Mannheim sein. Zur Begründung wurde angeführt: „Mannheim ist der Brennpunkt aller Fragen: hier treten die großen Probleme in Erscheinung."[167] Hermann Remmele plädierte für Mannheim in einer Weise, die den Beitrag der Arbeiterbewegung herausstellte und die Rolle der badischen Soldatenbewegung völlig ignorierte. Die Regierungspolitik erfuhr Kritik in ihrer reformistischen Grundausrichtung. Nicht nur die Koalition mit bürgerlichen Parteien stieß auf Ablehnung, sondern auch die Anberaumung des frühen Wahltermins erschien der Linken als politischer Fehler. Hermann Remmele führte aus: „Der angesetzte Wahltermin erscheint uns verfrüht, weil bis dahin die Feldgrauen nicht einmal alle daheim sein werden, weil es der Partei, die durch die Revolution engagiert ist, nicht möglich ist, Kräfte für den Wahlkampf freizumachen. Man sollte erst einmal ein klares Bild darüber haben, wie sich die Entwicklung im Reiche vollzieht."[168]

Die prominenten, bei der Versammlung anwesenden SPD-Führer Oskar Geck und Adam Remmele verteidigten die Position der Regierung und nutzten ihre Redebeiträge zu heftigen Angriffen auf die Linke. Oskar Geck konzentrierte sich auf die Ablehnung der sofortigen Sozialisierung, wenn er sagte: „In der Frage der Sozialisierung der Gesellschaft ver(fällt) mancher in den Erbfehler der Deutschen, die auf den Wolken wandeln, während auf Erden die wichtigsten Dinge geschehen. Die Tendenz, in Deutschland jetzt sofort die Sozialisierung der Gesellschaft zu erzwingen, könnte für seine gesamte Wirtschaft und damit auch für die Arbeiterklasse von schwersten Nachteilen begleitet sein. (...) Radikalismus ist das Bequemste und Dankbarste, es ist aber besser, auf dem Boden der Tatsachen stehen zu bleiben. Wir müssen jetzt zuerst dafür sorgen, dass im militärisch besiegten deutschen Volk die errungenen politischen Freiheiten sicher verankert werden. Wir können den Sozialismus nicht dekretieren, er muss sich organisch entwickeln. Die kapitalistische Gesellschaft hat ihre Entwicklungsstadien noch nicht alle durchlaufen. Erst wenn der Kapitalismus über sich selbst hinausgewachsen ist, kommt die Zeit für die völlige Durchführung dessen, was wir erstreben. Gewiss werden wir schon jetzt alles denkbare (!) tun, um durch Verwirklichung unserer wichtigsten sozialpolitischen Forde-

---

[166] Die Linke dachte an einen badischen Volksrat in Anlehnung an den Berliner Volksrat.
Vgl. Brandt/Rürup (1991), S. 75.
[167] Zitiert nach Brandt/Rürup (1980), S. 13.
[168] Ebenda, S. 14.

rungen das Los des Proletariats nach Kräften zu erleichtern: Ein Erzwingen im wirtschaftlichen Entwicklungsprozess gibt es nicht. Aber wir werden das Volk vorbereiten, dass es den Sozialismus bewusst erlebt und bei seiner Verwirklichung keine enttäuschen Rückschläge erlebt."[169]

Die Landesversammlung schritt am zweiten Sitzungstag, dem 22. November, zur Verabschiedung der vorliegenden Anträge und zu den Wahlen der wichtigsten Ausschüsse. Marum war bereits abgereist und konnte nicht direkt miterleben, dass sich die Regierungslinie in großen Teilen durchsetzte. Allerdings hatte auch die Argumentation der Unabhängigen Früchte getragen und zum gestärkten Selbstbewusstsein der Rätebewegung beigetragen. Dies drückte sich vor allem in der Selbsterklärung zum Vorparlament aus, welche die Landesversammlung vornahm. Sie verstand sich selbst als oberster Souverän des Landes und formulierte dafür die folgende Rechtsgrundlage: „Die am 21. und 22. November im Bürgerausschusssaal der Stadt Mannheim tagende Versammlung der badischen Arbeiter- und Soldatenräte erklärt sich als Vorparlament der freien Volksrepublik."[170]

Ein weiterer Erfolg der Linken bestand darin, dass das Vorparlament regelmäßig, in monatlichem Turnus, einberufen werden musste. Der Beschluss lautete: „Dieses Vorparlament hat mindestens alle vier Wochen zu einer Vollsitzung zusammenzutreten. In dringenden Fällen kann es jederzeit zusammengerufen werden: dieses muss geschehen, sofern die Errungenschaften der Revolution ernsthaft gefährdet werden."[171]

Das Recht auf Kontrolle der Regierung wurde – gemäß dem Vorschlag Marums – einem dreiköpfigen Engeren Ausschuss übertragen, der aus dem größeren Gremium des Landesausschusses hervorgegangen war. Der entsprechende Passus des Beschlusses lautete: „Der Landesausschuss setzt sich zusammen aus elf Vertretern (...). Aus seiner Mitte wählt der Landesausschuss einen engeren Ausschuss von drei Genossen, der – mit Sitz in Karlsruhe – in enger Fühlung mit der vorläufigen Regierung dergestalt zu amtieren hat, dass ohne seine Zustimmung keine grundlegende Handlung seitens der vorläufigen Regierung erfolgen darf."[172] Außerdem hieß es: „Die Vorläufige Regierung ist dem Vorparlament gegenüber für ihre Handlungen verantwortlich."[173]

Diese Textpassage versuchte zwar die inhaltliche Bestimmung des Kontrollrechts zu konkretisieren, indem sie dem Engeren Ausschuss ein Vetorecht zubilligte, es erfolgte jedoch keine klare Definition, was die Versammlung unter einer „grundlegenden Handlung" der Regierung verstand. Sicher war nicht an die Gesetzgebungskompetenz gedacht; die badische Rätebewegung erstrebte offensichtlich kein Mitunterzeichnungs- oder Verordnungsrecht. Der Engere Ausschuss sollte kontrollierend lediglich auf die Exekutive wirken.

---

[169] Ebenda, S. 18.
[170] Ebenda, S. 19.
[171] Ebenda.
[172] Ebenda.
[173] Ebenda.

Diese Bestimmungen umschrieben eine klare Abhängigkeit der Regierung vom Vorparlament. Allerdings konnte das Kabinett dennoch zufrieden sein; es hatte seinen machtpolitischen Vorsprung sichern können und die Monopolisierung legislativer und exekutiver Kompetenzen in seiner Hand erreicht. Die Landesversammlung sprach der Regierung das Vertrauen und ihre Unterstützung aus; sie erhob außer dem Kontrollrecht keine weiteren Forderungen. Die Regierung setzte sich mit ihrem Vorschlag für Karlsruhe als Tagungsort des Engeren Ausschusses durch. Die Besetzung der entscheidenden Gremien der Landesversammlung durch SPD-Anhänger ließ vermuten, dass von diesen Ausschüssen keine wesentliche Opposition ausgehen würde. Dies betraf sowohl den 11köpfigen Landesausschuss, in dem sich mit Hermann Remmele nur ein USPD-Vertreter befand,[174] als auch im Engeren Ausschuss, der fest in sozialdemokratischer Hand war.[175] Ein wesentlicher Passus der Resolution sah vor, dass der Engere Ausschuss Richtlinien zu erarbeiten habe, in denen die Kompetenzen zwischen Räten und Regierung abgegrenzt werden sollten. Es war zu erwarten, dass diese Richtlinien kein Eingriff- und Weisungsrecht der Räte enthalten würden. Marum konnte also mit dem Ergebnis seiner Mission zufrieden sein, zumal auch die Festsetzung des frühen Wahltermins in Baden und im Reich die Zustimmung der Landesversammlung gefunden hatte.

Damit war für die Interimszeit ein Zustand geschaffen, der zwar theoretisch eine Doppelherrschaft von Vorparlament und vorläufiger Regierung vorsah, faktisch aber die Dominanz der Regierung bedeutete, da eine wirksames Kontrollrecht von dem SPD-besetzten Engeren Ausschuss nicht ausgeübt wurde und die Leitung der Exekutive in der Hand der Regierung und der Ministerien verblieb.

Das wesentliche Recht des Engeren Ausschusses – das Kontrollrecht – wurde lediglich als Informations- und Beratungsrecht von seinen SPD-Mitgliedern wahrgenommen und stellte somit für die Regierung keine wesentliche Einschränkung dar. An Stelle von Kritik und Opposition erfuhr sie Affirmation und Unterstützung ihrer Linie. In dieser Übereinstimmung von Engerem Ausschuss und SPD-Politik erwies sich ein weiteres Mal die Stärke des reformistischen Kurses in Baden.

Der Engere Ausschuss nahm bereits am 26. November 1918 seine Tätigkeit in Karlsruhe auf und erließ am 30. November die angekündigten Richtlinien.[176] Sie regelten die Kompetenzen ganz im Sinne der Regierung und sahen vor, dass das Weisungsrecht für die Verwaltung der Regierung überlassen blieb, die Räte hatten sich jedes eigenmächtigen Eingriffs, Beschlagnahmungen, Entlassungen zu enthalten.[177] Damit hatte die Regierung eines ihrer wichtigsten Ziele durchgesetzt: die Unterwerfung der Räte unter ihre Regierungsgewalt auf allen Ebenen der Verwaltung. Dafür anerkannte sie das Kontroll-

---

174 Im Landesausschuss befanden sich neun Vertreter der SPD, ein USPD-Anhänger und ein Mitglied, dessen Parteizugehörigkeit unbekannt war. Vgl. Brandt/Rürup (1991), S. 91.
175 Der Engere Ausschuss wurde mit Adam Remmele (Mannheim), Emil Maier (Heidelberg) und Eduard Kluge (Pforzheim) besetzt; alle drei gehörten den Mehrheitssozialdemokraten an.
176 Vgl. Oeftering (1920), S. 288
177 Ebenda, S. 288–290.

recht der Räte für die Regierung und gestand ihnen eine Vergütung für ihre Tätigkeit zu. Neben dem Kontrollrecht wurden drei weitere Aufgaben der Räte genannt: 1. Verteidigung der Errungenschaften der Revolution, 2. Unterstützung der vorläufigen Volksregierung und 3. Mitwirkung bei der Aufrechterhaltung der Ordnung und der öffentlichen Sicherheit.[178] Mit diesen Regelungen war eine erste Grundlage für die Zusammenarbeit zwischen Regierung und Räten geschaffen. Wenn auch damit nicht alle Konfliktfelder ausgeschaltet wurden, so war das Grundverhältnis zur Zufriedenheit der Regierung geregelt, indem ihr die Dominanz in der Ausübung der Staatsmacht zugebilligt worden war.

Zusammenfassung

Aus dem Prozess der Umschichtung der Machtverhältnisse nach der Revolution ging die SPD als Siegerin hervor. Dies war keineswegs von Anfang an selbstverständlich gewesen, befand sich die Partei doch zunächst im Lager der Revolutionsgegner, standen ihr oppositionelle Kräfte in der Rätebewegung entgegen und teilte sie freiwillig die Macht mit bürgerlichen Kräften, die nach wie vor starken politischen Einfluss ausübten.

In dieser schwierigen Phase des Umbruchs war es der Partei nicht nur gelungen, die politische Macht in der Vorläufigen Volksregierung und den Arbeiterräten zu erringen, darüber hinaus konnte sie sich erfolgreich als politische Kraft der Mitte profilieren, die Vermittlungsarbeit zwischen den beharrenden und vorwärtstreibenden Kräften betrieb. Die SPD hatte es verstanden, die Revolution nach dem 9. November als Resultat ihrer eigenen Politik auszugeben und sowohl deren Errungenschaften als auch die Proklamation der Republik als Verdienst langjähriger Parteipolitik darzustellen. Die Partei konnte ihre schwierige Position der Mitte zwischen den bürgerlichen Parteien und den links von ihr stehenden Rätebewegungen erfolgreich behaupten. Es gelang ihr sowohl eine kompromissbereite Regierungspolitik, welche die Koalition nicht gefährdete, zu betreiben als auch den Räten weit entgegenzukommen und sie so in die Arbeit einzubinden, dass von ihnen keine ernsthafte Opposition zu befürchten war.

Bei dieser Gratwanderung politischer Vermittlung und Integrationspolitik spielte Marum eine besondere Rolle. Dies hatte sich bereits in der vorrevolutionären Phase gezeigt, als er noch daran glaubte, die parlamentarische Demokratie in Zusammenarbeit mit den herrschenden Eliten des alten Systems durchsetzen zu können. Schon hier hatte er sich durch seine Pressearbeit und die Verhandlungen mit bürgerlichen Parteipolitikern als wichtigster Vertreter der badischen SPD profiliert, der dann in den Revolutionstagen und den folgenden Machtkämpfen eine zentrale Rolle übernehmen sollte. Seine politische Tätigkeit, die auf Machterwerb für seine Partei, konsequente Durchsetzung der parlamentarischen Demokratie, Einbindung sowohl bürgerlicher Kräfte als auch der linken Arbeiterschaft gerichtet war, sicherte ihm Verdienste, die ihn auf den Höhepunkt

---

[178] Ebenda, S. 288.

389

seiner politischen Karriere führten. In der Phase der badischen Revolution 1918/19 muss Marum als einer der einflussreichsten Politiker gesehen werden, der den Gang der Ereignisse entscheidend bestimmte. Dies war der Fall am 9. und 10. November, als er die Machtchancen für seine Partei mit sicherem Instinkt zu nutzen wusste und das entstandene Machtvakuum durch ein breites Regierungsbündnis ablöste. Marum schlüpfte in die Rolle des Architekten dieses Koalitionsbündnisses und erwies sich als getreuer Schüler seiner Mentoren Kolb und Frank, deren reformistisches Politikkonzept er nun in die Tat umsetzte. Er verstand es geschickt, die Errungenschaften der Revolution als Verdienste seiner Partei zu reklamieren, das alte Aktionsprogramm als Regierungsprogramm durchzusetzen und einen Kurs der Mitte zu steuern, der die alten Parteiziele im Einvernehmen mit bürgerlichen Parteien und der Rätebewegung anvisierte. Dies muss als Meisterleistung politischer Integration und Diplomatie gelten. Erleichtert wurden ihm seine Erfolge durch die politischen Verhältnisse Badens, die nicht antagonistisch zugespitzt und in verhärteten Klassenkampffronten erstarrt waren. Marum führte in seiner politisch einflussreichsten Phase ein Paradebeispiel pragmatischer Politik vor, die wesentlich auf die Durchsetzung des demokratischen Rechtsstaats gerichtet war und in einem breiten Bündnis (fast) aller gesellschaftlichen Kräfte Gewalt und antagonistische Konfliktaustragung zu vermeiden suchte.

Indem Marum und seine Partei diesen Weg favorisierten, schlossen sie zugleich eine grundlegende Umgestaltung der wirtschaftlichen, sozialen und politischen Grundlagen aus. Es zeigte sich, dass die badische SPD auch in dieser Umbruchzeit sich allein von ihren hergebrachten reformistischen Konzepten leiten ließ und in der gegebenen Situation keine Chance zu einer tiefergreifenden Transformation der Verhältnisse erkannte. Dies war nicht nur auf die jahrelange Prägung und die Fixierung führender Funktionäre auf die Reformpolitik zurückzuführen, sondern auch auf die situativen Faktoren dieser Zeit. Die Partei sah keine Alternative zu ihrer Politik, die auf die militärische Niederlage, Versorgungsengpässe, den Zusammenbruch des alten Systems und die Revolution zu reagieren hatte. Die führenden Funktionäre wie auch Marum betonten immer wieder den engen Handlungsspielraum, der ihrer Politik durch die wirtschaftliche und soziale Krisensituation gesteckt war. Sie sahen sich zur Kooperation mit bürgerlichen und bäuerlichen Kräften gezwungen, um die Staatsmaschinerie, die Produktion und die Versorgung der Bevölkerung aufrechterhalten zu können.

Auch die gegebenen Kräfteverhältnisse Badens schienen einen Ausschluss der bürgerlichen Parteien von der politischen Mitarbeit nicht zuzulassen. Diese Politik des Klassenkompromisses vertiefte den Graben zur linken Opposition und führte zu einer deutlichen Annäherung der SPD an die bürgerlichen Kräfte. Deren Anerkennung hatte sie vor allem durch die Domestizierung der Rätebewegung gewonnen, wobei Marum eine führende Rolle gespielt hatte, indem er die Linie Eberts befolgte und sich an dessen Ausspruch orientierte: „Das Herum- und Hineinregieren der Arbeiter- und Soldatenräte im Lande muss aufhören. Sie sind Beratungsbehörden, sonst nichts!"[179]

---

[179] Flemming (1971), S. 81.

Dieser Zustand war durch die Bemühungen Marums und seiner Partei in Baden hergestellt worden, nun konnte die Regierung daran gehen, konkrete Arbeit zu leisten und die Voraussetzungen für den Aufbau des neuen Staatswesens zu schaffen.

Die erste Phase der Badischen Vorläufigen Volksregierung: November 1918 – Januar 1919 und die Nationalwahlen am 5. Januar 1919

Überblick über die konkrete Regierungsarbeit

Nachdem die Frage der Staatsform und das Verhältnis zu den Räten geklärt waren, konnte sich die Regierungstätigkeit frei entfalten und sich auf die Durchsetzung ihrer Ziele konzentrieren. Die *Karlsruher Zeitung* schrieb bereits am 13. November: „Inzwischen ist die Revolution im Reiche wie in Baden zu einem gewissen Abschluss gekommen."[180] Das bedeutete für die Regierung, das Errungene – wie es sich in der „Magna Charta" der Revolution vom 12. November manifestierte –, zu sichern und auch für Baden umzusetzen.

Neben die Aufgabe der Neuordnung des Staates traten die Wahrung von Ruhe und Ordnung, die Wahrnehmung der tagespolitischen zivilen und militärischen Aufgaben als wichtigste Funktionen der neuen Regierung. Neben der inhaltlichen Relevanz, welche diesen Politikfeldern zukam und die Regierung unter hohen Erwartungsdruck setzte, stand die Vielfalt der hoheitlichen Vollzüge, welche sie durchzuführen hatte. Gesetzgeberische Arbeit, exekutive Leitungs- und Durchführungsaufgaben, repräsentative und diplomatische Aktionen bestimmten die Arbeit des Kabinetts. Die Revolution hatte die Bedeutung des Gesamtministeriums erhöht, an die Stelle der zentralen Führung durch den Staatsminister war die kollektive Leitung der Staatsgeschäfte durch das vollständige Regierungsgremium getreten. Das Kabinett kam täglich zusammen, ihm hatten die Fachminister Bericht zu erstatten und nicht mehr, wie es in der Großherzoglichen Regierung üblich gewesen war, dem Staatsminister.

Als oberstes Ziel verfolgte die Regierung die Wahrung von Ruhe und Ordnung, diesem Ziel waren alle anderen Schritte untergeordnet. Wesentliche Voraussetzung dieser Stabilisierungspolitik war die Anerkennung und Unterstützung der vorläufigen Volksregierung durch die relevanten gesellschaftlichen Verbände und Interessengruppen. Der Regierung gelang es in den ersten Tagen nach ihrer Machtübernahme sich dieser Zustimmung zu versichern; diese bestätigte sich in den Vertrauenskundgebungen der Arbeiter- und Soldatenräte sowie der Bauern- und Beamtenverbände und der freien Berufsvereinigungen.[181]

Eine weitere Voraussetzung für eine ruhige Entwicklung sah die Regierung in der ungestörten Weiterarbeit des bisherigen Militär- und Beamtenapparats. Durch die Re-

---

[180] Karlsruher Zeitung vom 13. 11.1918, zitiert nach GLA 234/10155.
[181] Vgl. Oeftering (1920), S. 277.

gelungen und Vereinbarungen mit der Rätebewegung war ein wesentlicher Störfaktor für die Funktionsweise des alten Staatsapparats beseitigt und die Grundlagen für eine neue Ordnung gelegt worden. Gesellschaftlicher Konsens und Effizienz staatlicher Verwaltung bildeten die Rahmenbedingungen dieser Law-and-order-Politik. Die provisorische Regierung knüpfte an die Erwartungshaltung des in der Ausnahmesituation des Krieges ausgerufenen Burgfriedens an. Jetzt, unter den exzeptionellen Bedingungen der Umbruchszeit erwartete man von der Bevölkerung und den politischen Parteien ähnliche Bereitschaft zur Anspannung aller Kräfte und zur Zurückstellung aktueller Konflikte, um die momentane Krisensituation meistern zu können.

Die politische Arbeit der Übergangsregierung war determiniert durch die situativen Faktoren einer Lage, die durch Kriegsfolgen, militärische Niederlage, Revolution und Waffenstillstandsbedingungen gekennzeichnet war. Die Maßnahmen der Regierung leiteten sich aus den Notwendigkeiten der wirtschaftlichen und sozialen Krise, der Demobilisierung, der staatlichen Neuordnung und der Schaffung einer entmilitarisierten Zone in Baden ab. In seiner Verordnungstätigkeit konzentrierte sich das Kabinett auf die staatliche Neuordnung: es regelte die Kompetenzen der neuen Regierung für die Übergangszeit, bestimmte den Wahlmodus, den Wahltermin, die Größe der Konstituante, beauftragte eine Verfassungskommission mit der Ausarbeitung eines Verfassungsentwurfs.[182]

Exekutive Aufgaben in Zusammenarbeit mit den alten Behörden des stellvertretenden Generalkommandos und des neu geschaffenen Ministeriums für militärische Angelegenheiten waren zu leisten angesichts der gewaltigen Herausforderung der Demobilisierung und der Rückführung des Westheeres durch Baden. Die Begrüßung und der Empfang der badischen Truppen in ihren Garnisonen verlangte das repräsentative Auftreten der neuen Volksregierung. Die Bestimmungen des Waffenstillstandes, welche die Schaffung einer 30 Kilometer breiten entmilitarisierten Grenzzone verlangten, stellten die badische Regierung vor besondere Probleme. Mit dem Abzug des Generalkommandos, der regulären Truppen, aber auch der Soldatenräte, entbehrte die Regierung jeglicher militärischer Schutzmacht. Sofort nach bekannt werden der Waffenstillstandsbedingungen bemühte sich die badische Volksregierung um den Aufbau einer Volkswehr aus bewaffneten Teilen der Arbeiterschaft. Diese Truppe wurde der Regierung jedoch aus politischen Gründen suspekt, so dass sie sehr rasch zu deren Abbau und zur Bildung badischer Freiwilligenbataillone überging. Neben diesen militärischen Fragen beschäftigte die Regierung wesentlich die durch den Krieg verursachte ökonomische und soziale Krise. Vor dem Hintergrund des beginnenden Wahlkampfs war der Übergangsregierung sehr daran gelegen, sich als eine Regierung mit sozialem Profil zu präsentieren. Dies traf nicht nur auf die SPD zu, sondern auch auf die bürgerlichen Parteien, deren Vertreter den sozialen Geist des neuen Kabinetts unterstrichen. So beschrieb der nationalliberale Außenminister Dietrich auf der Kabinettssitzung vom 14. November 1918 den neuen Staat in

---

[182] Vgl. die sogenannte „Sammlung", eine Zusammenfassung der wichtigsten Verordnungen der vorläufigen Volksregierung, GLA 233/ 28117.

folgender Weise: „Nachdem über Nacht der alte Staat zusammengebrochen ist, ist es erforderlich geworden, seine Überleitung in neue Formen, die wesentlich vom sozialen Gedanken bestimmt sein werden, vorzunehmen."[183]

Zu diesen Fragen hatte die Regierung ein Aktionsprogramm ausgearbeitet, das nur in internen Entwürfen vorlag und das nie zur Veröffentlichung kam. In diesem Programm unterschied die Regierung drei Kernbereiche, die sie in Angriff nehmen wollte. An erster Stelle nannte sie die wirtschaftliche und soziale Notlage, die sie beheben wollte. Es folgte die Ankündigung politischer Reformen, deren wesentlicher Inhalt die Demokratisierung auf allen Bereichen der Politik und Reformen im Bildungsbereich war. An letzter Stelle standen Maßnahmen im Bereich der Finanzen, der Enteignung und der Sozialisierung.[184]

Auf der ersten Landesversammlung der Arbeiter-, Bauern- und Volksräte in Mannheim am 21. und 22. November erläuterte Marum das Regierungsprogramm, wobei er einige Akzentuierungen im sozialdemokratischen Sinne vornahm, die im Textentwurf der Regierung nicht enthalten waren. Zum Thema Maßnahmen im Kampf gegen die Arbeitslosigkeit[185] sprach er von „der Vorsorge, den Schwierigkeiten der Arbeitslosigkeit vorzubeugen, sei es durch Ausbau der Arbeitslosenversicherung, Ausgestaltung der paritätischen Arbeitsnachweise usw."[186] Die Regierungsvorlage enthielt außer dem Hinweis auf die bereits bestehende Arbeitslosenfürsorge und staatlicher Arbeitsbeschaffung keine sozialpolitischen Maßnahmen. Dort hieß es: „Um der Arbeitslosigkeit zu steuern, werden alle im Kriege liegen gebliebene Bauten des Staates wieder aufgenommen und neue Unternehmungen, aber nur solche wirtschaftlicher Art in die Wege geleitet. (...) Eine allgemeine Arbeitslosenfürsorge ist bereits geschaffen."[187]

Marum hob den Kampf gegen die Wohnungsnot[188] hervor und kündigte die folgenden Maßnahmen an: „Die Regierung ist sich bewusst, dass alles getan werden muss, um

---

[183] GLA 233/24312.

[184] Vgl. Cordes (1978), S. 103f.

[185] Die Zahl der Arbeitslosen betrug in Baden im November 1918 7463; bis Januar 1919 verdreifachte sie sich fast und betrug 21 013. Die Regierung hatte es also mit einem sich ständig verschärfenden Problem zu tun, das durch die Demobilisierung verursacht war, das allerdings durch die fortschreitende Umstellung auf die Friedensproduktion gemildert wurde. Man erreichte schließlich, dass die Zahlen rückläufig wurden. Zusätzlich versprach man sich von der reichsweiten Einführung des Acht-Stunden-Tages einen neuen Überhang von Arbeitsplätzen, welcher die Zahl der Arbeitslosen senken konnte. Vgl. Brandt/Rürup (1980), S. 25.

[186] Brandt/Rürup (1980), S. 11.

[187] Zitiert nach Cordes (1978), S. 103. Das Reich hatte die Erwerbslosenfürsorge in einer Verordnung vom 13.11. 1918 geregelt, wonach den Gemeinden eine Schlüsselrolle bei der Bemessung der Unterstützung zuteil wurde, die sie gemeinsam mit Land und Reich zu tragen hatten. Die badische Regierung schuf mit ihrer Verordnung vom 19.11.1918 kommunale, amtsbezirkliche und landesstaatliche Organe der Erwerbslosenfürsorge. Vgl. Brandt/Rürup (1980), S. 25.

[188] Das Problem der Wohnungsnot äußerte sich in Baden in besonders scharfer Weise. Die Bautätigkeit für Wohnungszwecke war während des Krieges fast vollständig zum Erliegen gekommen; dem stand ein Bevölkerungszuwachs gegenüber, der trotz des kriegsbedingten Rückgangs sich auf 50 000 belief, vermehrt um Flüchtlinge aus Elsaß-Lothringen und den besetzten Westgebieten. In Baden wurde der dringendste Wohnungsbedarf im Jahre 1920 mit 12 523 Wohnungen angegeben.

Bauland und Baustoffe herbeizuschaffen. Aus dem Staatsdomänenland werden wir deshalb den Gemeinden unentgeltlich Boden abgeben."[189] Im Regierungsprogramm hieß es dagegen: „Zur Hebung des Wohnungsbaues wird die Regierung denjenigen Gemeinden, welche selbst oder durch gemeinnützige Baugesellschaften an den Kleinwohnungsbau herangehen, da wo Staatsland vorhanden ist, von diesem Staatsland an Fläche ebensoviel, und zwar zum landwirtschaftlichen Nutzungswert zur Verfügung stellen, als die Gemeinden eigenes oder gekauftes Gelände zum selben Satz bereit stellen. Körperschaften werden angegangen, soweit sie Bauland haben, im Bedarfsfall ebenso zu verfahren."[190]

Marum war offensichtlich daran gelegen, die Regierungspolitik als eine konsequent sozialdemokratische Politik darzustellen. Das bewies auch sein Hinweis auf das USPD-Programm, an dem sich die Regierung angeblich orientierte. Er glaubte, dass der finanzpolitische Teil des Regierungsprogramms im Zeichen sozialdemokratischen Geistes stehe und in seiner antikapitalistischen Stoßrichtung noch über das USPD-Programm hinausgehe. Das Protokoll vermerkt: „Die Wasserkräfte und die elektrische Krafterzeugung müssen unverzüglich für die Allgemeinheit in Anspruchgenommen werden, desgleichen auch übergroße Güter, die es auch in Baden gibt. (Zuruf: Fürstenberg, Leiningen, Prinz Max!) Notwendig ist es vor allem, dass das, was der Krieg den Kapitalisten beschert hat, in die Hände der Allgemeinheit zurückgeführt wird. Das ist eine Maßnahme der Gerechtigkeit. Von einem gewissen Betrag ab, der nicht einmal sehr niedrig bemessen zu sein braucht (vielleicht 50 000 Mark) müssen alle Kriegsgewinne restlos dem Staat zugeführt werden (Zuruf: Und die Ausreißer?). Es wäre verdienstlich, wenn der A.- u. S.-Rat die Grenze gegen die Schweiz noch schärfer als bisher unter Kontrolle nimmt. Für viele Millionen Mark Werte sind schon in die Schweiz verschleppt worden. Wir wollen die Grenzen hermetisch verschließen."[191]

Die gesetzgeberische Arbeit der Regierung konzentrierte sich auf den Aufbau des neuen Staatswesens. Bereits erwähnt wurde die Proklamation der Regierung zum Rücktritt des Großherzogs, die Erklärung Badens zur freien Republik, die Vereinbarungen und Regelungen mit den Räten. Bereits am 14. November setzte die Regierung den Wahltermin auf den 5. Januar 1919 fest.[192] Damit gehörte Baden zu den ersten Bundesstaaten, welche die Wahl zur Konstituanten durchführten.[193] Die wichtigste Wahlverordnung, der sich eine Reihe von Folgeverordnungen anschlossen, erließ die Regierung am 20.

---

[189] Brandt/Rürup (1980), S. 11.
[190] Cordes (1978), S. 103. Um die Wohnungsnot zu lindern, hatte bereits das Reich im September 1918 Maßnahmen eingeleitet, die provisorische Volksregierung erließ eine Verordnung mit ersten Schritten zur Erfassung und Zwangsvermietung von Wohnungen am 30. 12. 1918.
[191] Brandt/Rürup (1980), S. 12. Die Sozialisierung der Wasser- und Elektrizitätswerke war Aufgabe des Reiches und einer künftigen Reichsregierung vorbehalten. Die badische Regierung übernahm hier nur die Zeichnung der Grundlinien einer zukünftigen Politik. Sie lehnte aber die Vorschläge Eisners bezüglich weiterer Sozialisierungsschritte ab. Vgl. Cordes (1978), S. 238.
[192] Vgl. Oeftering (1920), S. 221.
[193] Frühere Wahlen fanden nur in Mecklenburg-Strelitz und Braunschweig statt.

November.[194] Sie regelte die Wahlkreiseinteilung, den Wahlmodus, die Größe der Nationalversammlung. Am 16. November erhielten die badischen Staatsbeamten und Arbeiter die vollen staatsbürgerlichen Rechte und Freiheiten zugesichert.[195]

Ebenfalls am 16. November setzte die Regierung eine Verfassungskommission ein und beauftragte sie mit der Ausarbeitung eines Verfassungsentwurfs. Vier Juristen bildeten die Kommission, sie repräsentierten die drei bürgerlichen Parteien und die Sozialdemokratie. Ein Vertreter der USPD fehlte in dem Gremium.[196] In der wichtigen Frage der Ausarbeitung einer Verfassung hatte die SPD also auf den dominierenden Einfluss in der Kommission verzichtet, allerdings setzte sie die Vorgabe für die Arbeit der Kommission durch, nämlich für Baden ein Einkammersystem zu erarbeiten.

Auf dem Gebiet des Rechts bedeutete die Amnestieverordnung vom 2. Dezember 1918,[197] für die Marum verantwortlich zeichnete, die wichtigste politische Maßnahme. Im militärischen Bereich traf die Regierung mannigfache Anordnungen zur Demobilisierung,[198] sie erließ eine Bekanntmachung zur Begrüßung der heimkehrenden Truppen und verkündete am 12. November 1918 einen Aufruf zur Bildung einer badischen Volkswehr.[199] Im wirtschaftlichen und sozialen Bereich wurden mehrere Verordnungen erlassen, die den Kampf gegen den Wohnungsmangel, die Arbeitslosigkeit und die Versorgungskrise aufnahmen.[200] Im Aktionsprogramm der Regierung stand an erster Stelle die Besserung der Ernährungslage, die durch die fortdauernde Blockade kaum gemildert war.[201]

---

[194] Vgl. *Badisches Gesetzes- und Verordnungsblatt* (hinfort BGV), Jahrgang 1918, Karlsruhe 1918, S. 447.

[195] Vgl. Oeftering (1920), S. 103. Die sozialen Maßnahmen des Rats der Volksbeauftragten, die Einführung des Acht-Stunden-Tags und der Tarifautonomie, die Aufhebung der Gesindeordnung wurden in ganz Baden begrüßt. Die badische vorläufige Volksregierung verkündete für Beamte und Arbeiter im Staatsdienst das uneingeschränkte Koalitionsrecht, Versammlungs- und Meinungsfreiheit sowie freie politische Betätigung außerhalb des Dienstes. Den Angehörigen des badischen Staatsdienstes, die aus dem Feld zurückkehrten, wurden auf Anregung Marums ein vierwöchiger Urlaub gewährt.

[196] Vgl. Brandt/Rürup (1980), S. 17f.

[197] Vgl. BGV, Jg. 1918, Karlsruhe 1918, S. 447.

[198] Verordnung vom 12. und 16. November 1918, vgl. BGV, Jg. 1918, S. 385 und S. 395.

[199] Vgl. Brandt/Rürup (1991), S. 113.

[200] Vgl. die Verordnung zur Ersparnis von Brennstoffen und Beleuchtungsmangel vom 23.11.1918. (BGV, Jg. 1918, Karlsruhe 1918, S. 412.). Verordnung zu Maßnahmen gegen den Wohnungsmangel vom 30.12.1918 (BGV, Jg. 1919, S. 15, S. 33 und S. 172.). Verordnung zur Erwerbslosenfürsorge vom 19.11. 1918. (BGV Jg. 1918, S. 484.). Verordnung zur Anbau- und Ernteflächenerhebung vom 29.3.1919. (BGV, Jg. 1919, S. 170.).

[201] Die Regierung versuchte, die landwirtschaftlich nutzbare Anbaufläche auszuweiten und zu intensivieren, indem sie die Abholzung von Waldgebieten vor allem im Rheintal anregte, die eventuelle Enteignung von landwirtschaftlich nicht genutzten Flächen vorsah und die Meliorisierung von Anbauflächen betreiben wollte. Zusätzlich waren staatliche Hilfen für die Landwirtschaft vorgesehen und die Bereitstellung von Maschinen für die Produktion, vgl. Cordes (1978, S. 103). Der Ernährungsminister Trunk nahm als Vertreter der badischen Regierung an der Stuttgarter Konferenz der süddeutschen Staaten Ende Dezember teil, die unter anderem auch ein gemeinsames Vorgehen der süddeutschen Staaten in der Lebensmittelfrage beriet. Erörtert wurde z.B. der Einkauf von Lebensmitteln in der Schweiz. Vgl. GLA 233/24312, Kabinettssitzung vom 30.12.1918.

Darüber hinaus bemühte sich die Badische Regierung im Zusammenwirken mit anderen Bundesstaaten, vor allem aber den süddeutschen Staaten, auf die politische Entwicklung des Reiches einzuwirken. Im Zentrum stand das Anliegen, einen möglichst frühen Wahltermin für die Nationalversammlung herbeizuführen und den radikalen Tendenzen der Berliner Entwicklung entgegenzuwirken.[202] Die gemeinsame Kundgebung der süddeutschen Staaten vom 1. Januar 1919 stellte in diesem Zusammenhang eines der wichtigsten Ereignisse dar. Sie forderte die Neueinrichtung des Reichs auf bundesstaatlicher Grundlage, die Schaffung einer aktionsfähigen Reichsregierung und Nationalversammlung und die schleunige Herbeiführung des Friedens für das Deutsche Reich.[203]

Das Regierungsprogramm der badischen vorläufigen Volksregierung trug die deutliche Handschrift der SPD. Neben der Regelung der staatlichen Neuordnung, der Law-and-order-Politik, war ihr die Verbesserung der wirtschaftlichen und sozialen Krisensituation ein wichtiges Anliegen. Marum wies in seiner Rede vor der Landesversammlung der Räte darauf hin, dass in der Besetzung der hierfür zuständigen Ministerien im Sinne der Arbeiterschaft entschieden worden sei. Er sagte unter anderem: „Da ist die Erledigung der Ernährungsfrage. Durch die Zusammensetzung und Tätigkeit der Regierung wollen wir alles tun, um die Ernährung sicherzustellen.[204] (...) Sowohl die Gebiete der sozialen Fürsorge als der Übergangswirtschaft und des Wohnungswesens sind durch sozialistische Minister besetzt."[205]

Marum selbst hatte bei der Regierungsbildung darauf geachtet, dass das Wirtschaftsressort und die Sozialpolitik in sozialdemokratische Hand kamen; auch bei der Aufstellung des Regierungsprogramms, der Bestimmung der Richtlinien der Politik nahm er entscheidenden Einfluss auf die Inhalte der Tagespolitik. Die kollektive Verantwortlichkeit des Gesamtministeriums erlaubte es Marum, über sein Fachressort hinaus, auch an den ökonomischen und sozialen Maßnahmen der Regierung mitzuwirken. So unterstützte er zum Beispiel den Aufruf an die Vermieter, allen zur Verfügung stehenden Wohnraum anzubieten und zu sozialen Preisen weiterzugeben. In der Kabinettssitzung vom 5. Dezember 1918 schlug Marum harte Strafen für die Vermieter vor, die sich dem widersetzten.[206] Dennoch gehörten diese sozialen Politikbereiche nicht zu den Gebieten, auf denen sich Marum besondere Verdienste erwarb. Er blieb vielmehr bei seinen angestammten Aufgabenfeldern der Verfassungspolitik, der demokratischen Reform, dem Ausbau des Rechtsstaates. Auf diesen Gebieten hatte er schon in seiner Partei- und Parlamentsarbeit Profil gewonnen, nun bot ihm das Amt des Justizministers die Möglichkeit, hier weiterzuarbeiten.

---

[202] Am 5.12.1918 sandte Außenminister Dieterich ein Telegramm in diesem Sinne an die Reichsregierung. (Vgl. GLA 233/28117).

[203] GLA 233/28117 (Sammlung).

[204] Hier dachte Marum an die Besetzung des Ernährungsministeriums durch den Zentrumsvertreter Trunk, dem gute Kontakte zur Bauernschaft nachgesagt wurden.

[205] Brandt/Rürup (1980), S. 11.

[206] Vgl. GLA 233/24312. Sitzung vom 5.12.1918.

Als Marum am 11. November 1918 sein neues Ministeramt antrat, wurde bei der Amts-
übergabe der Politikwechsel, den die Revolution bewirkt hatte, in der Person der beiden
sich ablösenden Minister besonders sinnfällig. Der 36-jährige Marum trat an die Stelle
des 63 Jahre alten Ministers Adelbert Düringer. Düringer war einer der renommiertesten Juristen seiner Zeit, Spezialist im Handelsrecht, Autor zahlreicher Veröffentlichungen, ehemaliger Richter am Reichsgericht in Leipzig, Präsident des Oberlandesgerichts
Karlsruhe und seit 1917 Minister des Großherzoglichen Hauses, der Justiz und des
Auswärtigen.[207] Marum dagegen hatte keine vergleichbare juristische Karriere vorzuwei-
sen, sein juristischer Erfolg gründete nicht auf wissenschaftlicher Arbeit, sondern auf
seiner beruflichen Tätigkeit als Anwalt und auf seiner politischen Funktion als Rechtsberater der Gemeinde Karlsruhe und als Vorsitzender der Justizkommission des ehemaligen Badischen Landtags. Die beiden Männer unterschieden sich nicht nur deutlich in
ihrem Alter, ihren juristischen Qualifikationen, sondern sie waren zugleich typische Repräsentanten der alten und der neuen Zeit. Dies zeigte sich in ihrer politischen Orientierung, aber auch in ihrem religiösen Bekenntnis. Der großherzogliche Minister Düringer war ein konservativ eingestellter Monarchist, der seine Überzeugung wenige Wochen
nach seiner Ablösung aus dem Ministeramt durch den Eintritt in die Christliche Volkspartei Ausdruck gab. Mit diesem Engagement unterstrich er zugleich sein Selbstverständnis als bekennender Protestant.[208] Marum dagegen war nicht nur der erste sozialdemokratische Justizminister,[209] sondern stellte durch seine jüdische Herkunft[210] und sein
freireligiöses Bekenntnis eine absolute Ausnahmeerscheinung als oberster Dienstherr der
badischen Justizbehörde dar.

In der ersten Dienstanweisung Marums wird noch die Unsicherheit über die Reak-
tion des badischen Justizpersonals auf einen sozialdemokratischen Minister jüdischer
Herkunft spürbar. Der neue Minister richtete folgenden Appell an seine Untergebenen:
„Ich erwarte, dass ebenso wie in den anderen deutschen Bundesstaaten die badischen
Justizbehörden und Justizbeamten weiter tätig sein werden und ich spreche die Hoffnung
aus, dass alle mir unterstellten Beamten in der gleichen treuen Weise wie bisher ihre
Dienste dem Volk und der Heimat widmen werden."[211] Marums Selbstbewusstsein, seine

---

[207] Vgl. Badische Biographien, Bd. III, S. 965.

[208] Vgl. ebenda. Düringer gehörte 1919 der DNVP-Fraktion der deutschen Nationalversammlung an.
In den 20er Jahren wechselte er zur DVP.

[209] Die Revolution hatte in den meisten Ländern – Württemberg bildete eine Ausnahme – Sozialdemokraten
an die Spitze der Justizressorts gestellt; die größtenteils konservativen Justizbeamten hatten sich also
überall mit einer sozialdemokratischen Spitze abzufinden.

[210] Der Innenminister Haas der provisorischen Regierung war ebenfalls jüdischer Herkunft. Er gehörte der
Fortschrittspartei an. In Baden war – wie bereits erwähnt – schon 1868 Moritz Ellstätter als Minister
jüdischer Herkunft berufen worden. (Vgl. Doerry, Martin: „Moritz Ellstätter" (1827–1905) in:
Schmitt (1988), S. 493–500).

[211] Erlass vom 16.11.1918. Vgl. GLA 234/10151.

Erfahrung der Akzeptanz in Partei und Parlament, seine Zusammenarbeit mit namhaften Juristen in der Justizkommission ließen in sein neues Amt dennoch mit Zuversicht antreten.

Marum hatte ein Ministerium übernommen, dem in der Übergangzeit eine Schlüsselrolle zufiel. Der Kommentar der Süddeutschen Zeitung vom 14. Dezember: „Die ungehemmte Aufrechterhaltung einer geordneten Rechtspflege und die Unabhängigkeit der Gerichte bleiben eine der ersten Grundbedingungen für den Bestand eines Staatswesens, zumal eines freien Volksstaats"[212] wurde auch in Baden bejaht. Die Aufrechterhaltung einer geregelten Rechtssprechung und die Wahrung des Rechtsstaates galten als wesentliche Garanten von Ruhe und Ordnung, welche die Regierung als oberste Politikziele anstrebte. Die dritte Gewalt des staatlichen Lebens, die Judikative, sollte nach dem Willen der provisorischen Regierung ihre Unabhängigkeit erhalten, die jeden Eingriff der Räte ausschloss. Von der Revolution unberührt sollte sie ihre rechtsstaatlichen Aufgaben weiter wahrnehmen. Das bedeutete, dass sowohl die alten Rechtskodifikationen – wie das Bürgerliche Gesetzbuch und das Reichsstrafgesetzbuch – weiterhin ihre Gültigkeit behielten, das Personal des Justizapparates nicht ausgewechselt wurde und die Regelungen der Prozessordnung und des Gerichtsverfassungsgesetzes weiterhin in Kraft blieben. Die einzige durch die Revolution bewirkte Neuerung im Justizbereich betraf die Amnestie, die der Rat der Volksbeauftragten schon am 12. November angekündigt hatte und die für Baden ebenfalls erfolgen sollte.

Während im Rechtsbereich größtenteils die Kontinuität gewahrt werden sollte, Rechtsreformen einer späteren Zeit vorbehalten blieben, war das Justizministerium an führender Stelle an der Neuordnung des Staatswesens in den Bereichen Exekutive und Legislative beteiligt. Hier galt es, die Kompetenzen der vorläufigen Volksregierung staatsrechtlich festzulegen, das Wahlrecht für die verfassungsgebende Nationalversammlung vorzubereiten und die Vorarbeiten für den Verfassungsentwurf der Regierung zu treffen. Dies waren wichtige Regelungen, die in den Kompetenzbereich des Justizministers fielen. Darüber hinaus erwuchsen dem Rechtsbereich neue Aufgaben, die sich aus der sozialen Krisensituation ergaben.

Marum sah sich nicht nur als Fachminister, sondern gleichzeitig als Kabinettsmitglied, dessen Aufgabe darin bestand, die Ziele der provisorischen Regierung realisieren zu helfen. Das Justizressort erschien als besonders geeigneter Hebel, das reformistische Politikkonzept zu befördern. Marum begann seine Arbeit mit einem Erlass, in dem er den Fortbestand der alten Rechtsgrundlagen und die Weiterarbeit des Justizpersonals festlegte. Er schrieb: „Durch die Änderung der Staatsform wird an der Organisation der Behörden nichts geändert. Alle Beamten verbleiben in ihrem Dienst. Alle bestehenden bürgerlichen und Strafgesetze bleiben in Kraft und sind weiter anzuwenden."[213]

---

[212] Zitiert nach GLA 234/10155.
[213] Zitiert nach *Volksfreund* vom 20.11.1918. Erlass an die Justizbehörden vom 16.11.18.

Die geregelte Fortführung der Rechtssprechung, des Strafvollzugs, der Bindung des Staates an Recht und Gesetz sollte weiterhin die Rechtssicherheit des Bürgers gewährleisten, dessen Leben und Eigentum schützen und ihn vor staatlichen Willkürakten bewahren. Der Grundsatz von der Unabhängigkeit der Justiz, der für den Juristen Marum bindend war, bedingte eine scharfe Frontstellung gegen Eingriffe der Räte in die gültige Rechtsordnung. Marum hob dies in seiner Anweisung zur Weiterarbeit des Justizapparates besonders hervor, indem er dem ursprünglichen Text den handschriftlichen Zusatz hinzufügte: „Eingriffe Dritter in die Rechtspflege, wie sie mancherorts von Arbeiter- und Soldatenräten versucht wurden, sind unbefugt und zurückzuweisen."[214] Er erwies sich hier erneut als strikter Gegner der Beteiligung der Räte an der Staatsgewalt.

Als Verfassungsexperte widmete der Justizminister natürlich seine besondere Aufmerksamkeit den Bemühungen der von der Regierung bestellten Verfassungskommission. Ihm war daran gelegen, den Verfassungsentwurf des Sozialdemokraten Dietz zur Durchsetzung zu verhelfen, während sowohl der konservative Entwurf der bürgerlichen Juristen als auch der, den die Siebener-Kommission der Räte ausgearbeitet hatte, seine entschiedene Missbilligung fand. Ausgeschlossen blieb für Marum, in die Interimszeit die Rechtsvorstellungen seiner Partei in die Realität umzusetzen. Während die Revolution die politischen und sozialen Forderungen des Erfurter Programms erfüllt hatte, sollte die Einlösung der rechtspolitischen Vorstellungen der Partei der ordentlichen Gesetzgebung des künftigen Parlaments vorbehalten bleiben. Dies bedeutete für die Amtszeit Marums zum Beispiel, dass die Todesstrafe nicht abgeschafft wurde, dass der soziale Gedanke in der Rechtssprechung noch zurückstehen musste, dass sämtliche Reformforderungen – so die nach der Neugestaltung des Strafrechts, der Prozessordnung, der Unentgeltlichkeit der Gerichte – wie sie seine Partei verfocht, unberücksichtigt blieben.[215]

Während das materiale Recht durch die Revolution keine Änderung erfuhr, wurden die sozialpolitischen Errungenschaften auch für die Justizbediensteten umgesetzt: So erhielten sie das volle Koalitionsrecht, das auch für Beamte galt, die politische Meinungs- und Betätigungsfreiheit . Die sozialpolitischen Neuerungen wie der Acht-Stunden-Tag und der vierwöchige bezahlte Urlaub für Kriegsteilnehmer wurden von Marum zugesichert.[216] Darüber hinaus erließ er eine sozialpolitische Verordnung, welche die ordentliche Bezahlung der Gerichtsassessoren regelte, die bisher oft wegen mangelnder Ausbildungs- und Arbeitsplätzen ihre Dienste ohne Entgelt verrichtet hatten.[217]

---

[214] Ebenda.

[215] Die SPD widmete dem Rechtsbereich besondere Aufmerksamkeit. Auf dem Mannheimer Parteitag von 1906 hatte sich ein Referat mit dem Strafrecht und der Strafprozessordnung befasst. Das Verfassungsrecht war seit je die besondere Domäne der Reformisten und ein bevorzugtes Politikfeld Marums gewesen. Die durch sozialpolitische Verordnungen des Rats der Volksbeauftragten und die Abmachung der Zentralarbeitsgemeinschaft geschaffenen Anfänge eines Sozial- und Arbeitsrechts gehörten ebenfalls zu den reformistischen Kernforderungen, die im Verlauf der Weimarer Republik zu einem bedeutenden Rechtsgebiet ausgeweitet wurden. Vgl. Martiny (1976), S. 9.

[216] Vgl. GLA 233/24312. Sitzung vom 9.12.1918.

[217] Vgl. GLA 234/6778. Erlass vom 6. Dezember: Verordnung, die Gerichtsassessoren betreffend.

Eines der ersten Probleme, das Marum als Minister in Angriff nahm, war die Auseinandersetzung mit den Räten. Auch in Baden war es zu Übergriffen der Räte in die Rechtspflege gekommen, was Marum dazu veranlasste, telegrafische Anfragen beim Reichsjustizamt und den Justizministern von Bayern, Württemberg und Sachsen nach dem ordnungsgemäßen Funktionieren der Gerichtsbarkeit zu richten. Er erbat sofortige Antwort, deren bejahender Inhalt ihn offensichtlich darin bestärkte, jegliches Eingreifen der Räte mit Härte zu unterbinden.[218] Am 16. November 1918 erließ er eine erste Anordnung an die Justizbehörden, in der es hieß: „Eingriffe Dritter (...) in die Rechtspflege, wie sie mancherorts von Arbeiter- und Soldatenräten versucht werden, sind unbefugt und zurückzuweisen."[219] Der letzte Satz war von Marum handschriftlich der ursprünglichen Vorlage hinzugefügt worden und belegt noch einmal seine Frontstellung gegen eigenmächtiges Vorgehen der Räte.

In den ersten Tagen nach der Revolution hatten die Räte sowohl in den Strafvollzug als auch in die Ahndung von Straftaten eingegriffen. In Mannheim hatten sie am 10. November die Freilassung von mehreren Strafgefangenen verlangt. Dieser Forderung hatte der Mannheimer Staatsanwalt unter dem Druck der Gewalt nachgeben müssen. Das Justizministerium billigte im Nachhinein dieses Vorgehen, ordnete aber für die Zukunft an, dass Freilassungen nur im Einvernehmen mit dem Ministerium erfolgen durften. „Die Freilassung von Untersuchungsgefangenen kann, soweit nicht nach dem pflichthaften Ermessen der Staatsanwaltschaft und des Gerichts die Aufhebung der Untersuchungshaft angängig ist, nur gegenüber unabwendbarer Gewalt in Betracht kommen."[220]

Als am 15. November der Bruchsaler Soldatenrat seinem Verlangen nach Freilassung von Zuchthausgefangenen Ausdruck gab, antwortete Marum: „Eine Freilassung anderer als militärgerichtlich abgeurteilter Zuchthausgefangener kommt nicht in Betracht. Wir fügen bei, dass nach Vereinbarung der Ministerien der Volksregierung mit den Soldatenräten des ganzen Landes ein Eingreifen den Soldaten- und Arbeiterräten in die Vollzugsbefugnisse der Zivilbehörden nicht angängig ist."[221]

In Baden ereignete sich am 22. November ein Zwischenfall in Heidelberg, in dem der Vorsitzende des Arbeiter- und Soldatenrats Stock eigenmächtig eine Tabakfirma geschlossen und eine bedeutende Summe requiriert hatte. Der Geschäftsinhaber wandte sich an Innenminister Haas und wies ihn auf die Verletzung des ordentlichen Rechtsweges hin. Minister Haas reagierte mit Empörung auf das eigenmächtige Vorgehen der Räte und bat seinen Amtskollegen Marum um Unterstützung. In dem Schreiben von Haas an das Justizministerium hieß es: „Wir sind kein Rechtsstaat mehr, wenn ohne ordentliches Gerichtsverfahren über die Gerichte hinweg, derartige Entscheidungen gefällt werden. Ich bitte Sie dringend, da es sich hier um ein außerordentlich wichtiges Prinzip handelt,

---

[218] Vgl. Telegrafische Anfrage vom 13.11.1918. GLA 234/10153.
[219] *Volksfreund* vom 20. 11.1918.
[220] GLA 234/10155.
[221] Ebenda. Diese Anweisung ist von Marum persönlich unterzeichnet, nicht – wie in vielen Fällen – von seinem Ministerialdirektor Duffner.

mit größter Energie sich der Sache anzunehmen. (...) Wir geraten in furchtbare Zustände, wenn derartig willkürliche und gesetzwidrige Handlungen zugelassen werden. Die neue Zeit soll die Verhältnisse verbessern, das, was wir in diesem Fall erleben, erinnert aber an die mittelalterliche Kabinettsjustiz (...) In schweren Kämpfen hat das Volk sich eine geordnete Rechtssprechung mit unabhängigen Richtern, mit der Öffentlichkeit des Verfahrens und weitgehende Rechtsgarantien erkämpft. Es wäre furchtbar, wenn man uns vorwerfen könnte, dass wir Methoden zulassen, die selbst frühere Jahrhunderte nur zähneknirschend ertragen haben. Wer Recht hat, das zu untersuchen, ist Sache des Gerichts. Wir dürfen aber keinen Eingriff in die Rechtssprechung zulassen."[222]

Marum teilte Haasens Auffassung und unterstützte dessen Beschwerde bei der Landeszentrale der Arbeiter-, Bauern- und Volksräte. Er schrieb: „Ich schließe mich dem Schreiben des Ministers des Innern im vollen Umfang an. Ich ersuche, diesen glücklicherweise bis heute einzigen Fall eines Eingriffs in die Zivilrechtspflege sofort in Ordnung zu bringen und die Arbeiter- und Soldatenräte des Landes darauf hinzuweisen, dass Eingriffe in die Rechtspflege unbedingt zu unterlassen sind."[223]

Bei diesem einzigen Zwischenfall schien es in Baden geblieben zu sein; dies geht aus einem erneuten Briefwechsel zwischen Haas und Marum vom Januar 1919 hervor. Haas regte an, entsprechend dem Vorgehen des württembergischen Justizministers einen erneuten Erlass gegen das Eingreifen der Räte in Baden herauszubringen. Dies lehnte Marum am 18. Januar mit folgender Begründung ab: „Wesentliche Eingriffe von Arbeiter- und Soldatenräten sind in den letzten Wochen nicht vorgekommen. Die angeregte Veröffentlichung scheint demnach nicht erforderlich!"[224] Diese Antwort Marums belegt, dass sich sein Ministerium erfolgreich gegenüber Eingriffen der Räte durchgesetzt hatte und damit den Dominanzanspruch der Regierung verteidigen konnte.

Im Bereiche des Rechts brachte die Revolution als herausragende Maßnahme eine Amnestie, die der Rat der Volksbeauftragten bereits am 12. November 1918 angekündigt hatte.[225] Die badische vorläufige Volksregierung bewahrte sich eine gewisse Reserve gegenüber dem rein sozialistisch zusammengesetzten Rat der Volksbeauftragten und seinen Maßnahmen. Deshalb äußerte Marum in der Kabinettssitzung vom 23. November, die übrigens unter seiner Leitung stattfand, seine Absicht, für Baden eine besondere Amnestie zu erlassen: „Wir dürfen es nicht dazu kommen lassen, dass das Reich über unsere Köpfe hinweg eine Amnestie erlässt. Wir besitzen Justizhoheit für Baden und es bleibt uns vorbehalten, von uns aus eine Amnestie zu erlassen."[226] Dieses Vorgehen fand die Zustimmung des Gesamtkabinetts, das sich über die politische Relevanz einer Amnestie und ihres Eingriffs in die Strafverfolgung und den Strafvollzug voll bewusst war.

---

[222] GLA 234/10155. Brief vom 30.11.1918.
[223] Ebenda.
[224] Ebenda.
[225] Während des 1. Weltkrieges waren mehrere Amnestien für Kriegsteilnehmer erlassen worden. Vgl. Marxen (1984), S. 11ff.
[226] GLA 233/24312.

Das Rechtsverständnis der provisorischen Regierung, das auch Marum und die SPD teilten, gründete auf einem strikten Legalismus, der Bewahrung der Rechtssicherheit, der Anerkennung bisheriger rechtsstaatlicher Normen in Baden. Dies ließ sie eine Amnestie nur zögerlich in Angriff nehmen. Sowohl der Umfang, als auch die Grenzen einer Amnestie mussten einige Probleme aufwerfen, da sie eine kritische Auseinandersetzung mit den Normen des alten Rechtssystems voraussetzte. Dieses System wollten die SPD und die provisorische Regierung eigentlich nicht in Frage stellen, eine Neubewertung wollte die SPD nur im Bereich politischer Straftaten vornehmen und somit ihre politischen Gesinnungsgenossen, die gegen das alte Gesetz verstoßen hatten, zur Straffreiheit verhelfen. Wesentlich problematischer musste die Ausdehnung der Amnestie auf Straftatbestände, die außerhalb des politischen Bereiches lagen, erscheinen. Hier mussten die Grenzen sorgfältig abgesteckt werden, wollte man nicht gegen das Rechtsempfinden breiter Teile der Bevölkerung und gegen die Aufgabe des Staates, Rechtssicherheit zu gewährleisten, verstoßen. Während in der politischen Amnestie eine Neubewertung des begangenen Delikts zugrunde lag, ihr Zweck in der Befreiung politischer Anhänger bestand, so mussten Grundlage und Zwecksetzung einer allgemeinen Amnestie anders eingeordnet werden. Der durch die Revolution geschaffene neue Staat machte hier von seinem Straf- und Gnadenrecht in einer Weise Gebrauch, die den rechtskräftig Verurteilten mit Milde und Nachsicht entgegenkam, die Strafwürdigkeit der Tat, das rechtskräftig erfolgte Urteil jedoch nicht in Frage stellte.

Dieses Entgegenkommen konnte als Geschenk des neuen Staates an seine straffällig gewordenen Bürgerinnen und Bürger verstanden werden, das Sicherheitsbedürfnis der Allgemeinheit gebot jedoch dem neuen Staatswesen auch, die Grenzen dieses Entgegenkommens nicht allzu weit zu stecken.

Die vom Rat der Volksbeauftragten anvisierte Amnestie sollte sowohl die Strafverfolgung, die Niederschlagung aller bereits angestrengter Verfahren gegen politische Straftäter und Prozesse in Bagatell- und Kleinkriminalitätsdelikten betreffen, aber auch die Strafbefreiung bereits rechtskräftig verurteilter Menschen. In diesem Bereich gestatte sich die revolutionäre Regierung einen tiefgreifenden Eingriff in das Strafrecht und zögerte nicht, von ihrer Macht und ihren gestalterischen Möglichkeiten Gebrauch zu machen. Während eine Amnestie eigentlich in den Kompetenz- und Arbeitsbereich des Parlaments fällt, griff hier die Regierung dessen Entscheidung voraus. Allerdings achtete sie darauf, dass dieser Eingriff hauptsächlich den politischen Straftätern zugute kam. In allen andern Fällen sollten die Grenzen sehr eng gezogen werden. Wie die skeptischen Äußerungen Marums zur angekündigten Amnestie des Rats der Volksbeauftragten bewies, ging man in Baden nur sehr zögernd an einen Strafnachlass heran. Dies lag daran, dass der Rechtsstaat in Baden auf eine lange Tradition zurückblickte, seine Institutionen gut ausgebildet waren und der Regierung drei Juristen angehörten, die sich einem streng legalistischen Denken verpflichtet fühlten. Dies traf auch für Marum zu, so dass er versuchte, die badische Fassung eines Amnestiegesetzes vorzulegen, das möglichen großzügigeren Regelungen eines Reichserlasses vorgriff. Die badische SPD anerkannte im Grund genommen nur zwei Motive, die eine Nicht-Bestrafung der Tat ermöglichten: dazu gehörten eine politische Motivation und die Verursachung der Straftat durch die wirtschaftliche Notlage, die aus den Kriegsumständen erwachsen war. Eine Amnestie, die einen größeren Täterkreis umfasste, stieß bei Marum und seiner Partei auf erhebliche Bedenken, so dass der badische Justizminister nur einen sehr eng definierten Personenkreis in seinen Amnestieerlass einschloss. Marum bevorzugte gegenüber einer weitreichenden Amnestie die Ausschöpfung des Begnadigungsrechts, welche den Vorteil bot, den Handlungsspielraum des Ministers nach eigenem Ermessen und individuell unterschiedlich, was die Delinquenten betraf, zu gestalten. Hier lag die Entscheidungskompetenz auf Seiten des Staates, der Straftäter verfügte über keinen Rechtsanspruch auf Strafbefreiung, der Gleichheitsgrundsatz war hier nicht zu berücksichtigen, der Minister konnte differenzieren zwischen Tätergruppen und Motivkreisen.

Marum schloss seine Arbeit am Amnestieerlass schon nach drei Wochen Amtstätigkeit ab. Am 2. Dezember wurde der Erlass, „eine allgemeine Amnestie betreffend", im Badischen Gesetz- und Verordnungsblatt veröffentlicht.[227] Bereits wenige Tage nach seiner Amtsübernahme hatte er aber am 12. November schon Amtsgerichte und Staatsanwaltschaften angewiesen, mit der Vollstreckung aller Geld- und Freiheitsstrafen einzuhalten, welchen eine unter dem Druck der Kriegszeit aus Not erfolgte Straftat zugrunde lag. Marum unterstrich: „Ob eine Straftat aus Not begangen wurde, ist in weitherziger Weise zu beurteilen."[228]

Die badische Amnestie betraf sowohl Strafverfolgung als auch den Straferlass rechtskräftig ergangener Strafen. Auch hier standen im Mittelpunkt politische Delikte, unter die auch unerlaubte Kundgebungen, Straftaten bei Streiks, Straßendemonstrationen und Lebensmittelunruhen fielen. Politische Straftaten wurden von Marum und seiner Behörde in folgender Weise definiert: „Der Begriff der politischen Straftaten ist weit auszulegen. Er umfasst Straftaten, die in unmittelbarem und mittelbarem Zusammenhang mit Kämpfen um die staatliche, soziale und wirtschaftliche Ordnung begangen worden sind."[229] Diese Delikte wurden generell von Strafverfolgung und Strafvollzug befreit. Unter die Amnestie fielen in Baden sonst noch Strafen, die mit einer Geldstrafe bis zu eintausend Mark oder einer Freiheitsstrafe bis zu einem halben Jahr belegt waren. Es wird deutlich, dass Marum wesentlich an einer Strafbefreiung für einen Täterkreis interessiert war, der sich aus der Anhängerschaft der eigenen Partei rekrutierte. Soziale und politische Motive von Arbeitern und Unterprivilegierten sollten die Nachsicht des Staates finden, ansonsten sollte nur ein unbedeutender Teil der Kleinkriminalität und von Bagatellverstößen gegen das Zivilrecht Straffreiheit erhalten.

Ausgenommen von der Strafbefreiung waren in Baden wie später auch im Reich Preiswucher, Schleichhandel, Verstöße gegen das Höchstpreisgesetz, die mit mehr als zwei Wochen Gefängnis und einer Geldstrafe ab einhundert Mark belegt waren. Hier zeigte

---

[227] BGV 1918; S. 40.
[228] GLA 234/10155.
[229] Ausführungsbestimmungen zum Amnestieerlass. GLA 234/6778.

sich noch das aus Kriegszeiten bewahrte Denken, das diese Straftäter als eigennützig Handelnde abstempelte, sie für den Zusammenbruch der inneren Front verantwortlich machte und ihnen damit wesentliche Schuld an der militärischen Niederlage zuordnete. In Baden berücksichtigte man nicht das Motiv für diese Delikte, während die Reichsamnestie zwischen fahrlässig und bewusst erfolgten Verstößen gegen das Höchstpreisgesetze und die weiteren Wirtschaftsgesetze unterschied.

Marum legte weitere Ausnahmefälle fest, die nicht in den Genuss der Amnestie kommen sollten. Diese erstreckten sich auf Landstreicherei und gewerbliche Unzucht und auf jugendliche Straftäter, denen bei Wohlverhalten Strafaufschub in Aussicht gestellt worden war. Er wird hier wohl von dem Gedanken geleitet, die Auflagen des alten Urteils nicht anzutasten, um dessen erzieherische Wirkung zu gewährleisten.

In der Durchführung des Amnestieerlasses ergaben sich bei den zuständigen Behörden Unklarheiten über die Behandlung von Spionagefällen und Verweigerung von Wehrpflicht. Bezüglich dieser Delikte ordnete der Justizminister an: „Delikte wegen Spionage fallen unter Amnestie, wenn Straftäter durch politische Beweggründe sich hat bestimmen lassen. Eigennützige Motive lassen den Spion nicht straffrei ausgehen."[230] In einem Schreiben vom 17. Januar an sämtliche Staatsanwaltschaften hieß es: „Die Verletzung der Wehrpflicht ist dann als politische Straftat anzusehen, wenn politische Beweggründe vorliegen und sie deshalb in unmittelbarem oder mittelbarem Zusammenhang mit Kämpfen um die staatliche, soziale und wirtschaftliche Ordnung steht. In den weitaus meisten Fällen dieser Art wird jedoch lediglich der Wunsch, die mit der Einziehung zum Militärdienst verbundenen Nachteile für Person und Vermögen zu vermeiden, also ein eigennütziger Beweggrund den Täter bestimmt haben."[231]

Wie viele Personen von dem badischen Amnestieerlass betroffen waren, konnte nicht ermittelt werden. Marum hatte sich von der zuständigen Behörde statistisches Material und Rückmeldung über die Durchführung des Amnestieerlasses bis zum 1. März 1919 erbeten.[232] Diese Unterlagen sind verloren gegangen, so dass ein zahlenmäßiges Bild der Auswirkung des Amnestieerlasses nicht erstellt werden konnte.

Als am 10. Dezember die Reichsamnestie in Kraft trat, zeigte sich, dass diese im Bereich nicht-politischer Straftaten weitaus großzügiger ausgefallen war als die der badischen Regierung. Hier wurden alle Delikte unter Straffreiheit gestellt, die eine Freiheitsstrafe bis zu einem Jahr erhalten hatten. Dies hatte zur Folge, dass der badische Amnestieerlass nachgebessert werden musste; eine entsprechende Anweisung erging am 10. Dezember an die Justizbehörden.[233] Die Differenz im materialen Bestand des badischen und des Reichsamnestiegesetzes wies auf die unterschiedliche Zusammensetzung der badischen und der Reichsregierung hin. Während man in Baden die Distanz zum alten Rechtszustand möglichst gering halten wollte, verfuhr man im Reich wesentlich großzügiger. In

---

[230] GLA 234/6778.
[231] GLA 234/6780.
[232] Vgl. GLA 234/6778.
[233] Ebenda.

Baden praktizierte man dagegen die Individualbegnadigung mit größerer Bereitschaft als eine allgemeine Amnestie. Wie bereits erwähnt, bot sich hier für die Behörden ein größerer Ermessensspielraum und man war außerdem noch unabhängig von der Vorgabe des Reiches. Straftäter, die nicht vom Amnestiegesetz erfasst wurden, wurden ausdrücklich auf die Möglichkeit hingewiesen, vom Gnadenrecht Gebrauch zu machen. Marum bat sich aus, dass alle Fälle, die von der Behörde abschlägig beschieden wurden, ihm persönlich vorgelegt wurden und er somit Information und Kontrolle über die Begnadigungsverfahren erhielt.[234] Er hatte angewiesen, dass in allen Fällen der Individualbegnadigung in Baden Kriegsteilnehmer bevorzugt werden sollten, aber auch Straftaten, die unter dem Druck der Kriegszeit aus Not erfolgt waren. In der Bevorzugung von Kriegsteilnehmern setzte sich das nationalistische und militaristische Denken, wie es die badische Politik in der Kriegszeit geprägt hatte, fort und machte auch vor dem sozialdemokratischen Minister nicht halt.

Außer an der wichtigen Verordnung zur Amnestie war der Justizminister Marum an der Ausarbeitung von Verordnungen beteiligt, welche die staatsrechtliche Grundlage für die Übergangszeit schufen und welche die Vormachtstellung der Regierung gegenüber den Räten rechtlich festigten. Die lapidare Kürze dieser Verordnungen pointierte den Machtanspruch der Regierung, ohne die Konkurrenten – eben die Rätebewegung – zu nennen. In der Verordnung vom 20. November, die die Unterschrift Marums trug, hieß es: „Alle diejenigen Regierungshandlungen, welche bisher durch den Landesherrn oder das Staatsministerium oder den Landesherrn und die Landstände erfolgten, geschehen durch die Badische Vorläufige Volksregierung."[235] Damit war die alleinige Verfügungsgewalt der Regierung über die Staatsmacht umrissen. Wenige Tage zuvor war das schon ausdrücklich festgehalten worden. Es hieß (16. November): „Die Verordnungen der Badischen Vorläufigen Volksregierung erlangen Gesetzeskraft durch Unterzeichnung des Präsidenten der Volksregierung und des zuständigen Ministers sowie durch Verkündigung in dem Gesetzes- und Verordnungsblatt für Baden."[236] Auch diese Verordnung war von Marum unterzeichnet. Mit dieser Verfügung war jeder Zweifel hinsichtlich eines etwaigen Mitunterzeichnungsrechts der Räte ausgeschlossen. Der sozialdemokratische Standpunkt, zugleich Ausdruck der Regierungsmeinung, war juristisch fixiert. Den Räten war jeder entscheidende Einfluss auf die Staatsmacht genommen, lediglich als Beratungsorgane traten sie in Erscheinung. Als ihr eigentliches Aufgabenfeld wurde ihnen der gesellschaftliche Bereich zugewiesen, in dem sie der Regierung Unterstützung bei der Neuorganisation des zivilen Lebens leisten sollten. Marum, der der Landesversammlung der Räte Anfang November seinen Respekt vor ihrer revolutionären Leistung ausdrückte, hatte auf der staatlichen Ebene bereits Tage zuvor mit seinen Verordnungen dafür gesorgt, dass ihr Machtanspruch begrenzt bleiben musste. In seinem Handeln manifestierte sich sehr deutlich die eigenartige Mittelstellung der SPD zwischen dem Machtanspruch der

---

[234] GLA 234/6778.
[235] BGV 1918, S. 403.
[236] Ebenda, S. 397.

traditionellen Parteien und der Anerkennung der Leistung der Räte in der Revolution.

Als Justizminister leistete Marum seinen Kabinettskollegen, die mit neuen juristischen Funktionen betraut waren, Amtshilfe. Dies war zum Beispiel der Fall im Ministerium für Wohnungswesen. Schon im Kriege hatte sich die Wohnungsnot verschärft, die Auseinandersetzungen zwischen Hauseigentümern und Mietern härtere Formen angenommen, so dass bereits im Dezember 1914 zur Einrichtung von Mieteinigungsämtern geschritten worden war. In den Monaten nach Kriegsende spitzte sich die Situation zu, in vielen kleineren Orten Badens wurden nun auch Mieteinigungsämter geschaffen, an deren Spitzen man einen Juristen – meistens einen Richter – benötigte. Marum erteilte seinen Beamtem die Erlaubnis, an diesem Schlichtungsverfahren teilzuhaben. In den Akten seines Ministeriums häuften sich die Gesuche, Richter für diesen Aufgabenbereich abzustellen.[237] Marum verfuhr hier großzügig und setzte der Nebentätigkeit der Beamten keinen Widerstand entgegen.

Am 29. März 1919 war Marum an einer Verordnung des Ernährungsministeriums beteiligt,[238] in der es um die Erhebung der Anbau- und Erntefläche ging. Vorausgegangen war eine Verordnung des Reichsernährungsministers, welche die Erhebung zum Zweck der Nutzung aller möglichen Ressourcen forderte. Marum stattete die entsprechende badische Verordnung mit dem nötigen juristischen Unterbau aus. Seine Verordnungstätigkeit belegte die Vielfalt seiner Aufgaben als Fachminister. Hinzu kam seine gelegentliche Tätigkeit in der Festsetzung von Strafen für neue Delikte, die in der Nachkriegszeit auftraten, wie etwa der Diebstahl von Heeresgut. Hier zeigte sich Marum als Verfechter besonders harter Strafen. In diesen Fällen plädierte er für die Verhängung von Zuchthausstrafen.[239]

Zieht man die Bilanz von Marums Tätigkeit als Justizminister in den Monaten bis zur Wahl der Nationalversammlung, so sticht sein Beitrag zum Ausschluss der Räte aus dem staatlichen Machtbereich und die größtmögliche Wahrung der Rechtskontinuität heraus. Die Akzeptanz der bestehenden Ordnung, die einen Grundpfeiler reformistischer Überzeugung ausmachte, zeigte sich im Rechtsbereich besonders deutlich, indem seine kodifizierten Grundlagen und sein Personalbestand unangetastet blieben. Auch in der engen Auslegung der Amnestievorschriften zeigte sich die Gebundenheit an die alte Ordnung. Die Bevorzugung von Kriegsteilnehmern bei den Begnadigungsverfahren zeigte die Vereinnahmung der badischen SPD und Marums durch nationales und militaristisches Denken signifikant auf.

Für die Übergangszeit fiel dem Justizminister eine Schlüsselrolle in der Konsolidierung der geschaffenen Verhältnisse zu. Dies erwies sich sowohl auf staatsrechtlichem Gebiet als auch in der Garantie von Ruhe und Ordnung durch eine funktionierende Rechtsprechung. Das Ministeramt bot Marum die Möglichkeit, auf die Vorarbeiten zur

---

[237] GLA 234/5303.
[238] BGV 1919, S. 170.
[239] Vgl. GLA 233/24312. Sitzung vom 23.11.1918.

neuen Verfassung Einfluss zu nehmen und damit einer zentralen Forderung seiner Partei und der parlamentarischen Demokratie zum Durchbruch zu verhelfen. Als Mitglied des Gesamtkabinetts aber auch als Fachminister erlaubte sich Marum keine eigenwilligen Schritte, sondern orientierte sich vollkommen an den ihm gestellten Vorgaben. Durchdrungen vom reformistischen Politikkonzept erfüllte er seine Regierungsaufgaben und setzte den Kurs der badischen SPD fort, den Kolb und Frank anderthalb Jahrzehnte zuvor begonnen hatten.

Regierungspolitik und die Kritik der Räte

Als am 27. Dezember 1918 in Durlach die zweite Landesversammlung[240] der Arbeiter- und Soldatenräte tagte,[241] war die Regierung fast vollständig anwesend. Ihr war sehr wohl bewusst, dass es auf diesem Kongress um eine erste Bilanz ihrer Regierungsarbeit ging, verhandelt vor einem Forum, das nicht nur mit Anhängern und Freunden besetzt war. Die zweite Landesversammlung fand mit leichter zeitlicher Verzögerung statt, gemessen an den Vorgaben des Mannheimer Gründungskongresses vom 21./22. November, der einen monatlichen Turnus vorgesehen hatte.[242] Auch an dem ursprünglich geplanten Tagungsort Karlsruhe konnte nicht festgehalten werden, die Bestimmungen für die entmilitarisierte Zone, in der sich auch keine Soldatenräte aufhalten durften, ließen Durlach an die Stelle Karlsruhes treten. In Durlach also trafen sich eine Woche vor der Wahl zur badischen Nationalversammlung 230 Delegierte badischer Arbeiter- und Soldatenräte, die Leitung der Veranstaltung lag in den Händen von zwei Mitgliedern des Engeren Ausschusses, Adam Remmele und Eduard Kluge sowie einem Vertreter des Soldatenrates, Ludwig Gehry. Die Landesversammlung repräsentierte die aktive revolutionäre Bewegung Badens, die in ihrer Eigenschaft als Vorparlament es als eine ihrer Aufgaben betrachtete, die provisorische Regierung zu kontrollieren und eine Bilanzierung der Erfolge und Niederlagen der Revolution vorzunehmen. Der Kongress zerfiel in mehrere Fraktionen, die unterschiedliche Ansätze und Interessen verfolgten, so dass sich keineswegs das harmonische Bild einer homogenen Bewegung ergab.

Adam Remmele berichtete in der Mannheimer *Volksstimme* von „leidenschaftlichen Auseinandersetzungen",[243] die auf dem Kongress geführt wurden, sein Bruder Hermann, Führer der Mannheimer Unabhängigen, sprach gar von „revolutionärem Geist",[244] der die Teilnehmer bestimmte. Marum und die Regierung befürchteten, dass ihnen das

---

[240] Vgl. Brandt/Rürup (1980), S. 144ff.
[241] Ab Ende November nannten sie sich, nach Aufnahme bäuerlicher und bürgerlicher Räte, Arbeiter-, Bauern-Volks- und Soldatenräte Badens.
[242] Vgl. Brandt/Rürup (1980), S. 28. Die Verzögerung war begründet durch den Reichsrätekongress, der vom 16.–21. 12. in Berlin getagt hatte.
[243] Ebenda.
[244] Ebenda, S. 33.

Vertrauen entzogen würde, dies belegt die Äußerung Marums am Schluss der Tagung, als er erleichtert feststellte: „Was heute vorgebracht wurde, war nicht so stichhaltig, um die Regierung zu stürzen."[245]

Die Regierung war auf dem Kongress mit drei Strömungen konfrontiert, die ihre politische Linie unterschiedlich kommentierten. Hinter ihr stand die Gruppe der SPD-Funktionäre, die in die leitenden Gremien der Landesrätevertretungen gewählt worden waren und die einen beträchtlichen Teil der lokalen Räte repräsentierten. Zu ihren Wortführern zählten Adam Remmele und Emil Maier, beide Mitglieder des Engeren Ausschusses. Distanzierter stand den Regierungsmaßnahmen eine Oppositionsgruppe aus SPD- und USPD-Mitgliedern gegenüber, der die Regierungspolitik nicht weit genug ging und sich zu sehr von sozialdemokratischen Grundsätzen entfernte. Sie hatten ihre Erwartung auf der 1. Landesversammlung in den Satz gefasst: „Sie (die Gruppe, m. A.) erwartet von ihr (der Regierung, m. A.) auch weiterhin die energische Förderung der politischen und wirtschaftlichen Interessen der seither unterdrückten, ausgebeuteten Volksschichten."[246] Ende Dezember stellte sich bei diesem Teil der Rätebewegung unverhohlene Enttäuschung über den Regierungskurs ein.

In entschiedener Opposition befand sich die linke Mannheimer USPD und ihre Rätevertreter, die eine grundsätzliche Kritik an der Revolutionspolitik in Baden äußerten. Aufgabe der Regierung war es, ihre Politik zu erläutern, ihren geringen Entscheidungsspielraum zu betonen und sich so eine gute Ausgangsbasis für die Wahlen zu verschaffen. Angesichts der überwiegend sozialdemokratischen Mehrheit des Kongresses standen ihre Chancen nicht schlecht, dennoch fand ihre Linie auch bei dieser Gruppierung nicht den ungeteilten Beifall und die Zustimmung, die sie sich erhofft hatte. Selbst in dem Rechenschaftsbericht Adam Remmeles, der die Zusammenarbeit mit der Regierung als gut bezeichnete, fehlte die Klage über die schlechte Aufnahme der Räte in den Bezirks- und Gemeindevertretungen nicht. Über die bürgerlichen Beamten in den lokalen Verwaltungen bemerkte Remmele: „Was das Verhältnis zu den staatlichen Behörden betrifft, so ist im Lande nicht immer das nötige Verständnis bei den Bezirksmännern zu finden. Die Herren sind of zugeknöpft bis zum Halse hinauf. Es gab hier eine Reihe Schwierigkeiten zu überwinden."[247] Der Berichterstatter des Landesausschusses der Soldatenräte Gehry stellte sich ebenfalls nicht in Opposition zur Regierung und beschrieb die Zusammenarbeit mit dem Ministerium für militärische Angelegenheiten als zufriedenstellend.[248] Die eigentliche Kontroverse auf der Zweiten Landesversammlung entwickelte sich aus der unterschiedlichen Einschätzung des Verlaufs und der Ergebnisse der Revolution. Die Rätefunktionäre Adam Remmele und Maier feierten die Proklamation der Republik, die Einführung des allgemeinen Wahlrechts, den Einfluss, den sich die

---

[245] Ebenda, S. 37. Oder sprach Marum ironisch?
[246] Brandt/Rürup (1980), S. 19.
[247] Ebenda, S. 30. Remmele trat in seinem Rechenschaftsbericht für den Erhalt der Dominanz der Arbeiterräte ein und hob die positiven Leistungen der Räte hervor.
[248] Vgl. ebenda, S. 31.

Arbeiterbewegung und die SPD in der neuen Zeit errungen hatten, als ungeheuren Fortschritt. Sie sprachen als überzeugte Reformisten, die sich mit den demokratischen Neuerungen und dem Machterwerb für die Partei zufrieden gaben und kein Verständnis aufbrachten für die Enttäuschung, die in der Basis über die ausbleibende Demokratisierung des Staatsapparates und des Militärs und über die fortbestehenden Dominanz des Bürgertums vorhanden war. Diese äußerte sich für die skeptische Gruppe in der SPD und USPD in der fortdauernden Geschäftemacherei durch Wucher und Schleichhandel, vor allem aber in der Hetze der bürgerlichen Presse (vor allem der Zentrums-Presse) gegen die Räte. Im Vergleich zur starken Stellung der bürgerlichen Kräfte spielte ihrer Meinung nach die Rätebewegung, die eigentliche Trägerin der Revolution, eine zu geringe Rolle. Nach der Beobachtung dieser Gruppe wurden die Räte auf allen Ebenen zurückgedrängt und in ihrem Einfluss beschnitten. Besonderes Ärgernis bildete hier der Erlass des Innenministers Haas vom 18. Dezember 1918, der den Räten auf lokaler und Bezirksebene das Stimmrecht verweigerte. Selbst der überzeugte Reformist Engler, sicherlich kein Anhänger der Parteiopposition, empfand diese Regelung als zu konservativ und attackierte scharf die bürgerlichen Minister Haas und Wirth, die wegen ihrer ablehnenden Haltung der Rätebewegung gegenüber bekannt waren.[249] Adam Remmele berichtete über den Unmut der Basis, der sich in Bemerkungen äußerte wie der, dass in Preußen und Sachsen die Revolution anders durchgeführt wurde als in Baden.[250]

Über die punktuelle Kritik hinausgehend, betrieb die linke Opposition eine Fundamentalauseinandersetzung mit der Linie der badischen SPD. Sie kritisierte die Koalition mit bürgerlichen Parteien, vor allem die Besetzung des Innenministeriums durch Haas, die ausbleibende Sozialisierung, die fortdauernde Existenz des Militarismus[251] und den Abbau der Volkswehr. Gemeinsam war beiden oppositionellen Richtungen die Sorge, dass in Baden die Revolution allzu gemäßigte Formen annehmen und zu früh zum Abschluss kommen könnte. Hermann Remmele forderte den Anschluss an die gesamtdeutsche revolutionäre Bewegung und scheute sich nicht, von einer „Weltrevolution" zu sprechen, deren Anfang die russische und die deutsche Umsturzbewegung bilden sollten.[252] Die gemäßigte SPD-Opposition strebte zumindest eine konsequentere Demokratisierung des Verwaltungsapparats und eine konsequentere Presse- und Aufklärungsarbeit im Sinne der Revolution an. Nur die Reformisten an der Spitze der Rätebewegung stellten keine weiteren Forderungen auf. Sie verwiesen auf die besonderen historischen Bedingungen Badens, seine liberalen Tradition, die frühe Anerkennung der SPD als gleichberechtigte Kraft, die gering ausgeprägten Klassenkampfantagonismen, die kaum gegenrevolutionäre Aktionen befürchten ließen.[253]

---

[249] Vgl. ebenda, S. 34.
[250] Vgl. ebenda, S. 31.
[251] Beleg für das eigenmächtige Handeln der alten Militärbehörden war für die Linke der Einmarsch des Bataillons des 110. Infanterie-Regiments in Mannheim auf Anordnung der OHL, das ohne Wissen der badischen Regierung erfolgte. Vgl. Brandt/Rürup (1991), S. 90.
[252] Vgl. Brandt/Rürup (1980), S. 33.
[253] Vgl. ebenda, S. 31.

Eine Reihe von Anträgen mit Forderungen an die Regierung lagen der Versammlung vor. Sie bezogen sich auf Maßnahmen gegen Kapitalflucht, Wucher und Schleichhandel sowie auf eine verstärkte Pressearbeit, die über die Revolution, ihre Errungenschaften, die positive Arbeit der Räte aufklären sollte.[254] Weiterhin wurde ein Pressegesetz gefordert, das eine Berichtigungspflicht und die Vorschrift zur Gegendarstellung enthalten sollte. Diese pragmatischen Vorschläge fanden durchaus das Gehör der Regierung, während die weitergehenden Forderungen der linken USPD nach Verschiebung des Wahltermins und der Ausarbeitung einer Räteverfassung auf die strikte Ablehnung auch der sozialdemokratischen Minister stieß.

Der Versuch der Rechtfertigung der Regierungspolitik wurde getragen von den Ministern Marum und Haas und den Mitgliedern des Engeren Ausschusses Emil Maier und Adam Remmele. Während letzterer die Ergebnisse der Revolution als weitreichend und zufriedenstellend beschrieb, übernahm Emil Maier die Auseinandersetzung mit der linken USPD-Position. Seine Rede wurde mit „stürmischem Beifall" quittiert, was nochmals belegt, dass die Mehrheit des Kongresses reformistisch eingestellt war. Maier sprach sich gegen eine sofortige Sozialisierung und gegen Eingriffe in die Bürokratie aus; er unterstrich die Notwendigkeit einer pragmatischen Politik: „Bei uns in Deutschland liegen die Verhältnisse doch ganz anders als vor einem Jahr in Russland. Wir stehen in der Revolution als ein zusammengebrochenes Volk, das keine Hoffnung mehr hat auf die Hilfe eines fremden Volkes. Wenn wir warten wollen, bis die Arbeiter in Frankreich und England Revolution machen, dann sind wir verhungert; für uns gibt es da keine Hilfe. Bei uns nützt die Berliner Taktik gar nichts; die Taktik, die sich schon im Frieden bewährt hat, wird sich auch jetzt wieder bewähren. Wir müssen auf dem Boden der Tatsachen arbeiten. Unsere Revolution krankt daran, dass wir nur eine Soldaten- und Arbeiterrevolution haben, das Bürgertum war zu feige, mitzumachen. Nur ein Teil des Bürgertums war Kriegsgewinnler, ein großer Teil war genauso bedrückt wie wir, aber es war zu feige und zu träge, um die Gewalt abzuschütteln, die wir nun abgeschüttelt haben. Wir können nicht warten, bis wir dieses Bürgertum aufgeklärt haben. Man muss mit den Tatsachen rechnen. Wir können uns nur auf unsere Arbeiterschaft und unsere Soldaten, die im Kriege hell geworden sind, stützen."[255]

Sein Kollege Adam Remmele teilte seine Auffassung in der Frontstellung gegen links, bestritt aber, dass der Abbau der Volkswehr aus Gründen dieser Gegnerschaft erfolgt sei. Er stellte sich auf den Regierungsstandpunkt, dass mit dem Abschluss der Demobilisierung die Volkswehr ihre Funktion verloren habe. So übernahmen die beiden Rätevertreter

---

[254] Die Forderung nach Verstärkung des Grenzschutzes und der Verhinderung der Kapitalflucht in die Schweiz wurde von den Soldatenräten erhoben, die sich bisher mit ihren Vorschlägen bei der Regierung kein Gehör hatten verschaffen können. Der Freiburger Arbeiterrat und sein Vorsitzender Engler verlangten die restlose Unterbindung des Schleichhandels und konsequenteres Vorgehen gegen Preiswucher. Die Hauptforderungen richteten sich jedoch auf eine ideologische Kampagne, eine intensive Aufklärungsarbeit über die Neuerungen der Revolution, für die die Regierung größere Mittel als bisher bereitstellen sollte.

[255] Zitiert nach Brandt/Rürup (1980), S. 35.

des Engeren Ausschusses die Rechtfertigung der reformistischen Grundlinien der Regierungspolitik und leisteten Vorarbeit für den Auftritt Marums. Dieser hatte bereits als Regierungsvertreter die Delegierten begrüßt und noch einmal die getroffenen Vereinbarungen zwischen Regierung und Rätebewegung bestätigt. Über seine einführenden Worte berichtete der *Volksfreund*: „Gen. Justizminister Marum begrüßt die Tagung namens der provisorischen badischen Regierung. Die Regierung, so führt Gen. Marum aus, erkenne die A.- u. S.-Räte als die Träger der Revolution an, sie habe mit dem von der letzten Konferenz eingesetzten Dreimännerkollegium in bestem Einvernehmen gearbeitet. Die Regierung müsse die Legislative und Exekutive in Händen haben, während die Kontrolle durch die Vertrauensleute der A.- u. S.-Räte auszuüben sei."[256]

Neben Marum sprach als Regierungsvertreter Innenminister Haas, auf den sich die Angriffe konzentriert hatten. Haas begegnete dem mit Gelassenheit, er legte seiner Argumentation den Verweis auf die außenpolitischen Zwänge und die Bindung an das (alte) Gesetz zugrunde. Die Gefahr einer französischen Invasion erhöhte sich seiner Meinung nach bei zu weitgehenden Zugeständnissen an die Rätebewegung, außerdem müssten die alten gesetzlichen Vorschriften weiterhin Berücksichtigung finden. Marum bediente sich zur Rechtfertigung der Regierungspolitik einer ähnlichen Argumentationsstruktur, die auf die Zwänge der gegebenen Situation verwies und die Zeit für noch nicht reif genug erklärte zur Umsetzung des sozialdemokratischen Programms, das allerdings Leitlinie der zukünftigen Politik bleiben sollte. Marums vermittelnde Rede basierte auf dem Gedanken, dass die Forderung nach einer rein sozialistischen Regierung, nach der Demokratisierung des Staatsapparates zwar berechtigt seien, nur angesichts der gegebenen Notlage noch zurückstehen müssten und erst in späterer Zeit verwirklicht werden könnten.[257] Damit wiederholte er seine bereits bei früheren Gelegenheiten vorgetragenen Argumente über die Notwendigkeit bürgerlicher Minister und die Mitarbeit des alten Beamtenapparates. Er betonte, dass die Dominanz der sozialdemokratischen Fraktion in der Regierung gewährleistet sei, und forderte von der Rätebewegung unbedingtes Vertrauen in die Revolutionspolitik der Partei.[258] Marum bat die Genossen, von überhöhten Erwartungen abzusehen und in Rechnung zu stellen, dass die Regierungstätigkeit der Partei vielfache Kompromisse verlangte. Während er so die Ängste hinsichtlich einer allzu vorsichtigen Reformpolitik zu beschwichtigen suchte, kam er den Räten in ihrer Forderung nach einer verstärkten Aufklärungspolitik der Regierung entgegen und versprach, dass diesem Verlangen entsprochen werde.[259]

---

256 Vgl. ebenda S. 29.

257 Vgl. ebenda, S. 37. Marum glaubte, dass mündliche Belehrungen und dienstliche Anweisungen genügten, um die Beamtenschaft auf die Republik einzuschwören. In Baden nahm die Regierung keinerlei Entlassungen vor.

258 Vgl. ebenda, S. 36.

259 Zur Agitation der katholischen Geistlichen gegen die Sozialdemokratie erklärte sich Marum als ohnmächtig. Er sagte: „Soll aber die Regierung in jede Kirche einen Gendarmen schicken?". Zitiert nach Brandt/Rürup(1980), S. 37.

Die beiden letzten Tagesordnungspunkte der Landesversammlung – der Bericht vom Reichsrätekongress in Berlin und die Vorstellung eines badischen Räteverfassungsentwurfs – lösten eine Auseinandersetzung mit den Neuordnungskonzepten der Linken im Reich und in Baden aus, eines Entwurfs, gegen den die badischen Reformisten sich abzugrenzen versuchten. Aus Baden hatten zwölf Delegierte am Reichsrätekongress in Berlin vom 16. bis 21. Dezember teilgenommen.[260] Der Berichterstatter Eduard Kluge (Pforzheim) gehörte zu der zehnköpfigen SPD-Fraktion und fasste deren Meinung über die radikale Berliner Arbeiterschaft in die Worte: „Unser Eindruck von der Berliner Arbeiterschaft war kein guter."[261] Erleichtert zeigte er sich hingegen über die Entscheidung des Kongresses für die Nationalversammlung und den frühen Wahltermin am 19. Januar 1919.

Der Freiburger Sozialdemokrat Wilhelm Engler äußerte die Sorge, dass Berlin mit seiner starken linken Arbeiterbewegung als Tagungsort für die Konstituante nicht geeignet sei; seine Worte waren: „Der Entschluss über die Abhaltung der Nationalversammlung ist das erfreulichste von der ganzen Tagung; ob aber die Versammlung in Berlin zusammentreten kann, ist fraglich, das Parlament muss so unabhängig sein, dass es gleichmäßig die Interessen des Reiches wahrnehmen kann."[262] Wenige Tage später startete die badische Regierung zusammen mit Württemberg und Bayern eine Initiative, in der sie das politisch ruhige Würzburg als Tagungsort für die Nationalversammlung vorschlugen.[263]

Kluge, unterstützt von Maier und Engler, zeichnete ein Bild der Linken, das ihre zahlenmäßige Schwäche unterstrich, sie als politische Wirrköpfe darstellte und den Bolschewismus als gefährlichen Irrweg darstellte. Die USPD und die Spartakus-Gruppen wurden für die fortbestehende Spaltung der Arbeiterbewegung verantwortlich gemacht. Gegenüber dieser Negativzeichnung der Linken wurde die eigene Politik nur mit positiven Attributen belegt, diese wurde als nüchtern, realistisch, vernünftig und demokratisch beschrieben. Hinter ihr stehe die Mehrheit der Arbeiterschaft, die für die Überwindung der Spaltung eintrete. Kernsätze führender Reformisten lauteten: „Die Wahl ist für uns das allerwichtigste. Sozialisieren kann man erst, wenn feste politische Verhältnisse bestehen, und dies ist ein Grund, die Wahl bald vorzunehmen."[264] Emil Maier aus Heidelberg führte aus: „Warum können die Arbeiter nicht Frieden untereinander schließen, wo die ganze Welt nun Frieden schließt? Die Demonstrationen in Berlin waren Revolutionsspielerei, die Delegierten der Arbeiterschaft brauchten doch keine Erleuchtung von den hellen Berlinern, der Kongress war doch kein konservatives Parlament. Wir müssen in Baden auch Rücksicht nehmen auf die verschiedenartig zusammengesetzte Bevölkerung. Sollen wir es denn den Gegnern noch leichter machen, gegen uns vorzugehen; mehr Taktik und weniger Prinzipienreiterei. Jetzt, nachdem die deutsche Nationalversammlung

---

[260] Vgl. Brandt/Rürup (1980), S. 38, die die badischen Delegierten namentlich aufführen.
[261] Vgl. Brandt/Rürup (1980), S. 39.
[262] Ebenda, S. 40f.
[263] Ebenda, S. 41 und Telegrammwechsel vom 4.–8. 1. 1919. Sammlung S. 17.
[264] Vgl. Brandt/Rürup (1980), S. 41ff. Äußerung von Dr. Hirschler auf der 2. Landesversammlung.

mit großer Mehrheit beschlossen worden ist, jetzt wollen die Unabhängigen die badische Nationalversammlung unmöglich machen. (...) Sie wollen in ihrem Wolkenkuckucksheim leben und nicht auf dem Boden der Wirklichkeit."[265] Das Protokoll vermerkte an dieser Stelle stürmischen Beifall.

Mit diesen Äußerungen war auch die Position der sozialdemokratischen Minister umrissen. Wenige Wochen zuvor hatten sie ähnliche Ansichten kundgetan. In der Kabinettssitzung vom 9. Dezember stellte Marum klar, dass die sozialdemokratischen Delegierten des Reichsrätekongresses von der Partei beauftragt seien, für einen möglichst frühen Wahltermin zu stimmen und damit im Reich eine ähnliche Entwicklung einzuleiten, wie sie in Baden bereits in Gange sei.[266] Verkehrsminister Rückert bezeichnete in derselben Sitzung die Sozialisierungsforderungen der Spartakus-Gruppe als bedrohlich, da sie Panik im Bürgertum auslösen könnten, die den völligen Zusammenbruch der Wirtschaft herbeiführen würde.[267]

Die badische Linke ließ sich durch die Niederlage ihrer Genossen auf dem Reichsrätekongress nicht entmutigen. Sie legte der Landesversammlung zwei Anträge vor, die einen scharfen Angriff auf die Regierungspolitik bedeuteten. Der erste Antrag kam von Mannheimer Räten aus den Kreisen der USPD und war unterzeichnet von ihrem Mitglied Kuhlen, dem einzigen badischen USPD-Vertreter auf dem Reichsrätekongress und späterem Anführer der kurzlebigen Mannheimer Räterepublik. Er forderte die Aussetzung der badischen Nationalversammlungswahlen mit der Begründung, die Kleinstaaterei müsse überwunden werden, allein ein sozialistischer Einheitsstaat könne die Durchsetzung des Sozialismus garantieren. Hermann Remmele verteidigte den Antrag mit den Worten: „Die Bundesstaaten dienen zu weiter nichts, als das alte monarchische System, wie es vom Mittelalter herübergekommen, aufrecht zu erhalten. Schon 1848 wollte die Revolution mit dieser Kleinstaaterei Schluss machen. Auf dem Boden der Bundesstaaten kann keine sozialistische Republik aufgebaut werden."[268]

Der zweite Antrag kam aus der Freiburger Rätebewegung und verlangte die Zurückstellung der badischen Wahlen auf die Zeit nach der Konstituierung der deutschen Nationalversammlung, damit diese einheitliche Richtlinien für die Wahlen in den Bundesstaaten geben könne.[269] Beide Anträge unterlagen bei den Abstimmungen und dokumentierten die Schwäche der badischen Linken; sie erhielten 15 von 215 abgegebenen Stimmen und verfügten damit über eine Anhängerschaft, die etwas mehr als 7 % der Versammlung ausmachte.[270] Damit war das Regierungskonzept für frühe Wahlen in Baden am 5. Januar 1919 endgültig durchgesetzt. Deren Durchführung stand nun kein Hindernis mehr im Weg.

---

[265] Ebenda.
[266] GLA 233/24312. Sitzung vom 9.12.1918.
[267] Ebenda.
[268] Zitiert nach Brandt/Rürup (1980), S. 40.
[269] Vgl. Brandt/Rürup (1980), S. 39.
[270] Ebenda, S. 42.

Der letzte Tagesordnungspunkt der Versammlung betraf die Vorstellung des Verfassungsentwurfs, der von der Siebenerkommission der Soldatenräte ausgearbeitet worden war.[271] Sprecher der Kommission waren Dr. Kraus und Dr. Proesler, die als Alternative zum Parlamentarismus ein Rätesystem vorstellten, bestehend aus zwei Kammern, dem Volkshaus und dem Rätehaus, ein System, das verbunden war mit umfassender Sozialisierung, einem demokratischen Milizwesen, das die konsequente Trennung von Kirche und Staat vorsah und den Anschluss an den Völkerbund anstrebte. Ludwig Marum trat entschieden gegen diesen Entwurf auf und verwahrte sich dagegen, ihn in sozialdemokratisches Gedankengut einzuordnen. Er führte hauptsächlich formale Bedenken an und vermied die inhaltliche Auseinandersetzung mit dem Entwurf, der durchaus sozialdemokratische Kernforderungen des Erfurter Programms wie etwa die Trennung von Kirche und Staat oder die Errichtung eines Volksheeres zu verwirklichen suchte. Marums Worte lauteten: „Auf keinen Fall kann sich die Sozialdemokratie irgendwie mit diesem Entwurf einverstanden erklären (...) Wir liegen im schärfsten Kampf mit den Herren von der Rechten, die wieder eine Erste Kammer wollen, wir kämpfen gegen die indirekte Wahl, und beides wird in diesem Entwurf verlangt."[272]

Die Strategie Marums wie auch die der sozialdemokratischen Partei und Presse lief darauf hinaus, die öffentliche Diskussion dieses Entwurfs zu blockieren und abzuschneiden.[273] Marum bat um die Überstellung des Entwurfs an sein Ministerium und beendete damit die Debatte. Der Entwurf sollte keine Chance erhalten, eine ernsthafte Alternative zu dem Verfassungsentwurf von Dietz darzustellen und Interesse in Arbeiterkreisen zu wecken. Die Landesversammlung endete mit dem Antrag der Regierung, ihr das Vertrauensvotum auszusprechen. Die auf dem Kongress vorgetragene Kritik wurde von der Regierung als nicht sehr schwerwiegend empfunden; diese Beurteilung teilte die Versammlung zwar nicht, sie bestätigte aber dennoch, dass die Regierung „trotz aller Kritik das Vertrauen der Arbeiter- und Soldatenräte".[274] So wurde die Regierung in ihrer politischen Linie zwar bestätigt, aber auch die Existenz oppositioneller Strömungen – wenn auch sehr verhalten formuliert – festgehalten. Wie die vorangegangen Ausführungen zeigen, war die badische Opposition zwar zahlenmäßig schwach, in ihrer politischen Aktivität und Artikulation aber durchaus präsent. Die ältere Forschung ignorierte dies weitgehend, sie übernahm die Sichtweise der Regierung, welche die Opposition aus den Reihen der Rätebewegung als völlig unbedeutend darstellte. Damit pflegte sie ein harmonisierendes Geschichtsbild und vernachlässigte in ihrer Darstellung die durchaus vorhandenen kritischen Stimmen. Auch in Baden wurde um die Durchsetzung des reformistischen Weges gerungen, auch hier wurden andere politische Vorstellungen, die über das Konzept der SPD weit hinausgingen, entwickelt, was besonders der Räteverfassungsentwurf der Siebener-Kommission zeigte. Die Opposition konnte sich angesichts

---

[271] Vgl. Kaller (1988), S. 322.
[272] Zitiert nach Brandt/Rürup (1980), S. 42.
[273] Vgl. ebenda.
[274] Ebenda, S. 45.

der gegebenen Kräfteverhältnisse nicht durchsetzen, hatte keine Chance in der badischen Arbeiterschaft, bezeugte aber ein Denken, das die revolutionäre Situation wesentlich offener einschätzte als dies die SPD tat.

Die Nationalwahlen und das Ergebnis in Karlsruhe

Marum hatte in der ersten Regierungsproklamation vom 10. November 1918 bereits die Wahlen zu einer Landesversammlung angekündigt,[275] die nach dem allgemeinen Wahlrecht erfolgen sollten. In ihrer Verordnung vom 20. November hatte die Badische Vorläufige Volksregierung weitgehende demokratische Bestimmungen für die badischen Nationalwahlen festgelegt.[276] Den Wahlen, die dann am 5. Januar 1919 stattfanden, kam eine immense Bedeutung zu: Nicht nur deswegen, weil sie unter Anwendung des demokratischen Wahlrechts, des Verhältniswahlrechts, stattfinden sollten, nicht nur, weil sich das Wahlvolk durch das Frauenwahlrecht und die Herabsetzung des Wahlalters auf 20 Jahre beträchtlich vergrößert hatte, sondern auch wegen der politischen Signalwirkung, die von der Machtverteilung zwischen den Parteien ausgehen würde und die damit auch indirekt die inhaltlichen Grundlagen der künftigen Verfassung bestimmen würde. Die durch die Wahlen getroffene Entscheidung würde langfristig Auswirkungen haben und weit über den Rahmen einer Legislaturperiode hinausstrahlen. Die badische SPD nahm unter vollkommen anderen Voraussetzungen als 1913 den Wahlkampf auf: Als rein reformistische Partei, die sich von ihrem linken Flügel getrennt hatte und die sich durch ihre Kriegspolitik eine anerkannte Stellung auch in bürgerlichen Kreisen erworben hatte, stellte sie sich dem Wettbewerb mit den übrigen politischen Kräften und dem Votum des Volkes. In der Tradition der Partei war Wahlen stets hohe Bedeutung zugeordnet worden, in der ideologischen Auseinandersetzung mit dem Bolschewismus wurden sie als wesentlicher Ausdruck der Demokratie gesehen und ihre legitimatorische Funktion zukünftiger Politik unterstrichen. Meinungsäußerungen führender Sozialdemokraten lauteten zum Beispiel: „Die Wahl ist für uns das allerwichtigste.“[277] Die exponierte Stellung der Wahlen im Anschluss an die Revolution erhöhte die Spannung auf ihren Ausgang: Ungewiss war, ob die Revolution die politischen Kräfteverhältnisse völlig neu bestimmt hatte oder ob sich die Machtverteilung aus der Vorkriegszeit bestätigen würde.

Die Karlsruher SPD bestritt den Wahlkampf 1918 unter völlig anderen Bedingungen als im Jahr 1913. Der Ortsverein war nun überwiegend reformistisch ausgerichtet, nachdem auch in Karlsruhe sich eine Ortsgruppe der USPD etabliert hatte, zu der die linken Oppositionellen Trabinger, Kruse und Dietrich übergewechselt waren. In den Kriegsjahren war der Verein zahlenmäßig geschwächt worden, so dass die Agitation am

---

[275] Oeftering (1920), S. 154.
[276] Vgl. Gehrig/Rößler (1919), S. 41f. Dieser Wahlverordnung folgten noch zwei weitere im November und Dezember 1918.
[277] Zitiert nach Brandt/Rürup (1980), S. 41. Äußerung von Dr. Hirschler, Mannheim.

Kriegsende einen Schwerpunkt auf die Werbung neuer Mitglieder legte. Durch die Revolutionsereignisse verstärkt, verzeichnete diese Kampagne Erfolge, auch der Karlsruher SPD traten viele neue Genossen bei, welche jedoch politisch nicht eindeutig einzuschätzen waren. Im Rechenschaftsbericht der Landespartei hieß es für das Jahr 1919/20: „Dazu kam, dass nach dem Zusammenbruch der Partei eine Anzahl neuer Mitglieder beitraten, welche bisher mit dem Wesen der Arbeiterbewegung wenig vertraut waren. Sie waren für radikale Phrasen leicht empfänglich, und so zeigte sich in einer Reihe von Mitgliedschaften, dass die Haltung der Parteimitglieder in schwierigen Situationen sehr schwankend war und sie mitunter aus Unkenntnis Aktionen der USPD und KPD unterstützten.[278] Ein großer Teil der Karlsruher Sozialdemokraten hatte sich im Karlsruher Volksrat engagiert.[279] An seiner Spitze stand Richard Horter, der schon aus der Vorkriegszeit als Vorsitzender des Bauarbeiterverbandes bekannt war.[280]

Auf die Vorbereitung der Nationalwahlen konzentrierte die Karlsruher SPD all ihre Kräfte. Ausdrücklich stellte der *Volksfreund* die Verbindung zu den Vorkriegswahlkämpfen her, als er über die vorbereitende Parteiwahlkonferenz schrieb: „Aus allen Ausführungen klang die Arbeitsfreude, die Kampfeslust, die alte Begeisterung und Siegeszuversicht, wie wir sie aus den Friedenswahlkämpfen kannten, durch. Unsere Partei kann im 3. Kreis guten Mutes mit fester Hoffnung einem großen Erfolg der kommenden Wahlentscheidung entgegensehen. (...) In gewohnter Weise richtete man Appelle an die Basis: ‚Genossen und Genossinnen! Nun heißt es: An die Arbeit!'"[281]

Der Karlsruher Verein entfaltete eine rege Veranstaltungstätigkeit, deren Höhepunkt in die Zeit des Jahreswechsels fiel. Am 28. Dezember fanden gleichzeitig neun Veranstaltungen in neun verschiedenen Stadtteilen statt. Zur Demonstration der Gleichberechtigung der Geschlechter wurde jede Veranstaltung von einem Genossen und einer Genossin gemeinsam geleitet.[282] Die aus der Vorkriegszeit bekannte Führungsgruppe der Karlsruher SPD bewarb sich um Mandate in der Konstituante des Reiches und Badens.[283] Erstmals wurden die Stimmen nach dem Verhältniswahlrecht ausgezählt, die direkte Wahl im Wahlkreis war der Listenwahl gewichen. Karlsruhe gehörte zum 3. Wahlbezirk und stellte eine gemeinsame Liste mit der Region Mittelbaden auf.[284] Bei der Aufstellung der Liste gab man sich außerordentlich viel Mühe, so dass sie erst Ende Dezember fertigge-

---

[278] Schadt/Caroli (1977), S. 63.
[279] Vgl. GLA 206/2686.
[280] Horter wurde im Dezember 1918 zum Mitglied des Zentralrats der deutschen sozialistischen Republik gewählt. Vgl.: Kolb/Rürup (1968), S. XXXIV. Zu Horter vgl. auch Koch (2001), S. 84–88.
[281] *Volksfreund* vom 28.11.1918.
[282] Vgl. *Volksfreund* vom 30.12.1918.
[283] Es fehlten Kolb, der im April 1918 gestorben war, und Willi, der nach Hamburg gewechselt war. Für die Weimarer Nationalversammlung kandidierten Rückert und Trinks, für die Karlsruher: Dietz, Marum, Rückert, Eugen Geck.
[284] Analog der Bezirke der Landeskommissäre wurde das Land in vier Wahlkreise eingeteilt: in die Wahlkreise Konstanz, Freiburg, Karlsruhe und Mannheim. Karlsruhe stellte 31 Abgeordnete, Mannheim 32, Freiburg 28 und Konstanz 16. Vgl. Gehrig/Rößler (1919).

stellt werden konnte. Von den 31 Kandidaten für den Wahlbezirk 3 kamen zehn aus der Karlsruher SPD. Angeführt wurde die Liste von Eduard Dietz, gefolgt von Stockinger und Kunigunde Fischer, der einzigen weiblichen Kandidatin aus Karlsruhe. Es befanden sich sechs Karlsruher auf den vorderen elf Listenplätzen.[285]

Ludwig Marum engagierte sich im Wahlkampf an führender Stelle, dazu motivierten ihn seine langjährige Parteiarbeit in der Karlsruher SPD und sein Regierungsamt. Marum war zu diesem Zeitpunkt Mitglied des Karlsruher Parteivorstands und der Pressekommission des *Volksfreund*. Anders als 1913, als er als Direktkandidat für den badischen Landtag kandidierte und seine Chancen nicht sehr gut waren, besetzte er nun einen sicheren fünften Platz auf der Liste und konnte sich seines Einzugs in den Landtag gewiss sein. Ein Bericht des *Volksfreund* nannte die Kriterien für die Kandidatenkür: „Selbstverständlich musste bei der Auswahl und der Reihenfolge der Kandidaten nach bestimmten Grundsätzen verfahren werden. Zuerst waren die bisher im Kreis gewählten und ansässigen früheren Landtagsabgeordneten und außerdem ein Mitglied der vorläufigen Regierung zu berücksichtigen. Bei den weiteren Kandidaten musste natürlich auch die Fähigkeit für die Ausübung eines parlamentarischen Amtes und die Zuverlässigkeit als Parteiangehöriger vorausgesetzt werden. Außerdem war es notwendig, dass man nach Möglichkeit die verschiedenen Berufsgruppen berücksichtigte und überdies Bezirkswünschen Rechnung trug."[286]

Die ersten Plätze der Liste besetzte nach Dietz, der bisher im Landtag nicht vertreten war, Kunigunde Fischer, die als Frau einen der vordersten Plätze beanspruchen durfte. Neben diesen Neulingen wurden an erster Stelle die ehemaligen Landtagsabgeordneten bedacht. Da Dietz und Fischer wie Marum aus Karlsruhe kamen, erhielten Stockinger (Pforzheim) und Weber (Durlach) aus regionalen Proporzgründen die Plätze vor Marum.[287]

Marum eröffnete den Wahlkampf in Karlsruhe am 23. November im Friedrichshof, einem bekannten Karlsruher Lokal. Dort hielt er eine programmatische Rede, in der er die Hauptziele seiner Partei vorstellte.[288] In den folgenden Wochen trat er als unermüdlicher Wahlkämpfer hervor, der auch in den umliegenden Dörfern die Parteipolitik vertrat. Er trat des Öfteren zusammen mit Kunigunde Fischer auf, was dem Wahlkampfkonzept nach starker Einbeziehung der Frauen entsprach.[289] In seiner Rede vom 23. November schnitt er die für die Partei relevanten Themen an, rechtfertigte die reformistische Linie der Regierungspolitik. In erster Linie setzte er sich mit dem Gegner auf der Linken auseinander, während er die bürgerlichen Parteien schonte. Der USPD im Rat der Volksbeauftragten, der Spartakusgruppe und den revolutionären Obleuten im Berliner Voll-

---

[285] Vgl. *Volksfreund* vom 28.12.1918.

[286] Ebenda.

[287] Vielleicht spielte bei dieser Entscheidung auch Rücksicht auf den verstärkt auftretenden Antisemitismus eine Rolle. Ebenfalls eine Rolle gespielt haben könnte die Überlegung, dass Marum sein Mandat nur als Nachrücker für Frank erhalten hatte und deswegen vor Stockinger und Weber zurückstehen musste.

[288] Vgl. *Volksfreund* vom 25.11.1918. Aus dieser mehrstündigen Rede wurde bereits vielfach zitiert.

[289] Vgl. *Volksfreund* vom 28.12.1918.

zugsrat begegnete er mit Misstrauen und machte sie für die schleppende Entwicklung in der Vorbereitung von Friedensverhandlungen verantwortlich. Marum verband seine ideologischen Differenzen mit der Linken mit antipreußischen Ressentiments und schürte die in Baden weit verbreiteten Ängste vor einer Invasion der Siegermächte. Die entsprechende Passage seiner Rede lautete: „Meine Sorge ist, dass die Zustände im Reiche und in Berlin es überhaupt nicht möglich machen, zu einem Verhandlungsfrieden zu kommen. Und da sage ich mit aller Deutlichkeit: Wir unterstellen uns nicht dem Berliner Straßenterror, wir betrachten uns als einen Teil des Reiches, aber nicht als einen Teil von Preußen. Das Schicksal von Deutschland wird nicht von Berlin, sondern von dem gesamten Deutschland bestimmt. In Berlin macht man sich offenbar keine Vorstellung davon, wie man im Reiche von der angemaßten Herrschaft zu Berlin denkt. Wir würden es für ein Unglück halten, wenn das Reich auseinander fiele, aber wir würden es für schlimmer halten, wenn der Feind in unser Land käme und die Felder verwüstete."[290]

Wenig später trug er das zentrale Argument der Reformisten gegen den Bolschewismus vor. „Den Bolschewismus lehnen wir ab, denn er ist keine Demokratie."[291] Deren Sozialisierungsplänen hielt er die schon oft bekundete Meinung entgegen: „Den Sozialismus kann man nicht machen, er ist etwas, was organisch sich aufbaut auf dem, was bisher gewesen ist. Was wir tun können, ist Hinarbeiten zum Sozialismus."[292]

Während lange Passagen seiner Rede sich mit der Absage an die Linke beschäftigten, bedachte er die bürgerlichen Parteien mit wenigen Sätzen: Den Nationalliberalen warf er mangelnden demokratischen Geist vor,[293] während er dem Zentrum eine ehrliche Wandlung zur demokratischen Volkspartei attestierte. Seine Worte lauteten: „Das Zentrum ist auch in der Mauserung begriffen. Es ist im Begriffe, sich umzuwandeln in eine Volkspartei. Das Zentrum hat Volk. Seine Politik wurde aber bisher von Adeligen gemacht; heute scheint es sich umzubilden zu einer bäuerlichen und kleinbürgerlichen Volkspartei. Wir wollen das begrüßen, denn es kann nicht genug Demokraten geben und es gibt viele ehrliche Demokraten in der Zentrumspartei."[294]

Die Schlusspassage der Rede Marums fasste sein politisches Credo zusammen: Demokratie, Sozialpolitik und die Deutung des Sozialismus als sittlich-idealistische Bewegung. Mit den folgenden Worten schloss er seine programmatische Rede ab: „Ich rufe Sie alle auf, mitzuwirken für das Volk. Wenn wir die Freiheit im Innern wahren, dann wird es uns gelingen, zu einer Zukunft zu kommen, die besser ist, als die Vergangenheit. Nur wenn wir uns zusammentun für die große Idee, die wir verfechten, werden wir die Möglichkeit haben, etwas zu erreichen. Dann werden wir die Möglichkeit haben, etwas zu erreichen. Dann werden wir die Macht haben, die Macht des Kapitalismus zu brechen, wie wir die Macht des Militarismus gebrochen haben. Der Sozialismus ist eine Frage der

---

[290] *Volksfreund* vom 25.11.1918.

[291] Ebenda.

[292] Ebenda.

[293] Über die DDP äußerte sich Marum überhaupt nicht, da sie das SPD-Programm weitgehend unterstützte.

[294] *Volksfreund* vom 25.11.1918.

sittlichen Weltanschauung. Wir Sozialdemokraten sind keine Materialisten, sondern Idealisten. Menschen, die einem Ideal nachjagen: Freiheit, Gerechtigkeit und Brot sind unsere Ziele."[295]

Nach einer anschließenden Aussprache verabschiedete die Versammlung eine Resolution, welche die Kernforderungen der SPD enthielt und die während des Wahlkampfs in vielen badischen Orten gleichlautend verabschiedet wurde; der Text lautete: „Sie (die Versammlung m.A.) unterstützt die vorläufige Volksregierung in Baden und verpflichtet sich, dazu beizutragen, dass die bisherigen Errungenschaften der Revolution nicht nur festgehalten, sondern noch weiter ausgebaut werden. Sie unterstützt die gegenwärtige Reichsregierung und verlangt dringend die Einberufung der deutschen Nationalversammlung."[296]

Während Marum die Berliner Linke scharf angriff, schonte die Karlsruher SPD überraschenderweise ihre Genossen von der unabhängigen Sozialdemokratie.[297] Den *Volksfreund* bewog wohl die Rücksicht auf die Regierungskoalition mit den Unabhängigen und die gemäßigte Vorstellung Brümmers zu einer freundlichen Berichterstattung. Der *Volksfreund* sprach von einer „ausgezeichneten Schilderung" der politischen Vorgänge durch Brümmer und stimmte „vollinhaltlich"[298] zu. Auch Brümmer hatte sich für den baldigen Zusammentritt der Nationalversammlung auf Reichsebene ausgesprochen, um Vertrauen für die badische Volksregierung geworben und seine Angriffe gegen die Kriegsgewinnler, aber auch gegen die Spartakisten gerichtet. Mit diesen Positionen konnte er nicht den Ärger der Reformisten erregen, dies tat allerdings H. Remmele, als er in der anschließenden Diskussion sich gegen die Nationalversammlung und für die Rätedemokratie aussprach.[299] Eine zweite Veranstaltung am 27. Dezember der Unabhängigen in Karlsruhe mit dem Redner Dr. Ahlborn fand ebenfalls die Billigung des *Volksfreund*, wenn auch mit Einschränkungen. Zu dessen Zukunftsvision des Sozialismus schrieb der *Volksfreund*: „Der Hauptredner entwarf in breiten, wuchtigen Zügen ein Programm des Sozialismus, mit dem wir uns Punkt für Punkt einverstanden erklären können."[300] Der Artikel endete allerdings mit einem relativierenden Abschnitt: „Die Differenz entsteht bei dem Problem, wie kommen wir am besten und ohne Gefährdung des durch den Krieg bis aufs Blut mitgenommenen Volkes in den Staat des Sozialismus hinein. Die Unabhängigen von Ahlbornscher Prägung wollen zwar auch die Nationalversammlung, aber gewissermaßen als ein Experiment. Gelingt es, stellt die Nationalversammlung die erforderliche sozialistische Mehrheit: gut, wenn nicht, so wird der Sozialismus doch eingeführt. Mit allen Einwänden, die täglich von den Mehrheitssozialisten gegen die Überstürzung dieser Über-

---

[295] Ebenda.
[296] *Karlsruher Chronik 1918/19*. S. 140.
[297] Am 25.11. eröffneten die Unabhängigen in Karlsruhe ihren Wahlkampf mit dem Hauptredner Brümmer, dem Minister für militärische Angelegenheiten. Ursprünglich war als Hauptredner Adolf Geck (Offenburg) vorgesehen.
[298] *Volksfreund* vom 26.11.1918.
[299] Ebenda.
[300] *Volksfreund* vom 30.12.1918.

führung in den Zukunftsstaat geltend gemacht werden, machte er sich nicht viel zu schaffen. Er fertigte sie kurz und billig mit der Bezeichnung ‚Gespenster' ab. Der drohende Hunger: ein Gespenst. Einmarsch der Entente: Gespenst. Bürgerkrieg: Gespenst. Nun, Herr Dr. Ahlborn würde es vermutlich an seinem Leibe spüren, welche Realität diese Gespenster annehmen könnten."[301]

Trotz des pragmatischen Konzepts fiel das Ergebnis der Wahlen zur badischen Nationalversammlung für die SPD enttäuschend aus: Das Zentrum wurde wie in der Vorkriegszeit stärkste Partei und gewann noch knapp 2 Prozent hinzu. Es konnte 36,6% der Stimmen auf sich vereinen. Das bürgerliche Lager insgesamt konnte fast eine Zweidrittelmehrheit für sich behaupten, die DDP errang 22,7%, die Christliche Volkspartei 7,0 %.[302]

Die badische SPD erhielt 32,1% der Stimmen und gewann gegenüber der letzten Landtagswahl von 1913 10% der Stimmen hinzu.[303] Damit stand die badische SPD wesentlich schwächer da, als sie es erwartet hatte. In Karlsruhe Stadt wurde die SPD mit 36,2 Prozent der Stimmen stärkste Partei vor den Demokraten mit 33,4%.[304] Von den zwölf gewählten SPD-Abgeordneten des Wahlkreises III kamen sechs aus Karlsruhe, es waren die Führungskräfte Dietz, Fischer, Marum, Rückert, Horter, E. Geck.[305] Das positive Bild für die Karlsruher SPD trübte sich, zog man die Vorkriegswahlen heran; der Vergleich ergab für die gesamte Sozialdemokratie leichte Verluste von 1,4%. Berücksichtigte man allerdings die Stimmen für die USPD in Karlsruhe-Stadt (3,7%), so erhöhte sich der Verlust für die Mehrheitssozialdemokraten auf 5,1%.[306] Dem gewohnten badischen Bild entsprach die entschiedene Absage an den Radikalismus: die USPD konnte nur 1,5% der Stimmen auf sich vereinen.

Die Verteilung der 107 Sitze der badischen Nationalversammlung ergab 39 Mandate für das Zentrum, 36 für die SPD, 25 für die DDP und 7 für die Christliche Volkspartei.[307] Mit diesem Ergebnis bestätigte sich im Wesentlichen das politische Kräfteverhältnis der Vorkriegszeit; der badischen SPD war es nicht gelungen, die stärkste politische Kraft zu werden, wie es etwa in Württemberg oder in Bayern der Fall war.[308] Die politischen Kräfteverhältnisse waren weiterhin von der Dominanz des Zentrums bestimmt, dem – eine zwar stärker gewordene – SPD nur als Juniorpartner zur Seite treten konnte. Diese Verhältnisse zwangen die SPD zu einer Zusammenarbeit mit den bürgerlichen Parteien, die Analyse der Reformisten, dass ein Zusammengehen von Arbeiterschaft und Bürgertum politische Notwendigkeit sei, wurde nun durch das Wahl-

---

[301] Ebenda.

[302] Vgl. Brandt/Rürup (1991), S. 124.

[303] Vergleicht man aber das Ergebnis mit den Resultaten von 1909 und der Reichstagswahl von 1912, so verschmälern sich die Gewinne beträchtlich auf nur 5%. (Vgl. Cordes (1978), S. 201.

[304] Karlsruher Chronik 1918/19, S. 308.

[305] Ebenda.

[306] Ebenda, und Brandt/Rürup (1991), S. 124.

[307] Ebenda.

[308] Vgl. Blickle (1982). S. 225.

ergebnis erhärtet. Im *Volksfreund* war zu lesen: „Die neue badische Nationalversammlung wird also eine Mehrheit der Linken von 11 Stimmen aufweisen, nämlich 35 Sozialdemokraten und 24 deutsche Demokraten gegen 41 Zentrum und 7 Christliche Volkspartei. Man darf das als eine gesunde und aktionsfähige Konstellation bewerten, welche die Regierung zu bilden hat. Es kann in Zukunft nur Politik mit der Sozialdemokratie gemacht werden und es muss abgewartet werden, ob die deutsche demokratische Partei durch den Zuzug der Nationalliberalen an Zuverlässigkeit eingebüßt hat oder nicht. Die erste Probe aufs Exempel wird wohl bei der Festlegung der Verfassung gemacht werden, wo darüber zu entscheiden ist, ob das Ein- oder Zweikammersystem eingeführt wird."[309]

Die relative Stärke des Liberalismus – er gewann fast ein Viertel der Wählerstimmen – entsprach ebenfalls den Vorkriegsverhältnissen, als die beiden liberalen Parteien – die Nationalliberalen und der Fortschritt- sogar gemeinsam über 30% der Stimmen auf sich vereinigen konnten. Mit diesem Wahlergebnis erwies sich, dass der SPD der entscheidende Einbruch in bürgerliche Wählerschichten nicht gelungen war, sie stützte sich weiterhin auf ihre traditionelle Klientel aus der Arbeiterschaft und konnte mit ihrem Image als Volkspartei nicht die nötige Resonanz finden. Emil Maier analysierte das enttäuschende Wahlergebnis in folgender Weise: „Das Wahlergebnis hat das gebracht, was man nach Lage der Verhältnisse erwarten konnte. Sehr große Teile des Landes bestehen aus kleinbäuerlichen und kleinbürgerlichen Bevölkerungsschichten. Große Teile der Bevölkerung haben ihre Abstimmung nach konfessionellen Gesichtspunkten vorgenommen. Weiter sprach gegen uns das Treiben der Spartakusleute und eines Teils der Unabhängigen. Für uns sprach die Erbitterung des Volkes über das vier Jahre lange Elend und die Erbitterung der Soldaten. Es standen also Gründe für und Gründe gegen uns."[310]

Der *Volksfreund* machte den Wahlkampf des Zentrums und das Wahlverhalten der Frauen für das Abschneiden der SPD verantwortlich, wenn er schrieb: „Als ganz neuer Faktor sind die Frauen bei dieser Wahl in die Erscheinung getreten, welche auch wohl dem Zentrum zu seinem Wahlerfolg verholfen haben. Das Zentrum hat aus dem Wahlkampf ohne weiteres einen Religionskrieg gemacht, wie wenn wir im dunkelsten Mittelalter leben würden. Das Zentrum schob den politischen Meinungsstreit auf das Gleis, wo es mit dem politisch ungeschulten Frauengemüt am besten manövrieren konnte. Es benutzte ausgerechnet den weiblichen Teil des Volkes für seine Zwecke, dem es noch vor einem halben Jahr im badischen Landtag das Staatsbürgerrecht versagte. Es wird Aufgabe intensivster Agitation sein, die Frauen politisch aufzuklären, dann erst wird das Zentrum endgültig ausgespielt haben. Die Arbeit der Frauen in der gesetzgebenden Körperschaft wird das Mittel dazu sein, sie von jetzt an für öffentliche Angelegenheiten zu interessieren und ihr Verständnis dafür zu schärfen. Die Erkenntnis wird von innen heraus kommen."[311] In der Partei war die Reaktion auf das Wahlergebnis sehr unterschiedlich.

---

[309] *Volksfreund* vom 7.1.1919.
[310] Zitiert nach Brandt/Rürup (1980), S. 46f.
[311] *Volksfreund* vom 7.1.1919.

Der *Volksfreund* versuchte, das Ergebnis als Erfolg umzudeuten, indem er auf die Stimmengewinne der Partei hinwies und ihren Status als zweitstärkste Partei unterstrich: „Die Wahlschlacht ist geschlagen, die größte, welche die badische Geschichte bis jetzt aufweist. Die Sozialdemokratie hat den Waffengang mit prächtigem Erfolg bestanden. Sie ist mit 316 161 Stimmen und 35 Sitzen die zweitstärkste Partei geworden. (...) Die Verhältnisse haben sich also, wenn man die Stärkeverhältnisse im alten Badischen Landtag zum Vergleich heranzieht, wesentlich verschoben und man kann mit gutem Recht von einem Wahlsieg der Sozialdemokratie sprechen. Wenn wir gestern beim ersten Überblick des Resultates geschrieben haben, dass optimistische Erwartungen enttäuscht, pessimistische nicht gerechtfertigt sind, so ist solches unter dem Gesichtswinkel der Revolution zu bewerten. Viele hatten gehofft, dass der Sozialdemokratie als Erfolg der Revolution die führende Rolle in der Mandatsziffer zukommen würde. Sie wird die Führung aber trotzdem in ihrer inneren Kraft haben, nachdem die Wahlen die Republik, das staatliche Ideal der Sozialdemokratie fest verankert haben."[312]

Vor allem drückte der Artikel Genugtuung über die Niederlage der Linken aus: „Es ist bei uns in Baden kein Boden, wo die Utopisterei für phantastische Manipulationen gedeihen kann. Was das Volk in dieser schweren Zeit braucht, ist endliche Konsolidierung der Verhältnisse auf einem Boden, auf dem gebaut werden kann. Und dieser Boden ist gegeben."[313]

Ludwig Marum hatte bereits in seiner programmatischen Wahlkampfrede angekündigt: „Wir sind der Meinung, das Volk soll demokratisch entscheiden, und wir werden uns dieser Entscheidung des Volkes unterwerfen."[314] Als Realpolitiker hatte er wahrscheinlich kein wesentlich besseres Ergebnis erwartet und war darauf eingestellt, die Koalition mit bürgerlichen Parteien fortzusetzen. Auch der Parteivorsitzende Dietz zeigte keine große Enttäuschung über den Ausgang der Wahl. In seinem Tätigkeitsbericht für das Jahr 1918/19 führte er aus: „Wenn allerdings manche Parteigenossen erwartet haben, dass wir die Mehrheit in der Nationalversammlung erhalten würden, so irrten sie sich, wie jeder Kenner der Verhältnisse sich im voraus sagen musste. Die Frauen, die das Wahlrecht erhielten, wählten eben zumeist antisozialistisch. Auch die jugendlichen Wähler haben nicht in so großem Umfang für uns gewählt, wie man es hätte erwarten dürfen."[315] Für die führenden Parteipolitiker blieb trotz des schlechten Ergebnisses ihr Einzug in den Landtag gewiss. Dies galt auch für Ludwig Marum, der in der neuen Fraktion als Zweiter Vorsitzender bestätigt wurde.

Mit weniger Gelassenheit reagierten hingegen große Teile der Parteibasis auf das Wahlergebnis. Die bürgerliche Zweidrittel-Mehrheit ließ sie um die Errungenschaften der Revolution fürchten: die Ängste konzentrierten sich auf das allgemeine Wahlrecht, das Koalitionsrecht, den Achtstunden-Tag. Die Unruhe in der Arbeiterschaft artikulierte sich

---

[312] Ebenda.
[313] Ebenda.
[314] *Volksfreund* vom 25.11.1918.
[315] Zitiert nach Schadt (1977), S. 60.

in den Räteversammlungen, in denen strittig war, ob man das Wahlergebnis als Ausdruck des Volkswillens anerkennen sollte. Die USPD-Minister zogen aus dem schwachen Wahlergebnis ihrer Partei – sie hatte zwar 15 000 Stimmen in Baden gewonnen, aber kein Mandat erringen können – die Konsequenz, indem sie von ihrem Amt zurücktraten. Sie sahen die Errungenschaften der Revolution gefährdet und glaubten nicht mehr an eine sinnvolle Mitarbeit in der Regierung.[316]

Damit war der Versuch gescheitert, die Linke in die Allparteienregierung einzubinden. Es stellte sich nun die Frage, welchen Weg die radikalen Kräfte in Baden und in ihrer Hochburg Mannheim beschreiten würden. Besorgnis erregendes Signal war ihre Nicht-Teilnahme an der Nationalwahl des Reiches im Januar 1919, womit sie ihrer enttäuschten Abkehr vom Parlamentarismus Ausdruck verliehen und außerparlamentarische Aktionen von ihrer Seite erwarten ließen.

Die zweite Phase der Badischen Vorläufigen Volksregierung: Januar bis April 1919

Die Krise nach der Wahl und ihre Lösung

Das Wahlergebnis, das den bürgerlichen Parteien eine knappe Zweidrittelmehrheit gebracht hatte, zerbrach den Konsens zwischen Rätebewegung und der von ihr eingesetzten und bestätigten Regierung. Offenes Misstrauen beherrschte nun das Verhältnis zwischen Regierung und der revolutionären Bewegung, die um die Errungenschaften der Revolution fürchtete. In den Augen der Rätebewegung erschien die Regierung nun im Wesentlichen als eine Vertretung bürgerlicher Interessen, von der zu erwarten war, dass sie ihre Arbeit im Sinne der Gegenrevolution fortsetzen und die demokratischen und sozialpolitischen Neuerungen der Revolution zurücknehmen würde. Die Ungewissheit um die Fortsetzung der revolutionären Linie der Regierung ließ die Rätebewegung nach dem 5. Januar als politischen Faktor wieder stärker hervortreten. Damit war keineswegs die Konsolidierung der politischen Lage eingetreten, wie sie die Regierung erwartet hatte, eine Regierung, für die der Wahltag der Abschluss der Revolution und der Beginn eines neuen Abschnittes des jungen Volksstaates werden sollte. Eine zweite Phase der Revolution kündigte sich auch in Baden an. In der lokalen Räteversammlung war die Anerkennung des Wahlergebnisses strittig, die Wiederholung der Wahl wurde erörtert, die Verhinderung des Zusammentritts der Nationalversammlung diskutiert und damit der Weg in die parlamentarische Demokratie in Frage gestellt.[317]

Angesichts dieser Entwicklung fiel der badischen SPD und ihrer reformistischen Führung erneut eine Mittlerrolle zu, deren Ziel in der Anerkennung des status quo durch die Räte und in der Ebnung des Weges in den Parlamentarismus bestand. Vor allem ging

---

316 Die Rücktrittserklärung der beiden USPD-Minister Brümmer und Schwarz ist abgedruckt in: Karlsruher Chronik 1918/19. S. 308f.
317 Vgl. GLA 206/2686. Sitzung vom 6. Januar 1919.

es der Partei darum, die Protestveranstaltungen der Räte zu unterbinden, die Ruhe und Ordnung aufrecht zu erhalten. Dieser Aufgabe widmeten sich sowohl die sozialdemokratischen Minister als auch die sozialdemokratischen Repräsentanten in der Führung der Rätebewegung, vor allem aber die Mitglieder des Engeren Ausschusses Adam Remmele und Emil Maier. Bereits am 6. Januar trafen sich in Karlsruhe Ministerpräsident Geiß und die Minister Stockinger, Reichert und Marum mit dem Volksrat,[318] um ein Stillhalteabkommen auszuhandeln. Als Gegenleistung boten die Regierungsmitglieder die weitere Anerkennung der Räte und ihrer Institutionen als Träger der Revolution an, die weiterhin ihr Kontrollrecht ausüben sollten. Anzunehmen ist, dass in dieser Runde Marum sein schon auf den Landesversammlungen bewiesenes Verhandlungsgeschick einbrachte und so den Boden bereitete für die Durchsetzung des reformistischen Weges, der die Anerkennung der Nationalversammlung und die Aufnahme ihrer Verfassungsberatungen beinhaltete.

Neben dem Stillhalteabkommen mit den Räten suchten die badischen Reformisten auch ein Entgegenkommen der bürgerlichen Parteien zu erreichen. In diesem Punkte ergriffen die in der Regierung vertretenen Mitglieder des Engeren Ausschusses die Initiative, wobei zu vermuten ist, dass sie aufgrund einer Absprache mit den führenden Funktionären der Partei handelten. In der Sitzung des Gesamtkabinetts vom 8. Januar 1919 ergriff Emil Maier vom Engeren Ausschuss das Wort und wies die Regierungsmitglieder darauf hin, dass man in den Kreisen der Arbeiter-, Bauern- und Volksräte im Hinblick auf den Ausgang der Wahlen fürchtete, die bürgerliche Mehrheit der Nationalversammlung werde reaktionäre Politik betreiben und Erfolge der Revolution zunichte machen.[319] Adam Remmele beschrieb die Situation mit den Worten: „In den Kreisen der Arbeiter (sieht) man in dem Ausgang der Nationalwahl eine Gefahr für die Erfolge der Staatsumwälzung.“[320] Aus Furcht vor spontanen Aktionen der lokalen Räte hatten die Landeszentrale der Arbeiter-, Bauern- und Volksräte und der Landesausschuss der Soldatenräte sich bereits am 6. Januar in einer Sitzung zusammengefunden und beraten, wie man die Unruhe in der Bewegung auffangen könne. Zur Lösung dieses Problems hatten sie ein mehrgleisiges Konzept entwickelt, das die Zusicherung der Fortdauer der revolutionären Neuerungen von den einzelnen Parteifraktionen verlangte und die sofortige Einberufung einer Landesversammlung – und zwar noch vor dem Zusammentritt der Nationalversammlung – vorsah,[321] um dort den erwarteten Protest abfangen zu können. In der bereits erwähnten Kabinettssitzung erläuterte Maier den Ministern die geplante Vorgehensweise und führte aus, es sei zu befürchten, dass die Landesversammlung am 10. Januar in Durlach Beschlüsse gegen die bürgerliche Mehrheit fasse. Dem könne vorgebeugt werden durch Erklärungen bürgerlicher Parteien des Inhalts, dass sie nach wie vor auf dem Boden der demokratischen Volksrepublik stünden, dass sie das allgemeine und gleiche Wahlrecht für die Gemeinde-, Bezirks- und Kreisvertretungen wollten, die Sozi-

---

[318] Ebenda. Nur der SPD-Minister Martzloff fehlte bei dieser Unterredung.
[319] Vgl. GLA 233/24312. Sitzung vom 8.1.1919.
[320] Remmele (1925), S. 50.
[321] Ebenda, S. 50f.

alisierung der Betriebe, bei denen die erforderlichen Voraussetzungen vorlägen, anstrebten, dass sie für die Beibehaltung des Achtstunden-Tages einträten und die Schaffung eines Volksheeres auf demokratischen Grundlagen befürworteten.[322] Mit dem letzten Vorschlag lieferte die Landesversammlung eine willkommene Grundlage für die Militarisierungspläne der Regierung, die angesichts des Spartakus-Aufstandes in Berlin auch für Baden die Aufstellung von Freiwilligenbataillonen ins Auge fasste. Maier bat dringend, dass die Fraktionen bis zum 9. Januar – also vor Zusammentritt der Landesversammlung – ihre Erklärungen abgäben, um eine Grundlage zur Beruhigung der angespannten Lage zu haben. Die Vertreter der bürgerlichen Parteien erfüllten diesen Vermittlungsvorschlag der SPD-Funktionäre und gaben am 9. Januar die folgenden Erklärungen ab. Die DDP-Fraktion bekannte: „1. Die Verfassung des badischen Staates ist die einer demokratischen Republik auf der Grundlage einer Volkskammer, die aus allgemeinen, gleichen, geheimen, unmittelbaren Wahlen aller Staatsbürger beiderlei Geschlechts nach dem Grundsatz der Verhältniswahl gebildet wird. 2. Die Wahlen für die Gemeinden sollen nach denselben Grundsätzen erfolgen. 3. Der achtstündige Arbeitstag in Industrie- und öffentlichen Betrieben soll aufrecht erhalten werden, sofern nicht die allgemeine Wirtschaftslage und die Wettbewerbsfähigkeit auf dem Weltmarkt eine andere reichsgesetzliche Regelung erfordern; die Sicherstellung auf internationaler Grundlage ist zu erstreben. 4. Die Verstaatlichung derjenigen Betriebe, die dafür geeignet sind, ist in Aussicht zu nehmen. 5. Die vorläufige Volksregierung wird aufgefordert, Vorbereitungen zur Bildung eines badischen Volksheeres unverzüglich zu treffen.“[323]

Das Zentrum erklärte folgendes: „Leitstern und Ziel bei allen unseren politischen Arbeiten und Streben (sic!) (...) ist das Wohl des ganzen Volkes. In Fragen der Freiheit und der Volkswohlfahrt hat niemand ein Recht an unserem guten Willen zu zweifeln. Deswegen haben wir uns auf den Boden der gegebenen Verhältnisse gestellt. Wir werden mitwirken, für Baden die demokratisch-republikanische Staatsform im Verfassungsgesetz zu gestalten. Die Frage, ob Ein- oder Zweikammersystem, ist nicht von der Bedeutung, dass sie allgemeine Güter der Volkswohlfahrt, die öffentliche Ruhe und Ordnung sowie den Aufbau des Staates gefährden dürfte. Wenn Volksinitiative und Referendum in der Verfassung angeführt werden, halten wir im Wesentlichen die von uns zu wahrenden Interessen des Volkes gesichert und sind gewillt, unter dieser Voraussetzung für das Einkammersystem zu stimmen. Der Beseitigung des Klassenwahlrechts in der Selbstverwaltung stimmen wir zu. Wir sind auch für eine Verstaatlichung der hierzu geeigneten und reifen Großbetriebe. Wir werden es uns angelegen sein lassen, den Achtstundentag zu erhalten, soweit die volkswirtschaftliche Lage es gestattet.“[324]

Emil Maier spielte auf der 3. Landesversammlung am 10. Januar in Durlach die Schlüsselrolle für seine Partei; er plädierte für eine abwartende Haltung der Räte unter

---

[322] GLA 233/24312. Sitzung vom 8.1.1919.
[323] Zitiert nach Brandt/Rürup (1980), S. 47f.
[324] Zitiert nach A. Remmele (1925), S. 51f. und Text S. 178.

Hinweis auf die noch bestehende breite Machtbasis der Arbeiterbewegung. Die zentrale Passage seiner Ausführungen lautete: „Das Wahlergebnis hat das gebracht, was man nach Lage der Verhältnisse erwarten konnte. Sehr große Teile des Landes bestehen aus kleinbäuerlichen und kleinbürgerlichen Bevölkerungsschichten. Große Teile der Bevölkerung haben ihre Abstimmung nach konfessionellen Gesichtspunkten vorgenommen. Weiter sprach gegen uns das Treiben der Spartakusleute und eines Teils der Unabhängigen. Für uns sprach die Erbitterung des Volkes über das vier Jahre lange Elend und die Erbitterung der Soldaten. Es standen also Gründe für und Gründe gegen uns.

Was ist nun zu tun? Die optimistisch Gestimmten meinen vielleicht, wir lassen uns das nicht gefallen, wir mischen die Karten nochmals. Die Pessimisten wollen vielleicht den Mut sinken lassen. Aber keines von beiden ist richtig. Wir müssen sehen, was das richtige (!) und im Interesse des Proletariats und der Revolution nötig ist. Die Landeszentrale hat bereits Stellung genommen. Sie hat beschlossen, Sicherungen, Garantien für die Sicherstellung der Revolution zu verlangen. (...) Wir haben in der Nationalversammlung 36 Mandate, wir haben die Gewerkschaften, wir haben die A.-, S.- und Volksräte, die im Amte bleiben, bis die Verfassung unter Dach und Fach ist. Je mehr Dummheiten aber gemacht werden, je mehr auch bei uns Versuche auf Putsche usw. gemacht werden, desto mehr besteht die Gefahr, dass das Bürgertum in seiner Angst sich durch die Verfassung zu sichern sucht. Wir müssen eine Politik der Vernunft und nicht der Verzweiflung treiben. (...)

Wir haben also keine Mehrheit bekommen, aber wir brauchen im Großen und Ganzen nach den Erklärungen der bürgerlichen Parteien eine Gefahr für die Erfolge der Revolution nicht zu befürchten. Was noch weiter zu erreichen ist, wird in den Tagungen der nächsten Wochen erkämpft werden müssen. Unsere Aufgabe ist, die Sicherheit der Tagung der Nationalversammlung zu gewährleisten, uns mit dem Ergebnis der Wahlen abzufinden. Die Landeszentrale bleibt bestehen und kontrolliert nach wie vor die Regierung. (...) Wir sind eine Macht und haben noch weit mehr zu erwarten, wenn jetzt in vernünftiger Weise weitergearbeitet wird. Der Boden ist im ganzen Lande beackert, wir müssen nun säen, um ernten zu können. Gehen wir hinaus und arbeiten wir positiv, aufklärend, dann wird es zum Heile der ganzen Arbeiterschaft ausschlagen."[325]

Maier konnte schließlich erreichen, dass nach langer Debatte die folgende Resolution verabschiedet wurde: „Die am 10. Januar in Durlach tagende Landesversammlung der badischen A.-, S.-, Bauern- und Volksräte stellt sich auf den von dem Elferausschuss der A.- und Volksräte und dem Landesausschuss der S.-Räte eingenommenen Standpunkt, der dahin geht, dass sie die Arbeiten der badischen Nationalversammlung helfen wollen sicher zu stellen (sic!). (...) Solange Aussicht besteht, dass die Volksforderungen ihrer Verwirklichung entgegengeführt werden können, treten die A.- und S.-Räte geschlossen hinter die Nationalversammlung und die vorläufige Regierung."[326]

---

[325] Zitiert nach Brandt/Rürup (1980) S. 46–58.
[326] Ebenda S. 58f.

Um der Rätebewegung entgegenzukommen, wurde der Fortbestand der Räte bis zur Verabschiedung einer Verfassung beschlossen, die Fortexistenz des Kontrollrechts der Landeszentrale und die Weiterarbeit der provisorischen Volksregierung, die immerhin unter der Leitung eines Sozialdemokraten stand und in der die Partei über eine Mehrheit, allerdings nur von einer Stimme, verfügte. Dieser Kompromiss zwischen Regierung und Landesversammlung bestärkte die Räte in ihrem Glauben, dass ihr politischer Einfluss uneingeschränkt fortbestehe. Die Rätebewegung hegte zu diesem Zeitpunkt noch beträchtliche Illusionen über ihre tatsächliche Macht und Stärke und die ihr zur Verfügung stehenden politischen Mittel. Im Karlsruher Volksrat hieß es am 6. Januar 1919 in Bezug auf die Verfassung: „Schlägt sie anders aus als erwartet, so haben wir doch noch immer die Macht."[327]

Die Lösung, die auf der 3. Landesversammlung gefunden wurde, kam der SPD sehr entgegen. Sie erhielt zunächst die Machtposition der Partei in der Regierung, verlieh ihren verfassungspolitischen Forderungen mehr Nachdruck und unterstrich die Bedeutung der Arbeiterbewegung, ohne dass die Partei auf außerparlamentarische politische Mittel zurückgreifen musste. Vor dem Hintergrund ihres schwachen Wahlergebnisses bediente sich die SPD der Rätebewegung, um ihren Einfluss zu mehren. Vergessen waren in diesem Moment die politischen Bedenken hinsichtlich der rechtlichen Stellung der Räte und ihres Einflusses auf die Regierung. Nun stellte sich die Partei in ihrer Fraktionserklärung vom 9. Januar vollkommen hinter die Forderung der Landeszentrale. Der Text dieser ersten Verlautbarung der neuen Fraktion lautete: „Die Richtlinien der Landeszentrale entsprechen in jeder Beziehung der Auffassung der Fraktion über die gegenwärtige politische Lage und über die in der allernächsten Zukunft zu erledigenden Aufgaben."[328]

Nachdem die starke Parteiposition in der Regierung uneingeschränkt erhalten worden war, forderten die Reformisten das uneingeschränkte Vertrauen der Räteversammlung. Ministerpräsident Geiß führte vor der 3. Landesversammlung folgendes aus: „Die Antworten der bürgerlichen Vertreter der Regierung sind so ausgefallen, dass die Errungenschaften der Revolution gesichert sind. Die Sozialdemokratie in der Regierung wird sich mit aller Kraft dafür einsetzen, dass all das, was hier versprochen wurde, und noch mehr, auch durchgesetzt wird. Selbstverständlich treten wir für die Initiative und das Referendum ein. Wir sind darauf angewiesen, mit den bürgerlichen Parteien zusammenzuarbeiten. Und die Regierung wird nichts unternehmen, ohne im Einvernehmen mit den Vertretern der A.-, S.- und Volksräte zu sein. Aber wir brauchen auch das Vertrauen, dann wird es möglich sein, Wirksames leisten zu können."[329]

Es war jedoch weniger Geiß zu verdanken als der geschickten Inszenierung und Argumentation von Emil Maier und Adam Remmele, dass der Regierung tatsächlich weiterhin das Vertrauen ausgesprochen wurde. Wilhelm Engler bestätigte die affirmati-

---

[327] GLA 206/2686. Sitzung vom 6.1.1919.
[328] Remmele (1925), S. 51.
[329] Zitiert nach Brandt/Rürup (1980), S. 51.

ve Rolle des Engeren Ausschusses, wenn er in seinen Lebenserinnerungen notierte: „Adam Remmele und Emil Maier waren feste Stützen der badischen provisorischen Regierung."[330] Während die badische SPD in ihrer Mittlerrolle gegenüber den Räten reüssierte, empfand sie sich als unfähig und unwillig, die weitere Einbindung der radikalen Linken zu bewerkstelligen. Der *Volksfreund* beschrieb die zunehmend schwieriger werdende Position der Mitte mit dem Hinweis, die Partei habe „keinen leichten Stand zwischen Reaktion und den Kobolden der Zerstörung."[331]

Nach der erreichten Bestätigung der Regierung durch die Räte versuchte man, auch einen Konsens bei der künftigen Militärpolitik herzustellen. Schon in der Kabinettssitzung vom 8. Januar hatte Innenminister Haas Überlegungen angestellt, wie der Schutz der Nationalversammlung und die Durchführung ihrer Beschlüsse gewährleistet werden könnten. Er regte an, eine badische Armee auf Freiwilligenbasis aufzubauen, zu der ältere Jahrgänge – die Jüngeren seien politisch unzuverlässig – herangezogen werden sollten und die in enger Beziehung mit dem Generalkommando arbeiten sollte.[332] Auch auf der 3. Landesversammlung bereitete die Regierung – angesichts des Berliner Beispiels des Einsatzes von Regierungstruppen gegen Spartakus – ein militärisches Eingreifen gegen die Linken vor. Die SPD und die Landeszentrale hielten es jedoch für unklug, hier im Alleingang vorzugehen, und zogen es vor, sich der Unterstützung der Rätebewegung zu vergewissern. In der nächsten Kabinettssitzung regte Emil Maier an, den Regierungsaufruf zum Eintritt in die Freiwilligenbataillone auf einen Zeitpunkt nach der 3. Landesversammlung zu verlegen. Er selbst schlug der Räteversammlung am 10. Januar die Forderung nach Auflösung der alten Truppe und nach Aufstellung von Freiwilligen-Formationen vor. Dieser Forderung stimmte die Versammlung zu und lieferte damit die demokratische Legitimation für den Aufruf der Regierung, der schon am folgenden Tag, dem 11. Januar, veröffentlicht wurde. Der endgültige Beschluss der Landesversammlung vom 10. Januar 1919 lautete: „Der Antrag auf Bildung einer freiwilligen Volkswehr gegen Spartakus wird in dem Sinne erledigt, dass festgestellt wird, dass allen Gewalttätigkeiten, woher sie auch kommen werden, die die Sache der Revolution zu stören versuchen, entgegen getreten wird."[333]

In dieser Phase der Spannung zwischen Regierung und Rätebewegung finden wir Marum erneut in einer Vermittlerrolle, die dieses Mal allerdings nicht so ausgeprägte Züge annahm wie auf der 1. Landesversammlung. Marum trat nur in den Verhandlungen mit dem Karlsruher Volksrat in Erscheinung, hierbei fand er die Unterstützung der übrigen SPD-Minister, ansonsten überließ er die Initiative zur Vermittlung den Genossen Maier und Adam Remmele. Auf der 3. Landesversammlung in Durlach war Marum anwesend, zusammen mit der gesamten Regierung. Damit wollte sie ihr Bemühen do-

---

[330] Engler (1991).
[331] *Volksfreund* vom 20.1.1919.
[332] Vgl. GLA 233/24312. Sitzung vom 8.1.1919.
[333] Zitiert nach Brandt/Rürup (1980), S. 59.

kumentieren, einen Kompromiss mit der Rätebewegung zu finden, um den ungestörten Zusammentritt der badischen Nationalversammlung am 15. Januar zu ermöglichen. Auf der Versammlung in Durlach steuerte Marum keinen eigenen Redebeitrag bei. Als stellvertretender Fraktionsvorsitzender hatte er allerdings dafür gesorgt, dass die Fraktion sich voll hinter die Forderung der Räte stellte und damit die Partei als Sprachrohr der revolutionären Bewegung erscheinen konnte. Die Kompromisslösung, die auf der 3. Landesversammlung gefunden wurde, fiel ganz im Sinne Marums aus, dem die Sicherung des parlamentarischen Weges zentrales Anliegen war.

Dem Vorschlag von Haas, eine Freiwilligenarmee aufzubauen, stimmte wahrscheinlich auch Marum zu. Im Sitzungsprotokoll vom 8. Januar 1919 heißt es dazu: „Dem Vorschlag wird im allgemeinen zugestimmt, doch dazu geraten, eine Truppe unter Führung des MSPD zu schaffen, um Misstrauen der Arbeiter zu vermeiden."[334]

Die Regierung und die linke Opposition

Während die Badische Vorläufige Volksregierung bereit war, der gemäßigten Opposition innerhalb der Rätebewegung entgegenzukommen, ihre Forderungen zu berücksichtigen, zeigte sie gegenüber der radikalen linken Opposition, die von der USPD und Spartakus getragen wurde, unnachgiebige Härte. Hier bestanden kaum Kompromissmöglichkeiten zwischen den einander ausschließenden Neuordnungskonzepten; die Feindschaft wurde vertieft durch die Berliner Niederschlagung des Spartakus-Aufstandes. Die Erbitterung in der Linken wuchs noch nach der Ermordung von Luxemburg und Liebknecht. Auch die schwache badische Linke verzeichnete in diesen Wintermonaten Zulauf durch Arbeitslose und politisch enttäuschte Arbeiter, denen die Sozial- und Wirtschaftspolitik der Regierung als zu kleinschrittig erschien und welche die Eindämmung des rätedemokratischen Einflusses als politisch falschen Weg bewerteten. In den großen Städten des Landes, Mannheim und Karlsruhe, wuchs die Anhängerschaft der USPD, die in dieser Phase vehement gegen den Parlamentarismus Stellung nahm. Damit bekämpfte sie eines der wesentlichsten politischen Ziele der Badischen Vorläufigen Volksregierung, die ihrerseits keinerlei Gefährdung ihres politischen Neuordnungskonzeptes dulden wollte. Der Kern der Opposition befand sich in Mannheim, wo es bereits am 4. Januar – anlässlich der badischen Wahlen – und am 22. Januar wegen einer französischen Ausweisungsverfügung zu Protestkundgebungen gekommen war.[335]

Der Verlauf der Verfassungsberatungen in der Nationalversammlung, der erkennen ließ, dass Kirche und Bürgertum bedeutende Zugeständnisse gemacht werden würden, vergrößerte die Unruhe und Missstimmung in der Arbeiterschaft, für die die Entwicklung deutliche Kennzeichen der Gegenrevolution trug. Die Regierung ihrerseits sah sich

---

[334] GLA 233/24312. Sitzung vom 8.1.1919. Leider verzeichnete der Protokollant ab Januar 1919 die Redebeiträge nicht mehr namentlich.
[335] Vgl. Remmele (1925), S. 59.

als Verteidigerin der durch die Revolution errungenen Fortschritte, die sie durch sponta-ne linke Aktionen, welche ihrer Meinung nach die Gefahr einer französischen Invasion erhöhten, in Frage gestellt sah. Die Durchsetzung von Ruhe und Ordnung, die Unter-drückung gesellschaftlicher Kämpfe, von Streikbewegungen und gewaltsamen Erhebun-gen wurde zum vordringlichen Politikziel, dem vor allem die Vorsorgemaßnahmen und die Aufstellung von Freiwilligenbataillonen dienten.

In dieser aufgeheizten, spannungsreichen Situation genügte ein Funke, eine weitere Provokation für die Linke, um einen politischen Brand zu entfachen. Diese Situation trat ein, als am Abend des 21. Februar in Mannheim die Ermordung Kurt Eisners bekannt wurde.[336] Die Information platzte in eine Veranstaltung der Unabhängigen, auf der Erich Mühsam sprach. Die allgemeine Empörung über dieses weitere Attentat auf einen Führer der Linken bildete die Initialzündung für den Mannheimer Aufstand. Für den nächsten Tag wurde eine Protestdemonstration angesetzt, an die sich spontane Aktionen der De-monstranten anschlossen. Es kam zur Besetzung wichtiger Gebäude und zu Maßnahmen, die vor allem gegen die Justiz gerichtet waren. Gerichtsgebäude wurden gestürmt, Ge-richtsakten verbrannt, Gefangene befreit und ein Gefängnis in Brand gesetzt. Weitere Angriffe konzentrierten sich auf das Gebäude der *Volksstimme*, des zentralen sozialdemo-kratischen Presseorgans im nordbadischen Raum. Im Verlauf dieser Kämpfe war ein Todesopfer auf Seiten der Sozialdemokraten zu beklagen.[337] Am 22. Februar wurde in Mannheim die Räterepublik durch einen revolutionären Arbeiterrat proklamiert, der Anschluss an eine Föderation Süddeutscher Räterepubliken angekündigt.

Die Vorgänge in Mannheim signalisierten sowohl den Vertrauensschwund, den die Regierung zu verzeichnen hatte, als auch die Vertiefung der Gräben in der Arbeiterbewe-gung, die in den Kämpfen um das *Volksstimme*-Gebäude deutlich wurde. Das Nichtein-greifen von Polizei und Volkswehr und die Entwaffnung des 110. Infanterie-Regiments ohne Gegenwehr[338] signalisierte der Regierung weitgehende Sympathien mit den Aufstän-dischen. So wurde der Mannheimer Aufstand zum Auslöser für die Demonstration ei-nes starken Staates und einer rigorosen Ordnungspolitik. Diese setzte ein, obwohl sich der revolutionäre Arbeiterrat nur einen Tag an der Macht halten konnte. Bereits am 23. Februar kam es zum Widerruf der badischen Räterepublik, nachdem sich die Mannhei-mer SPD, USPD und KPD auf die Wiederherstellung der Ordnung, die Anerkennung der Badischen Vorläufigen Volksregierung, die Auflösung des revolutionären Arbeiterrates , die Freigabe der besetzten Gebäude und die Abgabe der Waffen geeinigt hatten. Die Aufgabe der Putschisten konnte jedoch die harte und entschlossene Reaktion der Provi-sorischen Regierung nicht verhindern. Die Regierung entschied sich in der Nacht vom 22. auf 23. Februar zur Verhängung des Belagerungszustandes in Baden, forderte Regie-

---

[336] Zur Darstellung der Mannheimer Räterepublik vgl. Brandt/Rürup (1991), S. 131ff.

[337] Es handelte sich um den Mannheimer Sozialdemokraten Jakob Müller. Vgl. Becker et al.: *Badische Geschichte vom Großherzog bis zur Gegenwart.* Stuttgart (1987), S. 148.

[338] Vgl. Brandt/Rürup (1991), S. 132.

rungstruppen an und bereitete die badischen Freiwilligenbataillone zum Einsatz vor. Angesichts des Zusammenbruchs des Aufstandes war ihr die politische Bedeutungslosigkeit der radikalen Linken zwar klar, dennoch wollte sie ein Exempel statuieren und ein Übergreifen der Bewegung auf andere Städte verhindern.

Am 24. Februar wurde der Belagerungszustand wieder aufgehoben. Nur in Mannheim blieb er bis zum 10. März in Kraft, nachdem am 7. März das 110. Regiment, das während des Aufstandes nicht eingreifen musste, durch Truppen, deren Kern das Bruchsaler Freiwilligenbataillon bildete, abgelöst worden war. Nach dem Einmarsch der neuen Verbände wurden die Hauprädelsführer verhaftet, es kam allerdings nicht zu der geplanten Auflösung des neuen – unter Beteiligung der KPD gebildeten - Arbeiterrats in Mannheim.[339] Ludwig Marum unterstützte das scharfe Vorgehen gegen die linke Opposition. Dies war nicht nur in seinen politischen Differenzen zu USPD und Spartakus begründet, sondern auch in der Verletzung seiner rechtspolitischen Auffassung. Die Ausschreitungen des Mannheimer Aufstandes hatten sich in besonderer Weise gegen den Justizbereich gewandt und ließen eine Reaktion des zuständigen Ministers erwarten. Marum setzte der Verhängung des Belagerungszustandes und den militärischen Schritten keinen Widerstand entgegen. Er unterstützte die Linie seiner Partei, trat jedoch nicht explizit bei der Niederschlagung des Mannheimer Putsches hervor. Diese Rolle übernahm der bürgerliche Innenminister Haas, während die SPD-Minister im Hintergrund blieben.

Die Verfassung

Einsatz der SPD

Nach der Wahl der Nationalversammlung konzentrierten sich die Bemühungen Marums und der führenden Sozialdemokraten auf die Verfassung. Die Ausarbeitung einer badischen Verfassung, welche die parlamentarische Demokratie als Grundgesetz des badischen Staates festschrieb, stand im Zentrum der reformistischen Politikziele. Dieser Programmpunkt hatte die Geschichte und die Tradition der badischen SPD wesentlich bestimmt. Die Forderungen des Erfurter Programms nach Demokratisierung und Parlamentarisierung hatten in der Agitation der Reformisten den Vorrang vor allen anderen Politikzielen erhalten. Eduard Bernstein unterstrich im Revisionismusstreit die Bedeutung der Demokratie als Rahmenbedingung für die schrittweise Durchsetzung ökonomischer und sozialer Ziele. Er hatte die Demokratie als „Abwesenheit von Klassenherrschaft" und als

---

[339] Eine der wichtigsten Leitfiguren, Albert Stolzenburg, konnte nach Hamburg fliehen. Vgl. zum Mannheimer Aufstand Brandt/Rürup (1991), S. 134 f. und GLA 233/24312, Sitzung vom 10.3.1919. In den Akten des Justizministeriums, GLA 234/6778, befinden sich keine Unterlagen zu den Mannheimer Vorgängen.

„höchst möglichen Grad von Freiheit"[340] definiert. In den Flügelkämpfen der Vorkriegszeit und der Kriegsjahre hatte die badische SPD ein Bekenntnis zum Parlamentarismus abgelegt, der auch die Grundlage eines künftigen Volksstaats legen sollte. Die Umgestaltung der ökonomischen und sozialen Gesellschaftsstrukturen sollte dem Willen der Volksmehrheit entsprechen und sich gewaltfrei vollziehen.

Die Revolution gab nun endlich Gelegenheit, die staatliche Neuordnung im demokratischen Geist durchzuführen und die Grundsätze der parlamentarischen Demokratie festzuschreiben. Zu diesen Grundsätzen zählte für die badische SPD wesentlich ihre schon im Aktionsprogramm von 1917 vertretenen Forderungen nach Demokratisierung und Parlamentarisierung.

Die badischen Reformisten zeigten in der Verfassungsfrage seltene Entschlossenheit und wenig Kompromissbereitschaft gegenüber den bürgerlichen Kräften in den entscheidenden Punkten. Im Gegensatz zur Gesamtpartei verfügten sie über dezidierte verfassungspolitische Vorstellungen, die sich in jahrzehntelanger reformistischer Politik herausgebildet hatten und deren Kernforderungen – wie die nach einem Einkammer-System – der badischen Öffentlichkeit seit Jahren bekannt waren. Mit Eduard Dietz konnte die badische SPD einen Verfassungsexperten aufweisen, der in kurzer Zeit einen Verfassungsentwurf zusammenstellte. Anders als die Gesamtpartei, die keinen Juristen aus den eigenen Reihen mit der Ausarbeitung eines Verfassungsentwurfs betraute, sondern sich damit einverstanden erklärte, dass der Liberale Hugo Preuß diese Aufgabe übernahm, zeigte sich die badische SPD imstande, aus eigener Kraft ein Verfassungskonzept vorzulegen. Marum und Dietz waren die Politiker, die im Zusammenspiel von Regierung und Nationalversammlung den sozialdemokratischen Verfassungsentwurf in wesentlichen Teilen durchsetzen konnten. Hierbei waren sie bereit, Konflikte mit den bürgerlichen Parteien durchzufechten und einen dezidiert sozialdemokratischen Standpunkt durchzusetzen. Diese Durchsetzung war mit einer Reihe von Konflikten verbunden, die in den Verfassungskommissionen von Regierung und Nationalversammlung auszufechten waren. Schließlich sollte es der Sozialdemokratie gelingen, trotz bürgerlicher Mehrheiten ihre Vorstellungen durchzusetzen.

Die Auseinandersetzungen begannen in der am 16. November 1918 von der Regierung eingesetzten Vierer-Verfassungskommission, als sich zeigte, dass die bürgerliche Mehrheit weiterhin an einem Zweikammersystem festhalten wollte und damit gegen die SPD-Forderung nach der Beseitigung aller ständischen Privilegien verstieß.[341] Durch dieses Vorgehen fühlte sich der einzige SPD-Vertreter in der Kommission, Eduard Dietz, isoliert und entschloss sich, den Konflikt offen auszutragen, indem er eine Einigung für

---

[340] Antoni (1983), S. 18–52. Hier: S. 28f.

[341] Vgl. Bericht der Verfassungskommission der Badischen verfassunggebenden Nationalversammlung zu dem Entwurf eines Gesetzes, betreffend die badische Verfassung samt einschlägigen Petitionen. Erstattet von dem Abgeordneten Dr. Zehnter. In: Verhandlungen des Badischen Landtags, Heft 524, S. 9–80. Hier S. 18. (Hinfort zitiert als „Bericht der Verfassungskommission". Der Konflikt um das Einkammersystem war schon während des Krieges zwischen den Parteien der Zweiten Kammer ausgetragen worden.

unmöglich erklärte und der Regierung bereits am 9. Dezember 1918 einen gesonderten Entwurf vorlegte.[342] Als die bürgerlichen Juristen Glockner, Zehnter und Weill ihren Entwurf am 23. Dezember beendeten, lagen der Regierung zwei Verfassungsentwürfe vor, über die in der Kabinettssitzung vom 3. Januar 1919 beraten wurde.[343] Die endgültige Entscheidung übertrug die vorläufige Volksregierung einem Ausschuss von Ministern und einem Vertreter des Engeren Ausschusses der Landeszentrale, Emil Maier. Zu den designierten Ministern des Verfassungsausschusses gehörten Schwarz, Marum, Haas, Trunk und Wirth.[344] Auch in diesem Gremium verfügte die Sozialdemokratie nicht über die Mehrheit. Hier war es Marum, der sich vehement für den Dietzschen Entwurf einsetzte und erreichen konnte, dass er schließlich als Regierungsvorlage der Nationalversammlung übergeben wurde. Dies muss als einer seiner überragenden Erfolge während der Revolutionszeit gelten, was der Historiker Wolfgang Hug auch in seiner *Badischen Geschichte* festhielt, als er schrieb: „Marum, der in diesen Fragen (der Verfassung, m.A.) den stärksten Einfluss besaß, empfahl Dietz als Grundlage, Glockner als Ergänzung."[345]

In der ersten Sitzung der Nationalversammlung wurde der von der Regierung empfohlene Verfassungsentwurf einer 21-köpfigen Verfassungskommission zur Beratung übergeben, deren Vorsitz wiederum Eduard Dietz übernahm.[346] Die Kommission war entsprechend den Kräfteverhältnissen der Nationalversammlung zusammengesetzt, so dass der Sozialdemokratie ein Drittel der Ausschusssitze zufiel. Bei diesen sieben Mitgliedern handelte es sich um langjährige aktive Reformisten,[347] die Dietz in seinem Betreben, zentrale sozialdemokratische Leitvorstellungen durchzusetzen, unterstützten. Auch die sozialdemokratischen Minister, die an den Ausschusssitzungen teilnahmen, arbeiteten in diesem Sinne. Die bürgerlichen Politiker waren allerdings nicht bereit, alle sozialdemokratischen Vorgaben zu akzeptieren. Gerade in den Fragen der Sozialisierung, von Schule, Religion und Kirche wurden erbitterte Kontroversen ausgetragen. Diese wurden in der Arbeiterbewegung mit Aufmerksamkeit verfolgt und galten hier als Gradmesser für die politische Entwicklung. Mit Sorge konstatierte man das selbstbewusste Auftreten bürgerlicher Parteivertreter. In einer Mannheimer SPD-Veranstaltung am 25. Februar wurde Klage geführt, „über das Treiben gewisser Politiker in der badischen Nationalversammlung, die sich gebärden, als habe niemals eine Revolution stattgefunden. So wie die Verhandlungen in Karlsruhe geführt werden über den Verfassungsentwurf, so können sie unmöglich weiter geführt werden, wenn nicht das Land schweren Schaden erleiden soll. Diese Warnung soll als letzte Mahnung nach Karlsruhe gerichtet werden."[348]

---

[342] Vgl. ebenda.

[343] Auch der Entwurf der Siebener-Kommission des Landesausschusses der Soldatenräte als 3. Entwurf lag vor.

[344] Vgl. Remmele (1925), S. 68.

[345] Hug (1992), S. 310. Der Entwurf der Siebener-Kommission des Landesausschusses wurde offenbar von der Regierung nicht diskutiert und als ernsthafte Alternative nicht anerkannt.

[346] Vgl. Bericht der Verfassungskommission, S. 18.

[347] Es handelte sich um die Abgeordneten Dietz, Dr. Kraus, Maier, Regescheit, A. Remmele, Strobel und Weißmann. Vgl. Verhandlungen etc. Protokollheft 523, S. III.

[348] *Volksfreund* vom 25.2.1919.

In Karlsruhe konstatierte der *Volksfreund* in seiner Ausgabe vom 28. Februar eine „gewisse Missstimmung wegen der Verfassung."[349] Dietz machte sich diesen Unmut an der Parteibasis zunutze, um die bürgerlichen Kommissionsmitglieder unter Druck zu setzen. Er nutzte die Parteipresse, um Kampfbereitschaft an der Basis zu wecken und damit gegenüber dem bürgerlichen Lager ein Signal zu setzen. Bezeichnend für diese Vorgehensweise war sein Artikel im *Volksfreund* vom 11. März, der den Titel trug: „Achtung! Alle Mann an Bord."[350] Anlass dieses Artikels war der Abschluss der Verfassungsberatungen in der Kommission und die offene Frage, ob die bürgerlichen Parteien im Plenum Zusatz- und Veränderungsanträge einbringen würden. Dietz schrieb: „Wenn der Kampf durch bürgerliche Anträge im Plenum neu aufgerollt wird, dann wird auch die vorläufige Volksregierung und vor allem die Sozialdemokratie im Parlament und außerhalb desselben sich ihre volle Antrags- und Kampfesfreiheit vorbehalten müssen."[351] Er drohte für den Fall einer breiten Verfassungskontroverse in der Nationalversammlung damit, dass die Sozialdemokratie ihre gemäßigte Haltung aufgeben und auf die Unterstützung der Räteversammlung zurückgreifen werde. Dietz war bereit, „weiterreichende prinzipielle Forderungen durch die Räteversammlung zur Durchführung zu bringen, soweit dies auf dem Boden der jetzigen Verhältnisse möglich ist."[352] In den Äußerungen von Dietz zeigte sich deutlich, dass die SPD in der Verfassungsfrage den Kampf gegen die bürgerlichen Parteien zu führen bereit war, um ihre grundlegenden Positionen durchzusetzen. Dies bekräftigte Dietz auch in der großen Karlsruher Demonstration vom 28. Februar 1919, die sich zwar wesentlich gegen die linken Putschisten richtete, aber auch eine Warnung an die bürgerlichen Politiker in Regierung und Parlament darstellen sollte. Dietz sprach spontan vom Karlsruher Rathausbalkon. Der *Volksfreund* berichtete: „Stadtrat Dietz betonte, gerade er als Vorsitzender des Verfassungsausschusses habe sich über die Kundgebung gefreut, mit der die Arbeiterschaft der Nationalversammlung deutlich bewiesen habe, dass sie gewillt ist, die Errungenschaften der Revolution in jeder Hinsicht nachdrücklich zu vertreten. Das sei besonders notwendig, da immer wieder Kräfte am Werke seien, an dem Bau der Errungenschaften Steine abzubrechen. Die Gefahr einer Gegenrevolution drohe weniger von links als vielmehr von rechts. Hier sitze der Feind und darauf müsse die Arbeiterschaft ihr Augenmerk richten, damit ihr von jener Seite kein Schaden zugefügt werde, durch eine neuerliche Schmälerung ihrer Rechte. Die ja viel angefeindeten Arbeiter- und Soldatenräte haben ganz außerordentliches für die Revolution geleistet. Das darf nicht vergessen werden. Aber bei allem Kampf gegen rechts und links darf man die Besonnenheit nicht verlieren. Niemand kann mit dem Kopfe durch die Wand, ohne dass er Schaden nähme. Auch bei der Verfechtung aller Ziele muss die Arbeiterschaft besonnen vorgehen."[353]

---

[349] *Volksfreund* vom 28.2.1919.
[350] *Volksfreund* vom 11.3.1919.
[351] Ebenda.
[352] Ebenda.
[353] *Volksfreund* vom 1.3.1919.

Erst vor diesem Hintergrund wird verständlich, warum es der SPD trotz ihrer schwachen Position im Parlament gelang, den Dietzschen Entwurf durchzusetzen. Offenbar bewirkte der Druck der Räte- und Arbeiterbewegung, dass die bürgerlichen Politiker in vielen Punkten nachgaben und die sozialdemokratischen Vorschläge akzeptierten. In relativ kurzer Zeit wurden die Verfassungsberatungen zu Ende geführt, so dass Baden als eine der ersten Bundesstaaten eine Verfassung erhielt.[354] Die Verfassungskommission der Nationalversammlung nahm ihre Beratung am 23. Januar auf und führte sie in 30 Sitzungen zu Ende. Die Generaldebatte im Plenum fand am 19., 20. und 21. März statt, am 25. März wurde die Verfassung in 2. Lesung einstimmig angenommen.[355] Auf Wunsch der Regierung sollte sie außerdem noch durch eine Volksabstimmung sanktioniert werden. Dies stellte ein Novum in der badischen Verfassungsgeschichte dar und entsprang dem Gedanken, die plebiszitäre Legitimation als Sicherung vor einer möglichen linken Ablehnung des Verfassungswerks zu nutzen. Die Volksabstimmung fand am 13. April statt und sicherte der Verfassung zwar eine Mehrheit von 91,2 % der abgegebenen Stimmen, berücksichtigt man aber die geringe Wahlbeteiligung von 34 %, so signalisiert das Ergebnis deutlich das geringe Interesse der Bevölkerung an Verfassungsfragen.[356]

Die badische Verfassung und ihr Kompromisscharakter

Der neue badische Volksstaat basierte nun auf einem Grundgesetz, das liberale staatsrechtliche Vorstellungen verwirklichte. Dietz hatte sich bemüht, die zentralen verfassungsrechtlichen Forderungen des Erfurter Programms aufzunehmen, wobei ihm durchaus bewusst war, dass es sich hier um klassisches liberales Erbe handelte. In seinen vielen Reden zur badischen Verfassung betonte er immer wieder die Traditionslinien, die zurück in das Jahr 1848 führten. Leitlinien der badischen Verfassung waren die Prinzipien der Volkssouveränität und der Rechtsgleichheit.[357] Die Idee der Volkssouveränität schlug sich nieder im allgemeinen Wahlrecht, der zentralen Stellung des Parlaments im staatlichen Machtgefüge und in plebiszitären Elementen, die dem Volk neben dem Landtag legislative Kompetenzen zugestanden. Die Einführung des Proporzes garantierte die dem Volkswillen adäquate Zusammenstellung des Landtages. Die Rechtsgleichheit erstreckte sich nicht nur auf die völlige Gleichstellung vor dem Gesetz und die Gewährung der Grundrechte an alle badischen Bürger und Bürgerinnen, sondern betonte auch die Gleichstellung der Geschlechter und die Ausweitung der politischen Rechte und des Koalitionsrechts auf die Gruppe der Beamten und die Verankerung des Prinzips der Chancengleichheit in den staatlichen Laufbahnen.

---

[354] Vorangegangen waren lediglich Mecklenburg-Strelitz mit seiner Verfassung vom 29.1.1919. Vgl. Stiefel (1977), S. 326.
[355] Vgl. Brandt/Rürup (1991), S. 125.
[356] Vgl. Brandt/Rürup (1980), S. 65.
[357] Zu den Merkmalen der badischen Verfassung vgl. Stiefel (1977), S. 325ff.

Die zentrale Machtstellung des badischen Landtags bedeutete ebenfalls ein Novum gegenüber der alten Verfassung von 1818. Der Landtag war nun das oberste staatliche Organ, er bestimmte aus seiner Mitte die Regierungsmannschaft und wählte jeden einzelnen Minister, der auch von ihm wieder abwählbar war. Die Regierung brauchte also das Vertrauen des Landtags und konnte ihre Machtausübung nur unter der ständigen Kontrolle des Landtags vollziehen. In diesem Zusammenhang sprach man von einem badischen „Landtagsabsolutismus" und von einer Reduzierung der Regierung auf einen bloßen „Landtagsausschuss". Während es sich hier um negative Bewertungen handelte, hatte Dietz mit der starken Stellung des Parlaments die positive Stärkung des neuen Volksstaats beabsichtigt, die sich deutlich von der vorhergehenden Phase des Konstitutionalismus abheben sollte.

Die neue badische Regierung sollte aus sieben Ministern und sechs Staatsräten bestehen, die aus Proporzgründen als Minister ohne Portefeuille und ohne speziellen Aufgabenbereich das Regierungsgremium ergänzten. Die Regierung arbeitete als Kollegialregierung. Das Institut des Staatspräsidenten sollte nach den Dietzschen Plänen keine gesonderte Stellung im Verfassungsleben erhalten. Die Sozialdemokratie wünschte keine herausgehobene Machtstellung, die an die exklusive Position des Großherzogs erinnerte und ein autoritäres Element in die Verfassung eingeführt hätte. Der Staatspräsident sollte lediglich „primus inter pares" sein.[358] Die Kabinettsmitglieder bestimmten aus ihrer Mitte jeweils für ein Jahr den badischen Staatspräsidenten. Eine Vereinbarung des Jahres 1920 sah vor, dass hier alternierend Vertreter der verschiedenen Parteien berücksichtigt werden sollten.[359]

Die Gesetzgebung lag nicht allein in den Händen des Landtags, sondern wurde ergänzt durch die Institutionen der Volksinitiative und des Referendums. Die Demokratisierung der Exekutive und der Judikative unterblieb weitgehend und entsprach damit nicht den Vorstellungen des Erfurter Programms, das noch die Wahl der Beamten und Richter durch das Volk vorgesehen hatte. In den fast vierzig Jahren, die seit der Abfassung des Erfurter Programms vergangen waren, hatten sich in diesem Punkte die Vorstellungen der Sozialdemokratie gewandelt, man hatte die basisdemokratischen Ideen von der Bestimmung der Beamten und Richter durch das Volk als eine für einen effizient arbeitenden Staat unangemessene Forderung aufgegeben.[360] Allein der Grundsatz „Freie Bahn dem Tüchtigen", der auch in Baden bei der Auswahl der Staatsbediensteten gelten sollte, erinnert an demokratische Neuerungsbestrebungen für Exekutive und Judikative.

Während die Verordnungen der staatlichen Institutionen nach den liberalen Grundprinzipien keine nennenswerten Diskussionen in der Verfassungskommission hervorriefen, zeigten sich die Bereiche der Wirtschaft, der Kirche und der Schule als ausgespro-

---

[358] Vgl. Remmele (1925), S. 69. Im Punkt des Staatspräsidenten unterschied sich die Badische Verfassung deutlich von der Reichsverfassung, die einen starken Reichspräsidenten vorsah.

[359] Vgl. Remmele (1925), S. 69.

[360] Vgl. Antoni (1983), S. 39ff.

chene Problemfelder, in denen nur nach langen Beratungen Einigkeit erzielt werden konnte. Hier kollidierten bürgerliche und kirchliche Interessen einerseits mit der sozialdemokratischen Vorlage, die wiederum den Parteilinken nicht weit genug ging und zu weitgehende Kompromisse anbot.

Die Verfassungsbestimmungen über die wirtschaftliche Ordnung

Während der einleitende Teil des Erfurter Programms in langen Passagen den Ausbeutungs- und Unterdrückungscharakter des kapitalistischen Wirtschaftssystems nachwies und daraus die Forderung nach der Vergesellschaftung der Produktionsmittel ableitete, berührte dieser Punkt Kerninteressen des bürgerlichen Unternehmertums und führte zu langen Auseinandersetzungen in der Verfassungskommission. Der Dietzsche Entwurf verlangte nicht klar die Enteignung der Schlüsselindustrie, ließ aber diese Möglichkeit offen. Für diesen Fall sollte ein Entschädigungsgesetz die genauen Modalitäten regeln. Der Paragraph 14 über mögliche Enteignung veranlasste den Berichterstatter Zehnter, der dem Zentrum angehörte, zu folgender Bemerkung über die Widerstände des bürgerlichen Lagers: „Von einer Seite wurde prinzipiell bemängelt, dass der Regierungsentwurf allzu sehr, wenn auch nicht ganz offen, auf die Durchführung des Erfurter Programms bezüglich der Vergesellschaftung hinzielte.“[361]

Die bürgerlichen Parteien verfolgten mit Vehemenz das Ziel, diesem Paragraphen 14 eine wesentlich andere Fassung zu geben und seinen Gehalt zu ändern. In diesem Bemühen waren sie erfolgreich, der endgültige Text berücksichtigte ihre Vorbehalte und sah vor, dass das Eigentum unter den Schutz der Verfassung gestellt wurde, eine Entschädigungspflicht des Staates festgehalten und für ein späteres Enteignungsgesetz die Zweidrittelmehrheit vorgeschrieben wurde.[362] All diesen Regelungen hatten auch die sozialdemokratischen Vertreter im Verfassungsausschuss zugestimmt. Mit dieser Fassung des Paragraphen 14 war die Sozialisierung in Baden sehr erschwert worden, die bestehende Eigentumsordnung unter Mitwirkung führender Reformisten anerkannt und damit die Verwirklichung der Kernforderung der Sozialdemokratie in eine ferne Zukunft verschoben. Gründe für die Zustimmung der badischen Reformisten zu diesem Paragraphen lagen in ihrer strikten Gebundenheit an demokratische Verfahrensweisen und ihrer schon vor dem Krieg vertretenen Auffassung von der Sozialisierung als einem langjährigen evolutionären Prozess. Hinzu kam die Berücksichtigung der gegebenen Kräfteverhältnisse und der aktuellen Krisensituation, in der man auf die Sachkompetenz und den Erfahrungsschatz des Bürgertums im wirtschaftlichen Bereich nicht verzichten zu können glaubte. Außerdem sah man die künftigen Sozialisierungsmaßnahmen wesentlich als eine Änderung, die nur reichsweit erfolgen könne, einem gesonderten badischen Vorgehen gab man kaum

---

[361] Bericht der Verfassungskommission etc. S. 27.
[362] Vgl. Verhandlungen des Badischen Landtags etc. Beilagen Heft 524, S. 75.

eine Chance. Deshalb bewertete die badische SPD die Erschwernis der Zweidrittelmehrheit für die Sozialisierung als nicht besonders tragisch. Ludwig Marum führte dazu am 3. Januar 1919 in einer Kabinettssitzung aus: „Für uns ist diese Bestimmung nicht von großer Bedeutung, denn wir allein können in Baden kaum Betriebe sozialisieren, wenn die andern Bundesstaaten nicht mitmachen. Aber ich verstehe den Gedankengang von Dietz, denn es handelt sich bei der Sozialisierung von Produktionsmitteln um solch wichtige Betriebe, dass man eine feste Mehrheit hinter sich haben muss, wenn man sie durchführen will, um insbesondere auch zu verhüten, dass durch eine Zufallsmehrheit eine derartige Bestimmung wieder aufgehoben wird."[363]

Hier zeigte sich zum wiederholten Male, welch große Rolle tragfähige Mehrheiten in den politischen Überlegungen Marums spielten. Für die badische SPD schuf der Paragraph 14 kein eminentes politisches Problem, zumal sie hatte erreichen können, dass der folgende Zusatz dem Artikel beigegeben wurde: „Es (das Eigentum, m.A.) ist beschränkt durch die Rücksicht auf die gemeinwirtschaftlichen Interessen."[364] Mit dieser Einschränkung des Eigentumsrechts glaubte die badische SPD, einen wesentlichen Erfolg errungen zu haben.

Die Verfassungsbestimmungen über die Stellung der Kirche

Auch die klare Forderung des Erfurter Programms nach Trennung von Kirche und Staat fand nur einen abgeschwächten Niederschlag in der badischen Verfassung. Kirche und Staat blieben in Baden weiterhin eng verbunden. Das Zentrum konnte es durchsetzen, dass der Einfluss der Kirche auf die Schule erhalten blieb und Dotationen weiterhin geleistet wurden.[365] Der Paragraph 18 der Verfassung, der diese Bestimmungen enthielt, fand auch die Zustimmung der Sozialdemokratie. Das Nachgeben in der Frage der Dotationen wurde dadurch ausgeglichen, dass die Sozialdemokraten wesentliche Forderungen durchsetzen konnten. Die badischen Reformisten unterstrichen die Freiheiten, die in diesem Paragraphen enthalten waren. Hierzu rechneten sie die Zusicherung der Gewissensfreiheit und die völlige Freistellung von der Bindung an eine Kirche, was besonders für Beamte von Relevanz war. Einen Anlass für heftigen Streit bildete in den Verfassungsdiskussionen der Dietzsche Vorschlag der Gleichstellung aller Religionsgemeinschaften, einer sozialdemokratische Kernforderung. In diesem Punkte konnte das Zentrum wichtige Einschränkungen durchsetzen. Gegen die vorbehaltlose, bedingungslose Anerkennung aller kleinen Religionsgemeinschaften argumentierte die katholische

---

[363] Zitiert nach Brandt/Rürup (1991), S. 126/127.
[364] Verhandlungen des Badischen Landtags etc. Beilage Heft 524, S. 75.
[365] Der im Dietzschen Entwurf vorgesehene Passus: „Aufwendungen aus öffentlichen Mitteln zu kirchlichen und religiösen Zwecken sind unzulässig, soweit nicht rechtsgültige Verpflichtungen bestehen." entfiel im endgültigen Text. (Vgl. Verhandlungen des Badischen Landtags etc. Beilagen Heft 524, S. 76)

Partei, „man könne doch nicht die großen christlichen Kirchen, die viele Jahrhunderte alt seien und 99% der Bevölkerung in Baden umfassten und längst als öffentliche Korporationen anerkannt seien, jetzt dieser ihrer Eigenschaft entkleiden und sie auf gleichen Fuß mit kleinen religiösen Vereinigungen stellen, die in einer Gemeinde vielleicht ein paar Dutzend oder Hundert, im ganzen Lande höchstens einige Tausend Anhänger zählten, und die sich erst neuerdings gebildet hätten, oder übermorgen bilden würden. Mindestens müsse man verlangen, dass dies Vereinigungen eine gewisse Anzahl Mitglieder hätten, bevor sie staatlich anerkannt würden."[366] Die endgültige Regelung fand in dem folgenden Text Ausdruck: „Kirchliche und religiöse Gemeinschaften, die nach ihrer Verfassung und der Zahl ihrer Mitglieder die Gewähr der Dauer bieten und deren Ziele den Staatsgesetzen und der Sittlichkeit nicht zuwider sind, müssen durch das Staatsministerium als Körperschaften des öffentlichen Rechts im Sinne des vorigen Absatzes anerkannt werden."[367]

Diese vom Zentrum durchgesetzten Zusätze hinderten die badische Sozialdemokratie jedoch nicht, die Gleichstellung aller Religionsgemeinschaften, von der vor allem die Freireligiösen profitierten, als politischen Erfolg zu feiern. Bei den Beratungen des Kirchenparagraphen war Marum in der Verfassungskommission vielfach anwesend. Die Zustimmung des Justizministers zu den fortdauernden staatlichen Verpflichtungen – wie sie etwa aus den Entschädigungen des Reichsdeputationshauptschlusses von 1803 erwuchsen – wurde nachdrücklich im Kommissionsbericht festgehalten.[368] Hier zeigte sich wiederum das legalistische Denken Marums, das bestehende Verträge und Vereinbarungen nicht antasten wollte. Auch seine große Kompromissbereitschaft und sein pragmatisches Denken, dem die programmatischen Vorgaben des Erfurter Programms wenig bedeuteten, wurden in seinem Entgegenkommen gegenüber der Kirche deutlich. Bedeutungsvoll für Marum war sicherlich, dass die Gleichstellung der Freireligiösen durchgesetzt werden konnte. Angesichts der Tatsache, dass viele Sozialdemokraten, ebenso wie er selbst, der freireligiösen Gemeinde angehörten, bedeutete die Aufhebung der bisher bestehenden Benachteiligung eine Erleichterung für das freireligiöse Gemeindeleben und die eigene religiöse Praxis.

Auch die Aufhebung der Benachteiligung freireligiöser Beamter, besonders der Lehrer, galt für Marum als wesentlicher Fortschritt. Marum und die badischen Reformisten insgesamt trafen ein Arrangement mit den einflussreichen Kirchen, ließen wesentliche Machtpositionen bestehen, sorgten aber dafür, dass die kleineren Religionsgemeinschaften aufgewertet wurden und ihre Rechte erweitern konnten. Besonders wichtig für die freireligiöse Gemeinde war die Zusicherung des Steuererhebungsrechts und des Rechts auf Erteilung eines eigenen Religionsunterrichts.

[366] Verhandlungen des Badischen Landtags etc. Beilagen Heft 524, S. 30.
[367] Ebenda, S. 76.
[368] Vgl. Verhandlungen des Badischen Landtags etc., Beilagen Heft 524, S. 32.

Die Diskussion um den Schulparagraphen 19 der Verfassung beanspruchte die längste Dauer, provozierte eine Flut von Anträgen und bezeugte das große Interesse des Zentrums, den Einfluss der Kirche im Erziehungsbereich zu erhalten. Brennpunkt der Diskussion bildete die Frage, ob Religion Pflichtfach in den staatlichen Schulen sein sollte, oder ob es als fakultatives Fach gelten sollte. Drei Anträge lagen der Verfassungskommission vor: Die DDP schlug Religion als Pflichtfach lediglich im Bereich der Volksschule vor, das Zentrum forderte die Etablierung von Religion als ordentliches Fach an allen Schularten, während die Sozialdemokratie die Teilnahme am bzw. die Erteilung von Religionsunterricht Schülern und Lehrern freistellen wollte. Der sozialdemokratische Sprecher begründete die Forderung seiner Partei, indem er jeglichen Angriff auf die Kirche zu vermeiden suchte. Der Berichterstatter Zehnter schrieb: „Der (sozialdemokratische, m.A.) Antragsteller (...) erklärte, er sei weder religions- noch kirchenfeindlich; im Gegenteil, er schätze den Wert der religiösen Erziehung und das religiöse Empfinden hoch und würdige auch vollauf die großen Verdienste der Kirchen um die Erziehung des Volkes und die Förderung der Kultur. Es sei auch eine Tatsache, dass in Baden über 95% der Bevölkerung den christlichen Kirchen und der jüdischen Religionsgemeinschaft angehörten. Diese alle schickten ihre Kinder in den Religionsunterricht der religiösen Gemeinschaft, der sie angehörten. Von denjenigen, die aus den alten Religionsgemeinschaften ausgetreten seien, hätten sich die meisten wieder in freireligiösen Gemeinschaften verschiedener Art zusammengeschlossen und legten dadurch ihr, oft tiefes religiöses Bedürfnis an den Tag. Diesen letzteren erwüchsen aber nach der bisherigen Schulgesetzgebung viele Schwierigkeiten wegen des Religionsunterrichts, die man jetzt durch die in die Verfassung aufzunehmenden Grundsätze beseitigen müsse. Nach dem Dargelegten bestehe in den weitesten Kreisen des Volkes ein Bedürfnis nach religiösem Unterricht, und deshalb sei seine Meinung die, dass der Religionsunterricht ein Gegenstand des Lehrplanes der Schule bleiben und der Staat demgemäss auch für die Möglichkeit des Besuches eines solchen Unterrichts in der Schule für die Angehörigen aller religiösen Vereinigungen mit einer gewissen Schülerzahl sorgen müsse. Aber der Religionsunterricht dürfe kein Pflichtfach, sondern müsse für Lehrer und Schüler frei sein. Der Staat dürfe keinen Zwang in Bezug auf den Religionsunterricht ausüben, sondern müsse es den religiösen Gemeinschaften überlassen, bei ihren Angehörigen auf den Besuch des Religionsunterrichts hinzuwirken."[369]

Auffällig ist hier das weitgehende Entgegenkommen der Sozialdemokratie, das durchaus den Wert religiöser Erziehung anerkannte und sich nicht dagegen wehrte, dass der Religionsunterricht in den Räumlichkeiten der staatlichen Schule erteilt werden sollte.[370] In der Frage des Religionsunterrichts vermied die badische SPD jede Konfron-

---

[369] Verhandlungen des Badischen Landtags etc. Beilagen Heft 524, S. 26.
[370] Nach Stehling (1976) waren 95% aller badischen Sozialdemokraten Mitglied einer christlichen Kirche. Vgl. S.111.

tation. Als sich abzeichnete, dass ihre eigenen Vorschläge keine Mehrheit finden würde, stellte sie sich den Zentrums-Anträgen nicht durch eine Verweigerung entgegen, sondern enthielt sich der Stimme, als es in der 1. Lesung um die Anerkennung von Religion als Pflichtfach ging. Zu diesem entgegenkommenden Verhalten motivierte sie die kampfbereite Haltung des Zentrums, das während der Beratungen dieses Verfassungsparagraphen eine Regierungskrise inszenierte und mit dem Rücktritt der beiden Zentrumsminister drohte.[371] Im endgültigen Verfassungstext wurde der Terminus „Pflichtfach" vermieden, es gelang dem Zentrum allerdings, Religion als ordentliches Fach, das von den Religionsgemeinschaften erteilt wurde und unter deren Aufsicht stand, zu etablieren. Allerdings verankerte die Sozialdemokratie die grundsätzliche Freiwilligkeit für Lehrer und Schüler. Das Zentrum zeigte jedoch auch hier Widerstand und setzte durch, dass die Verweigerung des Religionsunterrichts bzw. die Abmeldung von ihm durch Lehrer und Schüler sehr erschwert wurde. So konnte die Sozialdemokratie auch bei diesem Paragraphen nur einen sehr bescheidenen Erfolg erzielen.

Bezüglich der sozialdemokratischen Forderung nach Einheitlichkeit des Schulwesens und der Beseitigung der sozialen Barrieren zwischen den einzelnen Schularten konnten ebenfalls nur geringe Fortschritte verzeichnet werden. Die SPD setzte durch, dass alle Kinder zum Besuch der Volksschule verpflichtet wurden und die bisher bestehenden privaten Einrichtungen in diesem Sektor abgebaut werden sollten. Dies betraf vor allem kirchliche und private Schulen, die bisher die Kinder der begüterten Schichten aufgenommen hatten, während die Volksschule auf das Niveau einer Armen-Schule abgesunken war. Das Zentrum wehrte sich erbittert gegen eine staatliche „Zwangsschule" und führte die nachfolgenden Argumente auf: „Die Eltern hätten das erste und natürlichste Recht darauf, zu bestimmen, auf welche Weise sie ihr Kind unterrichten lassen wollten. Es sei ein unerträglicher Zwang, wenn man alle Eltern nötigen wolle, ihre Kinder in die Volksschule zu schicken. Die Ausschließung aller privaten Schulen erschwere auch die Entwicklung des Schulwesens selbst durch die Ausschließung jeder Konkurrenz und jeder neuen Methode."[372] Für die Volksschule führte diese Argumentation nicht zum Erfolg, im Bereich der weiterführenden Schulen blieben allerdings die Privatschulen erhalten.

Die sozialdemokratische Forderung nach Unentgeltlichkeit des Unterrichts wurde ebenfalls nur für die Volksschulen umgesetzt. Die katastrophale Finanzlage des badischen Staates ließ an eine generelle Realisation für alle Schularten kaum denken. In den Gymnasien und Hochschulen wurde die Kostenbefreiung nur bedürftigen Schülern gewährt, für die als Eignungskriterium allerdings auch moralische Anforderungen galten. Das Zentrum konnte es durchsetzen, dass nicht allein die Bedürftigkeit ausschlaggebend war, sondern auch die „Tüchtigkeit" und „Sittlichkeit" des betreffenden Schülers.[373]

---

[371] Vgl. GLA 233/24312. Sitzung vom 4.2.1919.
[372] Verhandlungen des Badischen Landtags etc. Beilagen, Heft 524, S. 37.
[373] Vgl. ebenda, S. 39.

Insgesamt ergab sich für die Sozialdemokratie, dass die Verhältnisse in der Schule kaum in ihrem Sinne umgestaltet werden konnten. Nach wie vor bestand der immense Einfluss der Kirche, die Chancengleichheit im Bildungssektor war kaum durchgesetzt, das dreigliedrige Schulsystem bestand auch in Baden fort. Marum trat in der Schuldebatte nicht mit einem eigenen Beitrag hervor. Die errungenen Freiheiten, die den Religionsunterricht betrafen, genügten ihm, sein Hauptinteresse galt der Fortführung der Koalition mit dem Zentrum.[374] Die endgültige Fassung des Paragraphen 19 fand die Billigung Marums, weil die Religionsfreiheit im Schulbereich durchgesetzt war und somit ein wesentliches Grundrecht garantiert war. Dem Haushalts- und Finanzexperten Marum war die Undurchführbarkeit der Forderung nach Unentgeltlichkeit des Unterrichts in allen Schularten besonders deutlich, auch hier wird er sich – vor allem vor dem Hintergrund der eigenen Jugendjahre in Not und Armut – mit der Regelung, dass Bedürftige einen Rechtsanspruch auf staatliche Förderung stellen konnten, zufrieden gezeigt haben.

Ludwig Marum und die Verfassung

Die Verabschiedung der Verfassung bedeutete für Marum einen Höhepunkt seiner bisherigen politischen Tätigkeit und den Abschluss der Revolution. Die badische Verfassung von 1919 verwirklichte die zentralen Punkte des reformistischen Aktionsprogramms, mit ihrer Verabschiedung wurden die ersten zehn Jahre politischer Aktivitäten Marums durch einen einzigartigen Erfolg gekrönt. Auf die Frage der Landeskonferenz vom 29. April 1919, welche Erfolge geschaffen worden seien, antwortete Marum: „Zunächst die Verfassung. Sie ist ein großes Werk und überragt die Verfassungen anderer demokratischer Länder ganz erheblich."[375] Dieser Erfolg betraf ihn nicht nur als aktiven Sozialdemokraten, persönliche Erleichterungen verknüpften sich mit den durch die Verfassung gewährten Freiheiten für ihn als Bürger jüdischer Herkunft und als Mitglied der freireligiösen Gemeinde. Die Zusicherung der Verfassung: „Alle Badener ohne Unterschied des Geschlechts sind vor dem Gesetz gleich. Vorrechte des Standes, der Geburt oder der Religion werden nicht anerkannt"[376] mussten ihm besonders entgegenkommen. Wegen der Bedeutung, die er der Verfassung beimaß, hatte Marum einen außerordentlichen Einsatz gezeigt. In der Verfassungsfrage war der sonst so konziliante Marum auch bereit, Konflikte durchzustehen und für wesentliche sozialdemokratische Leitvorstellungen – wie die Beseitigung der Ersten Kammer – den Kampf mit bürgerlichen Parteien aufzunehmen. Die kompromissbereite Haltung Marums endete in der Verfassungsfrage. Dies zeigte sich zum ersten Mal, als Marum in der Kabinettssitzung vom 11. Dezember 1918 sich ent-

---

[374] In den 20er Jahren sollte sich erweisen, dass Marum ein besonders enges Verhältnis zum Zentrumsführer Dr. Schofer entwickelte.
[375] *Volksfreund* vom 29.4.1919.
[376] Verhandlungen des Badischen Landtags etc., Heft 524, S. 74.

schieden dagegen verwahrte, dass der Nationalliberale Glockner einen Verfassungsentwurf, der ein Zweikammersystem vorsah, als Mitglied der offiziellen Verfassungskommission veröffentlichte.[377] Marum trat von Anfang an entschieden für das Einkammersystem und für den Dietzschen Entwurf ein. Die beiden Sozialdemokraten waren bereit, auch gegen bürgerliche Mehrheiten aufzutreten und aus einer Minderheitenposition heraus die Durchsetzung ihres Verfassungsmodells zu erreichen. Dietz stand in der Viererkommission drei bürgerlichen Vertretern gegenüber, denen er schließlich wegen der Zwistigkeiten in der Kammerfrage die Zusammenarbeit aufkündigte. Er legte vielmehr einen gesonderten Entwurf vor.[378] Marum übernahm es, diesen Entwurf in der Regierung durchzusetzen. Auch er musste dabei die bürgerlichen Widerstände überwinden.[379]

An den Beratungen des Verfassungsausschusses der Nationalversammlung nahm Marum als Regierungsmitglied zu wiederholten Malen teil, und er war wesentlich an der Kompromisslösung in der Kirchenfrage beteiligt.[380] Als Zweiter Fraktionsvorsitzender setzte er sich für die geschlossene Annahme der Verfassung ein und regte seine Fraktion dazu an, die Durchführung eines Volksentscheids zu beantragen. Diese doppelte demokratische Absicherung der Verfassung war ihm angesichts linker Einwände ebenso wichtig wie das Tempo, mit der die Verfassungsberatungen durchgezogen wurden. Hier leiteten ihn sein legalistisches Denken und die Furcht vor Aufständen von links. Marum nutzte also all seinen politischen Einfluss, um eine Verfassungsurkunde durchzusetzen, die auch für Baden eine liberal-demokratische Ordnung einführte.

Während Marum sich unnachgiebig zeigte, was die demokratischen Gestaltungsprinzipien und die Durchsetzung des Einkammersystems betraf, ließ er durchaus mit sich verhandeln, wenn es um die Frage der Sozialisierung, die Vormachtstellung der Kirche und die Gestaltung des Schullebens ging. In diesen Politikfeldern war er kompromissbereit. Den Realpolitiker leiteten auch hier pragmatische Gründe: Sollte die Zusammenarbeit in einer Koalition mit dem Zentrum langfristig angelegt sein, so musste seine Partei als die schwächere Zugeständnisse machen. Marum betonte aber die Fortschritte, die trotz der bürgerlichen Einwände bei den Artikeln über das Eigentum, die Kirche und die Schule erzielt wurden. Auf der Parteikonferenz am 28. April 1919 in Karlsruhe führte er aus: „In der Hauptsache waren es die §§ 14 (Eigentumsverhältnisse), 18 (das Verhältnis des Staates zur Kirche), 19 (der Staat und die Schule), welche in parteigenössischen Kreisen Anlass zur Kritik gegeben haben.

Der Sozialisierungs-Paragraph, der § 14, sieht eine Zweidrittelmehrheit vor, weil die Frage äußerst kompliziert ist. Zudem sind die Hauptaufgaben in der Sozialisierungsfrage dem Reiche vorbehalten, der badische Landtag ist darin zum großen Teil ausgeschaltet.

---

[377] GLA 233/24312. Sitzung vom 11.1918.

[378] Verhandlungen des Badischen Landtags etc., Heft 524, S. 18.

[379] Die Entwürfe der bürgerlichen Juristen und der Siebener-Kommission des Landesausschusses der Soldatenräte schieden für Marum als ernsthafte Alternative aus.

[380] Marum anerkannte die Rechtsansprüche der Kirche an den Staat, die aus dem Reichsdeputationshauptschluss von 1803 resultierten. Vgl. Verhandlungen des Badischen Landtags etc. Heft 524, S. 32.

Das Verhältnis Staat zur Kirche. Auch im Erfurter Programm ist nicht glattweg die Trennung von Kirche und Staat gefordert, immerhin ist in unserer Verfassung dem Prinzip in hohem Maße Rechnung getragen. Nunmehr müssen auch die anderen Religionsgemeinschaften staatlicherseits anerkannt werden, das ist eine erhebliche Errungenschaft. Allerdings hat die Mehrheit (Zentrum und Demokraten) den Passus des Dietzschen Entwurfs gestrichen, dass staatliche Aufwendungen für die anerkannten Religionsgemeinschaften nicht mehr geleistet werden dürfen. Die sozialdemokratischen Wähler haben es ja in der Hand, selbst diese Trennung vorzunehmen bzw. aus der Kirche auszutreten, wenn sie das Bedürfnis dazu fühlen. Dazu bringen eine ganze Anzahl sozialdemokratischer Wähler aber nicht den Mut auf. (...)

Schule und Staat. Hier wird jedenfalls die deutsche Verfassung die badische Verfassung korrigieren und zwar zum Vorteile der Lehrer. Die letzteren sollten die bürgerlichen Parteien anklagen, nicht uns, wenn der Paragraph nicht ihren Wünschen entspricht. Die Einheitsschule ist durchgesetzt. Die konfessionellen Schulen haben bei uns keine Existenzberechtigung. In Württemberg und Preußen scheiterte die Beseitigung der konfessionellen Schulen. Ferner ist die Unentgeltlichkeit des Unterrichts für die Volksschulen und zum Teil auch für die Mittel- und Hochschulen erreicht. – Das waren die wesentlichsten Einwände gegen die neue Verfassung; man sieht, sie sind nicht begründet."[381]

Die in der Verfassung gemachten Zugeständnisse fielen für Marum offensichtlich nicht so sehr ins Gewicht, dass sie Raum ließen für Enttäuschung und Resignation. In der Schul- und Sozialisierungsfrage erwartete er grundlegende Entscheidungen vom Reich und sah so die badische Politik entlastet von wesentlichen Schritten in diesen Politikbereichen. Für Marum entsprach die Verfassung weitgehend den Forderungen des Erfurter Programms. Die nicht erfüllten Forderungen wie die Wahl der Behörden durch das Volk, die Rechtsprechung durch vom Volk gewählte Richter, die Abschaffung des stehenden Heeres fielen deshalb kaum ins Gewicht, weil die Parteimeinung sich in diesen Punkten seit der Fertigstellung des Programms vollständig gewandelt hatte und die SPD die traditionelle Organisation von Beamtenapparat, Justizwesen und Heer akzeptierte.[382]

Marum vertrat also einen uneingeschränkt affirmativen Standpunkt gegenüber der badischen Verfassung, er gehörte zu der Gruppe führender Reformisten, die von einer Kritik nichts hören wollten. Marum war es ja seit seinen politischen Anfängen gewohnt, dass die reformistischen Positionen heftiger Kritik ausgesetzt waren. Die Auseinandersetzungen mit der Linken in der Verfassungsfrage ordneten sich in diese Tradition ein und konnten bei ihm keine Verunsicherung bewirken. Er fertigte die Kritiker in polemischer Weise ab, indem er sagte: „Die meisten Kritiker der Verfassung haben sie selbst nicht gelesen."[383] Seinen dezidiert reformistischen Standpunkt verließ er nie und die entschiedene Absage an linke Politikkonzepte hielt er für absolut notwendig. Dies betraf auch den

---

[381] *Volksfreund* vom 29.4.1919.
[382] Vgl. Antoni (1983), S. 39–42.
[383] *Volksfreund* vom 29.4.1919.

Verfassungsentwurf der Siebenerkommission des Landesausschusses der Soldatenräte, den er der ernsthaften Erörterung nicht für wert hielt. Ein Rätemodell schied für den überzeugten Parlamentarier Marum als Alternative aus.

Als Fraktionsvorsitzender der SPD sprach Marum zum Thema der Verfassung nur bei der Parteikonferenz, die relativ homogen mit Anhängern seines Kurses besetzt war. Die kontroverse Diskussion in der 4. Landesversammlung überließ er seinen Parteifreunden Kraus, Adam Remmele und Maier. Mit der Opposition setzte sich Marum kaum auseinander, sondern er beschränkte seine Arbeit auf die Durchsetzung der Verfassung in Regierung und Parlament.

Das Ende der Revolution und die Auflösung der Räte

Nachdem am 25. März 1919 die Verfassung in 2. Lesung von der Nationalversammlung einstimmig angenommen worden war, das Referendum eine Mehrheit eingebracht hatte, wurde am 2. April die neue badische Regierung gewählt.[384] Damit erlosch nicht nur das Mandat der vorläufigen Volksregierung, auch die Träger der Revolution, die Räte, sollten ihre Machtbefugnisse an die ordentlich bestellten Machtorgane der neuen Republik abgeben. Über den Zeitpunkt der Übergabe entspann sich erneut eine kontroverse Debatte. Der Standpunkt von Regierung und SPD war klar umrissen: Mit der Verabschiedung der Verfassung und der Wahl der neuen Regierung durch das Parlament war die revolutionäre Umbruchsphase beendet, der neue Volksstaat und seine zentralen Institutionen etabliert. Damit verloren nach ihrer Auffassung die Räte ihre politische Funktion, ihre Kontrollfunktion gegenüber der Regierung musste erlöschen. Das bedeutete, dass die Vertreter des Engeren Ausschusses der Landeszentrale nach dem 2. April nicht weiter an den Sitzungen der Regierung teilnehmen sollten und die Bemühungen der Räte um die Konsolidierung der Republik zu ihrem Abschluss gekommen wären. Gemäß dieser Auffassung handelte die provisorische Volksregierung. Innenminister Haas ordnete am 23. März 1919 die Auflösung der Arbeiterräte in der entmilitarisierten Zone an und berief sich dabei auf Forderungen der Siegermächte, wie sie in den Waffenstillstandsbedingungen festgehalten waren.[385] Diese Verordnung rief den Widerstand der Arbeiterräte hervor, die, anders als die Soldatenräte, deren Auflösung schon seit der diesbezüglichen Reichsverordnung vom 19. Januar in vollem Gange war, sich ihrer Selbstauflösung widersetzten. Die Arbeiterräte empfanden die Phase der Konsolidierung der Republik keinesfalls als abgeschlossen, ihr Bestreben ging dahin, ihre politische Tätigkeit zunächst bis zum Zeitpunkt der Kommunal- und Bezirkswahlen im Mai/Juni 1919 aufrechtzuerhalten. Als am 2. April die erste ordentliche Regierung gewählt wurde und Adam Remmele das Amt dcs Innenministers übernahm, revidierte er die Entscheidung seines Vor-

---

[384] Vgl. Brandt/Rürup (1980), S. 83.
[385] Vgl. Brandt/Rürup (1991), S. 136f.

gängers Haas bezüglich der Fortexistenz der Räte. Die badische SPD hatte sich zu einem vorsichtigen Umgang mit der Auflösungsfrage entschieden und ließ diesen Prozess in Etappen vor sich gehen. Remmele, ehemals Mitglied des Engeren Ausschusses, duldete nun die Fortexistenz der Räte bis zu den Bezirks- und Kommunalwahlen. Die SPD-Landeskonferenz Ende April 1919 würdigte die Verdienste der Räte, forderte aber zugleich deren Selbstauflösung. Die entsprechende Resolution hielt das folgende fest: „Die Landeskonferenz der sozialdem. Partei Badens erkennt die wichtige Tätigkeit der Arbeiter-, Soldaten- u. Bauernräte während der Revolution dankbar an und stellt fest, dass ihnen der fast unblutige Verlauf der Revolution und die ruhige Überleitung derselben in verfassungsmäßige Zustände in erster Linie mit zu danken ist. Den Kundgebungen des Volksrates in Karlsruhe und der Landeskonferenz der A.- und S.-Räte Badens, dahingehend, dass mit Vollzug der Wahlen zu den verfassunggebenden Nationalversammlungen, zu den Kreis-, Bezirks- und Gemeindewahlen die rein politische Tätigkeit der Arbeiter-räte erledigt (sei), schließt sich die Landeskonferenz der sozialdem. Partei Badens an. Für die weitere Tätigkeit der Arbeiterräte müssen durch Zusammenwirken der Partei, Gewerkschaften und Regierungen geeignete gesetzliche Grundlagen geschaffen werden. Die Abänderungsvorschläge der Reichsregierung zu Artikel 34 der Reichsverfassung bieten hierzu eine geeignete Grundlage."[386]

Diese Parteiposition legte Emil Maier auf der 5. Landesversammlung der Räte am 3. Mai in Durlach dar, sein Genosse Emil Kraus übernahm auf der gleichen Veranstaltung die Aufgabe, das reformistische Konzept von der Umwandlung der Räte in sozialpoliti-sche Organe vorzutragen.[387] Außer als Betriebsräte sollten die Räte im neuen System keine Aufgaben übernehmen. Kraus wandte sich gegen das Konzept seiner Genossen Cohen und Kaliski, die auf dem 2. Reichsrätekongress in Berlin (8–14. April 1919) ein Zwei-kammersystem vorgeschlagen hatten,[388] das ein Mischsystem aus Parlamentarismus und Räten mit politischen und wirtschaftlichen Funktionen vorsah. Die Worte von Kraus lauteten: „Wir lehnen das Zweikammersystem, wie es Cohen und Kaliski auf dem Berliner Rätekongress vorgeschlagen, ab. Das würde eine unnötige Verdoppelung der Regierungs-gewalt bedeuten, eine Entwertung des politischen Parlaments. Es gibt heute keine Sozi-alisierungsfrage, die lediglich wirtschaftliche Bedeutung hat, jede derartige Frage hat auch eine politische Bedeutung. Das politische Parlament würde zur Bedeutungslosigkeit verdammt, wenn wir ihm den Einfluss auf wirtschaftliche Fragen nehmen würden."[389] Auch die Landeskonferenz der badischen SPD vom 28. April 1919 lehnte das Modell Cohen/Kaliski ab; sie nahm folgenden Satz in ihre Resolution auf: „Das Zweikammer-system nach dem Beschluss des 2. Rätekongresses in Berlin lehnt die Landeskonferenz der sozialdemokratischen Partei Badens ab."[390] Kraus warb für das kommende Betriebsräte-

[386] *Volksfreund* vom 30.4.1919.
[387] Vgl. Brandt/Rürup (1980), S. 81ff.
[388] Vgl. Brandt/Rürup (1980), S. 90.
[389] Ebenda.
[390] *Volksfreund* vom 29.4.1919.

gesetz, das Betriebs- und Wirtschaftsräte vorsah und damit der von der SPD gewünschten Reduzierung der Räte auf den wirtschaftlichen Bereich entsprach. Kraus erläuterte: „Der Artikel (34a der Reichsverfassung, m. A.) schlägt zwei Richtungen im Aufbau des Rätesystems vor, Betriebsräte und Wirtschaftsräte. Es wird von der Mehrheitssozialdemokratie verlangt, dass man vorsichtig sein muss im Aufbau der Räte, dass vor allem der Zusammenhang mit den Gewerkschaften nicht verloren geht. Es darf nicht kommen, dass, wie im Ruhrrevier, alte, bewährte Gewerkschaftler auf die Seite gesetzt, ausgeschaltet werden, und junge, unreife Leute, die sich bisher zum Teil noch nie um Gewerkschaftsfragen gekümmert haben, das Wort führen. (...) Die Funktion der Arbeiterräte ist eine sozialpolitische im weitesten Sinne. In den Wirtschaftsräten arbeiten alle die, die am wirtschaftlichen Aufbau interessiert sind, positiv mit. Ihre Aufgabe ist der Einfluss auf die Produktionspolitik."[391]

Kraus schlug die folgende Resolution vor: „Die 5. Landesversammlung der A.-, B.- und V.- Räte Badens hat sich eingehend mit der Frage des Rätesystems befasst. Sie lehnt die Räte als politische Körperschaften ab und stellt sich auf den Boden des von der Reichsregierung vorgeschlagenen und begründeten § 34a der neuen Reichsverfassung, die Schaffung von Arbeiter- und Wirtschaftsräten betr.. Die Landesversammlung fordert die bad. Regierung auf, sofort im Benehmen mit der Landeszentrale und den Gewerkschaften ein Gesetz auszuarbeiten über die Arbeiter- und Wirtschaftsräte in Baden. Zugleich fordert die L.-V. die sofortige Einsetzung einer Sozialisierungskommission, welche die wirtschaftlichen Verhältnisse Badens zu prüfen und praktische Sozialisierungsvorschläge auszuarbeiten hat."[392] Eine große Mehrheit der Delegierten stimmte diesem Antrag zu.

Die letzte Landesversammlung in Baden fand am 18. August in Karlsruhe statt. Das Mitglied des Engeren Ausschusses Emil Maier beantragte dort die Selbstauflösung der Räte, nachdem eine Großzahl von ihnen diesen Schritt schon im Frühjahr/Sommer aus eigener Initiative vollzogen hatte. Anders als die reformistisch eingestellten Räte sah die linke Opposition das Ende der Revolution aber noch nicht gekommen. Es wurde eine heftige Debatte geführt, in der die bekannten Argumente noch einmal vorgetragen wurden. Für die USPD trat der Lörracher Delegierte Bock auf und beantragte die Fortexistenz der Räteorganisationen. Er verwies auf den Beschluss des 2. Reichsrätekongresses, der das kommende Betriebsrätegesetz und die ersten Schritte der Sozialisierung als frü-

---

[391] Brandt/Rürup (1980), S. 90f.

[392] Ebenda, S. 91. Der Artikel 165 der Reichsverfassung, der an die Stelle des hier gemeinten Artikels 34 trat, sah nicht nur betriebliche, sondern auch Bezirksarbeiterräte und Reichsarbeiterräte vor, die mit Unternehmern und anderen Bevölkerungsgruppen zu Wirtschaftsräten zusammentreten sollten. Arbeiterräten und Wirtschaftsräten konnten Kontroll- und Verwaltungsaufgaben übertragen werden. Der Reichswirtschaftsrat sollte teilweise an der Erstellung von Gesetzesvorlagen beteiligt werden. Das Betriebsrätegesetz vom 4.2.1920, RGBl, S. 147ff., blieb noch weit hinter Artikel 165 zurück. Regionale Räte kamen nicht zustande, ein „Vorläufiger Reichswirtschaftsrat" blieb bedeutungslos. Initiativen für ein besonderes badisches Gesetz über Wirtschaftsräte sind seitens der offiziellen politischen Institutionen und Parteien offenbar nicht erfolgt. Vgl. Brandt/Rürup (1980), S. 90f.

hestes Datum der Auflösung der Räte angegeben hatte. Bock verband seinen Antrag mit heftigen Angriffen auf die bescheidenen Ergebnisse der Revolution in Baden und kritisierte das reformistische Konzept, das lediglich Betriebsräte und neu zu schaffende Volkssekretariate mit juristischer Beratungskompetenz vorsah. Bock begründete die Notwendigkeit eines fortbestehenden politischen Kontrollrechts der Räte mit der Gefährdung, die von einer überwiegend konservativ eingestellten Bürokratie ausging.[393] Maier konnte sich jedoch mit seinem Antrag bei der Mehrheit der Landesversammlung durchsetzen, so dass die folgende Entschließung zur Durchführung kam. „In Erwägung, dass die den badischen A.-, B.- und V.- Räten auf Grund der seinerzeit vereinbarten Richtlinien zugewiesene Tätigkeit in der Hauptsache erledigt ist; in fernerer Erwägung, dass durch die nunmehr im ganzen Lande vollzogenen Gemeinde-, Bezirks- und Kreiswahlen den arbeitenden Volksgenossen überall die Möglichkeit geboten war, auf gesetzlichem Wege den nötigen Einfluss zu gewinnen, um so die Errungenschaften der Revolution zu sichern und auf dem Boden der Demokratie weiter auszubauen, haben sich die noch bestehenden A.-, B.- und V.- Räte innerhalb ... Wochen aufzulösen."[394] Die Begründung Meiers wies auf den Funktionsverlust der Räte in dem neuen parlamentarischen System hin und auf die großen Spannungen zwischen bürgerlichen Parteien und Räten, für die von der bürgerlichen Mehrheit keine Gelder mehr bereitgestellt würden. Maier, obwohl selbst führender Rätefunktionär, vertrat hier die Auffassung seiner Partei, welche die Räte nur für eine revolutionäre Übergangsphase akzeptiert hatte. Maier sagte, die „A.-, B.- und V.- Räte hätten ja die Revolution in Baden nicht gemacht. Die Revolution sei, nachdem sie aus den bestehenden Zuständen heraus reif geworden war, mit elementarer Gewalt, und zwar spontan, vom Volke gemacht worden. Hätte man im Herbst 1918 eine einheitliche sozialistische Partei gehabt, so hätte man das Ersatzmittel der A.-, B.- und V.- Räte nicht gebraucht. Die A.-, B.- und V-Räte seien eben gar keine deutsche Einrichtung, keine Einrichtung für ein Land mit großen gewerkschaftlichen und politischen Organisationen."[395]

Nachdem die Landesversammlung den Auflösungsbeschluss angenommen hatte, arbeiteten in Oberbaden dennoch die Räte aus den Reihen der USPD weiter.[396] Ihnen trat Innenminister Remmele mit seiner Entscheidung vom 8. September entgegen, die Zahlungen an die Räte einzustellen, womit ihnen die materielle Grundlage entzogen war. Trotz ihres Protestes konnten die Räte den Abbau ihrer Organisationen nicht verhindern. Im Oktober 1919 stellten in Baden die letzten Räte ihre Tätigkeit ein.

Damit waren die Revolutionsorgane beseitigt, in Baden hatte sich die parlamentarische Demokratie vollkommen durchgesetzt. Der Prozess der Beendigung der revolutionären Umbruchsphase hatte sich über mehrere Monate hingezogen; wichtige Stationen

---

[393] Vgl. Brandt/Rürup (1980), S.103f.
[394] Ebenda, S. 102. So im Original. Offenbar wollten sich die Antragsteller nicht auf einen präzisen Termin festlegen, gleichzeitig aber deutlich machen, dass es sich nur um kurze Fristen handeln könne.
[395] Ebenda, S. 102.
[396] Sie beriefen sich auf den Beschluss vom 18. August, der keine eindeutige Zeitangabe gemacht hatte.

waren die Annahme der Verfassung Ende März 1919, die Wahl der neuen Regierung am 2. April 1919 und die Kommunalwahlen im Mai/Juni 1919. Mit der Bildung dieser demokratisch legitimierten Staatsorgane war den Räten die Grundlage ihrer Arbeit entzogen worden. Die Landesversammlungen vom 3. Mai und vom 18. August bildeten nur noch ein Nachspiel, dem keine große politische Bedeutung mehr zukam.

Im Bewusstsein der Regierungskoalition ging die Interimszeit endgültig mit der Wahl der neuen Regierung zu Ende. Die vorläufige Volksregierung wurde bei ihrem Ausscheiden aus dem Amt mit großem Lob bedacht. Dies spendeten die in der Regierungskoalition vertretenen Parteien. Innenminister Haas hatte schon im November 1918 die badische Regierung als die deutsche Regierung bezeichnet, die am besten arbeite, und damit dem „Musterland" Baden erneut eine demokratische Vorreiterrolle zugewiesen.[397] Die provisorische Regierung rechnete es sich als besondere Leistung an, dass sich der Übergang vom Obrigkeitsstaat in die parlamentarische Demokratie besonders ruhig und konfliktfrei vollzogen habe Mit diesem Urteil berücksichtigte sie weder die von der Opposition vorgetragene Kritik am Regierungskurs noch den Putschversuch in Mannheim. Der *Volksfreund* schrieb im Rückblick über die provisorische Volksregierung: „Als die vorläufige badische Volksregierung beim Zusammenbruch die Regierungsgewalt übernahm, stand sie vor keiner leichten Aufgabe. Es bedurfte einiger und zäher Arbeit, um das Staatsschiff an den Hafen der Gesetzmäßigkeit zu führen. Dass dies der vorläufigen badischen Volksregierung gelungen, dafür gebührt ihr der Dank des Volkes, der ihr in der gestrigen Sitzung der badischen Nationalversammlung auch durch die Vertreter aller Parteirichtungen unter verdienstvoller Würdigung ihrer Arbeit ausgesprochen wurde."[398]

Die neue Regierung, das erste ordentlich gewählte Kabinett des Volksstaates Baden, entsprach in ihrer Zusammensetzung nicht den Kräfteverhältnissen des Wahlergebnisses vom 5. Januar 1919. Danach hätte eigentlich das Zentrum als stärkste Partei den Vorsitz des Kabinetts und die Mehrzahl der Minister beanspruchen dürfen. Die SPD hatte in den Koalitionsverhandlungen für ein starkes Gewicht ihrer Partei plädiert und dabei auf die fortwährende Unruhe in der Arbeiterschaft verwiesen.[399] Selbstverständlich für die reformistische Führung der Partei waren die Fortsetzung des kompromissbereiten Kurses und die äußerst kooperationswillige Haltung in der Regierungskoalition vorgegeben. Die SPD konnte es durchsetzen, dass die neue Regierung weiterhin von Geiß geführt wurde, das neu geschaffene Arbeitsministerium unter der Leitung Rückerts erhalten blieb und das politisch wichtige Innenministerium von Adam Remmele übernommen wurde. Marum wies auf der Landeskonferenz die Genossen darauf hin, „wie schwierig es war, das Ministerium des Innern zu bekommen" und unterstrich: „Es war für uns notwendig, gerade dieses wichtige Ministerium zu bekommen."[400]

[397] Vgl. GLA 233/24312. Sitzung vom 27.11.1918.
[398] *Volksfreund* vom 3.4.1919.
[399] Vgl. Brandt/Rürup(1980), S. 82f.
[400] *Volksfreund* vom 30.4.1919.

Damit besetzte die SPD drei von sieben Ministerposten, während das Zentrum nur zwei Ministerien erhielt.[401] Das für Schulfragen zuständige Kulturministerium wurde dem Demokraten Hummel übertragen. Dietrich führte weiterhin das Außenministerium. Dem Kabinett wurden außerdem sechs Staatsräte zugeordnet: drei stellte das Zentrum,[402] zwei die Sozialdemokraten – es handelte sich um Marum und Engler – und ein Staatsrat – der vormalige Innenminister Haas – kam von der Demokratischen Partei.[403]

Bei der Regierungsbildung konnte die badische SPD also durchaus einen Erfolg verzeichnen. Dieser strahlte aber nicht im gleichen Maße in die Arbeiterpartei aus. Hier zeichnete sich ein Ablösungsprozess großer Teile der Anhängerschaft ab, die zur USPD wechselten. Dies wurde bereits in den Kommunalwahlen sichtbar und erhärtete sich in den Reichstagswahlen im Juni 1920. Bei den Kommunalwahlen erhielt die USPD in Mannheim 16,4% der Stimmen, in Karlsruhe 10,3%.[404] In beiden Städten verfügte die USPD jetzt über mehr als ein Drittel der Wählerschaft der SPD, in Offenburg war das Verhältnis 2:3.[405]

Die Reichstagswahlen im Juni 1920 bedeuteten ein schwere Niederlage für die badische SPD: Sie erhielt nur 20,1% und verlor damit 10% im Vergleich zum Januar 1919.[406] Ein Drittel ihrer Wählerschaft hatte sich von der Partei abgewandt. Die badische USPD hatte 10.9% der Stimmen erhalten, in Mannheim 16,4%.[407] Diese Zahlen dokumentieren den Linksrutsch in der badischen Arbeiterbewegung in den Anfangsjahren der Republik. In den badischen Landtagswahlen setzte sich dieser Trend fort: Die SPD erhielt 1921 22%, die USPD 3,0 und die KPD 3,9% der Stimmen. Offensichtlich war der reformistische Kurs in den krisenhaften Anfangsjahren der Republik schwer vermittelbar und erhielt nicht die gewünschte Resonanz in der badischen Arbeiterschaft.

Für Marum endete am 2. April 1919 seine Tätigkeit als Justizminister, in der neuen Regierung übernahm er das Amt eines Staatsrats. Für ihn begann nun eine neue Phase politischer Tätigkeit, deren Schwerpunkte sowohl in der Regierung als auch in der Arbeit in der Fraktion lagen, die er ab 1921 als Erster Vorsitzender entscheidend bestimmte.[408] Mit der Wahl der neuen Regierung war das Provisorium der revolutionären Umbruchsphase für ihn endgültig beendet. Daraus folgte auch für ihn, dass nicht nur die Funktion der vorläufigen Regierung erlöschen musste, sondern auch die Revolutionsorgane der Räte ihre Tätigkeit einstellen mussten. Auf der Landeskonferenz der badischen SPD am 28. April 1919 betonte er, dass die Arbeiter- und Soldatenräte eine „Hilfsorga-

---

[401] Trunk übernahm das Justizministerium, Wirth das Finanzministerium.

[402] Es waren Weißhaupt, Köhler und Wittemann.

[403] Vgl. Brandt/Rürup(1980), S. 83.

[404] Vgl. Brandt/Rürup(1991), S. 142.

[405] Vgl. ebenda.

[406] Vgl. Brandt/Rürup(1991), S. 143.

[407] Vgl. ebenda.

[408] Vgl. Verhandlungen des Badischen Landtags etc. Heft 525a, S.I.

nisation der Revolution waren, die man jetzt abbauen müsse."[409] Er lehnte, wie erwähnt, das Zweikammersystem der Genossen Cohen und Kaliski als ein „Unding"[410] ab und schloss sich dem Vorschlag des sozialdemokratischen Arbeitsrechtlers Sinzheimer an, die Räte als Arbeiterkammern auszubauen. Auch auf der letzten Landesversammlung am 18. August vertrat er diese Position und unterstützte die Forderung nach der Auflösung der Räte. Wie auf der 1. Landesversammlung in Mannheim übernahm er die Begrüßung der Versammlung, nunmehr als Staatsrat und Vorsitzender seiner Fraktion.[411] Er plädierte für die seiner Meinung nach notwendige Auflösung der Räte und rechtfertigte noch einmal den vorsichtigen Regierungskurs, der auf eine Auswechslung des Beamtenapparats verzichtet hatte. Über Marums Beitrag hieß es im *Mitteilungsblatt der Arbeiter-, Bauern- und Volksräte Badens*: „Wenn erklärt werde, man sei auf die technisch geschulten Verwaltungsbeamten angewiesen, so sei das keine Beleidigung des Volkes, sondern nur eine Konstatierung der Tatsachen. Um einen Verwaltungsposten richtig auszufüllen, sei etwas mehr nötig als bloß gute sozialdemokratische Gesinnung. Die Revolution sei für die Sozialdemokratie zu früh gekommen, als sie noch nicht so viele Leute hatte, um sämtliche Verwaltungsstellen zu besetzen; und sie habe sie heute noch nicht. Die Arbeiter müssten erst geschult und in die Lage versetzt werden, solche Posten zu versehen. Gerade die heutige Geschäftsordnungsdebatte habe gezeigt, dass viele nicht das nötige politische Verständnis besitzen, um an der Regierung teilzunehmen. Wenn die Arbeiterschaft das Gewicht und den Einfluss haben wolle, der ihr nach Zahl und wirtschaftlicher Bedeutung zustehe, müsse sie vor allem die gegenseitige Bekämpfung einstellen."[412]

An der Spitze des neuen parlamentarischen Staatswesens sollte auch nach Marums Meinung die bisherige breite Koalitionsregierung stehen. Die Regierungsbeteiligung der SPD stand für ihn außer Frage und war verbunden mit der Fortsetzung der bisherigen kompromissbereiten Linie und der endgültigen Aufgabe oppositioneller Positionen. Zu diesem Punkte sagte er auf dem badischen Parteitag vom 8. September 1918: „In die Opposition gehen können wir auch nicht, da dies ein großer Fehler wäre."[413] Und zur Regierungspolitik der Partei führte er aus: „Die Gesamtpolitik der Fraktion und der Partei darf nicht allein mehr vom Gefühlsstandpunkt einer Oppositionspartei aus gemacht werden. Jetzt sind wir Regierungspartei und haben unsere Taktik danach auszurichten. In einer schweren Zeit sind wir zur Regierung berufen worden."[414]

Marum erwies sich also in allen Fragen, die das Ende der Revolution aufwarfen, wiederum als konsequenter Reformist und unterstützte vollkommen die Linie der Parteiführung. Die Enttäuschungen, die er persönlich und die Partei in dieser Phase zu ver-

---

[409] *Volksfreund* vom 30.4.1919.
[410] Ebenda.
[411] Vgl. Brandt/Rürup (1980), S. 95.
[412] Zitiert nach Brandt/Rürup (1980), S. 99.
[413] *Volksfreund* vom 8.9.1919.
[414] *Volksfreund* vom 28.4.1919.

arbeiten hatten, waren allerdings nicht gering. Marum erhielt – die Gründe dafür liegen nicht offen zutage – in der neuen Regierung kein Ministeramt mehr. Der Posten des Staatsrats entsprach nicht der Bedeutung und den Verdiensten, die Marum sich in der Revolutionsphase erworben hatte. War die Übernahme einer nur ehrenamtlichen Regierungsfunktion der eigene Wunsch Marums? Wollte er den Schwerpunkt seiner Tätigkeit auf die Fraktionsarbeit legen oder spielen hier Gründe eine Rolle, die in Zusammenhang mit seiner jüdischen Herkunft standen? Auffällig ist jedenfalls, dass beide Minister jüdischer Herkunft in der neuen Regierung nicht an führender Stelle vertreten waren, ihre bisherige Arbeit nicht fortsetzten, sondern – Marum sowohl wie Haas – lediglich einen Staatsratsposten übernahmen. Vor dem Hintergrund des erstarkenden Antisemitismus wird diese Entscheidung noch zu kommentieren sein. Wie Marum die Stimmenverluste seiner Partei bei den Kommunal- und Reichstagswahlen aufgenommen hat, ist nicht bekannt. Seine tiefe Überzeugung von der Richtigkeit des reformistischen Kurses wird diese wahrscheinlich als vorübergehenden Einbruch gewertet haben und die Erfolge des USPD lediglich der Krisensituation zugeschrieben haben. Von der langfristigen Entwicklung erwartete er die stärkere Unterstützung des gemäßigten Weges, den die badische SPD eingeschlagen hatte.

Antisemitismus in der Novemberrevolution

Das Erstarken des Antisemitismus in der Revolution

Die Revolution hatte jüdische Politiker zwar erstmals in Spitzenpositionen gebracht, sie jedoch zugleich mit einer Gegnerschaft konfrontiert, in deren Arsenal der Antisemitismus eine bedeutende Rolle spielte. Die schon seit 1916 sich abzeichnende Dichotomisierung der deutschen Gesellschaft zwischen den liberalen Kräften, die sich im Bündnis mit der gemäßigten Arbeiterbewegung befanden, und der um den Erhalt ihrer Macht und Privilegien kämpfenden alten Eliten erfuhr in der revolutionären Umbruchsphase eine weitere Zuspitzung. In der polarisierten Auseinandersetzung verstärkte die Rechte die schon in den Kriegsjahren begonnene antisemitische Hetze. Der Antisemitismus erfüllte in der Umbruchsphase 1918/19 verschiedene Funktionen. Indem er den Juden die Verantwortung für die militärische Niederlage und die Versorgungskrise zuschob, entlastete er die militärischen und politischen Eliten, die in Wahrheit die Verantwortung für die Kriegspolitik trugen. Darüber hinaus bot er im Feindbild des Juden ein Ventil für die Abfuhr aggressiver Impulse auf einen vermeintlich inneren Feind, das Judentum, das erneut in die Rolle des Sündenbocks für die Notlage der Bevölkerung gedrängt wurde. Die wesentliche Funktion des Antisemitismus in der revolutionären Phase lag jedoch in seinem ausgesprochen politischen Charakter, seiner Instrumentalisierung als gegenrevolutionäre Ideologie, deren man sich bediente, um die Machtchancen zugunsten des konservativen Lagers zu verschieben. Die zahlenmäßig hohe Vertretung jüdischer Politiker unter den Führungskräften der Revolution bedeutete für die Antisemiten einen „Glücksfall" und erlaubte ihnen, die Revolution als eine von Juden gelenkte Bewegung zu denunzieren, in der angeblich zugleich der Machtwille der Juden und das ihnen eigene politische System der liberalen Demokratie sichtbar wurde, das als im Gegensatz zu den deutschen staatlichen Traditionen stehend dargestellt wurde.[1]

Mit dieser gegenrevolutionären Propaganda suchte man den neuen Staat zu schwächen und breite Volksschichten in die Gegnerschaft zu Republik und Demokratie zu führen. Somit erwies sich der Antisemitismus als antiliberale und antidemokratische Grundhaltung, welche die nun geschaffene parlamentarische Demokratie ablehnte. Republik und Demokratie wurden als Resultate jüdischer Bestrebungen dargestellt, das internationale Judentum habe den Umsturz vorbereitet und durchgeführt.[2] Die von den

---

[1]   Vgl. Jochmann (1971), S. 409–510, hier S. 451.
[2]   Vgl. ebenda.

führenden Militärs verbreitete Dolchstoßlegende trug ebenfalls deutlich antisemitische Züge, wonach die jüdische Minderheit als treibende Kraft des Umsturzes die Hauptverantwortung für die nationale Katastrophe zu tragen hatte. Die weitverbreiteten Zukunftsängste, die in der Umbruchsphase gerade in bürgerlichen und bäuerlichen Schichten grassierten, nutzte die Gegenrevolution ebenfalls, um ihrem Lager neue Kräfte zuzuführen. Die Antisemiten malten das Schreckbild einer sozialistischen Gesellschaft, die – von den Juden angeblich angestrebt – für die bürgerlichen und bäuerlichen Bevölkerungsschichten Deklassierung und Enteignung bedeutete. Der ständige Hinweis auf die bolschewistische Herrschaft in Russland diente der Verstärkung von Verlustängsten und antisemitischen Ressentiments.

Der politische Kampf gegen die Revolution wurde wesentlich in einer antisemitischen Rhetorik geführt, welche die Juden als den inneren Feind präsentierte und die politischen Gegensätze als den Widerspruch zwischen Deutschtum und Judentum darstellte. Die Unterhändler der Waffenstillstandskommission erschienen im antisemitisch geführten Diskurs als jüdisch beeinflusste „Volksverräter",[3] die Republik wurde als „Judenrepublik" verleumdet und der „jüdische Einfluss" in allen Bereichen des öffentlichen Lebens überdimensional verzeichnet. Diese neuen Anschuldigungen signalisierten eine Verschärfung des Klimas zwischen der jüdischen Minderheit und der nicht jüdischen Mehrheit und gefährdete den erreichten Status der Integration erheblich. Im historischen Rückblick deutete sich hier bereits das Scheitern der jüdischen Emanzipation an. Eva Reichmann schrieb: „Noch niemals war die Lage des deutschen Judentums so kritisch. (...) Die Tragödie des deutschen Judentums kündigt sich an. Gleichzeitig mit seinem Aufstieg zu voller staatsbürgerlicher Gleichberechtigung (die Krönung des Kampfes von mehr als hundert Jahren) ist seine Lage kritischer denn je."[4]

Die Verdichtung der judenfeindlichen Atmosphäre ließ das Problem im Bewusstsein jüdischer Menschen deutlich hervortreten. „1918 konnte sich kaum noch ein Jude, orthodox, liberal oder zionistisch, darüber täuschen, wohin der Wind jetzt wehte",[5] konstatierte der englische Historiker Peter Pulzer. Es handelte sich keinesfalls um eine Übertreibung, als das *Israelitische Gemeindeblatt* im Dezember 1918 schrieb: „Es weht Pogromluft in Berlin."[6] Diese Stimmung war nicht auf die preußische Metropole beschränkt. Seinen gewalttätigen Charakter zeigte der Antisemitismus in den Attentaten der Revolutionszeit, die auf Politiker jüdischer Herkunft verübt wurden. Der Antisemitismus war nun nicht mehr beschränkt auf verbale Angriffe und Verleumdungen, seine Radikalisierung wurde manifest im Einsatz der Gewalt.

Die neue antisemitische Welle wurde bewusst geschürt von den Vertretern des konservativen Deutschland, unter denen die völkische Rechte eine immer dominantere Rolle spielte. Die alldeutschen Kreise konnten es durchsetzen, dass der Antisemitismus als

---

[3]   Ebenda, S. 452.
[4]   Reichmann, in: Reichmann (1977), S. 511–612, hier S. 537.
[5]   Pulzer (1977), Bd. III, S. 356–380, hier S. 378.
[6]   Zitiert nach Angress (1971), S. 143f.

wesentliche Abwehrstrategie gegen die Revolution eingesetzt wurde. Schon im September 1918 hatte der Alldeutsche Verband einen „Judenausschuss" ins Leben gerufen, der sich der Aufgabe widmen sollte, die Verantwortung für Niederlage und soziale Krise auf die Juden abzuwälzen.[7] Im Februar 1919 wurde der Deutsche (später Deutsch-Völkische) Schutz- und Trutzbund gegründet, der rasch zur größten antisemitischen Organisation anwuchs. Er verfügte Ende 1919 über schon mehr als 20 000 Mitglieder.[8] Diese hohe Zahl wies auf den Erfolg der antisemitischen Hetze hin, die als Integrationsideologie heterogene Bevölkerungsteile zusammenführte und auf eine latente Judenfeindschaft zurückgreifen konnte, welche wiederum in langjährigen Traditionen ihre Wurzeln hatte. Der moderne Antisemitismus, wie er sich in der Novemberrevolution artikulierte, betonte die Fremdartigkeit der Juden und suchte eine rassistisch geprägte Auffassung von der Nation zu verbreiten, welche die Juden aus dem nationalen Kollektiv ausschloss. Die Anstrengungen der antisemitischen Bewegung fielen auf fruchtbaren Boden in einer Bevölkerung, die durch Hunger und Not ausgezehrt, in ihrem nationalen Empfinden gekränkt war und Angst und Unsicherheit erlebte angesichts der ungewissen und politisch offenen Situation 1918/19. Dadurch war bei vielen Menschen eine Gefühlslage gegeben, die sich der antisemitischen Propaganda zugänglich zeigte. Psychische Entlastung von unerträglichem Druck, Abfuhr von Aggressionen, einfache Erklärungsmuster für komplexe gesellschaftliche Zusammenhänge machten den Antisemitismus attraktiv, ersparte er doch seinen Anhängern die Auseinandersetzung mit der eigenen Verantwortung und der schmerzlichen Realität der militärischen Niederlage ebenso wie die rationale Aufarbeitung der Krisenursachen.

Was sich schon in den Kriegsjahren abgezeichnet hatte, wurde nun ganz offensichtlich: Der Antisemitismus hatte sich von einer gesellschaftlichen Randerscheinung zu einem Phänomen ausgeweitet, das ins Zentrum der Gesellschaft vorgedrungen war. Er fand Anhänger im Bildungsbürgertum, im Mittelstand und in der Landbevölkerung, errichtete seine Hochburgen an den Universitäten, vereinnahmte einen Teil der Jugend und wurde vor allem von den frustrierten Teilen des alten Heeres angenommen.[9]

Als Ursache für die breite Resonanz des modernen Antisemitismus wird vielfach die krisenhafte Entwicklung genannt, die mit dem Ausbruch des Krieges einsetzte und einen Umstrukturierungsprozess einleitete, der einen ersten Höhepunkt in der Phase des Umsturzes fand. Die tiefgreifenden Wandlungsprozesse schufen ein Klima der Verunsicherung und der Angst, das einen günstigen Nährboden für die antisemitische Agitation bot. Diesem Zusammenhang ordnete der Historiker Werner Jochmann die Gründe zu, die zum Anstieg des Antisemitismus führten. Er schrieb: „ Dabei waren das Unbehagen über den raschen Wandel aller politischen und gesellschaftlichen Verhältnisse und die Sorgen, sich unter veränderten Bedingungen so gut wie möglich zu behaupten, die entschei-

---

[7]   Vgl. Jochmann (1971), S. 449.
[8]   Ebenda, S. 457.
[9]   Vgl. Jochmann (1971), S. 450.

den Faktoren für die Annahme antisemitischer Parolen."[10] Dieser Erklärungsansatz vermag jedoch nur teilweise zu befriedigen, er lässt die umfassendere Frage offen, warum „gerade die Bevölkerung Deutschlands, wo eine relativ kleine und akkulturierte Minderheit lebte, für diese (antisemitische, m.A.) Propaganda so aufnahmebereit war."[11] Eine umfassende Antwort auf diese Frage muss auf die übergreifenden Zusammenhänge in der deutschen Geschichte zurückgreifen; sie muss verweisen auf das Demokratiedefizit im deutschen Kaiserreich und auf die Abkehr großer Teile des Bürgertums von der liberalen Orientierung.

Unabhängig von den Gründen für den Erfolg antisemitischer Propaganda warf das Ausmaß der neuen Judenfeindschaft ein scharfes Licht auf die Isolation der jüdischen Minderheit und die Defizite im Prozess der Annäherung und Integration. Die oft vertretene These von der deutsch-jüdischen Symbiose in der Zeit des Kaiserreichs, die als die erfolgreichste Phase im deutsch-jüdischen Zusammenleben nach der gewährten Emanzipation angesehen wurde, erwies gerade hier ihre Brüchigkeit und Unhaltbarkeit.[12] Beim Zusammenbruch der Monarchie zeigte sich überaus deutlich die mangelnde Integration der Juden in die deutsche Gesellschaft, das verbreitete Denken der Intoleranz und die Bereitschaft zur Ausgrenzung und Diskriminierung.[13]

Für die junge Demokratie bildete der Antisemitismus einen ersten Prüfstein, an dem sie sich zu bewähren hatte. Das Vorgehen der Antisemiten verletzte nicht nur die Rechte der jüdischen Minderheit, sondern stellte auch eine grobe Missachtung demokratischer Formen der politischen Auseinandersetzung dar. Grundwerte der Demokratie wurden von ihnen in Frage gestellt. Die Unvereinbarkeit von Gleichheitspostulat und Ausgrenzung, rationalem Diskurs und irrationaler Projektion, gewaltfreier Konsensfindung und gewaltsamer Durchsetzung von Machtansprüchen forderte zu Abwehrmaßnahmen der Demokraten heraus. Der kämpferische Elan der demokratischen Kräfte musste in dieser Situation als Gradmesser demokratischer Reife und rechtsstaatlichen Bewusstseins gelten. In der Abwehr des Antisemitismus musste sich erweisen, ob das demokratische Potential stark genug war, die Republik auf eine stabile Grundlage zu stellen.

Für die Politiker jüdischer Herkunft brachte die Revolutionszeit gemischte, ambivalente Erfahrungen. Einerseits erfuhren sie erstmalig öffentliche Anerkennung, indem ihnen Führungspositionen anvertraut wurden, andererseits waren sie massiven Anfeindungen ausgesetzt, die sie stigmatisierten und spezifische Bedingungen für ihr politisches

---

[10] Ebenda, S. 477.

[11] Barkai (1998), S. 50–73, hier S. 51.

[12] Zur Debatte um die deutsch-jüdische Symbiose vgl. Weltsch (1981). Mit diesem Themenkreis setzen sich auch die Veröffentlichungen aus der wissenschaftlichen Schriftenreihe des Leo-Baeck-Instituts auseinander. Relevant für unseren Zusammenhang sind die Bände: Mosse/Paucker (1976) und Mosse/Paucker (1971).

[13] Für manche Historiker zeichnete sich bereits in der Revolutionszeit ab, was nach dem Zusammenbruch der Republik grausame Realität werden sollte. Dieser Gedanke fand seine zugespitzte Formulierung in den Sätzen von Daniel Gerson, der schrieb: „Schon ab 1908 verdichtete sich ein Gebräu von Ideologie und Phantasie, Mordmentalität und moralischer Verkommenheit auf der radikalen Rechten, die den Massenmord des 2. Weltkrieges antizipierte." Gerson (1995). S. 157–180, hier: S. 163.

Handeln schufen. Während in der eigenen Partei die jüdische Herkunft kaum eine Rolle spielte, die zuerkannte Führungsposition einzig aufgrund politischer Leistung und Fähigkeit vergeben worden war, galt im politischen Machtkampf das Gegenteil. Die jüdische Herkunft wurde von den Antisemiten herausgestellt, eine objektive Beurteilung der geleisteten politischen Arbeit und die Anerkennung der Verdienste verweigert. Ungeachtet ihrer tatsächlichen Politik wurden die Politiker jüdischer Herkunft ständig mit den Vorwürfen antideutscher Haltung, der Machtgier, der Radikalität, der Missachtung des Allgemeinwohls konfrontiert. Sie bildeten die Zielscheibe konzentrierter Anschuldigungen, was nicht ohne Folgen bleiben konnte für ihre Politik.

Der extreme Druck, der auf diesen Politikern lastete, ließ mehrere Reaktionen zu. In Baden zeigte sich bei ihnen eine besonders enge Anlehnung an die vorherrschende Parteilinie und die Suche nach einem breiten Konsens zwischen den demokratischen politischen Kräften. Beide Vorgehensweisen lassen sich aus dem Bedürfnis erklären, keine Angriffsfläche zu bieten und sich einer breiten Anhängerschaft zu vergewissern. Diese Unterstützung war gerade für diese Politiker wichtig, da sie an exponierter Stelle in der politischen Auseinandersetzung standen und ihre Politik mit hoher Aufmerksamkeit verfolgt wurde. Die jüdische Minderheit war an einer gemäßigten Politik ihrer Repräsentanten interessiert, um eine Steigerung des Antisemitismus zu vermeiden, die eigene Partei forderte besonders korrekte Verhaltensweisen, damit kein Anlass für Stimmenverluste bei den Wahlen geboten wurde, vor der Öffentlichkeit hatten die Politiker jüdischer Herkunft sowohl ihre Qualifikation als auch ihre Identifikation mit den Interessen der nicht-jüdischen Mehrheit unter Beweis zu stellen. Die Politiker jüdischer Herkunft waren also einem besonderen Erwartungs- und Beobachtungsdruck ausgesetzt, der sie von ihren nicht-jüdischen Kollegen deutlich unterschied. Hinzu kam die emotionale Belastung, mit den ständigen Angriffen umzugehen und sie adäquat zu verarbeiten.

Antisemitismus in Baden

Während der Revolutionsmonate zeigte sich auch in Baden eine verstärkte antisemitische Propaganda, wie sie in den Vorkriegsjahren noch nicht zu beobachten war. Besonders in der Zeit des Wahlkampfs machte sie sich in den rechten Parteien, aber auch im Zentrum bemerkbar und zeigte Rückwirkungen in den liberalen und sozialdemokratischen Parteien. Die Resonanz in der Bevölkerung war nicht sehr ausgeprägt, aber stark genug, um die auch in Baden – besonders auf dem Land – latent vorhandene Judenfeindschaft aufzuzeigen. Die bedeutende Rolle, die der Antisemitismus im badischen Wahlkampf spielte, stellte ein neues Phänomen dar und verwies auf die Verflachung des politischen Diskurses. An den Vorkriegswahlkämpfen hatte man sich noch stärker von der Sachdebatte und der Einhaltung moralischer Normen in der politischen Auseinandersetzung leiten lassen. Seit der krisenhaften Zuspitzung der innen- und außenpolitischen Lage im Jahr 1916 war der Antisemitismus auch in Baden gesellschaftsfähig geworden, die Barrieren im Umgang mit antisemitischem Gedankengut waren gefallen.

Auf der Seite der Rechten bediente sich in Baden die Christliche Volkspartei, der badische Ableger der Deutschen Nationalen Volkspartei (DNVP), eines unverhüllten Antisemitismus. Unterstützt wurde die Partei vom Deutsch-Völkischen Schutz- und Trutzbund, der auch in Baden sein Organisationsnetz entfaltete und um Mitglieder warb. Der als fanatischer Antisemit bekannte Heidelberger Philosophiedozent Arnold Ruge entfaltete in den Revolutionsmonaten besondere Aktivität. Die Judenfeindschaft der konservativen Parteien gründete sich auf den angeblich dominanten Einfluss der Juden in Politik, Presse und Kultur. Sie forderten die Begrenzung des „jüdischen Einflusses" und eine Zurückschraubung der Vertreter der Juden auf ihren prozentualen Anteil an der Bevölkerung. Mit dieser Forderung verweigerten die Konservativen den Juden die freie Entfaltung und die Gewährung gleicher Rechte wie den übrigen Bürgern und forderten damit indirekt ein Zurücknahme der Emanzipation. Die Christliche Volkspartei veröffentlichte am 22. Dezember 1918 im *Karlsruher Tagblatt* eine Wahlanzeige, in der sie auch zur Judenfrage Stellung nahm. Dort hieß es: „Judenfrage. Wir sind Gegner eines jeglichen Radau- und Rassenantisemitismus. Wir verkennen nicht, dass viele jüdische Mitbürger treu und erfolgreich ihre Posten ausgefüllt und so dem Vaterland gedient haben. Aber die Zahl derer, die sich in alle leitenden Stellen vorgedrängt haben, ohne dazu eine Legitimation zu haben, ist viel zu groß im Verhältnis des jüdischen Volksteils zum Volksganzen, als dass nicht Unruhe und Missstimmung in die andern Volkskreise kommen sollte. Kein Volk erträgt auf die Dauer die Vorherrschaft einer bestimmten Klasse. Die jüdischen Mitbürger treten nun aber einmal als bestimmte, soziologisch und bürgerlich erkennbare Klasse in Erscheinung, so dass ihre Vorherrschaft mit Händen zu greifen ist. Das lässt sich kein Volk gefallen. Und es ist feige und falsch, das zu bemänteln oder zu verschweigen. Die Einsichtsvollen unter unsern jüdischen Mitbürgern sehen das auch vollkommen ein, wie aus zahlreichen Äußerungen hervorgeht. Nur diesem sich unbefugt und ungebührlich vordrängenden Judentum gilt unser Protest und unsere Mahnung, die von den jüdischen Staatsangehörigen zu ihrem eigenen Heil beachtet werden sollte. Im übrigen ist der Jude unser menschlicher Mitbruder, wie jeder andere und jede ‚rassische' Überhebung lehnen wir als Christen ab."[14] Diese Ausführungen mündeten in die Forderung, die als Punkt 15 in das offizielle Parteiprogramm aufgenommen wurde: „Wir verlangen Maßnahmen zum Schutz des deutschen Volkes gegen politische Bevormundung und wirtschaftliche Vergewaltigung z.B. von Seiten jener Kreise des Judentums, die ihre internationale macht- und finanzpolitischen Interessen über das Wohl des deutschen Volkes und Vaterlandes stellen."[15]

Bezeichnend ist hier das Lippenbekenntnis der Partei gegen „Radauantisemitismus und Rassismus", die Gestaltung des Wahlplakats der Schwesterpartei DNVP wies in eine ganz andere Richtung. Das in Württemberg verbreitete Plakat griff die angeblich politische Vormachtstellung jüdischer Politiker in der Revolutionszeit an, indem es ausschließlich Köpfe jüdischer Regierungspolitiker zeigte, deren Physiognomien rassistischen

---

[14] Zitiert nach Cordes (1978), S. 182.
[15] Ebenda.

Klischees angeglichen und deutlich verzerrt wiedergegeben waren.[16] Es handelte sich bei den Abgebildeten um führende Vertreter linker Parteien wie Landsberg, Gradnauer, Paul Hirsch, Eisner, Oskar Cohn, Carl Radek u.a.[17] Die auf dem Plakat abgedruckte Parole lautete: „Umsturz ihr Stern! Bleiben sie Herrn?"

Neben dem Verweis auf die angemaßte Herrschaft der Juden wurden Parolen formuliert, die den Juden ihren Status als deutsche Staatsbürger absprachen. Das Plakat beantwortete die Frage „Was soll am Wahltag Losung sein?" mit dem Satz: „Macht Deutschland für die Deutschen frei!" Der Judenstern auf der einen und das Hakenkreuz auf der anderen Seite unterstrichen die polarisierte Gegenüberstellung von Juden und Deutschen.

Neben der konservativen Partei entfaltete auch der Deutsch-Völkische Schutz- und Trutzbund eine rege Tätigkeit in den Revolutionsmonaten.[18] Er warb mit der Parole: „Deutschland den Deutschen"[19] und verpflichtete in seinen Aufnahmeformularen die Bewerber, ihre „arische" Herkunft zu bestätigen. Der Deutsch-Völkische Schutz- und Trutzbund gab sich als überparteiliche Sammelbewegung aus und unterstrich damit die Integrationsfunktion des Antisemitismus in einer sozial und politisch zerklüfteten Gesellschaft.

In Baden erhielt die Christliche Volkspartei im Wahlkampf Unterstützung durch den oben erwähnten Heidelberger Privatdozenten Arnold Ruge,[20] der bereits in den Kriegsjahren als Antisemit, Gegner der Frauenemanzipation und fanatischer Nationalist hervorgetreten war.[21] Ruge bot Wahlhilfe für die Christliche Volkspartei mit Veranstaltungen in den ländlichen Gebieten an. Dort stellte er antisemitische Angriffe in den Mittelpunkt seiner Ausführungen. Er schreckte nicht vor den übelsten Verunglimpfungen und ehrabschneidenden Verleumdungen zurück. Zu seinem festen Repertoire gehörten Hetzreden gegen das „elende und verlogene System"[22] und die Denunziation der Regierungsmitglieder als „Judenknechte".[23] Er sprach vom „zersetzenden byzantinisch-jüdischen Geist der Lüge",[24] bezichtigte die jüdische Minderheit der „Anmaßung in Handel, Regierung, Presse, Schule und Geistesleben."[25] Bei seinen Veranstaltungen unterstützt von zurückgekehrten jungen Frontkämpfern,[26] schürte Ruge Ängste vor dem allumfassenden Herrschaftsanspruch der Juden, indem er auch auf die Mär der „Weisen von Zion" zurückgriff. Er erhoffte sich einige Resonanz gerade in der Landbevölkerung,

---

[16] Das Plakat ist abgedruckt in Cordes (1978), S. 181. Ob es auch in Baden verwendet wurde, konnte ich nicht nachweisen. Es ist aber wahrscheinlich.

[17] Unterschiede in deren politischer Orientierung zur MSPD, USPD und KPD verschwieg das Plakat.

[18] Vgl. Peters/ Weckbecker (1983), S. 44.

[19] Ebenda.

[20] Vgl. Marx (1965), S. 128.

[21] Ruge (geb. 1881) war ein Großneffe des Linkshegelianers und frühen Mitstreiters von Karl Marx Arnold Ruge. Er hatte bei Windelband in Heidelberg promoviert und war 1918 als Assistent und Privatdozent am philosophischen Seminar tätig.

[22] Peters/Weckbecker (1983), S. 42.

[23] Ebenda, S. 53.

[24] Ebenda, S. 49.

[25] Ebenda, S. 58.

[26] Vgl. Marx (1965), S. 130.

von der bekannt war, dass sie die Schuld für ihre kriegsbedingt schlechte Lage den jüdischen Händlern und „Kriegsgewinnlern" gab.[27]

Obwohl es wegen der mangelnden Quellenlage und ungenügender wissenschaftlicher Aufarbeitung nicht möglich ist, den Grad der Intensität antisemitischer Propaganda von konservativer Seite und das Ausmaß der Resonanz in der Bevölkerung zu beschreiben, so liegen dennoch genügend Belege für den auch in Baden manifesten Antisemitismus vor. Der Chronist des badischen Judentums, Berthold Rosenthal, schrieb: „Wenn sich auch die antisemitische Welle in Baden dank der besseren Einsicht der Bevölkerung nicht in der erschreckenden und beängstigenden Weise wie in Bayern und in einzelnen Teilen Norddeutschlands auswirkte, so machte sie sich doch allenthalben bemerkbar."[28] Präziser als Rosenthal benannten andere Zeitgenossen die Kräfte, die für die neue antisemitische Welle verantwortlich waren. So notierte der jüdische Staatsanwalt Hugo Marx in seinen Lebenserinnerungen: „In Baden überschattete die Propaganda für die Wahlen alles andere politische Geschehen. In diesem Wahlkampf sprang in Heidelberg ganz unerwartet, geführt von dem Privatdozenten für Philosophie, Dr. Arnold Ruge, der sich an die neugegründete Deutschnationale Partei anlehnte, eine wilde antisemitische Bewegung."[29] Der offiziell von der Regierung bestellte Historiograph der Revolution Oeftering schrieb: „Auch die antisemitischen Instinkte wurden wach gerüttelt und eine kleine Judenhetze inszeniert, die von der christlichen Volkspartei, den ehemaligen Konservativen, ausging, und nebenbei ihre Spitze auch gegen die israelitischen Minister bei uns und sonst im Reiche richtete."[30]

Die exponierte Stellung von Marum und Haas als Minister der Badischen Vorläufigen Volksregierung machte sie zu bevorzugten Angriffszielen von konservativer Seite. Dabei war Marum als Sozialdemokrat noch heftigeren Angriffen als der Liberale Haas ausgesetzt. Seit den Revolutionsmonaten war Marum nicht nur als sozialdemokratischer Spitzenpolitiker bekannt, erstmalig wurde in der Öffentlichkeit seine jüdische Herkunft unterstrichen. Der Hass der Rechten gründete sich gleichermaßen auf seine Parteinahme für die Arbeiterbewegung wie auf seine Zugehörigkeit zur jüdischen Minderheit. Sein Spitzenamt verlieh Marum die nötige Prominenz, die ihn für die Rechte zu einem der meistgehassten Politiker Badens machte.[31] Hier deutete sich schon sein späteres Schicksal an. In der Novemberrevolution wurde Marum erstmals als Politiker jüdischer Herkunft angegriffen und verleumdet, kurz nach dem Zusammenbruch der Republik sollte die extreme Rechte ihn als eines der ersten Opfer nationalsozialistischen Terrors herausgreifen.[32]

---

[27] Ruge wurde wegen seiner wüsten antisemitischen Agitation im Jahr 1920 die venia legendi durch die Universität Heidelberg entzogen. Fortan galt er als einer der ersten „Märtyrer" der völkischen Bewegung. Vgl. Peters/Weckbecker (1983), S. 46ff.

[28] Rosenthal (1927), S. 430.

[29] Marx (1965), S. 128.

[30] Oeftering (1920), S. 301.

[31] Vgl. die Niederschrift von Dr. Albert Nachmann, Sozius von Ludwig Marum, aus dem Jahr 1945. Dort schreibt er: „Richtig ist, dass Marum in manchen Kreisen des Bürgertums der Stadt Karlsruhe und des Landes Baden einer der meistgehassten Männer war." In: Marum-Lunau/Schadt (1984), S. 141.

[32] Während die übrigen mit Marum verhafteten sozialdemokratischen Führer wieder aus Kislau freikamen, war die jüdische Herkunft wahrscheinlich ausschlaggebend für Marums Ermordung.

Der offenen antisemitischen Hetze der Konservativen stand eine latente, nur gelegentlich manifest werdende Judenfeindschaft in den Reihen des Zentrums gegenüber. Das Zentrum hatte sich nie völlig freigemacht von einer religiös begründeten Ablehnung der Juden. Während des Wahlkampfs verband es diese Gegnerschaft mit seiner alten Frontstellung gegen die Sozialdemokraten. Auch wenn sich das badische Zentrum auf den Boden der Revolution stellte, so akzeptierte es nur schwer die Existenz und Machtansprüche der Rätebewegung. Auch gegen sie brachte es antisemitisch aufgeladene Argumente vor. Die Judenfeindschaft des Zentrums fand ihren Niederschlag in der Zentrumspresse, in Äußerungen seiner Minister und führender Vertreter. In der Kabinettssitzung vom 2. Dezember 1918 wies Marum auf den virulent gewordenen Antisemitismus hin, indem er erläuterte, auch in der Zentrumspresse mache sich antisemitische Propaganda bemerkbar.[33] Gegen die Angriffe Marums verwahrte sich der Zentrumsminister Trunk, indem er unterstrich, „das Zentrum habe es stets abgelehnt, sich antisemitisch zu betätigen."[34] Dennoch konnte sich Trunk nicht zurückhalten, besonders scharf die Tätigkeit des jüdischen Rechtsanwalts und Sozialdemokraten Leo Kullmann zu kritisieren, der als Adjutant und Rechtsberater der Karlsruher Volkswehr aktiv war. Kullmann hatte sich kritisch gegenüber der Karlsruher Stadtverwaltung und der provisorischen Regierung geäußert und eine höhere Bezahlung der Volkswehr gefordert.[35] Dies provozierte die Reaktion Trunks, dessen Worte das Protokoll folgendermaßen wiedergab: „In der Bevölkerung sei aber sehr viel Stoff zur Bestätigung des Antisemitismus vorhanden (...) Das Verhalten Dr. Kullmanns reize sehr zum Antisemitismus."[36]

Vollends deutlich wurde die latent judenfeindliche Einstellung führender Zentrumsvertreter in den Stellungnahmen Heinrich Köhlers, des späteren badischen Finanzministers und Staatspräsidenten. Er vertrat eine Sichtweise jüdischer Menschen, die sie als Fremde, als Angehörige einer anderen Rasse heraushob. Dies bewies er vor allem bei seiner Charakterisierung der neuen Minister jüdischer Herkunft. Er fällte über den gerade berufenen Minister Marum ein negatives Urteil, während die übrigen sozialdemokratischen Minister durchaus positiv beurteilte.[37] Über Marum hieß es in seinen Lebenserinnerungen: „Der führende Kopf der sozialdemokratischen Vertretung im Kabinett war unstreitig der jüdische Rechtsanwalt Ludwig Marum. So unsympathisch der Mann in seiner äußeren Art und Arroganz war, so konnte man sich doch auch auf sein einmal gegebenes Wort verlassen. In den ersten Wochen der Revolutionsregierung schadete er der republikanischen Sache durch die Art seines Auftretens sicherlich viel. Später, als eine verfassungsmäßige Regierung eingesetzt und Marum aus dem Kabinett ausgeschieden war, entwickelte er sich als Führer der sozialdemokratischen Landtagsfraktion nach der gemäßigten

---

33 GLA 233/24312. Sitzung vom 2.12.1918.
34 Ebenda.
35 Vgl. GLA 69/1.
36 GLA 233/24312. Sitzung vom 2.12.1918. Trunk erwähnte ebenfalls negativ die Tätigkeit Homburgers am Staatstheater – um welche Vorwürfe es sich hier handelte konnte nicht rekonstruiert werden.
37 Nur den Minister Martzloff, einen ausgesprochenen Linken, beurteilte er ebenfalls negativ.

Seite hin; so gelang es immer wieder, mit ihm zu einer Verständigung zu kommen. In seinem persönlichen Leben war er mitsamt seiner von ihm treu umsorgten Familie ein Freund gehobener Lebensweise. Wir bezeichneten ihn scherzhaft als einen Vertreter des ‚mesopotamischen Landadels.'"[38]

In Bezug auf Haas führte Köhler aus: „Der Herkunft nach Jude, war gerade Dr. Haas derjenige, dem das starke Vordrängen der Juden zur Spitze der revolutionären Bewegung und zu führenden Stellen dauernde Sorge bereitete. Wie manchmal erklärte er mir, dass die Juden diesen Eifer noch einmal schwer bezahlen müssten."[39] In dieser Bemerkung wird deutlich, dass auch im Zentrum die Vorwürfe, die Juden hätten in der Revolution eine zu große Machtstellung errungen, kursierten. Offensichtlich griffen auch in Zentrumskreisen die Argumente der Antisemiten. Rassistisches Denken und Zweifel an der Gleichberechtigung der Bürger jüdischer Herkunft fanden auch hier Anhänger. Allerdings ging das badische Zentrum nicht so weit, politische Forderungen aufzustellen, die eine Einengung der Rechte der jüdischen Minderheit beinhalteten.

Abwehrreaktionen gegen den Antisemitismus

Die Ernsthaftigkeit der Revolution, ihr demokratischer Erneuerungswille wurde angesichts des anschwellenden Antisemitismus auf eine erste Probe gestellt. Es galt, dem Versuch zu begegnen, eine Minderheit aus der Nation auszugrenzen, ihre Rechtsgleichheit anzutasten, ihr die Verantwortung für eine krisenhafte Entwicklung aufzubürden, deren Ursachen im Versagen der politischen Klasse lagen. Die Abwehr des Antisemitismus bedeutete, einen irrationalen Diskurs – bestimmt von Projektionen und ungerechtfertigten Schuldzuweisungen – zu unterbinden und an seine Stelle eine politische Debatte zu setzen, die ethisch-moralischen Anforderungen der Fairness, Wahrhaftigkeit und Rationalität verpflichtet blieb. Die Wahrnehmung der Gefahr für die Demokratie und den Aufbau pluralistischer, toleranter Gesellschaftsstrukturen forderte die demokratischen Kräfte zu einem Abwehrkampf heraus, dessen Intensität und Entschlossenheit als Gradmesser demokratischen Bewusstseins gelten konnte. Vielfältige Mittel standen dem Staat und den gesellschaftlichen Kräften zur Verfügung, um der antisemitischen Propaganda entgegenzutreten, Mittel, die von der bloßen Richtigstellung unwahrer Behauptungen über liberale Aufklärungskampagnen bis zur strafrechtlichen Verfolgung reichten.

In Baden wurde die Zunahme des Antisemitismus durchaus aufmerksam registriert. Dies geschah sowohl in der Regierung als auch in den Parteien und bei den Betroffenen selbst, den jüdischen Gemeinden und Organisationen. Allerdings führte die Wahrnehmung des Problems nicht zu einem konsequenten Abwehrkampf gegen den Antisemitismus. Die Solidarisierung der demokratischen Kräfte mit der diskriminierten Minderheit

---

[38] Köhler (1964), S. 89f.
[39] Ebenda, S. 89.

blieb halbherzig. In der Badischen Vorläufigen Volksregierung streifte man das Thema nur. In der Kabinettssitzung vom 2. Dezember 1918 hatte Marum zwar auf die verstärkte Judenfeindschaft hingewiesen, dennoch verzichtete die Regierung vollständig darauf, aktive Maßnahmen einzuleiten. Erst im November 1919 erließ der SPD-Innenminister Adam Remmele eine Anordnung an die Bezirksämter, in der deutlich wird, wie krisenhaft die Situation war. Es hieß da: „Unterstützt durch eine ausgedehnte Werbetätigkeit in Wort und Schrift hat sich weiter Kreise der Bevölkerung eine judenfeindliche Stimmung bemächtigt, die ein *gewaltsames Vorgehen gegen die Juden nicht ausgeschlossen erscheinen lässt.* (Meine Hervorhebung, MP). Ein solches gewaltsames Vorgehen würde, wie die Erfahrung lehrt, bei den Juden nicht halt machen, sondern unsauberen Elementen Anlass und Gelegenheit zu allgemeinen Gewalttätigkeiten verbunden mit Plünderungen und Diebstählen geben."[40]

Während des Wahlkampfes ein Jahr zuvor hatte die Vorläufige Volksregierung keinerlei juristische Schritte erwogen, die den Verleumdungen gegenüber dem jüdischen Minister hätten Einhalt gebieten können. Auch Aufklärungskampagnen wurden nicht gestartet. Auch die badische Nationalversammlung verzichtete auf eine Stellungnahme gegen den Antisemitismus, ebenso verfuhren die Landesversammlungen der Räte. Die Frage der staatlichen Neuordnung, die sozialen und ökonomischen Probleme standen im Vordergrund der Aufmerksamkeit, so dass man sich kaum Zeit nahm, die Ausgrenzung einer Minderheit, die zugleich eine Bedrohung der Demokratie darstellte, zu verhindern und zu bekämpfen.

Unter den gesellschaftlichen Kräften fühlten sich besonders die liberalen und sozialdemokratischen Parteien zur Abwehr des Antisemitismus aufgerufen. In der Demokratischen Partei waren besonders viele jüdische Mitglieder vertreten, die vom Liberalismus die aktive Abwehr der Diskriminierung der Juden erwarteten.[41] Dies gelang zwar in den eigenen Reihen der Partei, wo die Immunisierung gegenüber dem antisemitischen Gedankengut gegeben war, man versuchte jedoch weniger, in der Öffentlichkeit dem Antisemitismus entgegenzutreten. Dort wich man vielmehr eher vor der antisemitischen Stimmung in der Bevölkerung zurück, was sich in dem Zögern der Demokratischen Partei zeigte, ihre führenden jüdischen Politiker, wie Ludwig Haas, als Minister für die erste ordentliche Regierung Badens zu nominieren. Haas erhielt nur den Posten eines Staatsrats und teilte damit das Schicksal Marums, der ebenfalls kein Ministeramt mehr erhielt. Ob hier die Parteien des Mitte-Links-Bündnisses kühles politisches Kalkül im Hinblick auf ihre Wahlchancen an die Stelle des Kampfes gegen die Judenfeindschaft setzten, muss offen bleiben. Denkbar ist, dass für das Zurücktreten von Politikern jüdischer Herkunft auch andere Gründe ein Rolle spielten, dennoch bleibt die Tatsache bestehen, dass in den Jahren der Weimarer Republik in Baden kein Minister jüdischer Abstammung aus den Reihen der Liberalen mehr berufen wurde.

---

[40] Zitiert nach: Stude (1990), S. 160.
[41] Vgl. Marx (1965), S. 140.

Auch innerhalb der badischen SPD wurde der stärker werdende Antisemitismus aufmerksam registriert. Der *Volksfreund* erwähnte mehrfach diese Thematik. Schon am 14. November 1918 wies das sozialdemokratische Blatt auf die „allgemeinen Verleumdungen" gegen die Juden hin.[42] Es schrieb, der Antisemitismus habe „wahnsinnige Ausmaße"[43] angenommen, da er fast alle sozialdemokratischen Führer in die antisemitischen Verleumdungen mit einbezog. Den Antisemiten galten Friedrich Ebert und Wolfgang Heine ebenso als Juden wie Philip Scheidemann und Karl Liebknecht. Der *Volksfreund* veröffentlichte außerdem im August 1919 einen Artikel mit dem Titel „Die Pogromhetze", der den reaktionären, antidemokratischen Charakter des neuen Antisemitismus darstellte. Das Blatt schrieb unter anderem: „Die Judenhetze ist ein Teil der militaristischen und antirevolutionären Reaktion. Sie soll dazu dienen, die Schuld der Militärkamarilla und der Alldeutschen am Zusammenbruch Deutschlands zu verdecken. Man will den Juden, die in der deutschen Regierung, Diplomatie und Generalität vor dem Kriege gewiss nicht vertreten waren, die Schuld am Kriege und an seinem unglücklichen Ausgang zuschanzen. Dabei knüpft man besonders an das Ammenmärchen an, dass die Juden die Hauptträger der Revolution waren, was für Deutschland ganz gewiss nicht zutrifft. Man beschimpft sie zugleich als Diener des internationalen Kapitals und als Bolschewisten."[44]

Diese Stellungnahmen des *Volksfreund* blieben die einzigen Schritte der badischen SPD, mit denen sie ihre Gegnerschaft gegenüber dem Antisemitismus bekundete. Die Partei verzichtete auf spezielle Veranstaltungen oder Aufklärungskampagnen zu dem Thema. Weitgehende Passivität und Indifferenz kennzeichneten ihr Verhalten gegenüber dem Antisemitismus.

Der Sozialdemokrat Anton Fendrich verfasste im Jahr 1919/20 eine Schrift *Der Judenhass und der Sozialismus*, in der er vor allem moralisch argumentierte.[45] Fendrichs Impulse zur Verteidigung der Juden entsprangen seiner persönlichen Motivation, er hatte sich aus der aktiven Parteiarbeit zurückgezogen und schrieb nicht im parteioffiziellen Auftrag.[46] Auch andere Parteien wiesen Persönlichkeiten auf, die aus eigenem Antrieb gegen die Judenfeindschaft Stellung bezogen. Dies war zum Beispiel auch in den konser-

---

[42] *Volksfreund* vom 14.11.1918. Am 6. und 7. Januar, unmittelbar nach den Wahlen, erläuterte der *Volksfreund* das relativ schwache Wahlergebnis der Rechten mit dem Hinweis: „Das Volk will nichts wissen vom Antisemitismus."

[43] Vgl. *Volksfreund* vom 19.12.1918.

[44] *Volksfreund* vom 21.8.1919.

[45] Fendrich (1920).

[46] Während die badische SPD und die Mehrheitssozialisten insgesamt in dieser Frage weitgehend passiv blieben, verabschiedete die USPD auf ihrem Parteitag 1919 eine kurze Resolution, die sich gegen die judenfeindliche Hetze wandte: Der Versuch der Konterrevolution, das Gift der Hetze in die Betriebe zu tragen und durch Treibereien gegen die eingewanderten jüdischen klassenbewussten Proletarier die internationale Solidarität der revolutionären Arbeiterschaft zu zerstören, wird an dem entschlossenen Widerstand des deutschen revolutionären Proletariats scheitern." Vgl.: Heid, Ludger: „Sozialistischer Internationalismus, sozialistischer Zionismus und sozialistischer Antisemitismus". In: Alter/Bärsch/Berghoff (Hrsg.) (1999), S. 93–119. Hier S. 114.

vativen Parteien der Fall, wo sich Mitglieder gegen den Rassismus und den Radau-Antisemitismus wandten. So trat der Vorgänger Ludwig Marums im Amt des Justizministers; Adalbert Düringer, aus der DNVP aus und wechselte zur DVP, weil er den Antisemitismus der Partei ablehnte.[47] Auch der Führer der badischen Konservativen, Adam Roeder, verwahrte sich in einer Schrift gegen den Radau-Antisemitismus und rief die Anhänger seiner Partei auf, sich von dieser Form des Antisemitismus zu distanzieren.[48] Entscheidendes Motiv für die Abkehr von den radikalen Formen des Antisemitismus war die Unvereinbarkeit mit bürgerlichen Verhaltenskodices und Ehrbegriffen.[49]

Während die Reaktionen der übrigen gesellschaftlichen Kräfte also eher verhalten ausfielen, zeigte sich die betroffene jüdische Minderheit aktiver in ihrem Abwehrkampf. Neben den warnenden und besorgten Verlautbarungen des Centralvereins und des Oberrats der Israeliten Badens ergriffen einzelne Gemeinden wie die in Heidelberg aktive Schritte. Hier beauftragte man die beiden Gemeindemitglieder Marx und Mayer, der antisemitischen Agitation Ruges entgegenzutreten und in seinen Wahlveranstaltungen Kritik und Widerspruch einzubringen. Marx schrieb über diese Mission: „Der Synagogenrat berief in aller Eile eine Versammlung von jüdischen Notabeln ein, um zu beraten, was dagegen (gegen die Agitation Ruges, m.A.) getan werden könne. Er bestand aus biederen älteren Männern, die allgemeines Ansehen in der Stadt genossen, aber weder die Fähigkeit noch den Mut hatten, sich der jungen aktivistischen Bewegung entgegenzustellen. Unter den Eingeladenen war auch der kurz vorher nach Heidelberg zugezogene Frankenthaler Anwalt, Justizrat Dr. Moritz Mayer. (...) Justizrat Mayer und ich bestritten in der Versammlung nicht nur den wesentlichen Teil der Diskussion, wir waren auch die einzigen, die konstruktive Vorschläge machten; vor allem in der Richtung, dass wir nach Möglichkeit landauf landab, soweit es sich um unsere engere Heimat handelte, Ruge und seinen Helfern in den Wahlversammlungen entgegentreten sollten."[50]

Die beiden jüdischen Juristen setzten ihr Vorhaben in die Tat um, nachdem sie zuvor der Demokratischen Partei beigetreten waren, aus deren Reihen sie Unterstützung für ihre Aktion erhielten.[51]

Überblickt man die getroffenen Abwehrmaßnahmen gegen den Antisemitismus, so muss man feststellen, dass angesichts der Entschlossenheit und Radikalität, mit der die Antisemiten vorgingen, die Schutzmaßnahmen der demokratischen Kräfte halbherzig, ungenügend und – wie das eben angeführte Beispiel zeigt – im Grunde ohnmächtig waren. Obwohl das Problem deutlich erkannt wurde, blieben von den verantwortlichen Institutionen und gesellschaftlichen Kräften entscheidende Schritte aus. Besonders die Arbeiterbewegung, als die gesellschaftliche Macht, die am entschiedensten für Demokra-

---

[47] Vgl. Jochmann (1977), S. 489.
[48] Roeder (1921).
[49] Dies war wahrscheinlich auch der Grund, warum sich das Zentrum öffentlich vom Antisemitismus distanzierte.
[50] Marx (1965), S. 128f.
[51] Vgl. ebenda.

tie und Rechtsgleichheit eintrat und die über die ausreichende Stärke verfügt hätte, ein Bollwerk gegen den Antisemitismus zu bilden, hatte für dieses Versagen Verantwortung zu tragen. Der Historiker Werner Jochmann kam aus ähnlichen Erwägungen heraus zu demselben Urteil, wenn er schrieb: „Die Sozialdemokraten haben – und zwar im Reich wie in den Ländern – bei der Abwehr des Antisemitismus weithin versagt."[52] Die Sozialdemokraten bildeten also keine Ausnahme in der weitgehenden Ausblendung des Antisemitismus durch die demokratischen Kräfte.

Sucht man nach Gründen für die Halbherzigkeit im Kampf gegen den Antisemitismus, so ist vor allem die angespannte Krisensituation und die offene Machtfrage in den Revolutionsmonaten zu berücksichtigen. In Baden kam hinzu, dass die Rechte zwar ihre antisemitische Agitation entfaltete, aber nicht die Stärke wie im Reich und in den norddeutschen Bundesstaaten erreichte. So konnte die provisorische Regierung den Antisemitismus als ein Randphänomen begreifen, das vor den drängenden ökonomischen und sozialen Problemen und den außenpolitischen Fragen zurückstehen musste. In der Interimszeit konzentrierte sich das in der Regierung zusammengefasste Koalitionsbündnis auf den Machterhalt für die Regierungsparteien, ihr Abwehrkampf richtete sich wesentlich gegen die Rätebewegung und die radikale Arbeiterschaft, weniger gegen den Feind von rechts.

So war die linksliberale Demokratische Partei, die traditionell die Interessen der Juden vertrat, in der Phase der Novemberrevolution wesentlich damit beschäftigt, die Position des Bürgertums gegenüber der Arbeiterbewegung zu verteidigen. Gerade in der ersten Phase der Revolution konzentrierte sie ihre Aufmerksamkeit auf den Wahlkampf, der über die zukünftige Machtposition entscheiden würde. Abgesehen von Ausnahmen wie ihrem Einsatz gegen die Auftritte Ruges kam dem Thema Antisemitismus in ihrer Wahlagitation kein besonderer Stellenwert zu. Auch die badische SPD wurde von den Anforderungen der Umbruchssituation vollkommen absorbiert. Hinzu kamen die parteiinternen Flügelkämpfe und die Auseinandersetzungen mit der Rätebewegung. Es waren jedoch nicht allein die Faktoren der äußeren Situation, die zur weitgehenden Tabuisierung und Verkennung der antisemitischen Gefahr führten. Vor allem die ideologische Position, welche die Partei zur Judenfrage vertrat, verursachte die Passivität und Indifferenz angesichts der verschärften Isolierung der jüdischen Minderheit.

Die Einstellung der Partei zu Judentum und Antisemitismus ging zurück auf die Theorien Bebels und Kautskys, die sich zwar entschieden gegen Rassismus und Ausgrenzung wandten, die jüdische Frage jedoch als ein Problem von untergeordneter Bedeutung einstuften. Die nach ihrer Analyse wesentlich von antikapitalistischen Ressentiments getragene Judenfeindschaft musste stark zurückgehen und schließlich ganz verschwinden, je mehr die gesellschaftliche Entwicklung sich am Leitbild der sozialen Gerechtigkeit orientierte und schließlich das Endziel des Sozialismus erreichte. In einer sozialistischen Gesellschaft war – nach dieser Einschätzung – dem Antisemitismus jegliche Grundlage

---

[52] Jochmann (1977), S. 499.

entzogen, auf der Basis von Gleichheit und Verteilungsgerechtigkeit sollten die alten sozialen Antagonismen endgültig überwunden werden. Der Kampf für Demokratie und Sozialismus beinhaltete indirekt den Kampf gegen den Antisemitismus, ein besonderes Vorgehen gegen die Judenhetze schien vor diesem Hintergrund nicht notwendig. Während die SPD an dieser grundlegenden Analyse einer wesentlich ökonomisch begründeten Judenfeindschaft in der antisemitischen Anhängerschaft festhielt, erkannte sie durchaus die bewusste Manipulation und politischen Absichten, welche die konservativen und völkischen Kreise mit der Schürung antisemitischer Gefühle verbanden. In den politischen Auseinandersetzungen der Revolutionszeit stand der Antisemitismus nach Auffassung der Partei im Dienst der Gegenrevolution und ihrer politischen Ziele, für die er instrumentalisiert wurde. Diese Einschätzung sah den Antisemitismus wesentlich als eine politische Propaganda, aus der jedoch keine reale Gefährdung der jüdischen Minderheit resultierte. Der Hass richtete sich vermeintlich nur gegen die Juden, in Wahrheit zielte er auf Demokraten und Sozialisten. Die angemessene Antwort auf die antisemitische Hetze bestand deswegen weniger im Einsatz für die Rechte der angegriffenen Minderheit als in der Verteidigung der Errungenschaften der Revolution. Der Fortschrittsglaube und der Optimismus der SPD ließen den langfristigen Sieg der demokratischen und sozialistischen Kräfte als gewiss erscheinen, der moderne Antisemitismus wurde als nur temporäres Phänomen gesehen, das im historischen Prozess keine wirkliche Chance haben würde. Schließlich war es das antipluralistische Emanzipationskonzept der SPD, das in Anlehnung an die liberale Auffassung die totale Assimilation der Individuen forderte, dem Erhalt jüdischer Kultur und Eigenart aber wenig Wert beimaß, das die Bereitschaft zur Verteidigung der jüdischen Minderheit herabsetzte. Der individuelle Weg der Eingliederung in die Arbeiterbewegung, den die Partei den Juden ermöglichte, erschien als ausreichender Beitrag zu deren Integration.

Die Unterschätzung der antisemitischen Gefahr bildete die Grundlage für das geringe Engagement der Partei für die jüdische Minderheit. Sie erkannte weder die Eigendynamik der antisemitischen Bewegung, noch ihre Gewaltbereitschaft und den dezidierten Willen, die Ergebnisse der Emanzipation rückgängig zu machen.

Innerhalb der Arbeiterbewegung zeigte sich sogar, dass der mangelnde Abwehrkampf der Partei auch dazu führte, dass sich in den eigenen Reihen eine Infizierung mit antisemitischem Gedankengut zeigte. Dies betraf sowohl die Führungsschicht der Partei als auch ihre Basis. Damit ist nicht nur das Zurückweichen der Partei vor der antisemitischen Stimmung in der Zeit des Wahlkampfs gemeint, sondern die Existenz judenfeindlicher Vorurteile und Denkstrukturen. Diese traten besonders bei den Auseinandersetzungen um den Mannheimer Aufstand hervor. Von der Parteirechten wurde als Führer des Putsches Moritz Lederer benannt, ein unabhängiger Sozialdemokrat jüdischer Herkunft, während die nichtjüdischen Anführer Kuhlen und Stolzenburg ungenannt blieben. Gegen Lederer richtete sich ein Leitartikel Adam Remmeles im *Volksfreund*, in dem der Unternehmer Lederer stets als „Kriegsgewinnler" bezeichnet wurde und sein Bild kaum verhüllte antisemitische Züge trug. In dem Artikel vom 19. März 1919 hieß es: „Vor einigen Wochen hielten überhitzte Köpfe die Zeit für gekommen, die neue sozialistisch-

demokratische Staatsform gewaltsam um die Ecke zu bringen, und mit Hilfe der Soldatenräte eine bayerisch-württembergisch-badische Republik auszurufen. Im vornehmen
Salon des Kriegsgewinnlers Lederer zu Mannheim saßen die Häupter der Unentwegten
beisammen, um auszukochen, wie die neue Residenz Mannheim als Zweigfiliale von
München einzurichten sei. Weil die Landeszentrale der Arbeiterräte der Ausrufung der
Räterepublik am 22. Februar nicht ruhig zusah, weil es ihr gelang, die Soldatenräte von
dieser Aktion fern zu halten, weil sie, wie es programmatisch ihre Pflicht war, der Volks-
regierung zur Seite stand und das von dem ‚revolutionären' Arbeiterrat alias Lederer und
Konsorten über die Stadt Mannheim verhängte Standrecht durch den Belagerungszu-
stand ergänzte, deshalb spieen die Urheber des verfluchten Putsches Gift und Galle. (...)
Eine Folge des Putsches vom 22. Februar war die Brückensperre zu Mannheim: Soviel
Arbeiter dadurch auch geschädigt wurden, irgendeine Beachtung fand das bei den Räte-
Republikanern nicht. Der Hauptmatador, Kriegsgewinnler Lederer, müsste eigentlich den
den Arbeitern entstandenen Schaden ersetzen. Das tut er natürlich nicht. Desto kräfti-
ger jedoch beteiligt er sich an der Heuchelei von moralischer Entrüstung gegenüber den
von Regierungstruppen vorgenommenen Verhaftungen."[53]
Offensichtlich ging auch die SPD von latent vorhandenen politischen antisemitischen
Einstellungen in der Arbeiterschaft aus, die sie mit dieser Art von Agitation zu beleben
suchte und zu ihren Gunsten nutzen wollte. Dieses Vorgehen stand in krassem Gegensatz zur sonstigen aufklärerischen Tätigkeit der Partei und zu ihrem Einsatz für die Rechte
der Juden. In den Ausführungen Remmeles verband sich der tradierte antikapitalistisch
verstandene Antisemitismus mit einem politischen Antisemitismus gegenüber der Linken.[54] Adam Remmele griff Moritz Lederer sowohl als Vertreter des jüdischen Unternehmertums an als auch wegen seiner radikalen politischen Anschauungen. Hier zeigte sich
klassisch die Vereinigung des Klischees vom Juden als Kapitalisten mit dem des anarchis-
tischen Revolutionärs.
Auch an der Basis der badischen SPD schienen antisemitische Vorstellungen lebendig. Dies zeigte sich auf der Versammlung des Karlsruher Volksrates bei einem Vorfall,
dessen Banalität kaum an einen antisemitischen Hintergrund denken ließ. Im Dezember 1918 hatte Marum in einer öffentlichen Anzeige seine Gemeinschaftspraxis mit dem
jüdischen Rechtsanwalt Nachmann angekündigt. Diese Anzeige wurde zum Gegenstand
der Kritik des Karlsruher Volksrats, der unterstellte, Marum missbrauche sein Amt, wenn
er in einer öffentlichen Anzeige auf seine Praxis hinwies. Marum, so die Karlsruher Räte,
betreibe Werbung für seine Praxis und könne durch sein eigennütziges Verhalten antisemitische Vorbehalte in der Wählerschaft hervorrufen.[55] Nur mit Mühe gelang es Marum, diese Bedenken auszuräumen: „Mir ist es im Traum nicht eingefallen, dass irgendwie

---

[53] *Volksfreund* vom 19. März 1919.
[54] Auch Jochmann schreibt der SPD-Rechten in der Gesamtpartei latente antisemitische Tendenzen zu.
      Vgl. Jochmann (1977), S. 497.
[55] GLA 206/2686/69/2.

die Sache so ausgelegt werden könnte, als ob ich Reklame machen wollte, um meinen Beutel zu füllen."[56] Schließlich gab der SPD-Arbeiterrat Erb nach: „Ich war hier einer von denen, der gesagt hat, ich finde diese Art nicht fein. Ich meine, man hätte dies in einer anderen Form machen können. Die Gegner werden das benützen. Nachdem wir nun Herrn Marum gehört haben, werden wir nichts Verfängliches darin erblicken. Wir werden uns darüber einig finden, dass wir nicht daran etwas Ungerechtes erblicken, sondern dass es notwendig war, der Allgemeinheit zu zeigen, dass das Geschäft (die Kanzlei, m. A.) weitergeführt wird."[57]

All diese Vorkommnisse zeigten, „dass es einen festen und mächtigen Widerstandsblock gegen den Antisemitismus nicht gab",[58] dass selbst die demokratischen Kräfte von einer bewussten oder unbewussten Voreingenommenheit beherrscht waren. Die Folgen der fast unwidersprochen verbreiteten antisemitischen Hetze bestand darin, dass in der Bevölkerung ein Gewöhnungsprozess angesichts der fortwährenden Beschuldigungen des Judentums einsetzte und damit der Boden für seine Ausgrenzung aus dem nationalen Kollektiv bereitet wurde. An die Stelle der fortschreitenden Integration trat eine zunehmende Isolierung des Judentums. Schon in den Kriegsjahren und verstärkt in der Novemberrevolution konnte nicht mehr von einer „Normalität" im deutsch-jüdischen Verhältnis gesprochen werden. Der sehr pessimistisch urteilende Schriftsteller jüdischer Herkunft Jakob Wassermann hatte schon 1921 bemerkt: „Leider steht es so, dass der Jude heute vogelfrei ist. Wenn auch nicht im juristischen Sinn, so doch im Gefühl des Volkes."[59]

Ludwig Marum und sein Umgang mit dem Antisemitismus

Während der Revolutionsmonate erlebte Marum eine Verschärfung des antisemitischen Klimas, das ihn erstmals persönlichen Angriffen in der Öffentlichkeit aussetzte[60] und ihn Ressentiments in der Arbeiterbewegung spüren ließ, die bisher nicht manifest geworden waren. Auf Marum richteten sich Angriffe sowohl von den Konservativen und dem Zentrum aber auch aus den Reihen der eigenen Partei, die außerdem deutlich zögerte, ihrem Spitzenpolitiker jüdischer Herkunft ein Ministeramt in der ersten ordentlichen Regierung der Republik zu verschaffen. Auf diese Anfeindungen und Zurücksetzungen reagierte Marum in unterschiedlicher Weise. Über den Antisemitismus der Konservativen setzte sich Marum mit Spott und Ironie hinweg. In der Auftaktveranstaltung des Wahlkampfs am 23. November 1918 bemerkte er: „Baden hat wenig mit konservativen Elementen zu tun.

---

[56] Ebenda.
[57] Ebenda.
[58] Jochmann (1977), S. 495.
[59] Zitiert nach Jochmann (1977), S. 510.
[60] Die antisemitischen Angriffe, die er als Badene erfuhr, hatten keine persönlichen Ursachen; sie waren auf die jüdische Verbindung insgesamt gerichtet.

Sie heißen sich in Baden überhaupt nicht mehr ‚konservativ'. Sie nennen sich jetzt ‚Christliche Volkspartei'. Ich hätte nun keine Aussicht, dort aufgenommen zu werden (das Protokoll vermerkt Heiterkeit), aber ich meine, es ist eine Anmaßung, uns das Wort Volkspartei zu stehlen und sich so hinzustellen, als ob man das Christentum gepachtet hätte."[61]

Die antisemitische Tendenz in der Zentrumspresse nahm er dagegen wesentlich ernster; er forderte, „die Mitglieder der Regierung und ihre Parteien müssten dafür sorgen, dass der Wahlkampf ordentlich geführt werde."[62] Offenen Unmut zeigte Marum angesichts der antisemitischen Vorbehalte, die ihm aus den Reihen des Karlsruher Volksrats entgegenschlug. Hier ließ er erstmals eine scharfe Reaktion erkennen, als er die Räte wegen der schon oben angeführten Anzeige anfuhr: „Ich will Ihnen offen meine Meinung sagen, offen und grob. Nach meiner Auffassung kann nur ein Idiot zu der Auffassung kommen, dass das Publikum durch eine derartige Anzeige (Ankündigung der Gemeinschaftspraxis mit Dr. Nachmann, m.A.) beeinträchtigt wird, und zwar deswegen, weil ich Justizminister bin!"[63]

Der Verzicht auf ein Ministeramt, die Übernahme des Staatsratspostens geschah möglicherweise mit Zustimmung Marums. Wahrscheinlich war er wie Haas der Meinung, dass es vorteilhafter für die jüdische Minderheit, aber auch für die Partei, sei, wenn jüdische Politiker nicht die führenden Ämter besetzten.

Marum zeigte also in der Antisemitismusfrage einerseits emotionale, persönliche Reaktionen, übernahm andererseits jedoch weitgehend die rationale Analyse seiner Partei. Damit erwies es sich erneut als linientreuer Sozialdemokrat, der sich stets von parteioffiziellen Standpunkten leiten ließ und die herrschende Antisemitismusanalyse unkritisch übernahm. So vertrat Marum vor dem badischen Landtag die Marxsche Sichtweise, als er – gegen die Konservativen gewandt – am 24. Juni 1920 ausführte: „Und nun gestatten Sie mir noch ganz kurz eine Bemerkung. Warum treten Sie denn so sehr gegen die Juden auf? Sie sind natürlich alle miteinander keine Antisemiten. Ich habe noch nie einen Antisemiten getroffen, der gesagt hat, er sei Antisemit. Aber ich habe noch immer, wenn ich einen Antisemiten getroffen habe, gefunden, dass mir jeder erzählt hat, er habe eine ganze Anzahl Bekannter unter den Juden, die durchaus ehrenwerte Leute seien, und nur die andern seien die Schufte, gegen die man vorgehen müsse. Ich sage: Was ist nun der Grund, weshalb Sie so gegen die Juden vorgehen. Es ist nicht die jüdische Religion, sagen Sie, sondern der jüdische Geist, der Geist des Schachers und des Geldes, gegen den Sie vorgehen. Da möchte ich Ihnen nun eines sagen, einen Gedankengang, der nicht von

---

[61] *Volksfreund* vom 25.11.1918.
[62] GLA 233/24312. Sitzung vom 2.12.1918. Die folgende Bemerkung seines USPD-Ministerkollegen Schwarz, „wenn Schärfe des Wahlkampfs beim Zentrum so weiter zunehme, sei die weitere Zusammenarbeit erschwert" fand wahrscheinlich nicht die Zustimmung Marums.
[63] GLA 206/2686/69, 2.

mir stammt – ich schmücke mich nicht mit fremden Federn – sondern von Karl Marx aus seiner Schrift über die Judenfrage, die auch schon zitiert worden ist. Wenn Sie gegen den jüdischen Geist vorgehen wollen, dann müssen Sie gegen den Schachergeist vorgehen. Den Schachergeist bekämpfen und beseitigen Sie aber nicht dadurch, dass Sie das Judentum bekämpfen und beseitigen, sondern den bekämpfen Sie am besten, indem Sie dafür kämpfen, dass eine Weltordnung und Wirtschaftsordnung herbeigeführt wird, in der Schachergeist nicht notwendig ist und nicht durchgeführt werden kann. Der beste Kampf, den Sie führen können gegen die Schäden des Judentums, denen ich mich auch nicht verschließe, besteht darin, dass man für eine Wirtschaftsordnung sorgt, in der der Schachergeist, der angeblich jüdische Geist, nicht mehr notwendig ist. Deshalb, wenn Sie auch nicht damit einverstanden sind, rufe ich Sie und alle meine Freunde auf, dafür zu sorgen, dass wir eine Wirtschaftsordnung bekommen, in der Schacher- und Handelsgeist nicht mehr notwendig ist, dass wir die Wirtschaftsordnung des Sozialismus bekommen."[64]

Neben der bedenkenlosen Übernahme der Marxschen Gleichsetzung von Judentum und Kapitalismus fällt an diesem Redeauszug Marums Erregung über die Heuchelei der Konservativen auf – wobei er wahrscheinlich auch an Zentrumsvertreter dachte –, die sich öffentlich stets gegen den Antisemitismus verwahrten, in Wahrheit jedoch von latenten Vorurteilen beherrscht waren und jede Gelegenheit nutzten, das Judentum zu denunzieren. Aber auch Marum konzedierte „Schäden des Judentums" und schloss sich damit der innerjüdischen Debatte an, die ihre Selbstreflexion sehr kritisch betrieb und einen eigenen Schuldanteil an der antisemitischen Stimmung nicht ausschließen wollte. Neben der Übernahme der parteioffiziellen Antisemitismustheorie teilte Marum die in der SPD verbreitete Bagatellisierung des konservativen und völkischen Antisemitismus. Dies belegen die wenigen, ironisch gehaltenen Sätze, mit denen Marum auf der zentralen Wahlveranstaltung die Judenfeindschaft der Konservativen abhandelte. Angesichts ihrer Schwäche in Baden widmete Marum den Konservativen und ihrer antisemitischen Propaganda kaum Aufmerksamkeit. Politisch von größerer Bedeutung erschien ihm der Antisemitismus des Zentrums, der ihn eine aktive Abwehrhaltung der Regierung fordern ließ. Allerdings wurde diese Forderung nicht realisiert, offensichtlich ging Marums Interesse nicht so weit, politischen Druck in dieser Frage auszuüben.

Der in den Kriegsjahren verstärkt auftretende Antisemitismus, der auch in den Jahren der Weimarer Republik nicht verstummen sollte, förderte Marums Verbundenheitsgefühl mit der jüdischen Minderheit. Während er in den ersten Jahren seiner Parteimitgliedschaft seine jüdische Herkunft noch tabuisiert hatte, provozierte ihn der verstärkte Antisemitismus in der Krisenzeit des Weltkriegs und der jungen Republik zum öffent-

---

[64] Verhandlungen des Badischen Landtags, 1. Legislaturperiode, II. Sitzungsperiode, Protokollheft (Bd. II) Heft 525b, Karlsruhe 1921. Spalte 2682.

lichen Bekenntnis seines Judentums. In seiner schon vorher erwähnten Landtagsrede vom 24. Juni 1920 bekannte Marum öffentlich seinen Stolz auf die jüdische Herkunft. Damit benannte er deutlich die Grenzen seiner Assimilationsbereitschaft: Anpassung, Verleugnung des Judentums, um der öffentlichen Diskriminierung zu entgehen, schied für ihn als Weg aus. Marum hielt sein Leben lang am öffentlichen Bekenntnis seiner jüdischen Herkunft fest. Bei seiner erstmaligen Wahl zum Reichstagsabgeordneten 1928 ließ er im Reichstagshandbuch seine jüdische Herkunft vermerken.[65] Dies taten außer ihm im Jahr 1928 nur drei von siebzehn jüdischen SPD-Fraktionsmitgliedern.[66] Hier wurde deutlich, dass sich Marum der Grundbedingung seiner Existenz, der deutsch-jüdischen Identität, sehr bewusst war, allerdings von dem Glauben durchdrungen schien, dass beide Pole – Deutschtum und Judentum – problemlos zu verbinden seien und der Verweis auf die jüdische Herkunft seinem Ruf als Politiker keinen Schaden zufüge. Der verstärkte Antisemitismus in der Zeit der Republik hatte sein Bekenntnis zu dieser Identität – im Gegensatz zu andern Politikern jüdischer Herkunft – offensichtlich noch verstärkt. Gab er doch die in der Partei gängige Tabuisierung auf und missachtete damit die üblichen Verhaltenskodizes. Er beschritt einen eigenen, sehr individuellen Weg, indem er gleichzeitig die Loyalität zur jüdischen Minderheit und zur sozialdemokratischen Partei, die ihm zur zweiten Heimat geworden war, zu bekunden versuchte. Mit diesem Verhalten nahm Marum eine Sonderstellung innerhalb der Genossen jüdischer Herkunft ein. Er hatte für sich eine Lösung im Umgang mit der jüdischen Identität und den antisemitischen Anfeindungen gefunden, die ihn vor Selbstverleugnung bewahrte und das Bekenntnis zu den jüdischen Wurzeln mit der sozialdemokratischen Auffassung von der Chancenlosigkeit des Antisemitismus verband.

Beim Abschluss der revolutionären Interimsphase im Frühjahr 1919 blickte Marum auf sehr widersprüchliche Erfahrungen zurück, die die Antagonismen der deutschen Gesellschaft deutlich hervortreten ließen. Während er einerseits als Politiker jüdischer Herkunft ein Ministeramt übernehmen konnte, das ihm Anerkennung in der eigenen Partei und bei den Koalitionspartnern eintrug, war er andererseits mit antisemitischen Anfeindungen konfrontiert, die ihn als Politiker stigmatisierten und ungeachtet der gemäßigten, versöhnlichen Linie seiner Politik seine Arbeit diffamierten. Die Beteiligung der SPD an dem breiten Koalitionsbündnis in der vorläufigen Volksregierung bedeutete für Marum und seine Partei die endgültige Durchsetzung des reformistischen Politikkonzepts, womit die Anerkennung, Akzeptanz und Integration der Arbeiterbewegung in das neue politische System verbunden war. Die breite Resonanz des Antisemitismus in der Krisenzeit nach dem Ersten Weltkrieg zeigte an, dass ein vergleichbarer Integrationsprozess für die jüdische Minderheit nicht stattgefunden hatte, dass sich trotz ihrer vollkommenen rechtlichen Gleichstellung ihre Isolierung und Ausgrenzung verschärft hatte.

---

[65] *Reichstagshandbuch 1928*, IV. Wahlperiode, hrsg. vom Büro des Reichstags, Berlin 1928, S. 389.
[66] Niewyk (1977), S. 17.

Während also Marum im politischen Bereich die Kompromissbereitschaft und Kooperationswilligkeit der bürgerlichen Kräfte erlebte, stieß er in der gesellschaftlichen Sphäre auf die unversöhnliche Gegnerschaft der Antisemiten, auf die erbitterte Feindschaft der
politischen Reaktion. Marums Erfahrungshorizont während der Revolutionszeit wurde
also sowohl von Erfolgen als auch von Niederlagen bestimmt.

Diese Widersprüche hätten zur Reflexion herausfordern und zu einer Überprüfung
der sozialdemokratischen Einschätzung von Judentum und Antisemitismus anregen
können. Doch dies tat Marum nicht und verkannte die tatsächliche Gefahr, die von der
antisemitischen Bewegung ausging, und orientierte sich weiterhin an den Einschätzun-
gen seiner Partei. Seine enge Anlehnung an die parteioffizielle Sicht verhinderte eine
Wahrnehmung der Intensität, Dynamik und Bedrohlichkeit des modernen Antisemitismus. Dies änderte sich auch dann nicht, als er in den folgenden Jahren der Weimarer
Republik zunehmend mit antisemitischen Anfeindungen konfrontiert wurde.[67] Er glaubte, mit den Antisemiten auf der Ebene des rationalen Diskurses umgehen zu können, dies
zeigte sich in den 20er Jahren sowohl auf der politischen als auch auf der persönlichen
Ebene. Marum begegnete seinen antisemitischen Gegnern in der Debatte des Badischen
Landtags mit einer Fülle von Argumenten,[68] zeigte den Irrationalismus ihrer Position auf
und hoffte so, sie von ihren vorurteilsbeladenen Einstellungen abbringen zu können.
Auch was seine eigene Person betraf, nahm er die antisemitischen Angriffe, die ihn in den
20er Jahren massiv trafen, nicht sehr ernst. Mit Richtigstellungen in der sozialdemokra-
tischen Presse glaubte er, ihnen ausreichend begegnen zu können.[69] Er nahm die feinen
Risse im deutsch-jüdischen Verhältnis kaum wahr, Risse, die sich schon 1918/19 im
Vordringen des Antisemitismus in die bürgerlichen Parteien, in der Anfälligkeit gesell-
schaftlicher und staatlicher Institutionen für antisemitische Parolen, in den latenten
Vorurteilen selbst in der Arbeiterpartei zeigten. Auch als sich die Zeichen des Scheiterns

---

[67] „An der Batschari-Reemtsma Affäre 1929, in der Ludwig Marum vorgeworfen wurde, als Rechtsvertreter
der Zigarettenfabrik Batschari ein extrem hohes Honorar gefordert zu haben (...) beteiligten sich mehrere
Parteien; neben dem Zentrum, in dessen Presseorgan *Rastatter Zeitung* die Vorwürfe zuerst veröffentlicht
wurden, die Kommunisten und die Nationalsozialisten. Sie alle griffen auf das Stereotyp des geldgierigen,
korrupten Juden zurück, der den Eigennutz über das Gemeinwohl stellt (...) und der seine Beziehungen
zur persönlichen Bereicherung nützt. Diese Vorwürfe mussten Ludwig Marum besonders hart treffen,
war doch die Wahrung von Anstand und Moral in der Politik eines seiner wichtigsten Anliegen. Was den
Umgang mit Geld betrifft, so hatte er sich Bedürftigen gegenüber stets großzügig gezeigt. Es war bekannt,
dass er viele Klienten aus der Arbeiterklasse kostenlos verteidigt hatte. Ludwig Marum wehrte sich gegen
Vorwürfe mit Richtigstellungen in der sozialdemokratischen Presse und – er war in der Zwischenzeit zum
Reichstagsabgeordneten gewählt worden – mit einer Verteidigungsrede im Reichstag. Trotzdem verbrei-
teten die Nazis weiterhin ihre Beschuldigungen. Im Jahre 1931 wurde eine Redakteur der *Wertheimer
Zeitung* rechtskräftig verurteilt, weil in seinem Blatt erneut die als unwahr erwiesenen Anschuldigungen
publiziert worden waren." Vgl. Pohl (1994), S. 52.

[68] Vgl. die Reden vom 24.6.1920 (Verhandlungen des Badischen Landtags etc., Heft 525b, Spalte 2687)
und vom 6.8.1924. (Verhandlungen des Badischen Landtags, II, 2. Landtagsperiode, 3. Sitzungsperiode,
Protokollheft, Bd. II, enthaltend die amtlichen Niederschriften, Heft 539b. Spalte 2160.)

[69] Vgl. Marum-Lunau/Schadt (1984), S. 112f.

des jüdischen Integrationsprozesses mehrten, blieb Marum bei seinen vorgefassten Meinungen. Noch während seiner Inhaftierung durch die Nazis erkannte er nicht den Ernst seiner Lage und schlug die ihm gebotene Fluchtmöglichkeit aus.

Vierzehn Jahre zuvor, in der Zeit der Gründung der Republik sah Marum die Perspektive der deutsch-jüdischen Minderheit im Wesentlichen optimistisch. Beeinflusst durch die erfolgreich verlaufene Integration der Arbeiterbewegung in das neue System erhoffte er diesen Fortschritt auch für die jüdische Minderheit. Mit der verfassungsmäßigen Gleichstellung war schließlich ein wesentlicher Schritt vollzogen worden, vor dem die antisemitische Hetze von rechts unerheblich schien. Marum und sein Partei realisierten kaum, dass die jüdische Minderheit dringend auf Bundesgenossen angewiesen war, die deren Rechte verteidigten.

Zusammenfassung

Ludwig Marum gehörte zu der ersten Generation jüdischer Menschen, die nach der Zäsur von 1871 geboren wurden und die erstmalig ihre Leben als gleichberechtigte Bürger gestalten konnten. Die positiven Angebote der Mehrheitsgesellschaft bedeuteten vermehrte Freiheitsräume für die Lebensgestaltung Marums, während die ungelösten Probleme staatlicher Diskriminierung sein Leben ebenso belasten mussten wie die mangelnde Integration und das Aufkommen eines neuen Antisemitismus. Auf die gegebenen Schwierigkeiten im Leben eines jüdischen Bürgers reagierte Marum in deutlicher Weise, seine individuellen Entscheidungen und Reaktionen belegten die Suche nach einem realisierbaren, erfolgversprechenden Lebensmodell in einer spannungsreichen Zeit.

Marum wurde in eine bürgerliche Familie der Mittelschicht geboren, deren Sozialkontakte noch wesentlich auf jüdische Kreise beschränkt waren, die ein hohes Maß an Akkulturationsbereitschaft zeigte und ein säkulares Verständnis jüdischer Identität vermittelte. Marum vollzog den sozialen Aufstieg in das Bildungsbürgertum; damit ordnete er sich den akademisch ausgebildeten Eliten zu, denen seine Vorfahren noch nicht angehört hatten. Die neuen Chancen, die sich nach der Reichsgründung für Juden boten, wurden von Marum freudig ergriffen und mit der Bereitschaft verknüpft, sich den Lebensmustern in der Mehrheitsgesellschaft anzupassen. Marum integrierte sich in das Bildungsbürgertum, indem er dessen Lebensstil adaptierte, seine politischen Ideale übernahm, seine Werte und aufgeklärte Denkweise verinnerlichte sowie seinen Säkularisierungstendenzen folgte. Mit seinem Eintritt in eine politische Partei und seiner Kandidatur für öffentliche Ämter dokumentierte er seine Identifikation mit der Mehrheitsgesellschaft und sein Interesse an ihrer demokratischen Fortentwicklung.

Die günstigen gesellschaftlichen Rahmenbedingungen, Marums Akkulturationsbereitschaft, seine ausgezeichnete Begabung und hervorragenden Leistungen verhalfen ihm zu der positiven Erfahrung persönlichen Erfolgs in Beruf und Politik, die in der Akzeptanz und Wertschätzung, die ihm in den juristischen Fachkreisen, in der Sozialdemokratie und ihren Suborganisationen sowie in der Stadt Karlsruhe entgegengebracht wurde, beredten Ausdruck fand. Signifikante Zeichen dieser positiven Entwicklungen waren seine Anerkennung als Rechtsanwalt, seine Integration in die Arbeiterbewegung, die Verwirklichung einer politischen Karriere sowie seine mehrmalige Wahl durch die Karlsruher Bevölkerung zum Stadtverordneten und Landtagsabgeordneten.

An Marums Beispiel erwies sich durchaus auch die Erfolgsgeschichte der Emanzipation, die die gelungene Annäherung der jüdischen Minderheit an die Mehrheitsgesellschaft belegte und die Realisierung der Gleichberechtigung in der Gewährung neuer Chancen für die Juden deutlich machte. Allerdings wurden im Lebensweg Marums auch gegenläufige Tendenzen sichtbar, die aus heutiger Sicht als erste Zeichen des Scheiterns der Emanzipation gedeutet werden können.[1] Dies erwies sich deutlich in der fortwährenden Diskriminierung von Juden in den staatlichen Laufbahnen. Marums Berufsentscheidung, als freier Rechtsanwalt zu arbeiten, wurde dadurch wesentlich beeinflusst. Die mangelnde soziale Integration prägte die privaten Kontakte jüdischer Menschen. Dies führte dazu, dass Marum sich in Kindheit und Jugend vornehmlich in jüdischen Kreisen bewegte. Auch seine Eheschließung mit einer Partnerin jüdischer Herkunft belegte die Tendenz, enge menschliche Bindungen bevorzugt mit denen einzugehen, die ebenfalls der Minderheit entstammten.

Marums Generation gehörte nicht nur zu den ersten Nutznießern der Emanzipation, sie erlebte auch als erste die Konfrontation mit dem neuen Antisemitismus, der ihr Leben schon als Kinder und Jugendliche belastete. Besonders aber die Universität wurde zu einem Ort, an dem junge Menschen Ausgrenzung und Diskriminierung erlebten, wo sie nicht frei von Anfeindungen ihr Studium absolvieren konnten. Manch jüdischer Student wurde an der Hochschule mit einem „antisemitischen Spießrutenlauf"[2] konfrontiert. Dies musste auch Ludwig Marum schmerzlich erfahren, dem die nicht-jüdischen Verbindungen die Aufnahme verweigerten und der in Heidelberg in einen antisemitischen Vorfall verwickelt war, für den ihn die Universität mit einer harten Strafe belegte. Dies bildete ein Schlüsselerlebnis in seinem jungen Leben, das ihm – vor allem in dem Verhalten der antisemitisch eingestellten Studenten – die Abkehr des Bürgertums von seinen liberalen Traditionen und dessen Verweigerung der Toleranz vor Augen führte. Die bewusste Wahrnehmung der erneuten Spannungen zwischen Juden und ihrer nicht-jüdischen Umwelt, der Störung und Behinderung des Integrationsprozesses führten bei Marum und seinen jüdischen Kommilitonen zu neuen Reaktionsweisen, die sich deutlich von dem Verhalten ihrer Väter unterschied: Sie schlossen sich in jüdischen Organisationen zusammen, sagten dem Antisemitismus öffentlich den Kampf an und bekannten sich mit Stolz zu ihrer jüdischen Identität. Marum unterstützte mit seinem Eintritt in die jüdische Verbindung Badenia dieses offensive Verhalten und wurde zu einem Pionier im Abwehrkampf gegen den Antisemitismus.

In seiner Generation machte sich erstmalig auch eine politische Kehrtwende im eigentlich liberal eingestellten Judentum bemerkbar, indem immer mehr junge Juden sich der Sozialdemokratie anschlossen oder für sie in den Wahlen votierten. Damit brachten sie ihre Enttäuschung über den Weg des deutschen Bürgertums zum Ausdruck, das seine politischen Ideale nur noch halbherzig verfolgte und den Juden die vollständige Integration in die bürgerliche Gesellschaft verweigerte.

---

[1]   Hier soll allerdings nicht die These von einer zwangsläufigen Entwicklung, die notwendig zur Shoah führte, vertreten werden, sondern auf früh sichtbare Gefährdungen der Emanzipation hingewiesen werden.

[2]   Pulzer (1997), S. 272.

Ludwig Marum trat in sehr jungen Jahren – im Alter von 22 Jahren – in die SPD ein und dokumentierte damit seine endgültige Abwendung von der politischen Marschrichtung des Bürgertums. Für Marum und Teile der jüdischen akademischen Jugend erschien die Hinwendung zur Sozialdemokratie, die am liberalen Erbe und dem Kampf für Gleichheit und Demokratie festhielt, nur als konsequent. An die erstarkende Arbeiterbewegung knüpften sie die Hoffnung, dass die Demokratisierung in Staat und Gesellschaft endlich durchgesetzt werde, von der die Vollendung der Emanzipation, die tatsächliche Rechtsgleichheit der jüdischen Minderheit abhing.

Auch wenn sich Marums Eintritt in die Sozialdemokratie nicht monokausal aus seinem Judentum ableiten lässt, so bildete die Tatsache seiner jüdischen Herkunft und der damit verbundenen negativen Erfahrungen dennoch ein wesentliches Motiv seiner Entscheidung für den Sozialismus. Der Parteieintritt stellte den entscheidenden Wendepunkt seines Lebens dar, der ihm zur Realisierung seines Lebensplans verhalf, seiner früh erwachten Leidenschaft für die Politik nachzugehen und zur Umgestaltung der sozialen und politischen Verhältnisse beizutragen. In diesem Bestreben setzte er die politische Tradition seiner Familie fort, die sich bereits in der Phase revolutionärer Erhebung von 1848/49 für die Demokratisierung Deutschlands eingesetzt hatte.

Die Biographie Marums bis zur Revolution 1918/19 spiegelt den Lebensweg eines Politikers jüdischer Herkunft in einer Zeitenwende, die das Ende des konstitutionellen Obrigkeitsstaates brachte und zum ersten Male – von der Episode der Revolution von 1848/49 abgesehen – eine parlamentarische Demokratie im Deutschen Reich und in den einzelnen Ländern schuf. Diesen Prozess des staatlichen Umbaus trieb wesentlich die Sozialdemokratische Partei Deutschlands voran, eine Partei, die in dem Jahrzehnt zwischen 1910 und 1920 allerdings selbst von heftigen Flügelkämpfen erschüttert wurde, an deren Ende die Trennung des gemäßigten, zu Reform und Mitarbeit bereiten Teils der Arbeiterbewegung von ihren radikaleren Gruppierungen stand. Die jüdische Minderheit im Deutschen Reich durchlebte in diesem Jahrzehnt eine Phase, die einerseits von deutlichen Fortschritten – sichtbar etwa in den Errungenschaften der Revolution – gekennzeichnet war, die andererseits aber einen in Krieg und Revolution anwachsenden Antisemitismus mit sich brachte.

Ludwig Marum erwarb sich in dieser schwierigen Zeit bedeutende Verdienste durch sein Mitwirken im Prozess der Ablösung des Obrigkeitsstaates und der Durchsetzung der parlamentarischen Demokratie in Baden. In der Novemberrevolution gehörte er zu den führenden Köpfen der Mehrheitssozialdemokratie, in deren Namen er für eine versöhnliche, gemäßigte Linie eintrat.

Marum gelang als Sozialdemokrat jüdischer Herkunft eine politische Karriere, die man, bei Betrachtung der Geschichte der Juden in Deutschland, als Ausdruck des voranschreitenden Integrationsprozesses des Judentums sehen muss. Dies zeigte sowohl die Übernahme eines Ministeramtes in der Revolution als auch die von Führungspositionen innerhalb der Arbeiterbewegung. Allerdings kontrastierte die positive Entwicklung scharf mit einem auf breiten Widerhall treffenden Antisemitismus, dessen politische Stoßrichtung sich besonders gegen jüdische Sozialdemokraten und Kommunisten wandte und in dem Politiker Marum eine ideale Zielscheibe fand. Marum wirkte also in einer Zeit sich zuspitzender sozialer und politischer Antagonismen, die durch den Ersten Weltkrieg verschärft und intensiviert wurden. Dessen ungeachtet wollte Marums Partei nicht den Klassenkampf, sondern den Klassenkompromiss von Arbeiterschaft und Bürgertum und eine vorsichtige Reformpolitik.

In der Zeit seines politischen Aufstiegs lag Marums Wirkungsstätte hauptsächlich in Baden, erst im Jahre 1928 sollte er sich der Reichspolitik zuwenden. Die Rahmenbedingungen seiner politischen Arbeit wurden also bestimmt von den liberalen Traditionen des Südweststaates, in dem die Gegensätze in Wirtschaft, Gesellschaft und Politik weniger scharf hervortraten als in den norddeutschen Industriegebieten des Reiches. Dies führte zu einem eigenen Kurs der badischen SPD. Sie gehörte zu den ersten Landesverbänden der Gesamtpartei, die einen neuen politischen Weg beschritten, einen Weg, der mit der Aufgabe der Oppositionspolitik und der Bereitschaft zu Integration und Mitarbeit im Parlament verbunden war. Das Experiment des Großblocks und die Politik der Budgetbewilligung wiesen – durchgesetzt gegen massiven Widerstand aus den eigenen Reihen – der sozialdemokratischen Strategie und Taktik schon im letzten Jahrzehnt vor Ausbruch des Krieges eine völlig neue Richtung. Marum gehörte zu den eifrigsten Verfechtern dieses Kurses, dessen wesentliche Merkmale in einem maßvollen Vorgehen und großer Kompromissbereitschaft lagen. Dieser politische Stil kam ihm auch als Politiker jüdischer Herkunft entgegen, der jegliche Provokation und mögliche Anfeindung vermeiden wollte. Marum sah im liberalen Baden, das schon 1868 einen Juden zum Minister berufen hatte, kaum Hindernisse für seine politische Karriere. Gerade Baden bot den Integrationsbemühungen sowohl der Arbeiterbewegung als auch der jüdischen Minderheit günstige Bedingungen.

Das Beispiel Marums verdeutlicht sowohl die Integration der Sozialdemokratie in das politische System, was seinen sinnfälligen Ausdruck im Regierungseintritt der Partei 1918 fand, als auch die fortschreitende Akzeptanz Politiker jüdischer Herkunft, einer Akzeptanz, die sich in der Wahl gleich zweier Minister jüdischer Herkunft für die Revolutionsregierung äußerte.

Die Entscheidung, in der Arbeiterbewegung aktiv mitzuarbeiten und als Politiker deren Interessen zu vertreten, sollte Marums Leben prägen. Diese Lebensentscheidung traf Marum schon als 22-jähriger und löste sich damit von den bürgerlich liberalen Organisationen. Er wandte sich der sozialdemokratischen Subkultur zu, in die er sich zu integrieren suchte. Als politische Vorbilder galten ihm die Führer der badischen Sozialdemokratie, Frank und Kolb, die in Baden das neue, reformistische Konzept sozialdemokratischer Politik sowohl theoretisch gegenüber den marxistischen Kritikern begründeten als auch praktisch gegen den Widerstand der Gesamtpartei durchsetzten.

Marum gehörte einer jüngeren Generation von Sozialdemokraten an, die ideologisch schon weniger vom Marxismus geprägt war und einen pragmatischen Weg in der Politik einschlug. Er sah seine Aufgabe darin, der reformistischen Linie innerhalb der badischen SPD zum Durchbruch zu verhelfen und damit die Wandlung der Partei in eine sozialistische und demokratische Reformpartei, die sich breiten Volksschichten öffnete, voranzutreiben. Marums Parteiarbeit konzentrierte sich auf die Agitation für die konkreten Nahziele des Erfurter Programms, er wurde zum Verfassungsexperten der Partei, der einen besonderen Schwerpunkt auf die Frage des Frauenwahlrechts und des Kommunalwahlrechts legte.

Sein umfassender Einsatz für die Partei führte zu einem raschen Aufstieg in die Führungsgruppe des Karlsruher Ortsvereins, wobei sicher die besondere Freundschaft zwischen ihm und Wilhelm Kolb nützlich war, eine Freundschaft, die bisher in der Forschung kaum berücksichtigt wurde. Marums Karriere zielte von Anfang an auf die Übernahme politischer Mandate, Leitungsfunktionen innerhalb der Karlsruher Parteiorganisation übernahm er nur in geringem Umfang. Hingegen war seine Identifikation mit der Partei sehr weitreichend. Sie prägte seine Denk-, Verhaltens- und Sprachmuster und ließ ihn den Habitus eines „typischen Sozialdemokraten" annehmen. Er zeigte vollkommene Loyalität zu der vom rechten Parteiflügel verfolgten reformistischen Linie, niemals distanzierte er sich von ihr auch nur in Detailfragen.

Damit ordnete sich Marum in den Kreis der linientreuen Parteifunktionäre ein, deren Aufgabe im wesentlichen darin lag, gegenüber der Parteibasis und der Wählerschaft das politische Konzept der Führung zu erläutern und zu legitimieren. Im polarisierten Karlsruher Verein war dies eine besonders wichtige Aufgabe.

Marum wählte einen Weg des Aufstiegs, der für einen sozialdemokratischen Akademiker ungewöhnlich war. Während sich die meisten von ihnen durch theoretische Beiträge in der Parteipresse den Weg nach oben ebneten, übernahm er praktische Führungsaufgaben in der sozialdemokratischen Kulturbewegung und engagierte sich in der Arbeitersängerbewegung. Seine Abneigung gegenüber theoretischen Erörterungen wurde hier ebenso deutlich wie seine Vorliebe für die praktische Arbeit.

Von 1910 bis 1919 führte Marum den badischen Arbeitersängerbund als dessen Präsident. Dieses Amt hatte er nicht aus primären Interessen für die kulturellen Inhalte und kreativen Freizeitangebote der Bewegung übernommen, sondern er nutzte es vor allem, um dem politischen Interesse der Partei nach Ausbau dieser Organisation zu dienen und seine eigene politische Karriere zu befördern. Er stellte seine Qualifikation als Akademiker für die Führungsrolle einer Kulturbewegung zur Verfügung und hoffte auf diesem Wege wohl auch – in direktem Kontakt mit den Arbeitersängern – Ressentiments gegen seinen Status als Akademiker ausräumen zu können. Wesentliche Bemühungen des Sängerpräsidenten Marum richteten sich darauf, über den Ausbau der Gesangsvereine auch der Partei neue Mitglieder zuzuführen, denn der Partei galt in den Vorkriegsjahren die Vergrößerung der Organisation als wichtigstes Ziel. Gleichzeitig diente ihm das Präsidentenamt dazu, seine politische Führungsqualitäten, sein Organisationstalent unter Beweis zu stellen und auf diese Weise sich für ein politisches Führungsamt zu qualifizieren.

Seine Arbeit war primär auf diese politische Zielsetzung des Ausbaus der Organisation hin ausgerichtet, nur sekundär zeigte Marum Interesse an der musikalischen Arbeit und den sozialen Begegnungsforen der Vereine. Seine Tätigkeit als Präsident der badischen Arbeitersänger war in den Vorkriegsjahren außerordentlich erfolgreich. Die Mitgliederzahlen der Bewegung schnellten in die Höhe, durch eine gekonnte Inszenierung des Arbeitersängerfestes 1913 wurde das Ansehen der proletarischen Kulturbewegung einer breiteren badischen Öffentlichkeit bekannt gemacht. Die Präsidentschaft bildete schließlich das Sprungbrett für Marums politische Karriere; schon in den Vorkriegsjahren wurde er von seiner Partei als Landtagskandidat aufgestellt.

In der badischen Arbeiterbewegung setzten sich weder der Atheismus noch der historische Materialismus als verbindliche Weltanschauung durch. Die meisten der badischen Sozialdemokraten blieben den traditionellen christlichen Kirchen verbunden, allerdings konnte der religiöse Liberalismus – vertreten durch die freireligiösen Gemeinden – in der Arbeiterschaft eine bedeutende Zahl von Anhängern finden, die sich durch dessen pantheistische, idealistische Lehre angesprochen fühlten. Die freie Religion erfüllte für badische Sozialdemokraten die Funktion einer Komplementärideologie, die neben die sozialistische Weltanschauung trat und ihnen ein religiöses Weltbild und einen verbindlichen Katalog ethischer Normen vermittelte.

Indem Marum aus der jüdischen Gemeinde austrat und sich den Freireligiösen anschloss, suchte er sich den weltanschaulichen Positionen sozialdemokratischer Arbeiter anzugleichen. Im Ringen um seine religiöse Identität durchlief er mehrere Phasen, ehe er eine befriedigende Lösung gefunden hatte. Zunächst verblieb er für mehrere Jahre auch als Parteimitglied in der jüdischen Gemeinde. Auch wenn die Inhalte und Rituale der Religion ihm kaum noch etwas bedeuteten, so erhielt er diese Bindung dennoch aus Solidarität mit der angefeindeten Minderheit aufrecht. Er trat schließlich im Jahre 1910 aus der jüdischen Gemeinde aus, nachdem die antisemitische Welle der vergangenen beiden Jahrzehnte abgeebbt war. Durch diesen Schritt bekannte er sich zu dem Verlust des jüdischen Glaubens und blieb für wenige Jahre religionslos. Der Atheismus entsprach jedoch nicht seinen weltanschaulichen Überzeugungen, deshalb schloss er sich wenige Jahre nach dem Austritt aus der jüdischen Gemeinde den Freireligiösen an. Eine Konversion zum christlichen Glauben hatte Marum als Ausdruck zu weitgehender Assimilation stets abgelehnt, hinzu kam, dass ihn die christlichen Glaubensinhalte nicht ansprachen. In der Wahl der freireligiösen Konfession fand er eine Lösung, in der er seinem religiösen Grundbedürfnis ebenso Ausdruck geben konnte wie seinen humanistischen, vom Denken der Aufklärung geprägten Überzeugungen. Der Wechsel vom Judentum zur freien Religion verlangte keinen Bruch mit der Vergangenheit, sondern konnte als Fortentwicklung, als zeitgemäßer Ausdruck religiösen Glaubens verstanden werden. Verbindungslinien zwischen dem Judentum und der freien Religion bestanden in dem gemeinsamen Streben nach sozialer Gerechtigkeit als Basis einer humaneren Zukunft. Mit der Übernahme des freireligiösen Bekenntnisses war zugleich ein weiterer Schritt der Integration in die sozialdemokratische Subkultur vollzogen, womit Marum sich der Arbeiterbewegung noch fester als bisher verband.

Der Überblick über das umfassende Engagement Marums in der Karlsruher Arbeiterbewegung lässt verschiedene Merkmale seiner Integrationsbemühungen hervortreten: Zu ihnen zählt wesentlich das Bedürfnis nach „Normalität", das die Aufgabe abweichender Verhaltensweisen mit einschloss und sich am vorherrschenden Modell sozialer Interaktionsformen orientierte. Marum war sichtlich bemüht, dem Bild eines „typischen"

Sozialdemokraten zu entsprechen, der neben der Partei noch im Vereinsleben und in weltanschaulichen Gruppierungen der Partei verankert war. Mit seinem umfassenden Engagement folgte er den in der Sozialdemokratie üblichen Gepflogenheiten, aber auch dem Bedürfnis, seinen Außenseiterstatus – bedingt durch seine akademische Bildung, seinen bürgerlichen Beruf, seine jüdische Geburt – zu überwinden.

Neben die Orientierung an vorherrschenden Verhaltensweisen, die unbedingte ideologische Prinzipientreue, die Aufgabe abweichender persönlicher Charakteristika, trat der Wille, Führungspositionen zu übernehmen, die einen Ausgleich boten für den Prestigeverlust, den er in den bürgerlichen Kreisen durch seinen Anschluss an die Arbeiterbewegung erlitten hatte. Auch die fortbestehende gesellschaftliche Diskriminierung der Juden konnte in den Organisationen der Arbeiterbewegung kompensiert werden, da in ihr nicht nur Toleranz und Integrationsbereitschaft herrschten, sondern auch eine Chancengleichheit, welche die jüdischen Mitglieder nicht vom politischen Aufstieg ausschloss. Marums frühe Landtagskandidatur und die Wahl zum Sängerpräsidenten belegten diese Offenheit. Mit dem Amt an der Spitze der Sängerbewegung nahm Marum sogar eine gewisse Vorreiterrolle ein, erst in den 20er Jahren fanden sich an der Spitze der sozialdemokratischen Kulturorganisationen wieder Führungspersönlichkeiten jüdischer Herkunft.

Marums Integrationsbemühungen unterschieden sich kaum von der überwiegenden Mehrheit anderer Sozialdemokraten jüdischer Herkunft in Baden. Die Option für die politische Reform, das Interesse an Kultur, die Lösung von der jüdischen Gemeinde entsprach einem vorherrschenden Trend in der Gruppe der Sozialdemokraten jüdischer Herkunft.

Die feste Einbindung Marums in die sozialdemokratische Subkultur bot sowohl der Arbeiterbewegung als auch dem aufstiegswilligen jungen Politiker große Vorteile. Während die Arbeiterbewegung dringend qualifizierter Führungskräfte bedurfte, welche die Bewegung repräsentativ in der Öffentlichkeit zu vertreten und wirkungsvoll in den staatlichen Institutionen mitzuarbeiten vermochten, war Marum auf eine politische Basis und eine Anhängerschaft angewiesen, die ihm den Weg in die höchsten Staatsämter ebnen konnte. Neben dem politischen Gewinn stand noch das erhöhte Prestige, das er sich durch die Übernahme von Führungsämtern erwarb, und der Genuss einer vorurteilsfreien Atmosphäre gegenüber den jüdischen Genossen, einer Atmosphäre, die in deutlichem Kontrast zum gesamtgesellschaftlichen Klima stand. Für die ihm entgegengebrachte Toleranz und Akzeptanz revanchierte sich Marum durch einen rastlosen Einsatz für den Ausbau der Arbeiterorganisation und durch das Bemühen, sie repräsentativ nach außen zu vertreten.

Auch die politische Laufbahn Marums war von dem deutlichen Willen bestimmt, in einer einflussreichen Position die Verhältnisse mitzugestalten. In den acht Jahren von 1911 bis 1919 durchlief er eine Blitzkarriere, die ihn mit 29 Jahren zum Stadtverordneten, mit 32 Jahren zum Landtagsabgeordneten und mit 36 Jahren zum Minister werden ließ. Die Karriere Marums nahm wie die fast aller sozialdemokratischer Spitzenpolitiker ihren Anfang im Bereich der Kommunalpolitik, die für ihn, den Nicht-Karlsruher, allerdings von Anfang an offensichtlich nur als Sprungbrett für eine Laufbahn diente, deren dezidierter Zielpunkt die Mitarbeit im Landesparlament war. 1914 begann seine

Tätigkeit im badischen Landtag, die vierzehn Jahre bis in das Jahr 1928 währen sollte. In den vier Kriegsjahren profilierte sich Marum bereits als führender Parlamentarier, der den Vorsitz der Kommission für Justiz und Verwaltung übernahm und als Hauptredner seiner Fraktion am Ende des Krieges die Verfassungsreform zu betreiben bemüht war.

Innerhalb der badischen vorläufigen Volksregierung nahm er hinter dem sozialdemokratischen Ministerpräsidenten Geiß den führenden Platz ein und gestaltete die Umbruchssituation entscheidend mit. Inhaltlich war seine politische Arbeit von einer konsequenten Reformpolitik bestimmt, die seine Partei in der Zusammenarbeit mit bürgerlichen Kräften durchzusetzen bemüht war. Dies zeigte sich sowohl in der Kommunalpolitik als auch in der Landespolitik. Neben den politischen Zielen der Demokratisierung und der Verfassungsreform ging es der badischen Vorkriegs-SPD wesentlich darum, ihre isolierte Position im politischen Spektrum zu durchbrechen und von den bürgerlichen Parteien und der Regierung des Großherzogtums als gleichberechtigter Partner im politischen Prozess anerkannt zu werden.

Der im Weltkrieg propagierte Burgfrieden gab der badischen SPD Gelegenheit, ihren Integrationswillen unter Beweis zu stellen und den Verzicht auf jegliche Opposition wirksam zu demonstrieren. Marums Einstieg in die Landespolitik fand also in den Kriegsjahren statt, in denen er den neuen Kurs der Partei tatkräftig unterstützte, indem er in seinen ersten Parlamentsreden die Anerkennung des konstitutionellen Systems, die Eingliederung der Arbeiterbewegung in die Nation, die Unterstützung des Krieges und der Verteidigungsanstrengungen, den Willen zum Konsens mit den bürgerlichen Kräften unterstrich.

Marum trieb die Wandlung der Partei in eine sozialistisch-demokratische Reformpartei entscheidend mit voran und forcierte die Trennung von dem linken Flügel, der am Konzept der Opposition festhielt und dem Krieg jegliche Unterstützung versagte. Damit schuf er die innerparteiliche Voraussetzung dafür, dass die Sozialdemokratie sich als Koalitionspartner in einem Bündnis mit bürgerlichen Parteien präsentieren konnte. Andererseits folgte er aber auch nicht dem Rechtsruck, den Teile der badischen SPD in den Kriegsjahren vollzogen, seine Abneigung gegenüber theoretischen Erörterungen ließ ihn vielmehr auch während des Krieges an einer nüchtern pragmatischen Politik festhalten.

Am Ende des Krieges hatte die MSPD sich im Reich und in Baden eine Position erobert, welche die Integration der Arbeiterbewegung in das bestehende System beinhaltete und die Partei als diejenige politische Kraft auswies, die am konsequentesten die demokratische Verfassungsreform verfocht. An beiden Erfolgen hatte Marum entscheidenden Anteil. In Baden war er es, der sich von Anfang an für die Mitarbeit im parlamentarischen System eingesetzt hatte und als Abgeordneter in den Jahren 1917/18 neben Kolb als wichtigster Verfechter der Verfassungsreform in der Zweiten Kammer auftrat.

In den Monaten, die dem Novemberumsturz folgten, stand Marum am Gipfelpunkt seiner Karriere und übte entscheidenden Einfluss auf die Entwicklung in Baden aus. In dieser Phase konnte seine Partei nach langen Jahren der Rückschläge und Niederlagen endlich Erfolge verzeichnen, indem lang angestrebte Ziele reformistischer Politik wie der Regierungseintritt, die Durchsetzung der parlamentarischen Demokratie und die Verabschiedung einer von sozialdemokratischem Geist geprägten Verfassung umgesetzt werden konnten. Marum und seine sozialdemokratischen Ministerkollegen brachten in den Tagen der Novemberrevolution ein politisches Projekt zum Abschluss, dessen Anfänge in der von Frank und Kolb begonnenen Großblockpolitik lagen. Damit war ein Neubeginn in der Geschichte der Partei gegeben, die in der Republik als staatstragende Kraft endlich die Verhältnisse mitgestalten konnte.

Diese Erfolge badischer SPD-Politik waren einer Revolution zu verdanken, die von der Partei weder gewünscht noch angestrebt worden war. Ludwig Marum gehörte zu denjenigen, die – trotz weitgehender politischer Differenzen mit der Rätebewegung – die Gunst der Stunde erkannten und zum Vorteil der Partei nutzten. Er hatte entscheidenden Anteil an der Bildung der badischen Revolutionsregierung, wobei seine Revolutionspolitik vollkommen bestimmt war von ideologischen Positionen, die Kernelemente seines Politikverständnisses umrissen. Zu ihnen gehörten die absolute Priorität demokratischer Verfahrensweisen, der Vorrang staatlicher Institutionen und ihrer Entscheidungen vor dem Partizipationsanspruch der Räte, streng legalistisches Denken und der Wille zu einer strikten Ordnungspolitik. Aus diesen Prämissen ergaben sich die politischen Schritte, die Marum unternahm: Er setzte sich für ein breites Koalitionsbündnis mit bürgerlichen Parteien ein, das – ungeachtet der neuen Machtverhältnisse nach der Novemberrevolution – die tradierten politischen Kräfteverhältnisse in Baden berücksichtigte. Marum setzte einen frühen Wahltermin durch in der Absicht, möglichst rasch demokratisch legitimierte staatliche Institutionen zu schaffen. In der Interimszeit sollte nach seiner Auffassung sowohl die provisorische Regierung als auch die Räteorgane einen zurückhaltenden Gebrauch von der Macht machen.

Marums Ministertätigkeit gründete auf der Überzeugung, dass die Leitung der Revolution in den Händen der provisorischen Regierung liegen musste, woraus sich die Abwehr aller Partizipationsansprüche der Räte ergab. Sein Wirken als Justizminister wurde von legalistischem und etatistischem Denken bestimmt, das sich dem Ziel der Aufrechterhaltung der Rechtssicherheit und der Ordnung verpflichtet fühlte. Entgegen der verbreiteten Auffassung von einer konfliktfreien Entwicklung in Baden zeigt diese Arbeit, dass es besonders in der zweiten Phase der Revolution eine Polarisierung gab und dass die politische Situation über einen längeren Zeitraum durchaus offen war. Marum setzte sich erfolgreich dafür ein, dass die Ziele des reformistischen Projekts realisiert wurden und sowohl eine Gegenrevolution als auch gewaltsame Exzesse von links verhindert wurden.

Besondere Verdienste erwarb sich Marum in der Durchsetzung des sozialdemokratischen Verfassungsentwurfs, wobei er den Ansprüchen bürgerlicher Parteien allerdings durch weitgehende Kompromisse entgegenkam. Er übernahm in den Revolutionsmonaten die Rolle des Mittlers, der die neue Parteiposition der Mitte sowohl gegenüber den Räten und den linken Arbeiterparteien als auch gegenüber den bürgerlichen Kräften vertrat. Dies erforderte besondere Meisterschaft in einer politischen Situation, die von divergierenden Interessen und einer ungeklärten Machtsituation bestimmt war. Der Vermittlertätigkeit Marums ist es wesentlich zu verdanken, dass das sozialdemokratische Programm ohne wesentlichen Widerstand durchgesetzt werden konnte.

Neben seinem Ministeramt übernahm Marum nach der Wahl den stellvertretenden Fraktionsvorsitz in der Nationalversammlung und stieg damit zu einem der einflussreichsten Parteipolitiker Badens auf. In der Forschung wurde seine Leistung in der Revolutionszeit, seine Verdienste um die Verfassung bisher nicht ausreichend gewürdigt. Die vorliegende Arbeit zeigt, dass Marum sich als Verwalter des politischen Vermächtnisses von Frank und Kolb verstand, der den von ihnen angestrebten Ideen der Demokratisierung und Verfassungsreform endlich zum Durchbruch verhalf. Seine Leistung erwies sich besonders darin, dass er es in der Revolution, als die Sozialdemokratie nur einen sehr begrenzten Spielraum hatte, allen Schwierigkeiten zum Trotz vermochte, Kernforderungen sozialdemokratischer Programmatik durchzusetzen. Ihm und seiner Partei kam vor allem das Verdienst zu, den Obrigkeitsstaat durch eine parlamentarische Demokratie abgelöst und eine schwierige Umbruchssituation gestaltet zu haben, eine Situation, in der gewaltsame Auseinandersetzungen drohten und der gesamtgesellschaftliche Konsens in äußerster Gefahr war.

Diese vorsichtige Gangart in der Phase der Revolution verhinderte aber auch die Gestaltung eines politischen Neuanfangs, der eine wirkliche Zäsur zwischen alter und neuer Ordnung bedeutet hätte. Der demokratische Erneuerungswille breiter Volksschichten wurde von der Partei kaum genutzt. Man glaubte, in der schwierigen Nachkriegszeit die Demokratisierung des Staatsapparats nicht in Angriff nehmen zu können und vertraute auf die Loyalität der Beamtenschaft und der Heeresführung des alten Systems. Die Konzentration auf das politische Ziel der Umwandlung des Staatswesens in eine parlamentarische Demokratie führte zu einer Vernachlässigung der Sozialpolitik und der elementaren Interessen breiter Volksschichten, die letztlich zu einer Entfremdung zwischen der Parteiführung und der Landtagsfraktion einerseits und der Basis andererseits führte. Während die politischen Strukturen auf der rechtlichen Ebene demokratisiert worden waren, fehlte eine echte Veränderung im Staatsapparat. Aus Angst vor der Verweigerung des Bürgertums hatte man auch die Eigentumsordnung unangetastet gelassen und damit die wirtschaftlichen und sozialen Verhältnisse nicht erneuert.

Nüchternheit und Realitätssinn ließen Marum davon überzeugt sein, dass die inneren Belastungsfaktoren der Nachkriegssituation keine weiteren politischen Eingriffe zuließen. Die darauf abzielenden Versuche der linken Kräfte lehnte er in Übereinstimmung mit seiner Partei strikt ab und trat für ein scharfes Vorgehen gegen die politische Linke auch in Baden ein. Die Notwendigkeit einer einheitlichen starken Arbeiterbewegung als wesentliche Stütze der Republik wurde von ihm verbal zwar bekräftigt, er befürwortete jedoch gleichzeitig eine Politik der Härte, welche die Feindschaft zwischen den Arbeiterparteien befördern musste. Der Überschätzung der Gefahr von links stand die Unterschätzung der Bedrohung von rechts gegenüber. Diese Fehleinschätzung seiner Partei und ein übergroßes Vertrauen in die Republiktreue des Bürgertums teilte Marum mit den meisten Genossen in der SPD.

Marum gehörte mit Frank und Haas zu den ersten Politikern jüdischer Herkunft, denen eine steile politische Karriere gelang. Alle drei Politiker haben für Badens demokratische Entwicklung Bedeutendes geleistet, ihr Wirkungskreis erstreckte sich aber auch auf die Reichspolitik, in der sie als Reichstagsabgeordnete mitwirkten.

Die Vertretung von Juden in der Politik war ein besonders wichtiger Indikator des Standes ihrer Integration. Die Bereitschaft von Parteien und Wählern, jüdische Politiker aufzustellen bzw. zu wählen und sie dadurch mit wichtigen Machtpositionen zu betrauen, gab einem entspannten, vertrauensvollen Verhältnis zur jüdischen Minderheit Ausdruck. Aber auch das Interesse jüdischer Menschen, in der öffentlichen Sphäre der Politik zu wirken, verlangte die Überwindung überkommener Zurückhaltung, einer Zurückhaltung, die der Angst vor antisemitischen Anfeindungen geschuldet war.

Marum gehörte zu dem kleinen Kreis von Menschen jüdischer Herkunft, die sich für eine aktive politische Laufbahn entschieden und die ihr Interesse an der Gestaltung der gesamtgesellschaftlichen Verhältnisse höher bewerteten als die persönlichen Nachteile und die antisemitischen Angriffe, die mit solch exponierter Stellung verbunden waren. Die Karlsruher SPD entsandte mit Marum erstmalig einen Politiker jüdischer Herkunft in den Bürgerausschuss und die Zweite Kammer des Landtages. In der Zweiten Badischen Kammer hatten zwar seit der Emanzipation von 1862 jüdische Abgeordnete mitgearbeitet, in den ersten Jahrzehnten bis zur Jahrhundertwende hatte es sich jedoch ausschließlich um Mitglieder der liberalen Parteien gehandelt. Jüdische Sozialdemokraten waren seit 1905 im badischen Landtag vertreten, allerdings gab es zu Beginn des Ersten Weltkriegs, als Marum sein Mandat antrat, außer ihm nur noch ein jüdisches Mitglied. Auch wenn Marum und alle übrigen Politiker jüdischer Herkunft keine speziell jüdischen Interessen vertraten, sondern sich strikt an ihren jeweiligen Parteiprogrammen orientierten, so lassen sich dennoch Politikfelder erkennen, denen sie sich bevorzugt widmeten und die durchaus in Zusammenhang mit jüdischen Belangen standen. Zu diesen gehörten vor allem die Rechtspolitik und die Verfassungsreform. Marum teilte diese Präferenz mit den übrigen Parlamentariern jüdischer Herkunft. Parteipolitisch verfolgte er als wichtigstes Ziel die gleichberechtigte Stellung der Arbeiterpartei im politischen System, so wie die jüdische Minderheit die Integration in die Gesellschaft anstrebte.

In Krieg und Revolution vertrat Marum Positionen, die im Einklang mit der Linie seiner Partei standen, die ihn aber auch mit Stellungnahmen anderer Politiker jüdischer Herkunft verbanden. Diese zeigten im Weltkrieg eine weitgehende Identifikation mit den Interessen der deutschen Nation, unterstützten die Kriegführung und stimmten den Kriegskrediten zu. Auf den Ausbruch der Revolution reagierten die meisten deutschen Juden, wegen ihrer überwiegend gemäßigten Einstellung, zurückhaltend. Sie unterstützten aber rückhaltlos die demokratische Zielsetzung der Umwälzung. Dies zeigte sich in ihrem Engagement in der Rätebewegung, in den demokratischen Parteien und den führenden Revolutionsorganen. Auch Marums besonderer Einsatz für die Ausarbeitung einer neuen Verfassung fand eine Parallele im gleichlautenden Interesse der meisten Politiker jüdischer Herkunft, die sich besonders auf diesem Gebiet hervortaten.

Die weitgehende Interessenkongruenz zwischen der Emanzipationsbewegung der Arbeiterbewegung und der des Judentums bildete die Ursache dafür, dass Marums politische Bestrebungen auch dem Judentum zugute kamen. Sein politischer Stil entsprach ebenfalls den vorherrschenden Verhaltensweisen jüdischer Politiker in Baden. Kennzeichnend für sie war ihre vermittelnde, versöhnliche Haltung in der Umbruchsituation und ihr vorsichtiger Umgang mit der Macht, die sie nach der Konsolidierung der Verhältnisse wieder aus den Händen gaben. Die Aufgabe des Ministeramtes durch Marum stand in Übereinstimmung mit dem Rückzug vieler jüdischer Politiker aus den Schaltstellen der Macht. Verschiedene Motive mögen hier eine Rolle gespielt haben, eines von ihnen war sicherlich die Reaktion auf die antisemitische Hetze. Der Antisemitismus, der in der revolutionären Zeit verstärkt auftrat, war für Marum kein unbekanntes Phänomen. Die Judenfeindschaft belastete sein Leben von Anfang an. Sowohl seine Schüler- und Studentenzeit als auch die Jahre seiner politischen Karriere waren überschattet von antisemitischen Vorkommnissen und einer judenfeindlichen Stimmungslage in der Bevölkerung. Schon während seines Studiums war er persönlichen Anfeindungen ausgesetzt gewesen, jetzt stellte er sich durch seinen Beschluss, sich in der Politik zu engagieren, in die Frontlinie der innergesellschaftlichen Kämpfe und bot sich als Zielscheibe antisemitischer Attacken an. Dies zeigte sich besonders, als er das Ministeramt in der Revolutionsregierung antrat und als Sozialdemokrat sowie wegen seiner jüdischen Herkunft angegriffen wurde. Die Monate der Revolution, die politisch eine Zeit des Erfolgs für Marum waren, verwiesen zugleich durch ihre aufgeheizte antisemitische Stimmung auf die Defizite im Integrationsprozess der Juden. Schon als junger Mann war Marum dem Antisemitismus offensiv gegenübergetreten und hatte die gesellschaftliche Gleichstellung jüdischer Menschen gefordert. Dies hatte er als Mitglied der jüdischen Verbindung Badenia, die dem Centralverein deutscher Staatsbürger jüdischen Glaubens nahe stand, getan. Dann war der Misserfolg der Abwehrmechanismen der bürgerlichen jüdischen Organisationen ein wesentliches Motiv gewesen, sich der Arbeiterbewegung anzuschließen.

Marums vollkommene Identifikation mit der Partei bewirkte eine kritiklose Übernahme ihrer Antisemitismustheorie und machte ihn blind für die tatsächliche Stärke der antisemitischen Bewegung und das Ausmaß der eigenen Gefährdung. Jüdische Politiker anderer Parteien erwiesen sich in diesem Punkte weitaus klarsichtiger, was zum Beispiel Ludwig Haas durch seine öffentlichen Stellungnahmen bewies. Als Sozialdemokrat jüdischer Herkunft verdankte Marum der SPD viel, allerdings unterschätzte die Partei die Bedeutung des modernen, radikalen Antisemitismus der extremen Rechten. Deren aggressives Potential, ihre Gewaltbereitschaft und ihr besonderer Hass auf prominente Führer der Linken, die dem Judentum entstammten, deuteten sich schon in der Novemberrevolution an.

Marum erkannte diese Zeichen, welche die Gefährdung der jüdischen Emanzipation deutlich signalisierten, nicht und bewahrte sich eine optimistische Einschätzung, die durch die erreichten Erfolge in der Politik verstärkt wurde und auch für den jüdischen Integrationsprozess eine ähnlich positive Entwicklung antizipierte, wie sie die Arbeiterbewegung bereits durchlaufen hatte.

Diese Arbeit beschreibt den Lebensweg Marums bis zum Jahr 1919. Eine Fortsetzung der Biographie erscheint als lohnende Aufgabe, um die Entwicklung der badischen Arbeiterbewegung, die Schwierigkeiten der jüdischen Integration und Marums politischen Werdegang weiter zu verfolgen. In aller Kürze sei hier ein Blick auf die kommende Zeit der Weimarer Republik und auf ihr klägliches Ende geworfen.

Die Jahre der Weimarer Republik bildeten den Höhepunkt in Marums Leben. Sie waren für ihn mit persönlichem Erfolg, politischem Einfluss, gesellschaftlicher Reputation und Anerkennung verbunden. In diesen Jahren zählte Marum zur Führungsspitze der badischen SPD, als Vorsitzender von Fraktion und Haushaltsausschuss und als Mitglied der badischen Regierung in seiner Funktion als Staatsrat gestaltete er die badische Politik entscheidend mit. Im Jahr 1926 wurde ihm von der Universität Freiburg für seine politischen Verdienste die Ehrendoktorwürde verliehen. Die Übernahme eines Reichstagsmandats im Jahre 1928 und der Vorsitz im Strafrechtsausschuss des Parlaments bildeten weitere Höhepunkte seiner politischen Karriere.

In Baden folgte die SPD ihrem reformistischen Konzept der Mitarbeit im neuen republikanischen Staat. Bis zum Jahr 1932 blieb sie Regierungspartei und arbeitete als Juniorpartner in der vom Zentrum geführten Koalition mit. In wesentlichen Fragen der Bildungs- und Kulturpolitik war die Partei zu großen Kompromissen bereit. Ihre Hauptaufgabe erkannte sie im Ausbau und der Festigung der parlamentarischen Demokratie. Sie strengte all ihre Kräfte an zur Verteidigung der Republik angesichts einer Kette von Angriffen der rechten und linken Republikfeinde. Die bedeutendsten Parlamentsreden Marums bezogen sich auf diese Thematik; er empfahl ein hartes Vorgehen gegen die Feinde der Republik.

Die Beteiligung von Politikern jüdischer Herkunft an der Gestaltung der ersten deutschen Demokratie nahm einen beträchtlichen Umfang an und zeugte von großem Interesse an der Stabilisierung der Republik. Die Integration der Juden auf dem Gebiet der Politik war um wesentliche Schritte vorangekommen, was sich in dem hohen Anteil von Juden in den Parlamenten und Regierungen zeigte. Ein jüdischer Politiker stellte in der Zeit der Weimarer Republik keine Ausnahmeerscheinung mehr dar, Marum teilte seine Position als Spitzenpolitiker mit vielen engagierten Bürgern jüdischer Herkunft im Reich.

Diesen positiven Entwicklungen standen jedoch gegenläufige Tendenzen gegenüber. Trotz seiner steilen Karriere erreichte Marum kein Ministeramt in den badischen Kabinetten der Weimarer Republik, sein Reichstagsmandat eroberte er nicht über die badische Landesliste, sondern über die Reichsliste. Hier musste er zurückstehen, weil seine Partei, aus Rücksicht auf das beträchtliche Ausmaß des Antisemitismus in der Bevölkerung, Politiker jüdischer Herkunft nicht in den Brennpunkt der öffentlichen Aufmerksamkeit stellen wollte.

Obwohl die badische SPD in den Weimarer Jahren als Regierungspartei bestätigt wurde, gelang es ihr nicht, ihre politische Arbeit den Wählern nachhaltig zu vermitteln. Seit der badischen Landtagswahl von 1921 gingen die Stimmenanteile der Sozialdemokraten kontinuierlich zurück. Die Auseinandersetzung zwischen SPD und KPD wurde auch in Baden mit Härte geführt. Im Landtag war Marum vielfältigen Angriffen der Kommunisten ausgesetzt, denen er mit Schärfe entgegentrat. Die parteiinternen Flügelkämpfe der Kriegs- und Vorkriegszeit und die mit damit verbundenen Fragen nach der Position der Arbeiterbewegung im kapitalistischen System, nach ihrer Strategie und Taktik, fanden nun ihren Ausdruck im Kampf der Arbeiterparteien gegeneinander, einem Kampf, der von unversöhnlicher Feindschaft bestimmt war.

Der Antisemitismus, der in den 20er Jahren verstärkt in gesellschaftliche Gruppierungen und staatliche Institutionen eindrang, beschäftigte mehrfach den Badischen Landtag, der sich vor allem mit antisemitischen Vorfällen an den Universitäten des Landes auseinander zu setzen hatte. In diesen Fragen vertrat Marum die öffentliche Stellungnahme seiner Partei. In seiner Rede anlässlich des Attentats auf Walter Rathenau konnte er die eigene Betroffenheit über den Anschlag kaum verbergen. Auf Marum selbst richteten sich die Angriffe eines von Nazis und Kommunisten inszenierten Skandals in der sogenannten Batschari-Reemtsma-Affäre von 1929, in dem er der Steuerhinterziehung und der Korruption bezichtigt wurde.[3] Die Affäre stellte den Versuch dar, den prominentesten jüdischen Politiker Badens durch die Erhebung klischeehafter antisemitischer Vorwürfe politisch zu desavouieren und ihn zur Aufgabe seiner Ämter zu zwingen. Durch gerichtliche Schritte gelang es Marum nicht, die Angriffe abzuwehren, schließlich nahm er in einer Reichstagsrede öffentlich Stellung zu den antisemitischen Verleumdungen. Weder die gegen ihn gerichteten Angriffe noch die frühen Erfolge der Nazis bei den badischen Landtagswahlen von 1929 erschütterten seine optimistische Beurteilung der politischen Entwicklung. Selbst nach seiner Inhaftierung erkannte Marum den Ernst seiner Lage nicht; er schlug eine ihm gebotene Fluchtmöglichkeit aus und glaubte, nach einer Freilassung weiter als Rechtsanwalt im nationalsozialistischen Deutschland arbeiten zu können.

Marums politische Laufbahn endete in einer Katastrophe. In seinem letzten Jahr in der Haft wurde er zum Zeugen der Zerstörung seines politischen Lebenswerks. Die Grundfesten der Republik – Menschenrechte und Parlamentarismus – waren außer Kraft gesetzt, seine Partei verboten, Ausgrenzung und Entrechtung der Juden hatten schon begonnen und verwiesen auf das endgültige Scheitern der jüdischen Emanzipation. Die Zerschlagung des Rechtsstaates spürte Marum an der eigenen Person: Seine Immunität als Reichstagsabgeordneter hatte nicht vermocht, ihn vor willkürlicher Verhaftung zu schützen, die Hoffnung auf Freilassung löste sich für seine sozialdemokratischen Leidensgenossen ein, nicht jedoch für ihn als Sozialdemokraten und Juden.

Unter der Herrschaft der radikalen Antisemiten wurde Marum eines der ersten Opfer im nationalsozialistischen Deutschland, das den Sozialdemokraten jüdischer Herkunft für seinen Entschluss, in die Politik zu gehen, mit dem Leben zahlen ließ. In seiner Bedrängnis unterstrich Marum die Maxime, die er bereits in seiner Jugend als Mitglied der jüdischen Studentenverbindung in der Konfrontation mit den Antisemiten entwickelt und ein Leben lang befolgt hatte. In einem seiner letzten Briefe aus der Haft schrieb er: „Meine Freiheit können sie mir nehmen, aber nicht meine Würde und meinen Stolz."[4]

---

[3] Zur Batschari-Reemtsma-Affäre vgl.: Marum-Lunau/Schadt (1984), S. 9f, 108, 111f., 131.
[4] Marum-Lunau/Schadt (1984), S. 64.

Abkürzungsverzeichnis

AfS	Archiv für Sozialgeschichte
AKP	Alternative Kommunalpolitik
Bad. Biogr.	Badische Biographien
Bad. LT	Badischer Landtag
BASB	Badischer Arbeitersängerbund
BNN	Badische Neueste Nachrichten
BVG	Badisches Gesetz- und Verordnungsblatt
CVP	Christliche Volkspartei
DMV	Deutscher Metallarbeiterverband
DDP	Deutsche Demokratische Partei
DVP	Deutsche Volkspartei
EML	Elizabeth Marum-Lunau
FVP	Fortschrittliche Volkspartei
GLA	Generallandesarchiv
GWU	Geschichte in Wissenschaft und Unterricht
HZ	Historische Zeitschrift
IWK	Internationale Wissenschaftliche Korrespondenz zur Geschichte der deutschen Arbeiterbewegung
JB	Jahrbuch
KA	Karlsruhe
KADC	Karlsruher Arbeiter-Diskussions Club
KPD	Kommunistische Partei Deutschlands
LBI	Leo-Baeck-Institut
LBYB	Leo Beack Year Book
LK	Landeskonferenz
LT	Landtag
MA	Mannheim
m. A.	Anmerkung der Autorin
MG	Männergesangsverein
MSPD	Mehrheitssozialdemokratie
N	Nachlass
NDB	Neue Deutsche Biographie
NL	Nationalliberale
o. J.	ohne Jahre
o. O.	ohne Ort
Prot.	Protokoll

PT	Parteitag
RT	Reichstag
SM	Sozialistische Monatshefte
Sp.	Spalte
SPD	Sozialdemokratische Partei Deutschlands
StadtA	Stadtarchiv
UAH	Universitätsarchiv Heidelberg
USPD	Unabhängige Sozialdemokratische Partei Deutschlands
VSWG	Vierteljahresschrift für Sozial- und Wirtschaftsgeschichte
VZG	Vierteljahreshefte für Zeitgeschichte
WA	Wohlfahrtsausschuss
Z	Zentrum
ZGO	Zeitschrift für Geschichte des Oberrheins
ZP	Zeitschrift für Politik
ZUG	Zeitschrift für Unternehmensgeschichte
ZVK	Zeitschrift für Volkskunde

Quellen

Archive

Archiv der sozialen Demokratie, Bonn
Erzbischöfliches Archiv, Freiburg
Generallandesarchiv Karlsruhe
Landeskirchenarchiv, Dekanat Karlsruhe
Leo-Baeck-Institut, New York
Leo-Baeck-Institut, Jerusalem
Ronge-Archiv, Stadtarchiv Mannheim
Schularchiv des Schönborn-Gymnasiums, Bruchsal
Stadtarchiv Bruchsal
Stadtarchiv Frankenthal
Stadtarchiv Karlsruhe
Stadtarchiv Mannheim
Universitätsarchiv Heidelberg

Unveröffentlichte Quellen

Brautwerbungsbriefe von Ludwig Marum. LBI, New York
Familienunterlagen EML. LBI New York
Unveröffentlichtes Manuskript EML zur Biographie Ludwig Marums. LBI, New York
Memoirensammlung Max Eschelbacher. LBI, New York
Unveröffentlichte Manuskripte zur Geschichte der Bruchsaler Jüdischen Gemeinde. Stadtarchiv Bruchsal
Klassenlisten des Großherzoglich-Badischen Gymnasiums in Bruchsal. Schularchiv Schönborn-Gymnasium Bruchsal

Mündliche Auskünfte

Avery, Dominique, Simsbury/Connecticut
Barzilai, Eli, Jerusalem
Berkemann, Hans Eberhard, Bad Sobernheim
Holler, Gerhard, Untergrombach
Koch, Ulrike, Karlsruhe
Landgraf, Hanne, Karlsruhe
Marum, Ludwig, Berlin
Marum, Sophie, Berlin
Marum-Fischer, Andrée, Berlin
Marum-Lunau, Elizabeth †, New York
Pilick, Eckart, Karlsruhe

Zeitungen / Zeitschriften

Archiv für Sozialgeschichte
Badischer Beobachter
Badische Heimat
Badische Landeszeitung
Badische Neueste Nachrichten
Bruchsaler Bote
Frankenthal einst und jetzt
Geschichte und Gesellschaft
Geschichte in Wissenschaft und Unterricht
Die Glocke
Historische Zeitschrift
Internationale Wissenschaftliche Korrespondenz zur Geschichte der deutschen Arbeiterbewegung
Judaism
Leo Baeck Year Book
Leipziger Volkszeitung
Lichtstrahlen für freie Religion
Karlsruher Zeitung
Mannheimer Geschichtsblätter
Mannheimer Hefte
Minora
Die neue Gesellschaft. Frankfurter Hefte
Neue Zeit
Die Rheinpfalz
Sozialistische Monatshefte
Telos
Vierteljahreshefte für Zeitgeschichte
Vierteljahresschrift für Sozial- und Wirtschaftsgeschichte
Volksfreund
Volksstimme
Volkswacht
Vorwärts
Der Wormsgau
Zeitschrift für die Geschichte des Oberrheins
Zeitschrift für Politik
Zeitschrift für Unternehmensgeschichte
Zeitschrift für Volkskunde

Literatur

Adressbücher der Haupt- und Residenzstadt Karlsruhe. Div. Jahrgänge.

Adressbuch der Stadt Bruchsal 1907. Bruchsal 1907.

Adler (1993): Adler, Matthias: Das Unbewusste in Wissenschaft und Kultur. Stuttgart/New York 1993.

Aldenhoff (1993): Aldenhoff, Rita: „Kapitalismusanalyse und Kulturkritik – Bürgerliche Nationalökonomen entdecken Karls Marx". In: Hübinger/Mommsen (1993).

Alles für das Volk: Vgl. Schadt (1977). Allgemeiner Kongress der Arbeiter- und Soldatenräte Deutschlands vom 16. bis 21. Dezember 1918 im Abgeordnetenhaus zu Berlin. Stenographische Berichte. Hrsg. v. Zentralrat der sozialistischen Republik Deutschlands. Berlin o. J.

Alter (1999): Alter, Peter mit Claus-Eckhard Bärsch und Peter Berghoff (Hrsg.): *Die Konstruktion der Nation gegen die Juden.* Tagungsband des Salomon-Ludwig-Steinheim-Instituts für deutsch-jüdische Geschichte sowie des Lehrstuhls für Neuere und Neueste Geschichte der Mercator-Unisversität- Gesamthochschule Duisburg. München 1999.

Amtliche Berichte über die Verhandlungen der Badischen Ständeversammlung 1917. (Berichte der Karlsruher Zeitung über die Verhandlungen der Ersten und Zweiten Kammmer.) Karlsruhe 1917.

Angress (1988). Angress, Werner T.: „Juden im politischen Leben der Revolutionszeit". In: Mosse, Werner E. und Arnold Paucker (Hrsg.): *Deutschlands Judentum in Krieg und Revolution 1916–1923.* Tübingen 1988, S. 137–315.

Antoni (1983): Antoni, Michael: „Sozialdemokratisches Verfassungsdenken bis zur Weimarer Republik". In: *Zeitschrift für Politik,* Jg. 30, 1983, Heft 1.

Arendt (1959): Arendt, Hannah: *Rahel Varnhagen.* Lebensgeschichte einer deutschen Jüdin aus der Romantik. München 1959.

Arendt (1962): Arendt, Hannah: *Elemente und Ursprünge totaler Herrschaft.* Frankfurt 1962².

Arendt (1964): Arendt, Hannah: *Eichmann in Jerusalem.* Ein Bericht von der Banalität des Bösen. München 1964.

Arnold (1969): Arnold, Hermann: *Von den Juden in der Pfalz.* Speyer 1969.

Arnold (1986): Arnold, Hermann: *Juden in der Pfalz.* Vom Leben pfälzischer Juden. Landau, Pfalz 1986.

Asch (1964): Asch. Adolph: *Geschichte des K.C.* (Kartellverband jüdischer Studenten) *im Lichte der deutschen kulturellen und politischen Entwicklung.* London 1964.

Asche (1992): Asche, Susanne mit B. Guttmann, Olivia Hochstrasser, Sigrid Schambach, Lisa Sterr: *Karlsruher Frauen 1715–1945.* Eine Stadtgeschichte mit Beiträgen von G. Brandenburger-Eisele, Gretel Haas-Greber und A. Sauer. (=Veröffentlichung des Karlsruher Stadtarchivs, Band 15.) Karlsruhe 1992.

Baeck (1996): Baeck, Leo: *Dieses Volk. Jüdische Existenz.* (Hrsg. von Friedländer, Albert H. und Bertold Klappert) Gütersloh 1996.

Badische Biographien. Neue Folge. Bd. I–IV. Im Auftrag der Kommission für geschichtliche Landeskunde in Baden-Württember hrsg. v. Bernd Ottnad. Stuttgart 1996 (Bd. 4).

Bahn (1991): Bahn, Peter: *Deutschkatholiken und Freireligiöse.* Geschichte und Kultur einer religiös-weltanschaulichen Dissidentengruppe, dargestellt am Beispiel der Pfalz. Diss. Mainz 1991.

Balzer (1984): Balzer, Friedrich-M. und Gert Wendelbronn: *Wir sind keine stummen Hunde.* Heinz Kappes (1893–1988), Christ und Sozialist in der Weimarer Republik. Bonn 1984.

Barkai (1998): Barkai, Avraham: „Jüdisches Leben in seiner Umwelt". In: *Deutsch-jüdische Geschichte in der Neuzeit.* Bd. 4 Aufbruch und Zerstörung. Mit einem Epilog von Steven M. Löwenstein. München 1998, S. 50–73.

Battenberg (1990). Battenberg, Friedrich: *Das europäische Zeitalter der Juden.* Darmstadt 1990.

Bauer (1939): Bauer, Reinhard und Ernst Piper: *München – Geschichte einer Stadt.* München 1939.

Bayer/Wende (1995): Bayer, Erich und Frank Wende: *Wörterbuch zur Geschichte.* Stuttgart 1995.

Bebel (1906): Bebel, August: *Sozialdemokratie und Antisemitismus.* Berlin 1906.

Beck (1987): Beck, Rainer: *Industriearchitektur in Karlsruhe* Beiträge zur Industrie- und Baugeschichte der ehemaligen badischen Haupt- und Residenzstadt bis zum Ausbruch des Ersten Weltkriegs. Karlsruhe 1987.

Becker (1979):Becker, Josef et al.: *Badische Geschichte. Vom Großherzog bis zur Gegenwart.* Hrsg. v.d. Landeszentrale für politische Bildung Baden-Württemberg. Stuttgart 1979.

Benz (2001): Benz, Wolfgang: *Bilder vom Juden.* Studien zum alltäglichen Antisemitismus. München 2001.

Berding (1988): Berding; Helmut: *Moderner Antisemitismus in Deutschland.* Frankfurt am Main 1988.

Bernstein (1921): Bernstein, Eduard *Die deutsche Revolution, ihr Ursprung, ihr Verlauf und ihr Werk.* Bd. 1: Geschichte der Entstehung und ersten Arbeitsperiode der deutschen Republik. Berlin 1921.

Beulich (1987): Beulich, Peter. „Industrialisierung in Bruchsal im 19. Jahrhundert." In *Bruchsal: Veranstaltungen, Kultur und Heimatgeschichte.* Band 1, 25. Jahrgang, 1987.

Beyer (1986): Beyer, Gerhart und Detlev Aurand (Bearbeiter): *„Weiland Bursch zu Heidelberg".* Eine Festschrift der Heidelberger Korporationen zur 600-Jahr-Feier der Ruperta Carola. Heidelberg 1986.

Biedermann (1967): Biedermann, Alfred: „Politisches Leben im alten Bruchsal. Worte der Erinnerung an den in Kislau umgekommenen Dr. Ludwig Marum. In: *Badische Neueste Nachrichten-Bruchsaler Rundschau.* Aufbewahrt im Stadtarchiv Bruchsal.

Blasius/Diner (1991): Blasius, Dirk und Dan Diner (Hrsg.): *Zerbrochene Geschichte.* Leben und Selbstverständnis der Juden in Deutschland. Frankfurt/Main 1991.

Blickle (1982): Blickle, Peter: *Von der Städteversammlung zum demokratischen Parlament.* Die Geschichte der Volksvertretung in Baden-Württemberg. Hrsg. von der Landeszentrale für politische Bildung Baden-Württemberg. Stuttgart 1982.

Boelcke (1989): Boelcke, Willi A.: *Sozialgeschichte Baden-Württembergs 1800–1989.* Politik, Gesellschaft, Wirtschaft. Stuttgart/Berlin/Köln 1989.

Bonneß (1959):Bonneß, Wilhelm: „Johannes Ronge: Aufbruch der freireligiösen Idee aus dem Katholizismus". In: *Die Freireligiöse Bewegung. Wesen und Auftrag* Ludwigshafen 1959.

Born (1975): Born, Karl Erich: *Von der Reichsgründung bis zum Ersten Weltkrieg.* München 1975.

Bräunche (1987): Bräunche, Ernst Otto: „Die Karlsruher Industrie bis zum Ausbruch des 1. Weltkriegs". In: Beck, Rainer, Michael Bormann, E. O. Bräunche (Hrsg.): *Industriearchitektur in Karlsruhe.* Beiträge zur Industrie- und Baugeschichte der ehemaligen Badischen Haupt- und Residenzstadt bis zum Ausbruch des 1. Weltkriegs. (=Veröffentlichung des Karlsruher Stadtarchivs, Bd. 6.) Karlsruhe 1987, S. 12–22.

Bräunche (1998): Bräunche, Ernst Otto (Red.): *Karlsruhe.* Die Stadtgeschichte. Mit Beiträgen von Susanne

Buselmeier (1985): Buselmeier, K. et al. (Hrsg.): *,Auch eine Geschichte der Universität Heidelberg '.* Mannheim 1985.

Cahnmann (1974): Cahnmann, W.J.: „Der Dorf- und Kleinstadtjude als Typus". In: *Zeitschrift für Volkskunde* 70. Jg, 1974. S. 169–193.

Cartorius (1982): Cartorius, Dirk (Hrsg.): *Deutschland im Ersten Weltkrieg.* Texte und Dokumente 1914–1918. München 1982.

Chronik der Haupt- und Residenzstadt Karlsruhe. Karlsruhe 1885–1923.

Chronik und Festprogramm zur 90-Jahrfeier des Mg Gesangvereins Lassallia Karlsruhe 1895–1985. Karlsruhe. 1985. (Privatbesitz Ulrike Koch, Karlsruhe.)

Conze (1968): Conze, Werner: „Sozialgeschichte". In: *Moderne deutsche Sozialgeschichte.* Hrsg. v. Hans-Ulrich Wehler. Köln/Berlin 1968.

Cordes (1978): Cordes, Günther (Hrsg.): *Krieg, Revolution, Republik.* Die Jahre 1918 bis 1920 in Baden und Württemberg. Eine Dokumentation. Stuttgart/Ulm 1978.

Cordes (1982): Cordes, Günther: „Württembergischer Landtag bis 1918". In: *Von der Ständeversammlung zum demokratischen Parlament.* Die Geschichte der Volksvertretungen in Baden-Württemberg. Hrsg. v.d. Landeszentrale für politische Bildung. Stuttgart 1982, S. 123–152.

Cser (1982): Cser, Andreas: „Badischer Landtag bis 1918". In: Von der Ständeversammlung zum demokratischen Parlament. Die Geschichte der Volksvertretungen in Baden-Württemberg. Hrsg. v.d. Landeszentrale für politische Bildung. Stuttgart 1982, S. 153–182.

Cser (1996): Cser, Andreas: *Geschichte der Juden in Heidelberg.* (=Buchreihe der Stadt Heidelberg, Bd.6). Heidelberg 1966.

Deist (1977): Deist, Wilhelm: „Die Armee in Staat und Gesellschaft". In: Stürmer, Michael *Das kaiserliche Deutschland.* Politik und Gesellschaft 1870–1918. Kronberg 1977.

Deutsch-jüdische Geschichte in der Neuzeit. Hrsg. im Auftrag des Leo-Baeck-Instituts von Michael A. Meyer. Unter Mitwirkung von Michael Breuer. Bd. 1 Frankfurt a. M./Wien 1996.

Die Religionsangehörigkeit in Baden in den letzten 100 Jahren. Auf Grund amtlichen Materials mit 26. Karten. Hrsg. vom Badischen Landesamt. Freiburg i.Br. 1928. (Siehe auch Statistisches Landesamt (1928).)

Doerry (1984): Doerry, Martin: „Judentum zwischen Anpassung und Selbstpreisgabe. 134 Briefe Moritz Ellstätters (1827–1905)". In: *Zeitschrift für die Geschichte des Oberrheins* (ZGO) 132, NF 93, 1984.

Dohm (1781/83): Dohm, Christian Wilhelm: *Über die bürgerliche Verbesserung der Juden.* Berlin/Stettin 1781/83.

Domann (1974): Domann, Peter: *Sozialdemokratie und Kaisertum unter Wilhelm II.* Wiesbaden 1974.

Dreifuss (1927): Dreifuss, Erwin Manuel: *Die Familiennamen der Juden unter besonderer Berücksichtigung der Verhältnisse in Baden zu Beginn des 19. Jahrhunderts.* Frankfurt/Main 1927.

Drollinger (1968): Drollinger, Kuno: *Kleine Städte Südwestdeutschlands.* Studien zur Sozial- und Wirtschaftsgeschichte der Städte im rechtsrheinischen Teil des Hochstifts Speyer bis zur Mitte des 17. Jahrhunderts. Stuttgart 1968.

Dubnow (1920/23): Dubnow, Simon: *Weltgeschichte des jüdischen Volkes.* (Bd. 8 und 9) Berlin 1920/23.

Ebendt (1978): Ebendt, Volker et al. hrsg.: *100 Jahre Sozialdemokratie in Bruchsal.* Bruchsal 1978.

Einhundert Jahre SPD Karlsruhe. Hrsg. vom SPD Kreisverband. Karlsruhe 1977.

Eisele (1959): Eisele, Josef: „Von der Gründung bis 1945". In *70 Jahre Dienst am Volke.* Hrsg. vom SPD-Ortsverein Karlsruhe. Karlsruhe 1959.

Elbogen (1967): Elbogen, Ismar: *Ein Jahrhundert jüdischen Lebens.* Die Geschichte des neuzeitlichen Judentums. Frankfurt a.M. 1967.

Elbogen/Sterling (1966): Elbogen, Ismar und Eleonore Sterling: *Die Geschichte der Juden in Deutschland.* Frankfurt a.M. 1966.

Elsässer (1978): Elsässer, Konrad: *Die badische Sozialdemokratie 1890 bis 1914.* Zum Zusammenhang von Bildung und Organisation. Mit einem Vorwort von Georg Fülberth. Marburg 1978.

Engel-Janosi (1979): Engel-Janosi, F.: „Von der Biographie im 19. und 20. Jahrhundert". In: *Biographie und Geschichtswissenschaft.* Hrsg. von G. Klingenstein. Wien 1979.

Engler (1991): Engler, Wilhelm: *Freiburg, Baden und das Reich.* Lebenserinnerungen eines süddeutschen Sozialdemokraten (1873–1938). Bearbeitet von Reinhold Zumtobel. Hrsg. und eingeleitet von Wolfgang Hug. Stuttgart 1991.

Erb (1989): Erb, Rainer und Werner Bergmann: *Die Nachtseite der Judenemanzipation.* Der Widerstand gegen die Integration der Juden in Deutschland 1780–1860. Berlin 1989.

Erikson (1965): Erikson, Erik H.: *Kindheit und Gesellschaft.* Stuttgart 1965.

Erikson (1970): Erikson, Erik: *Jugend und Krise.* Psychodynamik im sozialen Wandel. Stuttgart 1970.

Erikson (1975): Erikson, Erik: *Dimensionen einer neuen Identität.* Frankfurt a.M. 1975.

Erikson (1981): Erikson, Erik: *Identität und Lebenszyklus:* Drei Aufsätze. Frankfurt a.M. 1981.

Ertl (1968): Ertl, Eric: *Alle Macht den Räten?* Frankfurt a. M. 1968.

Erzbischöfliches Ordinariat Freiburg, (Hrsg.): *Die rechtliche Stellung der Freireligiösen im Großherzogtum Baden.* Freiburg i.Br. 1914.

Eschelbacher (o.J.): Eschelbacher, Max: Memoirensammlung im Leo-Baeck-Institut, New York.

Exner-Seemann (1996): Exner-Seemann, Konrad: *Parlamentsarbeit im Zeitalter der konstitutionellen Monarchie.* Rupert Rohrhorst Ehrenbürger der Stadt Heidelberg und Präsident der Badischen Abgeordnetenkammer. Ubstadt-Weiher 1996.

Exner-Seemann (1998): Exner-Seemann, Konrad: *Ludwig Marum – Landespolitiker und NS-Opfer in Kislau/Bad Mingolsheim.* In: Badische Heimat, Heft 2, Juni 1998. S. 195–218.

Familienunterlagen ELM (o.J.): Familienunterlagen von Elizabeth Lunau-Marum im Leo-Baeck-Institut in New York.

Fendrich (1915): Fendrich, Anton: *Der Krieg und die Sozialdemokratie.* Freiburg 1915.

Fendrich (1920): Fendrich, Anton: *Der Judenhass und der Sozialismus.* Freiburg i.Br. 1920.

Fenske (1981): Fenske, Hans: *Der liberale Südwesten.* Freiheitliche und demokratische Traditionen in Baden und Württemberg 1790–1933. (=Schriften zur politischen Landeskunde Baden-Württembergs, Bd. 5) Stuttgart, Berlin, Köln, Mainz 1981.

Festschrift Sängerbund Vorwärts Karlsruhe. 75 Jahre 1890–1965. Karlsruhe 1965.

Festschrift der SPD Heidelsheim. 75 Jahre Sozialdemokratie in Heidelsheim. Heidelsheim 1978.

Festschrift der SPD Untergrombach. 75 Jahre Sozialdemokraten in Untergrombach. Untergrombach 1980.

Fillies (1922): Fillies, Walter: Die Arbeitersängerbewegung. Ein Beitrag zur Klassengeschichte der Arbeiterschaft. Diss. phil., Rostock 1922. (masch.)

Fischer (1908): Fischer, Alfons: *Der Karlsruher Arbeiterdiskussionsclub.* Eine neutrale Vereinigung zur Aussprache zwischen Arbeitern und Höhergebildeten. Gantzsch bei Leipzig 1908.

Fischer (1979): Fischer, Fritz: Griff nach der Weltmacht. Die Kriegszielpolitik des kaiserlichen Deutschland 1914-18. 2. Aufl. Königstein 1979.

Fischer (1990): Fischer, Ilse: „Ludwig Marum". In: *Neue Deutsche Biographie.* Hrsg. von der Historischen Kommission bei der Bayerischen Akademie der Wissenschaften. Bd. 16. Berlin 1990, S. 317f.

Flemming (1971): Flemming, Jens: „Parlamentarische Kontrolle in der Novemberrevolution. Zur Rolle und Politik des Zentralrats zwischen erstem und zweitem Rätekongress (Dezember 1918 bis April 1919)". In: *Archiv für Sozialgeschichte,* hrsg. v.d. Friedrich-Ebert-Stiftung, XI. Band, 1971, S. 69–140.

Flues (1979): Flues, Heiner: *Kommunalpolitik im Kaiserreich und die Sozialdemokratie.* Zur Diskussion und Praxis der Kommunalpolitik in der SPD 1900–1979. Examensarbeit. Freiburg 1979.

Frank (1925): *Ludwig Frank. Ein Vorbild der deutschen Arbeiterjugend.* Aufsätze, Reden und Briefe. Ausgew. und eingel. v. Hedwig Wachenheim. Berlin 1925.

Franzen (1979): Franzen, Hans-Joachim: „Die SPD in Baden 1900–1914". In: Schadt, Jörg und Wolfgang Schmierer (Hrsg.): *Die SPD in Baden-Württemberg und ihre Geschichte.* Von den Anfängen der Arbeiterbewegung bis heute. Stuttgart 1979.

Franzen (1987): Franzen, Hans-Joachim: *Auf der Suche nach politischen Handlungsspielräumen.* Die Diskussion um die Strategie der Partei in den regionalen und lokalen Organisationen der badischen Sozialdemokratie zwischen 1890 und 1914. Frankfurt a.M. 1987.

Fresin (o.J.): Fresin, Franz: *Heimatbuch Leutershausen.* Leutershausen o. J.

Frick (1976): Frick, Inge und Helmut Kommer, Antje Kunstmann, Siegfried Lang: *Frauen befreien sich.* Bilder zur Geschichte der Frauenarbeit und Frauenbewegung. München 1976.

Fritz (1959): Fritz, Hermann: „Grundlagen freireligiöser Erziehung". In: *Die Freireligiöse Bewegung. Wesen und Auftrag* 1959. S. 298–312.

Frommel (1993): Frommel, Monika: „Ein Rechtshistoriker zwischen allen Stühlen: Hermann Kantorowicz". In: Heinrichs et. al. *Deutsche Juristen jüdischer Herkunft.* München1993.

Funkenstein (1980): Funkenstein, Amos: „The Political Theory of Jewish Emancipation from Mendelssohn to Herzl." In: *Deutsche Aufklärung und Judenemanzipation.* Internationales Symposion anlässlich der 250. Geburtstage Lessings und Mendelssohns. Jahrbuch des Instituts für Deutsche Geschichte, Beiheft 3, Tel Aviv 1980, S. 13–28.

Gay (1986): Gay, Peter: *Freud, Juden und andere Deutsche.* Herren und Opfer in der modernen Kultur. Hamburg 1986.

Geiss (1979): Geiss, Immanuel: „Die Rolle der Persönlichkeit in der Geschichte: Zwischen Überbewerten und Verdrängen". In: *Biographie und Geschichtswissenschaft.* Hrsg. von G. Klingenstein. Wien 1979, S. 10–24.

Gehrig/Rößler (1919): Gehrig, Oskar und Karl Josef Rößler: *Die verfassunggebende badische Nationalversammlung.* Karlsruhe 1919.

Gerson (1995): Gerson, Daniel: „Der Jude als Bolschewist. Die Wiederbelebung eines Stereotyps". In: Benz, Wolfgang (Hrsg.): *Antisemitismus in Deutschland.* Zur Aktualität eines Vorurteils. München 1995.

Gesetzes- und Verordnungsblatt für das Großherzogtum Baden. Karlsruhe 1869–1917.

Giovannini (1985):Giovannini, Norbert: „Paukboden, Barrikaden und Bismarckkult". In: Buselmeier, K, D. Harth, Ch. Jansen hrsg. *Auch eine Geschichte der Universität Heidelberg.* Mannheim 1985.

Giovannini (1992a): Giovannini, Norbert. „Jüdische Studentinnen und Studenten in Heidelberg". In: Giovannini, N mit J. Bauer und H.M. Mumm *Jüdisches Leben in Heidelberg.* Studien zu einer unterbrochenen Geschichte. Heidelberg 1992.

Giovannini (1992b): Ders.: „Judenemanzipation und Antisemitismus an der Universität Heidelberg". In: Giovannini/Bauer/Mumm (1992a). S. 155–195.

Glaeser (1990): Glaeser, Wolfgang: „Die Karlsruher Arbeiterschaft". In: Schmitt, Heinz und E.O. Bräunche (Hrsg.) *Alltag in Karlsruhe.* Vom Lebenswandel einer Stadt durch drei Jahrhunderte. Karlsruhe 1990.

Glaeser (1991): Glaeser, Wolfgang (Hrsg.): *Unser die Zukunft. Dokumente zur Geschichte der Arbeiterbewegung in Karlsruhe.* Karlsruhe 1991.

Goldschmit (1915): Goldschmit, Robert et al: *Die Stadt Karlsruhe, ihre Geschichte und ihre Verwaltung.* Festschrift zur Erinnerung an das 200-jährige Bestehen der Stadt. Karlsruhe 1915.

Grab (1976): Grab, Walter (Hrsg.): *Juden und jüdische Aspekte in der deutschen Arbeiterbewegung 1848–1918.* (=Jahrbuch des Instituts für deutsche Geschichte, Beih. 2). Tel Aviv 1976.

Grab (1980): Grab, Walter (Hrsg.): „Deutsche Aufklärung und Judenemanzipation". In: *Jahrbuch des Instituts für deutsche Geschichte,* Beiheft 3. Tel Aviv 1980.

Grab (1984): Grab, Walter (Hrsg.): „Jüdische Integration und Identität in Deutschland und Österreich 1848–1918." *Internationales Symposium.* Tel Aviv 1984.

Grab (1989): Grab, Walter: „Sozialpropheten und Sündenböcke. Juden in der deutschen Arbeiterbewegung 1840–1933". In: Schoeps, H. Julius (Hrsg.): *Juden als Träger bürgerlicher Kultur.* Stuttgart etc. 1989, S. 357–376.

Grab (1991): *Der deutsche Weg der Judenemanzipation 1789–1938.* München 1991.

Grab (2000) *Zwei Seiten einer Medaille.* Demokratische Revolution und Judenemanzipation 1789–1938. Köln 2000.

Grab/Schoeps (1986): Grab, Walter und J.H. Schoeps (Hrsg.): *Juden in der Weimarer Republik.* Stuttgart etc. 1986.

Graetz (1873-1900): Graetz, Heinrich: *Geschichte der Juden von den ältesten Zeiten bis auf die Gegenwart.* 11 Bände. Leipzig 1873–1900.

Graetz (1996): Graetz, Michael et al. (Hrsg.): *Deutsch-Jüdische Geschichte in der Neuzeit.* 4 Bände. München 1996.

Grass/Koselleck (1975): Grass, Karl Martin und Reinhart Koselleck: „Emanzipation", in: *Geschichtliche Grundbegriffe,* Bd. 2. Stuttgart 1975.

Graupe (1969): Graupe, Heinz Mosche: „Die Entstehung des Modernen Judentums. Geistesgeschichte der deutschen Juden 1650-1942". *In: Hamburger Beiträge zur Geschichte der deutschen Juden*. Band I. Hamburg 1969.

Grebing (1977): Grebing, Helga: *Der Revisionismus*. Von Bernstein bis zum „Prager Frühling". München 1977.

Grebing (1982): Grebing, Helga: „Die Weiterentwicklung des Historischen Materialismus im Kontext der Aufgabenstellung der sozialistischen Arbeiterbewegung nach dem Ersten Weltkrieg". In: Horst Heimann und Thomas Meyer (Hrsg.): *Reformsozialismus und Sozialdemokratie*. Zur Theoriediskussion des Demokratischen Sozialismus in der Weimarer Republik. Berlin etc. 1982, S. 35-58.

Grebing (1997): Grebing, Helga: „Jüdische Intellektuelle in der deutschen Arbeiterbewegung zwischen den beiden Weltkriegen". In: *Archiv für Sozialgeschichte* (ASG). Jahrbuch der Friedrich-Ebert-Stiftung. Bonn 1997, S. 19-38.

Greive (1983): Greive, Hermann: *Geschichte des modernen Antisemitismus in Deutschland*. Darmstadt 1983.

Greive (1992): Greive, Hermann: *Die Juden*. Darmstadt 1992 [4].

Groh (1973):Groh, Dieter: *Negative Integration und revolutionärer Attentismus*. Die deutsche Sozialdemokratie am Vorabend des Ersten Weltkrieges. Frankfurt a.M./Berlin/Wien 1973.

Groh/Brandt (1992): Groh, Dieter und Peter Brandt: *„Vaterlandslose Gesellen."* Sozialdemokratie und Nation 1860-1990. München 1992.

Groschopp (1997): Groschopp, Horst: Dissidenten. Freidenkerei und Kultur in Deutschland. Berlin 1997.

Grosser (1970): Grosser, Dieter: „Vom monarchischen Konstitutionalismus zur parlamentarischen Demokratie. Die Verfassungspolitik der deutschen Parteien im letzten Jahrzehnt des Kaiserreichs". In: *Studien zur deutschen und internationalen Politik*. Hrsg. v. Klaus v. Beyme et al. Den Haag 1970.

Grünebaum (1924): Grünebaum, Sally: *Ludwig Frank*. Ein Beitrag zur Entwicklung der deutschen Sozialdemokratie. Heidelberg 1924.

Gymnasium Perpetuum (1955). Gymnasium perpetuum. Festgabe zur 200 Jahrfeier des Schönborn-Gymnasiums Bruchsal, dargebracht von ehemaligen Lehrern und Schülern. Hrsg. v. d. Vereinigung der Freunde des Schönborn-Gymnasiums. Karlsruhe 1955.

Haas (1911) Haas, Ludwig: „Einrichtungen zur Förderung der Volksbildung". In: KA Chronik 1911, S. 552ff.

Habermas (1974): Habermas, Jürgen: „On Social Identity". In: *Telos* 19, Frühjahr 1974, S. 91-103.

Haebler (1954): Haebler, Rolf Gustav: *In memoriam Ludwig Frank*. Ein Beitrag zur Geschichte der badischen und der deutschen Sozialdemokratie und des internationalen demokratischen Sozialismus. Mannheim 1954.

Hahn (1987): Hahn, Joachim: *Synagogen in Baden-Württemberg*. Stuttgart 1987.

Hamburger (1968): Hamburger, Ernst: *Juden im öffentlichen Leben Deutschlands*. Regierungsmitglieder, Beamte und Parlamentarier in der monarchischen Zeit 1848-1918. (=Schriftenreihe wissenschaftlicher Abhandlungen des Leo-Baeck-Instituts 19.) Tübingen 1968.

Hamerow (1982): Hamerow, Th. S.: „Die Kunst der historischen Biographik in Deutschland von 1871 bis zur Gegenwart". In: *Vom Anderen und vom Selbst*. Beiträge zu Fragen der Biographie und Autobiographie. Hrsg. von R. Grimm und J. Hermand. Königstein/Ts. 1982, S. 30-44.

Handbuch für die Badische Nationalversammlung. Hrsg. v. Arthur Blaustein. Mannheim 1919.

Haselier (1967): Haselier, Günther: „Adolf Geck als Politiker und Mensch im Spiegel seine schriftlichen Nachlasses." In: *Zeitschrift für Geschichte des Oberrheins* Bd. 115, 1967, S. 331ff.

Häussler (1988): Häussler, Wolfgang: „Judenfeindliche Strömungen im deutschen Vormärz": In:Treml, Manfred (Hrsg.): *Geschichte und Kultur der Juden in Bayern*. Aufsätze. Siehe Treml (1988).

Heckart (1974): Heckart, Beverly: *From Bassermann to Bebel*. The Grand Block's Quest for Reform in the Kaiserreich 1900-1914. New Haven/London 1974.

Heid (1992): Heid, Ludger: „Proletarier zu sein und Jude dazu, das bedeutet unsägliches Leid". In: Heid, Ludger und A. Paucker *Juden und deutsche Arbeiterbewegung bis 1933*. Soziale Utopien und religiöse kulturelle Tradiionen. Tübingen 1992.

Heid (1999): Heid, Ludger: „Sozialistischer Internationalismus, sozialistischer Zionismus und sozialistischer Antisemitimus". In: Alter/Bärsch/Berhoff (Hrsg.): *Die Konstruktion der Nation gegen die Juden*. Tübingen 1999.

Heid/Paucker (1992): Ludger Heid und Arnold Paucker (Hrsg) *Juden und deutsche Arbeiterbewegung bis 1933*. Soziale Utopien und religiös-kulturelle Traditionen. Tübingen 1992.

Heimann/Walter (1993): Heimann, Siegried und Franz Walter: *Religiöse Sozialisten und Freidenker in der Weimarer Republik*. (Forschungsinstitut der Friedrich-Ebert-Stiftung). (=Solidargemeinschaft und Milieu. Im Auftrag d. Historischen Kommission zu Berlin hrsg. u. eingel. v. Peter Lösche, 4. Reihe: Politik- und Gesellschaftsgeschichte, 31.)

Heimers (1992): Heimers, Manfred Peter: Unitarismus und süddeutsches Selbstbewusstsein. Weimarer Koalition und SPD in Baden in der Reichsreformkommission 1918–1933. (=Beiträge zur Geschichte des Parlamentarismus und der politischen Parteien, Bd. 98). Düsseldorf 1992.

Heinrichs (1993): Heinrichs, Helmut, Harald Franzki, Klaus Schmalz, Michael Stolleis: *Deutsche Juristen jüdischer Herkunft*. München 1993.

Hellpach (1949): Hellpach, Willy: *Wirken und Wirren*. Lebenserinnerungen. Bd. 2: 1914–1925. Hamburg 1949.

Hermand (1996): Hermand, Jost: *Judentum und deutsche Kultur*. Beispiele einer schmerzhaften Symbiose. Köln etc. 1996.

Hertzberg (2000): Hertzberg, Arthur (in Zusammenarbeit mit Aron Hirt-Manheimer): *Wer ist Jude?* Wesen und Prägung eines Volkes. München/Wien 2000.

Herzfeld (1948): Herzfeld, Hans: *Das Land Baden*. Grundlagen und Geschichte. Freiburg 1948.

Heuberger/Backhaus (2001): Heuberger, Georg und Fritz Backhaus (Hrsg.): *Leo Baeck 1873–1956. Aus dem Stamme von Rabbinern*. Frankfurt a.M. 2001. Darin: Wiese, Christian: „Ein unerhörtes Gesprächsangebot. Leo Baeck, die Wissenschaft des Judentums und das Judentumsbild des liberalen Protestantismus". S. 147–171.

Heyer (1977): Heyer, Friedrich, (Hrsg.): *Religion ohne Kirche*. Die Bewegung der Freireligiösen. Stuttgart 1977.

Hoegner (1977): Hoegner, Wilhelm: *Flucht vor Hitler*. Erinnerungen an die Kapitulation der ersten deutschen Republik 1933. München 1977.

Horkheimer/Adorno (1947): Horkheimer, Max und Theodor W. Adorno: „Elemente des Antisemitismus". In: dies.: *Dialektik der Aufklärung*. Frankfurt 1947, S. 199–244.

Huber (1973): Huber, Gerdi: *Das klassische Schwabing*. München als Zentrum der intellektuellen Zeit- und Gesellschaftskritik an der Wende des 19. zum 20. Jahrhunderts. (=Neue Schriftenreihe des Stadtarchivs München, Bd. 54.) München 1973.

Huber (1978): Huber, Ernst Rudolf: *Deutsche Verfassungsgeschichte seit 1789*. Bd. 5: Weltkrieg, Revolution und Reichserneuerung 1914–1919. Stuttgart 1978.

Hübinger (1993): Hübinger, Gangolf: „Die Intellektuellen im wilhelminischen Deutschland". In: Hübinger, G. und Wolfgang Mommsen Hrsg. *Intellektuelle im deutschen Kaiserreich*. Frankfurt a.M. 1993.

Hübinger (1995): Hübinger, Gangolf und Karl Löwith: *Von Hegel zu Nietzsche*. Der revolutionäre Bruch im Denken des 19. Jahrhunderts. Hamburg 1995.

Hug (1992): Hug, Wolfgang: *Geschichte Badens*. Darmstadt 1992.

Hug (1997): Hug, Wolfgang: *Die Ursachen der 1848er Revolution in Baden*. Vortrag am 23.1.1997 in der Volkshochschule Karlsruhe. Unveröffentlicht.

Hundsnurscher/Taddey (1968): Hundsnurscher, Franz und Gerhard Taddey: *Die Jüdischen Gemeinden in Baden*. Denkmale-Geschichte-Schicksale. Hrsg. v. d. Archivdirektion Stuttgart. (=Veröffentlichungen der staatlichen Archivverwaltung Baden-Württemberg 19). Stuttgart/Berlin/Köln/Mainz 1968.

Industriearchitektur in Karlsruhe. Beiträge zur Industrie und Baugeschichte der ehemaligen Haupt- und Residenzstadt bis zum Ausbruch des Ersten Weltkrieges. (=Veröffentlichungen des Karlsruher Stadtarchivs, Bd. 6.) Karlsruhe 1987.

Jersch-Wenzel (1974): Jersch-Wenzel, S.: „Die Lage von Minderheiten als Indiz für den Stand der Emanzipation einer Gesellschaft"" In: *Sozialgeschichte heute*. Festschrift für H. Rosenberg, hrsg. von Hans-Ulrich Wehler. Göttingen 1974, S. 365–387.

Jochmann (1971): Jochmann, Werner: „Die Ausbreitung des Antisemitismus". In:Mosse, Werner E. unter Mitwirkung v. A. Paucker (Hrsg.): *Deutsches Judentum in Krieg und Revolution 1916–1923*. (=Schriftenreihe wissenschaftlicher Abhandlungen des Leo-Baeck-Instituts). Tübingen 1971, S. 409–510.

Jochmann (1976): Ders.: „Struktur und Funktion des deutschen Antisemitismus." In: *Juden im Wilhelminischen Deutschland 1890–1914*. Tübingen 1976, S. 389–478.

Jüdisches Lexikon. Ein enzyklopädisches Handbuch des jüdischen Wissens in vier Bänden. Begründet von Georg Herlitz und Bruno Kirschner. Königstein/Ts 1987².

Kaiser (1981): Kaiser, Jochen-Christoph: *Arbeiterbewegung und organisierte Religionskritik*. Proletarische Freidenkerverbände in Kaiserreiche und Weimarer Republik. (=Industrielle Welt, 32). Stuttgart 1981.

Kaller (1966): Kaller, Gerhard: „Die Revolution des Jahres 1918 in Baden und die Tätigkeit des Arbeiter- und Soldatenrats in Karlsruhe". In: ZGO 114 (1966), S. 301–350.

Kaller (1983). Kaller, Gerhard: „Minister des Freistaates Baden". In: *Die Regierungen der deutschen Mittel- und Kleinstaaten 1815–1933*. Hrsg. v. Klaus Schwabe. Boppard 1983, S. 145–162.

Kaller (1988): Kaller, Gerhard: „Jüdische Abgeordnete im badischen Landtag 1861–1933". In Schmitt, Heinz et al. (Hrsg.): *Juden in Karlsruhe*. (=Veröffentlichungen des Karlsruher Stadtarchivs, Band 8.) Karlsruhe 1988, S. 413ff.

Kaller (1989): Kaller, Gerhard: „Toleranzgedanke und Antisemitismus. Die Abiturrede von Ludwig Frank über ‚Lessings Bedeutung für seine Zeit‘ (1893). In: ZGO 137 (1989), S. 327–340.

Karch (1988): Karch, Helga: *Die politische Partizipation der Juden in der Pfalz*. In. Kuby (1988), S. 71ff.

Karlsruhe 1911. Der 83. Versammlung Deutscher Naturforscher und Ärzte gewidmet von dem Stadtrat der Haupt- und Residenzstadt Karlsruhe. Karlsruhe 1911.

Karlsruher Chronik div. Jahre 1905 1919.

Katz (1986): Katz, Jacob: *Aus dem Ghetto in die bürgerliche Gesellschaft*. Jüdische Emanzipation 1770–1870. Frankfurt a. M. 1986.

Katz (1989): Katz, Jakob: *Vom Vorurteil bis zur Vernichtung*. Der Antisemitismus 1700–1933. München 1989.

Kaufmann (1987): Kaufmann, Arthur: *Gustav Radbruch*. Rechtsdenker, Philosoph, Sozialdemokrat. München 1987.

Kampe (1988): Kampe, Norbert: *Studenten und die „Judenfrage“ im Deutschen Kaiserreich*. Die Entstehung einer akademischen Trägerschicht des Antisemitismus. Göttingen 1988.

Kautsky (1914): Kautsky, Karl: *Rasse und Judentum*. Ergänzungsheft zum NZ, Nr. 20. Berlin, Stuttgart 1914.

Kaznelson (1959): Kaznelson, Siegmund (Hrsg.): *Juden im deutschen Kulturbereich*. Ein Sammelwerk. Berlin 1959.

Keil (1947): Keil, Wilhelm: *Erlebnisse eines Sozialdemokraten*. Bd 1und 2, Stuttgart 1947.

Kemptner (1998): Kemptner, Klaus: *Die Jellineks 1820–1955*. Eine familienbiographische Studie zum deutschjüdischen Bildungsbürgertum. Düsseldorf 1998.

Klenke/Lilje/Walter (1992): Klenke, Dietmar, Peter Lilje und Franz Walter: *Arbeitersänger und Volksbühnen in der Weimarer Republik*. (=Solidargemeinschaft und Milieu, 3. Reihe: Politik- und Gesellschaftsgeschichte, 27). Bonn 1992.

Kluge (1975): Kluge, Ulrich: *Soldatenräte und Revolution*. Göttingen 1975.

Kluge (1985): Kluge, Ulrich: *Die deutsche Revolution 1918/19*. Staat, Politik und Gesellschaft zwischen Weltkrieg und Kapp-Putsch. Frankfurt a. M. 1985.

Knütter (1971): Knütter, Hans-Helmuth: *Die Juden und deutsche Linke in der Weimarer Republik 1918–1933*. Düsseldorf 1971.

Knütter (1994): Knütter, Hans Helmuth: *Die Juden in Deutschland 1780–1980*. München 1994.

Koch (1984): Koch, Manfred: *Die Zentrumsfraktion des deutschen Reichstags im 1. Weltkrieg*. Zur Struktur, Politik und Funktion der Zentrumspartei im Wandlungsprozess des deutschen Konstitutionalismus 1914–1918. Mannheim 1984.

Koch (1992): Koch, Manfred: *Karlsruher Chronik*. Stadtgeschichte in Daten, Bildern, Analysen. Mit Beiträgen von Susanne Asche et al. (=Veröffentlichungen des Karlsruher Stadtarchivs, Bd. 14.) Karlsruhe 1992.

Koch (1994): Koch, Manfred (Hrsg.): *Ludwig Marum. Biographische Skizzen*. Mit Beiträgen von F. Becker, F. Kessel, M. Koch, E. Lunau-Marum, M. Pohl, A. Westermann. (=Veröffentlichung des Stadtarchivs Karlsruhe). Karlsruhe 1994.

Koch (2000): Koch, Manfred (Hrsg.): *Unter Strom*. Geschichte des öffentlichen Nahverkehrs in Karlsruhe (=Veröffentlichungen des Karlsruher Stadtarchivs, Bd. 20), Karlsruhe 2000.

Koch (2001): Koch, Manfred (Hrsg.): *Im Mittelpunkt der Mensch*. Parlamentsreden Karlsruher Abgeordneter, Karlsruhe 2001.

Kocka (1973): Kocka, Jürgen: *Klassengesellschaft im Krieg*. Deutsche Sozialgeschichte 1914–18. Göttingen 1973.

Kocka (1977): Kocka, Jürgen: „Struktur und Persönlichkeit als methodologisches Problem in der Geschichtswissenschaft“. In: *Persönlichkeit und Struktur in der Geschichte*. Hrsg. von M. Bosch. Düsseldorf 1977, S. 152–169.

Kocka (1978): Kocka, Jürgen: *Klassengesellschaft im Krieg*. Deutsche Sozialgeschichte 1914–1918. (=Kritische Studien zur Geschichtswissenschaft, Bd. 8). Göttingen 1978.

Köhler (1964)·Köhler, Heinrich: *Lebenserinnerungen des Politikers und Staatsmannes 1878–1949*. Unter Mitwirkung von Franz Zilken herausgegeben von Josef Becker. Mit einem Geleitwort von Max Miller. Stuttgart 1964.

Kolb (1962): Kolb, Eberhard: *Die Arbeiterräte in der deutschen Innenpolitik*. (=Beiträge zur Geschichte des Parlamentarismus und der politischen Parteien, 23). Düsseldorf 1962.

Kolb (1972): Kolb, Eberhard (Hrsg.): *Vom Kaiserreich zur Weimarer Republik*. Köln 1972.

Kolb (1993a): Kolb, Eberhard: *Die Weimarer Republik*. (=Oldenbourg, Grundriss der Geschichte,16). 2. Aufl. München 1993.

Kolb (1993b): Kolb, Eberhard: *Revolutionsbilder*: 1918/19 im zeitgenössischen Bewusstsein und in der historischen Forschung. (=Kleine Schriften der Stiftung Reichspräsident-Friedrich-Ebert-Gedenkstätte, 15). Heidelberg 1993.

Kolb (1993/94): Kolb, Eberhard: „Literaturbericht Weimarer Republik“. 4 Teile. In: GWU 4 (1993) und 5 (1994).

Kolb/Rürup (1968). Kolb, Eberhard unter Mitwirkung von Reinhard Rürup: *Der Zentralrat der deutschen sozialistischen Republik*. Leiden 1968.

Kolb (1906a): Kolb, Wilhelm: „Blocktaktik, Blockpolitik und Sozialdemokratie". In: *Sozialistische Monatshefte* 1906, Bd. 1, S. 474ff.

Kolb (1906b): Kolb, Wilhelm: Das badische Blockexperiment und seine Lehren für die Sozialdemokratie. In. *Sozialistische Monatshefte* 1906, S. 1014–1020.

Kolb (1907): Kolb, Wilhelm: „Die wirtschaftliche Bedeutung des Eisenbahnwesens". In: *Karlsruher Chronik 1907*.

Kolb (1908): Kolb, Wilhelm: „Die Sozialdemokratie im Badischen Landtag 1907/08". *Handbuch für die Landtagswahl 1909*. Bearb. i. Auftrage d. sozialdemokratischen Fraktion v. Wilhelm Kolb. Karlsruhe 1908, S. 54–61.

Kolb (1909): Kolb, Wilhelm: „Die ökonomischen Lehren von Karl Marx". In: *Karlsruher Chronik 1909*.

Kolb (1913a): Kolb, Wilhelm: „Die Bedeutung des badischen Großblocks". In: *Sozialistische Monatshefte* 1913, Bd. 2, S. 773ff.

Kolb (1913b): Kolb, Wilhelm: „Die Großblockpolitik und die badischen Landtagswahlen 1913". In: *Sozialistische Monatshefte* 1913, Bd. 3, S. 1478ff.

Kolb (1915): Kolb, Wilhelm: *Die Sozialdemokratie am Scheideweg*. Ein Beitrag zum Thema: Neuorientierung in der deutschen Politik. Karlsruhe 1915.

König/Soell/Weber (1990): König, René, Hartmut Soell und H. Weber (Hrsg.): *Friedrich Ebert und seine Zeit*. Bilanz und Perspektiven der Forschung. München 1990.

Krapp (1997): Krapp, Gotthold: *Die Kämpfe um proletarischen Jugendunterricht und proletarische Jugendweihen am Ende des 19. Jahrhunderts*. Ein Beitrag zu den Anfängen der sozialistischen Erziehung der Arbeiterkinder in der zweiten Hauptperiode der Geschichte der deutschen Arbeiterbewegung. (=Monumenta Paedagogica, XVII). Berlin 1977.

Krause (1983): Krause, Gerhard et al., (Hrsg.): *Theologische Realenzyklopädie*, Band IX. Berlin, New York 1983.

Kreutz (1988): Kreutz, Wilhelm: *Die Entwicklung der Berufs- und Sozialstruktur der pfälzischen Juden (1818–1933)*. In: Kuby (1988), S. 10ff.

Kruse (1993): Kruse, Wolfgang: *Krieg und nationale Integration*. Eine Neuinterpretation des sozialdemokratischen Burgfriedensschlusses 1914/15. Essen 1993.

Kuby (1988): Kuby, Alfred Hans (Hrsg.): Juden in der Provinz. Beiträge zur Geschichte der Juden in der Pfalz zwischen Emanzipation und Vernichtung. Neustadt a.d.W. 1988.

Kuby (1989): Kuby, Alfred Hans: *Pfälzer Judentum gestern und heute*. Beiträge zur Regionalgeschichte des 19. und 20. Jahrhunderts. Neustadt a.d.W. 1989.

Küper (1985): Küper, Wilfried: „Der Heidelberger Strafrechtslehrer Karl von Lilienthal (1853–1927). In: Putlitz (1985).

Lamann (1963): Lamann, Ernst Wilhelm: „Die Geschichte der Juden in der Pfalz und insbesondere in Frankenthal". In: *Frankenthal einst und jetzt*. 1963, Heft 2, S. 2–7.

Lammel (1980): Lammel, Inge. *Das Arbeiterlied*. Frankfurt a.M. 1980.

Lammel (1984): Dieselbe: *Arbeitermusikkultur in Deutschland 1844–1945*. Bilder und Dokumente. Leipzig 1984.

Lehnert (1983): Lehnert, Detlef: *Sozialdemokratie und Novemberrevolution: Die Neuordnungsdebatte 1918/19 in der politischen Publizistik von SPD und USPD*. Frankfurt/New York 1983.

Lehr (1974): Lehr, Stefan: *Antisemitismus – religiöse Motive im sozialen Vorurteil*. Aus der Frühgeschichte des Antisemitismus in Deutschland 1870–1914. München 1974.

Leuschen-Seppel (1978): Leuschen-Seppel, Rosemarie: *Sozialdemokratie und Antisemitismus im Kaiserreich*. Die Auseinandersetzung der Partei mit den konservativen und völkischen Strömungen des Antisemitismus 1871–1914. Bonn 1978.

Lewin (1909): Lewin, Adolf: *Geschichte der badischen Juden seit der Regierung Karl Friedrichs (1738–1909)*. Karlsruhe 1909.

Lichtstrahlen der Freien Religion. (Lichtstrahlen). Monatsschrift für Gemütsbildung und Geistesfreiheit. Herausgegeben von Dr. Karl Weiß.

Liebeschütz (1977): Liebeschütz, Hans und Arnold Paucker (Hrsg.): *Das Judentum in der deutschen Umwelt 1800–1850*. (=Studien zur Frühgeschichte der Emanzipation) Tübingen 1977.

Loewy (2000): Loewy, Hanno: „Deutsche Identitäten vor und nach dem Holocaust." In: Erler, Hans und Ludwig Ehrlich (hrsg.): *Jüdisches Leben und jüdische Kultur in Deutschland*. Geschichte, Zerstörung und schwieriger Neubeginn. Frankfurt am Main 2000.

Löhr (o. J.): Löhr, Günther: „Die Geschichte der ehemaligen israelitischen Gemeinde in Feudenheim. Unveröffentlichtes Manuskript, aufbewahrt im Stadtarchiv Mannheim.

Lösche (1988): Lösche, Peter mit Michael Scholing und Franz Walter (Hrsg.): *Vor dem Vergessen bewahren*. Lebenswege Weimarer Sozialdemokraten. Berlin 1988.

Lowenstein (1997): Lowenstein, Steven M.: „Jüdisches Leben auf dem Lande: Studien zur deutsch-jüdischen Geschichte". In: Richarz/Rürup (1997).

Löwenstein (1968): Löwenstein, Richard M.: Psychoanalyse des Antisemitismus. Frankfurt/Main 1968.

Löwith (1955): Löwith, Karl: *Von Hegel zu Nietzsche*. Der revolutionäre Bruch im Denken des 19. Jahrhunderts. Hamburg 1955.

Longerich (1995): Longerich, Peter: *Deutschland 1918–1933*. Die Weimarer Republik. Hannover 1995.

Lübbe (1959): Lübbe, Hermann: „Arthur Drews". In: *Neue Deutsche Bibliographie*, Bd. 4. Berlin 1959.

Lüdke (1982): Lüdke, Peter: „Eine Ausstellung zur Geschichte der Juden in Frankenthal". In: *Frankenthal, einst und jetzt* 1982, Heft 1.

Martin/Schulin (1985): Martin, Bernd und Ernst Schulin (Hrsg.): *Die Juden als Minderheit in der Geschichte*. München 1985.

Martiny (1976). Martiny, Martin: *Integration oder Konfrontation?* Studien zur Geschichte der Sozialdemokratischen Rechts- und Verfassungspolitik. (= Schriftenreihe des Forschungsinstituts der Friedrich-Ebert-Stiftung, Bd. 122). Bonn und Bad Godesberg 1976.

Marum-Lunau(1984): Marum-Lunau, Elizabeth und Jörg Schadt (Hrsg.): *Ludwig Marum*. Briefe aus dem Konzentrationslager Kislau. Karlsruhe 1984.

Marx (1965): Marx, Hugo: *Werdegang eines jüdischen Staatsanwalts und Richters in Baden*. Ein soziologisch-politisches Zeitbild. Villingen 1965.

Marx (1957): Marx, Karl: *Zur Judenfrage*. In: Marx-Engels-Werke 1. Berlin 1957, S. 347–377.

Marxen (1984): Marxen, Klaus: *Rechtliche Grenzen der Amnestie*. Forum Rechtswissenschaft, Bd. 13. Heidelberg 1984

Massing (1959): Massing, Paul: *Vorgeschichte des politischen Antisemitismus*. Hrsg. von Max Horkheimer und Theodor Adorno. Frankfurt am Main 1959.

Matthias (1957): Matthias, Erich: *Kautsky und der Kautskyanismus*. Die Funktion der Ideologie in der deutschen Sozialdemokratie vor dem Ersten Weltkrieg. In: Marxismusstudien. Hrsg. von Iring Fetscher. 2. Folge. Tübingen 1957, S. 151ff.

Matthias (1961): Matthias, Erich: Ludwig Frank. In: *Neue Deutsche Biographie*. Hrsg. v.d. Historischen Kommission bei der Bayerischen Akademie der Wissenschaften. Bd. 5, Berlin 1961, S. 343.

Matthias (1970): Matthias, Erich: *Zwischen Räten und Geheimräten*. Die deutsche Revolutionsregierung 1918–1919. Düsseldorf 1970.

Matthias/Picard (1966): Mathias, Erich und Eberhard Picard: *Die Reichstagsfraktion der deutschen Sozialdemokratie 1898–1918*. (=Quellen zur Geschichte des Parlamentarismus und der politischen Parteien Bd. 3,1). Düsseldorf 1966.

Maurer (1992): Maurer, Trude: „Die Entwicklung der jüdischen Minderheit in Deutschland (1780–1933)". In: *Neuere Forschungen und offene Fragen* (= IASG, Sonderheft 4), Tübingen 1992.

Maus (1962): Maus, Anna: „Die ersten Juden kamen im Jahre 1722 nach Frankenthal". In: *Die Rheinpfalz*, Ausgabe Frankenthal 18, 1962. Nr. 62 vom 14.3.1962.

Maus (1969): Maus, Anna (Hrsg.): *Geschichte der Stadt Frankenthal und ihrer Vororte*. Speyer 1969.

Mendelssohn (1843/45): Mendelssohn, Moses: *Gesammelte Schriften*. Hrsg. von Georg Benjamin Mendelssohn. Sieben Bände, Leipzig 1843/45.

Merkel (1978): Merkel, Ernst: „Unter Fürstenwillkür und ‚Berufsverbot'. Juden in Alt-Frankenthal". In: *Die Rheinpfalz*, Ausgabe Frankenthal, vom 9.11.1978.

Merkel (1981): Merkel, Ernst: „Juden in Frankenthal und die Unruhen von 1614/15". In: *Der Wormsgau* 13, 1981.

Merkel (1982a): Merkel, Ernst: „Juden in Frankenthal". In: *Der Wormsgau* 14, 1982, H.1, S. 15ff.

Merkel (1982b): Merkel, Ernst: „Juden in Frankenthal von 1623–1689". In: *Frankenthal, einst und jetzt*, 1982, Heft 1, S. 15–18.

Merkel (1985): Merkel, Ernst: „Die Vor- und Frühgeschichte der israelitischen Gemeinde". In: *Frankenthal einst und jetzt*. Frankenthal 1963, Heft 1, S. 19–22.

Messmer (1986): Messmer, Willy: Juden unserer Heimat. Die Geschichte der Juden aus den Orten Mingolsheim, Langenbrücken und Malsch. o.O. 1986.

Meyer (1975): Meyer, Michael: „Where does the Modern Period of Jewish History Begin?" In: Judaism 24 (1975).

Meyer (1992): Meyer, Michael: *Jüdische Identität in der Moderne*. Frankfurt am Main 1992.

Miller (1964): Miller, Susanne: „Zum 3. August 1914". In: *Archiv für Sozialgeschichte* 4, 1964, S. 521ff.

Miller (1974): Miller, Susanne: *Burgfrieden und Klassenkampf*. Die deutsche Sozialdemokratie im Ersten Weltkrieg. Hrsg. von der Kommission für Geschichte des Parlamentarismus und der politischen Parteien. Düsseldorf 1974.

Miller (1977): Miller, Susanne: „Zur Haltung jüdischer Sozialdemokraten im Ersten Weltkrieg." In: *Jahrbuch des Instituts für Deutsche Geschichte*. Beiheft 2: Juden und jüdische Aspekte in der deutschen Arbeiterbewegung 1848–1918. Tel Aviv 1977. S. 229–243.

Miller (1978): Miller, Susanne: *Die Bürde der Macht*. Die deutsche Sozialdemokratie 1918–1920. Düsseldorf 1978.

Miller (1998): Miller, Susanne: „Deutsche Sozialdemokratie, Juden und Israel". In: *Die Neue Gesellschaft*. Frankfurter Hefte 4, 1998. Frankfurt 1998, S. 331–336.

Miller/Potthoff (1969): Miller, Susanne und Heinrich Potthoff: *Die Regierung der Volksbeauftragten 1918/19*. 2. Bde. Mit einer Einleitung von Erich Matthias. (=Quellen zur Geschichte des Parlamentarismus und der politischen Parteien. Erste Reihe, Bd. 6, I. und II.) Düsseldorf 1969.

Mitteilungsblatt für die Arbeiter-, Bauern- und Volksräte Badens. Hrsg. von der Landeszentrale. Karlsruhe , Nr 1-16 (30.11.1918-6.9.1919).

Mitteilungsblatt der Freireligiösen Landesgemeinde Bayern.

Möller (1986): Möller, Alex: „In Memoriam Ludwig Frank". In: Ludwig Frank. Beiträge zur Würdigung seiner Persönlichkeit. Hrsg. v.d. Friedrich-Ebert-Stiftung. Bonn 1986. S. 13-31.

Mohrmann (1972): Mohrmann, Walter: *Antisemitismus.* Ideologie und Geschichte im Kaiserreich und in der Weimarer Republik. Berlin 1972.

Mommsen (1978): Mommsen, Wolfgang J.: „Die deutsche Revolution 1918-1920. Politische Revolution und soziale Protestbewegung". In: *Geschichte und Gesellschaft 4*, 1978, S. 362–391.

Mommsen (1990): Mommsen, Wolfgang: *Nation und Geschichte.* Berlin 1990.

Monumenta Judaica. 2000 Jahre Geschichte und Kultur der Juden am Rhein. Ein Handbuch. Hrsg. im Auftrag der Stadt Köln von Konrad Schilling. Köln 1964[2].

Morlock (1981): Morlock, Walther: „Die Geschichte der Frankenthaler Juden". In: *Die Rheinpfalz.* Frankenthaler Zeitung vom 25.4, 29.4. und 6.5.1981.

Mosse (1996): Mosse, George L.: „Das deutsch-jüdische Bildungsbürgertum". In: Koselleck, Reinhart (Hrsg.): *Bildungsbürgertum im 19. Jahrhundert.* Teil II: *Bildungsgüter und Bildungswissen.* Stuttgart 1996.

Mosse (1965): Mosse, Werner E. und Arnold Paucker (Hrsg.): *Entscheidungsjahr 1932.* Zur Judenfrage in der Endphase der Weimarer Republik. (= Schriftenreihe wissenschaftlicher Abhandlungen des Leo-Baeck-Instituts 13) Tübingen 1965.

Mosse (1971): Mosse, Werner E. unter Mitwirkung von Arnold Paucker: *Deutsches Judentum in Krieg und Revolution 1916–1923.* (=Schriftenreihe wissenschaftlicher Abhandlungen des Leo-Baeck-Instituts 25). Tübingen 1971.

Mosse (1976): Mosse, Werner E. und Arnold Paucker Hrsg.: *Juden im Wilhelminischen Deutschland 1890-1914.* (=Schriftenreihe wissenschaftlicher Abhandlungen des Leo-Baeck-Instituts 33) Tübingen 1976.

Mosse (1992): Mosse, George L.: *Jüdische Intellektuelle in Deutschland.* Zwischen Religion und Nationalismus. Frankfurt/Main 1992.

Mühlhausen (1993): Mühlhausen, Walter: „Strategien gegen den Systemfeind – Zur Politik von Staat und Gesellschaft gegenüber der Sozialdemokratie im Deutschen Kaiserreich 1871–1914". In: Lademacher, Horst und Walter Mühlhausen (Hrsg.): *Freiheitsstreben – Demokratie- Emanzipation.* Aufsätze zur politischen Kultur in Deutschland und den Niederlanden. Münster 1993, S. 283–329.

Mühlhausen (1994): Mühlhausen, Walter: „Die Sozialdemokratie am Scheideweg – Burgfrieden, Parteikrise und Spaltung im Ersten Weltkrieg". In: Der Erste Weltkrieg. Wirkung – Wahrnehmung – Analyse. Im Auftrag des Militärgeschichtlichen Forschungsamtes hrsg. von Wolfgang Michalka. München 1994, S. 649 – 671.

Müller (1988): Müller, Klaus Peter: *Politik und Gesellschaft im Krieg.* Der Legitimitätsverlust des badischen Staats 1914–1918. (=Veröffentlichungen der Kommission für geschichtliche Landeskunde in Baden-Württemberg, Reihe 13, Forschungen Band 109) Stuttgart 1988.

Na´aman (1992): Na´aman, Shlomo: „Die Judenfrage als Frage des Antisemitismus und des jüdischen Nationalismus in der klassischen Sozialdemokratie". In: Ludger Heid und Arnold Paucker (Hrsg.): *Juden und deutsche Arbeiterbewegung bis 1933.* Soziale Utopien und religiös-kulturelle Traditionen. (=Schriftenreihe wissenschaftlicher Abhandlungen des Leo-Baeck-Instituts 49.) Tübingen 1992.

Nanko (1993): Nanko, Ulrich: *Die deutsche Glaubensbewegung.* Eine historische und soziologische Untersuchung. Marburg 1993.

Niewyk (1977): Niewyk, Donald L.: *Socialist, Anti-Semite and Jew.* German Social Democracy Confronts the Problem of Anti-Semitism 1918–1933. Baton Rouge 1977.

Niewyk (1980): Derselbe: The *Jews in Weimar Germany.* Baton Rouge 1980[4].

Nigg (1937): Nigg, Walter: *Geschichte des religiösen Liberalismus.* Entstehung, Blütezeit, Ausklang. Zürich und Leipzig 1937.

Nipperdey (1992): Nipperdey, Thomas: *Deutsche Geschichte 1866–1918.* Bd. 2: Machtstaat vor der Demokratie. München 1992.

Noack (1911): Noack, Victor: *Der deutsche Arbeitersängerbund.* Eine Materialsammlung des Bundes-Vorstandes. Hrsg. vom deutschen Arbeitersängerbund. Berlin 1911.

Oeftering (1920): Oeftering, Wilhelm Engelhart: *Der Umsturz 1918 in Baden.* Konstanz 1920.

Oeser (o. J.) Oeser, Max: *Geschichte der Stadt Mannheim.* Mannheim o. J.

Die Opfer der nationalsozialistischen Judenverfolgung in Baden-Württemberg 1933–1945. Ein Gedenkbuch. (=Veröffentlichungen der staatlichen Archivverwaltung Baden Württemberg, Beiband zu Band 2.) Stuttgart 1969.

Ottnad (1979): Ottnad, Bernd: „Politische Geschichte von 1850 bis 1918". In: *Badische Geschichte.* Vom Großherzogtum bis zur Gegenwart. Hrsg. v.d. Landeszentrale für politische Bildung. Stuttgart 1979. S. 65–85.

Parin (1986): Parin, Paul: *Subjekt im Widerspruch*. Aufsätze 1978–1985. Frankfurt a.M. 1986.

Paulus (1984): Paulus, Jael: „Die jüdische Gemeinde Karlsruhe". In: *Juden in Baden*. 175 Jahre Oberrat der Israeliten Badens. Hrsg. u. bearb. v. Israel, B. Paulus. Karlsruhe 1984. S. 227–235.

Peters/Weckbecker (1983): Peters, Christian und Arno Weckbecker: *Auf dem Weg zur Macht*. Zur Geschichte der NS-Bewegung in Heidelberg 1920–1934. Dokumente und Analysen. Mit einem Vorwort von Prof. Dr. Hartmut Soell. Heidelberg 1983.

Pich (1997): Pich, Sabine: „Johannes Ronge und sein Nachlass". In: *„Das Paradoxe zog mich an"*. Festschrift für Eckhart Pilick. Hrsg. von der Freireligiösen Landesgemeinde Baden. Mannheim 1997, S. 54–76.

Pilick (1996): Pilick, Eckhart: „Protestantismus außerhalb der Kirche". In: *Leben im Dialog*. Festschrift für Eugen Engelsberger (Hrsg. von Maaß, Hans et al.) Karlsruhe 1996.

Pilick (1997): Pilick, Eckhart: Lexikon freireligiöser Personen. Rohrbach/Pfalz 1997. (=Reihe Minoritätenlexikon, Bd. 1).

Pohl (1994): Pohl, Monika: „Ludwig Marum. Ein jüdischer Politiker in Baden." In: Koch, Manfred (Hrsg): *Ludwig Marum. Biographische Skizzen*. (=Veröffentlichung des Stadtarchivs Karlsruhe). Karlsruhe 1994. S. 36–68.

Poliakov (1977): Poliakov, Léon: *Geschichte des Antisemitismus*. 6 Bände. Worms 1977–1987.

Prot Bad LT (1909ff): Amtliche Berichte über die Verhandlungen der Badischen Ständeversammlung. Zweite und Erste Kammer. 1909–1913. Karlsruhe 1909 ff.

Protokolle über die Verhandlungen der Parteitage der Sozialdemokratischen Partei Deutschlands 1901–1913.

Protokoll und Bericht der Sozialdemokratischen Landesorganisation Badens (1910): Protokoll und Bericht der Sozialdemokratischen Landesorganisation Badens zu dem Parteitag in Offenburg am 20. und 27. August 1910. Mannheim 1910.

Protokoll und Bericht der Sozialdemokratischen Landesorganisation Badens (1911): Protokoll und Bericht der Sozialdemokratischen Landesorganisation Badens zu dem Parteitag in Offenburg am 26. und 27. August 1911. Mannheim 1911.

Pulzer (1966): Pulzer, Peter: *Die Entstehung des politischen Antisemitismus in Deutschland und Österreich 1867–1914*. Gütersloh, 1966.

Pulzer (1971). Pulzer, Peter: „Die jüdische Beteiligung an der Politik". In: Mosse, Werner E. und Arnold Paucker: *Juden im wilhelminischen Deutschland 1890–1914*. (=Schriftenreihe wissenschaftlicher Abhandlungen des Leo-Baeck-Instituts 33.) Tübingen 1971, S. 143–239.

Pulzer (1992): Pulzer, Peter: *Jews and the German State*. The political history of a minority 1848–1933. Oxford 1992.

Pulzer (1997,1): Pulzer, Peter: „Der Erste Weltkrieg". In: *Deutsch-jüdische Geschichte in der Neuzeit*. (Hrsg. im Auftrag des Leo-Baeck-Instituts von Michael A. Meyer, unter Mitwirkung von Michael Brenner, Bd. 3). München 1997.

Pulzer (1997,2): Pulzer, Peter: „Die Wiederkehr des alten Hasses". In: *Deutsch-jüdische Geschichte in der Neuzeit*. (Hrsg. im Auftrag des Leo-Baeck-Instituts von Michael A. Meyer, unter Mitwirkung von Michael Brenner, Bd. 3). München 1997, S. 193–248.

Pulzer (1999) Pulzer, Peter: „Warum scheiterte die Emanzipation der Juden?". In: *Die Konstruktion der Nation gegen die Juden*. (Ein Tagungsband des Salomon-Ludwig-Steinheim-Instituts für deutsch-jüdische Geschichte sowie des Lehrstuhls für neuere und neueste Geschichte der Marcator-Universität Gesamthochschule Duisburg) Hrsg. von Peter Alter et al. München 1999.

Putlitz (1985): Putlitz, Gisbert Frhr. von (Hrsg.): *Semper apertus: 600 Jahre Ruprecht-Karls-Universität Heidelberg 1386–1986*. Festschrift in 6 Bänden, im Auftrag des Rector magnificus herausgegeben und bearb. v. Wilhelm Doerr. Berlin/Heidelberg/New York/Tokyo 1985.

Radbruch (1951): Radbruch, Gustav: *Der innere Weg*. Aufriss meines Lebens. Stuttgart 1951.

Rapp (1929). Rapp, Alfred: *Die badischen Landtagsabgeordneten 1905–1929*. Mit Bibliographie und Statistik zur Geschichte des Badischen Landtags. Karlsruhe 1929.

Rebentisch (1985): Rebentisch, Dieter: „Die deutsche Sozialdemokratie und die kommunale Selbstverwaltung. Ein Überblick über Programmdiskussion und Organisationsproblematik 1890–1975". In: AfS 25 (1985), S. 1–78.

Redlin (1998): Redlin, Jane: „Weltliche Bestattungen in Deutschland". In: *„Kein Jenseits ist, kein Auferstehn"*. Freireligiöse in der Berliner Kulturgeschichte. Begleitbuch zur gleichnamigen Ausstellung im Prenzlauer-Berg-Museum Berlin. Berlin 1998, S. 109–121.

Reichmann (1956): Reichmann, Eva G.: *Die Flucht in den Hass*. Die Ursachen der deutschen Judenkatastrophe. Frankfurt 1956.

Reichstagshandbuch 1928. IV. Wahlperiode. Hrsg. vom Büro des Reichstags. Berlin 1928.

Religionszugehörigkeit: Die Religionszugehörigkeit in Baden in den letzten 100 Jahren. Freiburg 1928.

Remmele (1925): Remmele, Adam: *Staatsumwälzung und Neuaufbau in Baden*. Ein Beitrag zur politischen Geschichte Badens 1914/24. Karlsruhe 1925.

Remmele (1930): Remmele, Adam: *Novemberverbrecher*. Eine kriegspolitische Studie. Karlsruhe 1930.

Richarz (1969): Richarz, Monika: *Der Eintritt der Juden in die akademischen Berufe.* Jüdische Studenten und Akademiker in Deutschland 1678–1848. Berlin 1969.

Richarz (1982): Richarz, Monika: *Jüdisches Leben in Deutschland.* Bd 3, Selbstzeugnisse zur Sozialgeschichte 1918–1945. Stuttgart 1982. (Die beiden ersten Bände erschienen 1976 bzw.1979)

Richarz (1990): Richarz, Monika: „Viehhandel und Landjudentum im 19. Jahrhundert". In: *Menora,* 1.Jahrgang 1990, S. 66–88.

Richarz (1992): Richarz, Monika: „Die soziale Stellung der jüdischen Viehhändler auf dem Lande am Beispiel Südwestdeutschlands". In: Mosse, Werner E. et. al. (Hrsg.): *Jüdische Unternehmer in Deutschland im 19. und 20. Jahrhundert.* Zeitschrift für Unternehmensgeschichte, Beiheft 64. Stuttgart 1992.

Richarz/Rürup (1997): Richarz, Monika und Reinhard Rürup (Hrsg.): *Jüdisches Leben auf dem Lande.* (=Schriftenreihe wissenschaftlicher Abhandlungen des Leo-Baeck-Instituts Tübingen, Bd. 56). Tübingen 1997.

Riffel (1930): Riffel, Paul: *Die wirtschaftliche Entwicklung der Stadt Bruchsal von 1690 bis zur Gegenwart.* Inaugural-Dissertation. Bruchsal 1930.

Rinott (1962): Rinott, M: *Gabriel Riesser.* Fighter for Jewish Emancipation. In: Year Book, Bd.7, 11962. S. 11–38.

Ritter (1959): Ritter, Gerhard A.: *Die Arbeiterbewegung im wilhelminischen Reich.* Die sozialdemokratische Partei und die Freien Gewerkschaften 1890–1900. Berlin 1959.

Ritter (1976): Ritter, Gerhard A.: *Arbeiterbewegung, Parteien und Parlamentarismus.* Aufsätze zur Sozial- und Verfassungsgeschichte des 19. und 20. Jahrhunderts. Göttingen 1976.

Ritter/Miller (1983): Ritter, Gerhard A. und Susanne Miller (Hrsg.): *Die deutsche Revolution 1918/19.* Dokumente. Frankfurt a. M. 2. Aufl. 1983.

Ritter/Tenfelde (1992): Ritter, Gerhard und Klaus Tenfelde: *Arbeiter im Deutschen Kaiserreich.* Bonn 1992.

Roeder (1921): Roeder, Adam: *Reaktion und Antisemitismus – zugleich ein Mahnwort an die akademische Jugend.* Berlin[2] 1921.

Rößler (1949): Rößler, Karl Joseph: *Der badische Landtag.* Freiburg i. Br. 1949.

Rosenberg (1961): Rosenberg, Arthur: *Geschichte der Weimarer Republik.* Frankfurt a.M. 1961.

Rosenberg (1977): Rosenberg, Arthur: *Entstehung der Weimarer Republik.* Hrsg. und eingeleitet von Kurt Kersten. Frankfurt 1977.

Rosenthal (1927): Rosenthal, Berthold: *Heimatgeschichte der badischen Juden – seit ihrem Auftreten bis zur Gegenwart.* Bühl/Baden 1927.

Roth/Thorbecke (1907): Roth, Adolf und Paul Thorbecke: *Die badischen Landstände, insbesondere die Zweite Kammer.* Landtagshandbuch. Mit Unterstützung der Zweiten Kammer hrsg. v. Adolf Roth und Paul Thorbecke. Karlsruhe 1907.

Rückmayr (1995): Rückmayr, Johannes: *Einführung in die Ethnopsychoanalyse.* Geschichte, Theorien und Methoden. Frankfurt a.M. 1995.

Rürup (1968): Rürup, Reinhard: *Probleme der Revolution in Deutschland.* (= Institut für Europäische Geschichte Mainz. Vorträge, 50). Wiesbaden 1968.

Rürup (1975): Rürup, Reinhard: „Die Judenemanzipation in Baden". In: *Emanzipation und Antisemitismus.* Studien zur „Judenfrage" der bürgerlichen Gesellschaft. Göttingen 1975.

Rürup (1990): Rürup, Reinhard: „Friedrich Ebert und das Problem der Handlungsspielräume in der deutschen Revolution 1918/19". In: *Friedrich Ebert und seine Zeit.* Bilanz und Perspektiven der Forschung. Hrsg. von Rudolf König, Hartmut Soell und Hermann Weber i. Auftrag der Stiftung Reichspräsident-Friedrich-Ebert-Gedenkstätte. München 1990, S. 69–87.

Rürup/Nipperdey (1975): Rürup, Reinhard und Thomas Nipperdey: „Antisemitismus – Entstehung, Funktion und Geschichte eines Begriffs." In: *Emanzipation und Antisemitismus.* 1975.

Saldern (1976): Saldern, Adelheid von: „Die Gemeinde in Theorie und Praxis der deutschen Arbeiterorganisationen 1863–1920. Ein Überblick". In: IWK 12. (1976), S. 295–352.

Saldern: (1976): Saldern, Adelheid v.: „Kommunalpolitik". In: Internationale wissenschaftliche Korrespondenz zur Geschichte der deutschen Arbeiterbewegung (IWK), Jg. 12, Heft 3. Berlin 1976, S. 295–352.

Sauer (1966): Sauer, Paul: *Dokumente über die Verfolgung der jüdischen Bürger in Baden-Württemberg durch das nationalsozialistische Regime 1933 bis 1945,* 2 Bde. Bearbeitet von Paul Sauer. (=Veröffentlichung der staatlichen Archivverwaltung Baden Württemberg, Bd. 16 und 17.) Stuttgart 1966.

Sauer (1968): Sauer, Paul: *Die Schicksale der jüdischen Bürger Baden-Württembergs während der nationalsozialistischen Verfolgungszeit 1933–1945.* Zusammenfassende Darstellung und statistische Ergebnisse, bearbeitet von Paul Sauer. (=Veröffentlichung der staatl. Archivverwaltung Baden-Württemberg.) Stuttgart 1968.

Schadt (1966): Schadt, Jörg: *Die Sozialdemokratische Partei in Baden von den Anfängen bis zur Jahrhundertwende.* Diss. phil., Heidelberg 1966.

Schadt (1971): Schadt, Jörg: *Die Sozialdemokratische Partei in Baden.* Von den Anfängen bis zur Jahrhundertwende (1868-1900). (=Schriftenreihe des Forschungsinstituts der Friedrich-Ebert-Stiftung Bd. 88). Hannover 1971.

Schadt (1976): Schadt, Jörg (Hrsg.): *Verfolgung und Widerstand unter dem Nationalsozialismus in Baden.* Die Lageberichte der Gestapo des Generalstaatsanwalts 1922-1940. Stuttgart 1976.

Schadt (1977). Schadt, Jörg (bearb.): *Alles für das Volk. Alles durch das Volk.* Dokumente zur demokratischen Bewegung in Mannheim 1848-1948. (=Sonderveröffentlichung des Stadtarchivs Mannheim Nr.1). Stuttgart/Aalen 1977.

Schadt (1981): Schadt, Jörg (Hrsg. u. Bearb.): *Wie wir den Weg zum Sozialismus fanden.* Erinnerungen badischer Sozialdemokraten. (=Veröffentlichung des Stadtarchivs Mannheim Bd. 8). Stuttgart/Berlin/Köln/Mainz 1981.

Schadt/Caroli (1977): *Im Dienst an der Republik.* Die Tätigkeitsberichte des Landesvorstands der Sozialdemokratischen Partei Badens 1914-1932. Hrsg. u. bearb. v. Jörg Schadt unter Mitarbeit v. Michael Caroli. Stuttgart 1977.

Schadt/Schmierer (1979): Schadt, Jörg und Wolfgang Schmierer (Hrsg.): Die SPD in Baden- Württemberg und ihre Geschichte. (=Schriften zur politischen Landeskunde Baden-Württembergs, 3). Stuttgart 1979.

Schadt/Weber (1978): Schadt, Jörg und Hermann Weber: *Politik für Mannheim.* 100 Jahre SPD-Gemeinderatsfraktion. Mammheim 1978.

Schäfer (1979): Schäfer, Hermann: „Wirtschaftliche und soziale Probleme des Grenzlandes". In: *Badische Geschichte.* Vom Großherzogtum bis zur Gegenwart. Hrsg. v.d. Landeszentrale für politische Bildung. Stuttgart 1979, S. 168-183.

Schäfer (1983): Schäfer, Hermann: *Regionale Wirtschaftspolitik in der Kriegswirtschaft.* Staat, Industrie und Verbände während des 1. Weltkriegs in Baden. (=Veröffentlichungen der Kommission für geschichtliche Landeskunde in Baden-Württemberg. Reihe B: Forschungen, Bd. 95) Stuttgart 1983.

Schätzle: Schätzle, Julius: **Stationen zur Hölle.** Konzentrationslager in Baden-Württemberg 1933 bis 1945. Frankfurt am Main.

Scharrer (1976): Scharrer, Manfred: *Arbeiterbewegung im Obrigkeitsstaat.* Berlin 1976.

Scherer/Schaaf (1984): Scherer, Peter und Peter Schaaf (Bearb.): *Dokumente zur Geschichte der Arbeiterbewegung in Württemberg und Baden 1848-1949.* Stuttgart 1984.

Schicksale Frankenthaler Juden. In: *Frankenthal einst und jetzt,* 1971, Heft 3.

Schiffmann (1982): „Die ‚Pöbel-Classe' in Frankenthal und das Hambacher Fest". In: *Frankenthal einst und jetzt,* 1982, Hcft 1.

Schlemmer (1953): Schlemmer, Hannelore: *Die Rolle der Sozialdemokratie in den Landtagen von Baden und Württemberg und ihr Einfluss auf die Entwicklung der Gesamtpartei zwischen 1890 und 1914.* Diss. Freiburg i.B. 1953. (masch. Ms.)

Schlöttermann (1959a): Schlöttermann; Lilo: „Die Frauenvereine". In: *Wesen und Auftrag.* Ludwigshafen 1959.

Schlöttermann (1959b): Dieselbe: „Elternhaus und Ehe". In: *Wesen und Auftrag.* Ludwigshafen 1959, S. 288-298.

Schmid (1964): Schmid, Carlo: „Ludwig Frank". In: Ders.: *Tätiger Geist.* Gestalten aus Geschichte und Politik. Hannover 1964, S. 141ff.

Schmierer (1979): Schmierer, Wolfgang: „Die Anfänge der Arbeiterbewegung und der Sozialdemokratie in Baden und Württemberg – Vom Vormärz zum Sozialistengesetz von 1878". In: Schadt, Jörg und Wolfgang Schmierer (Hrsg.): *Die SPD in Baden-Württemberg und ihre Geschichte.* (=Schriften zur politischen Landeskunde Baden-Württembergs,3). Stuttgart 1979.

Schmitt (1987): Schmitt, Heinz (Hrsg.): *Alltag in Karlsruhe: Vom Lebenswandel einer Stadt durch drei Jahrhunderte.* Unter der Mitwirkung von Ernst Otto Bräunche hrsg. von der Stadt Karlsruhe, Stadtarchiv. (=Veröffentlichungen des Karlsruher Stadtarchivs, Bd. 6). Karlsruhe 1987.

Schmitt (1988): Schmitt, Heinz (Hrsg. mit Ernst Otto Bräunche und Manfred Koch): *Juden in Karlsruhe.* Beiträge zu ihrer Geschichte bis zur nationalsozialistischen Machtergreifung. Karlsruhe 1988.

Schönhoven (1991): Schönhoven, Klaus: „Sozialdemokratie und Freie Gewerkschaften im Wilhelminischen Deutschland. Probleme einer Partnerschaft". In: *August Bebel – Repräsentant der deutschen Arbeiterbewegung.* Mit Beiträgen von Dieter Langewiesche et.al. und einem Vorwort von Johannes Rau. (=Kleine Schriften d. Stiftung Reichspräsident-Friedrich-Ebert-Gedenkstätte, Nr. 4) Heidelberg 1991.

Schoeps (1992): Schoeps, Julius H.: *Bürgerliche Aufklärung und liberales Freiheitsdenken.* A. Bernstein in seiner Zeit. Stuttgart 1992.

Schoeps (1996): Schoeps, Julius H.: *Deutsch-jüdische Symbiose oder die missglückte Emanzipation.* Frankfurt a.M. 1996.

Scholl (1877): Scholl, Carl: *Die freien religiösen Gemeinden und die Social-Demokratie.* Ein Wort zum Frieden. Heidelberg 1877.

Schorske (1981): Schorske, Ernst: *Die große Spaltung.* Die deutsche Sozialdemokratie 1905-1917. Berlin 1981.

Schrag (1975): Schrag, Paul: *Heimatkunde.* München 1979.

Schröder (1977): Schröder, Wilhelm H.: „Probleme und Methoden der quantitativen Analyse von kollektiven Biographien. Das Beispiel der sozialdemokratischen Reichstagskandidaten (1898-1912)". In: Best, Heinrich und Reinhard Mann (Hrsg.): *Qualitative Methoden in der historisch-sozialwissenschaftlichen Forschung.* Stuttgart 1977.

Schulze (1994): Schulze, Hagen: *Staat und Nation in der europäischen Geschichte.* München 1994.

Schumacher (1991): Schumacher, Martin (Hrsg.): *Die Reichstagsabgeordneten der Weimarer Republik in der Zeit des Nationalsozialismus*. Politische Verfolgung, Emigration und Ausbürgerung 1933–1945. Biographische Dokumentation, hrsg. und eingeleitet von Martin Schumacher. Düsseldorf 1991.

Schwarzmaier (1982): Schwarzmaier, Hansmartin: „Der badische Landtag". In: *Von der Ständeversammlung zum demokratischen Parlament*. Die Geschichte der Volksvertretungen in Baden-Württemberg. Hrsg. v.d. Landeszentrale für politische Bildung Baden-Württemberg. Stuttgart 1982, S. 224–245.

Sieger (1958): Sieger, Walter: *Das erste Jahrzehnt der deutschen Arbeiterjugendbewegung 1904–1914*. Berlin 1958.

Sigel (1976): Sigel, Robert: *Die Lensch-Cunow-Haenisch-Gruppe*. Eine Studie zum rechten Flügel der SPD im Ersten Weltkrieg. Berlin 1976.

Silberner (1962): Silberner, Edmund: *Sozialisten zur Judenfrage*. Ein Beitrag zur Geschichte des Sozialismus vom Anfang des 19. Jahrhunderts bis 1914. Berlin 1962.

Simon (1992): Simon, Titus: „Beiträge zur Geschichte der Kommunalpolitik: Zu den Anfängen sozialdemokratischer Kommunalpolitik". In: Alternative Kommunal Politik (AKP), Jg. 13 1992, Heft 2, S. 56–62.

Simon-Ritz (1996): Simon-Ritz, Franz. *Die Organisation einer Weltanschauung*. Die freigeistige Bewegung im wilhelminischen Deutschland. Gütersloh 1996.

Soell (1963): Soell, Hartmut: *Die sozialdemokratische Arbeiterbewegung im Reichsland Elsaß-Lothringen 1871–1918*. Ein Beitrag zur Geschichte eines europäischen Grenzlandes. Diss. phil. Heidelberg 1963.

Soell (1976): Soell, Hartmut: *Fritz Erler*. Eine politische Biographie. 2 Bände. Berlin/Bonn 1976.

Soell (1991): Soell, Hartmut: *Der junge Wehner*. Zwischen revolutionärem Mythos und praktischer Vernunft. Stuttgart 1991.

Sontheimer (1962): Sontheimer, Kurt: *Antidemokratisches Denken in der Weimarer Republik*. Die politischen Ideen des deutschen Nationalismus zwischen 1918 und 1933. München 1962.

Sontheimer (1988): Sontheimer, Kurt: „Die politische Kultur der Weimarer Republik". In: Bracher, Karl Dietrich, Manfred Funke und Hans-Adolf Jacobsen (Hrsg.): *Die Weimarer Republik 1918–1933*. Politik, Wirtschaft, Gesellschaft. Bonn, 2. Auflage 1988, S. 454–483.

Stadelhofer (1968): Stadelhofer, Manfred: *Der Abbau der Kulturkampfgesetzgebung im Großherzogtum Baden*. Mainz 1968.

Stadt Karlsruhe (1994): Stadt Karlsruhe/Stadtarchiv, (Hrsg.): *Ludwig Marum*. Biographische Skizzen. Mit Beiträgen von Friedhelm Becker, Frithjof Kessel, Manfred Koch, Elizabeth Marum-Lunau, Monika Pohl und Angelika Westermann. Karlsruhe 1994.

Statistisches Landesamt (1928): Statistisches Landesamt Baden (Hrsg.): *Die Religionszugehörigkeit in Baden in den letzten 100 Jahren*. Freiburg 1928.

Stehling (1976): Stehling, Jutta: *Weimarer Koalition und SPD in Baden*. Ein Beitrag zur Geschichte der Partei und Kulturpolitik in der Weimarer Republik. Frankfurt 1976.

Steinberg (1979) Steinberg, Hans-Josef. *Sozialismus und deutsche Sozialdemokratie*. Zur Ideologie der Partei vor dem Ersten Weltkrieg. 5. Aufl. Berlin/Bonn-Bad Godesberg 1979.

Stern (1988): Stern, Fritz: *Der Traum vom Frieden und die Versuchung der Macht*. Berlin 1988.

Stern (1962–1971): Stern, Selma: *Der preußische Staat und die Juden*. Sieben Bände. Tübingen 1962–1971.

Stiefel (1977): Stiefel, Karl: *Baden 1648–1952*. Bd. I und II, Karlsruhe 1977.

Storck (1984): Storck, Joachim Wolfgang: „Ludwig Marum – der Mensch und der Politiker. Ein Lebensbild". In Marum-Lunau, Elizabeth und Jörg Schadt: *Ludwig Marum*. Briefe aus dem Konzentrationslager Kislau. Karlsruhe 1984. S. 15–43.

Storck (1986): Storck, Joachim Wolfgang: „Ein Leben für Recht und Freiheit. Ludwig Marum – der Schicksalsweg eines Bruchsaler Gymnasiasten". In: *Bruchsal: Veranstaltungen, Kultur- und Heimatgeschichte*. Bruchsal 1986.

Storck (1987): Derselbe. „Ludwig Marum". In *Badische Biographien*. Neue Folge, Band IV. Im Auftrag der Kommission für geschichtliche Landeskunde in Baden-Württemberg herausgegeben von Bernd Ottnad. Stuttgart/Berlin/Köln/Mainz 1987, S. 198–202.

Straus (1962): Straus, Rahel: *Wir lebten in Deutschland*. Stuttgart 1962.

Ströle-Bühler (1991): Ströle-Bühler, Heike: *Studentischer Antisemitismus in der Weimarer Republik*. Eine Analyse der *Burschenschaftlichen Blätter* 1918–1933. Frankfurt a.M./ Bern/ New York/Paris 1991.

Stude (1990): Stude, Jürgen: *Geschichte der Juden im Landkreis Karlsruhe*. Hrsg. vom Landratsamt Karlsruhe. Karlsruhe 1990.

Swiaczny (1998): Swiaczny, Frank: „Räumliche Aspekte des Modernisierungsprozesses der jüdischen Bevölkerung in der Pfalz und in Nordbaden. Dargestellt am Beispiel der ökonomischen Aktivitäten in der Tabakbranche". In: *Badische Heimat* 2, 1998, S. 239–247.

Tenfelde (1994): Tenfelde, Klaus: *Arbeitersekretäre*. Karrieren in der deutschen Arbeiterbewegung vor 1914. (=Kleine Schriften der Stiftung Reichspräsident-Friedrich-Ebert-Gedenkstätte, Nr. 13.) Heidelberg 1994.

Tetzlaff (1982): Tetzlaff, Walter: *2 000 Kurzbiographien bedeutender deutscher Juden des 20. Jahrhunderts*. Lindhorst 1982.

Thiel (1976): Thiel, Jürgen: *Die Großblockpolitik der Nationalliberalen Partei Badens 1905 bis 1914*. Ein Beitrag zur Zusammenarbeit von Liberalismus und Sozialdemokratie in der Spätphase des Wilhelminischen Deutschlands. (= Veröffentlichungen der Kommission für geschichtliche Landeskunde in Baden-Württemberg, Reihe B: Forschungen, Bd. 86.) Stuttgart 1976.

Tompert (1969): Tompert, Helene: *Lebensformen und Denkweisen der akademischen Welt Heidelbergs im Wilhelminischen Zeitalter – vornehmlich im Spiegel zeitgenössischer Selbstzeugnisse*. Historische Studien, Heft 411. Lübeck und Hamburg 1969.

Toury (1966): Toury, Jacob: „The Jewish Question. A Semantic Approach". In: LBYB (= *Leo Baeck Year Book*), 11, 1966.

Toury (1977): Toury, Jacob: *Soziale und politische Geschichte der Juden in Deutschland 1847–1871*. Zwischen Revolution und Emanzipation. Düsseldorf 1977.

Toury (1984): Toury, Jacob: *Jüdische Textilunternehmer in Baden-Württemberg 1683–1938*. Tübingen 1984.

Toury (1966): Toury, Jacob: *Die politischen Orientierungen der Juden in Deutschland*. Von Jena bis Weimar. (= Schriftenreihe des Leo-Baeck-Instituts 15.) Tübingen 1966.

Tramer (1971): Tramer, Hans : Der Beitrag der Juden zu Geist und Kultur. In: *Deutsches Judentum in Krieg und Revolution*. (= Schriftenreihe wissenschaftlicher Abhandlungen des Leo-Baeck-Institus 25) Tübingen 1971, S. 317–385.

Tremel (1988): Tremel, Manfred: „Von der ‚Judenmission' zur ‚Bürgerlichen Verbesserung'. Zur Vorgeschichte und Frühphase der Emanzipation in Bayern. In: Ders. (Hrsg.): *Geschichte und Kultur der Juden in Bayern*. Aufsätze. Hrsg. von Tremel, Manfred und Josef Kürmeier unter Mitarbeit v. Evamaria Brockhoff. (= Veröffentlichungen zur bayerischen Geschichte und Kultur, 17). München 1988.

Tschirn (1904): Tschirn, Gustav: *Zur 60jährigen Geschichte der freireligiösen Bewegung*. Bamberg 1904.

Ullrich (1982): Ullrich, Volker: „Die deutsche Arbeiterbewegung im Ersten Weltkrieg und in der Revolution von 1918/19". In: NPL 27/4 (1982), S. 446–462.

Universität Heidelberg (1986): 600 Jahre Ruprecht-Karls-Universität 1386–1986. Geschichte, Forschung und Lehre. Hrsg. vom Rektor der Universität Heidelberg. München 1986.

van der Will, vgl. **Will**

Verhandlungen des Badischen Landtags. Sitzungsprotokolle. Verhandlungen des Badischen Landtags I. bis IV. Landtagsperiode. Karlsruhe 1919ff.

Verhandlungen der Zweiten Kammer der Ständeversammlung des Großherzogtums Baden, Protokollhefte 1909ff.

Vogel (1977): Vogel, Rolf: *Ein Stück von uns*. 1813-1976. Deutsche Juden in deutschen Armeen. 2. Aufl. Mainz 1977.

Volkov (1982): Volkov, Shulamit: „Erfolgreiche Assimilation oder Erfolg durch Assimilation: die deutsch-jüdische Familie im Kaiserreich." In: Wissenschaftskolleg zu Berlin, *Jahrbuch 1982/83*. S. 373–387.

Volkov (1985): Volkov, Shulamit: „Kontinuität und Diskontinuität im deutschen Antisemitismus 1878–1945". In: *Vierteljahreshefte für Zeitgeschichte*, 33. Jg. 1985, Heft 2.

Volkov (1990): Volkov, Shulamit: *Jüdisches Leben und Antisemitismus im 19. und 20. Jahrhundert*. 10 Essays. München 1990.

Volkov (1994): Volkov, Shulamit: *Die Juden in Deutschland 1780–1918*. München 1994.

Wachenheim (1964): Wachenheim, Hedwig: „Ludwig Frank". In: *Mannheimer Hefte* 1964, Heft 2, S. 28ff.

Wachenheim (1971): Wachenheim, Hedwig: *Die deutsche Arbeiterbewegung 1844–1914*. 2. Aufl. Opladen 1971.

Wachenheim (1973): Wachenheim, Hedwig: *Vom Großbürgertum zur Sozialdemokratie*. Memoiren einer Reformistin. (= Internationale wissenschaftliche Korrespondenz zur Geschichte der deutschen Arbeiterbewegung, Beiheft 1) Berlin 1973.

Die Wahlen in Baden zur verfassunggebenden badischen und deutschen Nationalversammlung. Karlsruhe 1919.

Walk (1988): Walk, Josef: *Kurzbiographien zur Geschichte der Juden 1918–45*. Hrsg. vom Leo-Baeck-Institut Jerusalem. München 1988.

Walle (1984): Walle, Heinrich: „Deutsche jüdische Soldaten aus dem Großherzogtum Baden im Ersten Weltkrieg. Zur Erinnerung an Ludwig Frank und Ludwig Haas." In: *Juden in Baden 1809–1984*). 175 Jahre Oberrat der Israeliten Badens. Hrsg. vom Oberrat der Israeliten Badens, Karlsruhe. Bearb: Jael B. Paulus. Karlsruhe 1984, S. 173ff.

Walle (1987): Walle, Heinrich: Ludwig Frank. In: Badische Biographien. Neue Folge. Im Auftrag der Kommission für geschichtliche Landeskunde in Baden-Württemberg hrsg. v. Bernd Ottnad. Bd. 2. Stuttgart/Berlin/Köln/Mainz 1987, S. 89ff.

Walter (1990): Walter, Franz: *Sozialistische Akademiker- und Intellektuellenorganisationen in der Weimarer Republik*. Solidargemeinschaft und Milieu: Sozialistische Kultur- und Freizeitorganisationen in der Weimarer Republik. Hrsg. im Auftrag der Historischen Kommission zu Berlin. Bd.1. Bonn 1990.

Watzinger (1965): Watzinger, Karl Otto: „Die jüdische Gemeinde in Feudenheim". In: *Mannheimer Hefte* 1965, S. 14–17.

Watzinger (1987): Watzinger, Karl Otto: Geschichte der Juden in Mannheim 1650–1945 mit 52 Biographien. Mit einer Übersicht über die Quellen im Stadtarchiv Mannheim zur Geschichte der Juden v. Jörg Schadt u. Michael Martin. (=Veröffentlichungen des Stadtarchivs Mannheim Bd. 12.) 2. Aufl. Stuttgart/Berlin/Köln/Mainz 1987.

Watzinger (1995): Watzinger, Karl Otto: *Ludwig Frank: ein deutscher Politiker jüdischer Herkunft.* Mit einer Edition Ludwig Frank im Spiegel neuer Quellen. Sigmaringen 1995.

Weber (1919): Weber, Max: *Politik als Beruf.* München 1919. In: Max Weber: Gesammelte Politische Schriften. Hrsg. von Johannes Winckelmann. Tübingen 1988[5].

Weckbecker (1985): Weckbecker, Arno: *Die Judenverfolgung in Heidelberg.* Heidelberg 1985.

Wehler (1971): Wehler, Hans Ulrich: *Sozialdemokratie und Nationalstaat.* Nationalitätenfragen in Deutschland 1840–1914. 2. Aufl. Göttingen 1971.

Wehler (1972a): Wehler, Hans Ulrich (Hrsg.): *Deutsche Historiker.* Göttingen 1972.

Wehler (1972b): Wehler, Hans Ulrich (Hrsg.): *Geschichte und Soziologie.* Köln 1972.

Wehler (1973): Wehler, Hans Ulrich: *Das Deutsche Kaiserreich 1871–1918.* Göttingen 1973.

Weis (1955): Weis, Bertold K.: „Das Großherzoglich Badische Gymnasium in Bruchsal. Zur Geschichte der Schule. In: *Gymnasium Perpetuum* (1955), S. 4–43.

Weise (2001): Weise, Christian: „Ein unerhörtes Gesprächsangebot. Leo Baeck, die Wissenschaft des Judentums und das Judenbild des liberalen Protestantismus". In: Heuberger/Backhaus (2001).

Weiß (1970): Weiß, Karl: *125 Jahre Kampf um freie Religion.* Dargestellt an der geschichtlichen Entwicklung der Freireligiösen Landesgemeinde Baden. Bearbeitet und bis in die Gegenwart fortgeführt von Dr. Lilo Schlötermann. Mannheim 1970.

Weißmann (1912): Weißmann, Anton: *Die sozialdemokratische Gefahr in Baden.* Betrachtungen zur politischen Scharfmacherei des badischen Zentrumsführers Geistlichen Rats Theodor Wacker. Freiburg im Breisgau 1912.

Weltsch (1981): Weltsch, Robert: *Die deutsche Judenfrage.* Königstein (Ts.) 1981.

Werner (1990): Werner, Josef: *Hakenkreuz und Judenstern.* Das Schicksal der Karlsruher Juden im 3. Reich. Hrsg. v.d. Stadt Karlsruhe, Stadtarchiv. (=Veröffentlichungen des Karlsruher Stadtarchivs, Bd. 9). Karlsruhe 1990.

Westphalen (1971): Westphalen, Ludger, Graf von: Geschichte des Antisemitismus in Deutschland im 19. und 20. Jahrhundert. Stuttgart 1971.

Wiener (1924): Wiener, Max: *Jüdische Religion im Zeitalter der Emanzipation.* Berlin 1924.

Wiener (1928): Wiener, Max: *Der Messiasgedanke in der Tradition und seine Umbiegung im modernen Liberalismus.* Festgabe für Claude G. Montefiore. Berlin 1928.

Wiedmann/Zekorn (1998): Wiedmann, Ulrich und Beate Zekorn-von Bebenburg: *Struwwelpeter wird Revolutionär.* Heinrich Hoffmann und 1848. Frankfurt 1998.

Will (1982): Will, Wilfried van der und Robert Burns: *Arbeiterkulturbewegung in der Weimarer Republik.* Eine historisch-theoretische Analyse der kulturellen Bestrebungen der sozialdemokratisch organisierten Arbeiterschaft. Frankfurt a.M./Berlin/Wien 1982.

Wininger (1979): Wininger, Salomon (Hrsg.): *Große Jüdische National-Biographie.* Mit mehr als 10 000 Lebensbeschreibungen namhafter jüdischer Männer und Frauen aller Zeiten und Länder. Ein Nachschlagewerk für das jüdische Volk und dessen Freunde von S. Wininger unter Mitwirkung von zahlreichen Fachmännern aus allen Weltteilen. Nendeln/Liechtenstein 1979.

Winkler (1979): Winkler, Heinrich August: *Die Sozialdemokratie und die Revolution 1918/19.* Bonn 1979.

Winkler (1984): Winkler, Heinrich August: *Von der Revolution zur Stabilisierung.* Arbeiter und Arbeiterbewegung in der Weimarer Republik 1918 bis 1924. Berlin/Bonn 1984.

Winkler (1990): Winkler, Heinrich August: „Die Revolution von 1918/19 und das Problem der Kontinuität in der deutschen Geschichte". In: HZ 250 (1990), S. 303–319.

Winkler (1992): Winkler, Heinrich August: *Klassenkampf oder Koalitionspolitik?* Grundbedingungen sozialdemokratischer Politik 1919–1925. (=Kleine Schriften der Stiftung Reichspräsident-Friedrich-Ebert-Gedenkstätte, Nr. 9.) Heidelberg 1992.

Winkler (1993): Winkler, Heinrich August: *Weimar 1918–1933.* Die Geschichte der ersten deutschen Demokratie. München 1993.

Wolf (1982): *Gustav Wolf.* Das druckgraphische Werk. Bearbeitet und eingeleitet von Johann Eckart von Borries. (=Katalog der staatlichen Kunsthalle Karlsruhe) Karlsruhe 1982.

Wünderich (1978): Wünderich, Volker: „Von der bürgerlichen zur proletarischen Kommunalpolitik. Zum Defizit der kommunalpolitischen Konzeption in der Arbeiterbewegung vor 1914". In: *Provinzialisierung einer Region.* Regionale Unterentwicklung und liberale Politik in der Stadt und im Kreis Konstanz im 19. Jahrhundert. Untersuchungen zur Entwicklung der bürgerlichen Gesellschaft in der Provinz. Hrsg. von Gert Zang. Frankfurt 1978, S. 435–464.

Wunderer (1980): Wunderer, Hartmann: *Arbeiter und Arbeiterparteien*. Kultur- und Massenorganisationen der Arbeiterbewegung. (1890–1933). Frankfurt a. M. / New York 1980.

Zechlin (1969): Zechlin, Egmont: *Die deutsche Politik und die Juden im Ersten Weltkrieg*. Göttingen 1969.

Zentralrat (1968): Der Zentralrat der deutschen sozialistischen Republik 19. Dez. bis 8. April 1919. Vom ersten zum zweiten Rätekongress. Bearb. v. Eberhard Kolb unter Mitwirkung v. Reinhard Rürup. Leiden 1968.

Zier (1979): Zier, Hans Georg: „Politische Geschichte Badens 1918 bis 1933". In: *Badische Geschichte*. Vom Großherzogtum bis zur Gegenwart. Hrsg. v.d. Landeszentrale für politische Bildung. Stuttgart 1979. S. 144–167.

Bildnachweis

Bild 1	privat
Bild 2	privat
Bild 3	StadtAK 8/PBS o III 1296
Bild 4	StadtAK 8/PBS o III 1306
Bild 5	StadtAK 8/PBS o III 1297
Bild 6	aus: Jürgen Stude: Geschichte der Juden im Landkreis Karlsruhe, Karlsruhe 1990, S. 122
Bild 7	privat
Bild 8	privat
Bild 9	StadtAK 8/PBS o III 1315
Bild 10	privat
Bild 11	StadtAK 8/PBS o III 1308
Bild 12	privat
Bild 13	StadtAK 8/PBS IV 7
Bild 14	privat
Bild 15	StadtAK 8/PBS o III 400
Bild 16	StadtAK 8/PBS o III 1307
Bild 17	StadtAK 8/PBS o III 1305
Bild 18	StadtAK 8/Alben 12, S. 57
Bild 19	StadtAK 8/PBS o III 194
Bild 20	StadtAK 8/Alben 186, Band 2
Bild 21	StadtAK 8/Alben 186, Band 2
Bild 22	StadtAK 8/Alben 12, S. 47
Bild 23	privat

Personenregister

bearbeitet von Ulrike Deistung
und Andrée Fischer-Marum

Willi, Albert 140, 160, 168, 176-178, 234, 238
Wilson, Thomas Woodrow 335, 340, 341
Windelband, Wilhelm 67
Windthorst, Ludwig 354
Wirth, Joseph 294, 352, 355-358, 363, 364, 409, 433
Wolf , Gustav 87
Wolf, Hugo 210
Wurm, Emanuel 326

Zehnter, Johann 295, 433, 437, 440
Zetkin, Clara 159, 160, 267
Zietz, Luise 180
Zimmermann 115

Ortsregister

bearbeitet von Ernst Otto Bräunche
und Andrée Fischer-Marum

Albersweiler 84-86
Altrhein 241
Amsterdam 143
Augsburg 27

Bad Kreuznach 29
Barmen 209
Basel 60, 147, 182, 268
Bayern 29, 30, 35, 36, 130, 246, 384, 400, 412, 420, 460
Bergstraße 40, 45
Berlin 45, 57, 69, 72, 98, 105, 106, 133, 158, 217, 226, 227, 246, 252, 267, 301, 334, 348, 352, 369, 407, 412, 418, 425, 446, 454, 472
– Funkturm 64
Bern 267
Blankenloch 167
Breslau 56, 74, 119, 246
– Universität 56
Brest-Litowsk 289, 295-298, 318
Bretten 44, 59
– Amtsbezirk 44
– Durlacher Hof, Gastätte 115
Bruchsal 53-65, 67, 77, 80, 82-84, 91, 94, 101, 114-116, 118, 131, 138, 146, 150, 156, 166, 184, 190, 198
– Amtsgericht 84
– Bahnhof 83
– Gymnasium, Großherzoglich Ba-disches 61-65, 72, 91, 101, 168, 198
– Judenfriedhof 59
– Justus-Knecht-Gymnasium 61
– Schloss 54
– Synagoge 56, 87
Bulgarien 340

Donaueschingen 259, 260
Dresden 143, 154
Durlach (heute Stadtteil von Karls-ruhe) 140, 141, 147, 158, 211, 269, 325, 360, 381, 407, 417, 424- 426, 428, 429, 446
Dürrheim 185

Eberbach 360
Eichtersheim 76
Elsaß 28, 35, 136, 204, 295, 296, 393
Elsaß-Lothringen 204, 295, 296, 393
England 99, 251, 306, 324, 410
Ensisheim (Elsaß) 28
Erfurt 121, 171, 172, 186, 188, 226, 227, 242, 250, 254, 399, 414, 431, 435-439, 444, 479
Europa 49, 105, 250, 251, 334

Feudenheim 39-41, 45, 46
Forst 116
– Gasthaus Krone 116
Frankenthal 27, 31-35, 37, 46, 53, 54, 217, 465
– Friedhof, jüdischer, Grabmal von Sara und Abraham Heymann 32
– Mikwe 32
– Mannheimer Brücke 35
– Marktplatz 34
– Synagoge 32, 37
Frankfurt am Main 72, 147, 186, 199, 219
– Paulskirche 26, 34, 37
– Frankreich 25, 29, 251, 295, 410
Freiburg 45, 72, 118, 120, 138, 177, 200, 204, 207, 227, 277, 297, 318, 357, 416, 487
– Universität 72, 487
Friedrichshagen bei Berlin 97

Grötzingen (heute Stadtteil von Karls-ruhe) 157
Gurs 13, 188

Halle 153
Hambach 34
Heidelberg 39, 40, 45, 66, 67, 69, 70, 72, 73, 76, 77, 80, 82, 94, 102, 146, 176, 196, 200, 201, 208, 216, 297, 388, 400, 412, 459, 460, 465, 476
– Hauptstraße 77
– Plöck 76
– Universität 66,67, 69, 72, 73, 76, 79, 80, 82, 94
Hegau 374

1
Grabstein des Rabbi Meir ben Baruch
aus Rothenburg (ca. 1220–1293) auf
dem jüdischen Friedhof in Worms.
Der Name Marum bezieht sich
auf die Initialen seines Namens
(s. Text S. 27).

2
Die Eisenhandlung Heinrich Marums (1827–1902),
des Großvaters von Ludwig Marum, in Frankenthal

3
Die Mutter Ludwig Marums, Helene Marum,
geb. Mayer (1858–1924)

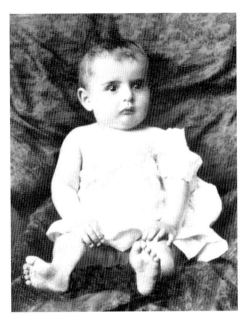

4
Ludwig Marum 1883
in seinem ersten Lebensjahr

5
Ludwig Marums Schwester, Anna Pfeffer, geb.
Marum (1885–1944), ermordet in Auschwitz

6
Der Religionslehrer Marums,
Rabbiner Dr. Josef Eschelbacher (1848–1916)

L. Bergmann Sp!
2?.VII.-3?

Lasciate ogni Speranza,
Voi ch'entrate!

L.Marum☒! Dante. K.

J.von Protopopoff

7

Inschrift Ludwig Marums im Heidelberger Karzer aus dem Jahr 1901:
„Beim Eintritt hier lasst alle Hoffnung fahren", aus: „Die göttliche Komödie" von Dante Alighieri

8

Karikatur des Studenten Ludwig Marum,
angefertigt von einem Kommilitonen 1903

9

Johanna Marum, geb. Benedick (1886–1964),
die Ehefrau Ludwig Marums

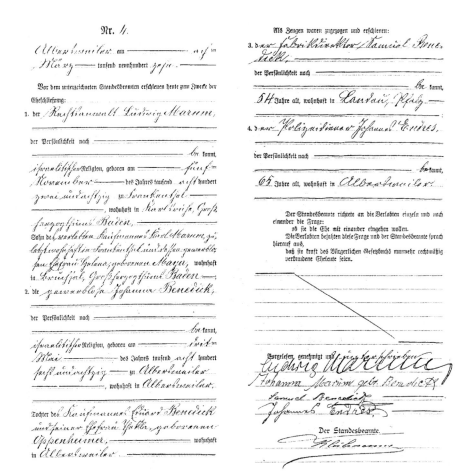

10

Heiratsurkunde des Ehepaares Marum aus dem Jahre 1910

11

Der Soldat Marum mit Kameraden im Jahr 1915 in Durlach
(sitzend 2. v. r.)

12
Ludwig Marum, um 1918

14
Eduard Bernstein (1850–1932),
Theoretiker des Revisionismus

13
Die Fraktion der SPD im badischen Landtag im Jahre 1909

15
Wilhelm Kolb und Ludwig Frank, die Wortfüh-
rer des reformistischen Flügels der badischen SPD

16
Wilhelm Kolb und Ludwig Marum
auf einem Ball in Karlsruhe 1910

17
Ludwig Marum (im hellen Anzug) mit Sängern der „Lassallia" um 1914 in Karlsruhe

18
Leo Kullmann (1877–1941),
umgekommen im Lager Gurs

19
Eugen Geck (1869–1931).
Geschäftsführer des „Volksfreund"

20
Anton Weißmann
(1871–1945)

21
Leopold Rückert (1881–1942)

22
Eduard Dietz (1866–1940)

23
Die Badische Vorläufige
Volksregierung im November
1918 (Ludwig Marum
sitzend, 2. v. r., neben
Ministerpräsident
Anton Geiß, Mitte)

520